U0118577

太平御覽

〔宋〕李　昉等奉敕撰

第二冊

第一七三卷至第三九二卷

臺灣商務印書館發行

ISBN　957-05-0421-8（一套：精裝）
ISBN　957-05-0423-4（第二冊：精裝）

居處部一

宮

世本曰堯使禹作宮

釋名宮穹也屋見垣上穹隆也

爾雅曰宮謂之室室謂之宮

史記曰天官書曰玄武虛危主宮室

大戴記曰周時德澤和洽蒿茂大以爲宮柱名爲蒿宮

毛詩曰定之方中作爲楚宮揆之以日作爲楚室

又曰鼓鍾于宮聲聞于外

易曰上古穴居而野處後世聖人易之以宮室上棟下宇以待風雨蓋取諸大壯

左傳曰襄公作楚宮穆叔曰太誓云人之所欲天必從之君欲楚夫故作其宮若君不復適楚必死是宮也六月公薨于楚宮

又曰晉成虒祁之宮又成銅鞮之宮數里

論語曰禹卑宮室而盡力乎溝洫禹吾無間然矣

史記曰騶子之燕昭王擁彗先驅請列弟子坐而受業築碣石宮親往師之

又曰秦始皇造阿房宮徵發天下工匠

又曰秦始皇所居之宮有祈年宮長信宮梁山宮

又曰戎使由余於秦秦繆公示以宮室積聚由余曰使鬼爲之則勞神矣使人爲之亦苦民矣

又曰項羽屠咸陽焚其宮室三月火不滅

又曰盧生說始皇曰人主爲微行所居而人知之則害於神願上居無令人知則不死之藥殆可得也乃命咸陽之

旁三百里內宮觀二百七十複道甬道相連帷帳鍾鼓美人充之所幸言其處者死始皇幸梁山宮望見丞相車騎衆不善之中人以告丞相損車騎始皇怒曰此中人泄吾語捕時在旁者斬之自是莫知所在決事悉於咸陽宮

又曰始皇二十七年作長信宮於渭南通驪山作甘泉前殿築甬道自咸陽屬之築牆垣如街巷

又曰漢武帝時河決天子自臨決河沉白馬玉璧作瓠子歌於是　築宮其上名曰宣房宮

又曰樗里子卒葬于渭南章臺之東曰後百歲是當有天子之宮夾我墓樗里疾室在於昭王廟西渭南陰鄉樗里故俗謂之樗里子至漢興長樂宮在其東未央宮在其西武庫正直其墓秦人諺曰力則任鄙智則樗里

漢書曰漢八年蕭何相營作未央宮立東闕北闕蒼龍玄虎二闕前殿武庫太倉高祖還見宮闕壯麗甚怒曰天下方未定何治宮室過度也何曰非壯非麗無以威四夷且令後世無以加也

又曰初江充召見犬臺宮晉灼曰黃圖上林有走狗觀也師古曰今書本犬臺有作太臺字者誤也漢無太臺宮自請願以所常被服冠見上上許之充爲人魁岸容貌甚壯帝望見而異之謂左右曰燕趙固多奇士旣至前問以當世政事上悅之

又曰武帝六年冬行幸甘泉中春作首山宮

又曰上幸不其祠神人于交門宮若有向坐拜者作交門之歌

又曰幸河東之明年正月鳳皇集祋祤於所集處得玉寶起步壽宮

又曰栢梁災越巫勇之迺曰越俗有火災又起屋必以大

用勝服之於是起建章宮爲千門萬户
又曰梁孝王吳楚破梁最親有功又爲大國居天下膏腴
北界泰山西至高陽四十餘城多大縣孝王太后少子愛
之賞賜不可勝道於是孝王築東苑方三百餘里廣睢陽
城七十里大治宮室爲複道宮連屬於平臺四十餘里如淳曰在梁東北離宮所在晉灼曰或說在城中東北角得賜天子旌旗從千乘萬騎出
警入蹕擬於天子
又曰孝武作建章宮爲千門萬户有鳳凰闕高二十餘丈
中有蓬萊方丈瀛洲壺梁象海中神山南有玉堂璧門大
鳥之屬立神明臺井幹樓度高五十餘丈輦道相屬焉
又曰秦起咸陽西至雍離宮三百師古曰凡言離宮者皆謂於別處置之非常所居也鍾鼓帷帳不移而具又爲阿房之殿高數十仞師古曰阿房者言殿之四阿皆爲房也一說大陵曰阿言其殿高若於阿上爲房也房次王作房說云始皇作四十殿未有名以其去咸陽近且號阿房阿近也八尺曰仞也東西五里南北千步從車羅騎四馬
騖馳旌旗不橈師古曰橈屈也言庭之廣大殿之高敞衆騎馳騖無所觸建立旗幟不屈橈橈音女孝切爲宮室之麗至於此使其後世曾不得聚廬而託處焉
又曰鄒陽諫吳王曰臣聞秦倚曲臺之宮應劭曰始皇帝所治處也若漢家未央宮也懸衡天下服虔曰關西爲衡應劭曰衡平也如淳曰衡猶稱也言其縣法度於其上也師古曰此說秦自以爲威力強固非論平法也下又言陳勝連從兵之據則是說從橫之事耳服釋是也晝地
而不犯兵加胡越師古曰晝地不犯者法制之行至其晚節末路張耳陳
勝連從兵之據師古曰從音子容切以叩函谷咸陽遂危師古曰叩擊也何
則列郡不相親萬室不相救也
又曰後元二年幸盩屋作五柞宮張晏曰有五柞樹因以名
又曰甘露二年幸萯陽宮在鄠萯音倍
後漢書曰永平三年夏旱而大起北宮鍾離意詣闕免冠
上疏曰伏見陛下以天時小旱憂元元降避正殿躬自克

責而皆密雲遂無大潤豈政有未得應天心者邪昔成湯
遭旱以六事自責曰政不節邪使人疾邪宮室榮邪女謁
盛邪苞苴行邪讒夫昌邪竊見北宮作人失農時此所謂
宮室榮也自古非患宮室小狹但患人不安寧宜且罷以
應天心臣意以匹夫之才無有重能久食重祿擢備近臣
比受厚賜喜懼相半不勝愚戇征營罪當萬死征營不自安也帝
策詔報曰湯引六事咎在一人其冠履勿謝比上天降旱
密雲數會朕戚然慚懼思獲善應故分布禱請闚候風雲
北祈明堂南設雩場明堂在洛陽城南言北祈者蓋時修雩場在明堂之南也今又勑
大匠止作諸宮減省不急庶消災譴詔因謝公卿百僚遂
應時澍雨又曰東平王蒼薨元和三年東巡狩幸東平宮
追念蒼謂其諸子曰思其人至其鄉其處在其人亡因泣
下沾襟
魏志曰帝營作許昌宮楊阜諫曰堯尚茅茨而萬國安
禹卑宮室而天下樂桀作琁室象廊紂爲傾宮鹿臺皆喪
社稷也
吳志曰後主二年六月起新宮於太初之東制度尤廣二
千石已下皆自入山督攝伐木又壞諸地大開苑囿起土
山作樓觀加飾珠玉製以奇名右臨硎左彎碕又開城
北渠引後湖水激流入宮內巡遶堂殿窮極伎巧功費萬
計
又曰赤烏十年春二月適南宮三月改作太初宮詔移武
昌材瓦有司奏武昌宮作已二十八年恐不堪用宜別更
置帝曰大禹卑宮室爲美今軍事未已所在多賦妨損農
業且建業宮乃朕從京來作府舍耳材柱率細年月久遠恐
朽壞今武昌宮材木自可用繕之○晉書曰尚書僕射謝安

石以宮室朽壞啓作新宮帝權出居會稽王第二月始興功內外日役六千人安與大匠毛安之決意修定皆仰摸玄象體合辰極並新制置省閣堂宇名署時正構太極殿欠一梁有梅木流至石頭石頭津主啓聞取用之因畫花於梁上以表瑞焉又起朱雀重樓皆繡栭藻井門開三道上重名朱雀觀觀下門上有銅雀懸楣上刻木爲龍虎左右相對

王隱晉書曰高堂隆剋鄴宮屋材云後若千年當有天子居此宮惠帝止鄴宮治屋土剥更漫始見刻字計年正合時

載記曰石勒欲營鄴宮先是廷尉續咸諫止之及是霖雨中山西北暴水流漂巨木百餘萬根集于堂陽勒大悅謂公卿曰諸卿知否此非爲災天意欲吾營都矣於是營之

勒親定規模

又曰劉曜命起酆明觀立西宮建淩霄樓於滈池侍中喬豫和苞上疏曰臣聞人主之興作也上准乾坤俯順人時是以衛文承亂亡之後宗廟流漂無所而猶上憲營室作爲楚宮故能上興康叔武公之迹延九百之慶也今奉詔書將營酆明觀市道蒭蕘咸非之曰一觀之費足以平涼州矣又奉勑旨復欲擬阿房而建西宮模瓊樓而建陵霄以此功費亦可以呑吴蜀剪齊魏矣書奏曜大悅

宋書曰少帝以石頭城爲長樂宮東府城爲未央宮

齊書曰高祖永明元年秋七月車駕幸青溪舊宮設金石樂在位者賦詩

唐書曰東都平太宗入觀隋氏宮室嗟後主罄人力以逞奢侈薛收進曰峻宇雕牆殷辛以滅土階茅棟唐堯以昌秦帝增阿房之飾漢后罷露臺之費故漢祚延而秦禍速自古如土崩瓦解取譏後代良以奢虐所致太宗悅其對

又曰高祖嘗避暑于仁智宮

又曰閻立德受詔造翠微宮及玉華宮咸稱旨賞賜甚厚

又曰太宗將幸九成宮姚思廉諫曰離宮遊幸秦皇漢武之事固非堯舜禹湯之所爲也言甚切至太宗納之

西京雜記曰趙王如意年幼未能親就外傅戚姬使舊趙內傅趙嫗傅之號其室爲養德宮

又曰五柞宮有五柞樹皆連抱上枝覆蔭數十畝其西有青梧觀觀有三梧桐樹樹下石騏驎二枚刊其脅爲文字是秦始皇酈山墓上物也頭高一丈三尺東邊者前左腳折折處有赤如血父老謂其有神皆含血而屬筋焉

帝王世紀曰紂作傾宮七年乃成大十里高十丈又曰堯

有貳宮

漢武故事曰上起明光宮發燕趙美女二千人充之取年十五已上二十巳下蒲四十者出嫁掖庭令總其籍時有死出者隨補之凡諸宮美人可有七八千建章未央長樂三宮皆輦道相屬懸棟飛閣不由徑路

六韜曰殷君喜治宮室七十三所大宮百里宮中九市

列仙傳曰鉤弋夫人齊人病六年右手拳望氣者云東方有貴人氣推而得之召到姿色甚偉帝披其手得一玉鉤而手尋展故名其宮爲鉤翼宮

十洲記曰方丈山上有玄琉璃宮

博物志曰夏桀之時爲長夜宮於深谷之中男女雜處三旬不出聽政其後大風飄沙一夕填此宮谷

鄴中記曰石虎在襄國至鄴二百里中四十里輒立一宮宮有

一夫人侍婢數十黃門宿衛石虎下輦即止凡虎所起内外大小殿臺觀行宫四十四所

項國志曰武帝遊五柞宫欲廣上林令譙隆諫曰堯舜至治廣德不務苑囿帝初不悦後拜爲中郎○墨子曰上古之人未知爲宫室就陵而居處下潤傷民故聖人作爲宫室宫室之法高足以避潤濕中足以禦風寒上足以待霜雪牆高足以別男女故以便生不以爲樂也今之爲宫室必厚斂百姓暴奪民財爲曲直之室青黃刻鏤之飾故國貧而人難訴也

管子曰黃帝有合宫以聽政

穆天子傳曰天子升于崑崙之丘以觀黃帝之宫

越絶書曰美女宫周五百九十步土城者句踐所習教美女西施鄭旦宫室

方言曰吴有館娃之宫

列子曰周穆王時西域國有化人來王執化人之袪騰而上天曁化人之宫構以金銀絡以珠玉出雲雨之上實爲清都紫微也

孟子曰齊宣王見孟子於雪宫

吕氏春秋曰武王勝殷靖箕子之宫也

神異經曰東方有宫青石爲牆高三仞左右闕高百尺畫以五色門有銀牓以青石碧鏤題曰天地長男之宫西方有宫白石爲牆五色玄黃門有金牓而銀鏤題曰天地少女之宫西南有宫以金爲牆闕有金牓以銀鏤題曰天皇之宫南方有宫以赤石爲牆赤銅爲門闕有銀牓曰天地中女之宫北方有宫以黑石爲牆題曰天地中男之宫東南有宫以黃石爲牆以黃牓碧鏤題曰天地少男之宫西南有宫以黃銅爲牆題曰地皇之宫

十洲記曰青丘山上有紫宫天真仙女多遊於此

又曰方丈山有琉璃宫

紀年曰穆王所居鄭宫春宫

説苑曰楚使使聘齊齊王享之梧宫使者曰大哉梧乎王曰江海之魚吞舟況大國之樹

三輔故事曰桂宫周匝十里内有光明殿走狗臺土山複道横北庭從宫中西上城至神明臺

三輔黃圖曰有夜光宫望遠宫昭臺宫蒲桃宫棠梨宫資陽宫長平宫五柞宫

漢宫闕名曰長安有長樂宫未央宫長門宫鼓簧宫承光宫宜春宫池陽宫長平宫黃山宫望仙宫長楊宫集靈宫延壽宫祈年宫通天宫駁娑宫沛宫林光宫甘泉宫龍泉

宫首山宫交門宫明光宫五柞宫萬歲宫竹宫壽宫建章宫太一宫思子宫(見漢書長樂等宫或在京師或在外郡帝王所居或祠祀所在或因事以置)夜光宫棠梨宫扶荔宫(見三輔黃圖)桂宫(見三輔故事)鼎湖宫谷口宫○魏略曰大秦國城中有五宫相去各十里宫室皆以水精爲梱食器亦然

郡國誌曰金河府摩硶宫北二十里有石殿一飛橋向岸畫以古賢哲士太常卿蔣少遊制太和五年文明太后來幸釣得鯉魚一雙長三尺以黃金鏁穿鰓放於池中後皆長五尺沉泛相隨正光元年五月五日天清氣爽聞池内鏘鏘聲水中驚沸須曳雷電晦冥有氣五道自池中屬於天又之乃滅波止水定唯見一魚化爲龍矣

又曰秦川宫昔非子到秦於此築宫室

又曰廬山有三宫上宫在懸崖之表人所不及次宫在山

巖下兩邊有陰陽溝有石羊馬夾道相對下宮在彭蠡湖際

隋圖經曰大業十六年自江都還洛陽勑於汾州北臨汾水起汾陽宮即管涔山汾河源所出之處當盛暑之時臨河盥漱即涼風凜然如八九月其北多雨經夏罕有晴日一日之中倏忽而雨倏忽而晴晴雨未曾經日雖高嶺千仞嶺上居人掘地深二三尺即得清泉用之

壽春圖經曰十宮在縣北五里長阜苑內依林傍澗踈逈跨阜隨地形置焉並隋煬帝立也曰歸鴈宮回流宮九里宮松林宮楓林宮大雷宮小雷宮春草宮九華宮光汾宮是曰十宮

西京記曰通義坊唐高祖龍潛舊宅武德元年以爲通義宮六年高祖臨幸大宴羣臣引見鄰里父老班賜有差貞

觀元年立爲興聖尼寺焉

又曰大明宮南接京城之北面西接京城之東北隅初高宗嘗患風痺以宮內湫濕屋宇擁蔽乃於此置宮司農少卿梁孝仁充使製造北據高岡南望爽塏視終南如指掌坊市俯而可窺

東京記曰上陽宮在皇城西南東苑前苑東垂南臨洛水西亘穀水上元中韋機充使所造列岸脩廊連亘掘地得銅器似盆而淺中有隱起雙鯉之狀魚間有四篆字曰長宜子孫時人以爲李氏再興之符高宗末年常居此宮以聽政也

兩京記曰上陽宮西有西上陽宮兩宮夾穀水虹橋架逈以通往來　楚辭曰魚鱗屋兮龍堂紫貝闕兮珠宮

太平御覽卷第一百七十三

太平御覽卷第一百七十四

居處部二

室

說文曰室實也

釋名曰室實也物滿實其中也

毛詩曰斯干宣王考室也築室百堵西南其戶

又曰如彼築室于道謀是用不潰于成鄭箋云如當路築室得人而與之謀所爲路人之意不同故不得成

又曰彼姝者子在我室兮

又曰宛其死矣他人入室

尚書曰若考作室既底法厥子乃不肯室矧肯構

周禮冬官匠人曰內有九室九嬪居之外有九室九卿居之

禮記檀弓下曰晉獻趙文子成室晉大夫發焉(文子趙武也作室成晉君獻之謂賀之也諸大夫亦發禮以往也)長老曰美哉輪焉美哉奐焉歌於斯哭於斯(聚國族於斯文子曰武也)得歌於斯哭於斯是全要領以從先大夫於九原也北面再拜稽首

又曰室中不翔

又曰儒有一畝之宮環堵之室

左傳襄十五年宋向戌來聘見孟獻子尤其室曰子有令聞而美其室非所望也對曰我在晉吾兄爲之毀之重勞且不敢間

又曰鄭伯有嗜酒爲窟室而夜飲酒擊鍾焉朝至未已朝者曰公焉在其人曰吾公在壑谷(壑在窟室)

又曰吳公子光伏甲於窟室而享王(掘地爲室)

又曰怒於室而色於市

論語曰子游爲武城宰子曰汝得人焉耳乎曰有澹臺滅明者行不由徑非公事未嘗至於偃之室也(澹臺滅明者孔子弟子游之同門也修身正行公事乃肯來我室得與之語耳非公事不肯來言無私謁)

國語曰智襄子爲室美智伯曰美則美矣抑臣亦有懼也襄子曰何懼對曰臣以秉筆事君記曰高山峻原不生草木松柏之地其土不植臣懼其不安人也室成三年而智氏亡(說苑同)

又曰趙文子爲室斲其椽而礱之(礱磨)張老夕焉而見之不謁而歸文子駕而往曰吾不善子亦告我何其速也對曰天子之室斲其椽而礱之加密石焉諸侯礱之大夫斲之士首之(首之斷其首也)備其物也從其等禮也今子貧而忘義富而忘禮吾懼不免何以敢告文子歸勿令礱也

春秋繁露曰廣室多陰遠天地之和也故聖人弗爲

漢書曰文帝徵賈誼入見上方受釐坐宣室因感鬼神事與誼言之

又曰武帝爲竇大主置酒宣室使謁者引內董君是時東方朔陛戟殿下辟戟而前曰董偃斬罪三安得入乎上曰何謂也朔曰偃以人臣私侍公主其罪一也敗男女之化而亂婚姻之禮傷王制其罪二也陛下富於春秋積思於六經留神於王事馳騖於唐虞折節於三代偃不遵經勸學反以靡麗爲右奢侈爲務盡狗馬之樂極耳目之欲行邪枉之道經淫辟之路是乃國家之大賊人主之大蜮(師古曰蜮魅也音或說者以爲短狐非也短狐射工用於此不當其義今俗猶言魅蜮矣)偃爲淫首其罪三也上默然不應良久曰吾業已設飲後而自改朔曰不可夫宣室者先帝之正處也非法度之政不得入焉故淫亂之漸其變爲篡是以豎貂爲淫而易牙作患慶父死而

魯國全管蔡誅而周室安上曰善有詔止更置酒北宮引董君從東司馬門入更名東交門蘇林曰以偃從北門入交會於內故以名之也賜朔黃金三十斤董君之寵由是日衰又霍光傳曰蓋主等奏廢光光聞止畫室中不敢入帝召入慰勉之注畫室近臣計畫之室師古曰雕畫之室也

又曰孔光凡典樞機十餘年守法度修故事上有所問據經法以心所安而對不希旨苟合如或不從不敢强諫爭以是久而安時有所言輒削草稾以爲章主之過以奸忠直人臣大罪也師古曰奸求也奸忠直之名也奸音千也有所薦舉唯恐其人之聞知沐日歸休兄弟妻子燕語終不及朝省政事或問光溫室省中樹皆何木也晉灼曰長樂宮中有溫文殿光嘿不應更荅以他語其不泄如是

又曰京房所言屢中天子悅之數召見問房對曰古帝王以功舉賢即萬化成瑞應著末世以毁譽取人故功業廢而致災異宜令百官各試其功災異可息詔使房作其事房奏考功課吏法上令公卿朝臣與房會議溫室皆以房言煩碎上下相司不可許

上召見諸刺史令房曉以課事刺史復以爲不可行唯御史大夫鄭弘光祿大夫周堪初言不可後善之部刺史奏事京師

又漢三年魏王豹叛漢附楚漢使大將韓信擊虜豹薄姬内人傳詣雒陽織室漢王見薄姬内後宫幸之生文帝

後漢書曰彩彤爲太僕從東巡狩過魯坐孔子講堂顧指子路室謂左右曰此太僕之室太僕吾之禦侮也

又曰袁閎見時險亂而家門富盛常對兄弟歎曰吾先公福祚後代不能以德守之而競爲驕奢與亂代爭權此即晉之三郤矣延熹末黨事將作遂散髮絶代欲投跡深林以母老不宜遠遁乃築土室四周於庭不爲户自牖納飲食東向拜母母思閎時往就視母去便自掩閉兄弟妻子莫得見也及母殁不爲制服設位時莫能名或以狂生目之潛身十八年黃巾賊起攻没郡縣百姓驚散閎誦經不移賊相約語不入其閭鄉人就閎避難皆得全免年五十七卒於土室

又曰馬援之攻五溪蠻初軍至下雋有兩道可入從壷頭壷頭山名也在今辰州沅陵縣東武陵記此山頭與東海方壷山相似因名壷頭側路近而水嶮從充則塗夷而運遠充縣屬武陵郡帝初以爲疑及軍至耿舒欲從充道援以爲費粮不如進壷頭搤其喉咽嗌音益蠻賊自破以事上之帝從援策三日進營壷頭賊乘高守隘船不得上會暑甚士卒多疫死援亦以中病遂困乃穿岸爲室以避炎氣武陵記曰壷頭山傍有石窟援所穿室也室內有蛇數百斛以大云是援之餘靈耳賊每乘險鼓譟援曳足以觀之左右哀其壯意莫不爲流涕

謝承後漢書曰陳蕃家居不好掃室賔客存之者或曰可一掃乎蕃曰丈夫當爲國家掃除天下豈徒室中

晉書曰秋含字君道祖嘉徐州刺史父蕃太子舍人含好學能屬文家在鞏縣亳丘自號亳丘子署其門曰歸厚之門室曰慎終之室

宋書曰武帝六年五月初置陰室于覆舟山脩藏氷也

唐書曰太子承乾盛農之時營造曲室累月不止左庶子于志寧切諫不從

家語曰魯有獨處室者隣之嫠婦亦獨處室夜暴風雨室壞趨而託之魯人閉户不受

三輔黃圖曰明堂有十二室法十二月

楊龍驤洛陽記曰顯陽殿北有避雷室西有禦龍室

神異經曰西北荒有石室有百二十人同居齊壽千二百歲

十洲記曰崐崘山上有瓊華之室

淮南子曰西方有金室

列仙傳曰彭祖殷大夫也歷夏至商末號七百歲歷陽有彭祖仙室

漢宮殿名曰神明臺武帝造高五丈上有九室今人謂之九天臺武帝求神仙恒置九天道士百人洛陽宮室名曰洛陽有望舒涼室含章鞠室清暑涼室

老子曰鑿戶牖以為室當其無有室之用

管子曰堯有衢室之問者下聽於民也衢室事具帝王部

晏子曰景公謂晏子曰寡人欲朝夕相見為夫子築室於閨內可乎對曰臣聞之隱而顯近而結唯至賢耳如臣者飾其容止待令猶恐罪戾也今君近之是遠之也

又曰景公問晏子曰吾欲服聖王之服居聖王之室如此則諸侯其至乎對曰法其節儉則可法其服室無益也

拾遺録曰老君居反景之室日與世人絶跡

又曰燕昭王坐祇明之室外於泉昭之館此館常有白鳳白鸞遮集其間

列子曰虚室生白張湛注云夫視有若虚者虚室而純白獨生

莊子曰原憲居圜堵之室蓬戶不完桑以為樞瓮以為牖上漏下濕匡坐而絃歌

尸子曰厚積不登高臺不登大臺高臺多傷大室多陰故皆不居

呂氏春秋曰高元作室

又曰齊宣王為大室大蓋百畝堂上三百戶三年而未成羣臣莫敢諫

淮南子曰高陽魋將為室問匠人匠人對曰未可也木尚生加塗其木必將撓以生敗任重塗今雖成後必將敗高陽魋曰不然夫木枯則益勁塗乾則益輕以勁材任輕塗今雖惡後必善匠人窮辭無以對受命而為之室其始成𥳑然善也而後果敗

又曰崐崘有增室

又曰有石城金室

又曰古者民澤處腹穴鑿崖岸之腹以為密室冬日則不勝雪霜霧露夏日則不勝暑熱蚊䖟聖人乃作為之築土構木以為室屋上棟下宇以蔽風雨以避寒暑百姓安之

鹽鐵論曰匈奴織柳為室旃廗為蓋

說苑曰延陵季子遊于晉曰吾入其都新室惡故室美故牆高新牆庳是以知民力屈也

又曰一室之中有王道焉父母之謂也故君正則百姓治父母平則子孫孝慈是以孔子家兒不知倨所以然者生而見善教也

新序曰魯哀公為室而大公儀子諫曰室大衆與人處則譁少與人處則悲願公適之也曰聞命矣築室者不輟明日又諫國小室大百姓必怨吾君諸侯聞之必輕吾國公曰聞命矣築室不輟明日又諫曰左昭右穆為室而大以臨二先君無乃害於孝乎於是哀公毀室而止

風俗通曰論語夫子宮牆數仞禮記季武子入宮不敢哭由是言之宮室一也秦以來尊者以為常號乃避之耳室實也弟子職曰室中　論語曰譬如牆由此言之宮其外

室其内也

楚辭曰砥室翠翹絓曲瓊言臥内之室以砥為壁平而滑澤以翠鳥之羽雕飾玉鉤以絓衣曲瓊玉鉤也

又曰鑿山楹而為室下披衣於水渚霧濛濛其晨降兮雲

裴斐而承宇

又曰網戶朱綴刻方連冬有奧突奧復室夏大室

夏有室寒事具居處部上

又曰築室兮水中葺之以荷蓋

又曰像設居室靜閑安高堂邃宇檻層軒潘岳狹室賦曰

伊余舘之褊狹良窮弊而極微

李尤室銘曰室以安寧寢息幽閑窒塞空隟遮過風寒

無曰寂寞屋漏昭然

太平御覽卷第一百七十四

居處部三

殿

説文曰殿堂之高大者也

釋名曰殿典也

摯虞決疑要注曰凡太極殿乃有陛堂則有階無陛也右碱左平平者以文塼相亞次城者爲陛級也九錫之禮納陛以登謂受此陛以上殿堂之正者爲路寢凡殿堂坐位以近尊爲上無尊者則巳東向者以北爲上南向者以西爲上西向者以南爲上北向者以東爲上也殿堂之上唯天子居牀其餘皆鋪幅席席前設筵凡天子之殿東西九筵南北七筵

史記秦始皇以咸陽人多先王之宫迂小乃營作朝宫渭南禁苑中先作前殿阿房東西五百步南北五十丈上可以坐萬人下可以建五丈之旗周旋爲閣自殿下直指南山之巔爲複道渡渭屬之咸陽

漢書曰宣帝幸河東之明年鳳皇集上林迺作鳳皇殿以荅嘉瑞事具祥瑞部鳳皇篇

後漢書曰董卓傳云建安元年七月帝還至洛陽幸陽安殿張楊以爲巳功故因以楊爲名殿

范曄後漢書曰中平二年復修玉堂殿

東觀漢記曰明帝欲起北宫尚書僕射鍾離意上書諫出爲魯相後起德陽殿殿成百官大會上謂公卿曰鍾離尚書若在不得成此殿

魏志明紀云青龍三年丁巳行還洛陽宫命有司復崇華殿改名九龍殿又高堂隆傳云帝遂復崇華殿時郡國有龍九見故改曰九龍殿

又張遼傳曰文帝引遼會建始殿親問破吴賊意狀帝歎息顧左右曰此亦古之邵虎也爲起殿舍又特爲遼母作殿

晉書曰張駿霸西河於姑臧起謙光殿畫以五色飾以金玉窮盡珎巧四面各起一殿東方曰宜陽青殿南方曰朱陽赤殿西方曰政德白殿北方曰玄武黑殿各同方色各以時居之

晉載記曰石虎於襄國起太武殿於鄴造東西宫至是就太武殿基高二丈八尺以文石綷之下穿伏室置衛士五百人於其中東西七十五步南北六十五步皆漆瓦金鐺銀楹金柱珠簾玉壁窮極伎巧又起靈臺于顯陽殿後選士庶之女以充之後庭服綺縠奇玩者萬餘人内置女官十有八等教宫人星占及馬步射置女太史于靈臺仰觀災祥以考外太史之虚實。魏略曰青龍三年起太極殿洛陽故諸宫有却非殿銅馬殿敬法殿清涼殿鳳皇殿嘉德殿黄龍殿壽安殿竹殿

晉中興書曰烈宗起清暑殿識者曰清暑反語楚聲也爲殿以酸楚之聲爲號非吉祥也有頃烈宗崩桓玄自號楚

又孝武帝造太極殿郭璞筮云二百一十年此殿爲奴所壞後梁武帝毁之捨身爲奴

落草燕書曰秋七月丁夘營新殿昌黎大棘城縣河岸崩出鐵槃頭一千一百七十四枚永樂民郭陵見之詣闕言狀以是日到詔曰經始崇殿而槃具出人神允協之應也

趙書曰劉曜召構殿巧手三千人發陽平等十郡車牛五千乘運土築建德殿臺基

齊書武穆裴皇后傳云寵姬荀昭華居鳳華栢殿宮內御所居壽昌畫殿南閤置白鷺鼓吹二部

又魏虜傳云虜主宏率衆至壽陽軍中黒氈行殿皆烏漆楯烏漆槊綴以黒蝦蟇幡登八公山賦詩而去

又禮志云魏文脩洛陽宮室權都許昌殿狹小元日於城南立氈殿青帷以爲門

又蕭赤斧子頴胄傳曰建武中荆州大風雨龍入栢齋中柱壁上有爪足處刺史蕭欣恐畏不敢居之頴胄改爲嘉福殿

隋書宇文愷傳云時上北巡愷造觀風行殿上容侍衛者數百人離合爲之下施輪軸推移倏忽有若神功戎狄見之莫不驚駭

唐太宗謂侍臣曰今天下無事四夷賓服唯湏守此成功

以養百姓因栢殿而言曰安百姓者如造此舍經始斯畢安可改移若易一榱增一瓦人足竟踐良工揮墨搖其梁棟所壞益多亦猶百姓旣安因而撫養若慕奇功變法制不恒其德必致勞擾

又曰太宗謂侍臣曰朕頃覽劉聰傳聰將爲劉后起凰儀殿廷尉陳元達諫聰大怒命斬之劉后手疏啓請甚切聰怒解而甚媿之人之讀書欲廣聞見然非知之難也朕近於藍田市木將別爲一殿取制兩儀仍構重閣其木已具遠想聰事斯作遂止

又曰高祖引蘇世長宴於披香殿世長酒酣奏曰此隋煬帝之所作耶何雕麗之若此高祖曰卿好諫以直其心實詐豈不知此殿是吾所造何湏蕪詭疑煬帝乎對曰臣實不知但見傾宮鹿臺琉璃之瓦並非受命帝王愛民節用之所爲也若是陛下作此誠非所宜臣昔在武功幸獲陪侍見陛下宅宇纔蔽風霜當彼時亦以爲足今因隋之侈民不堪命數歸有道而陛下得之實謂懲其奢淫不忘儉約今初有天下而於隋宮之內又加雕飾欲撥其亂寧可得乎高祖每優容之

又曰玄宗嘗召張説及禮官學士等賜宴於集仙殿上謂説曰今與卿等賢才同宴於此宜改殿爲集賢殿因下制改麗正書院爲集賢殿書院

又曰麗正殿高宗降誕之所開元中繕寫圖籍貯之洛陽宮殿簿有明光殿三秦記云明光殿在桂宮中皆以金玉珠璣爲簾晝夜光明

太冲吳都賦云飾赤烏之暐曄是也

三輔宮殿名曰未央宮有騏驎殿椒房殿

又曰長樂宮前殿宣德殿通光殿高明殿

漢宮殿名曰長安有臨華殿神仙殿高門殿朱鳥殿曾城殿宣室殿承明殿鳳皇殿飛雲殿昭陽殿鴛鸞殿鈎臺殿合懽殿蕭何殿曹叅殿韓信殿

成都記曰隋蜀王秀常造一殿飛鳥不止其上

戴延之西征記曰太極殿上有金井闌金搏山麃盧蛟龍山負於井上又有金師子

伏滔北征記曰梁城東有韓馮墓去城三里青蘭殿是宋王住殿

山謙之丹陽記曰太極殿周制路寢也秦漢曰前殿今稱太極曰前殿洛宮之號始自魏案史記秦皇改命宮爲廟以擬太極魏號正殿爲太極蓋採其義而加以太亦猶漢夏門魏加曰大夏耳咸康中散騎侍郎庾闡議求改太爲泰

蓋謬矣東西堂亦魏制於周小寢也皇后正殿曰顯陽東曰含章西曰徽音又洛宮之舊也含章名起後漢顯陽徽音亦起魏曰明陽晉避文帝諱改爲此周禮亦有路寢小寢又其制度也

登真隱訣云寒陽殿太和殿皆云王清宮中殿名

二京雜記曰漢成帝設雲帳雲幄幕於甘泉紫殿謂之三雲殿

漢官典職曰德陽殿周旋容萬人激洛水於殿下

郡國志曰秦州上邽縣北十六里有無疆古殿基後魏太武築也

王子年拾遺記曰漢成帝造飛行殿方丈如今之輦選期門羽林之士負之而趨一名雲雷宮

兩京記曰東京五殿　壁厚五丈高九十尺東西房

廊皆五十餘間西院有廚東院有教坊內庫高宗常御此殿

又曰流盃殿東西廊殿南頭兩邊皆有亭子以間山池此殿上作漆渠九曲從陶光園引水入渠隋煬帝常於此爲曲水之飲在東都

又曰含元殿陛上高於平地四十餘丈南去丹鳳門四百步

王文考魯靈光殿賦序曰魯靈光殿者蓋漢景帝程姬之子恭王餘之所立也初恭王始都下國好治宮室遂因魯僖基兆而營焉遭漢中微盜賊奔突自西京未央建章之殿皆見隳壞而靈光巋然獨存意者豈非神明依憑支持以保漢室者耶然其規矩制度上應星宿亦所以永安也晉宮閣名曰太極殿十二間徽行殿顯陽殿暉章殿含章殿建始殿仁壽殿百福殿清暑殿章華殿嘉福殿宣光殿修明殿嘉樂殿芙蓉殿崇光殿華光殿疏圃殿華德殿九華殿右五殿在華林園章陽殿百兒殿芳德殿靈　殿承光殿永寧殿景福殿延休殿百子殿虞清殿淵冥殿安昌殿

建康宮殿簿云林光殿在縣東北十里潮溝村覆舟山前晉以爲藥園

又曰陳永初中於臺城中起昭德嘉德壽安乾明有覺等殿

又曰光嚴殿在縣東北六里景陽山東嶺南起重雲光嚴二殿前爲兩樓

又云梁於臺城中立曾城觀觀歷四代修理更起重閣七間上名重雲殿下名光嚴殿

又云太初宮中有神龍殿去縣三里左太沖吳都賦云抗

神龍之華殿是也

又云臺城温德門內又起三善長春勝辯等殿

又云鳳光殿在縣東北五里一百步舊臺城內

又云宋於臺城立正福清曜等殿

又云臺城中有麗譙閣麗日殿飛香三重閣

又云臺城温德門內有永貞温文文思壽安等殿

輿地志云未央後宮有鴛鸞昭陽飛翔增地合歡蘭林披香鳳皇等八殿

又云丹陽郡建康縣文德殿梁武帝移張衡渾儀置此殿

又云洛陽有顯陽殿皇后正殿也魏明所建

又云丹陽郡建康縣臺城華光殿梁武帝大通中毀施與草堂寺人洗取朱貨直百萬以其地起重閣七間

又云丹陽郡建康縣臺城寶雲殿梁武帝以施佛事

又云丹陽郡建康縣臺城惠輪殿梁武帝以供養佛

又云洛陽昭陽殿魏明所治在太極之北鑄黃龍高四丈鳳皇二丈置殿前

又云新安郡新始縣西十里有大宰殿晉武陵王晞爲太宰桓温誣言其反徙新安立第於此葬第側後喪還都今空冢在

楊龍驤洛城記曰顯陽殿北有雲氣殿

洛陽宮殿簿曰明光殿徽音殿式乾殿暉章殿含章殿建始殿仁壽殿嘉福殿百福殿芙蓉殿九華殿流圓殿華光殿崇光殿

建康宮闕簿云赤烏殿在縣東北五里吳昭明宮内制度上應星宿亦所以永安也

注水經曰孔子廟東南五百步有雙石闕即靈光之南闕

也闕北百餘步即靈光殿基東西二十丈南北十二丈高丈餘東西廊廡别舍中間方七百餘步闕之東北有浴池池方四十餘步池中有鉤臺方十步池臺之基岸悉石也遺基尚整故王延壽賦曰周行數里仰不見日者也是漢景帝程姬子魯恭王之所造也殿之東南即泮宮也在高門直北道西宮中有臺高八十尺臺南水東西一百步南北六十步臺西水南北四百步東西六十步臺池咸結石爲之

太平御覽卷第一百七十五

太平御覽卷第一百七十六

居處部四

堂 堂皇附 樓

堂

説文堂殿也

釋名曰堂猶堂堂高顯皃也

禮記曰堂上不趨堂上接武堂下布武

又曰將上堂聲必揚

又曰禮有以高爲貴者天子之堂九尺諸侯七尺大夫五尺士三尺

又曰覲天子不下堂而見諸侯下堂而見諸侯天子之失也由夷王以下

尚書大傳曰天子堂廣九雉諸侯七雉伯子男五雉（雉長三尺也）

續漢書曰中平二年造萬金堂於西園

三十國春秋西凉傳曰李暠於南門外臨水起堂名曰靖恭堂以議朝政閱武事堂成圖讚自古明王忠臣孝子貞女暠自爲序以明鑒戒文武群寮亦皆圖焉是月白雀翔于靖恭堂暠頌之

梁書曰高祖五年改閱武堂爲德陽堂改聽訟堂爲議賢堂

後魏書任城王澄從高祖於觀德殿高祖曰躬以觀德次之疑閑堂高祖曰名要有義此堂天子閑居之義不可縱奢以志儉自安以志危故此堂後作茅茨堂謂李沖曰此東曰步元廡西曰遊凱廡此坐雖非唐堯之君卿等當無媿於元凱冲對曰臣既遭唐堯之君不敢辭元凱之譽高祖曰光景垂落朕同宗則有載考之義卿等將出無遠

何得默尔（示聽德音）即命黃門郎崔光鄭郭雅邢巒崔休等賦詩言志燭至公卿辭高祖曰在夜載考宗族之義卿等且還朕與諸王宗室欲成此夜飲

和苞漢趙記曰劉聰嘉平三年廷尉陳元達極諫聰怒將斬之聰時幸逍遙園李中堂元達抱堂下樹叫曰臣所言者社稷之計聰免之於是易李中堂爲愧賢堂○北史齊文襄於鄴東起山池遊觀河澗王孝瑜遂於第作水堂龍舟植幡矟於舟上數集諸弟宴射爲樂武成幸其第見而悅之故盛興後園之翫胥於是貴賤慕効處處營造

又曰若干惠事母以孝聞周文嘗造射堂新成與諸將宴射惠竊歎曰親老矣何時辦此周文聞之即日徙堂於惠宅

論衡曰王者之堂墨子稱堯舜堂高三尺儒家以爲卑下假使之然高三尺之堂蓂莢生於階下須臨堂察之乃知莢數夫起視堂下之莢孰與懸日曆於扆坐頭輒見之也

風俗通曰殿堂象東井形刻作荷蔆菱水物也所以厭火

晉宮閣名曰洛陽宮有則百堂蠡斯堂休徵堂延祿堂仁壽堂綏福堂含芳堂樂日堂椒華堂芳音堂顯成堂承光堂五福堂嘉寧堂

瑞應圖帝琴堂前有二橋樹連理改琴堂爲連理堂

華陽國志曰文翁立講堂作石室一曰玉堂在城南初堂遇火太守更脩立又增二石室

虞氏家記曰虞潭爲右衛將軍太夫人年高求解職被詔不聽特假百日迎母東歸起養堂親覲集會作詩言志

齊地記曰臨淄城西門外有古講堂基柱猶存齊宣王脩文學處也

拾遺記曰董偃常卧延清之堂設火齊屏風
又曰海人獻龍膏爲燈於燕昭王王坐通雲之堂爓
王子年拾遺記漢武息於延涼室卧夢李夫人授帝蘅蕪之香帝驚起而香氣猶著衣枕歷月不歇帝弥思涕乃改延涼室爲遺芳夢堂
襄沔記白馬泉每年刺史三月上旬於此泉起曲水流杯堂引泉水爲祓禊之所臨時構造事竟毀除其流杯堂本在壘城西
郡國誌王屋縣有孔子學堂西南七里有石室臨大河水勢湍急五里之間寂無水聲如似聽義
又曰齊桓公宫城西門外有講堂齊宣王立此學也故稱爲稷下學莒子如齊盟于稷門此也
宋永初山川古今記永康縣縉雲堂黄帝煉丹處
又曰費出有積弩堂
益州記文翁學堂在城南
羊頭山記太學堂洛陽南開陽門外長十丈廣三丈堂前石經四部本碑凡四十八枚西尚書周易公羊十六碑南禮記五碑東論語三碑有諫議大夫馬日磾碑議郎蔡邕銘
又曰聖壽堂石虎造垂玉佩八百大小鏡二萬枚丁香末爲泥油瓦四面垂金鈴一萬枚去鄴三十里聞響
十洲記曰崑崙山有光碧之堂西王母所居
郡國志雍陂之側即春申君子假居之殿也後太守居之以數失火故塗以雌黄遂名黄堂
説苑曰聖人之於天下譬如一堂之上也今有滿堂飲酒者一人獨累然向隅而泣則一堂之人皆不樂矣
管子曰堂上遠於百里門廷遠於萬里今步者一日百里之情通堂上有事十日而君不聞步者十日千里之情通堂下有事一月而君不聞步者百日萬里之情通門庭有事朞年而君不聞此謂遠於萬里也
漢武内傳曰上元夫人言西王母有六甲之術用之可以遊景雲之宫登流霞之堂
漢武故事曰玉堂去地十二丈基堦皆用玉
東京賦金華玉堂白虎麒麟
潘尼詩曰鸞鳳棲堂廡不若翔廖廓
文選天台山賦王堂陰暎乎高隅
楚辭曰魚鱗屋兮龍堂
古詩云黄金爲君門白玉爲君堂庭中生桂樹華燈何煌煌

堂皇附

漢書曰坐堂皇上室而無四壁曰皇也
廣雅曰堂皇合殿也
洛陽記曰洛陽宫有桃間堂皇杏間堂皇棕間堂皇竹間堂皇李間堂皇魚梁堂皇醴泉堂皇百戲堂皇
晉宫闕名曰洛陽宫有水碓堂皇檡果堂皇
陸機四言詩序曰太子宴朝士於宣猷堂皇遂命機賦詩

樓

爾雅曰俠而脩曲曰樓
説文曰樓重屋也樔澤中守草樓也
釋名曰樓有户牖諸孔婁婁然也
史記曰方士言武帝曰黄帝爲五城十二樓以候神人帝乃立神明臺井幹樓高五十丈輦道相屬
漢書曰濟南人　上皇帝明堂圖圖中有一殿四面無壁

以茅蓋通水園宮垣為複道上有樓從西南入蓋樓之始
也又郊祀志云其南有玉堂壁門大鳥之屬立神明臺井
幹樓高五十丈輦道相屬焉顏師古注云漢宮閣䟽云神
臺高五十丈上有九室
東觀漢記云公孫述造十層赤樓也
後漢書曰張奐傳初奐為武威太守其妻懷孕夢帶奐印
綬登樓而歌占者曰必將生男復臨茲郡命終此樓既而
生子猛以建安中為武威太守殺刺史州兵圍之急猛耻見
擒乃登樓自焚而死
又曰黃昌為郡守陝縣彭氏造高樓臨道昌行縣彭氏婦
人輙升高樓而觀昌乃殺之
蜀志曰周群作小樓多令奴更直臺上視天纔有一氣即白
群

晉書曰石崇作樓令婢綠珠作歌舞於上孫秀求綠珠不
得及崇被收方在樓上謂珠曰吾今為汝死矣珠乃墜樓
而死
又曰於石頭東城內起高樓加累入於霄漢連堞帶於積
水署曰入漢樓
宋書曰大明元年五月壬子紫氣出景陽樓狀如煙迴薄久
之詔改景陽為景雲樓
趙書云趙染襲長安秦王業奔射鴈樓格戰至天明不拔
齊書曰東昏侯後宮起仙華神仙玉壽諸殿窮盡雕綵以
麝香雜香塗壁時世祖於樓上施青漆世謂之青樓帝曰
武帝不巧何不純用瑠璃
又曰焦度嘗戰敗逃于宮亭湖中江州刺史王景文誘降
復拒沈攸之於郢城登樓詈辱攸之攸之攻不能下至今

呼此樓為焦度樓也
又魏虜傳云虜自佛貍世至萬民世增雕飾正殿西築臺
謂之白樓樓南又有伺星樓
梁書處士陶弘景傳云弘景止于句容之句曲山永明初
更築三層樓弘景處其上弟子居其中賓客至其下又曰
武帝大同十年幸蘭陵因賦歸舊鄉詩已酉幸京口城北固樓
曰此不足以固守然北望江山實為壯觀乃改名北顧因幸
迴賓亭宴帝鄉故老及迎候者少長數千人各賚錢三
千文與之
周書曰長孫儉傳云為荊州刺史人安其業吏人表請為儉
構清德樓樹碑刻頌朝議許焉
盛弘之荊州記云西鄂城東有三女稚歿三女造此樓於
墓所

老君本記云周康王時文始真人結草為樓占星候氣登
真隱訣云長綿樓上太清上宮名玉晨道君所居吳越春
秋云會稽郡小城勾踐築周千一百二十步西北立為龍
翼樓
世說云桓征西治江陵城甚麗顧長康曰遙望層城丹樓
如霞
墨子云偏城三十步置坐候樓樓出堞四尺百步一木樓
樓前面九尺高七尺二百步一立樓去城中二丈五尺
洛陽地記曰洛陽城內西北角有金墉城東北角有樓高
百尺魏文帝造也
盛弘之荊州記曰荊州城西百餘步有丹霞樓臨川康
王之置
吳越春秋曰范蠡為勾踐立飛翼樓以象天門為兩螺繞棟

以象龍角

羊頭山記曰原城西門南角有萬歲樓俗傳飛入江常以鐵鏁維之又樓上時見一道白氣如煙刺史少死輕者貶謫州人至今爲常候

郡國誌定州安縣城上樓謂之神女樓

又曰馬邑白樓即後魏納姚興女爲后后悲思因造此樓登望飾以鉛粉故名之

又曰金華縣因山爲名城南臨溪水高阜上有樓名曰玄暢樓宋沈約造以吟詠於此處

韋述兩京新記曰上陽宮有麗青臺浴日樓

十洲記曰崑崙山有王樓十二層

虞氏家記曰吳小城白門蓋吳王闔閭所作也至秦始皇帝守宮吏燭鷰窟失火燒宮而此樓故存

瀨鄉記曰老子廟有皇天樓九柱樓靜念樓皆畫仙人雲氣

袁彦伯羅山疏曰仰望石樓䏚然在雲中

金陵地記吳嘉禾元年於桂林苑落星山起三重樓名曰落星樓

吳都賦曰享戎旅於落星之樓

世說曰凌雲臺樓觀極精巧先稱平衆材輕重當宜然後造構乃無錙銖相負揭臺雖高峻恒隨風搖動魏明帝登臺懼其勢危別以大材持之樓即便頹壞論者謂輕重力偏故也

九江録曰庾亮在武昌諸佐吏殷浩等乘秋夜佳景共登南樓俄而不覺亮至衆將避之公曰老子於此不淺便坐談詠至今名庾公樓

幽明録曰鄴城鳳陽門五層樓去地二十丈安金鳳皇二頭於其上一頭飛入漳河清明見在水底一頭今獨存

水經鄧州伯陵山上有入鄉樓

益州記曰成都有百尺樓

晉宮閣名云洛陽有鳳皇樓

詩曰西北有高樓上與浮雲齊

樂府詩云日出東南隅照我秦氏樓

漢宮閣名云長安有馬伯騫樓又有貞女樓

晉宮閣名晉有伺星樓

又曰總章觀儀鳳樓在觀上廣望觀之南又別有翔鳳樓又有慶雲樓

太平御覽卷第一百七十六

居處部五

臺上

爾雅曰觀四方而高曰臺（積土四方者）有木曰榭
釋名曰臺持也言築土堅高能自勝持也
尚書曰散鹿臺之財
毛詩曰經始勿亟庶民子來謂文王之作靈臺也
又曰新臺刺衛宣公也納伋之妻作新臺于河上而要之
國人惡之而作是詩
禮記月令五月可以居高明可以處臺榭
左傳曰夏啓有鈞臺之饗
又曰宋平公築臺妨於農收子罕請俟農功之畢公弗許
築者謳曰澤門之皙實興我役邑中之黔實慰我心（子辟野黙）
悒子罕聞之親執朴以行築者而扶其不勉者曰吾儕小人
皆有闔廬以避燥濕寒暑今君爲一臺而不速成何以爲
役謳者乃止

又曰晉靈公不君從臺上彈人觀其避丸者
又曰楚子成章華之臺願與諸侯落之
又曰有蜮自泉（臺出入于國如先君之數八月）聲姜薨毁泉臺也
史記曰秦皇作瑯琊臺刊石頌德
又曰晉靈公造九層之臺孫息曰臣能累十二棊加一鷄
子於上公曰危哉息曰公造九層之臺三年不成實危於
此公乃止
又曰趙武靈王爲野臺以望齊中之山境徐廣注野一作
望齊也
又曰蜀寡婦清其先得丹穴（徐廣曰涪陵出丹也）而擅其利數世家
亦不訾（謂其多不可訾量）清寡婦也能守其業用財自衛不見侵
犯秦皇帝以爲貞婦而爲築女懷清臺
又曰淮南王安立思仙臺
又曰楚靈王爲章華之臺伍舉諫曰昔楚莊王爲匏居之
臺高不過望國氛大不過容宴豆
又曰燕昭王置千金於臺上以延天下士謂之黄金臺
又曰子路聞蒯聵入馳往入城造蒯聵蒯聵與孔悝登臺
子路曰君焉用孔悝請得而殺之蒯聵弗聽於是子路欲
燔臺蒯聵懼乃下石乞壺黶攻子路斷纓子路曰君子死冠
不免結纓而死
又曰漢武帝起栢梁臺高數十丈悉以香栢香聞數十里
漢書郊祀志曰王莽篡位二年好神仙事以方士言起八
風臺於宮中臺成作樂其上

史記云漢武帝元封二年公孫卿言於帝曰仙人好樓居
帝乃使卿持節候神作通天臺高三十丈雷雨悉在其下
去長安三百里望見長安（城武帝祭天臺舞八歲童女三
百人置祠具）招仙人祭天已令人升通天臺以候天神天
神既下祭所若大流星乃舉烽火而就竹宮望拜上有承
露盤仙人掌擎玉盃承雲表之露元鳳閒臺自毁椽桷
皆化爲龍鳳隨風雨飛去西京賦云通天眇而竦峙經百
常而莖擢上班華以交紛下刻峭而若削也
又藝文志曰曲臺記后倉記七篇如淳注曰行禮射曲臺
后倉爲記故曰曲臺
又曰趙武靈王建藂臺於邯鄲
又曰文帝嘗欲作露臺計之直一百金曰百金中民十家之
産也吾奉先帝宮室常恐羞之何以臺爲

又曰貳師擊右賢王召李陵使為貳師將軍輜重陵召見武臺〔師古曰未央宮有武臺也〕叩頭自請曰臣所將屯邊者皆荊楚勇士奇材劍客也力扼虎射命中願得自當一隊到蘭于山南以分單于兵毋令專鄉貳師軍上曰將軍惡相屬邪吾發軍多無騎予女陵對曰無所事騎〔師古曰猶言不事復騎也〕臣願以少擊衆步兵五千涉單于庭上壯而拜之

後漢書曰永平初馬援女立為皇后顯宗圖畫建初中名臣列將於雲臺〔雲臺在南宮〕以椒房故獨不及援東平王蒼觀圖言於帝曰何不畫伏波像帝笑而不言○魏志曰武紀建安十五年作銅雀臺十八年作金虎臺文作冰井臺

魏略云黃初五年文帝東征留郭后於永始臺霖雨城樓多壞有司請移止后曰昔楚昭王出遊貞姜留漸臺江水至使迎而無符不去卒沒今帝在遠未有急而便移止柰何也

何晏景福殿賦曰鎮以崇臺實曰永始複道重閣猖狂是俟

吳志曰孫權於武昌臨釣臺飲酒大悅歡使人以水灑羣臣曰今日酣飲醉墮臺乃張昭曰紂為糟丘酒池長夜之飲當時亦以為樂不以為惡權有慙色而罷

晉書曰汝南文成王亮太妃伏氏嘗有小疾祓於落水亮兄弟三人侍從並持節鼓吹震耀洛濱武帝登陵雲臺望見曰伏妃洛可謂富貴矣

又曰范寧為豫章太守大設庠序遣往交州採磬石以供學用改革舊制不拘常憲遠近至者千餘人資給衆費一出私祿并取郡四姓子弟皆充學生課讀五經又起學臺功用彌廣

又曰凉張茂築靈鈞臺周輪八十餘堵其高九仞武陵人閻曾夜叩門呼曰武公遣我來曰何故勞百姓築臺乎姑臧令辛巖以曾妖妄請殺之茂曰吾信勞人曾稱先君之令何謂妖乎太府主簿馬魴曰今世難未夷唯當弘尚道素不宜勞役崇飾臺榭比年已來轉覺衆務日奢於往昔所經營輕違雅度實非士女所望於明公茂曰吾過也命止作役

崔鴻十六國春秋夏錄曰赫連勃勃大破南凉傉檀于百井殺衆數萬以人頭為京觀號曰髑髏臺

韓子曰景公與晏子游少海登栢寢之臺望其國曰美哉渙乎後世將孰有之晏子曰其田氏乎曰寡人有國如田氏有之為之奈何對曰君若欲奪之則近賢遠不肖治其煩亂緩其刑罰振貧窮恤孤寡行惠而好儉民將歸君雖十田氏其如君何

又曰越王伐吳先宣言吾聞吳王築如皇之臺掘淵泉之池罷苦百姓剪財貨以盡民力余為民誅之

幽明錄曰海中有金臺出水百丈結構巧麗窮極神功橫巖雲渚竦曜星河也

晏子春秋曰景公起大臺歲寒役者皆凍晏子遂如臺執扑鞭其不務者曰吾細人也皆有闔廬以避燥濕〔寒暑今君〕為一臺而不速成國人皆以晏子助君虐也晏子歸而君令罷役仲尼曰古之善為臣者美名歸之君災禍歸之身

陸賈新語曰楚靈王作乾溪之臺立百仞之高欲登浮雲窺天上

王孫子曰昔衛靈公坐重華之臺侍御數百隨珠照日羅衣從風仲叔御諫曰昔桀行此而滅紂用此以亡今四境

内侵諸侯加兵土地日削内寵無乃太盛歟公下席再拜曰寡人過矣於是出宮女數百人百姓大悅子貢聞之曰所謂能受諫也

賈子曰翟王使使之楚楚王誇之饗于章華之臺三休乃至。

南雍州記曰隆中諸葛亮故宅有舊井一今涸無水盛弘之記云宅西有三間屋基跡極高云是孔明避水臺先有人姓董居之滅門後無復敢有住者齊建武中有人修井得一石枕高一尺二寸長九寸獻晉安王習鑿齒又爲宅銘今宅院見在

樓觀本記曰尹喜宅南山阜上先館舍即大夫觀望之臺也昔老君於此山騰空時人因號曰老子陵蓋非墳墓也故爾雅云大陸曰阜大阜曰陵此之謂矣

新序曰桀作瑶臺殫百姓之財伊尹諫之桀曰吾有天下猶天之有日日亡吾亡矣

又曰魏王將欲爲中天之臺曰敢諫者死許綰入曰聞大王將爲中天之臺願加一力王曰子何力能加曰臣聞天與地相去萬五千里今王因而半之當立七千五百里高其趾當方八千里盡王之地不足以爲臺趾古者堯舜建諸侯五千里王必願爲臺必起兵伐諸侯盡有其地猶不足又伐四夷得方八千里乃足以爲臺趾材木之積人徒之衆食廪之輸以千萬億度八千里之外當盡農畝之地足以奉給王臺具者已備乃可作王默然而罷

又曰紂爲鹿臺十年乃成大三里高千尺臨望雲雨故天下叛

沈懷遠南越志曰熙安縣東南有圓岡高十丈四面爲羊腸道論者曰尉佗登此望漢而朝名曰朝臺也

裴淵廣州記曰尉佗築臺以朝漢室圓基千步直峭百丈螺道登進頂上三畝朔望外拜號爲朝臺

戴延之西征記曰許昌城本許由所居大城東北九里有許由臺高六丈廣三十步長六十步由恥聞堯讓而登此山邑人慕德故立此臺

管子曰囷倉寡而臺榭繁者藏不足以供其費臺榭相望者其上下相怨也

三輔故事曰未央宮前有東山臺釣臺倉池中漸臺

韓詩外傳曰趙簡子有臣曰周舍立於門下抱筆執牘從之書過簡子與之居無幾而死後與諸大夫飲於洪波之臺酒酣泣曰千羊之皮不如一狐之腋衆人之唯唯不如周舍之諤諤今舍死吾亡無日矣

說苑楚莊王與晉戰勝之懼諸侯之畏已也乃築爲五仞之臺臺成而觴諸侯諸侯請約莊王曰我薄德之人也諸侯請爲觴皆仰而曰將將之臺窅窅其謀我言而不尚諸侯伐之於是遠者來朝近者入賓

又曰齊景公爲露寢之臺成而不適焉栢常騫曰爲臺甚急臺成君何爲不適焉公曰然梟昔鳴昔鳴者其聲無不爲也吾惡之甚是以不適焉栢常騫曰臣請禳而去之公曰何其對曰築新室爲置白茅焉（公使爲室置白茅焉栢常騫夜用事明）問公曰今昔聞梟聲乎公曰一鳴而不復聞使人往視之梟當陛布翼伏地而死

家語曰楚王將游荆臺司馬子期諫王怒令尹子西駕於殿下曰今荆臺之觀不可失也王喜子西出從十里還引轡而止曰夫子期忠臣也若臣諛臣也願王賞忠而誅諛也王乃還

五經異義曰天子有三臺靈臺以觀天文時臺以觀四時施化囿臺以觀鳥獸魚鼈諸侯卑不得觀天文無靈臺但有時臺囿臺

歸藏夏后曰啓筮享神於晉之靈臺作璿臺

山海經曰享神於大陵而上鈞臺

老子曰九層之臺起於累土

又曰衆人熙熙如春登臺

伏滔地記曰瑯琊城東南十里有郎山即古瑯琊臺也秦始皇二十八年至瑯琊大樂之留三月作瑯琊臺臺亦孤山也然高顯出於衆山之上高五里下周二十餘里山上疊石爲臺石形如塼長八尺廣四尺厚尺半三級而上級高三丈上級平敞二百餘步刋石立碑紀秦功德漢武帝亦登此臺

吴越春秋曰楚靈王立建章華之臺與羣臣登焉王曰臺美伍舉曰臣聞國君服寵以爲美安民以爲樂克聽以爲聰致遠以爲明不聞土木之崇高蟲鏤之刻畫金石之清音絲竹之悽唳以之爲美昔先君莊王爲匏居之臺高不過望國氛大不過容宴豆士不妨守備用不煩官府民不敗時務官不易朝市今君爲此臺七年國人怨焉財用盡焉年穀敗焉百姓煩焉諸侯忿怨卿士訕譏豈前王之所盛人君之所美者乎臣之誠愚不知所謂也靈王納之即除工去飾不遊於臺

又曰范蠡於東武山起遊臺其上東南爲司馬門立增樓冠其山巔以爲靈臺起離宮於淮陽中宿臺在於高平駕臺在於成丘立苑於樂野燕臺在於石室齊臺在於襟山勾踐之出遊也休息石臺食於冷廚

又曰吴王闔閭治宮室立射臺於安里華池在平昌南城宮在長樂闔閭出遊卧秋冬治於城中春夏治於姑胥之臺且食䱇山晝遊胥臺射於鷗陂馳於遊臺興樂石城

又曰越得神木一雙大二十圍長五十尋陽爲文梓陰爲楩柟巧工施校制以規繩雕治圓轉刻削磨礱分以丹青錯畫文章嬰以白璧鏤以黄金狀類龍蛇文彩生光乃使大夫種獻之於吴王曰東海役臣臣孤勾踐使臣種敢因下吏聞於左右賴大王之力竊爲小殿有餘材再拜獻之吴王大悦子胥諫曰王勿受昔者桀爲靈臺紂起鹿臺陰陽不和寒暑不時五穀不熟自取其灾民虚國變遂取滅亡大王受之後必爲越所戮吴王不聽遂受而起姑胥之臺三年聚材五年乃成高見二百里行旅之人道死巷哭不輟嗟嘻之聲民疲士苦人不聊生

帝王世紀曰周赧王雖居天子之位爲諸侯所侵逼與家人無異貰於民無以歸之乃上臺以避之故周人因名其臺曰逃債臺故洛陽南宮簃臺是也

呂氏春秋曰有娀氏有二佚女爲九成臺飲食必以鼓王

孫子曰昔衛靈公坐重華之臺侍御數百隋珠照日羅衣從風

戴延之西征記曰官度臺去青口澤六十里魏武造也破袁紹於此

楊龍驤洛陽記曰凌雲臺高二十三丈登之見孟津

鄧德明南康記曰雩都君山上有玉臺方廣數丈周迴盡是白石柱自然石覆如屋形也四面多松杉遇眺巘巇嚮像羽人之館風雨之後景氣明淨頗聞山上有鼓吹之聲山都木客爲儛唱之節

述征記曰廣陽門北魏明帝流杯池猶有處所池西平原懿公主第有皇女臺西南劉曜壘壘西曜試弩棚西北有鬭雞臺

太平御覽卷第一百七十七

太平御覽卷第一百七十八

居處部六

臺下

王子年拾遺記曰秦始皇起雲明臺窮四方之珎木搜天下之工南得煙丘碧桂酈水然沙賁都朱泥雲岡素竹東得葱巒錦柘縹楊龍松寒河星柘西得漏海浮金狼淵羽璧㴌嶂霞素賓阜乾㳤陰坂文杞褰流黑魄暗海香瓊瑶異是集有二人皆騰虛緣木揮斤斧於空中子時興功至午時已畢秦人謂之子午臺又云二臺於子午之地各起一臺

又曰燕昭二年海人乘霞舟以雕壺盛數斗膏以獻王王坐通雲堂亦曰通霞之臺以龍膏為燈光耀百里煙色丹紫國人望之咸言瑞光也遥拜之燈以火浣布為纏山西有照石去石十里見人物之影如鏡焉碎石片片皆能照人而質方一丈則重一兩昭王舂此石為泥泥於通霞之臺與西王母遊居此臺上常有鍾鼓琴瑟鳴神光照耀如日月之出臺左右種恒春之樹葉如蓮花芬芳似桂花隨四時之色

又曰魏明帝即位五年起靈禽之園方國所獻異鳥殊獸皆畜此園也時昆明國貢嗽金鳥國人云其地去涼州九千里出此鳥形如雀色黄毛羽柔密常翱翔海上羅者得之以為至瑞聞大魏之德被於荒遠故越山航海來獻大國帝得此鳥畜於靈禽之園飴以真珠飲以龜腦鳥常吐金屑如粟鑄之以為器服昔漢武時有獻大雀此之類也此鳥畏雪霜乃起小屋以處之名曰辟寒臺皆用水精為户牖使內外通光而風露恒隔宮人爭以鳥所吐之金用

飾釵珮謂之辟寒金宮人相嘲曰不服辟寒金那得帝王心於是娼惑者亂爭此寶以為身飾及行卧皆懷挾以要寵也魏代喪滅珎實池臺鞠為煨燼嗽金之鳥亦自高翔也

又曰周靈王二十三年起昆昭之臺一名宣昭之臺聚天下異木神工得崿谷陰生之樹其質千尋文理盤錯以此一木臺用足矣其木有龍蛇百獸之形飾水精為泥臺高百丈升之以望雲色時有萇弘能招致神異王登臺忽見二人乘空而至乘遊飛之輦駕以青螭其衣皆縫緝毛羽王即迎之上席時天下大旱地裂木然一人先唱能為霜雪引氣一噴則雲起雪飛坐者皆口禁井池氷堅可琢又設狐腋素裘紫羆大褥褥是西域所獻施於臺上又一人以指彈席上而暄風入室裘褥皆弃臺下

又曰魏文帝築臺基高四十丈列燭置於臺下名曰燭臺遠望如列星之墜地也以處美人薛靈芸焉

又曰魏明帝起凌雲臺躬自掘土羣臣皆負畚鍤時陰寒役者多死高堂隆等諫之不聽累年而畢

又曰魏文帝時黄星炳夜乃起畢昴臺以祀星

又曰吳主潘夫人之父坐法夫人輸入織室夫人容態少儔為江東絶色同幽者百餘人有司聞於吳主使圖其容貌夫人憂慼不食減瘦改形工人寫其真狀以進吳主吳主見圖而嘉之以琥珀如意撫按則折嗟曰此神女也愁貌尚能感人况在懽樂乃命雕輪就織室納于後宮果以姿色獲寵每與夫人遊昭宣之臺恣意幸適既盡酣醉唾於玉壺中使侍婢寫於臺下得火齊指環即挂石榴枝上因其處起臺名曰環榴臺時有諫者云今吳蜀爭雄

還劉之名特爲妖乎權乃𠜱其名爲榴環臺也又與夫人遊釣得大魚吳王喜而夫人曰昔聞泣魚今乃爲喜有喜必憂以爲深誡至末年漸相譖毀稍見離退時人謂夫人知幾之神矣釣臺今猶基存

漢武帝內傳曰鉤弋夫人謂帝曰妾相運正應爲陛下生一男男年七歲妾當死矣今年必不得歸願陛下自愛言終遂卒既殯屍香聞十餘里因葬之雲陵帝甚哀悼又疑其非常人乃發塚開視空棺無屍唯衣履存焉乃起通靈臺於甘泉常有一青鳥集臺上往來至宣帝時止矣

又曰漸臺高三十丈南有辟門三層內殿皆陛咸以玉爲之鑄銅鳳皇高五丈飾以黃金於樓屋上

洞冥記曰武帝起招仙之臺於明庭宮北明庭宮者甘泉之別名也於臺上撞碧玉之鍾掛懸黎之磬吹霜滌之篪

唱來雲依日之曲使臺下聽而不聞管歌之聲

又曰太初二年起甘泉望風臺於臺上得珠望之如照且因名照月珠

又曰建元二年帝起騰光臺以望四遠常有飛光如星集於臺上亦曰經星臺

又曰帝初起神明臺時掘地入三十丈得泉水色黃傍有人居無日月光明晝夜以火照中有人食土飲水服赭布之衣漢人問汝何時居此荅曰商王無道使兆民入地千丈求青堅之土以作瓦起瑤宮金堂二人皆以繩縋入地裹負畚器取土多有壓陷死者今猶二人在耳漢人問何得獨存荅曰我以玉爲衣玦金爲環身有金玉故心氣不滅漢人問汝欲更出爲人否荅曰食土飲泉與螻蟻爲伍寧望日月乎乃引出三日自死骨肉糜爛成灰唯心如彈丸大堅如石以物扣之則是乾血耳

述異記曰郭景純注爾雅臺今在東陵郡又曲阜縣南十里有孔子春秋臺

又曰吳王夫差築姑蘇臺三年乃成周環詰屈橫亘五里崇飾土木殫耗人力宮妓數千人上別立春宵宮爲長夜飲造千石酒鍾又作大池池中造青龍舟舟陳妓日與西施爲水嬉又於宮中作靈館館娃閣銅溝玉檻宮之欄檻皆珠玉飾之吳既敗越王勾踐於會稽山上地方千里勾踐得范蠡之謀躬教民以耕桑延四方之士作臺于外而館賢士會稽之上有越臺

又曰晉永嘉之亂既過江諸公主不得隨去安陽公主與平城公主等奔入兩河界悉爲民家妻常怏怏不悅故有思鄉之志村人感之共築一臺以居之謂之公主望鄉之

館至今巋然王朗懷舊賦云將軍出塞之臺公主望鄉之館是也漢武帝遣將軍王濆戍邊及帝崩王莽篡逆濆與莽有隙遂留不敢歸因亡入胡中士卒相率築臺爲望鄉之處

又曰會稽山有虞舜巡狩臺臺下有望陵祠帝舜南巡葬於九疑山民思之故立祠中都郭門古宮存焉宮前有堯臺舜館銘記皆古

又曰中山有韓夫人愁思臺望子陵也

又曰燕昭王爲郭隗築臺今在幽州燕王故城中土人呼爲賢士臺亦謂之招賢臺

郡國志曰濮州壁王臺穆天子爲盛姬所造也今旁地猶多珉石

又曰汝陰縣富陂城即詩之汝墳也俗謂之女郎臺

又曰魏硯子臺云是張儀冢似硯也
又曰曹州麟城南有望麟臺園客祠庭種香草有五色神
蛾得六大蠒絲六十日始盡處
又曰洺州温明臺後漢世祖晝臥此殿耿弇入造床下齊
勸即位處
又曰滎陽縣有大武城高祖與項氏各在一城東城有高
壇即項羽置太公於上處今名項羽堆亦呼為太公臺
又曰金河府青臺方山北五里文明太后恒於六宮遊戲
因歌曰青臺雀青臺雀緣山採花額頸着其曲並在大樂
部
又曰金河府自平城遥登臺出渴鉢口梁元帝橫吹
詩曰朝登青陂道暮宿白登臺天女神即生後魏始祖神
元也

又曰衛州苑城北十四里沙丘臺也俗稱妲己臺去二里
有一臺南臨淇水俗稱為上宫也
又曰鄆州須昌縣有犀丘城青陵臺宋王令韓憑築者
又曰南頓縣有光武臺應璩宅在其側
又曰洛陽陽子臺在陽城東三十里陽陵子隱處洛水昔
王子晉與浮丘公同遊受玉鷄之瑞水亦宓妃之所在也
又曰宛句縣昌都城呂后追尊父呂公為宣王都此有呂
后臺西有辟陽侯臺閤道相連基址見存
又曰洛陽鷄臺有劉曜試弩棚夕陽亭賈充出鎮長安
百僚餞送於此
又曰鄭州故魏任城王臺下池内有漢時鐵鍾長六尺入
地三尺頭自正為晉氏重興之瑞今不知所在東南有空
侯城鄭衛之音也

又曰酸棗縣韓徙都於此有冰井臺五馬泉
又曰衛州有鳳皇臺
又曰荆州龍陂山有楚王臺
又曰濮州羊角城陳思王愁臺基甚高
又曰夏州朔方郡赫連勃勃僭號築土起真珠樓沖天臺
又曰兖州有娥皇女英臺
又曰恒州野望臺趙武靈王以登高望亦曰寒臺
又曰荆州華容縣東六十里有章華臺楚靈王築臺東
即荆臺縣也
又曰并州榆次縣鑿臺即韓殺智伯於鑿臺之中
又曰木客山吴王遣木客入山求木不得工人憂思作木
客吟一旦神木自生長二十丈作姑蘇臺
又曰鄧州皇后城即迎陰后處城西張平子讀書堂

又曰亳州城父縣老子祠賴鄉曲仁里廟内有八公臺九
柱樓畫東主母西王母又有静念樓
又曰蒲州蚩尤城鳴條野禹娶塗山女思戀本國築臺以
望之謂之青臺上有禹祠下有青臺驛
又曰汴城上有列仙吹臺西有牧澤甬道二百里漢梁孝
王所造今謂之赤堤城東有繁臺本吹臺也云蒼頡師子
野所造後有繁姓居側因名焉西有崇臺即顏率云蟬臺
之下沙海之上是也
又曰許州有丹書臺魏文帝受禪有黄鳥銜丹書集此臺
又曰衛州鹿臺在預城内紂自投火處紀年曰武王擒紂
於南單之臺蓋鹿臺之異名也糟丘酒池去城南一里基
跡猶存
水經注曰固安縣金臺陂東西六十里南北五十步側陂

西北有釣臺高十丈方可四十步陂北十餘步有金臺金臺高上東西八十許步南北加減高十餘丈昔慕容垂之爲范陽也戍之即斯臺也有小金臺臺北有蘭馬臺並悉高大秀峙相對翼臺左右水流經通長廡廣宇周旋被浦棟堵咸淪柱礎尚存是基構可得而尋訪諸耆舊咸言昭王禮賢廣延方士至如郭隗樂毅之徒鄒衍劇辛之儔宦遊歷說之民自遠而屆者多矣不欲令諸侯之客伺隙燕邦故脩建下都館之南垂言燕昭創之於前子丹踵之於後故彫牆敗館尚傳俊列之名雖無經紀可憑察其古跡似符宿傳矣

又曰鳳谿水側有鳳皇止焉故謂之鳳皇臺

又曰河水南至華陰又東北玉澗水注之南出玉溪北流經皇天固三面壁立高千許仞漢世祭天於其上因名之爲皇天固上有漢武帝思子臺及泉鳩里加兵仍於太子者上憐太子無辜乃作思子宮爲歸來望思之臺於湖師古曰言已望而思之庶太子之魂歸來也其在今湖城縣之西閿鄉縣之東基址猶存也天下聞而悲之

又曰睢陽城故宮東即梁之舊池也　周五六百步水列釣臺池東又有一臺世謂之清冷臺北城憑隅又結一池臺晉灼曰或說平臺在城中東北角亦或言兎園在平臺側如淳曰平臺離宮所在今城東二十里有臺寬廣而不甚極高俗謂之平臺余按漢梁孝王傳稱王以功親爲大國築東苑方三百里廣睢陽城七十里大治宮室爲複道自宮連屬於平臺三十餘里複道自宮東出楊州之門左陽門即睢陽東門也連屬於平臺則近矣屬之城隅則不能是知平臺不在城中也

又曰景外臺劉表之所築也表性好鷹每登此臺歌野鷹自來

又曰睢陽城中有掠馬臺東有一臺謂之清冷臺

又曰長平城在上黨郡南秦壘在城西秦抗趙衆收頭顱築臺於此崔嵬桀起今乃號曰白起臺

山海經曰沃民國有軒轅臺

又曰帝嚳堯丹朱帝舜各二臺臺四方在崑崙東北

列仙傳曰蕭史者秦穆公時人善吹簫能致孔雀白鵠穆公有女字弄玉好之公以妻焉遂教弄玉作鳳鳴居數十年吹似鳳聲鳳皇來止其屋爲作鳳臺夫婦止其上數年皆隨鳳飛去秦爲作鳳女祠於雍宮時有簫聲焉

成都記曰望鄉臺蜀王秀所築也

又曰思妻臺在梓潼縣五丁於此山拔蛇山崩殺五丁并殺秦王女因名之

三輔宮殿簿曰長樂宮有臨華臺神仙臺

西征記曰楊州雷陂有臺高二丈南兗州記即吳王濞之釣臺也

地理志曰北地郡有之回臺京西北四百里嵩高山記曰山有王女臺云漢武帝見三仙王女因以名臺

益州記曰鴈橋東有嚴君平卜處土臺高數丈

南雍州記曰高齊之後有堂堂西有射堂五間射堂南有大池池上有臺名曰樂喜臺

荊州記曰江陵縣東有天井臺飛軒孤映背邑面河實郊邏遊憩之佳處也

襄沔記曰襄縣南五里鳳林山側宋隋王劉誕鎮北有龍兒見此池中於後雍州刺史韋叡於此立放生臺

越絕書曰夫差起姑蘇之臺三年聚村五年乃成高見三百里太史公登之以望五湖

伏琛齊地記曰平業城西北八十里有平望亭亦古縣也或云秦始皇為望海臺

述征記曰陵雲臺在明光殿西高八丈累塼作道通至臺上登迴遍眺究觀洛邑暨南望少室亦山丘之秀極也

又曰蝨臺梁孝王所築於兎園中迴道似蝨因名之

太平御覽卷第一百七十八

太平御覽卷第一百七十九

居處部七

闕　觀

闕

崔豹古今注曰闕觀也於前所以標表宮門也其上可居登之可遠觀人臣將朝至此則思其所闕故謂之闕其上皆畫雲氣仙靈奇禽怪獸以示四方蒼龍白虎玄武朱雀並畫其形

釋名曰觀於上觀望也

廣志曰闕缺也門兩邊缺然為道也

周禮太宰以正月懸治法於象魏

禮記曰昔者仲尼與於蜡賓事畢遊于觀之上喟然而嘆仲尼之歎蓋歎魯也鄭玄云觀闕也

左傳曰哀公三年司鐸火踰公宮季桓子至命藏象魏曰舊章不可忘也象魏闕也法令懸之故謂其書為象魏

又曰哀十七年傳云衛侯夢于北宮見人登昆吾之觀注云衛有觀在古昆吾氏之墟也今濮陽城

公羊昭二十五年傳云子家駒曰諸侯僭於天子大夫僭於諸侯久矣昭公曰吾何僭矣哉子家駒曰設兩觀乘大輅注云禮天子諸侯內闕一觀也又定二年傳云夏五月壬辰雉門及兩觀災兩觀微也然則曷為不言雉門災及兩觀主災者兩觀也

漢書曰牂牁郡有桂浦闕

又曰蓬萊方丈瀛洲此三山在海中諸仙人不死藥皆在焉黃金白銀為闕事具仙部

又曰建章宮東鳳闕高二十文

列女傳曰衛靈公與夫人夜坐聞有車聲至闕而息過又聞車聲夫人曰此必是蘧伯玉公曰何以知之曰妾聞禮下公門軾路馬今蘧伯玉賢者也必不以暗昧廢禮公令人視之果如所言

神異經曰東南有石井其方百文上有二石闕俠東南面上有蹲熊有榜着闕題曰地户西北荒中有金闕高百文上有明月珠徑三文光照千里中有金階西北入兩闕中名天門

十洲記曰崑崙山有水精闕

水經曰秦孝公築冀闕臨渭水在咸陽西四十里

關中記曰未央宮東有青龍闕北有玄武闕漢書所謂北闕者也

建章宮圓闕臨北道鳳在上故號曰鳳闕也閶闔門內東出有折風闕一名別風

瀨鄉記曰老子廟前有兩石闕大闕高九尺八寸下三重石鹿闕邊各有子闕

山謙之丹陽記曰大興中議者皆言漢司徒許彧墓闕可徙施之王茂弘弗欲後陪乘出宣陽門南望牛頭山兩峯曰天闕也豈煩改作帝然之

鄧德明南康記曰南康縣歸美山去縣七百里下有石城高數丈遠望嵯峨靈闕騰空故老謂之神闕

莊子中山公子牟謂瞻子曰身在滄海之上心居魏闕之下奈何瞻子曰重生重生則輕利中山公子曰雖知之未能自勝也瞻子曰不能自勝則從神無惡乎不能自勝而強不從者此之謂重陽重陽人無壽類矣

魏文帝歌曰長安城西有雙員闕上有雙銅雀一鳴五穀

生載鳴五穀熟

王子年拾遺記曰崑崙第九層山形漸狹小下有芝田蕙圃皆有數百頃羣仙種耨焉傍有瑤臺十二各廣千步皆五色玉爲臺基最下層有流精闕直上四十丈有風雲雨師闕

觀

漢書成紀云孝成帝元太子也母曰王皇后帝在太子家生甲觀畫堂應劭注云甲觀在太子宮甲地主用乳生也顏師古曰畫堂但畫飾室中宮殿通有綵畫也

又曰甘露二年幸萯陽宮在鄠屬玉觀屬玉水鳥似鵁鶄以名觀也

後漢書曰丁鴻字孝公肅宗詔鴻與廣平王羨及諸儒樓望成封桓郁賈逵等論定五經同異於北宮白虎觀廣平王羨明帝子東觀記曰與太常樓望少府成封屯騎校尉桓郁衞士令賈逵等集義白虎門名於門立觀因以名焉使五官中郎將魏應主承制問難侍中淳于恭奏上帝親制臨决鴻以才論最明儒者稱之帝數嗟美焉時人歎曰殿中無雙丁孝公

又章帝紀曰永平元年長水校尉儵奏言先帝大業當以時施行欲使諸儒共正經義頗令學者得以自助於是下太常將軍大夫博士議郎郎官及諸王諸儒會白虎觀講議五經同異

又曰時謂東觀爲老氏藏室注老子爲柱下史四方所記文書皆歸于柱下言東觀多經籍

又曰高彪除郎中校書東觀後遷外黃令畫彪形像以勸學者

又曰靈帝起四百尺觀於河亮道造萬金堂於西園又造南宮玉堂築廣城苑

魏志曰明帝作凌霄觀始構有鵲巢其上侍中高堂隆曰起闕而鵲巢不得居之象

又曰明帝置崇文觀徵善屬文者以充之

吳志孫和傳云和爲太子被廢驃騎將軍朱據尚書僕射屈晃率諸將吏泥頭自縛連日詣闕請和權登白爵觀見甚惡之

蜀志云李輔字玄政爲牙門討破羌虜築平羌觀于秦亭

晉書元紀曰太興元年十一月乙卯日夜出高三丈中有赤青珥詔曰天災譴誡所以彰朕之不德也羣公卿士各上封事具陳得失無所諱將親覽焉新作聽訟觀

又劉曜載記曰曜立太學於長樂宮東簡百姓年二十五已下十三已上五百人選朝賢宿儒明經篤學以教之命起酆明觀西宮建凌霄臺於滈池

又石季龍載記云太子宣出時季龍於其後宮昇凌霄觀望之笑曰我家父子如是自非天崩地陷當復何愁但抱子弄孫日爲樂耳

又張駿傳云駿境內漸平使其將楊宣帥衆越流沙伐龜茲鄯善於是西域並降鄯善王元孟獻女號曰美人立賓遐觀以處之

齊書王儉傳云宋明帝太始六年置總明觀以集學士或謂之東觀置東觀祭酒一人總明訪舉二人儒玄史四科科置學士十人其餘吏下各有差是歲省總明觀於儉宅開學士館以總明簿書充之。

陳書後主紀云帝令采木湘州擬造正寢栰至牛渚磯盡沒既而漁人見栰於海上復起齊雲觀國人歌曰齊雲觀寇來無際畔

後魏書高祖紀下云十五年五月議改律令於東明觀親

折疑獄

又道武帝紀云天興三年起紫極殿玄武樓風涼觀石池鹿苑臺

又匈奴劉聰傳云平陽地震崇明觀陷爲池水赤如血赤氣至天赤龍奮迅而去

輿地志云丹陽郡建康縣臺城齊文惠太子治玄圃有明月觀婉轉橋徘徊廊圃內作淨名精舍

又曰丹陽郡林陵縣新亭隴有遠望樓又名勞勞樓宋改爲臨滄觀行人分別之所

又曰洛陽有廣望觀閶風觀萬世觀脩靈觀臨商觀百棊抄魏築愬章觀建翔鳳於其上使八方才人六宮女尚書居之引穀水過九龍殿前玉井綺欄水轉百戲

又曰石虎起靈臺九殿女官十有八等又女妓一千爲鹵

簿皆着紫綸巾熟錦袴金銀鏤帶五文織成靴遊於戲馬觀

漢封禪儀泰山東南有山名日觀雞一鳴時見日始出長三丈秦觀者望見長安吳觀者望見會稽周觀者望見齊

三輔黃圖云漢武帝起鳷鵲觀

又起神明觀馺娑觀甘泉苑起仙人觀緣山谷行至雲陽三百八十里入右扶風周迴五百四十里

又曰武帝起鳷鵲觀神明觀弩法觀集靈觀仙門觀陽祿觀

漢宮殿名曰長安有臨山觀渭橋觀仙人觀霸昌觀蘭池觀平樂觀九華觀豫章觀鴻雀觀昆明觀走馬觀華光觀封巒觀走狗觀天梯觀瑤臺觀流渠觀相思觀長平觀宜春觀華池觀射熊觀迎風觀露寒觀當市觀石闕觀白渠

觀鼎郊觀（潘岳關中記云鼎郊觀在上林苑）白虎觀懷德觀三雀觀林木觀溫德觀長平觀○華延儁洛陽記曰洛陽城十八觀皆施玄檻鐵籠疏雲母幌

華山記曰南嶺東巖北面有二小山一山有雙石竪立號曰石門一山孤崖特秀上有客觀陟之者遠眺千里

阮勝之楊州記云楊子縣有楊子宮宮中有玄珠觀

華陽國志云蜀城有逸客觀

華延儁洛中記云金墉城西南角有昌都觀東北有百尺樓魏都水使者陳熙造

建康宮闕簿云商飇觀在東北十三里籬門亭後亭墩上齊武帝築九日登以晏群臣

又曰曾城觀在縣東北七里景雲樓東齊武帝起七月七日夜令宮人登以穿針因曰穿針樓

又曰通天觀在縣東北五里一百步舊臺城內宋元嘉中築蔬圃二十三年更修廣之築池汩天泉造景陽樓大壯觀花光殿設射堋又立鳳光殿醴泉堂

又曰洛陽宮中有玄覽觀東汜觀清覽觀高平觀廣望觀聽松觀見親觀高樂觀陵雲總章宣曲萬年等觀

又云建業宮有迎風觀在縣南十五里宋武大明中起於石子墩上孫峻殺諸葛恪殺綝殺朱主皆於此又有徵道觀

晉潘岳關中記曰柘觀虎圈觀昆池觀上蘭觀朗池觀走馬觀湯祿觀鳷鵲觀則陽觀陰德觀並在上林苑中

陸機洛陽地記曰洛陽南宮有承風觀洛陽北宮有增喜觀洛陽城外有宣揚觀千秋鴻池泉城楊威石樓等觀

又曰洛陽城外有鼎中觀○輿地志云洛陽西南洛水上有

鼎中觀是成王定鼎處

唐韋述東京雜記曰東京紫微宮有一柱觀

又曰上陽宮有上清觀

潘安仁西征賦云圖萬載而不傾奄摧落於十紀擢百尋之曾觀兮今數仞之餘趾

左太冲吳都賦云應紫宮以營室廓廣庭之漫漫寒暑隔閡於邃宇虹蜺回帶於雲觀

何平叔景福殿賦云於是碣以高昌崇觀表以建城峻盧岧嶤岑立崔嵬巒居

宋玉高唐賦序云昔者楚襄王與宋玉遊於雲夢之臺望高唐之觀

魏陳思王七啓曰閑宮顯敞雲屋皓旰崇景山之高基迎清風而立觀

沈休文鍾山詩應西陽王教云即事既多美臨眺殊復奇南瞻儲胥觀西望昆明池

沈休文遊沈道士館詩云既表祈年觀復立望仙宮

謝玄暉觀朝雨詩云朔風吹飛雨蕭條江上來既灑百常觀復集九成臺

太平御覽卷第一百七十九

居處部八

宅

釋名曰宅擇也言擇吉處而營之也
說文曰宅人所託也
周禮曰凡任地國宅無征鄭注云國宅城中無征稅也
禮記曰獻田宅者操書契
左傳曰初景公欲更晏子之宅曰子之宅近市湫隘囂塵不可以居請更諸爽塏者辭曰君之先臣容焉臣不足以嗣之及晏子如晉公更宅反則成矣既拜乃毀之如里室皆如其舊則使人反之且諺曰非宅是卜惟鄰是卜二三子先卜鄰矣卒復其舊宅
漢書曰蕭何買田宅必居窮僻處曰令後世賢師吾儉

不賢毋爲勢家所奪
又曰魯恭王餘好治宮室苑囿壞孔子舊宅以廣其宮聞鍾磬琴瑟之聲遂不敢復壞於其壁中得古文經傳
吴志曰周瑜與孫策同年相友善瑜推道南大宅以舍策外堂拜母有無通共
晉書曰裴楷性寬厚與物無忤不持儉素每游榮貴輒取其珍玩雖車馬器服宿昔之間便以施諸窮乏嘗營別宅基構甚麗與兄共遊行床帳儼然㩗軒疎朗兄心甚願之而口不言也楷心知其意便使住
又曰杜后母裴氏爲廣德縣君裴氏名穆長水校尉綽孫太傅主簿遐女太尉王夷甫外孫中表之美高於當世遐隨東海王越遇害無子唯穆渡江遂享榮慶立第南掖門外世所謂杜姥宅云

又曰有奏王公國家京城不宜有田宅未暇作諸國邸當使有往來之處今限京師得有宅一所
又書曰劉繪字士章彭城人也太常悛弟父勔宋末權貴門多客繪解褐爲著作郎太祖見歎曰劉公爲不亡矣繪聰警善隷書爲竟陵王後進賓客時張融周顒並有五言融音旨緩韻顒辭致綺捷繪之言吐又頓挫風氣時人謂語曰劉繪貼宅別開一門言在二家之中也又朝野爲語曰三人共宅夾清漳張南北劉中央言處二人間
王隱晉書曰魏舒字陽元幼孤爲外甯氏所養甯氏起宅相者云當出貴外甥外祖母以甯氏甥小而慧謂應相也舒答當爲外家成此宅相
又曰上黨鮑瑗家多喪禍貧苦淳于智卜之卦成謂曰爲君安宅者女子工耶曰是也又曰此人已死耶曰然智曰此人安宅失宜既害其身又令君不利君舍東北有大桑樹君徑入市門數十步當有一人折新馬鞭者便就請買還懸此樹三年當得物瑗承言詣市果得馬鞭懸之三年後浚井中得數十萬銅錢雜器復可二十餘萬於是家業用展病者亦愈

晉書曰孔愉營山陰湖南侯山下數畝地爲宅草屋數間便弃官居之送資數百萬悉無所取
又曰桓玄得志嘗欲以謝安宅爲營謝混曰邵伯之仁猶惠及甘棠文靖之德更不保五畝宅耶玄聞慚而止
宋書曰初太社西空地一區吴時丁奉宅孫皓流徙其家晉有江左初爲周顗蘇峻宅其後爲袁真宅又爲章武王司馬秀宅皆凶敗後給臧燾亦頻遇喪禍故世稱惡地王僧綽常以正達自居謂宅無吉凶請爲第始就築未居而敗

又顏延之傳曰竣既貴重權傾一朝凡所資供延之無所受器服不改宅宇如舊見竣起宅謂曰善爲之無令人笑汝拙也

齊書曰齊世祖武皇帝諱賾字宣遠太祖長子也小字龍兒生於建康青溪宅其夜陳孝后劉昭后同夢龍據屋上故字上焉

梁書曰高祖宋大明八年甲辰生于秣陵縣同夏里三橋宅

後魏書曰德興反於營州使尚書盧同往討之大敗而反屬侍中穆紹與元順侍坐因論同之罪同先有近宅借紹頗欲爲言順勃然曰盧同終將無罪太后曰何得如侍中之言順曰有好宅與要勢侍中豈慮罪也紹懼不敢復言

又邢巒傳曰孝文因行樂至司空府南見巒宅謂巒曰朝行樂至此見卿宅乃佳東望德館情有依然巒對曰陛下移構中原方建無窮之業臣意在與魏昇降寧容不務永寧之宅帝謂司空穆高僕射李冲曰巒之此言其意不小

五代史晉史曰羅紹威前唐時嘗建第洛陽福善里莊宗同光中始賜明宗梁祖庸使趙巖宅雖華以趨內遠乃召紹威子周敬易其第後明宗即位一日夢中見一人儀形瓌秀若素識者上夢中曰此得非前宅主羅氏乎及寤訪其子孫左右對曰周敬見列明廷召至果符夢中所見上謂侍臣曰朕不欲使大勳之後久無土地因授左馮翊非承家爲善何以致此

五代史周書曰漢初以晉入蕃將相第宅賜隨駕大臣以趙瑩第賜太祖太祖召瑩子前刑部郎中易則告之曰所賜第除素屬版籍外如別有契券已所置者可歸本直卽以千餘緡遺易則易則惶恐辭讓太祖堅之乃受

孔子家語曰魯哀公問於孔子曰寡人聞東益宅不祥信有之乎孔子曰不祥有五而益宅不與焉夫損人而自益身之不祥也棄老而取幼家之不祥也釋賢而任不肖國之不祥也老者不教幼者不學俗之不祥也聖人伏匿愚者擅權天下之不祥也不祥有五而益宅不與焉

淮南子曰魯哀公欲西益宅史爭之爲西益宅不祥哀公作色怒左右數諫不聽乃以問其傅宰折睢對曰天下三不祥而西益宅不與焉哀公大悅復問何爲三不祥對曰不行禮義一不祥嗜慾無止二不祥不聽正諫三不祥哀公喟然自反不益宅

風俗通曰宅不西益俗說西者爲上上益宅者妨家長也原其所以西益者禮記曰南向北向西方爲上爾雅曰西南隅謂之隩尊長之處也不西益者恐動搖之耳審西益有害增廣三面豈能獨吉乎

國語魯文公欲弛孟文子之宅（文公魯僖公之子弛毀也孟文子魯大夫公孫敖之子文伯穀也宅有司所居公欲毀之以益宮也）使人謂之曰吾欲利子於外之寬者對曰夫位政之建也署位之表也車服表之章也宅章之次也祿次之食也君議五者以建政爲不易之政也今有司來命易臣之署與其車服而曰將易而次爲寬利也夫署所以朝夕虔君命也臣立先臣之署服其車服爲利故而易其次是辱君命也不敢聞命若罪也則請納祿與車服而違署唯里人之所命次公弗取臧文仲聞之曰孟孫善守矣其可以蓋穆伯而守其後於魯乎（穆伯文子之父公孫敖也淫乎魯出奔而死於齊今文子守官不佚禮故可掩蓋其父惡守其後嗣也）公欲弛郈敬子之宅

亦如之公文公邴欹子魯大夫邴懲伯玄孫之孫敬伯回也亦如之者亦謂之欲利子於外之寬者也對
曰先臣惠伯以命於同里嵒禘烝享之所致君昨者世有
數矣出入受事之幣以致君之命者亦有數矣今命臣更
於外無乃違乎請從司徒以班從次亦弗取
孟子曰五畝之宅樹牆下以桑匹婦蠶之則老者足以衣
帛。韓子曰有與猛者鄰欲賣宅避之人曰是其貫將滿
矣子姑待之荅曰吾恐以我滿貫也遂去之
淮南子曰任一人之能不足以治三畝之宅循道里之數
因天地之固然則六合不足均也
抱朴子曰葛盧佐光武有大功受爵立宅舍於博望里于
今基址石礎存焉
郡國誌曰虢州楊震宅西有龍望原南崖有太尉公藏書
窟太元初人逐獸入穴見古書二千餘卷

又曰洛陽董卓宅在永和里掘地輒得金玉寶玩後魏邢
巒掘得丹沙及錢銘曰董太傅之物後夢見卓索巒不與
經年而卒
又曰洛陽石崇宅有緑珠樓今謂之狄泉
又曰洛陽蘇秦宅在利仁里後魏高顯業每夜見赤光於
光處掘得金百斤銘曰蘇家金業爲之造寺
又曰幹山南許詢宅
又曰長沙南寺賈誼宅亦陶侃宅在焉
又曰婁縣山下有巫咸故宅在焉
又曰鄂州西塞山黄琬宅丁固宅
又曰尋陽郡湓城亭有陶潛宅
又曰郴州城東北有仙人蘇耽宅
又曰淯陽有小長安東埸城有范蠡祠即故宅也

又曰恒州九門縣新市城西藺相如宅
又曰鄧州梅溪出紫山南道百里奚故宅基在焉
又曰密州高密西有鄭玄宅亦曰鄭城玄後移葬於厲阜
墓側有稻田萬頃斷水造魚梁歲收億萬世號萬疋梁
輿地誌云縣東南白沙有龐士元宅於漢水之北司馬德
操宅於漢水之南隔魚梁州街對宇歡情自接每至相思
則褰裳涉水
樓承先别傳曰樓玄到廣州密求虞仲翔故宅處遂徘徊
躑躅哀咽悽愴不能自勝耳
三輔決録曰郭詳爲太尉長史起大宅在高陵城西世稱
曰長史宅
瀨鄉記曰老子祠在瀨鄉曲仁里譙城西出十里老子平
生時教化學堂故處也漢桓帝修建屋宇爲老子廟廟北

二里李夫人祠是老子所生舊宅也
劉楨京口記曰糖頹山山周迴二里餘山南隔路得郗鑒
故宅五十餘畝
又曰長村東太濱瀆北有謝玄故宅
戴延之西征記曰東陽門外道北吴蜀二主第宅去城二
里墟基猶存
又曰潼關北去蒲坂城六十里城中有舜廟城外有宅井
及二妃壇南去城二十里有山舜所耕山也
述征記曰豐水西九十里有漢高祖宅
又曰山陽縣城東北二十里魏中散大夫嵇康園宅今悉
爲田墟而父老猶謂嵇公竹林地以時有遺竹也
成都記曰成都縣南百步有嚴君司馬相如揚雄宅今草
玄亭餘跡尚存

陳留耆舊傳曰董宣爲北海太守大姓公孫舟造起大宅
卜工占之云宅成當出一喪舟使其子取行人殺之以塞咎
宣收舟考殺之
世說曰鍾會荀濟二人情好不協荀有寶劒可直百萬常
在毋鍾太夫人許會善書學荀手跡作書與毋取劒仍竊
去不還荀後知是鍾而無由得求思所以報之會鍾兄弟
共以千萬起新宅始成甚精麗未得移住荀善畫於是潛
往畫鍾門堂並作太傅形像衣冠狀貌如平生之容鍾來
入門便感慟於是宅遂空廢
徐邈別傳曰邈字仙民舉世謠承傳爲定篋舊疑歲神在
卯此宅之左即彼宅之右地何得俱忌邈以爲太歲之屬
自是遊神譬如日出之時向東皆逆非爲定體
水經注曰齊城門外有晏嬰宅

盛弘之荊州記曰新野郡西七里有楊溪源出紫山南流
入淯故耆老傳云溪西有百里奚宅
又曰新野郡南有越相范蠡祠蠡宅三戶人傳云祠處即
是宅
又曰襄陽范蠡祠南有晉河南尹樂廣宅周迴十餘畝襄
舊井猶未頽壇道濟置邏其中即名爲樂宅
又曰襄陽西北十許里名爲隆中有諸葛孔明宅
又曰宛城有伍子胥宅
范注荊州記曰義陽六安縣有光武宅枕白水所謂龍飛
白水
蘇州記曰周文學科孔子弟子言偃宅在常熟縣西
史記云言偃吳人也字子游又吳地記云宅有井井邊
有監洗石周四尺輿地志云梁蕭正德爲郡太守爲蕭將

去莫知所在
吳地記曰云陸氏宅在長谷谷在吳縣東北谷名華亭谷
水下通松江昔陸遜陸凱居此谷吳志云漢廬江太守陸
康與袁術有隙使姪遜與其子績率宗族逺此避難居于
是谷東有崑山父祖墓焉
故陸機思鄉詩曰髣髴谷水陽婉孌崑山陰
列仙傳云歷陽有彭祖宅禱祠風雨應期而至
襄沔記曰郡南晉永興中鎮南將軍襄陽郡守劉弘至隆
中觀亮故宅立碣表閭使太傅掾犍爲李興爲文
又曰繁欽宅王粲宅並在襄陽井臺猶存
又曰長流解西有梁曹儀同景宋柳儀同慶遠韋儀同叡
諸宅並相隣次郭城西門韋叡少時有南陽人綦郁善相
相叡宅應出三公刺史貴不可言時叡宅上有草屋十間郁

宅在城南恐是凡屋求叡換宅疑而不許叡兩凡闡纂有
令問位望在叡之右鄉里謂此人應班槐棘其後闡纂相
繼而終叡奉龍飛遂成宅相簡文徵書既至遊憩此宅望
氣之言殆有徵矣
丹陽記曰有張子布宅在淮水南對瓦官寺門張侯橋所
也橋近宅因以爲名
仲雍荊州記曰秭歸縣有屈原宅伍子胥廟擣衣石猶存
韋述兩京記曰東京宜人坊自半本隋齊王暕宅煬帝愛
子初欲盡坊爲宅帝問宇文愷曰里名爲何愷曰里名宜
人帝曰既號宜人奈何無人可以半爲王宅
又曰仁和坊兵部侍郎許欽明宅欽明戶部尚書圉師猶
子與中書令郝處俊鄉黨親族兩家子弟類多醜陋而盛
飾車馬以遊里巷京洛爲之語曰衣裳好儀觀惡不姓許

即姓郝
又曰崇仁坊西南隅長寧公主宅既承恩盛加雕飾朱樓
綺閣一時勝絶又有山池別院山谷虧蔽勢若自然中宗
及韋庶人數遊於此第留連弥日賦詩飲宴上官昭容操
翰於亭子柱上寫之韋氏敗公主隨夫爲外官初欲出賣
木石當二千萬山池別館仍不爲數遂奏爲觀請以中宗
號爲名詞人名士競入遊賞
又曰延壽坊東隅駙馬裴巽宅高祖末裴行儉居之自行
儉以前居者輙死自儉卜居有狂僧突入髠其庭中大栁
樹中有豕走出徑入北隣其家數月暴死盡此宅清晏
又曰永興坊西門北魏徵宅本宇文愷宅及徵居之太宗
幸焉時將營小殿賜徵爲堂
又曰通化坊東南鄎公殷開山宅西北顔師古宅又有歐

陽詢宅時人謂之吳兒坊
又曰延壽坊北門之西有中書令閻立本宅宅内西亭有
立本畫水之跡
又曰明教坊龍興觀西南隅開府宋璟宅南門之東國子
司業崔融宅璟造宅悉東西相對不爲斜曲以避惡名融
爲則天哀策用思精苦不直馬過其門不覺文就而卒
又曰尚善坊東南隅岐王範宅宅有薛稷畫鶴世稱妙絶
又曰勸善坊東北隅太子太師鄭公魏徵宅山池院有進
士鄭光乂畫山水爲時所重
又曰宣風坊北街之西中書令蘇味道宅宅有三十六柱
亭子時稱巧絶
禄山事跡曰禄山舊宅在道政坊玄宗以其隘陋更於親
仁坊選寬爽之地出内庫錢更造宅焉勑所司窮其華麗
不限功力財物堂皇院宇重復窗篠周匝詰曲戶牖交疏
高臺臨池苑若天造帷帳幔幕充牣其中至九年八月禄
山獻俘至京方命入此新宅
春秋内事曰陰宅以日奇陽宅以月偶陰宅先内男子當
令奇陽宅先内女子當令偶乃吉陰宅内男子三人陽宅
内女子二人
地鏡圖曰人望百家宅法中有赤氣者家有汎財白氣入人
家有財不保黑氣有五其伏在宅中青氣者有銀地實也
嵇康宅無吉凶論曰設爲三公之宅而命愚民居之必不
爲三公可知也夫壽夭之不可求甚於貴賤然則擇百年
之宮而望殤子之壽孤逆魁岊以速彭祖之夭必幾矣然
則果無宅也是性命自然不可求矣
樓觀本記曰隋之開皇元年勑旨樓觀者李尹先生卜居

之勝宅老君説經之聖跡乃玄教根源福田之首宜令所司
別作圖樣開拓舊居
太平御覽卷第一百八十

太平御覽卷第一百八十一

居處部九

第　邸　屋　家

舍　廬（署蘇附）　庵

第

漢書曰高祖詔列侯食邑者皆賜大第室二千石受小第室注云有甲乙次第故曰第又曰出不由里門面大道者名曰第

史記騶奭者齊諸騶子亦頗采騶衍之術以紀文於是齊王嘉之自如淳于髡以下皆命曰列大夫爲開第康莊之衢高門大屋尊寵之覽天下諸侯賓客言齊能致天下賢士也

漢書霍去病益貴上爲治第辭曰匈奴不滅無以家爲又曰高后德夏侯嬰脫孝惠魯元於下邑賜北第　上曰

近我以尊異之注云第以北爲尊

又曰平恩侯許伯入第司隷校尉蓋寬饒往賀酒酣仰視屋曰美哉富貴無常忽則易人此如傳舍所閱多矣唯謹愼爲得久居侯可不誡哉

晉書青溪橋東南臨淮水周三里九十步太宗舊第後爲會稽文孝王道子宅謝安薨後道子領揚州刺史於此理事時人呼爲東府至是築城以東府爲名其城東北角有靈秀山即道子宅內山壁目趙牙所築也

齊書劉瓛姿狀纖小而儒學冠於當朝京師貴遊士子莫不下席受業瓛性謙下不以高名自居住檀橋有屋數間上皆穿漏學徒不敢斥呼爲青溪焉竟陵王子良親往謁表世祖爲瓛立館以揚烈橋故主第給之生徒皆賀瓛曰室美豈爲人哉華宇豈吾宅哉未及徙居遇疾卒

唐書曰段綸兵部尚書綸少任俠落拓不脩細行仕隋左親衛隱太子見而悅之妻以琅琊長公主舍高祖之舊第數間鼓吹之音覘之無所覩綸謂王曰聞圖讖李氏當王命今於第內有此禎祥必而家應籙之徵也

又曰張延賞東都舊第在思順里亭館之麗甲於都城子孫五代無所加工時號三相張氏云

魏王奏事爵雖列侯食邑不滿萬戶不得作第其舍在里中皆不稱宅

荀氏家傳曰荀彧字文若太祖既定冀州爲公起大第於鄴諸將各以功次受居地太祖親游之笑曰此亦周禮六勳之差也文選蜀都亦有甲第當衢向術（音遂）西京賦北闕甲第當道直啓

邸

史記曰代王馳入北邸

史記封禪書曰方士多言古帝王有都甘泉者其後天子又朝諸侯甘泉作諸侯邸

陸機洛陽記曰百郡邸在洛城中東城下步廣里中

屋

說文曰屋居也

釋名曰大屋曰廡廡撫也覆也亦謂之正也屋之正大者

通俗文曰客堂曰庌（五下反）

聲類曰廡堂下周也

釋名曰屋奧也其中溫奧

易豐卦曰豐其屋蔀其家闚其戶闃其無人（王弼注云屋藏蔭物也以陰處極而家在外際自藏蔭者也既豐其屋又覆其家闇之甚也棄其所處而深自藏闚戶無人）

詩鵲巢行露曰誰謂雀無角何以穿我屋

又曰於我乎夏屋渠渠注夏大也渠渠猶勤勤也

又車轔小戎曰在其板屋亂我心曲注西戎版屋心曲心之委曲也

又曰瞻烏爰止于誰之屋

周禮冬官盧人曰殷重屋堂脩七尋崇三尺四阿重屋考工記葺屋三分瓦屋四分注各分其脩以其一為峻

尚書大傳曰武王伐紂觀兵於盟津有火流於王屋化為赤烏三足

禮記曰富潤屋

左傳清廟茅屋昭其儉也

又曰宋災樂喜為政火所未至撤小屋塗大屋注大屋難撤故就塗之

又曰欒氏乘公門宣子謂趙鞅曰矢及君屋死之鞅用劍以帥卒欒氏退

又昭六年傳曰叔孫婼聘於晉一日必葺其牆屋去如始至

東觀漢記曰鍾離意為堂邑令初到無屋意乃出俸錢作屋民賁柱趣作決日而成畢為民士祝曰興功役者令也如有禍祟令當之民大悅

又曰王霸建武初連徵不至霸安貧賤居常茅屋蓬戶藜藿不厭然樂道不怠以壽終

吳志曰是儀字子羽為人不治產業造屋舍纔容足隣家起大宅孫權出望見起屋左右曰是儀家權曰是子羽儉必非也令人親至果是隣舍

又曰魚宗為將軍朱據吏將母在營夜雨屋漏宗起涕泣謝母母曰但當勉之何足泣也

晉記曰左將軍王廙中宗姨弟也為母起屋違制上流涕責廙

皇甫謐列女傳曰衛農與妻宿客舍遇雷雨妻夢虎齧其足驚起相謂曰我此行未宜天欲戮我夫妻出中夜叩頭屋壞壓殺數十人

家語曰孔子厄於陳蔡從者七日不食子貢以貨竊犯圍出糴於野人得米一石焉顏回仲由炊之壞屋之下有埃墨墮飯中顏回取而食之子貢自井望見之不悅以為竊食呂氏春秋亦載

又曰周公居冢宰之尊而猶下白屋之士日見百七十人新語堯舜之人可比屋而封桀紂之人可比屋而誅

漢武故事曰上起神屋九間雖崑崙玄圃不之過也

又曰武帝四歲封膠東王　長主抱膝上問曰兒欲得婦長主指左右長御百餘人皆去不用因指其女問曰阿驕好不笑對曰去好若得阿嬌作婦當作金屋貯之長主大悅乃苦要上遂定婚

漢官典職曰南北宮相去七里中間作大屋複道三行天子案行中央臺官從左右

崔凱喪服節曰禮人君宮室之制為殿屋殿屋四夏屋也卿大夫為夏屋隔半以北為正室中半以南為堂正室齋室也

神異經曰西北金闕北荒有百屋齊長四十丈畫以五色

戴延之西征記曰洛陽城有鬱金屋

廣志曰大秦國以青水精為屋

郡國誌秦州俗尚氣力不恥寇盜弓馬射獵以為工能其居八板為屋故詩云在其板屋脩我甲兵及車轔轔駟鐵小戎皆言田狩之事

論衡曰豐屋知名家喬木知舊都鴻文在國聖世之驗又
工伎之書起宅蓋屋必擇吉日夫屋覆人形宅居人躰何
惠害於歲月而必擇之亦如以彰蔽人身者神要之則夫
裝車治船亦當擇日

世說曰蔡司徒說在洛陸機兄弟住叅佐廨中數間瓦屋
士龍住東頭士衡住西頭

又曰庾闡作揚都賦成以示庾亮亮云可三二京四三都
謝安云不得爾此是屋下架屋耳事事擬學而無不儉狹

景陽詩蜘蝎網四屋

七啓曰雲屋皓旰音旱 閑宮顯敞

陶潛集少無適俗韻性本愛立山方宅十餘畝草屋八九
間

劉義恭啓事曰洪恩潭被賜且息伯翕攉屋二間

楚詞九歌曰魚鱗屋兮龍堂

家

說文牖户之間謂之扆其內謂之家

易家人有嚴君焉父母之謂也

又家人嗃嗃未失也婦子嘻嘻失家節也

易家人女正位乎內男正位乎外詩刑于寡妻至于兄弟
以御于家邦言文王自家刑國

後漢李通嚴毅治家如官庭

舍

說文曰市居曰舍

禮記有客弗能館不問其所舍

左傳秦獲晉侯以歸晉大夫反首拔舍而從之注反首亂
頭髮反下垂也拔舍草止也

漢書曾城舍班婕好居之

又曰成帝趙皇后女弟絶幸爲昭儀居昭陽舍

桓子新論董賢女弟爲昭儀居椒風舍後漢朱祐初學長
安帝往候之祐不得相勞苦而先昇講舍後車駕幸其第
帝因笑曰主人得無舍我講乎以有舊恩數蒙賞賴

謝承後漢書曰趙昱請處士綦毋君公立精舍受公羊傳

又曰楊震客居湖縣立精舍家貧常以種藍自業

又曰楊奇字公挺震之玄孫少有志節不以家勢爲名交
結英彥不與豪右相交通於河南緱氏界中立精舍門徒
常二百人

又曰陳寔字仲弓詣太學郭林宗陳仲舉爲親友歸家立
精舍講授諸生數百人

又曰周磐字堅伯初爲安陵令以從弟暢爲司隷縣屬州

部換陽平令復換重合令磐乞歷三縣耻復經三城遂去
還家立精舍教授守先人冢廬遠方知名

又曰張奐字然明弘農華陰人詣太學受業博通五經隱
處在扶風郿縣界中立精舍斟酌法喬卿之雅訓晝誦書
傳暮習弓馬

魏武令曰孤本欲自立精舍今遂爲國討賊

後漢書張湛稱疾不朝拜太中大夫居中東門候舍故時
人號曰東門君

齊書周顒字彥倫汝南城安人也智林道人遺書顒於鍾
山西立隱舍休沐則歸之

古今注野人爲貟舍如蝸牛之殼故曰蝸舍

廬

說文曰廬寄也春夏居秋冬去

釋名曰寄止為廬

周禮凡國野之道十里有廬廬有飲食

漢書武帝賜嚴助書曰制詔會稽太守君厭承明之廬（張晏曰承明廬在石渠閣外直宿所止曰廬也）勞侍從之事懷故土出為郡吏會稽東接於海南近諸越北抗大江間者闊焉久不聞問具以春秋對無以從橫說

華嶠後漢書曰汝南薛苞字孟嘗父取後妻憎苞分之出外日夜號泣不能去被毆杖不得已廬於門外旦入洒埽進食父怒逐之又廬於里頭晨昏不廢積歲餘父母慚而還之

東觀漢記曰耿純率宗族歸光武純兄歸燒家廬舍上以問純純曰恐宗人賓客卒有不同故焚燒廬舍絕其反顧之望上大笑

又曰李恂為武威太守後坐事免無田宅財產居山澤結草為廬　魏略曰楊沛前後宰歷城守不以私計介意後家無餘積無他奴婢占河南席陽亭部荒田二頃分牛廬居止其中

魏志曰管寧至遼東乃廬於山谷時避難者多居郡南而寧居北示無遷志

晉書征虜將軍石崇河南金谷澗中有別廬冠絕時輩引致賓客日以賦詩

諸葛亮表先帝不以臣卑鄙三顧臣於草廬之中諮臣以當世之事

郡國誌廬山周武王時有匡俗先生字君孝兄弟七人皆有道術結廬於此仙去空廬尚存故曰廬山

皇甫謐高士傳曰世莫知焦先所出或言生漢末無父母兄弟見漢衰乃不言常結草為廬冬夏袒露垢汙如泥後野火燒其廬先因露寢遭冬雪大至先袒臥不移人以為死就視如故

洛陽故宮名曰侍中廬在南宮中

屠蘇附

通俗文曰屋平曰屠蘇

廣雅曰屠蘇庵也

魏略曰李勝為河南尹廳事前屠蘇壞令人治之

庵

釋名曰圓屋曰庵庵掩也自覆掩也

太平御覽卷第一百八十一

居處部十

門上

說文曰門捫也在外爲人所捫摸也從二户象形也閶闔天門也闔門扉也門開也闢門㦻也闌闠市門也闇門堅也闇昏也門常昏閉故曰閽即守門隸人也閻里中之門也。易説卦曰艮爲門

爾雅曰閍謂之門注詩曰祝祭於祊是也

又曰正門謂之應門宮中之門謂之闈謂相通小門也

韓楊天文要集角天門也　風俗通曰閈城外郭內里門也　禮記注云天子五門臯門雉門庫門應門路門魯有庫雉路三門則諸侯三門也

漢制內至禁省爲殿門外出大道爲掖門

應劭注漢書曰掖者言在司馬門之旁掖王者行幸設車宮轅門帷宮旌門無宮則供人門鄭注周官云次車爲藩則仰車轅以表門張帷爲宮則樹旌以表門陳列周衛則立長人以表門

周禮曰掌舍掌王會同之舍設陛枑再重設車宮轅門爲壇壝宮棘門爲帷宮設旌門無宮則供人門轅門謂次以爲藩仰車以爲門人門謂以人爲衛立長人以爲門

又曰師氏掌詔王䊮居虎門之左司王朝注云虎門路寢門也王日視朝於路寢門外也畫虎焉以明勇猛於守宜也

尚書曰舜賓于四門四門穆穆

又曰闢四門

詩曰迺立皐門皐門有伉迺立應門應門鏘鏘

又曰北門編名剌士不得其志也言衛之忠臣不得其志耳出自北門憂心殷殷

又曰高門有閌

又曰衡門編名誘僖公也愿而無立志故作是詩以誘掖其君也衡門之下可以棲遲

詩義問曰橫一木作門而上無屋謂之衡門

易曰重門擊柝以待暴客

又曰出門同人無咎

又曰不出户庭無咎

禮記曰凡與客入者每門讓於客客至於寢門則主人請入爲席然後出迎客主人入門而右客入門而左

又曰生男懸弧於門左

又曰立不中門行不履閾

又曰婦人送迎不出門見兄弟不踰閾

又曰兩君相見揖讓而入門入門而懸興作樂

又曰大夫士出入公門由闑右不踐閾

又曰入門而問諱

又曰孔子負手曳杖逍遥於門

又曰天子諸侯臺門此以高爲貴者

又月令曰孟秋其祀門祭先肺陰氣出祀之於門外順陰也

又曰孟冬戒門閭修鍵閉

左傳啓塞從時門户橋道謂之啓城郭牆塹爲之塞皆啓閉之急不可一日而闕也

又襄二年王叔　宰曰蓽門圭竇之人而皆陵其上難爲上矣蓽門柴門閨竇小户穿壁上鋭下方狀如圭

又曰新作南門書不時也注本名稷門公更高之改高門也

又曰鄭大水龍鬬于時門之外洧淵

又曰公及邾師戰敗績邾人獲公胄懸諸魚門杜預曰魚門邾城門

又曰楚子囊圍宋門于桐門

又曰楚子爲陳夏氏亂遂入陳殺夏徵舒轘諸栗門轘車裂也栗門陳城門也

論語憲問曰子擊磬於衛有荷蕢而過孔氏之門者曰有心哉擊磬乎

又曰邦君樹塞門管氏亦樹塞門

又鄉黨曰入公門鞠躬如也

史記曰金馬門者宦者署門也門旁有銅馬故謂之曰金馬門

又曰太史公曰余過大梁求所謂夷門者大梁城東門也

又曰夫以汲鄭之賢有勢則賓客十倍無勢則否況衆人乎下邽翟公有言始翟公爲廷尉賓客闐門及廢也門外可設爵羅翟公復爲廷尉客欲往翟公乃大署門曰一死一生乃知交情一貧一富乃知交態一貴一賤交情乃見

又曰萬石君子慶爲内史慶歸入門不下車萬石君聞之不食慶恐肉袒請罪不許舉宗及兄建肉袒萬石君讓曰内史貴人入閭里里中長老皆走匿而内史坐車中自如固當乃謝罷慶慶及諸子入里門趨至家

又曰呂不韋說子楚曰吾能大子之門子楚笑曰盍自大子之門顧乃大吾門不韋曰吾門待子門而大耳

漢書曰太液池有壁門

又曰陳平家貧負郭窮巷以席爲門然門外多長者車轍

又曰魏勃家貧欲見齊相曹參無以自達常早起掃其門人問故勃曰欲見相君無因故爲子掃門乃見參參用爲舍人

又曰梅福居家常以讀書養性爲事至元始中王莽顓政師古曰顓與專同福一朝棄妻子去九江至今傳以爲仙其後人有見福於會稽者變名姓爲吴市門卒去

又曰于定國父于公其閭門壞父老方共治之于公謂曰少高大閭門令容駟馬高蓋車我治獄多陰德未曾有冤子孫必有興者至定國爲丞相永爲御史大夫封侯世傳云

又曰張釋之爲公車令頃之太子與梁王共車入朝不下司馬門如淳曰官衛令諸出入殿門公車司門者皆下不如令罰金四兩於是釋之追止太子梁王毋入殿門遂劾不下公門不敬奏之薄太后聞之文帝免冠謝曰教兒不謹薄太后使丞詔赦太子梁王然後得入文帝繇是奇釋之拜爲中大夫

又曰鄭崇爲尚書上謂曰君門如市何以欲禁切主上師古曰言請求者多交通賓客者也崇對曰臣門如市臣心如水

又曰鄒陽諫吴王曰今臣盡智畢義易精極慮則無國不可奸飾固陋之資則何王之門不可曳長裾乎

又曰王尊爲東平相是時東平王以至親驕不奉法度傅相連坐師古曰前任傅相者頻坐王得罪及尊視事奉璽書至庭中王未及出受詔尊持璽書歸舍食已及還致詔尊持後謁王傅在前說相鼠之詩師古曰鄘風篇名刺無禮之詩也其辭曰相鼠有皮人而無儀人而無儀不死何爲相視也言視鼠有皮雖處高顯之地偷食苟得不知廉恥人無禮儀亦與鼠同不如速死也尊曰毋持布鼓過雷門師古曰雷門會稽城門也有大鼓越擊此鼓聲聞洛陽故尊引之也布鼓謂以布爲鼓故無聲王怒起入後宮尊亦直趨出就舍

又曰蓋寬饒字次公爲諫議大夫行郎中户將軍師古曰百官公卿表郎中令屬官有郎中車户騎三將蓋各以所主爲名也將者主户衛也劾奏衛將軍張安世子侍中陽都侯彭祖不下殿門師古曰過殿門不下車也并連及安

世居位無補彭祖時實下門寬饒坐舉奏大臣非是左遷爲衛司馬

又曰蕭望之署小苑東門候時王仲翁出入從倉頭盧兒顧謂望之不肯錄錄反抱關爲師古曰錄錄謂循常也言望之不能隨例被秉以建忤執政不得大官而守門望之曰各從其志

又曰鉤弋夫人大有寵有娠十四月乃產是爲昭帝武帝曰昔堯十四月而生今鉤弋亦然乃命其門曰堯母門

范曄後漢書曰孔融去鄭君里門四方所由觀禮其廣令容高車結駟名爲通德之門

又曰郅惲字君章爲上東門候帝常獵夜還惲拒門不開帝乃迴從中東門入賜惲布肆中東門候

又曰李膺傳曰是時朝廷日亂綱紀頹弛膺獨持風裁以聲名自高士有被其容接者名爲登龍門以魚爲喻龍門

河水所下之口在今絳州龍門縣

辛氏三秦記曰河津一名龍門水陸不通魚鱉之屬莫能上江海大魚薄集龍門下數千不得上上則爲龍

袁宏漢紀曰建初二年有司依舊典奏封諸舅太后詔曰前過濯龍門上見外家車如流水馬如龍吾不譴怒之但絕其歲用

後漢書馬援傳曰孝武皇帝時善相馬者東門京鑄作銅馬法獻之有詔立馬於魯班門外　更名魯班門爲金馬門

又曰赤眉入長安更始單騎走從廚城門出三輔黃圖曰洛城門王莽故曰建子門其內有長安廚官俗名之爲廚城門今長安故城北面之中門是也諸婦女從後連呼曰陛下當下謝城更始即下拜復上馬去

又郭祚傳曰祚遷尚書右僕射故事令僕中丞騶唱而入宮門至於馬道及祚爲僕射以爲非盡敬之宜言於世宗帝納之詔御在太極唱至止車門御在朝堂至司馬門騶唱不入宮自此始也

又曰張湛建武初爲左馮翊在郡修典禮設條教政化大行後告歸平陵望寺門而步告請也告歸謂請假歸寺門即平陵縣門也主簿進曰明府位尊德重不宜自輕湛曰禮下公門軾輅馬輅大也君所居曰寢車馬曰輅馬軾車前橫木也乘車曰必正之有所敬則撫軾爲小俛也禮記曰大夫士下公門式輅馬孔子於鄉黨恂恂如也父母之國所宜盡禮何謂輕哉

又曰虞延爲陳留督郵勑延一人從駕到魯還經封丘城門門下小不容羽蓋帝怒使撻侍御史延因　引咎以爲罪在督郵言辭激揚有感上意乃制詔曰以陳留督郵虞延故侍御史罪宜放

魏書曰文帝初在東宮集諸儒於肅城門內講論大義侃侃無倦

吳志曰張昭諫孫權不從稱疾不朝權自出過其門呼昭辭疾篤權使燒其門欲恐之昭更閉戶權使滅火住門良久昭諸子共扶昭起權載以還宮

又曰初平中謠曰黃金車班蘭耳闓闔門出天子闓闔吳西郭門夫差所作

又曰諸葛恪有遷都意更起武昌宮是月武昌門災改作端門

晉書曰王衍既有盛才美貌明悟若神常自比子貢聲名藉甚傾動當世妙善玄理唯談莊老每捉玉柄麈尾與手同色義理有所不安隨即改更世號口中雌黃朝野翕然謂之一世龍門

又曰賀循時廷尉張闓住在小市將奪左右近宅以廣其居乃私作都門早閉晏開人多患之訟於州府皆不見省會循出至破崗連名詣循質之循曰見張廷尉當爲及之闓聞而遽毁其門詣循致謝其爲世所敬服如此

又曰陳頵字延思陳國苦人也少好學有文義父許立宅起門頵曰當使容駟馬車許笑而從之

又曰嵇含自號即丘子門曰歸厚之門

崔鴻十六國春秋夏録曰赫連勃勃宮殿大成乃刻石都南頌其功德其南門曰朝宋門東門曰招魏門西門曰平朔門又起沖天臺于南山欲登之望長安

又後趙録曰建武十年白虹出自大杜經鳳陽門東南連天十餘刻乃滅於是閉鳳陽門唯元日乃開

又後秦録曰姚興從朝門遊于文武苑及昏而還將自平

朔門入前驅既至城門校尉王滿聰被甲持杖閉門拒之乃廻從朝門而入旦而召聰謂之曰卿社稷之臣也朕有嘉焉於是進位二等

隋書曰高祖初爲定州總管先是定州城西門久閉不行齊文宣帝時或請開之以便行路帝不許曰當有聖人來啓之及高祖至而開焉莫不驚異

陳書曰高宗七年改作雲龍神虎二門案宮殿薄曰雲龍門第二重宮牆東西門晉本名中東華門本晉東掖門也梁改之西對第三重牆萬春門神虎門第二重宮牆西門晉本名中西華門　本晉西掖門宋改名西華東入對第三重牆千秋門

水經注曰長安城惠帝元年築六年成即咸陽也本離宮無城故城之十二門東出北頭第一門宣平門王莽更名春正門正月亭民曰東城門其郭門曰東都門逢萌桂冠處也第二清明門一曰凱門王莽更曰宣德門布恩亭内有籍田倉亦曰籍田門第三霸門王莽更名仁壽門無疆亭民見門色青又名青城門亦曰青綺門邵平種瓜處也南出東頭第一門覆盎門王莽更曰永春門長茂亭其南有下杜城應劭曰故杜陵之下聚落也故曰下杜門又曰端門北對長樂宮第二門安門亦曰鼎路門王莽改曰光禮門顯樂亭第三西安門北對未央宮本名平門王莽更名信平門城正亭西出南頭第一章門王莽更名萬秋門億年亭亦曰故光華門也又曰便門第二直門王莽改曰直道門端路亭故龍樓門也第三西城門亦曰雍門王莽更名章義門著誼亭其水北有函里民名曰函里門又曰光門亦曰突門北出西頭第一門横門王莽更名朔都門

左幽亭如淳曰横音光外郭有棘門徐廣曰在渭北漢書徐厲軍此以備匈奴又有通交門也第二門洛門又曰朝門王莽更名建子門廣世亭一名高門

太平御覽卷第一百八十二

居處部十一

門下

家語曰孔子謂子路曰見長者不能黜其色見幼者不能盡其辭雖有疾風雨吾不入其門矣

白虎通曰門四出何所以通四方故禮三朝記曰天子之宮四通

太公金匱門之書曰敬遇賓客貴賤無二

蔡邕明堂月令論曰禮古大明堂之禮曰膳夫氏相禮日中出南闈見九侯及門 日昊出西闈視五闈之事日闇出北闈視帝續帝猷明堂之西北門稱闈

墨子曰夫城守之法爲懸門沉機也

潛夫論曰貴戚願爲其宅吉而制令名欲其門堅而造作鐵樞卒其所以敗者非苦禁忌而門樞朽常苦崇財貨而驕僣耳上不順天心下不育人物而任其私智竊弄君威反戾天地欺誣神明居累卵之危而圖泰山之安爲朝露之行而思傳代之功豈不惑哉

吳地記曰閶闔者吳王闔閭所作也名爲閶闔門高樓閣道後由此伐楚改曰破楚門

世說曰楊脩爲魏武主簿作相國門始構榱桷魏武自看使人題門作活字便去楊脩見即命壞之曰門中活闊字王嫌門大也

魯連子曰先生見孟嘗君於杏唐之門。說死韓昭侯造高門屈宜咎曰昭侯者非時日也人固有利不利昭侯嘗利矣不作高門往年秦拔宜陽明年大旱民饑不以此時恤民之急而反益以奢此謂福不重至禍必重來者也高門

成昭侯卒竟不出此門矣

常璩華陽國志曰秦孝文王以李冰爲蜀守冰作石犀五頭以壓水精在市橋門今所謂石牛門

吳越春秋曰吳王闔閭爲太子聘齊女齊女思於齊日夜號泣因而爲疾闔閭乃爲起北門名曰望齊門作樓令女往登遊其上

又曰子胥爲吳造大城陸門八象天之八風水門八法地之八聽立閶門者象天門通閶闔風也立蛇門以象地户亦名破楚門亦名蛇門者吳位辰屬龍故小城南門作龍以厭地氣也

又曰吳赦越王使歸國送之蛇門之外大縱酒群臣祖道

晏子春秋曰晏子使楚晏子身短楚人爲小門於大門之側延晏子晏子曰使狗國者從狗門入今臣使楚不當從此門入乃更通大門

淮南子曰周文王作玉門言以玉飾也

又曰崑崙山旁有四百四十門

又曰北極之山曰寒門楚辭曰踔絕寒門

又曰自東北方土山曰東極之山曰開明之門東南方曰波母之山曰陽門南方曰南極之山曰暑門西方曰西極之山曰閶闔之門西北方曰不周之山幽都之門北方曰北極之山曰寒門八門之風是節寒暑焉

神異經曰東北有鬼石室三百里户共一門石牓題曰鬼門西南銅關頽牓題曰人徃門向東北銅闕夾門牓題曰人來門

張晏注漢書曰龍樓門門上有銅龍

漢宮殿名曰長安有宣平門覆盎門萬秋門横門鄮東都

門今名青門宣德門禮城門青綺門章義門仁壽門壽成門成宮
有辟門有慈石門
又曰洛陽有泰夏門閶闔門西華門萬春門倉龍門長秋
門景福門永巷門丙舍門鴻都門金牙門不老門章臺門
濯龍門定鼎門
蔡質漢官儀曰宮北朱雀門至止車門內崇賢門內建禮
門
洛陽故宮名曰洛陽有飛兔門含章門又有建禮門廣懷
門有明禮門泰夏門司馬門閶闔門南止車門東西止車
門西華門神虎門雲龍門東掖門西掖門千秋門南端門
笙鏞門神仙門敬法門却非門含德門上東門廣陽門津
門小苑門開陽中東門司馬門北闕門玄武門南掖門北
掖門南端門金門九龍門白虎門春興門青瑣門金商門

宜秋門
古今地名曰河南定鼎門九鼎新定
晉宮闕名曰洛陽有承明門
又許昌有崇禮門
晉宮門又有大夏門長春門朱明門青陽門三輔黃圖曰又
有章城門直城門洛城門
水經注曰神獸門東對雲龍門衡栿之上皆刻雲龍風虎
之狀
又曰穀水東流逕建春門石橋下即上東門也一曰上昇門
又曰閶闔門漢之西上門
又曰陶水東南經高門南蓋曾阜隤皷故有高門之稱矣
又經司馬子長墓北入于河亦謂之龍門太史自叙云遷
生於龍門是也在馮翊夏陽縣

郡國誌賀州封陽有隄陂龍水深百尋大魚自擲登此門
化爲龍不過者曝鰓點額也
又曰同州龍門城帶龍門山大魚點額暴鰓半死謂此也
司馬彪注莊子云呂梁即龍門也
又曰郢城南有三門東曰龍門離騷云過夏首而西浮顧
龍門而不見夏首即夏口也
又曰洞庭山有宮五門東通林屋西達峨眉南接羅浮北
連岱岳東有石樓樓下兩石鼓扣之即清越所謂神鉦也
又曰兗州乘丘左傳子偃曰宋師不整可敗也自雩門竊
出蒙皐比而先犯之大敗宋師于乘丘即此也
又曰長安縣漢高祖五年置故城在京西北二里漢惠帝
築南爲南斗形北爲北斗形入街九陌東面有青綺門東
陵侯邵平秦破爲布衣種瓜此門外西北面有棘門漢文

屯兵之所
又曰魯城伯禽邑也西五門東一曰鹿門即臧孫紇斬鹿
門關以出奔邾第三曰稷門即圉人犖能投蓋于稷門於之
又曰蜀望帝以褒斜爲前門熊耳靈關爲後户
又曰鄜州仙宮門即漢武帝所遊相思川也伏陸縣有相
思鄉
又曰洛陽南面最東曰開陽門初未有名夜有一柱飛在
樓上乃是琅邪開陽縣南門一柱飛去遂記其年月日以
爲名
又曰鴻門在新豐縣西八里沛公見項羽處
又曰蒯城慕容儁鑄銅馬於門側謂曰銅馬門今大廳前
有石函長二尺高一尺代不敢開銘云秦建元十年造銅
虎馬

又曰汴州陳留郡縣本春秋衛地魏惠王自安邑徙都亦
稱梁惠王焉土多髦俊儒藝則以遊俠夷門即侯嬴抱關
處
又曰洪州西門昌門豫章生松陽樹門內大二十五圍嘗
枯永嘉中忽更榮茂以爲元帝中興之瑞故郭璞南郊
賦云弊樟擢秀於祖邑以宣帝曾爲此郡守故也
又曰虬門即吴大城門也
又曰廣州盧躭仕州爲治中有仙術刺史步騭惡之以狀
聞後誅之躭後題其門曰珠門珠門國雖存無射年欲知
此書盧躭還太守削之隨削字更生
又曰越州雷門勾踐所立以吴有蛇門得雷而發表事吴
之意吴以越在辰巳之地作蛇門
石虎鄴中記曰鄴宮南面三門西鳳陽門高二十五丈上

六層反宇向陽下開二門又安大銅鳳於其鎮舉頭一丈
六尺開窻户朱柱白壁未到鄴城七八里遥望此門
述征記曰青門外有魏車騎將軍郭淮碑小城最東一門
名落索門門裏有司馬京兆碑郡民所立
豫章記曰郡灌嬰所築有六門其一曰松陽門其所以郡
爲名西二門其一曰昌門其一曰皐門東及北一門亦即
以東北爲名晉太元中太守順陽范君更開門之北爲東
陽門以對皐門開北門以對松陽門今八門相望通路直
指
安城記曰郡大城舊有六門今爲八
荆州圖記曰臨澧縣南三百里有高巒特立素崖千尋望
之有似香鑪吴永安六年自然洞開其肋如門古老相傳
名天門門兩角上各生一竹垂下爲之天簾云

吴地記曰匠門本名干將門門外有干將墓後語訛呼爲
匠門其言劔匠因之名
又郡國志云申公巫臣家亦在西南面
劉澄之宋初山川古今記曰魏武聽政殿前有聽政門
丹陽記曰司馬門之名起漢世案列女傳鍾離春詣齊司
馬門史記又云司馬欣請事咸陽留司馬門三日是則名
起戰國非獨漢也今又曰公車門而俗稱謝章門也
西京記秦阿房宮以磁石爲門懷刃入者輙止之
西征賦曰門磁石而梁木蘭構阿房之倔奇
蕪城賦曰製磁石以禦衝糊頳壤以飛文
韋述西京新記曰西京俗曰長安城亦曰京城高一丈八
尺南面三門中明德門東啓夏門西安化門東面三門中
春明門北通化門南延興門西面三門中金光門北開遠

門南延平門皇城西芳林門金光門朱雀門通化門春明
門有蕭望之冢啓夏門先農壇皇城南面六門正南承天
門門外兩觀　石登聞鼓　東長樂廣運重明永春門次
西永安門次北嘉猷東西恭禮安仁門東西廊歸仁納義
門次北太極門西至殿北面三門正北玄武次東安禮門玄
德門西面二門南通明北嘉猷門太極殿旁東上西　上
閤門東西廊左右延明門甘露殿門外東西永巷日華月
華門東西千步廊東宮重明門北左右永福門內廊左右
嘉善門東西奉化門
又曰西京大明宮南面五門正南丹鳳門次東望仙延政門
次西建福興安門
又曰大明宮含元殿東西通乾觀象門殿北宣政門門設
外屏東崇明門南出含耀門昭訓門西光順門東西廊日

華月華門紫宸殿前紫宸門門設外屏東崇明門南出含
曜門昭訓門西光順門南出昭慶門光範門
又曰東京俗曰洛陽城城高一丈八尺南面三門正南曰
定鼎門東建春門南永通門北面二門東安喜門西徽安
門西面連苑
又曰東京紫微宮城南面六門正南應天門門外觀相夾
胏石登聞皷次東興教門重光門大和門次西光政門洛
南門東面一門重光北門西南二門南洛城　西門北嘉
豫門北面二門西玄武東安寍門應天次北乾元門門東
萬春門西千秋門門外東西廊左右延福門又西會昌門
西北景運門
又曰上陽宮東西二門南曰提象門北星躔門內門曰觀
風門

又曰東都苑東面四門曰垂豫上陽新門望春門南面三
門曰興善興安靈光門西面四門曰延秋遊義龍煙靈溪
門北面四門曰朝陽靈圃望冬應福門
又曰東都皇城南面三門正南曰端門東左掖門西又掖
門東面一門賓曜門西面二門南曰麗景門北曰宣耀門
又曰東都　城東面一門宣仁門南面一門永福門北面
一門含嘉門
又曰萬年縣門宇文愷所造高宗末太平公主出降於縣
廨為婚第以縣門窄隘欲毀之高宗敕曰其宇文愷所作
不須坼於他所開門遂存
楚辭曰望長楸而大息涕零零其若霰過夏首而西浮顧龍
門而不見又曰君之門兮九重又曰魂兮下來入脩門王
逸曰脩門郢城門也

摯虞門銘云祿無常家福無定門人謀鬼謀道在則尊
李尤平城門銘曰平門督司午位處中外臨僚侍內達帝
宮正陽南面炎暑赫融
李尤廣城門銘曰廣陽位孟厥月在申涼風時至白露已
紛
李尤上東門銘曰上東少陽厥位在寅條風動物月　在
孟春
李尤中東門銘曰東處仲月厥位當卯倉庚有聲鷹隼匿
爪除去桎梏獄訟勿考
李尤旄城門銘曰旄門值季位月在辰順陽布惠貧乏是
振
李尤門銘曰門之設張為宅表會納善閑惡擊邪防害
李尤西上門銘曰上西在季位月惟戌菊黃豹祭號令嚴

悉
李尤夏門銘曰夏門值孟位月在亥不周用事玄冥幽晦
陰陽不通螮蝀匿彩迎冬北壇順陰所在
李尤穀城門銘曰穀門北中位當于丑太陰主刑殺伐為
首
班固西都賦曰披三條之廣路立十二之通門
左思吳都賦曰通門二八水道陸衢西京賦量閈襲故陽
曜陰藏
潘岳懷縣作詩曰綠槐夾門植
魏文帝賦序曰王粲直賢門也故纂之
古詩曰黃金為君門白玉為君堂

太平御覽卷第一百八十三

居處部十二

戶 樞 關 鑰 闑

閨 閤 閣 簃 閾

戶

釋名曰戶護也所以謹護閉塞也

說文曰半門曰戶

易豐卦窺其戶閴其無人

毛詩鴻鴈斯干曰築室百堵西南其戶

大戴禮曰脩武子戶之銘曰夫難得而易失又夏小正曰七月漢案戶漢天漢也案戶者直戶也言正南北也

禮記曲禮上曰戶外有二屨言聞則入言不聞則不入將入戶視必下入戶奉扃視瞻毋回（不干掩人之私）戶開亦開戶闔亦闔有後入者闔而勿遂

又禮運曰大道之行外戶而不閉是謂大同

又王藻曰君子之居恒當戶（明白）

又月令曰孟春其祀戶祭先脾陽氣出祀之於戶也

論語曰子曰誰能出不由戶者何莫由斯道也

史記田嬰賤妾有子名文五月五日生嬰告其母勿令舉妾竊舉之及嬰見文怒曰五月之子長與戶齊不利其父母文頓首曰人生受命于天乎受命于戶乎如受命于戶則高其戶誰能至者嬰歎曰子休矣

後漢龐參爲漢陽太守郡人任棠者有奇節隱居教授參到先候之棠不與言但以薤一大本水一盞致於屏前自抱孫兒伏於戶下主簿白以爲倨參思其微意良久曰棠是欲曉太守也水者欲吾清也拔大薤本欲吾擊強宗也抱兒當戶欲吾開門恤孤也於是歎息而還參在職果能抑強扶弱以惠政得人

又曰魏應字君伯任城人也少好學建武初詣博士受業習魯詩閉戶誦習不交僚友京師稱之

又曰魯恭十五及弟丕俱居大學習魯詩（魯申公詩）閉戶講誦絕人間事兄弟俱爲諸儒所稱學士爭歸之

晉書羊祜傳襄陽百姓於峴山祜平生遊憩之所建碑立廟歲時饗祭焉望其碑者莫不流涕杜預因名爲墮淚碑荊州人爲祜諱名屋室皆以門爲稱改戶曹爲詞曹也

老子曰不出戶知天下

莊子曰原憲居魯蓬戶不完桑以爲樞也

慎子曰天明不憂人之闇也闢戶牖必取以明焉

淮南子曰使鬼神立化則不待戶牖而行若循虛而出入則亦無履也夫戶牖者風氣所從往來也而風氣者陰陽之戶牖者也離者必病（離違）故託鬼神以戒之

又曰百星之明不若一月之光十牖畢開不若一戶之明

楊子法言曰山徑之蹊不可勝由矣向牆之戶不可勝入矣曰惡由入曰孔氏曰孔氏者戶也曰子戶乎曰我戶哉吾獨有不戶者矣（惡大不由聖人之道者也）

三輔黃圖曰明堂有三十六戶法極陰之變數

束晳發蒙記曰治戶傷孕婦

楚國先賢傳曰孫敬入學閉戶牖精力過人太學號曰閉戶先生

語林曰大將軍丞相諸人在此時閉戶共爲謀身之計王曠世弘來在戶外諸人不容之曠乃剔壁闚之曰天下大

亂諸君欲何所圖謀將欲告官遼而內之遂建江左之策

神異經曰東南有石井焉上二石闕東南面上有榜着闕題曰地户

列士傳曰吳王闔閭畏王僚之子慶忌作石室銅户以備之

太公金匱户之書曰出畏之入懼之也

解道虎齊記曰巢父城北十五里石户聖人去轉欲閉今裁廣數寸窺屋東方二丈

論衡曰燕王生明光宮所卧處三户盡閉使二十人開不得。越地傳曰勾踐宮有百户

列仙傳曰方回堯時隱人食雲母夏桀時爲人所閉於宮中從求道因化得去印封其户時人曰得方回一丸泥閉户不可開

樞

爾雅曰樞謂之椳 郭璞注曰門户扉樞也孫炎曰門户扇樞閒可依爲椳也

說文曰門樞謂之椳

魏志華佗曰户樞不朽

潛夫論曰貴戚懼家之不吉而聚爲令名懼之不堅而爲作鐵樞卒其所敗者非禁忌少門樞朽也苦崇貨財而行驕僭失民心耳 事具門部

傅子曰漢武世王侯觀殿重階金樞紫墀

李陵詩曰明月照户樞想見餘光輝

文選詩曰秦地天下樞八方湊賢才

尚書顧命曰四人綦弁執戈上刃夾兩階戺 孔安國曰綦文鹿子皮弁亦土也堂廉曰戺土所立處

爾雅曰樞達北方謂之落時落時謂之戺 郭璞曰門持樞者或達北隱以爲固

三秦記曰明光殿以金爲戺

關

易復卦曰先王以至日閉關商旅不行后不省方

焦貢易林曰大畜之乾金柱鐵關堅固衛災君子居之居當憂居

左傳襄四年季孫攻臧紇斬鹿門之關以出奔邾 杜預曰魯南城東門

方言曰關而東陳楚之間户鑰

老子曰善閉無關鍵

史記曰侯嬴謂魏公子曰嬴乃夷門抱關者

又漢書王仲翁謂蕭望之曰不肯録録反抱關爲 録録猶常也

魯連子曰魯連先生見孟嘗君於杏堂之門孟嘗君曰吾聞先生有勢數可得聞乎連曰勢數者譬若門關舉之而便則可以一指持中而舉之非便則兩手不關非益加重兩手非加罷也彼所起者非舉勢也彼可舉然後舉之所謂勢數

鑰

周禮地官曰司門掌授管鍵以啓閉國門 鄭司農云鍵爲牡也

方言曰關西謂之鑰

何承天纂文曰牡出鑰者也人作鑰子鑰毋非也

東宮舊事曰守鑰四人對番上下 東宮門鑰在中庶子坊

太公金匱鑰之書曰昏慎守深察訛也

風俗通曰鑰施懸魚翳伏淵源欲令揵閉如此

闑

爾雅曰宮中門謂之闑

周禮考工記曰闈門容小扃
蔡邕明堂月令語曰明堂之門皆門稱闈

闈

爾雅曰闈小者謂之閨
說文曰閨持主户也上圓下方有似於圭
文選曰閨中風暖

閤

說文曰閤門傍户也
爾雅曰小閨謂之閤
史記曰汲黯爲東海太守以清靜爲政黯多病臥閤內不出歲餘東海大治
漢書曰公孫弘爲丞相起客館開東閤以延賢人
又曰田延年盜三千萬即閉閤獨居偏袒持刀東西步數

使者召延年詣廷尉聞鼓聲自刎死
漢書曰左馮翊韓延壽行縣之高陵有昆弟相與訟田延壽恥不能明教化因入傳舍閉閤思過訟者自髡肉袒謝之
宋書曰孝武宴朝賢張暢何偃並在坐偃因醉曰張暢固是奇才同義宣作賊亦能無咎非才何以致此暢乃厲聲曰太初之時誰黄其閤帝曰何事相苦初元凶時偃父尚之爲元凶司空義師至新林門生皆逃尚之父子與婢妾共洗黄閤故暢譏之
晉宮閤名曰洛陽宮有金光閤清陽閤朱明閤承休閤安樂閤白藏閤顯仁閤崇明閤章德閤飛雲閤安世閤長安有東明閤西華閤紫闥閤
傅玄歌詩曰我家近宮掖易知復難忘黄金爲閤門白玉爲殿堂
晉宮閤名曰洛陽有金光閤文成閤明度閤飛雲閤安世閤長安有東明閤西華閤紫闥閤
宋志三公黄閤前史無其義按禮記士韠與天子同公侯大夫則異鄭注云賤與君同不嫌也夫朱門洞開當陽之正色也三公與天子禮秩相亞故黄其閤以示嫌不敢近天子也且漢制云爾

閣

周書作雒曰凡五宫堂咸有深閣
韓詩外傳曰黄帝時鳳皇集東園止於阿閣棲梧桐食竹實終身不去
禮記內則曰大夫七十而閣天子之閣左達五右達五（鄭玄注曰閣以板爲之藏食物也王者三牲內及魚腊）

廣雅曰棧閣也
漢書曰甘露中五經諸儒雜論於石渠閣
又楊雄傳曰王莽時雄校書天祿閣上治獄使者來欲收雄雄恐不免乃從閣上自投幾死莽聞之曰雄素不與事何故在此間請問其故迺劉棻嘗從雄學作奇字雄不知情有詔勿問然京師爲語曰惟寂惟寞自投于閣
後漢楊級上言宣帝博徵群儒論定五經於石渠閣方今天下少事學者得成其業而章句之徒破壞大體宜如石渠故事永爲後世法於是詔諸儒於白虎觀論考同異焉
陳書曰至德二年後主於光昭殿起臨春結綺望仙等三閣長數丈並數十間其窻牖户壁皆以懸柏欄檻之類並以沉檀香木爲之又飾以金玉間以珠翠外施珠簾內有寶帳其服玩之屬瑰寶珍異皆近古所未有每微風暫動

香聞數里朝日初照光映後庭其下積石爲山引水爲池
植以奇樹雜以花藥後主自居臨春閣貴妃居結綺閣龔
孔二貴嬪居望仙閣並複道交相往來
五代史朱梁傳曰宰相柳璨奏西京舊有凌煙閣圖畫國
初功臣今遷奉東都比未崇建四鎮副元帥梁王勳業冠
古請近新凌煙閣別創一閣圖畫梁王以旌德業詔曰魏
賞彭陽之功別創紀勳之觀齊旌泗水之績乃崇嘉德之
樓式示新規爰從舊典宜令所司於皇城内擇善地別造
凌煙閣圖寫賜名曰天祐旌功之閣
戰國策曰田單棧道木閣以迎齊襄王及后於城陽山反
之國
楚漢春秋曰項王爲高閣置太公於上告漢王曰今不急
下吾烹太公漢王曰吾與項王約爲兄弟吾翁即汝翁若

烹汝翁幸分我一杯羹
三輔舊事曰秦二世欲起凌雲閣與南山齊
漢宮殿疏曰天祿閣麒麟閣蕭何造以藏祕書畫賢臣凌
雲閣秦二世造
洛陽宮殿簿曰高平觀南行至清覽觀高閣六十四間脩
齡觀南行至臨商觀高閣五十五間太極殿前南行仰閣
三百二十八間南上總章觀閣十三間東上凌雲臺閣十
一間永寧宮連閣二百八十六間十二間連閣上下數見
親觀差閣九間
洛陽地記曰雲臺高閣十四間乘風觀高閣十二間
丹陽記曰漢魏殿觀多以複道相通故洛宮之閣七百餘
間
三輔故事曰天祿閣石渠閣在大殿北以閣祕書又畫賢

臣象凡十一人霍光第一蘇武第十二
尸子曰泰山之中有神房阿閣
物理論曰故人之任孕者愬其名籍上之天府天子立金
匱玉閣命司錄以監省之
西京記曰西京大明正中含元殿殿東西翔鸞棲鳳閣下
肺石登聞鼓左右龍尾道
東京記曰紫微宮有臨波閣閶闔閣
班固西都賦曰周廬千列徼道綺錯輦輅經營蘭除飛閣
張衡西京賦曰鉤陳之外閣道穹隆屬長樂與明光徑北
通乎桂宮
葛龔反遂初賦曰考天文於蘭閣覽羣言於石渠
古詩曰交疏結綺窗阿閣三重階
陸機樂府詩曰閶門何峨峨飛閣跨通波

崔琦七蠲曰紫閣青宮綺錯相連
東京賦曰飛閣神行
南都賦曰連閣煥其相輝
上林賦曰重座曲閣
陸機表云登三閣注三閣謂祕書郎掌内外三閣經書
鮑昭詩觀霞登綵閣
蜀都賦曰行陽城之延閣注延延長也
江淹表云府之延閣注延閣書府也
天台賦曰朱閣玲瓏於雲間
陸機詩曰飛閣纓虹帶
張景陽七命翠觀岑青彫閣霞連
謝玄暉詩曰尋雲陟累榭隨山望菌閣
楚辭曰蘭閣兮黃樓

古詩曰層閣肅天居

簃音馳又音移

爾雅曰連閣謂之簃郭璞注曰堂樓閣邊小屋今呼之簃廚連觀也

通俗文連閣曰簃

闥

東觀漢記曰帝詔馬嚴留仁壽闥與校書郎杜撫班固定建武注記

晉宮閣名曰洛陽宮有崇陽闥延明闥通明闥脩雲闥通福闥徽音闥承休闥玄明闥玄暉闥崇禮闥白藏闥

太平御覽卷第一百八十四

太平御覽卷第一百八十五

居處部十三

廳事　齋　房　庭　階　陛　墀

序　廊　塾　壇　屛　扆　宁

廳事

郡國志曰廣州吳孫晧時以滕脩爲刺史未至州有五仙人騎五色羊負五穀來迎而去今州廳事梁上畫五仙人騎五色羊爲瑞

裴淵廣州記曰州廳事梁上畫五羊像又作五穀囊隨像懸之云昔高固爲楚相五年衘穀莖于楚庭於是圖其像廣州則楚分野故因圖象其瑞焉

臨海記曰章安縣南門有赤蘭橋世傳成公綏作縣此橋上製聚廳縣令年常祭廳事神用生鹿其年浩得白鹿還於廳事上生以祭神仍遂食之歲時用焉自是以後白鹿不可復得而必須生鹿歷代相承迄今不絕

世說曰庾太尉兄弟初渡江行路人有避雨者悉聚諸廳事上征西車騎自譬遣之不肯去太尉新沐頭散髮高詠從閤内出避雨者退莫有留者

王朗與許靖書曰武皇帝於江陵劉景升廳事上共論道足下至于通夜不寐忘倦飢渴無已○盧諶祭法曰凡祭法有廟者置之於座未遑立廟祭於廳事可也

兩京記曰考功員外廳有薛稷畫鶴宋之問爲讚工部尚書廳有薛稷畫樹石並爲時所重

齋

王安成記曰大和中陳郡殷府君引水入城穿池殺仲堪又於池北立小屋讀書百姓于今呼曰讀書齋

晉徵祥說曰桓玄鎮姑熟屋壁先畫作黃盤龍號盤龍齋俄而玄敗將軍劉毅居之毅小名盤

襄沔記曰金城内刺史院有高齋梁昭明太子於此齋造文選鮑至云簡文爲晉安王鎮襄陽日又引劉孝威庾肩吾徐防江伯操孔敬通惠子悅徐陵王囿孔鑠等於此齋綜覆詩集于時鮑至亦在數凡十人資給豐厚日設肴饌于時號爲高齋學士○雍州記云高齋其泥色甚鮮淨故此名焉南平世子恪臨州有甘露降此齋前竹林昭明太子於齋營集道義以時相繼

又曰白土齋南道有一齋以栗爲屋梁武帝臨州寢卧於此齋中常有五色雲迴轉狀如盤龍屋上恒紫雲騰起形似繖蓋遠近望者莫不異焉梁武帝于此龍飛

又曰高齋東北有一齋名曰下齋次於高齋制度壯麗極爽塏刺史辯决獄訟舊出此齋

國史補曰梁武造寺令蕭子雲飛白大書一蕭字在焉李約自江淮竭產買歸　洛中置於小亭號曰蕭齋

房

說文曰房室在旁也

釋名曰房旁也室之兩旁也

尚書大傳曰古后夫人將侍於君前息燭後舉燭至于房中釋朝服襲燕服然後入御于君

毛詩黍離曰君子陽陽左執簧右招我由房

漢書曰哀帝初即位躬行儉約省減諸用政事由己出朝廷翕然望焉有詔問丞相大司空定陶恭王太后宜當何居孔光不欲令帝旦夕相近即議以爲定陶王太后宜改築宮大司空何武曰可居北宮有紫房複道通未央宮

太后果從複道朝夕至帝所求欲稱尊号貴寵其屬使上以
不得直道而行

應劭漢官儀曰皇后稱椒房以椒塗室主温暖除惡氣也

鄺善長注水經曰芭水出南𡶶水谷北流逕玉女房水側
山際有石室世謂之玉女房

郡國誌曰葭萌縣玉女房昔有玉女入石穴空有竹數莖
下有青石壇每因風恒自掃壇

王子年拾遺記曰越欲滅吴畜天下奇寶美人異味以進
於吴殺三牲以祈天地殺龍以祠川海以江南億万民輸
爲傭保越又有美女二人一名夷光一名脩明以貢於吴吴
處之以椒華之房貫細珠爲簾幌幌内竊窺者莫不動心
驚魂謂之神人吴王妖惑忘於國政及越兵入乃抱二女
以逃吴苑

晉宮闕名曰洛陽宮内有羲和温房

十洲記曰崐崘山有紫翠丹房

拾遺録曰崐崘丹密雲房東西千歩望之如丹霞

尸子曰泰山之中有神房阿閣

楚辭曰姱容脩態絙洞房

又九歌曰桂棟兮蘭橑新夷楣兮葯房

宋玉風賦曰主人女子乃更有蘭房奥室止臣其中

庭

説文曰庭朝中也

尚書曰咸造勿䙴在王庭

周易曰揚于王庭孚號有厲告自邑不利即戎利有攸往

禮記曰諸侯之庭

毛詩曰洒掃庭内

又曰俟我于庭乎而

又曰殖殖其庭

又曰子有庭内弗洒弗掃

又曰有瞽有瞽在周之庭

左傳曰庭實旅百

論語曰鯉趨而過庭曰學詩乎

又曰孔子謂季氏八佾舞於庭是可忍也孰不可忍也

周書曰成王四征不庭

漢書曰王商爲人多質有威重（師古曰多質言不爲文飾）長八尺餘身
體鴻大容皃絶人河平四年單于來朝引見白虎殿丞相
商坐未央庭中單于前拜謁商（師古曰單于將見天子而經未央庭中過商）起
離席與言單于仰視商貌大畏之遷延却退天子聞而歎
曰真漢相矣

晉書曰謝玄字幼度少穎悟與從兄朗俱爲叔父安所器
重安嘗戒約子姪曰子弟亦何豫人事而正欲使其佳諸
人莫有言者玄荅曰譬如芝蘭玉樹欲使其生於庭階耳
安悦

説苑曰吴入楚申包胥告急於秦秦哀公曰諾固將圖之
申包胥立哭於秦庭晝夜哭七日七夜不絶聲哀公曰有
臣如此可不救乎興師救楚吴人引兵而還昭王反復欲
封申包胥包胥辭曰救亡非爲名也功成受賜是賣勇也
遂退而隱終身不見

階

釋名曰階梯也言有等差

説文曰階陛也陛外高階也除殿陛也阼主階也

尚書曰舞干羽于兩階七旬有苗格

禮記曰季氏之葬在西階下
又大傳曰天子作階高九尺
又曰主人與客讓登主人先登客從之拾音渉級聚足連步以上上於東階則先右足上於西階則先左足
又曰夏后氏殯於東階之上則猶在阼也周人殯於西階之上則猶賓之也
左傳曰石之紛如死于階下
又曰衛孫子來聘公登亦登
論語曰沒階趨進翼如也
史記曰堯舜土階三等堂高三尺
三秦記曰明光殿以玉爲階
呂氏春秋曰周之明堂茅茨蒿柱土階三等以見儉節也
文選詩曰紅藥當階翻蒼苔依砌上
又曰阿閣三重階

陛

摯虞決要注云其制有陛右墄七則反左平平以文塼相亞次墄者爲陛級也九錫之禮納陛以登謂受此陛以上殿
靈光殿賦曰飛陛緣雲以上征
蔡邕獨斷曰天子陳兵於陛故呼陛下用卑達尊之意也

墀

說文曰墀塗地也
禮記曰天子赤墀
漢書典職曰以丹漆地故曰丹墀漢書有白玉墀
又曰曲陽侯王根僭作赤墀青瑣司隸京兆奏根負鉞謝罪
劉楨清慮賦曰騁雄黃以爲墀

序

爾雅曰東西廂謂之序郭璞曰所以序別外內也犍爲舍人曰殿東西堂序尊卑處
廣雅曰反坫謂之序
說文曰序東西牆也
尚書顧命曰大訓在西序河圖在東序孔安國曰大訓唐虞書典謨也河圖八卦也王延壽魯靈光殿賦曰東序重深而奧祕

廊

周書作雒曰九五宮明堂咸有重廊
史記紂有諫臣曰左強夸而目巧教紂爲象廊
漢書曰武帝策茂才曰蓋聞虞舜之時遊巖廊之上文穎注曰殿下外屋也晉灼注曰堂邊曰巖峻之廊也
鄭緝之東陽記曰石步廊去歌山十里臨流虛構高可數丈長三十丈可容百人坐

韓子曰師曠爲晉平公請角一奏有雲從西北方起再奏大風而隨之裂幃幕破俎豆墮廊瓦平公懼伏于廊室
兩京記曰隋煬帝從東都至西京御道並作長廊
枚乘七發曰連廊四注臺城增光
陸機與弟雲書曰聽頌觀東作百丈許廊屋

塾

爾雅曰門側之堂謂之塾郭璞注曰東門堂
尚書顧命曰先輅在左塾之前次輅在右塾之後
禮記學記曰古之教者家有塾
白虎通曰所以必有塾何以飾門因取其名也明臣下當見於君先孰思其事也
東觀漢記曰趙孝爲郎每告歸往來常白衣步擔過道上

郵亭但稱書生寄止於亭門塾

魏武制度奏曰三公列侯門施內外塾方三十畝

壇

左傳曰子產相鄭伯以如楚舍不爲壇

漢書曰蕭何薦韓信於高祖高祖擇日齋戒設壇拜爲將軍

莊子曰孔子遊乎緇帷之林休坐乎杏壇之上弟子讀書孔子絃歌鼓琴奏曲未終有漁父者下船而來左手據膝右手柱頤以聽曲終而招子貢子路二人俱對客指孔子曰彼何爲者也子路曰魯之君子也

徐靈期南岳記曰南岳山上有飛流壇懸水激石飛湍百仞即孫溫伯所葬身處也又有曲水壇水行石上成溝瀆如世人臨河壇也三月三日時來逍遥

梁州記曰沔陽城先沔陽縣所治也在漢水南舊蕭何所築劉備爲漢王權住此城盟於城下今門外有盟壇猶存

帝王世紀曰雍郊有五時壇漢武獲麟處

屏

爾雅曰屏謂之樹（郭璞曰小牆當門中者也犍爲舍人曰以垣當門蔽爲樹）

廣雅曰復思謂之屏

說文曰屏蔽也

釋名曰屏自鄣屏也蕭牆在門內蕭肅也臣將入於此自肅敬之處也罘罳在門外罘復也臣將入請事於此復重思也

禮記禮器曰康王疏屏天子之廟飾也（鄭玄注云屏樹也今謂之罘罳）

論語八佾曰或問管氏知禮乎曰邦君樹塞門管氏亦樹塞門管氏而知禮孰不知禮（鄭玄注曰樹屏也）

又季氏曰吾恐季孫之憂不在顓臾而在蕭牆之內（蕭牆謂之屏也）

漢書佞幸傳曰哀帝令將作爲董賢起冢營義陵旁內爲便房剛柏題湊外徼道周垣數里門闕罘罳甚盛

又曰王莽傳曰莽性好時日小數及事迫急但爲厭勝遣使壞渭陵園門罘罳曰無使民復思漢也

漢官典職曰省閤下大屏稱曰丹屏尚書郎含雞舌香伏其下奏事

晉書曰阮籍爲東平相徹去屏障使內外相對

孫卿子曰天子外屏諸侯內屏禮也外屏不欲見於外內屏不欲見於內也

風俗通曰屏卿大夫以帷士以簾稍有第以自障蔽也示臣臨見自整屏氣處也

吳越春秋曰越將伐吳越王命於夫人王背屏夫人向屏而立王曰自今日之後內政無出外政無入各守其職已盡其信內中辱者則是子境外千里辱者則是予也吾見子於是已明試矣王出宮夫人送王不過屏因反闔其門填之以土

白虎通曰所以設屏何所以自障也示極臣下之故也天子德大故外屏諸侯德小所照見近故內屏

扆

爾雅曰戶牖之間謂之扆（郭璞注曰牕東戶西也禮云斧扆形如屏風畫爲斧文置扆地以其所名之耳）

尚書顧命曰設黼扆

儀禮覲禮曰天子負扆南面朝諸侯是外致命也

禮記明堂位曰天子負斧扆南　而立

宁

爾雅曰門屏之間謂之宁郭璞注曰人君視朝門宁立處也

釋名曰宁佇也見君所佇立定氣之處也

毛詩曰俟我於著乎而

曲禮曰天子當宁而立諸公東面諸侯西面曰朝

晉門院

太平御覽卷第一百八十五

居處部十四

厨　竈　竇　廁

厨

說文曰厨庖屋也

易曰庖有魚義不及賓也

毛詩大庖不盈

禮記玉藻曰君子遠庖厨凡有血氣之類弗身踐也又田獵之禮一爲乾豆二爲賓客三爲充君之庖

漢書賈誼曰其禽獸見其生不忍見其死聞其聲不忍食其肉故遠胞厨所以長恩且明有仁也

後漢書祢衡到許都人問荀文若趙稚子云何（趙爲盪寇將軍見魏志也）衡曰文若可使借面吊喪稚長可監厨請客（典略曰衡見荀儀容但有皃耳故可吊喪趙有腹健啖肉故可監厨也）

七賢傳曰阮籍以步兵厨中有美酒求爲步兵校尉

司馬相如上林賦曰庖厨不從後宮不移

古詩曰左顧勅中厨

竈

禮有五祀竈居一焉

月令孟夏其祀竈祭先肺陽氣盛熱外祀之於竈從熱類也

禮藏文仲燔柴於竈者竈者老婦之祭也盛於盆尊於缾非所柴也文仲焉知禮

禮庶人立一祀或立户或立竈

論語王孫賈曰與其媚於奧寧媚於竈

史記孫臏救韓入魏爲十萬竈明日爲五萬竈又明日爲三萬竈龐涓經三日大喜曰我固知齊人怯入吾地三日士卒亡者過半遂逐之

又曰李斯曰竈上騷除萬世一時也（騷音掃）

漢書李少君言祀竈皆可致神物而丹砂可化爲黃金黃金成以爲器以食則益壽壽益則海中蓬萊仙者乃可見之封禪則不死黃帝是也天子親祀竈焉

又曰初霍氏奢侈茂陵徐生曰霍氏必亡夫奢則不遜不遜必侮上侮上逆道也在人之右衆必害之也霍氏秉權日久害之者多矣天下害之而又行以逆道不亡何待迺上疏言霍氏大盛陛下即愛厚之宜以時抑制無使至亡書三上輙不報聞其後霍氏誅滅而告霍氏者皆封人爲徐生上書曰臣聞客有過主人者見其竈直突傍有積薪客謂主人更爲曲突遠徙其薪不者且有火患主人不應俄而家果失火鄰里共救之幸而得息於是殺牛置酒謝其人灼爛者在於上行餘各以次不録言曲突者人謂主人曰鄉使聽客之言不費牛酒終亡火患今論功而請賓曲突徙薪亡恩澤燋頭爛額爲上客主人迺寤而請之茂陵徐福數上書言霍氏且有變宜防絶之鄉使福說行則國亡裂土出爵之費臣亡逆亂誅滅之敗往事既已而福不蒙其功唯陛下察之貴徙薪曲突之策使居焦髮灼爛之右上迺賜福帛千疋後以爲郎

又曰息夫躬祠竈人見之告呪詛遂弃市

又曰昭帝時燕王宮豕出圂（胡困切）壞都竈注都竈烝炊之大竈也劉向以爲豕禍

後漢書李南女曉術爲由拳縣人妻晨詣竈室卒有暴風婦上堂從姑求歸辭其二親姑不許乃跪而泣曰家世傳術

疾風起先吹竈突及井此禍爲婦女主爨者妾將應之因
著其亡日乃聽還家如期病卒

又曰更始李軼朱鮪擅命山東王匡張卬横暴三輔其所
與官爵皆羣小賈豎或有膳夫庖人多著繡面衣錦袴襜褕
諸于罵詈道中長安爲之語曰竈下養中郎將爛羊頭關
内侯

又曰虞詡爲懐令後羌寇武都鄧太后以詡有將帥之略
遷武都太守引見嘉徳殿厚加賞賜羌乃率衆數千遮詡
於陳倉崤谷詡即停軍不進而宣言上書請兵須到當發
羌聞之乃分鈔傍縣詡因其兵散日夜進道兼行百餘里
令吏士各作兩竈日增倍之羌不敢迫或問曰孫臏減竈
而君增之兵法日行不過三十里以戒不虞而今日行二
百何也詡曰虜衆多吾兵少徐行則易爲所及速過則彼所不

測虜見吾竈日增必謂郡兵來迎衆多行速必憚追我孫
臏見弱吾今示強勢有不同故也

又曰向栩性不恒又似狂坐於竈北板屋上

又曰張忠署孫賓爲主簿遂祭竈請比隣

又曰陰識之　臘日晨炊而竈神見殺黄羊因祀之三
世繁昌遂常以臘日祭也

戰國策曰智伯攻晉陽城城不沉者三板泪竈生蛙懸釜
而炊

魯連子曰一井五缾洩可立待一竈五突烹飪十倍分烟
者衆

淮南子曰黄帝作竈死爲竈神

莊子曰仲尼讀春秋老聃踞竈觚而聽觚竈額也

又曰陽子居南郭之沛老聃西遊於秦邀於郊至於梁
而遇老子中道仰天而歎曰始以汝爲可教今不可也陽
子居不荅至舍進盥漱巾櫛脱屨户外膝行而前曰向者
弟子欲請夫子夫子行不閑是以不敢問今閑矣請聞其
過老子曰而睢睢盱盱而誰與居大白若辱盛徳若不足
陽子居蹵然變容曰敬聞命矣其往也舍者迎將家公執席
妻執巾櫛舍者避席煬者避竈其反也舍者與之爭席
矣

宜都縣記曰宜都山絶崖壁立數百丈有一火燼插在崖
間望可長數尺傳云堯洪水人泊船此旁爨餘留之故曰
插竈崖

萬畢術曰竈神晦日歸天白人罪

夢書曰竈主食夢者得食

李尤竈銘曰燧人造火竈能以興

竇

周禮考工記曰宫中之竇其崇三尺

左傳曰篳門圭竇之人皆凌其上

又曰有過氏滅夏立相后緍方娠逃出自竇

晉書阮逸避乱依胡毋輔之初至屬輔之與謝鯤阮放畢
卓羊曼桓彝阮孚散髮裸袒閉室酣飲已累日逸將排户
入守者不聽逸便於户外脱衣露頭於狗竇中窺之而大
叫輔之驚曰他人决不能尔必我孟祖也遽呼入遂與飲
不捨晝夜時人謂之八達

家語曰子羔爲衛之士師刖人之足衛有蒯聵之亂子羔
逃至郭門刖者守焉謂子羔曰彼有缺子羔曰君子不踰
又曰彼有竇子羔曰君子不隧又曰彼有室子羔入焉追
者罷子羔乃去

廁 溷附

廣雅曰清溷屏廁也

說文曰廁清也

釋名曰廁言人雜廁在上非一也或曰溷濁也或曰清至穢宜常脩治使清潔

儀禮曰隷人温廁温塞也爲人復往褻也

左傳曰晉侯將食麥 如廁陷而卒

史記曰朱虛侯入未央宫遂擊呂産産走天風大起從官亂莫敢鬬遂殺産於郎中府吏廁中

又曰范睢事魏中大夫須賈賈爲魏昭王使於齊睢從齊襄王聞睢辯有口才乃使人賜睢金十斤及牛酒須賈以睢持魏陰事告齊故睢獨得此饋心怒歸以告魏相魏齊魏齊使人笞擊睢折脅摺齒睢佯死卷以簀置廁中賓客飲者醉更溺睢以懲後無妄言者

又曰李斯者楚上蔡人也少時爲郷小吏見吏舍廁中鼠食不絜近人犬數驚恐之斯入倉觀倉中鼠食積粟居大廡下不見人犬之憂於是李斯乃嘆曰人之賢不肖譬如鼠矣在所自處耳乃從荀卿學帝王之術

又曰萬石君長子建老白首萬石君尚無恙建爲郎中令每五日洗沐歸謁親入子舍竊問侍者取親中裙廁牏身自浣滌徐廣曰牏築垣短版也音注廁牏謂溷垣牆建隱於其側而浣滌也一謂牏爲竇言建又自洗盪廁竇廁竇瀉除穢汚之穴也呂静曰楲窬褻器音威豆復與侍者不敢令萬石君知以爲常

又曰趙襄子滅智伯其臣豫讓遁逃山中曰嗟乎士爲知已者死女爲說已者容今智伯知我我必爲報讎而死以報智伯則吾魂魄不愧矣乃變名姓爲刑人入宫塗廁中挾匕首欲以刺襄子襄子如廁心動執問塗廁之刑人豫讓内持刃兵曰欲爲智伯報仇左右欲誅之趙襄子曰彼義人也吾謹避之耳且智伯亡無後而其臣欲爲報仇此天下之賢人也卒釋去之

又曰大將軍衛青侍中上據廁而視之注溷廁也

漢書郅都侍上賈姬如廁有野彘入廁上目都擊之都不往上欲自行都伏諫曰一姬死復一姬進上雖自輕奈太后宗廟何太后聞之賜都金

晉書王戎惠帝反宫以戎爲尚書令既而河間王顒遣使說成都王穎將誅齊王冏檄書至冏謂戎曰孫秀作逆天子幽偪孤糾合義兵掃除元惡臣子之節信著神明二王聽讒造構大難當賴忠謀以和不協卿善爲我籌之戎曰公首舉義衆定大業開闢已來未始有也然論功報賞不及有勞朝野失望人懷貳志今二王帶甲百萬其鋒不可當若以王就第不失故爵委權崇讓此求安之計也冏謀臣葛旟怒曰漢魏以來王公就第寧有得保妻子乎議者可斬於是百官震悚戎僞藥發墮廁得不及禍

又曰郭璞素與桓彝友善彝每造之或値璞在婦𡜟間便入璞曰卿來他處自可徑前但不可廁上相尋耳必客主有殃彝後因醉詣璞正逢在廁掩而觀之見璞裸身被髮銜刀設醊璞見彝撫心大驚曰吾每屬卿勿來反更如是非但禍吾卿亦不免矣天實爲之將以誰咎璞終嬰王敦之禍彝亦死蘇峻之難

魏氏春秋曰許允爲鎮北將軍未發徙樂浪允善相印將拜印以不善更刻大如此者三允曰印雖好而已被辱問送印者果懷之而墜于廁

幽明録曰逹德民虞敬上厠輒有一人授草手内與之不覩其形如此非一過後至厠久無送者但聞户外鬬聲窺之正見死奴與死婢爭先進草奴適在前婢便因後擿之奋此輒兩相擊食頃敬欲出婢奴陣勢方未已乃厲聲叱之奄如火滅自是遂絶

又曰阮德如嘗於厠見一鬼長丈餘色黑眼大著皂單衣平上幘去之咫尺德如心安氣定徐喚而語之曰人言鬼可惜果然

桓譚新論曰傳士弟子譚生居東寺連三夜有惡夢以問人教使晨起厠中訖之三旦而人告以爲呪咀捕治數日

曹毗曰杜蘭香戒張碩不宜露頭上厠夜行必燭若脫誤當跪拜謝

周景式孝子傳曰管寧避地遼東經海遇風船人危懼皆叩頭思過寧思惟無諐念常如厠不冠即便悔過海風尋止

異苑曰陶侃曾如厠見數十人悉持杖有一人著平上介幘自稱後帝云君長者故出相見

襄沔記蜀先主之依劉表起至厠見髀裏生肉慨然流涕還坐表怪問之備曰平常身不離鞍髀肉皆消今不復騎髀裏肉生日月若馳老將至矣而功業不建是以悲耳表雖重備因此欲取備備覺僞如厠潛遁出所乘馬名的顱從襄陽城西檀溪水中而渡被溺不得出備既急乃曰的顱今日危矣可不努力乎的顱乃一踴三丈遂得過溪而去

神仙傳曰淮南王安謁仙伯坐起不恭主者奏安不敬謫守厠三年

抱朴子内篇曰河東項曼都入山學仙十年而歸家問其故曼都曰在山中仙人乘龍迎我上天先過紫府金床玉几眞貴處也仙人以流霞一杯飲我輒不死不飢渴昔淮南王事天帝有失行謫之守厠矣吾何人哉

語林曰劉寔詣石崇如厠見有絳文帳茵褥甚麗兩婢持錦囊寔遽退笑謂崇曰向誤入卿室崇曰是厠耳寔更往向乃守厠婢所進錦囊是籌良久不得便行出謂崇曰貧士不得此厠乃如他厠

又曰石崇厠常有十餘婢侍列皆佳麗藻飾置甲煎沉香無不畢備又與新衣客多不能着王敦爲將軍年少往脫故衣着新衣氣色傲然羣婢謂曰此客必能作賊世說王大將軍敦初尚主厠見漆箱中盛乾棗本以塞鼻王謂厠上下菓食遂至盡既還婢擎金澡盤盛水瑠璃椀盛澡豆自倒着水中而飲之謂之乾飯羣婢掩口而笑之

太平御覽卷第一百八十六

居處部十五

牆壁　柱　梁　棟

牆壁

說文曰垣蔽曰牆又曰壁垣也

爾雅曰牆謂之墉

廣雅曰墉垣牆也

釋名曰墉容也所以蔽隱於形容也壁辟也所以辟斷風寒也牆障也所以自障蔽也垣援也人所阻以為援衛也

易曰公用射隼於高墉之上獲之無不利

書曰既勤垣墉惟其塗墍茨

尚書大傳云賁墉諸侯疏杼注曰賁大也言大牆正道直也疏衰也杼亦牆也亦衰殺其上不得正直詩曰百堵皆

作

又曰築室百堵

又曰誰謂鼠無牙何以穿我墉

又曰乘彼垝垣以望復關

又曰牆有茨牆衛人刺上也公子頑通于君母而不可道也牆有茨不可掃也箋牆所以防非常也

又曰君子無易由言耳屬于垣由用也人將聽之

又曰將仲子兮無踰我牆

又曰兄弟鬩于牆外禦其務務侮

又曰徹我牆屋田卒汙萊毀牆屋不得農也

書序秦始皇滅先代典籍焚書坑儒天下學士逃難解散我先人用藏其家書于屋壁至魯恭王時好治宮室壞孔子舊宅以廣其居於壁中得先人所藏古文虞夏商周之書及傳論語孝經皆科斗文字

又曰峻宇雕牆

禮曰七月小暑後五日蟋蟀居壁

周禮曰牆厚三尺崇之注云高卑為率足以相為勝也左傳叔孫曰人之有牆以蔽惡也牆之郤壞誰之咎也注咎在牆也

又曰巢牛隱於短垣以射吳子諸樊

又曰寺人披伐蒲重耳踰垣而走披斬其袪

又曰晉靈公不君厚斂以雕牆

論語叔孫武叔謂子貢曰仲尼豈賢於子乎對曰辟之宮牆賜之牆及肩窺見室家之好夫子之牆數仞不得其門而入不見宗廟之美

又曰糞土之牆不可杇也

又曰其猶正牆面而立也歟

史記曰孝景帝即位晁錯為內史貴幸用事門東出不便乃穿一門出太廟堧垣丞相申屠嘉聞之奏請誅錯上愛之曰錯所穿非真廟垣乃外堧且又我使為之錯謝而出嘉曰吾悔不先斬錯

又曰司馬相如家成都貧家徒四壁立

漢書曰貫高等欲害高祖置人於複壁中

後漢書曰逢萌與同郡徐房平原李子雲王君公相友善並曉達陰陽懷德穢行房與子雲養徒各千人君公遭亂獨不去儈牛自隱儈謂平會兩家買賣之事時人語曰避世牆東王君公

又曰史叔賓者陳留人也少有盛名郭林宗見而告人曰牆高基下雖得必失後果以論議阿枉毀名云

又曰崔晏仕宦歷位邊郡而愈貧薄家徒四壁卒無以殯歛光祿勳楊賜太僕袁逢少府段熲為備棺槨葬具大將軍袁隗樹碑頌

又曰杜安字伯夷少有志節年十三入太學號奇童京師貴戚慕其名或遺之書安不發悉壁藏之及後捕案貴戚賓客安開壁出書印封如故竟不罹患時人貴之位至巴郡太守

吳志曰呂蒙病孫權時在江安迎置內廐治護萬方欲數見顏色又恐勞動常穿壁瞻之見其少食則喜不能則咄唶也晉書外國傳大秦國以琉璃為牆壁

齊書曰劉璡字子璥方軏正直兄瓛夜隔壁呼璡出不荅方下牀著衣立行及簾外然後應瓛問其故璡曰向束帶未竟

又曰徐孝嗣初在率府晝臥齋北壁下夢兩童子遽云移公牀孝嗣驚起行數步而壁崩

莊子曰正考父一命而傴再命而僂三命而俯循牆而走孰敢不軌（言人不敢以不軌之事侮之）

家語曰孔子觀乎明堂覩四門之墉有堯舜桀紂之象各有善惡之狀興廢之誡焉

衡山記曰甘泉宮有石壁焉禹所刻文在此

洞冥記曰元狩三年帝復起陵霞觀去地九十丈累白玉為壁以八分篆寫羲皇以來迄周成王封禪之事所謂事登壁間蓋帝王之本績也孟子知命者不立乎巖牆之下恐頹也

淮南子曰舜作宮築牆始也

漢官儀曰省中皆胡粉塗壁畫古烈士

新序曰諸侯牆有黑堊之色無丹青之彩

神仙傳白和事王君王君語曰我暫往瀛州汝於北石室熟視北壁當見文字讀之得道矣三年方見壁上有古人所刻太清經讀之得仙

魏略曰趙岐避難青州市孫嵩知岐避事置岐於複壁中

西京雜記云匡衡鑿隣家壁偷光讀書

宋玉賦云東家美女登牆窺玉三年玉猶未許

焦贛易林曰千仞之牆禍不入門

孟奧北征記曰鄴城避雷室西南石溝北有華林牆牆高九丈方圓一里也

柱

廣雅曰楹謂之柱

釋名曰柱住也楹亭也亭亭然孤立也

周書曰文王在鎬召太子發曰吾梧柱而茅茨為民愛費也

左傳曰叔孫豹栺楹曰雖惡是其可去乎

又曰丹桓宮楹

穀梁傳曰丹桓宮楹禮天子丹諸侯黝大夫蒼士黈

大戴禮曰周時德澤和洽蒿茂以為宮柱名曰蒿宮

漢書郊祀志曰武帝鑄柏梁銅柱

又曰成帝立趙皇后劉輔諫曰朽木不可為柱卑人不可為主

范曄後漢書曰李膺拜司隸校尉時張讓弟為野王令貪殘無道至乃殺孕婦聞膺厲威嚴懼罪逃還京師因匿兄讓弟舍柱中膺知其狀率將吏往破柱付洛陽獄受辭畢即殺之

魏略曰大秦國以水精爲室柱
吳志曰孫堅爲董卓所攻堅與數十騎馳圍而出堅常著赤罽幘令親近將祖茂著之卓騎爭逐茂急見一柱在草中因脫幘著柱上卓騎望見圍繞數重後覺是柱乃去
晉書曰石季龍掘秦始皇冢取其銅柱鑄以爲器
又曰太始二年秋營太廟致荆山之材採華山之石鑄銅柱十二塗以黃金鏤以百物綴以明珠
曹嘉之晉紀曰諸葛誕以氣勵稱常倚柱讀書是雷震其柱誕讀書自若
陳書曰初梁侯景焚太極殿及景平至陳武帝議欲營之獨闕一柱至是有樟木大十八圍長四丈五尺流泊後渚因得用之
漢武內傳曰上起神屋鑄銅爲柱金塗之大五圍

帝王世紀曰桀作金柱三千
列女傳曰紂作銅柱以炭火然之有罪者令抱其柱輒墮炭中妲巳觀以爲笑
漢官典職曰德陽殿柱皆金刻鏤作奇禽萬
巧閒以丹青翡翠竟柱構以水精一柱三帶韜以赤緹
應劭漢官曰開陽門始成未有名夜有一柱飛來樓上後雒開陽縣上言南門一柱飛去光武使視因刻記其年月以名門焉
神異經曰崑崙山有銅柱其高入天所謂天柱也圍三千里周迴如削下有仙人府與天地同休息男女名曰玉人男即玉男女即玉女無爲配疋而仙道成也
三輔決錄曰長陵田鳳字季宗爲尚書郎儀皃端正入奏事靈帝目送之因題殿柱曰堂堂乎張京兆田郎

伏滔北征記曰廣陵吳王濞所都舘大城得栢柱三皆栢心盡吳王濞門柱也
華延儁洛陽記曰太極殿有四金銅柱
焦贛易林旅之咸曰金梁鐵柱
又曰家人之外曰高樓無柱顛僵不久紂失人主身死牧堅
盛弘之荆州記曰巴東城西有一栢柱孤殖大可數圍高三丈餘相傳是公孫述時樓柱乃云斫之血出枯而不朽歷代彌固將恐有物憑焉
江陵記曰洿城內有赤湖客舍襄陽大道經城中過元嘉十一年連雨城南門沮壞得土中故柟柱長一丈七尺臨川康王取以爲大齋西北柱初時色黑一季後不復黑計此千年
列子曰共工觸不周山天柱折

晏子春秋曰晏子將死鑿楹納書焉謂妻曰楹記曰世子壯而示之
燕丹曰荆軻以匕首擿決秦王 入銅柱火出
淮南子曰柱不可以刺齒蓬不可以持屋
世說曰陸玩初拜司空有人往索酒便自起酹梁柱閒祝曰當今乏才以尔爲柱石之任莫傾人棟梁陸笑曰戢卿良箴
楚辭天問曰八柱何當東南何虧
傅玄正都賦曰錦牆雕柱
劉良七舉曰綠柱朱榱青璅璧璫
李尤楹銘曰榦強體正雖重不移上下相安高而不危
世說夏侯玄讚曰玄嘗倚柱作書霹靂其柱神色無變作書如故

俞益期牋曰馬文淵昔立兩銅柱於林邑岸北有遺兵十餘家不反居壽靈岸南對銅柱悉姓為馬自為婚姻有二百戶交州以流寓號曰馬流言語飲食尚與華夏同山川移易銅柱今沒在海中正賴此民以識故處日南傳曰三銅柱也

梁

爾雅曰杗廇謂之梁郭璞注曰屋大梁

吳越春秋曰夏禹廟以梅木為梁

焦貢易林旅之咸曰金梁鐵柱完全不腐

漢官典職曰德陽宮畫屋朱梁

曹子建七啓曰彤軒紫柱文榱華梁

古歌曰本自南山松今為宮殿梁

西京賦曰絙雄虹之長梁

司馬相如長門賦曰飾文杏以為梁

班固西都賦曰因瓌材而究奇抗應龍之虹梁

楚詞曰玄玉之梁

曹植詩文榱華梁

棟

爾雅曰棟謂之桴郭璞注曰屋檼也

廣雅曰檼棟也

釋名曰檼穩也似桶也或謂之望高可望也或謂之林棟中也屋脊曰甍甍蒙也在上覆蒙屋也

易大過卦曰棟橈本末弱也王弼注曰初為本而上為末

左傳襄五年曰盧蒲癸刺慶舍王何解其肩猶援廟桷動於甍杜注曰屋棟

又曰子產謂子皮曰子於鄭國棟也棟折榱崩僑將壓焉

漢武帝故事上起神屋甍附作金鳳軒翥若飛口銜流蘇長十餘丈

神仙傳曰左慈共曹公飲飲畢以杯擲屋棟懸著棟動搖似飛鳥

淮南子曰郢人買屋棟而與之車轂跪而度之大雖可而長不足也

桓子新論曰王公大人則嘉得良師明輔品庶凡民則樂畜仁賢哲士皆國之柱棟而人之羽翼

楚辭九歌曰桂棟兮蘭橑新夷楣兮葯房

郭璞游仙詩曰雲生梁棟間

傅玄棟銘曰國有維輔屋有棟梁室之傾尚可柱也心之傾不可輔也

太平御覽卷第一百八十七

太平御覽卷第一百八十八
居處部十六
窻 檻 椽 檐
梲 棨 栱 鋪首
藻井 鴟尾 質礎 奧
屋漏 宧 突 塼 瓦
窻
說文曰窻穿壁以木爲交窻所以見日也向北出牖也在
牆曰牖在屋曰窻
又曰櫺楯間子也櫳房室之疏也
釋名曰窻聰也於内視外爲之聰明
大戴禮曰隨武子牖之銘曰隨天之時以地則之敬祀皇
天敬以先時
禮記郊特牲曰薄社北牖使陰明也
又儒行曰華門閨竇蓬户瓮牖
論語曰伯牛有疾子問之自牖執其手曰士之命矣夫五
經典義曰虞主埋之廟北牖下北方無事虞主亦無事也
東觀漢記曰明德馬后不喜出入游觀希嘗臨御窻牖
老子曰鑿户牖以爲室
又曰不窺牖見天道
漢官封禪儀曰泰山有天窻
三輔黄圖曰明堂有七十二牖
孝經注曰明堂之制八窻四闥
東宫舊事曰閤内有曲鄣鄣上雀目窻
又曰宫有四面窻八所綾綺連錢及青瓸郭飛板
郭子曰滿奮畏風在武帝坐北窻作琉璃屏實密似疎奮

有難色帝問之對曰臣若吴牛見月而喘
西京雜記曰昭陽殿窻户扉多是緑琉璃皆通照毛髮不
得藏焉
漢武故事曰西王母降東方朔於朱雀牖中窺母母謂帝
曰此兒無賴久被斥逐原心無惡尋當得還
又曰帝起超神屋有雲母窻珊瑚窻
賢聖冢墓記曰東平思王奢靡及死生葬所幸奴婢着銅
窻内令守冢
五行數曰太公金匱牖之書曰闚望端審且念所得可思
所忘
李尤牖銘曰天設窻牖開光照陰施于明堂以象八風
陸機詩曰安寢北堂上明月入我牖照之有餘輝覽之不
盈手
靈光殿賦曰玉女窺窻而下視
文選詩曰窻中列遠岫
蜀都賦曰列綺窻以瞰江
古詩曰盈盈樓上女皎皎當窻牖
又曰文疎結綺窻何閣三重階
檻
漢書曰朱雲忠諫攀檻檻折及治上曰勿易因而輯之以
旌直臣
文選曰伏櫺檻而俯聽聞雷霆之相激
魯靈光殿賦曰軒檻蔓延。楚詞曰坐堂伏檻臨曲池
又曰照檻兮扶桑
椽
說文曰椽榱也桷也橑榱也秦謂之榱周謂之椽魯謂之

桷

通俗文曰屋加椽曰橑(來早切)

漢書解詁曰桷椽也諸侯丹桷以丹色也

詩曰松桷有梴

穀梁曰刻桓宮桷禮天子之桷斲之礱之加密石焉諸侯之桷斲之礱之大夫斲之士斲本刻桷非正也

左傳曰宋人伐鄭以大宮之椽爲盧門之椽

續漢書曰蔡邕避難在吳告人曰吾昔經會稽高遷亭見屋椽竹從東閒數第十六可以爲籥取用果有異聲

張璠漢記曰梁冀起臺殿梁柱椽桷鏤爲青龍白虎畫以丹青雲氣

戰國策曰或謂孟嘗君曰廊廟之椽非一木之枝先王之法非一士之智

漢武故事曰上起神屋以金椽爲刻玳瑁爲龍虎禽獸以薄其上狀若隱起椽首皆作龍形龍首銜鈴流蘇懸之

西京雜記曰昭陽殿椽桷皆刻作蛇龍縈繞其閒鱗甲分明見者莫不驚慄

韓子曰堯舜采椽不刮茅茨不剪

檐

說文曰檐㮰也

又曰楣秦名屋聯櫋也齊謂之檐楚謂之梠

釋名曰檐椄也椄屋前後也梠旅也連旅之或謂之櫋櫋緜也連緜榱頭使平也上入曰雀頭形似爵也

禮記明堂位曰複廟重檐天子之廟飾也

穀梁傳文公曰壞廟之道易檐可也

爾雅曰檐謂之樀(郭璞曰屋梠也)

棁

爾雅曰梁上楹謂之棁

漢官解詁曰棁梁上柱也諸侯藻棁爲藻文也

華延儁洛陽記曰堂皇宮殿皆石玉璫龍桷藻棁

禮記禮器曰管仲鏤簋朱紘山節藻棁君子以爲濫矣

楶

爾雅曰栭謂之楶(郭璞注曰即櫨也)

三輔故事曰王莽起九廟爲銅薄櫨

楊子法言曰吾未見斧藻其德若斧藻其楶者也

枅

爾雅曰笄謂之疾(郭璞注曰柱上薄也亦名枅欂爲舍人曰朱儒下小方木)

廣雅曰薄謂之枅曲枅謂之欒

說文曰枅屋強也

王延壽靈光殿賦曰曲枅夭矯而環勾

韋仲將景福殿賦曰於是周覽外降流目詳觀叢楹負極飛櫨承欒枅梧綺錯棁楶鮮攢

鋪首

通俗文曰門扇飾謂之鋪首

說文曰門扇環謂之鋪首

風俗通曰門戶鋪首百家書云輸般見水上蠡謂之曰開汝頭見汝形蠡適出頭般以足畫圖之蠡引閉其戶終不可開設之門戶欲使閉藏當如此固密也

楊雄甘泉賦曰排玉戶而楊金鋪兮發蘭蕙與穹窮

李尤平樂觀賦曰過洞房之輔闥歷金環之華鋪

藻井

風俗通曰殿堂象東井形刻作荷蔆水物所以厭火也

西都賦曰蔕倒茄於藻井披紅葩之狎獵

魏都賦曰綺井列疏以懸蔕注疏布也以板爲井形飾以丹青如綺也

王延壽魯靈光殿賦曰圓折方井反植荷蕖綠房紫的𥪖咤垂珠

左思魏都賦曰綺井列疏以懸蔕華蓮重葩以到披

曹植七啓曰綺井含葩金壁玉箱

顔延之七繹曰木寫雲氣土袐椒芳既挺天而到井又㪣圜而鏤方

鴟尾

晉中興書曰泰元十年鸛巢太極殿東鴟尾

晉安帝紀曰義熙六月雷震太廟鴟尾徹壁柱若有文字

宋武大明元年五月戊午嘉禾一株五莖生清暑殿鴟吻中

陳書曰高祖二年戊辰重雲殿東鴟吻有紫煙出屬天

唐會要曰漢栢梁殿災後越巫言海中有魚虬尾似鴟激浪即降雨遂作其象於屋以厭火祥時人或謂鴟吻非也

質礎

尚書大傳曰大夫有石材庶人有石承注曰石材柱下質也石承當柱下而已不外出爲飾

說文曰礩柱下石也古以木今以石

廣志曰碣石有五色者光澤以爲柱礩出苑蓬山

戰國策曰智伯攻趙襄子襄子之晉陽謂張孟談曰吾城郭完倉廩實銅少柰何孟談曰臣聞董安于之治晉陽公之堂皆以黃銅爲柱礩請發而用之則有餘銅矣

古史考曰秦始皇使刑徒七萬人作驪山以㓇山石爲碣

○異物志曰大秦國以水精爲碣

淮南子曰山雲蒸柱礎潤

張衡西京賦曰彫楹玉碣

何平叔景福殿賦曰金楹齊列玉碣承跌

奧

論語八佾曰與其媚於奧寧媚於竈

爾雅曰西南隅謂之隩郭璞注曰室中隱隩處

通俗文曰奧內曰㢅

韓子曰衛將軍文子見曾子曾子不起而延之於坐席正身見於奧文子謂其御曰曾子愚人哉以我爲君子也君子安可不敬以我爲愚人愚人安可侮也

呂氏春秋曰𢈪春諫衛公去君因隅隩有竈不知寒矣

屋漏

毛詩蕩抑曰相在爾室尚不愧于屋漏

爾雅曰東北隅謂之屋漏郭璞注曰屋漏義未詳也犍爲舍人曰古者徹屋西北隅以炊浴汲者訖而復之古謂之屋漏也

宧

爾雅曰東北隅謂之宧郭璞注曰義未詳犍爲舍人曰東北陽氣始起萬物所養故謂之宧

說文曰宧養也室東北隅食所居也

窔

爾雅曰東南隅謂之窔郭璞注曰窔闇也犍爲舍人曰東北萬物生蟄虫少出無不由戶窔

釋名曰窔幽也亦取冥也

塼

詩曰乃生女子載弄之瓦瓦紡塼也

又曰中堂有甓甓注一名瓴甋

晉書曰陶侃字士行在廣州無事輒朝運百甓於外暮運

於內人問其故答曰吾方致力中原過爾優逸恐不堪事
宋書范曄母如廁而産額爲塼所傷故以塼爲小字

瓦

説文曰瓦土器巳燒之惣名也
禮記曰有虞氏瓦棺
又曰毀方而瓦合
史記曰秦軍武安西鼓譟勒兵武安屋瓦盡震
漢書曰霍光巷行人見有人在屋上撤瓦投地就視不見
而霍氏誅
又曰平帝元始四年東風吹長安城東門屋瓦盡落
魏志曰魏文帝謂周宣曰朕夢殿上雙瓦落地化爲鴛鴦
何也宣曰後宮當有暴死者須臾後宮相害死者
吳録曰景帝時戎將於廣陵掘諸冢取版塼以城所壞甚

多
晉書曰張孟陽皃醜嘗從潘岳遊洛陽市岳美皃羣女爭
以果擲岳滿車孟陽被投之瓦石
博物志曰桀作瓦　古史曰　昆吾氏作瓦
老子曰埏埴以爲器　夢書云夢見瓦爲甲鎧禦禍患
春秋潛巴潭曰宮瓦自墜至死不祥
漢武故事云上起神屋以銅爲瓦
莊子曰雖有忮心不怨飄瓦
又曰以瓦注者巧注射賭物也所賭輕則意巧
又曰陶者曰我善治埴　大秦記曰大秦以水精爲瓦
抱朴子曰班伙不能削瓦石爲芒鍼
燕子丹曰荊軻之東宮臨池拾瓦投鼃太子進金瓦
太平御覽卷第一百八十八

太平御覽卷第一百八十九

居處部十七

井

釋名井清也泉之清潔者也

風俗通云井者法也節也言法制居人令節其飲食無窮竭也久不滯渫滌爲井泥易云井泥不食不停汚曰井渫易云井渫不食滌井曰浚井水清曰洌井易云井洌寒泉甃聚塼修井也易云井甃無咎

易傳曰井通也物所通用也

禮記曰井與門戶竈中霤爲五祀

世本曰伯益作井

周書云黄帝作井

說文云八家一井

易曰改邑不改井無喪無得往來井井

又曰井洌寒泉

周禮曰挈壺氏掌挈壺以令軍井

左傳曰楚伐蕭還無社謂申叔展曰目於眢井而拯之若爲茅絰哭井則已

又曰鄭公子歸生受命于楚伐宋戰于大棘宋師敗績囚華元獲樂呂狂狡輅鄭人入於井在役宋大夫輅迎也倒戟而出之獲狂狡君子曰失禮違命宜其爲擒也戎昭果毅以聽之之謂禮聽謂常在於耳者於心想聞其政令殺敵爲果致果爲毅易之戮也

史記曰瞽叟使舜穿井穿井匿空旁出舜既入深瞽叟與弟象共下土實井從匿空出去

漢書曰蜀多鹽井羅褒以鹽井致富

又曰陳遵每大飲會賓客滿堂輒閉門取客車轄投井中

漢書曰元帝時謡曰井水溢滅竈烟灌玉堂流金門至成帝北宮井水溢王莽之徵也

又曰朱博爲御史大夫府吏舍百餘區井水俱竭長老異之後果廢焉

又曰王莽時井得白石上圓下方有丹書著文曰告安漢公莽爲皇帝符命之興自此始矣莽使羣公白太后太后曰此誣罔天下不可施行宗廣劉京上書言七月中齊郡臨淄縣昌興亭長辛當夕暮數夢曰吾天公使也公使我告亭長曰攝皇帝當爲眞即不信我此亭中當有新井亭長晨起視亭中有新井入地且百尺也

後漢書曰琅邪有冰井冰厚尺餘

又曰耿恭之攻匈奴以疏勒城傍有澗水可固五月引兵據之七月匈奴復攻恭恭募先登數千人直馳之胡騎散走匈奴遂於城下擁絶澗水恭於中穿井十五丈不得水吏士渴乏笮馬糞汁而飲之恭仰天歎曰聞昔貳師將軍拔佩刀刺山飛泉涌出今漢德神明豈有窮哉乃整衣服向井再拜爲吏士禱有頃水泉奔出衆皆稱万歲乃令士揚水以示虜東觀記曰恭親自挽籠於是令士且勿飲先和泥塗城并揚示之虜出不意以爲神明遂引去

又曰淳于恭門側有井鄉里小兒爭飲牛恭惡之名置水器汲水蒲之

又曰張讓刼天子至河掌璽者投璽井中後孫堅討董卓至杞國見井有五色光後浚井得璽

吳書曰孫策功曹魏滕有罪譴欲殺之左右憂恐計無所出夫人乃倚大井召策謂曰汝新造江南其事未集方當優賢禮士闡過録功功曹在公盡規汝今殺之他人明日皆叛汝矣吾不忍見汝禍及當先投此中策大驚遽釋滕

罪

晉書曰阮瞻甞羣行冒熱渴甚逆旅有井衆人競趣之瞻獨逡巡在後須史飲者畢乃進其夷退無競如此

又曰元帝爲晉王使郭璞筮遇豫之睽璞曰會稽當出鍾以告成功上有勒銘應在人家井泥中得之繇所謂先王以作樂崇德殷薦之上帝也及帝即位太興初會稽剡縣人果於井中得一鍾長七寸二分口徑四寸半上有古文奇書十八字云會稽岳命餘字時人莫識之璞曰蓋王者之作必有靈符塞天人之心與神物合契然後可以言受命矣

梁書曰巴郡忽有地自開成井方六丈深三十二丈

帝王世紀曰堯時老人擊壤於路而歌曰鑿井而飲耕田而食帝力於我何有哉

南史曰延陵縣季子廟沸井之北忽聞金石聲疑有異鑿深三尺得沸井奔涌若浪其地又響即復鑿之復得一井涌沸亦然井中得一木簡長一尺廣二分上有隱起字曰廬山道人張陵再拜謁簡大堅白字色乃黃

魚豢魏略曰明帝九龍殿前爲玉井綺欄

高士傳曰管寧所居井會汲者或男女雜錯或爭井鬬寧乃多買器分置井旁汲以待之

唐書曰長慶中長安主簿鄭翦主役太清宮御院忽於院前西序見一白衣老人云此下有井正直皇帝過路汝速實之不然罪在不測翦惶恐遽領役人視之其處已陷數尺發之則一古井死然驚顧之際已失老人所在翦以聞上既至宮羣臣及供奉官於馬前蹈舞賀有詔命翰林學士韋處厚紀述以表其異

孟子曰有爲者譬若掘井九軔而不及泉猶爲弃井也有爲仁義也軔八尺也雖深不及泉喻有爲者中道而盡弃前行也

莊子曰公孫龍問於魏牟曰龍困百家之智窮衆口之辯以爲至達今吾聞莊子之言茫然異之無所開吾喙公子牟笑曰子獨不聞埳井之鼃謂東海之鼈曰吾跳梁乎井幹之上入休乎缺甃之崖赴水則接掖持頤蹶泥則滅足沒跗還虷蟹與科斗莫吾能若也且夫擅一壑之水而跱埳井之樂亦至矣夫子奚不時來入觀乎東海之鼈左足未入而右膝已縶矣於是逡巡而却告之海若曰夫万里之遠不足舉其大千仞之高不足極其深禹之時十年九潦而水不爲加益湯之時八年七旱而崖不爲加損夫不爲頃久之推移者此亦東海之大樂於是埳井之鼃聞之適適然驚規規然自失墨子云備城五十步一井

范子曰直木先伐甘井先竭

孫子兵法曰地多陷曲曰天井

墨子云二舍共一井

抱朴子內篇曰臨沅縣有寮氏家世老壽後子孫輙夭賤折他人居其故宅復世壽乃知是宅所爲不知何故疑井中赤乃掘井左右得古人埋丹砂數十斛丹汁入井是以飲其水而得壽

呂氏春秋曰天下之美者崑崙之井

又曰宋丁氏無井常一人溉汲於外及自穿井喜而告人吾穿井得一人人傳之者聞於宋君召問其故對曰得一人之使非得一人於井中也

說苑曰季桓子穿井得土缶中有羊以問孔子言得狗孔子曰以吾所聞非狗乃羊也木之怪夔罔兩水之怪龍罔

象土之怪棼羊也非狗也桓子曰善哉管子曰桓公將與
管仲飲十日齋戒掘新井而柴焉注新井以柴蓋覆之取
其清潔示敬也
葛仙公傳曰仙公取數十錢使一人投井水公從井上呼
錢又一一飛從井中出入公器中也
桂陽列仙傳曰蘇躭啓毋曰有賓客來會躭受性當仙今
招躭去違於供養今年多疫癘有此井水飲之可得無恙
賣此水過於供養使賓客隨去焉
水經注曰華林園疏圃中有古井悉珉玉爲之以續石爲
口王作精密獨不變古篆焉如新
異苑曰蘭陵昌慮縣郳城有華山山上有井鳥巢其中金
喙黑色而團翅此禽見則大水井又不可窺窺者盈歲輒
死

又曰廣陵郡東界有黃公塚高墳二所前有一井面廣數
尺每旱不竭有於其中得銅釜及罐各一
又曰謝晦字宣明宅南路上有古井以元嘉二年汲者忽
見三龍甚分明行道住觀莫不嗟異有人入井始知是塼
隱起作龍形
又曰溧陽晏播世居長沙宅有古井每夜輒聞有如炮竹
聲相承謂爲龍吒
風俗通曰龐儉父先逃走隨毋流宕後居鄉里鑿井得銅
生遂溫富後買奴曰堂上者我婦也問其故奴曰我婦姓
艾字阿宏足下有黑子腋下有赤志毋曰我翁也遂爲夫
妻時人曰鑿井得銅買奴得翁
又曰龐儉鑿井得錢數万
又曰郄子路行飲馬投錢井中

續漢禮儀志曰夏至日浚井改水冬至日鑽燧改火
淮南子曰伯益作井而黃龍登
異物志曰盧陵城中有一井井中有二色半青半黃黃者
似炭汁作糜粥皆金色因名之金井
幽明錄曰山陰縣九侯神山上有靈壇壇前有古井常無
水及請告神即水涌出供用足乃復漸止
溧陽記曰盆城漢灌嬰所築孫權經此城自立標井令人
掘得井銘曰頴陰侯所開三百年當塞不滿百年爲當運
者所開權忻以爲瑞井江中風浪井水輒動
豫章記曰厭源山西北余倅村五六里有洪井說云洪崖
先生之井
蜀都賦曰火井炤熒於幽泉注蜀都有火井欲出其火先
將家火投之隆隆如雷聲須臾火出光耀十里以竹筩盛

之其光不滅
博物志曰臨邛有火井縱廣五尺深二三丈在縣南百里
昔時有竹木投之以取火諸葛丞相往視之後火轉盛熱
以盆着井煮鹽得鹽後以燭火投井中即滅迄今不復也
盛弘之荊州記曰隨郡北界有廟鄉村南有重山山下有一
村父老相傳云是神農所生村西有重塹內周迴一頃二
十畝地中有九井相傳神農既育九井自穿又云汲一井
則衆井水動則以地爲神農社年常祀之○尋陽記龍窟
有深泉泉側常見龍曾有人於水邊洗銅槐忽浪起水漲
便失槐此人没水逐取既出復失去後人見龍銜槐在城
裏井邊
幽明錄曰襄邑縣南有瀨鄉老子廟廟中有九井潔齋入
者溫清隨人意念

瀨鄉記老子廟中有九井汲一井餘井水並動

廣志曰臨邛有粉井得其水汰粉則益光

嵩山記少室山有雲母井出雲母

洛陽記宮牆西有兩銅井連御溝名曰濛汜

羊頭山記傍青破月支月支有井色如酒因名曰酒井

又曰東阿城北門有大井深七尺貴之得膠貢之

又曰雍丘縣有神井興霧雹享祀不輟

又曰盤固山有大井銅人嘗守之五十年一踊水起數十丈銅人每以手掩之即止

又曰零浦有鹽井二十四其一出火甯取窗閈万里不滅

又曰金龍井西京太極殿上有之金龍負山於上兼金鹿盧

山海經曰崑崙山墟在西北帝之下都高百仞面有九井以玉爲檻

洞冥記珠甜水去虞淵八千里有甜溪水如蜜東方朔遊此水還將數斛以獻帝帝投陰井井裏遂恒甜而寒洗肉肌理柔滑瑤琨去玉門九万里有碧草如麥割之以釀則味如酒而驗烈看之則顏色如醉飲一合則三旬不醒啜甜水則隨飲隨醒

又曰長安東七百里有雲山山頭有井雲從中出若土德王則黃雲出火德王則赤雲出水德王則黑雲出金德王則白雲出木德王則青雲出

荊州記風井夏則風出冬則風入

又曰益陽縣有岡岡上有金井數百尺傳云昔有金人以杖撞地而輒成井

王子年拾遺記峻鏌山石下有金井白氣冠其上井中金桑弱可緘縢

又曰范蠡相越致千金僮者万人收四海難得之貨盈於越都以爲兵器銅鐵之類如山阜者或藏之井塹謂之寶井奇容麗色溢於閨房謂之遊宮自歷古已來未之有也

又曰頻思之國人皆多力拳頸不食五穀日中無影飲桂漿雲露羽毛爲衣髮大如縷堅韌如筋申之裁至一丈置則自縮如螺續此人髮以爲繩以汲丹井之水至夕方得外合之水水中有白蛙兩翅去來常在井上仙者食之至周王子晉臨井而窺有青雀銜土杓以授子晉取而飲之乃有雪飛子晉以衣袖撝雪則雪自止白蛙化爲雙白鳩入雲

又曰王傅先時家貧穿井得鐵印銘曰傭力得富至億庚一土三田軍門主果大富永初中以錢買官至中壘校尉

三田一土乃壘字也

郡國誌曰姑衍州有湯井風穴深不可測常有微風雖三伏盛暑猶須衣裘

又曰恒州常穿井得白玉方四尺下有石石有龜長二尺許

又曰連渾府姑衍州通火山西有火井深不可見底炎氣上昇常若微雷以草爨之則煙騰火發其山似火從地發故名焚臺

又曰濮州姚墟有二井是舜井也以物投一井即二井水皆動耕於歷山漁於雷澤即此也

又曰硤州宜陽山有風井穴大如甕夏出冬入有樵人置笠穴口風吹之入後於長溪口得笠則知潛通也

又曰朔州有神泉人歌曰紇真山頭有神井入地千尺絕

又曰貴州有司命井半甘半淡潜涌江波虗盈如勢
又曰衡山侯曇雲山有溪豪神祠壇壇傍有石井常無水
人祀之即水出事了即乾
又曰柳州昔相嶺西麓下有潮井廣半畝一日三湧三落
又曰莵井在汜水縣東十五里漢高祖敗項羽追之入此
井得免見井中有雙鳩飛出有踟蹰網因而得免
又曰濟州穀城管仲私邑今城内有夫子五井焉
又曰洪州龐源山山上有風雨池言山高水深流激着樹
灑如風雨云是洪崖之井
又曰廣州越井岡一云越王井云趙佗誤墜酒盃於井遂
浮出石門故詩云石門通越井是也
又曰儋州滔泌井與淪水通有人以竹置井口淪水得之

俚人呼竹爲滔泌因以爲名
師曠問天老曰人家忌臘日殺生于堂上有血光一不祥
井上種桃花落井二不祥也
天文志曰玉井四星在參左足下水爲符瑞王者清淨則
浪井出
符瑞圖曰浪井者不鑿自成王者清淨則有仙人主之
丹陽記曰句容縣有沸井亦曰沸潭
兩京記曰醴泉坊本名承明坊開皇初繕築此坊忽聞金
石之聲因掘得甘泉浪井七所飲者疾愈因以名坊
水經注云襄國西石岡上有井大如車輪圖志云此井光
武營軍所鑿
魏都賦曰墨井鹽池注鄴西高陵有石墨井
嶺表録曰緑珠井在白州雙角山下昔梁氏之女有容貌石

季倫爲交趾使以眞珠三斛買之梁氏之居舊井存焉
渚宮故事云江陵城東二十里有天井周迴二里其深不
測旱而禱之即大雨時至
隋圖經云常山唐縣中出城西北隅有一大井俗名趙毋
井昔云醇酎千日即是此井所醞後以石蓋之人不敢開
齊刺史博陵王濟欲開之即有雲霧㬀蔽懼不敢開
魏文詩曰雙桐生空井枝葉自交加
白澤圖曰井神曰吹簫女子
江文通井賦曰穿重壤之千仞兮構玉甃之百節營之不
日旣汲旣渫
晉郭璞井賦曰尒乃冠玉檻甃甃鱗錯鼓鹿盧捍勁索
魏明帝猛虎行曰雙桐生空井枝葉自交加通泉浸其根
玄雲潤其柯

太平御覽卷第一百八十九

太平御覽卷第一百九十

居處部十八

倉　囷　庾

倉

說文曰倉穀藏也倉黃取而藏之故謂之倉
周禮注曰藏米曰廩
釋名曰倉藏穀物也
詩云乃求千斯倉乃求万斯箱以峙其粻
又曰豐年多黍多稌亦有高廩万億及秭
又曰我倉既盈我庾惟億
尚書曰武王克商發巨橋之粟大賴于方姓巨橋紂倉也
傳曰楚莊王賑廩同食注賑廩開倉同食上下無異
禮記月令曰季春發倉廩賜貧窮

又曰五穀皆入必量於歲
又曰循行積聚無有不斂
又曰孟冬命有司穿竇窖修囷倉謹蓋藏務積聚
又曰國無九年之畜爲不足無三年之畜曰急
周禮曰儲畜以待凶荒
又曰倉人掌粟入之藏辨九穀之物以待邦用若穀不足則止餘法用有餘則藏之以待凶而頒之
又曰廩人掌九穀之數以待國之匪頒賜稍食以歲之上下數邦用以知足否以詔穀用以治年之豐凶
公羊傳桓公曰御廩災御廩者何粢盛之所藏也
論語曰舊穀既沒新穀既升
春秋佐助期曰天廩倉神名均明
史記曰舜母嫉舜舜父使舜塗泥倉放火而焼舜舜垂席而下得無傷
又曰李斯年少時入倉觀倉中鼠食粟居大廡下斯乃歎曰人之賢不肖譬如鼠矣在所處耳乃從荀卿學帝王之術
又曰宣曲任氏之先爲督道倉吏秦之敗也豪桀皆爭取金玉而任氏獨窖倉粟及楚漢交兵民不得田而豪桀金玉盡歸任氏
又曰高帝七年立太倉
漢書曰汲黯因使矯制發倉救河內飢民上釋罪
又曰武帝之初民給家足太倉之粟陳陳相因詩曰如岡如阜如山如陵
又宣紀曰耿壽昌奏設常平倉豐則糴儉則糶以利民
又曰王嘉奏事曰孝文時吏居官者或長子孫以官爲氏倉氏庫氏則倉庫吏之後也

又鄒陽上書吳王曰吳有諸侯之位而實富於天子轉粟西鄉陸行不絕水行滿河如淳曰言漢京師仰須山東漕運以自給耳不如海陵之倉
又賈捐之上書曰武帝元狩六年太倉粟紅腐不可食
又食貨志曰漢宣帝時年豐人少利時大司農中丞耿壽昌上計令郡國皆築倉以穀賤時增其價而糴以利農穀貴時減其價而糶以利人名曰常平倉百姓利之也
後漢書曰韓韶字仲黃潁川舞陽人也少仕郡辟司徒府泰山賊公孫舉僞號歷年守令不能破多爲坐法尚書選三府掾屬能治劇者乃以韶爲嬴長嬴縣故城在今兗州博城縣東北也賊聞其賢相戒不入嬴境餘縣多被寇廢耕桑其流入縣界求索衣粮者甚衆韶愍其飢困乃開倉賑之所廩贍万餘

户主者爭謂不可韶曰長活溝壑之民而以此伏罪含笑
入地矣太守素知韶名德竟無所坐
又曰隗囂既敗公孫述欲安衆以成都郭外有秦時舊倉
述改名白帝倉述以色尚白故改之自王莽已來常空述即使人言
白帝倉出穀如山陵百姓空市里往觀之述乃大會群臣
問曰白帝倉竟出穀乎皆對言無述曰訛言不可信道隗
王破者復如此矣俄而囂將王元降述以爲將軍
又曰虞詡時朝歌賊甯季等數千人攻殺長吏屯聚連年
州郡不能禁乃以詡爲朝歌長故舊皆弔詡曰得朝歌何
衰詡笑曰志不求易事不避難臣之職也不遇盤根錯節
何以別利器乎始到河内太守馬稜勉之曰君儒者當謨
謀廟堂之上反在朝歌邪詡曰初除之日士大夫皆見弔
勉詡籌之知其能爲也朝歌者韓魏之郊背太行臨黄河
去敖倉百里而青冀之人流亡万數賊不知開倉招衆劫
庫兵守成皐斷天下右臂此不足憂也今其衆新盛難與
爭鋒兵不厭權願寛假轡策勿令有所舉閡而已及到官
設令三科以募求壯士自掾吏已下各舉所知攻劫者爲
上偷盜爲次帶喪服而不事家業者爲下收得百餘人詡
爲之饗會悉貰其罪使入賊中誘令劫掠乃伏兵以待之
遂殺賊數百人及潛遣貧民能縫者傭作賊衣以綵縫其
裾爲幟幟記也續漢書曰以縫縷其裾也有市里者吏輒擒之賊由是駭
散咸稱神明
魏志曰袁渙字耀卿爲魏國郎中令及卒太祖爲之流涕以穀二
千斛一教以太倉穀千斛賜郎中令家一教以垣下穀千
斛與耀卿家外不解其意教曰以太倉穀者官法也垣下
穀者新舊也

吴書曰建康宫城即吴苑城城内有倉名曰苑倉故開北
瀆通轉運於倉所時人亦呼爲倉城晉咸和中修苑城爲
宫惟倉不毁故名太倉在西華門内道北
晉書鄭默出爲東郡太守値歳荒人飢默輒開倉賑給乃
舍都亭自表待罪朝廷嘉默憂國詔書褒歎比之汲黯班
告天下若郡縣有此比者聽出給入爲散騎常侍
又曰王渾武帝受禪加揚烈將軍遷徐州刺史時年荒饑
渾開倉賑贍百姓頼之
又曰王蘊爲吴興太守民飢輒開倉贍卹主簿請先列上
待報蘊曰行仁義敗無恨坐違科免官士庶詣闕乞降晉
陵太守
郡國誌曰衡山石廩峯一如倉庾有二户一開一閉閉者
亦有關鑰之形
王子年拾遺記曰曹曾遇世亂家家焚廬曾畜書万卷慮
其先文湮沒乃積石如倉廩以藏書世謂曹家書倉焉
水經注云汾陽故城積粟所在名之曰羊腸倉在晉門閭
陽北石磴縈委若羊腸故以爲名即今羊腸坂是也
越絶書曰君均東倉春申君造西倉名曰君均西倉門周
一里八步
又曰吴兩倉春申君所造一名均輸
洛陽記曰有常滿倉
天門集曰廩星主倉
説苑曰子路爲蒲令備水災與民春修溝瀆爲民煩苦故
人予一簞食一壺漿孔子聞之使子貢止之子路忿然不
悦往見夫子曰由也以暴雨將至恐有水災故與民脩溝
瀆以備之而民多匱於食故與人一簞食一壺漿而夫子

使賜止之何也夫子止由之行仁也夫子以仁教而禁其行仁　由也不受子曰尓以爲餓何不告於君發倉廩以給食之而以尓私饋之是汝不明君之惠見汝之私義也速已則可矣否則尓受責不久矣子路心服而退

又曰北郭騷踵見晏子曰竊悦先生之義願乞所以養母者晏子使人分倉粟府金而遺之辭金而受粟有間晏子見疑於景公出犇北郭子召其友而告之曰吾悦晏子之義而嘗乞所以養毋者吾聞之曰養及親者身更其難今晏子見疑吾將以身白之遂造公庭求復之曰晏子天下之賢者也今去齊國國必侵矣方必見國之侵也不若先死請絶頸以白晏子逡巡而退因自殺也公聞之大駭乗馳而自追晏子及之郊請而反之晏子不得已而反之聞北郭子之以死白已也太息而嘆曰嬰不肖罪過固其所也而士以身明之哀哉

晉陽秋曰泰始四年七月立常平倉豐則糴儉則糶以利民也

管子曰錯國不傾之地積不涸之倉藏不竭之府注不涸之倉言務五穀也

述征記曰東城二石橋舊於王城之東北開渠引洛水名曰陽渠東流經洛陽於城之東南然後北迴通運至建春門以輸常滿倉

永嘉郡記曰青田溪發源太湖湖是白土無復細石中生蘊藻冬天水熱如湯故衆魚歸之名爲魚倉

益州記曰今成都縣東有積城毀垣土人云古白帝倉也

異苑曰餘姚縣倉封閉完密而年年輙大損耗是冨陽縣桓王陵上雙石龜所食即斲毀龜口於是無復虧減

三輔故事曰漢大將軍周亞夫軍於細柳今石㵾是也石㵾西有細柳倉城東嘉禾倉

老子曰田甚蕪倉甚虛

管子曰倉廩實知禮節

又曰不務地利則倉不盈

莊子曰諸中國之在海內不似稊米之在太倉乎

韓子曰韓昭侯之時黍種貴昭侯令人覆廩吏果竊黍種糶之

淮南子曰近敖倉者不爲之多飯期滿腹而已

鹽鐵論曰匈奴因山谷爲城池水草爲倉廩

地理志曰敖倉在河南廣武山鄭國所置

漢王與項羽爭天下運敖倉之粟

囷

西京雜記曰曹元理善筭友人陳廣漢有二囷忘其石數後筭之一斗乃有鼠大如斗在其中

吳志曰周瑜過魯肅求資肅有米三千石乃指一囷與之

續異記曰晉陵曲錫尉嚴無欲貯穀後開乃成虵以草焚之便貧

詩曰胡取禾三百囷兮

庾

韓詩外傳曰王者藏於天下諸侯藏於百姓農夫藏於囷庾商賈藏於篋笥

毛詩曰曾孫之庾如坻如京注曰庾露積也

太平御覽卷第一百九十

太平御覽卷第一百九十一

居處部十九

府庫藏　　廐

市

府庫藏

釋名曰庫舍也物在舍也齊魯謂庫爲舍也

說文曰庫兵車所藏也帑金幣所藏也府文書所藏也

禮記曰季秋之月命百工審五庫之量

蔡邕月令章句曰五庫者一曰車庫二曰兵庫三曰祭器庫四曰樂器庫五曰宴器庫

又月令曰季春命有司開府庫出幣帛聘名士

周禮曰太府掌九貢九賦九功之貳以受其貨賄之入頒其貨于受藏之府頒其賄于受用之府凡萬民之貢以充府庫（太府下大夫若今之司農）

又曰王府掌王之金玉玩好兵器凡良貨賄之藏共王之服玉佩玉珠玉含玉諸侯則共珠盤玉敦

又曰內府掌受九貢九賦九功貨賄良兵器以待邦之大用凡四方之幣獻之金玉齒革兵器凡良貨賄入焉

又曰外府掌邦布之出入以供百物而待邦之小用注布帛之藏帛曰布小用賜也

又天官玉府曰合諸侯則供珠盤（鄭玄注曰以注飾盤承牛耳）

又春官天府曰天府掌祖廟之守藏與其禁令凡國之玉鎭大寶器藏焉若有大祭大喪則出而陳之既事藏之凡官府鄉州及都鄙之治中受而藏之以詔王察羣吏之治（察貳其黜陟也治中謂治簿書之要）

尚書曰武王克殷散鹿臺之財紂所積之府庫曰鹿臺

春秋文曜鈎曰咸池天潢五星五帝車舍也宋均注曰舍庫也五帝庫府

曲禮天子六府曰司土司木司水司草司器司貨典六職注謂主藏物之稅也

左傳曰晉侯之竪頭須守藏者也及公子出也竊藏以逃盡用以求納之求納文公

論語曰魯人爲長府（藏貨曰府）閔子騫曰仍舊貫如之何何必改作

漢書曰漢高祖七年蕭何立東闕前殿武庫

又曰立武庫以藏禁兵

又曰枚乘諫吳王曰夫漢并二十四郡十七諸侯轉輸錯出軍行數千里不絶於郊其珍怪不如東山之府（如淳曰吳王之府藏也）

謝承後漢書曰靈帝光和中武庫屋自壞司隸許冰上書曰武庫禁兵所在國之禁爲災深矣

魏志曰嘉平中二魚集於武庫屋上

晉書曰武庫封閉甚密忽有雉雊張華曰此必蛇化爲雉視之果有蛇蛻也

又曰趙王倫既還謟事賈后因求録尚書事後又求尚書令張華與裴頠皆固執不可由是致怨倫秀疾華如讎武庫火華懼因此變作列兵固守然後救之故累代之寶及漢高斬蛇劒王莽頭孔子履等盡焚焉時華見劒穿屋而飛莫知所向

又曰裴楷有知人之鑒目鍾會云如觀武庫森森但見矛戟在前

商君書曰湯武破桀紂海內無患遂築五庫藏五兵偃武

也

鍾會蒭蕘論曰國之稱富者在乎豐民非獨謂府庫盈倉廩實非上天所降皆資之於人人困則國虛矣

洞冥記曰元狩四年將夕有黃髮叟懷內探徑尺玉以授帝帝以玉還寶庫即龍玉也

王子年拾遺記曰糜竺用陶朱公計術日益億萬之利貲擬王家有寶庫千間

世說曰郗公大聚斂錢數千万嘉賓甚不同嘗朝旦問訊郗家法子弟不坐因倚語移時遂及錢貨事郗云汝正當欲得我錢耳乃聽一日開庫任意用郗公始止謂損數百万許嘉賓遂一日中乞與人都盡郗公聞之驚怪不能已

拾遺錄曰太上皇以寶劒賜高祖及呂后藏於琁庫守者見白氣從户中出如龍虵呂氏更琁庫名曰靈金藏及諸呂擅權白氣亦滅惠帝即位以此貯禁兵名曰靈金府

韓詩外傳曰晉平公藏寶之臺燒救火三日三夜公子晏賀曰臣聞王者藏於天下諸侯藏於百姓農夫藏於囷倉商賈藏於篋匱今百姓之於外而賦斂無已者是桀紂殘賊而為天下戮今皇天降災於藏臺是君之福也

莊子曰天地有官陰陽有藏

魏都白藏之藏注曰白藏庫在西城有屋一百七十四間爾雅秋為白藏因以為名

列子曰范氏之藏大火商丘開入火往還無難色埃不漫身不燋子華之客乃謝之

晉摯虞武庫屋銘曰有財無義惟家之殃無愛糞土以毀五常

張衡西京賦曰武庫禁兵設在蘭錡

曹毗魏都賦曰百藏之庫戎儲攸歸

潘岳詩曰微火不戒延我寶庫

廐

說文曰廐馬舍也

釋名曰廐鳩也聚也牛馬之所聚也

詩曰乘馬在廐

左傳曰莊二十九年新作延廐書不時也凡馬日中而出日中而入注日中春秋分也治廐當以秋分今以春作不時也

穀梁傳曰二十九年新延廐延廐者法廐注周禮天子十二閑言法廐者六閑之舊制

又曰晉獻公欲伐虢荀息曰何不以屈產之乘垂棘之壁假道于虞也公曰此晉之寶也息曰是我取之中府而藏之外府取之中廐而藏之外廐

禮記雜記曰廐焚孔子拜鄉人為火來者拜之士一大夫再亦相予之道也

論語鄉黨曰廐焚子退朝曰傷人乎不問馬

史記曰夏侯嬰為沛廐司御每送客還過高祖語未嘗不移日

東觀漢記曰順帝漢安元年始置承華廐令

又曰靈帝光和四年初置綠驥廐領受郡國調馬調謂徵發

漢舊儀曰天子六廐未央廐承華廐皆方匹

三輔黃圖曰未央宮有金廐輅軨廐大廐果馬廐乾梁廐騎馬廐大宛廐胡河廐騊駼廐九在城內

孟子曰廐有肥馬野有餓殍是率獸而食人也

郡國誌曰雍州霸昌廄在長安西二十五里王莽使司徒王尋發長安宿此

春秋佐助期曰廄星傳令神名詩時

市

古史考曰神農作市世本祝融作市

說文曰市買賣之所也

古今注曰闤市垣也闠市門也

風俗通曰俗言市井者言至市鬻賣當須於井上洗濯令物鮮絜然後市案二十畝爲一井今因井爲市

禮記曰用器不中度不鬻於市布帛精麤不中數幅廣狹不中量不鬻於市姦色亂正色不鬻於市也

周禮曰大市日昃而市百族爲主朝市朝時而市商賈爲主夕市夕時而市販夫販婦爲主法云主者言其多也百族百姓也

又曰凡國凶荒札喪則市無征

又曰國君過市刑人赦夫人過市罰一幕世子過市罰一帟命夫過市罰一蓋命婦過市罰一帷注曰市者交利而行刑之處也君子無故不遊觀焉

史記曰呂不韋撰春秋成牓於秦市曰有人能改一字者賜金三十斤

後漢書曰張楷字公超通嚴氏春秋古文尚書門徒常數百人賓客慕之自父黨夙儒皆造門焉車馬塡街黃門及貴戚之家皆起舍巷次以候過客來往之利楷疾其如此輒徙避之家貧無以爲業常乘驢車至縣賣藥足給食者輒還鄉里司隸舉茂才除長陵令不之官隱居弘農山學者隨之所居成市後華陰山中遂有公超市

又曰王充家貧無書常遊洛陽市閱所賣書一遍而誦之

晉書曰羊祜疾漸篤乃舉杜預自代尋卒時年五十八帝素服哭之甚哀是日大寒帝涕淚霑鬚鬢皆爲冰南州人方市聞祜喪莫不號慟罷市巷哭者聲相接吳守邊將士亦爲之泣其仁德感人如此

韓子曰龐共與魏太子質於邯鄲共謂魏王曰今一人言市有虎王信乎王曰否二人言王信乎曰否三人言王信乎王曰寡人信矣共曰夫市無虎明矣三人言成市虎今邯鄲去魏遠於市謗臣者過於三人願王察之

越絕書曰伍子胥至吳徒跣被髮乞於吳市三日市正疑之而導於闔閭曰市中有非常人徒跣被髮乞於吳市三日吳闔閭曰吾聞荆王殺其臣伍奢而非其罪其子胥勇且智彼必經諸侯之邦可以報其父之讎者王即使召子

胥入吳王下堦迎而唁數之曰吾知子非常人也何素窮如此子胥跪而垂泣曰胥父無罪而楚王殺之并其子子胥得道適逃出走唯可以歸骸骨者唯大王哀之吳王曰諾上殿與語三日語無復者王乃令邦中無貴賤長少有不聽子胥教者猶不聽寡人之罪至死不赦

又曰吳市者春申君所造闕兩城以爲市在湖里○班固兩都賦曰內則街衢洞達閭閻且千九市開場貨別隧分人不得顧車不得旋闐城溢郭傍流百廛紅塵四合煙雲相連

宮闕記云長安市有九所各方二百六十六步六市在道西三市在道東西里爲市凡九市致九州之人在突門夾橫橋大道南又有當市觀

又曰旗亭樓在杜門大道南又有當市觀

張衡西京賦云郭開九市通闤帶闠旗亭五重俯察百隧是也又按郡國誌云長安大俠萬子夏居柳市司馬季主卜東市西市在醴泉坊隋曰利人市因有西市署

洛陽記曰三市大市名也金市在大城西南市在大城南馬市在大城東按金市在臨商觀西兌為金故曰金市馬市在東舊置丞焉又酈道元注水經云馬市即嵇康為司馬昭所害之處

蜀本紀曰老子為關令尹喜著道經臨別曰子行道千日後於成都青羊肆尋吾今為青羊觀是也

郡國志曰幽州有邠亭新論云涿縣邠亭本大王所部其人相與夜市不爲則有重害焉

又曰始皇陵有銀蠶金鴈以多奇物故俗云秦王地市

又曰郢城內有市名蒲胥故南齊校尉府也

又曰越州梅市即梅福爲市門卒之所

又曰齊桓公宮內有七市韓娥東之齊乏糧過雍門鬻歌於市乃此也

又曰雍州富平西南十五里有直市城秦文王造物無二價以直市爲名

西京記曰東京豐都市東西南北居二坊之地四面各開三門邸凡三百一十二區資貨一百行初架市摠得古冢上藏無塼甓見棺木陳朽髑之便散見着平上幘朱衣得銘曰筮道居朝龜言近市五百年間於斯見矣當時達者參驗其文魏黃初二年所葬也

又曰大業六年諸夷來朝請入市交易煬帝許之於是修飾諸行葺理邸店皆使甍宇齊正卑高如一瓌貨充積人物華盛時諸行鋪競崇侈麗至賣菜者亦以龍鬚席藉之夷人有就店飲噉皆令不取直胡夷驚視竊以爲常

又曰西市隋曰利人市市西北隅有海池長安中僧法成所穿分永安渠以注之以爲放生之所穿池得古石銘云百年爲市而後爲池自置都立市至是時百餘年矣

太平御覽卷第一百九十一

居處部二十

城上

說文曰城以盛民也墉城垣也

釋名曰城盛也盛受國都也

又曰城上垣謂之睥睨言於孔中睥睨非常也亦曰陴言裨助城之高也亦曰女牆言其卑小比之於城若女子之於丈夫也所謂堞亦女牆也

易曰城復于隍

詩曰宗子維城無俾城壞

又曰挑兮達兮在城闕兮

又曰衛文公徙居楚丘始建城市而建宮室得其時制焉

孑孑干旌在浚之城

又曰崇墉言言

又曰哲夫成城哲婦傾城

又曰靜女其姝俟我於城隅

又曰赳赳武夫公侯干城

禮記曲禮上曰登高不指城上不呼

左傳隱公曰鄭莊公立姜氏愛共叔爲請京使居之謂之京城太叔祭仲曰都城過百雉國之害也

又曰美城之大名也

又曰楚囊瓦城郢沈尹戌曰苟不能衛城無益也

又曰梁伯好土功亟城而不處民罷而不堪則曰某寇將至乃溝公宮曰秦將襲我民懼而潰

又曰備豫不虞善之大者也莒恃其陋而不修城郭浹辰之間而楚克其三都

又曰無戎而城讎必保焉

又曰楚子圍鄭守陴者皆哭楚子退師鄭人脩城進復圍之三月克之

又曰叔向告晉侯曰城上有烏齊師其遁

又曰君其脩德而固宗子何城如之

又曰士彌牟城成周計丈尺揣高卑度厚薄仞溝洫物土方議遠邇量事期計徒庸慮材用書餱糧令役於諸侯

又曰宋城華元爲植巡功城者謳曰睅其目皤其腹棄甲而復于思于思棄甲復來使其驂乘謂之曰牛則有皮犀兕尚多棄甲則那役人曰縱有其皮丹漆若何華元去之曰夫其口衆我寡

穀梁傳襄公曰古者大國過小邑必飾城禮罪禮也明己無罪

公羊傳曰城雉者何五板而堵五堵而雉百雉而城

公羊傳曰天子之城千雉高七雉公侯百雉高五雉男五十雉高三雉

史記云秦始皇使蒙恬北築長城西屬流沙東至遼水以扞胡

又曰秦二世欲漆城優旃曰善哉漆城光蕩蕩寇來不得上易爲漆耳顧難爲蔭屋二世笑遂止

漢書曰武帝太初元年使將軍公孫敖築塞外受降城

又曰梁孝王廣睢陽城周圍七十里

又曰貳師遣屬國胡騎二千與虜戰虜兵壞散死傷者數百人漢軍乘勝追北至范夫人城漢將姓范初築此城范亡其妻率衆完保之因以爲名

又曰車師前治交河城外分流繞城下故號交河去長安

八千一百五十里
又曰昭帝元鳳六年募郡國徙遼東玄兎城
續漢書曰耿恭字伯宗爲戊巳校尉屯後王部金蒲城謁
者關寵爲戊巳校尉屯前王部柳中城
魏志曰曹公攻馬超渡渭每爲超騎所衝突營不得立地又
多沙不可築城婁子伯説公今天寒可沙爲城以水灌之
一夜可立從之乃多作縑囊以盛土堰水夜渡兵作城比
明城立公軍於是盡得渡
干寶晉紀曰魏文帝之在廣陵吳人大駭乃臨江爲疑城
自石頭城至于江乘以木爲杖衣以葦席加彩飾焉一夕
而成
晉書云涼州城有龍形故名卧龍城本匈奴所築也
又曰朱序遷梁州刺史鎮襄陽苻堅遣軍圍序序母韓氏

自行城謂西北角當先弊遂領百餘婢及城中女丁築二
十餘丈賊攻新築不敗遂引退襄陽謂之夫人城
晉載記曰赫連勃勃以叱干呵利領將作大匠乃蒸土築城
以錐刺之錐入一寸即殺作者不入即殺行錐者勃勃以
爲忠
沈約宋書曰檀道濟見收脱幘投地曰乃壞汝万里長城
又曰氐師楊難當寇漢中魏興大守薛健據黄金城
崔鴻十六國春秋北燕録曰初後燕先帝始中丁零民楊
道獵於白鹿山爲契丹所獲流漂塞外至大難北及黎大
國遂出草以射獵爲業至十月乃收葦爲城水澆令凍高
一丈五尺東北七八十里南北二十餘里名凌城居於其
中
又夏録曰赫連勃勃下書曰古人制起城邑或因山水或

以義立名今都城已建万堵斯作克成弗遠宜有美名朕
方統一天下君臨万國可以統万爲名焉
燕書曰太祖皝八年使唐柱等築龍城立門闕宫殿廟
園籍田後遂改爲龍城縣
北齊書曰唐邕字道和爲給事黄門中書舍人文宣出塞
邕必陪從文宣嘗登并州童子佛寺望并州曰此何等城
也或曰金城湯池天府之國也文宣曰我謂唐邕是金城
此非也
唐書曰景雲二年三月張仁愿於河北築三受降城先是
朔方與突厥以河爲界北有佛雲祠突厥每入寇必禱祠
候冰合而入時默啜西擊仁愿乘虚奪取漠南之地築三
城首尾相應以拂雲祠爲中城東西相去各四百里皆據
津濟遥相應接北拓三百餘里於牛頭朝那山北置烽候

百八十自是突厥不得度山放牧朔方更無寇掠減鎮兵
數万人
又曰天寶二年正月二十八日築神都羅城號曰金城
又曰天寶六載十二月築會昌城於陽所置百司及公卿
邸第
又曰建中元年五月築奉天城四年十月上避難于奉天
初術士桑道茂奏請城奉天爲王者之居至是方驗
又曰貞元九年二月詔復築鹽州先是貞元三年城爲吐
蕃所壞自後塞外無堡障犬戎入寇既城之後邊患頓息
五經異義曰天子之城高九仞公侯七仞伯五仞子男三
仞
白虎通曰天子曰崇城言崇高也諸侯曰干城言不敢自
專禦於天子也

周書曰周公作成周于土中立城方千六百二十丈郛方七十二里南繫洛水北因陜山爲天下之大制也

家語邑百雉之城古之制也

國語曰衆心成城言以衆心爲城

墨子曰解帶爲城

琴操杞梁死妻援琴歌曰樂莫樂兮新相知悲莫悲兮生別離哀感皇天兮城爲隤

列女傳曰齊人杞梁襲莒戰而死其妻就夫之死城下哭之七日而城崩

淮南子曰崐崘山有層城九重

又曰鯀作九仞之城

墨子曰城四門守城之法積椎營雜茅葦有木有荻有積沙有蓬艾有麻脂有金錢有積粟

莊子曰孔子說盜跖曰使爲將軍造大城數百里跖曰城之大者莫大乎天下也

韓子曰靖郭君城薛客諫靖郭君曰君失齊國雖薛城至於天猶無益也靖郭君乃不城薛

博物志曰處士東里槐責禹亂天下禹退作三城強者攻弱者守敵者戰城郭禹始也

又曰代城始築立版幹一旦亡西南五十里於澤中自立結葦爲門因就營築焉其城圓周三十七里爲九門故城處呼曰東城

崔豹古今注曰秦所築長城土色紫漢塞亦然故稱紫塞

韓詩外傳曰趙簡子薨未葬中牟叛之既葬五日襄子興兵而攻之圍未匝而城自壞襄子擊金而退軍吏曰誅中牟之罪而城自壞天助也何爲退襄子曰吾聞君子不乘人於利不阨人於險使其城成然後攻之

述異志曰廬山上北嶺有城號康王城天雨聞鼓角之聲傳云周康王好音累巡名山故有康王之號

又曰尋陽紫桑縣城晉永和中有童謠呼爲平石城時人僉謂平滅石之徵也後桓玄簒位晉帝爲平固王恭帝爲石陽公俱遷於此城

又曰尋陽張允家在本郡郡南有古城張少貧約屢往游憩忽有一老公來與張言因問之此城何名答曰吾不知爲南郡城耳言訖便去不知所之張既出官仕進累遷位登元凱後爲南郡太守即以城號以志老父之言焉

又曰安陽有金城城皆如金色堅勁不崩摧先儒云上古時天雨黃金也

酈元水經注曰魯陽開水歷衡山西南經皇后城建武元年光武遣侍中傅俊持節迎光烈皇后於濟陽後發兵三百餘人宿衛皇后道路歸京師蓋稅舍所在故得其名矣

又曰漢水東合甲水南流經金井城

又曰漢水東經方石城在高原上高十餘丈四面臨平形若覆盆其城宿是流雜聚居故世亦謂流雜城

又曰易水西山寬中谷東經五大夫城昔北平侯王譚所居王莽之亂生五子並避亂隱居北山故其後居世以爲五大夫城

河北記云易縣有五公城王譚不從王莽譚子與生五子避隱於此世祖並封爲侯元才北平侯顯才蒲平侯益才安嘉侯季才唐侯所謂中山五侯其西三十里有五大夫城訛與此同

說苑曰中行穆子圍鼓鼓人有以城叛來降者穆子不許

軍吏曰師徒不勤得城何故不受穆子曰有以吾城叛者吾所惡也人以城來獨何賞

秦州記曰天水郡治上邽城前有湖中冬夏中停無增減天水取名由此湖也

又曰金城郡漢昭元始六年所置應劭云初築城得金故曰金城凡城皆稱金言其固也故墨子稱金城湯池

齊地記曰即墨城東西百八十里平昌城高六丈有臺有井與荆水通失物於井得之於荆水又神龍出入焉故一名龍城

三齊略記曰陽庭城東西二百五十里青城山秦始皇登此山造石城入河三十里臨海射魚方四百里水变血色今猶尓也

解道虎齊記曰不夜城在陽庭東南一百二十里淳于髡稱海童作妖城古有日夜出見於東境故萊子此城以不夜爲名異之

夢書曰城爲人君一縣尊也夢見城者見人君也夢築新城有功名

新序曰梁伯沔於酒淫於色心惛而耳塞好作大城而不居民罷甚

武當山記曰魏興錫縣有長利城父老伯相傳云是長安土所築邑塞於餘城

王韶之始興記曰有任將軍城秦南海尉任囂城也合逕有三城馬鞍城白鹿城白沙城郡晉咸康中張魴甚有惠政白鹿羣游取一而獻之故因以爲名

表山松宜都記曰限山縣有山名下魚城四面絕崖兩道可上皆險山周迴可二十里上有林木池水里民種於山下

晉永嘉亂土人登此避賊賊守之經年食魚擲下與賊以示不窮賊遂退散因以此爲下魚城

吳地記曰胥門外越城者越來伐吳吳王在姑蘇築此城以逼之又有越來溪

又曰越來溪西魚城者吳王既遊姑蘇築此城以養魚

又曰魚城之西有故城長老云築以釀酒今俗人呼之爲苦酒城

又曰匠門外鴨城者吳王築此城以養鴨

又曰婁門外鷄陂者吳王養鷄城

又曰海渚有吳王闔閭與越結怨相伐築城名曰南武城以禦越

盛弘之荆州記曰馬牧城東三里有蜂城故老相傳云飢年民結侶拾蜂止憩其中故因爲城又云城隨門勢上大下尖其形似蜂故有蜂號二稱莫知所附故並載焉

又曰當陽縣東南有麥城城東有驢磨城埼角城傳云伍員造此二城以攻麥城故假驢磨之名

又曰樊城西北有鄾城即春秋所稱鄾子之國光武云宛最強鄾次之即謂此鄾城西北行十餘里鄧侯吳離之國爲楚文王所滅今爲鄧縣鄧城西百餘里有穀城伯綏之國城門有石人焉刊其腹云摩鞬愼莫言疑此亦周太廟金人緘口銘背之流也

又曰秭歸縣西有楊城周迴十餘里即熊繹所居

荆州圖記曰江夏郡所治夏口城其西南角因磯爲高崇墉枕流上則過眺山川下則激浪崎嶇是曰黃鵠磯寔舟人之所艱也

又曰白帝城西臨大江東南高二百丈西北高一千文

又曰鄧城有樊城是樊仲山甫所封也

又曰沌陽縣有却月城西一里有馬城也

又曰夷陽縣南對岸有陸抗故城即山爲墉西面天險上有步闡故城

又曰新野郡魏三公城左右傳漢時三公餞離處也

伏滔北征記曰梁國名故宋國微子所封城再重大城梁孝王所築

孟粵北征記曰許昌在洛水之西城方圓二十里有三重城南北東西士門金城西南貞寶中臺高六丈餘方圓二畝上有廟城門有鐵鏤

關中記曰長安地皆黑壤城今赤如火堅如石父老所傳鑿龍首山土爲城又諸臺闕亦尔

益州記曰益州城張儀所築錦城在州南蜀時故宫也其處號錦里

成都記曰府城本呼爲錦城秦滅蜀張儀所築也每面各三里周迴十二里高七丈屢皆傾側忽有大龜周行隨其所躡而築之功果就爲故亦號爲龜城

三輔黄圖曰長安城西南頭第二門名直城王莽改曰端路今名直城

太平御覽卷第一百九十二

居處部二十一

城下（郭壕附）

丹陽記曰石頭城吳時悉土塢義熙始加塼累石頭因山以爲城因江以爲池形險固有奇勢故諸葛亮曰鍾山龍盤石城虎踞良有之矣

又曰越城去宮八里案越絶書則東甌越王所立也

又曰江寧縣北三十里有白馬城吳時爲烽火之所

太康地記曰梁孝王築睢陽城十二里以鼓唱節杵而下和者稱睢陽因以爲縣

又曰鴈門馬邑縣秦時建此城輒崩不成有馬周旋馳走反覆父老異之因以築城遂名馬邑云（搜神記亦載也）

述征記曰思子城漢武帝延和二年衛太子遇江充之亂奔湖自縊壺關三老太廟令田千秋訴太子之寃築思子宮於湖其城存焉

續述征記曰廣固城有大澗甚廣阻之爲固謂之廣固

又曰白馬城魏黃初中曹彪封白馬王治于此城

又曰小城陽城在陽城西南半里許實中俗説囚堯城羊頭山記邯鄲城邯山名鄲盡也邯山至此而盡也

又曰曲阜城城內有曲阜逶迤長八九里

東方朔十洲記曰崑崙山有積金爲天城四面千里

關中記曰長安城其形似北斗其土本皆黑壤今城赤如火堅如金父老所傳鑿龍首山土以爲城也

幽明録曰始興縣有皐天子廟因山崎嶇十有餘里坑壍數重阡陌交通城內堂基礎瓦柱穿猶存東有皐天子冢皐天子未之聞也

劉楨京口記曰有小昇城

鄧德明南康記曰歸美山下有石城高數丈有一門門外有二石夾左右高數百丈遠望嵯峨雲閣騰空故老謂之神仙游焉

江寧圖曰石頭城吳之金陵城爲石城

郡國誌曰兗州兩觀城即仲尼爲魯司寇誅少正卯之處

又曰陝州魏城即芮伯萬毋與芮伯逐之出居于魏此也晉獻公滅之以賜畢萬山河之間土地迫隘故魏周著十畝之詩

又曰雲中府快馬城有綾羅泉即塞上翁所居之邑有快馬亭塞上翁六國前人姓李也

又曰雍州霸陵城在通化門東二十里秦襄王葬於其坂謂之霸上

又曰汴之高陵城即高陽之墟也繁陽城漢云外黃縣有繁陽亭張耳爲外黃令有夏后祠神井能興雨雹

又曰徐州薛城高厚無比多出暴桀子弟蓋孟嘗君餘風也

又曰六壁府後魏太平眞君五年討胡於六壁即此城俗以城有六面因以爲名焉

又有虢城虞城相傳云晉既滅虞虢遷其人於此築城以居之

又曰幽州無終縣西平城即李廣射石虎之處

又曰復州竟陵城雲夢城城西大澤即古雲夢澤也郄月城在河口魏將黃祖所守處

又曰嬀州涿鹿城即黃帝擒蚩尤處黃帝泉今枯而不流即古之阪泉也

又曰涼州昌松縣有鸞鳥城魏改爲神鳥城張軌時有五
色鳥集於其處築城
又曰衛州有狗城蓋紂養狗之處也
又曰洛州夫人城即趙武靈王夫人築也
又曰衛州有酒城
又曰涼州卧龍城又云鳥城亦名多翅城
又曰登州文登縣有不夜城尚書城有石橋即秦始皇造
欲觀日處文登山始皇召文士而登此山
又曰齊有士鄉城鄭玄云齊有士鄉城越有君子軍
又曰同州韓城即韓原也詩所謂韓侯受命是此韓地春
秋時秦擒晉惠公處也
又曰蘭州福禄城因謝艾所築也
又曰廉州宋太始年陳伯紹平夷至合浦見二青牛鬪之
不獲即其處置城俗號青牛城
又曰箕子城石勒每破一州必簡別衣冠號爲君子城泊
乎幽州擢荀綽裴憲等還襄國路經此後俗訛爲箕子城
又曰平州孤竹城即孤竹國也漢靈帝時遼西守廉翻夢
人云余孤竹君之子也今遼海漂吾棺明日見浮棺因葬
之
又曰雲中府齊柳乎舒城有道人城初築時有仙人遊其
地遂名城焉
又曰成都郡城秦惠王二十七年張儀築以象咸陽沃野
千里號曰陸海有萬歲池即築城取土之處也
又曰定州博陵縣唐城堯爲唐侯國於此
又曰陽翟縣舊屬汝州有雞鳴城
又曰隨州博望城即張騫封侯之國也

又曰許州雍城即黄帝臣雍父始作杵臼處
又曰朔州太平城後魏穆帝治也太極殿琉璃臺瓦及鴟
尾悉以琉璃爲之
又曰鄭州博浪城即張良爲韓報仇擊秦王處
又曰雍州杜城在安仙門南七里春秋范宣子云在周爲
唐杜氏即是此也
又曰益陽城魯肅築也云登之望見長沙城邑人馬形色
宛然相去三百里故老云長沙益陽一時相望
又曰廣州万人城即尉佗故城也
又曰張掖郡竇融築千秋城万歲城
又曰洛陽澠池縣有秦趙二王城號爲俱利城
又曰定州博陵縣樂羊城魏文侯使樂羊取中山造
又曰重泉城漢武爲李夫人所築
又曰藍田有青維涅城亦曰柳城
又曰賀州撫城池隍中頗出珠玉寶器即尉佗拒防之所
也
又曰曹州漆園城莊周爲吏處
又曰曹州白鴈城即衛侯伐鄭至于鳴鴈是此也
又曰洛州王城宮城西入死故郟鄏城也周武王伐紂遷
九鼎此地也夏至之影尺有五寸謂之土中焉泉亭即春
秋時泉皐伊洛之戎同伐京師
又曰坊州鄜城即高奴城俗謂高樓城
又曰汴有浚城鄘詩云孑孑干旌在浚之城
又曰爰有寒泉在浚之下水冬夏常冷因曰寒泉
又曰滑州鹿鳴城城内有鳴鹿臺
又曰陳官城周二十里東晉所築號曰六門城宣陽門楣

上作虎刻木相對又施雲楣藻井言武武門上作重樓號曰西辰觀吳初築在府宮南號太初宮正殿曰神龍殿又有臨海赤烏殿孫皓起顯明宮引水激之飾以珠玉有彎碕臨硎之觀門及樓皆擊鼓持夜以齊以鼓多驚眠改爲鐵磬

過秦論曰秦踐華以爲城因河以爲池

越絶書曰石城者吳王闔閭所置美人離城也

又曰樓門外馬窣溪止復城者故越王餘復君所治也

又曰樓門外鴻城者故越王城也去縣百五十里吳雞籠山外鷄陂故吳王所畜鷄使李保之養去縣二十里闔閭姑胥臺外有九曲路闔閭造以遊姑胥之臺太湖中窺百姓去縣三十里

又曰吳大城周四十七里二百一十步陸門二有樓水門八南面十四里四十二步西面七里百一十二步北面八里二百六十步東面一十里七十九步闔閭所造也吳郭周六十八里六十步吳小城周一十二里其下廣二丈七尺髙四丈門三皆有樓東宮周一里二百步路西宮在長秋門周一里二百二十六步秦始皇帝二十一年守宮者照鷰失火燒之

吳越春秋曰鯀築城以衛君造郭以居人此城郭之始也

又曰范蠡觀天文法於紫宮築作小城周千一百二十二步一員三方西北立飛翼之樓以象天門東南服漏石竇以象地戶陵門四達以象八風外郭築城而缺西北示服事吳也不敢壅塞內以取吳故缺西北而吳不知也

又曰伍子胥爲吳相土嘗水象天法地造築大城周廻四十七里陸門八以象天之八風水門八以象地之八𢇁築

小城十里陸門三東面者欲以絶越明矣立閶門者以象天門通閶闔風立地門者以象地戶也闔閭欲西破彊楚楚在西北故立閶門以通天氣也因復名破楚門

水經注云葉東界有故城犨縣東至瀙水達泚陽縣界南北聯聯數百里號爲方城一謂之長城云酈縣有故城一面未詳里數號爲長城即此城之西隅其間相去六百里北南雖無基築皆連山相接而漢水流其南故屈完荅齊桓公云楚方城以爲城漢水以爲池

郡國志曰葉縣有長城曰方城指此城也

吳地記曰表山松城晉書云左將軍袁山松陳郡人時爲吳郡太守隆安五年築此城在滬瀆邊江城之以禦孫恩圍山松於此城陷害山松城今爲波潮所衝以半毀江中山松城東夾江又有二城相對闔閭所築以備越處

鄱陽記曰仙人城在縣東南其城皆峭壁危石直上千仞自古呼爲仙人城每天空無雲秋日清澈其上宮殿倉廩歷歷可見

趙曄吳越春秋曰堯聽四嶽之言用鯀修水鯀曰帝之遭天災厥黎及康乃築城造郭以爲國固

淮南子曰崑崙山上有層城九重

列女傳曰齊人杞梁殖襲莒戰而死其妻無所歸乃就夫尸於城下而哭之七日城崩妻遂投淄水而死

郭

説文曰郭廓也廓落在城也

禮記月令曰孟秋之月修宮室補城郭

又禮記曰正月無置城郭妨農也

國語曰火見而清風戒寒而修城郭

月令曰孟夏坯城郭
漢書曰馬援所過輒爲郡縣治城郭
謝承後漢書曰汝南廖扶畢志衡門死葬北郭號曰北郭先生
風俗通曰郭郛者亦大也
莊子曰孔子謂顔回曰回來家貧居卑胡不仕乎顔回對曰不願仕回有郭外之田五十畝足以給饘粥郭内之田十畝足以爲絲麻鼓琴足以自娱學夫子之道足以自樂回故不仕矣
魏略曰秦國石爲城郭
管子曰内謂之城外謂之郭
焦貢易林曰金城鐵郭上下同力寇不敢賊
王肅表曰夫城之有郭猶裏之有表骨之有皮表裏各異則保障不完皮骨分離則一體不具

壕

釋名曰城下謂之壕壕翺也言都邑内所翺翔祖駕處也
禮曰今大道既隱天下爲家各親其親各子其子貨力爲已城郭溝池以爲固謀用是作兵由是起
漢書神農之教曰有石城十仞湯池百步帶甲百萬而無粟不能守

櫓

釋名曰櫓露也露上無覆屋也
孫子兵法曰攻城之法脩櫓轒轀具器械三月而後成
陸機洛陽城周公所制東西十里南北十三里城上一百步有一樓櫓外有溝渠

太平御覽卷第一百九十三

居處部二十二

館驛　傳舍　亭

館驛

說文曰館客舍也從食官聲

周禮曰五十里有市市有館館有積以待朝聘之客

廣雅釋宮曰館舍也桂苑曰客舍也待賓之舍曰館開元文字曰凡事之賓客館焉舍也館有積以待朝聘之官是也客舍逆旅名候館也公館者公宮與公所爲也私館者自卿大夫以下之家

禮記曰舊館人之喪脫驂而賻

左傳曰敢辱大館

又莊公曰楚令尹子元欲蠱文夫人爲館於其宮側而振

萬焉（萬舞）

又僖上曰攺館晉侯饋七牢焉

詩國風鄭緇衣曰適子之館兮還予授子之粲兮

又大雅曰篤公劉于豳斯館

周禮地官司徒下曰國野之道十里有廬廬有飲食三十里有宿宿有路室路室有委五十里有市市有候館館有積

注云候樓館可以觀望也

又秋官司寇下曰凡諸侯入王則逆勞于畿及郊勞視館

注云視館致館也

又司儀云主君郊勞交擯三辭車送拜三揖三辭受拜車送三辭再拜致館亦如之注云館舍也使大夫授之君又以禮親致之儀禮聘禮云卿致館注云致至也至此館主人以禮致之所以安之也

又環人云掌送迎邦國之通賓客以路節達諸四方舍則授館

又云至于國賓入館次于舍門注云次待事于客

儀禮公食大夫禮云有司卷三牲之俎歸于賓館注云牲之俎正饌尤尊盡以歸尊賓之至也

又聘禮云厥明訝迎于館注云此訝下大夫以君命迎賓謂之訝迎亦皮弁也

禮記曲禮上云問疾弗能遺不問其所欲見人弗能館不問其所舍

又檀弓上云賓客至無所館夫子曰生於我乎館死於我乎殯

又云子貢曰於門人之喪未有所說驂於舊館無乃以重乎

又曾子問云卿大夫之家曰私館公館與公所爲曰公館

注云公館若今縣官舍也

左傳莊元年經云夏單伯送王姬秋築王姬之館于外注云公在諒闇慮齊侯當親迎不忍便以禮接於廟又不敢逆王命故攺築舍於外也

又僖三十年傳云晉分曹衛之田公使臧文仲往宿於重館重館人告曰晉新得諸侯必親其恭不速行將無及也

又襄三十一年傳云子產相鄭鄭伯如晉晉侯以我喪故未之見也子產使壞其館之垣而納車馬士文伯讓之曰敝邑以政刑之不脩寇盜充斥是以令吏人完客所館今吾子壞之其若異客何子產曰僑聞之文公之爲盟主也宮室（無觀卑庳）臺榭以崇大諸侯之館今銅鞮之宮數里而諸侯舍於隸人門不容車不可踰越士文伯不能對晉侯見鄭

伯有加禮厚其宴好而歸之乃築諸侯之館

又昭十三年傳云宣子謂叔向曰子能歸季孫乎對曰不能鮒也能乃使叔魚見季孫曰鮒聞諸吏將爲子除館於西河其若之何且泣

又曰叔孫所館雖一日必葺其牆屋去之如始至

漢書薛宣子惠爲彭城令宣過之橋梁郵驛不脩宣知其不能

又郊祀志曰孫卿曰仙人可見上往常遽以故不見今陛下可爲館如緱氏城置脯酒神人可致且仙人好樓居於是上令長安作飛廉桂館甘泉作延壽館

又曰鄭莊置驛以延賓客

又曰公孫弘起徒步數年至宰相封侯於是起客館開東閤以延賢人與參謀議

又元后傳曰王莽又知太后婦人厭居深宮中莽欲娛樂以示其權迺令太后四時車駕巡狩四郊存見孤寡婦人春幸繭館率皇后列侯夫人桑遵霸水而祓除

又外戚傳曰成帝許美人在上林鹿館數召入飾室中元延二年懷子

漢書叙傳述元紀云宮不新館陵不崇墓又揚雄傳長楊賦云張網罝罘捕熊羆豪猪狖玃狐兔麋鹿載以檻車輸長楊射熊館又羽獵賦云於是禽殫中衰相與集於靖冥之館

魏志曰文昭甄宣后明帝母也后已早廢父逸上蔡令早卒及明帝即位追封逸爲上蔡侯謚敬侯適孫蒙襲爵薨子暢嗣上爲暢起大第車駕自臨之故

世説曰魏明帝爲外祖母築館于甄氏自行視謂左右曰館當以何爲名侍中繆襲對曰陛下聖恩齊于哲王罔極過于曾閔此館之興情鍾舅氏宜以渭陽爲名

魏書曰帝於後園爲母起觀及宮名其里曰渭陽里

晉書天文志云傳舍九星在華蓋上近河賓客之館主胡人入中國客星守之備姧使亦曰胡兵起

宋書文帝本紀云帝臨玄武館閱武

又隱逸雷次宗傳云徵詣京邑爲築室於鍾山西巖下謂之招隱館

齊書褚伯玉傳云高帝即位手詔吳會二郡以禮迎伯玉伯玉辭疾上不欲違其志勑於剡白石山立太平館以居之

梁書高祖紀云大統七年幸於宮城西立士林館延集學徒置集雅館以招遠學沖虛眞經黃帝云黃帝於是放萬

機舍寢室去直侍徹鍾縣減厨膳退而閒居大庭之館齋心服形三月不親政事

漢武帝故事云上自封禪後夢高祖坐明堂羣臣亦夢於是祀高祖於明堂以配天還作高陵館

郡國誌台州仙石山有館土人謂之黃公客堂堂兩邊有石步廊觸石雲起崇朝必有雨有四竿筋竹風吹自成陰拂石皆淨即王方平遊處

荆州圖記云襄陽縣南水行四十里陸道六十里有桃林館

建康地記云顯仁館在江寧縣東南五里青溪中橋東湘宫巷下古高麗使處

西京雜記云公孫弘自以布衣爲宰相乃開東閣營客館以招天下之士其外曰欽賢館以待大賢翹材館以待大

材接士館以待國士
又曰梁孝王遊於忘憂之館進諸游士各使爲賦隱訣易
遷館含眞臺有女眞二人爲主一曰張微子二曰傳禮和
晉宮閣名云華林館有繁昌館建康館顯昌館延祚館壽
安館千禄館
班孟堅西都賦云於是天子乃登屬玉之館歷長楊之榭
子生夏五月余之長安壬寅于新安之千秋亭甲辰而弱
子失越翌旦乙巳瘞于亭
高允塞上公亭詩序曰延和三年余赴京師發石門北行
失道夜寓宿代之快馬亭其俗云古塞上公所貴之邑也
曰公有良馬因以命之此其所貴也負長城而面南山阜
澤帶其側涌波灌其前停騑策以流目挹遺風以依然仰
德音於在昔遂揮毫以寄言代人云塞上公姓李代之李

氏並其後也
張平子西京賦曰顧往昔之遺館獲林光於秦餘
又云郡國宮館百四十五右極盩厔并卷酆鄠
又云豫樟珍館揭焉中峙
班婕妤自傷賦曰痛陽禄與柘館（皆宮名生二子處此二館皆失也）仍襁
褓而罹災豈妾人之殃咎兮將天命之不可求也
張衡西京賦曰既新作於迎風增露寒與儲胥託高基於山
岡直墆霓以高居（薛綜注曰此二者皆館名）
張衡東京賦曰其西則有平樂都場示遠之館龍雀盤蜿
天馬半漢
劉邵趙都賦曰置酒乎黃華之館
左思魏都賦曰營客館以周坊飾賓侶之所集
潘岳東都館賦曰東館者蓋東武陽侯之館也我而遷居

謂余曰吾將老焉故有終焉之心而無移易之意子且爲
我賦之
傳舍
釋名曰傳傳也人所止息而去後人復來轉相傳無常人
也
史記相如爲趙王奉璧使秦王舍之廣成傳舍古縣也或
云秦始皇因爲望海臺
傳載曰鄭審開元中爲殿中侍御史充館驛使令每傳舍
立十二辰候自審始也
亭
釋名曰亭停也人所停集也
風俗通曰謹案春秋國語有寓望謂金亭也民所安定也
亭有樓從高省丁聲也漢家因秦大率十里一亭亭留也

今語有亭留亭待蓋行旅宿食之所館也亭亦平也民有
訟諍吏留辯處勿失其正也
漢書項羽傳曰烏江亭長艤舡待羽
又曰武帝元封元年幸緱氏登太室上聞万歲聲者三故
立万歲亭
又韓信傳曰信從下鄉南昌亭長食（張晏曰下鄉屬淮陰）亭長妻苦
之乃晨炊蓐食
又曰李廣嘗夜從一騎至霸陵（亭霸陵尉醉呵）止廣宿亭下
續漢書曰靈帝到夏門亭使竇武持節以王青蓋迎入殿
中
又曰蔡邕避難在吳告人曰吾昔至會稽高遷亭見竹椽
從東間數第十六可以爲篴取用果有異聲
東觀漢記曰王郎起光武自薊東南馳晨夜至饒陽無蔞

亭時天寒衆皆飢馮異上豆粥

又曰趙孝父爲田禾將軍孝嘗從長安來欲止亭亭長難之言有貴客過掃灑不欲穢汙地良久乃聽止吏因問曰田將軍子從長安來何時發幾日至孝曰尋到矣

張璠漢記曰楚騂爲天水太守之官與故太守喪會於隴亭堂吏移喪避騂騂讓喪於正堂闢西稱之

謝承後漢書曰倉梧廣信女子蘇娥行宿鵲巢亭爲亭長龔壽所殺及婢致富取財物埋置樓下交阯刺史周敞行部宿亭覺壽姧罪奏之殺壽（列異傳云鵠奔亭）

漢官典職曰洛陽二十四街街一亭十二城門門一亭

魏略曰從長安至大秦人民連屬十里一亭

魏書□皇后以漢延熹三年二月生齊郡白亭有黃氣滿室移日不散

吳志曰孫權將如吳親乘馬射虎庱亭馬爲虎所傷權投以雙戟虎即斃

又曰太史慈與劉繇住縣立屯府大爲山越所附孫策躬自攻討遂見囚執策即解縛捉其手曰寧識神亭戰時耶若卿尒得我云何慈曰未可量也策大笑

王隱晉書曰徐苗字叔胄高密淳于人也曾祖■至行感靈夜有神人告亭欲崩苗出亭崩得免

又曰王羲之初渡江會稽有佳山水名士多居之與孫綽許詢謝尚支遁等宴集於山陰之蘭亭

崔鴻十六國春秋曰慕容垂請入鄴城拜廟符不許乃潛服而入亭吏禁之垂怒斬吏燒亭而去

沈約宋書曰孔甯子與王華並有富貴之願自徐羨之等秉權日夜構之於太祖甯子嘗東歸至金昌亭左右欲泊船甯子命去之曰此弒君亭不可泊也

又曰徐湛之爲廣陵郡守善爲政威惠並行廣陵城舊有高樓湛之更加脩整更起風亭月觀吹臺琴室果竹繁茂花藥成行

帝王世紀曰桀敗於鳴條之野案孟子舜卒鳴條乃在東夷之地或言陳留平丘今有鳴條亭在安邑之西

世說曰過江諸人每至暇日輒相要出新亭藉卉飲宴周侯在坐而歎風景不殊舉目有江河之異皆相視流淚唯丞相愀然變色曰當共勠力王室尅復神州何至作楚囚相對泣耶

夢書曰亭爲積功民所成也夢築亭者功積成也夢亭壞敗恩澤傷也

韋耀雲陽賦曰八鄉九市亭候三六列樹表塗路有廬宿

丹陽記曰京師三亭新亭吳舊亭也故基淪毀隆安中有丹陽尹司馬恢移創今地謝石創征虜亭三吳搢紳創治亭並太元中

尋陽記曰稽亭北瞰大江南望高岳淹留遠客因以爲名焉

劉楨京口記曰劫亭湖亭通阿湖陵郡治丹徒縣八縣來往經過此湖中多劫於邊立亭因以爲名

裴淵明廣州記曰尉佗築臺以朔望升拜號爲朝拜臺傍江構起華館以送陸賈因稱朝亭

永嘉記曰樂城縣三京亭此亭是祖送行人之所

王韶之始興記曰淘水源有堯山長嶺衡亘遠望如陣雲山下有平陵陵上有古大堂基十餘處雖已夷漫而猶可識謂曰堯故亭父老相傳堯南巡登此山故亭即其行宮

三齊略記曰曲城齊城東有万歲水水北有万歲亭漢武帝所造

伏琛齊地記曰平壽城西北有平望亭亦古縣也或云秦始皇因爲望海臺 莊子曰仁義者先王之蘧廬也注傳舍也

華延雋洛陽記曰城内都亭華林奉常廣世昌益廣莫定陽漉要累室廣陽西明万歲文陽東明視中東因建奉止奸德宮東陽千秋安衆孝敬清明二十四亭河陰界東出户鄉亭南泉亭街郵亭

孔曄會稽記云江夏太守宋輔於重山南白樓亭立學教授

又郡國志云沛國桓儼避地至會稽聞陳業賢而往候之不見臨去入交州留書繫白樓亭柱而别

鄱陽記曰白雲亭在縣西南旁對干越亭而峙焉跨古城之危㟧長江之深隋州刺史劉長卿題詩曰孤城上與白雲齊因以白雲爲名

豫章記曰徐孺子墓在郡南十四里曰白杜亭吴嘉禾中太守長沙徐熙於墓隧種松太守南陽謝景於墓側立碑永安中太守梁郡夏侯嵩於碑邊立思賢亭松碑亭今並在松大合抱亭世世脩治至今謂之謝君亭

越絶書曰女陽亭者勾踐入宦於吴夫人從道産女於亭養於攜李謂之語兒鄉

郡國志皇甫謐云鳴條之野立鳴條亭

又曰涼州候馬亭貳師伐大宛得天馬感西風頓羈而逸至燉煌北塞下鳴而去貳師候於此遂名之

又曰韶州湰溪里有三楓亭

又曰濟州周首亭即埋長狄喬如首於山西是也

又曰巽州華陽亭即嵇康夜學琴於此

又曰幽州督亢亭即荆軻以地圖獻秦處

又曰郴州武丁岡有欒亭即太守欒巴所建也

又曰柯亭一名千秋亭又名高遷亭會稽記云漢議郎蔡邕避難宿於此亭仰觀椽竹知有奇響因取爲笛果有異聲

又曰潤州覆舟山有閬風亭

襄江記峴山亭在襄陽縣東一十里今基跡尚存

兩京新記曰西京苑内有望雲亭鞠場亭柳園亭眞興亭神皐亭園桃亭臨渭亭永泰亭南昌國亭北昌國亭流杯亭青門亭邵平種瓜之所也

又曰東京上陽宮有曜掌亭九洲亭

又曰東都苑内有金谷亭凝碧池建安記曰止馬亭在飛蝯嶺口馬之登降於此止息故名之

太平御覽卷第一百九十四

居處部二十三

逆旅　道路　馳道
塗　阡陌　街
巷

逆旅

左氏傳僖公上曰荀息假道於虞曰今虢為不道保於逆旅以侵樊邑之南鄙

史記曰師尚父東就國道宿行遲逆旅之人曰吾聞時難得而易失客寢甚安殆非就封者也太公聞之夜衣而行至國萊侯來伐與之爭營丘

漢武帝故事曰上嘗至柏谷夜投亭宿亭長不內乃宿於逆旅逆旅翁謂上曰汝長大多力當勤稼穡何忽帶劍羣聚夜行動衆此不欲為盜則淫耳上默然不應因乞漿飲翁曰吾正有溺無漿也有頃還內上使人覘之見翁方要少年十餘人皆持弓矢刀劍令主人嫗出安過客嫗歸謂其翁曰吾觀此丈夫乃非常人也且亦有備不可圖也不如因禮之其夫曰此易與耳鳴鼓會衆討此羣盜何憂不尅嫗曰且安之令其眠乃可圖也翁從之時上從者十餘人既聞其謀皆懼勸上夜去上曰去必致禍不如且止以安之有頃嫗出謂上曰諸翁子不聞主人翁言乎此翁好飲酒狂悖不足計也今日具令公子安眠無他嫗因還內時天寒嫗酌酒多與其夫諸少年皆醉嫗出謝客殺雞作食平明上去是日還宮乃召逆旅夫妻見之賜嫗金千斤其夫為羽林郎自是懲戒希復微行

續漢書五行傳曰靈帝數遊戲於西園中令後宮采女為客舍主身為商賈服行至舍采女下酒食因共飲食以為戲樂

東觀漢記曰第五倫自度仕宦牢落遂將家屬客河東變易姓名自稱王伯齊常與奴載鹽北至太原販賣每所止客舍去輒為糞除道上號曰道士開門請求不復責舍宿直

范曄後漢書曰周防字偉公父揚少孤微常脩逆旅以供過客而不受其報

郭林宗別傳曰林宗每行宿逆旅輒躬洒掃及明去後人至見之曰此必郭有道昨宿處也

晉書曰桑虞嘗行寄逆旅同宿客失脯疑虞為盜虞默然無言便解衣償之主人曰此舍數失魚肉雞鴨多是狐狸偷去君何以疑人乃將脯主至山冢間尋求果得遺脯以衣還虞虞投之不顧

說苑曰鄭桓公會封於鄭暮舍於宋東之逆旅逆旅之叟從外來曰客將焉之曰會封於鄭逆旅之叟曰聞之時難得而易失也今客之寢安殆非就封者也鄭桓公聞之援轡自駕行十日十夜至即有與之爭封者。楚辭七諫曰路室女之方桑（路室客舍）孔子過之以自侍（言孔子出遊過於客舍其女方採桑一心不視善其貞信故以自侍）

潘岳客舍議曰　尚書勑客舍廢農姧淫亡命敗亂法度皆當除壞十里安一官舍使老小貧民守之又差吏掌主依官舍收錢數春農事興求須冬閑謹案客舍逆旅久矣其所由來矣行者賴以頓止居者薄收其直交易貿遷各得其所官無役賦而因民成利惠加百姓而公無所費語曰許由辭帝堯之命而舍於逆旅自唐到今未有不得客

舍之法

道路

爾雅曰廟中路謂之唐一達謂之道路二達謂之枝旁三達謂之劇旁（今南陽冠軍樂鄉數道交錯道路俗呼之五劇鄉）四達謂之衢五達謂之康六達謂之莊七達謂之劇驂（三道交復有一道歧出者今北海劇縣有此道）八達謂之崇期（四道交出）九達謂之逵（四道交出復有旁通者）

又曰大路謂之奔

說文曰一達謂之道路又曰馗九達道也似龜背故謂之馗

易曰艮爲徑王廙注曰物始故爲徑路

又曰何天之衢道大行也

又曰憧憧往來朋從爾思

詩曰道之云遠曷云能來

又曰行路遲遲中心有違

又曰踧踧周道鞫爲茂草

又曰路阻且躋（躋升）

又曰周道逶遲（歷遠貌）

又曰周道如砥（貢賦均平）

又曰有杕之杜行彼周道

又曰遵大路兮摻執子之袪兮

又關雎兎罝曰肅肅兎罝施于中逵

周禮夏官曰合方氏掌天下道路

又曰司險掌九州之圖以周知其山林川澤之阻而達其道路

又夏官候人曰各掌其方之道

禮記檀弓曰哀公使人弔蕢尚遇諸道於路畫宮而受弔焉（哀公會君也畫宮畫地爲宮象）曾子曰蕢尚不如杞梁之妻知禮也

又月令曰三月開通道路

又曰道路男子由左婦人由右車從中央

左傳曰公孫閼與穎考叔爭車穎考叔挾輈以走子都拔戟以逐之及逵弗及子都怒

又曰盟諸王父之衢

史記曰文帝行至霸陵愼夫人從上示愼夫人新豐道曰此走邯鄲道也

東觀漢記曰逢萌被徵上道迷不知東西云朝所徵我者爲聰明叡智有益於政方面不知安能濟政即駕而歸

國語曰夫辰角見而除道故夏令曰九月除道（賈逵注曰辰角大辰蒼龍之龍角星名也）

家語曰武王克商通道于九夷八蠻

魏晉春秋曰阮籍有時率意獨行不由徑路車跡所窮輒慟哭而返

陸機洛陽記曰宮門及城中大道皆分作三中央御道兩邊築土牆高四尺餘外分之唯公卿尚書章服道從中道凡人皆行左右左入右出夾道種榆槐樹此三道四通五達也

淮南子曰楊朱見歧路而哭曰可以南可以北

又曰聖人之道如衢設罇過者斟酌之

博物志曰文王以太公爲灌壇令其年風不鳴條文王夢一婦人甚麗當道哭問其故曰我東山女嫁爲西海婦行必以暴風雨今灌壇令當道有德吾不敢以風雨過也

十洲記曰天帝君之城仙眞之人出道徑自有一路內到鍾山海阿門外天帝君捴九天之維貴無比焉

崔豹古今輿服注曰警蹕所以戒徒行蹕路也謂行者警
於途路
列子曰堯治天下未知其天下治歟不治歟微服遊於康衢
聞兒童謡曰立我烝民莫匪尒極
任豫益州記曰江油左擔道案圖在陰平縣北於成都為
西其道至阻自北來者擔在左肩不得度擔也鄧艾束馬懸車處
郡國志曰雍州軹道在通化門東北十里
又曰朱超石與兄書曰洛下道路本好青槐蔭映可愛
列子曰楊子之隣亡羊既率其黨又謂楊子之豎追楊子
曰亡一羊何追者衆曰多歧路既反問獲羊乎曰亡之矣
歧路之中又有歧焉吾不知所之而反
揚子曰大道以多歧亡羊學者以多方喪生
韓子曰魯以五月起衆為長溝子路私為漿飯要作溝者

御覽一百九十五　五　王庚

於五甫之衢孔子譏其不知禮也
楚辭曰心不怡之長久憂以之相接惟郢路之遼遠兮江
與夏之不可涉
古樂府詩曰相逢狹路間道隘不容車
古詩曰驅車駕言邁悠悠涉長道

馳道

史記賈山曰秦為馳道東窮燕齊南極吳楚江湖之上瀕海之觀畢達道廣五十步
三丈而樹厚築其外隱以金椎以鐵錐築之隱於靳反樹以青松十
里一亭亭有長十亭一鄉鄉有三老有秩嗇夫游徼三老
掌教化嗇夫職聽頌收賦稅游徼徼循盜賊秦制也
漢書曰江充出逢館陶長公主行馳道中充聞之公主曰
有太后詔充曰獨公主得行車騎皆不得盡劾沒入官充
從上甘泉逢太子家使乘車馬行馳道中充以屬吏太子

聞之使人謝充曰非愛車馬誠不欲令上聞之以教勑亡
素者唯江君寬之充不聽遂白奏上曰人臣當如是矣大
見信用威震京師
又曰惠帝為東朝長樂宮作複道方築高帝廟南叔孫通
曰陛下何築複道高帝寢衣冠月出遊高廟奈何令子孫
宗廟道上行哉惠帝懼曰急壞之通曰人主無過舉今已
作百姓皆知矣願陛下為原廟渭北衣冠月游之益廣宗
廟大孝本也帝從之
又曰元帝即位成帝為太子上嘗召太子出龍樓門不敢
絕馳道至直城門得絕乃度上遲之問其故以狀對上乃
令太子被召得絕馳道
又曰上居雒陽南宮從複道望見諸將往往數人偶語上
曰此何語良曰陛下不知乎此謀反耳上曰天下屬安定

御覽一百九十五　六　王庚

何故而反良曰陛下與此屬取天下今陛下已為天子而
所封皆蕭曹故人所誅者皆平生仇怨今軍吏計功天下
不足以徧封又恐見疑過失及誅故相聚謀反耳上迺憂
曰為將奈何良曰上平生所憎羣臣所共知誰最甚者上曰
雍齒與我有故數窘辱我良曰今急先封雍齒以示羣臣
則人人自堅矣於是置酒封雍齒為什方侯而急趣丞相
御史定功行封羣臣皆喜曰雍齒且侯我屬無患矣

塗

易震卦曰震為大塗王廙注曰大塗万物所出
論語陽貨曰道聽而塗説德之弃也
尒雅曰堂塗謂之陳路依塗
呂氏春秋曰孔子用魯三年男行乎塗左女行乎途右財物
之遺者民莫之舉

司馬相如上林賦曰長塗中宿

阡陌

史記曰商鞅相秦孝公壞井田開阡陌

漢書游俠傳曰原涉迺大治冢舍周閣重門初武帝時京兆尹曹氏葬茂陵民謂其道爲京兆阡涉慕之迺買地開道立署曰南陽阡人不肯從謂之原氏阡

趙書曰佛圖澄建武末卒葬鄴西紫陌先造生墓已數年矣

三輔故事曰文王武王周公召公皆葬畢陌南北

風俗通曰南北曰阡東西曰陌

曹植詩曰東西經七陌南北越九阡

陸機詩曰迴渠繞曲陌通波扶直阡

街

說文曰街四通道也

漢書曰張敞無威儀罷朝會走馬章臺街（晉灼曰在長安建章臺下街也）

郡國志曰雍州司天臺西北有香室街

又曰夕陰街在右扶風南

東觀漢記曰建武時天下墾田皆不實詔下州郡檢實時州郡各遣使奏事帝見陳留史牘上有書視之云潁川弘農可問河南南陽不可問帝詰史言於長壽街得之

漢官典職曰洛陽有二十四街街一亭

華氏洛陽記曰兩銅駞在官之南街東西相對高九尺漢時所謂銅駞街洛陽又有香街

三輔故事曰太上皇在長安香街南高廟在長安城門街東太常街南

漢宮殿疏曰長安有八街九市

風俗通曰京師有長壽街万歲街土馬街若此非一街者攜乃也離也四出之路攜離而別

巷

毛詩緇衣曰子之丰兮俟我乎巷兮（巷門外也）

又曰叔于田巷無居人叔于狩巷無飲酒叔適野巷無服馬

又曰姜嫄始生后稷誕寘之隘巷牛羊腓字之

論語孔子曰賢哉回也一簞食一瓢飲在陋巷人不堪其憂回也不改其樂

爾雅曰宮中謂之壼

漢書曰陳平家貧負郭窮巷以弊席爲門門外多長者車轍

晉書曰紀瞻性靜默少交遊好讀書或手自抄寫凡所著述詩賦牋表數十篇兼解音樂殆其妙厚自奉養立宅於烏衣巷館宇崇麗園池竹木有足賞翫焉

丹陽記曰七戰巷者庾亮與蘇峻戰宣陽門外峻初小退尋復來攻交戰者七亮乃南奔故有此名

商君書曰窮巷多恠曲學多辯也

尸子曰舜之方陶不能利其巷也及南面而君天下蠻夷皆被其福

太平御覽卷第一百九十五

太平御覽卷第一百九十六

居處部二十四

苑囿

風俗通曰苑蘊也言薪蒸所蘊積也

又曰囿者畜魚鱉之處也囿猶有也

說文曰苑有園曰囿一曰養禽獸曰囿

毛詩文王靈臺曰王在靈囿麀鹿攸伏

左傳僖上曰齊侯與蔡姬乘舟于囿蕩公公懼變色禁之不可公怒歸之未絕蔡人嫁之

又成下曰十八年秋築鹿囿書不時也

又曰冬築郎囿書時也季孫欲速成叔孫昭子曰焉用速成其以勦民也無囿猶可無民其可得乎

又曰鄭之有原圃猶秦之有具囿注皆囿名也

毛萇詩注曰囿所以養禽獸天子百里諸侯四十里

大戴禮曰正月癸韭囿

周官曰囿人掌囿游之獸禁鄭玄注云囿游囿之離宮小苑遊觀處也禁者其蕃衛也囿游之獸游牧之獸也

史記曰漢二年東略地諸故秦苑囿園池皆令民田之

又滑稽傳曰秦始皇欲大苑囿東至函谷關西至陳倉優旃曰善多縱禽獸於其中寇從東方來令獸觸之足矣始皇以故輟止

又蕭相國請曰上林中多空地願令民得田苑中上大怒曰相國多受民財乃爲民請吾苑乃下廷尉械繫數日王衛尉侍曰便於民而請眞宰相事陛下距楚數歲陳豨黥布反上自擊之當是時相國守關中搖足則關已西非陛下有也相國不此時爲利今乃利賈人之金乎陛下何疑於是使持節赦出何徒跣謝上曰休矣相國爲民請吾苑吾不許我不過爲桀紂主而相國爲賢耳

漢書曰武帝好微行後南山下乃知帝微行數出也然尚迫於太后未敢遠出丞相御史知旨乃使右輔都尉徼循長楊以東右內史發小民供待會後乃私置更衣從宣曲以一十二所中休更衣師古曰宣曲宮名在昆明池西投宿諸宮長楊五柞倍楊宣曲尤幸於是上以爲道遠勞苦又爲百姓所患乃使太中大夫吾丘壽王待詔能用筭者二人舉籍阿城以南阿城本秦阿房宮也盩厔以東宜春以西隄封頃畝及其賈直欲除以爲上林苑屬之南山又詔中尉左右內史表屬縣草田欲以償時東方朔在傍進諫曰臣聞謙遜靜愨天表之應應之以福驕溢靡麗天表之應應之以異今陛下累郎臺恐其不高也師古曰郎者堂下周屋也弋獵之處恐不廣也如天不爲變則三輔之地盡可以爲苑何必盩厔鄠杜乎奢侈越制天爲之變上林雖小臣尚以爲大也夫南山天下之阻也南有江淮北有河渭其地從汧隴以東商雒以西厥壤肥饒漢興去三河之地止霸產以西都涇渭之南北所謂天下陸海之地秦之所以虜西戎兼山東者也其山出玉石金銀銅鐵豫章檀柘異類之物不可勝原師古曰原本也言說不能盡其根本也此百工所取給万民所足卬也又有秔稻梨栗桑麻竹箭之饒土宜薑芋水多蠅魚貧者得以人給家足無飢寒之憂故酆鎬之間號爲土膏其賈畝一金今規以爲苑絕陂池水澤之利而取民膏腴之地上乏國家之用下奪農桑之業弃成功就敗事損耗五穀是其不可一也且盛荊棘之林而長養麋鹿廣狐兔之苑大虎狼之墟又壞人冢墓發人室廬令幼弱懷土而思耆老泣涕而悲是

其不可二也斥而營之垣而囿之騎馳東西車鶩南北又有深溝大渠夫一日之樂不足以危無隄之輿蘇林曰隄限也輿乘輿也不敢斥天子故言輿也張晏曰一日之樂謂田獵也無隄之輿謂天子富貴無隄限也是其不可三也故務苑囿之大不恤農時非所以強國富人也夫殷作九市之宮而諸侯叛應劭曰紂於宮中設九市靈王起章華之臺而楚民散秦興阿房之殿而天下亂糞土愚臣忘生觸死逆盛意犯隆指罪當万死不勝大願願陳泰階六符孟康曰泰階三台也每台二星凡六星符六星之符驗也應劭曰黃帝泰階六符經曰泰階者天之三階也上階爲天子中階爲諸侯公卿大夫下階爲士庶人上階上星爲男下星爲女主中階上星爲諸侯三公下星爲卿大夫下階上星爲元士下星爲庶人三階平則陰陽和風雨時社稷神祇咸獲其宜天下大安是謂太平三階不平則五神乏祀日有食之水潤不浸稼穡不成冬雷夏霜百姓不寧故治道傾天子行暴令好興兵甲修宮室廣苑囿則上階爲之奄奄疏闊也以孝武皆有此事故朔爲陳之以觀天變不可不省是日因奏泰階之事上乃拜朔爲太中大夫給事中賜黃金百斤然遂起上林苑

又曰武帝建元三年微行始出北至池陽西至黃山南獵長楊東遊宜春宮觀名八九月中侍中常侍武騎及待詔隴西北地良家能騎射者期諸殿門故有騎門之號自此始也日一入山下馳射鹿豕狐兎手格熊羆馳騖禾稼秔稻之地民皆號呼罵詈也

又曰宣帝神爵三年起樂遊苑三輔黃圖云在杜陵

又曰元始元年罷安定呼池苑以爲安民縣

又曰枚乘說吳王曰漢上林離宮積聚玩好圈守禽獸不如長洲之苑游曲臺臨上路不如朝夕之池

又曰戾太子既冠就宮爲立博望苑以通賓客

苑囿後漢書曰永初六年春正月庚申詔越巂置長利高望始昌三苑又令益州置万歲苑犍爲置漢平苑

又曰延熹二年初造顯陽苑置丞尉

又曰安帝永初元年以廣成遊獵地假與貧民貧民廣成苑名在汝州

又曰靈帝光和三年作畢圭靈昆苑畢圭苑有二東畢圭周一千五百步中有魚梁臺西苑周三千三百步並在洛陽宣平門外

又曰靈帝光和五年始置圃囿署以宦者爲令

又曰楊賜爲少府光祿勳代劉郃爲司徒帝欲造畢圭靈琨之苑賜上疏諫曰竊聞使者並出規度城南人田欲以爲苑昔先王造苑囿裁足以修容三驅之禮薪萊芻牧皆悉往焉先帝之制左補鴻池右作上林鴻池在洛陽東上林在西不奢不約以合禮中今猥規郊城之地以爲苑囿壞沃衍廢田園驅居人畜禽獸殆非所謂若保赤子之義今城外苑已有五六陽嘉元年起西苑延熹三年造顯陽苑洛陽宮殿名有平樂苑上林苑桓帝延熹元年置鴻德苑可以逞情意順四節也宜惟夏禹卑宮太宗露臺之義以慰下人之勞書奏帝意欲止以問侍中任芝中常侍樂松等曰昔文王之囿百里人以爲小齊宣七十里人以爲大今與百姓共之無害於政也帝悅遂令築苑

漢官典職曰宮內苑聚土爲山十里九坂種奇樹育麋鹿麑麂鳥獸百種激上河水銅龍吐水銅仙人銜杯受水下注天子乘輦遊獵苑中

漢舊儀曰上林苑中廣長三百里置令丞左右尉苑中養百獸天子遇秋冬獵射苑中取禽無數其中離宮七十所皆容千乘万騎

又曰武帝時使上林苑中官奴婢及天下民貧貲不滿五十万徙置苑中人日五錢到帝得七十億万以給軍擊西域

續漢獻帝紀曰昭寧元年董卓住兵屯陽苑使者就拜司空

續漢書百官志曰上林苑令一人六百石主苑中禽獸

東觀漢記曰桓帝延熹元年初置鴻德苑

張璠漢記曰梁冀多規苑囿西至弘農東至滎陽南入魯陽北到河淇周旗十里

崔鴻十六國春秋後趙録曰趙王八年春正月立桑梓苑於襄國

又後燕録曰慕容熙築龍騰苑廣袤十餘里役徒二萬人又起景靈山苑内基廣五百步峰高十七丈又起逍遙宮甘露殿連房數百觀門相交鑿天河渠引入宮

晉宮閣名曰洛陽有洪德苑靈崑苑平樂苑

河南十二境簿曰河南縣有鹿子苑洛陽城西有桑梓苑

孟子曰齊宣王問孟子曰文王之囿方七十里有諸何其大也孟子曰民猶以爲小也王曰寡人囿方四十里民以爲大何故曰文王之囿芻蕘雉兎者往焉與民同之民以爲小宜矣王之囿殺麋鹿者如殺人之罪以四十里爲穽於國中也民以爲大不亦宜乎

呂氏春秋曰昔先王之爲苑囿園池足觀望勞形而已矣非好儉節乎性也

陶季直京都記曰覆舟山周迴二十里有林名白水苑

又曰建康縣北吳朝爲桂林苑

南朝宮苑記曰樂游苑在覆舟山南北連山築臺觀苑内起正陽林光等殿

又曰桂林苑在落星山之陽吳都賦云數軍實于桂林之苑即此也

又曰芳林苑一名桃花園本齊高帝舊宅在廢東府城東邊秦淮大路北齊王融作曲水詩序載懷平浦乃睠芳林即此也

又曰南苑在臺城南鳳臺山宋孝武以南苑地給張永云且給三百年期訖更啓即此也

渚宮故事云湘東王於子城中造湘東苑穿地構山長數百丈植蓮蒲緣岸雜以奇木其上有通波閣跨水爲之南有芙蓉堂東有禊飲堂堂後有隱士亭北有正武堂堂前有射堋馬埒其西有鄉射堂堂安行堋可得移動東南有連理太清初生此連理當時以爲湘東踐祚之瑞北有映月亭脩竹堂臨水齋前有高山山有石洞潛行宛委二百餘步山上有陽雲樓極高峻遠近皆見北有臨風亭明月樓顏之推云屢陪明月宴並將軍邑義熙所造

三輔黃圖曰宮二觀十四在甘泉苑垣内甘泉苑起仙人觀

石虎鄴中記曰鄴城西三里桑梓苑有宮臨漳水凡此諸宮皆夫人侍婢又並有苑囿養獐鹿雉兎虎數遊宴其中

西京雜記曰廣陵王胥有勇力恒於別囿學格熊羆後遂能空手搏之

又曰樂遊苑自生玫瑰樹樹下多苜蓿

又曰文帝爲太子立思賢苑以招賓

又曰梁孝王好宮室苑囿之樂作曜華之宮築兎園園中有白室山山上有膚寸石落猿巖棲龍岫又有鴈池池間有鶴洲鳧渚宮館相連延亘數里奇果異樹瑰禽怪獸靡不畢備王與宮人賓客弋釣其中

韓子曰秦大飢應侯請發五苑果棗栗以活民王曰秦法

賞有功誅有罪令發五苑是有功無功俱賞也
禮稽命徵曰外内之制各得其所四方之事無有蕭滯則麒麟遊囿六畜繁多天苑有德星應
白虎通曰苑囿所以在東方何苑囿養萬物者也東方所以生也
戰國策曰張儀說韓王曰大王不助秦鴻臺之宮桑林之苑非韓之有也
拾遺記曰黃帝爲養龍之囿
洞冥記曰北及玄坂去空同十七萬里日月不至其地自明有紫河萬里流沫千丈中有寒荷霜下方香茂也北有潰陽之山有兎如鼠能飛毛色光如漆以腦和丹食則不死帝使放兎於昭祥苑苑在甘泉宮西周千里萬國獻異物皆集此中

三輔黃圖曰甘泉苑起仙人觀緣山谷行至雲陽三百八十里入右扶風周迴五百四十里
兩京記曰東宮有九殿禁苑在宮城之北苑中有四面監分掌宮中種植及修緝又置苑揔監都統並屬司農寺
又曰東都苑隋曰會通苑又改爲芳華
又曰神都苑周迴一百二十六里東面七十里南面三十九里西面五十里北面二十四里
司馬相如封禪文曰般般之獸樂我君囿

太平御覽卷第一百九十六

太平御覽卷第一百九十七

居處部二十五

園圃　圈
牢　藩籬
華表

園圃

說文曰園樹果圃樹菜也

易曰賁于丘園束帛戔戔

毛詩曰園有桃其實之肴

又曰折柳樊圃

周禮曰場人掌國之場圃而樹之果蓏珍異之物以時斂而藏之凡祭祀賓客供其果蓏享亦如之注云果棗栗之屬蓏瓜瓠之屬珍異蒲桃枇杷之屬

又曰大宰九職二曰園圃毓草木

又曰園廛二十而一注云以利少故二十而稅一也廛城市中空地

又曰圃以樹事貢草木謂果瓜葵韮

論語曰樊遲請學爲圃子曰吾不如老圃

史記曰梁有漆園楚有橘柚園

又曰王翦爲秦將伐楚請善田宅園池甚衆

漢書曰始曹參微時與蕭何善及爲宰相有隙至何且死所推賢唯參參代何爲相國舉事無所變更一遵何之約束擇郡國吏長大訥於文辭謹厚長者即召爲丞相史史之刻深欲務聲名輒斥去之日夜飲酒卿大夫以下吏及賓客見參不事事來者皆欲有言至者參輒飲以醇酒度其欲有言復飲酒而後去終莫得開說以爲常相舍後園近吏舍吏舍日飲歌呼從吏患之無如何迺請參遊後園聞吏醉歌呼吏幸相怒召按之迺反取酒張坐飲大歌呼與相和參見人之有細過掩匿覆蓋之府中無事

又曰董仲舒廣川人也以治春秋孝景時爲博士下帷講誦弟子傳以久次相授業或莫見其面蓋三年不窺園圃其精如此

後漢書曰法眞隱大澤講論藝術歷年不窺園圃也

又曰竇憲以賤直請奪沁水公主田園（沁水明帝女）主畏逼不敢言後肅宗駕出遊過園指以問憲憲陰喝不得對（陰於禁反喝一介反猶噎塞也）後發覺帝大怒責憲曰貴主尚見侵奪何況小人哉國家弃憲如孤雛腐鼠耳憲大震懼

魏志曰顏斐字文林爲京兆守於府下起菜園使吏投簡鋤治也

晉書曰范汪好學外氏家貧無以資給汪乃廬于園中布衣蔬食然薪寫書寫畢誦讀亦徧遂博學多通善談名理

又曰華廙既廢黜武帝後又登凌雲臺望見廙苜蓿園阡陌甚整依然感舊太康初大赦乃得襲封久之拜城門校尉遷左衛將軍數年以爲中書監

又曰和嶠性至儉家有好李帝求之不過數十王濟候其上直率少年詣園共啖畢伐樹而去

王隱晉書曰涼州牧張駿增築四城相去各千步東城殖園果命曰講武場北城殖園果命曰玄武圃皆有宮殿

宋書曰柳元景多產業居南岸有數十畝菜園時有人求之或留錢元景曰本立園自爲供啖豈求利耶

齊書曰世祖太子性頗奢麗宮內多雕飾精綺過於王宮開拓玄圃園與臺（城北塹等其中起出池閣）樓觀塔宇多聚奇石妙極

山水處上宮望見乃傍列脩竹內施高鄣造游牆數百間
施諸機巧宜須鄣蔽以晉明帝為太子時立西池乃啓卌
祖引前例求於東田起小苑上許之窮極制度
陳留耆舊傳曰范丹學通三經常自任灌園
向秀別傳曰秀與呂安灌園於山陽收其餘利以供酒食
之費
莊子曰子貢過漢陰見一丈人為圃畦鑿隧而入抱甕而出
灌子貢曰有機於此一日浸百畦用力甚寡而見功多夫
子不欲乎為圃者仰而視之曰奈何曰鑿木為機後重前
輕挈水若抽其名為槹者圃者忿然作色而笑曰吾聞之
吾師有機械者必有機事有機事者必有機心機心存於
胷中則純白不備純白不備則神生不定神生不定者道
之所不載也吾非不知羞不為也子貢告孔子孔子曰假
修渾沌之術者也

雜記曰於陵子辭卿相而桔槹灌園
又曰戴宏為河間相自免歸而灌蔬以經教授也
西京雜記曰茂陵富人袁廣藏鏹巨萬家僮八九百人於
邙山下築園東西五里一百步激流水注其內構石為山高
十餘丈連延數里養白鸚鵡紫鴛鴦犛牛青兕奇禽怪獸
委積其間聚沙為洲激水為波潮其中江鷗海鶴乳雛產
鷇延漫林池奇樹異草靡不具植屋皆徘徊連屬重閣脩
廊行之移晷不能徧廣有罪誅沒入為園鳥獸草木皆移
上林苑中
又曰樂遊園自生玫瑰樹樹下多苜蓿苜蓿亦名懷風時
人或謂光風風在其間常蕭蕭然日照其花有光彩故名
苜蓿曰懷風茂陵謂之連枝草

又曰梁孝王兔園有落猨巖棲龍岫鴈池鶴洲鳧渚宮觀
相屬
隋圖經曰史記謂梁孝王築東苑方三百里是曰兔園
王褒雲陽記曰車箱阪下有梨園一頃樹數百株青翠繁
密望如車蓋
水經注曰睢水東南流入于竹圃水次綠竹蔭渚青青實
望世人言梁王竹園也
又曰玄瓠灣中地數頃有栗園栗小殊不並固安之實也
然歲貢三百石以充天府水渚即栗洲樹木高茂望若屯
雲中有粟堂甚閑敞牧宰英彥多所游薄
魏志曰有芳林園後避少帝諱改為華林晉宮
閣名靈芝園鄴有鳴鶴園蒲陶園華林園
司馬彪續漢書曰濯龍園在洛陽西北角也
郭仲產仇池記城東有苜蓿園

列女傳魯漆室之女曰昔有客繫馬園中馬逸踐葵使子
終歲不飽葵
淮南子曰園有螫毒葵藿為之不採
陳留志曰園庾襄邑人也庾始居園中故代謂之園公
天文要集曰匏瓜為天子果園又天園主果實菇蓄儲
又曰芙蓉園本隋氏之離宮居地三十頃周迴十七里貞
觀中賜魏王泰泰死又賜東宮今屬家令寺園中廣厦脩廊連
亘屈曲其地延袤爽塏跨帶原隰又有脩竹茂林綠被岡
阜東坡下有涼堂堂東有臨水亭按黃圖曲池漢武所造
周迴五里池中遍生荷芰菰蒲冒門禽魚翔泳宣帝立廟
曲池之北名曰樂遊廟即今昇平坊內基趾是也此在秦
為宜春苑在漢為樂遊苑宇文愷營建京城以羅城東南

地高不便故鍬此偶頭一坊餘地穿入芙蓉池以虛之

郡國志云西夷有荔支園棘僮施夷中最賢者古所謂棘僮之富多以荔支爲業園植萬株樹收一百五十斛

隋圖經曰司竹園在盩厔縣東十二里穆天子西征至玄池乃植竹即此是也

史記曰渭川千畝竹漢謂鄠杜竹林故有司竹都尉西都賦所謂鄠杜濱其足竹林果園芳草甘木也

圈

史記曰竇太后好黃老書召轅固問老子書固曰此家人言耳太后怒曰安得司空城旦書乎乃使固入圈擊豕

漢書曰孝武帝作建章宮度爲千門萬户其西則數十里虎圈

又曰李禹有寵於太子然好利亦有勇嘗與侍中貴人飲侵陵之莫敢應後愬之上上召禹使制虎懸下圈中未至地有詔引出之禹從洛中以劍斫絶纍欲刺虎（師古曰落與絡同謂當時縱絡而下也纍索也）上壯之遂救止焉

三輔故事曰師子圈在建章宮西南

列士傳曰秦召公子無忌無忌不行使朱亥奉璧秦王大怒將朱亥着虎圈中亥瞋目視虎虎不敢動

郡國誌曰雍州虎圈在通化門東二十五里秦王置朱亥於其中亥瞋目虎不敢動

漢文帝問上林尉處及馮婕好當熊在此

漢宮殿疏曰有獸圈有師子圈武帝造秦故虎圈周匝三十五步長二十步西去長安十五里

牢

說文曰牢閑養牛馬圈也

詩曰乃造其曹執豕于牢注云曹羣也言搏豕於牢中以爲飲酒之殽

穆天子傳曰高奔戎獲虎畜于東虞命曰虎牢（事具州郡）

曹子建求自試表曰如微才不試沒世無聞禽息鳥視終於白首此徒圈牢之養物非臣之所志也

藩籬

易曰羝羊觸藩羸其角

詩曰折柳樊圃（或云藩）

左傳曰宋向戌請弭諸侯之兵襄公二十七年諸侯之大夫會于宋以藩爲軍注云示不相忌也

又哀十二年衛侯會吳于鄖吳人藩衛侯之舍子服景伯謂子貢曰夫諸侯之會事既畢矣侯伯致禮地主歸餼以相辭也今吳不行禮於衛而藩其君舍以難之子盍見太宰乃請束錦以行乃免衛侯

晉書曰庾袞字叔褒初袞諸父並貴盛唯袞父獨安貧約躬耕稼穡以給供養而執事勤恪與弟子樹籬跪以授條或曰今在隱屏先生何恭之過也袞曰幽顯易操非君子意也

宋書曰謝瞻字宣遠弟晦時爲宋臺右衛權遇已重於彭城還都迎家賓客輻湊瞻在家驚駭謂晦曰吾家以遠退爲業汝遂勢傾朝野此豈門戶福耶乃坚籬隔門庭曰吾不忍見此

南朝宮苑記曰建康籬門舊南北兩岸籬門五十六所蓋京邑之郊門也如長安東都門亦周之郊門江左初立並用籬爲之故曰籬門南籬門在國門西三橋籬門在今光宅寺側東籬門本名肇建籬門在古肇建市之東北籬門

今覆舟東頭玄武湖東南角今見有亭名籬門亭西籬門在石頭城東護軍府在西籬門外路北白楊籬門外有石井籬門

莊子曰願遊其藩

閑居賦曰芳枳竪籬

宋玉對問曰藩籬之鷃

鷦鷯賦曰鷦鷯長於藩籬之下

華表

崔豹古今注程雅問曰堯設誹謗之木何也荅曰今之華木以橫木交柱頭狀如華形似桔槔大路交衢悉施焉或謂之表木以表王者納諫亦以表識衢路秦乃除之漢始復焉今西京謂之交午柱

遼東華表 見鶴門

燕昭王墓前華表 見狸門

太平御覽卷第一百九十七

太平御覽卷第一百九十八

封建部一

叙封建　爵　異姓王封

叙封建

周禮夏官職方氏曰乃辨九服之邦國方千里曰王畿其外方五百里曰侯服又其外方五百里曰甸服又其外方五百里曰男服又其外方五百里曰采服又其外方五百里曰衛服又其外方五百里曰蠻服又其外方五百里曰夷服又其外方五百里曰鎮服又其外方五百里曰藩服凡邦國千里封公以方五百里則四公方四百里則六侯方三百里則七伯方二百里則二十五子方百里則百男以周知天下

史記曰太史公曰殷以前尚矣周封五等公侯伯禽康叔

於魯衛地各四百里親親之義褒有德也太公於齊兼五侯地尊勤勞武王成康所封數百而同姓五十地上不過百里下三十里以輔衛王室

又曰高祖定天下田横猶居海島帝喻之曰横來大者王小者侯

又曰齊威王召即墨大夫而語之曰自子之居即墨也毀日至然吾使人視即墨田野闢民人給官無事東方以寧是子不事吾左右以求譽也封之萬家

又曰鄒忌以鼓瑟見齊威王王悅之三月而受相印淳于髡見之曰善説髡有愚志願陳諸前髡説畢即出至門而語其僕曰是人者吾語說之微言其應我若響之應聲是必封不久矣

漢書曰李廣與望氣王朔語自漢擊匈奴廣未嘗不在其中而諸校尉材能不及中以軍功取侯者十數人廣不爲人後然終無封邑者何也豈吾相不當侯耶朔曰將軍自念豈有所恨者乎廣曰吾爲隴西太守羌嘗反吾誘降八百餘人詐而同坑曰禍莫大於殺降此乃將軍所以不得侯也

東觀漢記曰上封功臣皆爲列侯大國四縣餘各有差博士丁恭等議曰古帝王封諸侯不過百里故利以建侯取法於雷上曰古之亡國皆以無道未嘗聞封功臣地而滅也

又曰馮勤爲郎中給事尚書以圖議軍粮在事精勤遂見親識由是使典諸侯封事

百官表注記曰王者之制公侯伯子男凡五等上大夫卿下大夫上中士下士凡五等周興隆三聖制法立爵五等

封國八百親親建國則周公宅魯康叔啓衛賢賢表德則太公封齊九命既賜用征諸侯魯以周公之故郊祭昊天車服有裕季世陵遲僭施無度強弱相吞舊制不復循也禹貢徐州土五色王者取五色土以爲社封四方諸侯各割其方色土與之皆苴以白茅皆假銅虎竹使符第五夫爲諸侯始受封之各有菜地百里之諸侯以四十里爲菜地七十里之諸侯以二十里爲菜地五十里諸侯以十五里爲菜地其後子孫雖有黜地而菜地世世不黜

漢雜事曰天子太社以五色土爲壇封諸侯者取其土苴以白茅授之各以所封方之色以立社於其國故謂之受茅土漢興唯皇子封爲王者得茅土其他臣以戶賦租入爲節不受茅土不立社

王隱晉書曰元康初楊駿輔政封賞過度石崇與散騎常

侍蜀郡何舉共爲駮議以爲陛下聖德光被皇靈啓祚正位宣化萬國歸心今承洪基此乃天授至於班爵行賞優於太始

崔鴻十六國春秋後燕録曰符定符紹等降慕容垂下書封紹等爲侯以酬秦王之恵且擬三恪

吳越春秋曰吳王聞勾踐盡心自守增之以封越王乃使大夫種賫葛布十萬甘蜜九欓文笥七枚狐皮五雙以報增封之禮

韓子曰穰侯越魏而東攻齊五年秦不益一尺之地反成其陶邑之封應侯以攻韓八年成其汝南之封自是以來諸用秦者皆應穰之類也故勝戰則大臣尊益地則私封立

說苑曰鄭桓公東會封於鄭舍於宋東之逆旅逆旅之叟從外來曰客將焉之曰會封於鄭逆旅之叟曰聞之時難得而易失也今客之寢安殆非會封者也鄭桓公聞之援轡自駕其僕接淅而載之

秦子曰今有卿相之才居三公之位脩其治政以寧國家未必封侯也今軍政之法斬一牙門將者封侯夫斬一將之功孰與安寧天下者安寧天下者不爵斬一將之功者封侯失賞之意也

又曰春秋鄭莊公封母弟於京祭仲曰都城過制國之害也其後卒相攻伐國内大亂故過度則有強臣之禍鄙小則有微弱之憂秦以列國之勢而并天下自以由諸侯而起之也於是去五等之爵而致郡縣雖有親子母弟皆爲匹夫及其政衰夫一呼而天下去及至漢家見亡秦以孤特亡也於是大封子弟或連城數十廓地千里自關已東皆爲王國力多而權重故亦有七國之難

白虎通曰王者即位先封賢者憂民之急也故列土分疆非爲諸侯張官設府非爲卿大夫皆爲民也封諸侯以夏何陽氣盛養故以封諸侯盛養賢也立人君陽德之盛者也

又曰受命之王致太平之美羣臣上下之功故盡封之乃中興征伐大功皆封所以褒大功也盛德之士亦封之所以尊有德封者必試之爲附庸三年有功因而封之五十里凡士有功者亦爲附庸附世其位大夫有功成封五十里卿成封七十里公成封百里

又曰公居百里侯居七十里何封示之優賢義欲褒尊而上之何以知殷家侯不過七十里曰土有三等有百里七十里五十里公卿大夫者何謂也内爵稱也爲爵稱公卿大夫何爵者量其職盡其才公之爲言公正無私也卿之爲言章也善明也大夫之爲言大扶扶進人也

王充論衡曰堯舜之人可比屋而封桀紂之人可比屋而誅

曹植遷都賦曰余初封平原轉出臨淄中命鄄城遂徙雍丘改邑浚儀而末將適于東阿號則六易居實三遷連遇瘠土衣食不繼

爵

易中孚卦曰鳴鶴在陰其子和之我有好爵吾與爾縻之

左傳襄公三年曰齊莊公爲勇爵設爵位以命勇士殖綽郭最欲與焉州綽曰東閭之役臣左驂迫還於門中識其枚數識門枚樓其可與乎公曰子爲晉君也對曰臣爲隸新然二子者譬之禽獸臣食其肉而寢其皮矣言嘗射得之也

白虎通曰爵五等者法五行或三等者法三光或法三或法五何質者據天故象三光文者據地故法五行

禮含文嘉曰殷爵三等周爵五等各有宜也

王制曰王者之制爵祿凡五等謂公侯伯子男乎此據周也所以名之爲公侯何公者公正無私之意侯者侯順逆故也

孝經援神契曰二王之後稱公大國侯皆千乘象雷百里所潤雲雨同

史記曰秦聞馬服子將乃陰使白起爲上將軍奇兵絶趙軍後趙軍分而爲二糧道絶秦王聞趙食道絶王自之河内賜民爵各一級發十五已上悉詣長平遮絶救之

又曰秦始皇四年百姓内粟千石拜爵一級

漢書曰惠帝元年民有罪得賣爵三十級以免死罪（應劭曰一級直錢二千凡爲六萬若今贖入三千疋強矣晉灼武帝一級七十萬始皇本紀入粟千斛拜爵一級時制各異者也）賜民爵戶一級六年令民得賣爵

又曰衛青比年擊胡賦稅既竭不足以奉戰士有司請令民得賣爵及贖禁錮免賦罪請置賞官名曰武功爵也

又曰宣帝五鳳四年大司農中丞耿壽昌奏設常平倉以給北邊省轉漕爵關内侯

泰山松後漢書曰建寧二年爵乳母趙嬈爲平氏君

魏書曰太祖置名號侯爵十八級關中侯爵十七級關外侯十六級五大夫十五級與舊列侯凡六等

魏氏春秋曰黄初三年帝欲封太后母尚書陳羣奏曰案典籍之文無婦人分土命爵之制在禮婦人因夫爵秦違古法漢氏因之非先王之令典帝曰是也

晉書曰長樂馮恹父爲弘農太守愛少子淑欲以爵傳之恹父終服闋乃還鄉里結草爲廬陽瘖不能言淑得襲爵恹始仕

管子曰爵不尊祿不重者不與圖難犯危以其道爲未可以求之也是故先王制軒冕足以著貴賤不求其美設爵祿足以守其服不求其觀使君子食於道小人食於力

孟子曰有天爵者有人爵者仁義忠信樂善不倦此天爵也公卿大夫人爵也（天爵以德人爵以祿）古之人修天爵而人爵從之今之人脩其天爵以要人爵既得人爵而棄其天爵則惑之甚者也

商君書曰明王之所貴唯爵其賞不榮則民急其列不顯則民不事爵易得也則民不貴

淮南子曰爵祿者人臣之銜轡

説苑曰晉文公出亡周流天下舟之僑去虞而從文公文公反國擇可爵而爵之擇可祿而祿之僑獨不與焉文公酌諸大夫酒酒酣公曰二三子盍爲寡人賦乎舟之僑曰君子爲賦小人請陳其辭辭曰有龍矯矯頓失其所一蛇從之周流天下龍反其淵蛇寧其處公矍然曰子欲爵也請待旦日之朝子欲祿耶請今命廪人之僑曰請而得其賞廉者不受也言盡而名至仁者不爲也遂退終身誦甫田之詩

風俗通曰漢武帝諱徹改曰通侯或曰列侯秦時六國未平將帥皆家關中故稱關内侯通侯言其功大通於王室列者言其功德列著乃饗爵也

王粲爵論曰爵自一級轉登十級而爲列侯譬猶秩自百石轉遷而至於公也而近世賞人皆不由等級從無爵封無列侯原其所以爵廢故也司馬法曰賞不踰時欲民速覩

爲善之利也近世爵廢人有小功無以賞也乃積累焉須事足乃封侯非所以速爲而及時也上觀古比高祖功臣及白起衛鞅皆稍稍賜爵爲五大夫客卿庶長以至於侯非一頻而封也夫稍稍賜爵與功大小相稱而俱登既得其義且侯次有緒使慕進者逐之不倦矣

異姓王封

漢書曰高祖定天下功臣異姓王者八國張耳吳芮彭越黥布臧荼盧綰與兩韓信皆徼一時之權變以詐力成功咸得裂土南面稱孤見疑強大懷不自安事窮勢迫卒謀叛逆終於滅亡張耳以知全至子亦失國唯吳芮之起不失正道故能傳號五世以無嗣絕澤流支庶有以矣夫（以其不用詐力也）

漢書曰張耳大梁人也少時及魏公子毋忌爲客嘗亡命

遊外黃外黃富人女甚美庸奴其夫亡邸父客父客謂曰必欲求賢夫從張耳女聽爲請決嫁之女家厚奉給耳耳故致千里客宦爲外黃令高祖爲布衣時嘗從耳遊秦滅魏故購求耳千金耳變姓名之陳爲里監門後項羽素亦聞耳賢迺分趙立耳爲常山王田榮襲耳耳敗走漢漢二年遣耳與韓信擊破趙井陘斬陳餘泜水上四年夏立耳爲趙王耳薨子敖嗣立爲王

又曰韓信平齊使人言漢王曰齊夸詐多變反覆之國南邊楚不爲假王以塡（音鎮）之其勢不定今權輕不足以安之臣請自立爲假王當是時楚方急圍漢王於滎陽使者發書漢王大怒罵曰吾困於此旦暮望而來佐我乃欲自立爲王張良陳平從後躡漢王足因附耳語曰漢方不利寧能禁信之自王乎不如因立善遇之使自爲守不然變生漢王亦寤因復罵曰大丈夫定諸侯即爲眞王耳何以假爲遣張良立信爲齊王徵其兵使擊楚

又曰彭越字仲昌邑人也常漁鉅野澤中爲盜陳勝起歲餘澤間少年相聚百餘人往從越請仲爲長乃行略地收諸侯散卒得千餘人沛公之從碭北擊昌邑越助之昌邑未下沛公引兵西越亦將其衆居鉅野澤中項籍入關王諸侯還歸越衆萬餘人無所屬齊王田榮叛項王漢乃使人賜越將軍印使下濟陰以擊楚大破楚軍漢二年拜越爲魏相國將兵略定梁地漢王之敗彭城解而西也越皆亡其所下城獨將其兵北居河上漢三年越常往來爲漢游兵擊楚項王與漢王相距滎陽越攻下睢陽外黃十七城漢王追楚爲項籍所敗固陵迺謂留侯曰諸侯兵不從爲之奈何留侯曰彭越本定梁地功多始君王以魏豹故拜越

爲相國今豹死亡後且越亦欲王而君王不蚤定今取睢陽以北至穀城皆許以王彭越則兵至矣於是漢王發使使越如留侯策使者至越乃引兵會垓下項籍死立越爲梁王都定陶

又曰項羽入咸陽黥布爲前鋒項王封諸將立布爲九江王後與隨何俱歸漢漢王方踞牀洗而召布入見布大怒悔來欲自殺出就舍張御飲食從官如漢王居布又大喜過望漢益分布兵而與俱收兵至成皋四年秋七月立布爲淮南王

又曰盧綰豐人也與高祖同里及高祖初起沛綰以客從入漢中爲將軍項籍死使綰別將劉賈擊臨江王共尉還從擊燕王臧荼皆破平時諸侯非劉氏而王者七人上欲王綰羣臣覦望及虜臧荼乃下詔諸將相列侯擇羣臣有

功者以爲燕王羣臣知上欲王綰皆曰太尉長安侯綰常從平定天下功最多可王上乃立綰爲燕王諸侯得幸莫如燕王者漢十年陳豨反漢旣斬豨其裨將降言燕王綰使范齊通謀豨所上使使召綰綰稱病又謂其幸臣曰非劉氏而王者獨我與長沙耳今上病屬任呂后呂后婦人專欲事誅異姓王者及大功臣迺稱病不行高祖崩遂亡入匈奴

又曰吳芮秦時番陽令甚得江湖間民心號曰番君天下之初叛秦也黥布歸芮芮以女妻之因率越人舉兵以應諸侯沛公攻南陽迺遇芮之將梅鋗呼玄切與偕攻析酈降之及項羽相王以芮率百越佐諸侯從入關故立芮爲衡山王項籍死上以鋗有功於入武關故德芮徙爲長沙王都臨湘

又曰惠帝崩立孝惠後宮子爲帝呂太后臨朝稱制遂立周呂侯子台爲呂王台弟産爲梁王建城侯釋之子祿爲趙王台子通爲燕王又封諸呂凡六人皆爲列侯太后病困以趙王祿爲上將軍居北軍梁王産爲相國居南軍戒産祿曰高祖與大臣約非劉氏王者天下共擊之今王呂氏大臣不平我卽崩恐其爲變必據兵衛宮愼毋送喪爲人所制太后崩太尉周勃丞相陳平朱虚侯劉章等共誅産祿迎立代王是爲孝文皇帝

晉書曰初武帝爲王時王祥與荀顗往謁謂祥曰相國王尊重列侯旣已盡敬今便當拜也祥曰相國誠爲尊貴然是魏之宰相吾等魏之三公公王相去一階而已班列大同安有天子三司而輒拜人者損魏朝之望虧晉王之德君子愛人以禮吾不爲也及入顗遂拜而祥獨長揖帝曰今日方知君見顧之重矣

北齊書曰尉景之子粲少歷顯職體性麤武天寶初封庫狄干等爲王粲以不預王爵大恚恨十餘日閉門不朝帝恠遣就宅問之隔門謂使人曰天子不封粲父作王粲不如死使去須開門受勑粲遂彎弓隔門欲射使者使者以狀聞之文宣使段韶諭旨粲見韶唯撫膺大哭不荅一言文宣親詣其宅慰之方復朝請尋追封景長樂王

唐書曰安祿山死朝廷欲圖大舉詔郭子儀帥師趨京城師於潏水之西與賊將安太清安守忠戰後從元帥廣平王率蕃漢之師十五萬進收長安京師老幼百萬夾道懽叫涕泣而言曰不圖今日復見官軍是時河東河西河南所盜郡邑皆平以功加司徒封代國公入朝天子遣兵仗戎容迎于灞上肅宗勞之曰雖吾之家國實由卿再造子儀

頓首感謝乾元元年九月詔子儀與九節度之師討安慶緒以中官魚朝恩爲觀軍容宣慰使朝恩害子儀之功媒蘖之召還京師子儀雖失兵柄乃心王室以禍難未平不遑寢息俄而史思明再陷河洛朝廷旰食復慮蕃寇逼迫京畿言事者以子儀有社稷大功今殘孽未除不宜置之散地肅宗深然之上元元年以子儀爲諸道兵馬都統復爲朝恩所間事竟不行上元二年李光弼兵敗於邙山河陽失守又河中軍亂殺其帥李國貞太原節度使鄧景山亦爲部下所殺恐其合從連賊朝廷深憂之後輩帥臣未能彈壓遂用子儀爲朔方河中北庭潞儀澤沁等州節度行營兼興平定國副元帥進封汾陽郡王出鎭絳州子儀至絳擒殺其國貞賊首王元振數十人並誅之太原辛雲京聞子儀誅元振亦誅害景山者由是河東諸鎭率皆奉法

又曰渾瑊臯蘭州人也本鐵勒九姓部落之渾部也父釋之少有武藝從朔方軍積戰功於邊上累遷至開府儀同三司寧朔郡王德宗幸奉天瑊率家人子弟自京城至乃署爲行都虞候以拒朱泚賊平德宗還宮以瑊爲河中尹河中絳慈隰節度使封咸寧郡王

又曰馬燧字洵美汝州郟城人少嘗與諸兄讀書輟卷歎曰丈夫當建功於代以濟四海安能矻矻爲一儒哉燧姿度魁異沉勇多智略後朱泚之亂燧守太原燧以晉陽王業所起乃引晉水而注城之東渚以爲池寇至討省守陴者萬人尋兼保寧軍節度使封北平郡王

太平御覽卷第二百九十八

太平御覽卷第一百九十九

封建部二

公封　侯封　伯封
子封　男封　同姓封
外戚封

公封

韋昭辯釋名曰公直也取其正直無私

易師卦曰大君有命開國承家

周書能移於衆與百姓同之謂公

周禮地官曰大司徒職曰諸公之地封土方五百里其食半

又春官曰太宗伯職曰公執桓圭

晉書曰陶侃有善相者師圭謂侃曰君左手中指有竪理當爲公若徹於上貴不可言侃以針決之見血灑壁而爲公字以紙裹手公字愈明

後魏書曰許洛陽爲鴈門太守家田三生嘉禾皆異壟合潁世祖善之進爵北地公

魏咸熙元年相國晉王奏建五等諸公地方七十五里邑一千八百戶置相一人典祠典書典衛典禮各一人妾六人車前司馬十人旅賁四十人

侯封

周易豫卦曰（豫利建侯行師彖曰）豫順以動故天地如之而况建侯行師乎

又比卦曰地上有水比先王以建萬國親諸侯

又屯卦曰盤桓利居貞利建侯

周書曰能樹名生物與天道俱謂之侯

周禮春官大宗伯職曰侯執信圭

又典命職曰諸侯伯七命其國家宮室車旗衣服禮儀皆以七爲節

漢書解詁曰列侯金印紫綬以賞有功功大者食縣邑小者食鄉亭

後漢書曰馮石襲母公主封獲嘉侯亦爲侍中稍遷衛尉能取悅當代爲安帝所寵帝幸其府留飲十許日賜駮犀具劒佩刀（以班犀飾劒也）紫艾綬（艾即盭綠色也其色似艾）玉玦各一（半環曰玦以飾帶也）

又曰丁綝建武元年拜河南太守及封功臣帝令各言所樂諸將皆占豐邑美縣唯綝願封本鄉或謂綝曰人皆欲縣子獨求鄉何也綝曰昔孫叔敖勑其子受封必受墝埆之地今綝能薄功微得鄉亭厚矣帝從之封爲定陵新安鄉侯食邑五千戶後徙封陵陽侯

又曰韓歆封扶陽侯好直言無隱諱帝每不能容嘗因朝會聞帝讀隗囂公孫述相與書歆曰亡國之君皆有才桀紂亦有才帝大怒以爲激發歆又證歲將飢凶指天畫地言甚剛切坐免歸田里帝猶不釋復遣使宣詔責之

又曰建武二年定封景丹櫟陽侯帝謂丹曰今關東故王國雖數縣不過櫟陽萬戶邑夫富貴不歸故鄉如衣繡夜行故以封鄉耳（前書武帝謂朱買臣之詞也）丹頓首謝

又曰光武下詔封諸將博士丁恭議曰古帝王封諸侯不過百里故利以建侯取法於雷

又曰陰興遷侍中賜爵關內侯帝後召興欲封之置印綬於前興固讓曰臣未有先登陷陣之功而一家數人並蒙爵士令天下觖望誠爲盈溢臣蒙陛下貴之恩深至厚富

貴已極不可復加至誠不願帝嘉興之讓不奪其志

又曰傅昌嗣建初中遭毋憂因上書以國貧不願之封乞錢五十萬爲關内侯肅宗怒貶爲關内侯竟不賜錢

魏志曰張魯自巴中將其餘衆降封魯及五子皆爲列侯

又曰文帝黄初二年分三公户邑封子弟各一人爲列侯

又咸熙元年晉王奏建五等諸侯地七十里邑千六百户官屬同諸公妾五人車前司馬八人旅賁三十六人

呉志曰全琮字子璜劉備將關羽圍逼襄陽琮上疏陳羽可討之計權時已與呂蒙陰議襲之恐事泄故寢琮表不荅及擒羽權置酒公安顧謂琮曰君前陳此孤雖不相荅今日之捷亦君之功也於是封華亭侯

晉書曰高貴鄉公將攻文帝召王沈及王業告之沈馳白帝以功封安平侯邑二千户沈既不忠於主甚爲衆論所

非

又曰衛瓘都督幽州以其離間二虜功賜子亭侯瓘乞以封弟未受命而亡子密受封爲亭侯瓘六男無爵悉讓於弟遠近稱之

隋書曰李崇字永隆英果有籌筭膽力過人後周元年以父賢勳封迴樂縣侯時年尚小拜爵之日親族相賀崇獨泣賢怪而問之對曰無勳於國而幼少封侯當報主恩不得終於奉養是以悲耳賢由是大竒之

伯封

周書曰宰衆時作謂之伯

周禮春官大宗伯職曰伯執躬圭

孝經援神契曰伯白也

魏志曰咸熙元年春晉王奏建五等作地方六十里邑千二百户妾四人車前司馬八人旅賁二十八人

後周書曰王勇論討茹茹功别封求固縣伯邑五百户時有别封者例聽迴授次子勇獨請封兄子元興時人義之

子封

周禮春官大宗伯職曰子執穀璧

又曰春官典命職曰子男五命其國家宫室車旗衣服禮儀皆以五爲節

魏志曰蔣愷濟之孫也咸熙中開建五等以濟著勳前朝改封愷爲下蔡子

又曰咸熙元年相國晉王奏五等諸子地方五十里邑八百户相一人典詞令典書丞典衛丞各一人妾三人車前司馬四人旅賁二十人

齊書曰王敬則封重安縣子邑三百五十户敬則少時於

草中射獵有虫如烏豆集其身擿去乃脫處皆流血敬則惡之詣道士卜道士曰不須憂此封侯之瑞也敬則聞之喜故出都自效至是如言

環濟要略曰子獨孳孳栖下之稱也

男封

周禮地官大司徒職曰諸男之地封疆方百里其食者四之一

又春官典命職曰男執蒲璧

環濟要略曰男任也任治事受王命爲君也

魏志曰咸熙元年相國晉王奏建五等男地方三十五里邑四百户相一人典祠長典書丞各一人妾二人車前司馬二人旅賁十二人又次國男方二十五里邑二百户

同姓封

毛詩駉閟宮曰乃命魯公俾侯于東奄有龜蒙遂荒大東
左傳僖中曰昔周公弔二叔之不咸故封建親戚以蕃屏
周管蔡郕霍魯衛毛聃郜雍曹滕畢原酆郇文之昭也（文昭十六國也）邘鄂應韓武之穆也（武穆四國）凡蔣邢茅胙祭周公之胤也（周公胤六國也）

又昭公上曰武王邑姜娠大叔夢天謂己余命而子曰虞將與之唐及生文在手曰虞遂以命之

史記曰吳太伯太伯弟仲雍皆周太王之子而季歷之兄二人知大王欲立季歷乃適荆蠻以避季歷義而歸之千餘家立爲吳太伯太伯無子而仲雍代立五世武王尅商求太伯仲雍之後得周章周章已君吳因而封之

又曰武王封吳周章之弟虞仲於虞列爲諸侯十二世而爲晉所滅

又曰周公曰武王之弟佐武王平紂而封於少皡之墟曲阜是爲魯公凡四十四世而楚考烈王滅魯

又曰管叔鮮蔡叔度武王之弟武王已尅殷封鮮於管封度於蔡周公誅武庚殺管叔放蔡叔蔡既遷而死其子曰胡胡乃改行率德周公言於成王復封于蔡凡二十五世至侯齊而楚惠王滅蔡

又曰曹叔振鐸者武王弟也武王已尅殷封振鐸於曹凡二十四世至伯陽而宋滅曹

又曰衛康叔者武王弟也周公以成王之命伐武庚放蔡叔殺管叔以殷餘民封康叔爲衛君凡三十九世至君角而秦并天下廢爲庶人

又曰晉叔虞者成王之弟成王與叔虞戲削桐葉爲珪以唐封汝史佚因言請擇日立叔虞成王曰吾與之戲耳史佚曰天子無戲言遂封叔虞於唐唐在河汾之東二十五世至靖公而韓魏趙三分其地

又曰鄭桓公友者周厲王庶子封於鄭二十四世至鄭君乙而韓哀侯滅鄭併其地

又曰越王勾踐其先苗裔夏后少康之子封會稽以奉守禹之祀斷髮文身二十餘世至　子勾踐立滅吳稱霸後十世閩君搖佐諸侯平秦高祖以搖爲越王

漢書曰漢興之初尊王子弟大啓九國京師內史凡十五郡公主列侯頗邑其中而國大者跨州兼郡小者連城數十也

又曰高祖封兄喜爲代王匈奴入代廢爲合陽侯子濞爲吳王

又曰呂后封楚王郢爲下邳侯齊王肥子章朱虛侯興居東牟侯

又曰孝文封齊王肥子十人爲侯淮南王長子四人爲侯後改封王

又曰孝景封楚王子四人爲侯梁王子二人爲侯

又曰淮南厲王死後孝文憐淮南王有子四人年皆七八歲迺封子安爲阜陵侯子勃爲安陽侯子賜爲陽周侯子良爲東城侯

又曰梁孝王死竇太后泣極哀不食帝哀懼不知所爲與長公主計之迺分梁爲五國盡立孝王男五人爲王女五人皆令食湯沐邑奏之太后太后迺悅爲帝一食

又曰孝武帝令諸王推恩分子弟諸王子孫一百七十七人爲侯

又曰武帝以子弘爲齊王子旦燕王子胥廣陵王子髆昌

邑王髆子賀爲昭帝後即位二十七日廢歸故縣
又曰武帝使御史大夫張湯策立子閎爲齊王曰於戲小子閎受玆青社朕承祖考維稽古建爾國家封於東土世爲漢蕃輔立子旦爲燕王曰小子旦受玆玄社建爾國家封于北土子胥爲廣陵王曰小子胥受玆赤社建爾國家封于南土
又曰宣帝詔曰蓋聞象有罪舜封之其封昌邑王賀爲海昏侯
又曰宣帝封子欽爲淮陽王宇爲東平王囂爲楚王竟爲中山王廣陵王子胥弘爲高密王
又曰昭帝封諸王子孫十二人宣帝封六十三人元帝封四十八人成帝封四十三人哀帝封九人平帝封四十八人爲侯

續漢書曰靈帝封河間王子庚爲濟南王奉帝父孝仁祀
魏志曰明帝大和六年春二月詔曰古之帝王封建諸侯所以藩屏王室也詩不云乎懷德惟寧宗子維城秦漢繼周或强或弱俱失厥中大魏創業諸王開國隨時之宜未有定制非所以永爲後法也其改封諸侯王皆以郡爲國
晉起居注曰武帝詔皇子裕生七歲矣得疾封始平王
又曰武帝詔安平獻王孫承昔以父早亡不建大祚以縣封之今以三縣封爲武邑王
又曰惠帝詔侍中司馬訏討楊駿之功封東海王食六縣
晉百官名曰武帝以齊王蕤爲遼東王紹皇弟定國後贊爲廣陵王紹弟廣德後
陳留風俗傳曰周成王戲其弟桐葉之封周公曰君無二言遂封之於唐唐侯常愼其德其詩曰媚玆一人唐侯愼德是也
華陽國志曰武帝封子頴爲成都王以蜀廣漢犍爲汶山十萬戶爲王國易蜀郡太守號爲成都内史

外戚封

史記曰武帝衛后弟青封長平侯四子皆封侯貴震天下天下歌曰生男無喜生女無怒獨不見衛子夫霸天下
漢書曰文帝封太后弟薄昭爲軹侯又封王舅駟鈞爲侯
又曰景帝封太后弟姪竇廣國爲章武侯竇彭祖爲竇嬰以破吳楚功封魏其侯后弟王信爲盖靖侯
又曰武帝封太后同母弟田蚡爲武安侯勝周陽侯皇后弟衛青以伐匈奴封長平侯皇后姊子霍去病以伐匈奴封冠軍侯
漢書曰元帝封王皇后父禁爲平陽侯薨長子鳳嗣

又曰王音既以從舅越親用事小心親職歲餘上下詔封音爲安陽侯食邑與五侯等俱三千戶
又曰成帝封太后兄子莽爲新都侯宣帝悼皇考皇舅孫史丹爲武陽侯皇后兄趙欽爲新成侯父趙臨爲成陽侯太后姊子淳于長定陵侯中山王舅馮參爲宜陽侯
又曰哀帝欲封祖母傅太后從弟商鄭崇諫曰孝武皇帝封親舅五侯天爲赤黃晝昏日中有黑氣今祖母從昆弟二人已侯許皇后父高武侯以三公封尚有因緣今欲復封商壞亂制度逆天人心非傅氏之福
東觀漢記曰封馬防兄弟三人各六千戶爲潁陽侯特以勳勞綏定西羌以襄城羨亭一千二百戶增防防身帶三綬寵貴至盛
又曰鄧訓自中興後累世寵貴凡侯者二十九人貴盛莫

此

後漢書曰明德馬后詔不得封外戚章帝省詔悲歎復重請曰漢興舅氏之封侯猶皇子之爲王也太皇誠存謙虛奈何令臣獨不加恩三舅乎且衛尉年尊兩校尉有大病衛尉太后兄廖兩校尉兄防兄光也如令不諱使臣長抱刻骨之恨宜及吉時不可稽留太后報曰吾反覆念之思令兩善豈徒欲獲謙讓之名而使帝受不外施之嫌哉以恩澤封爵外家爲外施也昔竇太后欲封王皇后之兄竇太后文帝后也王皇后景帝后也兄即王信後封爲蓋侯丞相條侯言受高祖約無軍功非劉氏不侯條侯周亞夫也前書曰高帝與功臣約非劉氏不王非功不侯如違約天下共擊之今馬氏無功於國豈得與陰郭中興之后等耶

後漢書曰陰識封陰鄉侯二年以征伐軍功增封識讓曰天下初定將帥有功者衆臣託屬掖庭乃加爵邑不可以示天下帝甚美之

魏志黃初二年詔曰后族之家不得橫受茅土之爵以此詔傳後世若有違背天下共誅之

魏志曰明帝追封甄后父逸安成鄉侯兄豫襲封後改爲魏昌侯子暢嗣父封暢弟溫韡豔皆列侯又以後亡從孫黃合葬帝愛女淑追封黃列侯

吳志曰孫皓元年十二月封后父滕牧爲高密侯舅何等三人皆列侯

王隱晉書曰武帝封楊后父鎮軍將軍楊駿爲臨晉侯后母太原龐爲安昌鄉君太學生王鈴曰侯稱臨晉後必制國也駿漸驕傲胡奮語駿曰卿恃女更豪耶人與天家婚未有不滅門者早晚事耳駿曰卿女復不在天家耶奮曰我女與卿女作婢何能增損

又曰楊駿以父超居重位自鎮軍將軍遷車騎將軍封臨晉侯識者議之曰夫建諸侯所以藩屏王室也后妃所以供粢盛弘內教也后父始封而以臨晉爲侯兆於亂也

太平御覽卷第一百九十九

封建部三

以公相封　功臣封

以公相封〔漢書在恩澤表魏氏羣臣封併見此篇也〕

漢書曰高祖撥亂誅暴庶事草創行賞授位以能爲次敘至于孝武元功宿將略盡上亦興文學進拔幽隱公孫弘自海濵而登宰相自是之後宰臣畢侯

又曰漢帝以列侯爲丞相唯公孫弘無爵爲丞相上於是下詔封丞相平津侯其後以爲故事丞相封侯自弘始也

又曰武帝時車千秋爲髙廟郎上書訟衛太子寃上亦頗知太子惶恐感悟召千秋曰父子之間人所難言此高廟神靈使公教我當遂爲吾輔拜千秋大鴻臚數月爲丞相封富民侯

又曰朱博以丞相封二千五百户上書故事不過千户還千五百户

魏志曰王朗字景興文帝即位授司空進封平鄉侯子肅嗣初文帝分朗邑封一子列侯朗乞封兄子詳

又曰崔林爲司空封陽安亭侯邑六百户三公封列侯自林始也〔臣松之按漢封丞相邑爲荀悦所譏魏封三公其失同也〕

又曰曹爽以大將軍輔政封武安侯邑萬二千户

又曰陳羣以鎮軍録尚書受遺詔進封潁陰侯

又曰何夔字叔龍爲太子少傅太僕文帝踐祚封陽亭侯三百户病乞遜位詔曰以親則君有輔弼之勳以賢則君有淳固之茂

又曰劉放字子棄爲中書監掌機密進封魏壽亭侯孫資爲中書令封樂陽亭侯太和末資決策伐公孫淵進左鄉侯遼東平定又以參謀之功各封大縣放方城侯資中郡侯齊王即位以决定大謀並增邑子一人亭侯

又曰衛覬爲漢侍中勸讃禪代之義爲文誥之命文帝踐祚封陽吉亭侯明帝即位進閿鄉侯

又曰桓楷爲尚書令封亭鄉侯及病文帝自臨省謂之曰吾方託六尺之孤寄天下之命卿勉之從封安樂鄉侯

又曰胡質薨充家無餘財唯賜衣書篋而已追封陽陵亭侯

又曰盧毓傳綉徐宣陳矯和洽常林杜襲裴潛韓曁高柔惠王觀辛毗劉靖王基並以列卿尚書封侯

又曰漢制凡人君特所寵念皆賜之封邑及丞相初拜亦錫茅土號曰恩澤出自私情非至公之封也中興以來無有封者

功臣封

周禮夏官曰司勳司勳掌六卿賞地之法以等其功王功曰勳國〔功曰功民功曰庸事〕功曰勞治功曰力戰功曰多〔克敵出奇若韓信陳平者〕凡有功者銘書於王之太常

史記曰古之人功有五品以德立宗廟定社稷〔曰勳以言〕曰勞用力曰功明其等曰閥積功曰閱

又曰太公望文王立以爲師文王作豐邑天下三分有其二及武王克紂太公之謀居多於是武王封尚父於齊營丘成王時及管蔡作亂淮夷叛周乃使邵康公封公東至海西至河南至穆陵北至無棣五侯九伯汝實征之齊由此得征伐爲大國二十八世

又曰邵公奭與周同姓武王之滅紂封邵公於燕其在成王時自陜以西邵公主之自陜以東周公主之四十三世秦始皇滅之

又曰楚出自帝顓頊高陽後吳迴居火正爲祝融吳迴生陸終陸終子六人少曰季連季連之苗胤曰鬻子鬻子事周文王早卒當成王之時舉文武勤勞之嗣乃封其後熊繹於楚以子男之國三十世至負芻而秦滅楚

又曰魏者畢公高之後畢公高與周同姓武王封之於畢其後曰畢萬事晉獻公伐霍耿魏滅之因以魏封畢萬爲大夫卜偃曰畢萬之後必大萬盈數也魏大名也以是始賞天啓之矣其後魏獻子並爲晉卿至魏文侯爲諸侯子武立與韓趙共滅晉而三分其地又七世至王假秦滅魏

又曰韓與周同姓其後世事晉得封於韓原曰韓武子武子三世有韓厥從封姓爲韓氏六世至景侯虔始列爲諸侯及孫哀侯與趙魏共滅晉三分其地八世至王安而秦滅韓

又曰趙氏之先與秦共祖造父事周穆王攻徐破之乃賜以趙城七世叔帶去周入晉趙氏五世而至趙夙夙生襄襄生盾並爲大夫其後趙鞅是爲簡子始大 又四世而至列侯籍始立爲諸侯三世至敬與韓魏共滅晉分其地又七世至幽王繆降秦而趙滅

又曰陳完者陳厲公他之子完後奔齊爲田氏齊懿氏欲妻之卜之曰是謂鳳皇于飛和鳴鏘鏘有嬀之後將育于姜八世之後莫之與京卒妻之完卒謚爲敬仲六世而至田常田常殺齊簡公立簡公弟平乃割齊安平以東爲已封封邑大於齊至曾孫和遂遷齊康公於海上而田和立爲齊侯五世至王建爲秦所滅

又曰西戎與申侯伐周殺幽王驪山下爲秦襄公將兵救周避犬戎難東徙雒邑襄公以兵送周平王平王封襄公爲諸侯賜之岐以西之地於是始國與諸侯通

又曰樂毅并趙楚韓魏燕之兵以伐齊破之追至于臨淄齊湣王走保於莒樂毅獨留徇齊攻入臨淄盡以寶貨財物祭器輸之燕昭王大悅親至濟上勞軍行賞饗士封毅於昌國號爲昌國君

漢書曰項羽佯尊懷王爲義帝實不用其命二月羽自立爲西楚霸王王梁楚地九郡都彭城背約更立沛公爲漢王王巴蜀漢中四十一縣都南鄭三分關中立秦三將章邯爲雍王都廢丘縣名今槐里是司馬欣爲塞王韋昭曰在長安東名桃林塞也都櫟陽董翳爲翟王文穎曰本上郡秦所置項羽更名爲翟也都高奴楚將瑕丘申陽爲河南王都雒陽趙將司馬卬爲殷王都朝歌當陽君英布爲九江王都六懷王柱國共敖爲臨江王本南郡改爲臨江國都江陵番君吳芮爲衡山王都邾文穎曰邾音朱縣名故齊王

建孫田安爲濟北王徙魏王豹爲西魏王都平陽徙燕王韓廣爲遼東王燕將臧荼爲燕王都薊徙齊王田市爲膠東王齊將田都爲齊王趙歇爲代王趙相張耳爲常山王也

又曰漢四年立韓信爲齊王後徙爲楚王五年以九江王英布爲淮南王盧綰爲燕王韓王信爲代王彭越爲梁王

又曰尅項八載天下乃平始論功侯者四十有三人時人民散亡大侯不過萬家封爵之誓曰使黃河如帶太山如礪於是申以丹書之信重以白馬之盟藏諸宗廟副在有司迨文景四五世間流民既歸戶口亦息列侯大者三四萬戶小國自倍其後子孫驕恣忘其先祖之艱難多陷法禁訖于孝武後元之年靡有孑遺

又曰漢封功臣張良未嘗有戰鬬功高帝曰運籌策帷幄中决勝千里外子房功也乃封良爲留侯與蕭何等俱封

六年上已封大功臣二十餘人其餘日夜爭功未決未得行封上在雒陽南宮從複道（如淳曰上下有道故謂之複也韋昭曰閣道也）望見諸將往往相與坐沙中語上曰此何語留侯曰此謀反耳上曰爲之柰何留侯曰上平生所憎羣臣所共知誰最甚者上曰雍齒數嘗窘辱我留侯曰今急先封雍齒以示羣臣於是上置酒封雍齒爲什方侯皆曰雍齒且侯我屬無患矣

又曰高祖以蕭何功最盛封爲酇侯所食邑多功臣皆曰蕭何未嘗有汗馬之勞反居臣等上何也帝曰諸君知獵乎追殺獸者狗也而發蹤指示獸處者人也今諸君徒能得獸耳功狗也至如蕭何發蹤功人也且諸君獨以隨我多者兩三人何舉宗數十人皆隨我功不可忘也皆曰平陽侯曹參身被七十創攻城略地功最多宜第一鄂君進

曰羣臣議皆誤陛下雖亡山東何常全關中以待陛下此萬世之功柰何以一旦之功而加萬世之功哉蕭何第一曹參次之上曰吾聞進賢受上賞蕭何功雖高得鄂君乃益明封鄂君故所食關內侯邑封爲安平侯

又曰高祖封項伯等四人爲列侯賜姓劉氏

又曰項羽被十餘瘡顧見漢騎司馬呂馬童曰若非吾故人乎馬童面之指王翳曰此項王也羽迺曰吾聞漢購我頭千金邑萬戶吾爲公得之乃自刎王翳取其頭亂相蹂蹈爭羽相殺者數十人最後楊喜呂馬童呂勝楊武各得一體故分其地以封五人皆爲列侯

又曰陳豨反上自至邯鄲喜曰豨不南據邯鄲北阻漳水吾知其無能爲矣上令周昌選趙壯士可令將者因見四人上嫚罵曰豎子能爲將乎四人慚皆伏地上封各千戶以爲將

又曰淮陰侯韓信舍人樂說告信反封順陽侯

又曰文帝詔曰方大臣諸呂迫朕朕孤疑皆止朕唯中尉宋昌勸朕朕已得保守宗廟已尊昌爲衛將軍其封昌爲壯武侯

又曰韓王信入匈奴與太子俱至頹當城生子因名頹當至孝文時降封弓高侯頹當孽孫嫣貴幸顯當時世嫣弟說以校尉征匈奴封龍額侯

又曰景帝封功臣衛綰直不疑等十九人綰封建陵侯不疑塞侯

又曰張賀爲掖庭令而宣帝以皇曾孫時收養掖庭恩甚密焉及宣帝即位而賀已死宣帝追恩乃封其冢爲恩德侯置守冢二百人

東觀漢記曰光武功臣鄧禹等二十八人皆爲侯封餘功

臣一百八十九人

又曰李通上司空印綬以特進奉朝請久之有司奏請付諸皇子上感通首創大謀因封通少子雄爲邵陵侯

又曰建武二年定封景丹櫟陽侯上謂丹曰今關東故王國雖數縣不過櫟陽萬戶富貴不歸故鄉如衣錦夜行故以封卿

又詔封竇融曰行河西五郡大將軍涼州牧張掖屬國都尉竇融執志忠孝扶微救危仇疾反虜隗囂率厲五郡精兵羌胡畢集兵不血刃而虜土崩瓦解功旣大矣篤意分明斷之不疑吾甚嘉之其以六安豐陽原蓼安凡四縣封融爲安豐侯

又曰三輔豪傑入長安攻未央宮杜虞殺莽於漸臺東海公賓就得其首傳詣宛封滑侯

又曰申屠志以功封汝陰王上書以非劉氏還王璽綬爲潁陽侯

又曰班超定西域五十餘國乃詔封超爲定遠侯

後漢書曰單超左綰徐璜貝瑗唐衡桓帝時共誅梁冀同日封侯謂之五侯於是朝廷日亂超薨之後其四侯轉橫天下爲之語曰左迴天具獨坐徐卧虎唐兩墮

魏志曰夏侯淵字妙才以功封博昌亭侯

太祖下令曰夏侯淵虎步關右所向無前仲尼有言吾與爾俱不如也後戰死黄初太和中賜淵子五人皆爵関內侯

又太祖令曰吾起義兵誅暴乱於今十九年所征必尅豈吾功哉乃賢士大夫之力也天下雖未悉定吾要與賢士大夫共定之而專饗其勞吾何以安焉其促定功行封於是大封功臣二十餘人皆爲列侯其餘各以次受封及復死事之孤輕重各有差

又曰曹洪字子廉以功封野王侯文帝時坐事削明帝即位更封樂成侯

又曰曹休字文烈自荆州北歸太祖曰此吾家千里駒也文帝録前後功封爲東亭侯

又曰曹真字子丹以功封邵陵侯真少舉宗人遵鄉人朱讚並事太祖遵讚早亡真愍之乞分食邑封遵子等詔曰大司馬有叔向撫孤之仁晏平父要之分聽分賜遵等子爵関內侯及真薨明帝悉封真五子皆列侯

又曰太祖自柳城還稱荀攸前後謀謨曰昔高祖使張子房自擇齊三萬户今孤亦欲君自擇所封

又曰太祖見賈詡執手曰使我信重於天下者子也表爲執金吾封都亭侯文帝即位又封詡小子訪爲列侯

又曰郭嘉字奉孝冀州平封齊陽亭侯及薨太祖表曰臣策未決嘉輙成之平定天下謀功爲最增邑并前千户

又曰張既字德容詔曰卿勳非但破胡乃永寧河右使吾長無西顧之念徙封西鄉侯

又曰任峻字伯遠爲典農中郎大興屯田軍國致饒太祖以峻功高表封都亭侯

又曰張遼字文遠（爲盪寇將軍以功封都亭侯）又討陳蘭梅成等入灊山中蘭等壁其上遼力戰平之太祖論諸將功曰登天山以取蘭成盪寇功也乃增邑文帝又分封兄汎及一子列侯帝踐祚進封晉陽侯及薨詔曰合肥之役遼以步卒八百破賊十萬自古未之有也其分遼邑賜一子爵関內侯

又曰太祖表封荀攸曰前尅敵皆攸之謀也於是封攸陵樹亭侯

又曰太祖謂于禁曰淯水之難吾爲能也將軍在亂能整雖古之名將何以加之乃録前後功封壽亭侯

又曰文帝踐祚進張郃爲鄭侯明帝詔曰賊亮以巴蜀之衆將軍所向克定乃益户并前四千三百户郃前後有功明帝分郃户封四子列侯

又曰朱靈字文博先封鄃侯文帝詔曰將軍佐命先帝威過方邵平生所志願勿難邑靈謝曰高唐（宿所）願乃更封高唐侯

又曰龐悳以衆降太祖聞其驍勇封関內亭侯爲関羽所得罵羽而死太祖悲之封其二子爲列侯

又曰徐邈字景山西域流通荒戎入貢皆邈勳也以功封都亭侯

又曰王昶字文舒討諸葛誕誕誅詔曰昔孫臏佐趙直湊大

梁兵驟進亦所以成兵勢也增邑四千七百户矣

吳志曰駱統字公緒初曹仁攻濡須使別將常雕等襲中洲統與嚴圭共拒破之封新陽亭侯

晉書曰苻堅南寇桓伊與冠軍將軍謝玄輔國將軍謝琰俱破堅於肥水以功封永脩縣侯進號右軍將軍賜錢百萬袍表千端

王隱晉書曰封宣帝爲武平侯公孫淵平又增封舞陽昆陽二縣

又曰封文帝爲高都侯太始元年詔曰昔唐虞三代之盛暨于漢魏創制褒崇元勳班爵行賞與國同禮施祿逮下萬邦咸乂朕以寡德登于天位託于王公之上腹心股肱文武之臣光濟帝業余嘉乃勳慶賞之行其用宜速

又曰張華傳曰華以建策加華右光祿大夫開府儀同三

司固辭不受府詔聽乃更論平吳之功封華郡公三千户王者擇近郡平土詳依典制施行華讓前後十餘頻繁懇誠詔不聽遂受封

晉中興書曰元帝以佐命功封周玘烏程公又封王敦武昌公

又曰孔愉字敬康以討華軼功封餘不亭侯初愉少時嘗得一龜放於餘不溪中流左顧者數過及鑄侯印而龜左顧更鑄猶然印工以聞愉悟遂佩焉

又曰明帝以平錢鳳功封始興公溫嶠建寧公庾亮永昌公郗鑒南平公卞壼建興公蘇峻邵陵侯劉泉泉陵侯應詹觀寧侯卞郭益陽侯趙胤湘南侯

又曰成帝以平蘇峻功封公者三人侯者八人又以討郭默功者三人穆帝以平蜀功封桓溫臨賀公

又曰哀帝以平關洛功封桓冲豐城公海西公以平袁眞功賜桓溫子偉爲西昌公

又曰安帝以興復功封劉裕等二十三人裕唱謀封豫章公萬户劉毅南平公五千户何無忌安成公劉道規華容公

晉起居注曰太康元年詔曰張華前與故太傅劉謀大計部分方筞有謀謨之勳封廣武侯邑萬户

又曰惠帝追封衛瓘爲郡公

會稽典録曰鄭吉既破車師降日逐威震西域日逐并護車以北道故號都護之置自吉始焉上嘉其效乃下詔曰都護西域騎都尉鄭吉撫循外蠻宣明威信功效茂著其封吉爲安遠侯

華陽國志曰漢高帝滅秦爲漢王王巴蜀閬中人范目有

恩信方略爲帝募發賨民西與定秦地既定封目爲長安建章郡侯帝將征關東賨民皆思歸嘉其功難傷其意遂聽還謂曰富貴不歸故鄉如衣繡夜行可徙封目閬中慈鄉侯自固辭乃封度汗縣侯

太平御覽卷第二百

太平御覽卷第二百一

封建部四

德行封　討亂定策封
奉使封　尊賢繼絶封
死王事子孫封　異域降封
雜恩澤封　雜名號封
宦者封　遜讓
誅貶

德行封 (漢書在恩澤表)

漢書曰宣帝以劉德謹重封爲陽城侯

又曰邴吉有陰德於孝宣帝微時帝即位衆莫知吉亦不言吉從大將軍長史轉遷御史大夫帝聞將封之會吉病甚將使人加紳而封之及其生存也太子太傅夏侯勝曰此未死也臣聞有陰德者必饗其樂以及子孫今未獲其樂而病甚非死也後愈封爲博陽侯

東觀漢記曰建武元年詔曰故密令卓茂束身自脩執節惇固斷斷無他其心休休焉夫士誠能爲人所不能爲則名冠天下當受天下重賞故武王誅紂封比干之墓表商容之閭今以茂爲太傅封褒德侯賜安車一乘衣一襲金五百斤

討亂定策封 (漢書在恩澤表)

漢書曰莽何羅與弟重合侯通謀逆時霍光金日磾(音低)上官桀等共誅之功未録武帝病封璽書曰帝崩發書以從事遺詔封金日磾爲秺(丁固切)侯上官桀爲安陽侯光爲博陸侯(文穎曰博大陸平取其嘉名無此縣也食邑北海之河間臣瓚案漁陽有博陸城也)皆以前捕反者功封時衛尉王莽子男忽侍中揚語曰帝崩忽常在

左右安得遺詔封三子事羣兒自相貴耳光聞之切讓王莽莽酖殺忽

奉使封

史記曰高祖使劉敬使匈奴還報曰匈奴不可擊此必見短伏奇兵以爭利上怒械繫敬必往而厄於白登七日乃得解還至廣武赦敬封千戸號建信君

漢書曰武帝以校尉張騫從大將軍擊匈奴知水草處軍得以無飢渴因前使絶國功封騫博望侯

又昭帝以平樂廏監傅介子誅樓蘭王封爲義陽侯

又元帝以甘延壽使西域郅支單于封義成侯

蜀志曰陳震字孝起使吳賀孫權踐祚及到武昌權與震昇壇歃血還封陽亭侯

尊賢繼絶封

尚書大傳曰武王勝殷箕子走之朝鮮因以封之

禮記郊特牲曰天子存二代之後由尊賢不過二代

又禮記曰武王克殷未及下車而封黄帝之後於薊封帝堯之後於祝封帝舜之後於陳下車而封夏后氏之後於杞封殷之後於宋

史記曰武王克紂以紂子武庚禄父續殷祀使管蔡相之武王崩成王少管蔡疑周公乃與武庚作亂周公以王命誅之命微子開爲殷後奉其先祀國于宋至宋王偃立於是齊魏楚伐宋滅之而三分其地

漢書曰自古受命及中興之君必興滅繼絶脩廢舉逸然後天下歸仁四方之政行高祖撥亂日不暇給然猶脩祀六國求聘四皓過魏則寵無忌之墓適趙則封樂毅之後

又曰武帝元狩中復詔御史以酇二千四百戸封蕭何曾

孫慶為鄭侯布告天下令明知朕報蕭相國德厚也

又曰武帝過洛陽下詔以三十里地封周後為周子南君

又曰封周公後公孫相如為褒魯侯

又曰元始四年靳翕夏侯嬰陳平張良周勃等一百一十八人紹爵復家

東觀漢記曰建武二年封殷紹嘉公為宋公周承休公為衛公十四年封孔子後孔志為褒成侯

魏志曰文帝以議郎孔羨為崇聖侯奉孔子祀

晉中興書曰元帝封孔亭為奉聖侯不食之邑

又曰元帝詔封魏後曹勵為陳留王

呂氏春秋曰武王勝殷封帝堯之後於犁立成湯之後於宋以奉桑林

死王事子孫封

左傳哀下曰晉荀瑤率師伐鄭次于桐丘鄭駟弘請救于齊齊師將興陳成子屬孤子三日朝（屬會也孤子死事者之子也）設乘車兩馬繫五邑焉（乘車大夫車服也繫五邑加之五邑也一曰兩飾也）召顏涿聚之子晉隰之役而父死焉（隰役在哀二十三年）國之多難未汝恤也今君命汝以是邑也服車而朝無廢前勞

漢書曰周苛以內史守滎陽罵項羽死高帝封苛子成為高景侯

又曰酈食其使約諸侯至齊死事高帝封食其子疥為高梁侯

又曰趙王反內史王捍相建德諫不聽遂燒殺捍等景帝封捍子乘之建德子橫皆為侯楚王反太傅趙夷吾相張尚並諫不聽死景帝封夷吾子周尚子居皆為侯

魏志曰鮑信為濟北相協視太祖身以遇害太祖追錄信功封子邵（音韶）為新都亭侯

說苑曰邯鄲傳舍吏子李談說平原君令盡散家財以饗士攻秦國平原從其計勇敢三千人皆出從談赴秦軍秦軍為却三十里亦會楚魏救至秦軍遂罷李談死封其父為李侯

異域降封

漢書曰匈奴王徐盧等五人降漢景帝欲侯之以勸後亞夫曰彼背其主降陛下陛下侯之即何以責人臣不守節者乎上曰丞相議不可用乃悉封徐盧等為列侯亞夫因謝病免相

又曰武帝時匈奴王及太子相都尉以下趙信南越王兄建德等凡三十五人來降並封侯

又曰宣帝時匈奴單于先賢撣（音纏）等二人降並封侯

魏志曰鮮卑軻比能明帝時將其部衆降拜歸義侯

雜恩澤封

漢書曰高后以大謁者張澤勸王諸呂封為建陽侯

又曰孝武以方術封欒大為樂通侯

又曰宣帝掖庭令張賀有舊恩封賀子彭祖為都陽侯

又曰王莽居攝安衆侯劉崇與張紹攻宛而敗詔從兄竦崇父嘉詣闕自歸竦因嘉作奏莽莽大悅太后下詔惟嘉父子兄弟雖有屬不敢阿私以千戶封嘉為師禮侯嘉子七人皆賜爵關內侯後又封竦為淑德侯長安人為語曰欲求封過張伯松力戰鬬不如巧為奏

東觀漢記曰馬防子鉅為常從小侯上欲冠之夜拜為黃門侍郎

華嶠後漢書曰元和元年遂置鴻都學畫孔子及七十二

弟子像其諸生皆拔州郡三公舉用辟召或出刺太守入爲尚書侍中乃有封侯賜爵者士君子皆恥與爲列

魯國先賢志曰汶陽鮑氏起於鮑吉吉字利主桓帝初爲蠡吾侯吉爲書師及桓帝立歷位至河南尹詔曰吉與朕有龍潛之舊其封西鄉侯宗族以吉勢力至刺史二千石者五

雜名號封

漢書曰初高祖微時嘗避事時與賓客過其丘嫂食（應劭曰丘氏女也孟康曰西方謂上女婿立爲壻立空也上有嫂也晉灼曰丘大也大婦爲冢婦也）嫂厭叔與客來佯爲羹盡鑠釜客以故去已而視釜中有羹由是怨嫂及立齊代等王而伯子獨不得侯太上皇以爲言高祖曰某非敢忘封之也爲其母不長者七年十月封其子信爲頡羹侯

又曰霍去病以校尉伐匈奴乃封爲冠軍侯

又曰趙破奴以司馬再從驃騎將軍擊匈奴封爲從驃騎侯

東觀漢記曰彭寵奴子密殺寵詣闕降封爲不義侯

魏志曰初平二十年置名號侯爵十八級關中侯爵十七級皆金印紫綬又置關內外侯十六級銅印龜紐墨綬五大夫十五級銅印環紐亦墨綬皆不食租與舊列侯關內侯凡六等注曰臣松之以爲今之虛封蓋自此始也

搜神記曰張顥爲梁相天新雨後有鳥如山鵲飛翔墮地市人擿之隨地化爲石顥椎破之得一金印文曰忠孝侯顥藏之祕府後　校書東觀奏言曰堯舜時朝有此官今　落印宜可復置

宦者封

漢書曰高后大謁者寺人張澤勸王諸呂封建陽侯

東觀漢記曰孫程爲中黃門安帝崩初江京等譖誣太子廢爲濟陰王居西鍾下徵北鄉侯爲嗣程等十八人殺江京閻顯等立濟陰王爲帝以功封程爲浮陽侯万户

又封中黃門王康華容侯王國爲酈侯

續漢書曰呂強爲中黃門靈帝例封宦者以強爲都鄉侯強辭讓懇惻帝乃聽之數上書諫諍爲中常侍趙忠等所

諸死

晉起居注曰惠帝永平元年詔曰中常侍董猛固讓封邑其封爲武安侯猛前求餘户封三兄今皆封爲亭侯

遜讓

史記曰晉文公賞從亡者未至隱者介之推推亦不言祿使人召之則亡遂求所在聞其入緜上山中於是文公環緜山而封之以爲介推田號曰介山且記吾過以旌善人（推壞之也）

又曰魯連說魏人新垣衍以帝秦之害秦軍爲卻平原君欲封魯連魯連辭謝者三曰吾與富貴而屈於人寧貧賤而肆意

戰國策曰趙王以武城封孟嘗君擇舍人以爲武城吏而進之曰鄙說借車者馳之借衣者被之夫所借衣車者非親即兄弟也夫馳親友之車被兄弟之衣文以爲不可令趙王不以文不肖封之以武城願大夫之往也無伐樹木無廢室屋然趙王悟而知文也僅可使全而歸之

漢書曰初武帝遺詔以討莽何羅功封金日磾爲秺侯日磾以帝少不受封

又曰武帝詔曰匈奴逆天理亂人倫車騎將軍青度西河

至高闕輕銳之卒執訊獲醜驅馬牛羊百有餘萬全甲兵
而還益封三千戶以千戶封青三子皆爲侯青固謝云皆
諸校尉之力臣青子在繈緥中未有勤勞而受之封非臣
待罪行間以勸士力戰之意
又曰張延壽歷位九卿國在陳留別邑在魏郡租入歲千
餘萬延壽自以身無功德何以久堪數上書減戶邑天子
以爲有讓徙封平原并一國戶口如故而租稅減半
又曰張賀爲掖庭令收養皇曾孫恩甚密皇曾孫即位是
爲宣帝而賀已死欲封其冢爲恩德侯其子彭祖小與上
同席研書欲封之先賜爵關內侯賀弟安世深辭讓上曰
吾自爲掖庭令不爲將軍也安世乃不敢言
東觀漢記曰竇融數辭爵位曰臣有一子質性頑鈍何況
乃當傳以連城廣土享諸侯之國也因會見詔曰公欲讓

職還土今相見不宜論也
又曰永元元年以定策功增封鄧騭三千戶讓不獲遂逃
避使者上疏自陳
又曰劉愷字伯預以當襲父爵封居巢侯讓與弟憲有司
奏之侍中賈逵上書陳之和帝詔愷致國於弟遁亡所守
弥固乃拜爲郎
又曰丁綝拜河南太守及封功臣上令各言所樂綝曰昔
孫敖教其子受必求磽确之地綝德薄功微鄉亭可矣上
從之封爲定陵謝安鄉食千戶
又曰帝欲封樊興置印綬於前固讓曰臣未有先登陷陣
之功一家數人並受爵土令天下觖望上嘉興之讓不奪
其志
又曰封朱祐爲鬲侯邑七千三百戶祐自陳功薄而國大

願受南陽五百戶足矣上不許也
又曰翟歆字敬子父于以功封臨沮侯歆當嗣爵以母年
老國遠上書辭讓詔許乃賜關內侯
又曰丁綝卒子鴻上書讓國於弟盛既葬乃挂縗結冢廬
而逃
又曰大將軍竇憲封舞陽侯食邑二萬戶憲固辭封詔曰
大將軍憲前歲出征克滅北狄朝加封賞固辭不受舅氏
舊典並蒙爵土其封憲冠軍侯邑二萬戶
魏志曰田疇從太祖入盧龍塞太祖猶欲侯之疇素與夏
侯惇善太祖語惇曰且往以情喻之荅曰疇負義逃竄之
人耳蒙恩令活已爲多矣豈可賣盧龍塞以易賞祿哉獨
不愧於心乎太祖知不可屈乃拜爲議郎
魏志曰王基救壽春進封東武侯上疏固辭歸功參佐由

是長史司馬等七人皆侯
又曰司馬宣王誅曹爽進蔣濟封都鄉侯上疏固辭不許
孫盛曰蔣濟之辭邑可謂不負心矣
蔡邕獨斷曰漢總名諸侯王之子弟封者爲諸侯異姓者
爲徹侯避武帝諱曰通侯法律家皆曰列侯功德優朝廷
所異者賜位在三公下其次諸侯在九卿下其小國侯以
肺腑宿公親公主子孫墳墓於京師者亦隨會見猥諸侯

誅貶

漢書曰高帝子淮南厲王長孝文六年謀反徙蜀至雍死
趙王如意趙王恢趙王友爲呂后所殺孝景子膠東王自
殺孝武子燕王旦廣陵王胥並自殺齊王肥子濟北王興
居濟南王辟光膠西王卬膠東王雄渠高帝兄子吳王濞
弟孫楚 並反伏誅淮南王長子安衡山王賜江都王非

子建並謀反誅楚王六世孫延壽淮南王曾孫寬並謀反死武帝子孫侯者凡坐酎金等失侯及誅免者一百九人

又曰陳平薨子何代立坐略人妻弃市國除始平曰我多陰謀道家所禁吾世即廢亦已矣終不能復興

又曰平陽侯曹參六世孫宗坐闌入宮掖門畆城旦留侯張良子不疑坐謀殺楚内史贖爲城旦封絶其餘功臣子孫皆罪誅免輙復立嗣

又曰高后封諸呂五人爲侯八年九月並誅張澤一人免孝文元年軹侯溥昭自殺景帝魏其侯竇嬰有罪弃市武帝樂通侯欒大斬昭帝安陽侯上官桀桑樂侯安反誅宣帝平丘侯王遷自殺昌水侯田廣明自殺陽成侯田延年盜都内錢自殺元帝樂安匡衡免成陵侯淳于長大逆誅宜鄉侯馮參自殺商陽侯薛宣坐不忠孝免哀帝丁明傅

晏丁滿朱博王嘉傅商鄭崇董賢孫寵息夫躬並誅免平帝甄豐劉歆爲王莽所殺高陵侯翟方進子盧坐弟舉兵爲王莽所殺

東觀漢記曰光武子楚王英謀反自殺廣陵王荆詛自殺

又曰成德侯朱鮪玄孫杞坐殺人國除昌成侯桓公孫述坐與楚謀反國除

又曰魏成曾純坐訐訕國除山桑侯王常孫廣坐楚事國除利取侯畢尋玄孫守坐姧人妻國除首鄉侯段普曾孫勝坐殺婢國除夕陽侯邢崇孫之爲賊所盜亡印綬國除廣平侯吳漢無後國除潁陽侯祭遵無子國除

華嶠後漢書曰傅俊子昌徙封蕪湖侯建初中遭毋憂固上書以國貧不之封乞錢五万爲關内侯肅宗貶爲關内侯竟不賜錢

魏志曰曹洪性悋文帝少時求假不稱恨之後犯罪死太后謂郭后曰今曹洪犯死吾勑帝廢后后泣涕請乃得免官削爵土

又曰彭城王據坐私遣人詣中尚方作禁物削户二千申王衮楚王彪並入朝犯京都禁削縣户

又曰楚王彪坐王陵同謀廷彪都昌遣御史案驗收治使自圖乃自殺

又曰黄初三年臨淄侯植監國謁者灌均希旨奏植酒悖劫脅使者有司奏治罪帝以太后故貶爲安都侯

太平御覽卷第二百一

太平御覽卷第二百二

封建部五

婦人封　夫人　郡君　縣君　鄉君 錫命附

婦人封

左傳成公上曰晉敗齊師齊侯遂自徐關入見保者曰勉之齊師敗矣曰避女子（使避君也齊侯單還婦人不知之也）女子曰君免乎曰免矣曰鋭司徒免乎曰免矣曰苟君與吾父免矣可若何乃奔齊侯以爲有禮既而問之壁司徒之妻也（壁司徒主壘壁）予之石窌（石窌邑名齊北盧縣東有地名石窌音溜）

陳留風俗傳曰高祖與項氏戰厄於延鄉有翟母者免其難故以延鄉爲封立縣以封翟母焉

夫人

後漢書曰崔篆母師氏能通經學百家之言王莽寵以殊禮賜號義成夫人金印紫綬文軒丹轂顯於新代

唐書曰魏衡妻王氏梓州郪人也武德初薛仁杲舊將旁企地侵掠梁部因獲王氏通而妻之後企地漸強盛衡謀以城應賊企地領衆將趨梁州未至數十里飲酒醉臥王氏取其佩刀斬之攜其首入城賊衆乃散高祖大悦封爲崇義夫人

又曰咸亨中燕山道摠管右領軍大將軍李謹行大破高麗叛徒於瓠蘆河之西俘獲數千人自是平壤餘衆走投新羅時謹行妻劉氏留在代奴城高麗引靺鞨攻之劉氏擐甲率衆守城久之賊乃退上嘉其功特封爲燕郡夫人

又曰鄒保英妻奚氏不知何許人也萬歲通天年中契丹賊李盡忠來寇平州保英時任刺史領兵討擊既而城孤援寡勢將欲陷奚氏乃率家僮及城內女丁相助固守賊退所司以聞優制封爲誠節夫人

又曰王君㚟上嘗於廣達樓引君㚟及妻夏氏設宴賜以帛夏氏亦有戰功故特賞之封爲武威郡夫人

五代史晉史曰鎮州節度使安重榮妻彭城郡夫人劉氏封魯國夫人南陽郡夫人韓氏封陳國夫人重榮立二嫡妻非禮也朝廷並命之亦非制也

郡君

漢書曰武帝尊王太后母臧兒爲平原君

後漢書曰弘農人宰宣素性佞邪欲取媚於梁冀乃上言大將軍有周公之功今既封諸子則其妻宜爲邑君詔遂封冀妻孫壽爲襄城君兼食陽翟租歲入五千萬加賜赤紱比長公主（長公主儀服同蕃王）

又曰安思閻皇后追尊后母宗爲滎陽君

晉中興書曰肅祖太妃豫章恭惠君荀氏初以微入宮生肅祖中宗以母賤命虞妃母養肅祖而出嫁荀爲馬氏妻太寧元年馬氏無疾而卒肅祖迎母還宮養稱建安君追贈豫章君謚曰恭惠

後魏書曰景明初世追舅氏封外祖母蓋氏爲清河郡君

又曰靈太后臨朝以元乂妹封乂妻新平君後還馮翊君

縣君

漢書曰王太后微時爲金王孫婦婦生在民間蓋諱之也武帝始立　韓嫣白之帝曰何爲不蚤言乃車駕自往迎之其家在長陵小市直至其門使左右入求之家人驚恐女逃匿牀下扶持出拜帝下車立曰大姊何藏之深也載

至長樂宮與俱謁太后太后垂涕女亦悲泣帝奉酒前為壽錢千萬奴婢三百人公田百頃甲第以賜姊太后謝曰為帝費因賜湯沐邑號脩成君

又曰宣帝賜外祖母號為博平君以博平蠡吾兩縣户萬一千為湯沐邑

范曄後漢書曰靈思何皇后追封父眞為車騎將軍舞陽宣德侯封后母興為舞陽君

魏志曰文德郭皇后安平廣宗人也母董為郡君追改封父永為灌津敬侯世婦董為常陽君

又曰青龍二年春追謚后兄儼曰安成郭穆侯封儼世婦劉為東鄉君又追封逸世婦張為安嘉君

又曰明元郭皇后西平人也齊王即位尊后皇太后封太后母杜為郃陽君

又曰明悼毛皇后河内人黄初中以選入東宮明帝時為平原王進御有寵出入與同輿輦追封后母夏氏為野王君

又曰太始三年詔曰漢文追崇靈文之號武宣有平原博平之封咸所以奉尊尊之敬廣親親之恩宜追封故衛將軍景侯夫人羊氏為平陽君也

臧榮緒晉書曰武悼楊皇后廢在金墉城與母高都君龐氏共止高都君臨刑后抱持號叫不食而崩

晉中興書曰穆皇后庾氏字文君左將軍琛第三女贈琛為車騎將軍母丘氏封安陽縣君從母荀氏永宣縣君

又曰簡文順皇后王氏字蘭始驃騎將軍述之再從妹追贈前夫人成氏東豐縣君後夫人成氏東興君

沈約宋書曰孝穆趙皇后諱安宗下邳僮人也父裔永初二年有司奏裔命婦孫可建昌縣君

又曰孝穆蕭皇后名文壽蘭陵人父卓初與裔俱贈金紫光禄大夫妻下邳趙氏封吳郡壽昌縣君

唐書曰古玄應妻高氏固守飛狐縣城卒免為突厥所陷下詔曰頃屬默啜攻城咸憂陷没丈夫固守猶不能堅婦人懷忠不憚流矢由兹感激危城重安如不襃昇何以奬勸古玄應妻可封為徇忠縣君

又曰衛方厚妻程氏方厚太和中任邕州都督府録事參軍為招討使董昌齡誣枉殺之方厚妻程氏力不能免乃抑其哀如非冤者昌齡雅不疑慮聽其歸喪程氏故得以徒行詣闕截耳於右銀臺門告夫被殺之冤御史臺鞫之得實諫官亦有章疏故昌齡再授譴逐程氏開成元年降勑曰乃者吏為不道虐殺尓夫詣闕申冤徒行万里崎嶇

偪畏濵於危亡血誠既昭幽憤果雪雖古之烈婦何以加焉如聞孤孀無依晝哭待盡俾榮禄養仍錫疏封可武昌縣君

英雄記曰董卓孫女名白時尚未笄封為渭陽君於郿城起壇從廣二丈餘高五六尺使白乘金華青蓋車都尉中郎將刺史二千石在郿者各令乘軒簪筆為白導從之壇上使兄子璜為使者授印綬也

潘岳宜城宣君誄曰行成于己名生於人考終定謚寔曰宣君祝宗莅事卿相奉引輕車整駕介士列陣鸞輅衣容輼車外襯

鄉君

魏志曰卞隆以后父封睢陽鄉侯隆妻王氏為顯陽君追封隆前妻劉氏為仁愼鄉君后親母故也

又曰甄儼孫女爲齊王皇后后父已没封后母爲廣陽鄉君

晉書曰立皇后楊氏母太原龐氏爲安昌鄉君追外曾祖母故司徒王朗夫人夏氏爲滎陽鄉君

晉中興書曰哀靖皇后王氏字穆之司徒左長史濛之女也初爲瑯琊王妃哀帝即位拜爲皇后追贈父濛金紫光禄大夫封晉安縣侯母爰氏爲安國鄉君也

又曰元敬皇后虞氏字孟母濟陽外黄人也祖壽撫軍大將軍掾父豫太傅參軍中宗之爲瑯琊王納后爲妃豫妻王氏爲邢陽縣君從母散騎常侍新野王峷妻爲平陽鄉君

又曰康獻皇后褚氏太傅裒之女封母謝氏爲尋陽鄉君

又曰成恭皇后杜氏陵陽京兆人也母裴氏爲廣德縣高安鄉君賜錢百萬布五百疋

又曰穆章皇后何氏字法倪司空充之女追贈父充光禄大夫封晉興侯母孔氏長樂鄉君

又曰王藴以后父徵拜金紫光禄大夫封建昌侯母劉氏平樂君

沈約宋書曰武敬臧皇后諱愛 東莞人也父儁追贈金紫光禄大夫妻高密叔孫氏遷永平鄉君

唐書曰獨孤武都謀叛王世充歸國事覺誅死武都子師仁年始三歲世充以其年幼不殺使禁掌之乳母王氏號蘭英請髡鉗求入保養世充許之蘭英撫育提擕備盡筋力時喪亂年饑人多餓死蘭英扶路乞丐裙拾遇有所得便歸與師仁蘭英唯啖土飲水而已後詐採拾乃竊師仁歸于京師高祖嘉其義下詔曰師仁乳母王氏慈惠有聞撫鞠無倦提擕遺幼背逆歸朝宜有褒隆以錫其號可封永壽鄉君

錫命

尚書曰平王錫晉文侯秬鬯圭瓚作文侯之命

左傳曰王命尹氏策命晉文公爲侯伯錫之大路之服戎路之服彤弓一彤矢百玈弓矢千秬鬯一卣虎賁三百人

左傳曰文元年天王使榮叔來錫公命杜預注曰諸侯即位天子錫以命珪合瑞爲信若僖二十八年王賜晉侯命亦其比也

又曰襄十四年王使劉定公賜齊靈公命曰昔伯舅太公佑我先王股肱周室師保万民世胙太師以表東海王室之不壞繄伯舅是賴余今命汝環（環齊靈公名也）茲率舅氏之典纂乃祖考無忝乃舊勳敬之哉無廢朕命（纂繼也因昏而加襃顯傳言王室不能命有功）

國語曰襄王使邵伯過及內史過賜晉惠公命呂甥郤芮相晉侯不敬晉侯執玉卑拜不稽首內史過歸以告王曰晉不亡其君必無後且呂郤將不免王曰何故對曰夏書有之曰衆非元后何戴后非衆無以守邑（邑國）在湯誓曰余一人有罪無以尒万方万方有罪在予一人（在余一人乃我數道之過）在盤庚曰國之臧則維汝衆（今商書盤庚是也臧善國俗之善則維女衆歸功於下也）國之不臧則維余一人是有逸罰（逸過罰罪也國俗之不善則維一人是我有過其罪當在我也）如是則長衆使人不可不慎人之所急在大事（大事戎祀也）先王知大事之必以衆濟故祓除其心以和惠人（祓拂也）考中度衷以涖之（涖臨考中省己之中心以度人之中心恕以臨之也）昭明物則以訓之制義庶孚以行之（義宜庶衆孚信當制立事宜爲衆所信也）祓除其心精也（精潔）考中度衷忠也（忠恕也）昭明物則禮也制義庶孚信

也然則長衆使人之道非精不和非忠不立非禮不順非信不行今晉侯即位而背內外之賂（背外不與秦也背內不與里丕田也）虐其處者弃其信（虐其與者殺里丕之黨）不敬王命弃其禮施其所惡弃其忠（已所不欲勿施於人所惡於下無以事上今晉侯皆施之於人故曰弃其忠也）以惡實心弃其精（實滿）四者皆弃則遠不至而近不和矣（四者精忠禮信）將何以守國古者先王既有天下又崇立上帝明神而敬事之於是乎有朝日月以教人事（禮天子以春分朝日以秋分夕月）諸侯春秋受職于王以臨其人大夫士曰恪位著以儆其官（中庭之左右曰位門屏之間曰著也）庶人工商各守其業以共其上猶恐有墜失也故為車服旗章以旌之為班爵貴賤以別之為令聞嘉譽以聲之猶有散遷懈慢而著在刑辟流在裔土於是乎有蠻夷之國有斧鉞刀墨之人而況可以淫縱其身乎夫晉侯非嗣也而得其位（嗣適嗣也）亹亹怵惕保位戒懼猶曰未也

若將廣其心而遠其鄰陵其人而卑其上將何以固守夫執玉卑替其摯拜不稽首誣其王摯替無鎮誣王無人夫天事恒象任重享大者必速及故晉侯誣王人亦將誣之欲替其鎮人亦將替之大臣享其祿不諫而阿之亦必及焉襄王三年而立晉侯八年而隕於韓十六年而晉人殺懷公無冑秦人殺子金子公（子金呂甥子公郤芮之字）

又曰襄王使太宰文公及內史興錫晉文公命上卿逆於境晉侯郊勞館諸宗廟饋九牢設庭燎及期命于武宮設桑主布机筵太宰莅之晉侯端委以入太宰以王命冕服內史贊之三命而後即冕服既畢賓饗贈餞如公命侯伯之禮而加之以宴好內史興歸以告王曰晉不可不善也其君必霸逆王命敬奉禮義成敬王命順之道成禮義德之則德以道諸侯必歸之且禮所以觀忠信仁義忠所以分也仁所以行也信所以守也義所以節也忠分則均仁行則報信守則固義節則度分均無怨行報無匱守固不偷節度不攜若人不怨而財不匱令不偷而動不攜其何事不濟中能應外忠也施三服義仁也守法不淫信也行禮不疚義也臣入晉境四者不失臣故曰晉侯其能禮矣王其善之樹於有禮艾人必豐王從之使於晉者道相逮及惠后之難王出在鄭（惠后惠王之后襄王繼母陳媯有寵生子帶將立子帶未及而卒子帶奔齊王復之又通于襄王之后隗氏王廢隗氏周大夫頹叔桃子奉子帶以翟師伐周王出適鄭處于氾事在魯僖二四年）十晉侯納之襄王十六年立晉文公二十一年以諸侯朝于衡雍且獻楚捷遂為踐土之盟於是乎始霸·

范曄後漢書曰董昭等欲共進曹操爵國公九錫備物密以訪荀彧彧曰曹公本興義兵以匡振漢朝雖勳庸崇著猶秉忠貞之節君子愛人以德不宜如此事遂寢操心不

能平會南征孫權彧勞軍于譙表留彧

晉中興書曰烈宗沖幼桓溫威震內外人情噂沓牙生同異謝安與王坦之盡忠匡翼溫諷朝廷欲為九錫使驍騎將軍袁宏具草時溫已病篤宏以呈安安視輒改不好更改之使彌歷旬日至于溫薨錫命遂寢

太平御覽卷第二百二

職官部一

揔叙官

禮記曰有虞氏官五十夏后氏官百殷二百周三百天子立六官三公九卿二十七大夫八十一元士以聽天下之外治以明章天下之男教

又王制曰天子百里之內以共官千里之內以爲御(謂此地之田稅所給也)千里之外設方伯五國以爲屬屬有長十國以爲連連有帥三十國以爲卒卒有正二百一十國以爲州州有伯八州八伯五十六正百六十八帥三百三十六長八伯各以其屬屬於天子之老二人分天下以爲左右曰二伯

春秋曰昭四年郯子來朝公與之宴昭公問焉曰少皥氏以鳥名官何故(少皥金天氏黃帝子己姓之祖也問何故以鳥爲官也)郯子曰吾祖也我知之昔黃帝氏以雲紀故爲雲師而雲名(黃帝軒轅氏姬姓之祖也黃帝受命有雲瑞故以雲紀事百官師長皆以雲爲名號也)炎帝氏以火紀故爲火師而火名(神農姜姓之祖也有火瑞故以火紀事名官也)共工氏以水紀故爲水師而水名(共工以諸侯霸九州者在神農前太昊後亦受水瑞以水名官也)太皥氏以龍紀故爲龍師而龍名(太皥伏羲氏風姓之祖也有龍瑞故以龍命官也)我高祖少皥摯之立也鳳鳥適至故紀於鳥爲鳥師而鳥名自顓頊以來不能紀遠乃紀於近爲民之師而命以民事則爲不能故也

又曰國家之敗由官邪也官之失德寵賂彰也

尚書堯典曰乃命羲和欽若昊天厤象日月星辰敬授人時(羲氏和氏世掌天地四時之官使敬順天時以授人也)分命羲仲宅嵎夷曰暘谷(羲仲居治東方之官宅居也東表之地稱嵎夷)寅賓出日平秩東作(使敬導出日平均次序東

作之事以務農也)申命羲叔宅南交(羲叔居治南方之官南交言夏與春交)平秩南訛敬致(訛化也平序南方化育之事敬行其教以致其功)分命和仲宅西曰昧谷(居治西方之官)寅餞納日平秩西成(餞送也西方萬物成平序其政助成物也)申命和叔宅朔方曰幽都平在朔易(都謂所聚也易謂歲改易於北方平均在察其政以順天常)允釐百工庶績咸熙(定四時成歲以告時授事則衆功皆廣)

又舜典曰咨四嶽有能奮庸熙帝之載(奮起也有能起發其功廣堯之事也)使宅百揆亮采惠疇(亮信惠順也使居百揆之官信立其功順其事者誰乎)僉曰伯禹作司空(禹入爲天子司空治水有功言可用也)帝曰俞咨禹汝平水土惟時懋哉(稱禹前功以命之惟居是百揆勉行之)禹拜稽首讓于稷契暨臯陶帝曰俞汝往哉(不許其讓使往宅百揆)

又曰成王既黜殷命滅淮夷還歸在豐作周官王曰若昔大猷(順古大道)制治于未亂保邦于未危曰唐虞稽古建官惟百內有百揆四岳外有州牧侯伯庶政惟和萬國咸寧夏商官倍亦克用乂(禹湯建官二百亦能用治言不及唐虞之清要)今予小子祗勤于德夙夜不逮立太師太傅太保玆惟三公論道經邦燮理陰陽少師少傅少保曰三孤貳公弘化寅亮天地(敬信天地之教)冢宰掌邦治統百官均四海司徒掌邦教敷五典擾兆民(擾安也)宗伯掌邦禮治神人和上下司馬掌邦政統六師平邦國司寇掌邦禁詰姦慝刑暴亂司空掌邦土居四民時地利(士農工商使順天時)六卿分職各率其屬以倡九牧阜成兆民(以倡導九州牧伯爲政大成兆民之性命)

又曰俊乂在官(俊德治能之士皆在官)百僚師師百工惟時(僚工皆官也師師相師法百官皆是言政無非)撫于五辰庶績其凝(言五官皆順五行之時衆功皆成)

又曰無曠庶官天工人其代之(位非其人爲空官言人代天理官不可以天官私非其才)

又曰任官惟賢材左右惟其人臣爲上爲德爲下爲民(言臣

奉上布德順下訓民不可官所私任非其人

又曰官不及私暱惟其能(不加私暱惟能是官)爵罔及惡德惟其賢(非賢不爵)

周禮曰惟王建國辨方正位體國經野設官分職以爲民極(極中也令天下之人各得其中)

又周官曰宗伯以九儀之命正邦國之位一命受職(受職治職事)再命受服(受服受祭衣服爲上士)三命受位(列位於王臣也王之上士亦三命也)四命受器(受祭器爲上大夫也)五命賜則(則法也)六命賜官(此王六命之卿賜官者使得自置其臣治家如諸侯也)七命賜國(出就侯伯之國)八命作牧(謂侯伯有功德者加命得專征代於諸侯)九命作伯(上公有功德者加命爲二伯得征伐五侯九伯也鄭司農云長諸侯爲方伯也)

尚書大傳曰古者天子三公每一公三卿佐之每一卿三大夫佐之每一大夫三元士佐之故有三公九卿二十七大夫八十一元士所與爲天下者若此而已(自公至元士凡百二十此)

家語曰古之御天下者以六官揔治焉冢宰之官以成道(治官所以成道)司徒之官以成德(教官所以成德)宗伯之官以成仁(禮官所以成仁)司馬之官以成聖(政官所以成聖聖通官正所以平通天下)司寇之官以成義(刑官所以成義)司空之官以成禮(事官所以成禮也非事不立也)六官在手以爲轡(夏時之官也)

東觀漢記曰更始所置官爵多羣小長安爲之語曰竈下養中郎將爛羊胃騎都尉爛羊頭關內侯

後漢書曰建武六年詔曰百姓遭難戶口耗少而官吏尚繁於是司隷州牧條奏并省有四百餘縣吏職減損十置其一

漢書儀曰古法雖聖猶試故設四科之辟一科曰德行高妙志節清白二科曰學通行脩經中博士三科曰明曉法令足以決疑能案章覆問文中御史四科曰剛毅多略遭事不惑明足以照姦勇足以決斷才任三輔令皆試以能然後官之

後魏書曰天興元年置八部大夫散騎常侍待詔等官其八部大夫於皇城四維面置一人以擬八坐謂之八國常侍侍直左右出入王命三年置仙人博士官典煑鍊百藥天錫元年八月初置六謁官准古六卿其秩五品屬官有大夫秩六品大夫屬官有元士秩七品元士屬官有署令長秩八品令長屬官有署丞秩九品又減五等之爵始分爲四曰王公侯子除伯男二號初帝欲法純質每於制定官號多不依周漢舊名或取諸身或取諸物或以民事皆擬遠古雲鳥之義諸曹走使謂之鳧鴨取飛之迅疾也以伺察候占官謂之白鷺亦取其延頸遠望也自餘之官義皆類此神瑞元年春置八大人官大人下置三屬官揔理万機故世號八公太常二年夏置六部大人官有天地東西南北部皆以諸公爲之大人置三屬官自太祖至高祖其內外百官屢有減置或事出當時不爲常目如萬騎飛鴻常忠直意將軍之徒是也

賈誼新書曰王者官人有六等一曰師二曰友三曰大臣四曰左右五曰侍御六曰廝役知足以爲源泉行足以爲儀表問焉則應求焉則得者謂之師智足以爲礲礪行足以爲輔助明於進賢敢於退不肖內相匡正外相揚美謂之友智足以謀國事行足以爲民率仁足以合上下之忻國有法則退而守之君有難則能死之者大臣也脩身正行不懟於鄉曲言語談說不怍於朝廷智能不困於事業服一介之使能合兩君之忻執戟居前能舉君之過失不

難以死持之者左右之臣也不貪於財不淫於色事君不敢有二心居則不敢泄君之謀君有過失雖不能正諫以其死持之而愁悴有憂色者侍御之臣也唯諛之行唯言之聽以睚眦之間事君者厮役也

通典曰唐開元中刊定職次著之爲格蓋尚書省以統會衆務舉持綱目門下省以侍從獻替規駁非宜中書省以獻納制冊敷揚宣勞秘書省以監錄圖書殿中省以供修膳服內侍省以承旨奉引（尚書門下中書秘書殿中內侍凡六省）御史臺以肅清僚庶九等（太常光祿衛尉宗正太僕大理鴻臚司農太府爲九寺）五監（少府將作國子軍器都水爲五監）以分理羣司六軍（左右羽林左右龍武左右神武爲六軍）十六衛（左右衛左右驍衛左右武衛左右威衛左右領軍左右金吾左右監門左右千牛爲十六衛）以嚴其禁禦一傍事府二春坊（有左右春坊又有內方掌閤內事）三寺（守令率更太僕等三寺）十率（左右衛左右司禦左右清道左右監門左右內凡十率府）俾又儲宮牧守督護分臨畿服（京府置牧餘府州置都督都護太守）

説苑曰應侯與賈子坐聞有鼓琴之聲應侯曰今之琴一何悲也賈子曰夫張急調下故使之悲耳急張者良材也調下者官卑也取夫良材而官卑之安能無悲乎應侯曰善

仲長子昌言曰官之有級猶階之有等升階越等其步也亂亂登朝級敗禮傷法是以古人之初仕也雖有賢才皆以級次進焉賈生有言治國取人務在求能故裁國之無利器猶鏤以鈆刀而望其巧不亦疎乎

楊泉物理論曰吏者理也所以理萬機平百揆也武士宰民物猶使狼牧羊鷹養雞也是以人主務在審官擇人

李重集雜奏議曰古之聖王建官垂制所以體國經治而功在簡易自帝王而下世有增損舜命九官周分六職秦采古制漢仍秦舊倚丞相任九卿雖置五曹尚書令僕之職始於掌封奏以宣內外事任尚輕而郡守牧民官故漢宣稱所與爲治唯良二千石其有殊效者輒璽書勉勵或賜爵進秩禮遇豐厚得爲治大體所以遠蹤三代也及至東京雖漸優顯令僕出爲郡守鍾離意黃香胡廣是也郡守入爲三公虞延第五倫鮑昱是也自魏朝名守杜畿滿寵田預胡質等郡或二十年或秩中二千石假節猶不去郡或還不易方此亦古人苟善其事雖沒世不徙官之義也漢魏以來內官之貴於今最隆太始以前多以散官補臺郎亦經補黃門中書郎而今皆數等而後至衆職率亦如此陵遲之俗未及篤尚之風未洽百事等級遂多遷補轉徙如流能否無以著黜陟不得彰此爲治之大弊也漢法官人不得眞秩京房爲魏郡太守以八百石居之魏初用輕貧先亦試守不稱則繼以左遷然則儁才登進無能降退此則所謂有知必試而使人以器者也臣以爲今宜大併郡守等級使同古者明試守左遷之例官人之理盡則士必量能而受爵矣

桓溫集略表曰今天下分崩喪亂殄瘁雖道隆中興而户口彫寡近方漢時不當一郡之民民户既少則勢不多而當必同古制百官備職實非大易隨時之宜且設官以理務務寡則官省官省以國治則職顯而人清故光武初與多所併省諸葛亮相蜀簡才併官此皆達治之成規今日之所先也宜從權制併官省職愚謂門下三省祕書著作通可減半古以九卿綜事不專尚書故重九棘也今事歸內臺則九卿爲虛設之位唯太常廷尉職不可闕其諸貟外散官及軍府參佐職無所掌者皆併若車駕郊廟籍田

之屬凡諸大事於禮宜置者臨時權兼事訖則罷職既併則官少而才精職理則無害民而治道康矣

太平御覽卷第二百三

太平御覽卷第二百四

職官部二

丞相上

尚書曰成湯居亳初置二相以伊尹仲虺爲之

又君奭曰我聞在昔成湯旣受命則有伊尹格于皇天

又說命曰高宗夢得說使百工營求諸野說築傳巖之野爰立作相置諸左右命之曰若金用汝作礪若濟巨川用汝作舟楫若歲大旱用汝作霖雨啓乃心沃朕心若藥不瞑眩厥疾弗瘳

韓詩外傳曰田饒事魯哀公而不見察田饒謂哀公曰臣將去君黃鵠舉矣哀公曰何謂也饒曰君獨不見雞乎雖有五德君猶日瀹而食之者何以其所從來者近也夫黃鵠一舉千里止君園池食君魚鼈啄君黍梁無此五德猶貴之以其所從來者遠也臣將去君黃鵠舉矣哀公曰止吾將書子之言也饒曰臣聞食其食者不毀其器蔭其樹者不折其枝有臣不用何書其言遂去之燕燕用爲相三年燕政大治哀公喟然太息爲之避寢

左傳曰仲虺居薛爲湯左相

又曰齊桓公置射鉤而使管仲相

國語曰季文子相宣公成公無衣帛之妾無食粟之馬仲孫他諫曰子爲魯上卿相二君矣妾無衣帛馬不食粟人其以子爲愛且不華國乎文子曰吾亦願之然吾觀國人其父兄之食麤衣惡而我美妾與馬無乃非相人乎且吾聞之以德榮爲華不聞以妾與馬文子以告孟獻子獻子囚之七日自是子服之妾衣不過七外之布馬餼不過稂莠（餼米也稂童稂）

史記曰黃帝得六相而天地治神明至（黃帝得蚩尤而明天道得太常而察地利得奢龍而辯東方得祝融而辯南方得風后而辯西方得后土而辯北方謂之六相）

又曰堯舉八凱（倉舒隤敳檮戭大臨尨降庭堅仲容叔達爲八凱即垂益禹皐陶之倫也庭堅即皐陶字也）使主后土（后土地官也）以揆百事莫不時叙地平天成（揆度成亦平也）舉八元（伯奮仲堪叔獻季仲伯虎仲熊叔豹季貍爲八元也）使布五教于四方內平外成（內諸夏外夷狄）謂之十六相（亦曰十六族）

又曰秦悼武王二年始置丞相官樗里疾甘茂爲左右丞相

又曰鄭以子產爲相一年豎子不戲狎班白不提挈童子不犂畔二年市不豫賈三年門不夜閉道不拾遺四年田器不歸五年士無尺籍喪期不令而治鄭二十六年而死丁壯號哭老人兒啼子產去我死乎民將安歸

又曰公儀休爲魯相客有遺魚者不受客曰聞君嗜魚何故不受相曰以嗜魚故今爲相能自給魚今受而魚誰復給我魚故不受食茹抜其園葵而弃之見布好而出其家婦燔其機云欲令農士工女安其所豈可害其貨乎

又曰石奢楚昭王相也堅直廉士無所避行縣道有殺人者相追之乃其父也縱其父還自繫使人言之於王曰殺人者臣之父也夫以父立政不孝也廢法縱罪非忠也臣罪當死王曰追而不及不當伏罪奢曰不私其父非孝也不奉主法非忠也王赦罪上惠也伏誅而死臣職也遂不受令自刎而死

又曰五羖大夫之相秦也勞不坐乘暑不張蓋行國中不驅車乘不操干戈功名藏於府庫德行施於後世五羖大夫死國中男女流涕童子不歌謠舂者不相杵

又曰秦莊襄王薨太子政立尊呂不韋爲相國號稱仲父

又曰二世亡誅李斯乃拜趙高爲中丞相事無大小皆決之

又曰趙高爲丞相欲爲亂恐羣臣不聽乃先設驗持鹿獻於二世曰馬也二世笑曰丞相誤耶謂鹿爲馬問左右或默或言馬以阿順趙高或言鹿高因陰中諸言鹿者以法

又曰韋丞相賢者魯人以讀書術爲吏至大鴻臚有相工相之當至丞相有男四人相之至第二子名玄成相工曰此子貴當封侯丞相曰我爲丞相有長子是安從得之後賢竟爲丞相病死而長子有罪論不得嗣而立玄成

又曰魏相者濟陰人以文吏至丞相其人好武令諸吏帶劒前奏事或有不帶劒者當入奏事乃借劒而敢入

又曰匡衡爲御史大夫歲餘韋丞相死代爲丞相封樂安侯衡十年之間不出長安城門至丞相豈非遇時而合也

漢書曰陳平陽武人周勃沛人高帝即位以勃爲右丞相以平爲左丞相帝問勃曰一歲決獄錢穀出入幾何勃不知汗出浹背上問平平曰有主者上曰主者誰曰決獄責廷尉錢穀責治粟內史上曰君所主何事平曰臣主佐天子理陰陽調四時理万物撫四夷上曰善於是出勃語平曰君獨不早教我乎

又曰蕭何沛人陳豨反上自將聞呂后用何計誅韓信拜何相國何病惠帝自臨視何疾因問君百歲後誰可代君對曰知臣莫若主帝曰曹參何如何曰帝得之矣臣雖死無恨矣

又曰曹參沛人聞蕭何薨告舍人趣治裝吾當入相使者果召參爲相擇郡國長史訥文辭謹厚者爲丞相史參日夜飲酒賓客見參不事事皆欲有言至者參輒飲以醇酒醉而後去終莫得開說

又曰蕭何拜相國益封五千户卒五百人爲衛衆人皆賀邵平獨弔謂何曰禍自此始也何乃讓封悉以家財佐軍上喜

又曰張蒼免相文帝以皇后弟竇廣國賢有行欲相之恐天下以吾私廣國久念不可而高帝時大臣餘見無可者乃以御史大夫申屠嘉爲丞相嘉爲人廉直門不受私謁時太中大夫鄧通方愛幸賞賜累鉅万文帝常燕飲通家是時嘉入朝而通居上旁有怠慢之禮嘉奏事畢因言曰陛下幸愛其臣則富貴之至於朝廷之禮不可以不肅朝罷嘉爲檄召通通至詣丞相府免冠徒跣頓首謝嘉嘉坐自如弗爲禮責曰夫朝廷者高皇帝之朝廷通小臣戲殿上大不敬當斬使吏今行斬之（如淳曰嘉語其吏曰令便行斬之）上度丞相已困通使使持節召通而謝丞相此吾弄臣君釋之

又曰公孫弘潁川人武帝以弘爲丞相掌列侯唯弘無爵詔封平津鄉侯六百五十户丞相封侯自弘始也弘食一肉脫粟飯故人賓客仰衣食家無餘財

又曰公孫賀字子叔北地人引拜爲丞相不受印綬泣涕曰臣本邊鄙鞍馬騎射不任宰相

又曰車千秋本姓田爲高寢郎訟太子寃曰子弄父兵罪當笞天子之子過誤殺人何罪哉臣嘗夢見白頭公教臣言於是上召見千秋千秋體貌甚嚴帝說之曰高廟神靈使公教我公當遂爲吾輔相數月爲丞相封富民侯千秋一言寤主旬月至宰相世未嘗有

又曰蔡義河內人詔求能爲韓詩者徵義待詔久不進見義上疏曰臣行能無所比容貌不及衆而不弃人倫者竊

以聞於先師自託於經術願賜清閒之燕盡精思於前上召見說詩悅之擢爲光祿大夫代楊敞爲丞相時年八十餘短小無鬚眉貌類老嫗行步傴僂常兩吏扶乃能行

又曰邴吉爲丞相寬大好禮讓掾史有罪輒予長休吉終無所案驗客或謂吉侯爲漢相姦吏成其私吉曰夫以三公之府有案吏之名吾竊陋焉後人代吉公府不案吏自吉始也吉馭吏嗜酒數逋蕩嘗從吉出醉嘔丞相車茵上西曹主吏白欲斥之吉曰以醉飽之失去士使此人將復何所容西曹忍之此不過汙丞相茵耳遂不去也

又曰王商字子威涿郡人爲丞相有威重長八尺餘身體鴻大容貌過人河平四年單于來朝引見白虎殿丞相商坐未央庭中單于前拜謁商商起離席與言單于仰視商貌大畏之遷延却退天子聞而歎曰此眞漢相也

又曰邴吉爲丞相常出逢闘者死傷橫道吉不問又逢人逐牛牛喘息吐舌止駐使騎吏問逐牛行幾里吏怪之吉曰人闘殺傷長安令京兆尹所當禁吾備宰相不親小事方春少陽用事未可以熱恐牛近行此時氣失節三公典調陰陽職所憂也

又曰薛宣爲丞相相府辭訟例不滿萬錢不爲移書後皆遵用薛侯故事然官屬譏其煩碎無大體不稱賢相也

又曰韋賢字長孺爲丞相年七十餘乞罷歸賜第丞相致仕自賢始也

又曰田蚡爲丞相絀黃老刑名百家之言延文學儒者數百人儒由是興

又曰丞相有病皇帝法駕親至問疾及瘳視事則賜以養牛上尊酒如淳曰律稻米一斗得酒一斗爲上尊稷米一斗得酒一斗爲中尊粟米一斗得酒一斗爲下尊顏師古曰稷即粟也中尊者宜爲黍米不當言稷且作酒自有澆淳之異爲上中下耳非必繫於米也

又曰有天地大變天下大過皇帝使侍中持節乘四白馬賜上尊酒十斛牛一頭策告殃咎使者去半道丞相追上病使者還未白事尚書以丞相不起病聞若丞相不勝任使者策書駕駱馬即時布衣步出府免爲庶人若丞相有他過使者奉策書騂騩馬即時步出府乘棧車牝馬歸田里思過

又曰大司空朱博奏曰帝王之道不必相襲高帝置御史大夫次丞相典政度以職相參歷載二百天下安寧今更大司空與丞相同故事選中二千石爲御史大夫任職者爲丞相位次有叙所以尊聖德重國相也今中二千石未更御史而爲丞相非所以重國政也臣願罷大司空以御史大夫爲百僚師哀帝從之

又曰相國丞相皆秦官金印紫綬掌承天子助理萬機秦有左右丞相高帝更名相國蕭何曹參並爲之哀帝更名大司徒

後漢書曰李通自爲宰相謝病不視事連年乞骸骨帝每優寵之令以公位歸第養疾

漢舊儀曰丞相車兩黑轓騎者戈絳掾史見禮如師白錄不拜朝示不臣也聽事閤曰黃閤無鍾鈴

漢雜事曰田蚡爲丞相中二千石拜謁蚡不爲禮汲黯爲主爵都尉見蚡未嘗拜揖之而已

漢舊儀曰丞相有病皇帝法駕親至問疾薨即移於第中賜棺賻葬地葬日公卿以下會送

應劭漢官曰丞相有疾御史大夫日一問起居百官亦如之

魏志曰曹公初平十三年漢罷三公官置丞相御史大夫夏六月以公爲丞相

又曰鍾繇字元常魏國初建爲大理遷相國文帝在東宮賜繇五熟釜爲之銘曰於赫有魏作漢藩輔厥相惟鍾實幹心膂靖恭夙夜匪遑安處百僚師師楷兹度矩

蜀志曰諸葛亮率諸軍攻祁山魏明帝使張郃距亮亮使馬謖督諸軍在前馬謖違亮節度爲所破戮謖以謝衆上疏自貶以右將軍行丞相事

吳志曰張昭字子布初孫權當置丞相衆議歸昭權曰方今事職冗者責重非所以優也後孫劭卒百寮復舉昭權曰孤豈爲子布愛乎顧丞相事煩而此公性剛所言不從怨咎將至非所以益之

又曰顧雍爲丞相孫權常遣中書郎詣雍有所諮訪若合雍意事可施行雍即與相反覆究而論之爲設酒食如有不合雍即正色改容嘿然不言無所施設即退告權權曰顧公歡悅是事合宜也其不言者是意未平也孤當重思之其見敬信如此

又曰萬彧爲右丞相王蕃嘲彧曰魚潛於淵出水吹沫何則物有本性不可橫處非分也或出自溪谷羊質虎皮虚受光赫之寵跨越三九之位犬馬猶能識養將何以報厚施乎或曰唐虞之朝無謬舉之才造父之門無駑蹇之質蕃上誣明選下訕楨幹亦何傷於日月多見其不知量耳

又曰顧雍字元歎吳郡人也代孫邵爲丞相平尚書事其所選用文武將吏隨能所任心無適莫時訪逮民間及政職所宜輙密以聞若見納用則歸之於上不用終不宣泄權以此重之

又曰步隲字子山代陸遜爲丞相猶誨育門生手不釋書被服居處有如儒生然門內妻妾服飾奢綺頗以此見譏

又曰陸凱遷丞相孫皓性不好人視己羣臣侍見睛莫敢迕凱說皓曰夫君臣無不相識之道若卒有不虞不知所赴皓聽凱自視

晉書曰東海王越爲太傅問王尼何以獨不拜尼數越事事非宰相是以不拜

又曰山濤薨魏舒領司徒有頃即眞舒居位持重爲任職不顧人之矩咸推有宰相望祿賜散之九族家無餘財

齊書曰褚淵美儀貌善容止俯仰進退盛有風則每朝會百僚遠國莫不延首目送之宋明帝常歎曰褚淵能遲行緩步便持此得宰相矣

又曰明帝顧命江祏兄弟及始安王遙光尚書令徐孝嗣領軍蕭坦之更日帖勅時呼爲六貴皆宰相也

齊職儀曰相國綠緩綬袞冕服湯以伊尹爲宰相仲虺爲右相高宗得傅說立爲相魏襄王以公孫衍爲相邦趙孝成王以廉頗爲相國

太平御覽卷第二百四

太平御覽卷第二百五

職官部三

丞相下

唐書曰貞觀二年太宗謂侍臣曰中書門下機要之司擢才而居任委實重詔勑如有不便皆須執論比來唯覺阿旨順情遂無一言諫諍者豈是道理若惟署勑行文書而已人誰不堪何須揀擇以相委付自今以後詔勑疑有不穩必須執之

又曰來恒及弟濟相次知政事時以爲榮初濟父護兒在隋爲猛將而恒濟俱以學行見稱時虞世南子昶旣無才術歷將作少匠工部侍郎累居工作之司濟初外相位許敬宗歎曰士之登庸不繫世業履道則爲衣冠失緒則爲匹庶來護兒作宰相虞世南男作木匠忠賢文武固無種也

又曰杜景儉爲相則天常以季秋内出梨花一枝示宰臣曰是何祥也諸宰臣曰陛下德及草木故能秋木再花雖周文德及行葦無以過也景儉獨曰謹按洪範五行傳陰陽不相奪倫瀆之即爲災又春秋云冬無愆陽夏無伏陰春無淒風秋無苦雨今已秋矣草木黄落而忽生此花瀆陰陽也臣慮陛下布教施令有虧禮典又臣等忝爲宰臣助天理物理而不和臣之罪也於是再拜謝罪則天曰卿眞宰相也

又曰武太后嘗召陸元方問以外事對曰臣備位宰相有大事卽奏人閒碎務不敢以煩聖覽

又曰蘇味道遷鳳閣侍郎同鳳閣鸞臺三品味道善敷奏多識臺閣故事然而前後居相位數載竟不能有所發明

但脂韋其閒苟度取容而已故時人號爲模稜手以爲口實

又曰宇文融旣居相位欲以天下爲已任謂人曰使吾居此數月庶令海内無事矣於是薦宋璟爲右丞相裴耀卿爲戶部侍郎許景先爲工部侍郎甚允朝廷之望

又曰牛仙客旣居相位獨絜其身唯諾而已所有錫賚皆緘封不敢費之百司或有所諮決輒對曰但依令式卽可若不依文非所知也

又曰開元二十二年十一月制宰相兼官者並兩給俸祿

又曰楊綰素以德行著聞質性貞廉車服儉朴居廟堂未數日人心自化御史中丞崔寬劒南西川節度使寧之弟家富於財有別墅在皇城之南池館臺榭當時第一寬卽日潛遣毀圻中書令郭子儀在邠州行營聞綰拜相座内音樂减散五分之四京兆尹黎幹以承恩每出入騶馭百餘亦卽日減損車馬唯留十騎而已其餘望風變奢從儉者不可勝數其鎭俗移風若此

又曰肅宗時天下事殷而宰相不減三四員更直掌事若休沐各在第有詔旨出入非大事不欲歷抵諸第肅宗許令直事者一人假署同列之名以進遂爲故事

又曰李峴爲黄門侍郎同中書門下平章事宰臣不於政事堂邀客時海内多務宰相元載等見中官傳恩詔至中書者引之政事堂上仍置榻坐焉峴至叱左右去其榻

又曰柳渾與張延賞同在相位延賞怙權矜已而嫉渾守正俾其所厚謂渾曰相公舊德但節言於廟堂則重位可久答曰爲吾謝張相公柳渾頭可斷也言不可絶自是竟爲延賞所擠尋除右散騎常侍罷知政事

又曰柳渾爲相而韓滉自浙西入覲朝廷委政待之至於調兵食籠鹽鐵勾官吏贓罰鉏豪强兼并上委仗焉每奏事或日旰他相充位而已公卿救過不能暇無敢枝梧者滉於省中榜吏至死渾雖滉所引心惡其專政正色讓之曰先相公猶察爲相不滿歲而罷今相公榜吏於省中至死况省闥且非刑人之地相公奈何蹈前非行於今朝專立威福豈尊主卑臣之義也滉感悟愧悔爲霽威焉

又曰李晟之在鳳翔也謂賓介曰魏徵能直言極諫致太宗於堯舜之上眞忠臣也僕所慕之行軍司馬李叔度對曰此搢紳儒者之事非勲德所宜晟斂容曰行軍失言傳稱邦有道危言危行今休明之期晟幸得備位將相心有不可忍而不言豈所謂有犯無隱知而不爲者耶是非在人主所擇耳叔度慙而退故晟爲相每當上所顧問必極言匪躬盡大臣之節性沈默未嘗泄於所親

又曰閻立本爲右相與左相姜恪對掌樞密恪既歷任將軍立功塞外立本惟善於圖畫非宰輔之器故時人以千字文爲之語曰左相宣威沙漠右相馳譽丹青

又曰皇甫鏄陰結權倖以求宰相崔羣累疏其姧邪嘗因對面論語及天寶開元中事羣曰安危在出令存亡繫所任玄宗用姚崇宋璟張九齡韓休李元紘杜暹則理用李林甫楊國忠則亂人皆以天寶十五年祿山自范陽起兵是理亂分時臣以爲開元二十年罷賢相張九齡專任姧臣李林甫理亂自此已分矣用人得失所繫非小詞意激切左右爲之感動鏄深銜之而憲宗終用鏄爲宰相

又曰李絳爲相同列李吉甫便僻善逢迎上意絳梗直多所規諫故與吉甫不恊時議者以吉甫通於承璀故絳尤

惡之絳性剛訐每與吉甫爭論人多直絳憲宗察絳忠正自立故絳論奏多所允從

又曰貞元九年詔宰相以旬秉筆決事初至德中宰相迭秉筆處斷每十日一易及賈耽趙憬陸贄盧邁同平章政事百寮有所關白更相讓不言於是奏議請旬秉筆者出應之其後又請每日更秉其筆迭以應事皆從之

又曰李藩拜門下侍郎時王鍔以太原用錢千万賂貴倖求兼相藩與權德輿在中書有密旨曰王鍔可兼宰相宜即擬來藩遂以筆塗兼相字却奏上云不可德輿失色曰縱不可宜別作奏豈有以筆塗詔耶曰勢迫矣出今日便不可止日又暮何暇別作奏事果寢

又曰韓弘入朝以宣武舊事人多流言其子公武以家財厚賂權幸及多言者班列之中悉受其遺俄而父子俱卒孤孫幼小穆宗恐爲厮養竊盜乃令中使至其家閱其宅簿以付家老而簿上具有納賂之所唯於牛僧孺官側朱書曰某月日送牛侍郎物若干不受即付訖穆宗按簿甚悅居無何議命相帝首可僧孺之名

又曰李程爲相敬宗冲幼好治宫室畋遊無度欲於宫中營新殿程諫曰自古聖帝明王以慈儉化天下陛下在諒闇之中不宜興作願以瓦木迴奉園陵上忻然從之

又曰文宗問宰相曰天下何由太平卿等有意於此乎牛僧孺奏曰臣等待罪輔弼無能康濟然臣思太平亦無象今四夷不至交侵百姓不至流散上無淫虐下無怨讟私室無強家公議無壅滯雖未及至理亦謂小康陛下若別求太平非臣等所及既退至中書謂同列曰吾輩爲宰相天子責成如是安可久處茲地耶旬日間三上章請退不

許、

又曰韋處厚爲相時文宗勤於聽政然浮於決斷宰臣奏事得請往往中變處厚常獨論奏曰陛下不以臣等不肖用爲宰相參議大政凡有奏請初蒙聽納尋易聖懷若出自宸衷即示臣等不信若出於横議臣等何名鼎司且裴度元勳宿德歷輔四朝孜孜竭誠人望所屬陛下固宜親重竇易直良厚忠事先朝陛下固當委信微臣才薄首蒙陛下擢用非出他門言既不從臣宜先退即趍下再拜陳乞上矍然曰何至此耶卿之志業朕素自知登庸作輔百職斯舉縱朕有所失安可遽辭以彰吾薄德處厚謝之而去出延英門復令召還謂曰凡卿所欲言並宜啓諭處厚因對彰善癉惡歸之法制凡數百言又言裴度勳高望重爲人盡心切直宜久任可以壯國威帝皆聽納自是宰臣

敷奏人不敢横議

又曰文宗朝宰臣楊嗣復因對奏曰使府判官今人數猥多徒有糜費臣欲條疏上曰莫限及才人否嗣復曰有才人自别但澄去滓弊者菁華自出上曰蕭復爲相難言者必言貞元之名相也卿其志之

又曰宋申錫爲相尤以公廉爲己任四方問遺悉無受者既被罪爲有司驗劾多獲其四方受領所還問遺之狀朝野爲之歎息

又曰宋申錫以障王事申錫既被罪怡然不以爲意自中書歸私第止于外廳素服以俟命其妻出謂之曰公爲宰相人臣位極於此何負天子及乎申錫對曰吾自書生被厚恩擢相位不能鋤去姧亂反爲所羅網夫人察申錫豈反者乎因相與泣下數行

又曰李德裕父吉甫年五十一出鎮淮南五十四自淮南復相今德裕自鎮南復入相一如父之年

又曰會昌元年中書奏請依姚璹故事宰臣每月修時政記送史館從之

又曰宣宗時魏謩爲相奏曰臣無夔契之才驟叨夔契之任將何以仰報鴻私今邊戍粗安海内寧息臣愚所切陛下未立東宮俾正人傳導以存副貳之重因泣下上感而聽之先是累朝人君不欲人言立儲貳若非人主己欲且下不敢獻言宣宗春秋高嫡嗣未辨謩作相之日率先啓奏人士重之

又曰曹確與畢諴俱以儒術進用並居相位廉潔貞苦君子多之稱爲曹畢

又曰蕭遘與王鐸並居相位帝常召宰相鐸年高昇階足

跌踣勺陳中遘旁扶起帝目之喜曰輔弼之臣和子之幸也謂遘曰適見卿扶王鐸予喜卿善事長矣遘對曰臣扶王鐸不獨司長臣應舉歲鐸爲主司以臣中選門生也上笑曰王鐸選進士朕選宰相於卿無負矣遘謝之而退

太平御覽卷第二百五

太平御覽卷第二百六

職官部四

揔叙三師　太師　太傅　太保　太宰　揔叙三公

揔叙三師

六典曰三師訓導之官也蓋天子所師法大抵無所統職然非道德崇重則不居其位無其人則闕之

尚書云成王黜殷滅淮夷歸酆作周官立太師太傅太保玆惟三公論道經邦爕理陰陽孔安國曰師天子所師法傅傅相天子保保安天子於德義禮記云設四輔及三公不必備唯其人語使能也

六典云漢承秦制不置三公漢末以大司馬大司徒大司空爲三公師傅之官位在三公上後漢因之師傅尊號曰上公置府僚魏晉江左皆然後魏太師太傅太保尊號曰三師後周又爲三公隋氏又爲三師

太師

毛詩曰尹氏太師維周之氐秉國之均四方是維天子是毗俾民不迷箋云毗輔也言尹氏居太師之官持國政之平維制四方

又曰維師尚父時惟鷹揚諒彼武王肆伐大商

大戴禮曰天子不論於先聖王之德不知君國畜民之道不見禮義之正不察應事之理不博古之典傳不閑威儀之數禮樂無經學業不法凡是其屬太師之任也

逸禮曰太公爲太師周公爲太傅召公爲太保

史記曰周文王得呂尚於磻溪以爲師謂之太公武王嗣位號曰師尚父成王即政尊爲太師

漢書音義曰師訓也

應劭漢官儀曰孝平皇帝元始元年太后詔曰太師光今年老有疾俊乂大臣惟國之重書曰無遺老成國之將興尊師重傅其令太師無朝十日一賜餐賜以靈壽杖黃門令爲太師於省中施坐置几太師入省用杖焉

續漢書曰趙典篤學博聞宜備國師即太師也

獻帝春秋曰董卓自號太師御史中丞以下皆拜皇甫嵩與卓爭權後嵩爲中丞見卓拜卓曰可以服未嵩曰安知明公乃至於是卓曰鴻鵠固有遠志但燕雀不知耳嵩曰昔與明公俱爲鴻鵠但公今日變爲鳳皇卓笑曰卿早服何得不拜

晉書載記曰蜀李壽以安車束帛聘龔壯爲太師壯固辭特聽縞巾素帶居師友之位

宋書曰太師太傅太保爲三公訓護人主導以德義天子加拜待以不臣之禮非人則闕矣漢制保傅在三公上號曰上公自後常然

隋書曰高祖受禪李穆來朝高祖降坐禮之拜太師贊拜不名眞食成安縣三千戶於是穆子孫雖在襁褓拜儀同其一門執象笏者百餘人穆之貴盛當時無比

唐書曰太宗降手詔曰朕觀前代明王聖主曷常無師傅哉況朕鍾百王之末智不周物其無師傅何以臣朕之不逮詩不云乎不愆不忘率由舊章宜依古道置三師位也

通典曰太師古官殷紂時箕子周武王時太公成王時周公並爲太師周公薨畢公代之秦及漢初並無至平帝元始元年初置以孔光居焉金印紫綬位在太傅上

太傅

大戴禮曰傅傅之德義也天子無恩於父毋不惠於庶人無禮於大臣不中於折獄不哀於喪不敬於祭不信於諸侯不議於戎事不厚於德不強於行不從太師之言凡是之屬太傅之任也

漢書曰王莽權日盛孔光憂懼不知所出上書乞骸骨莽白太后帝幼小宜師傅領宿衛明年徙爲太師莽爲太傅光常稱疾不敢與莽並

漢書音義曰傅覆也

東觀漢記曰詔云行太尉事趙憙三葉在位爲國元老其以憙爲太傅

又曰胡廣爲太傅總録尚書事時年八十而心力克壯繼母在堂朝夕瞻省傍無几杖言不稱老達練事體明解朝章雖無謇直之風屢有補闕之益

又曰卓茂字子康世祖即位求茂謁見年七十餘拜太傅封宣德侯賜几杖

又曰鄧禹字仲華以元功拜太傅進見東向甚見尊寵

後漢書曰張禹遷爲太傅鄧太后以殤帝初育(育生也)欲令重臣居禁内乃詔禹舍宮中給帷帳牀褥太官朝夕進食五日一歸府每朝見特賛與三公絶席

續漢書曰太傅掌以善道無常職每帝即位輙置一人録尚書事薨輙省之

華嶠後漢書曰鄧彪字智伯爲太傅賜爵關内侯百官揔已以聽於彪恩寵之異莫與爲比焉

應劭漢官曰太傅古官也周成王時康叔爲之高后元年初用王陵金印紫綬

又曰和帝冊故太尉鄧彪曰元功之族三讓弥高今以彪爲太傅

魏志曰鍾繇遷太傅繇有膝疾拜起不便時華歆亦以高年疾病朝見皆使載輿車虎賁舁上殿就坐是後三公有疾遂以爲故事

晉書曰何曾爲太傅乞遜位詔會朝劒履乘輿上殿如漢相國蕭何田千秋魏太傅鍾繇故事

宋書曰晉宣帝爲魏太傅誅曹爽後置左右長史掾屬舍人各十人事既非常加又領兵非准例也

齊職儀曰太傅品秩冠服同太宰成王即位周公爲太傅遷太師秦無其職漢惠帝崩呂后以丞相王陵爲少帝太傅位在三公上

後魏書淮陽王欣大統中爲太傅文帝謂欣曰王三爲太傅再爲太師自古人臣未聞此例欣遜謝而已

北齊書曰高歸彦作亂冀州詔段韶與東安王婁叡率衆討平之遷太傅賜女樂十人并歸彦果園一千畝

後周書曰王盟爲太傅盟姿度弘雅仁而汎愛雖位居師傅禮冠羣后而謙恭自處未嘗以勢位驕人魏文帝甚尊重之

賈誼新書曰昔周文王使太公望傅太子發嗜鮑夭大何魚而公弗予文王曰發嗜鮑魚何爲弗予太公曰禮鮑魚不登乎俎豆豈有非禮而可以養太子哉

語林曰太傅府有三才裴邈清才潘陽仲大才劉慶孫長才

曹植輔臣論曰蓋精微聽察理析毫分規矩可則阿保不傾羣言糸于口而研覈是非典誥揔乎心而唯所用之者鍾太傅也

王廙之保傅箴曰保傅之賢明宗國用寧輔弼之不忠禍及于躬無曰父子無間昔有潘崇無曰至親無二或容江充

太保

周禮曰保氏掌諫王惡（諫者以禮義正之也）

大戴禮曰天子處位不端受業不敬言語不序聲音不中律進退升降不以禮俯仰周旋無節凡此之屬太保之任也

尚書大傳曰成王在豐欲宅洛邑使召公先相宅六日乙未王朝步自周則至于豐惟太保先周公相宅（太保召公先周公視洛邑也）

應劭漢官曰太保古官也保養也

晉書曰王祥字休徵泰始元年拜太保三年御史中丞侯史光上言祥久以疾病闕廢朝會應免官詔曰太保耆艾元老高行清粹朕所毗倚以隆道弘治者也前後遜讓不從所執此非有司所得議也其寢光奏

晉起居注曰太保衛瓘明允篤誠有匪躬之志其給千兵騎百人

齊職儀殷太甲時伊尹爲太保周成王時召公爲太保

崔鴻十六國春秋蜀李雄録曰雄異母兄始字伯敬爲太保善撫士衆衆多歸之時人爲之語曰欲養老屬太保

呂氏春秋曰荆文王得如黃之狗宛路之矰以田於雲夢三月不反得丹陽之姬朞年不聽朝保申曰先王卜以臣爲保吉今王朞年不聽朝王之罪當笞王伏臣將笞王王曰不穀免於襁褓而齒於諸侯矣願請變更而無笞保申曰臣承先王之令不敢廢也王不受笞是廢先王之令也臣寧抵罪於先王王曰敬諾引席王伏保申束細箭五十跪而加之于背如此者再謂曰王起王乃變更召保申殺如黃之狗折宛路之矰放丹陽之姬兼國三十九保申之力也

太宰

周禮天官上曰太宰之職掌建邦之六典佐王治邦國

又曰太宰以九兩繫邦國之民（兩耦合之言繫者以維持其情性使不離散也）

尚書伊訓曰百官總巳以聽冢宰伊尹乃明言烈祖之成德以訓于王（湯有功烈之祖故稱焉王卽太甲也）

又曰冢宰統百官均四海

家語曰官屬不治分職不明法政不一百事失紀曰亂亂則飭冢宰（飭謂整攝）

晉書曰武帝時何曾屢上書遜位詔以司徒所掌煩務不可以久勞耆艾其進位太宰朝會乘輿劍履上殿以漢蕭何魏鍾繇故事

又曰何曾爲太宰年老禮優每召見勑以常所飲食服物自隨令二子侍從

又曰太宰兼與王導同受顧命輔成帝時帝幼冲詔兼依安平獻王孚故事設牀帳於殿上帝親迎拜

又曰安帝以太宰瑯琊王德文不宜嬰拂事務以紆論道之重可衮冕之服綠盭綬羽葆鼓吹（盭音戾盭綠也以綠爲質又曰盭草名也出瑯琊平昌縣似艾可染綬因以爲綬名也）

晉公卿禮秩曰安平王孚朗陵公何曾汝南王亮皆爲太宰

齊職儀曰太宰品第一金章紫綬佩山玄玉王堯命羲和使主陰陽之職羲伯司天即天官也后稷伏事虞夏敬授民時尊稷爲天官夏襄稷後不窋失官由是廢稷殷以其官

爲冢宰周公在豐爲太宰邵公又居之秦漢魏無其職晉武以從祖安平王孚爲太宰安平薨省咸寧四年又置或謂本太師之職避景皇諱改爲太宰（或謂太宰周之卿位）晉武依周置職以尊安平非避諱也元興中恭帝爲太宰桓玄都督中外博士徐諮議太宰非武官不應都督遂從諮議

後周書曰文帝依周禮建六官遂置天官大冢宰卿一人掌邦理以建邦之六典佐皇帝理邦國

通典曰太宰於殷爲六太於周爲六卿亦曰冢宰周武王時周公始居之掌建邦之理秦漢魏並不置晉初依周禮備三公三公之職太師居首景帝名師故置太宰以代之而以安平獻王孚居焉

仲長統昌言曰冢宰堯官也尚書曰冢宰一曰掌邦治官府以紀万民二曰教典以安邦國以教官府以擾万民三

曰禮典以統百官以和邦國以諧万民四曰政典以平邦國以正百官以均万民五曰刑典以詰邦國以任百官以生万民

魏温子昇爲上黨王穆讓太宰表曰臣聞榮寵長途終慙一日之致懸纏層臺難任千鈞之重固知才弱不可自強力微難以企及智小謀大恐貽折足之憂才輕任重懼有絕臏之悔既慮鑠金固陳匪石

揔叙三公

六典曰三公論道之官也蓋以佐天子理陰陽平邦國無所不統故不以一職名其官

尚書曰惟茲三公論道經邦燮理陰陽

周禮曰三槐三公位焉

公羊曰三公者何天子之相

春秋漢含孳曰三公在天爲三台九卿爲北斗三公象五嶽九卿法河海二十七大夫法山陵八十一元士法谷阜合爲帝佐以匡綱紀

史記曰公孫弘以春秋白衣爲天子三公漢初因秦置丞相而弘爲之則丞相爲三公矣

漢書曰六符（孟康曰泰階三台也凡六星也六符六星之符驗也）

晉書曰文帝爲晉王何曾與高柔鄭冲俱爲三公將入見曾獨致拜盡敬二人猶揖而已

晉官品令曰三公緑綟綬也（綟音戾）

宋志曰三公黃閤前史無其義按禮記士韠與天子同公矦大夫則異鄭玄注云士賤與君同不嫌也夫朱門洞啓當陽之正色也三公之與天子禮秩相亞故黃其閤以示謙不敢斥天子宜是漢來制也（韠音畢）

通典曰隋置太尉司徒司空以爲三公參議國之大事依北齊置府寮無其人則闕祭祀則太尉亞獻司徒奉俎司空行掃除其位多曠行事則攝

天文録曰三台星一名三能一名天柱三公之位也在人曰三公在天曰三台

陶氏職官要録曰三台擬三公黃帝以風后配上台天老配中台五聖配下台

韓子曰背私曰公三象鼎足數三法三光

傅子曰三公者佐天子理陰陽

環濟要略曰三公者象鼎三足共承其上也

説苑曰三公正天下調陰陽節風雨

古今通語曰異官同爵共位別職興仁隆化幽贊神明者謂之太尉和五教理人倫使風行俗平万國咸寧者謂之

司徒使國無枉理法錯刑清事均民聚者謂之司空若仁義之路開和平之氣通則五星順行蒸黎咸熙

李固奏記曰湯問伊尹公卿大夫其相何如伊尹對曰三公智通大道應變不窮者也其言足以調陰陽正四時節風雨非大罪不遜位

太平御覽卷第二百六

職官部五

太尉　司徒上

太尉

禮記月令曰孟夏之月命太尉贊傑俊（蔡邕章句曰太尉卿官）
春秋運斗樞曰赤龍負圖以出河見堯與太尉舜等百二
十臣集發藏大麓
春秋合誠圖曰堯坐中舟與太尉舜臨觀鳳皇授圖
史記曰孝惠帝六年置太尉官
漢書曰太尉秦官也掌武事
又曰高祖言周勃重厚而少文然安劉氏者必勃也可為
太尉
東觀漢記曰劉彪字智伯為太尉在位清白廉讓以率下

又曰張輔字孟侯為太尉父尚在輔每遷轉乃一到雒父
來適會正臘公卿罷朝俱賀歲奉酒上輔父壽極歡醼莫
不嘉其榮也
後漢書曰楊震字伯起嘗客於湖外不荅州郡禮命數十
年衆人謂之晚暮而震勵志踰篤後有鸛雀銜三鱣魚飛
集講堂前都講取魚進曰凡鱣者卿大夫之服象也數三
者法三台也先生自此昇矣後果位至太尉
又曰劉寬為太尉靈帝頗好學埶每引見寬令講經寬嘗
於坐被酒睡伏（被加也為酒所加也）帝問太尉醉耶寬仰對曰臣不
敢醉但任重責大憂心如醉
又曰張禹為太尉時連歲災荒府藏空虛禹上疏求入三
歲租稅以助郡國稟假（稟給也假貸也）許之
又曰楊震代劉愷為太尉帝舅大鴻臚耿寶薦中常侍李
閏兄於震震不從寶乃自往候震曰李常侍國家所重欲
令公辟其兄寶唯傳上意耳（言非己本心傳在上之意）震曰如朝廷欲
令三府辟召固宜有尚書勑遂拒不許寶大恨而去
又宦者傳曰曹嵩靈帝時貨賂中官及輸西園錢一億万
故位至太尉
續漢書百官志曰太尉一人掌方岳事物功課歲盡則奏
其殿最而行賞罰世祖即位為大司馬
又曰太尉郊廟掌亞獻大喪告謚南郊
又曰王龔為太尉在位恭慎自非公事不通州郡書記其
所辟命皆海內長者
謝承後漢書曰鄭弘為臨淮太守行春有二白鹿隨車夾
轂而行弘恠問主簿黃國鹿為吉凶賀曰聞三公車轓畫
作鹿明府當為宰相弘後果為太尉

又曰陳蕃拜太尉臨朝歎曰黃憲若在不敢先佩印綬
又曰鄭弘字巨君為太尉舉將第五倫為司空班位在下
每正朝見弘曲躬自卑帝知遂置雲母屏風分隔之由此
以為故事
又曰京兆朱寵字仲威為太尉家貧食脫粟飯臥布被朝
廷賜錦被粱肉皆不敢當
華嶠後漢書曰安帝即位太尉徐防以災異寇賊策免就
國凡三公以災免自防始也
袁山松後漢書曰太尉劉虞讓位於羊續靈帝時為三公
者皆輸禮錢千万續舉緼袍以示之曰臣之所有唯此而
已遂不代虞
張璠漢記曰楊秉字叔卿為太尉常曰我有三不惑酒色
財也天下稱為名公

漢書百官表曰太尉秦官金印紫綬掌武事周勃灌嬰周亞夫等爲之

又百官表注曰太尉古官也自上安下曰尉故官以爲號

應劭漢官儀曰章帝詔曰司空牟融典職六年勤勞不怠其以融爲太尉録尚書事

又曰冲帝冊書曰太尉趙峻貳掌樞衡有匪石不貳之心

又曰三公國之楨榦朝廷取正以成斷金大司農李固公族之苗忠正不撓有史魚之風其以固爲太尉

又曰河間相張衡說明帝以爲司徒司空府已榮欲更治太尉府府公南陽趙喜也西曹掾安衆鄭均素好名節以爲朝廷新造北宮整飭宮寺今府本館陶公主第舍負職鮮少自足相授喜表陳之即見聽許其冬帝幸辟雍歷二府光觀壯麗而太尉府獨卑陋顯宗東顧歎息曰屠牛縱酒勿令乞兒爲宰

漢官典職曰太尉孝文三年置七年省武帝建元二年置五年復省更名大司馬建武二十七年復置太尉

魏志曰文帝踐祚鍾繇遷太尉時華歆王朗並先世名臣帝罷朝謂左右曰此三公者乃一代之偉人也後日殆難繼矣

又曰華歆拜太尉歆疾乞退讓位於管寧文帝不許臨當大會乃遣散騎常侍繆襲奉詔諭旨曰朕新涖庶事一日万機懼聽斷之不明賴有德之臣左右朕躬君其力疾就會以惠予一人將立几筵命百官揔已以須君到然後御坐

又曰鄧艾字士載既平劉禪詔曰艾曜威奮武深入虜庭斬將搴旗梟斬鯨鯢使僭號之主稽首係頸歷世逋誅一朝而平兵不踰時戰不終日雲徹席卷蕩定巴蜀雖白起破強楚韓信克勁趙吳漢擒子陽亞夫滅七國計功論美不足比勳其以艾爲太尉增邑二万户

又曰王祥字休徵爲太尉司馬文王進爵爲王祥與司徒何曾司空荀顗並詣王顗曰相王尊重今可相率而拜祥曰相國勢位誠爲尊貴然乃是魏之宰相吾等魏之三公公王相去一階而已班列大同安有天子三司可輒拜人者耶損魏朝之美虧晉王之德君子愛人以禮吾不爲也及入荀顗遂拜祥獨長揖文王謂祥曰然後知君子見顧之重

吳志曰孫皓詔曰范慎勳德俱茂朕所敬憑宜登上公以副衆望可爲太尉

晉中興書曰郗鑒爲太尉雖在公位沖心愈約勞謙日仄誦翫墳索自少及長身無擇行家本書生後因喪亂解巾從戎非其本願常懷慨然咸康五年秋寢疾上疏遜位優詔不許

又曰桓溫授侍中太尉固讓不受旬月之中使者八至軺軒相望於道溫遂親職

謝靈運晉書曰秦有太尉掌兵漢仍修之或置或省是故司馬之官主九伐之職

齊職儀曰魏文黃初二年日蝕奏免太尉賈詡詔天地灾害責在朕躬勿貶三公遂爲永制

五代史後唐書莊宗御文明殿冊齊王張全義爲守太尉如常儀禮畢全義於尚書都省領事宰臣羣官在列左諫議竇專不降階爲御史所劾專援引舊典以對時宰臣不記故事無能詰責寢而不行

汝南先賢傳曰陳蕃拜太尉讓曰齊七政訓五兵臣不如議郎王暢

天文録曰三公星在北斗杓南主宣德化和陰陽若今之太尉司空之象也

摯虞冊朧王太尉文曰朕惟君行爲時表親則宗臣論道經邦保乂皇家是用進登上台

司徒上

尚書舜典帝曰契百姓不親五品不遜（五品五常遜順也）汝作司徒而敬敷五教在寬（五常之教務在寬也）

禮記王制曰司徒脩六禮以節民性明七教以興民德齊八政以防民淫一道德以同俗養耆老以致孝恤孤獨以逮不足上賢以崇德簡不肖以黜惡（司徒地官卿掌邦教也）

又月令曰孟夏之月司徒行縣鄙（蔡邕月令章句曰司徒教官也）

又曰契爲司徒而民成謂知五教之禮也

毛詩緇衣曰緇衣美武公也父子並爲周司徒善於其職國人宜之故美其德以明有國善善之功焉

周禮曰乃立地官司徒使帥其屬而掌邦教以佐王安擾邦國（擾亦安也）

又曰大司徒之職掌建邦之土地之圖與其人民之數以佐王安擾邦國以天下土地之圖周知九州之域廣輪之數辨其山林川澤丘陵墳衍原隰之名物

又曰地官曰大司徒之職凡建邦國以土圭土其地而制其域（土其地猶言度其地也）

又曰大司徒之職以五禮防万民之僞而教之中（禮所以節止民之侈僞使其行得中）以六樂防万民之情而教之和（樂所以蕩正民之情思使其心應和也）

又地官曰大司徒之職以保息六養万民一曰慈幼（保息謂安之也慈幼謂愛幼少也）二曰養老三曰振窮四曰恤貧五曰寬疾六曰安富（安富謂平其繇役不專取）

春秋傳曰祝鳩氏司徒也

尚書大傳曰百姓不親五品不訓則責司徒

韓詩外傳曰君臣不正人道不和國多盜賊人怨其上則責之司徒

論語摘輔像曰仲尼爲素王顏淵爲司徒

家語曰地宜不殖則物不蕃万民飢寒教訓不行風俗淫僻人民流散曰危危則飭司徒（飭謂整構）

漢書曰祝良字仲子東海人爲大司徒鮑恢爲長史以事至東海過其家見良妻布衣徒跣曳柴從田中歸恢告曰我司徒史也故來授書欲見夫人妻曰妾是也若掾耶恢下拜之歎息而歸

東觀漢記曰鄧禹爲司徒討赤眉不以時進光武瞋謮徒堯也赤眉桀也今長安飢民孰不延望

又曰袁安爲司徒每朝會憂念王室未嘗不流涕

又曰郭丹爲司徒在朝名清廉公正

後漢書曰蔡茂字子禮代戴涉爲司徒在職清儉匪懈茂初在廣漢夢在大殿之極上有三穗禾茂跳取之得其中穗輒復失之主簿郭賀離席慶曰大殿者官府之形像也極而有禾人臣之上祿也取其中穗中台之位也於字禾失爲秩雖曰失之乃以得祿秩也袞職有闕君其補之旬月而茂徵焉辟賀爲掾

又曰光武即位高邑使使者持節拜鄧禹爲大司徒策曰前將軍禹深執忠孝與朕謀謨帷幄決勝千里孔子曰自

吾有回門人日親斬將破軍平定山西功效尤著百姓不親五品不訓汝作司徒敬敷五教在寛今遣奉車騎都尉授印綬封爲鄧侯邑万户其敬之哉禹時年二十四

又曰范遷爲司徒有宅數畆田不過一頃復推與兄子其妻常謂曰君 有四子而無立錐之地

又曰張湛稱疾不朝後大司徒戴涉被誅（涉字叔平冀州清河人也坐所舉人盜金下獄）帝强起湛以代之湛至朝堂遺失溲便（溲小便也溲音所流）

又因自陳疾篤不能復任朝事遂罷之

又曰馮勤遷司徒先是三公多見罪退帝賢勤欲令以善自終因讌見從容戒之曰朱浮上不忠於君下陵轢同列竟以中傷至今（朱浮爲大司空坐賣弄國恩免又爲陵轢同列帝銜之惜其功不忍加罪）死生吉凶未可知豈不惜哉人臣放逐受誅雖復追加賞賜賻祭不足以償不訾之身（訾量也言無量可比之貴重之極也訾與資同）忠臣孝子覽照前代以爲鑑誡能盡忠於國事君無二則爵賞光乎當代功名列於不朽可不勉哉勤愈恭約盡忠號稱任職

又曰宣秉字巨公拜大司徒所得俸禄以收養親族自無檐石之儲

又曰鮑昱代王敏爲司徒賜錢帛什器帷帳

又曰司徒公一人掌人民事凡教民孝悌遜順謙儉養生送死事則議其制建其度凡四方民事功課歳盡則奉其殿最而行罰凡郊祀之事掌牲視濯

謝承後漢書曰劉寵爲司徒卧麤布被

漢官典職曰司徒本丞相官哀帝改爲大司徒主司徒衆馴五品府與蒼龍闕對厭於尊者不敢稱府也

魏志曰華歆字子魚拜司徒歆素貧禄賜以賑施親戚故人家無擔石之儲公卿嘗並賜没入生口唯歆出而嫁之

帝歎息下詔曰司徒國之儁老所與和陰陽理庶事也今太官重膳而司徒蔬食甚無謂也特賜御衣及其妻子男女皆作衣服

又曰黄初元年改相國爲司徒御史大夫爲司空奉常郎中令爲大司農

魏名臣奏曰黄門杜恕奏曰漢故事人民病疾責之司徒

蜀志曰許靖字文休及先主即尊號策靖曰朕獲奉洪業君臨万國夙宵惶惶懼不能綏百姓不親五品不遜汝作司徒其敬敷五教在寛君其勗哉秉哉無怠稱朕意焉靖雖年踰七十愛樂人物納誘後進清談不倦丞相諸葛亮皆爲之拜

吳録曰丁固爲司徒初爲尚書夢松樹生其腹上謂人曰松字十八公也後十年吾當爲公乎遂如夢焉

太平御覽卷第二百七

職官部六

司徒下

晉書曰王渾字玄沖遷司徒仍加兵渾以司徒文官主吏不持兵持兵乃吏屬絳衣自以非是舊典皆令皂服論者美其謙而識體

又曰石苞爲司徒奏州郡農桑未有賞罰之制宜遣掾屬循行皆當均其土宜舉其殿最然後黜陟焉詔曰農殖者爲政之本有國之大務也雖欲安民興化不先富而教之其道無由而至今四海多事軍國用廣加承征役之後屬有水旱之患倉庫不充百姓無積稼穡樹藝司徒掌之今雖登論道然經國立政唯時所急故陶唐之世稷官爲重

今司徒位當其任有毀家紓國乾乾匪躬之志其使司徒督察州郡播殖其增置掾屬十人聽取王官吏練事業者苞在位稱爲忠勤帝每委任焉

又曰何劭曾之子也永康初遷司徒趙王倫篡位及三王交爭劭以軒冕而遊其間無怨之者

又曰何曾字穎考以太保侍中領司徒曾固讓詔曰司徒舊丞相之職自古及今揔論人物化治之本以君弘道故選於衆而復盤桓非所聞也

又曰魏舒爲司徒不持激厲不課人短陳留周震爲諸府所辟書旣下公輒亡命號震曰殺公掾舒辟之果無患

又曰王戎代王渾爲司徒高選長史西曹掾委任責成戎形狀短陋而目明徹威儀不足常畜馬轝無日不出親類之亡無不弔也常以象牙筭晝夜筭計家財遂及田牧性又至儉不能善自奉養財不出外天下之人謂之膏肓之病

又曰山濤爲司徒固辭勑斷表臥加章綬曰豈可以垂没之年汙官乎逕出歸家

又曰魏舒字陽元爲司徒年過致仕有遜讓意而無居宅乃漸以俸秩之餘爲第一所舒素爲人先行而後言故未曾語親疎言當遜位九年正月整法服入殿朝會罷逕還奉送章綬內外莫有知舒此情者

曹嘉之晉紀曰王戎再至司徒委事掾屬乘小馬從便門出見者不知是台司也

晉諸公讃曰司徒傅祗疾遜位不許板轝上殿

晉中興書曰劉隗從兄疇字王喬有重名司空蔡謨每歎曰若使劉王喬得南渡司徒公之美選也

又曰蔡謨字道明遷司徒謨固讓曰若我作司徒將爲後代哂義不敢拜詔數十下謨章表十餘上陳以疾篤帝臨軒自朝至申而徵不至公卿以蔡公傲無人臣之禮奏送謨廷尉謨率子弟詣闕稽顙詔免爲庶人

齊職儀曰司徒品秩冠服同丞相郊廟服冕同太尉漢哀帝從朱博議始置三司改丞相爲大司徒以孔光爲之魏以華歆爲之

北齊書曰孫騰初北境亂騰亡一女及貴推訪不得疑其爲人婢及爲司徒婢訴良者皆免之願免千人兾得其女神武知之大怒遂解司徒

隋書曰王誼爲大司徒蘇威立議以爲戶口滋多民田不贍欲減功臣之地以給民誼奏曰百官者歷世勳賢方蒙爵土一旦削之未見其可如臣所慮正恐朝臣功德不建

何患民田有不足上欵之竟寢厥議
唐書曰大和四年守司徒裴度上表辭册命言臣此官已
三度受册有覥顔自從之
九州春秋曰靈帝賣官廷尉崔烈入錢五百万以買司徒
烈子均亦有時名烈問曰吾作公天下人謂何如對曰大
人少有高名不謂不當爲公今登其位海内嫌其銅臭烈
舉杖擊之均走烈曰子撾父撾而走可謂孝乎均曰舜之
事父小杖則受大杖而走不陷父於不義烈曰亦以吾爲
督吏耶
華陽國志曰自建武之後羣儒修業關案圖緯漢之宰相
當出坤鄉於是司徒李公屢登七政太傅于堅弈代論道
荀氏家傳曰組字大章中宗爲晉王時將徵爲司徒問太
常賀循循曰組舊望清重勤勞顯著遷訓五品以統人倫

實充人望詔以組爲司徒
江氏家傳曰江統字應元時太傅從事中郎庾子嵩以風
韻見重亦雅敬君德每去當今可以居司徒允民望者江
生其人也
管子曰昔者黄帝得祝融辨南方故使爲司徒
符子曰魯侯欲以孔子爲司徒將召三桓而議之乃謂左
丘明曰寡人欲以孔丘爲司徒而授以魯政焉寡人將欲
詢諸三子左丘明曰孔丘聖人與夫聖人在政過者離位
焉君雖欲謀其罪弗拿魯侯曰吾子奚以知之丘明曰周人
有愛裘而好珍羞欲爲千金之裘而與狐謀其皮欲具少
牢之珍而與羊謀其羞言未卒狐相率逃於重丘之下羊
相呼藏於深林之中故周人十年不制一裘五年不具一
牢何者周人之謀失之矣今君欲以孔丘爲司徒召三桓
而議之亦以狐謀裘與羊謀羞哉於是魯侯遂不與三桓
謀而召孔丘爲司徒
典略曰契爲司徒百姓和親夔主賓客遠人畢至
蔡邕中鼎銘序曰惟建寧四年春三月進公登于王前廷
乃制詔曰其以司空橋玄爲司徒公拜稽首三讓然後受
命
曹植輔臣論曰辨博通幽見傳異度德實充塞于内知謀
從横於外解疑釋滯剖散盤結者王司徒
荀勗荅詔曰咸寧四年司徒何曾遷太宰詔問勗司徒處
當得人副遠近之望并治事見才誰可也勗表三公具瞻
之望誠不可用非其人昔魏文帝用賈詡爲公孫權笑之
尚書令李胤忠亮高絜應處台輔
宋謝莊爲北中郎謝兼司徒章曰臣聞燮理陰陽寅亮天

地弗惟其官無人則闕司徒掌數五典職擾兆民豈惟乾
靈冏遺光渥方闈不次之任殊絶蕃岳豈可權尸三事假
備六符懃震周迴顧步交悸

司空

尚書曰舜曰咨四岳有能奮庸熙帝之載（奮明也載成也）僉曰伯
禹作司空帝曰俞咨禹女平水土惟時懋哉（帝曰然嗟禹女有平水災之功惟是勉之哉遂委以政也）
又曰司空掌邦土居四民時地利（冬官卿主國空土以居士農工商四民使順天時分地利也）
禮記王制曰司空執度度地（司空冬官卿掌邦事者也度丈尺也）量地遠近（制邑井之處也）興事任力（事謂築邑宿市）
春秋昭四年曰爽鳩氏司空也
續漢志曰司空爲冬官掌邦事凡營城起邑浚溝洫修墳

防之事則議其利建其功四方水土功課歲盡則奏其殿最而行賞罰凡國有大造大疑諫諍與太尉同

春秋元命苞曰危東六星兩兩而比曰司空主水金木守之天下憂水

韓詩外傳曰山陵崩阤川谷不通五穀不殖草木不茂則責之司空

尚書大傳曰溝瀆擁遏水爲民害田廣不墾則責之司空

尚書形德放曰禹長於地理水泉九州得括象圖故堯以爲司空

家語曰度量不審舉事失理都鄙不修財物失所曰貧貧則飭司空（飭謂整攝）

又曰魯定公以孔子爲司空乃別五土之性（五土山林川澤丘陵墳衍原隰地）而物其所生之宜咸得厥所

漢書曰成帝綏和元年始更名御史大夫曰大司空（初改爲司空議者又以縣道官有獄司空故復加爲大司空亦所以別大小之文）

又曰彭宣字子佩爲大司空而王莽爲大司馬專權宣上書曰三公鼎足承君一足不任則覆亂美質臣老病願上印綬

又曰何武字君卿爲司空事後毋不篤詔以其舉措煩碎不合衆心孝聲不聞惡名流行其上大司空印綬遂册免之

東觀漢記曰杜林代張純爲大司空務於無爲第五倫爲司空奉公不撓言事無所依違

後漢書曰王梁初爲野王令世祖議選大司空而赤伏符曰王梁主衛作玄武帝以野王衛之所徙（史記曰衛文君自濮陽徙於野王）玄武水神之名司空水土之官也於是擢拜梁爲大司空

又曰竇融拜冀州牧十餘日又遷大司空融自以非舊臣一旦入朝在功臣之右召會進見容貌辭氣卑恭已甚帝以此愈親厚之

又曰陳寵爲司空府故事以計吏至時自以下皆屬籍不通賓客以防交關寵去籍通客以明無所不受論者大之

又曰張奮字穉通父純臨終勑家丞曰司空無功於時猥蒙爵土身死之後勿議傳國奮兄根少被病光武詔奮嗣爵奮稱純遺勑固不肯受帝以奮違詔勑收下獄奮惶怖乃襲

又曰第五倫章帝立徵拜司空奉公不撓言議果決後自陳老病以二千石禄俸終厥身

續漢書曰張奮爲司空時歲災旱祈雨不應乃上表即時引見復口陳時政之宜帝召太尉司徒幸洛陽獄録囚徒大雨三日

華嶠後漢書曰第五倫雖峭直然常以中興已來二主好吏化俗尚苛刻政化之本宜先以寬和及爲三公值章帝長者多恕屢有善政倫上蹤褒稱盛美因以勸成德風也

又曰伏恭爲太僕常臨辟雍於行禮中拜恭爲司空儒者以爲榮

袁宏後漢紀曰第五倫爲司空有人與倫千里馬者倫雖不取每三公有所選舉倫心不忘也然亦終不用

漢官解詁曰下理坤道上和乾光謂之司空

魏志曰景初元年司徒司空並缺散騎侍郎孟康曰夫宰相者天下之所瞻效誠宜得秉忠履正本德伏義之士足爲海內所師表者竊見司隸校尉崔林禀自然之正性體

高雅之弘量論其所長以比古之人忠直不回則史魚之
儔也清儉守約則季文之疋也遂爲司空封安陽亭侯三
公封列侯自林始也
又曰徐邈拜司空歎曰三公論道之官無其人則缺豈可
以老病忝之哉固辭不受
晉書曰裴秀爲司空刪定官制損益多善當禪代之際揔
納言之要其所裁當禮無違者又案禹貢山川地名古有
今無者皆隨事注列作禹貢地域圖十八篇事成奏之藏
於祕府秀在位四年爲當世名公
又曰鄭袤字林叔爲司空天子臨軒遣就第拜授袤謂使
曰魏以徐景山爲司空徐公曰三公上應天心苟非其人
實傷和氣固辭見許
晉起居注曰武帝太始七年詔光祿大夫鄭袤體行純正
履道沖粹退有清和之風進有素絲之節宜齊三階之曜
補袞職之闕明弼朕躬匡其不逮其以袤爲司空
晉中興書曰虞玩字士瑤王道郗鑒庾亮相繼薨遷玩爲司
空給羽林四十人玩比陳讓不聽既拜歎息謂賓客曰以
我爲三公是天下無人矣談者以玩爲知言
齊職儀曰司空品秩官服同太宰舜以禹爲司空成王以
毛公爲司空宋以武公之諱改司空爲莫敖秦置御史大
夫省司空
後魏書曰伊馛拜司空及爲三公清約自守爲政舉大綱
而已不爲苛碎
後周書曰冬官謂之大司空卿掌邦事以五材九範之徒
佐皇帝富邦國大祭祀行灑掃廟社四望則奉豕牲
唐書曰天寶十三載冊楊國忠爲司空其日雨土

五代史唐書曰清泰二年制以前同州節度使馮道爲守
司空時議以自隋唐已來三公無職事自非親王不恒置
於宰臣爲加官無單置者道在相位時帶司空及罷鎮未
命官議者不練故事率意行之及制出言議紛然或云便
可綜中書門下事或云須冊開府及就列無故事乃不就
朝堂敘班臺官兩省官入就列方入宰臣退踵後先退及
晉天福中以李鏻爲司徒周廣順初以竇貞固爲司徒蘇
禹珪爲司空遂以爲例議者不復有云
華陽國志曰趙瑤字元珪拜扶風太守未之郡司空張溫
謂曰第五伯魚從蜀郡爲司空今掃吾第以待足下
荀氏家傳曰荀爽字慈明董卓徵公公到府三日策拜司
空爽起巖穴九十五日而爲台司世人號爲白衣登三公
又曰顗爲司空文帝平蜀議復五等表魏朝使公定禮儀
中護軍賈充正法律尚書僕射裴秀議官制公遂刪定舊
文行正式爲一代之典書成奏藏於祕府其服色旗幟法
駕之式禮樂犧牲柴燎之典裕禘遷毀配食之制及於明
堂辟雍之儀皆公所議定朝廷歸其美公既爲台輔德望
清重加以留心禮教以年耆多疾不數朝見詔使侍中任
愷諮問政化所宜行否
又曰蕃字大堅爲司空劉琨表於太子曰司空荀蕃朝廷之
舊臣弈世忠勤乃心皇家具瞻之望唯蕃而已宜增位號
授分陝之重永令臣等有所憑准
白虎通曰司空主土不言土而言空空尚主之況於實乎
環濟要略曰冬官司空掌邦事營城郭都邑立社稷宗廟造
宮宅器械監百工
典略曰禹爲司空披九山通九澤決九川定九州使各以

其職來貢

傅子曰荀仲豫稱禹十二爲司空

世論曰諸葛誕爲鎮東將軍都督揚州司馬文王秉政徵誕爲司空書至誕曰我當在王文舒後今便爲司空不遣使者出費書使以兵付樂綝此必綝所爲乃將左右數百人至揚州州人欲閉門誕叱之曰卿非我故吏耶逕入綝逃上樓就斬之

齊孔稚珪爲王敬則讓司空表曰故李通褒爵以親寵登用王基才勇以聲華入選先帝擢臣以榮華陛下申臣以富貴遂得北帶五州東跨六郡內亞三鼎外齊四岳蟬佩之映則左右交暉龜組之華則縱橫吐曜輕輪徐動則劍騎如雲飛蓋暫停則歌鍾成列樅金龍吹鬱其前鳴笳鳳管疊其後鄧禹若不遭漢光則南陽之掾史微臣若不逢

明聖則孤城之戍客豈可加以正台之席登以論道之寄啓黃扉而燮五緯躡青帷而調四序

梁劉孝儀爲臨川王解司空表曰臣以庸薄謬竊隆重職班三事任揔六條衣袞坐槐既闕論道馳傳賦憩棠尤慙爲政而俯司土地仰燮陰陽折撓之譏已彰憩伏之咎爰著今水蛺不躍旱魃爲災山無薈蔚雲成煙火陛下曲私未垂象免臣職是當於何逃責乞責降茲台坐協此天人

職官部七

大司馬　三公府掾屬

大司馬

韋昭辯釋名曰大司馬馬武也大揔武事也大司馬掌軍

古者兵車軍四馬故以馬名官

周禮夏官曰大司馬之職掌建邦國之九法以佐王平邦國（平成也）制畿封國以正邦國（封爲立封疆爲界）設儀辨位以等邦國（儀謂諸侯之儀也別尊卑之位也）進賢興功以作邦國（作起也起其勸善樂業之心使不廢也）建牧立監以維邦國（牧州牧也監監一國謂君也維聯結也）制軍詰禁以均邦國（詰猶窮治也均猶正也）施貢分職以任邦國（職謂賦稅也任猶事事以其力之所堪也）簡稽鄉民以同封邦國（簡謂比數之以稽猶計也）均守平則以安邦國（均之者尊者守大卑者守小也則法也）比小事大以和邦國（比猶親也使大國親小國小國事大國相合和也）以九伐之法正邦國（諸侯有違王命則出兵以征伐所以正之）

尚書曰司馬掌邦政統六師平邦國也

毛詩曰圻父（圻父司馬也）予王之爪牙

春秋運斗樞曰黃帝與大司馬容光觀鳳皇銜圖置黃帝前

尚書中候曰稷爲大司馬舜爲太尉

尚書大傳曰蠻夷猾夏寇賊姦宄則責之司馬

韓詩外傳曰故陰陽不和四時不節星辰失度灾變非常則責之司馬

河圖録運法曰黃帝坐玄扈閣上與大司馬容光左右輔將周昌等百二十人觀鳳皇銜書

家語曰賢能而失官爵功勞而失賞禄士卒疾怨兵弱不用曰不平不平則飭司馬（飭謂整攝）

史記曰楚大司馬景舍帥軍伐蔡蔡侯奉社稷而歸之楚發其賞舍辭曰發誡布令而敵退是王威也相攻而敵退是將威也戰而敵退是衆威也臣不宜以衆威受賞

漢書曰元狩四年上命大將軍衛青驃騎將軍霍去病各兵五万騎數十万出塞斬首捕虜有功迺置大司馬

又曰董賢爲大司馬是時賢年二十二雖爲三公常給事中領尚書百官因賢奏事單于來朝宴見羣臣上前單于怪賢年少以問上令報曰大司馬年少以大賢居位單于乃起拜賀漢得賢臣

又曰孝元王皇后成帝母也家凡十侯五大司馬外戚莫盛焉

又曰成帝綏和元年賜大司馬金印紫綬置官屬禄比丞相

東觀漢記曰更始欲以近親巡行河北大司徒賜言上第一可用更始以上爲大司馬遣之河北

又曰讖云孫咸征狄命以平狄將軍孫咸行大司馬事

後漢書曰世祖北擊羣賊吳漢常將突騎五千爲軍鋒數先登陷陣及河北平漢與諸將奉圖書上尊號世祖即位拜漢爲大司馬

又曰上疾瘳召見陰興欲以代吳漢爲大司馬興叩頭流涕固讓曰臣不敢惜身誠虧損聖德不可苟冒至誠發中感動左右帝遂聽之

漢官序曰三司之職司馬主兵漢承秦曰太尉武帝攺曰大司馬無印綬官兼加而已世祖改曰太尉

吳志曰赤烏九年秋九月以車騎朱然爲左大司馬衛將軍全琮爲右大司馬

晉書曰石苞泰始之初拜大司馬舊參軍於都督無敬故孫楚抗衡於苞苞以楚傲更相表理故參軍有敬自楚始也

又曰齊王冏之盛也有一婦人詣大司馬府求寄產吏詰之婦人曰我截臍便去耳識者聞而惡之

又曰陳騫咸寧初轉大司馬騫因入朝言於帝曰胡列牽弘皆勇而無謀強於自用非綏邊之材將爲國恥願陛下詳之時弘爲楊州刺史不承順騫命帝以爲不協相搆於是徵弘既至復以爲涼州刺史騫竊歎息以爲必敗二人後果失羌戎之和皆被寇喪没征討連歲僅而得定帝乃悔之

晉武帝太始官名曰大司馬石苞開通爽悟秉意不碎

晉公卿禮秩曰司馬兵官也魏氏大司馬大將軍各自爲官在三司上晉以石苞爲大司馬次三司下

晉諸公贊曰義陽王爲大司馬時父孚爲太宰父子居上公中代以來未之有也

晉中興書曰王猛少貧賤鬻畚爲事常至洛陽貨畚有人於市貴買其畚云家近在此可隨我取直猛隨去忽至深山此人曰且住當先啓道君須臾猛進見一公踞胡牀頭白侍從十許人有一人引猛去大司馬公可進猛因拜老公公曰王公何緣拜即十倍售畚直遣人送猛出山顧視乃嵩高山也

齊職儀曰大司馬品第一秩中二千石金章紫綬武冠絳朝服佩山玄玉其在少昊則雎鳩氏之任顓頊以司馬主火堯命羲叔爲司馬夏官也虞夏二代以司夏官棄居其職周成王以畢公高爲司馬楚漢之際曹參周勃始居其職

又曰大司馬府舊爲闕王莽篡位故貶去闕焉

後魏書曰安定王休領大司馬高祖親行諸軍遇休以三盜人徇於六軍斬之有詔救之休執曰陛下將遠親衡霍故親御六師跋涉野次軍行始尒已有姧竊如其不斬何以息盜詔曰大司馬執憲誠如是但因緣會朕王者之體亦時有非常之澤雖違軍法可特原之休乃奉詔高祖謂司徒誕曰大司馬嚴而秉法君不可不慎於是六軍肅然

後周書曰夏官謂之大司馬卿掌邦政以建邦國之九法佐皇帝平邦國大祭祀掌其宿衛廟社則奉犧牲

管子曰昔黃帝得大封辨乎四方故使爲司馬

又曰涼風至白露下天子命左右司馬全組甲厲士衆

傅子曰曹大司馬之勇賁育弗加也曹作

博物志曰太公望爲灌壇令文王夢見婦人當道哭問其故曰吾泰山之神嫁爲西海婦灌壇令當吾道夢覺召太公三日果疾風暴雨文王乃拜太公爲大司馬

班彪上事曰元狩六年罷太尉置司馬時議以北軍中候有千人司馬故加之爲大司馬所以別小大司馬之號也

三公府掾屬

太尉長史

應劭漢官儀曰太尉司徒司空長史秩比千石號爲毗佐三台助和鼎味

太尉掾

汝南先賢傳曰李宣字公休爲太尉黃瓊所辟時寒暑不和瓊見掾屬曰是太尉無德願諸掾有以匡之次及宣宣曰明公被日月之衣居上司之位輔弼天子處諫諍之職

未有對揚謇謇之言其所旌命不授巖谷之士 小掾私所
以於邑
廣州先賢傳曰鄧盛字伯真蒼梧人為太尉諸曹掾彭城
相左尚以贓罪三府掾屬拷驗踰科不竟更選盛覆拷盛
到獄洗沐尚解械賜席乃謂尚曰君受國重恩而所坐事
理如此今遇君子不可以小人道相待尚感盛至意對曰
今使君相於如此尚獨何心敢不以死相歸乎即引筆具
對
衛玠別傳曰玠字叔寶陳留阮千里有令聞當年太尉王
君見而問曰老莊與聖教同異阮曰將無同太尉善其言
而辟之為掾世號曰三語掾君見而謿之曰一言可辟何
假三阮曰苟是天下民望可無言而辟復何假於一言
崔寔政論曰且三公天子之股肱掾屬則三公之喉舌天
子當恭己南面於三公三公亦委策掾屬以荅天子

太尉從事中郎
後魏書曰郭景尚字思和涉歷書傳遷太尉從事中郎善
事權寵世呼為郭尖
于寶司徒儀曰從事中郎之職各掌其所治之曹而紀綱
其事維正大體參輔謀議
太尉主簿
後魏書曰元慶智性貪鄙為太尉主簿事無大小得物然
後判或十錢二十錢得便取之府中號曰十錢主簿
廣州先賢傳曰鄧盛字伯直為秭歸令聞母病解印綬決
去太尉馬公嘉其所履服竟辟之初入府為主簿
司徒長史
東觀漢記曰吳梁為司徒長史以清白方正稱

于寶晉紀曰傅咸為司徒長史多所執正
齊書曰到撝為司徒左長史宋世上數遊會撝家同從明
帝射雉郊野渴倦撝得早青瓜與上對剖食之上懷其舊
德意眄良厚至是一歲三遷
梁書曰褚球字仲寶為司徒左長史加貂自球始也
于寶司徒儀曰右長史職掌撿其法憲明其分職
司徒掾
漢書曰武帝時司徒奏州郡農桑未有賞罰制宜遣掾屬
循行詔遂使司徒督察州郡播殖有沂循者增掾屬十人
謝承後漢書曰虞延辟司徒侯霸府正旦百官朝賀上望
見延在公府掾屬中馳小黃門問曰故陳留督郵虞延非
耶對曰是遂前召見
漢雜事曰陳寵為司徒掾先是公府掾多不親事但以交

接為務寵常濁親事
魏書曰王粲字仲宣年十八司徒掾辟遷黃門不就
晉書曰魏舒為司徒時陳留周震累為諸府所辟辟書既
下公輙喪亡僉號震曰殺公掾莫有辟者舒固辟之而竟
無患識者以此稱其達命
又曰周馥遷司徒左曹掾司徒王渾奏曰馥理識清正有
才幹主定九品檢括精詳臣委任責成褒貶允當請補尚
書郎許之
于寶司徒儀曰掾屬之職敎明教義肅厲清風非禮不言
非法不行以訓羣吏以貴朝望各掌其所治之曹
鍾離意別傳曰司徒侯霸辟意署議曹掾以詔書送徒三
百餘人到河北遭遇隆冬盛寒徒衣被單手足不能復行
到弘農縣使令出見錢為徒作襦袴令曰不被詔意曰使

者奉詔命寧私行耶出錢便上尚書使者亦當上之光武皇帝得上狀見霸曰所使掾何仁恕爲國用心乎誠良吏也

司徒屬

東觀漢記曰司徒侯霸辟閔仲叔到與相見勞問之不及政事仲叔曰始被明公辟且喜且懼及奉見明公喜懼皆去所望明公問屬何以爲政美俗成化以仲叔爲不足耶不當辟也如以爲任用而不使陳之則爲失人是以喜懼皆去便辭而出

司徒從事中郎

晉中興書曰殷融字洪遠司徒王導以爲左西屬融飲酒善舞終日嘯詠未嘗以事務自嬰導甚相親悅焉

晉中興書曰潁川荀組字大章司徒王渾表曰左西屬荀

組文義貞素清識見稱宜轉從事中郎

陶氏家傳曰迴字恭淵爲大司徒王導從事中郎爲人正直不撓導亦以此重焉每言曰陶中郎有輔佐之才眞國器也

司徒諮議參軍

晉中興書曰廬江何充字次道爲司徒王導諮議參軍

後魏書曰李系爲主客郎齊文襄王攝選以系爲司徒諮議參軍因謂之曰自郎署此所謂不次以卿人才故有此舉耳

司徒主簿

三國典略曰齊許惇護之子也性識敏速達於從政嘗爲司徒主簿以能判時人號爲入鐵主簿

司空掾

魏志曰國淵字子尼太祖辟爲司空掾屬每於公朝論議常直言正色退無私宴

又曰太祖爲司空丞相毛玠常爲東曹掾與崔琰並典選舉其所舉用皆清正之士雖時有盛名而行不由本者終莫得進務以儉率人由是天下之士莫不以廉節自勵雖貴寵之臣輿服不敢過度太祖歎曰用人如此使天下自治吾復何憂哉

邴吉別傳曰原字根矩魏武皇帝初爲司空辟署議曹掾請見禮畢上送至門中原辭直去不顧上還語左右孫甚敬此人與其辭遠送之謂其尚顧而終不顧此人誠高士也人謂曰君宜謝公公望君一日辭不顧揖原勃然曰夫何謝哉夫揖讓者謂其敵耳吾人臣也公人君也君尊臣卑揖讓何施且孔子亥命曰賓不顧矣吾何謝哉人以語

上上曰快乎斯言也夫有斯名而豈徒哉

太平御覽卷第二百九

太平御覽卷第二百一十

職官部八

録尚書　尚書令

録尚書

漢書曰張安世領尚書事職典樞機以謹愼周密自著每言大政已決輙移病出聞有詔令乃驚使吏之丞相府問焉自朝廷大臣莫知其與議也

又曰孔光字子夏領尚書事凡典樞機十餘年守法度修政事不希尚合或問溫室省中樹皆何木也光荅以他語其愼密也如此

應劭漢官曰章帝詔曰司空牟融典職六年勤勞不怠其以融爲太尉録尚書事

又曰和帝策書曰故太尉鄧彪元公之族三讓弥高海内歸仁爲羣賢首其以彪爲太傅録尚書事百官揔已以聽

又曰靈帝策書曰故太尉陳蕃忠亮謇諤有不吐茹之節司徒胡廣敦德允元五世從政今以蕃爲太傅與廣叅録尚書事

又曰沖帝策書曰太尉趙峻二世掌典機衡有匪石不二之心大司農李固公族之苗忠直不回余以峻爲太傅固爲太尉叅録尚書事

晉書曰元康元年誅楊駿詔曰司徒王渾秉德忠正器量弘遠歷位内外文武勳庸著在方策宜叅弼機衡以亮天工其令録尚書事

又曰賈充爲太尉録尚書事及伐呉爲大都督呉平遣侍中程咸犒勞增邑八千户

又曰會稽王道子元顯並録尚書事時謂道子爲東録元顯爲西録

晉中興書曰泰和元年詔會稽王體道沖虛理識明允阿衡孝文有保乂之規輔弼哀皇盡翼亮之道朕承洪緒仍闡善誘愼徽五教儀形具瞻登賢顯親國之典也其以爲丞相録尚書事入朝不趨讃拜不名劒履上殿給羽葆鼓吹班劒六十人

又曰元興元年八月庚子尚書下舍火是時桓玄用事出鎭姑熟名雖在外實遥録尚書故天火示不復用也

又曰明帝后庾氏爲皇太后九月癸卯皇太后臨朝稱制司徒王導録尚書事

傅暢晉故事曰何劭王戎張華裴楷楊濟和嶠爲愍懷太傅通省尚書事張華爲光禄大夫尚書七條事皆諮而後行惠帝之世太保衛瓘太宰河間王顒太傅東海王越皆録三省尚書祕書事

沈約宋書曰高武永初三年尚書令楊州刺史徐羨之爲司空録尚書事

又曰孝武帝即位以大將軍江夏王義恭爲太尉録尚書事

又曰諸公録尚書事古制也王肅解尚書納于大麓曰堯納舜於尊顯之官使大録万機之政案漢氏諸吏平尚書奏事後霍光以大司馬大將軍平尚書事

齊書曰明帝爲宣城王録尚書事廢帝昭業思蒸魚太官以無録公命不與

後魏書曰北海王祥初遷大將軍録尚書事拜之命其夜暴風雲電拔其庭中桐樹大十圍倒立本處天威如此識者知其不終

三國典略曰齊以并省尚書令高阿郍肱爲録尚書事郍肱才伎庸劣不涉文史尚書郎中源師常白郍肱云龍見當雩郍肱問曰何處龍見作何顔色師答曰此是龍星須雩祭也非是眞有龍見郍肱曰漢兒多事強知星宿

唐書官品志曰録尚書一人位在令上掌與令同但不糾察令則糾彈見事與御史中丞更相廉察

陶氏職官要録曰後漢章帝以太傅趙熹太尉牟融並録尚書事尚書有六名自此始也因斯以來每帝幼即位輙置太傅録尚書事

尚書令

六典曰尚書令掌揔領百官儀形端揆其屬有六尚書一曰吏部二曰户部三曰禮部四曰兵部五曰刑部六曰工部凡庶務皆會而決之

漢官儀曰尚書令主贊奏揔典綱紀無所不統秩千石故公爲之者朝會不階奏事增秩二千石天子所服五時衣賜尚書令其三公列卿將大夫五營校尉行複道中遇尚書令僕射左右丞皆迴車豫避衛士傳不得紆臺官臺官過乃得去漢尚書稱臺魏晉已來爲省

漢書曰張安世字子孺少以父任爲郎用善書給事尚書精力於職休沐嘗出上行幸河東亡書三篋詔問莫能知唯安世識之具作其事後購求得書以相校無所遺失上奇其才擢爲尚書令

東觀漢記曰陳忠爲尚書令數進忠言辭旨弘麗前後所奏悉條於宫上閣以爲故事

又曰侯霸爲尚書令深見任用樊准爲尚書令明習漢家故事周密畏慎申屠剛爲尚書令謇謇多直言無所屈撓

後漢書曰宋均拜尚書令每有駮議多合上旨均嘗刪翦疑事帝以爲有姦大怒收郎縛格之諸尚書惶恐皆叩頭謝罪均顧厲色曰蓋忠臣執義無有二心若畏威失正均雖死不易小黄門在傍入具以聞帝善其不撓即令貸郎

又曰申屠剛遷尚書令光武嘗欲出遊剛以隴蜀未平不宜宴安逸豫諫不見聽遂以頭軔乘輿輪帝遂爲止

又曰郭賀字喬卿爲尚書令百姓歌之曰厥德仁明郭喬卿忠正朝廷上下平

又曰侯霸拜尚書令條撰善政有便於民者除其煩苛時令立春下寛大詔書由霸始建言多施用

又曰陳蕃出爲豫章太守性方峻不接賓客徵爲尚書令送者不出郭門

華嶠後漢書曰申屠剛爲尚書令時内外羣官多帝自選舉加以法理嚴察職事過苦尚書近臣乃至捶撲牽曳於前羣臣莫敢言唯剛每極諫

張璠漢記曰左雄爲尚書令在位者各肅清時稱曰左伯豪爲尚書令天下皆慎選舉伯豪雄字也

漢官曰尚書令秦官銅印墨綬與司隸校尉御史中丞皆專席坐京師號曰三獨坐言其尊重如此

魏志曰陳矯字季弼尚書令魏明帝卒至尚書門矯跪問何之帝曰欲案行文書耳矯對曰此臣職分非陛下所宜臨也若不稱則請就黜帝慙迴車

又曰荀彧自爲尚書令常以書陳事臨薨皆焚毀故奇策密謀不得盡聞又非正道不用心名重天下莫不以爲儀表海内英俊咸宗焉

魏氏春秋曰荀攸字公達爲尚書令從太祖征伐常謀謨

帷幄時人及子弟莫知其所言太祖每稱之曰公達外愚內智外怯內勇外弱內強不伐善無施勞知可及愚不可及雖顏回甯武子不能過文帝在東宮太祖謂曰荀公達人之師表也汝當盡禮敬之攸曾病世子問疾獨拜牀下其見尊異如此始攸入尚書太祖聞名與語大悅謂荀彧鍾繇曰公達非常人也吾得與之計事天下當何憂哉

蜀志曰費禕代蔣琬為尚書令于時戰軍多事衆務煩猥禕識悟過人每省讀書記粗舉目暫視究其意旨其速數倍於人終亦不忘常以朝晡聽事其間接賓客飲食嬉戲加之博弈每盡人之歡事後還大將軍錄尚書事董允代禕為尚書令旬日之中事多停滯允歎曰人才力相懸若此非吾所及

又曰蔣琬字公琰諸葛亮每言公琰託志忠雅當與共贊

王業也密表後主臣若不幸後事宜以付琬亮卒琬為尚書令時新喪元帥遠近危悚琬出類拔萃處羣寮之右既無戚容又無喜色神守舉止有如平常由是衆望漸服

又曰劉巴字子初代法正為尚書令躬履清儉不治產業又自以歸附非素懼見猜嫌恭默守靖退無私交非公事不言

又曰呂乂字季陽代董允為尚書令衆事無留門無停賓又歷職內外治身儉約謙靜少言為政不煩號為清能然持法刻深好用文俗吏故居大官名聲損於郡縣時

晉書曰樂廣為尚書令所在無當時功譽然為後人所思

又曰裴秀為尚書令秀創制朝儀廣陳刑政朝廷多遵用之以為故事在位四載為當世名公

又曰李胤為尚書令雖歷職內外而在公退食在家貧儉兒病無以市藥上賜錢十萬

又曰荀勗守尚書令課試令史以下覈其才能有闇於文法不能決疑處事者即時遣出帝嘗謂曰魏武帝言荀文若之進善不進不止荀公達之退惡不退不休二令君之美亦望於君也

又曰會稽王道子嘗集朝士置酒於東府尚書令謝石因醉為委巷之歌王恭正色曰居端右之重集藩王之第而肆淫聲欲令羣下何所取則石深銜之

又曰王彪之字叔虎為尚書令與謝安共掌朝政安每稱曰朝之大事衆不能決者諮之王公無不得判

又曰太熙元年詔曰夫總百揆之得失管王政之開塞者端右之職也是以自漢代以來每選此官必慎其人議郎王戎可為尚書令

又曰衛瓘字伯玉拜尚書令性嚴整以法御下視叅佐尚書郎若掾屬

又曰熊遠啓曰伏見吏部以太尉荀組為尚書令復領荊州牧自三代以來未聞以納言之官而出領牧伯者

晉中興書曰卞壼為尚書令司徒王導稱疾不朝壼奏導專任無敬事寢不行舉朝憚壼

又曰萬協遷尚書令詔曰尚書令協抗志高亮才鑒博雅朕甚嘉之

晉書曰百官表注尚書令一人唐虞官也是謂文昌天府銅印墨綬五時朝服納言幘進賢兩梁冠佩水蒼玉官品第三俸月四十五斛領都揔攝諸曹出納王命

晉公卿禮秩曰尚書令拜受命皆策命甍則於朝堂發哀古之冡宰以在端右故也

晉故事曰賈充爲尚書令以目疾表置省事於是遂置省事吏四人品職章服與諸曹令史同

宋書曰王僧虔爲尚書令嘗爲飛白書題尚書壁曰圓行方止物之定質脩之不已則溢高之不已則顛引之不已則遺是故去之宜疾當時嗟賞以比座右銘

又曰武帝踐祚王瑩遷尚書令時有猛獸入郭上意不悅以問羣臣皆莫能對瑩在御筵乃斂板荅曰昔擊石拊石百獸率舞陛下德籙御圖武象來格帝大悅衆咸服焉

齊書曰謝朏字敬冲徵爲司徒尚書令朏辭脚疾不堪謁乃角巾自輿詣雲龍門謝旣見乘小車就席

齊職儀曰秦漢之世委政公卿尚書之職掌封奏令贊文書僕射主開閉令不在則僕射奏下其事魏氏重内職八座尚書任同六卿舜舉八元八凱以隆唐朝今號八座爲元凱謂賢能用事義如昔也

梁書曰何敬容爲尚書令貪悋爲時所嗤鄙其署名敬字則大作苟小爲文容字大爲父小爲口陸倕戲之曰公家苟旣奇大父亦不小敬容遂不能荅又曰漏禁中語故朝請日至嘗有客姓吉問卿與邴吉遠近曰如明公之與蕭何

唐書曰太宗在藩嘗爲尚書令其後人臣莫敢爲遂廢其官廣德元年代宗以親賢有大勳遂特拜尚書令

又曰廣德二年冬詔郭子儀於尚書省視尚書令事命宰臣巳下特遣射生五百騎執戟翼從自朝堂至于省賜以教坊音樂

五代史梁書開平三年詔外尚書令爲正一品按唐典尚書令正二品至是以將授趙王鎔此官故升之

會稽先賢傳曰沈勳徵詣南宮賜酒拜尚書令持節臨辟雍名冠百僚

襄陽耆舊傳曰劉季和曰荀令君至人家坐處三日香

徐廣車服儀制曰尚書令軺車黑耳後戶

通典曰大唐尚書令朝服鷩冕八旒七章三梁冠（鷩雉也可爲冠）也武德初太宗爲秦王時嘗居之其後人臣莫敢當故自龍朔二年制廢尚書令

又曰舊尚書令有大廳當省之中今謂之都堂

世說曰崇禮闥在東掖門内路西即尚書省崇禮門東建禮門内即是尚書令下舍之門

太平御覽卷第二百一十

職官部九

左右僕射

漢書百官表曰僕射秦官也古者重武官有主射以督課之自侍中尚書博士及騶宰永巷皆有僕射取所領之事以爲號若尚書則名曰尚書僕射

東觀漢記曰鮑永字君長拜僕射行將軍事將兵安集河東永好文德行軍常皁襜路稱鮑尚書兵

後漢書曰郅壽爲尚書僕射是時大將軍竇憲以外戚之寵威傾天下憲常使門生齎書詣壽有所請託壽即送詔獄前後上書陳憲驕恣引王莽以誡國家

又曰鄭崇字子游爲尚書僕射數見諫諍上笑曰我識鄭尚書履聲

續漢書曰尚書僕射一人六百石令不在則奏下衆事

魏志曰毛玠字孝先爲尚書僕射時太子未定立臨淄王植有寵玠諫曰近袁紹以嫡庶不分覆宗滅國廢立大事非所宜聞會玠起更衣太祖謂左右曰國之司直我之周昌

又曰徐宣爲左僕射後加侍中車駕幸許昌宣摠統留事帝還主者奏呈文書詔曰朕省與僕射何異竟不視

又曰文帝時欲以賈詡爲僕射詡曰尚書僕射官之師長天下所望詡名不素重非以服人詡縱昧於榮利奈國朝何

魏略曰李豐字安國爲侍中僕射在臺閣常多託疾時臺制滿百日當解禄豐未滿百日輒起而復卧如是數歲及太傅宣王父病曹爽攝政豐依違二公間故時人有謗書

曰曹爽之勢熱如湯太傅父子冷如漿李豐兄弟如遊光其意以爲豐雖外示清淨而內圖事有似遊光

吳志曰諸葛恪既定山越孫權使尚書僕射薛綜勞軍曰故遣中臺近官迎致犒賜

晉書曰荀顗代陳泰爲僕射吏部四辭而後受

又曰太康元年以山濤清虛恬簡轉爲左僕射

又曰魏舒太康初拜右僕射舒與衛瓘山濤張華等以六合混一宜同古典封禪東岳前後累陳其事帝謙讓不許

晉起居注曰武帝太康四年詔曰吏部掌叙人倫治化之本也宜得忠正舊德尚書右僕射魏舒寬泰引毅清通有才識其以舒爲左右僕射領選曹

又曰永昌元年詔曰尚書分置左右僕射所以廣登賢俊經始万機護軍周顗可左僕射領軍王邃可右僕射

又曰尚書高陽王珪忠允善政思量弘濟莅官盡心所居著稱其以珪爲右僕射

又曰太康元年詔曰尚書置左右僕射所以恢演治典協宣庶政

謝靈運晉書曰古者重武事貴射御取其捷御如僕各置一人尚書六人謂之八座叅攝百揆出納王命古元凱之任也

干寶晉紀曰武帝詔曰散騎常侍中軍將軍羊祜秉德清劭經緯文武雖處腹心之任不揔樞機之重非垂拱無爲委任責成之意也以祜爲尚書左僕射衛將軍

晉諸公賛曰司馬珪少時有令望早歷顯職晉受禪爲尚書左僕射時年三十七衆人論以爲美

晉書百官注曰僕射一人銅印墨綬五時朝服納言幘進

賢冠佩水蒼玉官品第三俸月四十五石
晉公卿禮秩曰尚書僕射魏晉以來或置左右或不置
晉中興書曰顧和康帝即位爲尚書僕射以母老固辭詔
敕特諭暮出朝還其優遇如此
又曰紀瞻字士遠爲右僕射肅祖嘗內殿慨然憂天下曰
社稷之臣欲無十人如何因數之去君便是一人瞻謝曰
臣不敢聞命肅祖曰方欲善語云何復崇謙讓耶瞻以年
在懸車自陳告老詔曰豈朕德薄不足以爲治乎
又曰王珣拜尚書左僕射領吏部時烈宗雅好典籍深欽
愛之與殷仲堪徐邈並以才學文章爲上所昵桓玄荅道
子牋云王珣明悟疎徹風流之美雖逼於同異才用不盡
然君子在朝所益自多也
又曰刁協字玄亮除左僕射時中興草創制度未立朝臣

無練習舊儀者唯協以久在中朝加性聰朗多諳故事朝
廷憲體出入威儀唱讃一皆稟於協當時稱爲強記
宋書曰劉延孫爲尚書左僕射延孫疾病不任拜起上使
乘舡自清溪至平昌門乃入尚書下舍
又曰漢制御史中丞遇尚書令僕丞郎車皆預相迴避臺
官過乃得去令尚書令上朝及下禁斷行人猶其制也尚書
漢稱臺魏晉已降方號曰省
又王弘爲僕射奏彈康樂侯謝靈運溺其嬖妾殺興胡江
涘請免官削爵付大理內臺舊體不得用風聲舉彈此事
彰赫暴之朝野不敢拱默武帝令免官而已
又曰王裕之元嘉三年爲尚書僕射所署文案初不省讀
嘗豫聽訟上問疑獄敬弘不對上變色問左右何故不以
訊牒副僕射敬弘曰臣乃得訊牒讀之正自不解上甚不

悅
齊書曰王延之轉左僕射宗德既衰太祖輔政朝野之情
人懷彼此延之與尚書令王僧虔中立無所去就時人爲
之語曰二王持平不送不迎太祖以此善之
又曰張緒帝欲用緒爲右僕射以問王儉儉曰緒少有清
望誠美選也南士由來少居此職褚彥回曰儉少年或未
憶耳江左用陸玩顧和皆南人也儉曰晉昏衰政不可爲
則
齊職儀曰魏朝以尚書僕射毛玠領選曹晉武以僕射領
吏曹後依擬至今或領焉
南燕書曰慕容德以右僕射封嵩爲左僕射尚書韓諄爲
右僕射時嵩諄並年三十又以嵩弟蝙爲西中郎將諄弟
軌爲中郎將嵩等俱拜帝臨軒詔令四人同入嵩等外殿

方謝帝顧曰躍二龍於長衢騁雙驥於千里朝野榮之
後魏書曰郭祚爲右僕射時議定新令詔祚與侍中門下
參議刊正故事令僕射中丞騶唱而入宮至於馳道及祚
爲僕射以爲非盡敬之宜言於帝納之下詔御在太極騶
唱至止車門御在朝堂至司馬門騶唱不入宮自此始也
又曰趙善爲尚書右僕射性溫恭有器局雖位居端右而
愈自謙退其職務克舉則曰某官之力有罪責則曰善之
咎也時人稱其有公輔之量
又曰元順除吏部尚書右僕射及上省登階向榻見榻甚
故問都令史徐仵仵起曰此榻曾經先王坐順即哽塞涕
泗交流久而不能言遂令換之
又曰陽平王新成之子欽字思若累遷尚書右僕射欽色
黑故時人號爲黑面僕射

三國典略曰東魏以孫騰兼尚書左僕射府庫開鑰一以
委之
又曰北齊王晉明豪侈有氣俠留心經史招引賓客嘗爲
尚書右僕射百餘日便謝病而退告人云廢人飲酒安能
作刀筆吏披故紙乎
北齊書曰高隆之爲尚書右僕射時初給民田貴勢皆占
良美貧弱咸受墝薄隆之啓高祖悉更反易乃得均平
後周書曰周惠達爲右僕射自關右草創禮樂缺然惠達
與禮官損益舊章至是儀軌稍備魏文帝因朝奏樂顧謂
惠達曰此卿之功也
又曰李遠除尚書左僕射遠白太祖曰遠秦隴匹夫才藝
俱闕平生念望不過一郡守耳遭逢際會得奉聖明主貴
臣遷以至於此今位居上列爵邁通侯受委方面生殺在

手非直榮寵一時亦足光華身世但尚書僕射任居端揆
今以賜授適所以重其罪責明主若欲全之乞寢此授太
祖曰公勳德兼美朝廷敬屬選衆而舉何足爲辭且孤之
於公義等骨肉豈容於官位之間便致退讓深乖所望也
遠不得已方拜職
陳書曰袁憲遷右僕射參掌選事先是憲長兄簡懿爲左僕
射至是憲爲右僕射臺省目簡懿爲大僕射憲爲小僕射
朝廷榮之
隋書曰楊素爲右僕射與高熲專掌朝政後文帝漸疏忌
素詔曰僕射國之宰輔不可躬親細務但三五日一度向
省平論大事外示崇重實奪其權
唐書曰太宗謂房玄齡杜如晦曰爲僕射當須廣開耳目
求訪賢哲有武藝謀略才堪撫衆者任以邊事有經明德

行性理通悟者任以侍臣有明幹清愨處事公平者任以
劇務有學通今古識達政術者任以理人此乃宰相之弘
益也比聞聽受辭訟日不暇給安能助朕求賢哉因勑尚
書細務屬左右丞唯枉屈大事合聞奏者關於僕射
又曰戴至德爲僕射時與劉仁軌更日受詞訟嘗有老母
經省陳詞至德已收牒省視老母前日本謂是解事僕射
所以來訴公乃是不解事僕射請却付牒來也至德笑而
還之議者尤稱其長者焉
又曰元和中裴均爲僕射於尚書省都堂上事其送印及
呈孔目唱案授案皆使尚書郎爲之文三品已上官外皆
列坐四品五品及郎官御史拜於廳下然後召御史中丞
左右丞外皆答拜初開元中張說爲右丞相因製儀注自極
尊大自非中書門下及諸三品已上官是日皆坐受拜或

徵其所從來答曰聖曆中王及善豆盧欽望同日拜文昌
左右丞亦同此儀當時以說方承恩寵不敢復詰因爲故
事非舊典也均交結權倖而得貴位在班列嘗踰位而立
御史中丞盧坦請退之均不受坦曰姚南仲爲僕射例如
此日南仲何人坦曰南仲是守正而不交權倖者也尋罷
坦爲右庶子時人歸咎於均
又曰寶歷中左僕射李絳與御史中丞王璠相遇於道璠
車不爲之却因上言故事去左右僕射師長庶寮開元中
以爲左右丞相其後雖去三事機務猶總百司之權表狀
之中不署其姓尚書已下每月合衙上日百寮列班宰相
送上中丞御史列位於庭禮數之崇中外特異所以自武
德貞觀已來聖君賢臣布政除弊不革此禮謂爲合宜苟
有不安尋亦合廢近年緣有才不當職恩加特拜者遂從

權便不用舊儀酌於羣情事實非當今或有僕射初除就中丞院門相見者即與就叅何殊或中丞新授亦無見僕射之處又叅賀處或僕射先至中丞後來憲度乖宜尊卑倒置儻人才忝位自合別授賢良若朝命守官豈得有虧法制伏望下百寮重詳定事體使永可遵行奉勑宜令左右常侍諫議大夫給事中中書舍人詳議聞奏元和中太常博士韋謙舉奏削去舊儀今絳上論於體甚當然其時璠黨方盛致絳改官共寢其儀

又曰李程大和中爲左僕射中謝日奏曰臣所忝官上禮前後儀注不同在元和長慶中僕射數人上日不受四品巳下官拜近日再定儀注四品巳下官悉許受拜王涯竇易直巳行之於前今御史云巳聞奏太常寺定取十五日上臣進退未知所據時中丞李漢以爲受四品巳下拜太重勑曰僕射上儀近巳詳定所緣拜禮皆約令文巳經施行不合更改宜准大和四年十一月十六日勑處分

鍾離意別傳曰意爲尚書僕射其年匈奴來降詔賜縑三百疋尚書侍郎暨酆受詔誤以三千疋賜匈奴詔大怒鞭酆欲死意獨排省閤入諫明帝以合大義恚損怒消帝謂意曰非鍾離尚書朕幾降威於此郎

世說曰周伯仁過江積年恒大飲酒嘗經三日醒時人謂爲三日僕射

唐書官品志曰僕射爲執法置二則爲左右僕射皆與令同左糾彈而右不糾彈

唐新語曰自武德至長安四年巳前僕射並是正宰相故太宗謂房玄齡等曰公爲宰相當須大開耳目求訪賢哲即其事也神龍初豆盧欽望爲僕射不帶同中書門下三

品不敢叅議政事後加知軍國事韋安石爲僕射東都留守自後僕射不知政事

太平御覽卷第二百一十一

太平御覽卷第二百一十二

職官部十

摠叙尚書

韋昭辯釋名曰尚上也言最在上摠領之也辯云尚猶奉也百官言事當省案平處奉之故曰尚書尚食尚方亦然

周禮曰司會中大夫二人注司會主天下之大計計官之長若今之尚書

漢書百官表曰成帝初置尚書員五人如淳曰主天子書主天子物皆曰尚如主晉曰尚主者也

東觀漢記曰章帝東巡過任城乃幸鄭均舍勑賜尚書祿以終其身故時人號爲白衣尚書

又曰章帝賜尚書劒各一手署姓名韓稜楚龍泉郅壽蜀漢文劒陳寵濟南鍜成一室丙兩刃其餘皆平劒其時論者以爲稜淵深有謀故得龍泉壽明達有文章故得蜀漢文劒寵敦朴有善於内不見於外故得鍜成劒皆因名而表意

後漢書曰楊喬爲尚書容儀偉麗數上言政事桓帝愛其才貌詔妻以公主喬固辭不聽遂閉口不食七日而死

續漢書百官志曰尚書秩六百石成帝建始四年罷中書官置尚書員五人一人爲僕射分爲四曹通掌圖書祕記章奏各有曹任常侍主丞相御史公卿事二千石曹主刺史郡國事民曹主吏民上書事客曹主外國夷狄事而成帝又置三公曹主斷獄共爲五曹世祖又分增三公爲二曹其一曹主歲盡課州郡事改常侍曹爲吏曹主選舉祠祀民曹主繕治攻作鹽池死囿客曹主護駕羌胡朝賀二千石曹主辭訟中都官主水火盜賊與三公爲六曹

又曰李固上疏云陛下之有尚書猶天之有北斗北斗爲天喉舌尚書爲陛下喉舌

謝承後漢書曰陳禁字子雅拜尚書公卿朝日晏無詔禁問臺上故事何時可罷對言已食輒有詔罷今已晏禁曰寧可白耶尚書郎以上方宴樂不敢白禁使罷公卿既罷上問左右今未有詔而罷朝何也尚書直對曰陳禁命罷上曰勿復問也禁在臺三年嘗病令僕射數奏久病滿百日請輒免有詔賜金帛醫藥

又曰張陵字處仲爲尚書首歲朝梁冀帶劒入省陵叱冀令出勑虎賁奪其劒冀跪謝陵劾之詔以歲俸贖罪百寮肅然冀弟不疑曾舉陵後疾冀不疑謂曰昔舉君所以自罰也陵曰明府不以陵不肖誤見擢序令申公憲非報私恩耳不疑有慙色

又曰翟酺字子廣爲侍中時尚書有缺詔將軍大夫六百石以上試對政事天文道術以高第者補之由是酺對第一拜尚書

又曰魏朗字少英入爲尚書再外紫微謇諤禁省不屈豪右爲百寮所服以黨事免朗性矜嚴閉門整法長吏希見動有禮序室家相待如賓子孫如事嚴君焉

又曰蔡邕字伯喈以持書御史遷尚書三月之間周歷三臺

又曰鍾離意字子阿明帝徵爲尚書交阯太守坐贓伏法以資物簿入大司農詔頒賜羣臣意得珠璣悉以委地而不拜帝恠問其故對曰臣聞孔子忍渴於盜泉之水曾參廻車於勝母之鄉惡其名也贓穢之寶不敢拜帝笑曰清乎尚書賜錢三十万

又曰荀組字伯條拜尚書組性明亮敏於衆職以勗羣寮秉機平正直而行之是時內外公卿大夫莫不敬憚焉

又曰韋彪上疏曰欲急世所務當先除其患其源在尚書尚書典樞機天下事一決之不可不察

漢官解詁曰士之權貴不過尚書

又曰唐虞曰納言周官爲內史機事所揔號令攸發

漢官儀曰尚書唐虞官也書曰龍作納言詩云仲山甫王之喉舌秦改稱尚書漢亦尊此官典機密也

應劭漢官曰漢明帝詔曰尚書蓋古之納言出納朕命機事不密則害成可不慎歟

張璠漢記曰朱穆當事禁固徵拜尚書正月百官朝賀畢虎賁當陛置弓於地謂羣僚曰此天子弓誰敢干越百僚皆迴避不敢當穆乃呵之曰天子弓當載之於肩首之上乃敢置地大不謹不敬卽收虎賁付詔獄治罪莫不肅然服其忠烈

魏志曰陳羣爲尚書制九品爲官人之法羣所建也

又曰許混字子劭清淳有鑒識明帝時爲尚書

又曰丁謐字彥靜曹爽宿與相親拔爲散騎常侍轉爲尚書在臺閣數有所彈駮以勢屈於爽爽亦敬之時謗書謂臺中有三狗二狗崖柴不可當一狗憑默作疽囊三狗謂何鄧丁也默者爽小字也意言三狗皆欲嚙人而謐尤疽囊也

又曰　孔禮字德遠爲尚書明帝方修臺署節氣不和天下少穀禮固爭因罷役制曰敬納讜言

魏略曰帝遊宴在內選女子知書可付信者六人爲女尚書使典省外奏事處當畫可云也

吳志曰尚書熊睦見孫皓酷虐微有諫皓使人以刃環撞殺之身無完肌也

晉書曰杜預爲尚書損益万機不可勝數朝野服焉號曰杜武庫言其無所不有

又曰山濤轉尚書表辭年老詔曰方今多事嘉謀良圖委以老成也

又曰劉頌爲尚書孫秀等推崇趙倫功宜加九錫百寮莫敢異議頌獨曰昔漢之錫魏魏之錫晉皆一時之用非可通行今宗廟乂安雖嬖后被退勢臣受誅周勃誅諸呂而尊孝文霍光廢昌邑而奉孝宣並無九錫之命亂舊典而習權變非先王之制九錫之議謂無所施

晉康帝起居注詔曰尚書万事之本朕所責成也而廩秩儉薄甚非治體今雖軍國多費不爲元凱惜祿其依令僕給尚書各親信五十人廩賜

晉中興書曰蔡謨爲尚書上疏曰八座之任非賢莫居前後選用名資有常孔愉諸葛恢並以清節令才素有名望昔愉爲御史中丞臣尚爲司徒長史恢爲會稽太守臣爲尚書郎恢尹丹陽臣守小郡名輩不同階級殊懸今猥以輕鄙超踰等疋上亂聖朝貫魚之次下違羣士准平之論豈唯微臣斯亡之誡實貽聖政維塵之累

宋書曰凡尚書官大罪則免小罪則出出者百日無代人聽還本職

宋志曰今朝士詣三公尚書丞郎詣令僕射尚書並門外下車履度門閫乃納履

齊職儀曰尚書六人品第三秩六百戶進賢兩梁冠納言幘絳朝服佩水蒼玉執笏負荷

梁書曰陸杲遷尚書殿中曹郎拜日八座丞郎並到上省交禮而杲至晚不及時刻坐免官也

又曰周捨問劉杳尚書官著紫荷相傳云挈囊竟何所出荅曰張安世傳云持橐簪筆事孝武帝數十年注云橐囊也近臣簪筆以待顧問也

後魏書曰肅宗靈太后曾讌於華林園舉觴謂群臣曰袞尚書朕之杜預欲以此杯敬屬元凱今爲盡之侍座者莫不羨仰覩名位俱重當時賢達咸推與之

隋書曰于仲文上以尚書文簿繁雜吏多姦計令仲文勘録省中事其所發擿甚多上嘉其明斷厚加勞賞焉

唐新語曰玄宗欲以牛仙客爲尚書張九齡諫曰不可尚書古之納言有唐已來多用舊相居之不然歷踐内外清貫之地妙有德望者充之仙客本河湟一使典耳拔昇清流齒班常伯此官邪也

益部耆舊傳曰太尉李固薦楊淮累世服事臺閣旣閑練舊典且有幹用宜在機密特拜尚書固薨免官尚書令陳蕃表行狀復徵爲尚書

會稽典録曰鄭弘拜尚書舊典科郎滿補縣長令史爲丞尉弘奏以爲臺職位尊而賞薄人無樂者請使郎補縣令史爲長上從其議自此爲始

通典曰尚書出納王命敷奏万機蓋政之所由宣選舉之所由定罪賞之所由正斯乃文昌天府衆務淵藪内外所折衷遠近所稟仰故李固云陛下之有尚書猶天之有北斗斟酌元氣運平四時是爲喉舌

郭子曰王公有幸妾姓雷頗預政事納貨蔡公謂之雷尚書

傅子曰嘏字蘭石爲尚書大小無不揔

桓子新論曰昔堯試舜於大麓麓者領録天下事如今之尚書官矣宜得大賢智乃可使處議持平

王昶考課事曰尚書侍中考課一曰掌建六材以考官人二曰綜理万機以考庶績三曰進視惟允以考讜言四曰出納王命以考賦政五曰罰法以考典刑

應璩書曰知楊生翻然遂登納言雖有所越亦其宜也傅說弃板築而爲殷相呂望投漁竿而爲周師卓茂起閭里而爲漢宰若此等者乃奇耳瓅瓅尚書執憲之吏曷以爲異哉

太平御覽卷第二百一十三

太平御覽卷第二百一十三

職官部十一

左丞　右丞

左司郎中　左司員外郎

右司郎中　右司員外郎

令史

左丞

六典曰左右丞掌管轄省事糾舉憲章以辨六官之儀制而正其文法分而視焉

漢官典職曰尚書左右丞典臺事綱紀無所不揔

續漢書百官志曰左丞掌録尚書吏人上章百官威儀

漢官儀曰漢制八座丞郎初拜並集都座交禮遷又解交

晉書百官表志注曰左右丞俸月三十斛左丞主臺內禁令宗廟祠祀朝儀射制彈案選用署吏稽近道文書給假

晉書曰劉暾字長叔爲尚書左丞正色在朝三臺清肅

又曰郄詵爲尚書左丞推奏吏部尚書崔洪洪曰舉詵丞而還奏我此謂挽弩自射詵曰趙宣子任韓厥爲司馬而厥以軍法戮宣子僕崔侯爲國舉才我以才見舉唯官是視各明至公何故其言乃至於此洪聞而悅服之

又曰傅咸爲尚書左丞時尚書郭弈咸故將也累辭病疾不起復不上朝又自表妹葬乞出臨喪詔書聽許咸舉奏之

又曰郄弘始爲尚書郎轉左右丞在朝爲百寮所憚後坐泄事免

晉諸公讚曰許奇爲尚書左丞有准繩操

又曰傅咸字長虞爲左丞臺閣小大坐風自肅

晉中興書曰荀奕字令遠遷左丞時桓溫平蜀朝廷欲以豫章封溫奕謂太宗曰若溫復假王威平定河洛修復山陵將復何以加之遂止

沈約宋書曰何承天爲中丞與尚書左丞謝元素不相善二人競伺二臺之違累相糾奏

宋書百官志曰晉宋之世左丞主臺內禁令宗廟祠祀朝儀禮制選用署吏糺諸不法無所迴避

三國典略曰北齊張耀爲尚書左丞文宣近出令耀居守文宣夜還耀不開門勒兵嚴備火至看面然後開迎文宣笑曰卿欲學郅君章也賜以錦袍以其忠勤深見親待

梁書曰賀琛遷尚書左丞并參禮儀事琛前後居職凡郊廟諸議多所創定每見高祖與語常移晷刻故省中爲之語曰上殿不下有賀雅琛容止都雅故時人呼之

又曰劉孺弟覽除尚書左丞性聰敏尚書令史七百人一見並記姓名當官清正無所私姉夫御史中丞褚湮從兄吏部郎李綽在職頗通贓貨覽劾奏並免官李綽怨之常謂人曰犬嚙行路覽噬家人

北史曰郎茂煬帝即位爲尚書左丞時工部尚書宇文愷右翊衛大將軍于仲文競河東銀窟茂奏劾愷位已隆祿賜優厚拔葵去織寂尓無聞求利下交曾無愧色仲文大將宿衛近臣趨侍堦庭朝夕聞道虞芮之風抑而不慕分銖之利知而必爭何以貽範庶寮示人軌物愷與仲文竟坐得罪

隋書曰楊汪字元度高祖嘗謂諫議大夫王達曰卿爲我覔一好左丞達遂私於汪曰我當薦君爲左丞若事果當以良田相報也汪以達所言奏之達竟以獲罪卒拜汪爲

尚書左丞汪明習法令果於剖斷當時號爲稱職

唐書曰趙涓永泰初爲監察御史時禁中失火焚室數十間火起處與東宮稍近代宗深疑之涓爲巡使俾令即訊涓周歷壖圍按據迹狀乃上直中官遺火所致也推鞫明審頗盡事情既奏代宗稱賞焉德宗時在東宮常感涓之究理詳細及刺衢州年考既深又與觀察使韓滉不相得滉奏免涓官德宗見其名謂宰相曰豈非永泰初御史趙涓乎對曰然即日拜尚書左丞

唐新語曰楊昉爲左丞時宇文化及子孫理資蔭朝廷以事隔兩朝且其家親族亦衆多爲言者所司理之至于左司昉未詳其案狀訴者以道理已成無復疑滯勃然逼昉昉曰適朝退未食食畢當詳案訴者曰公云未食亦知天下有累年羇旅訴者乎昉遽命案立批之曰父殺隋主子訴隋資生者猶配遠方死者無宜更叙時人深賞之

傳咸表曰左丞職輕事重以賤制貴所以難居臣以闇劣猥忝斯任愧於不稱懼罪之及夙夜惶恐寢食無寧

下壺彈尚書丞郎事曰舊丞郎取急及屬出皆尚有對使職局不廢而昨左右二丞及諸郎皆出唯次直二郎在設使有兵火警急便爲無復行事者二丞頓行無印可以封符疏此之逋慢莫斯之甚

傳咸荅辛曠詩序曰尚書左丞彈八座以下居万機之會斯乃皇朝之司直天臺之管轄余前爲右丞具知此職之要後忝此任僶俛從事日慎一日

右丞

續漢書百官志曰尚書右丞一人四百石掌錄文書期會假署印綬及筆墨諸用

漢官儀曰尚書左右丞秩各四百石遷刺史

晉書百官表注曰右丞主臺內庫藏廨舍量物用多少及廩賜民户租布刑獄兵器稽遠道文書章表奏事

晉中興書曰王國寶因酒坐怒右丞祖台之攘袂喚呼以盤盞樂器擲台之復爲有司所彈烈宗詔曰國寶縱肆情性其不可長台之懦弱非監司體其免官

沈約宋書曰晉西朝八座丞郎朝晡詣都座朝江左唯旦朝而已八座丞郎初拜並集都座交禮遷又解交漢舊制也今唯八座解交丞郎不復解交

宋書百官志曰右丞掌臺內庫藏九諸器物廨舍刑獄兵器

唐書曰宇文節爲尚書右丞明習法令以幹局見稱時江夏王道宗嘗以私事託於節遂奏之太宗大悅賜絹二百疋仍勞之曰朕所以不置左右僕射者正以卿在省耳

又曰韋溫爲尚書右丞吏部員外張文規父弘靖長慶初在幽州爲朱克融所囚文規不時省赴人士喧然罪之溫居綱轄首糾其事出文規爲安州刺史

五代史後唐書曰梁開平二年改左右丞爲左右司侍郎避廟諱也至同光年十月復舊爲左右丞長興元年九月詔曰臺轄之司官資並設左右貂素來相類左右揆不至相懸以此比方豈宜分别自此宜外尚書右丞官品與左丞並爲正四品

左司郎中　左司員外郎

六典曰左右司郎中員外郎各掌付十有二司之事以舉正稽違者署符目爲凡都省掌舉諸司之綱紀與其百寮之程式以正邦理以宣邦教

隋書曰煬帝三年尚書都司始置左右司郎各一人品同諸曹郎從五品掌都省之職

唐職員令曰左右司郎中掌副左右丞所管諸司事署抄目舉稽失知臺内宿直若本司郎中不在併行之

右司郎中　　右司員外郎

隋書曰晉儀遷尚書右司郎于時政漸亂濁貨賂公行凡當樞要之職無問貴賤竝家累金寶天下士大夫莫不變節而儀勵志守常介然獨立

令史

漢官儀曰能通蒼頡史篇補蘭臺令史滿歲補尚書令史滿歲爲尚書郎出亦與郎同宰百里郎與令史分職受書令史見僕射尚書執板拜見丞郎執板揖

續漢書百官志曰尚書令史十八人人二百石曹有三人

主書後增列曹三人合二十一人

華嶠後漢書章彪上疏曰有楚獄事繁故置尚書令史以助郎

晉書曰陳壽少仕蜀在觀閣爲令史又爲郎官人黄皓專弄朝政大將軍閻宇等皆曲躬事皓以營時務壽獨峻然皓乃自禪與杖

又曰趙孟字長舒入補尚書郎令史善於清談有國士之風其面有疵點諸事不决皆言當問疵面

齊職儀曰自魏晉宋齊正令史書令史皆有品秩朱衣執板進賢一梁冠

楊愣伽北齊鄴都故事曰尚書郎判事正令史側坐書令史過事

典略曰邊讓字文禮陳留人將軍何進聞其名欲以禮辟恐不肯來乃託以軍事召之到署令史進以禮見之讓占對閑敘聲氣如流其時坐席賓客有百數皆高慕之

太平御覽卷第二百一十三

太平御覽卷第二百一十四

職官部十二

吏部尚書

六典曰吏部尚書侍郎之職掌天下官吏選授勳封考課之政令其屬有四一曰吏部二曰司封三曰司勳四曰考功揔其職務而行其制命凡中外百司之事由於所屬皆質正焉

後漢書曰光武改常侍曹為吏部曹主舉選祭祀事

魏志曰盧毓為侍中在職三年多所駁易詔曰官人秩才聖帝所難必須良佐進可替否侍中毓禀性貞固心平體正可謂明試有功不懈于位者也其以毓為吏部尚書使毓自選代曰得如卿者乃可毓舉常侍鄭沖帝曰文和吾自知之更舉吾所未聞者乃舉阮武孫邕帝於是用邕

吳志曰李肅字偉恭南陽人少以才聞善論議臧否得中甄奇録異薦述後進題目品藻曲有條貫以此服之權擢為選曹尚書選舉號為得才

又曰曁艷字子休為選曹尚書性峭厲好清議當時郎署混濁多非其人欲區別賢愚彈指百寮覈選三署皆貶高就下降損數等其居位貪鄙志節汙卑者皆以為軍吏置營府以處之故怨憤聲積競言艷用私情愛憎不由公理艷坐自殺

又曰陸喜字文仲頗涉文籍好人倫孫皓時為選曹尚書

又曰薛綜為選部尚書固讓顧譚曰譚心精體密貫道達微才照人物德服衆望誠非臣所可越先後遂代綜

晉書曰山濤為吏部尚書濤用人皆先密啓然後公奏

又曰鄧攸為吏部尚書當時清靜內外肅然後牧馬於家庭妻息素食不受一錢

又曰嵇紹字延祖裴頠亦深器之每曰使延祖為吏部尚書可使天下無復遺才矣

又曰王戎為左僕射領吏部尚書自戎居選未嘗進一寒素退一虛名理一寃枉殺一疽嫉隨其沉浮門調戶選好營生廣收八方園田水碓周遍天下聚斂積實不知紀極

又曰吳隱之與太常韓康伯隣居康伯母殷浩之姊賢明婦人也每聞隱之哭聲輟食投杼為之悲泣既而謂康伯曰若居銓衡當舉此輩人及康伯為吏部尚書隱之遂階清級

又曰蔡克居選官苟進之徒望風畏憚初克未仕時河內山簡嘗與鄉邪王衍書曰蔡子尼今之正人衍以書示衆曰山子以一字拔人然未易可稱後衍聞克在選官曰山子正人之言驗於今矣

晉起居注曰太康四年八月詔曰選曹銓管人才宜得忠恪寡欲抑華崇本者尚書朱整周慎廉敬以道素自居是其人也其以整為吏部尚書

虞預晉書曰盧欽字子若少好學為尚書僕射領吏部欽清貫選舉稱為廉平

晉陽秋曰陳羣為吏部尚書制九格登用皆由於中正考之簿世然後授任

晉書諸公賛曰李胤為吏部尚書正身率職不撓故能行其所見遂刊定選例而著于今

宋書曰顏竣為吏部尚書留心選舉自強不息任遇既隆奏無不可後謝莊代竣意多不行竣容貌嚴毅莊風姿甚美賓客喧訴常懽笑苔之時人語曰顏竣嗔而與人官謝

莊笑而不與人官

又曰蔡廓爲吏部尚書廓因傅隆問傅亮選事若悉以見付不論不然不能拜亮以語録尚書徐羨之羨之曰黃門已下悉以委蔡自此已上宜共參同異廓曰我不能爲徐干木署紙尾遂不拜干木羨之小字也選案録尚書與吏部尚書連名故廓云紙尾

又曰王弘自領選將加榮禄於人者每先呵責譴辱之然後施行若美相盻接語欣歡者必無所諧人問其故答曰王爵既加於人又相撫勞便成與主分功此所謂奸以事君者也若求者絶官叙之分既無以爲患又不微借顏色即大成怨府亦鄙薄所不任問者悦伏

又曰江湛爲吏部尚書家甚貧不營財利餉饋盈門一無所受無兼衣餘食嘗爲上所召遇澣衣稱疾經日衣成然後赴

又曰庾仲文性好潔爲吏部尚書用少府卿劉道錫爲廣州刺史道錫至鎮餉白檀牽車常自乘焉或以白文帝帝見問曰道錫餉卿小車裝飾甚麗有之乎仲文懼起謝

又曰庾炳之爲吏部尚書通貨賄吏部令史錢泰能彈琵琶王客令史周伯齊善歌謳炳之宅諮事因留宿尚書舊制令史諮事不得宿停外雖有八座命亦不許爲所司奏免官也

又曰少帝即位以蔡廓爲吏部尚書不肯拜乃以王惠代焉惠被召即拜未嘗接客人有與書求官者得輒聚置閣上及去職其封如初時談者以廓之不拜惠之即拜雖事異而意同也

齊書曰褚彥回遷吏部尚書有人求官密袖中將一餅金因求清閑出金示之曰人無知者彥回曰卿自應得官無假此物若必見與不得不相啓此人大懼收金而去彥回叙其事而不言其名時人莫之知也

又曰褚炫爲吏部尚書炫居身清立非弔問不雜交遊論者以爲美及在選部門庭蕭索賓客罕至出行左右常捧一黃紙帽風吹紙剥殆盡

南史曰初謝朓告王敬則敬則女爲朓妻常懷刀欲報朓朓不敢相見及當拜吏部謙挹尤甚尚書郎范縝嘲之曰卿人才無慙小選但恨不可刑于寡妻朓有愧色

南史曰蔡徵拜吏部尚書啓後主借鼓吹後主謂所司曰鼓吹軍樂有功乃授蔡徵不自量揆紊我朝章然其父景歷既有締構之功宜且如啓拜訖即追還

梁書曰蕭子明爲吏部尚書性凝簡負才氣見九流賓客不與交言但舉扇一撝而已衣冠竊恨之

又曰謝覽字景滁朏之弟瀹之子也自祖至孫三代居選部時以爲榮

又曰王泰字仲通爲都官尚書能接人士士皆願其居選官頃之爲吏部尚書衣冠傾屬

又曰謝舉字言揚遷掌吏部舉祖莊宋代再典選至舉又三爲此職前代未有也

崔鴻十六國春秋曰永寧伯郭撫字仲安金城人也初爲吏部尚書與郎姚範清心虛求搜揚俊乂內外稱之以擬魏之崔毛

後魏書曰崔玄伯遷吏部尚書命有司制官爵撰朝儀協音樂定律令申科禁玄伯揔而裁之以爲永式及置八部大夫擬八座玄伯通署三十六曹如令僕統事

又曰崔亮遷吏部尚書時羽林新害張彝之後靈太后令武官得依資入選官員既少應選者多前尚書李韶循常擢人百姓大爲嗟怨亮乃奏爲格制不問士之賢愚專以停解日月爲斷雖復官須此人停日後者終於不得庸才下品年月久者灼然先用沉滯者皆稱其能

又曰郭祚爲吏部祚持身潔清重惜官位至於銓授假令得人必徘徊久之然後下筆即云此人便以貴矣由是頗勞滯當時每招怨言然所用者皆量才稱職時人以此歸之

又曰元順爲吏部尚書時三公曹令史朱暉素事録尚書高陽王雍雍欲以爲廷尉評頻頻託順順不爲用雍遂下命用之順投於地雍聞之大怒昧爽坐都廳召尚書及丞郎畢集欲待順至於衆挫之順日高方至雍攘袂撫几而

言曰天子之子天子之弟天子之叔天子之相四海之内親尊莫二元順何人以身成命投弃於地順鬚眉俱張仰面看屋憤氣奔涌長歔而不言久之摇一白羽扇徐而謂雍曰高祖遷宅中土剏定九流官方清濁軌儀万古而朱暉小人身爲省史何令爲廷尉清官殿下既先皇同氣宜遵成旨自有短垣而復踰之雍曰身爲丞相録尚書如何不用一人爲官順曰庖人雖不理庖尸祝不得越樽俎而代之未聞有別旨令殿下參選事順又厲聲曰殿下必如是順當依事聞雍遂笑而言曰豈可以朱暉小人便相忿恨遂起呼順入室與之極飲順之亢毅不撓皆此類也

又曰元脩義遷吏部尚書及在銓衡唯事貨賄授官大小皆有定價時中散大夫高居者有旨先叙上黨郡缺遂求之脩義私已許人抑居不與居大言不遜脩義命左右臺曳之居對衆大呼天唱賊人問居曰白日公庭安得有賊居指脩義曰此座上者違天子明詔物多者得官京師白刼此非大賊乎脩義失色居行罵而出

三國典略曰東魏以楊愔典選嘗六十人爲一甲愔令其自叙訖不省文簿便次第呼之呼誤以慕容爲長孫一人而已有職人魯漫漢自言微賤不蒙記愔曰御前在元子思坊乘驢遥見我不下以方麹障面我何不識卿耶漫漢驚服愔又謂之曰名以定體果自不虛令史唱名誤以盧士深爲士琛深自言其名愔曰盧郎朗潤所以加玉

比齊書曰段孝言爲吏部尚書孝言既無深鑒又待物不平抽擢之徒非賄則舊有將作丞崔成忽於衆中抗言曰尚書天下尚書豈獨段家尚書也孝言無辭以荅唯厲色遣下而已

又曰陳孔奐爲吏部尚書太子叔寳欲以江揔爲太子詹事令管記陸瑜言之於奐奐謂瑜曰江有潘陸之才而無園綺之實輔弼儲后竊有所難瑜具以白太子太子深以爲恨乃自言於陳主將許之奐乃啓曰江揔文章之人今太子文藻不少無藉於揔如臣愚見願選敦重之才以居輔導陳主曰即如卿言誰當居此奐曰　尚書王廓世有懿德識性敦敏可以居之太子時亦在側乃曰廓王泰之子不可爲太子詹事奐又啓曰宋朝范蔚宗即范泰之子亦爲太子詹事前世不疑太子固爭之陳主卒以揔果共太子爲長夜之飲養良娣陳氏爲女太子微行遊揔家陳主怒而免之

隋書曰牛弘爲吏部尚書其選舉先德行而後文才所進用多稱職吏部侍郎高孝基鑒賞機晤清慎絶倫然爽俊

有餘迹以輕薄時宰多以此疑之唯弘深識其眞推心委任隋之選舉於斯爲最

又曰牛弘拜吏部尚書時高祖又令弘與楊素蘇威薛道衡許善心虞世基崔子發等并召諸儒論新禮降殺輕重弘所立議衆咸推服之仁壽二年獻皇后崩王公已下不能定其儀注楊素謂弘曰公舊學時賢所仰今日之事決在於公弘了不辭讓斯須之間儀注悉備皆有故實素歎曰衣冠禮樂盡在此矣非吾所及也

又曰韋世康拜吏部尚書前後十餘年間多所進拔朝廷稱爲廉平嘗因休暇而謂子弟曰吾聞功遂身退古人常道今年將耳順志在懸車汝輩以爲云何子福嗣荅曰大人澡身浴德名立官成盈蒲之誡先哲所重欲追蹤二踈伏奉尊命

唐書曰韋思謙弱冠舉進士累補應城令歲餘調選思謙在官坐公事微殿舊制多不進官吏部尚書高季輔曰自居選部今始得此一人豈以小疵而弃大德特進超授監察御史由是知名

又曰李巽爲吏部尚書秉樞郎官相率省疾巽初不言其病與之考校程課商推公利至其夕而終

唐新語曰裴光廷爲吏部始制循資格以一賢愚遵平轍者喜其循常負材用者受其抑屈宋璟固爭不得及光廷卒有司定謚以其用循資格非奨勸之道謚爲克平

先賢行狀曰崔琰委授銓衡總齊清議十有餘年文武羣才多所明拔朝廷歸美天下稱平

袁子曰魏家置吏部尚書專選天下百官夫用人人君之所司不可以假人者也使治亂之柄制在一人之手權重而人才難居此職稱此才者未有一也

世說曰王濬冲裴叔則二人總角詣鍾士季須臾去後客問鍾曰二童是誰鍾曰裴楷清通王戎簡要後二十年此二賢爲吏部尚書當尒時天下無滯才

世語曰安定梁鵠善八分書初爲吏部尚書太祖求爲洛陽令鵠以爲北部尉鵠避地荆州太祖定荆州太祖求鵠鵠乞以書贖死乃令書信幡宫門題

語林曰袁眞爲監運范玄平作吏部尚書大坐語袁卿此選還不失護軍袁曰卿何事人中作市井

魏名臣奏曰羽林右監朱遺言天下之任非吏部尚書所能獨辦令長以下可專付吏部守以上八座舉

傳咸集表曰昔毛玠爲吏部尚書無敢好衣美食者魏武歎曰孤之法不如毛尚書令使吏部用心如毛玠風俗之易在不難矣

太平御覽卷第二百一十四

太平御覽卷第二百一十五

職官部十三

吏部侍郎　　摠叙尚書郎

吏部侍郎

隋書曰陸彥師爲吏部侍郎隋承周制官無清濁彥師在職凡所任人頗甄別於士庶論者美之

又曰高孝基爲吏部侍郎房玄齡杜如晦與選孝基特加賞異後以爲知人

又曰煬帝以尚書六曹吏部禮部兵部刑部民部工部各置侍郎一人以貳尚書之職

唐書曰高季輔爲吏部侍郎凡所銓叙時稱允當從幸翠微宮大宗賜金背鏡一面以表其清鑒焉

又曰天后以許子儒爲天官侍郎儒不以藻餝爲意其補官委令史勾直時謂勾直曰平配後崔玄暐爲之介然自守絶於請謁爲職政者所忌轉文昌左丞選司令史乃設齋自慶武太后聞之復拜爲天官侍郎

又曰席豫爲吏部侍郎玄宗謂之曰以卿前爲考功職事平允故有此授豫典選六年復有令譽

又曰房潁叔拜天官侍郎自其高祖景伯至潁叔四代咸居選部時論榮之

又曰韋陟爲吏部侍郎常病選人冒名接脚竊授闕員旣少取士良難正調者被擠僞集者冒進陟剛腸嫉惡風彩嚴正見選人疑其有瑕按聲盤詰無不首伏每歲皆贖得數百員闕以待淹滯常謂所親曰使陟知銓衡一二年則無人可選矣

又曰崔羣徽拜吏部侍郎穆宗召見別殿謂羣曰我昇儲

位知卿爲羽翼羣曰先帝意元在陛下頃者授陛下淮西節度使臣奉命草制且曰能辨南陽之牘允符東海之賢若不知先帝深旨臣豈敢輕言

又曰崔鄲爲兵部侍郎本官判吏部東銓事文宗勤於政道每苦選曹訛弊延英謂宰臣曰吏部殊不選才安得撫實無濫可釐革否李石對曰令録可以商量他官且宜循舊上曰循舊如配官耳賢不肖安能甄別乃召三銓謂之曰卿等比選令録如何注擬鄲對曰資叙相當問其爲治之術視可否而擬之帝曰依資合得而才劣者何授對曰與邊遠慢官帝曰如以不肖之才治邊民則疾苦可知也凡朝廷求理遠近皆須得人苟非其才人受其弊矣

又曰楊纂除吏部侍郎前後典選十餘載銓叙人倫稱爲允當然而抑文雅進黠吏觀時任數頗爲時論所譏

又曰鄧玄挺爲吏部侍郎旣不稱職甚爲時談所鄙又時患消渴病選人因目爲鄧渴榜於衢路自有唐已來掌選之失未有如玄挺者坐此左遷澧州刺史

唐新語曰裴行儉爲吏部侍郎賞拔蘇味道王勮曰二公後當相次掌鈞衡之任卒如其言

又曰韋陟嘗任吏部侍郎有一致仕官叙五品陟判之曰青壇展慶曾不立班朱紱承榮無宜卧拜時人推其強直

又曰姜晦爲吏部侍郎性聰悟識理體舊制吏曹舍宇悉布棘以防令史與選人交通及晦領選事盡除之大開銓門示無所禁私引致者晦輒知之召問莫不首伏初朝廷以晦改革前規咸以爲不可竟銓綜得所賄賂不行舉朝歎伏

又曰馬載爲吏部侍郎時考功員外劉思立子憲爲河内

尉思立今日亡明日選人有索憲闕者載深咨嗟以爲名敎所不容乃書其無行注於集朝廷咸曰眞銓綜流品之司可謂振理風俗也其人比出選門爲衆目所視衆口所訐趑趄失步

摠叙尚書郎

漢書曰南宫二十五星應臺郎位故明帝去郎官上應列宿即此也

又曰主父偃詣闕上書朝奏暮召人見所言九事其八事爲律令其一事諫匈奴上謂曰公等安在何相見之晚乃拜偃爲郎中

又曰韓信爲項羽郎中數干以策而弗用

東觀漢記曰樊梵字文高爲郎每當直事駐車待漏雖在閑署冠劔不解於身每齋祠恐失時張燈俯伏爲郎二十

三歲未嘗被奏三署服其愼重

又曰黄香爲尚書郎嘗獨止宿臺上晝夜不離省闥上聞善之

又曰陽嘉二年汝南童子謝廉河南趙建年十二各通一經以太學初繕應化而至皆除郎中

又曰黄香知古今記羣書無不涉獵兼好圖讖天官星氣鍾律曆筭窮極道術京師號曰天下無雙江夏黄童京師貴戚慕其聲名更饋衣物拜尚書郎

後漢書曰馮豹拜尚書郎忠勤不懈每事未報常俯伏省閤或從昏至明肅宗聞而嘉之使黄門持被覆豹勑令勿驚由是數加賞賜

又曰馮勤除爲郎中給事尚書以圖議軍糧在事精勤遂見親識每引進帝輒顧謂左右曰佳乎吏也由是使典諸侯封事勤差量功次輕重國土遠近地勢豐薄不相踰越莫不厭服焉自是封爵之制非勤不定帝益以爲能

又曰藥崧天性朴忠家貧爲郎常獨直臺上無被枕杫杫思漬反謂俎几也方言云蜀漢之郊曰杫食糟糠帝每夜入臺輒見崧問其故甚嘉之自此詔太官賜尚書以下朝夕飡給帷被皂袍

又曰桓彬拜尚書郎時中常侍曹節女壻馮方亦爲郎彬厲志操與左丞劉歆右丞杜希同好交善未嘗與方共酒食之會方深怨之遂章言彬等爲酒黨事下尚書令劉猛猛雅善彬等不舉正其事節大怒劾奏猛以爲阿黨請收下詔獄在朝者爲之寒心猛意氣自若旬日得出免官禁錮彬遂見廢

又曰王譚爲尚書侍郎臺閣議奏常依義據法爲三臺之表

又曰陳忠疏曰尚書爲王喉舌而諸郎多文俗鮮有雅才每爲詔文宣示内外轉相求請也

續漢書曰胡廣字伯始舉孝廉試爲天下第一旬日拜尚書郎

又曰徐防爲尚書郎性周密畏慎在臺閣典職十年奏事三世未嘗有過

謝承後漢書曰尚書郎舊典秩滿遷令長鄭弘爲僕射奏以臺職任尊而賞薄人無樂者請使郎補二千石自此始也

又曰方儲爲郎中章帝使文郎居左武郎居右儲正位中曰臣文武兼備在所施用上嘉其才以繁亂絲付儲使理儲拔佩刀而斷之曰又經任勢臨事宜然

又曰何湯拜郎中守開陽門候上微行夜還湯閉門不納

更從中東門入明旦召詣太官賜食諸門候皆奪俸
華嶠後漢書曰館陶公主為子求郎不許賜錢千万明帝
謂羣臣曰郎官上應列宿非其人則民受其殃
又曰竇攸篤學退居舉孝廉為郎世祖會百寮於靈臺得
鼠如豹文問羣臣攸曰鼮鼠詔曰何以知曰見尓雅詔書
如攸言賜帛三百更勑諸王子從攸受尓雅
又曰明帝性褊察嘗以事怒郎樂崧崧逕入牀下上怒甚
疾呼曰郎出郎出崧曰天子穆穆諸侯皇皇未聞人君自
起撞郎上乃舍之
漢官儀曰尚書郎四人一主匈奴單于營部一主羌夷吏
民一主天下戶口土田墾作一主錢帛貢獻委輸
又曰尚書郎主作文書起草夜更直五日於建禮門內
又曰尚書郎給青縑白綾被以錦被帷帳氊褥通中枕太

官供食湯官供餅餌五熟菓實下天子一等級尚書史二
人女侍史二人皆選端正從直女侍執香鑪燒薰從入臺護
衣奏事明光殿省皆胡粉塗畫古賢人烈女郎握蘭含香
趍走丹墀奏事黃門郎與對揖天子五時賜服若郎處曹
二年賜遷二千石刺史
又曰尚書郎初上詣臺稱守尚書郎滿歲稱尚書郎中三
年稱侍郎
續漢書百官志曰尚書郎三十六人四百石
魏志曰明帝太和四年詔曰世之質文隨教而變兵亂以
來經學廢絕後生進趣不由典謨豈朕訓導未洽將進用
者不以德顯乎其郎吏學通一經才任牧民博士課試擢
其高第者亟用其浮華不務道夲者皆罷退之
又曰賈詡字文和武威姑臧人也少時人莫知唯漢陽閻

忠異之謂有良平之計察孝廉為郎
魏略曰韓宣字景然為尚書郎嘗以職事當受罰已縛束
竟杖未行文帝輦過問是誰左右以實對帝曰是子建所
道韓宣耶特原之
又曰姜維字伯約郡欲表維以為將維家夲衣冠不願為
將郡因表拜郎中
吳志曰張純字元基少厲操行學博才秀而切問捷對容
止可觀擢拜郎中
又曰士燮字威彥蒼梧廣信人少遊學京師事潁川劉子
奇治左氏春秋察孝廉補尚書郎
又曰孫晧降晉賜號歸命侯諸子為王者皆拜郎中
晉書曰魏舒字陽元為尚書郎時選郎或有非其人論者
欲有沙汰之言舒曰吾即其人也乃襆被退出同寮素無

清議者咸有自愧之色談者莫不詠其高
又曰索靖同郡張勃特表靖以才藝絕人宜在臺閣不宜
遠出邊塞武帝納之擢為尚書郎
又曰樂廣為尚書郎與何晏鄧颺等談講衛瓘見而奇之
曰常恐微言將絕今復聞之命諸子造焉謂曰此人之水
鏡也每見此人瑩然猶披雲霧而覩青天也
又曰索靖子綝字巨秀少有逸羣之量靖每曰綝廊廟之
材非簡札之用州郡吏不足汙吾兒也舉秀才除郎中嘗
報兄讎手殺三十七人時人壯之
又曰吳隱之兄坦之為袁真功曹真敗將及禍隱之詣桓
溫乞代兄命溫矜而釋之遂為溫所知賞拜奉朝請尚書郎
又曰熱令言於長沙王乂曰昔魏武每有軍事增置掾屬
尚書令陳矯以有軍事亦奏增郎況今都官中騎三曹晝

出貲戰夜還理事一人兩役内外廢之含謂之各有主師委之大將不宜復令臺僚雜與其門乂從之乃增郎及令史也

又曰賈充改爲律令以裴楷爲定科郎

晉中興書曰王彪之字叔虎從伯導謂曰選官欲以汝達可作諸王佐郎彪曰位之多少既不足計自當任之於時至於超遷是所不願遂爲郎

又曰王坦之字文度選曹將擬爲尚書郎坦之聞曰自過江尚書郎正用第二人何得以此見擬其子國寶好傾側婦父謝安惡之除尚書郎國寶以爲中興膏腴之族唯作吏部不作餘曹郎怨之辭不拜

晉太康起居注曰故司空王基夙爲先帝授任基子冲尚書郎中雖在清途猶未免楚撻其以冲爲治書侍御史

齊書曰陸惠曉除尚書殿中郎隣族來相賀惠曉舉酒曰陸惠曉年踰三十婦父領選始作尚書郎卿輩乃復以爲慶耶

梁書天監元年詔曰自禮闈陵替歷茲永久郎署備員無取職事糠粃文案貴尚虛閑空有趨墀之名了無握蘭之實曹郎可依昔奏事自是始奏事

又曰王筠除尚書殿中郎王氏過江以來未有居郎署者或勸不就筠曰陸平原東南之秀王文度獨步江東吾得比蹤昔人何所多恨乃忻然就職

又曰劉洽爲尚書殿中郎洽兄弟羣從遞居此職時人榮之

又曰殿中郎缺武帝曰此曹舊用文學且居鴈行之首宜詳擇其人以張緬爲之

後魏書曰高允爲郎二十七年不徙官時百官無祿允恒使諸子樵采自給初尚書竇瑾坐事誅瑾子遵亡在山澤遵母焦沒入縣官後焦以老得免瑾之親故莫有恤者允愍焦年老保護在家積六年遵始蒙赦其篤行如此

三國典略曰齊主命百司各列勤惰尚書郎皇甫亮三日不上齊主親詰其故亮對曰一日雨一日醉一日病酒齊主以其言實遂優容之令杖脛三十

唐書曰韋虛舟家有禮則父子兄弟更踐郎省時稱郎官家

又曰趙曄字雲卿鄧州穰人早擅高名在官途五十年累經貶謫蹇躓備至入仕三十年方霑省官身在郎署子嘗徒步官既散曹俸祿單寡衣食不充以至亡歿撿者爲之歎息

三輔決録曰田鳳字季宗爲尚書郎容儀端正入奏事靈帝目送之因題柱曰堂堂乎張京兆田郎

又曰陳重與其友雷義俱拜尚書郎義以左黜重見義去官亦以病免

汝南先賢傳曰陳蕃上書云昔明帝時公主爲子求郎不許賜錢千萬左右問之帝曰郎天官也以當叙德何可妄與人耶今陛下以郎比一把菜臣以爲反側也

又曰屈霸字子卿拜尚書郎當五侯之時貴戚傾天下在朝者莫不慎睫承風子卿終不屈撓

王處冲別傳曰處冲爲尚書郎外望簡縱若有遺漏然事要機轄執其中中外之間亡所辨明臺閣益歸重之

通典曰故事叔父兄弟不許同省爲郎官格令不載亦無正勑貞觀二年十一月韋叔謙除刑部員外三年四月韋

季武除主爵郎中其年七月韋叔諧除庫部郎中太宗謂曰知卿兄弟近在尚書省故授卿此官欲成一家之美無辭稍屈階資也其後同省者甚多近日非特恩除拜即須相迴避

抱朴子曰漢末有祢衡者年二十三孔文舉齒過知命身居九列才學冠羣名位殊絶始友衡於布衣又薦之於朝以爲宜使起家作臺郎

世語曰青龍中石苞鬻鐵於長安得見司馬宣王知爲擢爲郎

又曰曹爽辭以綏將出主簿楊綜止之爽不從有司奏綜導爽反宣王曰各爲其主宥之爲郎

桓譚新論曰余年十七爲奉車郎中衛殿中小苑西門

魏武集選舉令曰國家舊法選尚書郎取年未五十者使

文筆眞草有才能謹愼典曹治事起草立義又以草呈示令僕訖乃付令史書之耳書訖共省讀内之事本來臺郎統之令史不行知也書之不好令史坐之至於謬誤讀省者之責若郎不能爲文書當御令史是爲牽牛不可以服箱而當取辯於繭角也

魏名臣奏駙馬都尉甄毅奏曰漢時公卿皆奏事選尚書郎試然後得爲之其在職自賁所發書詣天子前發省便處當事輕重口自決定或天子難問據案處正乃見郎之割斷材伎魏則不然今尚書郎皆天下之選材伎鋒出亦欲騁其能於萬乘之前宜如故事令郎口自奏事自處當

山濤啓事曰雍州久無郎前尚書傳祗坐事免官在職日淺其州人才無先之者不審可復用否

又曰皇太子東宮多用雜材爲官屬宜令純取清德太子舍人夏侯孝若有盛文德而不長理民有益臺閣在東宮已久命殿中郎缺宜得才學不審孝若可遷此否

陸機謝吴王表曰殿中以臣爲郎中命轉中兵郎後以頗涉文學見轉爲殿中郎

太平御覽卷第二百一十五

太平御覽卷第二百一十六

職官部十四

吏部四司郎中員外

吏部郎中

六典曰吏部郎中掌考天下文吏之班秩階品

魏志曰諸葛誕字公休爲吏部郎人有所囑託輙顯其言而㼐用之後有當否則公議其得失以爲褒貶自是羣寮莫不慎其所舉

魏志曰袁侃論議清當柔而不犯善與人同當釁興之間人所趨務者常謙退不爲也時人以是稱之歷選部郎號爲清平

魏氏春秋曰許允爲吏部郎選郡守明帝疑其所用非次召入將加罪允妻阮氏跣出謂曰明主可以理奪難以情求允領之而入帝怒詰之允對曰某郡守雖限滿文書先至年限在後某守雖後日限在前帝取事視乃釋遣出望其衣敗曰清吏也

蜀志曰趙戩字叔茂京兆長陵人質而好學言稱詩書愛鄙於人不論疎密辟公府入爲尚書選部郎董卓欲以所私並充臺閣戩拒不聽卓怒召戩欲殺之觀者皆爲戩懼而戩自若及見卓列辭正色陳說是非卓雖凶戾屈而謝之

晉書曰山濤爲吏部郎文帝與書曰足下在事明雅邁時念多所乏今致錢二十萬絲百斤穀二百斛

又曰李重字茂曾遷尚書吏部郎詢朝衆而斥華競存公平而塞私謁是以羣才罔不畢舉

又曰吏部郎鈦文帝問人於鍾會會曰裴楷清通王戎簡

要皆其選也於是以楷爲吏部郎

又曰徐寧杪知名爲輿縣令時廷尉桓彝稱有人倫鑒識護軍庾亮每屬之訪一佳吏部郎彝嘗去職至廣陵尋親舊還遇風停浦中累日憂悒因上岸見一室宇有似解署訪之云是輿縣彝乃造之寧清惠博涉相遇欣然因留數夕彝大賞之結交而別至都謂庾亮曰吾爲卿得一佳吏部郎亮問所在彝曰人所應有不必有人所應無不必無徐寧眞海岱清士因爲叙之即遷吏部郎

又曰杜錫字世嘏補吏部郎不敢用鄉曲一人

又曰王戎少穎悟二十四爲吏部郎

又曰李胤爲吏部清慎選舉號爲廉平

荀綽晉後略曰武令字景緯官歷中庶子遷散騎常侍以毋在日誨汝修其志仕當爲尚書郎懼進叙有違前言乃辭常侍爲吏部郎

晉中興書曰阮放與從弟孚齊名爲吏部郎銓管之任甚有稱譽性清約不理產業爲郎不免飢乏王導庾亮以其名士供給衣食放由是得立

又曰畢卓字茂世新蔡人少亦放達泰興末爲吏部郎常飲酒廢職比舍郎釀卓因醉夜至其甕間取酒飲之掌酒者不察執而縛之郎往視乃畢吏部也遽釋其縛卓遂引主人宴於甕側取醉而去卓常謂人曰右手持酒杯左手持蟹螯拍浮酒池中便足了一生

宋書曰王僧綽爲吏部郎叅掌大選究識流品諳悉人物拔才舉能咸得其分

又曰何尚之遷吏部郎告休定省傾朝廷送別於治渚及至郡叔度謂曰聞汝來此傾朝相送可幾客答曰殆數百

人敍度笑曰此是送吏部郎耳非關何彥德也昔殷浩亦嘗作豫章定省送別者甚衆及廢徙東陽船泊征虜亭積日乃至親舊無復相窺者

又曰王微字景玄吏部尚書江湛舉微爲吏部郎微與湛書曰君平生云揚我名者殺我身天爵且猶滅名安用吏部郎哉其舉何陋其事不經非獨搢紳者不道僕妾皆笑之

又曰王悅之爲吏部郎隣舍有會同者遺悅之餅一甌辭不受曰此費誠小然少來不願當之

又曰袁淑爲吏部郎其秋大舉北伐淑侍坐從容曰今當鳴鑾中岳席卷趙魏檢玉岱宗今其時也臣逢千載之會願上封禪書一篇太祖笑曰盛德之事我何足以當之

齊書曰陸慧曉遷吏部郎尚書令王晏選門生補內外要

局慧曉爲用數人而止晏恨之送女妓一人欲與申好慧曉不納吏曹都令史歷政以來諮執選事慧曉任己獨行未嘗與語帝遣左右單景儁以事誚問慧曉謂景儁曰六十之年不復能諂都令史爲吏部郎也上若謂身不堪便當拂衣而退帝甚憚之

又曰謝朓遷尚書吏部郎中上表三讓中書疑朓官未及讓以問沈約曰宋元嘉中范曄讓吏部朱脩之讓黃門蔡興宗讓中書並三表詔答其事死然近代小官不讓遂成恒俗恐此有乖讓意王藍田劉安西並貴重初自不讓今豈可慕此不讓耶孫興公孔覬並讓記室今豈可三署皆讓耶謝吏部今授超階讓別有意豈關官之大小

梁書曰顧憲之字士思爲吏部郎初其祖凱之嘗爲吏部於庭列植嘉樹謂人曰吾爲憲之種耳至是憲之果爲此官

又曰王亮字奉叔爲吏部郎銓序著稱及後爲吏部尚書拘資次而已當代謂爲不能

後魏書曰宋繇沮渠蒙遜平酒泉於繇室得書數千卷鹽米十斛而已蒙遜歎曰孤不喜克李歆欣得宋繇耳拜尚書吏部郎中委以銓衡之任

又曰鄧淵博覽經書長於易筮太祖定中原擢爲吏部郎淵明解制度多識故事與崔玄伯參定朝儀律令音樂及軍國文記詔策多淵所爲

又曰孝文帝欲創革舊制選置百官謂羣臣曰爲朕舉一吏部郎給卿三日假尋曰朕已得之矣乃徵崔亮爲之亮字敬儒自參選事垂將二十年廉愼明決尚書曰非崔郎中選事不辦

又曰韋瑒爲吏部郎性貪婪鬻賣官吏皆有定價

王蘊別傳曰蘊字叔仁爲吏部郎欲使時無屈滯曾下鼓急出日昃乃至家去臺數里高褰車帷先後與語不得進也一官缺求者十輩蘊連狀呈宰録曰某人有地某人有才不得者甘心無怨

晉懷帝永嘉官名曰吏部郎太原溫畿字元甫世論以其爲人夷曠似玉

郭子曰劉道眞少時漁釣草澤善歌嘯聞之者莫不留連有一老嫗識其非人甚樂其歌嘯及殺豚進之道眞食豚盡了不謝嫗見其不飽又進一豚又食半餘半還之後道眞爲吏部郎嫗兒爲小令史道眞乃超用之兒不知所由問母而後知之於是齎牛酒以詣道眞道眞笑曰去去無可復相報者

世說曰山濤舉阮咸爲吏部郎白曰清真寡欲萬物不能移也

山濤啓事曰人才旣自難知中人已下情僞又難吏部郎以碎事日夜相接非但當正已而已乃當能正人議郎杜默德履亦佳太子庶子崔諒中郎陳淮皆有意正又其次不審有可用者不

袁宏與謝僕射書曰聞見擬爲吏部郎不知審尒果當至此誠相遇之過

梁陸倕拜吏部郎表曰銓衡庶品歷選賓實阮咸眞素屢薦未登陸亮忠心裁居敗職自非李重清識李毅恬正何以區分管庫式鑒晉吏

吏部員外郎

六典曰吏部員外郎二人一人掌判南曹每歲選人有解

狀簿書資歷考課必由之以覆其實乃上三銓其三銓進甲則署焉一人掌判曹務凡預太廟齋郎帖試如貢舉焉

唐書曰崔鄲爲吏部員外郎吏不敢欺孤寒無援者未嘗留滯銓敘之美爲時所稱

五代史後唐書曰蕭頃遷吏部員外郎先是張瀆由中書出爲右僕射曲爲朱溫判官高劭使袒蔭求一子出身官省寺皆稱無例瀆指揮甚急吏徒惶懼頃乃判狀云僕射未集郎官未赴省上指揮吏曹公事且非南宮舊儀瀆聞之慙悚致謝頃由是名振

司封郎中　司封員外郎

六典曰司封郎中員外郎掌邦之封爵凡有九等一曰王正一品食邑一萬户二曰郡王從一品食邑五千户三曰國公從一品食邑三千户四曰郡公正二品食邑二千户五曰縣公從二品食邑一千五百户六曰縣侯從三品食邑一千户七曰縣伯正四品食邑七百户八曰縣子正五品食邑五百户九曰縣男從五品食邑三百户

職員令曰司封郎中掌封璽皇宗諸親内外命婦及國官邑官告身并選流外親品等第等

司勳郎中　司勳員外郎

六典曰司勳郎中員外郎掌邦國官人之勳級凡勳十有二轉爲上柱國比正二品十一轉柱國（比從二品十轉爲上）護軍比正三品九轉爲護軍比從三品八轉爲上輕車都尉比正四品七轉爲輕車都尉比從四品六轉爲上騎都尉比正五品五轉爲騎都尉比從五品四轉爲驍騎尉比正六品三轉爲飛騎尉比從六品二轉爲雲騎尉比正七品一轉爲武騎尉比從七品

考功郎中

六典曰考功郎中員外郎掌内外文武官吏之考課凡應考之官皆具録當年功過行能本司及本州長對衆讀議其優劣定爲九等考第各於所由司准額校定然後送省

唐書曰代宗幸陜考功郎中裴諝步懷考功及南曹二印赴行在上見而謂之曰疾風知勁草果信矣

考功員外郎

唐書曰席豫襄陽人周湖州刺史固七世孫近徙家河南豫進士及第開元中累官至考功員外郎典舉得士爲時所稱

唐書曰孫逖爲考功員外郎逖選貢士二年多得俊才初年則杜鴻漸至宰輔顔眞卿爲尚書後年拔李華蕭穎士趙驊登上第逖爲人曰比三人便堪掌綸誥

又曰劉思立宋州寧陵人也遷考功員外郎始奏請明經加帖進士試雜文自思立始也

又曰鄭澣爲考功員外郎刺史有驅迫人吏上言政績請刊石紀政者澣探得其情條責廉使巧跡遂露人服其敏識

又曰李渤穆宗即位召爲考功員外郎十一月定京官考不避權幸皆行昇黜奏曰宰臣蕭俛段文昌崔植是陛下君臨之初用爲輔弼安危理亂决在此時况陛下思天下和平敬大臣禮切固未有昵比左右侈蒲自賢之心而宰相之權宰相之事陛下一以付之實君義臣行千載一遇之時也此時若失他更無時而俛等上不能推至公申㓗誠陳先王道德以沃君心又不能正色匪躬振舉舊法復百司之本如此則教化不立矣臣聞政之興廢在於賞罰

俛等作相已來未聞獎一人德義舉守官奉公者使天下在官之徒有所激勸又不聞黜一人職事不理持祿養交者使尸祿之徒有所懼如此則刑法不立矣雅正莫辯混然無章教化不行賞罰不設天下之事復何望哉一昨陛下遊幸驪山宰相翰林學士是陛下股肱心腹宜皆知之蕭俛等不能先事未形忘軀懇諫而使陛下有忽諫之名流於史冊是陷君於過也孔子曰所謂大臣者以道事君不可則止若俛等言行計從不當如是若言不行計不從須奉身速退不宜尸素於化源進退戾也何所避辭其蕭俛段文昌崔植三人并翰林學士杜元穎等並請考中下御史大夫李絳左散騎常侍張惟素右散騎常侍李益等諫幸驪山鄭覃等諫畋遊是皆恐陛下行幸不息恣情無度又恐馬有銜蹶不測之變風寒生疾之憂急奏無所諂國璽委於婦人中倖之手絳等能率御史諫官論列於朝有懇激事君之禮其李絳張惟素李益三人伏請賜上下考外特與遷官以彰陛下優忠賞諫之美其崔元略冠供奉之首合考上下緣與于翬上下考于翬以犯贓處死准令須降請賜考中中大理卿許季同任使于臺韋道冲韋正牧皆以犯贓或左降或處死合考中下然頃者陷劉闢之亂弃家歸朝忠節明著今宜以功補過請賜考中中少府監裴通職事修舉合考中上以其請追封所生母而捨嫡母是明罔於君幽欺其先請考中下伏以昔在宰夫入寢擅飯師曠李調令愚臣守官請書宰相學士中下考上愛聖運下振頹綱故臣懼不言之爲罪不懼言之爲罪也其三品官考伏緣限在今月内進輙先具如前其四品巳下官續具條流聞奏狀入留中不下議者以宰輔曠官自宜上疏論列而渤越職釣名非盡事君之道

唐新語曰李迴秀爲考功員外知貢舉有進士姓崔者文筆非佳迴秀覽之良久謂曰清河崔郎儀貌不惡鬚眉如戟精彩甚高出身何處暈豈必須進壯再三諭而遣之聞者大噱

太平御覽卷第二百一十六

太平御覽卷第二百一十七

職官部十五

兵部尚書　兵部侍郎

兵部四司郎中員外

户部尚書　户部侍郎

户部四司郎中員外

兵部尚書

六典曰兵部尚書侍郎之職掌天下武官選授及地圖輿馬甲仗之政令其屬有四一曰兵部二曰職方三曰駕部四曰庫部揔其職務而行其制命凡中外百司之事由於所屬咸質正焉

五代史晉史曰王權轉兵部尚書高祖德契丹屈節以事之馳馹乘軺道路交織一日勑權爲使權以前世累爲將相未嘗有稱臣於戎虜者謂人曰我雖不才年今耄矣豈能稽顙於穹廬之長乎違詔得罪亦所甘心由是停任

兵部侍郎

唐書曰太宗以楊弘禮有文武材擢拜兵部侍郎專典兵機之務弘禮每入參謀議出則統衆攻戰駐蹕之陣領馬步二十四軍出其不意以擊之所向摧破太宗自山下見弘禮所統之衆人皆盡力殺獲居多甚壯之謂許敬宗等曰越公兒郎故有家風矣

又曰崔湜遷兵部侍郎父挹爲禮部侍郎父子同爲南省副貳有唐已來未有其事

兵部郎中　兵部員外郎

六典曰兵部郎中二人一人掌判帳及天下武官之階品衛府之名數一人掌判簿以揔軍戎差遣之名數員外郎二人

職方郎中　職方員外郎

六典曰職方郎中員外郎掌天下之地圖及城隍鎮戍烽候之數辨其邦國都鄙之遠近及四夷之歸化者（外夷每有蕃客至委鴻臚訊其人本國山川風土修圖以進）

周禮曰夏官職方氏中大夫之職掌天下地圖主四方之職貢

駕部郎中　駕部員外郎

六典曰駕部郎中員外郎掌邦國輿輦車乘傳驛廐牧官私馬牛雜畜簿籍辨其出入司其名數

北史曰馮子琮爲尚書駕部郎中攝庫部孝昭曾閲簿領試令口陳子琮闇對無有遺失

隋書曰辛公義爲駕部郎勾撿馬牧所獲十餘萬疋帝喜曰唯我公義奉國竭心

庫部郎中　庫部員外郎

六典曰庫部郎中員外郎掌邦國軍州戎器儀仗凡元正冬至陳設并祠祭喪葬所供之物皆辦其出入之數量其繕造之功以分給焉

宋書曰文帝宴會有荒外歸化人帝問尚書庫部郎顧琛曰庫中仗有幾許琛跪對曰有十萬人仗舊武庫仗多祕不言帝既問失言及琛跪對甚善之

又曰江智泉除尚書庫部郎時高流官序未爲臺郎智泉聞抓援寡獨有此選意甚不悦固辭不拜

唐書曰孔若思遷庫部郎中若思常謂人仕至郎中足矣至是持一石止水滿於座右以示有止足之意

户部尚書

六典曰戸部尚書侍郎之職掌天下田戸均輸錢穀之政令其屬有四一曰戸部二曰度支三曰金部四曰倉部揔其職務而行其制命凡中外百司之事由於所屬皆質正焉

漢書曰成帝置尚書五人其三曰民曹主人吏上尚書事

吳志曰孫休初即位戸部尚書階下讀奏

梁書曰到溉爲左民尚書溉身長八尺美風儀善容止所莅以清白自脩性又率儉不好聲色虛室單牀傍無姬侍自外車服不事鮮華冠履十年一易朝服或至穿補傳呼清露示有朝章而已

又曰何𦒿字子季爲左人尚書後辭官隱於若邪山雲門寺勑給白衣尚書祿𦒿固辭

又曰到洽爲御史中丞兄溉爲左人尚書舊中丞不得入

尚書下舍洽引服親不應有礙刺省詳決乃許入溉省亦以其兄弟素篤不能相別也

又曰周弘正爲左民尚書夏月著犢鼻褌衣朱衣爲有司所彈其放達如此

戸部侍郎

唐書曰李林甫引蕭炅爲戸部侍郎甞與何挺之同行慶弔客次有禮記一卷炅讀之曰蒸甞伏臘炅早從官無學術不識伏臘之意誤讀之挺之戲問炅對如初挺之白張九齡曰省中豈得有伏獵侍郎由是出爲岐州刺史

又曰李絳爲戸部侍郎甞因次對憲宗曰戸部比有進獻至卿獨無何也絳曰將戸部錢獻入內藏是用官物以結私恩上聳然益嘉其直

又曰長慶中孟簡代崔羣爲戸部侍郎是官有二員其判使案者別居一署謂之左戸元和以還號爲清重之最皐轄登用多由此而去

又曰張平叔長慶中爲戸部侍郎平叔狡險大言因王播以進旣掌財用常屈公利以便嬖倖多卿之旣有寵於上進退便僻雜以優諧或自稱老奴無復大臣之體甞奏事畢降階復昇又有論奏倨盡輕脫上每爲笑容之在班列間玩狎郎吏謔肆無忌請變榷鹽法請宰相爲之使因以自求樞機之任每有內制出輒疑授已整衣冠以俟後人多笑之

又曰庾敬休字順之爲戸部侍郎奏兩川米價騰踊百姓流亡請糶兩川闕官職田祿米以救貧人從之

戸部郎中

六典曰戸部郎中員外郎掌分理戸口井田之事凡天下

十道任土所出而爲貢賦之差

隋書曰高構徵拜比部郎尋轉民部時內史侍郎晉平東與兄子長茂爭嫡尚書省不能斷朝臣三議不決構斷而合理上以爲能召入內殿勞之曰我聞尚書郎上應列宿觀卿才識方知古人之言信矣嫡庶者禮敬之所重我讀卿判數遍詞理恢當意所不能及也賜米百石由是知名

唐書曰韋維少習儒業博涉文史舉進士自大理丞累至戸部郎中善於剖判時員外郎宋之問工於詩時人以爲戸部有二妙

戸部員外郎

唐新語曰呂太一遷戸部員外戸部與吏部隣司吏部移牒戸部令牆宇悉竪棘以防令史交通太一報牒曰眷彼吏部銓綜之司當須簡要清通何必竪籬插棘省中賞其

俊抜

度支尚書

晉書曰初魏文帝置度支尚書專掌軍國支計朝議以征討未息動須節量及明帝嗣位欲用安平王孚問左右曰有兄風不荅曰似兄帝曰吾得司馬懿二人復何憂哉轉爲度支尚書

又曰當陽侯杜元凱爲度支尚書內以利人外以救邊備物致用以濟當時之益者五十餘條

朱鳳晉書曰文帝立度支尚書軍糧計校一由之以司馬孚爲之

晉起居注曰咸寧五年詔曰一年不收使公私俱匱不唯天時乃人事有不盡也故揔要者正在度支尚書也其以散騎常侍中書令張華爲度支尚書

後魏書曰陽平王子匡除度支尚書匡與尚書令高肇不平常無降下之色時世宗委政於肇朝廷傾憚惟匡與肇抗衡先自造棺置於廳事意欲輿棺詣闕論肇罪惡

隋書曰長孫平開皇三年徵拜度支尚書平見天下州縣多罹水旱百姓不給奏令民間每秋家出粟麥一石已下貧富爲差等儲之閭里以備凶年名曰義倉

度支郎中

唐書曰崔仁師爲度支郎中嘗奏度支財物數千言手不執本太宗怪之令黃門侍郎杜正倫齎本仁師對唱一無差殊太宗大奇之

六典曰度支郎中員外掌判天下租賦少多之數物產豐約之宜水陸道路之利每歲計其所出而支其所用凡物之精與地之近者以供國物之固與地之遠者以供軍皆

料其遠近時月衆寡好惡而節制之

度支員外郎

唐書曰張濬爲度支員外郎黃巢將逼關輔濬託疾請告侍其母挈族避亂商州賊犯京師僖宗出幸途無供須衛軍不得食漢陰令李康獻粮餌數百騾綱軍士始得食僖宗召康問之曰卿爲縣令安操心及此康對曰臣爲塵吏安敢有此進獻張濬員外教臣也帝異之

金部郎中　金部員外郎

隋書曰盧昌衡字子均爲僕射祖孝徵所薦遷尚書金部郎孝徵每曰吾用盧子均爲尚書郎自謂無愧幽明矣

六典曰金部郎中員外郎掌判天下庫藏錢帛出納之事頒其節制而司其簿録

倉部郎中

六典曰倉部郎中員外郎掌判天下倉儲受納租稅出給祿廪之事凡中外文武官品秩有差歲再給之

唐書曰畢誠歷駕部員外郎倉部郎中故事勢門子弟鄙倉駕二曹居之者不悅惟誠受命恬然恭遜口無異言執政多之

倉部員外郎

唐書曰長慶中孟簡遷倉部員外郎屬順宗登極王叔文竊政驟爲戶部侍郎簡爲其屬中立正色挺然不附叔文心忌而不敢退黜言於宰相韋執誼換刑部員外郎

太平御覽卷第二百一十七

職官部十六

刑部尚書　刑部侍郎
刑部四司郎中員外
禮部尚書　禮部侍郎
禮部四司郎中員外
工部尚書　工部侍郎
工部四司郎中員外

刑部尚書

六典曰刑部尚書侍郎之職掌天下刑法及徒隷勾覆關禁之政令其屬有四一曰刑部二曰都官三曰比部四曰司門摠其職務而行其制命凡中外百司之事由於所屬咸質正焉

唐書曰柳公綽為刑部尚書京兆人有姑鞭婦致死者府斷以償死公綽議曰尊毆卑非鬭且其子在以妻而戮其母非教也竟減死

又曰李適之拜刑部尚書適之雅好賓友飲酒一斗不亂夜則宴賞晝决公務庭無留事

刑部侍郎

唐書曰太宗謂侍臣曰張亮有義兒五百畜養此輩將何為也正欲反耳命百寮議其獄多言亮當誅唯將作少匠李道裕言亮反形未具明其無罪太宗既盛怒竟斬于市籍沒其家歲餘刑部侍郎有闕令執政者妙擇其人累奏皆不可太宗曰朕得其人也往者李道裕議張亮云反形未具此言當矣當時雖不即從至今追悔遂授道裕刑部侍郎

又曰劉瑑轉刑部侍郎瑑精於法律選大中已前二百四十四年制勑可行用者二千八百六十五條分為六百四十六門議其輕重別成一家法書號大中統類奏行用之

刑部郎中　刑部員外郎

六典曰刑部郎中員外郎各二員掌舉其典憲而辨其輕重凡文法之名有四一曰律二曰令三曰格四曰式凡律一十有二章一曰名例二曰衛禁三曰職制四曰戶婚五曰廄庫六曰擅興七曰盜賊八曰鬭訟九曰詐偽十曰雜律十一曰捕亡十二曰斷獄而大凡五百條焉

唐書曰長慶中刑部員外郎孫革奏准京兆府雲陽縣人力張涖欠羽林官騎康憲錢米憲徵之涖乘醉拉憲氣息將絕憲男買德年十四將救其父以涖角觝力人不敢搗解遂持木鍤擊涖之首見血後三日致死者准律文爲人

所毆人性救擊其人折傷減凡鬭三等至死依常律即買德救父難是性孝非暴擊張涖是功非兇以髫丱之歲正父子之親若非聖化所加童子安能及此王制稱五刑之理必原父子之親以權之測淺深之量以别之春秋之義原心定罪周書訓諸罰有權今買德生被皇風幼符至孝哀矜之宥伏在聖慈職當讞刑合分善惡先具事由陳奏伏冀賜下中書門下商量勑旨康買德尚在童年得知子道雖殺人當死而為父可哀若從沉命之科是失原情之義宜付法司減死罪一等處分

都官尚書

南史曰徐孝克為都官尚書自晉已來尚書官僚皆攜家屬居省省在臺城内下舍門中有閤道東西跨路通于朝堂其第一即都官省西抵閤道年代久遠多有鬼恠每夜

昏之際無故有聲光或見人着衣冠從井中出須臾復沒
或門閤自然開閉居者多死云尚書周確卒於此省孝克
代確便即居之經兩載祅變皆息時人咸以爲貞正所致
梁書曰羊侃遷都官尚書時尚書令何敬容用事與之並
居未嘗遊造有宦者張僧胤候侃曰我牀非閹人所坐竟
不前之時論美其貞正
後周書曰梁元帝以沈重領江陵遷都官尚書領羽林監
察又令重於合歡殿講周禮
比部郎中　比部員外郎
六典曰比部郎中員外郎掌勾諸司百寮俸料公廨贓贖
調斂徒役課程逋懸數物以周知內外之經費而摠勾之
凡內官料俸以品第高下爲差外官以州縣府之上中下
爲差
魏志曰何貞奏許都賦明帝奇之擢爲比部郎中
李綽尚書故實曰杜牧嘗於宰執求小儀不遂請小秋又
不遂嘗夢人謂曰辭春不及秋昆脚與皆頭後果得比部
員外

司門郎中　司門員外郎
六典曰司門郎中員外掌天下諸門及關出入往來之籍
賦而審其政凡關二十有六而爲上中下之差所以限中
外隔華夷設險作固閑邪正禁者周禮司徒職司門下大
夫掌授管鍵以啓閉國門幾出入不物者正其財貨凡財
物犯禁者舉之以財養死政之差與其孤
禮部尚書
六典曰禮部尚書侍郎之職掌天下禮儀祭饗貢舉之政
令其屬有四一曰禮部二曰祠部三曰膳部四曰主客揔

其職務而行其制命凡中外百司之事由於所屬皆質正
焉
尚書堯典帝曰咨四岳有能典朕三禮僉曰伯夷帝曰俞
伯夷汝作秩宗
家語曰父子不親長幼失序君臣上下乖離異志曰不和
不和則飭宗伯（飭謂整頓）
後魏書曰孝文車駕征馬圈留宋弁以本官兼祠部尚書
攝七兵事及行執其手曰國之大事在祀與戎故令卿綰
攝二曹弁頓首辭謝（東晉始置祠部尚書宋齊梁陳後魏北齊皆同東晉至隋乃更爲禮部尚書）
禮部侍郎
唐書曰韋陟爲禮部侍郎陟好引接後輩尤鑒于文雖詞
人後生靡不諳練曩者主司取與皆以一場之善登其科
目不盡其才陟先責舊文令舉人自通所工詩筆先試一
日知其所長然後依常式考覆片善無遺美聲盈路
又曰賈至轉禮部侍郎是歲至以時艱歲歉舉人赴省者
奏請兩都分試從之兩都試舉人自此始也
又曰高郢拜禮部侍郎時應進士舉者多務朋游馳聲名
每歲冬州府薦送後唯追奉讌集罕肄其業郢性剛正尤
嫉其風旣領職拒絕請託雖同列通熟無敢言者志在經
藝專考程試凡掌貢部三歲進幽獨抑浮華朋濫之風翕
然一變
又曰貶劉太真爲信州刺史太真爲禮部侍郎性恇懦詭
隨其掌貢舉宰臣姻族方鎮子弟先收擢之又嘗敘陳少
遊勲勣擬之桓文大招物議因斯貶

禮部郎中

六典曰禮部郎中員外郎掌二尚書侍郎舉其儀制而辨其名數
梁書曰武帝謂徐勉云今帝業初構須一人有學藝解朝儀者爲尚書儀曹郎勉曰孔休源識見清通諳練故事自晉宋起居注略誦上口遂拜爲儀曹郎

禮部員外郎

唐書曰韋叔夏授春官員外郎則天將拜洛及享明堂皆別受制共當時大儒祝欽明郭山惲撰定儀注凡所立議衆咸推服之

祠部郎中　祠部員外郎

六典曰祠部郎中員外郎掌祠祀享祭天文漏刻國忌廟諱卜筮醫藥僧尼之事凡祭祀之名有四一曰祀天神二曰祭地祇三曰享人鬼四曰釋奠于先聖先師其差有三

若昊天上帝五方帝皇地祇神州宗廟爲大祀日月星辰社稷先代帝王岳鎮海瀆帝社先蠶孔宣父齊太公諸太子廟爲中祀司中司命風師雨師衆星山林川澤五龍祠等及州縣社稷釋奠爲小祀
梁書曰賀德基少遊學都下積年不歸衣資罄乏又車服故弊盛冬止衣裌襦袴甞於白馬寺前逢一婦人容服甚盛呼德基入寺門脫白綸巾以贈之仍謂曰君方爲重器不久貧寒故以此相遺耳問姓名不荅而去德基於禮記稱爲精明位尚書祠部郎雖不至大官而三世儒學俱爲祠部郎時論美其不墜

主客郎中　主客員外郎

六典曰主客郎中員外郎掌二王後及諸蕃朝聘之事
後漢書何遠少有美望公府中十辟一無所就由是名重華夏起家爲尚書主客郎

膳部郎中　膳部員外郎

六典曰膳部郎中員外郎掌邦之牲豆酒膳辨其品數凡郊祀天地日月星辰岳瀆享祀宗廟百神在京都者用牛羊豕滌養之數省閱之儀皆載於廩犧之職焉
五代史後唐書曰膳部郎中鄭韜先奏諸司諸使職掌人吏乘暖坐帶銀魚席帽輕衣肥馬黎雜庭臣尊卑無別汗染時風請下禁止上嘉其事促行之中書覆爲不可趙鳳亟言於執政曰此禮誠人不可不切爲權吏所庇竟寢其事

工部尚書　工部侍郎

六典曰工部尚書侍郎之職掌天下百工屯田山澤之政令其屬有四一曰工部二曰屯田三曰虞部四曰水部揔

其職務而行其制命凡中外百司之事由於所屬咸質正焉
隋書曰長孫平爲工部尚書名爲稱職時有人告大都督邴紹非毀朝廷爲憒憒者上怒將斬之平進諫曰川澤納汙所以成其深山嶽藏疾所以就其大臣不勝至願願陛下弘山海之量茂寬裕之德鄙諺曰不癡不聾未堪作大家翁此言雖小可以喻大邴紹之言不應聞奏陛下又復誅之臣恐百代之後有虧聖德上於是赦紹
唐書曰閻立本代兄立德爲工部尚書兄弟相代爲八座時論榮之
五代史晉書曰裴皥知貢舉擢桑維翰進士第後維翰居相位徵拜皥工部尚書舍於相國寺維翰謁之不迎不送或問之荅曰皥見維翰於中書則庶寮也維翰見皥於館

則門生也何送迎之有人重其耿介

五代史周書曰盧文紀嗣業之子爲工部尚書時新除工部郎中于鄴公桼文紀文紀以父名同音不見或謂鄴曰南宮故事郎中入省如本行尚書侍郎不容桼何以省上鄴憂畏太過一夕醉歸遂經于室其甥鄭鍔以事聞謫文紀爲石州司馬

工部郎中　工部員外郎

六典曰工部郎中員外掌經營興造之衆務凡城池之脩濬土木之繕葺工匠之程式咸經度之凡興建修築材木工匠則下少府將作以奉其事

屯田郎中　屯田員外郎

六典曰屯田郎中員外郎掌天下屯田之政令凡軍州邊防鎮守轉運不給則設屯田以益軍儲其水陸腴瘠播植地宜功庸煩省收率等咸取決焉諸屯田役力各有程數

三國典略曰裴讓之十七舉秀才爲屯田郎中與祖班俱聘宋邢劭省中語曰多奇多能祖孝徵能賦能詩裴讓之讓之弟讞之謀之訥之謁之並清立楊愔曰河東士族京官不少裴讓兄弟都無鄉音裴文季爲不亡也

隋書曰柳或爲屯田郎時三品以上門皆列戟左僕射高熲子弘德封應國公申牒請戟或判曰僕射之子更不異居父之戟槊已列外門尊有厭卑之義子有避父之禮豈有外門既設內閤又施事竟不行熲聞而歎伏

唐書曰沈扶字雲翔太和初爲屯田郎中五年充山南道宣撫使至鄧州奏內鄉縣行市黃澗兩場倉督鄧琬等先主掌湖南江西運到糙米至淅川縣於荒野中囤貯除支用外六千九百四十五石裛爛成灰塵度支牒徵元掌所由自貞元二年鄧琬父子兄弟至玄孫相承繫二十八年前後禁死九人今琬孫及玄孫見在枷禁者敕曰如聞鹽鐵度支兩使此類極多其鄧琬等四人資產全已賣納禁繫三代瘐死獄中實傷和氣鄧琬等並疏放天下州府監院如有此類不得禁經三年已上速便疏理以聞物議嘉扶有宣撫之才

虞部郎中　虞部員外郎

六典曰虞部郎中員外郎掌天下虞衡山澤之事辨其時禁凡採捕畋獵必以其時

水部郎中　水部員外郎

六典曰水部郎中員外掌天下川瀆陂池之政令以導達溝洫堰坎河渠凡舟檝溉灌之利咸總而舉

梁書劉孝綽兼尚書水部郎奉啓陳謝手敕荅曰美錦未可便製簿領亦宜稍習頃之即真

太平御覽卷第二百一十八

太平御覽卷第二百一十九

職官部十七

侍中

六典曰侍中之職掌出納帝命緝熙皇極總典吏職贊相禮儀以和萬邦以弼庶務蓋以佐天子而統大政者也凡軍國之務與中書令參而揔焉坐而論之舉而行之此其大較也

應劭漢書曰侍中周官也金蟬有貂金取堅剛百鍊不耗蟬居高食潔口在掖下貂內勁悍而外溫潤侍中便蕃左右與帝升降卒息近對拾遺補闕百僚之中莫密於茲秦始皇破趙得其冠以賜侍中

史記曰二世用趙高計不悉廷見大臣居禁中趙高常侍中用事

漢書曰張彭祖宣帝時爲侍中少與帝微時同硯席書以舊恩封侯出常參乘

又曰史丹元帝世爲侍中出常陪乘甚有寵九男皆以丹任爲侍中

又曰桑弘羊雒陽賈人子以心計年十五爲侍中

又曰霍去病以皇后姊子年十八爲侍中善騎射

又曰孝惠時侍中皆冠鵕鸃貝帶傅脂粉矣

又曰張良子辟彊年十五爲侍中

又曰上官桀隴西人爲中廄令上嘗疾及愈見馬多瘦怒曰汝以我不復見馬邪桀頓首曰臣聞聖體不安日夜憂惶意誠不在馬言未卒泣數行下帝以爲忠親近之爲侍中

又曰衛尉金敞疾甚成帝拜子涉爲侍中綠車載送衛尉府(如淳曰載以皇孫車寵之也)

東觀漢記曰戴憑字次仲爲侍中正旦朝賀百僚畢會帝令羣臣能說經者更相難詰義有不通輒奪其席以益通者憑遂重坐五十餘席故京師爲之語曰解經不窮戴侍中

又曰馮魴字孝孫父子兄弟並帶青紫三代侍中

後漢書曰趙典再遷爲侍中時帝欲廣開鴻池典諫曰鴻池汎溉已且百頃猶復增而深之非所以崇唐虞之約己遵孝文之愛人也帝納其言而止

又曰楊震孫奇靈帝時爲侍中帝常從容問奇曰朕何如桓帝對曰陛下之於桓帝亦猶虞舜比德唐堯帝不悅曰卿強項眞楊震子孫(強項言不低屈也光武謂董宣爲強項令也)

又曰朱穆因進見乃陳曰臣聞漢家舊典置侍中常侍各一人省尚書事(省覽)黃門侍郎一人傳發書奏(傳通)皆用姓族(引用士人有族望者)自和熹太后以女主稱制不接公卿乃以閹人爲常侍小黃門通命兩宮自此以來權傾人主窮困天下宜皆罷遣博選耆儒宿德與參政事帝怒不應穆伏不肯起左右傳出(傳聲令出也)良久乃趨而去

又曰爰延爲侍中帝遊上林苑從容問延曰朕何如主也對曰陛下爲漢中主帝曰何以言之對曰尚書令陳蕃任事則化中常侍黃門豫政則亂是以知陛下可與爲善可與爲非此中主之謂也帝曰昔朱雲廷折檻今侍中面稱朕違敬聞命矣

又曰桓帝末侍中皇禪參乘上問貂璫何法不知所出又問地震云不爲災還宮乃左遷議郎

又曰王逸字叔師南郡宜城人也順帝時爲侍中著楚辭

章句行於代其賦誄書論及雜文凡二十一篇又作漢詩
百二十三篇

續漢書曰侍中比二千石無員

漢官儀曰侍中左蟬右貂本秦丞相史往來殿内故謂之侍中分掌乘輿服物下至褻器虎子之屬武帝時孔安國爲侍中以其儒者特聽掌御唾壺朝廷榮之至東京時屬少府亦無員駕出則一人負傳國璽操斬蛇劒參乘與中官俱止禁中

謝承後漢書曰公孫曄拜博士侍中國有疑事常使進見問其得失所陳皆據經依義補益國家深見省納

又曰劉淑爲侍中朝夕建議竭忠於朝補政二百餘事悉有篇章朝廷有疑事密詔問焉

又曰周舉字宣光時詔遣八使巡行風俗皆選有威名者乃拜舉侍中與杜喬周翊馮羨欒巴張綱郭尊太尉長史劉班分行天下使同日而拜號曰八俊

應劭漢官儀曰侍中迺存年耆口臭上出雞舌使含之雞舌香頗小辛螫不敢咀咽自嫌有過得賜毒藥歸舍辭訣欲就便宜家人哀泣不知其故賴僚友諸賢問其愆失求視其藥及口香共笑之更爲吞食其意遂解存鄙儒蔽於此耳

漢官曰侍中殿下稱制出則參乘佩璽抱劒

又曰史丹爲侍中元帝寢疾丹以親密近臣得侍視疾候上間獨寢時丹直入卧内頓首伏青蒲上（應劭曰以青規地曰青蒲）

漢官儀曰侍中秩千石黄門有畫室署玉堂署各有長一人

漢舊儀曰侍中無員或列侯將軍衛尉光祿大夫爲之得舉非法

又曰侍中左右近臣見皇后如見帝見婕好行則對壁坐則伏茵

漢書典職曰侍中常伯選舊儒高德博學淵達仰瞻俯視切問近對喻指公卿員八人在尚書僕射下尚書上

漢雜事曰金敞爲元帝侍中帝崩故事近臣皆隨陵爲園敞世名忠孝太后使侍成帝

魏志曰盧毓爲侍中先是散騎常侍劉劭受詔定律未就毓上論曰古今制律之意以爲法宜一正不宜有兩端使獄吏得容情及侍中高堂隆數以宮室事切諫帝不悅毓曰君明臣直古之聖王恐不聞其過故有敢諫之鼓近臣盡規此乃臣等所以不及隆隆諸生名爲狂直陛下宜容之毓在職三年多所駁易

又曰劉曄字子陽爲侍中在朝略不交接時人或問其故曄答曰魏室即祚尚新智者知命俗或未咸僕在漢爲支葉於魏備腹心寡偶少徒於宜未失也

又曰王粲字仲宣山陽高平人拜侍中博物強識問無不對時舊儀廢弛興造制度粲恒典之

又曰蘇則拜侍中與董昭同寮嘗枕則膝卧則推之曰蘇則之膝非佞人之枕也

又曰辛毗遷侍中于時帝欲徙冀州户十萬實于河南毗曰陛下不以臣不肖置之左右安得不與臣議帝不答起入内毗隨而引其裾帝遂奮衣不還

又曰蘇則與吉茂同隱於太白山後則爲侍中侍中舊親省起居故俗謂之執虎子茂見則嘲曰仕進不止執虎子則笑曰誠不能效汝蹇蹇鹿車驅也

蜀志曰宗預字德艶南陽人也預將命使吳孫權問預曰東之作與西譬猶一家而聞西更增白帝之守何也預對曰臣以爲東益巴丘之戍西增白帝之守皆事勢宜然俱不足以相問也權大笑嘉其抗蓋甚愛待之見敬亞於鄧芝費禕遷爲侍中

又曰關興字安國少有令問丞相諸葛亮深器異之弱冠爲侍中

又曰董扶字茂安靈帝徵扶即拜侍中在朝稱爲儒宗甚見器用

又曰馬良字季常襄陽宜城人也先主稱尊號以良爲侍中及東征吳遣良入武陵招納五谿蠻夷蠻夷渠帥皆受印號咸如意指

晉書曰王濟字武子累遷侍中與侍中孔恂楊濟同列爲一時秀彥武帝常會公卿藩牧於式乾殿顧濟恂而謂諸公曰朕左右可謂恂恂濟濟矣

又曰沈演之爲侍中衛將軍文帝謂之曰侍中領衛俱爲優重此蓋宰相便坐卿其勉之

又曰陸玩遷侍中玩雖登公輔謙不辟掾屬成帝聞而勸之玩不得已而從命所辟皆寒素有行之士玩翼亮累世常以弘重爲人主所貴加性通雅不以名位格物誘納後進謙若布衣由是搢紳之徒莫不廕其德宇

又曰韋誕以能書留補侍中魏氏寶器銘題皆誕書也

又曰安平王孚初爲魏太子中庶子魏文帝初即位選侍中常侍等官太子左右舊人頗諷主者便欲就用不調餘人孚曰雖堯舜必有稷契今嗣王新立當進用海內英賢猶患不得如何欲因際會自相薦舉邪官失其任得者亦不足貴遂更他選

又曰王戎爲侍中南郡太守劉肇賂戎筒中細布五十端爲司隸所糺以知而未納故得不坐然議者尤之帝謂朝臣曰戎之爲行豈懷私苟得正當不欲爲異耳帝雖以是言釋之然爲清慎者所鄙

又曰褚翼字謀遠爲侍中蘇峻作亂王師敗績火及宮室翼手抱天子登太極殿峻兵入叱翼令下翼不動曰蘇冠軍未覲至尊軍人豈得逼斥宮禁於是兵士不敢上太極峻執政猶以爲侍中

宋書曰陸仲元者晉太尉玩曾孫也爲侍中自吳郡太守玩至仲元四世爲侍中時人方之金張二族

又曰劉湛爲侍中時王華王曇首殷景仁亦爲侍中文帝於六合殿與四人宴飲甚悅華等出帝目送良久歎曰此四賢一時之秀同管喉舌恐後世難繼

又曰殷景仁遷侍中與王華王曇首劉湛四人並時爲侍中俱居門下皆以風力局幹冠冕一時同列之美近代莫及

又曰王僧綽遷侍中任以機密時年二十九始興王濬嘗問其年僧綽自謙早達逡巡良久乃荅其謙虛自退若此

又曰謝莊爲侍中領前將軍時孝武出行夜還敕開門莊居守以棨信或虛須墨詔乃開上後因酒宴從容曰卿欲效郅君章邪對曰臣聞蒐巡有度郊祀有節盤于遊田著之前誡陛下今蒙犯塵露晨往宵還容致不郢之徒妄生矯詐臣是以伏須神筆

又曰孝武時侍中何偃南郊陪乘鑾輅過白門闉偃將匐帝反手接之曰朕反陪卿也

又曰王華等每與帝接膝共語貂拂帝手拔貂置案上語畢復手插之

齊書曰江淹累遷侍中初淹年十三時孤貧常採薪以養母曾於樵所得貂蟬一具欲鬻以供養其母曰此故汝之休徵也汝才行若此豈長貧賤耶可留待得侍中着之至是果如母言

南史曰謝朏（音斐）為侍中及齊受禪朏當日在直百僚陪位侍中當解璽朏佯不知曰有何公事傳詔云解璽授齊王朏曰齊自應有侍中乃引枕臥傳詔者懼乃使稱疾欲取兼人朏曰我無疾何所道遂朝服步出東掖門乃得車仍還宅是日遂以王儉為侍中解璽既而武帝請誅朏高帝曰殺之則成其名正應容之度外

齊職儀曰魏侍中掌儐贊大駕出則次直侍中護駕正直侍中負璽陪乘不帶劍餘皆騎從御登殿與散騎侍郎對挾帝侍中居左常侍居右備切問近對拾遺補闕也

又曰東漢侍中便蕃左右與帝升降法駕出多識者一人叅乘兼負傳國璽操斬蛇劍

南史曰朱异居權要三十餘年善承上旨故特被寵任歷官自員外常侍至侍中四官皆珥貂自右衛率至領軍四職並驅鹵簿近代未之有也

梁書曰蕭介會侍中闕選司舉王筠等四人並不稱旨高祖曰我門中久無此職宜用蕭介為之介博物強識應對左右多所匡正高祖甚重之

又曰王訓字懷範為侍中武帝問何敬容曰褚彥回年幾為宰相對曰少過三十帝曰今之王訓無　彥回彥回宋明帝時為侍郎

又曰柳慶遠為侍中甞失火禁中驚懼帝悉斂諸門鑰問柳侍中何在即至悉付之

後魏書曰羅結世祖初遷侍中外都大官摠三十六曹事年一百七歲精爽不衰世祖以其忠慤甚見信待監典後宮出入卧內

又曰甄琛拜侍中以其衰老詔賜御府杖朝直杖以出入

五代史百官志曰北齊侍中因後魏置六人掌獻納諫正及進御之職叅與諸公論國政也

唐書曰魏徵代王珪為侍中尚書省滯訟有不決者詔徵評理之徵性非習法但存大體以情處斷無不悅服

又曰楊師道為侍中性周慎謹密未甞漏泄內事親友或問禁中之言乃更對以他語甞曰吾少窺漢史至孔光不言溫室之樹每欽其餘風可庶幾也

唐書官品志曰侍中高功者在職一年詔加侍中祭酒與侍郎高功者一人對掌禁令

華陽國志曰譙隆為上林令武帝欲廣上林苑隆言堯舜至治廣德不務林苑帝後思其言徵為侍中

益部耆舊傳曰蜀郡張寬字叔文漢武帝時為侍中從祀甘泉至渭橋有女人浴於渭水乳長七尺上怪其異遣問之女曰帝後第七車者知我所來時寬在第七車對曰天星主祭祀者齋戒不嚴則女人見

又曰李固字子堅諫帝云臣一日會朝中見諸侍中皆諸家年少無一宿儒可顧問者乃進楊厚黃瓊

三輔故事曰金日磾字翁叔封秺侯有忠勤之節七葉侍中

文士傳曰張衡拜侍中恒居帷幄從容諷議拾遺左右

竹林七賢傳曰山濤太始七年爲侍中詔書曰濤清風淳履思心通遠宜侍帷幄盡規左右

顏含別傳曰顏髦字君道儀狀嚴整風貌端美大司馬桓公歎曰顏侍中廊廟之望喉舌機要

魏明帝先賢傳曰盧植字子幹拜侍中逆臣董卓議欲廢帝羣僚之士唯卓是順獨植正色卓遂大怒欲害植議郎彭伯羣與卓親入爲卓議曰夫善人者天下之紀盧侍中海内大儒天下之望今先害之則天下怖卓遂止

孔叢子曰孔臧與子琳書侍中安國特見崇禮不供褻事獨得掌御唾壺朝廷之士莫不榮之此親汝所見

環濟要略曰侍中古官也或曰風后爲黄帝侍中周時號常伯常者言其道德可常遵也秦始皇復故冠貂蟬漢因而不改侍帷幄受顧問拾遺於左右出則負璽以從秩二

千石

語林曰晉孝武好與虞嘯父飲酒不醉不出後臨出拜殆不復能起帝因呼人扶上殿扶虞侍中嘯父荅曰臣位未及扶醉未及亂非分之賜所不敢當帝美之勑左右䟽其語

續搜神記曰程咸字延休其母始懷咸夢老公授藥與之服此當生貴子晉武帝時歷位至侍中有名於世

摯虞决疑要注曰晉武帝時彭權爲侍中帝問侍臣旄頭之義何謂邪權對曰秦紀云秦國有奇怪觸山截水無不崩潰唯畏旄頭故使虎士執之以衛至尊

山公啓事曰侍中太常河南尹並缺皆顯職宜必得其人右軍裴楷通理有才義僉論以爲侍中才又啓云詔侍中缺當復得人誰可者雍州刺史郭奕左衛將軍王濟皆忠亮有美才侍中之最高者也

傅咸詩序曰朗陵公何敬祖咸之從兄也國子祭酒王武子咸從姑之外孫何公既登侍中武子俄而亦作二賢相得甚欣咸亦慶之乃賦詩以申懷曰吾兄既鳳翔王子亦龍飛雙鸞游蘭渚二離揚清暉

梁王肜爲從兄讓侍中表曰至如元勳舊儒之胄積德累仁之基九世七葉之華相韓事漢之貴不然則子駿之學洞古今平子之思侔造化仲宣之辯識無滯次仲之解經不窮然後可以喻旨公卿問對曰帷扆陪六尺之輿通四方之意求之微臣此途頓隔

梁丘遲爲范衛軍讓梁臺侍中表曰是以懷鉛早歲不以隕穫累心躡屩晚年豈以充詘在念易農伊泰仕焉已幸遂復分竹九疑擁旄百越值天地中開神武再廓麻絲是

蓄菅蒯靡遺今霸運肇基四海明目樞機規獻寔在得人況在庸微何用膺荷

北齊邢子才爲彭城王韶讓侍中表曰貂蟬映首日月在躬冠蓋輝赫蹌蹡多士雖智懃量力明闕自知在梁之譏無待謳謡之議素飡之責豈須噂㗘之口何悟天情方眷復延今寵遂摠録百揆寅亮萬機文昌治本得失所繫用才長短隆替以之何容以斯寡薄用廁兹忝

太平御覽卷第二百一十九

太平御覽卷第二百二十

職官部十八

中書令　中書監

中書侍郎

中書令

六典曰中書令之職掌國之政令緝熙帝載統和天人入則告之出則奉之以釐萬邦以度百揆蓋以佐天子而執大政者也

漢書曰司馬遷既被刑之後爲中書令尊寵任職

又曰石君防與弘恭皆少坐腐刑爲黃門以選爲中尚書宣帝時任中書官以恭爲令君防爲僕射恭死君防代爲令貴倖傾朝百寮皆敬事

應劭漢官儀曰左右曹受尚書事前世文士以中書在右

因謂中書爲右曹又稱西掖

吳錄曰紀騭字子上景皇時騭父亮爲尚書令騭爲中書令每朝會詔以屏風隔其坐

吳志曰胡冲平和有文幹天紀中爲中書令

又曰張尚有俊才孫皓時爲侍郎以言語辯捷見知擢爲侍中中書令

又曰蔡欵字文德歷位內外以清貞顯於當世衛尉領中書令

晉書曰王獻之爲中書令少而標邁不循常貫文義並所不長而能撮其勝會故爲一時風流之冠獻之卒以王珉代之世謂之大王令小王令也珉父洽永和中嘗爲此官至珉復居之時人以爲弈世令望

又曰王獻之爲中書令啓瑯琊王爲中書監表曰中書職掌詔命固非輕才所能獨任自晉建國常命宰相參領中興以來益重其任故能王言彌徽德音四塞

又曰和嶠爲中書令荀勖爲監嶠意抗直鄙荀巧佞以意氣加之專車而坐自此監令乃使異車

臧榮緒晉書曰滿㞫性淡退唯以著述爲事永興末爲中書令

晉陽秋曰王洽除中書令時年二十九將辭之從兄朗之遺書曰弟今二十九便居清顯要任敢不敬以先旨爲弟啓義讓之路焉若弟年至四五十之間雖復　超登公輔亦非吾所豫況降此以還者耶洽遂不拜

又曰溫嶠上疏曰臣才短學淺文義不通中書之職酬對無方斟酌重輕豈唯文疏而已自非望士良才何可妄居斯任累辭得止

晉中興書曰肅祖以溫嶠爲散騎常侍侍講太寧初手詔曰卿既以令望忠允之懷著於周旋且文清而旨遠宜居深密今欲以卿爲中書令朝論咸以爲宜

又曰王洽字敬和顯宗時王洽爲中書令帝曰敬和清裁昔爲中書郎吾尚小數呼見意甚親之今以爲中書令欲共講文章之事也

又曰褚裒授衛將軍中書令裒以中書銓管詔命不宜以親居之固讓

晉令曰中書爲詔令記會時事典作文書也

晉制曰中書令銅印墨綬進賢兩梁冠絳朝服佩水蒼玉乘軺車

晉諸公讚曰陳准爲中書令張華爲監准與華俱處機密而推崇之每直日有詔書無小大輒先示華了不措意華

得詔書不以示准省中號准爲中書五郎其從容如此
又曰懷帝以繆播爲中書令朝事莫不諮之人君之所取
信於臣下無以尚也
宋書曰傅亮永初元年爲中書令直中書省專典詔命以
亮任總國權聽於省見客神虎門外每旦車常數百兩
宋泰始起居注曰王言之職總司清要中將軍丹陽尹王
景文夙尚弘簡情度淹粹忠規茂績寔宣國道宜兼管內
樞以重其任可中書令
齊書曰王延之代張緒爲中書令何點歎曰吾以子敬季
琰爲此職今以王延之張緒爲之可謂清官後接之者實
爲未易
崔鴻後趙録曰徐光字季武頓丘人幼有文才年十三王
陽攻頓丘掠之而令主秣馬光但書柱作詩賦左右以白

石勒勒令召光付紙筆光立爲頌賜衣服遷爲中書令
後魏書曰任城王澄爲中書令蕭賾使庾蓽來朝見澄音
韻遒雅風儀秀逸謂主客郎張彝曰往魏任城以武著稱
今魏任城乃以文見美也
又曰高允高宗禮敬甚重晨入暮出或積日居中朝臣莫
知所論或有上書言得失者高宗省而謂羣臣曰君父一
也父有是非子何爲不能書諫之使人知惡而於家內隱
處也豈不以父親恐惡彰於外也今國家善惡不能面陳
而上表顯諫此豈不彰君之短明已之美至如高允者眞
忠臣矣朕有非恒正言面論至朕所不用聞者皆言說無
避就朕聞其過而天下不知其諫豈不忠乎汝等在左右
曾不聞一正言但向朕喜時求官乞職汝等把弓刀侍朕
左右徒立勞耳皆至公王此人把筆匡我國家不過作郎

汝等不自媿乎於是拜允中書令
又曰高允字伯恭爲中書令高宗重之不名恒呼爲令公
又曰高允拜中書令司徒陸麗曰高允雖蒙寵待而家貧
布衣妻子不粒高宗怒曰何不先言今見朕用之方言其
貧是日幸允第惟草屋數間布　被縕袍廚中鹽菜而已
高宗歎息曰古人之清豈有此乎即賜帛五百疋粟千斛
唐書曰武德年嘗有勑而中書門下不時宣行高祖責其
遲由內史令蕭瑀曰臣　見內史宣勑或前後相
乖者百司行之不知何所承用所謂易雖在前難必在後
臣在中書日久備見其事今皇階初構事涉安危若遠方
有疑恐失機會比每受一勑臣必審勘使與前勑不相乖
背者始敢宣行遲晚之愆實由於此上善之
又曰褚遂良拜中書令太宗寢疾召遂良及長孫無忌入

臥內謂之曰卿等忠烈簡在朕心昔漢武寄霍光劉備託
葛亮朕之後事一以委卿太子仁孝卿之所悉必須盡誠
輔佐永保宗社又顧謂太子曰無忌遂良在國家之事汝
無憂矣
又曰神龍元年改中書令曰紫微令
又曰開元二年紫微令姚崇奏紫微舍人六員每議事諸舍人同
押連署狀進訖凡事有是非理均與奪人心既異所見或
殊抑使雷同情有不盡臣今商量其事執見不同者望請
別作商量狀連本狀同奏若狀語交互恐煩聖思臣既是
官長望於兩狀後略言二理優劣奏聽進止則人各盡能
官無留事勑曰可
又曰張九齡爲中書令時天長節百寮上壽多獻珎異唯
九齡進金鏡録五卷言前古興廢之道上賞異之

薛瑩條列吴事曰胡冲意性調美心趣解暢有刀筆才閑
於時事爲中書令雖不能匡矯亦自守不苟求容媚
王珉别傳曰珉字季琰詔曰新除侍中王珉才學廣贍理
識清通宜處機近以參時務其以珉爲長兼中書令
郭頒魏晉世語曰劉放孫資共典樞要夏侯獻曹肇心内
不平殿中有雞棲樹二人相謂此亦久矣其能復幾指謂
中書監劉放中書令孫資
又曰司馬景王令中書令虞松作表輙不可意令松更定
思竭不能改鍾會爲定五字松深悦服
宋謝莊讓中書令表曰伏惟陛下登馭震維臨齊璿政澤
與風翔恩從雲動臣聞璧門天邃鳳沼神深絲綸王言出
納帝命自非望允當時譽宣庠塾未有謬垂曲寵空席兹
禁在於平壯猶不可勉況今綿痼百志俱淪

中書監

魏志曰黄初中改秘書爲中書以劉放爲監孫資爲令遂
並掌機密歷文明齊王三世
又曰蔣濟字子通時中書監令號爲專任濟上疏曰大臣
太重者國危左右太親者身弊古之至戒也往者大臣秉
事外内扇動陛下卓然自覽萬機莫不祗肅夫大臣非不
忠也然威權在下則衆心慢上勢之常也陛下既已察之
於大臣願無忘於左右
晉書曰荀勗守中書監毗賛朝政及遷尚書令勗久在中
書專管機事失之甚悒人有賀者勗恚曰奪我鳳皇池諸公
何賀焉
又曰太安元年有胡人入雲龍門殿前再拜云我當作中
書監付都虞候斬之

晉陽秋曰朱整少有名行官至中書監魏禪晉使整與中
書令劉良共爲詔世祖踐祚權即用之
晉中興書曰肅宗欲使庾亮爲中書監亮上疏曰陛下踐
祚復以臣領中書則示天下有私矣
晉諸公讃曰華廙爲中書監時事多不泄啓世祖乞授子
薈荅詔先時荀勗爲中書監末年亦使息組書詔草傳校
爲中書監病風復使息暢書啓事皆前後相承以子弟管
之
後魏書曰孝文時蠕蠕（如兗反）國有喪帝遣高閭爲書與之
不叙凶事孝文謂曰卿爲中書監職典文詞若情思不至
應謝所任
環濟要略曰中書掌内事密詔下州郡及邊將不由尚書
者也後關白官事益重有令僕射丞郎令史秩與尚書同

陶氏職官要録曰中書監舊視僕射梁選簿書自宋已來
比尚書令特進之流而無事任清貴華重大位多領之
王導表曰臣乞得除中書監持節專壹所司竭誠保傳惟
力是視詔曰昔者荀公曾從中書監爲尚書令人賀之乃
發恚云奪我鳳皇池卿諸人何賀耶願足下處之勿疑
王敦表曰中書令領軍庾亮清雅履正可中書監領軍如
故

中書侍郎

六典曰中書侍郎掌貳令之職凡邦國之庶務朝廷之大
政皆參議焉凡臨軒册命大臣令爲之使則持册書以授
之凡四夷來朝臨軒則授其表疏升于西階而奏之若獻
贄幣則受之以授於所司
魏志曰明帝詔舉中書郎謂吏部尚書盧毓曰得其人與

不在盧生耳選舉莫取有名有名如畫地作餅不可噉也
毓舉韓暨斳篤至行帝乃用之
吳志曰孫琳求中書兩郎典知荆州諸事主者奏中書不
應外出休特聽之其所請求一皆給與也
晉書曰華廙字長俊爲人清簡弘雅加以名家子孫以婦
父盧毓典選至年四十五爲中書通事郎
又曰華表子簡字奉駿有智器文藻官至中書郎
又曰衛瓘爲中書郎時權臣專政瓘優游其間無所親踈
甚爲傅嘏所重謂之甯武子
臧榮緒晉書曰夏侯孝若爲野王令居邑累歲朝野多歎
其屈除中書郎
晉起居注曰今之士大夫多不樂出宰牧而好內官今皆
先經外官治民著績然後入爲常伯中書郎

曹嘉之晉紀曰汝南史曜字季茂爲山濤所知爲征南府
小吏鄉人周浚見曜而友之配之妹官至中書郎
晉中興書曰孔演字元舒晉國初建與庾亮俱補中書侍
郎于時中興肇建庶事草創演經學博通又練識舊典朝
議軌制多取正焉由是元明二帝並親愛之
又曰顧榮齊王冏召爲主簿冏自擅威權榮知其必敗唯
終日昏酒冏以榮爲中書郎
又曰范甯爲臨淮太守徵拜中書侍郎專掌西省以職在
機近固辭不許多以獻替有益治道
又曰范甯拜中書侍郎時烈宗雅好文學而甯明習五經
甚見親愛朝廷疑議輙諮訪之甯指朝士直言無諱
又曰王濛字仲祖恬暢能言名理善隸書與劉惔爲中書
侍郎太宗輔政濛惔並數侍接對號爲入室之賓惔字眞

長少清峻時人以濛比袁曜卿以惔比荀奉倩
宋書曰王徽與從弟僧綽書曰闔門皆蒙時私吾高卧家
巷遂至中書侍郎此足以闔棺矣
又曰裴璝風神高邁　爲中書侍郎出入禁門見者皆肅然改
容
北史曰趙彥深諷朝廷子堅爲中書侍郎頗招物議時馮
子琮子慈明祖珽子君信並相繼居中書故時語云馮祖
及趙鑯我鳳池
隋書曰元善拜內史侍郎上每望之曰人倫儀表也凡有
敷奏詞氣抑揚觀者矚目
唐書曰郭正一永淳二年除中書侍郎正一在中書累年
明習舊事兼有詞學制勑多出其手當時號爲稱職
又曰崔沔拜中書侍郎或謂沔曰今之中書皆是宰相承

宣制命侍郎雖是副貳但署位而已甚無事也沔曰不然
設官分職上下相維各申所見方爲濟理豈可俛默偷安
而爲懷祿志也自是每有制勑及曹事沔多所異同
王濛別傳曰濛爲中書郎在職四年無人對以濛難與比
肩故也
鍾會母傳曰嘉平元年車駕朝高平陵會爲中書郎從行
宣王始舉兵衆人恐懼而夫人自若
嵇氏世家曰嵇含爲中書侍郎書檄雲集莫不立草
通典曰隋初爲內史侍郎四員煬帝減二員改爲內書侍
郎
陸士衡轉中書侍郎齊王收士衡付廷尉士衡出後謝表曰
臣以職在中書制命所出而臣本以筆札見知慮逼迫不
獲已乃許發內妹喪出就第去哭泣受弔片言隻字文不

關其間

梁庾肩吾爲寧國公讓中書郎表曰臣聞陟彼太行伯右之車屢怠望兹吳坂少游之馬難追是知美非流水立致摧轅駿靡浮雲便其頓轡起登天漢寧陪九萬之風坐濟星橋非使千年之翼豈有幼稱辯慧足對元禮弱標俊穎能嘲子淑玉重組長空見休寵深宮遂守孰知懷憂

太平御覽卷第二百二十

太平御覽卷第二百二十一

職官部十九

黃門侍郎　給事中

黃門侍郎

六典曰黃門侍郎掌貳侍中之職凡政之弛張事之與奪皆叅議焉若大祭祀則從外壝以陪禮皇帝盥手則奉巾以進旣帨則奠巾于篚奉匏爵以贊獻元正冬至天子視朝則以天下祥瑞奏聞

漢官儀曰給事黃門侍郎次侍中侍從左右關通內外給事於中故曰給事中黃門侍郎

漢書曰王音薦楊雄待詔歲餘爲給事黃門郎成哀平三代不徙

又曰張禹爲太傅有疾成帝臨視拜於床下禹有少子在側數目之帝知其意於前拜黃門郎

又曰劉向字子政宣帝時以中郎爲給事黃門侍郎

又曰董賢字聖卿雲陽人爲太子舍人賢侍漏在殿下爲人美麗自喜哀帝望見悅其儀皃識而問之曰是舍人董賢耶因引上與語拜爲黃門侍郎

東觀漢記曰鄧閶字秀昭遷黃門侍郎于時國家每有災異水旱閶側身暴露憂懼顦顇形於顏色公卿以下咸高尚焉漢興以來爲外戚儀表

後漢書曰馬防子鉅爲常從小侯正月當冠特拜爲黃門侍郎肅宗親御章臺下殿陳鼎俎自臨冠之

續漢書曰荀悅字仲豫遷黃門侍郎獻帝頗好文學悅與從弟彧孔融並侍講禁中

又輿服志曰禁門曰黃闥以中人主之故號曰黃令然則黃門郎給事黃闥之內故曰黃門郎本旣無員於此各置六人也

又百官志曰給事黃門侍郎六百石無員侍從左右給事中使關通中外諸王朝見於殿上引王就位

獻帝起居注曰自誅黃門後侍中侍郎出入禁中機事頗露由是王允乃奏侍中黃門不得出入不通賓客自此始也

漢官曰尚書郎奏事於明光殿省中皆胡粉塗壁其邊以丹漆地故曰丹墀尚書郎含雞舌香伏其下奏事黃門侍郎對揖跪受

漢舊儀曰黃門郎屬黃門令日暮入對青瑣門拜名曰夕郎

魏志曰王粲字仲宣山陽人年十七司徒辟詔除黃門侍郎以西京擾亂皆不就

又曰夏侯玄字太初少知名弱冠爲黃門侍郎嘗進見與皇后弟毛曾並坐玄恥之不悅形之於色明帝恨之左遷爲羽林監

又曰杜恕字務伯爲散騎黃門侍郎恕推誠以質不治飾在朝不結交每政有得失常引綱維以正言於是侍中辛毗等器重之

又曰夏侯尙字伯仁淵從子也文帝與之親友有籌畫智略從太祖定冀州遷黃門侍郎

又曰鍾毓字稚叔年十四爲散騎侍郎機捷談笑有父風大和初蜀相諸葛亮圍祁山明帝欲親西征毓上疏曰夫策貴廟勝功尚帷幄不下殿堂之上而決勝千里之外車駕宜鎮守中土以威四方今者盛暑行師詩人所重實非

至尊順動之時也選黄門侍郎

魏略曰董遇字季直獻帝時爲黄門侍郎旦夕侍講爲天子所愛信

蜀志曰費禕字文偉爲黄門侍郎丞相亮南征還群僚於數十里逢迎年位多在禕右而亮命禕同載由是衆莫不易觀

吴志曰孫承字顯世好學有文章作螢火賦行於世爲黄門侍郎與顧榮俱爲侍臣歸命世内侍多得罪唯榮承獨獲免常使二人記事承答顧問乃下詔曰自今已後用侍郎皆當令如宗室承顧榮儔也

又曰孫皓每宴會群臣無不咸令沉醉置黄門郎十人特不與酒侍立終日爲司過之吏宴罷之後各奏其闕失迕視之咎謬言之愆罔有不舉大者即加威刑小者咸以爲罪

晉書曰顧榮少有珪璋符采朗澈仕吴弱冠舉賢良爲黄門侍郎當時後進盡相推謝稱榮有天才令望

又曰張華爲黄門侍郎博覽圖籍千門萬戶盡地成圖

又曰吴隱之孝武帝欲以爲黄門郎以隱之貌類簡文帝乃止

又曰嵇紹爲給事黄門侍郎時侍中賈謐以外戚之寵年少居位潘岳杜斌等皆附託焉謐求交於紹紹拒而不荅謐誅紹時在省以不阿比凶族封弋陽子

晉書載記曰秦黄門郎古成詵風韻秀舉確然不群每以天下是非爲已任時京兆韋高慕阮籍之爲人居母喪彈琴飲酒詵聞而泣曰吾當私刃斬之以崇風教遂持劒求高高懼逃匿終身不敢見詵

齊職儀曰給事黄門侍郎四人秩六百石武冠絳朝服漢有中黄門給事黄門位從諸大夫秦制也與侍中掌奏文案贊相威儀典署其事

後魏書曰崔光爲黄門侍郎未嘗留心文案唯從容論議參贊文政而已

又曰陽平王之子匡爲黄門侍郎茹皓始有寵百寮微憚之世宗曾於山陵還詔匡陪乘又命皓登車褰裳將上匡諫止世宗推之命下皓恨匡失色當時壯其忠謇

又曰任城王之子順除給事黄門侍郎時領軍元乂威刑尤盛凡有遷授莫不造門謝謁順拜表而已曽不詣乂乂謂順曰卿何得不見我順正色曰天子富於春秋委政宗輔叔父宜至公爲心舉士報國如何賣恩責人私謝豈所望也

北史曰盧誕拜給事黄門侍郎魏帝詔曰經典易求人師難得朕諸兒稍長欲令卿爲師於是親幸晉王第勑晉王以下皆拜之於帝前

隋書曰劉行本爲黄門侍郎文帝嘗怒一郎於殿前笞之行本進諫帝不顧行本乃正當上前又曰陛下不以臣不肖置臣左右豈得輕臣而不顧也乃置笏於地而退上謝之而原所笞者

唐書曰温大雅爲黄門侍郎弟彦將爲中書侍郎對居近侍高祖謂曰我起義晉陽爲卿一門耳

又曰高宗總章元年十月東天竺烏茶國長年婆羅門盧伽逸多受詔合丹上將餌之東臺侍郎郝處俊諫曰脩短有天命未聞萬乘之主輕服蕃夷之藥昔貞觀末年先帝令婆羅門僧那羅你娑婆寐依其本國仙方合長年神藥

胡既有異術徵求靈草秘石歷年而成先帝服之竟無異効大漸之際名醫莫知所爲欲歸罪於胡人將申大戮又恐取笑夷狄龜鏡若是惟陛下深察遂止

又曰天寶元年改黄門侍郎爲門下侍郎

五代史晉書曰天福七年詔門下侍郎班在常侍之下俸禄同常侍

三輔決録曰卓茂字子康元帝時遊學長安以儒行爲給事黄門郎

又曰杜恕字矜伯拜黄門侍郎每直省閤威儀矜嚴

又曰馬右志在克己輔上不以私家干朝廷弟爲黄門郎訖永平世不遷

英雄記曰曹純字子和年十六爲黄門郎

王嘏別傳曰嘏字昭先魏文以嘏爲黄門侍郎每納忠言輙手壞本自在禁省歸書草不封帝嘉其淑慎如此

栢階別傳曰階爲尚書令文帝行幸見諸少子無褌上摶手曰長者子無褌是日拜三子爲黄門郎

傅子曰王黎爲黄門郎軒軒然得志煦煦然自樂

劉向七略曰孝宣皇帝重申不害君臣篇使黄門郎張子喬正其字

劉向集書誡子歆曰今若年少得黄門侍郎顯處也新拜皆謝貴人叩頭謹戰戰慄慄乃可必免

唐中宗授韋嗣立黄門侍郎制曰絳衣近侍秩亞貂蟬青瑣崇班職參鶯鷺寔神化之有寄信賢才之攸宜通議大夫韋嗣立忠規弈葉孝緒蟬聯家臣玄纛之朝人輔彤墀之代芝蘭並秀見謝石之階庭騏驥齊驅有劉山之昆季入光振鷺譽滿三臺出擁馮熊聲流十部近者命茲鸞渚已濯鴈行纔出公扃奄歸蒿里永言荆樹坐析連枝眷彼恒山空餘一鳥俾遷榮於皂蓋宜襲寵於黄樞

給事中

六典曰給事中凡百司奏抄侍中審定則先讀而署之以駮正違失凡制勑宣行大事則稱揚德澤褒美功業覆奏而請施行小事則署而頒之凡文武六品以下授職所司奏擬則校其仕歷深淺功狀殿最訪其德行量其才藝若官非其人理失其事則白侍中而退量焉

漢儀注曰諸給事中日上朝謁平尚書奏事分爲左右以有事殿中故曰給事中多名儒國親爲之掌左右顧問

漢書曰給事秦官也至漢因之皆爲加官所加或大夫博士議郎掌顧問應對位次中常侍

又曰元帝詔蕭望之傅朕八年可賜爵關内侯給事中

後漢書曰鄭衆字仲師以明經拜給事中

魏志曰秦朗字元明明帝即位授以内官爲給事中每車駕出入朗常隨從時明帝喜發舉數有以輕微而致大辟者朗終不能有所諫止又未嘗進一善人帝亦以是親愛每顧問之多呼其小字阿蘇

晉書曰任熙字伯遠立德邈然徵拜給事中

晉起居注曰武帝太康七年詔曰郎中張建忠篤履素爲江表士大夫所稱宜在中朝其以建爲給事中

晉武帝詔曰燕王師陳邵清貞廉潔博通六籍宜在左右以彰儒訓可給事中

唐書曰盧粲幽州范陽人也京龍二年遷給事中時節愍太子初立韋庶人以非己所生深加忌嫉勸中宗下勑令太子却取衛府封物每年以供服用粲駮奏曰皇太子處

繼明之重當主鬯之尊歲時服用自可百司供擬又據周官諸應用財器歲終則會唯王及太子應用物並不會此則儲蓄之費咸與王同今與列國諸侯齊衡入封豈所謂憲章在昔垂法將來者也必謂青宮初啓服用所資自當廣支庫物不可長存藩封詔從之

又曰盧粲遷給事中時安樂公主壻武崇訓爲節愍太子所殺特追封爲魯王令司農少卿趙履溫監護葬事履溫諷公主奏請依永泰公主故事爲崇訓造陵詔從其請粲駁奏曰伏尋陵之稱謂本屬皇王及儲君等自皇家已來諸王及公主墓無稱陵者唯永泰公主承恩特葬事越常途不應假永泰公主爲名請比貞觀已來諸王舊例足得豐厚手敕答曰安樂公主與永泰公主無異同穴之義古今不殊魯王緣此特爲陵制不煩固執粲又奏曰臣聞陵之稱謂施於尊極不屬王公已下且魯王若欲論親等第則不親於雍王守禮雍王之墓尚不稱陵魯王則不可因尚公主而加號且君之舉事則載於方冊或稽之往典或考自前朝臣歷檢貞觀已來駙馬墓無得稱陵者且君人之禮服絶於傍朞蓋爲不獨親其親不獨子其子陛下以膝下之恩愛施及其夫贈賵之儀哀榮足備豈得使上下無辯君臣一貫者哉帝竟依粲所奏

又曰李藩爲給事中制勅有不可遂於黃勅後批之吏曰宜別連白紙藩曰別以白紙是文狀豈曰批勅耶裴垍言於帝以爲宰相器

又曰憲宗以同州刺史呂元膺復爲給事中初元膺自給事中除同州及入謝上問以時政得失元膺論奏詞甚激切上嘉其剛正翌日謂宰臣曰呂元膺讜言直氣今欲留

在左右使言得失卿等以爲何如李藩裴垍進賀曰陛下納諫超冠前王乃宗社無疆之福臣等不能廣求直士又不能數進直言孤負聖心合當罪責今請以元膺復爲給事中以備顧問上悅而從之

又曰李遜爲給事中嘗論時政以爲事君之義有犯無隱陳誠啓沃不必擇辰今君臣數奏乃候隻日是畢歲臣下睹天顔獻可否能幾何憲宗嘉之

又曰元和十四年以撫州司馬令狐通爲右衛將軍給事中崔植封還制書言通前刺史壽州用兵失律前罪未塞不宜遽加獎用上命宰臣諭植以通父彰有功不忍弃其子其制方行

又曰韋弘景爲給事中屢有封駁時有劉士經以駙馬交通邪倖自檢校官用爲太僕卿弘景執奏不可中人宣諭再三弘景不爲之廻穆宗怒乃令弘景使安南邕容宣慰時論翕然推重

又曰郭承嘏爲給事中開成元年出爲華州刺史詔方下兩省迭詣中書求承嘏出麾之由給事中盧載封還詔書奏曰承嘏自居此官繼有封駁能奉其職宜在瑣闈牧守之才易爲推擇文宗謂宰臣曰承嘏久在黃扉欲優其祿俸暫令廉問近闈而諫列拜章惜其稱職甚美事也乃復爲給事中

又曰于敖遷給事中昭愍初即位李逢吉用事與翰林學士李紳素不叶遂誣紳以不測之罪逐於嶺外紳同職駕部郎中知制誥龐嚴司封員外郎知制誥蔣防坐紳黨左遷信汀等州刺史黜詔下敖封還詔書時人以爲與嚴相善許其非罪皆曰于給事犯宰執之怒伸龐蔣之屈不亦

仁乎及駮奏出乃是論罷嚴貶黜太輕中外無不大噱

東方朔記曰東方朔爲中郎賜帛百疋給事中

荀綽兗州記曰袁准字孝尼有俊才太始中拜爲給事中

胡廣集曰給事中掌侍從左右無員位次侍中常侍或名儒或國親

東晳集曰員外侍郎及給事冗從皆是帝室茂親或貴遊子弟若悉從高品則非本意若精鄉議則必有降損

太平御覽卷第二百二十一

太平御覽卷第二百二十二

職官部二十

中書舍人

中書舍人　起居郎　起居舍人

六典曰中書舍人掌侍奉進奏參議表章凡詔旨制勑及璽書冊命皆按典故起草進畫既下則署而行之其禁有四一曰漏洩二曰稽緩三曰違失四曰忘誤所以重王命也制勑既行有誤則奏而正之

通典曰自永淳以來天下文章道盛臺閣髦彥無不以文章達故中書舍人爲文士之極任朝廷之盛選諸官莫比焉

晉中興書曰劉超遷中書舍人時臺省初建內外多事出內書命以忠慎稱加以治身清苦衣不重帛每上所賜皆固辭曰凡陋小目横竊賞賜無德而祿殃咎必至上益嘉焉

又曰徐邈字仙民東莞姑幕人也少好學問尤善經傳時烈宗始覽典籍招延禮學之士謝安舉選補中書舍人在西省撰正五經音訓學者宗之每預顧問輒有獻替多所補益烈宗甚愛之

齊書曰永明元年熒惑入紫微時中書通事舍人四人各住一省謂之四戶既總重權勢傾天下會立象失度太史奏宜修福禳之太尉王儉謂帝曰天文乖忤此由四戶乃具舍人王文明等名奏之

又曰明帝踐阼引傳昭爲中書舍人時居此職者皆權傾天下昭獨廉靜無所干預器服率略身安麤糲常插燭板床明帝聞之賜漆合燭盤勑曰卿有古人之風故賜卿古人之物

又曰茹法亮父爲中書通事舍人後出爲大司農中書勢利之職法亮戀之垂涕而去

梁書曰裴子野以中書侍郎鴻臚常兼中書通事舍人別勑知詔誥

南史曰顧協爲舍人同官者皆潤屋協在省十六載器服食飲不改於常有門生始來事協知其廉潔不敢厚餉止送錢二千協發怒杖二十因此事者絕於饋遺

北齊書曰荀士遜世祖時爲中書舍人狀皃甚醜以文辭見用曾有事須奏值世祖在後庭因左右傳通者不得士遜姓名乃云醜舍人世祖曰必士遜也看封題果是內人莫不忻笑

又曰顏之推天保末從顯祖至天池以爲中書舍人令中書郎段孝信將勑書出示之推之推營外飲酒孝信還以狀言顯祖仍曰且停由是遂寢

北史曰魏收兼中書舍人與溫子昇邢子才齊譽世號三才

隋書曰虞世基拜內史舍人煬帝即位顧遇彌隆秘書監河東柳顧言博學有才罕所推謝至是與世基相見歎曰海內當共推此一人非吾儕所及也

唐書曰貞觀中中書舍人高季輔上封章曰時已平矣功已成矣然而刑典未措者何哉良由謀猷之目不弘簡易之政臺閣之吏昧於經遠之道執憲者以深刻爲奉公當官者以侵下爲益國未有坦平恕之懷副聖明之旨伏願隨方訓誥使各揚其職人敦朴素俗革澆浮家識孝慈人知廉恥杜其利欲之心載以清淳之化自然家富國肥禍

亂何由而作太宗善之特賜鍾乳一劑曰卿進藥石之言
故以藥石報之也
又曰顏師古遷中書舍人專掌機密于時軍國多務凡有
制誥皆成其手師古達於政理冊奏之工時無及者
又曰武后天授元年壽春郡王成器兄弟五人初出閤同
日受冊有司撰儀注忘載冊文及百寮在列方知闕禮宰
臣相顧失色中書舍人王劇立召小史五人各令執筆口
授分寫同時須臾俱畢詞理典贍時人歎伏
又曰景龍四年初定內難唯中書舍人蘇頲在太極殿後
文詔塡委動以萬計手操口對無毫氂差誤主書韓禮談
子陽轉書詔草屬謂頲曰乞公稍遲禮等書不及恐手腕
將廢
又曰楊炎爲中書舍人與常袞並掌綸誥袞長於制書炎

善爲德音開元巳來言詔制之美者號常楊焉
又曰王徽曾祖擇從擇從兄易從天后朝登進士第從弟
朋從言從睿宗朝並以進士擢第昆仲四人開元中三至
鳳閣舍人故時人號鳳閣王家
又曰齊澣開元中遷中書舍人論駮書詔潤色王言皆以
古義謨誥爲準的侍中宋璟中書侍郎蘇頲並重之
又曰薛元超道衡孫也爲中書舍人中書省有一盤石初
道衡爲內史侍郎嘗踞而草制元超每見此石未嘗不泣
然流涕
又曰賈曾授中書舍人曾以父名忠固辭乃拜諫議大夫
知制誥至開元初復拜中書舍人又固辭議者以爲中書
是曹司名又與曾父音同字別於禮無嫌乃就職與蘇晉
同掌制誥皆以詞學見知時人稱爲蘇賈

又曰許景先轉中書舍人中書令張說常稱曰許舍人之
文雖無峻峯激流嶄絶之勢然屬詞豐美得中和之氣實
一時之秀也
又曰郗高卿爲中書舍人處事不回爲宰相元載所忌魚
朝恩署牙將李琮爲兩街功德使琮暴横於銀臺門毀辱
京兆尹崔昭高卿立詣元載抗論以爲國耻請速論奏載
不從高卿遂以疾辭以前中書舍人居東洛凡十年自號
伊川田父清名高節稱於天下
又曰建中三年詔中書舍人分署尚書六曹復舊制也
又曰高郢掌誥累年家無制草或謂曰人皆留制集公焚
之何也曰王言不可存私家時人重其慎密
又穆宗詔曰中書舍人故事分押六司佐宰臣判按廢華
日久頗復稍難宜漸令條舉有須愼重者便令參議如關

機密者即且如舊
又曰路隨敬宗初登極拜中書舍人翰林學士仍錫金紫
有以金帛謝除制者必叱而却之曰吾以公事接私財耶
終無所納
又曰大和四年勑前行郎中知制誥者約滿一周年即與
正授從諫議大夫知者亦宜准此
又曰封敖爲學士拜中書舍人敖構思敏速語近而理勝
不務奇澁武宗深重之嘗草賜陣傷邊將詔警句云傷居
爾體痛在朕躬帝覽而善之賜之宮錦
又曰崔鄲轉中書舍人入思政殿謝恩鄲奏曰陛下用臣
爲侍講卒歲有餘未嘗問臣經義令蒙轉改實慙尸素有
愧厚恩帝曰俟朕機務稍閑即當請益高鉞曰陛下意雖
樂善既未延接儒生天下之人寧知重道帝深引咎錫之

錦綵

又曰中書舍人鄭居中少有時名楊歷清貫晚年尤薄名利以疾辭官恣遊名山一日擲管爲詩纔書五字曰雲山遊已徧紙猶在手筆忽墮地而終

又曰晉初中書置舍人通事各一人東晉合爲一職晉代入直閣内宣詔命而侍郎之任輕矣梁秩四百石品第八梁用人殊重簡以才能不限資地多以它官兼領其後除通事直曰中書舍人

五代史後唐書曰明宗時劉賛爲中書舍人與學士竇夢徵同年登第隣居友善夢徵早卒賛與同年楊疑式緦麻爲位而哭其家無嫡長與視喪衄其孀稚士人稱之

五代史晉史曰陳乂長興中自舍人銜命冊公主於大原（公主即帝后也）帝深待之但訐其高岸人或有獻可於乂宜陳一

謳頌以稱帝之美可邀其異待耳又曰人生貧富咸有定分未有持天子命違禮以求利既損國綱且虧士行乂令生所不爲也聞者無不嘉之

又曰天福五年九月詔曰六典云中書舍人掌侍奉進奏叅議表章凡詔旨制勑璽書策命皆按故事起草進畫既下則署而行之其禁有四一曰漏洩二曰稽緩三曰違失四曰忘誤所以重王命也古昔已來典實斯在爰從近代別創新名今運屬興王事從師古俾仍舊貫以輝前規其翰林學士院公事宜並歸中書舍人

五代史漢史曰唐李昭以尚書郎出爲蘇州刺史朞歳以中書舍人召還不拜謂宰輔曰省郎拜舍人以知制誥爲次序便由刺史玷綸闈非敢聞命乃以兵部郎中知制誥翌歳拜舍人受之

五代史周史曰王延爲中書舍人權知貢舉有崔頎者協之子也授偃師簿簿其卑屑棄去數年應進士延將入貢院見舊相吏部尚書盧文紀素與協不睦謂延曰舍人以謹重聞于時所以老夫去冬與諸相首以長者聞奏然此一途取事者頗多面目說者云越人善泅生子方晬乳母浮之水上或駭然止之乳母曰其父善泅子必無溺今若以名下取士徵泅之類也舍人當求實才以副公望延退而嗤曰盧公之言爲崔頎也縱與其父不悅致意何至此耶來春以頎登甲科其仁而徇公皆此類也

百官志曰魏初中書置通事一人主呈奏晉初中書又置舍人一人至東晉合通事及舍人二職謂之通事舍人猶掌呈奏

陶氏職官要録曰中書舍人舊視給事中

梁選簿云梁天監用人務簡英才不限資次

又曰隋内史舍人八員專掌詔誥煬帝減四人後改爲内史舍人

荀勗集曰晉武帝時門下啓令史伊羨趙咸爲中書舍人對掌文法勗奏以爲不可

起居郎

六典曰起居郎掌記天子之法度以修記事之史凡記事之制以事繫日以日繫月以月繫時以時繫年必書其朔日甲乙以紀曆數典禮文物以考制度遷拜旌賞以勸善誅伐黜免以懲惡季冬則授之于國史焉

唐書曰大和九年十二月左右省起居郎賫筆硯及紙於螭頭下記言記事

又曰鄭朗開成中爲起居郎初太和末風俗稍奢文宗恭

勤節儉巽華其風宰臣等言曰陛下躬儉節用風俗已移長裾大袂漸以減損若更令成屬絶其侈靡不慮下不從教帝曰此事亦難户曉但去其泰甚自以儉德化之朕聞前時内庫唯二錦袍飾以金鳥一袍玄宗幸温湯時御之一與貴妃當時貴重如此今奢靡豈復貴之耶今富家往往皆有左街副使張元昌便用金唾壺昨因李訓已誅之矣時朗執筆螭頭下宰臣退上謂朗曰適所議論卿記録未吾試觀之朗對曰臣執筆所記便名爲史伏准故事帝王不可取觀昔太宗欲覽國史諫議大夫朱子奢云史官所述不隱善惡或主非上智飾非護失見之則致怨所以義不可觀又褚遂良曰今之起居郎古之左右史也記人君言行善惡必書庶幾不爲非法不聞帝王躬自觀史帝曰適來所記無可否藏見亦何爽乃宣謂宰臣曰鄭朗引故事不欲朕見起居注夫人君之言善惡必書朕恐有平常閑話不關理體垂諸將來竊以爲恥異日臨朝庶幾稍改何妨一見以誡醜言朗遂進之

又曰開成二年十二月閤門對左右史裴素等上自開成初復故事每入閤左右史執筆立于螭頭之下君臣論奏得以備書故開成政事最詳於代

起居舍人

六典曰起居舍人掌修記言之史録天子之制詔德音如記事之制以紀時政之損益季冬則授之於國史

唐書曰邢文偉滁州全椒人時右史官缺高宗謂侍臣曰邢文偉事我兒能減膳切諫此正直人也遂擢拜右史

又曰李讓夷字達心爲諫議大夫開成元年以本官兼知起居舍人事時起居舍人李褒有痼疾請罷官宰臣李石奏闕官上曰褚遂良爲諫議大夫嘗兼此官卿可盡言今諫議大夫姓名石遂奏李讓夷馮定孫簡倣帝曰讓夷可也李固言欲用崔球張次宗鄭覃曰崔球遊宗閔之門赤墀下秉筆記注爲千古法不可用朋黨如裴中孺李讓夷臣不敢有纖芥異論其爲人主大臣知重如此

又曰魏謩轉起居舍人紫宸中謝帝謂之曰以卿論事忠切有文貞之風故不循月限授卿此官又謂之曰卿家有何舊書詔對曰比多失墜唯簪笏見在上令進來鄭覃曰在人不在笏上曰鄭覃不會我意此即甘棠之義非在笏而已

又曰魏謩文宗時爲起居舍人紫宸入閤遣中使取謩起居注欲視之謩執奏曰自古置史官書事以明鑒誡陛下但爲善事勿畏臣不書如陛下所行錯忤臣縱不書天下人書之臣以陛下爲文皇帝陛下比臣如褚遂良帝又曰我嘗取觀之謩曰由史官不守職分臣豈敢陷陛下爲非法陛下一覽之後自此書事須有迴避如此善惡不直非史也遺後代何以取信乃止

又曰張次宗有文學稽古厲行開成中爲起居舍人文宗復故事每入閤左右史執筆立于螭頭之下宰相奏事得以備録宰臣既退上召左右史更質證所奏是非故開成政事詳於史氏

太平御覽卷第二百二十二

太平御覽卷第二百二十三

職官部二十一

諫議大夫

諫議大夫　補闕　拾遺

六典曰諫議大夫掌侍從賛相規諫諷諭凡諫有五一曰風諫二曰順諫三曰規諫四曰致諫五曰直諫

漢書曰韋玄成字少翁以父任爲郎少好修文業尤謙遜其接人貧賤者益加由是名譽曰廣以明經擢爲諫議大夫

又曰劉輔以美才擢爲諫議大夫成帝欲立趙婕好爲皇后輔上書曰陛下乃觸情縱欲以卑賤之女毋天下乎里語曰腐木不可以爲柱卑人不可以爲主臣㞟諫諍之官不敢不盡死言

又曰貢禹字少翁元帝徵禹爲諫議大夫數虛已問以政事是時年穀不登禹奏言宮室制度宜從儉省天子納其善言

又曰夏侯勝字長公明洪範五行爲諫議大夫爲人簡易無威儀見時謂上爲君誤相字於上前上以此親信之

又曰王褒字子淵蜀人也益州刺史王襄欲宣風化於衆庶聞褒有俊材請與相見使褒作中和樂職如淳曰言王政中和在官者樂其職也宣布詩如淳曰國語所謂宣布哲人之令德也蘇林曰歌之名也選好事者令依鹿鳴之聲習而歌之時何武爲童子選在歌中武歌於太學宣帝召見曰此盛德之事吾何足以當之益州刺史因奏言褒有軼材上乃徵褒既至詔褒爲聖主得賢臣頌擢爲諫議大夫

又曰楊雄字子雲以耆老久次轉爲諫議大夫疾免復召

爲諫議大夫家至貧嗜酒人稀至其門時有好事者載肴酒以從遊學

又曰孔光字子夏經學尤明舉止方正爲諫議大夫

東觀漢記曰郭丹字少卿從師長安買符入函谷關乃慨然而歎曰丹不乘使者車不出此關既至京師常爲都講更始二年爲諫議大夫持節歸南陽自去家十三年果乘高車出關

後漢書曰陳禪字紀山爲諫議大夫西南禪國王獻樂及幻人能吐火自支解易牛馬頭大會作之於庭禪離席舉手曰帝王之庭不宜作夷狄之樂

又曰韋彪字孟達上疏曰諫議之職應用公直之士通才謇正有補益於朝者今或從徵試輩爲大夫動舉州郡並宜清選其任責以言績其二千石視事雖久而爲吏人所便安者宜增秩重賞勿妄遷徙惟留聖心

又曰江革轉諫議大夫賜告歸天子思革篤行詔齊相曰諫議大夫江革前以病歸今起居何如夫孝者百行之冠衆善之始也縣以見穀千斛賜巨孝常以八月長吏存問致羊酒以終厥身

又曰劉陶字子奇拜諫議大夫靈帝世天下日危陶上疏言天下亂皆由於官豎官豎見事急共讒陶詔收黄門北寺獄陶自知必死對使者曰讒邪相求考掠日深臣恨不列稷禼伊周之蹤而與比干龍逄爲儔事敗乃悔復何可及閉氣而死

續漢書曰周舉字宣光梁商表爲從事中郎商疾甚帝問遺言對曰臣從事中郎周舉清慎高亮可任諫議大夫

謝承後漢書曰傅翻字君成轉諫議大夫天性諒直數陳

讜言武帝嘉之

又曰虞承字叔明拜諫議大夫雅性忠謇在朝堂犯顏諫爭終不曲撓散禄賑給諸生言德無比

魏志曰賈逵字梁道河東襄陵人也自爲兒童戲常設部伍祖父習異之曰汝大必爲將帥口授兵法數萬言爲丞相主簿太祖善之拜諫議大夫與夏侯尚並掌軍計

又曰賈逵字梁道太祖征劉備先遣逵至斜谷觀形勢道逢水衡載囚數十逵以軍事急輒竟重者一人皆放其餘太祖善之拜諫議大夫

蜀志曰尹默字思潛以左氏傳教授後主踐阼拜諫議大夫

晉書曰李充字伯仁侍中賈逵薦充有楊雄之才明帝召作東壁雍德陽諸觀銘拜諫議大夫

後魏書曰張普惠字洪賑常山九門人爲諫議大夫任城王澄謂普惠曰不喜得諫議唯喜諫議得君

唐書曰高祖嘗嘲蘇世長曰名長意短口正心邪棄忠貞於鄭國忘信義於吾家世長對曰名長意短實如聖旨口正心邪未敢奉詔昔竇融以河西降漢十世封侯臣以山南歸國唯蒙屯監於是拜爲諫議大夫

又曰蘇世長擢拜諫議大夫從幸涇陽校獵大獲禽獸於旌門高祖入御營顧謂朝臣曰今日畋樂乎世長進曰陛下遊獵薄廢萬機不滿十旬未爲大樂高祖色變既而笑曰狂態發耶世長曰爲臣私計則狂爲陛下國計則忠矣

又曰王珪爲諫議大夫嘗有論諫太宗稱善遂詔每宰相入內平章大計必使諫官隨入與聞政事

又曰太宗問諫議大夫褚遂良曰舜造漆器禹雕其俎當時諫舜十有餘人食器之間苦諫何也遂良對曰雕琢害農事纂組傷女工首創奢淫危亡之漸漆器不已必金爲之金器不已必玉爲之所以諫臣必諫其漸及其滿盈無所復諫上然之

又曰蕭鈞遷諫議大夫時有左武候引駕盧文操踰垣盜左藏庫物高宗以引駕職在糾繩身行盜竊命有司殺之鈞進諫曰文操所犯情實難原然恐天下聞之必謂陛下輕法律賤人命任喜怒貴財物臣之所職以諫爲名愚衷所懷不敢不奏帝謂曰卿職在司諫能盡忠規遂特免其死罪顧謂侍臣曰此乃眞諫議也

又曰武后臨朝置匭四區共爲一室列於朝堂東方春色青有能告以養人及勸農可投書於青匭銘之曰延恩南方夏色赤有能正諫論時政之得失可投書於丹匭銘之曰招諫西方秋色白有能自陳抑屈可投書於素匭銘之曰申寃北方水色玄有謀智者可投書於玄匭銘之曰通玄宜令正諫大夫補闕拾遺等一人充使知匭事每日所有投書至暮即進天寶九載三月改匭爲獻納

又曰李景伯遷諫議大夫中宗嘗宴侍臣及朝集使酒酣令各爲迴波詞衆皆爲諂佞之詞及自要榮位次至景伯曰迴波尒時酒卮微臣職在箴規侍宴既過三爵諠譁竊恐非儀中宗不悅中書令蕭至忠稱之曰此眞諫官也

又曰至德元年制諫議大夫論事自今已後不須令宰相先知

又曰乾元二年四月兩省諫官十日一上封事直論得失無假文言既成啟最用存沮勸

又曰陽城爲諫議大夫裴延齡讒譖陸贄等坐貶黜德宗

怒不解在朝無救者城聞而起曰吾諫官也不可天子殺無罪人而信用姦臣即率拾遺王仲舒等數人守延英門上䟽論延齡姦佞贄等無罪狀德宗大怒召宰相入語將加城等罪良久乃解令宰相諭遣之於是金吾將軍張萬福聞諫官伏閤諫趍往至延英門大言賀曰朝廷有直臣天下必太平矣遂遍拜城及王仲舒等曰諸諫議能如此言事天下安得不太平已而連呼太平太平萬福武人時年八十餘自此名重天下

又曰崔鄾遷諫議大夫穆宗即位荒於禽酒坐朝恒晚鄾與同列鄭覃等延英切諫穆宗甚喜之畋遊稍簡

又曰文宗嘗於便殿召柳公權周墀對公權論事切直忤旨周墀爲之惴慄公權詞氣益堅上徐謂公權曰朕知舍人不合却作諫議以卿論事有爭臣之風今授卿諫議大

夫

又曰孔戣爲諫議上䟽以事四條陳諷後有李涉投匭上言吐突承璀公忠戣爲匭使覽副狀大怒逐之因上䟽苦諫遂貶涉倖臣聞之側目人皆爲危之高步公卿間以方嚴見憚

又曰馮定爲諫議大夫李訓事敗伏誅衣冠攜懼其禍中外危疑及改元御殿中尉仇士良請用神策仗衛在殿門定抗䟽論罷人情危之又請許左右史隨宰臣入延英記事

又曰會昌元年中書門下奏據六典隋置諫議大夫七人從四品上大曆二年昇門下侍郎爲正三品兩省遂闕四品建官之道有所未周詩云衮職有闕仲山甫補之周漢大臣願入禁闥補過拾遺張衡爲侍中常居帷幄從容諷諫此皆大臣之任故其秩峻其任重則君敬其言而行其道況謇諤之地宜有老成之人秩未優崇則難用耆德其諫議大夫望依隋書舊制昇爲從四品分爲左右以備兩省四品之闕向後與丞郎出入迭用以重其選從之

五代史周書曰顯德五年勑諫議大夫宜依舊正五品上仍班位在給事中之下按唐六典諫議大夫四員正五品上皆隸門下省班在給事中之下會昌二年十一月中書門下奏升爲正四品下仍分爲左右以備兩省四品之闕故其班亦升在給事中之上近朝自諫議大夫拜給事中者官雖序遷位則降等至是以其遷次不倫故改正焉

三輔決錄曰第五頡字子陵爲諫議大夫洛陽無主人鄉里無田宅寄止靈臺中或十日不炊

補闕

六典曰補闕唐垂拱中創立四員左右各二天授年初左右各加三員通前爲十員其或才職相當不待闕而授言國家有過闕而補正之故以名官焉

又曰左右補闕掌供奉諷諫扈從乘輿凡發令舉事有不便於時不合於道大則廷議小則上封若賢良之遺滯於下忠孝之不聞於上則條其事狀而薦言之

唐書曰王源中字正蒙早以文學知名升進士第宏詞科累遷至左補闕時典禁軍者不循法度至有臺府人吏皆爲追擒源中上䟽其略曰夫臺憲者紀綱之地府縣者責成之所設有罪犯宜歸司存安有北軍勢重於南衙輦下權傾於仗內乞還法司庶守職分憲宗可其請

又曰裴垍在中書有獨孤郁李正辭嚴休復自拾遺轉補闕及參謝之際垍廷語之曰獨孤與李二補闕孜孜獻納

今之遷轉可謂酬勞無愧矣嚴補闕官業或異於斯昨者進擬不無疑緩休復悚悉而退

又曰文宗以魏謩爲補闕上嘗言於宰臣曰太宗皇帝得魏徵採拾闕失弼成聖政今我得魏謩於疑似之間必極臣諫雖不敢希及貞觀之政庶幾處於無過之地命授謩左補闕於内肰備述諫疏激切詔中書善爲之詞

唐書曰貞元中韋渠牟爲右補闕内供奉僚列初輕之上在延英既對宰相多使中貴人召渠牟於官次同輦始注目矣歲中遷左諫議大夫時延英對秉政財賦之臣晝漏率下二三刻爲常渠牟奏御率下五六刻上笑語款洽往往外聞

又曰韋温爲右補闕忠鯁救時宋申錫被誣温昌言曰宋公履行有素身居台輔不當有此是姦人陷害也吾輩諫官豈避一時之雷電而致聖君賢相蒙蔽惑之咎耶因率同列伏閤切爭之由是知名

拾遺

六典曰拾遺唐垂拱中創立四員左右各二天授初左右各加二員通前爲十員才可則登不拘階叙言國家有遺事拾而論之故以名官焉

又曰左右拾遺掌供奉諷諫扈從乘輿凡發令舉事有不便於時不合於道大則廷議小則上封若賢良之遺滯於下忠孝之不聞於上則條其事狀而薦言之

唐書曰李邕少知名長安初内史李嶠及監察御史張廷珪並薦邕詞高行直堪爲諫諍之官由是召拜左拾遺

又曰李邕爲左拾遺御史中丞宋璟奏侍臣張昌宗兄弟有不順之言請付法推斷則天初不應邕在陛下進曰臣觀宋璟之言事關社稷望陛下可其奏則天色稍解始允宋璟所請既出或謂邕曰吾子名位尚卑若不稱旨禍將不測何爲造次如是邕曰不顚不狂其名不彰若不如此後代何以稱也

又曰李邕爲左拾遺及中宗即位以沃人鄭普思爲祕書監邕上書諫曰蓋人感一飡之惠殞七尺之身況臣爲陛下官受陛下禄而得目有所見口不言之是負恩矣自陛下親政日近復在九重所以未聞在外羣下竊議道路籍籍皆云普思多行詭惑妄説妖祥唯陛下不知尚見驅使此道若行必撓亂朝政臣至愚至賤不敢以胷臆對揚天庭請以古事明證孔丘云詩三百一言以蔽之曰思無邪陛下今若以普思有奇術可致長生久視之道則爽鳩氏久應得之永有天下非陛下今日可得而求若以普思可致仙方則秦皇漢武久應得之永有天下亦非陛下今日可得而求若以普思可致佛法則漢明梁武久應得之永有天下亦非陛下今日可得而求若以普思可致鬼道則墨翟于寶各獻於至尊矣而二王得之永爲天下亦非陛下今日可得而求此皆事涉虚妄歴代無効臣愚不願陛下復行之於明時唯堯舜二帝自古稱聖臣觀所行故在人事敦睦九族平章百姓不聞以鬼神之道聽理天下伏願陛下察之則天下幸甚疏奏不納

又曰許景先常州義興人後從家洛陽少舉進士授夏陽尉神龍初東都起聖善寺報慈閣景先詣闕獻大像閣賦詞甚美麗擢拜左拾遺

又曰蕭昕爲左拾遺昕常與布衣張鎬爲友館而禮之表薦曰如鎬者用之爲王者師不用則幽谷一叟尔玄宗擢

鎬拾遺不數年出入將相
又曰元和中以左拾遺杜從郁爲祕書丞從郁司徒佑之子也初自司議郎爲左補闕崔群韋貫之左拾遺獨孤郁等上疏以爲宰相之子不合爲諫諍之官於是降爲左拾遺群等又奏云拾遺與補闕雖資品不同而皆是諫官父爲宰相而子爲諫官若政有得失不可使子論父於是改授之
又曰元和中延英宰臣對訖左拾遺楊歸厚次請對時上坐久宜令後坐日對來歸厚堅詞固請宰相諭之不退上乃召見歸厚首論中官許遂振次歷詆宰輔皆過激切然而自衒求試其詞甚繁逾刻而罷
又曰元稹除左拾遺稹性鋒銳見事風生既居諫垣不欲碌碌自滯事無不言即日上疏論諫職

又曰寶曆中左拾遺李漢右拾遺舒元褒薛廷老等五人於閤內諫曰臣伏見近日除授往往不由中書進擬或是宣出臣恐自此紀綱寖壞姦邪恣行伏乞聖恩詳察上厲聲曰更有何事舒元褒進曰陛下近日修造亦太多上色變曰何處修造元褒俛首不能對薛廷老奏曰臣等是諫臣有所聞即合論奏亦豈知陛下修造之所但見般輦瓦木絕多即知修造不已伏乞稍留聖慮上曰所奏知然後各復位議者以爲不廢其職
又曰大和三年左拾遺舒元褒等論中丞溫造凌供奉官事今月四日左補闕李虞與溫造街中相逢造怒不迴避遂捉李虞祗承人禁身一宿决脊杖十下者臣等謹案國朝政故事供奉官街中除宰相外無所迴避今溫造蔑朝廷典故凌陛下近臣恣行胷臆曾無畏忌伏以事有雖小而闕分理者即不可失也分理一失亂由之生遺補官秩雖卑乃陛下侍臣也中丞雖高乃法吏也侍臣見淩是不廣敬法吏壞法何以持繩前時中書舍人李虞仲與造相逢造乃曳去引馬知制誥崔咸與造相逢又捉其從人當時緣不上聞所以強暴益甚臣等又聞元和長慶中中丞行李不過半坊今乃遠至兩坊謂之籠街喝道但以尊崇自處不思僭擬之嫌陛下若不因此特有懲革伏恐從此供奉官輩便須迴避中丞累朝制度失自陛下臣等官忝諫列實爲陛下惜之奉勑憲官之職在指佞觸邪不在行李自大侍臣之職在獻可替否不在道途相高並列通班合知名分如聞喧競亦以再三既招人言甚損朝體其臺官與供奉官同道聽先後而行道途任祗揖而過其參從人則各隨本官之後少相辟避勿信衝突又聞近日已

來應合有導從官手力多者街衢之中行李太過自今傳呼前後不過三百步
唐書曰歸登爲右拾遺裴延齡以姦佞有恩欲爲相諫議大夫陽城上疏切直德宗赫怒右補闕熊執易等亦以危言忤旨初執易草疏成示登登慨然曰願寄一名雷電之下安忍令足下獨當自是同列切諫登每聯署其奏無所迴避時人稱重
又曰王仲舒字弘中貞元十年策試賢良方正能直言極諫等科仲舒登乙第超拜右拾遺裴延齡領度支矯誕大言中傷良善仲舒上疏極論之
又曰趙宗儒拜右拾遺翰林學士父驊改祕書少監與父並命出於中旨當時榮之
太平御覽卷第二百二十三

太平御覽卷第二百二十四

職官部二十二

散騎常侍　員外散騎常侍

通直散騎常侍　散騎侍郎

員外散騎侍郎　通直散騎侍郎

散騎常侍

六典曰唐貞觀初置散騎常侍二員隷門下省明慶二年又置二員隷中書省始有左右之號並金蟬珥貂左散騎與侍中爲左貂右散騎與中書令爲右貂謂之八貂

又曰散騎常侍晉代此官選望甚重時與黃門侍郎謂之黃散

漢書百官表曰散騎中常侍皆加官所加或列侯將軍御大夫正員多至數十人

應劭漢官儀曰秦及前漢置散騎及中常侍各一人散騎騎馬並乘輿車獻可替否

魏志曰文帝延康元年置散騎常侍爲一官省中置四人與侍中同掌規諫不用官者官者爲官不過署令

魏略曰散騎常侍比於侍中貂璫插石黃初中始置四人出入侍從與上談議不典事

蜀志曰魏文帝善孟達之姿才容觀以爲散騎常侍

吳志曰薛瑩既至洛陽特先見叙爲散騎常侍荅閡處當皆有條理

晉書曰鄭默字思元爲散騎常侍武帝出南郊侍中已陪乘詔曰使鄭常侍忝乘

又曰阮孚爲散騎常侍嘗以金貂換酒復爲所司彈劾帝宥之

又曰華嶠字叔駿加散騎常侍班同中書寺爲内臺中書散騎著作及理禮音律天文數術南省文章門下撰集皆典統之也

又曰何劭字敬祖曾之子也少與武帝同年有總角之好及帝即位轉散騎常侍甚見親重

晉起居注曰太康七年詔曰尚書馮紞忠亮在公歷職内外勤恪匪懈而疾未差屢求放退其以紞爲散騎常侍賜錢二千萬牀帳一具

又曰升平五年詔曰前西中郎謝萬才義簡亮宜居獻替其以萬爲散騎常侍

晉中興書曰庾闡有文章才美議者以爲宜綜國史於是召爲散騎常侍

晉諸公贊曰司馬駿五六歲能書數魏王爲帝駿八歲爲散騎常侍常侍講

齊書曰周盤龍自平北將軍爲散騎常侍武帝戲之曰卿著貂蟬何如兜鍪對曰此貂蟬從兜鍪中出耳

齊職儀曰魏氏侍中皆騎從御登殿與散騎常侍對挾帝侍中居左常侍居右

後魏書曰初高祖以李彪爲散騎常侍郭祚因入見高祖謂祚曰朕誤受一人官祿對曰豈容聖詔一行而有差異高祖曰朕昨誤況吟曰此自應有讓朕欲别授一官須史彪有啓云伯石辭卿子產所惡臣欲之已久故不敢讓高祖歎謂祚曰卿之忠諫李彪正辭使朕遅迴不能復決遂不移官

又曰明亮爲常侍加武勇將軍進曰臣本官常侍是第三清今授武勇其號至濁

又曰荀穨承明元年文明太后令百官舉才堪幹事人足委仗者於是公卿咸以穨應選徵拜散騎常侍
又曰孝文謂散騎常侍元景曰卿等自在集書合省逋墮致使王言遺滯起居不修
北齊書曰宋弁爲散騎常侍遷右將軍領黃門弁屢讓高祖曰散騎位在中書之右常侍者黃門之庶兄領軍者二衛之假攝不足空存推讓而棄大委
又曰朝貴多假常侍以取貂蟬之飾高隆之自表解侍中并陳請假侍服者亦請罷之詔皆如表
三國典略曰齊遣散騎常侍崔瞻聘于陳瞻辭韻溫雅南人欽服力謂之曰常侍前朝何竟不來今日誰相對者
又曰賀琛爲梁散騎常侍梁主與語常移晷刻故省中語曰上殿不下有賀雅琛容止都雅故人呼之

隋書曰案漢官侍內金蟬左貂金取剛固蟬取高潔也董巴志曰內常侍右貂金璫銀附蟬內書令亦同此今官者去貂內史金蟬右貂納言金蟬左貂開皇時特加散騎常侍在門下者貂蟬至是罷之唯加常侍聘外國者特給貂蟬還則輸納於內省
環濟要略曰散騎常侍入侍左右出則侍事於廊廡之下
華嶠集云詔曰散騎以從容侍從承荅顧問掌讚詔命平處文籍故前世多叅用文學之士義郎華嶠有論義著述之才其以嶠爲散騎常侍兼與中書共叅著作事嶠表謝云非臣典筆中辭所能陳謝

員外散騎常侍

晉書曰吏部郎李重啓東莞太守曹嘉之才翰學義先代之後宜補員外常侍
晉起居注曰咸康八年司徒王導表員外常侍孫朝八年告老弃身浹宇永絶榮祿宜給本官秩俸以終餘年
梁書曰賀琛字國寶遷員外散騎常侍舊尚書南座無貂貂自琛始也

通直散騎常侍

陶氏職官要録曰晉太始十年詔東平王楙爲員外常侍通直殿中與散騎常侍通直通直之號蓋自此始也
朱鳳晉書曰左軍陳與騫之子以父老求去職宿衛不宜曠詔以爲通直常侍
宋書曰通直散騎常侍員四人魏末散騎常侍又有在員外晉武帝使二人與散騎常侍通員直故謂之通直散騎常侍晉江左置四人
梁書曰鮑泉嘗乘高幰車從數十左右繖蓋服玩甚精道逢國子祭酒王承承疑非舊貫遣訪之泉從者荅曰鮑通直承悵焉復欲辱之遣逼車問鮑通直復是何許人而得如此都下少年遂爲口實見尚豪華人相戲曰鮑通直復是何許人而得如此以之爲笑謔

北齊書曰張景仁除通直散騎常侍及奏御筆點通直字遂爲正常侍也
隋書曰許善心加通直散騎常侍聘於隋遇高祖伐陳禮成而不獲反命累表請辭上不許留縶賓館及陳亡高祖遣使告之善心素服號哭於西階之下藉草東向經三日勑書唁焉明日有詔就館拜通直散騎常侍賜衣一襲善心哭盡哀入房改服復出北面立垂涕再拜受詔明日乃朝伏泣於殿下悲不能興上顧左右曰我平陳國唯復此人既能懷其舊君即是我誠臣也勑以本官直門下省賜

物千段馬二十疋

散騎侍郎

又曰鍾敏字雅淑年十四爲散騎侍郎機捷談笑有父之風

魏志曰文帝延康元年置散騎常侍侍郎各四人

魏略曰孟康字公休安平人黄初中以於郭后有外屬并受九親賜拜遂轉爲散騎常侍是時散騎皆以高才英儒充其選而康獨緣妃嬙雜在其間故于時皆共輕之號爲阿九康既才敏因在冗官博讀書傳後遂有所彈駁其文義雅而切要衆人乃更加意

晉陽秋曰荀顗字景倩帝見而奇之曰荀令君子也擢拜散騎侍郎

于寶晉紀曰處士馮恢志行過人以爲散騎侍郎張華曰

臣請觀之若不見臣上也見而有傲世之容次也敬而爲賓主者固俗士也及華至恢侍之恭於是時人必之

唐書曰高祖初平長安拜舞人安叱奴爲散騎侍郎既在朝列咸陪遊宴禮部尚書李綱諫曰臣案周禮均工樂胥不得預於士伍雖復才如子野妙等師襄皆終身繼世不易其業故魏武帝欲使禰衡擊鼓先解朝服露體而擊之問其故對曰不敢以先王法服而爲伶人之衣也唯齊末高緯封曹妙達爲王安馬駒爲開府有國家者以爲殷監今新定天下開太平之基起義功臣行賞未遍高才碩學猶滯草萊而先令舞胡致位五品鳴王曳組趍馳廊廟故非創規模貽子孫之道也高祖不納

桓氏家傳曰延康元年初置散騎之官皆選親舊文武之才以爲賓宴之臣遷桓範爲散騎侍郎

陶氏職官要録曰案漢初有騎郎常侍有資者得爲騎郎資滿五萬爲常侍郎張釋之以資爲常侍郎蓋此官也

華嶠譜叙曰華歆有三子表字偉明年二十餘爲散騎侍郎時同寮諸郎共平尚書事必並厲鋒氣要名譽尚書事至或有不便故遺漏不視及傳書者去即深文論駁唯表不然事有不便輙與尚書共論盡其意主者固執不得已然後共奏司空陳羣等以此稱之

貟外散騎侍郎

晉起居注曰大興四年詔曰今以前司空從事中郎盧諶爲散騎侍郎在貟外

晉中興書曰符堅青州刺史符朗降列宗詔曰朗深識逆順望風歸化既嘉此誠亦簡其才可貟外散騎侍郎并賜給之

宋書曰貟外散騎侍郎置無貟

後魏書曰梁三益字敬安於南陽内附高祖與語善之曰三益三益殊不亞拜貟外散騎侍郎

通直散騎侍郎

晉大興元年起居注曰置通直散騎侍郎四人

沈約宋書曰晉元帝使貟外散騎侍郎二人與散騎通直故謂之通直散騎侍郎

後魏書曰李瑾字道瑜美容皃頗有文才遷通直散騎侍郎與黄門王遵業尚書郎盧觀典脩儀注臨淮王式謂瑾等三儁共掌帝儀可謂舅甥之國王盧即瑾之外兄也

太平御覽卷第二百二十四

太平御覽卷第二百二十五

職官部二十三

御史大夫
御史中丞上

御史大夫

六典曰御史大夫之職掌邦國刑憲典章以肅正朝列中丞爲之貳凡天下之人有稱寃而無告者與三司詰之（三司即御史大夫中書門下也）凡中外百寮之事應彈劾者御史言於大夫大事則方幅奏彈之小事但署名而已

漢書公卿表曰御史大夫秦官也應劭曰侍御之率故稱大夫

史記曰趙堯者少爲符璽御史趙人方與公謂御史大夫周昌曰君之吏趙堯年雖少奇士也君必異之且代君位昌笑曰堯刀筆吏何能至是乎居頃之堯侍高祖獨不樂悲歌羣臣不知所以然堯進問陛下所悲者非爲趙王年少而戚夫人與吕后有隙萬歲之後而趙王不能自全乎高祖曰然吾私憂之不知所出堯曰陛下獨宜爲趙王置強相及吕后太子群臣所素敬憚者乃可高祖曰然誰可堯曰御史大夫周昌其人賢忍質直且吕后太子及大臣皆敬憚之獨昌可高祖乃召問昌謂之曰吾欲固煩公公強爲我相趙昌泣曰臣初起從陛下獨柰何中道而弃之於諸侯高祖曰吾極知其左遷君私憂趙念非公毋可者於是徙昌爲趙王相既行高祖持御史大夫印弄之曰誰可以爲御史大夫者孰視趙堯曰毋以易堯遂拜堯御史大夫

漢書曰元帝時琅瑘貢禹爲御史大夫而華陰守丞嘉上

封事言治道在於得賢御史之官宰相之副九卿之右不可不選平陵朱雲兼資文武中正有智略可使以六百石秩試守御史大夫盡其能

又曰朱博爲御史大夫府史舍百餘區井泉俱竭又其府中列栢樹常有野烏數千棲其上晨去暮來號曰朝夕烏後去不來者數月長老異之果廢焉

又曰汲黯謂上曰公孫弘位在三公奉祿甚多然爲布被此詐也上問弘弘謝曰有之夫三公爲布被誠飾詐以釣名今臣弘位爲御史大夫九卿以下無差誠如黯言

又曰公孫弘爲御史大夫時又東置滄海北置朔方之郡弘諫以爲罷弊中國以奉無用之地願罷滄海專奉朔方上許之

又曰張湯爲御史大夫舞文巧詆以輔法

又曰張歐爲御史大夫上具獄事可却之不可者不得已而爲之涕泣對之其愛人若此年老請免天子亦寵以上大夫祿歸老于家

又曰杜周爲御史大夫後周子延年又爲御史大夫以居父官府不敢當舊位坐卧皆易其處

又曰倪寬爲御史大夫以稱意任職故久無所匡諫官屬易之

又曰張湯爲御史大夫每朝奏事語國用日旰天子忘食丞相充位而已

又曰晁錯遷御史大夫請諸侯之罪過則削其地奏上上令公卿列侯宗室集議莫敢難錯獨竇嬰爭之由此與嬰有隙

又曰哀帝建平二年朱博奏請罷大司空以御史大夫爲

百僚師帝從之

又曰梁相褚大通五經爲博士倪寬爲弟子及御史大夫鈌徵褚大大自以爲得御史大夫至雒陽聞寬爲大夫褚大笑及至與寬議封禪於上前大不能及退而服曰誠知之

漢書百官志曰御史大夫秦官位上卿銀印青綬掌副丞相事

漢雜記事曰故事上書爲二封其一曰副領尚書者先發之有不善屏去不奏魏相爲御史大夫奏去副封以防擁蔽

漢舊儀曰御史大夫寺在司馬門内門無塾門署用梓板不起郭邑題曰御史大夫寺

比齊楊楞伽鄴都故事云御史臺在宮闕西南其門北開取冬殺之義也

唐書曰韋挺太宗嘗謂挺曰卿之任御史大夫獨朕意耳左右大臣無爲卿地者卿勉之哉

又曰薛謙光拜御史大夫時僧惠範恃太平公主權勢逼奪百姓店肆州縣不能理謙光將加彈奏或請寢之謙光曰憲臺理冤滯何所迴避朝彈暮黜亦可矣遂與殿中慕容珣奏彈之

又曰韋思謙除右肅政大夫遂坐受拜或以爲言謙曰國家班列自有等差柰何以姑息爲事

又曰崔隱甫爲大夫一切督責之事無大小悉令諮決稍有忤意列上其罪前後貶黜者過半羣僚側目上常謂曰卿爲大夫深副朕所委

又曰肅宗幸靈武李峴應召至行在拜扶風郡太守兼御史大夫既收京師拜禮部尚書守京兆尹復兼御史大夫時峴兄峘爲户部尚書兼成都尹乾元初玄宗還京峘自蜀至又兼御史大夫兄弟俱判臺事自國初以來兄弟並拜大夫未有其比時長安士庶皆賦美之

又曰崔縱勸李懷光西至奉天加右庶子充使無幾拜京兆尹兼御史大夫數奏懷光剛愎反覆宜陰備之及幸梁州左右或短之曰縱素善懷光必不來矣上曰他人不知縱吾可保不數日縱至拜御史大夫

又曰李元素徵拜御史大夫大夫自貞元中位鈌久難其人至是元素以名望召拜中外聳聽及居位一無修舉但規求作相久之滯不得志見客必曰無以某官散相疎也見屬官必先拜脂韋在列大失人情

又曰李景讓轉御史大夫景讓慷慨有大志事母以孝聞

正色立朝言無避忌時宣宗皇舅鄭光卒詔贈司徒罷朝三日景讓曰國舅雖親朝典有素無容過越乃上言曰鄭光是陛下親舅外族之愛誠軫聖心況皇太后哀切之時理合加等而賜之粟帛降之弔問自家刑國允謂合宜今以輟朝之數比於親王公主即前例所無縱有亦不可施用何者先王制禮所貴防微大凡人情於外族則深於宗屬則薄所以先王制禮割愛厚親士庶猶然況當萬乘親王公主宗屬也舅氏外族也今朝廷公卿以至庶人據開元禮外祖父母及親舅喪止服小功五月若親伯叔親兄弟即服齊縗周年所以疎其外而密於内也有天下者尤不可使外戚強盛故西漢有吕氏之侈幾滅劉氏國朝有則天之簒殆革唐命蓋非一朝一夕其所由來漸也今鄭光輟朝日數與親王公主同設使陛下速改詔命輟朝一

日或兩日示其昇降有差恩禮無僭使四方見陛下欽明
之德青史傳陛下制度之文垂之百王永播芳烈且愚不
肖謬竊恩私實願陛下處於堯舜之上羲軒之列所以甘
心鼎鑊伏進危言優詔報之乃罷朝兩日
又曰田令孜軍沙陁逼京師移幸鳳翔邠帥朱玫引兵來
迎駕令孜挾帝幸山南時中夜出幸百官不及扈從而隨
駕者黃門衛士數百人而已帝駐寶雞候館詔授孔緯御
史大夫遣中使傳詔令緯率百寮赴行在時京師急變從
駕官屬至盩厔並為亂兵所剽資裝殆盡緯承令見宰相
論事蕭遘以田令孜在帝左右意不欲行辭疾不見緯遣
臺吏促百官上路皆以袍笏不具為詞緯無如之何乃召
三院御史謂之曰吾輩世荷國恩身居憲秩雖六騑奔道
而咫尺天顏累詔追徵皆無承稟非臣子之義也凢布衣

交舊緩急猶相救卹況在君親策名委質安可背耶言竟
泣下三院曰夫豈不懷但盩厔剽剥之餘丐食不給今若
首途聊營一日之費俟信宿繼行可也緯拂衣而起曰吾
妻危疾旦不得夕丈夫豈以妻子之故忽君父之急耶公
輩善自為謀吾行決矣即日見李昌符告曰主上再有詔
命令促百寮前進覲群公之意未有發期僕忝憲闈不宜
居後道途多梗明公幸假五十騎送至陳倉昌符嘉之謂
緯曰路無頓遞裹粮辦耶乃送錢五十緡令騎士援緯達
散關緯知朱玫必蓄異志奏曰關城小邑不足以駐六師
請速幸梁州翌日車駕離陳倉纔入關而邠岐之兵圍寶
雞攻散關微緯之言幾危矣
五代史後唐史曰天成元年夏六月以李琪為御史大夫
自後不復除

通典曰漢御史大夫副丞相事若今之同平章及參知機
務之類所以漢書云薛貢韋匡迭為宰相薛宣韋賢匡衡
則是丞相而貢禹但為御史大夫
又曰武后時改御史臺為肅政臺九置左右肅政二臺別
置大夫中丞各一人侍御史殿中監察各二十人
漢武帝集曰武帝作柏梁臺詔群臣二千石有能為七言
詩者乃得上坐御史大夫曰刀筆之吏臣執之
唐中宗授楊再思檢校左臺大夫制曰避車要秩非德靡
升專席雄班惟賢是屬侍中楊再思衣冠舊齒廊廟宏材
寒暑不易其心始終弗虧其度在明時而有立居暗室以
無欺投水陳謨邁漢朝之三傑雲砂作相擁虞日之五臣
森乎抱松栢之心凜若負冰霜之氣佇因獻替兼肅權豪
宜分務於鸞局俾効能於烏署

又蘇瓌授右臺大夫制曰烏臺峻秩望惣鐵冠蒼珮崇班
威高石室誠副相之榮級實次卿之通任前岐州蘇瓌詞
呑楚澤量湛黃陂既光大厦之材堪入巨川之用西京展
驥道掩題輿右輔憑熊風超露冕朱幡霧撤初停州縣之
勞白簡霜凝宜屏權豪之氣
御史中丞上
韋昭辨釋名曰御史中丞居中丞相者也辨云此中丞自
御史大夫下丞有二其一別居殿中舉不法故曰中丞
周禮曰周官小宰之職掌建邦之宮刑以理王宮政令凢
宮之糾禁（注曰若漢之御史中丞）
史記曰臧宣為御史及中丞者幾三十年以微文深詆殺
者甚衆稱為敢決
漢書曰陳咸字子康沛郡人為中丞惣領州郡奏事課

第諸刺史執法殿中公卿巳下皆敬憚之

又曰鮑宣字貢君爲中丞執法殿中外惣部刺史郡國二千石所貶退稱進白黑分明由是知名

又曰中丞有石室以藏秘書圖讖之屬以其居殿中故曰中丞

又曰張湯爲御史大夫丞上請造白金與五銖錢籠天下盐鐵排富商大賈

東觀漢記曰樊准字幼陵爲御史中丞擧正非法百僚震悚

又曰宣秉建武元年拜御史中丞上特詔御史中丞與司隸校尉尚書令會同並專席而坐故京師號曰三獨坐

後魏書曰高恭之字道穆爲御史中丞帝姊壽陽公主行犯清路執赤棒卒呵之不止道穆令卒棒破其車公主深

以爲恨泣以訴帝帝謂主曰高中尉清直之人彼所行者公事豈可以私恨責之耶道穆後見帝帝曰一日家姊行路相犯極以爲愧道穆免謝曰臣蒙陛下恩奉陛下法不敢獨於公主虧朝廷典章

謝承後漢書曰陳謙字伯讓拜御史中丞執憲奉法多所糺正爲百僚所敬尚書選擧序位旌賢常諮問謙自陳蕃雖尊爲宰相論議褒貶每往質疑皆服其清識高亮

續漢書曰馬嚴字威卿拜御史中丞賜冠幘衣服車馬嚴擧劾案章申明舊典奉法按擧無所廻避百寮憚之

漢官儀曰御史中丞二人本御史大夫之丞其一別在殿中兼典蘭臺祕書外督部刺史内領侍御史受公卿章奏糾察百僚

漢舊儀曰御史中丞督司隸司隸督司直司直督刺史刺史督二千石以下

漢官解詁注曰建武以來省御史大夫官屬入侍蘭臺蘭臺有十五人特置中丞一人以惣之此官得擧非法其權次尚書

魏志曰鮑勛字叔業黄初四年尚書令陳群僕射司馬宣王並擧勛爲宮正宮正即御史中丞也帝不得巳而用之百寮嚴憚罔不肅然

魏氏春秋曰故事御史中丞與洛陽令相遇則分路而行以土主多逐捕不欲稽留也

太平御覽卷第二百二十五

職官部二十四

御史中丞下　持書侍御史

御史中丞下

晉書曰熊遠字孝文遷御史中丞中宗每歎其公忠謂遠曰卿在朝政正色不茹柔吐剛忠亮至勁可謂王臣

又曰庾峻字山甫爲御史中丞優而不剋

又曰周處字子隱爲御史中丞奏征虜將軍石崇大將軍梁王彤等正繩直筆權豪震肅

又曰劉暾(他昆切)字長外兼中丞奏免尚書僕射等十餘人朝廷嘉之遂以即眞

謝靈運晉書曰漢官尚書爲中臺御史爲憲臺謁者爲外臺是爲三臺自漢罷御史大夫而憲臺猶置以丞爲臺主中丞是也

晉中興書曰　王恬字元逾(音俞)爲御史中丞值海西公廢太宗即位未解嚴大司馬桓溫屯中堂夜吹警角恬奏劾溫大不敬請理罪明日溫見奏事歎曰此兒乃敢彈我眞可畏也

又曰熊遠遷御史中丞尚書郎盧綝入直逢尚書刁協於大司馬門外協醉使綝避之綝以當直不肯迴協令人牽綝墮馬至協車前而後釋遠奏請免協官詔令白衣領職

又曰劉瑀(音雨)遷御史中丞瑀氣尚人爲憲司甚得志彈蕭惠開云非才非望非勳非地彈王僧遠云㕔籍高華人品冗末朝士莫不畏其筆端

又曰蕭惠開拜御史　世祖與劉季之詔曰今以蕭惠開爲憲司冀當稱職但往一服額已自殊有所震及在任百寮畏憚之八年入爲侍中詔曰惠開前任憲奉法　繩不阿權戚朕甚嘉之可更授御史中丞

又曰鄭鮮之遷御史中丞明憲直繩甚得直司之體外甥毅權重當時朝廷莫不歸附鮮之盡心高祖獨不屈意毅甚恨焉

又曰荀伯子爲御史中丞莅職勤恪有匪躬之稱立朝正色內外憚之凡所奏劾莫不深相呵毀或延及祖宗其言切直又頗雜嘲戲故世人以此非之

齊書曰王僧虔遷御史中丞甲族由來多不居憲職王氏分枝居烏衣者位宦微減僧虔爲此官乃曰此是烏衣諸郎坐處我亦可試爲耳

又曰江淹爲御史中丞明帝作相謂淹曰君昔在尚書中非公事不妄行在官寬猛能折衷今爲南司足以震肅百

寮也曰今日之事可謂當官而行更恐不足仰稱明旨耳於是彈中書令謝朏(音斐)司徒左長史王績(音潰)護軍長史庾弘遠並以託疾不預山陵公事又奏收前益州刺史劉悛梁州刺史陰智伯並贓貨巨萬輙收付廷尉臨海太守沈昭略永嘉太守庾曇隆及諸郡二千石并大縣官長多被劾內外肅然明帝謂曰自宋已來不復有嚴明中丞君今日可謂近世獨步

梁書曰樂藹遷御史中丞初藹發江陵無故於舡得八車輻如中丞健步避道者至是果遷焉

又曰王僧孺兼御史中丞僧孺幼貧其母鬻紗布以自業攜僧孺至市道遇中丞鹵簿驅迫墜溝中及是拜日引騶清道悲感不自勝頃之即眞

後魏書曰李彪爲中尉號爲嚴酷以姦欵難得乃爲木手

擊其脇腋氣絶而後屬者時有汾州叛胡得其𠒎渠皆鞕面熱之及彪之病也體上瘡潰痛毒備極

又曰李彪遷御史中尉彪爲高祖所寵性又剛直遂多所彈糾遠近畏之豪右屏氣高祖嘗呼爲李生又從容謂群臣曰吾之有李生猶漢之有汲黯

北齊書曰齊王高澄用崔暹爲御史中尉宋遊道爲尚書左丞謂之曰卿一人處南臺一人處北省當使天下肅然

又曰琅邪王儼字仁威武成第三子累爲御史中丞魏氏制中丞出清道與皇太子分路行王公皆遝住車去牛頓車於地以待中丞過其或違遲則赤棒棒之自都鄴後此儀寖絶武成欲雄寵儼乃使一依舊制初從北宮出將上宮丞凡京畿步騎領軍之官屬中丞之威儀司徒之鹵簿莫不畢備時儼　惣領四職帝與胡后在華林園東門外

張幕隔青紗步障觀之遣中使驟馬趣仗不得入自言奉勑赤棒應聲碎其鞍馬驚人墜帝大笑以爲善更勑令駐車傳語良久觀者傾京邑

陳書曰徐陵除散騎常侍御史中丞時安成王爲司空以帝弟之尊勢傾朝野直兵鮑僧叡假王威權抑塞辭訟大臣莫敢言者陵聞之乃爲奏彈導從南臺官屬引奏案而入世祖見陵服章嚴肅若不可犯爲斂容正色坐陵進讀奏狀時安成王殿上侍立仰視世祖流汗失色陵遣殿中御史引王下殿遂劾免侍中中書監自此朝廷肅然

隋書曰後魏延昌中王顯有寵於宣武御史中丞請革選御史此後踵其事每一中尉更置御史自開皇後始自吏部選用依舊入直禁中。唐書官品志曰中丞一人掌督司百僚皇太子已下其在營門行行馬內違法者皆糾彈之雖在馬外而監司不糾亦得奏之專道而行逢尚書丞郎亦得停駐

又曰張易之縱恣益橫嘗私引相工李引泰占吉凶言涉不順御史中丞宋璟音影請窮究其狀武太后曰易之等已上聞璟曰謀反大逆無容首免易之等分外承恩臣知言出禍從然義激於心雖死不恨太后不悦內史姚璹音熟恐忤旨遽宣勑令出璟曰天顏咫尺親奉德音不煩宰相擅宣王命太后意解及收易之等就獄尋詔原之命就宅謝罪璟拒而不見曰公事當公言之若私見法無私也

又曰御史中丞姚庭筠奏稱律令格式懸之象魏奉而行之事無不理比見諸司寮案不能遵守章程事無大小皆悉聞奏臣聞爲君者任臣爲臣者奉法故云汝爲君目將司明也則知萬機務綜不可徧覽也所以設官分職者委

任責成百工惟時以成垂拱之化比者或修一水惣或伐一枯木並皆上聞旒扆取斷宸衷豈代天理物至公之道也自今已後若緣軍國大事及牒式無文者任奏取進旨自餘據章程合行者各令准法處分其故生疑滞致有稽失者請令御史覈事糾彈上從之

又曰盧弈懷慎之少子也與兄奐音喚齊名天寶十一年爲御史中丞始懷慎及奐並爲此官父子三人爲中丞清節不易時人美之

又曰齊映爲御史中丞從德宗幸梁州每遇險映嘗執轡會上馬驚跳奔益甚上懼傷映令捨轡映堅執久之乃止問其故對曰馬奔踶音啼不過傷臣如捨之或犯清塵雖臣萬死何以塞責上嘉歎無已

又曰御史中丞武元衡奏貞元二年御史中丞竇參所奏

凡諸使兼憲官者除元帥都統節度觀察都團練防禦等
使餘並在本官之位其後蘇弁卞音于頎顧音以度支郎中兼
御史中丞鄧求以易州刺史兼御史大夫皆奉進旨令在
同類之上伏以前後異同遵守不一臣謹議伏請自今常
參官兼御史大夫中丞者惟檢校省官立在本品同類之上從之
又曰元和中御史中丞王播奏監察御史舊例在任二十
五月轉准具員不加今請仍舊殿中侍御史舊例在十三月轉准具員
加至十八月今請減至十五月侍御史舊例在任六月轉
准具員加十三月今請減至十月從之
又曰文宗開成初中丞狄兼謩謝官上曰御史中丞朝廷
紀綱一臺理則朝廷理朝廷理則天下理無曠厥職兼謩
奏曰凡天下有礙法不得中道事臣盡得以彈奏上曰大
抵以顧望畏忌爲心者自失職業卿梁公之後將嗣家聲

不可不留意
又曰文宗謂宰臣曰丁居晦作中丞何如因悉數大臣而
品第之歎曰宋申錫堪任此官惜哉
又曰牛僧孺可爲大夫宰臣鄭覃曰須爲中丞未嘗搏擊
恐無風望上曰不然鸞鳳與鷹隼事異
又曰居晦作此官朕曾以時諺謂杜甫李白輩爲四絕問
居晦曰此非君上要知之事常以此記得居晦今所以擢
爲中丞
又曰會昌元年中書門下奏御史中丞爲大夫之貳緣大
夫秩崇官不常置中丞常爲憲臺之長今寺監少卿少監
司業少尹並爲寺置之貳皆爲四品中丞官名至重見秩
未崇望升爲從四品從之
又曰薛存誠爲給事中瓊林庫使奏召工徒大廣存誠以
爲此者姦人竄名以避征徭不可許咸陽尉袁儋都甘切與
軍鎮相競軍人無理遂肆侵誣儋反受罰二勑繼至存誠
皆執之上聞甚悅命中使嘉勞由是選拜御史中丞
又曰孔緯爲御史中丞緯器志方雅嫉惡如讎既摠憲綱
中外不繩而自肅
又曰盧坦爲御史中丞裴均爲僕射左班踰位請退之均
不受坦曰姚南仲爲僕射例如此均曰南仲何人坦曰南
仲是守正而不交權倖者尋罷爲右庶子時人歸咎於均
三國典略曰梁張綰字孝卿雍州刺史續之第也梁主策
其百事綰對闕其六乃號爲百六公常爲御史中丞兄續
爲僕射元日朝會及百司就列兄弟並導騶兩塗前世未
有時人榮之
崔鴻十六國春秋前錄曰段凱驍勇善射好讀書爲御史中

丞明筆直繩無所阿避號曰老虎
傅咸集奏曰司隸中丞得糺太子而不得糺尚書臣所未
譬朝廷無以易之梅陶自叙曰余居中丞曾以法鞭皇太子
傅親友莫不致諫余笑而應之堂高由陛下太子所以崇於
上由吾奉王者法吾豈枉道曲媚後皇太子特見延請賜
以讌禮之如師袁淑謝中丞章曰竊惟此職昭贊實預
損益必須廉明盛正刺骨窮文使權家勳族不敢藉強而侮
物戚門右姓不得稱雄以掩衆昔傅咸卧治僚辟戰懼孫
寶移疾卿尹皆息

持書御史

漢書曰宣皇帝元鳳中路温舒上書宜尚德緩刑帝深采
覽之季秋後讞魚列反又音[illegible]時帝幸宣室齋宮而决事命侍御
史二人持書遂置持書御史

通典曰御史中丞舊持書御史也（國諱改焉後歷代皆同）

風俗通曰須者廷尉多墻面而苟充茲位持書侍御史不復平議讞當糺紛豈一事哉里語曰縣官漫漫冤死者半

後漢書曰蔡邕以侍御史轉持書御史遷尚書三日之間周遷三臺

續後漢書百官志曰持書御史秩百石掌選明法律者爲之天子疑獄以法律讞是非糺六品已下桓帝以後不治獄充位而已

魏志曰王觀字偉臺東郡廩丘人也明帝幸許昌召觀爲治（音持下同）書侍御史典行臺獄時多倉卒喜怒而觀不阿音順旨

晉書曰杜預爲鎮南入辭口啓陳壽才史通博宜補黃散（黃門侍郎散騎常侍）也上曰壽可作治書否預對曰唯在聖詔即手詔用之

又曰太始四年置黃沙獄持書御史一人秩與中丞同掌詔獄及廷尉不當皆理之

梁書曰謝幾卿天監初除征虜鄱陽王記室尚書三公侍郎尋爲侍御史舊郎官傳爲職者世謂爲南奔幾卿頗失志多陳疾臺事略不復理從爲散騎侍郎

後魏書曰高道悅拜治書御史正已當官亡憚彈強禦奏舉任城王王澄等免官高祖詔襃美之

隋書曰柳彧遷治書侍御史于時刺史多任武將類不稱職彧上表曰方今天下太平四海清謐共治百姓任其才昔漢光武一代明哲起自布衣備知情僞與二十八將披荊棘定天下及功成之後無所職任伏見詔書以上柱國和干子爲杞州刺史其人年垂八十鐘鳴漏盡前任趙州闇於職務政由羣小賄賂公行百姓吁嗟謌謠滿道乃云老禾不早殺餘種穢良田古人有云耕當問奴織當問婢此言各有所能也千子弓馬武用是其所長治民莅職非其所解至尊思治無忘興寢如謂優老尚年自可厚賜金帛若令刺舉所損殊大臣死而後已敢不竭誠上善之千子竟免

又曰梁毗爲持書侍御史時京師饑上令禁酒劉昉使妾任（任縱也）屋當鑪酤酒毗劾奏昉曰臣聞處貴則戒之以奢持滿則守之以約昉既位列郡公秩高庶尹縻爵稍久厚祿已淹正當戒滿歸盈監斯止足何乃規麹蘖之潤競錐刀之末身昵酒徒家爲逋藪若不糺繩何以肅厲有詔不治昉鬱鬱不得志

又曰柳彧爲治書御史右僕射楊素當塗顯貴百寮慴憚無敢忤者嘗以少譴勑送南臺素恃貴坐彧牀彧從外來見素如此於階下端笏整容謂素曰奉勑治公之罪素遽下彧據案而坐立素於廷辨詰事狀素由是銜之

唐書曰孫伏伽初以三事上諫高祖大悅擢拜治書侍御史兼賜帛三百疋時軍國多事賦斂繁重伏伽屢奏請改革舊政高祖並納之因謂裴寂曰隋末無道上下相蒙主則驕矜臣唯諂佞上不聞過下不盡忠使社稷傾危身死疋夫之手朕撥乱反正志在安人平乱任武臣官方委文吏庶得各展器能以匡不逮此每虛心接待冀聞讜言然惟李綱差盡忠款孫伏伽可謂誠直餘人猶踵弊風俛首而已豈朕所望哉

江總贈孔中丞詩曰我行五嶺表辭鄉二十年聞鷄欲動詠披霧即依然疇昔同寮寀今隨年代改借問藏書處

唯君故人在故人名官高清簡肅權豪誰知懷九數徒然
泣二毛
傳咸御史中丞箴敘曰百官之箴以箴王闕余承先君之
蹤竊位憲臺懼有忝累垂翼之責且造斯箴以自勗勵不
云自箴而云御史中丞箴者凡為御史中丞欲通以箴之
也詞曰煌煌天文衆星是環爰立執法其暉有煥執憲之
綱秉國之憲鷹揚虎視肅清違慢蹇蹇匪躬是曰王臣既
直其道奚顧其身身之不顧孰有弗震邦國若否惟仲山
甫是明焉用彼相莫扶其傾淮南構逆實憚汲生赫赫有
國可無忠貞憂責有在繩亦必直良農耘穢勿使能植無
禮是逐安惜翅翼咕爾庶寮各敬乃職無為罰先無怙厥
力怨及朋友無慙于色罪天子內省有恧(音匿慙也)是用作箴
惟以自勑

太平御覽卷第二百二十六

太平御覽卷第二百二十七

職官部二十五

侍御史　殿中侍御史　監察御史

侍御史

六典曰侍御史掌糺舉百寮推鞫獄訟凡有別付者則按其實狀以奏若尋常之獄推訖斷于大理凡事非大夫中丞所劾而合彈奏者則具其事爲狀大夫中丞押大事則豸冠朱衣纁裳白紗中單以彈之小事常服而已

續漢書百官志曰侍御史員五人秩六百石以公府掾屬高第補之或牧守議郎郎中爲之掌察非法受公卿群吏奏事有違失者舉劾之凡郊廟及大拜則一人監威儀有違失則劾奏

漢官儀侍臣下曰御史秦官也案閒有御史掌邦國都鄙及萬民之治令以贊冢宰

應劭漢官儀曰侍御史周官也爲柱下史冠一名曰柱後以鐵爲之言其審固不撓也或說古有獬豸獸主觸邪佞故執憲者以其角形爲冠耳余覽秦事云始皇滅楚以其君冠賜御史漢興襲秦因而不改

漢書儀曰御史員四十五人皆是六百石其十五人衣絳給事殿中爲御史宿廬在石渠門外二人尚璽四人持書給事二人持前中丞一人領餘三十人留寺理百官事也

史記曰趙禹者郿人武帝即位禹以刀筆吏積勞遷爲侍御史與張湯論定律令

又曰下杜人程邈爲御史得罪始皇幽繫雲陽十年從獄中作大篆少者增益多者損減方者使員員者使方奏之始皇善之出爲御史

又曰張蒼好書律曆秦時爲御史主柱下方書

漢書曰江充拜直指繡衣使督三輔盜賊禁察踰侈時近臣多奢僭充皆舉劾請沒入車馬令身從北軍擊匈奴奏聞貴戚惶恐

又曰王駕字翁孺武帝時爲繡衣御史逐捕羣盜皆縱而不誅

又曰嚴延年遷御史劾霍光專廢立

東觀漢記曰陳寵曾祖父咸哀平間以明律爲侍御史王莽篡位父子相將歸鄉里閉門不出乃收家中律令文書壁藏之以俟聖主咸常戒子孫爲人議法當依輕雖有百金之利無與人重

後漢書曰桓典爲侍御史執政無所避常乘驄馬京師畏之語曰行行且止避驄馬御史

又曰杜詩爲御史安集洛陽時將軍蕭廣放縱兵士暴橫民間百姓惶擾詩勅曉不改遂格殺廣還以狀聞世祖召見賜以棨戟焉

又曰李恂拜侍御史持節使幽州宣布恩澤慰撫北狄所過皆圖寫山川屯田聚落百餘卷悉封奏上肅宗嘉之

又曰光武聞杜林還三輔乃徵拜侍御史引見問以經書故舊及西州事甚悅之賜以車馬衣被

又曰陳翔字子麟拜侍御史元日朝賀大將軍梁冀威儀不整翔奏請收冀理罪時人奇之

又曰楊秉字叔節拜侍御史京畿咸稱其宰相之才

又曰譙玄爲繡衣使者持節分行天下觀覽風俗所至專行誅賞

續後漢書曰种音冲暠字景伯順帝時爲侍御史監護太子

承光宮中常侍高梵受勅迎太子不齎詔書以衣車載太
子欲出太子太傅高褒不知所以力不能止開門臨去暠
至横劒當車曰御史受詔監護太子太子國之儲副人命
所繫常侍來無一尺詔書安知非挾姦耶今日之事有死
而已梵不敢爭
又曰張綱字文紀遷侍御史漢初遣八使廵行風俗八使
同日拜謂之八彦皆宿儒要位唯綱年少官微受命各之
所部而綱獨埋車輪於洛陽都亭曰犲狼當路安問狐狸
遂奏大將軍梁冀兄弟罪惡京師震悚
魏志曰袁紹字本初有姿皃威容能折節下士士多附之太
祖少與交以大將軍掾爲侍御史
又曰帝嘗大會殿中御史簪白筆側階而坐上問左右此
爲何官何主左右不對辛毗曰謂御史舊時簪筆以奏不

法令者直備官但珥耳
吴志曰吕岱親近吴都徐原慷慨有才志岱知其可成賜
巾褠(古侯切月衣)與共言論後遂薦拔官至侍御史原性忠壯
好直言岱時有得失原輒諫爭又公論之人或以告岱岱
笑是我所以貴德淵(德淵岱字)者也及原死岱哭之甚哀曰德
淵吕岱之益友今不幸岱復於何聞過談者美之
又曰張紘字子綱廣陵人也孫策遣紘奏章至許宫留爲
侍御史少府孔融等皆與親善
又曰朱據字子範吴郡人也補侍御史是時選曹尚書曁
艷疾貪汚在位欲沙汰之據以爲天下未定宜以功覆過
弃瑕取用擧清厲濁足以沮勸若一時貶黜懼有後咎艷
不聽卒敗
晉書曰庾峻字山甫長安大獄久不決轉峻御史往斷朝

野稱當
又曰劉毅子暾(他昆切)正直有父風爲御史庫失火尚書郭
彰率百人自衛而不救火暾正色詰之彰怒曰我能截卿
角也暾勃然謂彰曰君何時敢恃寵作威作福天子法冠
而欲截角呼命紙筆奏之彰伏不敢言衆人皆釋乃止
隋書曰柳調轉侍御史左僕射楊素嘗於朝堂見調因獨
言曰柳調通射弱獨摇不須風調斂板正色曰調信無取
者公不當以爲侍御史調信有可取不應發此言公當具
瞻之秋樞機何可輕發素甚奇之
又曰游元爲侍御史奉使於黎陽督運會楊玄感作逆乃
謂元曰獨夫肆虐天下士大夫肝腦塗地以陷身絶域之
所軍粮斷絶此亦天亡之時我今親率義兵誅無道卿意
如何元正色荅曰尊公荷國寵靈功參佐命高官重禄近

古莫儔公之兄弟青紫交映當謂竭誠盡節上荅鴻恩豈
意墳土未乾親圖反噬深爲明公不取願思禍福之端僕
有死而已不敢聞命玄感怒而因之屢脅以兵竟不屈節
於是害之
又曰陳孝意大業初爲魯郡司法書佐郡内號爲廉平太
守蘇威嘗欲殺一囚孝意固諫至於再三威不許孝意因
解衣請先受死良久威意乃解謝遣之漸加禮敬及威爲
納言奏孝意侍御史
又曰獬豸冠案禮圖曰法冠也一曰柱後惠文如淳注漢
官云惠蟬也細如蟬翼今御史服之禮圖也
又曰獬豸冠高五寸秦制也法官服之案董巴志云獬豸
神羊也蔡邕云如麟一角應劭曰古有此獸主觸不直故執
憲者爲冠以象之秦滅楚以其冠賜御史

唐書李素立丁憂高祖令所司奪情授七品清要官所司權擬雍州刺史録叅軍高祖曰此官要而不清又擬祕書郎高祖曰此官清而不要遂擢授侍御史

又曰柳範爲侍御史時吴王恪好畋獵損居人範奏憚之太宗因謂侍臣曰權萬紀事我兒不能匡正其罪合死範進曰房玄齡事陛下猶不能諫止畋獵豈可獨罪萬紀太宗大怒拂衣而去久之獨引範曰何得逆折我範曰臣聞主聖臣直陛下仁明臣敢不盡愚直太宗意乃解

又曰高宗嘗問群臣求可爲御史者僉舉萬年尉楊子（然失名）居數月復問之群臣又舉焉上曰吾聞斯人常褻服居公堂視事其可爲準繩司乎由是百司群僚必表而視事

又曰乾封中韋仁約除侍御史與公卿相見未嘗行拜禮或勉之仁約曰鵰鶚鷹鸇豈衆禽之偶柰何設拜以狎之且耳目之官故當特立乃曰御史銜命出使不能動搖山岳震懾州縣誠曠職耳

又曰賈言忠河南洛陽人也乾封中爲侍御史時朝廷有事遼東言忠奉使往支軍粮及還高宗問以軍事言忠畫其山川地勢具陳遼東可平之狀高宗悅又問諸將優劣言忠曰李勣先朝舊臣聖鑒所悉龐同善雖非鬬將而持軍嚴整薛仁貴勇冠三軍名可振敵高侃儉素自處忠果有謀契苾何力沉毅持重有統御之才然頗有忌前之癖諸將夙夜小心忘身憂國莫逮於李勣者高宗深然之

又曰劉思立宋州寧陵人也高宗時爲侍御史屬河南河北旱儉遣御史中丞崔謐等分道存問賑給思立上疏諫曰今麥序方秋蠶功未畢三時之務萬姓所先勑使撫巡人皆竦抃忘其家業冀此天恩踊躍叅迎必難抑止集聚

旣廣妨廢亦多加以途程往還兼之晨夕停滯旣緣賑給須立簿書本欲安存却成煩擾又無驛之處騎馬稍難簡擇公私須吏追集雨後農務特切常情豐廢須吏卽虧歲計每爲一馬遂勞數家從此相乘恐更滋甚望且委州縣賑給待秋後閑時出使褒貶䟽奏謐等遂不行

又曰李義府恃寵用事婦人淳于氏有美色坐事繫大理乃諷丞畢正義枉法出之將納爲妾會有密言其狀者上令給事中劉仁軌鞫之義府恐洩其謀逼正義自縊於獄中上知而特原義府之罪侍御史王義方奏義府擅殺寺丞陛下雖已釋放然天子置三公九卿二十七大夫八十一元士本欲水火相濟鹽梅相成然後庶績咸熙風雨交泰則知人主不得獨是非昔唐堯至聖失之於四凶漢祖深仁失之於陳豨光武聰明寬恕失之於逢萌魏武勇略英雄失之於張遼此英傑之主莫不失之於前得之於後陛下繼聖撫有萬邦鑾陬夷落猶懼刑綱況輦轂咫尺姦臣肆虐殺一六品寺丞足使忠臣抗憤縱令正義自縊此事弥不可容便是畏義府之權勢能殺身以滅口此則生殺之威已非主出賞罰之柄下移姦佞請乞重勘當正義死之由雪寃氣於幽泉誅姦臣於白日對仗叱義府令下義府視不退義方三叱上旣無言義府趍出

又曰王志愔博州聊城人也少以進士擢第神龍年累除左臺御史執法剛正百寮畏憚時人呼皂鵰言其顧瞻人吏如鵰鶚之視鸞雀也

又曰蘇瓌案問鄭普思其妻有寵於韋庶人特勑令對御辨折上屢抑瓌而伸普思侍御史范献忠歷階而前曰臣請先罪蘇瓌上問其故献忠曰蘇瓌國之大夫荷榮貴久

矣不斬逆賊而後聞奏令使眩惑天聰搖動刑柄而普思反狀昭露陛下曲爲申理此則王者不死今聖躬萬福豈有兩天子耶臣請先死終不能事普思上意乃解獄遂定

又曰御史遭長官於途皆免帽降乘長官戢轡辭而上馬乾封中王本立爲御史意氣頗高途逢長官端揖而已自是諸人或降而立或足至地或側鞭弛轡輕重無恒開元以來但舉鞭聳揖而已也

又曰劉藏器爲侍御史時衛尉卿遲寶琳抑人爲妾藏器奏請還其父毋上既可其奏寶琳私奏乞之上又從之藏器復執奏上又可之寶琳又請如是三藏器進言曰法者海内之懸衡上下之所共若刑罰不中則人無所措手足陛下若用捨恣情愛憎由己則國之刑憲何所施陳今寶琳請陛下從之臣執奏陛下亦從之今日從之明日又改

之欲令下人何以遵奉夫人無信不立疋夫疋婦尚不可失信況爲天子安可戲言今陛下二三其言臧分不定臣恐四海之内無所適從上竟從藏器所奏

又曰王播爲侍御史貞元末華臣李實爲京兆尹恃恩頗横嘗遇播於途不避故事尹避臺官播移文詆之

又曰温造拜侍御史請復置彈事朱衣豸冠於外廊大臣阻而不行李祐自貞州入拜金吾違制進馬一百五十疋造正衙彈奏祐服戰汗流祐私謂人曰吾踰蔡州城擒吴元濟未嘗心動今日膽落于温御史吁可畏哉

英雄記曰袁紹辟大將軍府不得已起從命舉高第遷侍御史弟術爲尚書紹不欲爲臺下告疾求退

三輔决録曰韋約字季明司徒劉愷甚敬重之謂曰君以輕去就故大位不躋今歲垂盡選御史實欲煩君約曰犬馬蠻盡既無膂力又無考課所以躊躇戀慕者以明公禮遇隆崇未能自割因稱素有風疾眩冒不堪久侍遂徒跣趍出公追不及

陳留耆舊傳曰楊仁字文義明帝引見問當代政治之事仁對上大奇之拜侍御史明帝崩是時諸馬貴賤各爭入宫仁被甲持戟遮勑宫門不得令入章帝既立諸馬貴更譖仁刻峻於是上善之

通典曰侍御史之職四謂推（推有推鞫）彈（掌彈舉）公廨（知公廨事）雜事（臺中事悉總之）定殿中監察以下職事及進名改轉臺内之事悉主之號爲臺端佗人稱之曰端公其知雜事者謂之雜端最爲雄極食座之南設横榻謂之南床殿中監察不得座（亦謂之癡床言處其上者皆矯傲自得使人如癡故謂之癡床也）凡侍御史之例不出累月則遷登南省故號爲南床百日客其行出入揖讓去

就殿中已下皆禀而隨之先後虧失者有罰

又曰二漢侍御史所掌凡有五曹一曰令曹（掌律令）二曰印曹（掌刻印）三曰供曹（掌齋祀）四曰尉馬曹（掌廐馬）五曰乘曹（掌護駕）

又曰舊例御史臺不受訴訟有通辭狀者卽於臺門候御史競往門外収採知可彈者略其姓名皆云風聞訪知永徽中崔義玄爲大夫　劾狀題告人姓名

黄石公陰謀祕法曰熒惑火之精御史之象主禁令刑罰収捕紏正

殿中侍御史

六典曰殿中侍御史掌殿庭供奉之儀式凡冬至元正大朝會則具服外殿若郊祀巡省則其服從於旌門檢察視

其文物之有虧闕則糺之九兩京城内則分知左右巡各察其所巡之内有不法之事

三國典略曰齊宋世良字元友魏孝莊時爲殿中侍御史詣河北括户大獲游惰至没郡旁見有骸骨移書瘞之其夜有雨滂沲孝莊勞之曰卿所括得丁倍於本帳若官人皆如此便是更生出一天下也

唐書官品志曰殿中侍御史四人掌殿中禁衛内事

又曰張行成爲殿中侍御史糺劾不避權戚太宗以爲能房玄齡曰觀古今用人必因媒介若行成者朕自舉之無先容也

又曰王無競自監察御史轉殿中侍御史舊例 每日更直於殿前正班宰相宗楚客楊再思甞離班偶語無競前曰朝禮至敬公等大臣不宜輕易以慢恒典楚客等大怒

轉無競爲太子舍人

又曰殿中侍御史郭震劾刑部尚書趙彦照太子賓客韋嗣立青州刺史韋安石曰彦照以女巫趙五娘左道亂常託爲諸姑潛相影援既因提挈遂踐台階或駈車造門泚婦人之服或攜妻就謁申猶子之情同惡相濟一至於此又張易之兄弟勢傾朝野嗣立此際結爲舅甥神龍之初已合誅死天網疏漏要領誤全與安石託附阿韋編諸屬籍中宗晏駕削太皇輔正之制定阿韋臨朝之策此時朝野危懼人神怨憤臣忝司清憲敢不糺彈彦照等並請准法處分於是並貶官

山公啓事曰中書屬通事令史孫琳限滿久習内事才宜殿中侍御史須空補之不審可否詔曰可

曹氏傳曰左擁起於碎吏武帝以爲能擢爲殿中侍御史

監察御史

六典曰監察御史掌分察百寮巡按郡縣糺視刑獄肅整朝廷有不肅敬及闕失者則糺而劾之

唐書曰李素立武德初爲監察御史時有犯法不至死者高祖將令殺之素立諫曰三尺之法與天下共之法一動搖則人無所措手足陛下甫創鴻業遐荒尚阻柰何輦轂之下便棄刑書臣忝法司不敢奉旨高祖從之

又曰張嘉貞蒲州猗氏人也坐事免歸鄉里居長安侍御史張循憲爲河東採訪使薦嘉貞材堪憲官請以巳之官秩授之則天召見垂簾與之言嘉貞奏曰臣以草萊而得謁九重是千載一遇也咫尺之間如隔雲霧竟不覩日月恐君臣之道有所未盡則天遽令卷簾與語大悦擢拜監察御史

又曰紀履忠爲監察御史劾奏御史中丞來俊臣犯狀有五一專擅國權二謀害忠善三贓賄貪濁四失義敎禮五謡昏很戾論玆五罪合至萬誅請下獄理罪

又曰蕭至忠爲監察御史彈鳳閣侍郎同鳳閣鸞臺三品蘇味道贓污貶官御史大夫李承嘉甞召諸御史責之曰近日彈事不諮大夫禮乎衆不敢對至忠進曰故事臺中無長官御史人君耳目比肩事主得各自彈事不相關或先白大夫而許彈事如彈大夫不知白誰也承嘉黙然而憚其剛正

又曰崔琬爲監察御史彈奏宰相宗楚客紀處納等驕恣跋扈請收劾之舊制大臣有被御史彈者皆俯僂趨出待罪朝省楚客瞋目作色稱以忠鯁被誣中宗令琬與楚客約爲兄弟人竊歎焉

又曰齊澣定州義豐人少以詞學稱弱冠制科登第景雲二年中書令姚崇用爲監察御史彈劾違犯先於風教當時以爲稱職

又曰開元五年監察御史杜暹往磧西覆屯會郭虔瓘與史獻等不叶更相執奏詔暹案其事實史獻以金遺暹固辭左右曰公遠使絶域不可失蕃人情暹不得已受之埋於幕下旣去出境乃移牒令收取之

又曰李勉拜監察御史屬朝廷右武勲臣恃寵多不知禮大將棨崇嗣於行在朝堂背闕而坐言笑自若勉劾之拘於省司肅宗特原之歎曰吾有李勉始知朝廷尊矣

又曰御史臺奏准舊例監察御史從下六人各察尚書省一司又准興元元年十月勑令監察從上第一人察吏部禮部第二人察兵部工部第三人察戶部刑部第四人者

伏以監察第一第二人已充監察及舘驛等使新人除出使外並無以觀其能否今請守舊制新人分察從之

又曰元稹拜監察御史奉使東蜀劾奏東川節度使嚴礪違制擅賦入籍没塗山甫等吏民八十八戶田宅奴婢時礪已死七州刺史皆責罰稹雖舉職而執政有與礪厚者惡之

又曰楊收兄假自浙西觀察判官入爲監察御史兄弟並居憲府特爲新例

又曰李憕澄音太原人也宇文融爲御史括田戶奏知名之士崔希逸咸廙業宇文頊于璹御李宙及憕爲判官攝監察御史分路檢察以課並遷監察御史

又曰柳渾拜監察御史臺中執法之地動限儀矩渾性放曠不甚檢束察長拘局怒其疎縱渾不樂乞外任執政惜其才奏爲左補闕

太平御覽卷第二百二十七

職官部二十六

敘卿
太常卿

敘卿

韋昭辨釋名曰卿慶也言萬國皆慶賴之也

帝王世紀曰九卿者所以叅三公也

白虎通曰卿章也善明理也

韋昭辨釋名曰漢置十二卿一曰太常二曰太僕三曰太衛尉四曰光祿五曰宗正六曰執金吾七曰大司農八曰少府九曰大鴻臚十曰廷尉十一曰大長秋十二曰將作大匠辨云漢正卿九一曰太常二曰光祿勳三曰衛尉四曰太僕五曰廷尉六曰鴻臚七曰宗正八曰司農九曰少

府是爲九卿

通典曰後漢九卿而分屬三司太常光祿勳衛尉三卿並太常所部太僕廷尉大鴻臚三卿並司徒所部宗正大司農少府三卿並司空所部

尚書周官曰六卿分職各帥其屬以倡九牧阜成兆民（六卿各帥其屬官大夫以治其所分之職倡導九州牧伯爲政大成兆民之性命）

漢官儀曰卿中秩二千石綬青地桃花三彩

又曰衣裳公侯華蟲卿大夫藻火

左傳曰齊侯使敬仲爲卿辭曰羇旅之臣幸若獲宥（宥赦）及於寬政赦其不閑於教訓而免於罪戾弛於負擔君之惠也所獲多矣敢辱高位以速官謗請以死告（以死爲誓）

又曰卿非君命不越境

又曰晉蒐于被廬命趙衰爲卿讓於先軫（杜預曰先軫晉下軍之佐原軫）

周禮曰朝士掌外朝之法左九棘孤卿大夫位焉（樹棘以爲位者取其赤心而外刺象以赤心三刺）

春秋漢含孳曰故三公象五岳九卿法河海三公在天法三台九卿法北斗

國語曰晉悼公使張老爲卿辭曰臣不如魏絳之智能治大官其仁可以利公室若在卿位外內必平

漢官曰司馬安巧官四至九卿

謝承後漢書曰李叔諫更始曰夫三公上應台宿九卿下括河內

梁書曰武帝天監七年（以太常卿加置宗正卿以司農爲司農卿三卿是爲春卿加置太府卿以少府爲少府卿）加太僕卿三卿是爲夏卿以衛尉卿廷尉卿將作大匠卿三卿是爲秋卿以光祿勳爲光祿卿大鴻臚爲鴻臚卿都水使者爲大舟卿三卿是爲冬卿九十三卿皆置丞及功

曹主簿

北齊書曰以太常光祿衛尉宗正太僕大理鴻臚司農太府是爲九寺

莊子曰楚昭王迎屠羊說以珪之位（馬彪曰諸侯三卿皆執珪）

說苑曰秦繆公使賈人載鹽於衛賈人買百里奚使將軍至秦繆公觀鹽見百里奚牛肥公問之對曰臣牛食之以時使之不暴是以肥也公知其君子以爲上卿

又曰九卿者不失四時通於溝渠補隄防種樹木美五穀如是舉以爲九卿之事常在於德

又曰齊桓公使管仲治國對曰賤不能臨貴桓公以爲上卿而國不治對曰貧不能使富桓公賜之齊市租一年而國不治桓公曰何故對曰疏不能成近桓公立以爲仲父國大安孔子曰管仲之貴不得此權者亦不能使其

君面南而伯矣

大常卿

六典曰太常卿之職掌邦國禮樂郊廟社稷之事以八音分而理焉一曰郊社二曰太廟三曰諸陵四曰太極五曰鼓吹六曰大醫七曰太卜八曰廩犧揔其屬行其政令

尚書堯典曰伯夷汝作秩宗典朕三禮

周禮春官曰大宗伯一人掌天地神祇人鬼之禮

史記曰高祖滅秦登尊號群臣飲爭功醉或怒妄呼抜劒擊柱上患之於是叔孫通進說遂爲綿蕝(子悅切)野外習之月餘通曰可試觀上使行禮帝輦出房百官執職傳警引諸侯王以下次奉賀莫不震恐肅敬諸侍坐殿上皆伏抑首以尊卑起上壽觴九行謁者言罷御史執法與不儀者趣輙引去竟朝置酒無敢讙譁失禮者於是高祖曰吾今日乃

知爲皇帝之貴也拜通太常賜金五百斤通因進言曰諸弟子儒生隨臣久矣與共爲儀願陛下官之高帝悉以爲郎通出皆以五百斤金賜諸生諸生曰叔孫生聖人也知當世務

漢書曰太常古官云伯夷秩宗典三禮欲令國家盛大社稷常存故稱太常

又曰奉常官掌宗廟禮儀有丞景帝六年更名太常

又曰杜業有才能選爲太常數言得失不事權貴

又曰宣帝地節四年任官爲太常坐盜茂陵園中物免

又曰武帝元鼎四年鄭侯蕭壽成爲太常坐犧牲不如令論

又孝武帝元朔元年孔臧爲太常坐南陵橋壞衣冠道絶免

東觀漢記曰周澤少脩高節耿介特立好學問治嚴氏春秋門徒數百人隱居山野不汲汲於時俗拜太常果敢數有直言朝廷嘉其清廉

後漢書曰桓榮拜太常榮初遭倉卒與族人桓元卿同饑戹而榮講誦不息元卿嗤榮曰但自苦氣力何時復施用乎榮笑不應及爲太常元卿歎曰我農家子豈意學之爲利乃若是哉乘輿嘗幸太常府令榮坐東西設几杖會百官驃騎將軍東平王蒼以下及榮門生數百人天子親自執業旣罷悉以太官供具賜太常家其恩禮若此

又曰桓榮及子郁皆爲太常初榮受學章句減其煩辭後郁又刪之由是有桓君大小太常章句

又曰靈帝欲以羊續爲太尉時拜三公者皆輸東園禮錢千万令中使督之名爲左騶(騶騎士也)其所之往輙迎致禮敬厚加贈賂續乃坐使人於單席舉縕袍以示之曰臣之所

資唯斯而已左騶白之帝不悅以此故不登位而徵爲太常

又曰楊賜以病罷居無何拜太常詔賜御府衣一襲(衣單服具曰襲)所服冠幘綬玉壺革帶金錯鉤佩(金錯以金間錯其文)

續後漢書曰張奐字然明拜太常卿奐有清節可否之間強禦不敢奪也該覽群籍古今詳備

又百官志曰太常卿每祭祀先奏禮儀及行事則贊天子大射養老喪皆奏其禮儀秩比中二千石

華嶠後漢書曰劉愷爲太常論議常弘正大義諸儒爲之語曰難經伉伉劉太常

魏書曰和洽字士陽汝南西平人轉爲太常清貧守約至賣田宅以自給明帝聞之加賜穀帛

又曰常林從光禄勳爲太常晉宣王以林鄉邑耆老每爲之

拜或謂林曰司馬公貴重君宜且止之林曰司馬公自欲
敦長幼之序以爲後生之法貴非吾之所制也言者慙而
踧踖
又曰刑顒字子昇時人稱德行堂堂刑子昇文帝以爲太
常
晉書曰鄭默字思元遷太常山濤欲舉一親爲博士見默
語曰卿尹翁歸令吾不敢復言謂其柔而能整也
又曰張華爲太常以太廟屋棟折免官。臧榮緒晉書曰
咸熙五年詔曰華表字偉容清賢履道內貞外順歷位忠
恪言行不玷其以表爲太常卿
晉起居注曰安帝三年太常臨川王寶啓府舍窄狹不足移
家毋鍾年高違離靡寧乞還第攝事詔聽之
晉中興書曰蔡謨字道明拜太常咸康四年臨軒門下奏

非祭祀宴饗則無設樂謨奏宜有金石顯宗納焉臨軒作
樂自此始也
又曰建元元年詔曰太常職典天地兼掌宗廟其爲任也
謂重矣是以古今選建未嘗不妙簡時望兼之儒雅會稽
王叔履尚清虛志道無倦優游諷議朕所諮仰其以王領
太常本官如故
又曰　　　元帝以賀循爲太常而散騎
常侍如故循以九卿舊不如官唯拜太常而已中宗踐祚
下令曰循冰清玉潔行爲俗表加以位處上卿服物蓋身
而已屋裁庇風雨孤常造其廬特以爲賜以六尺床薦褥
并錢二十萬以表至德
齊書曰張瓌以雍州刺史拜太常自謂閑職武帝曰卿輩
未富貴謂人不與既富貴復欲委去之瓌曰陛下御臣等

若養馬無事就閑廐有事復牽來帝猶怒遂以爲散騎常
侍
北齊書曰趙彥深五歲毋傅氏謂之曰家貧兒小何以能
濟彥深泣而言曰若天哀矜兒大當仰　報傅感其意對
之流涕及彥深拜太常卿還不脫朝服先入見毋跪陳幼
小孤露蒙訓得至於此毋子相泣久之然後改服
後周書曰長孫紹遠爲太常廣召工人制樂器土木絲竹
各得其宜唯黃鍾不調紹遠每以爲意常因退朝經韓使
君佛寺前過浮圖三層之上有鳴鐸焉忽聞其音雅合宫
調取而配奏方始克諧
又曰斛斯徵遷太常卿自魏孝武西遷雅樂廢缺徵博採
遺逸稽諸典故創改舊方始備焉又樂有淳(錞音)于者近代
絕無此器或有自蜀得之皆莫之識徵見之曰此錞于也衆
弗之信徵遂徵孚寶周禮注以芒筒捋之其聲極振衆乃歎

服徵乃取以合樂焉
又曰建六官置太宗伯卿一人掌邦禮以佐皇帝和邦國是
爲春官
唐書曰趙宗儒長慶初爲太常有師子樂備五色之方非
會朝聘享不作幼君荒誕伶官縱肆中人掌教坊者移牒
取之宗(儒諮宰相以宗儒懦怯不事)改太子少師
又曰崔邠拜太常卿故事太常卿初上大閱四部樂於官
署觀者縱焉邠自私第去帽親導毋輿公卿(之避)文宗以樂府
之音鄭衛太甚欲聞古樂命王涯詢於舊工取開元時重按
之名曰雲韶樂樂曲成涯與太常丞李廓少府監庾承憲
押樂工獻於黎園亭帝按之於會昌殿上悅賜涯等錦綵
又曰竇誕爲太常奏用音聲博士皆爲太樂鼓吹官僚於

後彈胡琵琶胡人白胡達竹伯夷積勞計考並至太官自是以聲伎入流品者蓋以百數

應劭漢官曰北海周澤爲太常恒齊其妻憐其年老瘦弱窺内問之澤大怒以爲干齊掾吏扣頭爭之不聽遂收送詔獄并自劾論者非其激發譏曰居代不諧爲太常妻一歲三百六十日三百五十九日齊一日不齊醉如泥既作事復低迷。漢官典職曰惠帝改太常爲奉常景帝復爲太常蓋周官宗伯也

漢官解詁曰太常社稷郊祀事重職尊故在九卿之首

衛宏曰太常主導贊助祭皆平冕七旒玄上纁下華虫七章漢陵屬三輔太常月一行漢書注顏師古曰太常者王之旌也畫日月爲王有大事則建以行禮官主奉持之故曰奉常後改曰太尊大之義也

齊職儀曰太常卿一人品第三秩中二千石銀章綬進賢兩梁冠絳朝服佩水蒼玉王朗云西京太常行陵赤車千乘。益部耆舊傳曰趙典字仲經爲太常雖身處上卿而布被瓦器

梁陸倕爲光禄讓太常表曰昔者楚德方盛叔敖濯衣漢道克昌王陽結綬故拜命無辭受爵不讓况宗卿清重歷選所難漢晉已降莫非素範辭爵則桓郁張奮讓封則丁鴻劉愷潘𡰥（夷音）之文雅純深華表之從容退嘿自此迄兹風流繼軌以臣況之曾無等級

陳沈炯爲周弘正讓太常表曰臣聞王爲雕楹不取材於蟠木丹朱繡黼豈襲冕於薜蘿何則適用各有其宜朝野不可一指叔孫之野外定禮資典實刁協之躬爲唱引豈易其儀儻九賓闕相對禪失儀責以司存云誰之咎况南史執簡轉見違才君舉必書尤難妄冒

太平御覽卷第二百二十八

太平御覽卷第二百二十九

職官部二十七

太常少卿　丞
博士　太祝
協律郎　太廟令
陵令　太樂令
太醫令　廩犧令
光祿令　少卿　太官令

太常少卿

六典曰凡有事於宗廟少卿太師祝齋郎入薦香燭整拂神幄出入神主將享則與良醞令實鐏罍

後魏書曰太和十五年置少卿官太常少卿一人第三品上至二十二年降為正四品

又曰景明初班職令太常少卿第四品上第一清選明禮兼天文陰陽者為之

又曰元順為太常少卿以父憂去職哭泣歐血身自負土時年二十五便有白鬚免喪抽去不復更生世人以為孝思所致

三國典略曰齊太常少卿袁聿修巡省河南諸州兗州刺史刑部與聿修故舊嘗於省中盛呼聿修為清郎至是遣送白紬為信聿修不受與邵書郎曰瓜田李下古人所慎多言可畏譬之防川願表此心不貽厚責邵亦忻然報書曰一日之贈率尔不思老夫忽忽意不及此敬丞來旨吾無間然弟昔為清郎今作清卿矣

唐書曰馮定為太常少卿文宗每聽樂鄙鄭衛聲詔奉常習開元中霓裳羽衣舞以雲韶樂和之舞曲成定摠樂工閱於庭定立於其間文宗以其端凝若植問其姓氏翰林學士李珏對曰此馮定也文宗喜問曰豈非能為古章句者耶乃召升階文宗自吟定送客西江詩吟罷益嘉因錫禁中瑞錦仍令大錄所著古體詩以獻

太常丞

六典曰太常丞二人從五品上秦有奉常丞漢因之比千石魏晉宋皆置一人

漢書曰韋弘為太常職掌陵廟煩劇多過父賢勑令自免懷嫌不去官及賢疾篤果坐廟事繫獄

宋百官春秋曰太常丞視尚書郎銅印黃綬一梁冠品第七掌舉陵廟非法

陶氏家傳曰覆之字孫宗為太常丞九宗廟疑義多所決定時人為之語曰定禮決疑問陶覆之

陶氏職官要錄曰晉宋九卿丞皆進賢一梁冠介幘皂衣銅印黃綬齊梁墨綬

太常博士

六典曰太常博士掌辨五禮之儀式本先王之法制適變隨時而損益焉凡大祭祀及有大禮則與卿導贊其儀凡王公已下擬謚皆跡其功德而為之褒貶

通典曰博士魏官也魏文帝初置晉因之事掌引道乘輿王公已下應追謚者則博士議定之

晉中興書曰博士之職端委佩玉朝之大典必於詢度當以正道克厭人望然後為可

唐書曰王彥威太原人世儒家少孤貧苦學尤通三禮無由自達元和中遊京師求為太常散吏部卿知其書生補為檢討官彥威於禮閣掇拾自隋已來朝廷沿革吉凶五

禮以類區分成三十卷獻之號曰元和新禮繇是知名時授太常博士

又曰陸亘爲太常博士寺有禮生孟真久於其事凢吉凶大儀官不能達率訪真真亦頼是須姑息元和七年冊皇太子將撰儀注真亦欲恭預亘呰之由是禮儀不專於胥吏

郭子曰張憑舉孝廉詣劉真長還舡須吏真長至遣覓張孝廉舡同旅愕然既同載俱詣撫軍劉前進謂撫軍曰今日爲公得一士太常博士之選既前撫軍與之言咨嗟稱善乃曰張憑勃窣爲理窟即用爲太常博士

太祝

六典曰太祝掌出納神主于太廟之九室而奉亨薦禘祫之儀

周禮曰太祝掌六祝之辭以事鬼神示祈福祥求永貞一曰順祝二曰年祝三曰吉祝四曰化祝五曰瑞祝六曰筴祝鄭司農曰順祝順豐年也年祝求永貞也吉祝祈福祥也化祝弭災兵也瑞祝逆時雨寧風旱也筴祝遠罪疾也

漢書百官表曰太常屬官有太祝令丞景帝六年更名爲祝祀武帝太初元年更曰廟祝

東觀漢記曰陰猛好學溫良稱於儒林以郎遷爲太祝令

續漢書曰太祝令秩六百石掌祠讃祝近臣神巫主祝小祝

協律郎

六典曰協律郎掌知六律六呂以辨四時之風氣八風五音之節

漢書曰武帝時李延年善新聲以爲協律都尉

魏志曰武帝平荆州得杜夔知音識舊樂故以爲協律郎

太廟令

漢書百官表曰太常屬官有諸廟令長丞

續漢書曰高廟令一人六百石主守宗廟掌按行掃除無丞世祖廟令一人

宋書太廟令一人主守宗廟案行洒掃衆事領齋郎二十四人

齊職儀曰周有守祧之官掌先王廟令

陵令

六典曰陵令掌先帝山陵率戶守衛之事丞爲之貳凢朔望元正冬至寒食皆修饗於諸陵若橋陵則曰獻羞焉凢功臣密戚請陪陵葬者聽之以文武分爲左右而列若父祖陵陪子孫從葬者亦如之

周禮曰冢人下大夫二人中士四人掌公墓之地辨其兆域先王之葬居中以昭穆爲左右

漢書曰太常屬官有諸陵令元光元年分諸陵邑屬三輔

又曰司馬相如爲茂陵令

續漢書曰太常職掌先帝陵每園令各一人秩六百石掌守園陵按行掃除丞及校長各一人校長主兵戒賊盜

齊職儀曰周有墓大夫冢人之職掌先王之墓

又曰每陵令一人品第七秩四百石銅印墨綬進賢一梁冠絳朝服

唐書官品志曰梁天監七年又詔以爲陵監之名不出前誥且宗廟憲章既備典禮園寢職司理不容異諸正陵先立監者改爲令於是陵置令矣

胡廣陵令箴曰昔在黄禁葬野衣薪禮非極哀不樹不封瓦

棺槥周聚夏攸謂壞不毁膚䏜不害生是謂皇極百王此經故厚不可　皇薄不可王乃眷西顧爰矩孝文陵臣司墓敢告守人

太樂令

六典曰太樂令掌教樂人調合鍾律以供邦國之祭祀饗讌承爲之貳

漢書百官表曰太常屬官有太樂令丞

續漢書曰明帝永平十三年曹褒奏尚書琁璣鈐曰有帝漢徳合作樂名天子下詔改太樂令丞以應圖讖

又曰太樂令秩六百石掌伎樂人凡國祭祀掌奏樂及大司樂掌其陳序

晉起居注曰成帝咸和中詔太樂令載綏教官伎樂勤勞賜米百石布二十疋

太醫令

六典曰太醫令掌諸醫療之法丞爲之貳其屬有四曰醫師針師按摩師呪禁師皆有博士以教之考試登用如國子監之法

漢書曰百官表曰少府屬官有太醫令丞無員多至數十人

續漢書曰太醫一人秩六百石有藥丞主藥方丞

魏略曰脂習字元升除太醫令與孔融親善融被誅習獨往哭之黃初中以習有欒布之節賜拜中散大夫

應劭漢官注曰太醫周官也兩梁冠秩千石

典論曰中常侍張讓子奉爲太醫令與人飲酒輒掣引衣裳發露形體亂其冠履使小大無不傾倒

崔寔太醫令箴曰動不肆勤静不宴逸有疾歸天醫無能恤晉平好内四時是一非鬼非食惑以自失雖有秦和焉所施術太上防疾其次萌牙腠理不蠲骨髓柰何

廩犧令

六典曰廩犧令掌薦犧牲及粢盛之事丞爲之貳凡三祀之牲牢各有名數（昊天上帝以蒼地皇祇以黃神州以黝五帝之牲各以方色）

韋昭辨釋名曰釋云廩犧犧戲也廩養之也辨云六牲取其純毛者别養之以奉祭祀純色者少故名犧犧希也

周禮曰牧人下士掌牧六牲以供祭祀

漢書百官表曰内史屬官有廩犧令丞尉後屬司農

齊職儀曰周牧人之職也掌六牲陽祀用騂陰祀用黝取純毛者光武中興屬河南秩六百石

光禄卿

六典曰光禄卿之職掌邦國醪醴膳羞之事揔太官珍羞良醞掌醢四署之官屬修其儲備謹其出納少卿爲之貳有大祭祀則省牲鑊視濯漑

漢官解詁曰士之權貴不過尚書其次諸吏（諸吏光禄勳是也）

應劭漢官儀曰光明也禄爵也勳功也言光禄典郎謁諸虎賁羽林學不安得賞不失勞故曰光禄勳

唐書官品志曰光禄卿位視太子中庶子掌宮尉門户統守黄門華林園綦室等令漢書曰郎中令秦官武帝太初元年更名光禄勳掌中殿門户秩中二千石

又曰石建爲郎中令奏事下建省讀驚曰書馬者與尾而五今乃不足一獲譴死矣其謹慎如此

又曰周仁景帝時爲郎中令爲人陰重不泄服虔曰質重不泄人之陰謀也師古曰陰密也言爲性密重不泄人言也以是得幸出入卧内於宮祕戲仁常在傍終無所言

又曰張安世字孺子爲光祿勳郎有醉小便殿上主事白行法安世曰何以知其不覆水耶郎有淫官婢婢兄自言安世怒以奴淫汚衣冠告署揵奴其隱人過皆此類也

東觀漢記曰孫堪字子雅爲光祿勳以清廉稱與周澤相類澤字雅都京師號之爲二雅

又曰劉昆字桓公爲光祿勳授皇太子及諸王小侯五十人經昆老退位以二千石祿終其身

又曰邳訓字伯春鄉里號之曰德行恂恂邳伯春章和中爲光祿勳

後漢書曰杜林字伯山扶風人也林少沉審博學多聞世稱通儒爲光祿勳內奉宿衛外總三署郎有好學者輒見引進朝夕滿堂

又曰馬防字公平林風人也防貴寵最盛與九卿絕席拜

光祿卿

又曰張湛字子孝拜光祿勳光武臨朝或有惰容輒陳諫常乘白馬上後見湛輒曰白馬生且復諫矣

又曰袁彭順帝初爲光祿勳行至清爲吏麤袍糲食

續漢書曰荀爽字慈明爲光祿勳視事三月策拜司空

謝承後漢書曰楊賜字伯欽拜爲光祿勳嘉德殿前有青赤氣詔特進遣中使問賜祥異禍福吉凶所在以賜博學碩儒故密詔問其極陳其意嘗上疏陳請案春秋讖天投蜺海內亂今妾嬖閹尹共專國朝之所致也

魏志曰鄭袤爲光祿勳毌丘儉作亂帝自征之百官祖送時袤疾不任會上謂王肅唯不見鄭光祿爲恨袤聞白輿追上上笑曰知生必來遂與同載問以計謀帝甚重之

又曰王肅字子雍爲光祿勳時有二魚長尺集武庫之屋有司以爲吉祥肅辨之曰魚生於泉而見於屋鱗介之物失其所也邊將其殆有弃甲之變乎其後果有東關之敗

又曰袁渙字曜卿爲中郎令時言劉備死群臣皆賀渙以嘗爲備吏獨不賀卒官太祖爲之流涕

吳志曰石偉字公操南郡人少好學修節不殆爲獨六有不可奪之志舉茂才賢良方正皆不就孫休即位將徵偉累遷至光祿勳及皓即位朝政昏亂爲乃辭老耄固疾乞身

又曰薛瑩字道言以時法政多謬舉措煩苛瑩每上便宜陳緩刑簡役以濟育百姓頗或施行遷光祿勳

晉中興書曰鄭默字思元轉光祿勳寬冲博受不以聲色

矜人雖卒徒厮養皆過之以恩

宋書曰王惠宋國初建當置郎中令高祖難其人謂傅亮曰今用郎中令不可令減袁曜卿也既而曰吾得其人矣乃以惠居之

孟宗別傳曰宗爲光祿勳大會宗先少酒偶有強者飲一杯便吐傳詔司察宗吐麥飯察者以聞上乃歎息曰至德清純如此

光祿少卿

後魏職令曰光祿少卿第四品上第二清用　肅勤明敏兼職古典者

唐書曰柳亨拜光祿少卿太宗每誡之曰與卿舊親情素兼宿卿爲人交遊過多今授此職宜存簡靜亨性好射獵有饕湎之名此後頗自勗勵杜絕賓客約身節儉勤於職

事太宗亦以此稱之也

太官令

六典曰太官令供膳食之事丞爲之貳凡祭之日則白御諸厨省牲鑊取明水於陰鑑取明火於陽燧帥宰人以鑾刀割牲取其毛血實之於豆遂烹牲焉又帥進饌者實簠簋設於饌幕之内

漢書百官表曰少府屬官有太官令一人丞一人

應劭漢官儀曰太官令兩梁官冠秩千石丞四人郡孝廉年五十清修聰明者光祿上名迺召拜皆秩四百石三歲爲令以供養勞苦迁左丞有湯官丞掌諸甘肥有菓丞掌菓瓜菜茹薪炭

漢舊儀曰太官（主饍酮湯官酒）皆令丞治太官湯官奴婢各三千大置酒皆緹韝（音溝）蔽膝緑幘

又曰太官上食黄釦（音口金釦器）器中官私官上食用白銀釦器如祠廟器云

謝承後漢書曰魯國陳政字叔方爲太官令黄門郎與政有隙因進御食以髮貫炙光武見髮勑斬政政曰臣有當死者三黒山出炭增治吐炎燋膚爛肉而髮不消臣罪一也陝出佩刀砥礪五石虧肌截骨曾不能斷髮臣罪二也臣朗月書章奏側光讀經書旦臨食與丞及庖人六目齊視黄門一人臣罪三也詔赦之

魏略曰時苗爲壽春令迁爲太官令

後魏書曰毛脩之能爲南人飲食手自煎調多所適意世祖親侍之進太官尚書賜爵南郡公加冠軍將軍常在太官主進御膳○楊雄太官令箴曰時惟膳夫實司王饔祁祁庶羞口實是供群物百品八珍清觴以御賓客以膳于王

王朗集曰朗爲大理時上主簿趙郡張登昔爲本縣主簿值黒山賊圍郡登與縣長王携帥吏兵七十二人俱往赴救與賊交戰吏兵散走携殆見害登手格二賊以全携命又守長夏逸爲督郵所枉登身授拷掠理逸之罪義濟二君宜加顯異黄初詔曰登忠義彰著在職功勤名位雖卑直亮宜顯饔膳近任當得此吏今以登爲太官令

太平御覽卷第二百二十九

職官部二十八

衛尉卿　武庫令　守宮令
公車令　宗正卿　宗正少卿
宗正丞　太僕卿　乘黃令
廐令　車府令

衛尉卿

六典曰衛卿之職掌邦國器械文物之事揔武庫武器守宮三署之官屬少卿爲之貳凡大祭祀大朝會則供其羽儀節鉞金戟帷帟茵蓆之屬

漢書百官表曰衛尉秦官也掌宮門衛屯兵漢因之景帝初更名中大夫後元年改爲衛尉

東觀漢記曰光武二十三年太尉鮑昱兼衛尉永元三年司徒丁鴻兼衛尉

後漢書曰銚期字次况潁川人也拜衛尉卿期重於信義憂國憂主其有不得於心必犯顏諫諍

續漢書曰陰興爲衛尉每諸將出征伐身行勞問無所愛惜

又曰馬光字叔山爲衛尉卿上以光謹勑小心周密畏慎特親異之

又曰竇固字孟孫爲衛尉卿两宮宿衛見重當時仁厚謙恭甚有名稱

又曰趙熹字伯陽爲衛尉盡心事上夙夜匪懈母没上疏乞守服不許遣使釋服

又百官志曰衛尉卿秩中二千石掌官服衛士公車令百官衛士左右都虞候宮掖門司馬皆屬焉

魏志曰辛毗爲衛尉清平與徐邈胡質皆以憂國忘私不營產業賜穀二千斛錢三十萬布告天下

又曰田預爲并州刺史徵爲衛尉屢乞遜位司馬宣王以預克壯書諭未聽預書荅曰年過七十而以居位譬猶鐘鳴漏盡夜行不休是罪人也遂因稱疾

又曰辛毗字佐治爲衛尉卿帝方修殿舍毗諫曰詩云民亦勞止汔可小康

吳志曰嚴畯爲孫權立吳及稱尊號畯常爲衛尉祿賜皆散之親戚知故家常不充

晉書曰石崇拜衛尉與潘岳諂事賈謐謐與之親善號二十四友廣成君每出崇降車路左望塵而拜其佞如此

宋書曰南郡王義宣子恢爲侍中領衛尉晉氏過江不置衛尉世祖欲重城禁故復置衛尉自恢爲始也

唐書官品志曰衛尉卿位視侍中掌宮門屯兵卿每月丞每旬行宮徼糺察不法統武庫令公車司馬令

漢官解詁曰衛尉主宮闕之內衛士於垣下爲廬各有員部凡居宮中者皆置籍於門按其姓名有醫巫僦人當入者本官長吏爲封啓傳審其印信然後內之人有籍者皆復有符用木長二寸以所長官两字爲鐵印分符當出入者案籍畢復齒符乃引內之也其有官位得出入者令執御者各傳呼前後以相通昏　至晨分部行夜夜有行者輒前曰誰誰若此不懈終歲更始所以重慎宿衛也

漢書舊儀曰衛尉寺在京內胡廣云宮闕之內衛士於周垣下爲廬者若今之伏宿屋矣

武庫令

六典曰武庫令掌藏邦國之兵仗器械辨其名數以備國

用承爲之貳
漢書百官表曰執金吾屬官有武庫令
又曰杜欽爲大將軍武庫令職閑無事欽所好也
又曰武庫令一人昔武王伐紂散牛放馬倒載干戈韜以虎皮而藏諸武庫武庫之職由來尚矣
續漢書曰武庫令一人秩六百石主兵器
晉書曰欒廣欲會荆楊士人武庫令黄慶進陶侃於廣人或非之慶曰此子終當遠到復何疑也

守官令

六典曰守官令掌邦國供帳之屬辨其名物會其出入九大祭祀大朝會及巡幸則設王公百官位於正殿南門外
續漢書曰少府屬官有守官令丞主御紙筆墨及財物諸用并封書泥之事

魏志曰荀彧字文若年少時南陽何顒異之曰王佐才也舉孝廉拜守宮令。董巴漢中宮傳曰守官禁內署令秩千石在省內用中人省外士人
齊職儀曰守宮周掌宮之職王行爲帷宮　即其任也

公車令

漢書曰張釋之爲公車令
續漢書曰公車司馬令掌宮南門九吏民上書四方貢獻及徵詣公車者皆掌之
又曰周垂字子居拜侍御史公車司馬令不畏強禦以是見怨於幸臣
應劭漢官儀曰公車司馬令周官也秩六百石冠一梁掌殿司馬門徼夜宮中天下上事及闕下凡所徵召皆摠領之李郃以公車司馬入爲侍

宗正卿

六典曰宗正卿之職掌九族六親之屬籍以別昭穆之序并領崇玄署少卿爲之貳
漢書曰宗正秦官也（應劭曰周成王時彤伯入爲宗正）掌親屬
又曰劉德字路叔修黄老術有智略少時數言時事召見甘泉宮武帝謂之千里駒昭帝初爲宗正丞後爲宗正卿德妻死大將軍欲以女妻之德不敢畏盛滿也

又曰劉向字子政元帝時蕭望之周堪薦向宗室忠直明經有行爲宗正
東觀漢記曰劉般字伯興遷宗正在朝廷竭忠盡節勤身憂國夙夜不怠數納嘉謀州郡便宜清淨畏慎受職脩治振施宗族
又曰劉平字公子以仁孝著聞永平三年爲宗正卿

後漢書曰劉軼字君文梁孝王暢爲宗正卒官遂代掌宗正焉
續漢書曰宗正卿一人秩二千石掌序録王國嫡庶之次及諸宗室親屬遠近郡國歲計上宗室名籍。晉起居注曰咸寧元年以太中大夫王覽爲宗正卿
又曰太始二年以侍中中書監朱整爲宗正卿
後魏書曰杜銓初密太后父豹喪在濮陽世祖欲命迎葬於鄴謂司徒崔浩曰天下諸杜何處望高浩對京兆爲美世祖曰朕今方改葬外祖意欲取京兆杜中長老一人以爲宗正命營護凶事浩曰中書博士杜銓其家今在趙郡是杜預之後於今爲諸杜最即命詔之及見銓器貌瓌雅世祖感悅謂浩曰此真吾所欲也以爲宗正
唐書官品志曰宗正卿位視列曹尚書主皇室外戚之籍

以宗室爲之

石氏星經曰宗正二星在帝座東南

山公啓事曰羊祜忠篤寬厚然不長理劇宗正卿缺不審可轉作否

宗正少卿

後魏職令曰宗正卿第四品上第二請用懿清和識叅教典者先盡皇宗無則用庶姓

宗正丞

六典曰宗正丞掌判寺事

太僕卿

六典曰太僕卿掌邦國廐牧車輿之政令揔乘黃典廐典牧章府四署及諸監牧之官屬少卿爲之貳九國有大禮及大駕行幸則供其五輅屬車之屬

尚書冏命曰穆王命伯冏爲周太僕正伯冏臣名爲太僕作大御中大夫也作冏命曰昔在文武聰明齊聖小大之臣咸懷忠良今予命汝作大僕正正于羣僕侍御之臣

周禮曰太僕正掌王之服位出入王之大命掌諸侯之復逆王眂朝前正位而退入亦如之建路鼓于太寢之門外而掌其政以待達窮者與遽令聞鼓聲則速逆御僕與御庶子祭祀賓客喪紀正王之服位詔法儀贊王牲事王出入則自在左馭而前驅

漢書曰灌嬰自上初起沛常爲太僕竟高祖以太僕事惠帝崩以太僕事高后高后崩代王之來嬰與東牟侯入清宫以天子駕迎代王共立文帝復爲太僕

又曰百官表曰太僕輿馬屬官有大廐未央廐家馬三令又車府路軨音靈騎馬駿馬四令又龍馬閑駒橐泉騊駼承華五

監長丞又邊郡六牧苑令各三丞又牧槖昆蹄令丞皆屬焉

東觀漢記曰祭側界切彤膂力過人常貫三百斤弓入爲太僕從帝過孔子講堂帝指子路室曰太僕吾之禦侮也

後漢書曰徵祭彤爲太僕彤在遼東幾三十年衣無兼副顯宗既嘉其功又美彤清約拜日賜錢一百万馬三疋衣被刀劒下至居屋什物大小無不悉備

續漢書曰趙歧字臺卿獻帝以爲太僕持節安慰天下

又百官志曰太僕秩中二千石掌車馬天子出奉駕大駕則馭

魏志曰國淵字子尼遷太僕居列卿位布衣蔬食祿賜散之舊故宗族以恭儉自守

又曰潘尼字正叔侍中爲太僕造乘輿箴漢舊儀曰太僕牧師諸苑三十六所分布北邊以郎爲苑監官奴婢三萬人分養三十萬頭擇取給六廐牛羊無數以給牲犧

漢雜事曰石慶爲太僕御出上問車中幾馬慶以策數馬畢舉手曰六馬慶以兄弟中最爲簡易而猶如此

又曰公孫賀以太僕爲丞相子敬聲代爲太僕

晉諸公贊曰郭展爲太僕留心於養生是以廐馬充牣其後征吳得以濟事

唐書官品志曰太僕卿位視黃門侍郎統南馬牧左右牧龍廐內外廐丞

乘黃令

六典曰乘黃令掌天子車輅辨其名數與馴馭之法丞爲之貳

宋書曰乘黃令晉官也主乘輿金根車及安車追鋒諸衆車馬

齊職儀曰乘黃令獸名也龍翼馬身黃帝乘之而仙後人以名廐

廐令

六典曰典廐令掌繫飼馬牛給養雜畜之事丞爲之貳

漢書曰太僕屬官有大廐未央廐家馬三令各五丞一尉又車府軨軨騎馬駿馬四令丞晉灼曰漢儀注大廐名也主馬萬疋也又龍馬閑駒橐泉如淳曰廐在橐泉宮下騊駼承華五監長丞牧橐昆蹄令丞應劭曰橐橐駝昆蹄好馬名也如淳曰因以名廐也武帝太初元年更名家馬爲挏馬應劭曰主乳馬取其汁挏洛之味酢可飲因以名官相動

又曰蘇武爲栘中監栘中廐名音移

又曰上官桀遷未央廐上躰不安及愈見馬瘦上怒曰汝以我不復見馬耶桀曰聖體不安日夜憂懼意誠不在馬言未卒泣數行下上以爲忠

齊職儀曰諸廐有圉師牧人養馬之官校人掌王之馬正也

車府令

六典曰車府令掌王公已下車騎辨其名數及馴馭之法丞爲之貳

史記曰趙高爲秦車府令

漢書百官表曰太僕屬官有車府令一人六百石丞一人

東觀漢記曰永平中車駕出信陽侯陰就干車騎突鹵簿車府令齊國徐匡就車收送獄詔書譴匡自繫不出吳良上書信陽侯驕慢干突車騎無人臣禮大不敬匡執法守正而下獄臣恐陛下政化由是隳矣於是詔出匡左遷即丘長

齊職儀曰車府署周有巾車典輅之職辨五輅之制

太平御覽卷第二百三十

太平御覽卷第二百三十一

職官部二十九

大理卿　大理少卿　大理正　大理丞

廷尉監　廷尉評

大理卿

六典曰大理卿之職掌邦國折獄詳刑之事以五聽察其情一曰氣聽二曰色聽三曰視聽四曰聲聽五曰詞聽三慮盡其理一曰明慎以讞疑獄二曰哀矜以雪寃獄三曰公平以鞫庶獄少卿爲之貳

韋昭辨釋名曰廷尉縣尉皆古尉也以尉尉人也凡掌賊及司察之官皆曰尉尉罰也言以罪罰姦非也

尚書曰帝曰皐繇汝作士明于五刑以弼五教

論語曰孟氏使陽膚爲士師（士師典獄之官）問於曾子曾子曰上

失其道民散久矣如得其情則哀矜而勿喜

韓詩外傳曰晉文公使李離爲理過聽殺人自拘於廷請死於君君曰官有貴賤罰有輕重下吏有罪非子之罪也離曰法失則刑失刑失則死臣居爲長不與下吏讓位爵爲多不與下吏分則君以爲能聽微決疑故使臣爲理今過聽殺無罪罪當死臣不能以虛自誣遂伏劍死君子曰忠矣仁矣

家語曰季羔爲衛士師刖人之足俄而衛有亂季羔逃刖者守門謂羔曰彼有竇羔曰君子不隧

又曰此有室季羔入焉旣罷羔問曰吾親刖子之足而子逃我何也刖者曰曩者君理人以法令先君後臣欲臣之免也臣知之臨當論刑君愀然不樂見於顏色臣又知之君豈私臣哉天生君子其道故然此臣之所以脫君也孔子聞之曰善哉爲吏其用法一思仁恕則樹德加嚴暴則樹怨公以行之其子羔乎

史記天官書曰斗魁四星貴人之牢曰大理

漢書曰廷尉秦官掌刑辟有正左右監景帝中六年更名大理武帝建元四年復爲廷尉

又曰于定國爲廷尉爲人卑恭尤重經術其決獄平法務在哀鰥罪疑從輕加審慎之心朝廷稱之曰張釋之爲廷尉天下無寃人于定國爲廷尉人自以不寃

又曰朱博迁廷尉恐爲官屬所輕召見正監典法掾吏謂曰廷尉本起於武吏不明法律幸有衆賢亦何憂然廷尉化部斷獄以來二十年亦獨耳剽目久（劓刲也刖妙反）三尺律令人事出其中試與正監共撰前代決事吏議難知者數十事持問廷尉將爲諸君覆之正監條目博皆召掾吏爲平

處其輕重十中八九官屬咸服

又曰張釋之爲廷尉文帝嘗行有人從渭橋下出乘輿馬驚捕之屬廷尉釋之奏其犯蹕當罰金上怒釋之曰法者所與天下公共也方以其時誅之則已今已下廷尉廷尉天下之平也一傾天下用法皆爲之輕重人安所措其手足乎後有盜高廟座前玉環者文帝令族之釋之奏當棄市上大怒釋之曰法如是也今盜宗廟器而族之如令愚人取長陵一杯土陛下何以加其法乎

又曰張湯爲廷尉決大獄欲傅古義方請博士弟子理尚書春秋補廷尉史平亭疑法奏讞疑事必先爲上分別其原以楊主之明言此自天子意非由有司也奏事有善則讓曰監掾史某所爲也（亭者平也均也）

又曰杜周爲廷尉其治大數張湯而善候伺上所欲客謂

周曰君爲天下决平不循三尺法（以三尺竹簡書法令律）專以主意爲獄獄者固如是乎周曰三尺安出哉前主所是著爲律後主所是疏爲令當時爲是何古之法乎至周爲廷尉獄亦益多矣二千石繫者新故相因不減百餘人

又曰王先生者善黄老言處士也張釋之召居廷中王生年老與釋之及公卿會廷中立王生襪解顧謂釋之爲我繫襪釋之前跪而繫之既退或讓王生曰何辱張廷尉乎王生曰廷尉方爲天下名臣吾聊使繫襪欲重之諸公聞之賢王生而重張廷尉

又曰下邽翟公爲廷尉賓客填門及免官門外可設雀羅復爲廷尉乃署其門曰一死一生乃知交情一貴一賤交情乃見

又曰文帝初立聞河南守吴公治爲天下第一故與李斯同邑乃徵吴公爲廷尉

又曰孔光爲廷尉時定陵淳于長坐大逆誅長小妻乃始等六人皆以長事未發覺時弃去或更嫁及長事發丞相翟方進等議乃始等於法無以解論光以爲夫婦之道有義則合無義則離乃始或嫁義已絶而欲以爲妻論殺之名不正不當坐有詔以光議定

東觀漢記曰陳寵爲廷尉有疑獄輙手筆作議所活者甚多

後漢書曰郭躬爲廷尉躬家代掌法務寛平乃條諸重文可從輕者四十一事奏之事皆施行著于令

又曰郭躬字仲孫爲廷尉正遷廷尉家代掌法子鎮自廷尉左監遷廷尉凡郭氏爲廷尉者七人

後漢書曰楊賜遷廷尉乃歎曰昔三后成功惟殷于人而咎繇不與焉蓋丞之也（丞聖）遂以代非法家固辭

謝承後漢書曰范延壽宣帝時爲廷尉時燕趙之間有三男共娶一妻生四子長各求離別爭財分子至聞于縣縣不能決斷讞之于廷尉於是延壽決之以爲悖逆人倫比之禽獸生子屬其母以子並付母尸三男于市奏免郡太守令長等無師化之道天子遂可其言

又曰傅賢遷廷尉素廉正自掌法官無私門賓客公卿宴會要請不往自以爲貧無以報答其施常垂念刑法務從輕比至斷獄遲徊流涕在位四年治獄稱平

華嶠後漢書曰吴雄字季高以明法律斷獄平桓帝時爲廷尉雄子訢孫恭三世相承爲廷尉爲法名家

漢官儀曰光武時有疑獄見廷尉曹史張禹所問輙對處當詳衷於是冊免廷尉以禹代之雖越次而授亦足以厲其臣節也

魏志曰高柔字文惠陳留圉人遷廷尉頃之護軍營士竇禮近出不還營以爲亡表言逐捕没其妻盈及男女爲官奴婢盈連至州府稱寃自訟莫有省者乃辭詣廷尉柔問曰汝何以知夫不亡盈垂泣對曰夫少單特養一老嫗爲毋事甚恭謹又哀兒女撫視不離非是輕狡不顧室家者也柔重問曰汝夫不與人有怨讎乎對曰夫良善與人無讎又曰汝夫不與人交錢財乎對曰嘗出錢與同營士焦子文久求不得時子文適坐小事繫獄柔乃見子文問所坐言次曰汝頗曾舉人錢否子文曰自以單貧初不敢舉人物也柔察子文色動遂曰汝昔舉竇禮錢何言不舉耶子文怪之事露應對不次柔曰汝已殺禮便宜早服子文於是叩頭具首殺禮本末埋藏所柔便遣吏卒承子文辭往

掘即得屍詔書復盈毋子爲平民班示天下以禮爲戒

又曰高柔字文惠遷廷尉時獄法甚峻而宜陽典農劉龜竊於禁內射兎其功曹張京詣授事言之帝匿名收龜付獄柔請告者名帝大怒曰劉龜當死乃敢獵吾禁地送龜廷尉廷尉便當考掠何復請告者名吾豈妄收龜耶柔曰廷尉天下之平也安得以至尊喜怒而毀法乎重復爲奏辭旨深切帝意寤乃下張京名即還訐各當其罪

又曰鍾毓遷廷尉聽君父已沒臣子得爲理謗及士爲侯其妻不復改嫁毓所創也

晉書曰孔坦字君平遷侍中廷尉多平正當法合人情而時勢要自以愛憎爲斷坦意不得皆行也

晉中興書曰范堅字子常爲廷尉奏主典吏邵廣盜官幔合布四十疋依律棄市廣息雲宗二人自沒爲官奴婢以

贖父尚書議可特聽堅駁之曰此爲施一恩於今開萬怨於後顯宗從之正廣刑

又曰王彪之遷廷尉時永嘉太守謝毅赦後殺郡人周矯矯從兄球詣州訴兗揚州刺史殷浩遣從事收毅付廷尉彪之以球爲獄主身無王爵非廷尉所料不肯受與州相反覆穆帝發詔令受之彪之又上䟽執據時人云張釋之以來復見斯事

後魏書曰崔光韶廷廷尉卿時秘書監祖瑩以贓罪被劾光韶欲致之重法太尉城陽王徽尚書令臨淮王彧吏部尚書李神儁侍中李彧並勢望當時皆爲瑩求寬光韶正色曰朝賢執事於舜之功未聞有一如何反爲罪人言乎其執意不回如此

隋書曰文帝時議置六卿將除大理盧思道奏曰省有駕部寺留太僕省有刑部寺除大理斯則重畜產而賤刑名也

又曰楊注字元度守大理卿注視事二日帝將親省囚徒其時繫囚二百餘人注通宵究審詰朝而奏曲盡事情一無遺誤帝甚嘉之

唐書官品志曰廷尉卿梁國初建曰大理天監元年復改爲廷尉有正監平三人元會廷尉三官與建康三官皆法冠玄衣朝服以監東西中華門手執方木長三尺方一寸謂之執方

又曰郎楚之武德初爲大理卿與太子少保李綱侍中陳叔達撰定律令

又曰劉德威授大理卿太宗嘗問之曰近來刑網稍密其過安在德威奏言誠在主上不由臣下人主好寬則寬好

急則急律文失入減三等失出減五等今則反是失入則無辜失出獲大罪所以吏各自愛競執深文非有教使之然畏罪之所致耳陛下但捨所急則寧失不經復行於今日矣太宗深然之

又曰高宗問大理唐臨獄繫囚之數臨對曰見囚五十餘人唯二人合死上聞囚數不多怡然形於顏色謂臨曰昔東宮卿已事朕朕承大位卿又居近職以疇日相委故授卿此任然爲國之要在於刑法刑急則人殘法寬則失罪務令折中稱朕意焉

又曰張文瓘爲大理卿旬日 決遣疑獄四百餘條其得罪者皆無怨言文瓘嘗有疾繫囚相與設齋以禱焉尋拜侍中兼太子賓客大理囚一時慟哭其得人心如此

又曰大理卿袁仁敬暴卒繫囚聞之皆慟哭悲歌曰天不

恤冤人兮何奪我慈親兮有理無申兮痛哉安訴陳兮

又曰龍朔二年改大理卿爲詳刑寺正卿

唐新語曰唐臨爲大理卿初莅職斷一死囚先時坐死者十餘人皆它官所斷會太宗幸寺親錄囚徒它官所斷囚皆稱冤不已臨所斷者嘿而無言太宗怪之問其故囚對曰唐卿斷臣必不枉濫所以絶意太宗歎息久之曰爲獄固當若是因遂見原

五代史後唐書曰長興二年八月勑今後大理寺官員宜同臺省官例外進其法直官比禮直官任使

會稽典錄曰盛吉字君達爲廷尉性多哀憐其妻謂吉曰君爲天下執法不可使一人濫罪殃及子孫其囚無後嗣者令其妻妾得入使有遺類視事十二年天下稱有恩

又曰董昆字文通餘姚人也遷廷尉卿持法清峻不發私書

又曰盛吉拜廷尉吉性多仁恩務在哀矜每至冬日罪囚當斷其妻執燭吉手持丹筆夫妻相向垂泣

會稽後賢記曰孔坦遷廷尉卿獄多囚繫坦到官躬執辭狀口辨曲直小大以情不加楚撻每臺司錄獄無所顧問皆面决當時之事

天文録曰平星主廷平主平天下之獄事若今廷尉之象故星讚曰平星執法正綱紀也

文子曰皐陶喑爲大理天下無虐刑有貴乎言者也

説苑曰楚令尹子文之族有干法者廷理拘之聞其令尹之族也而釋之子文召廷理而責之遂致其族人於廷理曰不是刑吾將死廷理懼遂刑其族人成王聞之不及履而至于子文之室曰寡人幼小置廷理其人以違夫子之意於是黜廷理而尊子文之意及內政

新序曰楚昭王時石奢爲理有殺人者奢追之則其父也奢曰以父成政不孝也不行君法非忠也遂刎頸而死

摯虞新禮議曰故事祀皐陶於廷尉寺祀以社日新禮改以孟秋之月以應秋

大理少卿

後魏職令曰廷尉少卿第四品上第二請用思理平斷明刑識法者

北齊書曰宋世軌爲廷尉少卿時大理正蘇珍之亦以平幹知名寺中爲之語曰决定嫌疑蘇珍之視表見裏宋世軌謂之寺中二絶卒官廷尉御史諸囚皆哭曰宋廷尉死我等豈有生路也

隋書曰趙綽爲大理少卿侍郎辛亶嘗衣緋褌俗云利官文帝以爲厭蠱將斬之綽曰據法不當死臣不敢奉詔上怒甚令斬綽綽解衣當斬上使人問曰竟如何綽曰執法不敢惜死上良久釋之他日又令斬二人綽曰此人坐當杖殺之非法上曰不關卿事綽曰陛下置臣法司欲誤殺人豈得不關臣事上曰撼大木不動者當退綽曰臣冀感天心何論大木上乃止時薛曹爲大理卿曹斷獄以情而綽守法俱爲稱職

又曰源師煬帝即位拜大理少卿帝在顯仁宮勑宮外衛士不得輒離所守有一主帥私令衛士出外帝付大理繩之師據律奏徒帝令斬之師奏曰此人罪誠難恕若陛下初便殺之自可不問文墨既付有司義歸恒典脫宿衛近侍者更有此犯將何以加之帝乃止

唐新語曰太宗嘗謂侍臣曰大理之職人命所懸當須妙

選正人用心存法無過　者乃以為大理少卿

又曰徐有功遷司刑少卿時周興來俊臣等羅告天下衣冠遇族者數千百家有功居司刑平反者不可勝紀時人方之于定國

大理正

六典曰大理正掌參議刑獄詳正科條之事凡六丞斷罪不當則以法正之

禮記曰成獄辭史以獄成告於正正聽之鄭玄注云於周禮鄉師之屬今漢有正平丞秦所置也

東觀漢記曰何敞字比干遷廷尉正張湯為廷尉以殘酷見任增飾法律敞嘗爭之存者千數

後漢書曰黃霸字次公宣帝在人間時知百姓苦吏聞霸理法平召為廷尉正及夏侯勝非議下廷尉獄霸從勝受尚書

謝承後漢書曰陳琳字伯真橋玄表琳明律令徵拜廷尉正

魏志曰司馬芝字子華遷大理正有盜官練置都廁上者吏疑女工收以付獄芝曰夫刑罪之失失在苛暴今贓物先得而訊其辭若不勝掠或至誣服誣服之情不可以折獄且簡而易從大人之化也不失有罪庸世之治耳今宥所疑以隆易從之義不亦可乎太祖從其議

晉書曰江統字元應為廷尉正作三刑議

又曰廷尉三官通視南臺持書舊尚書郎下遷梁制服獬豸冠介幘皁衣銅印墨綬

晉中興書曰顧榮字彥先入洛以南土秀望累遷廷尉正

南史曰顧協少清介有志操初為廷尉正冬服單薄寺卿

蔡法度欲解褐與之憚其清嚴不敢發口謂人曰我願解身上襦與顧郎顧郎難衣食者竟不敢以遺之

大理丞

六典曰大理丞掌分判寺事凡有犯皆據其本狀以正刑名徒已上各呼囚與其家屬告以罪名問其伏欵不伏則聽自理

唐書曰杜景佺徐有功為司刑丞與來俊臣侯思止同理獄人稱之曰遇徐杜必生遇來侯必死

唐新語曰李日知為司刑丞嘗免一死囚少卿胡元禮異判殺之與日知往復至于再三元禮怒遣府史謂日知曰元禮不離刑曹此囚無不死法竟以兩聞日知果直

廷尉監

漢書曰邴吉字少卿稍遷廷尉監治巫蠱

謝承後漢書曰陳咸字子威為廷尉監執獄多恩議人常從輕比多所全活皆稱其恩

晉起居注曰廷尉監陸鷟上表求增築評堂圖畫先賢像詔許之

廷尉評

六典曰大理評事掌出使推按凡承制而出推長吏據狀合停務及禁錮者先請魚書以往據所受之狀鞫而盡之若詞有反覆不能首實者則依法栲之凡大理斷獄皆連署焉

漢書曰宣帝詔曰今遣廷吏與郡鞠獄任輕祿薄其為置正平員四人其務平之涿郡太守鄭昌上言曰聖王立法明刑者非以為理救衰亂之起也今明主躬垂明聽不置廷平獄將自正若開後嗣不若刪定律令律令一定愚人

知所避就姦吏無弄今不正其本而置廷平以理其末代衰德怠則廷平將摇權而爲亂首也宣帝始置左右平而三輔决録注云何比干漢武時爲廷尉右平謬矣

又曰馬宫字游卿行能高潔遷廷尉平

又百官表曰宣帝地節三年初置左右平四人秩六百石

晉中興書曰顧榮字彦先遷廷尉平時趙王欲誅淮南王允官屬下廷尉議罪榮具明刑理不宜廣濫倫意解賴榮濟者甚衆

隋書曰廷尉平置一人第六品下後改爲評事

唐新語曰敬昭道爲大理評事時沂州有反者詿誤坐者四百餘人將隸于司農未即路繫在州獄昭道援赦文判而免之時宰相責大理柰何免反人家口大理群官失色引昭道以見執政怒而責之昭道曰赦云見禁囚徒反者

家口繫在州獄此即見禁也反覆詰對至於五大執政無以奪之詿誤者悉免

三輔决録注曰茂陵何比干漢武時丞相公孫弘舉爲廷尉右平獄無冤民號曰何公

太平御覽卷第二百三十一

太平御覽卷第二百三十二

職官部三十

鴻臚卿　鴻臚少卿　典屬國　司農卿

司農少卿　上林苑令　太倉令　導官令

太府卿　太府少卿　市令　平准令

左右藏令

鴻臚卿

六典曰鴻臚卿之職掌賓客及凶儀之事領典客司儀二署以率其官屬而供其職務少卿爲之貳凡四方夷狄君長朝見者辯其等位以賓待之凡二王之後及夷狄君長之子襲官爵者皆辯其嫡庶詳其可否若諸蕃大酋渠有封禮命則受冊而往其國

韋昭辯釋名曰腹前肥者臚言以京師爲心腹王侯外國爲四體以養之也辯云鴻臚本故典客掌賓禮鴻大也臚陳序也欲以大禮陳序賓客也

漢書曰田序字子公連擒大姦徵爲大鴻臚

又曰典客秦官掌諸侯歸義蠻夷有丞景帝中六年更名大行令武帝太初元年更名大鴻臚

東觀漢記曰大鴻臚漢舊官建武元年復置屬官有丞一人大行丞一人有理禮員四十七人主齋祠儐贊九賓之禮

續漢書曰大鴻臚卿一人中二千石諸王入當郊迎典其禮儀及郡國上計并屬焉皇子拜王贊授印綬及拜諸侯嗣子及四方夷狄封者鴻臚召拜之

謝承後漢書曰陳紀字元方遭父太丘長寔憂嘔血絶氣豫州嘉其至行表上尚書圖畫百城以厲風俗袁紹以太尉讓紀紀不受拜大鴻臚卒官子群爲三公天下以爲公慙卿卿慙長

又曰白嵩字季山爲濟南相甘露降於郡安帝嘉其致瑞徵拜大鴻臚

漢官解詁曰鴻聲也臚傳也所以傳聲贊導九賓也

又曰昔唐虞賓于四門此則禮賓之制與鴻臚之任亦同

漢雜事曰蕭　爲陳留太守入爲鴻臚不任賓贊還官

魏志曰崔林字德儒清河東武城人也遷大鴻臚龜茲王遣侍子來朝廷嘉其遠至褒賞其王甚厚餘國各遣子來朝問使連屬林恐所遣或非眞的權取踈屬賈胡因通使命利得印綬而道路護送所損滋多勞所養之民資無益之事爲夷狄所笑此曩時之所患也乃移書燉煌諭旨并録前世待遇諸國豐約故事使有恒

魏略曰韓宣字景然爲大鴻臚始南陽曲阜韓暨以宿德在宣前爲大鴻臚及宣在官亦稱職故鴻臚中爲之語曰大鴻臚小鴻臚前後治行相曷如

蜀志曰杜瓊字伯瑜後主立爲大鴻臚爲人靜嘿少言闔門自守不與世事

吳志曰張儼字子節吳人也弱冠知名早歷顯位以博聞多識拜大鴻臚使于晉皓謂儼曰南北通好以君有出境之才故相屈行對曰皇皇者華臣蒙其榮懼無古人延譽之美磨厲鋒鍔思不辱命既至車騎將軍賈充尚書令裴秀侍中荀勗等欲傲以所不知而不能屈尚書僕射羊祜尚書何禎並結縞帶之好

唐書官品志曰鴻臚卿位視尚書右丞掌導護贊拜

山濤啓事曰鴻臚職主胡事前後爲之者率多不善了今

欽當選御史中丞刀攸不審可爾不
鴻臚少卿
後魏職令曰鴻臚少卿第四品上第二清用雅學詳當明
樞達理者
隋書曰煬帝時蠻夷朝貢前後相屬帝從容謂宇文述虞
世基等曰四夷率服觀禮華夏鴻臚之職須歸令望寧有
多才藝美容儀可以接對賓客者爲之乎咸以蘇夔對帝
然之即日拜鴻臚少卿
典屬國
漢書曰武帝以移栘音中監蘇武爲典屬國
又曰宣帝甘露二年以常惠爲典屬國
又曰典屬國秦官掌蠻夷降者成帝河平元年省併大鴻
臚

司農卿
六典曰司農卿之職掌邦國倉儲委積之事總上林太倉
鉤盾導官四署與諸監之官屬謹其出納而修其職務少
卿爲之貳凡京都百司官吏祿廩皆仰給焉
周禮曰冢宰有太府下大夫鄭玄注曰太府爲王治藏之
長若今司農矣
史記曰韓信歸漢漢以爲治粟內史
漢書曰治粟內史秦官掌穀貨景帝更名大農令武帝更
名大司農
又曰鄭當時字莊爲司農門下客至無貴賤無留門者執
賓禮以下人山東諸公翕然稱莊曰吾聞鄭莊行千里不
賫糧
又曰朱邑爲北海太守以治行第一入爲大司農身爲列

卿居處節儉性公正不可交以私天子器之朝廷敬焉及
卒詔稱揚其節行賜邑子黃金百斤以奉其祭祀
又曰田延年爲大司農坐盜都內錢三千萬自殺
又曰平帝元始元年改大司農曰羲和以劉歆爲之
東觀漢記曰劉據爲大司農以職事被譴召詣尚書將加
捶撻尚書左雄諫帝曰九卿位亞三公行則鳴玉孝明永
平始加扑罰非古制也帝從之卿於是始免扑捶
又曰高詡字季回以儒學徵拜大司農在朝以清白方正
稱
又曰羊融字子優爲大司農性明達稱爲名卿
續漢書曰李固爲大司農上信閹官天下牧守多其宗親
舊故及受貨賂有詔特拜不由選試亂生彌甚固乃上表
具陳盜賊所以興由官非其人也

又曰大司農卿一人中二千石掌諸錢穀金帛
又曰趙典字仲經爲大司農閉門却掃非德不交
又曰耿國字叔慮爲大司農曉邊事能論議數上便宜事
天子器之
又曰鄭玄公車徵爲大司農給安車一乘所過長吏送迎
張璠漢記曰陳寵爲廣漢太守風聲大行入爲大司農
應劭漢官儀曰大司農古官也唐虞分命羲和四子敬授
民時高祖受命懲秦之弊與民休息逮至文景國家無事
家給人足京師之錢累百巨萬貫朽而不可校太倉之粟
陳陳相因充溢露積腐敗而不可食
魏志曰梁習爲并州二十餘年政治爲天下最乃徵拜大
司農
吳志曰樓玄爲大司農玄從九卿持刀衛正身率衆奉法

而行應對切直數迕皓意漸見責怒後人誣曰玄與賀劭相逢駐共耳語大笑謗訕政事遂被詔詰責送付廣州

晉陽秋曰司農桓範字元則出奔曹爽云大司農印在吾手中所在得開倉而食

宋書曰大司農卿一人書稱棄后稷其職也

齊職儀曰司農卿耕籍則掌其禮儀

隋書曰趙元淑轉潁川太守甚有惠政因入朝會司農不時納諸郡租穀元淑奏之帝謂元淑曰如卿意者幾日當了元淑曰如臣意不過十日帝即日拜元淑爲司農卿納天下租如言而了帝悅焉

唐書官品志曰司農卿位視散騎常侍主農功倉廩統太倉導官籍田上林令

韓楊天文要集曰天倉者大司農也

異苑曰吳郡婁淵爲吳郡時大司農卿碑注在江乘湖西太元中村人見龜載從田中出還其先處萍藻猶着腹下

史游急就篇曰司農少府國之泉也

司農少卿

後魏職令曰司農少卿第三清用堪勤有幹能者

唐書曰韋弘機爲司農少卿受詔檢校東都營田園苑之事高宗謂之曰兩都是朕東西二宅也今之宮館隋代所造歲序既淹漸將頹頓欲有修造又費財力如何弘機奏曰臣任司農向已十年前後省費今見貯錢三千萬貫若以供葺理可不勞而就也上大悅

上林苑令

漢書百官表曰水衡屬官有上林令

續漢書曰上林苑令六百石主苑中禽獸有民居皆主之捕得獸送太官

李郃別傳曰郃以郎謁者爲上林苑令

楊雄上林苑令箴曰芒芒天田芃芃作穀山有陵陸野有林麓夷原汙藪禽獸攸伏魚鼈以時芻蕘咸植國以殷富民以家給

太倉令

六典曰太倉署令掌九穀廩藏之事丞爲之貳凡鑿窖置屋皆銘甎爲庾斛之數與其年月日受領粟官吏姓名又立碑如其銘焉

漢書曰淳于意爲太倉令

續漢書曰太倉令一人秩六百石主受郡國轉漕穀

梁輿別傳曰太倉令秦宮出入輿妻壽所語言飲食獨往獨來屏去御者（宮輿倉頭）壽姊夫宗忻不知書因壽氣力起家

拜太倉令

齊職儀曰太倉令周司徒屬官有廩人倉人則其職也

導官令

六典曰導官令掌導擇米麥之事凡有九穀之用皆隨其精麤差其耗損而供之

漢書百官表曰少府屬官有導官（如淳曰太官之別主酒也）

續漢書曰導官令一人主舂御米及作乾糒導擇也

太府卿

六典曰太府卿之職掌邦國財貨之事總京都四市平准左右藏常平八署之官屬舉其綱目脩其職務少卿爲之貳以二法平物一曰度量二曰權衡

周禮曰天官屬有太府下大夫掌貢賦受其貨賄之入

梁書曰天監七年四直太府班第十三掌金帛府帑統右藏

令上庫丞太市南市北市令關津亦皆屬焉
後魏書曰楊播字延慶弘農華陰人也播少脩飭奉親盡
禮累遷右衛將軍從車駕南巡到懸瓠除太府卿
唐書曰楊崇禮爲太府少卿雖錢帛尤㣲丈尺間皆躬自
省閲時議以爲稱職擢拜太府卿每歲勾剥省便常出數
百萬貫在職二十年公清如一時太平日久御府財物山
積以爲經楊卿者無不精好
唐書官品志曰太府卿位視宗正掌金帛府帑統右藏令

太府少卿

後魏職令曰太府少卿第四品上士人官上用勤篤有幹
細務無滯者
唐新語曰狄光嗣仁傑長子也睿宗朝起復除太府少卿
光嗣頻表不起乃降勑朕念卿家門忠於王室奪卿情理
以荅殊恩卿屢表固陳詞理懇至循環省覽有足可矜今
遂所請用勸浮薄待卿情禮云畢吏俟後命仍編入史

市令

六典曰京都諸市令掌百族交易之事丞爲之貳凡建標
立候陳肆辯物以二物平市（謂秤以格斗以槪也）以三賈均平市（精爲上賈次爲中賈麤爲下賈）凡賣買不和而權固（權謂專略其利固謂鄣固其市）及更出
開閉共限一價（謂賣物以賤爲貴買物以貴爲賤也）若參市而規自入者並
禁之（謂在旁高下其價以相惑亂）
史記曰司馬談祖爲漢市長
漢書百官表曰内史屬官有長安市長又長安四市令長
承屬左馮翊
東觀漢記曰祭遵從征河北爲軍市令舍中兒犯法遵格
殺之上怒命收遵時主簿陳副諫曰明公常欲衆軍整齊

令遵奉法不避是教令行也上乃貸之以爲刺姦將軍語
諸將曰當備祭遵吾舍中兒犯令尚殺之必不私諸卿也
晉書曰石苞賣鐵鄴市市長沛國趙元儒名知人見而異
之便與結交歎其遠量當至公輔
齊職儀曰市令周有司㕓肆師司市皆其任也

平准令

六典曰平准令掌供官市易之事丞爲之貳凡百司不任
用之物則以時出貨其沒官物者亦如之
韋昭辯釋名曰釋云平准令主染色色有常平之法准的
之也辯云主平物價使相依准
史記曰桑弘羊以物多騰躍請置平准於京師受天下委
輸盡籠天下之貨物貴則賣之賤則買之如此則富商大
賈無所牟大利矣始置平准焉
漢書百官表曰司農屬官有平准令丞

漢書曰趙廣漢清潔下士有名譽州舉茂才拜平准令
續漢書曰平准令六百石
齊職儀曰染署掌染繒色少昊置五雉爲工正翬雉氏設
五色之工周有染人之職掌絲帛以爲服

左右藏令

六典曰左藏令掌邦國庫藏之事丞爲之貳凡天下賦調
先於輸場閲其合尺度斤兩者卿及御史監閲然後納于
庫藏皆題以州縣年月以別麁良辯新舊也
又曰右藏署令掌邦國寶貨之事丞爲之貳凡四方所獻
金玉珠貝玩好之物皆藏之出納禁令如左藏之職
齊職儀曰右藏庫周天府内府之任天府物所藏也内府
掌邦市之出入以待王用後漢中藏府令丞掌幣帛金銀

諸物晉置中黃左右藏

太平御覽卷第二百三十二

太平御覽卷第二百三十三
職官部三十一
秘書監　秘書少監　秘書丞　秘書郎
秘書監
六典曰監之職掌邦國經籍圖書之事有二局一曰著作
二曰太史皆率其屬而修其職少監爲之貳
東觀漢記曰桓帝延嘉二年初置秘書監掌典圖書古今
文字考合異同
華嶠後漢書曰學者稱東觀爲老氏藏室道家蓬萊山王
融曲水詩序曰記言事於仙室謂藏室也
魏志曰王象字義伯散騎常侍領秘書監撰皇覽魚豢
魏略曰蘭臺臺也而秘書署耳
王隱晉書曰王沉爲秘書監著魏書多爲時諱而善序事

又曰羊祜爲黃門郎陳留王立以少帝不願爲侍臣徙爲
秘書監
又曰惠帝永平元年詔云秘書監綜理經籍考校古今課
試署吏領有四百人宜專其事
鄧粲晉紀華譚爲秘書自負宿名意每怏怏嘗從容謂上
曰臣老於秘閣矣汲黯之言復存今日上不悦
晉諸公讚曰荀勗領秘書監太康二年汲郡冢中得竹書
勗躬自撰次注寫以爲中經列於秘書經傳闕文多所證
明
又讚曰庾峻自司空長史遷秘書監幽讚符命天文地理
因有述焉
何法盛晉中興書曰孫盛字安國爲秘書監篤尚好學自
少及長常手不釋卷既居史官乃著三國陽秋

沈約宋書百官志曰秘書監丞各一人郎四人魏武建國
有秘書令左右丞黃初中分秘書立中書而秘書之局不
廢昔漢武帝建藏書之冊置寫書之官於是天下文籍皆
在天祿石渠延閣廣內秘府之室謂之秘書至成哀世使
劉向父子以本官典其事至于後則圖籍在東觀有校書
郎又有著作郎傳毅馬融之徒多爲校書郎又蔡邕從尚書選入東觀著作邕既已爲尚書郎而入
東觀著作復拜議郎知是著作郎也又碩學達官往往典校秘書如向歆故
事或但校書東觀或有兼撰漢記也
梁書曰任昉字彥昇爲秘書監自齊永元以來秘閣四部
篇卷紛雜昉手自讎校由是篇目定焉
後魏書伊馥世祖欲拜馥爲尚書郡公馥辭曰尚書務殷
公爵至重非臣年少愚近所宜荷任請收過恩世祖問其
所欲馥曰中秘二省多諸文士若恩矜不已請參其次世

祖賢之遂拜爲中護將軍秘書監
隋書曰柳䛒煬帝嗣位拜秘書監封漢南縣公帝退朝之
後便命入閤言宴諷讀終日而罷帝每與嬪后對酒時逢
與會輒遣命之至與同榻共席恩若友朋帝猶恨不能夜
召於是命匠刻木偶人施機關能坐起拜伏以像於䛒帝
每在月下對酒輒令宮人置之於坐與相讎酢而爲權笑
唐書曰魏徵爲秘書監奏引學者校定四部書自是秘府
圖籍粲然畢備
劉歆七略曰武帝廣獻書之路百年之間書積如丘山故
外有太常史博士之藏內則延閣廣內秘室之府
魚豢典略曰芸臺香辟紙魚蠹故藏書臺稱芸臺
三輔黃圖曰未央宮東有麒麟殿藏秘書即楊雄校書之
處也

王充論衡曰蘭臺之官監國得失也

通典曰秘書省但主書寫勘校而已雖非要劇然好學君子亦多求爲之

溫嶠舉荀菘爲秘書監表曰夫國史之興將以明失得之跡謂之實錄使一代之典煥然可觀散騎常侍菘文質彬彬思義通愽歷位先朝蒞事以穆宜掌秘奧宣明史籍

王肅表曰青龍之末主者啓選秘書監詔秘書騶吏以上三百餘人非但學問義理當聞有威嚴能檢下者詔肅以常侍領焉

又王肅論秘書不應屬少府表曰魏之秘書即漢之東觀郡國稱敢言之上東觀且自大魏分秘書而爲中書以來傳緒相繼于今三監未有隷名於少府者也今欲使臣編名於騶䋖言事於外府不亦隳朝章而辱國典乎大和中蘭臺秘書爭議三府奏議秘書司先生之載籍掌制書之典謨與中書相亞宜與中書爲官聯

華嶠集詔曰尚書嶠體素弘簡文雅該通經覽古今愽聞多識屬書實錄有良史之志故轉爲秘書監其加散騎常侍使中書散騎著作及治禮者律天文數術南省文章門下撰集皆典領之嶠表伏見詔書以臣爲秘書監加位常伯昔劉向父子世典史籍馬融通愽三入東觀非臣膚淺所敢投跡

唐書太宗正授顏師古秘書監制曰秘書望華史官任重選衆而舉歷代攸難守秘書監顏師古體業淹和器用詳敏學該流略詞兼典麗職司圖書亟經歲序朱紫既辨著述有成宜正名器允兹望實可秘書監

秘書少監

唐書周思茂者貝州漳南人少與弟思鈞俱早知名自右史轉太子舍人與范履冰在禁最蒙親遇至於政事損益多參預焉累遷麟臺少監崇文館學士垂拱四年下獄死

又曰王紹宗楊州江都人也遷秘書少監仍侍皇太子讀書紹宗性澹雅以儒素見稱當時朝廷之士咸敬慕之張易之兄弟亦厚之易之伏誅紹宗坐以交往見廢

又曰德宗以左諫議大夫史館修撰張薦爲秘書少監修撰如故時裴延齡貴欲異同宰府乃言於上曰諫議大夫論朝廷得失之官史館修撰書朝廷得失之事則領史職者不宜爲諫官故有斯命

秘書丞

魏志曰武帝置秘書左右丞以劉放爲秘書左丞孫資爲秘書右丞

魏略曰薛夏字宣聲天水人也愽學有才華天水舊有姜任閻趙四姓常推於郡中而夏爲單家不爲降屈四姓欲治之夏乃遊逸東詣京師太祖宿聞其名甚禮遇之文帝又嘉其才黃初中爲秘書丞帝常與夏推論書傳未嘗不終日也每呼之不名而謂之薛君夏居甚貧帝文顧其衣薄解御袍賜之其後征東將軍曹休來朝時帝方與夏有所諮論而外啓休到帝引入坐定帝顧夏目之於休曰此君秘書丞天水薛宣聲也宜共談其見遇如此

魚豢魏略曰薛夏爲秘書丞時秘書嘗以公事移蘭臺蘭臺自以臺也秘書丞時爲署耳謂夏不得儀當有坐者夏報曰蘭臺爲外臺秘書爲內閣臺也閣也何不相移之有蘭臺無以折之

又曰嚴苞以高才黃初中入爲秘書丞數奏文賦帝甚異

之

晉書嵇紹以父得罪靖居私門山濤領選啓武帝曰康誥有言父子罪不相及嵇紹賢侔郤缺宜加旌命請爲秘書郎帝謂濤曰如卿所言乃堪爲丞何但郎也乃發詔徵之起家爲秘書丞

王隱晉書曰庾峻字山甫博學有才爲秘書丞遍觀古今聞見益優

虞預晉書曰何楨字元幹廬江人也爲尚書郎特詔參祕書丞秘書本有一丞時尚未轉遂以楨爲右丞右丞之置自楨始也

檀道鸞晉陽秋曰太元十八年王謐爲秘書丞乃表前尚書殷允中書郎張敞太子後率鄭儉之故太常桓石秀是多書之家請秘書郎分局採借

齊書曰王儉字仲寶爲秘書丞上表求校墳籍依七略撰七志四十卷獻之

又曰張率字士簡吳郡人遷秘書丞高祖曰秘書丞天下清官東南冑緒未有爲之今以相處爲卿定名譽

齊職儀云秘書丞銅印墨綬

南史劉孝綽遷秘書丞武帝謂舍人周捨云第一官當用第一人故以孝綽居此職

後魏書李彪字道固遷秘書丞分領著作事自文成帝已來至於大和崔浩高允著述因書編年序録爲春秋之體遺落時事一二無存彪與秘書令高祐始奏從遷固之體創爲紀傳表志之目焉

又曰李輔子伯尚少有重名高祖每云此李氏之千里駒勑撰太宗起居注尋遷秘書丞

後周書曰桺虯爲秘書丞時秘書雖領著作不參史事自虯爲丞始令監掌焉

王肅論秘書表云青龍中議秘書丞郎與博士議郎同職近日月宜在三臺上

又曰秘書丞郎宜比尚書郎侍御史令侍御史秉犢車奏事用尺一秘書丞郎乘鹿車猶用尺奏恐非陛下崇儒之本意也

秘書郎

六典曰秘書郎四人從六品上晉起居注云武帝遣秘書圖書分爲甲乙景丁四部使秘書郎各掌其一焉

魏志曰王基字伯輿東萊人也時青土初定刺史王凌特表請基爲別駕後召爲秘書郎凌復請還之司徒王凱辟基凌又不遣凱書却州曰取宿備之臣留秘閣之吏所希聞也凌猶不遣凌流稱青土蓋亦由基協和之輔也

又曰鍾會字士季敏惠夙成時蔣濟著論謂觀其眸子可以知人會年五歲見濟濟大奇之正始中以賜官郎中爲秘書郎

蜀志曰郤正字令先安貧好學博涉墳籍弱冠能屬文入爲秘書吏轉令史遷秘書郎性澹於榮利尤耽文章自司馬王楊班傅張蔡之儔遺文篇賦及當世美書善論益部有者則鑽鑿推求略皆寓目

王隱晉書曰鄭默字思元爲秘書郎刪省舊文除其浮穢時陳留虞松爲中書令謂默曰而今而後朱紫別矣

又曰左思專思三都賦杜絕人事自以所見不博求爲秘書郎

虞預晉書曰司馬彪少篤學不倦好色薄行不交人事專

精學問大始中爲秘書郎後轉爲丞

晉太康起居注曰秘書丞桓石綏啓校定四部書詔郎中四人各掌一部

晉令云秘書郎掌外三閣經書覆省校閱正定脫誤

沈約宋書曰秘書郎四人後漢校書郎也

又曰蕭惠開雖貴戚而車服簡素初爲秘書郎秘書著作並名家年少惠開意趣與之多不同比肩或三年不共語

宋書曰王敬弘子恢之爲秘書郎使求爲奉朝請與恢之書曰秘書有限故有競朝請無限故無競吾欲使汝處無競之地文帝許之

梁書曰張纘字伯緒爲秘書郎固求不遷欲遍觀閣內圖籍

後魏書高謐字安平有文武才度天安中以功臣子召入禁中除秘書郎典秘閣謐以墳典殘缺奏廣訪郡邑大加繕寫由是代京圖籍莫不審正

通典曰宋齊秘書郎皆四員尤爲美職皆爲甲族起家之選待次入補其居職例十月便遷

又曰秘書郎自齊梁之末多以貴遊子弟爲之無其才實故當時諺曰上車不落則著作體中何如則秘書王肅表曰臣以爲秘書職於三臺爲近密中書郎在尚書丞郎上秘書丞郎宜次尚書郎下不然則宜次侍御史下秘書丞郎俱四百石遷宜比尚書郎出亦宜爲郡此陛下崇儒術之盛旨也尚書郎侍御史皆乘犢車而秘書丞郎獨鹿車不得朝服又恐非陛下轉臺郎以爲秘書丞郎之本意也

太平御覽卷第二百三十三

太平御覽卷第二百三十四

職官部三十二

著作郎　著作佐郎　校書郎　正字

著作郎

續漢書曰弘農楊彪字文先多識博聞與諸郎著作東觀

王隱晉書曰陳壽爲著作佐郎遷大著作

又曰陸士衡以文學爲秘書監虞濬所請爲著作郎議晉書限斷

又曰何嵩善史漢爲著作

晉書曰元康元年詔著作郎舊隸中書而秘書旣典司文籍今改中書著作郎爲秘書著作郎

晉中興書曰孫盛歷散騎常侍秘書監常領著作

又曰孫綽爲散騎常侍領大著作于時才筆之士綽爲其

冠

又曰李充爲大著作于時典籍混亂充刪除煩重以類分作四部秘閣以爲永制

又曰謝沈爲祠部郎何充庾冰以沈有史才遷大著作

晉太興起居注曰元帝依故事召陳郡王隱待詔著作單衣介幘朔望朝著作之省

沈約宋書曰何承天除著作郎撰國史承天時年已老而諸佐郎並名家年少荀伯子嘲之常呼爲妳母承天曰卿當云鳳皇將九子妳母何言耶

又曰著作郎後漢官後漢已來太史但掌天文律曆而已其國記撰述悉在著作江左王導表著作爲史官是也後漢東觀有著作郎

後魏書崔浩好文學時人莫及天興中給事秘書轉著作郎太祖以其工書常置左右太祖季年威風嚴峻官者左右多以微過得罪莫不逃隱浩獨恭勤不怠或終日不歸太祖知之輒命賜以御粥其砥直任時不爲窮通改節皆此類也

又曰程駿拜著作郎顯祖屢引與論易老之義顧謂群臣曰朕與此人言意甚開暢又問駿曰卿年幾何對曰臣六十有一顯祖曰昔太公旣老而遭文王卿今遇朕豈非早也駿曰臣雖才謝呂望而陛下尊過西伯覬天假餘年竭六韜之效

又曰韓顯宗除著作郎高祖曾謂顯宗及程靈虬曰著作之任國言是司卿等之才朕自委悉中省之品卿等所聞若欲取古人班馬之徒固自遼闊若求之當代文學之能卿等應推崔孝伯

又曰趙逸爲赫連屈丐著作郎世祖平統万見逸所書曰此豎無道安得爲此言乎作者誰也其速推之司徒崔浩進曰彼之謬述亦猶子雲之美新皇王之道固宜容之世祖乃止

三國典略曰齊主以其著作郎祖珽數上密啓命中書門下二省斷珽奏事初珽爲秘書郎用芳林遍略質樗蒲錢又陳元康被傷將死憑珽作書屬家累并云祖喜邊有少許物宜早索取珽不通此書喚喜私問得金二十五鋌准與喜二鋌餘並自入祖喜告元康二弟叔諶季璩等叔諶以語楊愔愔嚬眉荅曰恐不益亡者因此得停其後齊文宣以珽爲秘書丞盜遍略事發付平陽王淹令錄珽付禁淹遣使收珽珽使私逃黃門侍郎高德正謀云但宣命向秘書稱奉并州進止須經史各部仰丞親自檢校催遣如

此則珽意自安夜當還宅然後掩捉之果如德正所圖遂縛送廷尉據犯當死文宣以其伏事先代除名爲民愛其才伎今直中書普選勞舊遷爲著作

唐書曰著作郎鄧隆上表請編録御製詩集太宗沖讓不許隆好學多伎王充兄子太之守河陽也引隆爲賓客大見親遇及太宗攻洛陽遣書諭太隆爲太復書言辭不遜洛陽平後隆懼罪變姓名自號隱玄先生竄於白鹿山黃冠野服不接人事貞觀初徵授國子主簿與博陵崔仁師昌黎慕容善行弘農劉顗新野庾安禮河東敬播俱爲修史學士隆負宿罪猶不自安太宗聞之遣房玄齡謂之曰爾爲王太作書誠合重責但各爲其主於朕何有惡哉朕今爲天子何能追責疋夫之過爾宜坦然勿懷危懼也擢授著作郎及修史成尋卒撰東都記三十卷爲學者所重

又曰龍朔二年改著作郎爲司文郎中佐郎爲司文郎

又曰劉允濟傳垂拱四年明堂初成允濟奏上明堂賦以諷則天甚嘉歎之手製褒美拜著作郎

陶氏職官要録曰著作郎舊視通直郎史才富博者爲之應亨集讓著作表曰自司隸校尉奉至臣五葉著作不絶鄉族以爲美談

著作佐郎

王隱晉書曰武帝欲以郭琦爲佐著作郎問尚書郭彰彰憎琦不附已荅詔不識上曰若如卿言烏丸家兒能事卿即堪郎矣及趙王倫篡又欲用琦琦曰我已爲武帝吏不能復爲今世吏終於家

又曰華嶠漢書十典未成秘書監繆徵奏嶠少子暢爲著作佐郎卒成十典

晉中興書曰郭璞奏南郊賦中宗見賦嘉其才以爲著作佐郎

又曰華譚爲秘書監時晉陵朱鳳吴郡吴震等以單族有史才白首衡門譚薦二人擢補著作佐郎並皆稱職

沈約宋書曰謝裕字景仁陳郡陽夏人也會稽王世子元顯嬖人張法順權傾一時內外無不造門者唯景仁不至年三十方爲著作佐郎桓玄誅元顯見景仁謂四坐曰司馬庶人父子云何不敗遂令謝景仁三十方作著作佐郎

後魏書曰宋弁字義和爲著作佐郎尋除尚書殿中郎中高祖曾因朝會之次歷訪治道弁年少官微自下而對聲姿清亮進止可觀高祖稱善者久之因是大被知遇賜名爲弁意取弁和獻玉楚王不知寶之理也

後周書曰黎景熙字季明正定古今文字於東閣大統末除安西將軍尋拜著作佐郎於時倫輩皆位兼常伯車服華盛唯季明獨以貧素居之而無愧色又勤於所職著述不怠然性尤專固不合於時是以一爲史官十年不調

張華別傳曰陳壽好學善著述論著作佐郎當時夏侯湛等多欲作魏書見壽所作即壞已書

文士傳曰東皙晚應司空辟入府六日除著作佐郎著作西觀撰晉書草創三帝紀及十志

又曰張載作濛汜賦太僕傅玄見賦歎息稱善以車迎載言談終日玄深貴重載遂知名起家徵爲佐著作郎

校書郎

六典曰校書郎八人正九品上掌讎校典籍刋正文字

漢書曰劉歆字子駿少以通詩書能屬文召見成帝時待詔官者署爲黃門郎河平中受詔與父向領校秘書講六

藝傳記諸子無所不究
又曰王莽劉棻時楊雄校書天祿閣上治獄使者來欲收雄雄恐不能自免廼從閣上自投下幾死莽曰雄素不與事何故在此問其故廼劉棻嘗從雄學作奇字雄不知情有詔勿問
後漢書曰馬融字季長博通經籍永初二年大將軍鄧騭聞融名召爲舍人四年拜爲校書郎中詣東觀典校秘書是時鄧太后臨朝騭兄弟秉政以爲文德可興武功宜廢遂寢蒐狩之禮息戰陣之法故使猾賊縱横乘此無備融乃感激以爲文武之道聖賢不墜五才並用無或可廢乃上廣成頌以諷諫
王隱晉書曰鄭默字思元爲秘書郎删省舊文除其浮穢著魏中經中書令虞松謂默曰而今而後朱紫別矣

晉令曰秘書郎掌中外三閣經書覆校闕遺正定脫誤
晉太元起居注曰秘書丞桓綏啓校定四部書詔遣郎中四人各掌一部
唐書曰楊烱華陰人幼聰敏博學善屬文神童舉拜校書郎爲崇文館學士

正字

六典曰正字四人正九品下掌定典籍刋正文字
唐書曰陳子昂苦節讀書尤善屬文高宗靈駕將還長安子昂詣闕上書陳東都形勝可以安置山陵關中險旱西行不便則天召見奇其對拜麟臺正字
又曰吳通玄道環爲太子諸王授經而通玄兄弟出入禁掖恒侍太子遊通玄與兄通微俱博學善屬文文彩綺麗通玄幼應神童釋褐秘書省正字
又曰蘇弁字元容京兆武功人也弁少有文學舉進士授秘書省正字
唐明皇雜録曰劉晏以神童爲秘書秘書省正字上問晏曰正字正得幾字晏曰天下字皆正唯朋字未正玄宗大奇之

太平御覽卷第二百三十四

太平御覽卷第二百三十五

職官部三十三

太史令　殿中監六尚附　大長秋

太史令

春秋元命苞云屈中挾一而起者爲史史之爲言紀也天度文法以此起也

尚書酒誥曰太史友内史友（太史内史掌國典法所賓友者也）

周書曰維正月王在成周昧爽召三公右史戎夫曰今夕朕寤遂事其驚余乃取遂事之要戒甲戎夫主之朔望以聞也

禮記曲禮下曰天子建六太曰太宰太宗太史太祝太士太卜典司六典

又王藻曰動則左史書之言則右史書之

春秋宣上曰趙穿攻靈公於桃園宣子未出山而復太史書曰趙盾弑其君以示於朝宣子曰不然對曰子爲正卿亡不越境返不討賊非子而誰宣子曰嗚呼我之懷矣自貽伊戚其我之謂矣孔子曰董狐古之良史也書法不隱

又襄四曰太史書崔杼殺其君崔子殺之其弟嗣書而死者二人（嗣續）其弟又書乃舍之南史氏聞太史盡死執簡以往聞既書矣乃還

又曰魯昭公二年晉韓宣子聘魯觀書於太史氏見易象與魯春秋曰周禮盡在魯矣

周禮春官下曰太史掌建國之六典（太史日官也春秋傳曰天子有日官諸侯有日卿）

大戴禮曰太子既冠成人免於保傅則有司過之史

春秋文耀鉤曰楚立唐氏（以爲史官）蒼雲如蜺圍軫七蟠中有荷斧之人躢軫而蹲（蟠蟠周也蹲踞也）楚驚

唐史曰君慢命又簡宗廟（命天命也軫於天文楚之分也向之而踞是慢命踞簡宗廟）於是晝遺炎煙耀于蒼雲精消無文（軫火精雲水氣圍軫水也晝日陽也炎火亦陽也遺之者象蟠所也水難勝火三陽併氣且火炎上亘消滅也文則蜺也）唐史之冊上滅蒼雲（告神以史功也）

韓詩外傳曰據法守職而不敢爲非者太史也

毛詩序曰國史明乎得失之迹傷人倫之廢哀刑政之苛吟詠情性以諷其上達於事變而懷其舊俗者也

春秋後語曰晉太史屠黍見晉之亂以其國法歸周

國語曰鄭桓公爲司徒問於史伯曰王室多故（史伯周太史也）余懼及之焉

漢書曰司馬喜生談談爲太史公（如淳曰漢儀注太史公武帝置位在丞相上天下計書先上太史公副上丞相序事如古春秋遷死宣帝以其官爲令行太史文書而已臣瓚案百官表無太史公茂陵中書司馬談爲太史令）

遷仕爲郎中使西征巴蜀以南略卭笮（音昨）昆明還報命是歲天子始建漢家之封而太史公留滯周南（如淳曰周南洛陽也）不得與從事發憤且卒而子遷適反見父於河洛之間太史公執遷手而泣曰予先周室之太史也自上世嘗顯功名虞夏典天官事後世中衰絶於予乎汝復爲太史則續吾祖矣今天子接千歲之緒封秦山而予不得行是命也夫是命也夫予死汝必爲太史爲太史無忘吾所欲論著矣遷俯首流涕曰小子不敏請述論先人所次舊聞不敢闕卒三歲而遷爲太史令

又藝文志曰古之王者世有史官君舉必書所以愼言行昭法式也

又曰青史子注古史官記事也

又曰孔甲盤盂篇（黃帝史官）

又曰史籀周宣王大史作大篆

又曰秦太史令胡毋敬作博學章

東觀漢記曰陰猛以博通古今爲太史令

司馬彪續漢書曰張衡字平子以郎中遷太史令妙善璣衡之正紀渾天儀復造候風地動儀以精銅鑄成員徑八尺合蓋隆起形如酒杯如有地動樽則震尋其方面知震所在驗之以事合契若神

張璠漢記曰初王師敗於曹陽欲浮河東下侍御史太史令王立曰去春太白犯鎮星於斗過天津熒惑又逆行守河北不可犯也由是遂北渡河將自軹關東出立又謂宗正劉艾曰前太白守天關與熒惑會金火交會革命之象也漢祚終矣晉魏必有興者後立數言於帝曰天命有去就五行不常盛代者土也丞漢魏也能安天下者曹姓唯委任曹氏而已曹公聞之使人語立曰知忠於朝廷天道深遠幸勿多言

應劭曰太史令秩六百石掌天時星曆九歲奏新年曆凡國祭祀喪娶之事奏良日國有瑞應災異記之

又曰太史令秩六百石望郎三十人掌故三十人昔在顓頊南正重司天火正黎司地唐虞之際分命羲和曆象日月星辰敬授民時至于夏后殷周世叙其官皆精研術數窮神知化當春秋時魯有梓慎晉有卜偃宋有子韋鄭有裨竈觀乎天文以察時變其言屢中有備無害漢興甘石唐都司馬父子抑亦次焉末塗偷進苟忝茲階既闇候望競飾邪僞以凶爲吉莫之懲糺

漢舊儀曰承周史官至武帝置太史公司馬遷父談世爲太史遷年十三使乘傳行天下求古諸侯之史記

魏志曰黃龍見譙橋玄問太史令單颺颺曰其國當有王者

吳志曰吳範字文則會稽上虞人也劉盛兵西陵範曰後當和親終皆如言其占驗明審如此權以範爲騎都尉領太史令數從訪問欲知其訣範秘惜其術不以至要語權權由是恨也

又曰韋曜字弘嗣孫亮即位諸葛恪輔政表曜爲太史令撰吳書

沈約宋書曰太史掌曆數靈臺掌候日月星氣焉

世本曰沮誦蒼頡作書宋衷注曰沮誦蒼頡黃帝之史

唐書曰乾元元年改太史局爲司天臺掌天文曆數風雲氣色有異則密封以聞其小吏有司曆保章正靈臺郎挈壺正等官各有差

呂氏春秋曰夏太史令終古見夏桀惑亂載其圖法而泣乃出奔商商太史高勢見紂之迷亂載其圖法出之周晉太史屠乘見晉之亂以其圖法歸周

帝王世紀曰黃帝使蒼頡取象鳥跡始作文字之篆史官之作蓋自此始記其言行冊而藏之

文士傳曰張衡性精微有　巧藝特留意於天文陰陽筭數由是遷太史令

環濟要略曰太史令取善紀述者使記時事天子圖書計最典籍皆副焉

賈誼書曰不知日月之時節不知先王之諱與國之忌不知風雨雷電之眚凡此屬太史之任也

楊雄太史令箴曰昔在太古爰初肇記天地之紀重離是司降及唐虞乃命羲和欽若昊天百政攸亘夏帝不愼義

和不令湎時亂日帝旅炎征庶寮至斯唯天爲難夏氏黷
德而明神不蠲
荀悅申鑒曰古者天子諸侯有事必告廟左右二史咸否
成敗無不存焉得失一朝榮辱千載善人勸焉悖人懼焉
故先王重之以副賞罰以輔法教宜於今者官以其方各
書其事歲盡則集之於尚書

殿中監 六尚附

六典曰殿中監掌服御之事惣尚食尚藥尚衣尚乘尚舍
尚輦六局之官屬備其禮物而供其職事少監爲之貳
尚食奉御掌常謹其儲供辯其名數直長爲之貳
尚藥奉御掌合和藥物辯藥上中下之三品直長爲之貳
尚衣奉御掌衣服詳其制度辯其名數
尚乘奉御掌內外閑廐之馬辯其麤良而率其習馭直長

爲之貳
尚舍奉御掌殿庭張設湯沐而潔其灑掃直長爲之貳
尚輦奉御掌輿輦繖扇之分分其次敘而辯其名數直長
爲之貳

大長秋

天官書有宦者四星在帝座之西周官有宮正宮伯皆主王宮中官之長宮人掌王之六寢也內宰理王內之政令以陰禮教六宮陰禮婦禮也閽人寺人
宦戰國時有宦者令秦有將作尉衛少府各一人並皇后御也
漢景帝中六年改將作爲大長秋顏師古秋收成之時長者恒久之義故以爲皇后官名或用中人或用士人中人閹人也成帝加置太僕一人掌
太后輿焉通謂之皇太后卿皆隨太后宮爲官號無太后
則闕至後漢復增置丞中宮謁者令中宮尚書中宮私府
中宮永巷令中宮黃門冗從僕射虎賁官騎中宮宦署令
樂長並隸大長秋歷魏晉宋梁陳後魏皆有長秋之號而
官屬省置不同北齊有長秋寺置卿中尹各一人掌諸宮閤
掖庭等並用宦者隋改曰內侍省煬帝改爲長秋監置令
一人丞二人並用士人唐武德初復爲內侍省皆用宦者
後漢書曰鄭衆字季産南陽犨人也爲人謹敏有心永平
中初給事太子家肅宗即位拜小黃門遷中常侍和帝初
竇太后秉政后兄大將軍憲等並竊威權朝臣上下莫不
附之而衆獨一心王室不事豪黨帝親信焉及憲兄弟圖
作不軌衆遂首謀誅之以功遷大長秋
又曰良賀位爲大長秋清儉退厚陽嘉中詔九卿舉武猛
賀獨無所薦帝引問其故對曰臣生自草茅長於宮掖既
無知人之明又未嘗交加士類昔衛鞅因景監以見有識
知其不終今得臣舉者匪榮伊辱固辭之

又曰曹騰字季興順帝在東宮鄧太后以騰年少謹厚使
侍皇太子書特見親愛及即位騰爲小黃門遷中常侍桓
帝得立騰與長樂太僕州輔等七人以定冊功皆封亭侯
騰遷大長秋用事省闥三十餘年奉事四帝未嘗有過其
所進達皆海內名人
又曰曹節字漢豐南陽新野人也靈帝即位以定冊功封
長安鄉侯時竇太后臨朝后父大將軍武與太傅陳蕃謀
誅中官節等與長樂五官史朱瑀等矯詔誅武蕃等節遷
長樂衛尉後轉大長秋

太平御覽卷第二百三十五

太平御覽卷第二百三十六

職官部三十四

國子祭酒　司業　博士

少府監　将作監

國子祭酒

六典曰國子祭酒司業之職掌邦國儒學訓導政令有六焉一曰國子二曰大學三曰四門四曰律學五曰書學六曰筭學

韋昭辯釋名曰祭酒者謂祭六神以酒醊之也辨云凡會同饗讌必尊長先用　酒以祭先故曰祭酒漢時吴王年長以爲劉氏祭酒是也

徐廣釋祭酒云古主人具饌則賔中長者一人舉酒祭地是則長者爲祭酒也

漢書曰吴王賜號爲劉氏祭酒應劭曰禮飲酒必祭示有先也故稱祭酒飲時唯尊長者以酒沃酹也

又曰張安世薦蘇武明習故事奉使不辱君命宣帝以武壯節老臣令朝朔望號稱祭酒甚優寵之

續漢書百官表曰建武初置五經博士太常差次有聰明威重者一人爲祭酒揔領綱紀

漢書百官表注博士祭酒一人掌國子學每朝服進賢兩梁冠佩水蒼玉

蜀志曰先主既定益州廣漢太守夏纂請秦宓爲師友祭酒

晉書曰袁瓌字山甫爲國子祭酒時屬經喪亂禮教陵遲瓌上䟽求立學徒帝從之國學之興自瓌始也

又曰裴頠爲祭酒奏立太學講堂築門闕刻石寫五經

晉中興書曰杜夷字行齊以儒學稱中宗以夷爲丞相祭酒中興初皇太子凡三至夷舍執經問義

沈約宋書曰博士秦官也掌通古今員多至數十人有僕射光武增爲十五人　蓋一經有數家之學故也皆教弟子光武改僕射曰祭酒祭酒者一位之元長也

齊書曰張緒竟陵王子良領國子祭酒武帝勑王晏曰吾欲令司徒辭祭酒以授張緒物議以爲云何子良竟不拜以緒領國子祭酒

齊職儀曰晉令博士祭酒掌國子學而國子生師事祭酒執經葛巾單衣終身致敬

梁書令曰王丞字安期爲國子祭酒丞祖儉父暕並居此職三代爲國師前代未有當時以爲榮暕音簡

崔鴻十六國春秋前秦録曰建元七年高平蘇通長樂劉祥並以碩學耆儒尤精二禮堅以通爲禮記祭酒居于東庠祥爲儀禮祭酒處于西庠堅每月朔旦率百僚親臨講論

後魏書曰韓子熙累遷國子祭酒子熙儉素安貧常好退靜遷鄴之始百司並給兵力時以祭酒閑豫止給二人或有令其陳謂者子熙曰朝廷不與祭酒兵何關韓子熙事論者稱之

後周書曰盧誕本名恭祖拜給事黄門侍郎魏帝詔曰經師易求人師難得朕諸兒稍長欲命卿爲師於是親幸晉王第勑晉王以下皆拜之於帝前因賜名曰誕又以誕儒宗學府爲當世所推乃拜國子祭酒

隋書曰楊汪字元度拜國子祭酒帝令百寮就學與汪講論天下通儒碩學多萃焉論難鋒起皆不能屈帝令御史

書其問答奏之省而大悅賜良馬一匹
又曰元善遷國子祭酒上嘗親臨釋奠命善講孝經於是敷陳義理兼之以諷諫上大悅曰聞江陽之說更起朕心賚絹百匹衣一襲
唐書曰許後胤嘗侍太宗講後爲睦州刺史因入朝乞骸骨太宗召問曰朕與卿刺史資以自養何謂即求致仕後胤對曰年老筋力不逮望得私第時見闕庭太宗曰卿氣力猶強欲何官也後胤陳謝不敢太宗曰朕昔從卿讀書卿今日從朕求官但言所欲不相違也時國子祭酒缺後胤奏言之因授國子祭酒
風俗通曰孫卿有秀才善爲詩禮易春秋至齊襄王時而孫卿最老師三爲祭酒
齊王融爲王儉讓國子祭酒表曰竊以成均義重振古所崇資師道尊有來攸尚匪由蘭芷疇變入室之情不自朱藍何遷素絲之質

司業

唐書曰韋叔夏遷成均司業久視年特下制曰吉凶禮儀國家所重司禮博士未甚詳明成均司業韋叔夏太子率更令祝欽明等博涉禮經多所該練委以參掌冀弘典式自今司禮所脩儀注並委叔夏等刊定訖然後進奏
又曰歸崇敬上言司業者義在禮記云樂正司業正長也言樂官之長司主此業爾雅云大板謂之業按詩周頌設業設虡崇牙樹羽則業是懸鍾磬之簨虡也今太學既不教樂於義則無所取請改司業一爲左師一爲右師位正四品上

博士

六典曰博士掌教文武官三品已上及國公子孫
應劭漢官儀曰博士秦官也博者通博古今士者辯於然否孝武帝建元五年初置五經博士秩六百石太常差次有聰明威重者一人爲祭酒揔領綱紀
漢舊儀曰武帝初置博士取學通行脩博識多藝曉古文爾雅能屬文章者爲之朝賀位次中都官吏稱先生不得言君其弟子稱門人也
漢書曰賈誼文帝召爲博士時年二十許最爲少每詔令議下諸老生未能言誼盡爲之對人人各如其意所出
又曰韋賢字長孺爲人質朴少欲篤志於學兼通禮尚書以時教授時人號稱鄒魯大儒徵爲博士
又曰公孫弘對策時百餘人太常奏第居下天子擢之對爲第一召入見容皃甚嚴拜爲博士待詔金馬門也

又曰元鼎中徐偃爲博士使行風俗偃矯制使膠東魯國鼓鑄鹽鐵還奏事張湯劾偃矯制法死偃以爲春秋之義大夫出疆有可以安社稷利万人專之可也湯不能詘
東觀漢記曰甄宇拜博士每臈詔賜博士羊人一羊有大小肥瘦時議欲殺羊分肉又欲投鉤宇因取瘦者自是不復爭後召會詔問瘦羊博士所在京師因以爲號
又曰歐陽歙其先和伯從伏生受尚書至于歙七世皆爲博士敦於經學恭儉好禮
後漢書曰光武每朝會輙令桓榮於公卿前說經書帝稱善曰得生幾晚會博士缺帝欲用榮榮叩頭讓曰臣經術淺薄不如同門生郎中彭閎楊州從事皐弘帝曰俞往汝諧因拜榮爲博士
又曰董鈞永平初爲博士時草創五郊祭祀及宗廟禮樂

威儀章服輙令鈞叅議多見從用當世稱通儒
華嶠後漢書曰初欲立左氏傳博士范叔以爲左氏淺末不宜立陳元聞之乃詣闕上疏爭之更相辯對九十餘上帝卒立左氏學也
漢舊儀曰孝文皇帝時博士七十餘人朝服立端章甫冠
魏志曰樂祇字文載少好學黃初中徵拜博士于時太學初立博士十餘人學多偏僻不敢親教備員而已唯文載五業並授
又曰文帝黃初五年太學制五經課試之法置春秋穀梁博士
又曰明帝太和二年詔曰尊儒貴學王教之本也自頃儒官或非其人將何以宣明聖道其高選博士才任中常侍者

吳志詔曰古者建國教學爲先所以道世治性爲時養器也自建興已來時事多故吏民頗以目前趨務去本就末不循古道夫所尚不淳則傷化敗俗其案古置學官立五經博士核取應選加其寵禄科見吏之中及將吏子弟有志好者各令就業一歲課試差其品第加以位賞使見之者樂其榮聞之者羨其譽以敦王化以隆風俗
晉令曰博士皆取履行清淳通明典義若散騎中書侍郎太子中庶子以上乃得召試諸生有法度者及白衣試在高第拜郎中
晉書載記曰姚泓受經於博士淳于岐岐病泓親詣省疾拜于牀下自是公侯見師傅皆拜焉
後魏書曰崔逸字景雋好古博涉爲國子博士每因公事逸常被詔獨進博士特命自逸始也

後周書曰盧辯字景宣爲太學博士以大戴禮未有解詁辯乃注之其兄景裕爲當時碩儒謂辯曰昔侍中注小戴今爾注大戴庶紊前脩矣
隋書曰馬光開皇初高祖徵山東義學之士光與張仲讓孔籠竇士榮張黑奴劉祖仁等俱至並授太學博士時人號爲六儒
又曰馬光爲太學博士嘗因釋奠高祖親幸國子學王公以下畢集光升座講禮啓發章門已而諸儒生以次論難者十餘人皆當時碩學光剖析疑滯雖辭非俊辯而理義弘贍論者莫測其淺深咸共推服上嘉而勞焉
又曰王頍授著作佐郎尋令於國子講授會高祖親臨釋奠國子祭酒元善講孝經頍與相論難詞義鋒起善往往見屈高祖大奇之超授國子博士

又曰何妥授太學博士帝初欲立五后以問儒者辛彥之對曰后與天子匹體齊尊不宜有五妥駁曰帝嚳四妃舜又二妃亦何常數由是封襄城縣伯
又曰房暉遠爲國子博士會上令國子生通一經者並悉薦舉將擢用之既策問訖博士不能時定臧否祭酒元善恠問之暉遠曰江南河北義例不同博士不能遍涉學生皆持其所短稱已所長博士各各自疑所以久而不決也祭酒因令暉遠考定之暉遠覽筆便下初無疑滯或有不服者暉遠問其所傳義疏輙爲始末誦之然後出其所短自是無敢飾非者所試四五百人數日便決諸儒莫不推其通博○魯國先賢傳曰漢文帝時聞申公爲詩最精以爲博士申公爲詩傳號曰魯詩
李郃別傳曰郃上書太后數陳忠言其辭雖不能盡施用

輙有策詔褒賛爲博士著兩梁冠朝會宜隨士大夫例時與經學博士乃在市長下公奏以爲非所以敬儒德明國體也上善公言正月大朝引博士公府長史前。般氏世傳曰般亮建武中徵拜博士遷講學大夫諸儒講論勝者賜席亮重席至八九帝嘉之曰講學不當如是耶

典略曰公儀休者魯博士也爲魯相無所變更百官自正使食禄者不得與下民爭利

論衡曰王莽之時省五經章句博士弟子郭略夜定舊說死於燭下

少府監

六典曰少府監之職掌百工伎巧之政令物中書省左尚右尚職治掌治五署之官屬正其工徒謹其繕作少監爲之貳

漢官辛尹下曰少府言別爲小藏故曰少府

漢書曰少府秦官掌山海地澤之稅以給供養

又曰歐陽地餘字長賓爲少府誡其子曰我死官屬送汝財物慎無受汝九卿儒者子孫以廉絜著可以自成及卒少府官屬送數百万其子不受天子聞而嘉焉賜錢百萬

後漢書曰東平王蒼爲驃騎正月朔朝蒼當入賀故事少府給璧時陰就爲少府貴傲不奉法滿將盡求璧不得蒼掾朱暉遥見少府主簿持璧乃徃紿曰試請觀之既得而馳奉之就復以他璧朝

張璠漢紀曰太常种拂與李傕戰而死子劭徵爲少府鴻臚皆不受曰我父盡忠於朝而爲時所垢父以身殉國爲賊目所害爲臣子不能除賊何面目復覲明主三輔聞之爲之感動

應劭漢官儀曰少府掌山澤陂池之稅名曰禁錢以給私養自別爲藏少者小也故稱少府

魏志曰王觀從少府大將軍曹爽使材官張達斫屋材及諸私用之物觀聞之皆錄奪以沒官少府統三尚方御府內藏玩之寶爽等奢放多有干求憚觀守法乃徙爲太僕

又曰楊阜字義山爲少府卿然以天下爲己任

吳志曰先主遣少府徐詳至魏魏太祖謂詳曰孤比者若越横江之津與孫將軍遊姑蘇之臺獵長洲之苑吾志足矣詳對曰大王欲奉至尊以合諸侯若越横江而遊姑蘇是踵三秦而蹈夫差恐天下事去矣太祖曰徐生得無遂詐耶

咸榮緒晉書曰陳昕字國鎮過江爲少府卿時大旱經久大興四年四月始雨有司奏應報賽宗廟山川中宗詔曰祈廟云報賽非奉尊上辭也吾意有疑昕以爲舊山川有祈報故雨應賽非大事不應告廟子無要君親之道讀奈稱賽於義有違從之

唐書官品志曰少府卿位視尚書左丞置材官將軍左中尚方甄官平水中署南塘邸稅庫東西冶中黃細作炭庫紙官染署等令丞

將作監

六典曰將作大匠之職掌供邦國修建土木工匠之政總四署三監百工之官屬以供其職事少匠貳焉

漢書曰將作少府秦官掌治宮室

范曄後漢書曰魏霸徵拜將作大匠明年和帝崩典作順陵時盛冬地凍中使督促數罰掾吏以厲霸霸撫循而已初不切責而反勞之曰今諸卿被辱大匠過也吏皆懷恩

力作功倍
續漢書曰曹褒字叔通遷將作大匠時有疾疫巡行病徒
自省醫藥麋粥死者減少
又百官志曰將作秩二千石掌作宗廟路寢宮室丞一人
六百石左右校令左右工徒掌木工之功并樹桐梓之類
列于道側
又曰李固字子堅遷大匠常推賢士孔融以將作大匠遷
少府也
華嶠後漢書曰應順字仲華爲將作大匠發擿衆姦皆極
其刑豪猾之吏累迹視事五年省費以億万
應劭漢官儀曰世祖中興以謁者領其官章帝建初元年
乃置眞位次河南尹永元七年大匠應愼上言百郡計吏
觀國之光而舍逆旅崎嶇私館貢篚之物朽濕曝露昔晉

霸之盟主耳舍諸侯於隸人鄭子產以爲大譏況今四海
之大而可無乎和帝嘉納之
魏志曰楊阜字義山爲將作大匠明帝時初治宮室發美
女充後庭阜上疏欲省宮人諸不見幸者乃召御府吏問
後宮人數吏守舊令對曰禁密不得宣露阜怒杖吏一百
數之曰國家不與九卿爲密反與小吏爲密乎帝聞之而
愈敬憚○晉書曰將作大匠陳勰掘地得古文尚書奏今
文長於古文宜以古爲正潘岳以爲習用已久不宜復改
唐書官品志曰大匠卿位視太僕掌土木之工統左右校
諸署
汝南先賢傳曰應仲華遷大匠除藻飾之無用割有損之
浮費凡所省息七億餘萬
太平御覽卷第二百三十六

太平御覽卷第二百三十七

職官部三十五

摠敘將軍　　左右衛將軍（諸衛將軍附）

左右金吾衛將軍　　諸衛上將軍

摠敘將軍

石氏中官占曰河鼓星主軍鼓一曰三星主天子三將軍中央大星爲大將軍左星爲左將軍右星爲右將軍所以備關梁而距難也

周禮夏官上大司馬曰凡制軍万有二千五百人（一鄉之民也凡起徒役家一人也）王六軍（六鄉之數也鄉始文教軍定武功其道皆兼三才而兩之故數俱六也）大國三軍（公侯之封也成國不過半天子之一軍）次國二軍（諸伯之封）小國一軍（子男之封）軍將皆命卿（位視六事之人司於六卿之大夫春秋之時列國有正卿爲將軍又以亞卿一人爲佐備執政者貪其權遂以陵遲皆非周公之舊也）

左傳襄二年曰晉蒐于綿上以治兵使士匄將中軍辭曰伯游長昔臣習於知氏以佐之非能賢也請從伯游使荀偃將中軍士匄佐之使韓起將上軍辭以趙武

孝經左契曰將軍順虎衛珠大夫正海出魚

史記曰齊景公召穰苴與語大悅以爲將軍將兵扞燕

又曰孝文後六年匈奴入上郡周亞夫爲將軍居霸上祝茲侯（徐廣曰表作松茲姓徐名悍也）軍棘門以備胡

漢書曰楚王召宋義計事而悅之因以爲將軍

范曄後漢書曰靈帝時望氣者以爲京師當有大兵兩宮流血大將軍司馬許源說何進曰太公六韜有天子親於兵事可以威壓四方詔進大發兵講武於平觀下起大壇上建十二重五綵華蓋高十丈壇東北有小壇復九重華蓋高九丈引步兵騎士數万人結營爲陣天子親出臨軍

住大華蓋下進住小華蓋下禮畢帝躬擐甲上馬稱無上將軍行陣三匝而還

魏志云太祖令曰司馬法將軍死綏（魏書曰綏卻也有前一尺無卻一寸也）

尸子曰十万之軍無將軍必亂

左右衛將軍（諸衛將軍附）

六典曰左右衛將軍之職掌統領宮庭警衛之法令以督其屬之隊仗而總諸曹之職務焉其左右驍衛左右武衛左右威衛左右領軍衛將軍所掌之職皆如之

晉書曰羊琇爲晉臺左衛將軍

又曰吳隱之遷左衛將軍雖居清顯祿賜皆班親族冬月無被嘗澣衣乃披絮勤苦同於貧庶

何法盛晉中興書曰南頓王宗字延祖拜左衛將軍爲肅祖所昵委以禁旅

又曰王坦之字文度領左衛少有風格尚刑名之學嘗著廢莊論

又曰虞譚陳略曹毗毛安之並爲左衛將軍

沈約宋書曰左右衛將軍晉文建國所置

隋書曰薛世雄性廉謹凡所行軍破敵之處秋毫無犯帝由是嘉之帝嘗從容謂群臣曰我欲舉好人未知諸君識否群臣咸曰臣等何能測聖心帝曰我欲舉者薛世雄群臣皆稱善帝復曰世雄廉正節槩有古人之風於是超拜右翊衛將軍（煬帝改左右衛爲之）

唐書曰元和中以前靈鹽等節度使王佖爲右衛將軍佖在鎮無智略以馭下居常猜忌及多殺人以懼之衆益不附乃召至踰月而授以衛將軍凡將相出入皆翰林草制謂之白麻佖始以青麻中書草制

隋書曰來護兒煬帝即位遷右驍衛大將軍帝甚親重之大業六年從駕江都賜物千段令上先人塚宴父老州里榮之

魏志曰許褚從太祖戰大破馬超等乃遷武衛中郎將武衛之號自此始也文帝踐祚遷武衛將軍

又曰曹爽自散騎常侍轉武衛將軍爽秉政又以弟訓爲武衛將軍

王勣別傳曰勣子應字安期官至武衛將軍

隋書曰獨孤盛爲左屯衛將軍宇文化及之作亂也裴虔通引兵至成象殿宿衛者皆釋仗而走盛謂虔通曰何物兵形勢太異也虔通曰事勢已然不預將軍事愼無動盛大罵曰老賊是何物語不及被甲與左右十餘人逆拒之爲亂兵所殺

唐書曰咸通中以伶官李可及爲威衛將軍曹確執奏曰臣覽貞觀故事太宗初定官品令文武官共六百四十三員顧謂房玄齡曰朕設此官員以待賢士工商雜色之流假令術踰儕類止可厚給財物必不可超授官秩與朝賢君子比肩而立同坐而食大和中文宗欲以樂官尉遲璋爲王府率拾遺竇詢直極諫乃改授光州長史伏乞以兩朝故事別授可及之官帝不之聽

又曰高祖以李粲爲左監門大將軍禮高年也初高祖問粲年幾對曰八十高祖曰公清幹之譽聞於隋日今年齒雖邁筋力未衰但監門之職非公莫可意欲相委如何粲以年老辭讓高祖曰藉公處分耳豈欲煩公筋力耶於是詔粲自非殿庭皆乘蜀馬論者榮之

又曰王及善除右千牛衛將軍高宗謂曰朕以卿忠敬故與卿三品要職他人非搜辟不得至朕所卿佩大横刀在朕側知此官貴否

又曰李聽元和中爲羽林將軍有名馬穆宗在東宮令近侍諷聽獻之聽以職惣親軍不敢從及即位之始幽與不廷太原與二鎭接境方議易帥宰臣進擬上皆不允謂宰臣曰李聽爲羽林將軍不與朕馬是必可任

五代史云周廣順二年十二月詔改左右威衛復爲左右屯衛避太祖諱也

左右金吾衛將軍

六典曰左右金吾衛大將軍之職掌宮中及京城晝夜巡警之法以執禦非違

百官表云秦有中尉掌徼循京師如淳曰所謂遊徼徼循禁備盜賊也顏師古曰徼謂遮繞之也音工釣反漢武帝太初元年更名執金吾應劭曰吾者禦也常執金革以禦非常也顏師古曰金吾鳥名也主辟不祥天子出職主先導以備非常故執此鳥之象因以名官也緹騎二百人輿服導從車騎蒲路群僚之中斯最壯矣舊掌京師盜賊考按疑事漢郅都甯成王溫舒減宣等皆截理横噬虎而冠者也止切理辨亦旋誅黜又置執金吾丞後漢掌宮外戒司非常水火之事衛尉巡行宮中金吾徼循宮外爲表裏以擒姦討猾日三繞行宮外及主兵器自中興但專徼循不與他政又有執金吾吏文學執金吾佐執金吾員吏魏武秉政復爲中尉晉初罷直至後周置武環率武候率下大夫各二人隋置左右武候府大將軍一人將軍二人掌車駕出入先驅後殿晝夜巡察執捕姦非烽候道路水草所宜巡狩田師則掌其營禁煬帝大業三年改爲左右武候衛所領軍事名佽飛漢官表曰漢有左弋令武帝太初元年更名佽飛掌弋射屬少府光武省之隋氏採舊名唐初又爲左右武候府貞觀十年十二月馬周奏京城諸街置鼓罷傳呼

龍朔二年改爲左右金吾衛置大將軍一人所掌與隋同將軍二人副其事（領官屬並隋置大唐因之）

後漢書曰初光武適新野聞陰后美心悅之後至長安見執金吾車騎甚盛因歎曰仕官當作執金吾娶妻當得陰麗華

漢官𡙛尹下曰吾禦世常執金革以禦非常緹騎二百人輿馬導從充滿於路世祖微時歎曰仕官當作執金吾是也

漢書百官公卿表曰秦名曰中尉掌徼循京師有兩丞候司馬兵千人武帝太初元年更名執金吾

又曰毋將隆爲執金吾時侍中董賢方貴上使中黃門發武庫兵前後十輩送賢及上乳母王阿金隆奏武庫兵器天下公用國家武備繕治造作皆度大司農錢（蘇林曰用度皆出大司農）大司農錢自非乘輿不以給供養勞賜一出少府蓋不以本藏給末用不以民力供浮費別公私示正路也

又曰郅都爲中尉丞相條侯至貴倨也而都揖丞相是時民樸畏罪自重而都獨先嚴酷行法不避貴戚列侯宗室見都側目而視號曰蒼鷹也

東觀漢記曰馬防字孝孫拜執金吾性矜嚴公正上事處議多見用

續漢書曰陰識拜執金吾位特進入則極言正諫至與賓客語不及國事常慕仲山甫匪躬之節所用掾史皆得天下俊哲（虞預謂傳賢等是也）

又曰朱浮字叔元爲執金吾帝以二千石長吏不堪任時有纖微之過者必見斥罷交易紛擾百姓不寧六年有日蝕之異浮因上疏切諫自是州郡奏長吏二千石不任位

者事皆先下三公遣掾史案然後黜退

又曰秋中二千石掌外司非常水火之事旦三繞行宮外及主兵器丞一人比千石

華嶠後漢書曰賈復爲執金吾更始鄧王尹尊及諸將反上召諸將議以檄叩地曰鄧最強宛次之復率尓對曰臣請擊鄧上笑曰執金吾擊鄧吾復何憂耶

又曰耿秉爲人威重有謀略拜執金吾每行幸秉恒領宿衛

謝承後漢書曰梁冀執金吾歲朝託疾不朝司隸楊雄治之詔以二月俸贖罪

漢雜事曰辛慶忌明略威重任國柱石爲執金吾

魏書曰臧霸與曹休討吳破賊呂範於洞浦徵爲執金吾每有軍事帝咨訪焉

又曰崔琰遷中尉琰聲姿高暢眉目疎朗鬚長四尺七寸有威重朝士瞻望太祖亦嚴憚焉

又曰徐弈太祖以爲中尉手令曰昔楚有子玉文公爲之側席汲黯在朝淮南爲之折謀詩稱邦之司直君之謂也

唐書曰高祖以徐世勣爲右武候大將軍（隋大業三年及唐初並爲左右武候至龍朔二年復爲左右金吾）詔曰念功褒善哲王彝訓紀德親賢有國通典黎州惣管曹國公世勣本自黎陽擁徒歸順任以藩岳誠効克彰節義不渝夷險無變信同金石操擬松筠宜加寵命用超恒序可賜姓李氏

又曰趙道興貞觀初歷遷左武候中郎將明閑宿衛號爲稱職太宗嘗謂之曰卿父爲隋武候將軍甚有當官之譽卿今克傳弓冶可謂不墜家聲因授右武候將軍其父時廨宇仍舊不改時人以爲榮

又曰裴諝爲右金吾將軍建中初上以刑名理天下百吏震悚時十月禁屠殺以甫近山陵禁益嚴尚父汾陽王郭子儀隷人殺羊以門者覺之諝列奏狀上以爲不畏強禦累遣宣喻或謂諝曰郭公有社稷功豈不爲盖之諝笑曰非爾所解且郭公威儀權大盛上新即位必謂黨附者衆今發其細過以明不弄權耳吾上以盡事君之道下以安大臣不亦可乎

又曰臧希讓爲金吾大將軍骯髒好談時政屢以理體上干公御詔令集賢院待制希讓無學術及處近地從容公御間強引文言以自賢而所聞知多道途得之發必差謬頗爲士子所笑

諸衛上將軍

唐通典曰魏黃初中始有上大將軍以曹真爲之吳亦以

陸遜爲上大將軍後周建德四年增置上大將軍隋並以爲武散官不理事上大將軍從二品

又曰唐武德初秦王既平王世充及竇建德高祖以秦王功殊古今自昔位號不足以爲稱乃特置天策上將軍以拜焉位在王公上

又曰貞元二年九月詔曰六軍先已各置統軍一人今十六衛宜各置上將軍一人秩從其品緐是上將軍之官始列於品位

太平御覽卷第二百三十七

太平御覽卷第二百三十八

職官部三十六

大將軍(附寮屬)　車騎將軍　驃騎將軍
驍騎將軍　衛將軍　前將軍
後將軍　左將軍　右將軍

大將軍

史記曰武帝伐匈奴以衛青爲大將軍位在諸公上公卿皆拜唯汲黯獨揖有言大將軍尊貴不宜爾黯曰大將軍有揖客獨不貴耶青聞之愈重黯

漢書曰武帝以霍光爲大將軍輔昭帝田千秋爲丞相及昭帝初即位未任聽政事一決大將軍光千秋居相位謹厚有重名光謂千秋曰始與君侯俱受先帝遺詔今光治內君侯治外宜有以教督使光無負天下千秋曰唯將軍留意即天下幸甚終不有所言

後漢書曰竇憲爲大將軍威震天下復出屯武威會帝西祠園陵詔憲與車駕會長安及憲至尚書以下議欲拜之伏稱萬歲韓稜正色曰夫上交不諂下交不黷禮無爲人臣稱萬歲之制議者皆慙而止

又曰詔鄧騭班師朝廷以太后故遣五官中郎將迎拜騭爲大將軍到河南使大鴻臚親迎中常侍齎牛酒郊勞王主以下候望於道既至大會群臣賜束帛焉

應劭漢官儀曰和帝以竇憲爲大將軍乃冠三公

又曰梁冀爲大將軍以三世姻嬪援立之功公卿希旨上比周霍舉高第茂才官屬皆倍餘府

魏志曰文帝以孫權爲大將軍吳王加九錫

又曰太傅司馬宣王奏免曹爽皇太后詔召高文惠假節行大將軍事據爽營太傅謂之曰君爲周勃矣

後魏書曰莫題有謀策爲大將軍平慕容驎賜爵東宛侯後太祖欲廣宮宇規度平城四方數十里將摸鄴洛長安之制運材數百萬以題機巧令監定焉

陳思王輔臣論曰知慮深奧淵然難測恭以奉上愛以接下納言左右爲帝喉舌曹大將軍也

大將軍(寮屬附)

魏志曰王謙爲大將軍何進長史進以謙名公之胄欲與爲婚見其二子使擇焉弗許以疾免

臧榮緒晉書曰魯芝字世英耽思墳籍研精稽古自三代之典聖人之微言皆該覽焉大將軍曹爽輔政高選賢明以爲官屬延芝爲司馬

續漢書曰李固字子堅拜議郎爲洛陽令大將軍梁冀請爲從事中郎

晉書曰鄭沖字文和以儒雅爲業簞食瓢飲布衾縕袍不以爲憂大將軍曹爽以爲從事中郎

又曰李喜景帝輔政命喜爲大將軍從事中郎喜到引見謂喜曰昔先公辟君而不應今孤命君而至何也對曰先公以禮見待喜得以禮進退明公以法見繩喜畏法而至帝甚重之

何法盛晉中興書曰郭舒大將軍王敦以爲從事中郎會郭討劉隗切諫敦大怒曰人中間言御癡故炙御眉頭今疾復發耶勿復語也舒曰明公聽舒一言舒聞古之狂也直周昌汲黯朱雲皆不癡也昔堯立誹謗之木舜懸敢諫之鼓公爲勝堯舜耶而乃折舒使不得言歟然也

竹林七賢傳曰阮籍字嗣宗爲太傅司馬宣王參軍遷景

王大將軍從事中郎

通典曰從事中郎漢末官也陳陽爲大將軍王鳳從事中郎是也在主簿上所掌與長史同

華嶠後漢書曰崔駰字亭伯辟大將軍竇憲府掾憲新輔政貴重掾三十人皆故刺史二千石唯駰以處士年少擢在其間憲擅權驕恣駰數諫之出爲長岑長不得意不之官而歸

華嶠後漢書曰馬融字季長爲大將軍鄧騭舍人

晉陽秋曰義興周延爲左率轉尚書遷大將軍諮議參軍

車騎將軍

漢書曰元光元年以中尉程不識爲車騎將軍屯鴈門

應劭漢官儀曰帝以元舅馬防爲車騎將軍銀印青綬

吳志曰孫壹奔魏以壹爲車騎將軍儀同三司封吳侯以故王芳貴人邢氏妻之邢美色妬忌下不堪命遂共殺壹及邢氏

蜀志曰鄧芝字伯苗義陽新野人益州從事張裕相芝往從芝謂芝曰君年過七十位至大將軍封侯爲車騎將軍賞罰明善卹卒伍身之衣食資仰於官不苟素儉然終不治私產妻子不免飢寒死之日家無餘財

後魏書曰王衍字文舒出爲散騎常侍征東將軍西兖州刺史衍莅治未幾屬尒朱仲遠稱兵內向州既路衝爲其攻逼衍不能守爲仲遠所擒以其名望不害也令騎牛從軍久乃見釋還洛除車騎將軍

隋書曰長孫覽周武帝在藩與覽親善及即位彌加禮焉超拜車騎大將軍每公卿上奏必令省讀覽有口辯聲氣雄壯凡所宣傳百寮屬目帝每嘉歎之覽初名善帝謂之曰朕以万機委卿先覽遂賜名焉

驃騎將軍

漢書曰武帝以霍去病爲嫖姚校尉征匈奴累有功寵冠群臣置驃騎將軍秩與大將軍同

又曰明帝即位以東平王蒼爲驃騎輔政開東閣延英雄及蒼歸國有驃騎時吏丁牧周相以蒼敬賢下士不忍去之遂爲王家大夫數十年事祖及孫帝聞襃美

又曰驃騎將軍漢官也長史司馬各一人金璋紫綬五時朝服武冠佩山玄玉光武中興諸將皆稱大後天下既定武官悉省

東觀漢記明帝詔曰東平王蒼寬博有謀可以託六尺之孤臨大節而不可奪其以蒼爲驃騎將軍

又曰張意拜驃騎將軍討東甌備水戰之具一戰大破所向無前

又曰其將軍不常置比公者又有驃騎將軍建武二十年復置驃騎將軍位次公有長史一人

後漢書曰劉隆爲驃騎將軍行大司馬事隆奉法自守視事八歲上將軍印綬罷賜養牛上樽酒十斛

應劭漢官儀曰漢興置驃騎將軍位次丞相

隋書曰崔彭轉驃騎將軍恒典宿衛性謹密在省闥二十餘年每當上在仗危坐終日未嘗有怠惰之容上甚嘉之上每謂彭曰卿當上日我寢處自安又嘗曰卿弓馬固以絕人頗知學不彭曰臣少愛周禮尚書每於休沐之暇不敢廢也上曰試爲我言之彭因說君臣戒慎之義上稱善

韋昭辯釋名曰驃騎將軍騎將軍秩比三公辯云此二將軍秩本二千石

世説曰何驃騎弟第五以高情遯避而驃騎令仕對曰然
第五之稱何必減之驃騎
陳思王輔臣論曰魁傑雄特秉心平直威嚴足憚風行草
靡戎昭果毅折衝厭難若司馬驃騎
梁簡文帝讓驃騎揚州刺史表曰常願侯服就列希同特
進之班角巾還第不競龍驤之貴而天澤無涯名器惣集
竊以驃騎之官既爲上將神州之重實號土中故以彈壓
六戎冠冕九牧豈止司隷絳節金吾緹騎況復任惣皇畿
位重連率向則驃騎之號歷選爲重元狩之中始自去病
永平之建特授劉蒼齊獻爲公主所申吳漢因群臣之舉

驍騎將軍

漢書曰李廣爲驍騎將軍後出鴈門擊匈奴匈奴生得廣
廣時傷陽死睨傍胡兒善馬漸騰而上南馳得脫廣亡失

多當斬贖爲庶人
東觀漢記曰光武以劉桓爲驍騎將軍攻中山
又曰建武九年以劉喜爲驍騎將軍攻涿郡
華嶠後漢書曰馬成字君遷拜驍騎將軍北屯常山積數
年上以其勤勞徵歸京師邊民多上書請之上復以成鎮
撫之
魏志曰任城威王彰字子文性勇而鬚黃爲驍騎將軍北
出塞爲寇所要彰獨與麾下數百騎突虜王聞之曰我黃
鬚兒定可用也
又曰董卓立獻帝表太祖爲驍騎將軍與計事太祖乃變
姓名間行東歸
齊書曰江斆爲侍中轉都官尚書領驍騎將軍王晏啓武
帝曰江斆今重登禮閣兼寄六軍慾潯所覃實有優忝但
語其事任殆同閑輩夫旨既欲升其名位愚謂以侍中領
驍騎望實清顯有殊納言上曰斆常啓吾爲其鼻中惡今
既以何胤王瑩還門下故有此迴換耳

衛將軍

漢書曰文帝至渭橋群臣奉天子法駕迎代邸皇帝即日
夕入未央宮夜拜宋昌爲衛將軍領南北軍
又曰文帝三年遣灌嬰擊匈奴發中尉材官兵屬衛將軍
軍長安
晉書曰虞潛字思奧爲衛將軍貌如不武內實堅明

前將軍

漢書曰前後左右將軍皆周末官秦因之位亞上卿金印
紫綬
又曰武帝征西夷有前後左右將軍宣元以後雜錯更置

或爲前或爲後或爲左或爲右雖不出征猶有其官在諸
卿上爲國爪牙所以揚示威靈於四遠折衝萬人如虎如
羆
又曰左右前後將軍皆周官也秦漢因置以征四夷後雖
不征伐其官常存
又曰傅喜爲右將軍傅太后與政喜數諫后不悅上印綬
病在家上疏固請乃拜前將軍
又曰張遼字文遠鴈門馬邑人也聶壹之後以避寃變姓
少爲郡吏武力過人文帝即位轉前將軍又黃初二年遼
至洛陽宮文帝引遼會建始殿親問破吳意狀帝歎息顧
左右曰此亦古之邵虎也
蜀志曰先主爲漢中王遣費詩拜關羽爲前將軍羽聞黃
忠爲後將軍怒曰大丈夫終不與老兵同列不肯拜受詩謂

羽曰夫立王業者所用非一昔蕭曹與高祖少小親舊而陳韓亡命後至論在班列韓最居上未聞蕭曹以爲怨也今漢中王以一時之功隆崇於漢叔然意之輕重寧當與君侯齊乎王與君譬猶一體同休等戚禍福共之愚謂君侯不宜計官號之高下爵位之多少也僕一介之使銜命之臣君侯不受拜如是便還但相謂惜此舉動恐有後悔耳羽大感悟即受拜漢叔黄忠字也

後魏書曰谷楷昌黎人濮陽公渾曾孫也稱有幹局遷前軍將軍楷眇一目而性甚嚴忍時人號爲瞎虎

後將軍

漢書曰趙充國爲後將軍西羌反上使御史大夫邴吉問誰可將者充國時年已七十餘對曰無踰於老臣者矣遣問焉曰將軍度羌虜何如當用幾人充國曰百聞不如一見兵難踰度踰遠也臣願馳至金城圖上方略然羌戎小夷逆天背叛滅亡不久願陛下以屬老臣勿以爲憂

東觀漢記曰郅形字瑋君信都人也爲曲陽卒正更始即位上以大司馬平河北至曲陽形舉城降爲後大將軍

魏志曰曹洪爲文帝所廢明帝即位拜後將軍

蜀志曰黄忠字漢叔先主爲漢中王欲用忠爲後將軍諸葛亮說先主曰忠之名望素非關馬之倫而今使令同列馬張在近親見其功尚可諭指關羽遥聞之恐必不悅得無不可乎先主曰吾當解之遂與羽等同位賜爵關内侯

晉中興書曰應詹字思遠太興三年爲後軍將軍

晉起居注曰太始八年置後軍將軍掌宿衛

左將軍

漢書曰公孫賀封南窌侯窌音劳孝反以左將軍出定襄無功失侯

又曰辛慶忌字子真爲左將軍爲國虎臣匈奴西城親附敬其威信

東觀漢記曰賈復字君文治尚書事舞陰李生李生奇之謂門人曰賈生容貌志意如是而勤於學此將相之器徵詣洛陽拜左將軍南擊赤眉新城轉西入關擊盆子於澠池破之

魏志曰文帝即位以李郃爲左將軍詔郃與曹真討安定盧水胡及東羌

晉書百官名臣曰王濟字武子起家中書郎遷左軍將軍

山濤啓事曰左將軍裴楷通理有才義

右將軍

漢書曰常惠以明習外國事勤勞數有功爲右將軍

又曰何武薦辛慶忌宜在爪牙乃拜爲右將軍

魏志曰徐晃字公明爲右將軍性儉約畏慎爲將常遠斥候歎曰古人患不遭明君今我遇之當以功自効

蜀志曰諸葛亮上疏曰臣以弱才叨竊非據親秉旄鉞以厲三軍不能訓章明法臨事而懼至有街亭違命之闕令箕谷不戒之失咎皆在臣授任無方臣明不知人恤事多闇春秋責帥臣職是當請自貶三等以督厥咎於是以亮爲右將軍行丞相事所總統如前

何法盛晉中興書曰郭默爲右軍將軍默既遠人樂爲邊將不願内轉謂劉胤曰我能衛胡而不用更用虛名者且石軍主禁兵禁兵不妄出有急方更配給兵將無素是謂棄之安得不亂

又曰王羲之字逸少導之從子也幼訥於言人未之知年

十三嘗見周顗累之時重牛心炙座客未啖先割啖之羲之於是聞名及長尤善草隸書爲今古冠絶累遷爲右將軍不樂京師遂徃會稽與謝安孫綽等遊處山陰有道士養群鵝羲之意甚悅道士云爲寫黄庭經當舉群相贈乃爲寫訖籠鵝而去

太平御覽卷第二百三十八

職官部三十七

四征將軍

征東將軍　征西將軍　征南將軍

征北將軍

四鎮將軍

鎮東將軍　鎮西將軍　鎮南將軍

鎮北將軍

四安將軍

安東將軍　安西將軍　安南將軍

安北將軍

四平將軍

平東將軍　平西將軍　平南將軍

平北將軍

雜號將軍上

鎮軍將軍　撫軍將軍　征虜將軍

冠軍將軍　輔國將軍　領軍將軍

護軍將軍　中軍將軍　游擊將軍

積射將軍　積弩將軍　強弩將軍

殿中將軍　員外將軍　直閤將軍

征東將軍

魏志曰張遼字文遠爲征東將軍征孫權被甲戰先陷陣衝壘入至權麾下

又曰滿寵字伯寧爲征東將軍詔曰君典兵在外專心憂公賜田十頃穀五百斛錢二十萬以明清忠儉約之節

晉書王渾平吳轉征東大將軍復鎮壽陽渾不尚刑名處斷明允時吳人新附頗懷畏懼渾撫循羇旅虛懷綏納座無空席門不停賓於是江東之士莫不悅附

征西將軍

東觀漢記曰馮異爲征西將軍入關征赤眉

又曰耿秉爲征西將軍領撫單于及甍南單于舉國發喪剺面流血

魏志曰夏侯淵字妙才爲征西將軍守漢中

後魏書曰陸眞代人也少善騎射數從征伐所在摧鋒陷陣前後以功爲征西將軍

征南將軍

魏志曰夏侯尚字伯仁淵從子也文帝與之親友太祖定冀州尚爲軍司馬常從征討遷征南將軍

又曰曹仁爲征南將軍隨陵侯彰北征烏丸文帝在東宮爲書戒彰曰爲將奉法不當如征南耶

晉書曰羊祜爲征南將軍寢疾求入朝既至洛陽會景獻梓宮在殯哀慟至篤中詔申諭扶疾引見命乘輦入殿無下拜甚見優禮

後魏書曰司馬景之字洪略晉汝南王亮之後太宗時歸封蒼梧公加征南大將軍

征北將軍

魏志曰杜恕爲幽州刺史時征北將軍程喜屯薊尚書袁偘等戒恕曰程申伯今俱杖節共屯一城宜深有以禮之

沈約宋書曰衡陽王義季爲征北將軍徐州刺史

鎮東將軍

魏志曰臧霸字宣高太山華陰人也亡命東海以壯勇聞太祖募索得霸見而悅之以爲琅琊相文帝即位遷鎮東

將軍

鎭西將軍

魏志曰曹真字子丹文帝即位以真爲鎭西將軍

蜀志曰馬超父騰靈帝末與邊章韓遂等俱起居事於西州初平三年遂騰率衆詣長安漢朝以遂爲鎭西將軍遣還金城騰爲征西將軍屯郿

鎭南將軍

蜀志曰黃權字公衡伐吳敗於白帝既附魏文帝曰君捨逆順欲追蹤陳韓耶權曰臣降吳不可歸蜀無路是以歸命敗軍之將免死爲幸何古人之可慕帝善之拜鎭南將軍

吳志曰呂岱既定交州進討九真斬獲萬數又遣從事南宣國化及徼外扶南林邑堂明諸王各遣使奉貢權嘉其

功進拜鎭南將軍

晉書曰杜預爲鎭南將軍繕兵甲曜威武乃簡精銳襲吳西陵督張政大破之以功增封三百六十五户政吳之名將也據要害之地耻以無備取敗不以所喪之實告于孫皓預欲間吳邊將乃表還所獲之衆於皓皓果召政遣武昌監劉憲代之故大軍臨至使其將帥移易以成傾蕩之勢預處分既定乃啓請伐吳之期

後魏書曰唐和詣闕世祖優之待以上客高宗以和歸誠先朝拜鎭南將軍

鎭北將軍

魏氏春秋曰許允字士宗爲鎭北將軍都督河北諸軍事

蜀志魏延字文長先主大會群臣問延曰今委卿以重任卿居之欲云何延對曰若曹操舉天下而來請爲大王距之偏將十萬之衆至請爲大王吞之先主稱善衆咸壯其言先主踐尊號進拜鎭北將軍

晉書曰何曾爲鎭北將軍文帝使武帝齊王攸送之帝又過其子曾先勑劭曰客必過汝汝當預嚴劭不冠帶停帝良久曾深以爲讁劭曾見崇重如此

安東將軍

王隱晉書曰武帝伐吳以王渾爲安東將軍

晉公卿禮秩曰世祖以扶風王駿爲安東大將軍

安西將軍

魏志曰曹仁字子孝太祖從弟也少好弓馬弋獵俊豪並起仁亦陰結少年周遊淮泗之間遂從太祖爲別部司馬太祖討馬超以仁行安西將軍

安南將軍

謝承後漢書曰光武以岑彭爲安南將軍

安北將軍

沈約宋書曰劉秀之東莞莒人少孤貧有志操爲安北將軍雍州刺史上車馬幸新亭視秀之發引

平東將軍

王隱晉書曰武帝伐吳以王濬爲平東將軍

平西將軍

蜀志曰馬超聞先主圍劉璋於成都密書請降先主遣人迎超超將兵徑到城下城中震怖璋即稽首以超爲平西將軍

沈約宋書曰臨川王義慶爲平西將軍

平南將軍

王隱晉書曰武帝伐吳以胡奮爲平南將軍

平北將軍

魏志曰太祖征冀州張燕求佐軍拜平北將軍

雜號將軍上

鎮軍將軍

魏志曰黄初七年魏文以陳群爲鎮軍大將軍録尚書事受顧命

又曰甘露元年以石苞爲鎮軍將軍

沈約宋書曰齊王攸爲鎮軍驃騎上後復舊

撫軍將軍

魏志曰黄初四年以司馬宣王爲撫軍大將軍輔政

又曰齊王嘉平三年以司馬景王爲撫軍大將軍輔政

語林曰簡文爲撫軍時坐牀上生塵不聽左右拂去見鼠行跡視以爲嘉有參軍見鼠以手板格煞之撫軍謂曰無乃不可乎

征虜將軍

東觀漢記曰祭遵爲征虜將軍廉絜奉公光武歎曰安得憂國奉公如祭征虜者乎

魏志曰太祖以臨淄侯植爲征虜將軍遣救曹仁呼有所勑而植醉於是罷之

又曰南陽周太好立功善用兵以爲征虜將軍

沈約宋書曰征虜將軍世號金紫將軍

冠軍將軍

史記曰楚義帝以宋義卿子冠軍

漢書曰武帝以霍去病征匈奴功冠三軍封冠軍侯

魏志曰正始中以文欽爲冠軍將軍楊州剌史

晉起居注曰武帝泰始七年詔曰議郎胡奮昔開爽忠亮有文武才幹歷位外內涉練戎事威略之聲著于方外其以奮爲冠軍將軍

齊書曰劉悛嘗從駕登蔣山上數歎曰貧賤之交不可忘糟糠之妻不下堂顧謂悛曰此況卿也世言富貴好改其素情吾雖有四海今日與卿盡布衣之適悛起拜謝遷冠軍將軍

晉書載記曰符堅冠晉以姚萇爲龍驤將軍督益梁州諸軍事謂萇曰朕本以龍驤建業龍驤之號未曾假人今特以相授山南之事一以委卿堅左將軍竇衝進曰王者無戲言此將不祥之徵也惟陛下察之堅默然。車頻秦書曰符堅與符健西入關堅時年十二未有軍號健夢有天神遣使者朱衣武冠拜堅爲龍驤將軍後加此官以應神夢

羊祜別傳曰先時呉童謡云阿童復阿童銜刀浮渡江不畏岸上虎但畏水中龍祜聞之曰此必水軍有功即表王濬爲龍驤將軍謀伐呉

輔國將軍

晉書王導爲輔國將軍導上牋曰昔魏武達政之主也荀文若功臣之最也封不過亭侯倉舒愛子之寵贈不過別部司馬以此格萬物得不局跡乎今者臨郡不問賢愚豪賤皆加重號輒有鼓蓋時有不得者或爲恥辱天官混雜朝望頹毀導忝荷重任不能崇浚山海而開剏亂源虧食竊名位取紊彛典謹送鼓蓋加崇之物請從導始庶令雅俗區別群望無惑

王隱晉書曰王濬爲輔國將軍

又曰羊琇以輔國將軍開府儀同

領軍將軍

魏志曰文帝即位拜曹休爲領軍將軍

晉書曰紀瞻轉領軍將軍當時服其嚴毅雖恒疾病六軍敬憚之瞻以久病請去官不聽復加散騎常侍及王敦之逆帝使謂瞻曰卿雖病但爲朕卧護六軍所益多矣

晉陽秋曰韓康伯年四十九拜領軍將軍疾病占候者云不宜此官固請從之

何法盛晉中興書曰陶回拜領軍將軍加散騎常侍性方鯁不畏强禦丹陽尹桓景頗以佞事司徒王導導甚昵之回常慷慨謂景非正人不宜親狎會熒惑守南斗經旬王公語回曰南斗楊州分而熒惑守之吾當遜位以厭此謫回答曰公以明德作鎮輔弼聖主當親忠貞遠邪佞與桓景造膝熒惑何由退舍導深愧之

梁書曰胡曾祐拜領軍將軍厚自封植以所加鼓吹恒置齋中對之自娱人曰此是羽儀公名望隆重不宜若此荅曰我性愛之恒須見耳或出遊亦以自隨人士笑之

唐書曰貞元十一年以前太子賓客李愿爲左領軍大將軍李凴爲右威衛大將軍依前兼中丞皆太尉晟之子以免喪故晟諸子同日授官者九九人

護軍將軍

王隱晉書曰王敦將復作逆明帝問曰何如應詹厲然慷慨荅詔曰陛下宜奮赫斯之威臣等當負戈從戎以順討逆誅社稷之討也即以詹爲護軍將軍同心滅敦

中軍將軍

漢書曰馮奉世字子明元帝以爲中軍屯首陽

魏志曰曹真持節都督中外諸軍事中軍將軍受顧命

王隱晉書曰太始元年以羊祐爲中軍將軍揔宿衛

游擊將軍

史記曰漢高祖以陳豨爲游擊將軍

漢書曰太祖太初元年以蘇建韓說爲游擊將軍

袁宏漢紀曰建武二年以鄧隆爲游擊將軍助朱浮攻彭寵

魏志曰下蘭少有才學爲游擊將軍加散騎常侍

山濤啓事曰游擊將軍諸葛沖精果有文武擬補兗州詔荅曰沖領兵未欲出之

積射將軍

後周書曰于謹除積射將軍又隨廣陽王元深征鮮于脩禮停軍中山侍中元晏言於靈太后曰廣陽王以宗室之重受律專征今乃盤桓不進坐圖非望又有于謹者智略過人爲其謀主風塵之隟恐非陛下純臣矣靈太后詔於尚書省門外立牓募能獲謹者許重賞謹聞之乃謂廣陽

王曰今女主臨朝取信讒佞脫不明白殿下素心便恐禍至謹請束身詣闕歸罪有司披露心腹深遂許之謹遂到牓下曰吾知此人衆共詰之謹曰我即是也有司以聞靈后引見之大怒謹備述廣陽忠欵兼陳停軍之狀靈后意解捨之。世語曰積射將軍樊震對武帝稱鄧艾之忠

積弩將軍

沈約宋書曰積弩將軍晉官也

齊職儀曰積弩將軍品第四銀章青綬武冠絳朝服佩水蒼玉

晉太康十年立積弩積射營各二千五百人並以將軍領之

强弩將軍

漢書曰元狩元年以李沮爲强弩將軍伐匈奴

又曰太初二年以路愽德爲強弩將軍
又曰神雀二年以許延壽爲強弩將軍遷大司馬
傅暢晉讃曰晉文王晉臺置強弩將軍掌宿衛

殿中將軍

玄中記曰漢桓帝時出遊河上忽有一青牛從河中出直走盪桓帝邊人皆走太尉何公爲殿中將軍有勇力輙走逆之牛見公往乃反走還河未至河公及牛乃以手拔牛左足脫以右手持斧斫牛頭殺之此青牛者是萬年木精也

語林曰庾公欲伐王公先書與郄公曰老賊賊轉欲斬張殿中將軍舊用才學士以廣視聽而頃悉内面牆人是欲蔽主之明便欲勒數州之衆以除君側之惡今年之舉蔑不濟矣

貟外將軍

後魏官氏志曰貟外將軍從第八品

直閤將軍

後魏書曰楊𢬵字延季弘農華陰人也性雅厚頗有文學起家奉朝請稍遷直閤將軍

蕭子顯齊書曰王敬則晉陵南沙人也生而紫胞年長而腋下生乳各長數寸夢騎五色師子明帝即位爲直閤將軍

齊書曰劉善明爲直閤將軍五年青州沒虜善明母陷北虜移置桒乾善明布衣蔬食哀慼如持喪明帝每見爲之歎息時人稱之

太平御覽卷第二百三十九

職官部三十八

雜號將軍下

建威將軍　奮威將軍　奮武將軍
振威將軍　揚威將軍　建武將軍
輕車將軍　伏波將軍　材官將軍
折衝將軍　虎威將軍　偏將軍
裨將軍　虎牙將軍　漢臣將軍
討虜將軍　破虜將軍　建義將軍
刺姦將軍　輔威將軍　揚化將軍
安漢將軍　輔漢將軍　都護將軍
立義將軍　中堅將軍　厲威將軍
盪寇將軍　討逆將軍　輔吳將軍
盪魏將軍　鷹揚將軍　牙門將軍
中將軍　中領軍　中護軍
北軍中候　朱衣直閤　直寢
直後　直齋　監軍

建威將軍

東觀漢記曰光武以耿弇為建威大將軍從攻雒陽

奮威將軍

魏志曰呂布殺董卓王允以布為奮威大將軍儀比三司

又曰沮授說袁紹紹即表為奮威將軍

奮武將軍

吳志曰賀齊封豫章東部民彭材李玉王海等起為賊亂衆萬餘人齊討平之誅其首惡餘皆降服揀其精健為兵次為縣戶遷奮武將軍

振威將軍

魏志曰太祖以程昱為振威大將軍破袁譚尚

揚威將軍

魏志曰臧霸字宣高太山人也從太祖討孫權於濡須口與張遼為前鋒行遇霖雨大軍先反水遂長賊船稍近將士皆不安遼欲去霸止之曰公明於利鈍寧肯捐吾等耶明日果有令遼至以語太祖太祖善之拜霸揚威將軍

建武將軍

魏志曰太祖以夏侯惇為建武將軍

又曰文帝善孟達姿才容觀以為建武將軍

輕車將軍

漢書曰武帝元光七年以公孫賀為輕車將軍屯馬邑

伏波將軍

環濟要略曰伏波船涉江海欲浪伏息也

漢書曰武帝元鼎五年以路博德為伏波將軍伐南越呂嘉

東觀漢記曰光武以馬援為伏波將軍

魏志曰夏侯惇為伏波將軍領河南尹使得以便宜從事不拘科制太祖常與同載特見親重出入卧內諸將莫得比也

王隱晉書曰武帝以孫琇為伏波將軍

材官將軍

漢書曰武帝以李息為材官將軍軍馬邑

折衝將軍

魏書曰武帝以樂進為折衝將軍

虎威將軍

魏志曰于禁字文則太山人將軍王朗異之薦禁才任大將太祖召見與語拜軍司馬後拜虎威將軍

吳志曰朱然字義封從孫權討關羽別與潘璋到臨沮擒羽遷昭武將軍封西安鄉侯虎威將軍呂蒙病篤權問曰卿如不起誰可代者蒙對曰朱然膽守有餘愚以爲可任蒙卒權假然節鎭江陵

齊書曰柳世隆元景子也出爲虎威將軍上庸太守帝謂元景曰卿昔以虎威之號爲隋郡今復以授世隆使卿門世不絶公也

偏將軍

後漢書曰吳漢字子顏南陽宛人家貧以販馬自業素聞世祖長者獨欲歸心及世祖於廣阿拜漢爲偏將軍

又曰臧宮字君翁潁川人也從世祖征戰諸將多稱勇世祖察宮勤力少言甚親納之及至河北以爲偏將軍

吳志曰陳武字子烈廬江人孫策在壽春武脩謁時年十八長七尺七寸及權統事尤爲權所愛拜爲偏將軍

又曰董襲字元代會稽人長八尺武力過人拜偏將軍

裨將軍

魏志曰李通字文達江夏平春人以遊俠聞於江汝之間屬連歲大飢通傾家振施與士分糟糠建安初通舉衆詣太祖于許太祖討張繡通爲先登大破繡軍拜裨將軍

虎牙將軍

漢書曰宣帝以雲中太守田順爲虎牙將軍伐匈奴

范曄後漢書曰蓋延字巨卿漁陽人也身長八尺邊俗尚勇力而延以氣聞延與吳漢同歸世祖從平河北世祖即位拜虎牙將軍

漢臣將軍

東觀漢記曰上於大會中指王常謂羣臣曰此家率下江諸將輔翼漢室心如金石眞忠臣也是日以常爲漢臣將軍與諸將絶席

討虜將軍

東觀漢記曰光武以王霸爲討虜將軍擊董憲

破虜將軍

魏志曰李典字曼成山陽鉅野人爲破虜將軍典好學問貴儒雅不與諸將爭功敬賢士大夫恂恂若不及中軍稱其長者

建義將軍

東觀漢書曰光武以朱祐爲建義將軍攻朱鮪

刺姦將軍

東觀漢記曰光武以軍市令祭遵爲刺姦將軍

范曄後漢書曰岑彭字君然南陽棘陽人也後世祖拜爲刺姦大將軍使督察衆營授以常所持節

輔威將軍

東觀漢記曰光武以臧宮爲輔威將軍

揚化將軍

東觀漢記曰光武以堅鐔爲揚化將軍

安漢將軍

蜀志曰糜竺字子仲益州既定拜爲安漢將軍班在軍師將軍之右竺雍容敦雅而幹翮非所長是以待之上賓之禮未曾有所統御然賞賜優寵無與爲比

又曰王平字子均諸葛亮卒於武功軍退還魏延作亂一戰而敗平之功也遷安漢將軍

輔漢將軍

東觀漢記曰光武以鄧奉爲輔漢將軍

都護將軍

魏志曰曹洪累從征討爲都護將軍

立義將軍

魏志曰龐德以衆降太祖聞其驍勇拜立義將軍

中堅將軍

魏志曰太祖以許褚爲中堅將軍又以張遼爲行中堅將軍

厲威將軍

魏志曰太祖征荆州還留滿寵行厲威將軍

盪寇將軍

蜀志曰張嶷字伯岐自越巂徵詣成都民夷戀慕泣涕過

旄牛邑邑民襁負來迎反追尋至蜀郡界其督率隨嶷朝貢者百餘人嶷至拜盪寇將軍慷慨壯烈人多貴之

討逆將軍

吳志曰曹公表孫策爲討逆將軍封吳侯

輔吳將軍

吳志曰孫權以張昭爲輔吳將軍

沈約宋書曰吳置輔吳將軍班亞三司

盪魏將軍

吳志曰呂據太元元年大風江水盛溢泛流漸淹城門權使視水獨見據使人取大舡以備宮權嘉之拜盪魏將軍

鷹揚將軍

晉書曰郭奕咸寧初遷雍州刺史鷹揚將軍尋假赤幢曲蓋鼓吹

牙門將軍

蜀志曰魏延字文長義陽人也以部曲將隨先主入蜀數有戰功遷牙門將軍

中將軍

北齊書曰沙苑之敗崔仲文持馬尾以渡河波中乍沒乍出高祖望見之曰崔掾也遂遣舡赴接既濟勞之曰卿爲親爲君不顧萬死可謂家之孝子國之忠臣加中將軍

中領軍

魏略曰中領軍延康中置故漢北軍中候之官

又曰太祖以史渙忠勇爲中領軍領禁軍

又曰太祖還長安以曹休爲中領軍

又曰文帝征孫權以尚書令陳群爲中領軍

晉書曰吳隱之爲中領軍清儉不革每月初得祿裁留身

粮其餘悉分賑親族家人績紡以供朝夕時有困絕或并日而食恒布衣不完妻子不霑寸祿

晉中興書曰羊祜字叔子還中領軍悉統宿衛入直殿中執兵之要事兼內外

齊書曰蕭景先武帝少年與景先共車行澀路車久故壞至領軍府西門車轅折俱狼狽景先謂帝曰兩人脫作領軍亦不得忘今日艱辛及武帝踐阼詔以景先爲領軍拜日羽儀甚盛傾朝觀矚拜還未至府門中詔相聞領軍今日故當無折轅事耶景先奉謝

梁書曰臧盾遷中領軍領軍管天下兵要監局事多盾爲人敏贍有風力長於撥繁職事甚理天監中吳平侯蕭景居此職著聲稱至是盾復繼之

三國典略曰齊左僕射祖珽附陸令萱求爲領軍齊主許

之侍中斛律孝卿謂上洛王元海侯呂芬等云珽是漢兒兩眼盲豈合作領軍也元海遂入啓之珽言於齊主云元海與臣素有隙必是元海譖臣齊主曰然珽列元海共太府少卿李叔元平准令張叔略等結朋樹黨陸令萱又唱和之遂除元海爲鄭州刺史叔元爲襄城郡守叔略爲南營州録事參軍珽遂獨處機衡揔知兵事齊王亦令中要人扶侍出入每同御榻論決朝政

高堂隆集曰已已詔書中領軍游繫皆清玉佩

中護軍

史記曰漢高帝以陳平爲護軍中尉盡護諸將

漢書曰護軍都尉秦官元狩四年屬大司馬元壽元年更名司寇元始元年更名護軍

魏志曰韓浩字元嗣以忠勇顯爲中護軍掌禁兵置長史司馬從太祖討張魯魯降議者以浩智略足以綏邊欲留使都督諸軍鎮漢中大祖曰吾安可以無護軍乃與俱其見親如此

王隱晉書曰鄧攸遷吏部尚書牧馬於家庭妻子素食當時清淨内外肅然遷爲中護軍

晉起居注曰武帝太始七年詔曰中護軍職典武選宜得堪幹其事者左衛將軍羊琇有明贍才皃乃心在公其以琇爲中護軍

晉中興書曰司徒王導將以趙胤爲中護軍孔愉謂導曰中興以來處此官者用周伯仁應思遠今誠乏才豈可以趙胤居之其秉正不撓皆此類也

世語曰夏侯玄世名知人爲中護軍拔用武官無非俊傑多牧州典郡

皇甫謐集云護軍武士之官

晉王羲之臨護軍教曰今所任要在於公役均平其差大史忠謹在公者覆行諸營家至人告暢吾乃心其有老落篤癃不堪從役或有飢寒之色不能自存者區分處別自當參詳其宜

北軍中候

漢書曰武帝置中壘校尉掌北軍壘門外内

續漢書曰光武中興中省壘置中候五尉校營

又曰孔文舉拜北軍中候

王隱晉書曰荀晞字道將爲北軍中候

又曰太祖永昌元年以鍾雅爲北軍中候五年省併領軍

晉中興書曰陶回字恭之王導以回有器幹擢拜北軍中候回性不畏強禦

朱衣直閤

後魏書曰元文景大司農卿康之次子除貟外郎冠軍將軍朱衣直閤

直寢

後魏書曰于忠字思賢弱冠拜侍御史文明太后臨朝刑政頗峻忠朴直少言終無過誤尋除左中郎將領直寢

又曰楊津字羅漢弘農華陰人也本字延祚高祖賜名焉以端謹以器度見稱爲直寢

直後

後魏書曰元天穆性和厚美形皃年二十起家貟外郎領直後

蕭子顯齊書曰臨海亡命田流自號東海王逃竄會稽鄮縣邊海山谷中立屯營宦軍不能討明帝遣直後聞人襲

詭降之

直齋

後魏書官氏志曰大和九年十月初置直齋

監軍

史記曰穰苴將兵扞燕晉之師苴曰臣素賤君擢之閭伍之中加之大夫之上願得君之寵臣國之所尊以監軍景公使莊賈往苴與賈約曰會日中於軍門苴先馳至軍立表下漏賈素驕貴夕時乃至苴遂斬賈以徇三軍軍士皆震慄服之

東觀漢記曰光武使來歙監諸將

范曄後漢書曰宋均字叔庠爲監軍時伏波將軍馬援征武溪南臨沅水軍士多病均懼衆軍疾疫矯詔迫降之諸將莫應均乃勒兵圍賊城詐爲詔而降之爲置長吏而歸

自劾矯詔之罪帝善之

魏志曰司馬文王征壽春使監軍石苞統卒爲遊軍

晉武帝起居注曰豫州刺史胡威忠素質直思謀深奧其以威爲監軍刺史如故

沈約宋書曰監軍盖諸將出征大將監領之

太平御覽卷第二百四十

職官部三十九

中郎將　五官中郎將　左右中郎將
虎賁中郎將　四中郎將　雜中郎將（凡五）
都尉　奉車都尉　騎都尉

中郎將

漢書曰武帝拜張騫爲中郎將使西域

又曰宣帝即位詔曰朕微眇時故掖庭令張賀輔導朕躬賀有孤孫霸七歲拜爲中郎將

又曰宣帝時楊惲爲中郎將郎官故事郎出錢市財用給文書乃得出名曰山郎（山郎以貲財爲郎也山之所出財用故取名焉）惲罷山郎皆以法令從事有罪過輒奏免郎官化之莫不自勵

又曰司馬相如爲中郎將持節過蜀縣令負弩前道蜀人以爲榮

又曰衛綰爲中郎將醇謹無他孝景幸上林詔中郎將參乘還問曰君知所以得參乘乎綰曰臣代戲車士得功次遷待罪中郎將不知也

又曰張安世長子千秋與霍光子禹俱爲中郎將將兵隨渡遼將軍范明友擊烏桓還謁大將軍光問千秋戰鬭方略山川形勢千秋口對兵事畫地成圖無所忘失問禹禹不能記曰皆有文書光由是賢千秋以禹爲不才歎曰霍氏世衰張氏興矣後霍禹誅滅安世子相繼爲侍中常侍列校十餘人

又曰卜式爲中郎初式不願爲郎上曰吾有羊在上林欲令子牧之式即爲郎而牧羊歲餘肥息上善之式曰非獨羊也治民亦猶是矣以時起居惡者輒去無令敗羣上奇其言

東觀漢記曰更始入長安多用羣小時人爲之語曰竈下養中郎將

後漢書曰董卓以呂布爲騎都尉誓爲父子甚愛信之遷至中郎將卓自知凶恣每懷猜畏行止嘗以布自衛小失卓意拔手戟擲之布拳捷得免而改容顧謝卓意亦解布由是陰怨於卓

蜀志曰霍峻字仲邈南郡支江人也兄篤於鄉里合部曲數百人篤卒荊州牧劉表令峻攝其衆表卒峻率衆歸先主先主以峻爲中郎將

又曰劉焉字君郎江夏竟陵人少仕州郡以宗室拜中郎後以師祝公喪去官

又曰張飛字益德涿郡人也少與關羽俱事先主羽年長數歲兄事之先主從曹公破呂布還許昌曹公拜羽飛爲中郎將

五官中郎將

續漢書曰五官中郎將一人比二千石（主五官郎也）五官中郎比六百石（無員）五官侍郎比三百石（無員凡官皆主更直執戟宿衛諸殿門）

東觀漢記曰江革字次翁拜五官中郎將每朝會天子使虎賁扶持帝自禮之有疾不會輒遣太官送飡醪恩寵莫比

續漢書曰張純字伯仁遷五官中郎將純在朝歷世明習故事建武初舊章多闕每有疑議輒以訪純自郊廟婚冠喪紀禮儀多所正定帝甚重之一日或數四引見

謝沈漢書曰樊英字秀齊順帝備禮徵拜五官中郎將數月以病遜位歸

應劭漢官儀曰五官中郎將秦官也秩比二千石三署郎屬焉

魏武令曰告子文汝等悉爲侯而子桓獨不封而爲五官郎將此是太子可知矣魏志建安十五年爲五官中郎將副丞相者也

左中郎將

天文録曰郎將星若今之左右郎將也故星讃曰郎將星主閲具爲武備

漢書曰辛慶忌字子真從光禄大夫遷左曹中郎將

後漢書曰左宫爲左中郎將擊武陵賊降凡將兵六二十餘年以信謹質朴故常見用

續漢書曰丞宫遷左中郎將數進忠諫論議守正不希世偶朝臣憚其節名稱聞於匈奴單于遣使來貢求見宫詔勑宫自整頓宫曰夷狄眩名非識實也聞臣虚稱故欲見臣臣醜陋形寢見必輕賤不如選長大有威容者時以大鴻臚魏應示之

又曰楊秉字叔節以尚書侍講蔡雍字伯喈以侍中並爲左中郎將

又曰皇甫嵩爲左中郎將擊匈奴

漢舊儀曰左中郎將秩比二千石主謁者

右中郎將

漢書曰段會宗字子松爲右中郎將

續漢書曰朱儁爲右中郎將持節擊潁川長社賊

漢舊儀曰右中郎將秩比二千石主常侍侍郎

蜀志曰宗預爲右郎將將命使吳

虎賁中郎將

應劭漢官儀曰虎賁中郎將古官也書稱武王伐紂戎車三百兩虎賁三百人擒紂於牧之野言其猛怒如虎之奔赴平帝元始元年更名虎賁郎古有勇者孟賁改奔爲賁中郎將冠兩鶡尾鶡鷙鳥中之異勁者也每所攫取應爪摧碎鶡尾上黨所貢

周禮夏官下虎賁氏曰虎賁掌先後王而趍以卒伍軍旅會同亦如之舍則守王閑閑梐柦也

尚書牧誓曰戎車三百兩虎賁三百人與受戰于牧野作牧誓

周書曰古有虎賁士千人以牛投牛以馬投馬以車捧車

漢書百官表曰期門僕射秩比千石平帝元始元年更名虎賁郎置中郎將秩比二千石

東觀漢記曰馬援從隴西太守遷虎賁中郎將

又曰馬后不以私家干朝廷兄爲虎賁中郎將訖永平世不轉

又曰明德太后姊子夏壽等私呼虎賁張鳴與敖戲爭鬬上特詔曰爾虎賁將軍蒙國厚恩位在中臣宿衛禁門當進人不避仇讎舉罰不避親戚今者反於殿中交通輕薄虎賁蘭內所使至命欲相殺於殿下不避門內畏懦恣縱故不逐捕此皆生於不學之門所致也

又曰馬廖任傀皆從羽林監遷虎賁中郎將

續漢書曰魯國孔融爲北軍中候三日遷虎賁中郎將

又曰虎賁中郎將比二千石主虎賁宿衛也左右僕射左右陛長各一人僕射主虎賁郎將陛長主直虎賁朝會在殿陛之下

又曰虎賁武騎皆鶡冠虎文單衣襄邑歲獻織成虎文云鶡者勇雉也其鬬死乃止

又曰虎賁中郎將秩比二千石虎賁中郎比六百石虎賁

侍郎比四百石虎賁郎中比三百石節從虎賁比二百石皆無員數掌宿衛侍從虎賁武騎皆鶡冠虎文單衣

謝承後漢書曰建武十八年夏旱公卿皆暴露請雨洛陽令着車蓋出門候何湯將衛士鉤令車收案有詔免令官拜湯虎賁中郎將上常歎曰赳赳武夫公侯干城何湯之謂也

漢官典職曰虎賁中郎將主虎賁千五百人郎多至千人

漢名臣奏曰丞相薛宣奏漢興以來深考古義推萬變之備於是制宣室出入之義正輕重之罰故司馬殿省闕至五六里周衛擊刀斗竟門自近臣侍側尚不得著劒入防未然也陛下聖德純備海內晏然此國家之明制必前後備虎賁

漢舊儀曰期門騎者隴西工射獵人及能用五兵材力二百人王莽以爲虎賁郎

劉謙之晉紀曰桓玄欲復虎賁中郎將疑應直與不訪之僚佐咸莫能定參軍劉蘭之對曰昔潘岳爲秋興賦序云兼虎賁中郎將寓直於散騎之省以此言之是直官也

後魏書曰韓茂膂力絕人尤善騎射太宗曾親征丁零翟猛茂爲中軍執幢時大風諸軍旌旗皆偃仆茂於馬上持幢初不傾倒太宗異而問之徵茂所屬具以狀對太宗謂左右曰記之尋徵詣行在所試以騎射太宗深奇之以茂爲虎賁中郎將

九州春秋曰袁術爲虎賁中郎將張讓殺何進術斫閤起火（魏志曰術燒南宮嘉得青門也）

環濟要略曰漢武帝好微行因置期門郎與之期於殿門平帝改爲虎賁中郎

張純別傳曰純字伯仁郊廟冠婚喪紀禮儀多所正定上甚重之以純兼虎賁中郎將一日數見

東中郎將

魏志曰蔣濟字子通文帝即位爲東中郎將濟請留詔曰高祖歌曰安得猛士守四方天下未寧要須良臣以鎮邊境如其無事乃還鳴玉未爲後也後曹仁薨復以濟爲東中郎將代領其兵詔曰卿兼資文武志節忼慨常有超越江湖吞吳會之志故復授將帥之任

西中郎將

沈約宋書曰西中郎將南北東西中郎將後漢號也

南中郎將

魏志曰鄢陵侯彰爲南中郎將

又曰臨淄侯植爲南中郎將

晉諸公讃曰石崇爲南中郎將

北中郎將

續漢書曰盧植爲北中郎將征黃巾

魏志曰代郡烏丸反以曹彰爲北中郎將臨發太祖誡之曰居家爲父子受事爲君臣

王隱晉書曰山濤爲北中郎將守鄴

晉起居注曰武帝太始二年詔鄴城守事宜速有人又當得親親有文武器任者高陽王珪今來之國雖當出爲藩輔以才幹事亦古之制也其以珪爲督鄴城守事北中郎將

晉中興書曰荀羡爲北中郎將徐州刺史時年二十八

郭泰別傳曰王叔優問才之所宜泰曰當以武官顯叔優後至北中郎將

雜中郎將

匈奴中郎將

續漢書曰張奐字然明與段紀明皇甫威明俱顯京師號為涼州三明並為匈奴中郎將

司金中郎將

魏略曰河北始開冶遂以王脩為司金中郎將脩奏記曰脩聞枳棘之林無柱梁之質消流之水無洪波之勢是以在職七年忠謹不昭於時功業不見於事力少任重不堪為擢

典農中郎將數年

魏志曰任峻字伯達為典農中郎將數年所在積粟倉廩皆盈

又曰毋丘儉字仲恭河東聞喜人為洛陽典農時取農民以治宮室儉上疏曰臣愚以為天下所急除者二賊所急務者衣食誠使二賊不滅士民飢凍雖崇美宮室猶無益也

魏略曰上以農殖大事將選典農以徐邈為潁川典農中郎將所在著稱

武衛中郎將

魏志曰許褚字仲康太祖與逯超等單馬會語左右皆不得從唯褚在超負其力陰欲變太祖素聞褚勇疑從騎是褚乃問太祖曰公有虎侯者安在太祖顧指褚褚瞋目眄之超不動乃各罷後數日會戰大破超等褚身斬首級遷武衛中郎將武衛之號自此始也

建義中郎將

後漢書曰袁紹傳魏郡兵反賊有陶外者自號平漢將軍〔英雄記曰外故為內黄小吏也〕獨反諸賊將部衆踰西城入閉府門具車重〔輜重也〕載紹家及諸衣冠在州內者身自扞衛送到斥丘〔斥丘縣屬魏郡故城今相州成安縣東南十三州志云地斥鹵故曰斥丘也〕紹還因屯斥丘以陶外為建義中郎將

都尉

史記曰甯成居家上欲以為郡守御史大夫公孫弘曰臣居山東為少吏時甯成為濟南都尉其治如狼牧羊誠不可令治民上乃拜成為關都尉

又曰汲黯字長孺為東海太守歲餘大治上聞召為主爵都尉治務在無為而已引大體不拘文法

漢書曰主爵中尉秦官掌列侯景帝中元六年更名都尉武帝太初元年更名右扶風治內史右地與左馮翊京兆是為三輔皆有兩丞

又曰韓信數以策干項羽羽弗用亡楚歸漢未得知名為連敖〔楚官〕坐法當斬信乃仰視滕公曰不欲就天下乎而斬壯士滕公奇壯之與語大說言於漢王以為治粟都尉

東觀漢記曰樊曄與世祖有舊世祖常於新野坐文書事被拘時曄為市吏餽餌一笥上德之後拜為河東尉臨發之官引見雲臺賜御食衣被上嘲曄曰一笥餌得都尉何如曄頓首曰小臣蒙恩特見拔擢陛下不忘往舊臣得竭死自効

又曰任延字長孫南苑人更始拜為西部都尉年十九迎吏見其少皆驚及到澹泊無為下車遣吏以中牢具祠延陵季子時天下新定道路不通諸避世江南者皆未還會稽多士延到皆禮之單請高行俊乂董子儀嚴子陵等待以師友之禮行縣所到輙使勞孝子崇禮養善如此建武之初上書言臣贊拜不由王庭願收骸骨詔書徵延民攀持轂涕泣

漢官解詁云都尉將兵副佐太守備盜賊也
魏略曰積弩都尉秩比二千石後更爲典弩都尉又有典
鎧都尉秩與弩同皆屬積弩
又曰撫軍都尉秩比二千石本校事官始太祖欲廣耳目使
盧洪趙達二人主刺舉洪達多所陷入故于時軍中爲之
語曰不畏曹公但畏盧洪盧洪尚可趙達殺我後達竟爲
人迫死
魏志曰韓曁爲監冶謁者在職七年器用充實詔書褒歎
就加司金都尉班亞九卿
吳志曰孫桓字叔武儀容端正器懷聰朗博學強記能論
議應對權常稱爲宗室顏淵擢爲武衛都尉從討關羽於
華容誘羽餘黨得五千人牛馬器械甚衆
臨海記曰漢元鼎五年立都尉府於候官以鎮撫二越所

謂東南一尉者也
黃帝占軍氣決曰都尉氣如合抱之揄
周紹新論曰散騎侍郎武衛都尉孫奇字仲容年十七以
秀才入侍帷幄余作詩一篇美而風之恂恂周公美妙無
已誕姿既豐世胄有紀平南之孫奮威之子
胡廣邊都尉箴曰巍巍上聖光被八埏矧惟內面罔不來
賓季末陵遲王澤壅隔戎狄作難鬼方騷逖桓桓猛將是
攘是闢殷宗周宣用顯其績大漢龍興念存治平蕩蕩率
土來同門并守撫其民尉典其戎五才並用文武程功

奉車都尉

韋昭辯釋名曰奉車都尉奉天子乘輿辯云奉車都尉主
乘輿乘車尊不敢言主故言奉
漢書曰奉車都尉掌御乘輿車

騎都尉

魏略曰李豐字安國年十七在鄴下名爲清白識別人物
明帝時得吳降人問江東聞中國名士爲誰降人云聞有
李安國者是時豐爲黃門郎上曰豐名乃播於吳越耶後
轉拜騎都尉
又曰畢軌字昭先明帝在東宮時軌在文學中及即位入
爲黃門郎拜騎都尉
魏志曰徐晃字公明河內東陽人也爲郡吏從車騎將軍
楊奉討賊有功拜騎都尉
吳志曰駱統字公緒會稽烏陽人時飢荒多有困乏統爲
飲食衰少其姊仁愛寡歸無子見統甚哀之數問其故統
曰士大夫糟糠不足我何心獨飽姊曰誠如是何不告我
而自苦若此乃自以私粟與統又以告母母亦賢之遂使

分施由是顯名孫權以將軍領會稽太守統年二十試爲
烏程相民戶過萬咸歎其惠理權嘉之召爲功曹行騎都
尉
又曰孫權遣騎都尉趙咨使魏魏帝問曰吳王何等主也
咨對曰聰明仁智雄略之主也帝問其狀咨曰納魯肅於
凡器是其聰也拔呂蒙於行陣是其明也獲于禁而不害
是其仁也取荆州而不血刃是其智也據三州而虎視天
下是其雄也屈身於陛下是其略也
又曰顧承字子直嘉禾中與舅陸瑁俱以禮徵權賜丞相
雍書曰貴孫子直令問休休至與相見過於所聞爲君嘉
之拜騎都尉
吳志曰諸葛恪字元遜瑾長子也少知名弱冠拜騎都尉

太平御覽卷第二百四十一

職官部四十

諸校尉凡三十二號　　羽林監

期門僕射　　冗從僕射

屯騎校尉

陶氏職官要録曰屯騎越騎步兵長水射聲五校尉案晉官書承漢置以爲宿衛官各領千兵興寧三年桓温奏省五校尉永初元年復置以叙勳舊

東觀漢記曰劉盤字仲興兼屯騎校尉時五校官顯職閑府寺寛敞輿服光麗伎巧畢給故多宗室肺腑居之

後漢書曰鄧閶妻耿氏有節操痛鄧氏誅廢子忠早卒乃養河南尹豹子嗣爲閶後耿氏教之書學遂以通傳稱永壽中與伏無忌延篤著書東觀官至屯騎校尉

蜀志曰宗預字德豔爲屯騎校尉　鄧芝自江州來朝謂預曰禮六十不服戎而卿受兵何也預荅曰卿七十不還兵我六十何爲不受耶復東聘吳孫權提預手涕泣遺大珠一斛

晉書曰濮陽王允爲屯騎校尉給千人營置長史

司馬無忌讓屯騎校尉表曰屯騎之任職典禁旅綂衛事重必宜其人豈臣微弱所可克堪

越騎校尉

漢書百官表曰屯兵越騎校尉如淳曰越人內附以爲騎也晉灼曰其才力超越

後漢書曰越騎校尉鄧康以太后久臨朝政宗門盛滿數上書長樂宮諫爭宜崇公室自損私權言甚切至太后不從康心懷畏懼永寧元年遂謝病不朝

又曰桓郁遷越騎校尉詔勑太子諸王各奉賀致禮郁數進忠言多見納録

又曰董卓傳越騎校尉汝南伍孚忿卓凶毒志手刃之乃朝懷佩刀以見卓孚語畢辭去卓起送至閤以手撫其背孚因出刀刺之不中卓自奮得免急呼左右執殺孚而大詬曰虜欲反耶孚大言曰恨不得磔裂姦賊於都市以謝天地言未畢而斃

謝承後漢書曰曹節弟破石爲越騎校尉越騎營五伯妻有美色破石從求之五伯不敢違妻執意不肯行遂自殺破石淫暴無道多此類也

步兵校尉

漢書曰步兵校尉掌上林苑門

東觀漢記曰崔篆王莽時爲郡文學以明經徵詣公車太保甄豐舉爲步兵校尉篆辭曰吾聞伐國不問仁人戰陣不訪儒士此舉奚至哉遂投劾歸

又曰梁不疑拜步兵校尉上書曰刊校之職上應天工下厭羣望實非過少所任

梁史曰韋粲長八尺容觀甚偉初爲雲麾晉安王行參軍後爲外兵參軍兼中兵時潁川庾仲容吳郡張率前輩才名與粲同府並忘年交好及王爲皇太子粲自記室遷步兵校尉

後魏春秋曰阮籍以世多故祿仕而已聞步兵廚多美酒營人善釀求爲校尉遂縱酒昏酣遺落世事

長水校尉

釋名曰長水校尉長於水戰用船之事韋昭辯云長水校尉典胡騎不主水戰也其廐近水故以爲名

東觀漢記曰賈宗字武孺爲長水校尉數言便宜賞賜殊特上美宗旣有武節又兼經術每燕會令與當世大儒司徒丁鴻問難經傳

蜀志曰秦宓爲長水校尉吳遣張温來聘百官皆往餞而宓後往旣至温曰彼何人也亮曰益州學者也及至温問宓曰君學乎答曰五尺童子皆學何必小人答問如響應聲而出温大敬服之

王隱晉書曰下邳王晃起家爲長水校尉給千人營置長史司馬

射聲校尉

漢書曰射聲校尉掌待詔射聲應劭曰士工射者冥中聞聲射之則中因以名也服待所命而射故日待詔射聲

東觀漢記曰班超在西域三十一歲還洛陽拜爲射聲校尉

續漢書曰曹襃遷射聲校尉案行營舍不葬者悉爲買空地葬之設祭吏士咸稱其仁

王隱晉書曰武帝詔曰射聲校尉胡奮外掌方任内叅九列不宜同之常例勿使入直

何法盛晉中興書曰劉超字世踰中書郎遷爲射聲校尉時軍校兵義興人多義隨超因領之號爲君子營以實宿衛

中壘校尉

漢書曰中壘校尉武帝置世祖中興省更置北軍中候掌兵官掌北軍壘門内外

胡騎校尉

漢書曰胡騎校尉掌池陽胡騎不常置

虎賁校尉

漢書虎賁校尉掌輕車武帝初置有丞司馬秩二千石

城門校尉

後漢書曰赤眉與李松戰生得松時松弟汎爲城門校尉赤眉使使謂之曰開城門活汝兄汎即開門○環濟要略曰城門校尉高帝置秩二千石出從緹騎百二十人

嫖姚校尉漢書爲嫖姚服虔音剽摇師古曰勁疾之皃

漢書曰霍去病以皇后姊子年十八爲侍中善騎射爲嫖姚校尉

護羌校尉

東觀漢記曰鄧訓爲羌校尉諸胡皆喜義從羌胡俗恥病死每疾臨困輒以刀自刺訓聞其困者輒拘持縛束不與兵刃使醫藥療理愈者非一小大莫不感悦及訓病卒官吏人羌胡愛惜旦夕臨者數千人

護烏桓校尉

續漢書曰護烏桓校尉一人主烏桓校尉比二千石

應劭漢官儀曰護烏桓校尉孝武帝時烏桓屬漢始於幽州置之擁節監領秩比二千石

魏略曰毋丘儉字仲恭爲荊幽二州刺史持節領護烏桓校尉

戊巳校尉

東觀漢記曰耿恭字伯宗永平中始置西域都護戊巳校尉乃以恭爲戊巳校尉

南蠻校尉

傅暢晉諸公讚曰王戎爲荊州刺史揚烈將軍領南蠻校尉

南夷校尉

沈約宋書曰護南夷校尉晉武帝立領治寧州江左改曰護鎮蠻校尉

西夷校尉

沈約宋書曰護西夷校尉晉武帝立治寧州江左平蜀後治涪城終晉世晉太康三年置永嘉中益州刺史領西夷校尉太元末殷荊州表從之又治涪城也

西域校尉

沈約宋書曰護西域校尉晉武帝立治雍州江左廢安帝元興中又置治西陽

寧蠻校尉

沈約宋書曰寧蠻校尉晉安帝置治襄陽郡以授魯宗之

三巴校尉

齊職儀曰三巴校尉銀印青綬虎冠絳朝服宋太始五年置以巴東巴西梓潼建平五郡隷焉建元二年省校尉改

置巴州刺史

忠義校尉

吳志曰是儀從孫權討關羽拜忠義校尉儀上表陳謝權令曰孤雖非趙簡子卿安得不自屈爲周舍耶

懷義校尉

吳志曰太傅馬日磾伏節案兵集東關在壽春以禮辟孫策表拜懷義校尉

折衝校尉

吳志曰袁術表孫策爲折衝校尉行殄寇將軍

翊軍校尉

王隱晉書曰太康中伐吳還欲以王濬爲五官校尉而無缺始置翊軍校尉班同長水步兵以梁益所省兵爲營

材官校尉

魏略曰材官校尉黄初中置秩比二千石主天下材官屬少府

驍騎校尉

魏略曰董卓表太祖爲驍騎校尉又被徵爲典軍校尉

典農校尉

魏略曰典農校尉太祖置秩比二千石

司農度支校尉

魏略曰司農度支校尉黄初四年置比二千石掌諸軍兵田

建義校尉

吳志曰朱據傳孫權咨嗟將帥追思呂蒙張溫以爲據才兼文武可以繼之由是拜建義校尉領兵屯姑熟

武衛校尉

吳志曰朱才字君業爲人精敏善騎射權愛異之常侍從遊戲少以父任爲武衛校尉

滅虜校尉

吳志曰賀景爲滅虜校尉御衆嚴而有恩兵器精飾

西園八校尉

范曄後漢書曰中平五年初置西園八校尉

東宮三校尉

沈約宋書曰武帝永初二年置東宮屯騎步兵翊軍三校尉

羽林監

漢書百官表曰羽林佽飛期門武帝太初元年置名曰建章營騎後更名羽林取從軍死事之子孫教以五兵號曰羽林孤兒

又曰甘延壽字君況以良家子善騎射爲羽林投石拔距絶於等倫超踰羽林亭樓由是遷爲郎

續漢書曰羽林左右監皆冠鶡冠

應劭漢官儀曰羽林者言其爲國羽翼如林盛也一名爲巖郎言其禦侮巖厲其後簡取五營高才別爲左右監監羽林左右騎父死子繼與虎賁同

漢雜事曰竇固以羽林監爲中郎將征西羌還中郎印綬復爲羽林監

漢名臣奏曰曹褒上疏王者莫不制禮樂詔褒即先序禮樂以帝新制一篇冠首擢褒監羽林左騎

魏略曰桓範字元則爲羽林左監以才學與王象等典集皇覽

魏志曰夏侯玄字太初弱冠爲黃門侍郎嘗進見與皇后

弟毛曾並坐玄恥之不悦形於色明帝恨左遷羽林監

梁冀別傳曰冀妻孫壽從弟安以童幼拜黃門侍郎羽林監

期門僕射

漢書曰建元三年上微行始出北至池陽西至黃山南獵長楊東遊宜春微行常用飲酎八九月中與侍中常侍武騎及待詔隴西北地良家子能射者期諸殿門故有期門之號自此始也

後漢書曰陰興守期門僕射典將武騎從征伐平定郡國興每從出入常操持小蓋障翳風雨躬履塗泥率先期門光武所幸之處輒先入清宮甚見親信

冗從僕射

續漢志曰冗從僕射秩比六百石武帝置期門郎有僕射常從游獵或以宦者爲之號冗從黃門僕射居則直門户行則騎從桓帝永壽三年置冗從僕射

續漢志曰先臘一日大儺逐疫鬼冗從僕射將之逐惡鬼于禁中

魏中曰冗從僕射畢軌表尚書僕射王思精勤舊吏　計略不及辛毗宜以毗代思

晉武起居注曰東莞王世子瑾貞固和詳有識見才幹以爲冗從僕射

傅暢晉諸公讃曰司馬滕字元邁文獻王泰之第三子也性沉壯起家爲冗從僕射滕意欲業官以自顯出爲郡守

太平御覽卷第二百四十二

職官部四十一

儀同　特進　揔叙大夫
金紫光祿大夫　光祿大夫
太中大夫　中大夫　中散大夫
柱國　奉朝請　致仕

儀同

東觀漢記曰鄧騭字昭伯延平元年拜爲車騎將軍儀同三司儀同三司始自騭也

蜀志曰黃權降魏文帝善之景初三年拜車騎將軍儀同三司

王隱晉書曰太始七年以鄭袤爲司馬天子臨軒遣使就第拜授袤遣息稱疾上送印綬至于十數乆之見許以侯

就第拜儀同三司置舍人官騎賜床帳簟褥錢五十萬

又曰華廙爲太子少傅甚得輔導之義河南尹韓壽賈后之姊夫欲以女配廙不許由是有恨故不正三司疾篤乃拜儀同三司

晉起居注曰太始八年詔曰備將軍羊祜歷文武有佐命之勳其爲車騎將軍開府如三司之儀

又曰元年詔曰中書監光祿大夫張華歷世腹心情所遇賴故疇其勳績使儀同三司而虛中挹損難違高尚其以光祿大夫儀同三司本職如故又給親信滿百人

又曰元康元年詔曰光祿大夫王戎光祿大夫裴楷開府辟召儀同三司

晉中興書曰郗愔咸安元年拜都督浙江東五郡諸軍事進位鎮軍開府儀同三司辭不受

又曰蔡謨免皇太后詔以謨爲左光祿大夫開府儀同三司遣謁者孟洪就加冊命謨上疏陳謝遂以疾篤不朝賜机杖門施行馬

齊書曰徐孝嗣加開府儀同三司孝嗣聞有詔斂容謂左右曰吾德慚古人位登袞職將何以堪之明君可以理奪必當死請若不獲命正當角巾立園待罪家巷耳故讓不受

齊職儀曰開府儀同三司置舍人官騎建初三年馬防爲車騎將軍儀同三司魏以黃權爲車騎開府此後甚衆將軍開府依大司馬朱服光祿大夫開府依司徒阜服

北史曰裴文舉武成二年就加使持節驃騎大將軍儀同三司蜀土沃饒商販百倍或有勸文舉規利文舉荅之曰利之爲貴莫若安身身安道隆非貨之謂是以不爲非惡財也

後周書曰李賢遷驃騎大將軍開府儀同三司大祖之奉魏太子西巡也至原州遂幸賢第讓齒而坐行鄉飲酒禮焉其後太祖又至原州令賢乘輅備儀服以諸侯會遇禮相見然後幸賢第歡宴終日凡是親族頒賜有差

陳書曰章昭達以平留異功授鎮前將軍開府儀同三司初文帝嘗夢昭達升台鉉及旦以夢告之至是侍宴酒酣顧昭達曰卿憶夢不何以償夢昭達對曰當效犬馬之用以盡臣節自餘無以奉償

隋書曰何稠安集嶺南有欽州刺史甯猛力帥衆迎軍初猛力据山洞欲圖爲逆至是惶懼請身入朝稠以其疾篤因示無猜貳遂放還州與之約曰八九月間可詣京師相見稠還奏狀上意不懌其年十月猛力卒上謂稠曰汝前不將猛力來今竟死矣稠曰猛力共臣爲約假令身死當遣

子入侍越人性直其子必來初猛力臨終誡其子長真曰我與大使爲約不可失信於國士汝葬我訖即宜上路長真如言入朝上大悅曰何稠著信蠻夷乃至於此以勳授開府

齊王儉辭儀同三司章曰臣聞日中則昃盈虛之定分器滿必傾往覆之常理遂乃班同袞章變和台曜外叅論道内揔百司物議惟塵自識非據

梁庾肩吾爲武陵王拜儀同章曰臣宅慶紫霄聯休皇極地均西月既無跡而成高仕若乘風故不行而自遠今者四郊無壘天下同文都尉春田猶居塞外單于冬獵不入漁陽臣坐收三邊非勞七戰豈能屯兵大夏封萬里之侯飛箭聊城受千金之壽論其才望有慚茂弘先佩印綬常羞叔度。隋江揔太保蕭公謝儀同三司表曰阪泉野戰曾

無汗馬之勞代邸運籌又闕前驅之勇薄伐專征早遊邊外執玉奉酎又虧朝則王人降止朝冊遠臨奉述勑書曲傳表奏滄波阻夐既杜敬仲之辭關路攸長致絶趙衰之讓心馳紫路登文石而莫由目送白雲拜承明之未果

特進

東觀漢記曰鄧禹右將軍官罷以特進奉朝請

漢雜事曰諸侯公德優盛朝廷所敬異者賜位特進在三公上無秩

後漢書曰梁商以女立爲皇后妹爲貴人加商位特進更增國士賜安車駟馬

謝承後漢書曰趙典道懿尊爲國師位特進七爲列卿寢布被瓦器食也

晉書百官表曰特進官品第二漢制皇后之父率爲此官

傳咸奏曰公品第一執珪坐侍臣之上特進品第二執皮帛坐侍臣之下今啓特進宜執璧繼公

沈約宋書曰特進魏世驃騎將軍劉放衛將軍孫資等遜位以侯就第並位特進其諸官加特進者從本官供給特進但爲班位而已不別有吏卒車服也

齊職儀曰特進以功德特進見之

後魏書曰刁雍拜特進皇興　中雍與隴西王源賀及中書監高允等並以耆年特見優禮錫雍几杖劍履上殿日致珍羞焉

北史曰穆紹加特進時侍中元順與紹同官順常因醉入寢所紹擁被而起正色讓順曰老身二十年侍中與卿先君亟連職事縱卿後進何置相排突也遂謝事還家詔諭乃起

唐書官品志曰特進左右光禄金紫銀青等光禄大夫用人俱以舊德就閑者居之

揔叙大夫

白虎通曰大夫爲言大扶進人也

毛詩衛淇澳碩人曰大夫夙退無使君勞大夫未退君聽朝於路寢夫人聽内事於正寢大夫退然後罷也箋云莊姜始來時衛諸大夫朝夕者皆早退無使我君之勞倦以君夫人新爲配偶宜親親之也

毛詩節南山兩無正曰大夫離居莫知我勩勞也箋云正長也官長之大夫離王流于彘而皆散處無復知我民之見疲勞也三事大夫莫肯夙夜邦君諸侯莫肯朝夕箋云王流在外三公及諸侯隨而行者皆無君臣之禮不肯晨夜朝暮省王也

周禮秋官下朝大夫曰掌邦家之國治邦家王子弟公卿大夫之采地也凡邦家之治於國者必因其朝大夫然後聽之

禮記曲禮上曰大夫七十而致事若不得謝謝去也君貪其德而留之

則必賜之几杖行役以婦人適四方乘安車自稱曰老夫於其國則稱名越國而問焉必告之以其制（他國問其老者必以制度告之）

金紫光祿大夫

干寶晉紀曰尚書僕射季胤母喪拜金紫光祿大夫給吏卒門施行馬

三國典略曰房謨本姓屋氏高勃海王入洛授金紫光祿大夫累賜奴婢率多放免王後賜生口黥面爲房字而付之

光祿大夫

漢書百官表曰光祿勳屬官有大夫掌議論

漢書曰谷永既爲大將軍王鳳擢爲光祿大夫永奏書謝鳳曰永斗筲之材質薄學朽無一日之雅左右之方將軍悅其狂言擢之皂衣之吏厠之争臣之末

又曰金日磾爲光祿大夫親近未嘗有過上信愛之

又曰貢禹上書云貧老家貲不蒲萬錢拜光祿大夫賜益多豪益富伏自念無報厚德日夜慙愧

又曰杜陵王仲翁霍光以爲光祿大夫仲翁出入蒼頭廬見傳呼甚尊寵

又曰蔡義上書云臣山東草萊之人行能無所比容貌不及衆然而不弃人倫者以聞道於先師願賜清閒之讌得舒精思於前上即見說詩甚悅擢爲光祿大夫

東觀漢記曰張堪字子孝爲光祿大夫數諫堪常乘白馬光武每有異政輙曰白馬生且復諫矣

又曰樊宏字靡卿爲光祿大夫爲人謙素畏慎每朝會迎期先到俯伏待事時至乃起帝聞之勑臨朝乃告勿令豫到

後漢書曰鄧太后從樊准議悉以公田賦與貧人即擢准與議郎呂倉並守光祿大夫准使冀州倉使兖州准到部開倉稟食（稟給）慰安生業流人咸得蘇息

又曰魏文帝受禪欲以楊彪爲太尉先遣使示旨彪辭曰彪備漢三公遭代傾亂不能有所補益耄年被病豈可賛惟新之朝遂固辭乃授光祿大夫賜几杖衣袍因朝會引見令彪着布單衣鹿皮冠而入待以賓客之禮

華嶠後漢書曰鄧彪遭後母憂毀瘠過禮因疾乞身以光祿大夫行服

漢書解詁曰武帝以中大夫爲光祿大夫與博士俱以儒雅之選異官通職周官所謂官聯者也温故知新率由舊章皆能明古今辨章舊聞者也

漢書百官表注曰光祿大夫古官也銀章青綬

漢官儀曰光祿大夫秩比二千石不言屬光祿大夫勳門外特施行馬以旌別之

魏志曰常林字伯槐河内温人也時論林節操清峻欲致之公輔而林遂稱疾篤拜光祿大夫

又曰黄初四年詔給光祿大夫楊彪吏卒門施行馬

呉志曰八月遣光祿大夫周弈石偉巡行風俗察將吏清濁民所疾苦爲黜陟之詔

王隱晉書曰劉毅字仲雄年七十告老以光祿大夫致仕門施行馬賜錢百三十萬

晉書曰王覽爲宗正卿致仕詔遣殿中醫療疾給藥後轉光祿大夫門施行馬

又曰鄭袤魏景元初疾病失明屢乞骸骨不許拜光祿大夫

又曰華表字偉容歆子也太始中爲太中大夫禄賜與卿同門施行馬

晉陽秋曰李熹乞老以爲光禄大夫門施行馬

晉中興書曰王蘊字仁修烈宗將納后訪于公卿僕射安曰王蘊地望可與國婚定后既立徵拜金紫光禄大夫

又曰祖納字士言少持操行能言名理遷右光禄大夫

又曰荀組字太章潁川人也弱冠太尉王衍見而稱之爲光禄大夫

又曰荀崧字景猷組族子也弱冠大原王濟甚相器重拜右光禄大夫

又曰賀循字彦先會稽人也節操高厲童齓不群言行舉動必以禮讓行有餘力則精書學由是博覽群書尤明三禮爲江表儒宗拜右光禄大夫

又曰顧和字君季榮族子也和二歲失父總角便有清操弱冠知名族父榮雅器之曰此吾家千里駒也興吾宗者必此子矣康帝即位爲尚書僕射更拜銀青光禄大夫又遷左光禄大夫

晉諸公贊衛尉傅祇以風疾遜位加光禄大夫門施行馬

齊書云周盤龍世祖講武令盤龍領軍校尉驃騎以疾爲光禄大夫

後魏書曰李茂字中宗爲光禄大夫茂性謙慎以弟仲寵盛懼於盈滿遂託以老疾固請遜位高祖從之聽食大夫禄還私第

汝南先賢傳曰郭憲爲光禄大夫上欲到三輔憲諫曰天下初定車駕未可以巡上遂行憲當車拔佩刀以斷車靷上不止到弘農兵起潁川上曰恨不用光禄之言於是乃還

樊英別傳曰詔書告南陽太守五官中郎將樊英委榮辭禄不降其節志不可奪今以英爲光禄賜還家在所縣給穀千斛常以八月存高年給羊一頭酒三斛

荀氏家傳曰闓字道明性清靜善談論遷光禄大夫以君面似胡明帝謂爲神明胡子

太中大夫

韋昭辨釋名曰太中大夫大夫之中最高大也

漢書曰陸賈楚人也以客從高祖定天下以口辨居左右常使諸侯中國初定尉佗平南越因王之高祖使賈賜佗印爲南越王賈說佗令稱臣奉漢約歸報高帝大悦拜賈爲太中大夫

又曰東方朔字曼倩平原厭次人也拜太中大夫觀察顏

色直言切諫上常用之

東觀漢記曰來歙字君叔南陽新野人也歙有大志慷慨治春秋左氏東詣洛陽見上大喜曰君叔獨勞苦即解被襜襦以衣歙拜太中大夫

後漢書徵郭伋太中大夫賜宅一區及帷帳錢穀以充其家伋輒散與宗親九族無所遺餘

司馬彪續漢書曰張湛拜太中大夫病居東門候舍故時人號之爲中東門君上數存問賞賜

魏志曰管寧字幼安北海朱虛人也年十六喪父中表愍其孤貧咸共贈賻悉辭不受長八尺美鬚眉與平原華歆同縣邴原相友黃初四年詔公卿舉獨行君子司徒華歆薦寧文帝以寧爲太中大夫固辭不受

又曰韓暨字公至明帝詔曰太中大夫韓暨澡身浴德志節

高潔年逾七十守道彌固可謂純篤老而益劭者也其以暨爲司徒

吳志曰裴玄字彥黃下邳人也少有學行官至太中大夫

梁書曰顧憲之字士思風疾求還吳天監二年授太中大夫雖累年宰郡資無擔石及歸環堵不免飢寒

中大夫

漢書曰晁錯對策書百餘人唯錯爲高最乃遷爲中大夫

又曰倪寬以侍御史見上語經學從問尚書一篇擢爲中大夫

中散大夫

東觀漢記曰牟長字君高少篤學治歐陽尚書諸生着錄前後萬人建武十四年徵爲中散大夫

後漢書曰魯丕字叔陵遷中散大夫時賈逵薦丕道藝深明宜見任用因和帝朝會召見諸儒丕與侍中賈逵尚書令黃香等相難數事帝善丕說罷朝特賜冠幘履襪衣一襲

續漢書曰譙玄字君黃能説春秋遷中散大夫

柱國

北史曰李敏美姿容善騎射開皇初周宣后樂平公主有女娥英妙擇婚對勑貴公子弟集弘聖宮者日以百數公主選取敏禮儀如帝女後將侍宴公主謂敏曰我以天下與至尊唯一女夫當爲汝求柱國若授餘官愼無謝及進見上親御琵琶敏舞大悅爲公主曰敏何官對曰一白丁耳上謂敏可授儀同敏不答上曰不滿尔意耶今授開府又不謝上曰公主有大功於我敏洒拜蹈舞遂於坐發詔授柱國。五代史後唐天成三年五月詔曰開府儀同三司階之極太師官之極封王爵之極上柱國勳之極近代已來文臣官階稍高便授柱國歲月未深便轉上柱國武資不計何人初官便授上柱國官爵非無次第階勳假有等差宜自此時重修舊制今後凡是加勳先自武騎尉經十二轉乃授上柱國永作成規不令踰越雖有是命竟不革前例

奉朝請

漢書曰王陵爲太傅杜門謝疾竟不朝請

續漢書曰前漢列侯奉朝請在長安位次三公漢武時宣帝爲皇曾孫令奉朝請

東觀漢記曰建武中鄧禹失司徒特進奉朝請

漢官解詁曰三輔職如郡守獨奉朝請成帝丞相張禹遜位特進奉朝請又以關內侯蕭望之奉朝請奉朝請之號則非爲官如淳曰諸侯春朝天子曰朝秋曰請雖國戚及勳門子弟爲之但預朝請會而已

晉起居注曰孝武寧康三年詔隴西王世子越駙馬都尉楊邈並可奉朝請侍從左右與太子遊處

沈約宋書曰奉朝請無員筭不爲官漢東京罷省三公外戚宗室多奉朝請奉朝請者奉會朝請召而已

又曰王敬弘子恢之被召爲祕書郎敬弘求爲奉朝請與恢之書曰祕書有限故有競朝請無限故無競吾欲使汝處於不競之地太祖嘉而許之

北齊書曰祖鴻勳爲州主簿僕射臨淮王彧表薦鴻勳有文學宜試以一官勑除奉朝請人謂之曰臨淮舉卿便以得調竟不相謝恐非鴻勳曰爲國舉才臨淮之務祖鴻勳何事從而謝之或聞而喜曰吾得其人矣

後魏書曰崔光韶事親以孝聞初除奉朝請光韶與弟光

伯雙生操業相侔特相友愛遂經吏部尚書李冲讓官於光伯辭色懇至冲爲奏聞高祖嘉而許之

又曰裴詢字敬叔美儀皃多藝能音律博弈咸所閑解起家奉朝請

又曰梁景伯生於業乾少喪父以孝聞家貧傭書自給養毋甚謹尚書盧淵稱之於李冲冲時典選拔爲奉朝請

致仕官

晉書曰王祥致仕詔賜几杖床帳簟褥以舍人六人爲睢陵公舍人

又曰鄭冲致仕詔賜安車駟馬床帳簟褥

五代史曰鄭韜以戶部尚書致仕自襁褓迨於懸車事眞偽十一君凡七十載所任無官謗無私過三持使節不辱君命士無賢不肖皆恭己接納晚年背傴時人咸曰鄭傴不迋平生交友之中無隙怨親族之間無愛憎恬和自如性尚閑簡及致政歸洛甚愜終焉之旨

太平御覽卷第二百四十三

太平御覽卷第二百四十四

職官部四十二

太子太師　太子太傅　太子太保
太子少師　太子少傅　太子少保

太子太師

六典曰太子三師以道德輔教太子者也止於動靜起居言語視聽皆有以師焉

禮記文王世子曰教世子必以禮樂樂所以修內也禮所以修外也禮樂交錯於中發形於外是故其成也懌出則有師是以教喻而德成也師也者教之以事而諭諸德也

大戴禮曰昔者周成王幼在襁褓之中太公爲太師

唐書官品志曰太子太師太傅太保是爲三師掌師範訓導輔翊

太子太傅

禮記曰三王教太子立大傅少傅以養之太傅在前少傅在後

史記曰萬石君(姓石名奮)無文學恭謹無比遷爲太子太傅

又曰夏侯勝爲太子太傅受詔撰尚書論語賜黃金百斤年九十卒官賜冢塋葬平陵太子賜錢二百萬爲勝素服五日以報師傅之恩儒者以爲榮

漢書曰景帝栗太子以竇嬰爲太傅十年栗太子廢嬰爭不能得謝病屏居藍田山下數月諸竇賓客辯士說請遂起朝

又曰蕭望之字長倩爲太子太傅以論語授太子

又曰叔孫通爲太傅高帝欲立趙王廢太子通諫曰昔晉獻公以驪姬故廢立太子晉國亂者數十年秦不早定扶蘇終使滅祀今太子仁孝陛下必廢嫡立庶臣願先伏誅以頸血汙地上曰公罷吾戲耳通曰太子天下本本一搖天下振動奈何以天下戲乎

又曰疏廣字仲翁爲太傅弟受爲少傅朝廷以爲榮皆請免歸鄉里公卿祖餞東都門外百姓觀者歎曰賢哉二大夫初太子外祖許伯以太子少請使其弟舜監護太子家廣曰太子國儲副君師友必天下英俊不宜獨親外家今官屬以備若親暱外家非所以廣太子德於天下也上善之

東觀漢記曰建安二十八年大會百官詔問誰可傅太子者羣臣承意皆言太子舅執金吾陰識可博士張佚正色曰今陛下立太子爲陰氏乎爲天下乎卽爲陰氏則陰侯可爲天下則固宜用天下之賢才上稱善曰欲置傅者以輔太子也今傅士不難正朕況太子乎卽拜爲太子太傅

又曰張湛字子孝爲太子太傅及郭后廢因稱疾拜太中大夫病居中東門候舍故時人號中東門君帝數存問賞賜後大司徒戴涉被誅帝強起湛以代之至朝堂遺失溲因自陳疾篤不能復任朝事遂罷之

後漢書曰明帝以鄧禹先帝名臣拜太子太傅也

應劭漢官曰太子太傅日就月將琢磨王質言太子有王之質琢磨以道也

魏志曰何夔代涼茂爲太子太傅每月朔太傅入見太子正法服而禮焉

吳志曰吴粲遷太子太傅遭二宮之變抗言執正明嫡庶之分欲使魯王出住夏口遣楊竺不得令在都邑又數以消息語陸遜遜時駐武昌連表諫爭由此爲竺等所譖害

又曰孫權寢疾徵大將軍諸葛恪爲太子太傅會稽太守滕胤爲太常並受詔輔太子

又曰闞澤字德潤會稽山陰人拜太子太傅領中書孫權嘗問書傳篇賦何者爲美澤欲諷諭以明治亂因對賈誼過秦論最美權覽讀焉

又曰程秉字德樞汝南南頓人也秉事鄭玄避亂交州與劉熙考論大義遂博通五經士燮命爲長史權聞其名儒以禮徵秉既到拜太子太傅

又曰張溫字惠恕吳郡吳人也溫少脩節操容貌奇偉權聞之以問公卿曰溫當今與誰爲比大司農劉基曰可與全琮爲輩太常顧雍曰基未詳其爲人也今無輩權曰如是張允不死也徵到延見文辭占對觀者傾竦權改容加禮罷出張昭執其手曰老夫託意君宜明之拜議郎選曹

尚書尋遷太子太傅

晉起居注曰武帝太始三年始置太子二傅是時官事大小皆由二傅太傅立章少傅寫之

晉中興書曰賀循字彦先爲太子太傅詔曰循清直履道秉尚貞貴居身以冲約爲本立德以仁讓爲行可躬訓儲宮默而成化

唐書官品志曰太子太傅一人位視尚書令少傅一人位視左僕射

魏故事曰太傅於太子不稱臣少傅稱臣

太子太保

禮記曰保也者慎其身以輔翼之而歸諸道者也

晉書曰劉寔字子真以特進開府加太子太保

晉中興書曰懷帝以荀組爲侍中特進行太子太保

傅暢晉贊曰賈充爲太尉行太子太保以公位重其爲保傅或行或領各隨其時

後魏書曰顯祖將禪位於京兆郡王子推隴西王源賀並固諫陸馛抗言曰皇太子聖德承基四海屬望不可横議干國之紀臣請刎頸殿廷有死無二久之帝意乃解詔曰馛直臣也其能保吾子乎遂以馛爲太保

太子少師

六典曰太子三少掌奉皇太子以觀三師之道德而教諭焉

晉書曰惠帝以衛尉裴楷爲太子少師

宋書曰太子少師少保並晉置

後魏書曰郭祚領太子少師曾從世宗幸東宮肅宗幼弱祚懷一黃瓠出奉肅宗時應詔左右趙桃弓與御史王顯爲世宗所信祚私事之時人謗祚者以爲桃弓僕射黃瓠少師

唐書官品志曰太子少師少傅少保是爲三少各一人掌皇太子以觀三師之德出則三師在前三少在後

又曰李綱拜太子少師綱有脚疾不堪踐履太宗特賜步輿令綱乘至閤下數引禁中問以政道又令轝入東宮皇太子引上殿親拜之綱於是陳君臣父子之道問寢視膳之方理順詞直聽者忘倦

又曰貞觀十三年以左僕射房玄齡爲太子少師玄齡上表遜位詔不許太宗因謂侍臣曰太子師保古難其選若成王幼小以周公爲傅左右皆賢日聞雅訓自幼及長便爲聖君秦王胡亥趙高傅之教以刑法及其立也誅功臣殺親族酷烈不已旋踵而亡以此言之善惡由於習近

又曰唐休璟年力雖衰進取弥銳時宮人賀婁氏用事而休璟爲男取其養女因以自達拜太子少師時議譏之

又曰長慶中以兼太常卿趙宗儒爲太子少師太常有師子樂備五方之色非會朝聘享不作焉至是中人掌教坊之樂者移牒取之宗儒不敢違以狀白宰相以爲事在有司執守不合關白而宗儒憂恐不已宰相責以懦怯不任事故換此散秩

陶氏職官録曰三少舊視左僕射冠服同三太也

太子少傅

漢書曰上謂張良曰子房雖疾強起傅太子時叔孫通巳爲太傅以良行少傅事

又曰匡衡字稚圭爲太子少傅數上書陳便宜少好學家貧傭力以供資用

東觀漢記曰建武二十八年以桓榮爲少傅賜以輜車乘馬榮大會諸生陳車馬印綬曰今日所蒙稽古之力也可不勉乎

後漢書曰徵王丹爲太子少傅時大司徒侯霸欲與交友及丹被徵遣子昱候於道昱迎拜車下丹下荅之昱曰家公欲與君結交何爲見拜丹曰君房有是言丹未之許也

續漢書曰王丹字仲回爲太子少傅謇諤正直名德重於時

魏志曰邢顒字子昂初太子未定而臨淄侯植有寵丁儀等並讃翼其美太祖問顒顒對曰以庶代宗先世之戒也願殿下深重察之太祖識其意後遂以爲太子少傅

吳志曰薛綜綜子瑩瑩子兼三世並爲太子少傅談者美之

晉書曰山濤轉太子少傅在東宮年巳七十病疾求退手詔不聽尋講武於宣武場有詔濤乘步輦導皇太子入時尚書僕射盧欽與濤言及孫武用兵本意武帝欣然而言曰山少傅故是天下談士也舉坐傾心又曰何曾議太子少傅當稱臣拜荀顗曰太之與少自二傅之名次耳非於太子有輕重也詔曰秦漢巳來舊章廢滅隨時改作其故事不可依用宜遠准古義定二傅不臣拜

又曰王雅爲太子少傅時朝望屬王珣珣亦頗以自許及詔用雅衆遂赴雅焉將拜遇雨請以繖入王珣不許之因冐雨而拜雅既貴倖威權甚振門下車騎常數百而善應接傾心禮之

晉中興書曰周顗字伯仁拜太子少傅顗上疏曰臣退自忖省學不通一經智不効一官止足良難未能守分不悟天監忘臣頑敝乃欲使臣內管銓衡外忝傅訓質輕蟬翼

事重千鈞此之不可不待識而明矣

後周書曰蕭武帝建德三年授太子少傅增邑九百户蕭氏以任當師傅調護是職乃作少傅箴曰惟王建國辯方正位左史記言右史書事莫不立太子爲皇之貳是以易稱明兩禮去上嗣東序養德震方主器東朝就學宵雅便綠朝讀百篇乙夜乃寐愛日惜力寸陰無棄親膳再飯寢門三至小心翼翼大孝烝烝詢謀訃慮問對疑承安樂必敬無忘戰兢夫天道盈謙人道惡盈漢嗣不絶乎馳道魏儲迴還乎鄴城前史收載後世揚名三善既備萬國以貞姬周長久實賴元良嬴秦短祚誠由少陽雖卜年七百有德至歷而昌數世一萬無德不及而亡敬之敬之天惟顯思光副皇極永固洪基觀德觀諭敢告職司太子見而恱之致書勞問

陳書曰孝明帝在東宮宣武皇帝欲以崔光爲太子師傅光固辭帝令太子南面再拜宮官皆從太子拜光北面立不敢荅拜惟西面拜謝而出乃授光太子少傅

傅玄太子少傅箴曰夫金木無常方員應形亦有隱括習以性成故近墨者黑聲和則響清形正則影直正人在側德義盈堂鮑肆先入蘭蕙不芳傅臣司訓敢告君王

太子少保

晉書曰懷帝以光祿劉蕃爲太子少保

晉諸公讚曰惠帝以吏部尚書和嶠爲太子少保

唐書曰李綱字文紀爲太子少保高祖以綱隋代名臣甚加優禮每手勑未嘗稱名其見重如此

唐新語曰李適之爲右相李林甫密奏其好酒頗妨政事玄宗惑焉乃除太子少保適之遽命親故歡會賦詩曰避

賢初罷相樂聖且銜杯爲問門前客今朝幾箇來舉朝服其度量

太平御覽卷第二百四十四

職官部四十三

太子賔客　太子詹事　太子少詹事

太子中庶子　太子左右庶子

太子賔客

六典曰太子賔客掌侍從規諫贊相禮儀而先後焉凡皇太子有賔客宴會則爲之上齒

漢書曰高祖欲廢太子呂后用張良計致商山四皓以爲賔客又孝武帝爲太子立博望苑以使通賔客則其義也

太子詹事

六典曰太子詹事之職掌統東宮三寺十率府之政令辨其綱紀而修其職務少詹事爲之貳凡太子六官之典制皆視其事而承受焉

俗說曰江㬰爲右僕射主上欲用其領詹事語王准御可覔比例准對曰臣當出外尋訪准後見主上問近所道事御已得比例未准曰唯謝琰右僕射領詹事琰即謝公之子恐㬰非其例事遂不行

應劭漢官儀曰詹事秦官詹省也給也秩比二千石

漢書曰竇嬰字王孫孝景即位爲詹事帝弟梁孝王母竇太后愛之孝王朝酒酣上從容曰千秋萬歲後傳王太后歡嬰引卮酒進上曰天下者高帝天下父子相傳漢之約也上何以得傳梁王太后由是憎嬰

又曰孔光父霸字次孺宣帝時以授太子經爲詹事

又曰詹事掌皇后太子家有丞屬諸官皆屬焉成帝鴻嘉三年帝省詹事屬大長秋

晉書曰卞壼爲詹事丗稱卞壼裁斷切直敦實忠於事上也

晉起居注曰武帝以王恭丹陽尹領詹事恭讓表曰今皇儲始建四方是式揔司之任崇替所由宜妙簡才賢盡一時之勝豈臣最庸所可叨忝

晉公卿禮秩曰太始中立詹事掌宫事

沈約宋書曰詹事一人初領官屬成帝時悉屬少傅魏氏置詹事揔衆職晉初又屬二傅咸寧復置詹事

齊職儀曰詹事品第三茂陵書秩二千石銀章青綬局擬尚書令位視領護將軍

陳書曰後主欲以江揔爲太子詹事令管記陸瑜言之於孔奐奐謂瑜曰江有潘陸之華而無園綺之實輔弼儲宫竊有所難瑜具以白後主後深以爲恨乃自言於高宗高宗將許之奐乃奏曰江揔文華之人今皇太子文華不少無藉於揔如臣愚見願選敦重之才以居輔導帝曰即如卿言誰當居此奐曰都官尚書王廓丗有懿德識性敦敏可以居太子詹事奐又奏曰宋朝范曄即范泰之子亦爲太子詹事前代不疑後主固爭之帝卒以揔爲詹事

唐書曰蘇弁改太子詹事弁初入朝班位失序殿中侍御史鄭儒立對仗彈之弁於金吾待罪數刻特釋放舊制太子詹事班次太常宗正卿之下貞元三年御史中丞竇參叙定班位移詹事在河南太原尹之下弁乃引舊班制立臺官詰之仍紿云已白宰相請依舊故爲儒立彈之

又曰龍朔二年改詹事爲端尹詹事府爲端尹府

王珉荅徐邈書曰詹事彈一官如尚書左丞矣

太子少詹事

唐書曰張行成轉太子少詹事太宗東征皇太子於定州

監國即行成本邑也太子謂行成曰今者送公衣錦還鄉於是令有司祀其先人墓

太子中庶子

漢書百官表曰太子中庶子職侍中

漢書曰王商字子威涿郡蠡吾人商少為太子中庶子以肅敬見稱

又曰歐陽地餘字長賓為中庶子授皇太子經

又曰馮野王通詩以父任為太子中庶子

魏志曰鮑勛字叔業清白有高節知名當世為中庶子在東宮正色不撓

蜀志曰後主立太子璿以霍弋為中庶子璿好馳射出入無度弋援引古事盡言規諫甚得切磋之體

吳志曰孫登為太子時太傅張溫言於權曰夫中庶子官最親密切問近對宜用俊彥於是乃用陳表等為中庶子後又以庶子禮拘復令勑中侍坐

又曰羊衜（音道）初為中庶子年二十時廷尉監隱蕃結交豪傑自衛將軍全琮等皆傾心敬待惟衜及宣詔郎楊迪拒絕不與通時人怪之而蕃後叛逆衆乃服之

晉書曰安平王孚初為魏太子中庶子魏武帝崩太子號哭過甚孚諫曰大行晏駕天下恃殿下為命當上為宗廟下為萬國奈何效匹夫之孝太子良久乃止曰卿言是也時群臣初聞帝崩相聚號哭無復行列孚厲聲於朝曰今大行晏駕天下震動當早拜嗣君以鎮海內而但哭耶孚與尚書和洽奉太子以即位是為文帝

又曰溫嶠為中庶子獻侍臣箴甚見補益

又曰王恂啓以桓謙為中庶子曰東宮之選中庶子管摠門下尤不可不得其才也

晉起居注曰武帝咸寧元年詔曰男子皇甫謐沉靜履素守學好古與流俗異趣其以謐為太子中庶子

晉中興書曰郗仲堪少好學能清言善屬文人士咸欽愛之以孝行稱烈宗聞其名召為太子中庶子甚相知悅

又曰溫嶠拜太子中庶子嶠在東宮特見嘉寵僚屬莫與為比嶠與阮放等共勸太子遊談老莊不教以經史太子甚愛之數規諫諷議

又曰肅宗之在東宮孔演領太子中庶子于時中興肇構庶事草創演經學淵博該識舊典朝儀軌制多取正焉由是元明二帝並親愛之

沈約宋書曰中庶子漢置古者世祿卿大夫之子即為副倅謂之國子天子諸侯世子必有庶子官以掌教之

齊書曰袁彖言於帝曰臣觀張緒有正始遺風宜為宮職復轉中庶子

陳書曰王瑒父沖嘗為瑒辭領中庶子世祖顧謂沖曰所以久留瑒於承華正欲使太子微有瑒風法耳

唐書官品志曰中庶子四人功高者一人為祭酒行則負璽前後部護駕

陶氏家傳曰侃遷太子中庶子君少而好學善談玄理尤明詩易以孝行聞于時儲選殊難其人特召君焉

山公啓事曰中庶子缺宜得俊茂者以濟陰太守留巖城陽太守石崇參選

晉齊王攸與山濤書曰太子中庶子東宮顯職加侍接左右誠宜得篤粹有行撿之人必允衆望

太子左右庶子

六典曰左庶子之職掌侍從贊相駁正啓奏中允爲之二凡皇太子從祀朝會則版奏外辦中嚴入則解嚴焉凡令書下左春坊則與中允司議郎等覆啓以畫諾右庶子之職掌侍從左右獻納啓奏中舍人爲之二凡皇太子監國於宮內下令書太子親畫日至春坊則宣傳之

禮記曰古者天子有庶子之官職諸侯卿大夫之庶子掌其戒令與其教理別其等正其位國有大事則帥國子而致於太子唯所用之若有甲兵事則授之車甲合其卒伍置于有司

漢書曰成帝以傅喜有志行爲太子庶子

魏志曰鮑勛字叔業爲庶子在東宮正色不撓

魏氏春秋曰阮渾字長威籍之子也少知名爲太子庶子

吴志曰華融字德蕤廣陵江都人祖父避亂居山陰時皇象亦寓居山陰吴郡張温來就象學欲得所舍或告温曰有華德蕤者雖年少美有令志可舍也温遂止融家朝夕談講俄而温爲選部尚書乃推擢融爲太子庶子遂知名顯達

晉書曰鄭默武帝時太原郭奕俱爲庶子朝廷以太子官屬宜觧陪臣默上言皇太子體皇極之尊無私於天下宮臣皆受命天朝不同藩國事遂不施行

晉起居注曰太康十年詔尚書郎王琛每所陳論意在忠讜其以爲太子庶子

隋書曰劉行本爲太子左庶子時左衛率長史夏侯福爲太子所昵嘗於閤內與太子戲福大笑声聞於外行本時在閤下聞之待其出行本數之曰殿下寬容賜汝顏色汝何物小人敢爲褻慢付執法者治之數日太子爲福致請乃釋之

隋書曰劉行本爲左庶子太子嘗得良馬令夏侯福乘而觀之太子甚悅因欲令行本乘行本不從正色而進曰至尊置臣於庶子之位者欲令輔導殿下以正道非爲殿下作弄臣也太子慙而止

又曰劉行本拜太子左庶子領治書如故皇太子虛襟敬憚時唐令則亦爲左庶子太子昵狎之每令以絃歌教內人行本責之曰庶子當匡太子以正道何有嬖昵房帷之間哉令則甚慙而不能改

又曰劉行本爲左庶子卒後而太子勇廢文帝曰若使劉行本在勇當不及於此

唐書官品志曰庶子四人掌侍從左右獻納得失高功者一人與舍人共掌其坊之禁令

又曰貞觀中詔曰皇太子與百官書疏未有制式近代已來例皆名白無以別貴賤今凡處分論事之書皇太子並畫令右庶子已下署名宣奉行書案畫日其餘與諸王親及師傅等書不在此限

又曰于志寧爲太子右庶子撰諫苑二十卷以進於太子承乾也

又曰杜正倫爲太子左庶子太宗謂曰國之儲副自古所重必擇善人爲之輔佐今太子年在幼沖志意未定朕若朝夕見之可得隨事誡約今既委以監國不在目前知卿志懷貞慤能執直道故輟卿於朕以匡太子宜知委任輕重也

又曰太宗謂太子左庶子于志寧曰古者太子既生卜士負之即置輔弼昔成王幼小周邵爲傅日聞正道習以成性今皇太子既幼卿當輔之正道無使邪僻開其心勉之

無怠當稱所委官賞可不次而得也
又曰李百藥授太子右庶子時太子頗留意典墳然閑讌
之後嬉戲過度百藥作賛道賦以諷焉詞多不載太宗見
而遣使謂百藥曰朕於皇太子處見卿所獻賦悉述古來
儲二事以誡太子甚是典要朕選卿以輔弼太子正為此
事大稱所委但須善始令終耳因賜綵物三百段
又曰李義琰為太子右庶子同中書門下三品義琰博學
多識典故上每有顧問言多切直章懐太子之廢也上慰
勉官寮盡捨罪令復其位薛元超等皆舞蹈謝恩義琰獨
引罪涕泣時論美之
山濤啓事曰東宮官屬宜得高茂者庶子賈模缺宜補劉
粹周蔚惟加所裁詔用粹
環濟要略曰庶子主宮中并諸吏之適子及支庶在版籍

者也行其秩序作其徒役授八次八舍之職以徹候

太平御覽卷第二百四十五

太平御覽卷第二百四十六

職官部四十四

太子左右贊善大夫　太子洗馬
太子司議郎　太子中舍人
太子舍人　太子通事舍人

太子左右贊善大夫

六典曰左贊善大夫掌翊贊太子以規諷也皇太子出入動靜苟非其德義則必陳古以箴焉右贊善大夫掌如其左凡皇太子朝宮臣則列於右階之下

唐書曰貞元十六年以山人崔芊爲右贊善大夫充太子侍直新名也

太子洗馬

六典曰洗馬掌四庫圖籍繕寫刊緝之事立正本副本以備供進凡天下之圖書上於東宮者皆受而藏之

國語曰夫差爲勾踐洗馬

續漢書百官志曰洗馬員十六人秩比六百石職如謁者太子出則當直一人在前導威儀蓋洗馬之義也

漢書曰司馬安少與汲黯爲太子洗馬安爲深巧善宦四至九卿

魏略曰顏斐字文林以才學爲太子洗馬

晉書曰江統爲洗馬太子頗好遊宴或闕朝侍統以五事諫之

又曰解系兄弟少連叔連各清身絜己仕皆爲洗馬

梁書曰庾於陵拜太子洗馬舊東宮官屬通爲清選洗馬掌文翰尤其清者近世用人皆取甲族有才望者時於陵與周捨並擢充職高祖曰官以人而清豈限以甲族時論以爲美

唐書曰李綱字文紀隋開皇末爲太子洗馬皇太子勇嘗以歲首宴宮臣左庶子唐令則自請奏琵琶又歌武媚娘之曲綱白勇曰令則身任宮卿職當調護乃於宴座自比倡優進淫声穢視聽事若上聞罪在不測豈不累於殿下臣請遽正其罪勇曰我欲爲樂耳君勿多事綱趨而出及勇廢黜文帝召東宮官屬切讓之無敢對者綱對曰今日之事乃陛下之過非太子罪也太子才非上品性是常人若得賢明之士輔道之足堪繼嗣皇業方今多士盈朝當擇賢居任奈何以絃歌鷹犬之才日在其側致令至此乃陛下誡道不足豈太子之罪耶辭氣凜然左右皆爲之失色文帝曰令汝在彼豈非擇人

文士傳曰江統字應元召補洗馬每有疑滯大事章表奏議輙爲同官所推常爲之作草韓子曰勾踐入官於吳執干戈爲吳王洗馬故能殺夫差於姑蘇

傅咸申懷賦序曰余自無施諐爲衆論所許補太子洗馬才不稱職意常默然

傅咸感別賦序曰有人魯庶叔雅量弘濟思心邃遠余自少與之相長情相親愛有如同生其後遷太子洗馬俄而諐蒙朝私猥忝斯職雖懼不稱而喜得與此子同班共事天下之遇未有若此周旋三載魯生遷尚書郎雖別不遠而情甚悵恨退作茲賦云尒

徐邈問王珉曰漢法制洗馬冠高山冠職如謁者中朝新制洗馬進賢冠出則在馬前清道故曰洗馬

太子司議郎

六典曰司議郎掌侍從規諫駮正啓奏凡皇太子出入朝

謁從享及釋奠於先聖先師講學齒胄撫軍監國之命可傳於史冊者並録爲記注若宮坊之內祥瑞災眚宮長除拜薨卒亦皆記之每歲終則送史館

唐書曰敬播以撰實録功遷太子司議郎時此官初置極爲清望中書令馬周歎曰所恨資品望高不獲歷居此職

又曰貞觀中皇太子上表曰臣聞直筆記言諫司箴過蓋絶代之通訓乃垂裕於當今臣以暇日遐覽前志竊惟古之養德咸有史官所以補闕拾遺爲砥爲礪彰善癉惡如切如磋譬立準而端形猶琢玉而成器故大戴禮曰太子免於保傅之嚴則有司過之史漢書云太子既冠成人乃有記過之史是知姬誦登兩肇建此官劉啓昇儲憲章斯義故能道溫王裕聲聞寢宮上有慰於皇情下無虧於物議臣地居問寢齒在横經越以幼年夙蒙天獎趨紫宸以遵禮仰黃屋以承歡怙聖慈而益驕恃鍾心而取恣肅恭馳道恐或乖方晨昏視膳慮有違舛蒙泉始道必俟後乘之規離光未融懼寢前星之耀是以夙興夜寐內省非憂延首驤言與臣童昧而魏晉已降不置此員杜絶箴規何期甚謬伏惟陛下窮神稽古尚擇芻蕘之言玄覽文明猶開登石之路況臣沖藐未涉藝文出自深宮便親監撫之重罕從誡箴疇識絃誦之宜一德有愆貽憂眷念三朝登餕何以勝任所以冒敢陳聞請遵故實願開史職故司箴誡是使綿載墜典復在聖朝資此正人少匡不逮於是門下坊置太子司議郎四人妙選名行之士爲之正六品上掌侍從規諫駁正啓奏并録東宮記注分判坊事

又曰元讓有孝行則天朝中宗居東宮復徵拜司議郎及謁見則天謂曰卿既孝於家必能忠於國今授此職須知朕意宜以孝道輔我兒也

又曰王元感濮州鄄城人也長安三年上表其所撰尚書糺謬十卷春秋振滯二十卷禮記繩愆三十卷并所注孝經史記藁草請官給紙筆寫上秘閣詔曰王元感質性溫敏博聞強記手不釋卷老而彌篤掎前達之失究先聖之旨是謂儒宗不可多得可太子司議郎兼崇賢館學士魏知古嘗稱其所撰書曰信可謂五經之指南也

太子中舍人

晉書曰杜錫預之子也累遷太子中舍人性亮直忠烈屢諫愍懷太子言辭懇切太子患之後置針著錫常所坐處氈中刺足流血他日太子問錫向者何事錫對醉不知太子詰之曰君喜責人何自作過也

晉中興書曰顧榮清操南土秀望累遷太子中舍人

又曰顧榮字彥先時吳朝士人入洛者惟陸機陸雲及榮三人而機雲雖有才藻清望不及榮也選補吳王郎中令累遷太子中舍人

太子舍人

六典曰太子舍人掌侍從行令書令旨及表啓之事皇太子通表如諸臣之禮諸臣及宮臣上皇太子大事以牋小事以啓其封題皆曰上於右春坊通事舍人開封以進其事可施行者皆下於舍人與庶子參詳之然後進不可者則否

續漢書百官志曰舍人秩二百石無員更直宿衛如三署郎中

漢書曰文帝使晁錯詣伏生受尚書還拜太子舍人

東觀漢記曰疾霸字君房爲人嚴而有威爲太子舍人

漢雜事曰鄭當時爲太子舍人每伍日洗沐常置驛馬長安諸郊請謝賓客以夜繼日常恐不遍然其交知皆天下名士也

魏志曰張茂上便宜擢爲太子舍人

晉書曰王衍以名問超爲太子舍人

又曰元帝太興元年以太子紹舅虞胤爲舍人太子奏曰舅甥宜崇敬降舅氏之親爲侍臣詔乃轉胤爲常侍

沈約宋書曰王僧達瑯琊臨沂人太保弘之少子也太祖聞僧達早慧召於德陽殿問其書學及家事應對閑敏上甚嘉之以爲太子舍人

齊書曰張率建武三年舉秀才除太子舍人與同郡陸倕陸厥幼相友狎嘗同載詣左衛將軍沈約遇任昉在焉約謂昉曰此三子後進秀才皆南金也卿可與定交由此與昉友

梁書曰劉杳字士深爲舍人及昭明太子薨新宮建舊人例無任者勑特留杳焉

後魏書曰崔玄伯少有儁才號曰冀州神童苻融收冀州虛心禮敬拜陽平公管征東記室出摠庶政入爲賓友衆務修理處斷無滯苻堅聞而奇之徵爲太子舍人摯虞玄太常弟子通二經補文學三經補太子舍人晉置十六人掌表啓

太子通事舍人

六典曰太子通事舍人掌導引宮臣辭見及承令勞問之事凡元正冬至百官與諸方之使若衆見亦如之若皇太子行先一日京文武職事九品已上奉辭及還宮之明日亦如之

三國典略曰陳勢不害字長卿尚書右丞不佞兄也長於政事飾以儒術梁武帝時與庾肩吾俱爲東宮通事舍人直日奏事梁武謂肩吾曰卿是文學吏事非所長可使不害來耶

太平御覽卷第二百四十六

職官部四十五

太子率更令　太子家令　太子僕
典膳丞　侍讀　門大夫
左衞率　右衞率　前衞率
後衞率　左右内率府長史

太子率更令

六典曰率更令之職掌宗族次序禮樂刑罰及刻漏之政令凡皇太子釋奠於先聖先師講學齒胄皆揔其儀注而爲之導引若皇太子備禮出入乗軺車位亞家令焉

漢書曰顔師古注曰掌知漏刻曰率更

續漢書百官志曰率更令秩千石與庶子舍人更直職似光禄勳掌宫殿門户之禁郎將屯衞之士

晉起居注曰武帝太康八年詔曰太子率更僕東宫之達官也其進品第五秩與中庶子左右衞率同職擬光禄勳也

隋書曰明克讓轉率更令進爵爲侯太子以師道處之恩禮甚厚有四方珍味輙以賜之于時東宫盛徵天下才學之士至於博物洽聞皆出其下

唐書官品志曰率更令掌伎樂漏刻也

物理論曰今有吕子義清賢士也爲太子率更令

太子家令

六典曰家令之職掌皇太子之飲膳倉儲庫藏之政令揔食官典倉司藏三署之官屬皇太子備禮出入則乗軺車威儀先諸臣以導引若祭祀賓客則供酒食以爲獻主

漢書曰文帝以晁錯爲太子家令多所獻替稱爲智囊

漢書曰疏受字公子爲太子家令恭謹敏而有辭宣帝置酒太子宫受奉觴上壽辭禮閑雅上甚歡悦

續漢書百官志曰太子家令秩千石主倉穀物職如司農少府擬廷尉也

蜀志曰譙周字尹南後主爲太子以周爲家令後主時頗出遊觀增廣聲樂周上諫曰昔王莽之敗豪桀並起跨州據郡欲併神器於是賢才智士思望所歸未必以其勢之廣狹唯其德之薄厚也

宋書曰太子家令主内茵蓐床机諸供中之物又知官奴婢月用錢内庫米鹽車牛刑獄

唐書官品志曰家令掌刑法食膳倉庫什物奴婢等事

太子僕

六典曰太子僕之職掌車輿乗騎儀仗之政令及喪葬之禮物下其次叙與其出入而供給之皇太子之車輅三一曰金輅二曰軺輅車三曰四望九皇太子備禮而出則率廐牧令進輅僕親馭焉

後漢書太子少傅屬官有太子僕一人秩千石主車馬職如太僕太子五日一朝非入朝日遣僕及中允朝入請問起居

沈約宋書曰太子僕秦官也

宋起居注曰元嘉中以散騎常侍荀伯子爲太子僕

隋書曰柳肅遷太子僕太子廢坐除名爲民大業中帝與段達語及庶人罪惡之狀達云柳肅在宫大見疏斥帝問其故荅曰學士劉臻嘗進章仇太翼於宫中爲巫蠱事肅知而諫曰殿下帝之冢子位當儲二誠在不孝無患見疑劉臻書生皷摇脣舌適足以相誑誤願殿下勿納之庶人不懌他

日謂臻曰汝何故漏洩使柳諝知之令面折我
唐書官品志曰僕掌宗族親疎車輿騎乘也
太子典膳丞
六典曰典膳郎掌進膳嘗食之事丞爲之貳每夕局官於
厨更直
北齊書曰門下坊始別置典膳局有監丞各二人
唐書曰邢文偉滁州全椒人也遷太子典膳丞時孝敬在
東宮罕與宮臣接見文偉輙減膳上書曰臣竊見禮戴記
曰太子既冠成人免於保傅之嚴則有司過之史徹膳之宰
史之義不得不司過宰之義不得不徹膳今皇帝式稽前
典妙簡英俊自庶子已下至諮議舍人及學士侍讀等使
翼佐殿下以成聖德近者以來未甚延納談議不狎謁見
尚稀三朝之後但與內人獨居何由發揮聖智使睿哲文

明若乎今史雖闕官宰當奉職忝備所司不敢逃死謹守
禮經輙申減膳太子荅書曰顧以庸虛早尚墳典每欲研
精政術極意書林但往在幼年未閑將衛竭誠耽誦因即
損心比日以來風虛更積中奉恩旨不許重勞加以趨侍
舍元温清朝夕承親無自專之道遵禮以色養爲先所以
屢闕坐朝時乖學緒公潛申雅勗式薦忠規敬尋來請良
符宿志自非情思審諭義均弼諧豈能進此藥言形於簡
墨撫躬三省感愧兼深文偉自此益知名
太子侍讀
唐書曰玄宗在東宮張說與國子司業褚無量俱爲侍讀
深見親敬
又曰元和十二年諫議大夫韋綬罷皇太子侍讀綬好諧
戲兼通小說太子因侍上或以綬所能言之上謂宰臣曰
侍讀者當以經術輔導太子使深知君臣父子之教令或
聞綬之談論有異於是豈所以導太子者因命罷其職
又曰呂元膺爲同州刺史及中謝上問時政得失元膺論
奏辭氣激切上嘉之翌日謂宰臣曰呂元膺有讜言直氣
宜留在左右使言得失卿等以爲何如李藩裴垍賀曰陛
下納諫超冠百王乃宗社無疆之休臣等不能廣求端
士又不能數進忠言孤負聖心合當罪戾請留元膺給事
左右尋兼皇太子侍讀
五代史後唐史曰倉部郎中何澤上疏請置太子侍讀勑
旨何澤早廁班行深明典制固根本而別彰憂國上封章
而足表臣君其所敷陳實爲允當特議施行
太子門大夫
六典曰宮門郎掌內外宮門管籥之事凡宮殿門夜漏盡

擊漏鼓門夜漏上水一刻擊漏鼓閉每歲終行儺應經所
由門並先一刻早開若皇太子不在則閉東宮正門其宮
城使宿衛人應入宮殿者各於左右廂便門出入至皇太
子還仗乃開
續漢書百官志曰門大夫員二人秩六百石職比郎將
漢書曰文帝晁錯爲太子舍人轉太子門大夫
晉書曰太子門大夫局准公車令班同中書舍人主通遠近牋表
宮門禁防
唐書曰龍朔二年改門大夫爲宮門郎職比城門郎
三輔決錄曰桓帝以平陵魯寬爲太子門大夫
太子左衛率
六典曰左右衛率掌東宮兵仗羽衛之政令揔諸曹之事
凡親勳翊府及廣濟等五府屬焉副率爲之貳凡元正冬

至皇太子朝宮臣及諸方使則率衛府之屬以儀仗爲左右廂以衛之若皇太子備禮出入則如鹵簿之法以從

續漢書百官志曰衛率四百石主門衛

晉志曰凡太子出前衛率導在前廣麾外左右二率從夾導輿車後衛率從在烏皮外並帶戟執刀其服並視左右衛將軍

晉書曰劉卞爲愍懷太子左率知賈后必害太子乃問張華華曰君欲如何卞曰東宮儁乂如林四率精兵万人公居阿衡之任若得公命皇太子因朝使録尚書事廢賈后金墉兩黄門力耳華曰廢立大事又非所能賈后微聞迁卞爲雍州刺史卞恐終露乃服藥卒

晉中興書曰褚翼字謀遠少失父以才藝堪幹立名肅祖即位徵拜屯騎校尉迁太子左衛率

隋書曰宇文述每與晉王謀事及晉王爲皇太子以述爲左衛率舊令率官第四品上以述素貴遂進率品爲第三其見重如此

唐書官品志曰左右衛率各一人位視御史中丞各有丞左率領果毅統遠立忠建寧凌鋒夷冠祚德等七營右率領崇紫永吉崇和細射等四營二率各置尉

山公啓事曰太子左率缺侍威重宜得其才無疾患者城陽太守石崇忠讜有文武河東太守焦勝清貞有信義皆其選也

右衛率

晉中興書曰郗恢字道胤爲太子右衛率恢八尺美鬚髯風神魁梧烈宗異之

又曰吴隱字處默太元中以國子博士爲太子右衛率

沈約宋書曰元嘉中以王琳謝弘微並爲太子右衛率

隋書曰高祖以太子勇知時政欲重宮官之資故以大臣領其職蘇孝慈自兵部尚書拜右衛率尚書如故上將廢太子憚其在東宮乃出爲浙州刺史

荀綽冀州記曰裴康字仲預與弟楷爲名士仕至太子右衛率

荀氏家傳曰車騎將軍悝字茂中山濤舉之爲太子右衛率稱君清和理正從容顧問動可觀採眞侍衛之美者

前衛率

晉中興書曰徐邈字仙民建元中爲太子前衛率

後衛率

晉起居注曰建元十四年以太子中舍人郗儉爲太子後衛率。宋起居注曰永初元年以徐佩爲太子後衛率

左右內率府長史

六典曰左右內率府長史掌判諸曹官吏及千牛備身之二

唐書曰永淳中以雍人元讓爲太子右內率府長史旌孝行也讓弱冠明經擢第以母疾遂不求仕躬親藥膳烝烝致養不出閭里十餘年及母終廬於墓側蓬髮不櫛沐菜食飲水而已咸亨中孝敬監國下令表其門閭至是巡察使奏讓孝悌殊異由是拜職

太平御覽卷第二百四十七

太平御覽卷第二百四十八

職官部四十六

王師　王傅
王友　王侍讀
王文學　郡國相
國郎中令　國常侍
國中尉
國侍郎　府長史
府司馬

王師

漢書曰王式字翁思東平人爲昌邑王師昭帝崩昌邑王嗣立以行淫亂廢昌邑群臣皆下獄治事使者責問曰師何以無諫書式對曰臣以詩三百五篇朝夕授王至於忠臣孝子之篇未嘗不爲王反覆誦之臣以三百五篇諫是以無諫書使者以聞亦得減死論

王傅

後漢書曰皇太子彊求乞自退封東海王故重選官屬以杜林爲王傅從駕南巡狩時諸王傅數被引命或多交遊不得應詔唯林守慎有召必至餘人雖不見譴而林特受賞賜又辭不敢受帝益重之

吳志曰是儀字子羽北海營陵人也南魯二宮初立儀以本職領魯王傅儀嫌二宮相近切乃上疏曰臣竊以魯王天挺懿德兼資文武當今之宜宜鎮四方爲國藩輔宣揚德美廣耀威靈乃國家之良規海內所瞻望但臣言辭鄙野不能究盡其意愚以二宮宜有降殺正上下之序明教化之本書三四上爲傅盡忠動輒規諫事上勤與人恭不治

産業不受施惠爲屋舍纔足自容隣家有起大宅者權出望見問起大室者誰左右對曰似是儀家也權曰儀儉必非問果他家其見知信如此

唐書曰立悰河南陸渾人亦有學業景龍中爲相王府掾與文學韋利器典籤裴耀卿俱爲王府直學士睿宗在藩甚重之官至岐王傅開元初卒撰三國典略三十卷行於時

王友

晉中興書曰謝尚字仁祖司徒左西屬爲會稽王友

北史曰蕭大圜除滕王逌友逌嘗問大圜曰吾聞湘東王作梁史有之乎餘傳乃可抑揚帝紀奚若隱則非實記則攘羊對曰言之者妄耳如使有之亦不足怪昔漢明爲世祖紀章帝爲顯宗紀殷鑒不遠足爲成例且君子過如日月之蝕彰於四海安得而隱之如有不彰亦安得不隱盖子爲父隱直在其中諱國之惡抑又禮也逌乃大笑

殷浩別傳曰會稽王少著名譽友學之舉必極有德以浩爲友

山公啓事曰近啓修武令劉訥補南陽王友詔曰友誠宜得有益者然以長吏治民不易屢易爲疑今散人無依仰又啓今者職散中誠自有人然劉訥才志外內非稱臣以爲宜蒙此者是以啓及不審固可用不詔可尒所啓

王侍讀

隋書曰楊汪字元度勤學專精左氏傳通三禮解褐周冀王侍讀王甚重之每曰王侍讀德業優深孤之穆生也

唐書曰姚思廉初爲代王侍讀屬義師入京城時府寮駭散惟思廉侍王不離其側義師入殿門思廉謂之曰唐公舉

兵本臣王室卿等不宜無禮於王衆服其言於是布列階下須臾太宗至閤而義之許其扶王至順陽閤下泣拜而去觀者咸歎曰忠烈之士也仁者有勇此之謂也太宗居藩引為文學及親征徐圓朗思廉時在洛陽太宗嘗從容言及隋亡之事慨然歎曰姚思廉不懼兵刃以明大節求諸古人亦何以加也因寄物百段遺其書曰想卿節義之風故有斯贈

王文學

魏志曰中山恭王袞每讀書文學左右常恐以精力為病數諫止之不能廢也文學防輔相與言曰受詔察王舉措有過當奏及有善亦宜以聞遂共表陳袞美袞聞之大驚責讓文學曰修身自守常人之行耳而諸君以上聞適增其負累也

晉書曰鄭袤魏武帝初封諸子為侯精選賓友袤與徐幹俱為臨淄文學

晉諸公讚曰扶風王年八歲聰明善詩賦中表奇之魏烈祖以為齊王芳文學

長沙耆舊傳曰太尉李公時為荊州刺史下辟書夫採名珠求之於蚌欲得名士求之文學或剖百蚌不得一珠不可捨蚌求之於魚或百文學不出奇士不可捨文學求之於斗筲也由是言之蚌乃珠之所藏文學亦士之場矣

郡國相

東觀漢記曰吳祐字季英陳留人遷膠東相政唯仁簡以身率物民有相爭訴者輒閉閤自責然後科其所訟以道譬之或身到閭里重相和解自是之後爭隙省息吏民不欺

又曰魯平字叔陵拜趙相為政尚寬惠禮讓雖有官不廢教授門人常有數百關東號曰五經復興魯叔陵

後漢書曰張禹遷下邳相徐縣北界有蒲陽坡（東觀記曰坡水廣二十里徑直百里在道西其東有田可萬頃坡與政同）傍多良田而堙廢莫修禹為開水門通引灌溉遂成熟田數百頃勸率吏人假與種粮親自勉勞遂大收穀實鄰郡貧者歸之千餘戶室廬相屬其下成市後歲至墾千餘頃人用溫給

又曰趙咨應召復拜東海相之官道經滎陽令敦煌曹暠咨之故孝廉也（咨為敦煌太守時暠薦為孝廉）迎路謁候咨不為留暠送至亭次望塵不及謂主簿曰趙君名重今過界不見必為天下笑即弃印綬追至東海謁咨畢辭歸家其為時人所貴若此

謝承後漢書曰東郡趙咨為東海相人遺其雙枯魚啗之

二歲不盡以儉化俗

魏志曰初曹公為兗州以東平畢諶為別駕張邈之叛也邈刼諶父母弟妻子公謝遣之卿老母在彼可去諶頓首無二心公嘉之為之流涕既出遂亡歸及邈敗生得諶衆為諶懼公曰夫人孝於其親者豈不亦忠於君乎吾所求也以為魯相

又曰太祖光和末黃巾起拜騎都尉討潁川賊遷為濟南相國有十餘長吏多阿附貴戚贓污狼籍於是奏免其八禁斷淫祀姦究逃竄郡界肅然

蜀志劉備領平原相郡民劉平素輕先主耻為之下使客刺之客不忍刺語之而去其得人心如此

晉書曰文帝輔政阮籍嘗從容言於帝曰平生曾遊東平樂其風土帝大悅即拜東平相籍乘驢到郡壞府舍屏

障使內外相望法令清簡旬日而還

又曰阮神遷平原相時襄邑衛京自南陽太守遷於河內與神俱拜帝望而歎曰二千石皆若此朕何憂乎

九州春秋曰孔融爲北海相一朝殺部督郵

會稽典錄曰駱俊字孝遠烏傷人孝靈皇帝擢拜陳相汝南葛陂盜賊並起陳與接境四面受敵俊厲吏民爲之保鄣出倉見穀以贍貧民隣郡士庶咸往歸之身捐俸祿給其衣食民有產子常勑主者厚致米肉生男女者輒以駱爲名

國郎中令

漢書曰龔遂字少卿山陽人以明經爲官至昌邑郎中令事王賀賀動作多不正遂爲人忠厚剛毅有大節內諫諍於王外責傅相引經義陳禍福至於涕泣蹇蹇無已面刺

王過王至掩耳起走曰郎中令善媿人及國中皆畏憚之王又與騶奴宰人遊戲飲食賞賜無度遂入見王涕泣膝行左右侍御皆出涕王曰郎中令何爲哭遂曰臣痛社稷之危也

又曰周勃等共誅諸呂迎代王郎中令張武等議皆曰不可信願稱疾無往以觀其變中尉宋昌進曰羣臣之議皆非願大王勿疑也代王遣太后薄昭見勃勃等俱言所以迎立王者昭還報信矣王笑謂宋昌曰果如公言乃令宋昌驂乘張武等乘傳詣長安群臣奉法駕代邸皇帝即日夕入未央宮夜拜宋昌爲衛將軍領南北軍張武爲郎中令行殿中

續漢書曰皇子封王其郡爲國每國置郎中令一人秩千石掌王夫人郎中宿衛官也

魏志曰袁渙爲魏國郎中令及卒太祖爲之流涕穀二千斛一教以太倉穀千斛賜郎中令家一教以垣下穀千斛與卿家外不解其意教曰以太倉穀者官法也以垣下穀者親舊也

晉中興書曰顧榮時在洛者唯陸機陸雲及榮唯三人而已機雲雖有才藻不及榮也以南土秀望補吳王郎中令

沈約宋書曰宋國初建當置郎中令高祖難其人謂傅亮曰今用郎中令不可減袁曜卿也既而曰吾得其人矣乃以王惠居之

續搜神記曰會稽朱弼爲王國郎中令營立第舍未成而卒同郡謝子木代其事以弼死亡乃定簿書多張功費長百餘萬以其贓誣弼而實入子木子木夜寢忽聞有人道弼姓字者俄頃而到子木堂前立謂之曰卿以枯骨腐肉

專可得誣當以某日夜更相書言終忽然不見○陸機詣吳王表曰臣本吳人靖居海隅朝廷欲抽引遠人綏慰遐外故太傅所辟殿下東到淮南發詔以臣爲郎中令

國中尉

史記曰魯申公弟子爲博士十餘人孔安國至臨淮太守徐偃爲膠西中尉其治官皆有廉節稱其好學

漢書曰鄭當時字莊陳人也稍遷爲魯中尉

又曰梁孝王招延四方豪傑齊人公孫詭多奇計初見曰王賜千金官至中尉號曰公孫將軍

續漢書曰清河王小心恭孝特見親愛後諸王就國鄧太后詔特清河國置中尉內史賜乘上御物焉

漢舊儀曰帝子爲王王國置太傅相公尉各一人秩二千石以輔王

三輔決録曰淮陽憲王宣帝愛子器異其才欲以爲嗣王恃寵自驕天子乃用韋玄成爲中尉以輔導之受詔與蕭望之等論五經同異於石渠閣

邵氏家傳曰邵弘字德裕時景帝爲瑯邪王詔書高選官屬請君爲中尉君爲人體素方嚴儀容甚偉雖私門接對僮僕儼然不厲而威王甚憚焉王常候君晝息身隨使者潛至君舍令使者進曰王有令君徐理鬚冠履俯伏盡禮然後讀之王與使者羣立瞻聽爲之歎息曰古人稱不愧于屋漏其邵中尉乎吾反逆詐以試長者豈不陋哉王虛心受納忻宴言話晝夜無休君乃上書諫王王讀三四瞿然失色後謂左右曰思邵中尉之言使人于今毛豎

國常侍

漢書曰龔舍字君倩少好學明經楚王入朝聞舍高名聘爲常侍不得已隨王歸國

晉春秋曰甘卓字季思察孝廉爲吳王晏常侍

國侍郎

王隱晉書曰孫秀瑯邪國書佐爲趙王倫國侍郎

桓譚新論曰宣帝元康神爵之間丞相奏能皷雅瑟者渤海趙定梁國龍德召見温室拜爲侍郎

府長史 諸府附

漢書曰張湯爲御史大夫爲三長史朱買臣等所譖帝遣杜周詰湯湯欲對周曰君爲大臣今被責詰何用對爲於是自殺臨死上書曰譖臣者三長史也帝追惜湯悉誅三長史

又曰趙充國從貳師將軍擊匈奴身被二十餘瘡武帝視而嗟嘆遷車騎長史

晉書曰劉輿爲魏郡太守東海王越將召之或曰輿猶膩也近則汙人及至越疑而御之輿密視天下兵簿及倉庫牛馬器械水陸之形皆默識之是時軍國多事每會議自潘滔以下莫知所對輿既見越應機辯畫越傾膝酬接即以爲左長史

又曰劉輿爲東海王越左長史越既秉政時賓客蒲遊文案盈几遠近書記日有數千終日不倦或以夜繼之皆人懽暢莫不悅附命議如流酬對款備時人服其能比之陳遵時越府有三才潘滔大才劉輿長才裴邈清才

晉中興書曰王獻之少有清譽亦善隸書後將軍謝安請爲長史甚欽愛之

又曰薛兼字令長與同郡紀瞻等初入洛張華歎曰皆南金也屢遷至丞相右長史兼恪勤王事以佐祿秩優泰每約損辭讓以周貧而已

宋書曰阮萬齡陳留尉氏人萬齡少知名自通直郎爲孟昶建威府長史時袁豹江夷相繼爲昶司馬時人謂昶府有三府

齊書曰庾杲之出爲王儉衛軍長史時人呼儉府爲入芙蓉池

又曰陸慧曉爲晉熙王冠軍長史慧曉歷輔五政治身清肅僚佐以下造請起送之或謂慧曉曰長史貴重不宜妄自謙屈答曰我性惡人無禮不容不以禮處人

又曰陸慧曉遷右長史時陳郡謝朏爲左長史府公竟陵王子良謂王融曰我府二上佐求之前世誰可爲比融曰兩賢同時便是未有前例

崔鴻十六國春秋後趙錄曰張躍字世淵清河東武城人

也學敏才達雅善清談石勒偉其儀辯拜世子衛軍長史勑世子曰張長史人之表範汝其師之

後魏書曰張袞字洪龍上谷沮陽人也好學有文才太祖爲代王選爲左長史決策幃幄太祖器之禮遇優厚

南史曰孔覬除安陸王子綏後軍長史性使酒恃氣每醉輒弥日不醒僚類間多所凌忽尤不能曲意權幸莫不畏而嫉之居常貧罄無有豐約未嘗關懷爲府長史典籤諮事不呼前不敢前不令去不敢去雖醉日居多而曉明政事醒時判決未嘗有壅衆咸云孔公一月二十九日醉勝他人二十九日醒也孝武每欲引見遣人覘其醉醒

隋書曰衛玄初仕周武帝親揔萬機拜益州揔管府長史賜以萬釘寶帶

唐書曰和元祐爲千牛衛長史先是元祐獻詩十首其詞猥陋皆寓言變幸而意及兵戈韋氏命拘於大理而將戮月餘而韋氏就誅其詩言若合符讖故上聞而拜之

魏武故事載令曰府長史王必是吾披荊棘時吏也忠能勤事心如鐵石國之長吏也蹉跌久不辟之捨騏驥而不乘焉惶惶而更求哉今故教辟之

陶氏家傳玄猷字恭豫王導以君江東儁望請爲右軍長史君恪勤王事每當朝日恒夙興就路及到府門輒先衆僚爲人美容止善談論亦以此見稱當世焉

府司馬 (諸府附)

左傳曰季氏以公鉏爲馬正(家司馬也)慍而不出閔子馬見之曰(閔子馬閔父也)子無然禍福無門惟人所召爲人子者患不孝不患無所(所位處也)恭敬父命何常之有(言廢置在父無常位)公鉏然之恭敬朝夕恪居官次

家語曰鄉射曰孔子觀於鄉射於是退而與門人習射於矍相之圃蓋觀者如堵墻焉射至於司馬使子路執弓矢出延射者(子路爲司馬故射至於子路使出延射)

魏略曰諸葛誕伐吳戰于東關上欲速進軍司馬王儀諫曰吳賊必有伏宜持重不可進上不聽果爲吳人所覆儀曰今日之敗誰當其咎上曰司馬欲委罪孤耶遂法儀

晉書曰石苞爲景帝中護軍司馬宣帝聞苞好色薄行以讓帝帝荅曰苞雖細行不足而有經國才略夫廉貞之士未必能經濟世務是以齊桓忘管仲之奢僭而録其臣合之大謀漢高舍陳平之汚行而取其六奇之妙筭苞雖未可以上儔二子亦今日之選也懿乃止

晉陽秋曰晉陵人韋叟相脩令於坐相劉裕仕官當至州不叟云劉粗是有相人當不失邊州刺史既出私於裕曰

卿大有貴相向不敢極言耳裕惡其言末略荅曰卿狂言驗當用相爲司馬義旗後數年叟見裕詐曰周成不負桐葉之信公不應忘司馬之言今不希鎮軍府闕護軍司馬鈌願賜卒恩裕美而用之

晉中興書曰中宗爲安東將軍鎮下邳請王導爲司馬軍國之事無不諮訪中宗遷鎮建康導爲司馬委以政事于時朝野傾心號曰仲父導忠於事上達於從政以百六之弊寄寓江左爲治之本務在清靜

沈約宋書曰羊徽被遇於高祖高祖謂諮議參軍鄭鮮之曰羊徽一時美器世論猶在兄後恨不識之板補右將軍

劉蕃司馬

後魏書曰辛祥爲并州平北府司馬有白壁還兵欒道顯被誣爲賊官屬推據咸以爲然祥曰道顯面有悲色察獄

以色其此之謂乎若執申之月餘別獲真賊

世說云謝弈爲桓宣武荆州司馬弈既上猶推布衣之交在温坐岸幘嘯詠無異常日宣武每曰我方外司馬也弈醉温於許主避之主每曰君若無狂司馬我何由得相見

太平御覽卷第二百四十八

太平御覽卷第二百四十九

職官部四十七

從事中郎　府掾　府屬
諮議參軍　公府舍人　記室參軍
府參軍

從事中郎 諸府附

魏志曰韓嵩字德高義陽人少好學貧不改操知世將亂不應三公之命與同好數人隱居於酈西山中黄巾起嵩避難南方劉表逼以爲從事中郎

吳志曰嚴畯字曼才彭城人也少耽學善詩書三禮避亂江東與諸葛瑾步隲齊名有善性質純厚其於人物忠告善導志存補益張昭進之於孫權權以爲騎都尉從事中郎

晉書曰祖納字士言最有操行能清言文義可觀性至孝少孤貧常自炊爨以養母平北將軍王敦聞之遺其二婢辟爲從事中郎有戲之曰奴價倍婢納曰百里何必輕於五羖皮耶

又曰嵇紹字延祖方直儒雅爲衛軍從事中郎

虞預晉書曰劉隗字大連彭城人學涉有具爲祕書郎避亂南渡遂爲中宗從事中郎甚見器遇

何法盛晉中興書曰謝萬少而才器儁秀太宗聞其名取爲鎮軍從事中郎

抱朴子曰友人嵇君道爲廣州刺史其弟應靜爲太傅從事中郎別於襄陽君道泣而應靜不泣抱朴子以爲丈夫宜然

府掾 諸府附

史記曰倪寬爲廷尉史爲人温良有廉智張湯以爲長者數稱譽之及湯爲御史大夫而寬爲掾

漢書曰陳遵爲公府掾公府掾史率皆羸車小馬不尚鮮明而遵獨極輿馬衣服之好門外車騎交錯

東觀漢記曰吳良以清白方正稱東平王蒼辟爲西曹掾數諫正蒼多善策蒼上表薦良

續漢書曰府掾比古之元士皆三命也

漢舊注曰或曰漢初掾史辟皆上言故有秩皆比命士其所不言則爲百石屬其後皆自辟故通爲百石云

魏志曰董尋字文輿爲人忠直爲軍謀掾青龍中上大興宮室羣臣皆負土尋上書諫曰今臣自知言必死而臣自譬於牛之一毛生既無益其死何損且比夲不生矣是以發筆流涕心與世辭臣有八子臣死之後以累陛下

魏略曰令狐劭字孔叔在安邑毛城中會太祖攻破鄴遂圍毛城城破劭等輩十餘人皆當斬太祖閱見之疑其衣冠也問其祖考而識其父乃解於署軍謀掾

蜀志云馬良字季常爲左將軍掾後使吳良謂亮曰今銜國命協穆二家幸爲良介於孫將軍亮曰君試自爲文良即草曰寡君遣掾良通好以紹昆吾豕韋之勳其人吉荊楚之令鮮於造次之華而有克終之美願降心納以慰將命權善待之

吳志曰張温父允以輕財重士名顯州郡爲孫權東曹掾

晉中興書曰荀闓字道明有清稱京師爲之語曰洛中英英荀道明大司馬齊王冏辟以爲掾

又曰王珣弱冠而陳郡謝玄俱辟大司馬桓温掾温語人曰謝掾年三十必擁旄仗節王掾當作黑頭公皆未易才也

典略曰趙戩除萬年令遂遭三輔亂客荆州劉表以爲賔
客是時白衣平原祢衡高論冠世來遊京師詆訐朝士及
南見戩歎之曰所謂鐵則干將莫耶木則椅桐梓漆人則
顔冉仲弓後辟魏王相國掾
郄氏家傳曰郄萘字子平爲大皇帝車騎掾委以書記上
歎曰非唯秋兎之毫乃是鷹鸇之爪
郭子曰王仲祖謝仁祖同爲王公掾在坐長史云謝掾能
作異舞王命爲之謝便起舞神意甚暇王公熟視顧謂諸
客曰使人思安豐（安豐王戎封也）
語林曰王藍田少有癡稱王丞相以地辟之旣見無所他
問問來時米幾價藍田不荅直張目視王公王公云王掾
不癡何以云癡

府屬 諸府附

漢書曰谷永字子雲爲長安吏後博學經書有茂才除補
御史大夫屬
華嶠後漢書曰陳寵以時俗三府掾屬不肯親事但出入
養虛故寵獨勤心於事又以法令繁冗吏得生因緣以
致輕重乃置撰科牒辭訟比例使事類相從以塞姧源其
後公府奉以爲法
魏志曰蔣濟字子通辟丞相主簿西曹屬令曰舜舉皐陶
不仁者遠臧否得中望於賢屬
又曰胡質字文德少與蔣子通俱知名於江淮間仕州郡
濟爲別駕使見太祖太祖問曰胡通達長者寧有子孫不
濟曰有子曰質規摹大略不及父至於精良綜事過之太
祖辟爲丞相屬
臧榮緒晉書云劉沈字道真世爲北州名族博學好古辟

衞瓘屬
范亨燕書曰鮮于休有才器伎幹辟爲左光祿大夫曹屬

諮議參軍 諸府附

齊書曰張岱歷爲三府諮議與典籤主帥共事事舉而情
得或謂岱曰主王旣以執事多門而每能緝和公私云何致
此岱曰古人言一心可以事百君我爲政端平待物以禮
悔吝之事無由而及明闇短長更是才用之多少耳
南史曰柳叔夜年十六爲新野太守甚有名績補遥光諮
議參軍及事敗左右扶上馬欲與俱亡荅曰吾已許始安
以死豈可負之耶遂自殺

公府舍人

史記曰李斯上蔡人也爲丞相呂不韋舍人
漢書曰爰盎字絲楚人也爲將軍呂祿舍人

又曰田叔字子仁以壯勇爲衞將軍舍人（衞青也）後使刺三
河奏事稱意爲京輔都尉
干寶晉紀云閻纘爲人鯁直不畏強禦初仕爲太傅楊駿
舍人

記室參軍 諸府附

魏志曰太祖以陳琳阮瑀管記室軍國書檄多琳所作鍾
會以中郎在大將軍管記室事爲心腹之任時人謂之子
房
吳志曰孫惠以書干東海王越詭其姓名自稱南岳逸民
秦祕之勉之以勤王匡世之略辭義甚美越省書牓題道
衢招求其人惠乃出見越即以爲記室參軍專掌文疏豫
參謀議每造書檄越或驛馬催之應命立成皆有辭旨
何法盛晉中興書曰王丞少而冲淡弱冠知名太尉王衍

雅重之以比南陽樂廣司空東海王越以爲記室參軍雅相敬重勑子毗曰夫學之所益者淺體之所安者深閑習禮度不如式瞻儀形諷味遺言不如親承音旨王參軍人倫之表汝其師之

又曰殷浩字淵源弱冠與京兆杜乂並有美譽善言玄理論難精微故風流清談皆歸之征西將軍庾亮引爲記室參軍

又曰孔寅字舒元中宗命爲安東參軍專掌記室時書命殷積寅每稱職

沈約宋書曰孔顗署衡陽王義季記室奉牋固辭曰記室之局實惟華要自非文行秀敏莫敢居之顗學不綜貫性又疎惰何可以屬知秘記秉筆文闈假吹之尤方斯非濫

三國典略曰顏晃字克明瑯邪臨沂人也少孤貧有詞彩

解褐梁邵陵王綸兼記室參軍時東宮學士庾信常使于府王使晃接對信輕其尚少曰此府兼記室幾人晃答曰猶少於宮中學士

杜龕爲吳興太守專好勇力梁元患之及使晃管其書翰仍謂龕曰顏晃文學之士使相毗佐造次之間必宜諮禀

後周書曰郁慶領記室時北雍州獻白鹿羣臣欲草表陳賀尚書蘇綽謂慶曰近代已來文章華靡逮于江左彌復輕薄洛陽後進祖述不已相公柄民軌物君職典文房宜製此表以革前弊慶操筆立成辭兼文質綽讀而笑曰枳橘猶自可移况才子也

隋書曰魏澹專精好學博涉經史善屬文詞采贍逸齊博陵王濟聞其名引爲記室

唐書曰李巨川字下已隴右人國初十八學士道玄之後故相逢吉之姪曾孫父循大中八年登進士第巨川乾符應進士屬天下大亂流離奔播切於祿仕乃以刀筆從諸侯府王重榮鎮河中辟爲掌書記時車駕在蜀賊據京師重榮匡合諸藩叶力殄寇軍書奏請堆案盈几巨川文思敏速翰動如飛傳之藩鄰無不聳動重榮收復之功巨川之助也

典略曰阮瑀字元瑜陳留人以才自護曹洪聞其有才欲使報荅書記瑀不肯榜笞瑀瑀終不屈洪以語曹公公知其無病使人呼瑀瑀終惶怖詣門公見之謂曰卿不肯爲洪且爲我作之瑀曰諾遂爲記室

世說曰太原孫楚字子荊爲大司馬石苞記室參軍

又曰郄超王珣並以儁才爲桓温大司馬所眷珣爲主簿超爲記室參軍桓時爲荊州超爲人多鬚珣形狀短小于時

西人爲之歌曰髯參軍短主簿能令公喜能令公怒

府參軍　諸府附

魏志曰張范參丞相軍事甚見敬重太祖征伐常謂文帝曰舉動必咨此人世子執子孫禮

又曰董昭等謂太祖宜進爵國公備九錫以彰殊勳密以諮荀彧彧以爲太祖本興義兵以匡朝寧國秉忠貞之誠守退讓之實君子愛人以德不宜如此太祖由是心不平會征孫權表請彧勞軍于譙國留彧以侍中光祿大夫持節參丞相軍事太祖軍至濡須彧疾留壽春以憂薨時年五十

又曰曹休字文烈劉備遣將吳蘭屯下辯太祖遣曹洪征之以休參洪軍事太祖謂休曰汝雖參軍其實帥也洪聞此令恒委事於休

又曰于禁屯潁陰樂進屯陽翟張遼屯長社諸將任氣多共不協使趙儼并叅三軍每事誨諭遂相親睦

又曰太祖征馬超文帝留守使程昱叅軍田銀蘇伯等反河間遣將軍賈信討之賊有千餘人請降議者皆以爲如舊法昱曰誅降之意臣以爲不可誅也縱誅之宜先啓聞衆議曰軍事有專無請昱不荅文帝起入特引見昱昱曰凡專命者謂有臨時之急呼吸之間者耳今此賊制在賈信之手無朝夕之變故老臣不願將軍行之文帝荅曰君慮之善即白太祖太祖果不誅太祖還聞之甚悅謂昱曰君非徒明於軍計也又善處人父子之間

晉書曰魏舒字陽元爲相國叅府朝碎事未甞不見是非至廢興大事衆人既下意然後徐爲之多出衆議莫不敬從晉王曰魏舒堂堂人之領袖也

又曰孫楚字子荊爲佐著作郎叅石苞驃騎軍事楚既負其才器頗侮易苞初至揖曰天子命我叅卿軍初叅軍不敬府主楚既輕苞遂制施敬自楚始也

又曰李湞字宣伯容皃簡素頹然若不足者而智度沉邃言必有中高祖爲大將軍湞再叅軍上信重之。臧榮緒晉書曰庾敳字子嵩叅太傅軍事從子亮少時見敳在太傅府僚佐多名士皆一世秀異敳處其中常自袖手

晉中興書曰郗超字景興少而卓犖不羈有曠世之度俶儻高雋寵蓋當時時人爲之語曰揚州獨步王文度盛德絶倫郗景興交遊士林每在勝拔又精於理義大司馬桓温取爲叅軍英氣蓋世罕有所推與超相見常謂不能測也

又曰薛兼爲軍祭酒言於中宗曰臣邑人張闓才幹堪任當今之良器願垂引納以綜朝事中宗即召闓爲安東叅軍

又曰郭璞爲尚書郎大將軍王敦以璞有術取爲叅軍璞畏不敢辭

又曰中宗之爲安東取周訪爲叅軍在散輩中未之識也府進鎮東訪隨例爲叅軍時府叅軍譙國周訪有罪當死誤收訪訪自列無罪而吏不察訪窮壓乃身自執使仗奮擊收捕數十人皆被創披散訪得逸走歸府聞中宗大驚怒不問格鬬之罪

又曰蘇峻反范汪逃遁西歸時庾亮温嶠治兵尋陽咸以衆少賊强未敢即路且信使阻絶不相知聞及汪經過嶠等訪焉汪曰賊政令不一貪暴縱横滅亡已兆雖强易弱朝廷倒懸宜時進討嶠等納之是日護軍平南二府交命始解褐叅護軍事

又曰阮孚字遥集咸子也避亂渡江中宗以爲安東叅軍蓬髮飲酒不以王務嬰心

又曰鎮南將軍劉弘以陶侃爲長史謂侃曰我昔爲羊太傅叅軍羊公見語云君後當居我身處我今相察亦復然也

沈約宋書曰宗越隨柳元景北伐領馬幢主隸柳元怙有戰功在景後還補後軍叅軍督護隨王誕戲之曰汝何人遂得我府四字越荅曰征伐未死不憂不得諮議叅軍誕大笑

宋書曰王瞻字明遠一字叔鸞負氣傲俗好貶裁人物仕宋爲王府叅軍甞詣劉彦節直登榻曰君侯是公孫僕是公子引蒲促膝唯余二人彦節外跡雖酬之意甚不悅

梁史曰沈璧字世明惇篤有行業學通左氏春秋家東千

金後將軍謝安命爲參軍甚相欽重警內足於財爲東南豪士無進仕意謝病歸安固留不止乃謂曰沈參軍卿有獨善之志不亦高乎警曰使君以道御物前所以懷德而至既無用佐時故遂飲啄之願耳還家積載以墳素自娛

後秦記云姚襄遣參軍薛瓚使桓温温以胡戲瓚瓚曰在北曰狐居南曰狢何所問也

後周書曰梁昕以三輔望族上謁太祖見昕容貌瓌偉深賞異之即授右府長流參軍

文章志云顧凱之字長康博學有文章性遲鈍爲桓温參軍甚被親昵温嘗語人云凱之體中有癡黠各半合而論之只得平平耳

于寶司徒儀曰行參軍之職掌凡使命及督察覆行之事彈劾補遺獻納聞見以達視聽

世語曰王子猷作桓温車騎參軍桓謂王曰卿在府久此當相斷理初不荅直高視以手板柱頰云西山朝來致有爽氣

又曰郝隆爲桓公南蠻參軍三月三日作詩不能者罰三升隆初以不能受罰既飲覽筆便作其一句云娵（子反 瑜）隅躍清池桓問娵隅是何語荅云蠻名魚爲娵隅桓公曰作詩何以爲蠻語隆荅曰千里投君始得爲府參軍那得不作蠻語

魏武選令曰今詔書省司隸官鍾校尉材智決洞通敏先覺可上請參軍事以輔闇政

俗說曰陶夔爲王孝伯參軍三日曲水集陶在前行坐有一參軍督護在坐陶於坐作詩隨得五三句後坐參軍督護隨寫取詩成陶猶更思補綴後坐寫其詩者先呈陶詩經日方成王怪　陶參軍乃復寫人詩陶愧愕不知所以王後知陶非濫遂彈去寫詩者

諸葛亮與參軍掾屬教曰任重才輕固多闕漏前參軍董幼宰每言輒盡數有諫云雖性鄙薄不能悉納幼宰參署七年事有不至至于十反未有忠於國如亮可以少過矣

孫綽爲功曹參軍駁事牋曰綱紀居管轄之任以糺司外內駁議彈射誠無所拘然亦所以献可替否舉直繩違而已

太平御覽卷第二百四十九

職官部四十八

司隸校尉　州牧

司隸校尉

通典曰司隸周官也掌五隸之法辨其物而掌其政令五隸謂罪隸蠻隸閩隸夷隸貉隸也物謂衣服兵器之屬帥其民而捕其盜賊

漢書曰諸葛豐爲司隸無所廻避京師爲之語曰間何闊逢諸葛言間者何久闊不相見以逢諸葛故也侍中許章以外屬貴幸賓客犯法與章相連豐欲劾奏適逢章出豐駐車舉節招章曰下欲收之章馳去豐奔車逐之章突入殿得免由此成帝遂收豐節也

又曰鮑宣字子都明經爲司隸丞相孔光行園陵官屬行馳道中宣使鈎止丞相椽史沒入其車馬以摧辱宰相事下御史中丞官欲捕從事閉門不內宣坐閉拒使者大不敬下獄博士弟子王咸舉幡太學下曰欲救鮑司隸者會此下諸生會者千餘人朝日遮丞相孔光自言丞相車不得行宣罪减死一等

又曰蓋寛饒字次公爲司隸校尉子常步行好直言犯上無所廻避

又曰王駿爲司隸校尉奏免丞相匡衡

東觀漢記曰鮑永爲司隸校尉時趙王良從上送中郎將來歙喪還入夏城門中與五官將軍相逢道迫良怒召門候岑尊叩頭馬前永劾奏良曰今月二十七日車駕臨故中郎將來歙喪還車駕過須臾趙王良從後到與右中郎將張邯相逢城門中道迫狹叱邯旋車又召門候岑尊詰責使前走數十步按良諸侯藩臣蒙恩入侍知尊帝城門

使候吏六百石而肆意加怒令叩頭都道走馬頭前無藩臣之禮大不敬也

後漢書曰鮑昱爲隸在職奉法守正有父風永平五年坐救火遲免

又曰鮑永爲司隸鮑恢爲都官從事並不避強禦詔策曰貴戚且當歛手以避二鮑其見憚如此永子昱復爲司隸初拜使封胡降檄世祖遣問昱曰有所怍否對曰臣聞故事通官文書不著姓名又當司徒露布怪使司隸下書而著姓也上曰吾故欲令天下知忠臣之子復爲司隸

又曰李膺字元禮拜司隸校尉張讓弟朔爲野王令貪殘無道畏膺而逃藏讓舍柱中膺率將吏破柱取朔付獄殺之讓詐寃於帝帝詔詰膺膺曰昔仲尼爲魯司寇七日而誅少正夘今臣到官已積旬懼以淹留爲愆不意獲速疾之罪乞留五日克殄元惡帝謂讓曰汝弟之罪也自是官屛氣休沐不敢復出帝問其故並叩頭泣曰畏李司隸也

又曰司隸校尉下邳趙興亦不卹諱忌邺憂也每入官舍輒更繕脩館宇移穿改築故犯妖禁而家人爵禄益用豐熾官至潁川太守子峻太傅以才器稱孫安代曾相三葉皆爲司隸時稱其盛

又曰江馮上言宜令司隸校尉督察三公陳元議以爲不宜使有司省察公輔乃止

續漢書曰陽球字方正漁陽人也少有勇氣尚書令中常侍王甫曹節等秉權勢球常嗟手拊髀曰陽球作司隸此曹子何得尒耶尋爲司隸明日詣闕謝恩甫時休下在舍恩表甫罪收送洛陽詔獄自臨栲之甫子萌亦見收

又曰牟融拜司隸校尉典司京都執憲持平多所舉正百
僚莫不敬憚
又曰百官志曰司隸校尉一人比二千石孝武持節掌察舉
百僚以下及京師近郡犯法者
謝承後漢書曰華松擢爲司隸校尉是時貴戚專勢有司
軟弱莫敢糺罰松下車閉閤不通私書不與豪右相見姦
慝犯者輙死奏馬氏三侯群豪斂手
應劭漢官儀曰司隸校尉糺皇太子三公以下及旁州郡
國無不統陛坐見諸卿皆獨席
魏志曰徐宣遷司隸校尉從至廣陵大軍乘舟風浪暴起
帝船迴到宣船在後凌波而前群寮無至者帝壯之
又曰鍾會爲司隸校尉雖在外司時政損益當世與奪無
不畢綜

晉書曰傅玄轉司隸校尉獻皇后崩於弘訓宮設喪位舊
制司隸於端明外坐在諸卿上絕席而入殿按本品秩在
諸卿下以次坐不絕席而謁者以弘訓宮爲殿內制玄位
在卿下玄恚怒厲聲色而責謁者妄稱尚書所處玄對百
寮而罵尚書以下御史中丞庾純奏玄不敬玄又自表不
以實坐免官然玄天性峻急不能有所容每有奏劾或值
日暮捧白簡整簪帶竦踊不寐坐而待旦於是貴游懾伏
臺閣生風
臧榮緒晉書曰傅咸以議郎長兼司隸校尉咸前後固辭
辭旨懇切上不聽勑使者逼就拜授咸悲悲鯁傷咽以身
無兄弟職無假到官之日喪祭無主重自陳乞遂不見聽
聽於官舍設靈坐朔望素祭咸卧病治職時朝廷寬弛豪
右放恣郡縣容縱寇盜充仞攻篡囚徒掠奪市道交私情

託朝野溷淆咸於是奏免河南尹京都肅然貴戚憚之數
月之間三奏免選官奏按謇諤終無曲撓雖不見從有司
肅然
晉志曰漢武帝初置十三州刺史各一人又置司隸校尉
察三輔三河弘農七郡
晉諸公賛曰劉毅字仲雄爲司隸奏太尉何曾尚書劉寔
父子及羊琇張他等所犯狼藉司部守令事相連及覩風
投印綬者甚衆皆以爲毅能継諸葛豐蓋寬饒也
崔鴻十六國春秋前秦録曰王猛望燕師之衆惡之謂鄧
羗曰今日之事非將軍莫可以捷也成敗之機在斯一舉
將軍其勉之羗曰若以司隸見與者公無以爲憂
唐書官品志曰司隸臺大夫一人正四品掌諸巡察其所
掌六條一察品官以上理政能不二察官人貪殘害政三

察豪強姧猾侵害下人及田宅踰制官司不能禁止者四
察水旱蟲災不以實言枉徵賦役及無災妄蠲免者五察
部內賊盜不能窮逐隱而不申者六察德行孝悌茂才異
行隱而不貢者每年二月乘軺巡郡縣十月入奏
英雄記曰董卓謂王允曰欲得一快司隸校尉誰可作者
允曰唯有蓋勳元周京兆耳卓曰此明智有餘不可假以
雄職
列異傳曰故司隸校尉上黨鮑子都少時上計掾於道中
遇一書生獨行時無伴卒得心痛子都下車爲按摩奄忽
而亡不知姓名有素書一卷銀十餅即賣一餅以殯其餘銀
及素書着腹上呪之曰若子魂靈有知當令子家知子在
此今使命不獲久留遂辭而去至京師有驄馬隨之人莫
能得近唯子都得近子都歸行失道遇一關內侯家日暮

住宿見主人呼奴通刺奴出見馬入白侯曰外客盜騎昔所失騘馬侯曰鮑子都上黨高士必應有語侯曰若此乃吾馬昔年無故失之子都曰昔年上計遇一書生卒死道中具述其事侯乃驚愕曰此吾兒也侯迎喪開槨視銀書如言侯乃舉家詣闕上薦子都聲名遂顯至子永孫昱並為司隷及其為公皆乘騘馬故京師歌曰鮑氏騘三入司隷再入公馬雖瘦行步轉工

傅咸集教曰司隷校尉舊號卧虎誠以舉綱而萬目理提領而衆毛順

州牧

漢書曰何武與翟方進奏曰古選諸侯賢者以為州伯今部刺史居牧伯之位選第大吏所為位高至九卿所惡立退任重職大春秋之義用貴治賤不以卑臨尊刺史位下大夫而臨二千石輕重不相準請罷刺史更置州牧以應古制奏可

續漢書曰皇甫嵩領冀州牧奏請一年租以賑飢民民歌曰天下亂兮市為墟母不保子兮妻失夫頼有皇甫兮復安居

吳志曰呂範拜楊州牧性好威儀州民如陸遜全琮及貴公子皆脩飭虔肅不敢輕脫也其居家服飾於時奢靡然勤事奉法故權悅其忠不怪其侈

又曰呂岱傳廖式作亂圍城邑零陵蒼梧鬱林諸郡騷擾岱自表輒行星夜兼路權遣使追拜岱交州牧

晉書曰張茂為涼州牧武公軌之子也築靈鈞臺周輪八十餘堵其高九仞武陵人閻曾夜叩門呼曰武公遣我來曰何故勞百姓而築臺乎姑臧令辛巖以曾妖妄請殺之茂曰吾信勞人曾稱先君之令何為妖乎太府主簿馬魴諫曰今世難未夷唯當弘道業不宜勞役崇師臺榭比年已來轉覺衆務日奢於往每所經營輙違雅度實非士女所望於明公也茂曰吾過也命止作役

又曰張駿為涼州牧刑清國富群寮勸進稱涼王領秦涼二州牧置公卿百官如魏武晉文故事駿曰此非人臣所宜言也敢有言此者罪在不赦然境內皆稱之為王

北史曰裴俠嘗與諸牧守俱謁周文文命俠別立謂諸牧守曰裴俠清慎奉公為天下之最令衆中有如俠者可與之俱立衆皆默然無敢應者周文乃厚賜俠朝野歎服焉號為獨立使君

北史曰後魏廣陽王嘉遷司州牧嘉表請於京四面築坊三百二十三各周一千二百步乞發三正復丁以充茲役雖有暫勞姧盜永止詔從之

後周書曰蘇綽為六條詔書奏施行之太祖甚重之常置諸座右又令百司習誦之其牧守令長非通六條計帳者不得居守

太平御覽卷第二百五十

太平御覽卷第二百五十一

職官部四十九

都督　揔管　都護

都督

晉書曰杜預爲都督荆州諸軍事南土美而謠之曰後世無叛由杜翁孰識智名與勇功

又曰陶侃爲都督荆雍益梁四州諸軍事是時荆州大飢百姓多飢死侃至秋熟輙糴至飢復價糶之士庶歡悅咸蒙濟賴

又曰羊祜都督荆州諸軍事招攜以禮懷遠以德吳人悅服呼爲羊公

又曰庾翼都督江荆益三州刺史制度規模每出於人數年之中軍國充實人情翕然稱其才明由是自河以南皆懷歸附

又曰陳勰爲陶侃廣州長史侃夢有司馬以鎧與侃勰以爲司馬國姓鎧者捍國之器節下當進位果除都督交州

又曰張寔都督涼州下令曰忝繼前蹤庶幾刑政不爲百姓之患而比年飢旱殆由庶事有闕竊慕箴誦之言以補不逮自今有面刺孤罪者酬以束帛翰墨陳孤過者荅以筐篚謗言於市者報以羊米

又曰石苞都督揚州諸軍事苞因入朝當還辭高貴鄉公留語盡日既出白文帝曰非常主也數日而有成濟之事

又曰劉胤代溫嶠都督江州諸軍事領江州刺史假節胤位任轉高放豪日甚縱酒躭樂不恤政事大殖財貨商販百萬初胤之代嶠也遠近皆謂非選陶侃郗鑒咸云胤非方伯才朝廷不從或問王悅曰今大難之後縄紀頹絕自江陵至于建康三千餘里流人萬計布在 國之南藩要害之地而胤以侈汰之性卧而對之不有外變必有內患悅曰聞溫平南語家公云連得惡夢思見代者尋云可用劉胤此乃溫意非家公也是時朝廷空罄百官無祿唯資江州運漕而胤商旅繼路以私廢公有司奏免胤官書始下而爲郭默所害

又曰王恭爲都督兗青冀幽并徐州晉陵諸軍事平北將軍假節鎮京口初都督以北爲號者累有不祥故桓冲王坦之桓彝之後不受鎮北之号恭表讓軍号以超授爲辭而實惡其名於是改号前將軍

北史曰賀蘭祥除都督荆州刺史見有發掘古冢暴露骸骨乃謂守令曰此豈仁者爲政耶命所在收藏時夏亢陽即日降雨

唐書曰宋璟轉廣州都督仍爲五府經略使廣州舊俗皆以竹茅爲屋屢有火災璟教人燒瓦改造店肆自是無復延燒之患夷夏懷惠立碑以紀其政

又曰王方翼爲夏州都督屬牛疫無以營農方翼造人耕之法施關鍵使人推之百姓賴焉

揔管

後周書曰長孫儉爲荆州揔管嘗詣闕奏事時值大雪遂立於雪中待報自旦達暮竟無惰容其奉公勤至皆此類也。又曰赫連達遷大將軍夏州揔管三州五防諸軍事達雖非文吏然性質直遵守法度輕於鞭撻而重慎死罪性又廉儉邊境胡民或饋達以羊者達欲招納異類報以繒帛主司請用官物達曰羊入我厨物出官庫是欺上也命取私帛與之識者嘉其仁恕焉

北史曰韋孝寬爲延州揔管兄夐至州與孝寬相見將別
孝寬以所乘馬及鑾勒與夐夐以其華飾心不欲之謂孝
寬曰昔人不棄遺簪墜屨者惡與之同出而不與同歸吾
之操行雖不逮前烈然捨舊策新亦非吾志也乃乘舊馬
以歸

隋書曰元褒爲原州揔管有商人爲賊所劫其人疑同宿
者而執之褒察其色寛而辭正遂捨其人商詣闕訟褒受金
縱賊上遣使窮治之使者薄責褒曰何故利金而捨盗也
褒便即引咎初無異詞使者與褒俱詣京師遂坐免官其
盗尋發於他所上謂褒曰公朝廷舊人位望隆重受金捨
賊非善事何至自誣也曰臣受委一州不能息盗賊臣之
罪一也州民爲人所謗不付法司懸即放免臣之罪二也
牽率愚臣無顧刑法不持文書約束至令爲物所疑臣之

罪三也臣有三罪何所逃責臣又不言受賂使者復將有
所窮究然則縲絏横及良善重臣之罪是以自誣上歎異
之稱爲長者

又曰元景山爲豪州揔管先是州民王迴洛張季真等聚
結亡命每爲刼盗前後牧守不能制景山下車遂捕之迴
洛季真挺身奔江南擒其黨與數百人皆斬之法令明肅
盗賊屏迹稱爲大治

又曰韋世康嘗因侍宴再拜陳讓曰臣無尺寸之功位亞
台鉉今犬馬齒截不益明時恐先朝露無以塞責願乞骸
骨退避賢能上曰朕夙夜庶幾求賢若渴冀與公共治天
下以致太平今之所請深乖本望縱令筋力衰謝猶屈公
卧治一隅於是出拜荆州揔管時天下唯置四大揔管并
楊益三州並親王臨統唯荆州委於世康時論以爲美世
康爲政簡静百姓愛悅合境無訟

又曰韋藝還營州揔管藝容皃瓌偉每夷狄參謁必整儀
衛盛服以見之獨坐滿一榻蕃人畏懼莫敢仰視

又曰薛道衡聲名籍甚一時仁壽中楊素專掌朝政道衡
既與素善上不欲道衡久知機密因而檢校襄州揔管道
衡久蒙驅策一旦違離不勝悲戀兼之哽咽高祖愴然改
容曰尒光陰晚暮侍奉誠勞朕欲令尒將攝兼撫氓俗今
尒之去朕如斷一臂於是賚物三百段九鐶金帶并時服
一襲馬十疋慰勉遣之

又曰樊子蓋轉循州揔管許以便宜從事十八年入朝奏
嶺南地圖賜以良馬雜物

又曰令狐熙拜桂州揔管十七州諸軍事許以便宜從事
刺史已下官得承制補授給帳内五百人賜帛五百疋發

傳送其家累改封康郡公熙至部大弘恩信其溪洞渠帥
更相謂曰前時揔管皆以兵威相脅今者乃以手教相諭
我輩其可違乎於是相率歸附先是州縣生梗長吏多不
得之官寄政於揔管府熙悉遣之爲建城邑開設學校華夷
感敬稱爲大化

又曰李安領行軍揔管率蜀兵順流東下時陳人屯白沙
安謂諸將曰水戰非北人所長今陳人依險泊船必輕我
而無備以夜襲之賊可破也諸將以爲然安率衆先鋒大
破陳師高祖嘉之

唐書曰田留安拜魏州揔管劉闥之亂也來攻州城于時
山東豪猾多殺長吏以應賊百姓兇人咸懷異志凡諸守
皆以心腹自衛多所猜防由是上下情隔怨叛者多留安
獨撫結所部亦無疑阻凡有白事者無問踈遠皆至卧内

謂人曰吾與卿輩同爲國守自宜一心無爲疑貳也必欲弃同卽異背順歸逆亦任卿輩斬吾頭而去矣城中父老遞相誡勵子弟曰田公以赤心相付何得負之由是人情遂固州人死竹林者劉闉之黨也初有異圖留安陰知之而不發其事因引置左右委以關鑰竹林感其意遂歸心焉卒收其力用

又曰劉世讓拜廣州揔管將之官高祖問以備邊之策世讓荅曰突厥比數南寇者徒以馬邑爲其中路耳如臣計者於崞城置一智勇之將多貯金帛有來降者厚賞賜之數出奇兵掠其城下踐其禾稼敗其生業不出歲餘彼當無食馬邑不足圖也高祖曰非公無可任者可　馳驛至彼善爲經略世讓於是以兵臨馬邑高滿政以其地來降突厥患之遣曹繁陁來詣中國言世讓與可汗通謀將爲亂由是

得罪籍沒其家及突厥來降言世讓初無逆謀始原其妻子

都督護

漢書曰宣帝時匈奴日逐王欲降漢使人與鄭吉相聞吉發渠犂龜兹諸國五萬人迎日逐王吉送三千人小王將十三人隨吉至阿曲頗有亡者吉追斬之將詣京漢封日逐王爲德歸侯吉既破車師降日逐威震西域遂并護車師以西故号爲都護都護之置自吉始焉上嘉其功乃下詔曰都護西域騎都尉鄭吉撫循外蠻宣明威信封吉爲安遠侯漢之号令班於西域始自張騫成於鄭吉也

又曰叚會宗爲人好大節而功名爲西域都護與谷永相友善永閔其老復遠出與書戒之曰足下以柔遠之靈德復典都護之重職甚休　願吾子因循舊貫無求奇功萬里之外以身爲本願詳思愚言

又曰元帝時甘延壽爲西域都護陳湯爲副郅支單于數困辱漢使湯與延壽謀曰郅支所在絶遠無金城强弩之守如發屯田吏士從烏孫直詣其城可以成功延壽欲奏之湯曰國家與公卿議大策非凡所見必不從會延壽久病湯獨矯制發兵延壽聞之欲止焉湯怒按劒叱延壽曰大衆已集豎子欲沮衆耶延壽遂從之部勒行陳益置楊威白虎合騎之校（張晏曰西域陣法之名也）即日引軍分行遂斬郅支單于頭送京師延壽封茂成侯湯封關内侯功大賞少爲石顯匡衡所抑

應劭漢官儀曰西域都護武皇帝始開通西域三十六國其後稍分至五十餘國置使者校尉以領護之宣帝神雀三年改曰都護秩二千石平帝時省都護令戊巳校尉領之

沈約宋書曰初漢宣帝置西域都護以加騎都尉若諫大夫護西域諸國光武建武初始有督軍諸使至獻帝建安中魏武相漢遣大將外出督十軍二十軍者始号都督曹袁張楊之徒雖以三公假節領州郡然無都督之号也三國時亦有都護中都護左右都護將軍兼督諸軍猶是舊制意也黄初三年上軍大將曹真始都督中外諸軍事揔諸軍高貴鄉公正元二年晉文帝都督中外諸軍事尋加大都督之号大始中置小都督江左亦時有也吴朝鎮將揔兵亦曰都督大軍出爲二部則曰左右都督分武昌爲兩部亦曰左右部大督其揔一者則曰大都督又繞帳羽林無難之屬隨事有督無常号也至諸葛恪以下輔政乃都督中外諸軍事蜀關羽在江陵亦督軍州至張飛姜維

亦爲中外都督如吳魏也晉氏以來宰輔任重者爲中外大都督方伯望隆者亦如大都督之号凡諸都督雖軍号有輕重無假節也

唐書曰馬揔爲安南都護揔敦儒學長於政術在南海累年清廉不撓夷獠便之於漢所立銅柱之處以銅一千五百斤特鑄二柱刻書唐德以繼伏波之迹

太平御覽卷第二百五十一

職官部五十

尹　少尹　留守

尹

春秋傳曰周公相王室以尹天下（尹正也）

漢書曰內史周官秦因之掌治京師景帝二年分置左右內史武帝太初元年更名京兆尹（張晏曰地高曰京左傳曰莫之與京十億曰兆尹者正也）秩二千石銀印青綬進賢兩梁冠絳朝服佩水蒼玉

又曰趙廣漢字子都涿郡人也守京兆尹廣漢爲人強力天性精於吏職見使吏民或夜不寢至旦尤善爲鉤距以得事情（蘇林曰鉤得其情使不得去）鉅鉤者設如欲知馬價則先問狗次問羊又問牛然後及馬參伍其價以類相準則知馬之賤貴不失實矣銖兩之姦皆知之長安少年數人會窮里空舍謀共劫人坐語未訖廣漢使捕治具服廉明威制豪強百姓追思歌之至今

又曰元始五年有一男子乘黃犢車建黃旐衣黃襜褕逕來詣北闕自謂衛太子京兆雋不疑後到叱從吏使收縛之曰昔蒯聵違命出奔輒距而不納春秋是之衛太子得罪先帝亡不即死今來自詣此罪人也遂送詔獄由是名聲重於朝廷在位者皆自以不及廷尉驗治何人竟得姦詐本夏陽人姓成名方遂皃一似戾太子

又曰張敞爲京兆尹朝廷每有大議引古今處便宜公卿皆服敞無威儀時罷朝會過走馬章臺街（或曰在長安中或在章臺下街）使御史駈自以便面拊馬又爲婦畫眉長安中傳張京兆眉憮（憮大也孟康曰憮音詡北方人謂爲嫵）有司以奏上問之對曰臣聞閨房之內夫婦之私有過於畫眉者上愛其能然不得大位爲京兆尹九年與楊惲厚坐惲大逆誅

又曰張敞冬爲尹一日捕諸偷得數百人由是市無偷盜

又曰王尊王章王駿並爲京兆有名京師稱曰前有趙張後有三王

後漢書曰袁安爲河南尹政號嚴明然未曾以贓罪鞫人常稱曰凡學士者高則望宰相下則希牧守錮人於聖世尹不忍爲也聞之者感激自厲在職十年京師肅然名重於朝廷

又曰張酺入爲河南尹竇景家人復擊傷市卒吏捕得之景怒遣緹騎侯海等五百人毆傷市丞（說文曰緹帛丹黃色也漢官儀曰執金吾緹騎）有酺部吏楊章等窮究正海罪徙朔方景忿怒乃移書辟章等六人爲執金吾吏欲因報之章等惶恐入白酺願自引贓罪以辟景命酺即上言其狀竇太后詔報自今執金吾辟吏皆勿遣

又曰楊彪遷侍中京兆尹光和中黃門令甫使門生於郡界辜榷官財物七千餘萬（華嶠書曰甫使門生辜榷解見靈帝紀）彪發其姦言之司隸校尉陽球因此奏誅甫天下莫不愜心

又曰延篤字叔固及邊鳳皆爲京兆尹並有能名語曰前有張趙後有邊延張趙即趙廣漢及張敞也

又曰梁冀爲河南尹居職暴恣多非法父商所親客洛陽令呂放頗與商言及冀之短商以讓冀冀即遣人於道刺殺放而恐商知之乃推疑於放怨仇請以放弟禹爲洛陽令（安慰放家欲以滅口）使捕之盡滅其宗親賓客百餘人

又曰王梁爲河南尹穿渠引穀水注洛陽城下東寫鞏川及渠成而水不流七年有司劾奏之梁慙懼上書乞骸骨

謝承後漢書曰周暢字伯時性仁慈爲河南尹永初二年

夏旱久禱無應暢自收葬洛陽城旁客死骸骨凡萬餘人應時澍雨歲乃豐稔

袁崧後漢書曰延篤字叔堅南陽人也爲京兆尹正身率下民不忍欺

應劭漢官儀曰河南尹所治周地也洛陽本成周周之衰微分爲東西周秦兼天下置三川洛河伊也漢更名河南孝武皇帝增曰太守世祖中興徙都洛陽改号爲尹尹正也詩云赫赫師尹

魏志曰鄭渾字文公爲京兆尹渾以百姓新集爲制移居之法使兼復者與單輕者相伍温信與孤老爲比勤稼穡明禁令以發姦者由是民安於農而盜息

又曰傅嘏字蘭石爲河南尹內掌帝都外統京畿兼主六御六遂之士其民異方雜居多豪門大族商賈胡貊天下

四會利之所聚而姦之所生也前尹司馬芝舉其綱而太簡次尹劉靜綜其綱而太密後尹李勝毀常法以收一時之聲嘏立司馬之綱統裁劉氏之綱目以經緯之李氏所毀以漸補之郡有七百吏半非舊也河南俗黨五官掾功曹典選職皆授其本國人無用異邦人者嘏各舉其良而用之分官曹之職次考㭊之其治以德教爲本然持法有恒而不可犯見理識情獄訟不枉櫝楚而得其實不爲小惠有所薦達及大益於民事皆隱其端迹若不由己出故當時無赫赫之名使民久而後安者也

又曰司馬芝字子華爲河南尹教群下曰蓋君設教不能使吏必不犯也吏能犯教而不能使君必不聞也夫設教而犯君之劣也犯教而聞吏之禍也君劣於上吏禍於下此政事所以不理也可不勉之哉於是下吏莫不自厲

又曰劉馥字子靖出爲河南尹散騎常侍應璩以書與子靖曰入作納言出臨京任富民之術日引月長

王隱晉書曰樂廣字彥輔爲河南尹故郡中前多怪後人皆於廊下郵傳中治事無敢在廳事者唯廣處之自若白戶自閉二子凱模等懾怖廣使掘牆孔得狸乃絕代者乃相承入止

又曰庾純字謀甫太始六年詔曰河南大郡四方表則中書令庾純清粹忠正才紹治化其以純爲河南尹

又曰劉隗補丹陽尹雖在外而萬機秘密皆預聞之

晉書曰羊曼爲丹陽尹時朝士過江初拜官相飾供饌曼拜丹陽尹客來早者得佳設日晏則漸罄不復及精隨客早晚而不問貴賤有羊固拜東海太守竟日皆美雖晚至者猶獲盛饌論者以固之豐腆乃不如曼之真率

晉起居注曰武帝咸寧三年詔曰河南百郡之首其風教宜爲遐邇所模以導齊之侍中奉車都尉王恂忠亮篤誠才兼外內明於治化其以恂爲河南尹

晉中興書云晉大興元年改丹陽內史爲丹陽尹

宋書劉秀之遷丹陽尹先是秀之從叔穆之爲丹陽尹與子弟於廳事上飲宴秀之亦與焉廳事柱有一穿穆之謂子弟及秀之汝等試以栗遙擲此柱若能入穿後必得此郡穆之諸子並不能中唯秀之獨入焉

唐書曰開元初改雍州長史爲京兆尹揔理衆務

又曰鄭珣瑜出爲河南尹珣瑜既入境官吏以逼降延曰珣瑜到即後於事乃送所獻馬齎印於路以例告珣瑜曰未上官不可遽有進獻及既上即過時矣遂不獻

又曰郭英乂時嚴武卒元載薦英乂代之遂兼成都尹充

劒南節度使英乂到成都肆行不軌無所忌憚玄宗舊宮置爲道士觀内有玄宗鑄金真容及乘輿侍衛圖畫先是節度使每至皆先拜而後視事英乂以觀地有形勝乃入居之其真容及圖畫悉遭毀壞見者無不憤怒

又曰英乂爲成都尹頗恣狂蕩聚女人騎驢擊毬製鈿驢鞍及諸服用皆侈靡裝飾日費數萬以爲笑樂未嘗問百姓間事人頗怨之

又曰許孟容爲京兆尹神策軍吏李昱假貸長安富人錢八千貫滿三歲不償孟容遣吏收捕械繫尅日命還之曰不及其當死自興元巳後禁軍有功又中貴之尤有渥恩者方得護軍故軍士日益横府縣不能制孟容剛正不懼以法繩之一軍盡驚寃訴於上立命中使宣旨令送本軍孟容繫之不遣中使再至乃執奏曰臣誠知不奉詔當誅然臣職司輦轂合爲陛下彈抑豪強錢未盡輸昱不可得上以其守正許之自此豪右斂迹威望大震

又曰劉栖楚爲京兆尹摧抑豪右不顧患難事無大小必設鉤距故時人重之或稱其機變往往有類於西漢時趙廣漢者

又曰李傑爲河南尹傑既勤於聽理每有訴列雖衢路當食無廢處斷由是官無留事人吏愛之先是河汴之間有梁公堰年久堰破江淮漕運不通傑奏調發汴鄭丁夫以濬之省功速就公私深以爲利刻石水濱以紀其績

又曰柳仲郢爲河南尹以寛惠爲政言事者以爲不類京兆之政仲郢曰輦轂之下彈壓爲先郡邑之治恵養爲本何取類耶

又曰蘇震爲大常卿是歲東都耆老表乞行幸上重違其

心選勤舊勳賢爲之牧守遂以震爲河南尹兼御史中丞仍充東都畿甸觀察使

英雄記曰董卓廢少帝自公卿巳下莫不卑下於卓唯京兆尹蓋勳長揖爭禮見者皆爲失色

李燮別傳曰燮字德公京兆人拜京兆尹吏民愛敬乃作歌曰我府君道教舉恩如春威如虎愛如毋訓如父

李郃別傳曰郃鷹弟豹爲將作大匠河南尹缺豹欲得之上及鷹兄弟亦欲用難使召拜下詔令公卿舉鷹以旨遣人諷公卿悉舉豹李郃曰司隸河南尹當整頓京師檢御貴戚今反使親家爲之必不可爲後法公舉司隸羊浸不舉豹豹竟不得尹恨公卿不舉對士大夫曰李公寗能不舉我故我不得尹耶。莊子曰孫叔敖能以爵禄爲巳害故三爲令尹三去令尹而色不變

語林曰蘇峻新平溫庚諸公以朝廷初復京尹宜得望實唯孔君平可以處之孔固辭二公逼諭甚苦孔敖然曰先帝大漸卿輩身侍御床口行詔令孔垣尓時正璞臣耳何與國家事不可今日喪亂而猥見逼迫吾狙豆上腐肉任人割截耶庾愧不能荅。說苑曰楚令尹子文之族干法者廷理釋之子文責之曰吾豈爲私意耶何廷理之駁於法也不寘刑地吾將死廷理懼遂刑其人國人聞之曰若令尹之公也吾黨何憂乃相與作歌曰子文之族犯國法程廷理釋之子文不聽

通典曰凡帝王所都皆曰尹南朝曰丹陽尹後魏初曰代尹東魏曰魏尹北齊曰清都尹

楊雄河南尹箴曰茫茫天區畫冀爲京商邑翼翼四方之經爰作卿士以尹王州風化攸興萬國承流

梁邵陵王讓丹陽尹初表曰臣進非民譽退異宗英尸居戎號已忝彝典況京兆五守西漢難追河南二尹東京罕繼審已循涯自知莫可街談巷議尤見不勝

梁庾肩吾爲南康王讓丹陽尹表曰臣聞鉤鑪七星非有司天之用縑圖五嶽寧識崇朝之雲是知策彼泥龍不能令其逐日秉斯流馬安可使其奔電方今振鷺盈庭白駒空谷惟帝念功惟明克允君子之國罕聞其讓石門之水獲免於貪

少尹

唐書曰李憕爲東京少尹時蕭炅爲尹依倚權貴莅事多不法憕以公直正之人用緊賴又道士孫甑生以左道求進託以修功德往來嵩山求請無度憕必挫之

五代史後唐書曰李承勳累遷至太原少尹劉守光之僭號也莊宗遣承勳往使伺其釁端承勳至幽州見守光如藩方交聘之禮謁者曰燕王爲帝矣可行朝禮承勳曰吾大國使人太原亞尹是唐帝除授燕主自可臣其部人安可臣我哉守光聞之不悅拘留於獄數日出而訊之曰臣我乎承勳曰燕君能臣我王則我臣之吾有死而已安敢辱命會王師討守光承勳竟没於燕中

留守

東觀漢記曰和帝南巡祠園廟張禹以太尉留守北宮太官朝夕送食

後漢書曰車駕征張步留伏湛居守時蒸祭高廟冬祭曰蒸也而河南尹司隸校尉於廟中爭論湛不舉奏坐策免○吳志曰孫權征新城使登居守總知留事時年穀不豐頗有賊盜乃表定科令所以防禦甚得止姦之要

晉書曰張方劫惠帝幸長安僕射荀藩等與其遺官在洛陽爲留臺承制行事号爲東西臺

後魏書曰高祖南伐以太尉元丕廣陵王羽留守京師並加持節

又曰荀頹大駕行幸三州頹留守京師沙門法秀謀反頹率禁兵收掩畢獲內外晏然駕還飲至文明太后曰當尒之日卿若持疑不即收捕處分失所則事成不測矣今京畿不擾宗廟社稷安者實卿之功也

隋書曰楊瓚平齊之役諸王咸從留瓚居守帝謂之曰六府事一以相付重朕將遂事東方無西顧之憂矣其見親信如此

唐書曰儀鳳元年司農卿韋弘機爲東都留守時有道士朱欽遂爲中宮所使至都所爲橫恣弘機執而囚之因奏曰道士假稱中宮驅使依倚形勢臣恐虧損皇明爲禍患之漸高宗特發中使賜書慰諭仍云不須漏泄

又曰武后垂拱中文昌右丞相蘇良嗣爲京留守時尚方監裴匪躬檢校京苑將鬻苑中果菜以收其利良嗣駮之曰昔公儀休相魯猶能拔葵去織未聞萬乘之主鬻其果菜以與下人爭利也

又曰柳公綽爲北都留守充河東節度觀察使等是歲北虜遣梅祿將軍李暢以馬萬疋來市且曰朝貢所經過守帥每假禮分嚴其兵備留館則戒卒于外懼有襲奪太原故事亦出兵送之暢至界上公綽獨使牙門將祖孝恭單馬勞焉待以修好之意暢感義出涕徐驅道中不妄馳獵及至闢牙門令譯引謁宴以常禮及市馬歸竟不敢有所犯

太平御覽卷第二百五十二

職官部五十一

內史　郡丞

郡叅軍　督郵

內史

史記曰汲黯字長孺公孫弘爲相乃上言曰右內史界部中多貴人宗室難治非素重臣不能任請徙黯爲內史數歲官事不廢

漢書曰倪寛遷右內史寛既治民勸農業表奏開六輔渠（六輔謂京兆馮翊扶風河東河南河內也）定水令以廣溉田收租稅時裁闊狹與民相假貸以故租多不入後有軍發右內史以負租課殿當免民聞皆恐失之大家牛車小家檐負輸租繈屬不絕課更最上由此愈奇寛

晉書曰孔季恭爲吳興內史吳興頻喪太守言項羽神爲祟君居郡事竟無害也

又曰王薈字敬文恬虛守靖不競榮利少歷清官除吏部郎侍中建威將軍吳國內史時年饑粟貴人多餓死薈以私米作饘粥以飴餓者所濟活甚衆

梁書曰顧憲之爲衡陽內史先是郡境連歲疾疫死者太半棺木尤貴悉裹以生席棄之路傍憲之下車分告屬縣求其親黨悉令殯葬其家人絕滅者憲之爲出公祿使綱紀營護之又土俗山民有病輒云先祖爲禍皆開冢剖棺水洗枯骨名爲除祟憲之曉諭爲陳生死之別事不相由風俗遂改時刺史王奐新至唯衡陽獨無訟者乃歎曰顧衡陽之化至矣

又曰傅昭爲安成內史郡自宋已來兵亂相接郡府舍稱凶每昏旦聞人鬼相觸在任者鮮以吉終及昭至有人夜見甲兵出曰傅公善人不可侵犯乃騰虛而去有頃風雨忽至飄郡廳事入隍中自是郡遂無患咸以昭貞正所致

又曰傅昭爲安成內史郡多猛獸爲害常乃命去檻穽猛獸竟不爲害

又曰殷鈞字季和陳郡長平人也爲臨川內史鈞體多疾閉閤卧理而百姓化其德刼盜皆奔出境

又曰伏暅爲永陽內史在郡清潔政務安靜郡人何貞秀等一百五十四人詣州言狀湘州刺史以聞詔勘有十五事爲吏人所懷帝善之

隋書曰樊子蓋爲河南內史屢有治績文帝謂曰今爲公別造玉麟符以代銅獸也

唐書曰王及善契丹作亂山東不安起授滑州刺史則天謂曰邊賊反叛卿雖疾闇可將妻子日行三十里緩步至彼與朕卧理此州以斷河路也因問朝廷得失及善備陳理亂之宜十餘道則天曰彼末事也此爲本也卿不可行乃留拜內史

郡丞

漢書曰黃霸爲潁川郡守有郡丞老病聾督郵欲逐之霸曰許丞廉吏雖老尚能拜起送迎止頗重聽何傷其善助之無失賢者意

又曰黃霸爲河南太守丞霸爲人明察內敏又習文法爲丞處職當於法令太守甚任之吏民愛敬焉

東觀漢記曰光武議靈臺所處上謂桓譚曰吾欲讖決之何如譚默然曰臣不讀讖上問其故譚復言讖非經上大怒曰桓譚非聖無法將下斬之譚叩頭流血良久乃得解

出爲六安郡丞意忽忽不樂病卒時年七十餘

又曰趙典兄子温初爲京兆郡丞歎曰大丈夫生當雄飛安能雌伏遂弃官而去後官至三公

謝承後漢書曰劉平爲濟陽郡丞太守劉育甚重之任以郡職

漢名臣奏曰張禹奏曰案令丞相奏事司直持案長史將簿中二千石奏事皆與其丞合緑是以其下各得盡心竭誠而事公明

王隱晉書曰范晷字彦長南陽人僑居清河仕爲郡五官後爲河内郡丞時裴叔則爲河内郡知之爲裴所伏後爲侍御史

隋書曰張須陁爲齊郡丞屬歲饑穀米湧貴須陁將開倉賑給官屬咸曰待詔勑不可擅與須陁曰今帝在遠遣使

往來必擁歲序百姓有倒懸之急如待報至當委溝壑矣吾若以此獲罪死無所恨先開倉而後上狀帝知之而不責也

又曰王文同爲恒山郡丞有一人豪猾每持長吏短前後守令咸憚之同下車聞其名召而數之因令左右剡木爲大橛埋於廷出尺餘四角各埋小橛令其露心於木橛上縛四支於小橛以棒毆其背應時潰爛郡中大駭吏人相視懾氣

唐書官品志曰丹陽會稽吳郡吳興及萬戶郡丞並六百石

汝南先賢傳曰周防字偉公年十六任郡小吏世祖巡狩汝南召掾史試經防尤能誦讀拜爲守丞防以未冠請去師事徐州刺史蓋豫明經舉孝廉拜郎中

陸機集上表曰伏見司徒下諫議大夫張暢除當爲豫章內史丞暢才思清敏志節貞厲秉心立操早有名譽其年時舊比多歷郡守唯暢陵遲白首未齒而佐下藩遂蹈碎濁於暢名實居之爲劇前後未始有此愚以爲宜解舉試以近縣詔暢既爲是人所稱便差代

郡參軍

晉書曰阮孚避亂渡江元帝以爲安東參軍蓬髮飲酒不以王務縈心

北史曰盧文偉少孤有志尚頗涉經史年三十八始舉秀才除本州平北府流參軍說刺史裴儁案舊迹脩督亢陂溉田萬頃人賴其利

晉劉弘教曰太康以來天下無虞遂共尚無爲貴談莊老少有說事外託論公務內但共談笑今即同舟而載安可不人人致力耶

督郵

韋昭辯釋名曰釋去督郵主諸縣罰以負郵殷糾攝之也

漢書曰田延年爲河東太守行縣在平陽召故吏五六十人延年皆臨見令有文者東有武者西閱數十人次到尹翁歸獨伏不肯起對曰翁歸文武兼備唯所施設延年召上辭問甚奇其對使歸府案事發姦窮竟事情延年大重之徙署督郵河東二十縣分爲兩部閎孺部汾北翁歸部汾南

又曰孫寶爲京兆尹以立秋日署故吏侯文爲東部督郵入見勑曰鷹隼始擊當順天氣取姦惡以成嚴霜之誅掾部拒有人乎文曰無其人不敢空受職寶曰誰文曰霸陵杜穉季寶曰其次文曰豺狼方橫道不宜復問狐狸

稱秀聞之杜門不通水火穿後牆爲小戶不敢犯法

東觀漢記曰趙勤字孟卿南陽棘人明達好學介然特立太守騶珎召署曹吏至掾督郵太守桓虞下車葉令雍霸及新野令皆不遵法乃復勤督郵到葉見霸不問縣事但高談清論以激厲之霸即陳責解印綬去勤還入新野界令聞霸已去遣吏奏記陳罪復還印綬去虞乃歎曰善吏如良鷹鷂矣下韝即中

又曰虞延陳留人光武東巡過小黃高帝母昭靈后園陵在焉延爲部督郵詔呼引見問園陵之事延占拜可觀其園陵樹蘖皆諳其數俎豆犧牲頗曉其禮帝善之勑延從駕到魯還經封丘城門下小不容羽蓋上怒使撻侍御史延因陛見引咎以爲罪在督郵上詔曰以陳留督郵虞延故貰御史罪

後漢書曰馬援爲郡督郵送囚至司命府（王莽置司命官上公已下皆糾察）囚有重罪援哀而縱之遂亡命北地遇赦因留牧畜

又曰陳球爲繁陽令時魏郡守諷縣求賄球不與太守怒撾督郵令逐球督郵不肯曰魏郡十五城獨繁陽有異政令逐之將致議於天下太守乃止

司馬彪續漢書曰鍾離意仕郡爲督郵縣亭長受民雞酒府下記考之意封還記詣閤白見以春秋責重先內後外政化之本由近及遠宜先請府內且闊細微太守賢之

謝承後漢書曰會稽謝夷吾字堯御爲西部督郵烏程長有罪太守第五倫使夷吾往收之到縣入閤便大哭以三百錢爲禮便歸倫問其故對曰三十日中當死故不收之至時果如其言

謝承後漢書曰許慶字子伯家貧爲郡督郵牛車鄉里號曰軺車郵慶嘗與友人談論漢無統嗣幸臣專勢世俗表薄賢者放退慨然據地悲哭時人稱許子伯哭世

又曰閻人襲爲郡督郵行則負擔卧則無被連齧皮以自覆不受人食之費

魏志曰蒲寵字伯寧山陽昌邑人年十八爲郡督郵時郡內李朔等擁部曲害于平民太守使寵紏焉朔等請罪不復侵掠

又曰高堂隆字叔平平陽人魯高堂生後也少爲諸生太守薛悌命爲督郵督軍與悌爭名悌而呵之隆案劒叱督軍曰昔魯定見侮仲尼歷階趙彈秦箏相如進缶臨臣名君義之所討也督軍失色悌起止之

列異傳曰汝南北部督郵西平劉伯夷有大才略案行到懼武亭夜宿或曰此亭不可宿伯夷乃獨往宿去火誦詩

書五經訖卧有頃轉東首以絮巾結兩足以幘冠之拔劒解帶夜時有異物稍稍轉近忽來覆伯夷伯夷屈起以袂掩之以帶繫魅呼火照之視得一老狸色赤無毛持火燒殺之明日發視樓屋閒得魅所殺人髮結數百枚於是亭遂清靜舊說狸髮千人得爲神也

漢魏先賢行狀曰故宗正南陽劉伯宗奉先少履清節忠亮正直研精文學無不綜覽嘗爲督郵時豫章太守虞績以贓饕穢汙徵至郡界當就法車不肯就坐伯乃拔刀毆績績恐就車乃徑上尚書以肅王道

廣州先賢傳曰徐徵字君求蒼梧荔浦人少有方直之行不撓之節頗覽書傳尤明律令延熹五年徵爲中部督郵時唐帝侍豪貴京師號爲唐獨語遣賓客至蒼梧頗不拘法度徵便收客郡市髡笞乃白太守太守大怒收徵送獄

主簿守閤白此人無故賣買旣侵百姓汙辱婦女徐徵上
念明政據刑申耻令便治郡無復爪牙之吏後督郵當徒
跣行奉諸貴戚賓客耳太守答知徵爲是迫不得巳
會稽先賢傳曰茅開字季闓餘姚人爲督郵平決厭衆心
嘗之部歷其家不入門當路向堂朝拜府君益善之
鍾離意別傳曰汝南黃讜拜會稽太守召意署北部督郵
時郡中大疫黃君轉署意中部督郵意乃露車不冠身循
行病者門入家賜與醫藥詣神廟爲民禱祭其所臨户四
千餘人後日府君出行災眚百姓攀車言曰明府不須出
也但得鍾離督郵民皆活也
馬融長笛賦序曰融旣博覽又好音樂能鼓琴吹笛爲督
郵獨卧平陽鄔中有洛客舍逆旅吹笛融聞甚悲遂作長
笛賦玄尓

太平御覽卷第二百五十三

太平御覽卷第二百五十四

職官部五十二

刺史上

漢書曰監察御史秦官掌監郡漢省丞相遣刺史不常置武帝元封五年初部刺史掌奉詔條察州郡秩六百石員十三人

又曰刺史以六條問事非條所問不省一條強宗豪右田宅踰制以強凌弱以衆暴寡二條二千石不奉詔書遵承典制背公向私旁詔守利侵漁百姓聚歛為姦三條二千石不卹疑獄風厲殺人怒則任刑喜則任賞煩擾刻暴剝截黎元為百姓所疾山崩石裂妖祥訛言四條二千石選署不平苟阿所愛蔽賢寵頑五條二千石子弟恃怙榮勢請託所監六條二千石違公下比阿附豪強通行貨賂割

剝民人

又曰王遵遷益州刺史先是琅邪王陽為益州刺史行部至九折阪歎曰奉先人遺體奈何數乘此險後以病去及遵為刺史至其坂問吏曰此王陽所畏道耶吏對曰是遵叱其馭曰驅之王陽為孝子王遵為忠臣

又曰漢家立置郡縣部刺史奉使典州督察郡國吏人安寧故事居部九歲舉守相其有異材功著者輒登擢秩卑而賞厚咸勸功樂進今增秩為牧以高第補九卿其中材則苟自守而已恐功効陵夷姦軌不禁臣請罷牧置刺史如故奏可

東觀漢記曰州牧刺史漢舊官建元元年復置牧十八年改為刺史督二千石

又曰段熲起於徒中為并州刺史有功徵還京師熲乘車介士鼓吹曲蓋朱旗騎馬殺天蔽日連騎相繼數十里

後漢書曰馬嚴上書言云臣伏見方今刺史太守專州典郡不務奉事盡心為國而司察偏阿取與自己同則舉為尤異異則中以刑法不即垂頭塞耳採求財賂

又曰郭伋為并州牧過京師謝恩帝即引見并召皇太子諸王宴語終日賞賜車馬衣服什物伋因言選補衆職當簡天下賢俊不宜專用南陽人帝納之

謝承後漢書云王宏遷冀州刺史宏性刻不發私書不容豪族賓客號曰王獨坐

又曰李壽為青州刺史發璽書於本縣傳舍乘法駕駙騑朱軒就路奏免四郡相百城怖懼乘殘弃官

魏志曰賈逵自梁道為豫州刺史是時天下初復州郡多不攝逵曰州本以御史出監諸郡以六條詔書察長吏二千

石已下故其狀皆言嚴能鷹揚有督察之才不言安靜寬仁有愷悌之德也今長吏慢法盜賊公行州知而不糾天子復何所取正乎逵到官數月乃還考竟其二千石以下阿縱不如法者皆舉奏免之帝曰逵真刺史矣布告天下當以豫州為法

又曰張既字德容出為雍州刺史太祖謂既曰君還本州可謂衣繡晝行矣

又曰呂虔字子恪任城人也遷徐州刺史加破虜將軍請琅耶王祥為別駕民事一以委之世多其能任賢

晉書曰向雄太始中累遷秦州刺史假赤幢曲蓋鼓吹

又曰劉卞東平須昌人也後為并州刺史昔同時為須昌小吏者百餘人祖餞之其一人輕卞卞遣扶出之人以此少之

又曰王機入廣州刺史郭訥握節而避機遂入欽就訥求節謟
昔蘇武不失其節前史以爲美談此節天朝所假義不相
與自可遣兵取之機慙而止
又曰石苞爲徐州刺史文帝之敗於東關也苞獨全軍而退
帝指所持節謂苞曰恨不以此付卿
晉陽春秋云胡質爲荆州刺史子威自洛陽至荆州定省
家貧自驅驢單行見父停十餘日臨歸質賜絹一疋爲道
粮威跪拜曰大人清高不審安得此質曰吾俸禄之餘故
以爲汝粮耳
又曰晉武嘗問威曰卿清孰與卿父清威曰臣不如也帝
曰何以爲不如威曰臣父清畏人知之臣清畏人不知
陸機晉武紀曰王濬之在巴郡也夢懸四刀於其上甚惡
之穡主簿李毅拜賀曰三刀爲州而見益一明府其臨益

州乎濬果爲益州刺史
晉中興書曰荀羨字令則爲徐州刺史時年二十中興方
伯未有如羨少者
梁書曰夏侯詳遷湘州刺史詳善吏事在州四載爲百姓
所稱州城南臨水有峻峯舊傳云刺史登此山輙代是山
歷政莫敢至詳於其地起臺榭延僚屬以表損挹之志
三國典略曰梁太祖制以南汾州刺史韋孝寛爲雍州刺
史先是路側一里置一土堠經雨頽毀每須修補孝寛臨
州乃勒部内當土堠之處植樹以代之既免修復之勞旋
又得庇蔭太祖後見之恠而問焉人以狀對太祖嘉之豈
得一州獨尔當令天下同之於是令諸州夾道一里種一樹
十里種三樹百里五樹焉
又曰梁蕭恪字敬則南平元襄王偉之子也初恪爲雍州

刺史賔客有江仲舉蔡遠王臺卿庾仲容四人俱被接遇
並有蓄積故樊鄧謌之云江千萬蔡五百王新車庾大宅
梁武聞而接之曰主人憒憒不如客及恪還梁武問之恪
甚慙恧
後魏書曰高陽王雍爲相州刺史帝誡曰爲牧之道亦易
亦難其身正不令而行故曰是易其身不正雖令不從故
曰是難
又曰高允爲懷州刺史允秋日巡境問民疾苦至郡縣見
邵公廟廢毀不立乃曰邵公之德闕而不禮爲善者何望
乃表聞修葺之
又曰李崇爲并州刺史多劫盜崇乃村置一樓樓懸一鼓
盜發則擊之俄頃之間聲布百里遂多擒獲諸州皷樓自
崇始也

又曰南安王楨出爲相州刺史高祖餞之於林都亭詔曰
今者之集雖曰分岐實爲曲宴並可賦詩申意射者可以
觀德不能賦詩者可聽射也當使武士彎弓文士下筆
又曰汝陰王子修義字壽安涉獵書傳高才爲高祖所知
除右將軍齊州刺史修義以齊州頻喪刺史累表固辭詔
曰脩短有命吉凶由人何過致憂懼以乖維城之寄違凶
就吉時亦有之可聽更立廨宇修義於是移治東城
又曰畢終敬父子相代爲本州當世榮之時終敬以老還
鄉常呼其子元賔爲史君每於元賔聽政之時與出元賔
所先遣左右勑不聽起觀其斷决忻忻然喜見顏色
又曰邢巒征梁漢諸郡之民相繼而至遂平漢中詔曰巒
至彼有以懷和附衆高下品第可依義陽都督之格也拜
巒西安　梁秦　州刺史

北齊書曰張亮武定初拜太中大夫薛琡嘗夢亮於山上挂絲以告亮且占之曰山上絲幽字也君其爲幽州乎數日亮出爲幽州刺史

北史曰齊平鑒爲楊州刺史其妻生男鑒因喜飲醉擅免境內囚誤免關中細作二人醒而知之上表自劾文宣原其罪賜牛羊酒令作樂

又曰慕容三藏爲郢州刺史州界連雲山響稱萬年者三詔頒郡國仍遣使醮所其日景雲浮於上雉兔馴壇側使還以聞上大悅

後周書曰蘇亮出爲岐州刺史朝廷以其牧本州特給路車鼓吹先還其宅并給騎士三千列羽儀遊鄉黨經過故人歡飲旬日然後入州世以爲榮

又曰獨孤信爲秦州刺史嘗因獵日暮馳入城其帽微側

詰旦而吏人有戴帽者咸慕信而側帽焉其爲鄰境及士庶所重如此

又曰劉雄字猛雀高祖嘗從容謂雄曰古人云富貴不歸故鄉猶衣錦夜遊今以卿爲本州何如雄稽首拜謝於是詔以雄爲河州刺史雄先已爲本縣令復有此授鄉里榮之

又曰史寧爲涼州刺史遣使詣太祖請事太祖即以所服冠履衣被及弓箭甲矟等賜寧謂其使人曰爲我謝涼州孤解衣以衣公推心以委公公其善始令終無損功名也

又曰長孫儉爲荊州刺史時梁岳陽王蕭詧內附初遣使入朝至荊州儉於廳事列軍儀具戎服與使人以賓主禮相見儉容貌魁偉音聲如鍾大爲鮮卑語遣人傳譯以問客客懼懾不敢仰視日晚儉乃著裙襦紗帽引客宴於別齋因序梁國喪亂朝廷招携之意發言可觀使人大悅出曰吾所不能測也

三國典略曰周陸逞字季明嘗爲宜州刺史故事刺史奉辭例備鹵簿逞以時屬農要奏請停之制曰逞雖未臨人已存優恤宜遂所請彰其雅操

又曰周帝制於王壁置勳州以孝寬爲刺史爲其立勳於此因以名之

又曰賀拔岳引軍西次平涼岳以夏州隣接寇賊欲求良牧以鎮之衆咸曰宇文左丞即其人也岳曰宇文左丞吾之左右手不可廢也沉吟累日乃從衆議表太祖爲夏州刺史

陳書曰侯景平元帝遍問朝宰曰今天下始定極須良才

請卿各舉所知羣臣未有對者帝曰吾已得一人矣侍中王褒進曰未審爲誰帝曰歐陽頠公有匡濟之才恐蕭廣州不肯致之乃授武州刺史

太平御覽卷第二百五十四

太平御覽卷第二百五十五

職官部五十三

刺史下

隋書曰楊尚希素有足疾上謂之曰蒲州出美酒足堪養病屈公卧治之於是出拜蒲州刺史

又曰髙勱拜楚州刺史吏民安之先是城北有伍子胥廟其俗敬鬼祈禱者必以牛酒至破産業勱歎曰子胥賢者豈宜損百姓乃告諭所部自此遂止百姓頼之

又曰張威以罪免後從上祠泰山至洛陽上謂威曰自朕之有天下每委公以重鎮可謂推赤心矣何乃不修名行唯利是視豈直孤負朕心亦且累卿名德因問威曰公所執笏今安在威頓首曰臣負罪虧失無顔復執謹藏於家上曰可持來威明日奉笏以見上曰雖不遵法度功効實多朕不忘之今還公笏於是復拜洛州刺史

又曰梁彦光拜趙州刺史彦光言於上曰臣前待罪相州百姓呼爲戴帽餳臣自分廢黜無復衣冠之望不謂天恩復垂收採請復爲相州改弦易調庶有以變其風俗上荅隆恩上從之復爲相州刺史豪猾者聞彦光自請而來莫不嗤笑彦光下車發擿姧隱有若神明於是狡猾之徒莫不潜竄合境大駭

唐書曰天授二年正月天后内出繡袍賜新除都督刺史其袍皆刺繡作山形繞山勒迴文銘曰德政惟明職令思平清信忠勤勞進躬親自此每新除都督刺史必以袍賜之

又曰李擇言開元中爲漢褒相岐四州刺史安德郡公所歷皆以嚴幹聞其在漢州張嘉貞爲益州長史判都督事性簡貴待管内刺史禮隔而引擇言同榻坐談正理時人榮之

又曰袁光庭者河西戍將天寶末爲伊州刺史禄山之亂西北邊戍兵入赴難隴郡邑皆爲吐蕃所拔唯光廷守伊州累年外救不至虜百端誘説終不屈部下如一及矢石既盡粮儲並竭城將陷殺光廷手殺其妻子自焚而死朝廷聞之贈工部尚書

又曰曹王臯上書言理道拜爲衡州刺史坐小法貶潮州刺史楊炎作相復以臯爲衡州刺史初臯爲御史覆訐懼貽太妃憂出則素服入則公服言皃如平常太妃不之知也及爲潮州詭詞謂遷官至是復爲衡州方具以事白太妃因泣下具言非疾不敢有聞其沉審重慎如此

又曰貞元初德宗以奉先縣令鄭珣瑜爲饒州刺史昭應縣令韋武爲遂州刺史華原縣令崔琮爲汝州刺史藍田縣令韋貞伯爲魯州刺史盩厔令李曽爲郢州刺史録善政也各賜馬一疋并綵物衣服以遣之

又曰元和十四年十月上欲以潮州刺史韓愈爲袁州刺史愈至潮州獻上表上謂宰臣曰昨日韓愈表因思當時所論佛骨大是愛我我豈不知然爲人臣不當言人主事佛乃年促也我以是惡匙時上深欲擢用愈俟宰臣啓之耳皇甫鎛素嫉愈乃曰終是狂疎且與移一郡故有是命

又曰劉禹錫移授播州刺史御史中丞裴度奏禹錫母年八十今播州乃猿狖所居人跡罕至禹錫誠合得罪然其老母必至不得行則須與子爲死別傷陛下孝理之風伏請屈法稍移近處使得終養上曰夫爲人子每事尤須修謹常恐貽親之憂今禹錫所坐更合重於他人豈可以此

論度不能對上曰我所言是責人子之事然終不能傷其所親之心明日改授禹錫為連州刺史

又曰崔珙大和七年正月拜廣州刺史兼嶺南節度使延英中謝帝問以撫理南海之宜珙奏對明辯帝深嘉之時高瑀鎮徐州承智興之後軍驕難制軍士數犯法上欲擇威望之帥以臨之以難其才會珙言事慷慨謂宰臣曰崔珙言事神氣精爽此可以臨徐人即以王茂先代珙鎮廣南授珙檢校工部尚書徐州刺史

又曰張賈出守衢州辭日文宗謂賈曰聞卿大善長行賈知上不喜博遂自解說乃曰臣公事之餘聊與賓客為戲非有所妨也上曰豈謂好之而不妨事耶自後刺史面辭日上必殷勤戒飭曰無嗜博無飲酒

又曰渾鐬瑊之子開成初年相擬壽州刺史文宗曰鐬勳臣子弟豈可以委牧民仲尼有言不如多與之邑今我念其先人之功與之致富可也宰臣曰鐬常歷名郡有政能乃從之

又曰開成二年幽州節度使史元忠奏當管八州准門下牒追刺史古魚各一隻臣勘自天寶末年頻有兵戈並多失墜伏乞各賜新銅魚可之

又曰李暠授汝州刺史為政嚴簡州境肅然與兄昇弟暈允相篤睦昇等每月自東都省暠往來微行州人不之覺其清慎如此

又曰孔君思為衡州刺史先是諸州別駕皆以宗室為之不為刺史致敬由是多行不法君思至州舉奏別駕李道欽罪犯請加鞫訊乃詔別駕於刺史致禮自君思始也

又曰蕭復累遷同州刺史時州人阻饑有京畿觀察使儲

稟在境內復輒以賜貧人為有司所劾詔下削階受代親友唁之復怡然曰苟利於人敢憚薄責

又曰趙昌除華州刺史辭於麟德殿時年八十有餘趨拜輕捷占對詳明上退而歎異宣令宰臣密訪其頤養之道以奏焉

又曰咸通中衛洙奏狀稱蒙恩除授滑州刺史官號中一字而臣家諱音同雖文字有殊而聲韻難別請改授閑官者敕曰嫌名不諱著在禮文成命已行固難依允

五代史後唐書曰李嗣肱克脩之子也少有膽略時朱溫將賀德倫急攻脩縣朱溫率師五萬合勢營於脩之西嗣肱自下博率騎三百薄晚與賊之樵芻者相雜日既晡入朱溫營門諸騎相合大譟弓矢星發譁闕馳突汴人不知所為營中大擾既暝斂騎而退是夜朱溫燒營而遁解脩縣之圍以功特授蔚州刺史

又曰莊宗以教坊使陳俊為景州刺史內園栽接使儲德源為憲州刺史伶人剖符非制也上初平汴州陳俊德源皆為樂官周匝所薦上許之典郡郭崇韜以為不可遂寢伶官言之者衆上密召崇韜謂之曰予已許陳俊一郡今經年未行卿雖以正言匡諫我每慙見二人卿當屈意行之故有斯命

又曰前洋州節度副使程又徽陳利見請於瀛莫兩州界起置營田以備邊因授又徽莫州刺史充兩州營田使

五代史梁書開平四年九月詔曰魏博管內刺史比來州務並委督郵遂使曹官擅其威權州牧同於閑冗俾循通制宜塞異端並河南諸州例刺史得以專達時議者曰唐朝憲宗烏重胤為滄州節度使嘗稱河朔六十年能抗拒

朝命者以奪刺史權與縣令職而自作威福耳若二千石各得其柄又有鎮兵雖安史挾姦豈能據一墉而叛哉遂奏以所管德棣景三州各還刺史職分州兵並隸收管是後雖幽鎮魏三道以河北舊風自相傳襲唯滄州一道獨稟命受代自重裔制置使然也則梁氏之更張亦合其事矣

五代史曰晉少帝開運中沈斌為祁州刺史契丹自恒州驅牛羊過城下斌乃出州兵擊之為契丹精騎剗門邀擊之州兵陷賊趙延壽知其無兵遂與蕃賊急攻之仍呼謂斌曰沈使君我故人也擇禍莫若輕早以城降無自辱也斌登城呼而報曰侍中父子誤計陷於腥膻忍以犬羊殘害父母之邦不自羞慚反有德色沈斌弓折箭盡寧為國家死耳不傚公所為也翌日城陷斌自殺

三輔決錄曰韋康代父為涼州刺史父出止傳舍康入官

寺時人榮之

桓石秀別傳曰石秀為竟陵太守遷江州刺史非其志也治稱不煩在州郡弋釣山澤縱心游覽而已善馳射望之若畫

桓氏家傳云範為兗州刺史表謝曰喜於復見選擢慚於不堪所職悲於戀慕闕廷三者交集不知所裁

黃恭交廣記曰秦兼天下改州牧為刺史朱明之時則出巡行封部玄英之月則還詣天府表奏刺史言其刺舉不法史者使也

異苑曰晉陵韋朗家在延陵元嘉初忽見庭前井中有人長尺餘所被帶組　　相應相隨出門良久乃盡朗兄數頗善占筮常云吾子弟當至刺史朗歷清廣二州

郭子曰王丞相治揚州解舍案行而言我正為次道理此耳何次道少為王公所知重故有此歎

太平御覽卷第二百五十五

太平御覽卷第二百五十六

職官部五十四

良刺史上

漢書曰黃霸爲楊州刺史治有績漢宣詔賜車特高一尺別駕主簿緹紬屏泥於載前以彰有德也

又曰朱博遷冀州刺史博本武吏不更文法及爲刺史行部吏民數百人遮道自言博駐車決遣四五百人皆罷去如神吏驚不意博臨事乃至於此

又曰何武爲楊州刺史行部必先即學官見諸生試其誦論得失然後入傳舍問墾田頃畝五穀美惡

東觀漢記曰郭伋字細侯河南人也在并州素結恩德行部到西河美稷有童兒數百各騎竹馬迎拜伋問曰兒曹何自遠來對曰聞使君到喜故迎諸兒復送到郭外問使君何日當還伋曰別駕從事計日告之行部還入美稷界先期一日伋念負諸童兒遂止于野亭須期乃入

又曰李珣爲兖州刺史所種小麥葫蒜悉付從事一無所留清約率下常席羊皮布被

後漢書曰郭賀爲荆州刺史顯宗巡狩到南陽特見嗟歎賜以三公之服黼黻冕旒勑行部去襜帷使百姓見其容服以章有德每所經過吏人指以相示莫不榮之

又曰賈琮爲冀州刺史舊典傳車驂駕垂赤帷裳迎於州界及琮之部外車言曰刺史當遠視廣聽糾察美惡何有反垂帷裳以自掩塞乎乃命御者褰之百城聞風自然竦震其諸贓過者望風解印綬而去

又曰王望爲青州刺史甚有威名是時州郡災旱百姓窮荒望行部道見飢者裸行草食五百餘人愍然哀之因以便宜出所在布粟給其廩糧爲作褐衣

又曰中平元年交阯屯兵反執刺史及合浦太守自稱柱天將軍靈帝特勑三府精選能吏有司舉賈琮爲交阯刺史琮到部訊其反狀咸言賦斂過重百姓莫不空單京師遙遠告寃無所民不聊生故聚爲盜賊琮即移書告示使安其資業招撫荒散蠲復徭役誅斬渠帥爲大害者簡選良吏使試守諸縣歲間蕩定百姓以安巷路爲之歌曰賈父來晚使我先反今見清平吏不敢飯在事三年爲十三州最

又曰郭伋爲并州牧入界所到縣邑老幼相攜逢迎道路所過問民疾苦聘求耆德雅俊設几杖之禮朝夕與叅政事

又曰蘇章爲冀州刺史故人爲清河太守章行部按其姧贓乃請太守爲設酒肴陳平生之好甚歡太守喜曰人皆有一天我獨有二天章曰今夕蘇孺文與故人飲者私恩也明日冀州刺史按事者公法也遂舉正其罪州境知章無私望風畏肅

又曰張禹拜楊州刺史當過江行部中土人皆以江有子胥之神難於濟涉禹將渡吏固請不聽禹厲言曰子胥如有靈知吾志在理察枉訟豈危我哉遂鼓而過歷行郡邑深幽之處莫不必到親録囚徒多所明舉吏人希見使者人懷喜悅

又曰楊秉遷任城相自爲刺史二千石計日受俸餘祿不入私門故吏齎錢百萬遺之閉門不受以廉潔稱

又曰謝夷吾爲荆州刺史第五倫薦之曰受牧荆州威行郡國奉法作政有周邵之風居儉履約紹公儀之後尋功簡能爲外臺之表聽聲察實爲九伯之冠也

續漢書曰种暠爲益州刺史在職三年宣恩遠夷開曉殊俗岷山雜落皆懷服漢德其白狼槃木諸國自前刺史卒後遂絶暠至乃復向化時永昌太守鑄黃金爲文蛇以獻梁冀暠糾發追捕馳傳上言冀由是銜怒

又曰周舉爲并州刺史太原舊俗以介子推焚骸有龍忌之禁輒一月寒食莫敢煙爨老少不堪歲歲多死者舉旣到州乃作弔書以置子推之廟言盛冬去火殘損人命非賢者之意以宣示愚民使還溫食

謝承後漢書曰陳留百里嵩字景山爲徐州刺史境遭旱嵩行部傳車所經甘雨輒澍東海金鄉祝其兩縣僻在山間嵩傳駟不往二縣不得雨父老干請嵩曲路到二縣入界即雨

又曰巴祗字敬祖爲楊州刺史在官不迎妻子俸祿不使有餘積毀壞不復改易以水澡傳墨用之夜與士對坐暗中不燃官燭

又曰第五種遷兖州刺史中常侍單超兄子匡爲濟陰太守負勢貪放種欲收舉未知所使會聞從事衛羽素抗直乃召羽具告之曰聞公不畏強禦今欲相委以重事若之何對曰願庶幾於一割羽出遂馳到定陶閉門收匡賓客親吏四十餘人六七日中糾發其贓五六千萬種即奏匡并以劾超

魏志曰劉馥字元穎沛國相人也太祖方有袁紹之難謂馥可任以東南之事遂表爲楊州刺史馥旣受命單馬造合肥空城建立州治南懷緒等皆安集之貢獻相繼南懷緒數年恩化大行百姓樂其政流民越江山而歸者以萬數於是聚諸生立學校廣屯田興治芍陂及茹陂七門吳

塘以漑稻田官民有稸陂塘之利至今爲用

又曰徐邈爲涼州刺史進善黜惡風化大行百姓歸心焉西域通流荒戎入貢皆邈勳也

又曰田豫護匈奴中郎將領并州刺史聞其威名相率來獻州界寧肅百姓懷之

又曰陳泰爲并州刺史懷柔民夷甚有威惠京邑貴人多寄寶貨因泰市奴婢泰皆挂之於壁不發其封及徵爲尚書悉以還之

又曰梁習字子虞爲并州刺史政治常爲天下最太和二年徵拜大司農習在州二十餘年而居處貧窮無方面珍物明帝異之禮賜甚厚

又曰王昶字文舒太原晉陽人也遷兖州刺史明帝即位加楊烈將軍賜爵關內侯昶雖在外任心存朝廷以爲魏承秦漢之弊法制苛碎不大釐改國典以准先王之風而望治化復興不可得也乃著治論略依古制而合於時務者二十餘篇

又曰司馬朗字伯達河內溫人也遷兖州刺史政化大行百姓稱之雖在軍旅常麤衣惡食以儉率下

魏略云裴潛爲兖州時嘗作一胡牀及去留以挂柱

吳志曰呂岱爲交州刺史歷年不餉家妻子飢乏孫權聞之歎息以讓羣臣曰呂岱出身萬里爲國勤事家內困而孤不早知股肱耳目其責安在於是加賜錢米絹布歲有常限

晉書曰杜元凱爲荊州人號爲杜父舊水道唯沔漢達江陵千數百里君乃開陽口起夏水導洪洞達巴陵徑近千里南土美而謡曰後世無叛由杜翁孰識知名與勇功

又曰吳隱之爲廣州州界有貪泉父老云飲此水使廉士變貪隱之先至水酌而飲之賦詩曰古人云此水一飲重千金若使夷齊飲終當不易心

王隱晉書曰華軼爲江州刺史得江表之歡心流亡之士赴之如歸時天子孤危四方瓦解軼有匡天下之志每遣貢獻入洛不失臣節謂使者曰若洛都道斷可輸之琅耶王以明吾之爲司馬氏也

又曰山濤爲冀州刺史冀州舊名尠俗略無人士自濤居州搜求賢才旌命所知三十餘人皆顯名當世冀州之士於是爲盛

晉陽秋曰劉弘字和季與晉世祖同年居同里以舊恩屢登顯位弘爲荊州刺史值王室多難得專命一方盡其器能推誠御下厲以公義每有發手書郡國丁寧款密故莫不感悅顛倒奔赴咸曰得公一紙書賢於十部從事也

曹嘉之晉紀云羊曁爲青州刺史曁牛產犢及遷以官舍所生遺之而去

晉中興書曰褚裒字季野河南人也弱冠譙國桓彝見而之曰褚季野有皮裏陽秋裒女即獻后也徵拜侍中遷尚書裒以后父苦求外出除江州刺史莅政貞素每崇清約常使私僮樵採

晉桓伊字叔夏譙國人甚隱有武幹又善音律爲中興第一遷都督江州荊州十郡豫州四郡軍事江州刺史伊到鎮以邊境無虞宜以寬恤爲務乃上疏江州虛耗加連歲不登宜併合小縣除諸郡逋米州治宜還豫章詔荅移州尋陽其餘皆聽伊隨宜拯撫甚得南土清和

宋書曰陸徽爲益州刺史卹隱有方威惠兼著寇盜靜息民物殷阜蜀土安悅至今稱之

齊書曰臨川王映爲雍州刺史嘗至錢還都買物有獻計者於江陵買貨至都迴換可得微有所增映笑曰我是賈客耶乃復求利

又曰王琨爲廣州刺史南土沃實在任者常致巨富世謂廣州刺史但經城門一過便得三千萬也琨無所取納表獻祿俸之半州鎮舊有鼓吹又啓輸還及罷任孝武知其清問還資多少琨曰臣買宅百三十萬餘物稱之帝悅其對

梁書曰安成康王秀都督雍梁南北秦四州諸軍事雍州刺史有疾百姓商賈咸爲請命既薨四州裂裳爲白帽哀哭送之

又曰夏侯亶字世龍弟夔字季龍並任豫州人歌曰我之有州頻仍夏侯前兄後弟布政優優

又曰王神念爲青冀二州刺史神念性剛正所更州郡必禁止淫祠時青冀州東北有石鹿山臨海先有神廟妖巫欺惑百姓遠近祈禱糜費極多及神念至使令毀撤風俗遂改

太平御覽卷第二百五十六

職官部五十五

良刺史中

後魏書曰李崇爲楊州刺史先是壽春縣人苟泰有二子三歲遇賊亡失數年不知所在後見在同縣人趙奉伯家泰以狀告各言己子並有鄰證郡縣不能斷崇曰此易知耳二父與兒各在別處經禁數旬然後遣人告之曰君兒遇患向已暴死有教解禁可出奔哀也苟泰聞即號咷悲不自勝奉伯咨嗟而已殊無痛意崇知之乃以兒還泰詰奉伯詐狀奉伯乃欵引先亡一子故妄認之

又曰李崇除兖州刺史兖土舊多刼盜崇乃村置一樓樓懸一鼓盜發之處雙槌乱擊四面諸村始聞者槌一通次復聞者以二爲節次後聞者以三爲節各擊數千槌諸村聞鼓皆守要路是以盜發俄頃之間聲布百里其中嶮要悉有伏人盜竊始發便尒擒送諸州置樓懸鼓自崇始也

又曰韋崇除南潁川太守不好發擿細事常云何用小察以傷大道吏民感之郡中大治高祖聞而嘉賞賜帛二百疋

又曰崔亮爲雍州刺史城北渭水淺不通船行人艱阻謂寮佐曰昔杜預乃造河梁況此有異長河且魏晉之日亦自有橋吾今决欲營之咸曰水淺不可爲浮橋汎長無常又不可施柱恐難成立亮曰昔秦居咸陽横橋渡渭以像閣道此即以柱爲橋今惟慮長柱不可得耳會天大雨山水暴至浮出長木數百根藉此爲用橋遂成立百姓利之至今猶名崔公橋

又曰任城王雲爲冀州刺史雲留心政事甚得下情於是合州民各請輸絹五尺粟伍外以報雲恩高祖嘉之

又曰城陽王長壽之子徽除并州刺史先是州界下霜人庶逃散徽輙開倉賑之文武咸共諫止徽曰昔汲長孺郡守耳尚輙開倉救人飢弊況我皇家親近授委大藩豈可拘法而不救人困也先給後表肅宗嘉之

又曰李平字曇定爲相州刺史勸課農桑脩飾太學簡試通儒以充博士選五郡聰敏者以教之圖孔子及七十二弟子於講堂親爲立賛前臺使頗好平畫履虎尾踐薄氷於客館注頌其下以示誡焉

又曰韋彧爲東豫州刺史彧以蠻俗荒梗不識禮儀乃表立太學選諸郡生徒於州總教文於城北置崇武館以習武焉境內清肅

又曰韋珍遷郢州刺史在州有聲績朝廷嘉之遷龍驤將軍賜驊騮二疋帛五十疋穀三百斛珍乃召集州內孤貧者謂曰天子以我能綏撫卿等故賜以穀帛吾何敢獨當遂以所賜悉分典之

又曰韓麒麟除齊州刺史假魏昌侯麒麟在官寡於刑罰從事劉普慶説麒麟曰明公杖節方夏而無所斬戮何以示威麒麟曰刑罰所以止惡盖不得已而用之今民不犯法何所戮乎若必須斬戮以立威名當以卿應之普慶慙懼而去

又曰李崇沉深有將略寛厚善御衆在楊州凡經十年養壯士數千人寇賊侵邊所向摧破號曰卧虎

又曰陸俟長子馛多智有父風高祖見而恱之謂朝臣曰吾常歎其父智過其軀是復踰於父矣少爲內都下大夫出爲刺史刺史假長廣公爲政清平抑強扶弱州中有舊德宿老名望素重者以友禮待之詢之政事如此者十人

號曰十善於是發姦擿伏事無不驗百姓以爲神明無敢
寇盜徽爲散騎常侍人乞留者千餘人
又曰崔林爲青州刺史青州九郡民單𢷋李伯徽劉通等
一千人上書訟休德政靈太后善之休在幽青五六年皆
清白愛民甚著聲績二州懷其德澤百姓追思之
又曰任城王澄爲楊州刺史下車封孫叔敖之墓毀蔣子
文之廟表請復皇宗之學開四門之教詔從之
又曰阮孚拜冀州刺史勸課農桑境内稱爲慈父隣州號曰
神君先是州人張孟都張洪建馬潘崔獨憐張叔緒崔思
哲等八人皆屯保林野不臣王命州郡號曰八王孚至皆
請入城願致死効力
北齊書曰趙郡王叡除北朔州刺史都督北燕北蔚北恒三
州及庫堆以西黄河以東長城諸鎮諸軍事叡慰撫新遷

量置烽戍内防外禦備有條法大爲兵民所安有無水之
處禱而掘井鍫揷裁下泉源涌出至今號曰趙郡王
又曰魏蘭根爲岐州刺史從行臺蕭寶夤討破宛川俘其
人爲奴婢以美女十人賞蘭根蘭根曰此縣介於強虜故
成背叛今當恤其飢寒奈何並充僕隸於是盡以歸其父
兄部内麥多五穗隣州田鼠爲災犬牙不入岐土
又曰韓軌還秦州刺史甚得邊和神武巡秦州欲以軌還
仍賜城人户別絹布兩疋州人田昭等七千户皆辭不受
唯乞留軌神武嘉歎乃留焉
北史曰齊任城王湝爲并州刺史時有婦人臨汾川浣衣有
乘馬人換其新靴馳而去者婦人持故靴詣州言之湝
召居城諸嫗以靴示之紿曰有乘馬人於路被賊劫害遺
此靴焉得無親屬乎一嫗撫膺哭曰兒昨着此靴向妻家

如其語捕獲之時稱明察
又曰齊平覽遷懷州刺史覽奏諸於州西故車道築城以
防西軍從之尋而西魏來攻時新築城粮仗未集素乏水
南門有大井隨汲即竭覽具衣冠俯井而祝至旦而井泉
湧溢有異於常
又曰齊彭城王浟爲滄州刺史有人從幽州來驢馱鹿脯
至滄州界脚痛行遲偶會一人爲伴遂盜驢及脯去明旦
告州乃令左右及府僚吏分市鹿脯不限其價其主見識
之推獲盜者
又曰竇熾爲原州刺史熾抑挫豪右申理幽滯在州十載
甚有政績州城北有泉水屢經遊践嘗與僚吏宴於泉側
因酌水自飲曰吾在此州唯當飲水而已
又曰申徽爲襄州刺史時南方初附舊俗官人皆通餉遺

徽性廉慎乃畫楊震像於寢室以自戒及代還人使送者
數十里不絶徽自以無德於人慨然懷愧因賦詩題於清
水亭長幼聞之皆競來讀遞相謂曰此是申使君手迹並
寫誦之
又曰赫連達爲雲州刺史性廉儉邊境胡人或饋達羊達
欲招異類報以繒帛主司請用官物達曰羊入我厨物出
官庫是欺上也命取私帛與之識者嘉其仁恕
三國典略曰賀祥爲荆州刺史祥有惠政遠近款附梁岳
陽王詧欽其清素乃贈以竹屏風祥難違其意取付所司
太祖聞之並以賜祥
後周書曰獨孤信爲秦州刺史先是守宰闇弱政令乖方
民有冤訟歷年不能决信在州事無擁滯示以禮教勸以
耕桑數年之中公私富實流民願附者數萬家太祖以其

信著遐邇故賜名爲信

又曰達奚武之在同州也時屬大旱高祖勑武祀華嶽嶽廟在舊山下當徃祈禱武謂寮屬曰吾備位三公不能燮理陰陽遂使盛農之月久絶甘雨天子勞心百姓惶懼忝寄既重憂責實深不可同於衆人在常祀之所必須登峯展誠須其靈奧嶽既高峻千仞壁立武年逾六十唯將數人攀藤援棘然後得上於是稽首祈請陳百姓懇誠晚不得還即於嶽上藉草而宿夢見白衣人來執武手曰快辛苦甚相嘉尚武遂驚覺益用祗肅至旦雲霧四起俄而澍雨遠近沾洽高祖聞之璽書慰勞

又曰韋瑱字世珍魏恭帝二年賜姓宇文氏三年除瓜州刺史通西域蕃夷徃來前後刺史多受賂遺胡寇犯邊又莫能禦瑱雅性清儉兼有武略蕃夷贈遺一無所受胡人畏威不敢爲寇公私安靜夷夏懷之

又曰長孫儉授荆州刺史東南道行臺僕射所部鄭縣令泉璨爲民所訟推理獲實儉即大集僚屬而謂之曰此由刺史教誨不明信不被物是我之愆非泉璨之罪遂於廳事前肉袒自罰捨璨不問於是州城肅勵莫敢犯法魏文帝璽書賛勞之

又曰王思政遷荆州刺史州境卑濕城壍多壞思政方命都督藺小歡督工匠繕治之掘得黄金三十斤夜中密送之至旦思政召佐吏以金示之曰人臣不宜有私悉封金送上太祖嘉之賜錢二十萬

又曰泉企爲東雍州刺史性清約纖毫不擾於民在州五年每於鄉里運米以自給

隋書曰令狐熙拜滄州刺史時山東承齊之弊戸口簿籍類不以實熙曉諭之令自歸首至者一萬口在職數年風教大洽稱爲良二千石開皇四年上幸洛陽熙來朝吏民恐其遷易悲泣於道及熙復還百姓出境迎謁歡叫盈路在州獲白烏白麞嘉禾甘露降於庭前柳樹

又曰令狐熙時上祠泰山還祠汴州惡其殷盛多有姧俠於是以熙爲汴州刺史下車禁遊食抑工商民有向街開門者杜之船客於郭外星居者勸爲聚落僑人逐令歸本其有滯獄並決遣之令行禁止稱爲良政上聞而嘉之顧謂侍臣曰鄴都天下難理處也勑相州刺史豆盧通令習熙之法其年來朝考績爲天下之最賜帛三百疋頒告天下

又曰楊達字士達爲鄯鄭趙三州刺史俱有能名平陳之後四海大同上差品天下牧宰達爲第一賜雜綵五百段加以金帛

又曰慕容三藏授廓州刺史州極西界與吐谷渾隣接姦宄犯法者皆遷配彼州流人多有逃逸及三藏至招納綏撫百姓愛悅繈負日至吏民歌頌之高祖聞其能屢有勞問其年當州畜産繁孳獲醍醐奉獻賚物百段

又曰衛玄出爲資州刺史以鎮撫之玄既到官時獠攻圍大牢鎮玄單騎造其營謂羣獠曰我是刺史銜天子詔安養汝等勿驚懼也諸賊莫敢動於是説以利害渠帥感悅解兵而去前後歸附者十餘萬口高祖大悅賜縑二千疋

又曰郭衍爲瀛州刺史遇秋霖大水其屬縣多漂没民皆上高樹依大冢衍親備船栰幷賫糧拯救之民多獲濟衍先開倉賑恤後始聞奏上大善之

又曰辛彦之拜隋州刺史于時州牧多貢珍翫唯彦之所

貢並供祭之物高祖善之顧謂朝臣曰人安得無學彥之所貢稽古之力也

又曰梁彥光爲岐州刺史甚有惠政嘉禾連出於州境開皇二年上幸岐州悅其能乃下詔曰賞以勸善義兼訓物彥光操履平直識用凝遠布政岐下恩惠在人廉慎之譽聞於天下三載之後自當遷陟恐其匱乏且宜旌善可賜粟五百斛物三百段御傘一枚庶使有感朕心日增其美四海之內凡曰官人慕高山而仰止聞清風而自勵

又曰梁彥光爲相州刺史有滏陽人焦通性嗜酒事親禮闕爲從弟所訟彥光弗之罪將至州學令觀於孔子廟于時廟中有韓伯瑜母杖不痛哀母力弱對母悲泣之像通遂感寤既悲且媿若無自容彥光訓諭而遣之後改過勵行卒爲善士以德化人皆此類也

又曰公孫景茂遷息州刺史法令清靜德化大行時屬平陳之後征人在路有疾病者景茂撤減俸祿爲饘粥湯藥分賑濟之賴以全活者以千數上聞而嘉之詔宣告天下

又曰薛胄爲兗州刺史城東有沂泗二水合而南流汎濫大澤中胄遂積石堰之使決令西注陂澤盡爲良田又通轉運利盡淮海百姓賴之號爲薛公豐兗渠

又曰梁毗出爲西寧州刺史改封邯鄲縣侯在州十一年先是蠻夷酋長皆服金冠以金多者爲豪儁乃由此遞相陵奪每尋干戈邊境略無寧歲毗患之後因諸酋長相率以金遺毗於是置金座側對之慟哭而謂之曰此物飢不可食寒不可衣汝等以此相滅不可勝數今將此來欲殺我耶一無所納悉以還之於是蠻夷感悟遂不相攻擊高祖聞而善之

又曰趙煚爲冀州刺史甚有威德煚常有疾百姓奔馳爭爲祈禱其得民情如此冀州俗薄市井多姦詐煚爲銅斗鐵尺置之於肆百姓便之上聞而嘉焉頒告天下以爲常法

又曰蔡王智積爲同州刺史儀衞資送甚盛頃之以修謹聞高祖善之在州未嘗嬉戲遊獵聽政之暇端然讀書門無私謁有侍讀公孫尚儀山東儒士府佐楊君英蕭德言並有文學時延於座所設惟餅果酒纔三酌家有女妓唯年節嘉慶奏於太妃之前其簡靜如此

又曰公孫景茂爲道州刺史悉以秩俸買牛犢雞猪散惠孤弱不自存者好單騎巡人家至戶入閱視百姓產業有脩理者於都會時乃褒揚稱述如有過惡隨即訓導而不彰也由是人行義讓有無均通男子相助耕耘婦人相助紡績大村或數百戶皆如一家之務其後請致仕上優詔聽之仁壽中上明公楊紀出使河北見景茂神力不衰還以狀奏於是就拜淄州刺史賜以馬轝便道之官前後歷職皆有德政論者稱爲良牧

又曰梁彥光爲相州刺史初齊亡後衣冠士人多遷關內唯伎巧商販及樂戶之家移實州郭由是人情險詖妄起風謠訴訟官人萬端千變彥光欲革其弊乃用秩俸之物招致山東大儒每鄉立學非聖哲之書不得教授常以季月召集之親臨策試有勤學異等聰令有聞者外堂設饌其餘並座廊下有諍訟惰業無成者坐之庭中設以草具及大成當舉行賓貢之禮又於郊外祖道并以財物資之於是人皆克勵風俗大改

又曰韋世康尉遲迥之作亂也高祖憂之謂世康曰汾絳舊是周齊分界因此亂皆恐生搖動今以委公善爲吾守

因授絳州刺史以雅望鎮之闔境清肅

又曰豆盧勣爲渭州刺史甚有惠政華夷悅服德澤流行多致祥瑞鳥鼠山俗呼爲高武隴其下渭水所出其山絶壁千尋由來乏水諸羌苦之勣馬足所踐忽飛泉湧出有白烏翔止廳前乳子而後去又白狼見於襄武民爲之謠曰我有丹陽山出王漿濟我民夷神烏來翔百姓因號其泉爲王漿泉

太平御覽卷第二百五十七

職官部五十六

良刺史下　酷刺史

良刺史下

唐書曰姜謩拜秦州刺史高祖謂曰衣錦還鄉古人所尚今以本州相授用荅元功凉州之路近為荒梗宜弘方略有以靜之謩至州撫以恩信州人相謂曰吾輩復見太平官府矣盜賊悉來歸首士庶安之

又曰顏遊秦遷廉州刺史封臨沂縣男時劉黑闥初平人多以強暴寡禮風俗未安遊秦撫恤境內敬讓大行邑里歌之曰廉州顏有道性行同莊老愛人如赤子不殺非時草高祖璽書勞勉之

又曰太宗詔朝集使刺史以上升殿親問之曰卿等在州何以撫教定州刺史薛獻對曰老者國家所養臣每存恤之少者國家所使臣每勸誡之田疇荒廢漸加墾闢禮義既行產業咸振此皆禀之聖化非臣之力太宗曰如公之所奏足稱循良清淨為政朕所望於公等也

又曰賈敦頤曹州冤句人也貞觀中歷遷滄州刺史在職清潔每入朝盡室而行唯弊車一乘羸馬數疋羈有闕以繩為之見者不知其刺史也後轉瀛州刺史州界滹沱河及滱水每歲泛溢漂流民人敦頤奏立堤堰自是無復水患

又曰田仁會永徽初累遷郢州刺史以善政聞時屬亢旱仁會自曝祈禱竟獲甘澤其歲大熟百姓歌之曰父母育我田使君精誠為人上天聞旱田致雨山出雲倉廩既實禮義申但願常在不患貧

又曰許景先傳開元十三年玄宗令宰臣擇刺史之任必

在得人景先首中其選自吏部侍郎出為虢州刺史後轉岐州

又曰薛大鼎為滄州刺史州界有無棣河隋末填廢大鼎奏開之引魚鹽於海百姓歌之曰新河得通舟楫利直達滄海魚鹽至昔日徒行今騁駟美哉薛公德滂被大鼎又以州界卑下遂決長蘆及漳衡等三河分洩夏潦境內無復水災時與瀛州刺史賈敦頤冀州刺史鄭德本俱有美政河北號鐺脚刺史

又曰敬暉除衛州刺史時河北新有突厥之寇方秋而修城不輟暉下車謂曰金湯非粟而不守豈有棄收穫而繕城郭哉悉令罷散由是人吏咸謌詠之

又曰蕭定大曆中有司條天下牧守課績唯定與常州刺史蕭復濠州刺史張鎰為理行第一其勸農桑均賦稅逋亡歸復户口增加定又冠焉

又曰段秀實為涇州刺史兼御史大夫四鎮北庭行軍涇原鄭潁節度使三四年間吐蕃不敢犯塞清約率易遠近稱之非公會不聽樂飲酒私室無妓媵無羸財退公之後端居靜慮而已德宗嗣位就加檢校禮部尚書

又曰劉贊子玄之孫為浙西都團練判官建中初楊炎作相擢為歙州刺史以勤幹聞有老婦捃拾於叢林之間為猛獸將噬幼女號呼搏而救之母子俱免本道觀察使韓滉奏為異跡加金紫之服累歲遷常州刺史

又曰李惠登李希烈反授惠登兵二千鎮隋州貞元初舉州歸順授隋州刺史兼御史中丞州遭李忠臣希烈殘後野曠無人惠登朴質不知學居官無枝葉率心為政皆與理順利人者因行之病人者因去之二十年間田疇闢

户口加諸州奏吏入其境無不謌謡其能
又曰韓愈爲潮州刺史旣視事詢吏民疾苦皆曰郡西湫水有鱷魚卵而化其長數丈食民畜産將盡以是民貧居數日愈往視之令判官秦濟炮一豚一羊投之湫水呪之曰前代德薄之君棄楚越之地則鱷魚涵泳於此可也今天子神聖四海之外撫而有之況揚州之境刺史縣令之所治出貢賦以供天地宗廟之祝鱷魚豈可與刺史雜處此土哉刺史受天子命令守此土而鱷魚睅然安谿潭食民畜熊鹿麞豕以肥其身以繁其卵與刺史爭爲長雄刺史雖駑弱安肯爲鱷魚低手而下哉今潮州大海在其南鯨鵬之大蝦蟹之細無不容鱷魚朝發而夕至今與鱷魚約三日乃至七日如頑而不徙須爲物害則刺史選材伎壯夫操勁弓毒矢與鱷魚從事矣呪之夕有暴風雷起於湫

中數日湫水盡涸徙於舊湫西六十里自是潮人無鱷患
又曰盧鈞開成元年爲廣州刺史御史大夫嶺南節度使南海有蠻舶之利珍貨輻湊舊帥作法興利以致富凡爲南海者靡不捆載而還鈞性仁恕爲政廉潔請監軍領市舶使已一不干預自貞元已來衣冠得罪流放嶺表者因而物故子孫貧悴雖遇赦不能自還凡在封境者鈞減俸錢爲營櫬櫝其家疾病死喪則爲醫藥殯斂孤兒稚女爲之婚嫁凡數百家由是山越之俗服其德義不嚴而人化
又曰朱敬則爲御史冉祖雍所誣貶授廬州刺史經數月代到還鄉里無淮南一物唯有所乘馬一疋諸子婭徒步而歸
又曰許圉師轉相州刺史政寬存惠人吏刋石以頌之嘗有官吏犯贓事露圉師不令推究但賜清白詩以激其犯者愧懼遂改節爲廉士其寬如此
又曰齊瀚定州義豐人爲汴州刺史河南爲雄郡自江淮達于河洛舟車輻湊人庶浩繁前後牧守多不稱職唯倪若水與瀚皆以清嚴爲治吏民歌之
又曰李勉爲廣州刺史兼嶺南節度使觀察番禺賊帥馮崇道桂州叛將朱濟時等阻洞爲亂前後累歲陷没十餘州勉至遣將李觀與容州刺史王翃併力招討悉斬之五嶺平前後西域舶泛海者歲纔四五勉性廉潔舶來都不撿閲故末年舶至者四十餘在官累年器用車服無增飾者耆老以爲可繼前朝宋璟盧奐李朝隱之徒人吏詣闕請立碑代宗許之
又曰楊城爲道州刺史在州以家人法待吏人宜罰者罰之宜賞者賞之一不以簿書介意道州土地產民多矮每

年常配鄉户貢其男號爲矮奴城不平其以良爲賤又憫其編甿歲有離異之苦乃抗疏論而免之自是乃停其貢民皆賴之無不泣荷
又曰尹思貞爲青州刺史境内有蠶一年四熟者黜陟使衛州司馬路敬潛八月至州見蠶歎曰非善政孰能至於此乎特表薦之
又曰馬璘改懷州刺史乘兵亂之後其夏大旱人吏失耕稼璘乃務修教化將吏有父母者璘輙造之施敬收瘞暴骨去其煩苛至秋界中生穭穀人頗賴之
又曰牛心穉爲鄂州刺史武昌軍節度使江夏城容土散惡難立垣墉每年加版築賦菁茅以覆之吏緣爲奸蠹弊綿歲僧孺至計茅苫板築之費歲十餘萬即賦之以塼以當苫築之價凡五年墉皆甃葺蠹弊永除

又曰皇甫無逸爲同州刺史閑門自守不通賓客左右不得出門凡所貨易皆往他州每按部樵採不犯於人嘗夜宿人家遇燈炷盡人主將續之無逸遽抽佩刀斷衣帶以爲其炷其廉介如此

又曰呂元膺爲蘄州刺史頗著恩信嘗歲終閱郡獄囚囚有自告者曰某有父母在明日元正不得相見因泣下元膺憫焉盡脫其械縱之以爲期守吏曰賊不可縱元膺曰吾以忠信待之及期無後到者由是羣盜感義相引而去

又曰柳宗元爲柳州刺史土俗以男女質錢過期則沒入宗元革其鄉法其已沒者仍出私錢贖之歸其父母

又曰王仲舒爲洪州刺史江南西道觀察使江西前例榷酒私釀法深仲舒主鎮奏罷之又出官錢二萬貫代貧户輸稅

又曰令孤楚子緒以蔭授官歷隋壽汝三郡刺史在汝州日有能政郡人請立碑頌緒以弟綯在輔弼上言曰臣先父元和中特承恩顧弟陶官不因人出自宸衷臣伏睹詔書以臣刺壽州日粗立政勞民民求立碑頌尋乞追罷臣任隋州日郡人乞留得上下考此名以聞於日下不必更立碑頌乞賜寢停宣宗嘉其意從之

五代史梁書曰韓建爲潼關防禦使兼華州刺史河潼經大寇之後户口流散建披荆棘闢汙萊勸課農事樹植蔬果出入閭里親問疾苦不數年流亡畢復軍民充實

又曰王檀字衆美爲密州刺史郡接淮戎舊無壁壘乃率丁夫修築羅城六旬而畢居民賴之

又曰趙克裕河陽人也繼領亳鄭二州刺史時關東藩鎮方爲蔡寇所毒黎元流散不能相保克裕妙有農戰之備復善於綏懷民賴而獲安

五代史晉史曰相里金自羽林都虞候爲忻州刺史凡部曲私屬將吏不遣涖州邑之職皆優其給贍使分掌家事而已其後累典大郡皆有聲績

又曰澤州奏前刺史史延韜離州爲軍民遮圍不放出城兼截下馬鐙其史延韜經三日後夜開城門赴闕

又曰安元信歷數任皆名郡也親族謂曰公身俸二千石驕有白鬚家無肥美田園何以爲子孫計元信曰吾本無文經武略遭遇先帝風雲之會繼提郡印位在親人平生之望過矣每以衣食豐足爲愧安有積貨治產欲爲豚犬輩後圖不亦愚乎聞者美之

英雄記曰幽州刺史劉虞食不重餚藍縷繩屨

華陽國志曰趙琰爲青州刺史有貴要屬託琰於聽事前

置大器水發書悉投置水中無有所報

益部耆舊傳曰嚴遵字王思爲楊州刺史行部聞路旁女子哭聲不哀問所哭者誰對曰夫遭燒死遵敕吏輿尸到與語吏曰死人自道不燒死攝女令人守尸曰當有物往吏曰有蠅聚頭所遵令披視得鐵錐貫頂拷問以淫殺夫

會稽典録曰謝夷吾字堯卿山陰人爲荆州刺史遇孝章皇帝巡狩幸魯陽有詔敕夷吾入傳録見囚有亭長姧部民者縣言和姧上意以爲吏劫民何得言和須史夷吾呵之曰亭長朱幘之吏職在禁姧今爲惡之端何得言和切讓長吏治亭長罪其所決正一縣三百餘事與上合帝歎曰使諸州刺史悉如此者朕不憂天下矣遷鉅鹿太守臨發陛見賜車馬劒帶敕之曰鉅鹿劇郡舊爲難治以君有撥煩之才故特授任無毁前功

祖逖別傳曰逖爲豫州刺史克已矜施不畜資産喪亂之餘白骨未收者爲之殯葬其有骨肉恩薄不收歛者皆加貶責由是百姓感化復覩太平置酒大會坐中耆老相與流涕而歎曰吾等投老更得父母死將何恨又童謠曰幸哉遺民免豺虎三辰既朗遇慈父玄酒清醪甘瓠脯亦何報恩歌且舞

陶氏家傳曰基(字叔先)爲交州刺史始夷人不識禮義男女牙相奔隨生子乃不知父君乃敎以婚姻之道訓以父子之恩道之以禮齊之以刑設庠序立學校合境化之莫不悅之

語林曰何公爲楊州有葬親者乞數萬錢而帳下無有楊州常有糯米以賑孤寡乃有萬餘斛慶存爲治中面見道帳下空素求粲此米付帳下何公曰何次道義不與孤寡爭粒

酷刺史

續漢書曰侯覽爲益州刺史豐富者輒誣以大罪皆誅滅之沒入財物

謝承後漢書曰第五倫上疏褒稱盛美曰前歲誅刺史二千石貪殘者皆明聖所察非臣下所及

晉書曰郗隆爲楊州刺史僚屬有過輒依臺閣峻制繩之遠近咸怨

干寶晉記曰苟晞爲兗州刺史姨母寡有一子坐小事姨母向晞叩頭及中外皆乞活不聽死後往哭之甚悲曰殺弟者兗州刺史哭卿者苟道將也

後魏書曰于洛侯代人也以勞舊爲秦州刺史而貪酷安忍民王富熾奪民呂勝脛無有紀極夜常不卧執燭達曉呼召賓客説人間細事戲謔無不爲性不飲酒唯多置餚截晝夜食噉而已自旦至中方始寢寐

又曰齊以斛律武都爲兗州刺史塗經衛地受絹千疋黎陽郡守石曜手持一縑而謂之曰此是老石機杼聊以奉贈自此已外並須出於吏人武都知曜清素純儒笑而(不責)

北史曰齊漁陽王紹信文襄第六子歷特進青州刺史行過漁陽與大富人鍾長命同坐太守鄭道蓋來謁長命欲起紹信不聽曰此何物小人主人公爲起乃與長命結爲義兄弟仍與長命妻爲姊妹責其闔家長幼皆有贈賄鍾氏遂貧

又曰齊安德王延宗爲定州刺史於樓上大便使人在下張口承以猪糝和人糞以飼左右有難色者鞭之

隋書曰庫狄士文拜貝州刺史性清苦不受公料家無餘財子嘗噉官厨餅士文枷之於獄累日杖之一百步送還京僮隸無敢出門所買塩菜必於外境凡有出入皆封署其門親舊絶跡慶吊不通法令嚴肅吏人股戰道不拾遺有細過必深文陷害

又曰庫狄士文爲貝州刺史發摘姧隱長吏尺布斗粟之贓無所寬貸得千餘人而奏之上悉配防嶺南親戚相送哭泣之聲遍於州境至嶺南遇瘴癘死者十八九於是父母妻子唯哭士文士文聞之令人捕捉撾捶盈前而哭者弥甚

又曰趙仲卿拜石州刺史法令嚴猛纖微之失無所容捨鞭笞長吏輒至二百官人戰慄無敢違犯者賊屏息皆稱其能

唐書曰楊德幹高宗末歷澤齊汴相四州刺史治有威名

郡人爲之語曰寧食三斗蒜不逢楊德幹

太平御覽卷第二百五十八

太平御覽卷第二百五十九

職官部五十七

太守

論語子路曰善人爲邦百年亦可以勝殘去殺矣善人居中不踐迹不入室也此人爲政不能早有成功百年乃能無殘暴之人

史記曰萬石君奮其父趙人也姓石氏奮長子建次甲次乙官皆至二千石於是景帝曰石君及四子皆二千石人臣尊寵乃集其門號奮爲万石君孝景季年万石君以上大夫祿歸老于家以歲時爲朝臣過宮門闕万石君必下車趨見路馬必式焉

又曰杜周爲御史大夫家兩子夾河爲守

漢書曰郡守秦官也掌治其郡秩二千石有丞邊郡又有長史掌兵馬秩皆六百石景帝中二年更名太守

又曰季布爲河東太守孝文時人有言其賢召欲以爲御史大夫又言其勇使酒難近至留邸一月見罷布進曰臣待罪河東陛下無故召臣此人必有以臣欺陛下者今臣至無所受事罷去此人必有毀臣者夫以一人之譽召臣一人毀去臣臣恐天下有識聞之有以窺陛下韋昭曰窺見陛下深淺也上默然慙曰河東吾股肱郡故特召君耳

又曰嚴助會稽人也上問所欲對曰願爲會稽太守在郡數年不聞問上賜詔書曰君猒承明之廬石渠門外勞侍從之事懷故土出爲郡閭者闊焉久不聞問助惶恐上書謝曰臣事君猶子事父臣當伏誅願奉二年計最如淳曰舊法當使丞奉歲計弟自欲入奉之也最凡要也

又曰朱買臣字翁子拜會稽太守上謂買臣曰富貴不歸故鄉如衣錦夜行今子何如買臣頓首辭謝買臣衣故衣懷其印綬步歸郡邸時會稽吏方相與羣飲不視買臣買臣入室中守邸與共食且飽少見其綬守邸怪之前引其綬又視其印會稽太守章也守邸驚出相語上計掾吏皆醉大呼曰妄誕耳守邸曰試來視之其故人素輕買臣者入內視之還走疾呼曰實然坐中驚駭丞守相推排陳列庭中拜謁

又曰龔勝楚人也哀帝以勝守右扶風數月上知勝非撥煩吏遷勝光祿卿

東觀漢記曰彭寵字伯通南陽宛人也父容哀帝時爲漁陽太守有名於邊容貌飲食絕衆是時單于來朝當道二千石皆選容貌飲食者故容徙爲雲中太守

又曰馮勤字偉伯曾祖揚宣帝時爲弘農太守生八男皆典郡趙魏間號爲萬石諸馮至是世至二千石

漢雜事曰蔣滿爲上黨其子萬爲北地都尉同詔徵見宣帝曰父子剖符耶即詔滿爲淮陽相萬爲弘農守

後漢書曰郅惲再遷長沙太守先是長沙有孝子古初遭父喪未葬鄰人失火初匍匐柩上以身扞火火爲之滅惲真異之以爲首舉

又曰任延爲武威太守帝親見戒之曰善事上官無失名譽延對曰臣聞忠臣不私私臣不忠履正奉公臣子之節上下雷同非陛下之福善事上官臣不敢奉詔帝歎息曰卿言是也

又曰橋玄爲上谷太守上邽姜岐守道隱居名聞西州玄召以爲吏稱疾不就玄怒勑督郵尹益逼致之曰岐若不至趣嫁其母趣音促益固爭不能得遽曉譬岐岐堅臥不起郡內士大夫亦性諫玄乃止時頗以爲譏

漢官解詁云太守專郡信理庶績勸農賑貧決訟斷辟興利除害檢察詳對舉善黜惡誅殺暴殘者也

魏志曰賈逵字梁道太祖征馬超至弘農曰此西道之要以逵領弘農太守召見計事大悅之謂左右曰使天下二千石悉如賈逵吾何憂也

又曰劉靖馥之子也黄初中遷廬江太守詔曰卿父昔為彼州今卿復為此郡可謂能克負荷者也

又曰曹仁字子孝太祖征呂布仁別攻句陽拔之數有功拜廣陽守太祖器其勇略不使之郡

蜀志曰法正字孝直先主以正為蜀郡太守揚武將軍外統都畿內為謀主一飡之德睚眦之怨無不報覆擅殺毀傷己者數人或謂諸葛亮曰法正於蜀郡太縱橫將軍啓主公抑其威福亮答曰主公之在公安也北畏曹操之強東憚孫權之逼近則慮孫夫人生變於肘腋當斯之時進退狼跋法孝直為之輔翼令翻然翱翔不可復制如何禁法正使不得行其意也

又曰劉琰字威碩魯國人也先主在豫州辟為從事以其宗姓有風流善談論厚親待之遂隨從周旋常為賓客先主定益州以琰為固陵太守

吴志曰士燮為交阯太守中國士人往依避難者以百數躭翫春秋為之注解陳國袁徽與尚書令荀彧書曰交阯士府君既學問優博又達於從政處大亂之中保全一郡二十餘年疆場無事民不失業羈旅之徒皆蒙其慶雖竇融保河西曷以加之

又曰周魴黄武中鄱陽大師彭綺作亂攻没屬城及以魴為鄱陽太守與胡綜等勠力致討遂生擒綺送詣武昌

又曰陸績字公紀孫權統事辟為奏曹掾以直道見憚出為鬱林太守

晉書曰桓玄出補義興太守鬱鬱不得志嘗登高望震澤歎曰父為九州伯兒為五湖長棄官歸國

又曰辛恭靖隴西狄道人也少有器幹才量過人隆安中為河南太守會姚興來寇恭靖固守百餘日以無救而陷被執至長安興謂之曰朕將任卿以東南之事可乎恭靖厲色曰我寧為國家鬼不為羌賊臣興怒幽之別室經三年至元興中詐守者乃踰垣而遁歸于江東

又曰鄭沖為陳留太守沖以儒雅為德蒞職不為幹局之譽而簞食緼袍不營貲產世以此重之

又曰劉世智字子房貞素有寔兄風少貧窶每負薪自給讀書不輟竟以儒行稱歷吏部郎出為潁川太守平原管輅嘗謂人曰吾與劉潁川兄弟語使人神思清發昏不暇寐自此之外殆白日欲寢矣

又曰劉胤王敦請為右司馬胤知敦有不臣心枕疾不視事以是忤敦意出為豫章太守辭以脚疾詔就家授印綬郡人莫鴻南土豪族因亂殺本縣令橫恣無道百姓患之胤至誅鴻及諸豪右界内肅然

晉起居注太康八年詔曰昔先王御俗以典至治未有不先成民事者也漢宣識其如此是以歎息良二千石今欲皆先外郡治民著績然後入為常伯納言及典兵宿衛黄門散騎中書郎

晉書呂光載記曰呂纂尅金城太守衛犍瞋目謂光曰我寧守節斷頭不為降虜也光義而免之

沈約宋書曰羊玄保為黄門郎善弈棊棊品第三太祖亦

好棊數蒙引見嘉其溫謹與太祖賭郡戲勝以補宣城太守
齊書曰王敬則遷吳興太守郡舊多剽掠有十數小兒於
路取遺物敬則殺之以徇自此路不拾遺物郡無刼盜又
録得一偷召其親屬於前鞭之令偷身長掃街路乆之乃
令偷舉舊偷自代諸偷恐爲所識皆逃走境内以清
又曰劉善明太祖踐祚以善明勳誠欲與善明禄召謂之
曰淮南近畿國之形勝自非親賢不使居之卿爲我卧治
也代高宗爲征虜將軍淮南宣城二郡太守
又曰張岱時新安王子鸞以盛寵爲南徐州割吳郡屬焉
高選佐吏孝武帝召岱謂之曰卿美望夙著今欲用卿爲
子鸞揔刺史之任無謂小屈終當大伸也
又曰王敬則爲吳興太守入烏程從市過見屠肉枅結賢反
歎曰吳興昔無此枅是我少時在此作也召故人飲酒說

平生不以屑也
南史曰謝超宗有高名齊高帝以超宗爲義興太守昇明
二年坐公事免詣東府門自通其日風寒高帝謂四坐曰
此客至使人不衣自煖矣
三國典略曰王慶籍爲京兆太守太祖以其精勤賚以紫
袍及綾裳一襲謂百官曰王慶籍一世清人也
又曰陰鏗爲招遠將軍晉陵太守鏗嘗與賓友宴飲見行
觴者因迴酒炙以授之衆坐皆笑鏗曰吾儕終日酣酒而
執爵者不知其味非人情也及侯景之亂鏗嘗爲賊所擒
或救之獲免鏗問其故乃前所行觴者
梁書曰劉之遴爲南郡太守初之遴在荆府常寄居南郡
廨忽夢前太守袁彖謂曰卿後當爲折臂太守則居此中
之遴後果折臂遂臨此郡

又曰謝朏字敬仲齊時爲義興太守加秩二千石不省雜
事悉付綱紀曰吾不能作主者但吏能作太守耳
又曰任昉爲吳興太守清潔友人到溉與弟洽從昉爲山
澤遊被代而還無衣沈約遺裙衫迎也
又曰范縝爲宜都太守性不信鬼神夷陵有伍相廟唐漢
三神廟胡里神廟縝乃下教斷不祠
後魏書曰房士達永安末轉濟南太守士達不入京師而
頻爲本州郡時人榮之
又曰崔休爲渤海太守時大儒張吾貴有盛名於山東四
方學士咸相宗慕弟子自遠而至者常千餘人生徒既衆
所在多不見容休乃爲設俎豆招延禮接使肆業而還儒
者稱爲口實
又曰盧道將爲燕郡太守道將下車表樂毅霍光之墓而

爲之立祠
又曰房幼愍安豐新蔡二郡太守坐事奪官居家忽聞有
客聲出無所見還至庭中爲家羣犬所噬遂卒
北史曰宋欽道仕齊歷位中山太守長於撫接然好察細
事其州府佐吏使民間者先酬錢然後敢食臨蒞處稱爲
嚴整
後周書曰盧光爲京兆太守先是舍數有妖怪前後郡將
莫敢居者光曰吉凶由人妖不妄作遂入居之未幾光所
乘馬忽昇廳事昇牀南首而立又食器無故自破光並不
以介懷其精誠守正如此
唐書曰崔玄亮清慎介獨自登朝行不樂趨競歷御史尚
書密湖曹三郡守每一遷秩謙讓輒形於色
又曰李暠守太原舊俗有僧徒以習禪爲業及死不斂但

與屍送近郊以飼鳥獸如是積年土人號其地爲黃坑坑
側有餓犬千數食死人肉因侵害幼弱遠近苦之前後官
吏不能禁止暠到官申明禮憲期不再犯仍發兵捕殺羣
狗其風遂革
三輔決録曰馬援誡兄子書曰龍伯高敦篤周愼口無擇言
吾愛之重之願汝曹効之世祖見援書即擢爲零陵太守
在郡四年甚有治化
文士傳曰文帝亦親阮籍常與談戲任其所欲不迫以職
事籍常從容言吾曾遊東平樂其土風願得爲東平太守
文帝大悅即從其意籍便乘驢徃之至郡皆壞府舍諸壁
鄣使内外相望教令清當十餘日便復乘驢而去
楚國先賢傳曰耒陽胡紹字伯蕃年十八爲郡門下幹迎
太守許荆荆足中風使紹抑之紹視荆蹠蹠下而笑荆怒
問之紹曰見明府蹠下黑子紹亦有之忻而故笑荆視之
果有黑子令其從學學八年遂爲九眞零陵二郡太守
華陽國志曰趙瑶字元珪弟玹字稚珪瑶兄弟皆以令德
著陽瑶以有公望遷扶風太守從爲蜀郡司空張温謂之
曰弟五伯魚從蜀郡入爲司空吾今掃弟以待足下矣
西京雜記曰朱買臣爲會稽太守懷章綬還至舍亭而國
人未知也所知錢勅見暴露乃勞之曰無罷乎遺以紈扇
買臣至郡引爲上客尋遷爲掾吏
韓子曰李悝爲魏文侯上地之守而欲人之善射乃下令
曰民有狐疑之訟者令之射杓中之者勝不中者負令且
下而人皆習射日夜不休及與秦戰大敗之以民之善射
也
風俗通曰蜀郡任嘉年三四歲時父騰爲諸生於漢中就

師有盜賊道路斷絶蜀亦覆没客轉長沙爲州郡吏後嘉
爲長沙太守騰爲奏曹掾默知嘉實其子曰嘉毋語汝謂
嘉曰奏曹任掾則汝父也但差老耳嘉曰天下豈獨有一
任夫人何以老吏生邪意毋曰出我尚守養汝數十年無
嫌譏豈以垂没吏失計哉顧實眞父不可棄猶後嘉問掾
聲音何類太守何州里耶掾曰本犍爲武陽人逢轉流宕
到此毋祭審諦又識左耳前贅因出抱持對之流涕嘉自
扷楊歔欷哽咽
世說曰爰綜爲新安太守南界有刻石爰至其下醮有人
於石下得剪刀者衆咸異之主簿對曰昔長沙桓王嘗飲
餞孫洲父老云此洲狹而長君當爲長沙事果應夫三刀
爲州今得交刀君亦當爲交州後果作交州
世語曰荆州刺史裴潛以南陽周泰爲從事使詣司馬宣
王宣王知之辟泰泰九年居喪留缺行之後三十六日擢
爲新城太守宣王爲大會使尚書鍾毓嘲之曰君釋褐登
宰府三十六日擁麾蓋守兵馬典郡乞兒乗小車一何快
耶泰曰君貴公之子故守吏職獮猴騎土牛一何遅也
潘尼贈二李郎詩序曰元康六年尚書吏部郎汝南李光
彦遷汲郡太守都亭侯江夏李茂曾遷平陽太守此二子
皆弱冠知名歷職顯要旬月之間繼踵名郡離儉劇之勤
就放曠之逸枕鳴琴以俟遠致離別之際各斐然賦詩

太平御覽卷第二百五十九

太平御覽卷第二百六十

職官部五十八

良太守上

漢書曰黃霸字次公淮陽人也爲潁川太守咸稱神明姧人去入他郡盜賊日少霸力行教化而後誅罰霸以外寬內明得吏民心是時鳳皇神雀數集郡國潁川尤多天子下詔稱揚曰潁川太守霸養視鰥寡贍助貧窮獄或八年無重罪囚可謂賢人君子矣書不云乎股肱良哉元首明哉其賜霸爵關內侯黃金百斤

又曰文翁廬江人也少好學景帝末年爲蜀郡太守仁愛好教化見蜀地僻陋有蠻夷風文翁欲誘進之乃選郡縣小吏開敏有才者張叔等十餘人親自飭厲遣詣京師受業蜀地學於京師者比齊魯焉

又曰龔遂字少卿山陽人宣帝問遂曰渤海廢亂朕甚憂之君何以息其盜賊以稱朕意遂曰海瀕遐遠不霑聖化其民困於飢寒而吏莫恤今欲使臣勝之將安之上曰選用賢良固欲安之遂曰臣聞治亂繩不可急唯緩之然後可治願丞相御史無拘臣以文法得一切以便宜從事上許焉遂單車獨行至府郡中翕然盜賊亦皆罷棄民有帶持刀劒者使賣劒買牛賣刀買犢所謂帶牛而佩犢乎

又曰朱博遷琅邪太守齊俗舒緩養名博新視事右曹掾史皆移病卧博問對言惶恐故事二千石新到輒遣吏存問致意乃敢起就職博奮髯抵几曰觀齊兒欲以此爲俗耶乃召見諸曹吏書佐及縣大吏選其可用者出教署之皆斥罷諸病吏郡中大驚又勑功曹官屬多褒衣大袑（袑音紹謂大袴也）不中節度自今掾史衣皆令去地三寸

又曰尹翁歸字子兄爲東海太守郡中吏人賢不肖及姧邪盡知之東海大治以高第入守右扶風蒲歲爲真政雖任刑其在公卿之間清潔自守語不及私溫良廉退不以行能驕人甚得名譽於朝廷

又曰薛宣字貢君東海太守左馮翊滿歲稱職宣爲吏賞罰明用法平而必行所居皆有條教可紀多仁恕愛利（愛人而安利之）

又曰朱邑字仲卿廬江人少時爲舒桐鄉嗇夫廉平不苛以愛利爲行未嘗笞辱人存問孤寡遇之有恩所部吏民愛敬焉遷北海太守

又曰趙熹字伯陽爲平原太守後青州大蝗入平原界輒死歲屢有年百姓歌之

又曰汲黯爲東海太守治官好清靜擇丞史任之責其大指而已黯素多病卧閤內不出歲餘東海大治召爲淮陽太守黯辭之上曰君薄淮陽耶吾欲得君卧而治之乃行

又曰王尊爲中郡太守河溢堤壞尊執珪請以身塡金堤而水稍却

又曰王尊字子貢涿郡人也爲安定太守到官出教告屬縣曰令長丞尉奉法守城爲民父母禦强扶弱宣廣澤甚勞苦矣太守以今日至府願諸君自免正身

又曰馮立字聖通以任爲郎遷五原太守徙西河上郡立在職公廉治行略與兄野王相似而多知有恩貸好爲條教吏人嘉美野王立相代爲太守人歌之曰大馮君小馮君兄弟繼踵相因循聰明賢智恩惠民政如魯衛德化均周公康叔猶二君後遷爲東海太守下濕病痺天子聞

之徙太原太守吏治五郡所居有迹
又曰韓延壽字長公燕人爲淮陽太守治甚有名徙潁川
多豪強難治延壽教以禮讓令文學校官諸生冠皮弁執
俎豆爲吏民行喪娶禮百姓遵用其教徙爲東郡太守吏
無追捕之苦人無棰楚之憂皆便安之接待下吏恩施甚
厚入守左馮翊行縣至高陵民有昆弟相與訟田延壽大
傷之曰幸得爲郡不能宣明教化至令民有骨肉爭訟既
傷風化咎在馮翊當先退是日稱病不聽事因入卧傳舍
閉閤思過於是訟者宗族傳相責讓此兩昆弟皆自髡肉
袒謝終死不敢復爭延壽恩信周遍二十四縣莫敢復以
辭訟自言者其志誠吏民不忍欺
又曰邵信臣字翁卿九江壽春人也以明經甲科爲郎超
爲零陵太守病歸復徵爲諫議大夫遷南陽太守躬勸耕

農開通溝渠爲民作均水約束刻石立於田畔以防爭吏
民親愛之號曰邵父荆州刺史奏信臣爲百姓興利郡以
殷富賜黄金四十斤遷河南太守治行常爲第一
又曰班伯爲定襄太守定襄聞伯素貴年少自請治劇畏
其下車任威吏民竦息伯請問耆老父祖有故人舊恩者
延之滿堂日爲供具執子孫禮諸所賓禮皆名豪懷恩醉
共諫伯曰宜頗攝録盜賊具言本謀亡匿處伯曰是所望
於父師矣乃召屬縣長吏選精進掾史分部收捕旬日盡
得郡中震慄咸稱神明
又曰蕭育字次君哀帝時南郡多盜賊拜育爲南郡太守
上以育耆舊名臣乃以三公使車載育入殿中受策使車三公
奉使之車如安車也加賜黄金二十斤育至南郡盜賊斷絶
東觀漢記曰杜詩字君公爲南陽太守性節儉而治清平

以誅暴立威信善於計略省愛民役造作水排鑄爲農器
用力省見功多時人方於邵信臣故南陽人爲之語前有
邵父後有杜母
又曰馬援字文淵扶風人爲隴西太守務開寬信恩以待
下任吏以職但揔大體而已賓客故人日滿其門諸曹時
白外事輒曰此丞掾任何足相煩若大姓侵小民黠羌欲
旅距此乃太守事耳
又曰朱暉字文季再遷臨淮太守暉好節槩有所拔用皆
厲行之士吏民畏愛謂之歌曰強直自遂南陽朱季吏畏
其威民懷其惠
又曰祭肜爲遼東太守肜之威聲揚於北方胡夷皆來內
附野無風塵乃悉罷緣邊屯兵及肜卒烏桓鮮卑追思無
已每朝京師過肜冢拜謁仰天號泣乃去

又曰張堪字君游遷漁陽太守教民耕種百姓殷富童謠
曰桑無附枝麦穗兩岐張君爲政樂不可支視事八年匈
奴不敢犯塞
又曰第五倫字伯魚爲會稽太守性節儉雖身居二千石
位常蔬食布衣妻自炊爨初代到當發百姓老小闐府門
攀車叩馬啼呼曰捨我何之其得人心見愛如此
又曰郭伋爲潁川太守辭去之官光武詔曰郡得賢能太
守去帝城不遠河潤九里冀京師并蒙其福也
又曰秦彭遷山陽太守時山陽新遭地動後飢旱穀貴米
石七八萬百姓窮困彭下車經營勞來爲民四誡以父母
夫妻兄弟長幼之序擇民能率衆以爲鄉三老選鄉三老
爲縣三老令與長吏參職崇儒雅貴庠序上德化春秋饗
射升降揖讓務禮示民吏民畏愛不敢欺犯

又曰侯霸字君房爲臨淮太守治有能名及王莽之敗霸保固守卒全一郡更始元年遣使徵霸百姓老弱相携號哭遮使者車或當道而卧皆曰乞侯君復留民乃誡乳婦勿得舉子侯君當去必不能全使者慮霸就徵臨淮必亂不敢受璽書而具以狀聞

又曰耿純字伯山鉅鹿人請治一郡盡力自効上笑曰卿乃欲以治民自効乃拜純爲東郡太守後坐事免上過東郡數千人號呼涕泣云願復得耿君上復以純爲東郡太守

又曰王阜爲益州太守邊郡吏多放縱阜以法繩正吏民不敢犯禁政教清靜百姓安業甘露降白烏見連有瑞應世謂其持法平政寛慈有化所致

又曰魏霸爲鉅鹿太守霸性清約質朴爲政寛恕正色而已不求備於人掾吏有過輙私責數不改休罷之終不暴揚其惡

又曰秦彭字伯本爲山陽太守以禮訓民不任刑名崇好儒雅百姓懷之莫敢欺犯轉潁川太守鳳皇騏驎嘉禾甘露之瑞集於郡境元成間宗族五人同爲二千石故號爲万石秦氏

又曰沈豐字聖達爲零陵太守爲政慎刑重殺罪法辭訟初不歷獄嫌疑不决一斷於口鞭杖不舉市無刑戮僚友有過初不暴揚有奇謀異略輙爲談述曰太守所不及也到官一年甘露降芝草生

又曰宗慶字叔平爲長沙太守民養子者三千餘人男女皆以宗爲名

後漢書曰光武南定河内而更始大司馬朱鮪等盛兵據洛陽又并州未安光武難其守問於鄧禹曰諸將誰可使守河内者禹曰昔高祖任蕭何於關中無復西顧之憂所以得專精山東終成大業今河内帶河爲固户口殷實北通上黨南迫洛陽寇恂文武備足有牧人御衆之才非此子莫可使也乃拜恂河内太守行大將軍事

又曰寇恂字子翼爲潁川太守拜執金吾後光武幸潁川百姓遮道曰願陛下復借寇君一年乃留之

又曰楊震遷東萊太守當之郡道經昌邑故所舉荆州茂才王密爲昌邑令謁見至夜懷金十斤以遺震曰故人知君君不知故人何也密曰暮夜無知者震曰天知神知我知子知何謂無知密愧而出轉涿郡太守性公廉不受私謁子孫常蔬食步行故舊長者或欲令爲開産業震不肯曰使後代稱爲清白吏子孫以此遺之不亦厚乎

又曰孟嘗遷合浦太守郡不産穀實而海出珠寶與交阯比境常通商販貿糴糧食先是宰守並多貪穢詭人採求不知紀極（詭賷）珠遂漸徙於交阯郡界於是行旅不至人物無資貧者餓死於道嘗到官革易前弊求人病利曾未踰歲去珠復還

又曰任延爲九真太守九真不識父子之性夫婦之道延乃移書屬縣各使男年二十至五十女年十五至四十皆以年齒相配其貧無禮娉令長吏以下各省俸禄以賑助之同時相娶者二千餘人是歲風雨順節穀稼豐衍其産子者始知種姓咸曰使我有是子者任君也多名子爲任

又曰陳寵轉廣漢太守西川豪右并兼吏多姧貪訴訟日百數寵到顯用良吏王渙鐔顯等以爲腹心（鐔音徒南反）訟者日減郡中清肅先是洛縣城南（洛縣名故城在今益州雒縣南也）每陰雨常有哭聲聞於府中積數十年寵聞而疑其故使吏案行

還言前代衰亂時此下多死亡者而骸骨不得葬寵愴然歎即矜勑縣盡收歛葬之自是哭聲遂絶

又曰宋均爲九江太守山陽楚沛多蝗其飛至九江界者輙東西散去

又曰劉寵爲會稽太守簡除煩苛禁察非法郡中大化徵爲將作大匠山陰縣有五六老叟尨眉皓髮自若耶山谷間出人齎百錢以送寵寵爲人選一大錢受之

又曰曹襃爲河内太守時春夏大旱粮穀踴貴襃到乃省吏併職退去𧦧殘澍雨數降其秋大熟百姓給足流寓皆還

又曰鮑德爲南陽太守時歲多荒災唯南陽豐穰吏人愛悅號爲神父

又曰廉范遷蜀郡太守其俗尚文辨好相持短長范每厲

以淳厚不受偷薄之説成都民物豐盛邑宇逼側舊制禁民夜作以防火災而更相隱蔽燒者范乃毁削先令但嚴使儲水而已百姓爲便乃歌之曰廉叔度來何暮不禁火民安堵平生無襦今五袴

又曰馬嚴爲陳留太守下車明賞罰發姧匿郡界清静時京師訛言賊從東方來百姓奔走轉相驚動諸郡遑急各以狀聞嚴察其虚妄獨不爲備詔書勑問使驛係道嚴固執無賊後卒如言

又曰黄香爲魏郡太守郡舊有内外園田常與人分種收穀歲數千斛香曰田令商者不農王制仕者不耕（王制曰上農夫食九人下士視上農夫祿足以代耕也）伐氷食祿之人不與百姓争利乃悉以賦人課令耕種

又曰中平三年江夏兵趙慈反叛殺南陽太守秦頡攻没六縣拜羊續爲南陽太守當入郡界乃羸服間行童子一人觀歷縣邑採問風謡然後乃進其令長貪絜吏民良猾悉逆知其狀郡内驚竦莫不震懾乃發兵與荆州刺史王敏共擊趙慈斬之獲首五千餘級屬縣餘賊並詣續降

又曰羊續爲南陽太守續妻後與子秘俱往郡舍續閉門不内妻而自將秘行其資藏唯有布衾弊祗裯鹽麥數斛而已（説文曰祗裯短衣而已祗者丁奚反裯音丁劳也）顧勑祕曰吾自奉若此何以資爾毋乎使毋俱歸

又曰三府舉王堂治劇拜巴郡太守堂馳兵赴賊斬虜千餘級巴庸清静吏民生爲立祠

又曰樊准拜鉅鹿太守時飢荒之餘人庶流迸家户且盡准課督農桑廣施方略朞年間穀粟豐賤數十倍而趙魏之郊數爲羌所鈔暴准外禦寇虜内撫百姓郡境以安

又曰伏湛更始立以爲平原太守倉卒兵起天下驚擾而湛獨晏然教授不廢謂子曰夫一穀不登國君撤膳（禮記曰年穀不登君膳不祭肺）今人皆飢奈何獨飽乃共食麄糲（糲麄米昔九章筭術日粟五十糲率三十一斛粟得六斗米爲糲也）悉分俸禄以賑鄉里來客者百餘家

又曰鮑昱後拜汝南太守郡多陂池歲歲決壞年費常三千餘萬昱乃上作方梁石洫（洫渠也以石爲之猶今之水門也）水常饒足漑田倍多人以殷富

又曰第五訪爲張掖太守歲飢粟石數千訪乃開倉賑給以救其弊吏懼譴争欲上言訪曰若上須報是棄人也（須待也）太守樂以一身救百姓遂出穀賦人順帝璽書嘉之由是一郡得全

謝承後漢書曰鄭弘遷淮陰太守消息徭賦政不煩苛行春天旱隨車致雨白鹿方道夾轂而行弘怪問主簿黄國

曰鹿爲吉爲凶國拜賀曰聞三公車轓畫作鹿明府必爲宰相

續漢書曰宋均爲九江太守五日一聽事冬以日中夏以平旦時多虎均曰夫虎豹在山黿鼉在泉物性之所託故江淮之間有猛獸猶北之雞豚也數爲民害咎在貪殘今退檻穽進忠良虎遂東渡江

又曰劉寬字文饒弘農人爲南陽太守溫仁多恕遇民如子口不出詈言吏人有過但用蒲鞭罰之示辱而已

又曰羊茂字季寶豫章人爲東郡太守冬坐白羊皮夏處單版榻常食乾飯出界買鹽致妻子不歷官舍

華嶠後漢書曰岑熙爲東郡太守好聘禮隱逸顯之於朝與參政事視事三年人歌之曰我有枳棘岑君伐之我有蟊蠈岑君遏之狗吠不驚足下生氂含哺鼓腹焉知凶災

我嘉我生獨丁斯時美矣岑君於戲如茲

張璠漢記曰宋登字叔陽出爲潁川太守市無豫價道不拾遺病免卒於家汝陰人配社祀之

又曰陳球爲零陵太守球到郡設方略朞月間賊虜消散而州兵朱益等反與桂楊賊胡蘭數萬人轉攻零陵零陵下濕編木爲城不可守備郡中惶恐掾吏白請遣家避難球怒曰太守分國虎符受任一郡豈顧妻孥而坦國威乎重復言者斬乃悉郡內吏民老弱與共城守

漢雜事曰蔣滿爲上黨太守長子萬爲北地都尉次子輔爲安定太守滿與萬俱知名並見徵時徵爲二千石者十三人俱引見萬退却不敢與父併詔遣賛謁者曰何以不齊左右曰此父子也上歎息曰乃父子剖符耶即先詔曰上黨太守滿經行篤著信行山東其以滿爲淮陽王相誨導東蕃弘農股肱郡其以萬爲弘農太守父子同日拜於前上嘉之

太平御覽卷第二百六十

職官部五十九

良太守中

魏略曰顏斐字文林爲京兆太守到官乃令屬縣整阡陌樹桑菓又是時人多無車牛斐課人閑月取車材使轉相教作車又課民無牛者命畜猪貴時賣以買牛始人以爲煩一二年間家家有丁車大牛遷爲平原太守吏人啼哭遮道車馬不得前十餘日乃出

魏志曰賈逵爲弘農太守太祖召見計事大悅之謂左右曰使天下二千石皆如賈逵則吾何憂

又曰杜畿爲河東郡守寬惠與民無爲民嘗辭訟有相告者親爲陳大義遣令歸諦思之若意有所不盡更來詣府鄉邑父老自相責怒曰有君如此柰何不從其教自是少辭訟詔曰昔蕭何定關中寇恂平河內卿有奇功間將授卿以納言之職顧念河東吾股肱郡充實之足以制天下故且煩卿臥而鎮之畿在河東十六年常爲天下最

又曰胡質字文德爲常山太守遷任東莞士盧顯爲人所殺質曰此士無讎而有少妻所以死乎悉見其比居年少書吏李若見問而色動遂窮詰情狀遂即自首罪人斯得每軍功賞賜皆散之於衆無入家者在郡九年吏民便安將士用命

又曰倉慈字孝仁淮南人太和中遷燉煌太守郡在西陲以喪亂隔絕曠無太守二十歲大姓雄豪遂以爲俗前太守尹奉等脩政而已無所匡革慈到大抑挫權右撫恤貧羸甚得其理舊大族田地有餘而小民無立錐之土慈皆隨口割賦稍稍使畢其本直先是屬城獄訟衆猥縣不能決多集治下慈躬往省閱斟酌輕重自非殊死便杖而遣之一歲決刑曾不滿十人

又曰令狐邵字孔叔爲弘農太守所在清如氷雪妻子希到官省舉善而教恕以待人不好獄訟與下無忌也

又曰田豫字國讓遷南陽太守先時郡人侯音反衆數千人在山中爲群盜大爲郡患前太守收其黨與五百餘人表奏皆當死豫悉見諸繫囚慰諭開其自新之路一時破械遣之諸囚皆叩頭願自効即相告語群賊一朝解散郡內清靜具以狀聞太祖善之

又曰自太祖迄于咸熙魏郡太守陳國吳瓘清河太守樂安任燠京兆太守濟北顏斐弘農太守太原令狐邵濟南相魯國孔義或哀矜折獄或推誠惠愛或治身清白或擿姦發伏咸爲良二千石

又曰涼茂守伯方時泰山多盜賊以茂爲泰山太守旬月之間繈負而至者千餘家

又曰鄭渾字文公遷沛郡太守郡界下濕常患水澇百姓飢乏渾於蕭相二縣界興陂開稻田郡人皆以爲不便渾曰地勢洿下宜溉灌終成稻田經久之利此豐民之本也遂躬率吏民興立功夫一冬間皆成比年大收頃畝歲增租入倍常民賴其利刻石頌之號曰鄭陂

魏略曰孟康正始中出爲弘農太守康到官清平嘉善而矜不能省息獄訟緣民所欲而利之郡領吏二百餘人涉春遣休常四分遣一事無宿諾時出案行不欲煩損吏民常豫勑卒行各持鎌所在自刈馬草不止亭傳露宿樹下

蜀志何祗字君肅汶山夷不安以祗爲汶山太守民夷服信遷廣陵後夷反叛辭曰令得前何府君乃能安我耳時

難復屈祇挾族人爲之汶山復得安
吳志曰顧邵字孝則年二十七起家爲豫章太守下車祀
先賢徐穉子之墓優待其後禁淫祀非禮之祭者相小吏資
質佳者輒令就學擇其先進擢置右職學善以教風化大
行
又曰孫權授諸葛恪撫越將軍領丹陽太守拜畢令恪備
威儀作皷吹導引歸家恪到府乃移書四郡屬城長令各
保其疆界明立部伍於是山民漸出降
王隱晉書曰廣平太守鄭宣帝謂鄭袤曰賢叔大匠垂稱
於陽平魏郡並蒙恵化且盧子家王子雍繼踵此郡吾欲
令郡世不乏賢故復相屈袤在郡先以德化善作條教百
姓愛之
又曰鄭默爲東郡太守值歲荒民飢默輒開倉賑給自上
待罪朝廷嘉默憂國恤人詔書襃歎比之汲黯
又曰應詹爲南平太守天下分崩征鎮州郡已失城邑詹
獨保境外懷狂狡内除塗炭甚便百姓之情郡人歌曰亂
離既普殆爲灰朽僥倖之運賴兹應后潤同江海恩猶父
毋
晉書曰范粲遷武威太守到郡選良吏立學校勸農桑是
時戎夷頗侵壃埸粲明設防備敵不敢侵西域流通無烽
燧之警
又曰劉頌爲河内守郡界多公王水碓過塞流水轉爲浸
害頌表罷之百姓獲其利
又曰吳隱之爲晉陵太守在郡清儉妻自負薪
又曰鄧攸字伯道爲淮南太守夢行水邊見一女子猛獸自
後斷其盤囊占者以爲水邊有女汝字也斷盤囊者新獸

頭代故獸頭也不作汝陰當汝南也果遷汝陰太守
又曰鄧攸元帝以攸爲太子中庶子時吳郡闕人多欲
之帝以授攸攸載米之郡俸禄無所受唯飲吳水而已時
郡中大飢攸賑貸未報乃輒開倉救之臺遣散騎常侍桓
彝慰勞飢人觀聽善不乃劾攸以擅出穀俄而有詔原之
攸在郡州政清明百姓歡悅爲中興良守
又曰鄧攸爲吳郡太守稱疾去職郡常有送迎錢數百萬
攸去郡不受一錢百姓數千人留牽攸舡不得進攸乃止
停中夜發去吳人歌之曰紞如打五皷雞鳴天欲曙鄧侯
挽不留謝令推不去百姓詣臺乞留一歲不聽
又曰陸納爲吳興太守至郡不受俸禄頃之徵拜左氏尚
書領州大中正將應召外白宜裝幾舡納曰私奴裝粮食
來無所復須也臨發止有被幞而已其餘並封以還宮
晉中興書曰王蘊字叔仁爲吳興太守時郡荒民飢蘊輒
開倉賑䘏主簿執諫云宜先列上蘊曰行仁義而敗者尠
矣於是以米賑貸賴蘊活者十室而八然後具自表闕朝
廷以違科免飢民多誦之詔特左遷晉陵太守
又曰諸葛恢字道明中宗選爲會稽太守臨行上爲置酒
謂之曰今之會稽昔關中足食足兵在於良守以君有莅
任之方是以相屈恢陳謝曰今天下喪亂之餘風俗陵遲
宜尊五美屏四惡進忠實之士退浮華之黨中宗深納焉
南史曰宋江秉之爲臨海太守以簡約見稱卒於官所得
禄秩悉散之親故妻子常飢寒人有勸其營田秉之正色
荅曰食禄之家豈可與人競利在郡作書案一枚去官留
以付庫
齊書曰劉懷慰拜齊郡太守上謂懷慰曰齊邦是王業所

基吾方以爲顯任經理之事一以委卿又手勑曰有文事者必有武備今賜卿玉環刀一口懐慰至郡修治城郭安集居民墾廢田二百頃決沈湖灌漑不受禮謁民有餉其新米一斛者懐慰出所食麥飯示之曰旦食有餘幸不煩此因著廉吏論以達其意

又曰虞愿爲晉平太守海邊有越王石常隱雲霧相傳云清廉太守乃得見愿往觀視清徹無隱蔽後琅耶王秀之爲郡與朝士書此郡承虞公之後善政猶在遺風易遵差得無事

又曰王秀之爲晉平太守至郡朞年謂人曰此邦豐壤禄俸常充吾山資已足豈可久留以妨賢路上表請代時人謂王晉平恐富求歸

又曰裴昭明歷郡皆有善政常謂人曰人生何事須聚畜一身之外亦復何須子孫若不才我聚彼散若能自立則不如一經故終身不治産

又曰蕭介字茂鏡少頴悟有器識梁大明中武陵王紀爲楊州刺史以介爲府長吏在職以清白稱武帝謂何敬容曰蕭介甚貧可以處一郡復曰始與郡頻無良守可以介爲之由是出爲

齊春秋曰崔元祖父景真爲平昌太守有惠政常懸一蒲鞭而未嘗用

梁書曰褚翔爲義興太守翔在政潔已省繁苛去游費百姓安之郡之西亭有古樹積年枯死翔至郡忽更生枝葉百姓咸以爲善政感及秩滿吏民詣闕請之勑許焉

又曰何敬容爲吳郡太守爲政勤恤民隱辯訟如神視事四年治爲天下第一吏民詣闕請樹碑詔許之

又曰劉亨字嘉會之遴弟也代之遴爲南郡太守在郡有異績數年卒於官時年五十荊士至今懐之不忍其名號爲大南郡小南郡

又曰何胤字子季爲建安太守民不忍欺伏臘放囚還家及期而至

又曰傅昭遷臨海太守郡有蜜巖前後太守皆自封固專收其利昭以周文之囿與百姓共之大可喻小乃教勿封縣令常餉粟寘絹于簿下昭笑而還之

又曰徐摛東海郯人高祖問五經大義次問歷代史及百家雜説末論釋教摛商較縱横應答如響高祖寵遇日隆領軍朱异不悦謂所親曰徐叟出入兩宫漸來逼我須早爲之所遂承間白高祖曰摛年老又愛泉石意在一郡以自顯養高祖謂摛欲之乃召摛曰新安大好山水任昉等並經爲之卿爲我卧治此郡遂出爲新安守周月之中風俗便改

又曰張緬出爲淮南太守時年十八武帝疑其年少未閑吏事遣主書封取郡曹文案見斷決允愜甚稱賞之

崔鴻十六國春秋前秦録曰索稜字孟則燉煌人好學博聞姚萇甚重之委以機密文章詔檄皆稜之文也後爲平原太守以德化民民畏而愛之歌曰懿矣明守廉績允釐剖符作宰實獲我思

又曰前凉晉昌太守陰熙卒郡人思其政化縗絰送喪至武威者千餘人

後魏書曰羊敦字元禮太山平陽人爲廣平太守甚有能名姦吏跼蹐秋毫無犯屬歳飢饉家饋未至使人尋陂澤拔藕而食之遇有疾苦解衣質米朝廷以其清白賜穀千

斛絹百疋

又曰張長年爲汝南太守郡人劉崇之兄弟分析家唯有一牛爭之不決訟于郡庭長年曰汝曹當以一牛故致此競有二牛各應得一豈有訟理即以家牛一頭賜之于是郡境之中各相誡約咸敦敬讓

又曰柳崇出爲河北太守崇初屆郡郡民張明失馬疑十餘人崇見之不問賊事人別借以溫顏更問其親老存不農桒多少而微察其辭色即獲真賊呂穆等二人餘皆放遣郡中畏服境內怗然

又曰呂顯拜鉅鹿太守清身奉公務存贍邮妻子不免飢寒民頌之曰時惟府君克清克明緝我荒土民胥樂生願壽無疆以享長齡

又曰韋崇字洪基除南潁川太守不好發摘細事常云何

用小察以傷大道吏民感之郡中大治高祖聞而嘉賞賜帛二百疋

又曰辛穆字叔宗轉汝陽太守值水潦民飢上表請輕租賦帝從之遂勅汝陽一郡聽以小絹爲調

又曰房景伯除清河太守郡民劉簡虎曾失禮於景伯聞其臨郡闔家逃亡景伯督切屬縣追捕擒之即署其子爲西曹掾命諭山賊賊以景伯不念舊惡一時俱下論者稱之

太平御覽卷第二百六十一

職官部六十

良太守下

良太守下　酷太守

北史曰西魏裴俠除河北郡守俠躬履儉素愛人如子所食唯菽麥鹽菜而已吏人莫不懷之此郡舊制有漁獵夫三十人以供郡守俠曰以口腹役人吾所不爲也乃悉罷之又有丁三十人供郡守役俠亦不私並收庸直爲市官馬歲時既積馬遂成群去職之日一無所取人歌之曰肥鮮不食丁庸不取裴公貞惠爲世規矩

北史曰宋世良爲清河太守才識閑明尤善政術在郡未幾聲問甚高陽平郡移治刼盜三十餘人世良訊其情狀惟送十二人餘皆放之陽平太守魏明朗大怒云輙放吾賊

及推問送者皆實放皆非明朗大服郡東南有曲堤成公一姓阻而居之群盜多萃於此人爲之語曰寧度東吳會稽不歷成公曲堤良施八條制盜奔他境人又謠曰曲堤雖險賊何益但有宋公自屏跡是冬醴泉出於界内及代至傾城祖道有老人丁金剛者泣而前謝曰老人年九十記三十五政府君非唯善政清亦徹底今失賢者人何以濟莫不攀援涕泣

北齊書曰赫連子悅除林慮太守文襄往晉陽由郡境問不便悅云臨水武安去郡遥遠山嶺重疊若東屬魏郡則地平路近文襄笑曰卿徒知便人不覺損幹悅荅曰所言者又所疾苦不敢以私潤負公心文襄善之乃勑依事施行自是人屬近便行路

北齊書曰崔伯謙字士遜博陵安平人也除濟北太守恩信大行又改鞭用熟皮爲之示恥而已

北齊書曰蘇瓊字珍之長樂武強人也除南清河太守性清慎不發私書

陳書曰孔奐字休文除晉陵太守自宋齊已來爲大郡雖經寇擾猶爲全實前後二千石多行侵暴奐清白自守妻子並不之官唯以單舡臨郡所得秩俸隨即分贍孤寡郡中號曰神君曲阿富人殷綺見奐居處儉素乃餉以衣氈一具奐曰太守身居美祿何爲不能辦此但百姓未周不容獨享溫飽勞卿厚意幸勿爲煩

隋書曰于義遷安武太守專崇德教不尚威刑有郡民張善安王叔兒爭財相訟義曰太守德薄不勝任之所致非其罪也於是取財倍與二人諭而遣去善安等各懷恥愧移語他州於是風教大洽其以德化人皆此類也

又曰于仲文遷安固太守有任杜兩家各失牛後得一牛兩家俱認州郡久不能決益州長史韓伯儁曰于安固少善聽察可令決之仲文曰此易解耳於是令二家各驅牛羣至乃放所認者遂向任氏群中又陰使人微傷其牛任氏嘵惋杜家自若仲文於是訶詰杜氏杜氏服罪而去

又曰柳儉煬帝特授朝散大夫拜弘化太守賜物一百段而遣之儉清節愈厲大業五年入朝郡國畢集帝謂納言蘇威吏部尚書牛弘曰其中清名天下第一者爲誰威等以儉對又問其次威以涿郡丞郭絢潁川郡丞敬肅等二人對帝賜儉帛二百疋令天下朝集使送至郡邸以旌異焉

又曰車駕西巡還謂武威太守樊子蓋曰人道公清定如此不子蓋謝曰臣安敢言清止是小心不敢納賄耳由此賜之口味百餘斛

唐書曰顏眞卿爲平原太守安祿山逆節頗著眞卿以霖雨爲託修城浚濠陰料丁壯儲廩實乃陽會多士泛舟於池飲酒賦詩或譏於祿山亦密偵之以爲書生不足虞也無幾祿山果反河朔盡陷獨平原城守具備乃使司兵參軍李平馳奏之玄宗初聞祿山之變歎曰河北二十四郡豈無一忠臣乎得平原大喜顧左右曰朕不識顏眞卿形狀何如所爲得如此

五代史晉史曰郭延魯淸泰中遷復州守延魯臨任忽驚歎曰先人曾爲沁牧九年不移我得不遵其家法而使政有紕繆者乎由是正俸之外未嘗斂貸庶事致理一郡賴焉及秩滿百姓上章舉留將離境扶攀卧遮圍者不能去朝廷聞而嘉之

華陽國志曰張翕字子陽巴郡人爲陰平郡守布衣蔬食

儉以化民自乘二馬之官久之一馬死一馬病翕曰吾將步行矣夷漢甚安其惠愛在官十九年卒百姓號慕送葬以千數天子嗟歎賜錢十万爲立祠堂後太守數煩擾夷人叛亂翕子端方察孝廉天子起家拜越嶲太守迎者如雲

又曰華陽國志曰孝順帝永建中太山吴資爲巴郡太守民歌之曰習習晨風動澍雨潤乎苗群后恤時務我民以優饒及資遷去民人思資又歌曰望遠忽不見惆悵當徘徊恩澤實難忘悠悠心永懷

益部耆舊傳曰張霸字伯饒爲會稽太守舉賢士勸教講授一郡慕化但聞誦聲又野無遺寇民語曰城上烏鳴哺父毋府中諸吏皆孝子

鍾岏良吏傳曰王堂字敬伯廣漢郪人也爲汝南太守屬城多闇弱堂簡選四部督郵奏免四十餘人以陳蕃爲功曹應嗣爲主簿教曰簡覈衆職委功曹拾遺補闕仰恃明俊古人有言勞於求賢逸於得士太守不敢妄有符教

崔氏家傳曰崔寔除五原太守郡處邊陲不知耕桑之業民多飢寒之患於是乃勸人農種教其織紝以賑貧窮民用獲濟號曰神惠焉

桓階別傳曰上巳平荊州引爲主簿每有深謀疑事嘗與君籌之或日昃忘食或夜坐徹旦擢爲趙郡太守會郡寮送之上曰北邊未清以卿威能震敵德懷遠人故用相煩是亦寇恂河内之舉階在郡時俸盡食醬酢上聞之數戲之曰卿家醬頗得成不耶詔曰昔子文淸儉朝不謀夕而有脯粮之秩宣子守約簞食魚飧而有加梁之賜豈況光光大魏富有四海棟宇大臣而有蔬食非吾所以禮賢之

意也其賜射鹿師二人并給媒齊人謂麹蘖爲媒

江祚別傳曰祚爲安南太守民思其德生子多以江名子

孟宗別傳曰宗爲豫章太守人思其惠路有行歌故時人之生子以孟爲名

邵氏家傳曰邵訓字伯春爲陳留太守以君性多引恕追詔勉厲之曰陳留太守講授省中六年于茲經術明篤有匡生解頤之風賜錢三十萬及刀劍衣服居家之具

宣城記曰涇縣洪矩吴時爲廬江太守清稱徵還舡輕皆載土時歲暮逐除者就乞所獲甚少洪乃語之逐除人見土而去○秦子曰孔文舉爲北海相有遭父喪哭泣墓側色無憔悴文舉殺之有毋病差思食新麥家無乃盜隣人熟麥而進之文舉聞特賞之盜而不罪者以爲勤養於毋也哭而見殺者以爲哀而不實也

世說曰周顗罷臨川郡還都未及上泊青溪渚王丞相往看之時是夏月暴雨卒至舫既狹小而又漏殆無復可坐處王曰胡威之清何以過此即啓用焉

吳興太守論衡曰淮陽鑄僞錢吏不能禁汲黯爲太守不壞一鑪不刑一人高枕安卧淮陽政清

風俗通曰秦昭王使李氷爲蜀郡太守開成都兩江溉田万頃江神歲取童女二人以爲婦氷自以其女與神爲婚徑至神祠勸神酒杯但澹淡氷厲聲責之因忽不見良久有兩蒼牛鬭於岸旁有閒氷還流汗謂官屬曰吾鬭大極不勝當相助南向腰中正白者我綬也主簿刺殺北面者江神遂死蜀人慕其氣決抗壯健者因名子曰氷兒

酷太守

漢書曰王溫舒爲廣平都尉擇郡中豪敢往吏十餘人爲爪牙使督盜賊道不拾遺遷河內太守素居廣平時皆知河內豪姦之家以九月至郡令具私馬五十疋驛自河內至長安部吏如廣平時方略捕郡中豪猾相連坐千餘家上書請大者至族小者乃死家盡沒入贓奏行不過二日得可事論報至流血十餘里河內皆恠其奏以爲神速盡十二月郡無犬吠之盜其頗不得失之旁郡追求會春溫舒頓足歎曰嗟乎令冬月益展一月足吾事矣

又曰嚴延年字次卿東海人爲涿郡太守大姓西高氏東高氏自郡吏已下皆畏避之莫敢與牾咸曰寧負二千石無負豪大家賓客放爲盜賊發輒入高氏吏不敢追延年至遣掾蠡吾趙繡案高氏得其死罪繡見延年爲兩劾欲先白其輕者觀延年意延年已先知之趙掾至白其輕者延年索懷中得重劾即收送獄夜入晨殺吏分拷兩高窮竟

其姦誅殺各數人郡中震恐道不拾遺三歲遷河內太守

東觀漢記曰樊曄爲天水郡其政嚴猛好申韓之術不假下以權道路不敢相盜商人行旅以錢物於大道旁曰以付樊父後還其物如故道不拾遺涼州爲之語曰游子常苦貧力子天所富寧見乳虎穴不入冀城寺嗟我樊府君安可再遭值

晉陽秋曰廬陵太守羊冉疑郡人簡良等爲賊殺一百九十人徒謫百有餘人有司奏冉罪死以景獻皇后有屬八議帝曰此古人所無何八議之有乎未忍肆之市朝其賜命獄所琅邪王太妃山氏冉之甥也詣闕請命丞相以太妃爲言於是减死罪既出有疾見簡良爲祟旬日而卒

三國典略曰齊廣陵太守敬長瑜多受財賄刺史陸駿將啓劾之長瑜以貨求於散騎常侍和士開以畫屏風詐爲長瑜之獻齊王大悅駿啓尋至遂不問焉

梁書曰南淮侯蕭推字智進梁王第安城康王秀之子姿貌豐悅舉動可觀歷淮南宣城晉安吳郡四太守所臨之郡必赤地大旱吳人號爲旱母

又曰臧厥爲晉安太守郡居山海常結聚逋逃前二千石雖募討捕而寇盜不止厥下車宣風化凡諸凶黨皆繈負而出居民復業商旅流通然爲政嚴酷少恩吏民小事必加杖罰百姓謂之臧獸

唐書曰李邕天寶初爲汲郡北海二太守邕性豪侈不護細行所在縱求財貨馳獵自恣五載姦贓事發又嘗與左驍衛兵曹柳勣馬一疋及勣下獄吉溫令勣引邕議及休咎厚相賂遺詞狀連引勅刑部員外祁順之監察御史羅希奭馳往就郡决殺之時年七十餘

卷第二百六十二

職官部六十一

別駕　治中　長吏　司馬

別駕

應劭漢官儀曰元帝時丞相于定國條州大小爲設吏員治中別駕諸部從事秩皆百石

漢書曰黄霸爲豫州刺史三歲宣帝詔賜車蓋特高一尺別駕主簿車緹油屏星於軾前以彰有德

東觀漢記曰郭伋在并州行部童兒騎竹馬迎拜問使君何日當還伋語別駕計日告之

後漢書曰袁紹領冀州以審配爲別駕委以腹心并揔幕府紹又以田豐爲別駕豐勸迎天子紹不納及敗曰吾慙田別駕

謝承後漢書曰周景爲豫州辟陳蕃爲別駕不就景題別駕輿曰陳仲舉座也不復更辟蕃惶懼起視職

又曰陳茂豫州刺史周敞辟爲別駕從事與俱行部到頴川陽翟傳傳中有置美酒一押敞去勑御騶載酒以行茂見於外取押擊柱破之敞問茂刺史年老酒益氣別駕破押名亦何益茂荅曰所過皆有以明使君傳車駢驂載酒非宜也

魏志曰崔琰字季珪太祖破袁氏領冀州牧辟琰爲別駕語琰曰比案户籍可得三十萬衆故爲大州也琰曰今天下分崩九州幅裂二袁兄弟親尋干戈冀方蒸庶暴骨原野未聞王師仁聲先路存問風俗救其塗炭而計校甲兵唯此爲先斯豈彼州士女所望於明公哉太祖改容謝之于時賓客皆復失色

又曰李膺自蜀使至都武帝悅之謂曰今李膺何如昔對曰今勝昔問其故對曰昔事桓靈之主今逢堯舜之君帝嘉其對以如意擊席者久之乃以爲益州別駕

又曰王基字伯輿東萊人時青土初定刺史王陵表請基爲別駕陵流稱青土盖亦由基恊和之輔也

吴書曰陸遜爲右護軍鎮西將軍權嘉遜功德欲殊顯之雖爲上將列侯猶欲令歷本州舉命乃使楊州牧呂範就辟別駕從事

晉書曰王祥徐州刺史呂虔檄爲別駕祥乃應召虔委以州事于時寇盜充斥祥率勵兵士頻討破之州界清靖政化大行時人歌之曰海沂之康實頼王祥邦國不空別駕之功

鄧粲晉紀曰王澄爲荆州宗廞以酒色禮澄澄叱左右捽之別駕郭舒厲色曰使君醉澄曰狂邪枉我醉因灸舒眉

晉中興書曰初魏徐州刺史任城呂虔有佩刀工相之以爲必三公可服此刀虔語別駕王祥曰苟非其人刀或爲害卿有公輔之量故以相與祥始辭之虔強與乃受祥死之日以刀授弟覽曰吾兒凡汝後必興足稱此刀故以相與

又曰長沙鄧粲高潔著名桓冲召粲爲別駕粲起就職時南郡劉尚公亦治操不仕粲既就職尚公語粲曰卿道廣學深衆所推懷忽然改節誠失所望粲笑荅曰足下可謂有志於隱而未知隱之爲道朝亦可隱市亦可隱初在我不在於物尚公無以難之雖然粲名譽解半矣

又曰鄧騫字長眞長沙人也譙王承爲魏乂所敗乂求騫甚急鄉人爲懼騫笑曰欲用我耳乃往詣乂喜謂曰君可

謂古之解楊也以爲別駕

續晉安帝紀曰益州刺史李邈傲時居漢川與別駕姜顯餞送刺史顯忽邈邈曰大丈夫何至守偏地爲姜顯所陵即不復還家仍附舡下自是十五年而鎮梁漢顯猶栖遟即擻爲別駕

後周書曰柳慶爲雍州別駕有賈人持金二十斤詣京師交易寄人停止每欲出行常自執管鑰無何緘閉不異而失之謂是主人所竊郡縣訊問主人遂自誣服慶聞而歎之乃問賈人曰卿鑰恒置何處對曰恒自帶之慶曰頗與人同宿乎曰無與人同飲乎曰日者曾與一沙門再度酣宴醉而晝寢慶曰主人特以痛自誣非盗也彼沙門乃眞盗耳即遣吏逮捕沙門乃懷金逃匿後捕得盡獲所失之金○隋書趙軌爲齊州別駕徵入朝父老相送者各揮涕曰別駕在官水火不與百姓交是以不敢以壺酒相送公清若水請酌一杯水奉餞軌授而飲之

唐書曰德宗命王虔休幕客昭義軍節度掌書記盧頊爲洺州別駕知州事賜緋魚袋賞有功也時元誼據洺州頊白於虔休請入城說下之頊見誼爲陳利害誼請隨頊歸朝故頊不次授官

三輔決錄曰蘇章爲冀州刺史召安平崔瑗爲別駕

豫章列士傳曰孔恂字巨卿新淦人爲別駕車前後舊有屏星如刺史車曲翳儀式時刺史行部發失旦怒命去之恂曰明使君發自晏而欲撤去屏星毀國舊儀此不可行別駕可去屏星不可省即投傳而去

曹操別傳曰武皇帝爲兖州以畢諶爲別駕兖州亂張孟卓劫諶母弟帝見諶曰孤綏撫失和聞卿母弟爲張邈所執人情不相遠卿可去孤自遣不爲相弃諶涕泣曰當以死自効帝亦垂涕荅之諶明日便走後破下邳得諶還以爲掾

王允別傳曰允仕郡民有路拂者少無行而太守王珠召以補吏允犯顏固爭珠怒收允欲殺之刺史鄧盛聞而馳傳辟爲別駕從事允由是知名路拂以之廢弃

管輅別傳曰趙孔耀言輅於冀州刺史裴徽即擻召輅一相見清論終日不覺疲倦天時大熱移床在庭前樹下乃至雞鳴向晨然後出自尒　引輅爲別駕

江氏家傳曰統字應元太傅東海王領州牧請君爲別駕與君書曰昔子師作豫州未下車辟荀慈明下車辟孔文舉貴州人士有堪此求者不知君舉高平郗道徽爲賢良陳留阮宣子爲直言濟北程弘叔爲方正皆於時選爲允

顧和別傳曰顧球時爲楊州別駕顧榮謂球曰卿速步公孝如是超卿矣和字公孝

庾亮集荅郭遜書曰別駕舊與刺史別乘周流宣化於萬里者其任居刺史之半安可任非其人

應亨與州將牋曰誨命欲求佳別駕自頃諸府大開搜延路廣海無遺蚌山亡逸璞歸數日卧思始得一人陳國有袁琇学惠瑛者才識可以經於治亂棲跱可以勸礪後進亨具所服聞而未嘗接顏交言也又宗令文早有名輩相與通家門素所具抑亦其次

治中

通典曰治中從事史一人居中治事主衆曹文書漢制也

謝承後漢書曰陳禪爲州治中從事刺史爲人所劾受納賊賂禪當傳栲乃至笞掠無筭五毒畢加神意自若辭對

無屈事遂釋

應劭漢官儀曰司隸功曹從事即治中也

魏志曰畱配字正南魏郡人少忠烈慷慨有不可犯之節袁紹領冀州委配腹心之任以爲治中別駕

又曰太祖令曰頃年已來不聞嘉謀豈吾開延不勤之耶自今已後諸掾屬治中別駕常以月旦各言其失吾將覽也

又曰毛玠字孝先陳留平丘人也少爲縣吏以清公稱將避亂荊州未至聞劉表政令不明遂往魯陽太祖臨兗州辟爲治中從事

蜀志曰龐統以從事守耒陽令不治免官魯肅遺先主書曰龐士元非百里之才使處治中別駕之任始當展其驥足耳乃以爲治中

江表傳曰孫權尅荊州將吏悉皆歸附而潘濬獨稱疾不見權遣人以床就家轝致之濬伏面着床席涕泣交橫權至慰勞與語使親近以手巾拭其面濬起下地拜謝即以爲治中

王隱晉書曰唐彬檄爲治中別駕忠肅公亮匡救違闕盡規誨以納善不顯諫以彰主當朝正色焉

又曰譙郡太守李詮稱散吏　後竟爲治中

檀道鸞晉紀曰習鑿齒少博涉才情秀逸桓溫奇之自州從事歲中三轉至治中

梁書曰蕭洽爲南徐州治中既近畿重鎮吏數千人前後居之者皆致巨富洽爲之清身率職饋遺一無所受妻子不免飢寒

又曰陸襄字師卿爲楊州治中襄父終此官乃固辭高祖不許聽與府司馬換廨居之也

益部耆舊傳曰柳琮字伯騫爲治中與人交結久而益親其所拔進皆世所稱致位牧守鄉里爲之語曰得黃金一笥不如柳伯騫所識

又曰張彥字伯春爲治中從事刺史每坐高床治中單席於地

鄧德明南康記曰昔有盧躭仕州爲治中少有棲山之術善解飛每夕輒凌虛歸家曉則還州曾元會曉不及朝則化爲白鵠至閣前迴翔欲下威儀以帚擲之得一隻履躭乃驚還就列時步騭爲廣州刺史意惡之便以狀列聞遂至誅滅

世說曰習鑿齒才史不常桓宣武器之未三十用爲荊州治中謝牋曰不遇明公荊州老從事耳

長史

後周書曰劉璠爲蕭循益州長史及太祖既納蕭循之降又許其返國循至長安累月未之遣也璠因侍宴太祖曰我於古誰比對曰常以公命世英主湯武莫逮今日所見曾齊桓晉文之不若太祖曰我不得比湯武望與伊周爲匹何桓文之不若乎對曰齊桓存三亡國晉文不失信於伐原語未終太祖撫掌曰我解尔意欲激我耳於是即命遣循

陳書曰蕭濟爲楊州長史高宗嘗勑取楊州曹事躬自省覽見濟條理詳悉文無滯留乃顧謂左右曰我本期蕭長史長於經傳不意精練繁劇乃至於此

隋書曰榮毗楊素薦毗爲華州長史世號爲能素之田宅

多在華陰左右放縱呲以法繩之無所寬貸呲因朝集素謂之曰素之舉卿適以自罰也呲荅曰奉法一心者但恐累公所舉素笑曰前者戲耳卿之奉法素之望也

又曰高祖時制刺史二佐每歲暮更入朝上考課

唐書曰張惟一爲荆州長史以防禦使陳希昂爲司馬希昂衡州酋帥家兵千人在部下自爲藩衛有牟遂金仕至將軍爲惟一將希昂積憾持兵領衆入惟一衙索遂金頭金藏於惟一後院惟一懼截頭遂與之兵始退自此之後政歸希昂惟一寄坐而已

司馬

北史曰魏蘇亮拜黄門侍郎文帝子宜都王武爲秦州刺史以亮爲司馬帝謂亮曰黄門郎豈可爲秦州司馬以朕愛子出藩故以心腹相委勿以爲恨

三國典略曰齊以太子率更令崔龍子爲司州司馬初龍子爲司徒功曹嫁女與穆提婆以求此職提婆許之以其品懸絶先轉爲率更令至是成婚既畢即便用之尋有謗言牓於路側曰司州司馬崔老鴟取錢能疾判事遲御史馮士幹見而劾之遂免其官

北史曰隋房恭懿歷澤德二州司馬盧愷復奏其政美上甚異之復賜以帛諸州朝集稱爲勸勵之首以爲上天宗廟之所祐助豈朕寡薄能致之乎

隋書曰劉模爲嵐州司馬楊諒既作亂刺史喬鍾葵發兵將赴逆模拒之曰漢王所圖不軌公荷國厚恩致位方伯謂當竭誠効命以荅慈造豈有大行皇帝梓宮未掩翻爲厲階鍾葵失色曰司馬反耶臨之以兵氣辭不撓鍾葵義而釋之軍吏進曰若不斬模何以厭衆心於是囚之於獄悉取模貲財分賜黨與及諒平煬帝嘉之拜開府授天興令

太平御覽卷第二百六十三

功曹參軍　司倉參軍　司户參軍

司兵參軍　司法參軍　五官掾

功曹參軍

韋昭辯釋名曰曹群也功曹吏所群聚户曹民所群聚也其他皆然○漢書曰蕭何爲主吏(孟康曰主吏功曹也)

又曰朱博爲琅邪郡守召見功曹閉閤數責與筆札使自記受取一錢已上無得有所匿欺謾半言斷頭矣功曹惶怖具自書姦臧大小不敢隱博知其對以實乃令就席受敕自改而已投刀使削所記遣出就職

東觀漢記曰趙勤南陽人太守桓虞召爲功曹委以郡事嘗有重客過欲託一士令爲曹吏虞曰我有賢功曹趙勤當與議之潛於內中聽虞乃問勤勤對曰恐未合衆客曰止止勿復道

又曰楊正爲京兆功曹光武崩京兆尹出西域賈胡共起帷帳設祭尹車過帳胡牽車令拜尹疑止車正在前導曰禮天子不食支庶況夷狄乎敕壞祭遂去

又曰鮑永爲郡功曹時有稱侍中止傳舍者太守趙興欲出謁永以不宜出當車拔佩刀興因還後數日詔書下捕之果矯稱使者由是知名

又曰郭丹爲郡功曹薦陰亶程胡魯歆自代太守杜詩曰古者卿士讓位今功曹稽古經可爲至德編署黃堂以爲後法

又曰吳良字大儀齊國臨淄人初爲郡吏歲旦與掾史入賀門下掾王望舉觴上壽諂稱太守功德良於下席勃然進曰佞邪之人欺諂無狀願勿受其觴太守斂容而止讌罷轉良爲功曹恥以言受進終不肯謁

又曰汝南太守歐陽歙召郅惲爲功曹汝南舊俗十月饗會百里內皆賚牛酒到府飲讌時臨饗禮畢歙教曰西部督郵繇延天資忠貞不嚴而治令與衆儒共論延功顯之于朝惲於下座愀然前曰案延資性貪邪外方內員朋黨構姦罔上害民明府以惡爲善以直從曲此既無君又復無臣惲敢奉觥歙色慙不知所爲門下掾鄭敬進曰君明臣直功曹言切明府德也歙意少解曰實歙罪也

又曰永平初新野功曹鄧寅以外戚小侯每預朝會而容姿趍步有出於衆上目之顧左右曰朕之儀皃豈若此人特賜輿馬衣服虞延以寅無實行未嘗加禮上乃詔令自稱南陽功曹詣闕寅在職不服父喪帝聞乃歎曰知人則哲推帝難之信哉斯言寅聞而慙退

後漢書曰虞延去官還鄉里太守富宗聞延名召署功曹宗性奢靡車服器物多不中節延諫曰昔晏嬰輔齊鹿裘不完季文子相魯妾不衣帛以約失之者鮮矣宗不悅延即辭退居有頃宗果以侈縱被誅臨當伏刑攬涕而歎曰恨不用功曹虞延之諫

又曰周章初仕郡爲功曹時大將軍竇憲免封冠軍侯就國章從太守行春到冠軍太守猶欲謁之章進諫曰今日公行春豈可越儀私交且憲椒房之親勢傾王室而退就藩國禍福難量明府剖符大臣千里重任舉止進退其可輕乎太守不聽遂便升車章前拔佩刀絕馬鞅於是乃止及憲被誅公卿以下多以交關得罪太守幸免以此重章

又曰徐穉豫章人時陳蕃爲太守以禮請署功曹穉不免之既謁而退蕃在郡不接賓客唯穉來特設一榻去則懸

之
又曰韓稜初爲郡功曹太守葛興中風疾不能聽政稜陰
代興視事出入二年令無違者
又曰廉范永平初隴西太守鄧融備禮謁范爲功曹（請謁）會
融爲州所舉案（舉其罪案驗之）范知事譴難解欲以權相濟乃託
病求去融不達其意大恨之范於是東至洛陽變名姓求
代廷尉獄卒居無幾融果徵下獄范遂得衛侍左右盡心
勤勞融怪其貌類范而殊不意乃謂曰卿何似我故功曹
耶范訶之曰君困厄瞀亂耶（鄭玄注禮記曰瞀目不明之皃）語遂絕融繫
出困病范隨而養視及死竟不言身自將車送喪致南陽
葬畢乃去
續漢書曰汝南太守宗資以事委任功曹范滂時人謡曰
汝南太守范孟博南陽宗資主畫諾

又曰李恂字叔英安定臨涇人太守李鴻請署功曹未及
到而州辟爲從事會鴻卒恂不應州命而送鴻喪還鄉里
既葬留起冢墳治喪三年
又曰李充爲太守魯平請署功曹不就平怒乃投充以捐
溝中因謫署縣都亭長不得已起親職役
謝承後漢書曰范滂字孟博汝南人太守宗資署功曹滂
外甥西平李頌公族子孫頑嚚穢濁爲鄉曲所棄常侍唐
衡屬其事資勑曹召署文學史滂不肯聽資怒召功曹書
佐朱零問不召頌意狀零以告滂滂曰答教當言頌則滂
之姊子豈不樂其外進但頌滂穢小人不宜涂汙朝廷不
敢以位私人是以不召零具荅教如此零入聞資使五伯
亂捶困杖言辭不懾仰疾言曰范滂清議猶利刃截腐肉
願爲明府所笞殺不爲滂所廢絕今日之死當受忠名爲

滂所廢永成惡人滂正直謇諤皆此類也
又曰許劭仕郡爲功曹抗忠舉義進善黜惡正機執衡允
齊風俗所稱如龍之升所貶如墮于淵清論風行所吹草
偃爲衆所服
又曰李壽聰明智達有俊才太守黃讜高其名德召署功
曹每進見常薦達郡中善人有異行者讜輙序用壽雖見
優禮愈隆壽意益下其所致達未嘗伐其功美
又曰羊定字世德爲郡功曹病困被不覆軀衣不周身郡
將賜大布被及襦袴皆不受執志而終
又曰鍾皓字季明頴川長社人同郡陳寔年不及皓引與
爲友皓爲郡功曹會辟司徒府臨辭太守問誰可代卿者
皓曰明府必欲得其人西門亭長陳寔聞之曰鍾君似不
察人不知何猶識我

又曰彭脩會稽人仕郡爲功曹時西部都尉宰晁行太守
事以微過收吳縣獄吏將殺之主簿鍾離意爭諫甚切晁
怒使收縛意脩排閤直入拜於庭曰明府發雷霆於主簿
請聞其過晁曰受教三日初不奉行廢命不忠豈非過耶
脩因拜曰昔任座面折文侯朱雲攀毀欄檻自非賢君焉
得忠臣遂原意罰貸獄吏
袁崧後漢書曰岑晊字公孝高才絕人五經六藝無不
洞貫太守成瑨請爲功曹時謡曰南陽太守岑公孝弘農
成瑨但坐嘯
張璠漢記曰陳寵爲廣漢太守風聲大行徵爲大司農帝
問何以爲治寵曰臣任功曹王渙渙由是知名
魏志曰臧洪廣陵郡人也爲張超功曹超兄邈謂超曰聞
弟爲郡守政教威恩不由已出動任臧洪洪者何人超曰洪

才略智數優超超甚愛之海內奇士也邈即引見洪與語
大異之
又曰臧洪字子原太守張超請洪爲功曹卓圖危社稷
洪說超曰明府歷世受恩兄弟並據大郡今王室將危賊
臣未梟此誠天下義烈報恩效命之秋也今郡境尚全吏
民殷富若動桴鼓可得二萬以此誅除國賊爲天下倡先
義之大者也超然其言
又曰袁渙字曜卿當時諸公子多越法度而渙清靜舉動
必以禮郡命爲功曹郡中姦吏皆去
又曰陳矯字季弼廣陵人太守陳登請爲功曹使矯詣許
謂曰許下論議待君不足者相爲觀察還以見誨矯還曰
聞遠近之論頗言明府驕而自矜使過泰山泰山太守東
郡薛悌異之結爲親友戲矯曰以郡吏而交二千石隣國
君從陪臣遊不亦可乎

又曰杜畿字伯侯京兆杜陵人年二十爲郡功曹鄭縣內
繫囚數百畿親臨獄裁其輕重盡決遣之郡中奇其年少
而有大志
魏略曰京兆尹張時河東人也與杜畿有舊署爲功曹常
言此家疏誕不中功曹也畿竊云不中功曹中河東太守
蜀志曰龐統字士元郡命爲功曹性好人倫勤於長養每
所稱述多過其才時人怪而問之統答曰當今天下大亂
雅道陵遲善人少而惡人多方欲興風俗長道業不美其談
即聲名不足慕企不足慕　企而爲善者少矣今拔十失
五猶得其半而可以崇邁世教使有志者自勵不亦可乎
吳志曰聶友字文悌豫章人也有脣吻少爲縣吏虞翻從
交州縣令使友送之翻與語而奇焉爲書與豫章太守謝
斐令以爲功曹郡時見有功曹斐見之問曰縣吏聶友可
堪何職對曰此人縣間小吏耳猶可堪曹吏佐斐曰論者
以爲宜作功曹君其避之乃用爲功曹
又曰虞翻字仲翔爲孫策功曹好馳騁遊獵翻諫曰明府
用烏集之衆驅散附之士皆得其死力雖漢高帝不及也
至於輕出微行從官不暇嚴吏卒常苦之夫君人者不重
則不威故白龍魚服困於豫且好余白虵自放劉季害之
願少留意策答曰君言是也然時有所思端坐悒悒有譚
謀草創之計是以行耳
又曰處士謝譚爲吳粲功曹以疾不詣粲教曰夫應龍以
屈伸爲神鳳皇以嘉鳴爲貴何必隱於天外潛鱗於重淵
者哉
又曰潘濬字承明武威人也爲人聰察對問有機理王粲
見而貴異之由是知名爲郡功曹

吳錄曰孫邵字長緒北海人爲孔融功曹融稱曰廊廟才
也後爲吳丞相
王隱晉書曰劉毅字仲雄僑居陽平太守杜恕逼迫舉毅
爲功曹月餘日沙汰郡吏百餘人三魏稱焉爲之語曰但
聞劉功曹不聞杜府君
又曰世號庾兖有異行元康之末潁川太守復以功曹命
之兖服造事之衣杖棰荷斧不俟駕行曰請受下夫之役
府君飾車而迎逡巡辭焉形雖益恭而神有不可動之色
府君知其不屈乃難曰非常士也吾無以臣之矣乃厚禮
遣之
晉中興書曰胡毋輔之嘗過河南門下飲酒門下騶王子
博箕坐其傍輔之叱之使取火博曰我卒也不多吾事薦

之河南君樂廣召見甚悅擢爲功曹
又曰任旭字次龍臨海人操立清儉不滌流俗郡將蔣秀請爲功曹治官貪穢每不奉法旭正色苦諫秀既不納旭乃謝去閉門講肆養志而已乆之秀坐事被收旭於獄狼狽營救躬自扶送秀慨然歎曰任功曹直人吾違其讜言以至於此復何言哉
九州春秋曰建安六年劉表攻西鄂西鄂長杜子緒帥縣男女嬰城而守時南陽功曹栢孝長亦在城中聞兵攻聲恐懼入室閉戶牽被覆頭相攻半日稍敢出面
英雄記曰尚栩先人尚子平有道術爲縣功曹休歸自入山擔薪賣以食飲
會稽典録曰孫策功曹魏勝以忤意見遣將殺之吳太夫人乃倚大井而語策曰汝新造江南其事未集方當優賢

禮士捨過録功魏功曹在公盡規汝今日殺之則人明日叛汝吾不忍見禍及當先投此井中耳策大驚遽釋勝
又曰魏朗字少英上虞人從太守行春寢於閤外感時志激中夜長歎府君朝問昨歎息者誰主簿曰書佐魏朗也府君由是知朗有凌雲之志轉功曹佐正旦與掾史上朝時功曹吏顧翕披裘以加朝服朗以裘非吕服非翕不敬勑卒撤去翕恚而不聽以手歐卒朗右手鳴鼓左手撤裘以聞府君曰朗當朝正色有不撓之節遂退翕以朗代之朗辭病不就
又曰魏徽字孔章仕郡爲功曹史府君貴其名重徽每拜謁常跪而待之
華陽國志曰公孫述入蜀蜀郡拒守述功之功曹朱尊絆馬死戰光武帝嘉之

又曰李業字巨遊廣漢梓橦人少執志清白太守到咸慕其名召爲功曹十命不詣
又曰朱倉字雲卿下邳人少受學於蜀郡張寧飡豆屑飲水同業憐其貧資給米肉不受家貧常以步行爲郡功曹
鍾岏良吏傳曰桓虞字仲春馮翊萬年人也爲南陽郡守下車聞葉縣雍昱及新野令不遵法度選督郵不能正乃署趙勤爲督郵到葉昱即解印綬入新野新野令聞昱已去遣吏奉記陳罪亦即弃官虞乃歎曰善吏如良鷹下韝即中擢爲功曹委以郡事
豫章列士傳曰華茂爲功曹病被不覆軀布衣不周身郡將與大布被袴皆不受
汝南先賢傳曰袁閎字奉高爲功曹辟太尉掾太守唐珍曰今君當應宰府宜選功曹以自代因薦陳仲舉珍即請

蕃爲功曹
又曰新蔡鄭敬字次都爲郡功曹都尉高懿廳事前槐樹有露類甘露者懿問掾屬皆言是甘露敬獨曰明府政未能致甘露但樹汁耳懿不悅託疾而去
又曰許慎爲功曹奉上以篤義率下以恭寬○荆州先德傳曰周瑜領南郡以龐士元名重州里所信乃逼爲功曹任以大事瑜垂拱而已○鍾離意別傳曰意字子阿會稽山陰人也太守賓翔召意署功曹吏意乃爲府立條式威儀嚴肅莫不靖恭後日賓君與意相見曰功曹須立嚴科太守觀察朝晡吏無大小莫不畏威
陳寔別傳曰寔字仲弓潁川許人也爲郡功曹時中常侍侯覽託太守高倫用吏倫教署文學掾寔知非其人乃懷檄請見乞從外署倫從之於是鄉論怪其非舉倫後被徵

爲尚書郡中士大夫送至傳舍論語衆人曰吾前爲侯常侍用吏此各由故人畏憚强禦陳君可謂善則稱君惡則稱巳者也聞者方歎息

陸績別傳曰績字公紀郡人也太守王朗命爲功曹風化肅穆郡内大治

京兆舊事曰長安孫晨家貧爲郡功曹十日一炊無被有蒿一束暮卧其中旦則收之

司倉參軍

後漢書曰戴就字景成仕郡爲倉曹掾刺史劾其太守遣部從事案倉庫簿領五毒慘至郡事遂釋也

三國典略曰張軌入關拔岳以爲倉曹參軍或有請貸官粟者軌曰以私害公非吾宿志濟人之難詎得相違乃賣所服之衣糴粟以賑其乏

司户參軍

後漢書曰陸績李郃皆仕郡爲户曹史郃後官至司空

唐書曰裴琰之絳州聞喜人也世爲著姓永徽中爲同州司户參軍時年少美容儀刺史李崇義初甚輕之先是州中有積年舊案數百道崇義促琰之使斷之琰之命書吏數人連紙進筆斯須剖斷並畢文翰俱美且盡與奪之理崇義大驚謝曰公何忍藏鋒以成鄙夫之過由是大知名號爲霹靂手

司兵參軍

唐書曰杜甫字子美本襄陽人後徙居鞏縣天寶初應進士不第天寶末獻三大禮賦玄宗奇之召試文章授京兆兵曹參軍

司法參軍

後漢書曰周紆宣帝時爲郡决曹掾太守欲枉殺囚紆數諫不聽遂殺囚冢詣闕稱冤詔遣覆考紆謂太守曰願謹定之書昔者紆名府君但時言病而巳使收紆紆遂死之紆有五子皆至刺史太守兩漢有决曹賊曹掾主刑法歷代昔有或謂之賊曹或爲法曹

又曰郭弘爲潁川郡决曹掾治獄至四十年用法平正郡内比之東海于公

隋書曰陳孝意爲會郡司法書佐太守蘇威欲殺一囚固諫不許乃解衣請先受死乃止後至侍御史汝州刺史

五官掾

後魏書曰王尊字子贛湯郡人爲安定太守出教曰五官掾張輔懷虎狼之心貪汙不軌一郡之錢盡入輔家適足以葬矣遂將輔送獄直府史詰閣下從太守受其事輔繫

獄數日死

東觀漢記曰黄香江夏安陵人也父況爲郡五官舉孝廉貧無奴僕香躬勤左右苦暑者乃扇牀枕冬以身温席

又曰桓帝時白馬令李雲坐直諫繫獄弘農五官掾杜衆傷其忠直獲罪上書願與雲俱得死遂俱死獄中

後漢書曰諒輔字漢儒仕郡爲五官掾夏大旱太守自祈禱無應輔乃自曝庭中祝曰輔爲股肱不能進諫納忠薦賢退惡和調隂陽承順天意乃積薪以自環構火其旁曰若日中不雨將自焚未日中而澍雨也

藏榮緒晉書曰范畧字彦長南陽人少遊學清河遂徙家僑居郡命爲五官掾

太平御覽卷第二百六十四

州主簿　從事　中正

州主簿

韋昭辯釋名曰主簿主諸簿書簿普也普關諸事

漢書曰王尊遷東郡太守水盛泛浸溢瓠子金堤尊躬率吏民沉白馬祀水神河伯尊親執珪璧使巫祝請以身填金堤因止宿廬于堤上及水盛堤壞吏民皆走唯二主簿位在尊旁尊立不動而水波稍却迴還吏民嘉壯尊之勇節白馬三老朱英等奏其狀

東觀漢記曰周喜仕郡爲主簿王莽末群賊入汝陽城喜從太守何敞討賊爲流矢所中謂賊衆曰卿曹皆民隸也豈有還害其君者耶喜請以死贖君命因仰天號泣賊於是相視曰此義士也給其車馬遣送之

後漢書曰朱儁會稽人也太守尹端以儁爲主簿熹平二年端坐討賊許昭失利爲州所奏罪應弃市儁乃羸服閒行輕賫數百金到京師賂主章吏還得刋定州奏故端得輸作左校端喜於降免而不知其由儁亦終無所言

魏志曰盧毓字子家涿郡人也崔琰舉爲冀州主簿時天下草創多逋逃故重士亡法罪及妻子亡士妻白等始適夫家數日皆未與夫相見大理奏弃市毓駮之曰夫女子之情以接見而恩生成婦而義重故詩曰未見君子我心傷悲亦既見止我心則夷又禮未廟見之婦而死即葬女氏之黨以未成婦也今白等生有未見之悲死有非婦之痛而吏議欲肆之大辟若同牢合卺之後罪何所加卺音謹且記曰附從輕言附人之罪以輕者爲比也又書云與其殺不辜寧失不經恐過重也苟以白等皆受禮聘已入門庭刑之

爲可殺之爲重太祖曰毓之所執是也又引經典有意使孤歎息○又曰龐淯字子異太守徐揖請爲主簿後郡人黃昂反圍城淯弃妻子夜踰城圍告急於張掖燉煌二郡初疑未發兵淯欲伏劍二郡感其義遂興兵軍未至而郡邑以陷揖死淯乃收斂揖喪送還本郡行服三年乃還

又曰崔林字德孺清河人少時晚成宗族莫知唯從兄琰異之太祖定冀州擢爲州主簿

蜀志曰杜微字國輔梓潼涪人丞相領益州牧以微爲主簿微固辭轝而致之既至亮引而微自陳謝亮以微不聞人言於座上作書與之

吳錄曰苞咸字子良爲郡主簿太守黃君行春留咸守郡君緣棲採雀卵咸責數以春月不宜破卵杖之三十

王隱晉書曰陶侃字士衡鄱陽人爲郡主簿夫人病欲使主簿迎醫於數百里天大寒雪各辭疾召侃使行侃曰資於事父以事君夫人亦當次母安有父母之病而闇迎醫不便行也

晉書曰潘京字世長武陵漢壽人也弱冠郡辟主簿太守趙廞甚器之嘗問曰貴郡何以名武陵京曰鄙郡本名義陵在辰陽縣界與夷相接數爲所攻光武時移東出遂得全完共議易號傳曰止戈爲武詩稱高平曰陵於是名焉州所辟因謁見問策探得不孝字刺史戲京曰辟士爲不孝耶京舉板荅曰今爲忠臣不得復爲孝子其機辯皆此類

又曰易雄長沙瀏陽人也仕郡爲主簿張昌之亂也執太守万嗣將斬之雄與賊爭論曲直賊怒叱使牽雄斬之雄趍出自若賊人又呼問之雄如初如此者三賊乃捨之嗣

由是獲免雄遂知名

又曰潘京武陵人也郡辟主簿後太廟立州郡皆遣使賀京白太守曰夫太廟立移神主應問訊不應賀遂遣京作文使詣京師以爲永式

又曰習鑿齒字彦威爲桓温荆州主簿親遇隆密時語曰徒三十年看儒書不如一詣習主簿也

宋書曰王思遠宋建平王景素辟南徐州主簿深見禮遇景素被誅左右離散思遠親視殯葬手種松栢與廬江何昌寓上表理之事感朝廷景素女廢爲庶人思遠分衣食以相資贍年長爲備笄總訪求偶對傾家送遣

三國典略曰梁李膺字公胤廣漢人也西昌侯藻爲益州以爲主簿使至建康梁武悅之謂曰卿何如昔日李膺對曰勝問其故對曰昔事桓靈之主今逢堯舜之君梁武嘉其對以如意擊席者久之

後魏書曰裴安祖弱冠州辟主簿民有兄弟爭財詣州相訟安祖召其弟兄以禮義責讓之此人兄弟明日相率謝罪郡内欽服之

又曰韋朏字尊顯少有志業年十八辟州主簿時屬歲儉朏以家粟造粥以餌飢人所活甚衆

唐書曰顔杲卿以蔭受官性剛直有吏幹開元中爲魏州録事參軍振舉綱目政稱第一

又曰杜暹補婺州參軍秩滿將歸州吏以紙萬餘張以贈之暹唯受一百番餘悉還之時州寮別者見而嘆曰昔清吏受一大錢復何異也

三輔決録曰韋元將年十五身長八尺五寸爲郡主簿楊彪稱曰韋主簿年雖少有老成之風昂昂千里之駒

陳留耆舊傳曰戴斌爲郡主簿送故將喪歸鄉里蠡吾里人距之孝子且吏脱絰叩頭求哀終不見聽斌乃投絰放纕操手劒瞋目厲聲距踊而前曰哭不哀者郎君也喪車不前者戴斌也里人服其義乃内之

廣陵列士傳曰劉儁爲郡主簿郡將爲賊所得儁知言辭不能動賊因叩頭流血乞得代之賊不聽前斫府君儁因投身投之正與刃會斫儁左肩瘡尺餘賊又欲更下刃儁號呼抱持不置賊因相謂曰此義士殺之不祥遂俱縱遣

黄義仲交廣二州記曰合浦之士有尹牙爲郡主簿太守荅去重仇未執牙即變姓易名爲執之天子奇其義因赦不問

俗説曰謝景仁爲豫州主簿在玄閤下桓聞其善彈箏便呼之旣至取箏令彈謝即理弦撫箏因歌秋風意氣殊邁桓大以此奇之

從事

漢書曰邴吉字少卿爲廷尉右監坐法失官歸爲州從事

又曰趙廣漢涿郡人爲州從事以嚴絜通敏下士爲名

又曰楊雄數爲朝廷在位賢者稱嚴君平德杜陵李彊爲益州牧喜謂雄曰吾真得嚴君平矣雄曰備禮以待之彼人可見而不得詘也彊心以爲不然及至蜀致禮與相見卒不敢言以爲從事乃歎曰楊子雲誠知人也

東觀漢記曰鮑永爲司隷校尉矜嚴公正平陵鮑恢爲從事恢亦抗直詔曰貴戚且斂手以避二鮑

又曰樊準字幼陵爲州從事臨職介正不發私書

又曰班彪避地河南大將軍竇融以爲從事深敬待接以師友之道

後漢書曰朱震字伯厚爲州從事奏濟陰太守贓罪之數誅曰車如鷄栖馬如狗疾惡風朱伯厚

續漢書曰楊球爲幽州從事部分邊塞職事脩理

謝承後漢書曰陳衆辟州從事有劇賊淳于臨等數千人攻縣殺吏光武遣司空李通率師擊之州牧惶怖恐獲罪戾衆於是自請以恩信曉喻降之乘單車駕白馬往到賊所以義告諭臨素服名德即降服民生立祠曰白馬從事

華嶠後漢書曰衛羽爲州從事時中常侍單超兄子匡爲濟陰太守負其勢大爲貪放刺史第五種欲取之聞羽素抗厲乃召羽謂曰聞公不畏强禦今欲相委以重事若何對曰願庶幾於一割羽出遂馳至定陶閉城門收匡賓客親吏四十餘人七日中起發其贓五六千萬種即舉奏一州震慄

魏志曰賈洪字叔業家貧好學應州辟其時州中自參事以下百餘人唯洪與嚴苞字文通才學最高故衆爲之語曰州中暈暈賈叔業辯論胄胄嚴文通

又曰袁紹領冀州從事沮綬喜曰吾心也

又曰張遼字文遠鴈門馬邑人本聶壹之後以辟怨變姓漢并州刺史丁原以遼武力過人召爲從事

又曰邢顒太祖辟爲冀州從事時人稱之德行堂堂邢子昂

蜀志曰張松説劉璋交通先主從事廣漢王累自倒懸於門以諫璋無所納

又曰馬謖字幼常以荆州從事隨先主入蜀材力過人好論軍計

又曰譙周字尹南身長八尺體貌素朴推誠不識無造次辯論之方然潛識内敏建興中丞相亮領益州牧命周爲勸學從事

王隱晉書曰山濤字巨源河内人年四十始爲州郡部河南從事

又曰劉毅辟爲司州都官從事京邑肅然彈河南尹事司隸徐不過曰躩虎之犬驍鼠蹈其背毅曰既能躩虎又能殺鼠何損於犬投傳而去

晉中興書曰華譚字令思生未朞而父歿母年十八執節養譚弱冠知名揚州刺史周後禮辟署從事史愛其才器以爲賓友

陳留耆舊傳曰高慎字孝甫敦質少華口不能劇談黑而好沉深之謀爲從事號曰卧虎故人謂之凝然不語名高孝甫

益部耆舊傳曰李弘字仲元爲州從事楊雄稱之曰不屈其志不累其身不夷不惠可否之間見其貌肅如也觀其行穆如也聞其言威如也

又曰巴郡任文公有道術爲州從事時越嶲欲反州遣五從事案虛實止傳舍食未半有風發案文公起曰當有逆變因促駕去諸從事未能發爲郡兵所殺

鍾離意別傳曰楊州刺史夏君三辟意九江從事三府側席夏君見意曰刺史得京師書聞從事有令問刺史何惜王家之爵不貢賢者乃表上尚書

李固別傳曰益州及司隸辟皆不就門徒或稱從事掾固曰未曾受其位不宜獲其号

孟嘉別傳曰庾亮辟嘉爲勸學從事亮盛脩學數高選儒官正旦大會諸褒問亮嘉何在亮曰但自覓之褒歷觀之

指嘉曰將無是乎亮欣然

羅含別傳曰含字君章刺史庾亮以親賢之重作鎮方岳搜揚楚杞匪蘭弗刈乃辟含荊州部從事

潛夫論曰孝明帝時荊州舉茂才過闕謝恩賜食既訖問何異聞對曰巫地有劇賊九人刺史不能得帝曰汝非部郡從事耶對曰是也帝乃振怒曰賊發部中而不能擒何以爲茂才乃捶數百而切讓州郡十日之間賊即伏誅由此觀之擒盜賊在明法不在數赦

世說曰顧和爲州從事月旦朝未入停車周侯歷和車邊過和風皃夷然不動周指顧心曰此中何有徐應曰此中最是難測地周人遇丞相曰卿州吏中有令僕才

又曰羅含爲宣武從事謝鎮西作江夏使往檢校之羅既至初不問郡家事乃遙就謝數日飲酒而還桓公問何事羅云未審公謂謝尚是何似人桓公荅仁祖是勝我許人羅云豈有勝公人而有行非者故一無所問桓公奇其意而不責

王丞相集教曰丹陽從事陳䚹器局弘正可轉主簿吳興從事謝鸞才幹正直可轉西曹

中正

魏略曰時苗字德胄鉅鹿人也爲太官令領其郡中正定九品至於敘人才不能寬大然紀人之短雖在久遠銜之不置

吳志曰習溫爲荊州太平公太平公即州都也後潘秘爲尚書僕射代溫爲太平公甚得其譽

晉書曰楊暭陶侃共載詣顧榮州大中正溫雅責暭與小人共載暭曰江州名少風俗卿已不能養進寒儁且可不毀之楊暭代雅爲大中正舉侃爲鄱陽小中正

又曰諸葛瞻領丹陽宣城新安三郡大中正時中州人士多寓焉

又曰劉毅字仲雄年七十已告老後舉爲青州大中正尚書以毅懸車致仕不宜勞以碎務孫尹曰司徒魏舒司隸嚴詢與毅年齒相近管四十萬戶州兼董司百寮摠攝機要舒所統殷廣兼執九品銓十六州議者不以爲劇昔鄭武公年過八十入爲司徒毅志氣聰明一州品第不足勞其思慮毅遂爲州都銓正人流清濁區別其所彈貶自親貴始

又曰解結問別駕治中河北白壤高良何故少人士每以三品爲中正皆云不審陳頵對曰詩稱惟岳降神生甫及申英偉大賢多出山澤河北地平氣均蓬蒿裁六尺不足成林故也

又曰于寶稱晉宣帝除九品置大中正晉令云大小中正爲內官者聽月三會議上東門外設幔陳席

又曰劉毅上表刺史初臨州大中正史若吏部選內猶下中正問人事所在父祖位狀

晉起居注曰僕射諸葛恢各稱州都大中正爲吏部尚書及郎司徒左長史屬掾皆爲中正臣今領吏部請解大中正以爲都中正職局司理不宜兼者也

蕭子顯齊書曰張緒字思蔓吳郡人轉太子中庶子本州大中正長沙王晃屬選用吳興聞人邕爲州議曹緒以資籍不當執不許晃遣書佐固請之緒正色謂晃曰信此是家州鄉殿下何得見逼

梁書曰沈約遷侍中光祿大夫領太子詹事揚州大中正

關尚書八條事

後魏書曰房堅遷齊州大中正高祖臨朝令諸州中正各舉所知千秋與幽州中正楊䖏各舉其六子高祖曰昔有一祁名垂往史今有二奚當聞來牒

北齊書曰乾明中邢邵爲中書監同郡許惇與邵競本州中正遂憑附宋欽道出邵爲刺史

三國典略曰陳以孔奐爲御史中丞領揚州大中正晉令宋齊以來爲大都奐清白自守妻子並不之官所得秩俸隨即分贍孤寡郡中大悅號曰神君

襄陽耆舊傳曰晉朝以江表始通人物未悉使江南別立大中正

通典曰魏司空陳群以天臺選用不盡人才擇州之才優有昭鑒者除爲中正自較人才銓定九品州郡皆置吳有太平公亦其任也

郭子曰孫子荆應上品拔王武子時爲大中正謂訪聞此人非卿能拔自爲之目曰天才英雄亮拔不羣

傅子曰魏司空陳群始立九品之制郡置中正平次人才之高下各爲輩目州置都而總其議

晉宣帝除九品州置大中正議曰案九品之狀諸中正既未能料究人才以爲可除九制州置大中正曹羲集九品議曰伏見明論欲除九品而置州中正欲檢虛實一州闊遠略不相識訪不得知會復轉訪本郡先達者耳此爲問州中正而實決於郡人

孫楚集奏曰九品漢氏本無班固著漢書序先往代賢智以爲九條此蓋記鬼録次第耳而陳群依之以品生人又魏武拔奇決於胷臆收才不問階次豈賴九品而後得人今可令長守爲小大中正各自品其編户也

劉毅集論九品曰臣聞用治理者以官才爲本官才有三難而治亂之所由人物難知一也愛憎難防二也情僞難明三也今立中正定九品操人主之威福奪天朝之權柄上品無寒門下品無勢族今職名中正實爲姦府事名九品而有八損宜罷中正除九品弃魏弊法更立一代之美制

荀勗集曰袁讓豫州大中正曰被勑以臣爲豫州大中正臣與州閭鄉黨初不相接臣本州十郡方於他州人數倍多品藻人物以正一州清論此乃臧否之本風俗所重

傅暢自序曰時請定九品以余爲中正余以祖考歷代掌州鄉之論又兄宣年三十五立爲州都令余以少年復爲此任故至於上品以宿年爲先是以鄉里素滯屈者漸得叙也

應璩新論曰百郡立中正九州置都士州閭與郡縣希疎如馬齒生不相識面何縁別義理

太平御覽卷第二百六十五

太平御覽卷第二百六十六

職官部六十四

令長

禮記檀弓下曰季子皐葬其妻犯人之禾申詳以告曰請庚之(申詳子張子也庚償也)子皐曰孟氏不以是罪子朋友不以是棄子(言非敝也)以吾為邑長於斯也買道而葬後難繼也(恃寵虐民非也)

左傳曰子皮欲使尹何為邑子產曰少未知可否子皮曰使夫往而學焉夫亦愈知矣子產曰不可人之愛人求利之也今吾子愛人則以政猶未能操刀而使割也其傷實多子之愛人求傷之已

論語曰子之武城聞絃歌之聲(子游為武城宰)夫子莞爾而笑曰割鷄焉用牛刀(言治小何須用大道)子游對曰昔者偃也聞諸夫子曰君子學道則愛人小人學道則易使也(道禮樂也樂以和人人和則易使)子曰二三子(謂從行者)偃之言是也前言戲之耳(戲以治小用大道也)

又曰子夏為莒父宰問政子曰無欲速無見小利欲速則不達見小利則大事不成

又曰子游為武城宰子曰女得人焉耳乎曰有澹臺滅明者行不由徑非公事未嘗至於偃之室也(言澹臺滅明公且方也)

家語曰子路治蒲請見於孔子曰由願受教於夫子子曰蒲其何如對曰邑多壯士又難治也子曰然吾語汝恭與敬可以攝勇寬而正可以懷強愛而恕可以容困(言愛而恕者容)溫而斷可以抑姦如此而加之以忠潔則政不難矣

又曰子路為蒲宰為水備與其民修溝瀆以民之煩勞也人與一單食(簞同)一壺漿孔子聞之使子貢止之子路不悅曰夫子以仁教而禁行仁由不受也孔子曰尒以為人誠何不白於君發倉廩以給之而私以汝食遺之是尒明君之無惠而見己之德美也汝速已則可不已則汝之見罪必矣

晏子春秋曰晏子為阿宰三年而毀聞於國景公不悅召而免之晏子謝曰嬰知過矣請復治阿三年而譽聞於國公將賞之辭而不受公問其故對曰昔者嬰之所以當誅者當賞而今所以當賞者當誅是故不敢受

史記曰齊威王即位召即墨大夫語之曰子居即墨毀日至然吾使人視即墨田野闢民人給官無留事東方以寧是子不事吾左右以求譽也封之萬家召阿大夫語曰自子之守阿譽日聞然吾使人視阿田野不闢民人貧苦是子以幣厚吾左右以求譽也乃烹阿大夫左右嘗譽者皆併烹之遂起兵擊諸侯諸侯震懼人人不敢飾非務盡其誠齊國大治

漢書曰諸令長皆秦官掌治其縣萬户已上為令秩一千石至六百石萬户以下為長秩五百石至三百石皆有丞尉秩四百石至二百石

又曰蕭育字次君為茂陵令會課育第六召詣後曹當以職事對育徑出曹書佐隨牽育拔佩刀曰蕭育杜陵男子何詣曹也

又曰薛宣子惠始為彭城令宣從臨淮遷至陳留過其縣橋梁郵亭不脩宣心知惠不能留彭城數日案行舍中處置什器觀視園菜終不問惠以吏事惠自知治縣不稱宣意遣門下掾送宣至陳留令掾進自從其所問宣不教誡惠吏職之意宣曰吏道以法令為師可問而知能與不能自有資才何可學也衆人以宣言為然

東觀漢記曰張歆守平皋長有報父仇賊自出歆召因詣閤曰欲自受其辭既入解械飲食使發遣遂弃官亡命逢赦出由是鄉里服其高義

後漢書曰馮魴遷郟令後車駕西征隗囂潁川盜賊群起郟賊延褒等衆三千餘人攻圍縣舍魴率吏士七十許人力戰連日弩矢盡城陷魴乃遁去帝聞其反即馳赴潁川魴詣行在所帝案行鬭處知魴力戰乃嘉之曰此健令也

又曰宋鼎字飛烏廣平列人也為河陰令順陽公主家奴為刼攝而不送鼎將兵圍主宅執主婿馮穆步驅向縣時正炎暑立之日中流汗霑地於是威振京師

又曰董宣字少平徵為洛陽令擊搏豪強莫不震慄京師號為卧虎

又曰公孫述為清水長父仁以述年少遣門下掾隨之官

月餘掾辭歸白仁曰述非待教者也

續漢書曰董宣為雒陽令寧平公主乳母子白日殺人因匿主家吏不能得及主出行以奴驂乘宣於大夏門亭候之乃駐車叩馬以刀畫地數主之失者三叱奴下車格殺之主即馳車入宮上大怒召宣令欲死乎宣叩頭曰臣奉法之吏不敢縱法不欲死也上曰捶之宣曰願一言死無恨上曰何言宣曰陛下聖德中興而縱奴殺良民以奴殺臣臣死之後陛下何以治天下捶殺臣不如臣自殺即以頭撑楹流血被面上令小黄門持之曰擬令叩頭謝主宣不從上曰頊擬令頭兩手據地不肯低頭上勑强項令出太官賜食

又曰虞詡為朝歌長故舊皆弔曰得此何衰詡曰難者不避易者不遇盤根錯節何以別其利器乎

華嶠後漢書曰周規除臨湘令長沙太守程徐二月行縣勑諸縣治道規以方春向農民多劇務不欲奪人良時徐出督郵規即委官而去徐憮然有愧色遣功曹賫印綬檄書謝請還規謂功曹曰移府君愛馬蹄不重民力徑逝不顧

漢制曰列侯所食縣曰國皇太后公主所食曰邑有蠻夷曰道凡縣萬户以上為令減萬户為長

漢書胡廣注曰秋冬歲盡各計縣户口墾田錢穀出入盜賊多少上集簿丞尉以下歲詣郡課校其功功多尤為最者於廷尉勞勉之以勸其後負多尤為殿者於後曹對責以糾怠慢也

魏志曰賈逵字梁道河東襄陵人文帝即王位以鄴縣户數萬在都下多不法乃以逵為鄴令

又曰賈逵守絳邑長郭援攻河東所經城邑皆下逵堅守

援攻之不拔乃召單于併軍急攻之城將潰絳父老與援要不害逵絳潰援聞逵名欲使將以兵刼之逵不動左右引逵使叩頭逵叱之曰安有國家長吏為賊叩頭援怒將斬之絳吏民聞將殺逵皆乘城呼曰負要殺我賢君寧俱死左右義逵多為請遂得免

又曰滿寵字伯寧守高平令縣人張苞為郡督郵貪穢受取干亂吏政寵因其來在傳舍率吏卒出收之詰其所犯即日考竟遂弃官而歸

又曰崔林字德儒除鄔令貧無車馬單步之官

蜀志曰鄧芝字伯苗先主定益州芝為郫邸閣督先主出至郫與語大奇之擢為郫令

又曰蔣琬字公琰零陵湘鄉人也弱冠與外弟泉陵劉敏

俱知名琬以州書佐隨先主入蜀除廣都長先主嘗因遊觀奄至廣都琬衆事不理時又觥酒先主大怒將加罪戮軍師將軍諸葛亮請曰蔣琬社稷器非百里之才也其爲政以安民爲本不以修飾爲先願主公重加察之先主雅敬亮乃不加罪倉卒免官而已

吴志曰賀齊字公苗會稽山陰人也少爲郡吏守剡長縣吏斯從輕俠爲姦齊欲治之主簿諫曰從縣大族山越所附今日治之明日寇至齊聞大怒便立斬從族黨相糾合衆千餘人舉兵攻縣齊率吏民開城門突擊大破之威震山越

又曰陶謙附舒令郡太守張盤同郡先輩與謙父友謙耻爲之屈嘗舞屬謙謙不爲起固強之乃舞舞又不轉盤曰不當轉耶曰不可轉轉則勝人

又曰孟仁字恭武江夏人也爲吴令時皆不得將家之官每得時物來以寄母常不先食及聞母亡犯禁弃官

又曰劉繇字正禮舉孝廉爲郎中除下邑長時郡守以貴戚託之遂弃官而去

又曰朱然字義封嘗與孫權同書學結恩愛至權統事以爲餘姚長時年十九

晉書曰車濟字萬度燉煌人也果毅有壯勇爲金細令爲石季龍將麻秋所陷濟不爲秋屈秋必欲降之乃臨之以兵濟辭色不撓曰吾雖才非龐德而受任同之身可殺志不可移乃伏劒而死秋歎其忠節以禮葬之

晉中興書曰華譚所友袁甫者字公胄歷陽人少能言議與譚齊名友善大安中甫入洛詣中領軍何勗自言能治劇縣勗曰君子法應多宜何以唯欲宰民何不爲一臺職乎甫曰人各有所能否譬由錦繢中之好而不可以爲帢（口洽切）稻食中之好而不可以爲甕是以孔子曰及其使人也器之苟非大才何能悉備乆之除松滋令

宋書曰陶潛字淵明謂親朋曰聊欲絃歌爲三徑之資可乎執事者聞之以爲彭澤令公田悉令吏種秫稻妻子固請種粳乃使二頃五十畝種秫五十畝種粳郡遣督郵至縣吏白應束帶見之潛歎曰我不能爲五斗米折腰向鄉里小兒即解印綬去賦歸去來

又曰張融爲封溪令行路經嶂嶮獠賊執融將殺食之融神色不動方作洛生詠賊異之而不害也浮海至交州於海中遇風終無懼色方詠曰乾魚自可還其本鄉内脯復何爲者哉

齊書曰卞延之弱冠爲上虞令有剛氣會稽太守孟顗以令長裁之憤不能容脫幘投地曰我所以屈卿者正爲此幘耳今已投之卿以一世勳門而傲天下國士拂衣而去

梁書曰蕭眎素爲中書侍郎在位少時求爲諸曁令到縣十餘日掛衣冠於縣門而去

後魏書曰高祖以北平府長史裴聿中書侍郎崔亮並清貧欲以俸祿優之乃以亮帶野王令聿帶溫縣令時人榮之

北史曰齊因魏宰縣多用廝監至於士流恥居百里元文遥以縣令爲字人之切用之猶恐其披訴揔召集神武門令趙郡王叡宣旨唱名厚加慰諭士人爲縣自此始也

三國典略曰陳褚玠爲中書侍郎陳主以山陰縣多豪猾謂舍人蔡景歷曰稽陰大邑久無良宰卿文士之内試思其人景歷進曰褚玠清廉有幹用陳主曰善乃以爲令縣

人張次的王休達坐寸與諸猾吏賄賂通姦全丁大户多有隱沒玠乃鏁次的具狀啓臺陳主手勑慰勞并遣使助玠搜括所出軍人八百餘户時曹義達爲陳主所寵縣人陳信家富於財諂事義達信父顯文恃勢横暴玠乃遣使執顯文鞭之一百於是吏人股慄莫敢犯者義達於是譖之玠在任守祿俸而已去官之後不堪自致因留縣境種蔬菜以自給或嗤玠以非百里之才玠荅曰吾委輸課最不後列城除殘去暴姦吏跼蹐若謂不能自潤脂膏則如來命以爲不達從政吾未服也

韓子曰晉平公問趙武曰中牟吾國之股肱邯鄲之肩髀也寡人欲其良令也令其空誰使而可趙武曰刑伯子可公曰伯子非子之讎對曰私讎不入公門又問中府之令空誰使而可趙武曰臣子可故曰外舉不避仇讎內舉不避子弟

又曰宓子賤爲單父令見有若有若曰子何瘦焉宓子曰憂官政也

又曰晉文公出亡趙衰挈壺飧而從與文公相失飢而道寢餓而不敢食及文公反國舉兵攻原克而拔之文公曰夫輕忍餓餒之患而必全壺飧者是且不以原叛乃舉爲原令

愼子曰立國君以爲國非立國以爲君也夫以立官長以爲官也非立官以爲長也

風俗通曰俗說孝明帝時尚書郎河東王喬遷爲葉令喬有神每月朔常詣臺朝明帝怪其來數而無車騎密令太史候望言臨至時常有雙鳧從東南來因伏伺見鳧舉羅但得一隻舄使尚方識視四年中所賜尚書官屬履也

通典曰縣邑之長曰宰曰尹曰公曰大夫（晉謂之大夫魯衛謂之宰楚謂之公）

太平御覽卷第二百六十六

太平御覽卷第二百六十七

職官部六十五

良令長上

禮記曰成人有兄死而不爲衰聞子皐爲成宰而爲之衰成人曰蚕則績而蟹有筐范則冠而蟬有緌兄則死而子皐爲之衰

韓詩外傳曰宓子賤治單父彈鳴琴身不下堂而單父治巫馬期戴星而出戴星而入以身親之而單父亦治巫馬期問於子賤子賤曰我任人子任力任力者勞任人者逸

家語曰孔子仕爲中都宰爲養生送死之節長幼異食強弱異任男女別塗路不拾遺器不雕僞市不二價爲四寸之棺五寸之槨因丘陵爲墳不封不樹行之一年而西方諸侯皆則（魯國在東故詩西方諸侯）

又曰子路治蒲三年孔子過之入其境曰善哉由乎恭敬以信矣入其邑曰善哉由乎忠信以寬矣至其庭曰善哉由乎明察以斷矣子貢執轡而問曰夫子未見由之政而三稱其善可得聞乎孔子曰吾見其政矣入境田疇闢溝洫深此其恭敬以信故其人盡力也入其邑墻屋完固樹木甚茂此其忠信以寬故其人不偷也入其庭甚清閑諸下用命此其明察以斷故其政不擾也以此觀之雖三稱善庸盡其美乎

史記曰西門豹爲鄴令豹到鄴會長老問民之所疾苦長老曰鄴三老廷掾常歲賦斂百姓收取其錢得數百萬爲河伯取婦當其時巫行視小家女好者云是當爲河伯婦娉取洗沐之如嫁女牀席令女居其上浮之河中浮行數十里乃没其人家有好女者恐大巫祝爲河伯取之以故多持女逃亡豹曰至河伯取婦時願三老語之至其時豹往河上呼河伯婦來曰是女不好煩大巫嫗爲入報河伯得更求好女後日送之即使抱大巫嫗投河中豹顧曰巫嫗不來復欲使廷掾與豪長一人趣之皆叩頭血流地後不敢言爲河伯取婦豹即發民鑿渠十二引灌民田田皆灌溉至今皆得水利

漢書曰邵信臣字翁卿九江壽春人補穀陽長舉高第遷上蔡長其治視民如子所居見稱

後漢書曰卓茂爲密令勞心諄諄視民如子民不忍欺光武初即位詔曰前密令卓茂能爲人所不能爲夫名冠天下當受天下重賞今以茂爲太傅封褒德侯食邑二千戶茂長子爲太中大夫次子爲郎中

又曰劉昆字桓公爲江陵令縣連災火昆輒向火叩頭多能降雨止風

又曰戴封字平仲爲西華令大旱祈禱無獲乃積薪自焚火起而雨大至

又曰王渙爲洛陽令人爲立祠及桓帝事黃老道毀諸旁祀唯特詔密縣留卓茂廟及渙祠也

東觀漢記曰卓茂字子康南陽人遷密令視民如子口無惡言吏民親愛而不忍欺之民嘗有言部亭長受其米肉遺者茂問之曰亭長從汝求乎爲汝有事屬之而受乎將平居以恩意遺之乎民曰往遺之耳茂曰遺之而受何故言耶民曰竊聞賢明之君使民不畏吏吏不取民今我畏吏是以遺之茂曰凡人所以貴於禽獸者以有仁愛知相敬事也今隣里尚致饋此乃相親况吏民乎凡人之生羣居雜處故有經紀禮義以相交接汝獨不欲修之寧能高

飛遠去不在人間耶民曰苟如此律何故禁之茂笑曰律設大法禮從人情今我以禮教汝必無怨惡以律治汝何所措其手足乎時天下大蝗河南二十餘縣皆被其災獨不入密界督郵言之太守不信自出按行見乃服焉

又曰韓稜字伯師潁川人也爲下邳令視事未朞吏民愛慕時隣縣皆蝗傷稼唯下邳界獨無

又曰王阜字世公爲重泉令吏民向化鸞鳥集止學宮阜使校官掾長洪叠爲張雅樂擊磬鳥舉足垂翼應聲而舞翾翔復上縣庭屋十餘日乃去

又曰孔奮字君魚右扶風茂陵人守姑臧長七年詔書以爲奮在姑臧治有絶迹賜爵關内侯奮素孝供養至謹在姑臧唯老母極膳妻子飯食葱芥時人笑之或嘲奮曰置脂膏中不能自潤而奮不改其操

又曰鍾離意爲堂邑令初到市無屋意乃出俸錢作屋民賫芋竹或持材木爭赴趣作不日而成旣畢爲解土祝曰興功役者令也如有禍祟令自當之民皆大悦

後漢書曰戴封字平仲拜議郎遷西華令汝潁有蝗灾獨不入西華界時督郵行縣蝗忽大至督郵其日即去蝗亦頓除一境奇之其年大旱封禱請無獲乃積薪艾坐其上以自焚火起而大雨暴至遠近歎服

又曰童恢爲不其令吏有犯違禁法輒隨方曉示若吏稱其職人行善事者皆賜以酒殽之禮以勸勵之耕織種收皆有條章一境清靜牢獄連年無囚比縣流人歸化徙居二萬餘户人甞爲虎所害乃設檻捕之生獲二虎恢聞而出呪虎曰天生萬物唯人爲貴虎狼當食六畜而殘暴於人王法殺人者死傷人則論法汝若是殺人者當垂頭服罪自知非者當號呼稱寃一虎低頭閉目狀如震懼即時殺之其一視恢鳴吼踊躍自奮遂令放釋

又曰劉矩爲雍丘令以禮讓化之其無孝義者皆感悟自革人有爭訟矩常引人於前提耳訓告以爲忿恚可忍縣官不可入使歸更尋思訟者感之輒各罷去其有路得遺者皆推尋其主

又曰王渙爲洛陽令有善政元興元年病卒百姓市道莫不咨嗟男女老壯皆相與賦斂致奠醊以千數（醊音張劣反說文曰祭酹也）渙喪西歸道經弘農人庶皆設槃案於路吏問其故咸言平常持米到洛爲卒司所鈔怗亡其半自王君在事不見侵枉故來報恩其政化懷物如此人思其德爲立祠於安陽亭西每食輒絃歌而薦

又曰虞延爲細陽令每至歲時伏臘輒休遣徒繫各使歸家並感其恩德應期而還有囚於家被病自載詣獄旣至

而死延率掾吏殯于門外百姓感悦之

又曰虞延遷洛陽令是時陰氏有客馬成者常爲姦盜延收考之陰氏屢請獲一書輒加篣二百（篣捶也）信陽侯陰就乃訴帝譖延多所寃枉帝乃臨御道之館親録囚徒延陳其獄狀可論者在東無理者居西成乃迴欲趍東延前執之謂曰尔人之巨蠹久依城社不畏熏燒今考實未竟宜當盡法成大呼稱枉陛戟郎以戟刺延叱使置之帝知延不私謂成曰汝犯王法身自取之呵使速去後數日伏誅於是外戚斂手莫敢干法

又曰法雄除平氏長善政事好發擿姦伏盜賊希發吏人畏愛之南陽太守鮑得上其理狀遷宛陵令

續漢書曰魯恭爲中牟令導民以孝推誠而治建初中郡

國螟傷稼犬牙緣界不入中牟河南尹袁安疑其不實遣
仁恕掾肥親往察廉之恭隨行阡陌俱坐桑下有雉過止
其傍傍有童兒親曰何不擊之兒言雉方將雛親瞿然而
起與恭訣曰所以來者欲察治之善惡耳今虫不犯境此
一異也化及鳥獸此二異也豎子有仁心此三異也久留
徒擾賢者耳還府以狀白安安美其治以勵屬縣
又曰祭肜除偃師長視事五年縣無盜賊州課第一遷襄
賁令時賊鈔掠肜到官誅鉏姦猾縣界清靜詔書增秩一
等賜縑百疋冊書勉勵
又曰劉寵除東平陵令是時民俗奢泰寵到官躬儉訓民
以禮上下有序都鄙有章視事數年以母病去官歸百姓
士女攀車拒輪充塞道路車不得前乃止亭輕服潛遁
又曰劉駘駰爲湞陽長政化大行道不拾遺以病去官童

謡歌之曰邑然不樂思我劉君何時復來安此下民
又曰公孫述補清水長太守以其能使兼治五縣政事脩
理姦盜不發郡中謂之神明
又曰胡紹爲河內懷令三日一視事十日一詣倉受俸米
於閤外炊作乾飯食之不設釜竈得一強盜問其黨與得
數百人皆誅之政教清平爲三河表
又曰牟融舉茂才爲豐令視事三年政化流行縣無獄訟
吏畏而愛之治有異迹爲州郡最
又曰度尚字博平山陽人除上黨長治政嚴峻明於疑理
縣中謂之神明
謝承後漢書曰鄭引字巨君爲鄒令勤行德化部人王逢
等得路遺寶物懸於道衢求主還之魯國當春大旱五穀
不豊鄒獨致雨偏熟永平十五年蝗起泰山流被郡國過

鄒界不集郡國以狀聞詔書以爲不然遣使案行如言也
又曰方儲字聖明曉風角占候爲句章長時人田還置餘
粟一石及刀鋤於田陌明日求亡去疑其旁家儲曰此人
非偷自呼縣功曹謂曰君何取人粟置家後積茭中功曹
欵服後爲洛陽令功曹是憲客爲憲所諷夜殺人斷頭着
奩中置厩門下欲令儲去官儲摩死者耳邊問誰所殺有
頃曰死人言爲功曹所殺收功曹栲竟具服
又曰賈彪字偉節補新息長政多奇異小人迫困貧産子
不能舉養彪禁有犯者以殺人罪罪之縣境震慄人養子
僉曰賈父所長男女皆以賈爲名
華嶠後漢書曰劉平爲全椒令掾吏五日一朝罷門闌卒
署各遣就農人感懷至或增貲就賦或減年從役刺史行
部獄無囚徒民各自以爲職不知所問唯班詔書而去先
是縣多虎爲害平到修政選進儒良黜貪殘視事三月虎

皆渡江而去
又曰劉永國字叔儒爲東城令民聞其名枉者吏直濁者
強清肅然無事唯以著作爲務
袁崧後漢書曰范丹爲萊蕪長去官常使賣卜以自給步
行無車被囊自隨
漢官儀曰明帝臨觀見洛陽令車騎意河南尹定至而非
尤其太盛勑去軒綏時偃師長治有能名以事詣臺因取
賜之下縣遂以爲故事
魏志曰鄭渾字文公避難淮南太祖聞其篤行召爲邵陵
令天下未定民皆不念産殖其生子無以相活率皆不舉
渾所在奪其漁獵之具課使耕種又兼開稻田重去子之
法民初畏罪後稍豊給無不舉育所育男女多以鄭爲名

又曰胡質字文德楚國壽春人也爲頓丘令縣民郭政通於從妹殺其夫程他郡吏馮諒繫獄爲證政與妹皆耐掠隱抂諒不勝痛自誣當反其罪質至官察其情色更詳其事檢驗具服

又曰王脩字叔治守高密令高密孫氏素豪俠人客數犯法民有相刼者賊入孫氏吏不能得脩將吏民畏憚不敢近脩令吏民敢有不攻者與同罪孫氏懼乃出賊由是豪强懾服

又曰趙儼字伯然爲朗陵長縣多豪猾無所畏忌儼取其尤甚者收縛案驗皆得死罪儼既囚之乃表府解放自是威恩並著

又曰張晢字德容馮翊高陵人也舉茂才爲新豐令治爲三輔第一

又曰司馬朗字伯達河內温人也爲堂陽長其治務寛惠不行鞭杖而民不犯禁

又曰吉茂字叔暢馮翊池陽人也世爲著姓好書不恥惡衣惡食而恥一物之不知建安初關中始平茂與扶風蘇則共入武功南山隱處精思數歲州舉茂才除臨汾令居官清靜吏民不忍欺

又曰太祖平袁氏以高柔爲菅長縣中素聞其名姦吏數人皆引去柔教曰昔邴吉臨政吏甞有非猶尚容之況此諸吏於吾未有失乎其召復之咸還皆礪誠佳吏

蜀志曰董和字幼宰南郡人也益州牧劉璋以爲成都令蜀土富實時俗奢侈貨殖之家侯服王食婚姻葬送傾家竭産和躬率以儉惡衣蔬食防遏踰僭爲之軌制所在皆移風變善畏而不犯

又曰呂乂字季陽遷新都綿竹令乃心隱恤百姓稱之爲一州諸城之首

吳録曰張舉字子清爲句章令有婦殺夫者因焚屋言燒死其弟疑而訟之舉按屍開口視無灰令人取豬二頭殺一生一而俱焚之開視其口所殺者無灰生者有灰乃明夫先死婦遂首服焉政化流行民歌遺澤

晉書曰陸雲爲浚儀令縣居都會之要名爲難理雲到官下不能欺市無二價人有見殺者主名不立雲録其妻而無所問十許日遣出密令人隨後謂曰其去不出十里當有男子候之與語便縛來既而果然問之具服云與此妻通共殺其夫聞妻得出欲與語憚近縣故相要候於是一縣稱爲神明郡守害其能屢譴責之雲乃去官百姓追思之圖畫形像配食縣社

又曰范廣爲堂邑令大旱米貴廣散私穀賑飢人至數千斛遠近流寓歸投之户口十倍

又曰曹攄爲洛陽令仁惠明斷百姓懷之時天大雨雪宮門夜失行馬群官檢察莫知所在攄使收門士衆官咸謂不然攄曰宮掖禁嚴非外人所敢盜必是門士以燎寒耳詰之果服

又曰曹攄爲臨淄令縣有寡婦守節不移姑愍之密自殺親黨告婦殺姑官爲考鞫寡婦不勝苦楚乃自誣獄當決攄察其有冤更加辯究具得情實時稱其明

晉中興書曰范甯字武子解褐除餘杭令在縣興學校養生徒潔已志行之士莫不來宗朞年之後風化大行自中興已來崇學敦教未有如甯者也

宋書曰顧憲之爲建康令清儉強力爲政甚得人和故都

下飲酒者醇旨輒号爲顧建康謂其清且美焉
又曰顧憲之爲建康令時有盜牛者被主所認盜者亦稱巳牛二家辭理等前後令莫能決憲之至覆其狀謂二家曰無爲多言吾得之矣乃令解牛任其所去牛逕還本主宅盜者始伏其辜發姦擿伏多如此類時人號曰神明
又曰顧覬之遷山陰令山陰民户三萬海内劇邑前後官長晝夜不得休事猶不舉覬之理繁以約用無事晝日垂簾門堦閑寂自宋世爲山陰務簡而績修莫能尚也
齊書曰傅琰爲山陰令有賣針賣糖老姥爭團絲來詣琰不辯乃縛團絲於柱鞭之密視有鐵屑乃罰賣糖者又二野父爭鷄琰各問何以食鷄一人云粟一人云豆乃破鷄果得粟罪言豆者縣内咸稱神明無敢復爲盜者
又曰傅琰字季珪爲山陰令父僧祐亦爲山陰令父子並

著奇績世云諸傅有治縣譜子孫相傳不以示人
梁書曰傅岐除始新令縣民有因鬬相毆而死者死家訴郡郡録其仇人考掠備至終不引咎郡乃移獄於縣岐即命脱械以和言問之便即自服法當償死會冬節至岐乃放其還家使過節一日復獄曹掾固爭曰古者乃有此於今不可行岐曰其若負信縣令當坐主者勿憂竟如期而反太守深相歎異遽以狀聞岐後去縣民無老小皆出境拜送啼號之聲聞於數十里
又曰蕭景字子昭爲永寧令永嘉太守牓郡門曰諸縣有疑滯可就永寧令決之
又曰丘仲孚遷山陰令居職甚有聲稱百姓爲之謡曰二傅沈劉不如一丘
又曰丘仲孚爲山陰令仲孚長於撥煩善適權變吏民敬服號稱神明治爲天下第一
又曰何遠字義方自武昌太守除名後起爲武康令正身厲廉節除淫祀高祖聞其能擢爲宣城太守自縣令爲郡畿大郡近代未之有也
又曰孫謙爲錢塘令治煩以簡獄無繫囚及去官百姓以謙在職不受餉遺追載縑帛以送之謙却而不受
又曰裴子野出爲諸暨令在縣不行鞭罰民有爭者示之以理

太平御覽卷第二百六十七

職官部六十六　良令長下

崔鴻十六國春秋北涼録曰張譚字元慶武威姑臧人也爲和寧令政以德化爲本不務威刑民有過者讀孝經及忠臣孝子傳訓導之百姓愛之如父母號曰慈君

又後趙録曰王謨字思賢甕鼻言不清暢尫短無威儀將拜曲陽令石勒疑之問長史張賓賓曰請試可勒從之政教嚴明百城尤最出爲鄴部從事守宰去官者十五人

又後趙録曰申鍾字道時爲廣昌令白烏巢其庭樹甘露降其廳事後爲三公

北齊書曰郎茂除衛國令時有繫囚二百茂親自究審數日釋免者百餘人歷年辭訟不詣州省魏州刺史元暉謂曰長史言衛國人不敢申訴者畏明府耳茂曰人猶水也法令爲隄防不固必致奔突苟無決溢使君何患哉暉無以應

後周書曰辛昂行成都令昂到縣使與諸生祭文翁學堂因共歡宴謂諸生曰子孝臣忠師嚴友信立身之要如斯而已若不事斯語何以成名宜自勉克成令譽昂言切理至諸生等深感悟歸而告其父老曰辛君教誡如此不可違之於是井邑肅然咸從其化

陳書曰褚玠山陰縣多豪猾前後令皆以贓汙免高宗患之謂中書舍人蔡景歷曰稽陰大邑久無良宰卿文士之内試思其人景歷進曰褚玠廉儉有幹用未審堪其選不高宗曰甚善卿言與朕意同乃除山陰令

隋書曰魏德深遷貴鄉長爲政清淨不嚴而治會興遼東

之役徵税百端使人往來責成郡縣于時王綱弛紊吏多贓賄所在徵歛下不堪命唯德深一縣有無相通不竭其力所求皆給百姓不擾稱爲大治尋轉館陶長貴鄉吏人聞之皆歔欷流涕語不成聲及將赴任傾城送之號泣之聲道路不絶既至館陶闔境老幼皆如見其父母有猾人員外郎趙君寔與郡丞元寶藏深相交結前後令長未有不受其指麾者自德深至縣君寔屏跡於室未嘗輒敢出門逃竄之徒歸來如市貴鄉父老冒涉險難詣闕請留德深有詔許之館陶父老復詣郡相訟以貴鄉文書爲詐郡不能決會持節使者韋霽杜整等至兩縣詣使訟之乃斷從貴鄉貴鄉吏人歌呼滿道互相稱慶館陶衆庶合境悲哭因而居住者數百家

隋書曰蘇威薦房恭懿授新豐令政爲三輔之最上聞而嘉之賜物四百段恭懿以所得賜分給窮乏未幾復賜米三百石恭懿又以賑貧人上聞而止之時雍州諸縣令每朔朝謁上見恭懿必呼至榻前訪以理人之術

又曰房彦謙遷長葛令甚有惠化百姓號爲慈父仁壽中上令持節使者巡行縣察長吏能不以彦謙爲天下第一超授鄀州司馬吏民號哭相謂曰房明府今去吾屬何用生爲其後百姓思之立碑頌德

又曰劉曠不知何許人也性謹厚每以誠恕應物開皇初爲平鄉令單騎之官人有爭訟者輒丁寧曉以義理不加繩劾自各引咎而去所得俸禄賑施窮乏百姓感其德化更相篤勵曰有君如此何得爲非

唐書曰李大亮授土門令屬百姓饑荒盜賊侵寇大亮遂賣所乘馬分給貧弱勸以墾田歲因大稔躬捕寇盗所擊

輒平時太宗在藩巡撫北境聞而嗟歎下書勞之

又曰賈敦頤弟敦實貞觀中爲饒陽令政化清靜老幼懷之時敦頤復授瀛州刺史舊制大功以上不復連官朝廷以其兄弟在職俱有能名遂不遷替

又曰高宗以尚乘奉御權懷恩爲万年令賞能也時有奉乘安畢羅善於調馬上頗狎之懷恩因奏事遇畢羅在左右言戲無禮懷恩既退執而杖之上知而嗟賞謂侍臣曰懷恩乃能不避強禦真良吏也即日遷擢

又曰景雲中長安縣令李朝隱加太中大夫朝隱之宰京縣也政刑畢舉權豪慴憚有内寺伯非禮干忤朝隱叱擊于獄上喜焉故有此命

又曰路嗣恭京兆三原人始名劒客歷仕郡縣有能名後授神烏令考績上上而爲天下最玄宗以其能嗣魯恭賜

改其名

又曰韋景駿開元中爲肥鄉令縣人有母子相訟者景駿謂之曰吾少孤每見人養親自痛終天無分汝幸在溫凊之地何得如此錫類不行令之罪也因垂泣嗚咽仍取孝經與之令習讀於是母子感悟各請改悔遂稱慈孝累轉趙州長史路由肥鄉人吏驚喜竟來犒餞留連經日有童稚數人年甫十餘歲亦在其中景駿謂曰計吾去此時汝輩未生既無舊恩何慇勤之甚也咸對曰比聞長宿傳說縣中廨宇學堂館舍堤橋並是明公遺跡將謂古人不意親得瞻覩不覺欣戀倍於常也其爲人所思如此

又曰馮伉遷尚書膳部員外郎李抱真卒充弔贈使抱真男遺伉帛數百疋不納又專送至京伉因表奏固請不受

蜀醴泉縣令宰臣進人名上意不可謂宰臣曰前使澤潞不受財帛者此人必有清政可以授之遂改醴泉縣令患百姓多昏䐗爲著諭蒙十四篇大指明忠孝仁義勸學務農每鄉給一卷俾其傳習

又曰元德秀字紫芝河南人也爲魯山令先是墮車傷足不任趨拜汝郡守以客禮待之部人爲盜吏捕之繫獄會縣界有猛獸爲暴盜自陳曰願格殺猛獸以自贖德秀許之胥史曰盜詭計苟免擅放官因無乃累乎德秀曰吾不欲負約累則吾坐必請不及諸君即破械出之翌日格猛獸而還誠信化人大率此類

又曰王敬則爲暨陽令時軍荒後縣有一部劫逃入山中頗爲人患敬則遣人致意劫帥使出首當申論郭下廟神甚酷烈百姓信之敬則引神爲誓必不相負劫帥既出敬則於廟中設酒會於座收縛曰吾啓神若負誓還神十牛今不得違誓即殺十牛解神并斬諸劫百姓悅之

晉史曰壽張令趙廣考滿之外量留二年以飛蝗避境故也

廣州先賢傳曰黄豪字子微交阯人除外黄令豪約已儉節麤衣蔬食所得俸秩悉賜貧吏一縣稱平

益部耆舊傳曰羅衡字仲伯爲万年令誅鋤姦黨縣界肅然民夜不閉門繫牛馬於道旁曰以屬羅公

又曰趙琪字孫明少好遊俠行部帶劒過亭長亭長讓之乃歎曰無大志故爲豎吏所輕耳於是解劒掛壁曰琪不乘輜車佩紱不復帶劒因之京師詣太學受業治春秋變行厲操名德遂稱除野王令乃解劒帶之官治官清約以身率下烟火不舉常食乾糒

又曰閻憲字孟度爲綿竹令治以禮讓爲首寛猛相濟其

聽察甚明簡選吏職甚得其人男子杜成夜於路得遺裝一囊開視有錦二十五疋迄明詣吏曰縣有明君不能慙心故也

又曰楊球字仲宣爲茂陵令寛和多惠以至誠接下爲民所愛比縣連歲蝗災曲折不入茂陵

長沙耆舊傳曰祝良字邵卿爲洛陽令貴戚斂手桴鼓稀鳴時亢旱天子祈雨不得良乃暴身階庭告誠引罪紫雲沓起甘雨乃降

陳留風俗傳曰昭帝時蒙人焦貢爲小黄令路不拾遺囹圄空虛詔遷貢百姓揮涕守闕求索還貢天子聽增貢之秩千石貢之風化猶存其民好學多貧此其風也

海内先賢傳曰公沙穆遷弘農令界有蝗虫食禾稼百姓惶懼穆設壇謝曰百姓有過咎在典掌罪穆之由請以身

禱玄雲四集雨下霧霈自日中至晡不知蝗虫所在百姓稱曰神明

魯國先賢傳曰孔翊爲洛陽令置水於前庭得私書皆投其中一無所發彈理貴戚無所廻避

汝南先賢傳曰黄浮字隱公陽安人年二十在於民伍曾爲墟里所差次當給亭於是感激學書慨然長歎曰黄浮非鄉里所知因隨人到京師求學歲餘除昌慮長濮陽令同歲子爲都市掾犯罪當死一郡盡爲之請浮曰周公誅二弟石碏討其子今雖同歲子浮所不能赦也治政清明號爲神君

又曰陳蹕邵陵人也體尚篤烈學通古今除巫令民張遺腹子年十五爲父報讎吏捕得之蹕歎曰嗟乎今殺遺腹之孤絶人繼嗣是不仁也法復讎之子是不義也不仁不義焉可以爲人君長哉遂解印綬逃亡遇赦乃出

鍾玩良吏傳曰高玩字伯玠蜀郡人也除曲陽令及徵還送者不使出界布被縕袠猶去時之服朝野歸其清

又曰司馬儁字元異補洛陽令豪右挫氣京都號曰卧虎

又曰陳登字元龍廣漢人也爲東陽長視民如子

崔氏家傳曰崔瑗爲汲令乃爲開溝造稻田薄鹵之地更爲沃壤民賴其利長老歌之曰天降神明君錫我慈仁父臨民布德澤恩惠施以序穿溝廣漑灌决渠作甘雨

殷氏傳曰殷裒爲滎陽令先多淫雨百姓飢饉君乃穿渠入河三十餘里疏導原隰用致豊年民賴其利號殷溝而頌之

鍾離意別傳曰意遷東平瑕丘令男子倪直勇悍有力便弓弩飛射走獸百不脫一桀悖好犯長吏意到官召署捕

賊掾勑謂之云今昔嘗破三軍之衆不用尺兵嘗縛暴虎不用尺繩但以良詐爲之耳掾之氣勢安若宜悼之因復召直子涉署門下將游徼私出入寺門無所關白收涉鞭之直走之寺門吹氣大言無上下意氣勑直能爲子屈者自縛誡令不則鞭殺其子直果自縛意告曰令前告汝嘗縛暴虎不用尺繩汝自視何如虎自縛耶勑獄械直父子結連其頭對榜（博壯切）欲死掾吏陳諫乃貸之由是相率爲善所謂上德之政鷹化爲鳩暴虎成狸此之謂也

荀氏家傳曰荀貌除太原榆次令爲政以德人懷之時有鳳凰集其境内晉武帝下詔褒美太始三年卒吏人如喪親戚爲之樹碑其序曰仰之如日月敬之如神明愛之如父母樂之如時雨

典略曰韓攸字仲演潁川人爲贏長時民大飢而太守未

至攸因發倉賑之吏白言太守垂至軍糧重事可須來到攸言民命懸急令以擅出穀受罪合眼入地不以爲恨也後竟不坐吏民蒙濟者數千人

會稽典録曰徐弘字聖通爲汝陰令縣俗剛強大姓兼并弘到官誅剪姦桀豪右斂手商旅路宿道不拾遺童歌之曰徐聖通政無雙平刑罰姦宄空

華陽國志曰王長文字德儁元康初試守江源令縣收得盜馬賊及發冢賊長文引見誘慰時適臘晦皆遣歸家獄先有繫囚亦遣之謂曰教化不厚使汝等如此長吏之過也蜡節慶祚歸就汝上下善相懽樂過節來還當爲汝思他理郡吏惶懼爭請不許尋有赦令無不感恩

又曰景毅字文堅梓潼人爲高陵令立文學以禮讓化民遷侍御史吏民守闕請之三年不絶

搜神記曰徐栩字敬卿吳由拳人少爲獄吏執法詳平爲小黄令時屬縣大蝗野無生草至小黄界乃飛過不集

山公啓事曰温令許奇等並見稱名雖在職各日淺宜顯報大郡以勸天下詔曰案其資歴遂自足爲郡守各以在職日淺則宜盡其政績不宜速他轉也

博物志曰太子望爲灌壇令朞年風不鳴條文王夢見一婦人甚麗當道而哭問其故婦人言曰我東海太山神女嫁爲西海婦欲東歸灌壇令當吾道太公有德吾不敢以暴風疾雨過也文王夢覺明日召太公三日果有疾風暴雨去者皆西來也

説苑曰晏子治東阿三年景公召而數之曰吾以子爲可而使子治東阿今子治而亂子退而自察也寡人將加大誅乎晏子曰臣請改道易行而治東阿三年不治臣請死之景公許之於是明年上計景公迎而賀之曰善矣子之治東阿也晏子對曰前臣之治東阿屬託不行貨賂不至陂池之魚以利貧民當此之時民無飢者而君反以罪今臣之治東阿也屬託行貨賂至事左右陂池之魚入權家民之貧飢者過半君反迎而賀臣臣愚乞骸骨景公乃下席而謝曰子強復治之東阿者子之東阿也寡人無復與焉

新序曰昔子奇年十八齊君使之治阿既行矣悔之使使追曰未至阿及之還之已至勿還也使者及之而不還君問其故對曰臣見使與共載者白首也夫以老者之智以少者之決必能治阿矣是以不還

又曰魯君使宓子賤爲單父宰子賤辭去因請借善書者二人其憲法教品魯君與之至單父使書子賤從旁引其

肘書醜則怒之欲好則引之書者患之請辭而去歸以告魯君魯君曰子賤苦吾擾之使不得施其善政也乃命有司無得擅徵發單父單父大治故孔子曰君子哉若人魯無君子者斯焉取斯美其德也

太平御覽卷第二百六十八

太平御覽卷第二百六十九

職官部六十七

酷令長

漢書曰何並字子廉為長陵令道不拾遺成太后外家王氏貴而侍中王林卿坐法免歸長陵上冢因留飲連日並恐其犯法乃自造門上謁謂林卿曰冢間單外君宜以時歸林卿曰諾林卿素驕慙於賓客林卿既去北渡涇橋令騎奴還至寺門拔劍剥其建鼓並自從吏兵追林卿行數十里林卿迫窘乃令奴冠被其襜褕自代乘從車騎身變服從間徑馳去會日暮追至收縛冠奴奴曰我非侍中奴耳並心知已失林卿乃曰君因自稱奴得脫死即叱吏斷頭持還縣所剥鼓置都亭下署曰故侍中王林卿

東觀漢記曰董宣為洛陽令擊持豪強在縣五年七十四卒官詔遣使者臨視唯布被覆屍妻子對哭家無餘財上歎曰董宣死乃知貧耳

晉書曰何曾孫機為鄒平令性亦矜傲責鄉里譙鯤等拜或戒之曰禮敬年爵以德為主今鯤畏勢懼傷風俗機不以為慙羨為離狐令既驕且恡陵駕人物鄉閭疾之如讎永嘉之末何氏滅亡無遺焉

梁書曰沈瑀為餘姚令富吏鮮衣美服以自彰別瑀怒曰汝等下縣吏何自擬貴人耶悉使著芒屩麤布侍立終日足有蹉跌輒加榜捶瑀微時嘗自至此鬻瓦器為富人所辱故因以報焉由是士庶駭怨

縣丞

史記曰詔捕淮南太子淮南相怒壽春丞留太子逮不遣如淳注曰丞主刑獄囚徒故責之

漢書曰黃霸為潁川太守務在成就全安長吏許老丞病聾督郵白欲逐之霸曰許丞廉吏雖老尚能拜起送迎止頗重聽何傷且善助之毋失賢者意如淳曰許縣丞也

後漢書曰張玄字君夏河陽人也少習春秋顏氏兼通數家法建武初舉明經補弘農文學遷陳倉縣丞清淨無欲專心經書方其講問乃不食終日及有難者輒為張數家之説令擇從所安諸儒皆伏其多通者録千餘人玄初為縣丞嘗以職事對府不知官曹處吏白門下責之時扶風琅耶徐業亦大儒也聞玄諸生試引見之與語大驚曰今日相遭真解矇矣（遭逢）遂請上堂難問極日

吳志曰會稽妖賊許昌起於句章自稱陽明皇帝扇動諸縣衆以萬數孫堅以郡司馬募召精勇得千餘人與州郡

合討破之刺史臧旻列上功狀詔書除堅鹽瀆丞數歲徙盱眙丞又徙下邳丞

又曰孫堅為下邳丞歷佐三縣所在有稱吏民親附鄉里知舊好爭少年往來者常數百人堅接撫待養有若子弟也

唐書曰武德元年詔京令五品丞一人七品正六人八品畿令六品丞一人七品正四人八品上縣令六品丞一人八品正四人九品中下縣各有差後改為尉

主簿

後漢書曰繆肜（音融）字孺公仕縣為主簿時縣令被章見考吏皆畏懼自誣而肜獨證據掠考苦毒乃至體生虫蛆因轉換五獄踰涉四年令卒以自免

又曰甯陽主簿詣闕訴其縣令之枉積六七歲不省乃復

上書曰臣聞陛下為臣父臣為陛下子臣章百上終不見
省臣豈可北詣單于以告冤乎帝大怒尚書劾以大逆虞
詡駮之曰主簿所訟乃君父之怨百上不達乃有司之過
又曰仇覽字季和一名香初為蒲亭長有陳元者母告其
不孝覽為陳慈孝之道卒成孝子考城令王奐政尚嚴猛
聞覽以德化人署為主簿謂覽曰主簿聞陳元之過而不
罪得無少鷹鸇之志耶覽曰以為鷹鸇不若鸞鳳奐謝遣
曰枳棘非鸞鳳所棲百里非大賢之路乃以月俸資遣令
入太學其名大振
唐書曰蘇弁為奉天主簿朱泚之亂德宗倉卒出幸縣令
杜正元上府計事聞大駕至官吏惶恐皆欲奔竄山谷弁
諭之曰君上避狄臣下當伏難死節昔肅宗幸靈武至新
平安定二太守皆潛遁帝命斬之以徇諸君知其事乎衆

心乃安及車駕至迎邑儲峙無闕德宗嘉之就加試大理
司直
汝南先賢傳曰李宣之子名表宋公令寇端召表為主簿
表不樂為吏於寺門中焚燒衣幘端怒收表欲殺之陳仲
舉聞之至宋公欲請表先過宣宣問何故來曰欲見寇令
請足下兒宣曰吾子犯罪罪當死如有明君豈妄殺人宜
從此還端追問仲舉仲舉具以語之端乃歎曰李宣烈士
也即原之
蘇林廣舊傳曰仇香字季和為書生性謙恭勤恪威矜莊
良不為晝夜易容言不為喜怒變聲雖同儕群居必正色
後言終身無泄狎之交以是見憚學通三經然無知名之
援鄉里之舉年四十召為縣主簿
唐職員令曰主簿掌付事勾稽省署抄目糾正縣內非違
監印給紙筆之事

縣尉

春秋元命苞曰天尉主甲卒設武備今時尉官亦此義也
史記曰張湯給事內史為甯成掾以湯為無害言大府調
為茂陵尉治方中漢書音義曰方中陵上土作方也湯主治之也蘇林曰天子即位豫作陵諱之故言方中如淳曰大府幕府也茂陵尉主作陵之尉也韋昭曰大府公府也
漢書曰李廣出鴈門匈奴兵多破廣廣亡失多當斬贖為
庶人屏居藍田南山射獵嘗夜一騎出從人田間飲還至
亭霸陵尉醉呵止廣廣騎曰故李將軍尉曰今將軍尚不
得夜行何故也宿廣亭下居無何匈奴入隴西殺太守於
是上乃召廣拜為右北平太守廣請霸陵尉與俱因斬之
又曰梅福字子真九江壽春人也少學長安明尚書穀梁
春秋為郡文學補南昌尉後去官

東觀漢記曰光武起兵入冠絳衣騎牛殺新野尉乃得馬
又曰逢萌字子康北海人少有大節志意抗厲家貧給事
為縣亭長尉過迎拜問事微久尉去舉拳撾地嘆曰大丈
夫安能為人役耶遂去學問
後漢書曰橋玄案梁冀客陳助羊昌罪由是著名舉孝廉
補洛陽左部尉時梁不疑為河南尹以公事當詣府受對
玄恥為所辱乃弃官還鄉里
又曰令長國相亦皆有尉大縣二人小縣一人主盜賊案
察姦軌
應劭漢官儀曰大縣丞左右尉所謂命卿二人小縣一人
一尉命二人
續漢書百官志曰邊縣有鄣塞尉掌禁備羌夷犯塞秩比
二百石

魏志曰太祖除洛陽北部尉初入尉廨繕治四門造五色棒懸門左右各十餘枚有犯禁者不避豪強皆棒殺之後數月愛幸小黃門蹇碩叔父夜行則殺之賊師歛迹莫敢犯者近習寵臣咸共疾之而不能傷

蜀志曰劉備卒其屬從校尉鄒靖討黃巾有功除安喜尉督郵以公事到縣先主求謁不通直入縛督郵杖二百解綬係其頸弃官亡命

唐書曰顏師古隋仁壽中授安養尉尚書左僕射楊素見師古年弱皃羸因謂曰安養劇縣何以克當師古曰割雞焉用牛刀素奇其對到官果以幹理聞

又曰負半千晉州臨汾人上元初應八科舉授武陟尉屬頻歲旱飢勸縣令殷子良開倉以賑貧餒子良不從會子良赴州半千使發倉粟以給飢人懷州刺史郭齊宗大驚

因而按之時黃門侍郎薛元超爲河北道存撫使謂齊宗曰公之百姓不能救之而使惠歸一尉豈不愧也遽令釋之

又曰王無競字仲烈其先琅耶人因官徙居東萊宋太尉弘之十一代孫無競有文學初應舉下筆成章舉及第解褐授趙州欒城縣尉

又曰李勉爲開封尉外平日以且汴水陸所湊邑居厖雜號難治勉與聯尉盧城軌等並有擒姦擿伏之名

又曰柳公綽爲渭南尉公綽性謹重動循禮法屬歲饑其家雖給而每飯不過一器歲稔復初

又曰包佶授藍田尉時有詔命畿內諸縣城奉天時嚴郢爲京兆政尚峻暴加以朝旨甚迫尹正之命急如風霆本曹尉韋重規其室方娠而疾畏郢之暴不敢以事故免佶因請代役無愆素當時義之

又曰竇參強直果斷少以門蔭積官至万年尉時同僚有直官曹者將夕聞親疾參請代之會獄囚亡走京兆尹按直部將奏參遽請曰彼以不及狀謁參實代之宜當罪坐貶江夏尉人多義之

唐新語曰盧莊道年十六授長安尉太宗將錄囚徒京宰以莊道幼年懼不舉欲以他尉代之莊道不從但閑暇不之省也時繫囚四百餘人令丞深以爲懼翌日太宗召四莊道乃徐書狀以進引諸囚人莊道評其輕重留繫日月應對如神太宗驚歎

又曰魏奉古爲雍丘尉時姚珽蒞汴州群寮畢謁珽覽刺召奉古前持廐牧令示奉古奉古一覽便諷千餘言珽驚起曰仕宦且四十年未嘗見此

又曰朱履霜好學明法理補山陰尉巡察使委以推按故人或遺以數兩黃連固辭不受曰不辭受此歸恐母妻詰問從何而得不知所以對也

又曰楊再思爲玄武尉使于京舍於客院盜者竊其裝囊邂逅遇之盜者謝罪再思曰足下有遺行勿復聲惡恐傍人害足下可留公文餘並仰遺不形容色時人莫測其量

又曰玄宗聽政之暇從禽自娛又於蓬萊宮側立教坊以習倡優曼衍之戲酸棗尉袁楚客以爲天子春秋方壯宜節之以雅恐從禽好鄭將蕩上心乃引由余太康義上疏以諷玄宗納之

又曰鄭蜀賓頗善五言竟不聞達年老方授江左一尉親朋餞別於上門蜀賓賦詩留別曰畏途方萬里生涯近百年不知將白首何處入黃泉酒酣詠聲調哀感滿坐爲之

流涕竟卒於官

魯國先賢傳曰二世時山東盜賊起二世問諸臣曰於公何如博士諸生三十餘人前曰人臣無將將則反罪至死無赦願陛下急發兵擊之二世怒叔孫通前曰諸生言皆非明主在上四方輻湊安有反者此乃鼠竊狗盜守尉今捕誅之何足可憂二世喜乃賜通衣帛拜爲博士諸生或譏通之諛通曰我幾不免虎口乃亡去之薛薛已降楚遂從項梁梁死從項羽

先賢行狀曰程堅字謀甫爲比陽尉貧無車馬每出追遊常步行郡聞給事焉

搜神記曰蔣子文者廣陵人嗜酒好色挑撻無度常自言已青骨死當爲神當漢末爲秣陵尉遂死及吴先主之初其故吏見子文於道乘白馬執白羽扇侍從如平生吏見

驚走子文進馬追之謂曰我當爲此土地之神以福尒下民尒可宣告百姓爲我立祠不尒將有大咎

荊州圖記曰澧陽縣西百三十里澧水之南岸有白石雙立狀類人形高各三十丈周迴等四十丈古之相傳昔有充縣左尉與零陵尉共論疆因相傷害化爲此石即以爲二縣界首東標零陵西碣充縣充縣廢省今臨澧縣則其地也

墨子曰備城法百步一亭亭一尉焉

宋武帝詔曰百里之任揔歸官長縣尉實効甚微其費不少二品縣可置一尉而已餘悉停省

太平御覽卷第二百六十九

兵部一

叙兵上

世本曰蚩尤作兵宋衷注曰蚩尤神農臣也

春秋元命苞曰蚩尤虎捲威文立兵宋均注曰捲手也手文威字也

書曰鴻範八政八曰師

大戴禮曰魯哀公問孔子曰蚩尤作兵與孔子曰蚩尤庶
人之貪者也反利無義以喪厥身何兵之能作與民皆生
也

左傳曰武有七德禁暴戢兵保大定功安民和衆豐財者
也

又曰舉不失德賞不失勞老有加惠旅有施舍見可而進
知難而退軍之善政也兼弱攻昧武之善經也

又曰兵猶火也不戢將自焚

又曰師直爲壯曲爲老

又曰師尅在和不在衆

穀梁傳曰善爲國者不師善師者不陣善陣者不戰善戰
者不死

國語曰穆王將征犬戎祭公謀父諫曰不可先王耀德不
觀兵夫兵戢而時動動則威觀則玩玩則無震注曰玩黷震懼也

家語曰哀公問曰寡人欲吾國小則能守大則能攻其道
若何孔子曰使君朝廷有禮上下和親天下百姓皆君之
民也將誰攻焉苟違此道民叛如歸皆君之讎將誰守焉
公曰善哉於是廢澤梁之禁弛關市之稅以惠百姓

史記曰范蠡云兵者凶器戰者逆德

漢書曰兵家者蓋出古司馬之職王官之武備矣後世爕
金爲刃割革爲甲器械甚備下及湯武受命次師克亂而
濟百姓動之以仁義行之以禮讓司馬法是其遺事也自
春秋出於戰國出奇設伏變詐之兵並作漢興張良韓信
序次兵法凡一百八十二家刪取要用定著三十六家

又刑法志曰自黃帝有涿鹿之戰以定火灾顓頊有共工
之陣以定水災唐虞之際至治之極猶流共工放讙兜竄
三苗殛鯀然後天下服夏有甘扈之誓殷周以兵定天下
矣天下既定戢藏干戈教以文德而猶立司馬之官設六
軍之衆因井田而制軍賦馬天子畿方千里提封百萬井
出軍賦六十四萬井戎馬四萬疋兵車萬乘故稱萬乘之
主戎馬車徒干戈素具春振旅以蒐夏軷舍以苗秋治兵
以獮冬大閱以狩皆以農隙以講武事焉連師比年簡車
率正三年簡徒群牧五載大簡車徒此先王爲國立戰足
兵之大略也

又曰以仁義綏民者無敵於天下也至於齊桓晉文之兵
可謂入其城而節制矣然猶未本仁義之大統也故魏秦
之武鋭不可以當桓文之節制桓文之節制不可以當湯
武之仁義故曰善師者不陣善陣者不戰善戰者不敗善
敗者不亡

又曰夫文德者帝王之利器威武者文德之輔助也夫文
之所加者深則武之所服者大德之所施者博則威之所
制者廣三代之盛至於刑措兵寢者以其本末有序帝王
之所極功也

又曰魏相曰救亂誅暴謂之義兵敵加於己不得已而起
謂之應兵爭恣小故不勝憤怒者謂之忿兵利人土地貨
寶者謂之貪兵恃國家之大矜人民之衆謂之驕兵

又曰晁錯上書云丈五之溝漸車之水漸音子廉反陵阜崎嶇積石相接此步兵之地車騎五不當一平原廣澤漫衍相屬此車騎之地步兵十不當一俠視相及川谷分限此弓弩之地刀楯三不當一草木蒙蘢枝葉蔚茂此矛鋋之地長戟三不當一穹崇險隘阻阨相視此刀楯之地弓弩二不當一

老子曰師之所處荊棘生焉大軍之後必有凶年

又曰兵者不祥之器非君子之器不得已而用之

又曰是以君子居則貴左故吉事尚左喪事居右是以偏將軍處左上將軍處右戰勝以喪禮處之也

又曰善為士者不武善戰者不怒

又曰天下有道却走馬以糞天下無道戎馬生於郊

又曰以政治國以奇用兵

六韜曰用兵之道使如疾雷令民不及掩耳卒電不暇瞑目

古司馬兵法曰古者以義理之謂之正治民用兵止乱討暴必以義也正不獲意則權權出於戰不出於仁也分不均求不勝謂之不獲意權變也平輕重而為之功以死易生以危為寧反覆往來而以詐成故曰不出於仁也是故殺人殺之可也以殺止殺可以生也攻其國愛其民攻之可也除民乱去君害以戰去戰雖戰可恃也故仁見親義見悅智見恃勇見方信見信將有五材民親悅恃方而信之故內得愛焉所以守也外得威焉所以戰也利加於人則守固威加於敵人則戰勝

又曰戰道不違時不歷民病所以愛吾民也春夏興師為違時春興師害五穀夏興師傷人民故役不踰時寒暑不易服飢疫不行所以愛民也不加喪不因凶所以愛夫其人也敵有喪飢疫不加兵愛彼民如己民冬夏不興師所以兼愛彼民也大寒甚暑吏士僻德故國雖大好戰必亡天下雖平忘戰必危

又曰天下既平天子大凱春蒐秋獮諸侯振旅秋治兵所以不忘戰也

又曰古者逐奔不過百步縱綏不過三舍是以明其禮也不窮不能而哀憐傷痛是以明其仁也成列而鼓是以明其信也爭義不爭利是以明其義也又能捨服是以明其勇也知始知終是以明其智也六德以時合散以為民紀者古之道也自古之政也仁義勇智信民之本而施為民綱紀古之所傳政道也

又曰先王之治順天之道設地之宜官民之德而正名治物正者正官名也名正則可治之立國辨職立國治民分守境界各任其職也以爵分祿以爵位尊卑職其祿秩也諸侯悅懷海外來服服從已也獄弭而兵寢聖德之治也

又曰有虞氏不賞不罰而民可用至德也夏后賞而不罰至教也殷罰而不賞至威也周以賞罰德衰也賞不踰時

欲民速得為善之利也罰不遷列欲民覩不善之害也賞功不移罰惡不列所以勸善懲惡欲疾速者也

又曰夏后正其德也未用兵之刃故其兵不雜設軍不陣敵服故不用五兵殷義也始用兵之刃矣陣而不戰周力也盡用兵之刃矣周不及虞夏之教討暴征乱戰後勝夏賞於朝貴善也以德化也殷戮於市威不善也以刑禁也周賞於朝戮於市勸君子懼小人也以賞進以罰禁三王章其德一也三王皆道德文武隨而施之其致一也

又曰凡戰寬而觀其慮寬著先以卑弱示不能以示敵變化慮其利害得失所在也進退以觀其固遣輕兵至敵所在視察進退固備虛危變所也危而觀其懼詐設危事以知敵恐怖得失之勢也靜而觀而怠敵靜而不動相視吏士知懈怠動而觀其疑挑兵戰相見敵人知其疑否也襲而觀其治欲襲敵先視其守備外內什伍器械整實治乱所在也

又曰凡戰以輕行輕危輕兵高林疾足能追奔逐北翼動進退當須步曲什伍為卒御度行止輕兵無輕重故危之以重行重無功重兵持堅固守什伍不得進退不得離刹敵無功也凡

戰相爲輕重（重兵主持堅固守輕兵主追兵取利相爲用也）

又曰民有勇心唯敵之視（士卒勇鋭進退前後離合左右見勝利之形唯敵所在輒得其便也）民有畏心唯北之視（士卒恐懼各有嫌疑不求便利懷其北心當安隱教道開示勝形以服習之）兩心交支兩利若一（兩軍相當兵相支持各求便利共事一勝之勢在兩軍間有道者得之也）兩爲之職惟權之視（謂知己知彼稱輕重量多少度進退知彼已虛實之所在也）

又曰軍旅以舒爲主（舒則人力足雖交兵致刃徒人不趍車不馳也）逐奔不踰列是以不亂軍旅之固不失行列之政不絶人馬之力遲速無過誡命（軍旅政爲堅固也進退疾徐從金鼓之聲也）

又曰軍容不入國國容不入軍軍容入國則民德廢國容入軍則民德弱（軍國異容彊弱殊任故不相入入則亂也）故在國言文而語溫在朝恭以遜脩已以待人不召不至不問不言難進易退（此申叙國容之宜）在軍抗而立在行遂而果介者不拜兵車不軾城上不趍危事不齒（此申致軍容之宜抗者不待問也意者有慮於事而爲不湏令遂必也果勝也介者不拜車不軾騎不下所以遠屈而亂行也上趍爲驚衆也）故禮與法表裏也文與武左右也古者賢王明民之德盡民之善故無廢德無簡民賞無可生罰無可殺也（民有一善一事故能盡民之善無損德民能堪其事故賞罰無所遊）

又曰凡從奔勿息敵或止於路則慮之（追敵奔北無休解則敵於路旁設伏當視察反覆慮之自驚戒也）凡近敵都必有進路退必有反慮（深入敵地必知進退便利道徑通塞利害所在避實從虛也）

又曰凡戰先則弊後則懾（兵先擧則勞後起則士心不定而恐懼）選良次兵是謂益民之強（選良者擧取勁勇有材者爲前當什伍相以接之死地及見勝則心專強之）棄任節食謂開民之意自古之政也（任者畜積器物焚儲畜服御之具節餘粮戰之日不餘食示必死戰也開塞生意以專民心此五帝三王用兵之道也）

曹公孫子兵法序曰操聞上古弧矢之利論語足食足兵易曰師貞傳玄王赫斯怒黄帝湯武咸用干戈爲民也用

武者滅用文者士夫差偃王是也聖賢之於兵也戢而時動不得已而用之觀兵書戰策孫武深矣孫子者齊人也名武爲吳王闔閭作兵法一十三篇試之婦人卒以爲將西破強楚入郢北滅齊晉後百餘歲有孫臏是武之後也

孫子曰兵者國之大事校之以計而索其情（謂下五事彼我之情）一曰道二曰天三曰地四曰將五曰法道者令人與上同意（謂導以教令也）故可與之死可與之生而人不畏危（危疑也言上有仁化於下下則能致命也）天者陰陽寒暑時利地者遠近險易廣狹死生（言以九地形勢不同因時制度也）將者智信仁勇嚴（將宜五德備也）法者曲制官道主用（部曲幡幟金鼓之制官者道者粮路主用軍費用也）凡此五者將莫不聞之者勝不知者不勝

又曰兵者詭道故能而示之不能用而示之不用（言己實能用師外示無法）近而示之遠遠而示之近（欲進而治去道若韓信之襲安邑陳舟臨晉而度於夏陽是也）故利而誘之亂而取之實而備之（敵持實須備之）強而避之（避其所長）怒而撓之（侍其衰解）卑而驕之引而勞之（以利勞之）規而離之佚而勞之（以利勞之）攻其無備出其不意（擊其懈息空虛也）此兵之勝不可豫傳（傳洩也）

又曰凡用兵之法全國爲上破國次之（夫興兵深入長驅敵擧國來服爲上以兵擊破得之爲次）全軍爲上破國次之（軍四千人）全卒爲上破卒次之（上一千人下五百人）全伍爲上破伍次之（百人至五人也）是故百戰百勝非善之善者也不戰而屈人之兵者善之善者也（夫不戰而敵自屈服上兵伐謀敵始有謀伐之易也）

又曰故用兵之法十則圍之（以十敵一則圍之是爲智等而兵利鈞而客勁操所以倍兵圍下邳而生擒呂布也）倍則分之（以二敵一二則爲當一術爲奇）敵則能戰（已爲士衆等差者猶設奇伏以勝之也）少則能逃（高壁壘勿與敵戰也）不若則能逃之（引兵避之）故小敵之堅大敵之擒也（小不能當大也）

又曰凢治衆如治寡分數是也（部曲爲分什伍爲數也）鬬衆如鬬少形名是也（旌旗曰形金鼓曰名）三軍之衆可使必受敵而無敗者奇正是也（先出合戰爲當後出爲奇也）兵之所加如以碬投卵者虚實是也（以實擊虚也）

又曰故善動敵者形之敵必從之（見羸形也）與之敵必取之以利動之以卒待之（以利害動敵也）故善戰者求之於勢（轉在權也）不責於人故能擇人而任勢（以勢者權變明也）任勢者其戰人也如轉木石木石之性安則静危則動方則止貟則行（任勢自然）故善戰人之勢如轉貟石於萬仞之山者勢也

又曰凢先據戰地而待敵者佚（有餘力也）後據戰地而趍戰者勞故善戰者致人而不致於人能使敵人自至者利之也（誘之以利）能使敵人不得至者害之也（出兵所必趍攻兵所必救）故敵佚能勞之（以利煩之）飽能飢之（絶其粮道）安能動之出其所必趍也（使敵必救）

又曰兵形象水水之行避高而就下兵之形避實而擊虚故水因地而制形兵因敵而制勝故兵無常勢水無常形能與敵變化而取勝者謂之神（勢盛必衰形露必敗能因敵變化勝之若神）故五常無常勝四時無常位日有長短月有死生（兵無常勢盈縮隨敵也）

又曰故不知諸侯之謀者不能豫交（不知敵情謀者不能結交也）不知山林險阻沮澤之形者則不能行軍（高而崇者爲山樹木所聚者爲林坑堆者爲險一高一下爲沮水草漸洳爲沮衆水所歸不流者爲澤也）不用鄉導者不能得地利故兵以詐立以利動以分合爲變者也（兵一分一合以敵爲變）故兵疾如風（擊虚空也）徐如林（不見利也）侵掠如火（疾如火也）不動如山（守山）難知如陰（以天陰不見外宿也）動如雷霆

又曰夜戰多火鼓晝戰多旌旗所以變人之耳目也故三軍可奪氣將軍可奪心（左氏言一鼓作氣再而衰三而竭也）是故朝氣鋭晝氣惰暮氣歸故善用兵者避其鋭氣擊其惰歸此治者也以治待亂以静待譁此治心者也以近待遠以佚待勞以飽待飢此治力者也無邀正正之旗無擊堂堂之陣此治齊人者也（正正高齊堂堂者大）

又曰用兵之法高陵勿向倍兵勿迎丘阪勿迎佯北勿從鋭卒勿攻餌兵勿食歸師勿遏（懷歸故能死戰不可擊也）圍師勿闕（司馬法曰兵三面開其一面示生路也若敵專陸地必空一面以示其虚欲使戰守不周也）此用兵之法也

又曰故善用兵譬如帥然帥然者常山之虵也擊其首則尾至擊其尾則首至擊其中則首尾俱至

又曰踐墨循敵以决戰事（行踐規矩無常者也）是故始如處女敵人開戶後如脫兎敵不及矩（處女示弱兎往也）

吴子曰鼓鞞金鐸所以威耳旌麾旗章所以威目禁令刑罰所以威心三者不立雖有國必散於敵故曰心威於形不可不戰

管子曰夫爲兵之數存乎聚財論工（造軍器）制器（兵器）選士政教（軍中號令）服習（謂使習武藝）徧知天下（謂徧知其地形險易主將二揣士卒勇怯）明於機數此八者皆須故兵未出境而無敵八者悉備然後能正天下

又曰凢民之所以守戰而死而不德其上者（或守或戰雖復至死不懼）（持之以德於上則有數府於其間以至此也）曰古者親戚墳墓之所在也（一變）田宅富厚足也（二變）不然則州黨與宗族足懷樂也（三變）不然則上之教訓習俗慈愛之於民也厚無所往得之也（君之恩厚皆在於人無所他往故得人致死四變）不然則山林澤谷之利足生也（五變）不然則地形險阻易守而難攻也（六變）不然則罰嚴而可畏也賞明而足勸也（七變）不然則有深怨於敵人也（八變）不然則有深

於上也（功厚則祿多故亦自爲戰而不得於君九變）今恃不信之人而求以利用不守之民而欲以固將不戰之卒而幸以勝此兵之三闇也

尉僚子曰凡兵者羊腸亦勝鋸齒亦勝兵重者如山林輕者如燔如炮如漏如潰如堵垣壓人也雲霓覆人也

又曰故兵止如堵牆動如風雨車不結轍士不旋踵此本戰之道也所以養民也

又曰城所以守戰戰所以守城也故務耕者其民不飢務守者其民不危務戰者其地不圍三者先王之本務也而兵最急

兵部二

叙兵下

六韜曰大人之兵如虎如狼如雨如風如雷如霆天下盡驚然後乃成

又曰武王問太公曰欲引兵深入諸侯之地三軍卒有緩急或利或害吾欲以近通遠從中應外急三軍之用謂之何如公曰主將有陰符有大勝得敵之符長一尺有破軍擒敵之符長九寸有降城得邑之符長八寸有却敵執遠之符長七寸有叉兵驚中堅守之符長六寸有請糧食益兵卒之符長五寸有敗軍亡將之符長四寸有卒利亡失之符長三寸諸奉使行符稽留若符事聞符所告者皆誅符者主將所以陰通信語不得漏泄中外之道也王曰善

黄石公記曰將所有爲威者號令也戰所以全勝者軍正也士所以輕戰者用兵也故戰如風發勇如河決衆可望而不可當可下而不可勝也

黄石公三略曰聖王之制兵也非好樂之也將以誅暴也[暴謂亂國賊民]夫以義誅不義決江河漑螢火其尅必也

商君書曰夫民情好爵祿而畏刑罰人君設此二者以御民夫民力盡而名隨之功立而賞隨之君能使其民信此明於日月則兵無敵也

呂氏春秋曰古之聖王有義兵譬之若用良藥治人毒藥殺人義兵爲天下之良藥也

又曰古聖王有義兵而無有偃兵兵所自來者尚矣古始有民凡兵也者威也威也者力也民之有威力性也性者所受於天也非人之所能爲也黄炎固用水火矣[黄帝炎帝]共工固欲作難矣[與高辛氏爭爲帝而亡之也]五帝固相與爭矣

又曰人曰蚩尤作兵蚩尤非作兵利其械也未有蚩尤之時民固剝林木巳戰矣故勝爲長[長帥]長則猶不足以治之故立君君又不足以治之故立天子天子之立也出於君君之立出於長長之立出於爭爭鬭之所自來者久矣不可禁不可止故古之聖王有義兵而無有偃兵也

又曰家無怒笞則豎子嬰兒之有過也立見天下無伐則諸侯之相暴也立見故怒笞不可偃於家刑罰不可偃於國誅伐不可偃於天下有巧有拙而巳矣故古之聖主有義兵而無偃兵夫有以饐死者欲禁天下之食有以乘舟死者欲禁天下之船有以喪國兵者欲偃天下之兵悖夫兵之不可偃也

又曰凡兵天下之凶器也勇天下之凶德也興凶器行凶德不得巳也

又曰人情欲生而惡死欲榮而惡辱死生榮辱之道一則三軍之士可使一心矣凡軍欲其衆也心欲其一也三軍一心則令可使無敵矣故曰其令彊者其敵弱其令信者其敵詘先勝於此則必勝之於彼矣

又曰古之至兵士民未合而威巳諭矣敵巳服矣豈必用旌鼓干戈哉故善諭威者於其未發也於其未通也窅窅乎莫知其情此之謂至威之誠也

又曰凡兵欲急疾捷先欲急疾捷先之道在於知緩徐遲後緩徐遲後急疾捷先之分也急疾捷先所以決義兵之勝也

又曰雖有江河之險則凌之雖有大山之塞則踰之并氣摶精心無有慮[猶預之慮]目無有視耳無有聞壹諸武而巳矣

又曰萬乘之國外之不可以距敵內之不得以守固其民非不可以用也不得所以用之術也不得所以用之術國雖大勢雖便卒雖衆何益也

淮南子曰古之用兵者非利壤土之廣而貪金玉之賂將以存亡繼絶平天下之亂而除萬民之害也

又曰凡有血氣之虫含牙戴角前爪後距有角者觸有齒者齧有蹄者趹喜而相戲怒而相害天之性也人有衣食之情而物弗能足也群居雜處分不均求不贍則爭爭則彊脅弱而勇侵怯人無筋骨之彊爪牙之利故割革而為甲爍鐵而為刃貪昧饕餮之人殘賊天下萬民騷動莫寧其所有聖人勃然而起乃討彊暴平亂世夷險除穢以濁為清以危為寧也

又曰兵之所由來遠黃帝嘗與炎帝戰矣炎帝神農氏之末世也與黃帝

戰於阪泉帝滅之顓頊嘗與共工爭矣共工與顓頊爭為帝觸不周山之折也故黃帝戰於涿鹿之野黃帝與蚩尤戰於涿鹿涿鹿在上谷堯戰於丹水之浦堯以楚伯受命滅不義於丹浦丹浦在南陽舜伐有苗有苗三苗啓攻有扈禹之子伐有扈於甘在右扶風鄠縣也自五帝而不能偃也況衰世乎

又曰夫兵者所以禁暴討亂也炎帝為火災故黃帝禽之共工為水害故顓頊誅之教之以道導之以德而不聽則臨之以威武臨之以威武而不從則制之以兵革故聖人之兵也若櫛騷耨苗所去者少而所利者多也

又曰殺無罪之民而養不義之君害莫大焉殫天下之財而贍一人之欲禍莫深焉所為立君者以禁暴討亂也今集萬民之力而反為殘賊是為虎傅翼曷為不除也

又曰霸王之兵以論慮之以策圖之以義扶之非以亡存也將以存亡也

又曰聞敵國之君有加虐於其民者則舉兵而臨其境責之以不義刺之以過行兵至其郊乃令軍帥曰無伐樹木無抇墳墓無爇五穀爇燒也無焚積聚無捕虜民無收六畜無聚所征國民以為採取無收其六畜以自饒利乃發號施令曰某國之君傲天侮鬼決獄不辜殺戮無罪此天之所誅也民之所仇也兵之來也以廢不義而復有德也有逆天之道率民為賊者身死族滅以家聽者祿以家以里聽者賞以里以鄉聽者封以鄉以縣聽者侯以縣尅國不及其民廢其君而易其政尊其秀士而顯其賢良賑其孤寡恤其貧窮出其囹圄賞其有功百姓開門而待之淅米而儲之淅清唯恐其不來也此湯武之所以致王也而齊桓晉文之所以成霸也

又曰君為無道民之思兵也若旱而望雨也渴而求飲夫何誰與交兵接刃乎故義兵之至也至於不戰而心服也

又曰晚世之兵君雖無道莫不設渠壍堞加守傳守也堞城上女墻也攻者非以禁暴除害也欲以侵地廣壤也故至於伏尸流血相支以日而霸王之功不世出者自為之故也

又曰夫為戰地者不能立其功舉事以自為者衆去之衆之所助雖弱必強衆之所去雖大必亡也

又曰兵失道而弱得道而彊將失道而拙得道而工國得道而存失道而亡所謂道者耻負而法方背陰而抱陽左柔而右剛履幽而觀晹地方而無限故莫能窺其門天育而無形象地生長而無計量渾渾沉沉孰知其藏也

又曰凡物有朕唯道無朕方萬物可朕也而道不可朕也所以無朕者以其常形勢也轉輪而無窮象日月之行若春秋有代謝若日月有晝夜終而復始明而復晦莫能得其紀制形而無形故功可成矣物而不物故勝不屈形兵之極也至於無

形可謂之極矣
又曰大兵無創與鬼神通五兵不厲天下莫敢之當建鼓不出庫諸侯莫不慴慄沮膽故廟戰者帝神化者王所謂廟戰者法天道也神化者法四時也脩政於境內而遠方慕其德制勝於未戰而諸侯服其威也
又曰民誠從令雖少無畏民不從令雖衆爲寡故下不親上下心不用卒不畏將其形不戰守有必固而攻有必勝不待交兵接刃而存亡機固已形矣
又曰兵有三勢有二鈐有氣勢有地勢有因勢將充勇而輕敵卒果敢而樂戰三軍之衆百萬之師志厲青雲氣如飄風聲如雷電誠積踰而威加敵人此謂氣勢狹路關津大山名塞龍蛇蟠蟠究居也却笠居却偃覆也笠叠也羊腸道羊腸一屈一伸魚笱門竹笱所以捕魚其門可入而不得出也一人守險而千人不敢過此

謂地勢因其勞倦怠亂飢渴凍暍推其揺揺擠其揭揭此謂因勢間諜間諜反間也軍之審錯覘慮設蔚施伏草木盛日蔚隱遁其形出於不意使敵人之兵無所適備此謂知鈐陣卒正前行選進退俱什伍搏前後不相蹑踐蹀蹈也左右不相干受刃者少傷敵者衆此謂事鈐鈐勢必形吏卒慱精選良用才官得其人計定謀决明於死生舉錯得時莫不振驚故攻不待衝隆雲梯而城拔雲梯可依雲而立所以瞰敵之城中也戰不至交兵接刃而敵破明於必勝之數也
又曰夫飛鳥之鷙鳥也俛其首猛獸之攫也匿其瓜虎豹不外其牙噬犬不見其齒故用兵之道示之以柔而迎之以剛迎逆敵家示之以弱而乘之以彊爲之欲歙應之以張歙弱張彊也歙讀如脅將欲西如示之以東也
又曰神莫貴於天勢莫便於地動莫急於時用莫利於人和此四者兵之幹植也然待道而後行可一用也
又曰古之兵弓劒而已矣糟柔無鑿脩戟無刺糟柔木也無鑿無鐵刃也刺鋒也糟讀如曹晚世之兵隆衝以攻渠幨以守隆高也衝所以臨敵城衝突壞之渠壍也一日渠甲名幨憾所以御也連弩以射銷車以闕車弓弩通一弦以牛挽之以刃着左右爲機開發
又曰古之伐國不殺黃口不獲二毛黃口幼少也二毛有白髮於古爲義於今爲笑古之所以爲治者今之所以爲亂也
又曰夫神農伏羲不施賞罰而民不爲非然而位政者不能廢法而治民不能及神農伏羲也舜執干戚而服有苗然而征伐者不能擇甲兵而制彊暴不能及舜也由此觀之法度者所以論民俗而節緩急也
桓範世要論曰太古之初民始有知則分爭分爭羣羣則智者爲之君長君長立則興兵所從來久矣雖聖帝明王

弗能廢也但用之以道耳故黃帝戰於阪泉堯伐驩兜舜征有苗夏禹殷湯周之文武皆用師克伐以取天下焉
又曰聖人之用兵也將以利物不以害物也將以救亡非以危存也故不得已而用之也以爲戰者危事兵者凶器不欲令好用之故制法遺後命將出師雖勝敵而反循以喪禮處之明弗樂也故曰好戰者亡忘戰者危不好不忘天下之王也
又曰夫兵之要在於修政修政之要在於得民心得民心在於利之也要仁以受之義以理之故六馬不和造父不能以致遠民且不附湯武不能以立功故兵之要在得衆得衆者善政之謂也善政者恤民之患除民之害故政善於內則兵彊於外也
杜恕論曰天生五材民並用之廢一不可誰能去兵故兵

之來也久矣所以威不軌而昭文德所以討彊暴而除殘賊也聖人以興亂人以廢廢興存亡皆兵之由也昔五帝不能偃況衰世乎

又曰濫殺無辜之民以養不義之君非兵之體也殫天下之財以贍一人之求非兵之體也怙其兵甲之器矜其變詐之謀欲以立威成名非兵之體也虜其君肆其臣遷其社易其民非兵之體也故夫霸王之用兵也始之以義終之以仁將以存亡非以亡存也將以禁暴非以爲暴也

又曰兵之來也以除不義而授德克其國不傷其民廢其君而不易其政尊其俊秀顯其賢良賑其孤寡恤其窮困百姓聞之欣然簞食壺漿以迎其君奚之遲也以湯武之師用兵上也誰與交鋒而接刃哉

又曰所謂善用兵者先弱敵而後戰者也若乃征之以義以責其過振之以武以威其淫懷之以德以誓其民置之以仁以救其危此四者用兵之體所謂因民之欲乘民之力也

又曰治國家理境內施仁義布德惠明勸賞黜幽昧功臣附親士卒和輯上下一心君臣同德指麾而響應此上兵之體也地廣民衆主賢將能國富賞罰信未至交兵而敵人亡道此次兵之體也知地之形因險阨之利明奇正之變審進退之宜援枹而鼓之黃塵四起乃以決勝此用兵之下非兵之體也

又曰夫德義足以懷天下之民事業足以當天下之急選舉足以得賢才之用則兵之所加若勁風振槁此兵之體也

鹽鐵論曰兵者凶器也甲堅兵利爲天下殃其毋制子故

能久長聖人法之厭而不傷

蔣子萬機論曰夫虎之爲獸水牛之爲畜殆似兵矣夫虎爪牙既鋒膽力無伍至於即豕也卑俯而下之必有扼喉之獲夫水牛不便速角又喬踈然處郊之野朋遊屯行部隊相伍及其寢宿因陣反禦若見兕虎抵角牛全兕害矣若用兵恃彊必鑒於虎居弱必誡水牛可謂攻取屠城而守必能全者矣

劉向新序曰上古之時其民朴故三皇教而不誅無師而威故善爲國者不師三皇之德也至於五帝有師旅之備而無用故善師者不陣五帝之謂也湯伐桀文王伐崇武王伐紂皆陣而不戰故善陣者不戰三王之謂也及夏后之伐有扈殷高宗討鬼方周宣王之征熏鬻而不血刃皆仁聖之惠時化之風也至齊桓侵蔡而蔡潰伐楚而楚服而彊楚以致苞茅之貢於周室北伐山戎使奉朝覲三存亡一繼絶九合諸侯一匡天下衣裳之會十有一嘗有大戰亦不血刃至晉文公設虎皮之威陳曳柴之僞以破楚師而安中國故曰善戰者不死晉文公之謂也楚昭王遭闔閭之禍國滅昭王出亡父老迎而笑之昭王曰寡人不仁不能守社稷父老反笑何無憂寡人且從此入海矣父老曰有君若此其賢也及申包胥請救哭秦庭七日秦君憐而救之秦楚同心遂走吳師昭王反國故善死者不亡昭王之謂也是故自晉文公已下至戰國而暴兵始衆於是以彊并弱以大吞小故彊國務攻弱國備守合從連衡群相攻伐故戰則稱孫吳守則稱墨翟至秦而以兵并天下窮兵極武而亡及項羽尚暴而滅漢以寬仁而興故能掃除秦之苛暴矣孝武皇帝攘服四夷其後天下安然

故世之爲兵者其行事略可觀也

又曰樂毅以弱燕破彊齊七十餘城者齊無法故也孫武以三萬破楚二十萬者楚無法故也韓信以寡衆破趙萬者趙無法故也近者曹操以八千破袁紹五萬者袁無法故也此五子能以少尅多者軍有法故也故用兵無法猶乘舟無檝登馬而不勒是以良將思計如飢存法如渴所以戰必勝攻必拔也

陳琳書曰王者之師有征無戰

衛公兵法曰𡸣阪高陵谿谷險難則用步卒平原廣衍草淺地堅則用車追奔逐北乘虛獵散反覆百里則用騎故步爲腹心車爲羽翼騎爲耳目三者相待參合㐌行

太平御覽卷第二百七十一

兵部三

將帥上

開元文字曰將率也

春秋元命包曰上天一星爲郎將

左傳曰楚子及諸侯圍宋宋公孫固如晉告急(公孫固宋莊公孫)先軫曰報施救患取威定霸於是乎在矣(先軫下軍之佐原軫也報宋贈馬之施也)狐偃曰楚始得曹而新婚於衛若伐曹衛楚必救之則齊宋免矣(前年楚使申叔戍穀以逼齊)於是乎蒐于被廬(晉常以蒐禮改政令敬其始也被廬晉地)作三軍(閔元年晉獻公作三軍令復大國之禮)謀元帥(中軍帥)趙衰曰郤縠可臣亟聞其言矣說禮樂而敦詩書詩書義之府也禮樂德之則也德義利之本也夏書曰賦納以言明試以功車服以庸(尚書虞夏書也賦納以言觀其志也明試以功考其事也車服以庸報其勞也賦猶取也庸功也)君其試之乃使郤縠將中軍郤溱佐之使狐偃將上軍讓于狐毛而佐之(毛狐偃之兄)命趙衰爲卿讓於欒枝先軫(欒枝貞子也欒賓之孫)使欒枝將下軍先軫佐之荀林父御戎魏犨爲右(荀林父中行桓子)

公羊傳曰君將使射姑將陽處父諫曰射姑民衆不說不可使將於是廢將

戰國策曰秦與趙兵相距長平趙孝成王使趙奢之子將藺相如曰王以名使括若膠柱而鼓瑟耳此子徒能讀其父奢書傳而不知合變也趙王不聽奢子括少時學兵法言兵事以天下莫能當嘗與其父言兵事奢不能難然不謂之善其母問其故奢曰兵死地也而乃易言之趙若以爲將破軍者必是兒及是其母上書具言不可曰始妾事其父時爲將大王及宗室所賞者盡以與軍吏士大夫受命之日不問家事今此兒爲將東向而朝軍吏無敢仰視之者王所賜金帛歸藏家而日視便利田宅買之王以爲如其父父子異心願王毋遣王曰吾已決矣其母因曰即有如不稱妾得無隨罪乎王許之諾遂與秦軍戰死軍敗數十萬降秦秦悉坑之

國語曰公使趙衰爲卿辭曰欒枝貞慎(枝晉大夫欒共子之子也)先軫有謀胥臣多聞皆可以爲輔臣弗若也乃使欒枝將下軍先軫佐之取五鹿先軫之謀也(五鹿衛地)郤縠使先軫代之(從下軍之佐超將中軍傳曰尚德也代先軫之)胥臣佐下軍

又曰公使原季爲卿(原季趙衰也文公二年爲原大夫卿次卿)辭曰夫三德者偃之出也(偃狐偃三德謂勸文公納襄王以示民義伐原以示民信大蒐以示民禮故以三德紀民三德紀之語在下)以德紀民其章大矣不可廢也(章著也)使狐偃爲卿辭曰毛之智賢於臣其齒又長(毛偃之兄也)毛也不在位不敢聞命乃使狐毛將上軍狐偃佐之(尚上也傳曰使狐偃將上軍讓于狐毛而佐之是也)狐毛卒使趙衰代之(虞唐云代將新軍昭謂代將上軍)辭曰城濮之役先且居之佐軍也善(先且居先軫之子蒲城伯復受霍爲霍伯也)軍伐有賞(伐功也)善君有賞能其官有賞且居有三賞不可廢也且臣之倫箕鄭胥嬰先都在(倫疋三子晉大夫)乃使先且居將上軍(代狐毛也)公曰趙衰三讓(三使爲卿三讓之進欒枝等八人)其所讓皆社稷之衛也廢讓是廢德也以趙衰之故蒐于清源作五軍(清源晉地晉本三軍有中軍上下今有五益新上下)使趙衰將新上軍箕鄭佐之胥嬰將新下軍先都佐之子犯卒蒲城伯請佐(蒲城伯先且居)公曰夫趙衰三讓不失義(義宜也)讓推賢也義廣德也德賢至有何患矣請令衰也從子(從先且居)乃使趙衰佐新上軍(此有新字誤也趙衰從新上軍之將進佐上軍爲外一等新上軍之將位在上軍佐之下此章或在狐毛卒上非也當左下)

史記孟嘗君傳曰文聞將門必有將相門必有相

又項羽本紀曰項氏世世爲楚將封於項故姓項氏
又曰章邯已破項梁軍則以爲楚兵不足憂乃渡河擊趙
大破之當此之時趙歇爲王陳餘爲將張耳爲相
又曰魏文侯問曰吳起何如人李克曰起貪而好色然其
用兵司馬穰苴弗能過也於是魏文侯以爲將擊秦拔五
城
又王翦傳曰或曰王離秦之名將也今將彊秦之兵攻新
造之趙舉之必矣客曰不然夫將三世者必敗何以其殺
伐多矣其後受其不祥
又淮陰侯傳曰韓信曰陛下非能將兵而善將將此迺信
之所以爲陛下禽也
漢書韓信傳曰漢王使酈生往說魏王豹不聽乃以信爲
左丞相擊魏信問酈生魏得毋用周叔爲大將乎曰柏直

也信曰豎子耳遂進擊魏
又陸賈傳曰賈謂陳平曰天下安注意相天下危注意將
將相和則士豫附士豫附天下雖有變則權不分爲社稷
計在兩君掌握耳
又齊王傳曰祝午紿琅邪王曰呂氏爲亂齊王發兵欲西
誅之齊王自以兒子年少不習兵革之事願擧國委大王
大王自高帝將也言高帝之時爲將也
又高紀曰帝置酒雒陽南宮曰通侯諸將毋敢隱朕
後漢書虞詡傳曰李脩曰關西出將關東出相觀其習兵
壯勇實過餘州
又曰大將曹公每攻城破邑得靡麗之物則悉以賜有功
者若勳勞宜賞則不恡萬金無功與施分毫不與
魏志曰太祖旣破張繡東擒呂布定徐州遂與袁紹相距

孔融謂荀彧曰紹地廣兵彊田豐許攸智計之士爲之謀
審配逢紀盡忠之臣也任其事顏良文醜勇冠三軍統其
兵殆難剋乎彧曰顏良文醜匹夫之勇可一戰而擒
又曰太祖征荊南劉備奔吳論者以爲權必殺備程昱料
之曰孫權新立未爲海內所憚曹公無敵於天下初擧荊
州不能獨當劉備英名關羽張飛皆萬人敵權必資之禦
我難解勢分備資以成又可得而殺也權果多與備兵以
禦太祖
晉書曰王導字茂弘光祿大夫覽之孫也父裁鎮軍司馬
導少有風鑒識量清遠年十四陳留高士張公見而奇之
謂其從兄敦曰此兒容貌志氣將相之器也
又張華傳曰今之所要在軍師然議者擧將多推宿舊
又慕容德載記曰昔韓信以裨將伐齊有征無戰耿弇以

偏軍討張涉剋不移朔
後周書曰王勱性忠果有才幹年七十從太祖入關及太
祖平秦隴定關中勱常侍從太祖嘗謂之曰爲將坐見成
敗者上也被堅執銳者次也勱曰意欲兼之太祖大笑
隋書曰煬帝之在東宮嘗謂弼曰楊素韓擒虎史万歲三
人俱稱良將其間優劣何如弼曰楊素是猛將非謀將韓
擒虎是鬭將非領將史万歲是騎將非大將太子曰然則
大將誰也弼拜曰唯殿下所擇弼意自許爲大將弼賀若弼
唐書曰太宗嘗論將帥謂左右曰當今名將唯李勣任城
王道宗薛万徹三人而已李勣道宗不能大勝亦不大敗
万徹非大勝即大破
又曰太宗與長孫無忌薛万徹等宴於丹霄殿各賜膜皮
而悞呼万徹爲万均因愴然曰万均朕之勳舊不幸早亡

不覺呼名豈其魂靈欲朕之賜也因取膜皮呼万均以同賜而焚之於前侍坐者無不感泣潞公薛万均万徹兄也國初立大功故太宗思之

又曰賈言忠乾封中爲侍御史時朝廷有事遼東言忠奉使往支軍糧及還高宗問以軍事言忠盡其山川地勢具陳遼東可平之狀高宗大悅又問諸將優劣言忠曰李勣先朝舊臣聖鑒所悉龐同善雖非鬬將而持軍嚴整薛仁貴勇冠三軍名可振敵高偘儉素自處忠果有謀契苾何力沉毅持重有統御之才然頗有忌前之癖諸將夙夜小心忘身憂國莫逮於李勣者高宗深然之

又曰裴度使蔡州行營宣諭諸軍既還帝問諸將之才度曰臣觀李光顔見義能勇終有所成不數日光顔奏大破賊軍於時曲帝尤歎度之知人

又曰朱滔効順代宗臨軒勞問既而曰卿自謂才孰與泚多滔曰各有長短統御士衆方略明辯臣不及泚臣年二十八獲謁龍顔泚長臣五歲未朝鳳闕泚不及臣代宗愈喜

古司馬兵法曰上貴不伐之士上之器也苟不伐則無求無求則不爭國中之聽必得其情軍旅之聽必得其宜此貴不伐之士也不伐之士治國必得其實在軍必得其宜故先貴而用之從命爲士上賞犯命爲士上戮故其勇力不相犯既致教其民然後謹選而使之事極脩則百官給矣教極省則人興良矣

又曰凡戰則與衆分善將雖有獨見之知戰勝不自取功常推與下分者也選良先無功者勇猛勁士戰不得功後選爲前當以激致其銳氣也若使不勝使過在已戰有失利當爲吏士引其過咎今無懟惧使復可使

又曰上同無獲將智與衆同等不能自用又不能用人隨衆取同故無功也上專不死將無明智耻求賢問智自專事爲衆所弊故戰多死也上生多疑將無義心苟求全免害避難則士多疑者也上死不勝將無善略苟以死當敵故不勝也凡民死愛死怒死威死義死利視下如子則民生愛志意激揚則民忿怒使民以禮征伐以義則民死威賞賜分明則民死義賞爵重則民死利

孫子曰將者智信仁勇嚴也故知兵之術人之司命國家安民之主也將者國輔輔周國必彊將周密謀不泄也輔隙則國必弱

又曰故君之所以患於軍者三三者何也曰不知軍之不可進而謂之進不知軍之不可退而謂之退是謂縻軍縻御不知軍中之事而同軍中之政則軍士惑也不知三軍之任權而欲同三軍之任則軍事覆疑不得其人也三軍既惑既疑則諸侯之難至矣是謂亂軍而引勝引奪也故知勝者五知可以戰與不可以戰者勝識衆寡之用者勝上下欲同者勝以虞待不虞者勝將能君不御者勝司馬法曰進退唯時無白寡人

此五者知勝之道此上五事故曰知彼知己百戰不殆不知彼而知己一勝一負不知彼不知己每戰必殆

又曰凡用兵之法將受命於君合軍聚衆圮地無舍無所依也衢地交合結諸侯也絶地無留無久止也圍地則謀發奇兵也死地則戰塗有所不由阨難之地所不當從也軍有所不擊軍雖可擊以地險難不留之失前利若得之又利薄城有所不攻城小固糧饒不可攻也地有所不爭皆與上同條所以置華費而深入徐州拔十四縣君命有所不受苟便於事不拘於君命也故將通於九變之利者則知用兵矣九事之變將不通於九變之利雖知地形不能得地之利矣

又曰治人不知五變雖知五利不能得人用之矣下五事也是故智者之慮必雜於害在利思害在害思利雜於利而務可信計敵不能依五地爲我害信務爲可信也雜於害而患可解并計於害雖有患可解也害中雜利陷之死地而後生也趣之以利令自來也故用兵之法無恃其不來恃吾有以

待之(安不忘危常備之也)無恃其不攻吾也恃吾不可攻故將有五
危必死可殺(勇無疑也)必生可虜(見利不進將怯勇必生之意上下猶豫可急而取也)忿
速可侮(忿疾之人可忿怒侮而致也)廉潔可辱(廉潔之人可汚辱而致必來戰)愛人而
煩(出必所走愛人者必倍道兼行救之則煩勞也)凡此五者將之過用兵之災覆
軍殺將必以五危不可不察也

又曰吏彊卒弱曰陷(吏彊欲進卒弱輙陷敗也)大吏怒而不服遇敵懟
而自戰將不知其能曰崩(大吏小將也大將怒之不厭服忿而赴敵不量輕重則必崩壞也)
將弱而嚴教道不明吏卒無常陣兵縱橫曰亂(爲將若此亂之道也)
將不能料敵以少合衆以弱擊彊兵無選鋒曰北(兵勢若是必走也)
凡此六者勝敗之道將之至任也

又曰明主慮之良將修之非利不起非得不用非危不戰
(不得已而用兵)主不可以怒而興軍將不可以慍而合戰合於利
而用不合於利而止(不得以喜怒而用兵)怒不可復喜慍不可復悅
亡國不可復存死者不可復生故曰明主慮之良將警之

此安國之道也

吳子曰人有三不和不和於國不可以出軍不和於軍不
可以出陣不和於陣不可以進戰

又云將之所愼者五一曰理二曰備三曰果四曰戒五曰
約戒者雖尅如始戰○孔叢子曰子思居衛言苟變於衛
君曰其才可將五百乘君任軍旅率得此人則無敵於天
下矣衛君曰吾知其才可將變也甞爲吏賦於民而食人
三雞子以故弗用也子思曰夫聖人官人猶大匠之用木
也取長棄短故村連抱而有數尺朽者良工不棄以其所
妨者細也卒成不訾之器今君處戰國之世選爪牙之士
以三卵焉弃扞城之將此不可使聞于隣國也衛君再拜
曰謹受詔矣

太平御覽卷第二百七十二

太平御覽卷第二百七十三

兵部四

將帥

呂氏春秋曰管子言於桓公曰墾田大邑辟土生粟盡地之利臣不若甯遬遬乃蹙也請置以爲大田登降辭讓進退閑習臣不若隰朋請置以爲大行蚤入晏出犯顏進諫以忠不避死亡不重貴富臣不若東郭牙請置以爲大諫平原廣城車不結轍士不旋踵鼓之而三軍之士視死如歸臣不若王子城父請置以爲大司馬决獄折中不殺不辜不誣無罪臣不若弦章章賓胥無請置以爲大理君若欲理國彊兵則五子者足矣君若欲霸王則夷吾在此桓公善令五子皆任其事以受於管子十年九合諸侯一匡天下管子人臣也用不能長之而盡以五子之能又況於人主乎

淮南子曰中將上不知天道下不知地利專用人與勢雖未能萬全勝鈐必多矣下將之用兵也愽聞而自亂多知而自疑居則恐懼發則猶豫是以動爲人禽矣今使兩人接刃巧拙不異而勇士必勝者何也其行之誠也

又曰鼓不與於五音而爲五音主水不與於五味而爲五味調將軍不與五官之事而爲五官督故能調五音者不與五音也能調五味者不與五味者也是故將軍之心滔滔如春曠曠如夏湫漻如秋典凝如冬典常凝正也常正於冬也因刑而與之化隨時而與之移夫景不爲曲物直響不爲清音濁觀彼之所以來各以其勝應之是故扶義而動推理而行掩節斷割掩覆也覆其節制斷割之也因資而成功使彼知吾所出而不知吾所入知吾所舉而不知吾所集始如狐狸彼故輕來合如兕虎敵故奔走也

又曰將者必有三隧四義五行一守所謂三隧者上知天道下習地形中察人情九此三事者人所從催隧所謂四義者便國不負兵爲主不顧身見難不畏死决疑不辟罪所謂五行者柔而不可卷也剛而不可折也仁而不可犯也信而不可欺也勇而不可枝也所謂一守者神清而不可濁也謀遠而不可慕也操固而不可遷也知明而不可蔽也不貪於貨不淫於物不濫於辯不推於名不可喜也不可怒也是謂至於窈窈冥冥孰知其情發必中詮言必合數動必順時解必中揍揍理通動靜之機明開塞之節審舉錯之利害若合符節疾如彍弩勢如發矢一龍一蛇動無常體莫見其所中莫知其所窮攻則不可守守則不可攻也

抱朴子曰良將去如收電可見不可追留如丘山可瞻不可動

又曰大將民之司命社稷存亡於是乎在

六韜曰武王問太公曰王者帥師必有股肱羽翼以成威神爲之柰何公曰凡舉兵帥師以將爲命在其通達不在一術也

又曰武王問太公曰論將之道柰何太公曰將有五才十過五才者勇智仁信必也勇則不可犯智則不可亂仁則愛於人信則不欺人必則無二心所謂十過者將有勇而輕死者有急而心速者有貪而喜利者有仁而不忍於人者有智而心怯者有信而喜信人者有廉而不愛人者有智而心緩者有剛毅而自用者有懦而喜用人者是故兵者國之大器存亡之所由也

又曰太公曰夜卧早起雖劇不悔妻子之將也長賓希言賦物平均十人之將也敷行刑戮不避親戚百人之將也

訟辯好勝欲正一衆千人之將也知人飢飽念人劇易萬
人之將也戰戰慄慄日愼一日十萬人之將也見賢進之
行法不枉百萬人之將也知天文悉地理四海如妻子此
天師之主也
又曰爲將冬日不衣裘夏日不操扇天雨不張蓋
又曰武王曰吾欲令三軍親其將如父母攻城則爭先登
野戰則爭先赴聞金聲則怒聞鼓聲則喜爲之柰何太公
曰出隘塞犯泥塗將必先下步士卒皆定將乃就舍軍未
舉火將亦不食
三略曰軍井未達將不言渴軍竈未炊將不言飢軍幕未
辦時不言倦冬不服裘夏不操扇是謂禮也
諸葛亮兵要曰人之忠也猶魚之有淵魚失水則死人失
忠則凶故良將守之志立而揚名

又曰不愛尺璧而愛寸陰者時難遭而易失也故良將之
趍時也衣不解帶履不遺躡
又曰貴之而不驕委之而不專扶之而不隱免之而不懼
故良將之動也猶璧之不汚
又曰良將之爲政也使人擇之不自舉使法量功不自度
故能者不可蔽不能者不可飾妄譽者不能進也
桓範要集曰夫事之安危實在於將故曰將不知兵以其
主與敵主不擇將以其國與敵也然擇將者不務求其策
而反先索其勇不取之於威嚴而用之於歡緩此所謂棄
本而要其末也
又曰昔覇王之戰策貴廟勝故曰上兵伐謀而戰勝也吳
起臨陣推劒不持項羽初學劒後貴兵略此勇難獨用況
無勇乎

又曰太公誓師後至斬故太執桴鼓立軍門有不可犯之
色也嚴故能行其法威故能著其恩也
又曰今之擇將宜參准往古數詭於常時之法得其狀
而責任之所謂坐車上而御騏驥不勞而致千里者也
又曰古之論將者言長於計策而課以料敵言善於治軍
則考以事政勇於奮擊則責以戰鬬若無此三者則不委
之以境外之任付之以安危之事
蔣子萬機論曰知兵之將國之行主民之司命古者重之
後世無逮焉呂望雖知孫武雖曉樂毅雖賢白起雖武夫
齊之朽骨吳之糜骸燕之消骼秦之腐肉豈可餔其糟粕
復得生而使之哉固當出我民之最擇其知勇之長者用
其術略也
又曰雖有百萬之師臨時吞敵在將也

吳子曰凡人之論將恒觀之於勇勇之於將乃萬分之一
耳故六韜曰將不仁則三軍不親將不勇則三軍不爲動
孫子曰將者勇智仁信
又曰三軍之衆百萬之師張設輕重在於一人謂之氣機
道陿路險名山大塞十人所守千人不過是謂地機善行
間諜分散其衆使君臣相怨是謂事機車堅舟利士馬閑
習是謂力機此所謂四機者也
又曰夫將可樂而不可憂謀可深而不可疑將憂則內疑
（將有憂色則內外相疑不相信也）
謀疑則敵國奮（多疑則計亂亂則令敵國奮也）以此征
伐則可致亂故將能清淨（應財曰清不擾曰靜）能平能整能受諫能
聽訟能納人（受賢於羣英之中若吳納范蠡齊納甯戚之類也）能采善言能知國
俗能圖山川能裁阨難（險難阨皆悉明也）能制軍權危者安之懼
者懽之叛者還之（將有不合去者慰諭還之若蕭何追韓信）冤者原之訴者察

之卑者貴之(士卒若卑賤者貴之昔吴起不與士卒同衣食是也)彊者抑之敵者殘之(卑中有賤而敵貴者乱上下之礼残殺之)貪者豐之(懸賞以豐其心所以使貪)欲者使之(臨敵將戰有欲立功名有欲利敵人者皆許而使之所謂使勇使貪)畏者隱之(士卒有所畏懼者隱蔽於後勿使爲軍鋒軍敗由鋒怯)謀者近之讒者覆之(有讒鬭之覆信之)毀者復之(官職有毀廢者則修而復之)反者廢之橫者挫之服者活之(首服罪者活之)降者說之(說舍)獲城者割之(賞功目也)獲地者裂之(賜功勞者)獲國者守之(得其國必封賢以守之昔吴伐越得而不守所以終敗也)獲阨塞之獲難屯之獲財散之敵動伺之敵彊下之(敵陣彊則下之與戰若齊師伐曹曹鼓之曹劌不動三鼓破齊也)敵凌假之(敵之威勢凌我而來宜持重以待之勿與戰楚凌漢求戰一決漢祖知弱不許之是也)敵暴安之(敵人爲暴虐之行則安之勸之所以怒我衆也昔燕伐齊田單不下燕師掘齊人冢墓田單安勸之是也)敵勃義之(敵爲勃乱之事則我脩義以待之彼勃我義故赴之)敵睦携之順舉挫之(舉順以挫逆也)因勢破之放言過之(放過惡言以誣詐敵人以怒己衆也)此爲將之道也

又曰故將拒諫則英雄散策不從則謀士叛善惡同則功臣倦(賞罰不明善惡無異則有功之臣皆懈倦也)將專己則下歸咎(專己自任不與下謀衆皆歸罪於將而責之)將自臧則下少功(臧善也將自伐勳忘下自用者故曰少功也)將受讒則下有離心將貪財則姦不禁(上貪則下盗也)將内顧則士卒淫(内顧思妻妾也)將有一則衆不服有二則軍無試(試法也)有三則軍乖背有四則禍及國

又曰軍誌曰將謀欲密士衆欲一(將衆如一躰也)攻敵欲疾將謀密則姦心閉士衆一則群心結(結如一也)攻敵疾則詐不及設軍有此三者則計不奪將謀泄則軍無勢以外窺内則禍不制(窺見也謀泄則外見己情虚實其禍不可制也)財入營則衆姦會(凡爲軍使外人以財貨入營内則姦謀奄集其中也)將有此三者軍必敗也

又曰將無慮則謀士去(將無防慮不能從謀故去之)將無勇則吏士恐(將怯則下無所恃故恐也)將遷怒則軍士懼慮也謀也將之所重勇也怒也將之所用意故曰必死可殺也必生可虜也忿速可侮也廉潔可辱也愛人可煩也此五者將兵之過用兵之災也

又曰凡戰之要先占其將而察其才因刑用權則不勞而功興也其將愚而信人可謀而詐貪而忽名可貨而賂輕變可勞而困上富而驕下貧而怨可離而間將怠士懈可潛而襲智而心緩者可迫也勇而輕死者可暴也急而心速者可誘也貪而喜利者可襲也可遺也仁而不忍於人者可勞也智而心緩者可驚也信而喜信於人者可誑也廉潔而不愛人者可侮也剛毅而自用者可事也懦心喜用於人者可使人欺也此皆用兵之要爲將之略也

何晏韓白論曰此兩將者殆蚩尤之敵蓋開闢所希有也何者爲勝也或曰白起功多前史以爲出奇無窮欲闚滄海白起爲勝若夫韓信斷幡以覆軍拔旗以流血其以取勝非復人力也亦可謂奇之又奇者哉白起之破趙軍詐奔而斷其粮道取勝之比皆此類也所謂可奇於不奇之間矣安得比其奇之又奇者哉

班叔皮王命論曰是時陵爲漢將而毋獲於楚

任彦昇奏彈曹景宗曰賞茂通侯榮高列將

潘安仁西征賦曰蕭曹魏丙之相辛李衛霍之將銜使則蘇屬國震遠則張博望(屬國蘇武博望張騫)

范曄二十八將傳論曰中興二十八將前世以爲上應二十八宿未之詳也然咸能感會風雲奮其知勇議者多非光武不以功臣任職至使英姿茂績委而勿用然原夫良圖遠筭固將有以爲尒若乃王道既晦降及霸德猶能授惟庸勳賢兼序如管隰之迭升桓世先趙之同列文朝

可謂兼通矣降自秦漢世資戰力至於翼扶王運皆武人崛起亦有鬻繒盜狗輕猾之徒或崇以連城之賞或任以阿衡之地故勢疑則隙生力侔則亂起蕭樊且猶縲紲信越終見葅戮不其然乎自茲以降訖于孝武宰輔五世莫非公侯遂使搢紳道塞賢能蔽權故光武鑒前事之違存矯枉之志雖寇鄧之高勳耿賈之鴻烈分土不過大縣數四所加特進朝請而已觀其治乎臨政課職責咎將所謂導之以法齊之以刑者乎永寧年中顯宗追感前世功臣乃圖畫二十八將於南宮雲臺其外又有王常李通竇融卓茂合三十二人故依其大第係之篇末

太平御覽卷第二百七十三

太平御覽卷第二百七十四

兵部五

命將　易將　老將

命將

禮記曰諸侯賜弓矢然後專征賜斧鉞然後專殺

史記留侯世家曰黥布反上欲使太子往擊之四人相謂曰九來者將以存太子太子將兵事危矣迺說建成侯曰君何不急請呂后承閒爲上泣言黥布天下猛將也善用兵今諸將皆陛下故等夷迺令太子將無異使羊將狼也

又馮唐曰上古王者遣將也跪而推轂曰閫以内寡人制之閫以外將軍制之

又淮陰侯傳曰信數與蕭何曰信雖爲將信必不留漢王

曰以爲大將何曰幸甚

漢書曰蕭何追韓信還漢王曰以爲大將何曰王素慢無禮今拜大將如召小兒此乃信所以去也王必欲拜之宜擇日齋戒設壇場具禮乃可王許之諸將皆喜人人各自以爲得大將至拜乃韓信也一軍皆驚

後漢書陳龜傳曰臣聞三辰不軌擢士爲相蠻夷不恭拔卒爲將

摯虞新禮曰漢魏故事遣將出征符節郎授鉞於朝堂新禮遣將御臨軒尚書授節鉞古兵書跪而推轂之義也

崔豹古今輿服注曰得賜黃鉞則斬持節將

淮南子曰九國有難君自宮召將詔之曰社稷之命在將軍耳今國有難請子將而應之將軍受命乃令祝史太卜齊宿三日之太廟鑽靈龜卜吉日以受鼓旗君入廟門西面而立將入廟門北面而立主親操鉞持頭授將軍柄曰從此上至天者將軍制之又復操斧持頭授將軍柄曰從此下至淵者將軍制之將以授斧鉞荅曰國不可從外治也軍不可從中御也二心不可以事君疑志不可以應敵臣既以受制於前矣鼓旗斧鉞之威臣無還願君亦無垂一言之命於臣也君若不許臣不敢將君若許之詞而行乃剪爪（前長鬋爪送終之禮去其手足爪也）設明衣（明衣喪衣也在於闇寘故言明）鑿凶門而出（凶門北出門也將軍之出以喪禮樂之以必死也）乘將軍車載旌旗斧鉞其臨敵決戰不顧必死無有二心是故無天於上無地於下無敵於前無主於後進不求名退不避罪唯民是保利合於主上將之道也如此則智者爲之慮勇者爲之鬬氣厲青雲疾如馳騖是故兵未交接而敵人恐懼若戰勝敵奔賞吏遷官顧反於國劾旗以入乃縞素辟舍請罪於君君曰赦之大勝三年反舍（大勝敵者還三年乃反故舍）中勝二年不勝

期年兵之所加者必無道之國也故能戰勝而不報取地而不反民不疾疫將不夭死五穀豐風雨時節戰勝於外福生於內是故名必成而後無餘害矣

任彥昇奏彈曹景宗曰昔漢光命將坐知千里魏武置法案以從事

陳孔璋檄吳將校部曲文曰朝爲仇虜夕爲上將

馮衍與田邑書曰今以一節之任建三軍之威豈特寵其八尺之竹氂牛之尾也

易將

史記曰秦師伐趙王使廉頗禦之頗固壁不戰趙王惑秦之間以趙奢之子代頗趙師大敗

後漢書曰光武遣馮異代鄧禹車駕送之河南賜以乘輿七尺具劒（具謂以寶玉裝飾之東觀記作玉具劒）

晉書曰石苞爲淮北監軍王琛所奏與吳人交通先時望氣者云東南有大兵起及琛表至帝甚疑之會荊州刺史胡烈表吳人欲大出爲寇苞亦聞吳師將入至乃築壘遏水以自固帝聞之謂羊祜曰吳人每來常東西相應豈石苞果有不順乎祜深明之而帝猶疑焉命苞子喬爲尚書郎上召之經日不至帝謂爲必叛欲封而隱其事遂下詔以苞不料賊勢築壘遏水勞擾百姓策免其官遣太尉義陽王望率其大軍徵之以備非常又勑鎮東將軍琅邪王伷自下邳會壽春苞用掾孫鑠計放兵步出住都亭待罪帝聞之意解及苞詣闕以公還第苞自耻受任無効而無怨色

又曰鎮南將軍杜元凱都督荊州諸軍事襲吳西陵督張政（西陵今夷陵郡）大破之政吳之名將據要害之地耻無備取敗不以實聞于孫皓元凱欲間吳邊將乃請還其所獲之衆於皓皓果召政遣武昌監劉憲代之故晉軍將至使將帥移易成傾蕩之勢竟殄滅焉

北史曰後周末隋文帝作相尉遲迥據相州舉兵隋文遣鄖公韋孝寬（鄖音云）爲東道元帥師次沁水水漲兵未得渡吏李詢上密啓云大將梁士彥宇文忻崔弘度等並受尉遲迥饟金軍中慅慅人情大異文帝以爲憂欲代此三人李德林獨進計云公與諸將並是國家貴臣未相伏馭今以挾令之威使得之耳安知後所遣者能盡腹心前遣之人獨致乖異又取金之事虛實難明即令換易彼將懼罪恐逃逸便須禁固然則鄖公以下必有驚疑之意且臨敵代將自古所難樂毅所以辭燕趙奢之子以之敗趙如愚所見但遣公一腹心明於智略爲諸將舊來所信伏者速

至軍所觀其情僞縱有異意必不敢動文帝大悟即令高熲馳驛往軍所爲諸將節度竟成大功

戰國策曰昌國君樂毅爲燕王合五國之兵而攻齊下七十餘城盡郡縣之以屬燕唯莒即墨二城未下而昭王死惠王即位用齊人反間疑樂毅而使騎刼代之樂毅奔趙

老將

史記曰秦始皇問李信曰吾欲攻荊用幾何人而足信曰不過用二十萬人始皇問王翦翦曰非六十萬人不可始皇曰王將軍老矣何怯也李將軍果斷壯勇其言是也王翦因謝疾歸老於頻陽李信攻鄢郢破之於是引兵而西與蒙恬會城父荊人因隨之三日三夜不頓舍大破李信軍始皇聞之大怒自馳如頻陽謝翦曰不用將軍計李信果辱秦將軍獨忍棄寡人乎翦謝曰老臣罷病悖亂唯大王更擇賢將始皇謝曰已矣將軍勿復言王翦曰大王必不得已用臣非六十萬人不可始皇曰聽將軍計耳於是王翦將六十萬人始皇自送灞上王翦行請美田宅園池甚衆始皇曰將軍行矣何憂貧乎翦曰爲大王將有功不得封侯故及大王之向臣臣亦及時以請園池爲子孫業耳始皇大笑或曰將軍乞貸亦已甚矣翦曰今空秦國甲士專委我我不多請田宅爲子孫業以自堅固令秦王坐而疑我耶翦東代信擊荊大破荊軍虜荊王負芻竟平荊地爲郡縣

漢書曰西羌反時趙充國年七十餘上老之使御史大夫丙吉問誰可將者充國對曰無踰於老臣耳上遣焉問曰將軍度羌虜何如當用幾人充國曰百聞不如一見兵難踰度（踰遥也三輔言也）臣願馳至金城圖上方略然羌戎小夷逆天背叛滅亡不久願陛下以屬臣勿以爲憂上笑曰諾充

國曰衆軍士皆欲為用虜數挑戰充國堅守捕生口言羌豪相責曰汝無反今天子遣趙將軍來年八九十矣善為兵今欲一鬬而死可得耶

又曰元狩四年大將軍大擊匈奴李廣數自請行上以老不許良久乃許之大將軍陰受上旨以為數奇(不偶也)無令當單(于恐不得所欲時公孫敖亡道)從廣廣或失道大將軍使長史持糒醪遺廣因問失道狀長史急責廣之莫府上簿廣曰諸校尉無罪乃我自失道謂其麾下曰廣結髮與匈奴大小七十餘戰今幸從大將軍出接單于兵而大將軍從廣部行迴遠又迷失道豈非天哉終不能復對刀筆吏遂引刀自剄而百姓聞之知與不知皆為垂泣

東觀漢記曰馬援字文淵建武二十四年威武將軍劉尚擊武陵五溪蠻夷深入軍沒援因復請行時年六十二帝

愍其老未許之援自請曰臣尚能被甲上馬帝令試之援據鞍顧眄以示可用帝笑曰矍鑠哉是翁也遂遣援

宋書曰沈慶之討竟陵王誕慶之至城下誕登樓謂曰沈公君白首之年何為來慶之曰朝廷以君狂愚不足勞少壯故使僕來耳

梁書曰王神念少善騎射及老不衰嘗於武帝前手執二刀楯左右交度馳馬往來冠絕群伍

後魏書曰中山王英之征義陽傅永為寧朔將軍統軍當長圍遏其南門蕭衍將馬仙琕連營稍進規解城圍永謂英曰凶竪豕突意在決戰雅山形要宜早據之英沉吟未決永曰機者如神難遇易失今日不去明朝必為賊有雖悔無及分英兵夜築城於山上遣統軍張懷等列陣於山下以防之至曉仙琕果至懷等戰敗築城者悉皆奔退仙琕乘勝直趣長圍義陽城人復出挑戰永乃分兵付長史賈思祖令守營壘自將馬步千人南逆仙琕擐甲揮戈單騎先入唯有軍主蔡三虎副之餘人無有及者突陣橫過賊射永洞其左股永拔箭復入遂大破之斬仙琕燒營席卷而遁英於陣謂永曰公傷矣且還營永曰昔漢祖捫足不欲人知下官雖微國家一帥奈何使虜有傷將之名遂與諸軍追之極夜而返時年七十餘矣三軍莫不壯之

又曰畢衆敬爵為東平公善自奉養食膳豐華必致他方遠味年已七十鬚髮皓白而氣力未衰據鞍馳騁有若少壯篤於姻親深有國士之風太和中高祖賓禮舊老衆敬咸陽公高允引至方山雖文武奢儉好尚不同然與允甚相愛敬接膝談款有若平生後以篤老乞還桑梓朝廷許

之衆敬臨還獻真珠璫四具銀裝劍一口剌虎矛一枚

後周書曰梁臺不過識千餘字口占書啓詞意可觀年過六十猶能被甲跨馬足不躡鐙馳射弋獵矢不虛發

隋書曰開皇初突厥寇邊燕薊(多被其患前總管李崇至舜為幽州)六州五十鎮諸軍事摇修鄣塞謹斥堠邊民以安後六載徙為壽州初自以年老乞骸骨上召之既引見上勞之曰公積行累仁歷仕三代克終富貴保茲遐壽良足善也賜坐褥歸於第歲餘終于家

又曰賀若誼為涇州刺史時突厥屢為邊患朝廷以誼素有威名拜靈州刺史進位柱國誼時年老而筋力不衰猶能重鎧上馬為北夷所憚數載上表乞骸骨優詔許之誼家富於財郊外構一別廬多植果木每邀賓客列女樂遊集其間卒于家

太平御覽卷第二百七十四

太平御覽卷第二百七十五

兵部六

良將上

論語曰子曰孟之反不伐孔注曰魯大夫孟之側也與齊
戰軍大敗不伐者不自伐其功也
孝經左契曰將軍順虎銜珠大夫正海出魚
抱朴子曰良將剛則法天可望而不可干柔則象淵可觀
而不可入去如收電可見而不可得留如山岳可瞻而不
可量
唐子曰良將如泉如山不知其歡戚也
史記曰吳起者衛人也好用兵事魯君齊人攻魯魯欲將
起起取齊女爲妻而疑之起遂殺妻明不爲齊也魯卒以
爲將大破齊後之魏

又曰陳勝之反秦使王離擊趙王及張耳鉅鹿城或曰王
離秦之名將也
又曰魏文侯問吳起何如人李克曰其用兵司馬穰苴弗
能過也於是魏文侯以爲將擊秦拔五城
又曰杜業曰竊見朱博忠信勇猛材略不世出誠國家雄
俊之寶臣也宜徵博左右以塡天下此人在朝則陛下可
高臥矣
又谷永傳曰平阿侯譚位特進領城門兵永聞與譚書曰
君侯躬周召之德執管晏之操敬賢下士樂善不倦宜在
上將久矣屬聞以特進領城門兵(屬之欲切)愚竊不爲君侯喜
宜深辭職自陳淺薄不足以固城門守收太伯之讓保謙
謙之路闔門高枕爲智者譚得書大感遂辭讓不受領
城門職

又曰霍去病爲驃騎將軍上嘗欲教之孫吳兵法對曰顧
方略何如耳不至學古兵法上爲治第令視之對曰匈奴
不滅無以家爲
又曰李廣爲右北平匈奴號曰漢飛將軍廣歷七郡太守
前後三十餘年得賞賜輒分其麾下飲食與士卒共之家
無餘財不言生產事
又曰李廣其先曰李信秦時爲將逐其燕太子丹者也廣
以良家子從軍擊胡文帝曰惜廣不逢時令當高祖世萬
戶侯豈足道哉
又曰劇孟洛陽人也以任俠顯吳楚反時條侯爲太尉乘
傳東將至河南得劇孟喜曰吳楚舉大事而不求劇孟吾
知其無能爲也天下騷動大將得之若一敵國
又曰沛公入咸陽諸將皆爭赴金帛財物之府分之蕭何

獨先收秦丞相御史律令圖書藏之沛公具知天下阸塞
戶口多少強弱處民所疾苦者以得圖書故也
後漢書景丹傳曰帝曰景將軍北州大將是其人也
又馬武傳論曰中興二十八將前世以爲上應二十八宿
未之詳也然咸能感會風雲奮其智勇稱爲佐命亦各志
能之士也
又曰賈復傳曰世祖大驚曰我所以不令賈復別將者爲
其輕敵也不然失吾名將
又曰馮異大破赤眉于郁壘書曰始雖垂翅回谿終能奮
翼澠池可謂失之東隅收之桑榆者也
又曰耿秉能說司馬兵法尤好將帥之略
又曰馮異字公孫爲人謙退不伐行與諸將相逢輒引車
避道(東觀漢記續漢書云異勅吏士非交戰受敵常行進諸營之後相逢引車避之由是無爭道變鬬者也)

止皆有表識(言其進退有常處)軍中號為整齊每所止舍諸將並坐論功異常獨屏樹下軍中號曰大樹將軍光武破邯鄲乃更部分諸將各有配隸(隸屬也袁崧書曰光時諸將同營吏卒多犯法)軍士皆言願屬大樹將軍光武以此多之

又鄧禹傳云赤眉遂入長安是時三輔連覆敗赤眉所過殘滅百姓不知所歸聞禹乘勝獨克而師行有紀(綱紀也言有條貫而不殘暴)皆望風相攜負以迎軍降者以千數衆號百萬禹所止輒停車住節(住或作柱)以勞來之父老童穉垂髮戴白(垂髮童幼也戴白父老也)滿其車下莫不感悅於是名震關西帝嘉之數賜書褒美

又曰竇融以兄弟並受爵位久專方面懼不自安數上書求代詔報曰吾與將軍如左右手耳(韓信亡蕭何自追之人曰丞相何亡高祖聞之如失左右手見漢書)數執謙退何不曉人意勉循士人無擅離部曲

又曰諸將每論功自伐賈復未嘗有言帝輒曰賈君之功我自知之

又曰陳蕃楊秉處稱賢宰皇甫張遐出號名將

又曰馬組字鴻卿巴郡宕渠人也長沙蠻寇益揚荆南皆沒於是拜組為車騎將軍車長沙進擊武陵蠻溪荆州平定詔賜錢一億固讓不受振旅還師推功於從事中郎

東觀漢記曰上自征隗囂至漆諸侯多以王師之重不宜遠入險阻計未決會召馬援因說隗囂將帥土崩之勢兵進必破之狀於上前聚米為山指畫囂衆大潰

又曰吳漢當出師朝受詔夕即引道初無辦嚴之日故能常任職以功名終

又曰吳漢常屬吏士治兵事上時令人視吳公何為還言

曰方脩攻具上曰吳公隱若一敵國矣

魏志曰諸葛亮斜谷出軍至武功司馬宣王禦之亮挑戰宣王不出亮遺之婦人巾幗宣王怒表請決戰天子不許遣辛毗杖節立於軍門以制之會亮病卒歸宣王不敢追之而退百姓為之語曰死諸葛走生仲達宣王曰吾便料死故也宣王案行亮營壘處曰天下奇才也

又曰趙典字曼成好學問貴儒不與諸將爭功敬賢士大夫若不及

又任城王傳曰太祖問諸子所好使各言其志至彰曰好為將

又曰劉曄謂太祖曰諸葛亮明於治而為相關羽張飛勇冠三軍而為將蜀人既定據險守要則不可犯矣

又曰賈逵字梁道河東人自為兒童戲弄常設部伍祖父習異之曰汝大必為將率口授兵法數萬言

蜀志曰鄧芝為大將二十餘年賞罰明善卹卒伍身之衣食資仰於官然終不治私產妻子不免飢寒死之日家無餘財

又曰關羽字雲長亡命奔涿先主於鄉里合徒衆而羽與張飛為之禦侮

晉書曰應詹遷南平太守鎮南將軍山簡復假詹督五郡軍事蜀賊杜疇作亂金寶溢目詹一無所取唯收圖書莫不難之

又曰周訪威風既著遠近悅服智勇過人為中興名將性謙虛未嘗論功伐或問訪曰人有小善鮮不自稱卿功勳如此初無一言何也訪曰朝廷威靈將士用命訪何功之有

又曰蘇峻平論功顧衆推功於蔡謨謨衆唱謨非巳之力俱表相讓論者美之

又曰符堅衆號百萬次于淝水謝玄入問計謝安無懼色方與玄圍碁遊涉至夜乃還指受將帥各當其任玄等破堅驛書至安對客圍碁看書便攝放床上了無喜色客問徐荅小兒輩破賊既罷還內過户限心喜甚不覺屐齒之折其矯情鎮物如此也

又曰帝謂紀瞻曰卿雖疾病爲朕卧護六軍所益多矣

又羊祜傳曰吳人寇弋陽江夏略户口詔遣侍臣移書詰祜不追討之意并欲移州復舊之宜祜曰江夏去襄陽八百里皆知賊去亦已經日矣步軍方往安能救之哉勞師以免責恐非事宜也昔魏武帝置都督皆與州相近以兵勢好合惡離疆埸之間一彼一此愼守而巳古之善教也

若輒徙州賊出無常亦未知之所宜據者使者不能詰

又曰羊祜入朝武帝遣中書令張華問其籌策祜曰今主上有禪代之美而功德未著吳人虐政巳甚可不戰而尅混一六合以興文教則主齊堯舜臣同稷契爲百代之盛若孫皓不幸而殁吳人更立令主雖百萬之衆長江未可而越也將爲患乎華深讚成其計祜謂華曰成吾志者子也帝欲使祜卧護諸將祜曰取吳不必須臣自行但既平之後勞聖慮耳功名之際臣所不敢居事當有所付授願審擇其人疾漸篤乃舉杜預自代尋卒

又曰毛穆之鎮廣陵遷右將軍宣城內史假節鎮姑孰穆之以爲戍在近畿無復軍警不宜加節上疏辭讓許之

又曰朱伺字仲文安陸人少爲吳牙門將陶丹給使吳平從江夏伺有武勇訥口不知書爲郡將督見鄉里士大夫揖稱名而巳及爲將遂以謙恭稱

又曰鄧遐字應遠勇力絶人氣蓋當時人方之樊噲桓溫以爲叅軍數從溫征伐歷冠軍將軍數郡太守號爲名將襄陽城北沔有蛟常爲人害遐拔劒入水蛟繞其足遐揮劒截蛟數段而出

又曰劉牢之面紫赤色鬚目驚人而沉毅多計畫

于寳晉紀曰文淑字次騫小名鴦有武力筭策楊休胡烈爲虜所害武帝西憂遣淑出征所向摧靡秦涼遂平名震天下爲東夷校尉姿器膂力萬人之雄

慕容盛載記曰尚書左僕射領中軍熙從征句驪契丹皆勇冠諸將

又曰皇甫眞字楚季弱冠以高才隨慕容評攻鄴都珍貨充溢眞一無所取唯存恤人物收圖籍而巳

二石僞事曰郭權降石虎虎問權曰卿若得吾者當殺不權曰若登時得至尊必殺不疑也虎曰卿健將也因與共言事

崔鴻前燕録曰張蚝本姓弓上黨人也膂力過人能曳牛走堅甚寵之常侍左右終爲名將所在有殊功世稱鄧羌張蚝皆萬人敵也

宋書曰姚泓屯軍長城下王鎮惡撫慰士卒及以身先士衆騰躍爭先泓衆一時奔潰泓妻子歸高祖降將至京鎮惡於霸上奉迎高祖勞之曰成吾霸業者眞卿也鎮惡再拜謝曰此明公之威諸將之力鎮惡何功之有焉笑曰卿欲學馮異耶

又曰桓玄云劉毅勇冠三軍當今實爲無敵

又曰劉順幢主樊僧愛勇冠三軍軍中皆懼

齊書曰曹景宗建武四年隨太尉陳顯達北圍馬圈以奇兵二千破魏援中山王英四方人及尅馬圈顯達論功以景宗爲後景宗退無怨言

又曰垣崇祖初見高帝使自比韓白唯上獨許之及破魏軍啓至上謂朝臣曰崇祖恒自擬韓白今其人也進爲都督

梁書曰馮道根每征伐終不言功其部曲或怨非之道根喻曰明主自監功夫多少吾將何事武帝常指道根示尚書令沈約美其口不論勳約曰此陛下之大樹將軍也

梁後略曰陸納分其衆輕舸擁襲巴陵晨至城下驃騎始命諸將會議乃出自壘門坐胡床以望之賊乘水來攻矢下如雨人情擾擾莫不震懼而驃騎方食甘蔗曾無遽色

又曰齊遣其將竇太赴潼關太祖將襲秦州咸難之太祖問策於宇文深深對曰竇氏歡之驍將也歡每伏之以爲

御侮

北齊書曰劉豐本出河間樂城豐有雄姿壯氣果毅絶人有口辯好說兵事

又曰辛術字懷哲隴西狄道人也清儉寡欲及平捷定淮南凡諸貲物一毫不犯唯收典籍多是晉宋齊梁時佳本鳩集萬有餘卷

太平御覽卷第二百七十五

太平御覽卷第二百七十六

兵部七

良將下

後周書曰王思政初入潁川士卒八千人城既無外援亦無叛者思政常以勤王爲務不營資產嘗被賜園池思政出征後家人種桑菓及還見而怒曰匈奴未滅去病辭家況大賊未平何事產業命左右拔而弃之故身陷之後家無蓄積

又曰元定有勇略每戰必陷陣然未嘗自言其功太祖深重之諸將亦稱其長者

又曰蔡祐少有大志與鄉人李穆布衣齊名嘗相謂曰大丈夫當建立功名以取富貴安能久處貧賤耶言訖各大笑穆即申公後皆如其言

又曰王羆爲華州刺史時茹茹渡河南寇候騎已至豳州朝廷慮其深入乃徵兵發士馬屯守京城塹諸街巷以備侵軼右僕射周惠達召羆議之羆不應命謂其使曰若茹茹在渭北者王羆率鄉里自破之不煩國家兵馬何爲天子城中遂作如此驚動由周家小兒性怯致此羆輕侮權勢守正不同皆此類也

又曰劉亮本名道德累遷左大都督從擒竇泰復弘農與沙苑之役並力戰有功遷車騎大將軍開封府長廣公亮以勇敢見知爲當時名將并屢陳謀策多合機宜太祖謂之曰卿文武兼資即孤之孔明也乃賜名亮并賜姓侯莫陳氏出爲東州刺史卒喪還京師太祖親臨之泣而謂人曰股肱喪矣腹心何寄

又曰王傑本名文達太祖奇其才擢授楊烈將軍羽林監尋加都督太祖嘗謂諸將曰王文達万人敵也但恐勇決太過耳復潼關破沙苑爭河橋戰邙山皆以勇敢聞親待日隆賞賜加於倫等於是賜姓宇文氏

又曰于謹平江陵還太祖親至其第宴語極歡賞謹奴婢一千口及寶物并金石絲竹樂一部謹自以久當權望位功名既立願保優閑乃上先所乘駿馬及所着鎧甲等太祖識其意乃曰今巨猾未平公豈得便尔獨善遂不受

又曰蔡祐字承先有膂力便騎射從征伐常潰圍陷陣爲士卒先軍還之日諸將爭功祐終無所競太祖每歎之嘗謂諸將曰承先口不言勳孤當代其論叙其見知如此

三國典略曰周高琳每征伐勇冠諸軍太祖謂之曰公即我之韓白也

又曰胡僧祐爲梁名將常以鼓吹置于齋中恒坐對之以自娛玩或諫之曰公名望隆重朝野具瞻此是羽儀可自居外僧祐曰我性愛之恒須見耳

又曰北齊斛律金字阿六敦朔州勑部人光禄大夫那瓌之子世敦直善騎射行兵用匈奴法望塵識馬步多少嗅地知軍度遠近神武戒文襄曰有讒此人者勿信之文宣嘗與金宴射親持矟走馬以擬金胷者三金堅不動賜帛千疋因過其宅置酒作樂

北史曰隋文帝嘗從容命高熲與賀若弼言及平陳事熲曰賀若弼先獻十策後於蔣山苦戰破賊臣文吏耳焉敢與將論功帝大笑時論嘉其有讓

又曰周將王思政久經軍旅每戰唯着破衣弊甲敵人疑非將帥故得免

又曰韓果從平竇泰於潼關周文依其規畫軍以勝返賞

眞珠金帶一腰
隋書曰李密父寬驍勇善戰幹略過人自周及隋數經將
領至柱國蒲山郡公號爲名將
又曰史万歲少英武善騎射驍捷若飛好讀兵書兼精占
候
又曰宇文忻每參帷幄出入卧內禪代之際忻有力焉後
拜右領軍大將軍恩賜彌重忻妙解兵法馭戎齊整當時
六軍有一善事雖非忻所建在下輒相謂曰此必忻法也
其見推服如此
又曰薛世雄性廉謹凡所行軍破敵之處秋毫無犯帝由
是嘉之帝嘗從容謂群臣曰我欲舉好人未知諸君識不
羣臣咸曰臣等何能測聖心帝曰我欲舉者薛世雄羣臣
皆稱善帝復曰世雄廉正節槩有古人之風於是超拜右

翊衛將軍
又曰楊玄感欲立名陰求將領謂兵部尚書段文振曰玄
感世荷國恩寵踰涯分自非立効邊裔何以塞責若方隅
有風塵之警庶得執鞭行陣少展絲髮之功明公兵革是
司敢布心腹文振因言於帝帝嘉之顧謂群臣曰將門必
有將相門必有相故不虛也於是賚物千段禮遇益隆
又曰突厥入朝上賜之射突厥一發中的上曰非賀若弼
無能當此於是命弼弼再拜而呪曰若赤誠奉國者當一發
破的如其不然發不中也既射一發而中上大悅顧謂突
厥曰此人天賜我也
唐書曰劉黑闥爲竇建德將奇兵東西掩襲多所尅獲每臨
危難而色不變軍中號爲神勇
又曰屈突通平薛仁果之際寶物山積諸將爭取通一無
所犯高祖聞之曰通清正奉國著於終始名下定不虛也
賜金銀六百兩雜綵千段
又曰右武候將軍張士貴破反獠而還太宗勞之曰聞公
親蒙矢石爲士卒先雖古名將無以加也朕嘗聞以身報
國者不顧性命嘗聞其語未覩其實於公方見之矣
又曰文德皇后之葬也段志玄與宇文化及分統士馬出
宿於章武門太宗夜使宮官至二將軍處宇文士及營內
使者志玄閉門不內曰軍門不可夜開使者曰此有手勑
志玄曰夜中不辯眞僞竟停使者至曉太宗聞而歎曰此
眞將軍也周亞夫何以加焉
又曰霍王元軌高祖第十四子也母曰張美人元軌少善
騎射初爲吳王時嘗從太宗遊獵遇群獸命射之矢不虛
發獸無遺者太宗撫其背曰汝才藝過人恨今無所施耳

當天下未定我得汝豈不安乎
又曰王君廓統兵經略東都王世充將郭士行許羅漢前後
入掠君廓輒擊退之拜右武衛將軍詔勞之曰卿以十三
人破賊一万自古以少擊衆未之前聞非唯驍勇絕人亦
足以顯卿忠節也
又曰突厥入寇王君廓邀擊破之俘斬二千餘人獲馬十
五疋高祖聞而大悅徵之入朝賜與御馬令殿廷乘之而
出又謂侍臣曰吾聞藺相如叱秦王目皆出血君廓往擊
建德將出戰徐勣過之君廓憤發大呼目及鼻耳一時流
血此之壯氣何謝古人不可以常例賞之復賜錦袍金帶
還領幽州
又曰高宗時吐蕃陷安西四鎮長壽初蕃軍逼安西府則
天令武威軍總管王孝傑將軍阿史那忠節等率師拒之

孝傑至安西合戰屢捷大破蕃軍收復龜茲于闐踈勒碎葉四鎮而還則天大悅謂侍臣曰昔貞觀年中俱綂得此蕃域其後西陲不守並陷吐蕃今既復舊邊境自然無事孝傑建茲功効竭盡欵誠遂能裹足徒行身與士卒齊力如此忠懇深足可嘉遷左衛大將軍

又曰薛仁貴擊九姓突厥於天山軍將發高宗出甲令仁貴射之射穿五重九姓衆十餘万令驍徤十人逆來挑戰仁貴發三箭中三人其餘下馬請降並坑之更就磧北安撫餘衆而還軍中歌曰將軍三箭定天山將士長歌入漢關

又曰劉仁軌顯慶四年出爲青州刺史五年大軍征遼令仁軌監綂水軍以後期免特令以白衣隨軍自効尋撿校帶方州刺史兼熊津道行軍長史仍別領水軍二万襲破

倭賊數万於白波虜獲舡艦四百餘艘倭及躭羅等國皆遣使詣之請降初仁軌將發帶方州謂人曰天將富貴此翁耳乃於州司請歷日一卷并七廟諱人恠其故答曰擬削平遼海頒示國家正朔使夷俗遵奉焉至是果以軍功顯正除帶方州刺史

又曰郭元振爲安西大都護時安西突厥首領烏質勒部落強盛欵塞通和元振就其牙帳計會軍事時天大雪元振立於帳前與烏質勒言議須臾雪深風冷元振未嘗移足烏質勒年老不勝寒苦會罷而死

又曰李晟臨洮人也祖思恭父欽代居隴右嘗爲裨將晟數歲而孤事毋孝聞少稚烈有材力善騎射年十八從軍身長六尺勇敢絶倫時河西節度使王忠嗣擊吐蕃有驍將乘城拒闘頗多殺士卒忠嗣募軍中能射者射之晟乃引弓一發而斃三軍大呼忠嗣厚賞之因撫其背曰此万人之敵也

又曰貞元五年九月馬燧與太尉晟召見於延英殿上嘉其有大勲力皆圖形於凌煙閣列於元臣之次九年十月召見延英殿因拜手仆于地上親起之

又曰王栖耀性謹厚善騎射始起兵淡寇境太深遇遊騎四合百步内立表俾之環視發必破的虜相顧恐懼徐而解去嘗獵會稽山中有逸林白額獸卒起草中應弦而斃在蘇州嘗與諸文士遊虎丘寺平野霽日先一箭射空再發貫之江東文士自梁肅已下歌詠焉

又曰李愬既執送吳元濟裴度建彰義軍節擁降卒万餘人次入蔡李愬具櫜鞬候度馬首度將避之愬曰此方不識上下等威之分久矣請公因以示之度以宰相禮受愬

謁衆聳觀焉明日愬以師還文成柵度乃視節度使觀察及刺史事蔡人大悅

又曰李光顏爲河東裨將討李懷光楊惠琳皆有功後隨高崇文平蜀搴旗斬將出入如神由是稍稍知名授兼御史大夫時兄光進官亦至兼御史大夫軍中號曰大大夫小大夫

國語周語曰邵公告單公曰晉有三伐勇而有禮返之以仁吾三逐楚君之卒勇也見其君必趨禮也能獲鄭伯而捨之仁也

老子曰以道佐人主者不以兵強天下果而勿矜果而勿伐河上公注云當果敢推讓勿自伐取其美也

六韜曰兵入郟郊見太公曰是吾新君也而商容曰非也其人虎據而鷹峙威怒自副見利欲發進不顧前後見武

王曰是新君也見敵不怒
獻帝春秋曰張遼問吳降人曰紫髯將軍長上短下誰也
荅曰是孫會稽
會稽典録曰張立之爲人剛毅志意慷慨太祖嘗抑之曰
爾不念詩書慕聖道而好乗汗馬擊劒此一夫之用何足
貴也謂左右曰文夫一爲儔霍將十万馳沙漠驅戎狄立
功建號耳何能作博士耶
荆州記曰鄧遐襄陽人也勇力絶人歷位冠軍將軍數郡
太守號名將
袁子世説曰吕布之破也太祖給衆官車乗使取軍中物
唯所欲衆人皆重載唯袁渙取書數百卷資糧而已衆人
聞之大慙
劉向新序曰孫武樂毅之徒皆前世之賢將也久遠深奥

其事難知至於吳漢近時人耳起於販馬立爲良將秉名
竹帛天下歸德此可慕也

太平御覽卷第二百七十六

兵部八　儒將

左傳曰晉謀元帥趙衰曰郤縠說禮樂而敦詩書以將中軍

漢書曰馮奉世以良家子選爲將年四十餘乃學春秋涉大義讀史書

後漢書曰馬援閑於進對尤善述前世行事每言及三輔長者下至閭里少年皆可觀聽自皇太子諸王侍聞者莫不屬耳忘倦又善兵策帝常言伏波論兵與我意合每有所謀未嘗不用

又曰祭遵爲將軍取士皆用儒術對酒設樂必雅歌投壺雖在軍旅不忘俎豆

又曰賈復少好學習尚書事舞陰李生李生奇之謂門人曰賈君之容貌志氣如此而勤於學將相之器也

又曰賈復知帝欲偃干戈修文德不欲功臣擁衆京師乃與高密侯鄧禹並剽甲兵敦儒學（廣雅曰剽削也謂除甲兵東觀漢記曰復闔門養威重受易經起大義）帝深然之遂罷左右將軍復以侯就第加位特進

吳書曰魯肅爲人方嚴寡於玩飾內外節儉不務俗好治軍整頓禁令必行雖在軍陣手不釋書又善談論能屬文辭遠有過人之明周瑜之後肅爲之冠也

晉書曰杜預身不跨馬射不穿札而每有大事輒居將帥之列

又曰劉毅征盧循敗歸帝大宴於西池有詔賦詩毅詩云六國多雄士正始出風流毅自以武功不競故示文雅有餘也

又載記曰石勒雅好文學雖軍旅常令儒生讀史書而聽之每以其意論古帝王善惡朝賢儒士聽者莫不美爲嘗使人讀漢書聞酈食其勸立六國後大驚曰此法當失何得遂成天下至留侯諫乃曰賴有此耳

宋書曰沈慶之嘗對上爲詩令僕射顏師伯執筆慶之口占曰微生值多幸得逢時運昌老朽筋力盡徒步還南崗辭榮此聖代何愧張子房並歎其辭意之美

梁書曰曹景宗大破魏軍振旅凱入帝於華光宴飲因令左僕射沈約賦韻景宗不得韻意色不平啓求賦詩帝曰卿伎能甚多人才英拔何必止在一詩景宗已醉求作不已詔令約賦韻已盡唯餘競病二字景宗便操筆斯須而成其辭曰去時兒女悲歸來笳鼓競借問路行人何如霍去病帝欣然不已約及朝賢驚嗟竟日詔令上史

北史曰周文帝宴群公卿士仍賦詩言高琳詩末章云寄言竇車騎爲謝霍將軍何以報天子沙漠靜袄氛帝大悅曰獯獫陸梁未時欵塞卿言有驗國之福也

後魏書曰韋彧爲東豫州刺史以蠻俗荒梗不識禮儀乃表立太學選諸郡生徒於州總教又於城北置崇武館以習武焉境內清肅還遷大將軍

又曰征虜將軍劉藻涉獵群籍美談笑善與人交飲酒至一石不亂

後周書曰宇文顯和性矜嚴頗涉經史膂力絕人彎弓數百斤能左右馳射

又曰賀拔勝長於喪亂之中尤攻武藝走馬射飛鳥十中其五六太祖每云諸將對敵神色皆動唯賀拔公臨陣如

平常眞大勇也自居任始愛墳籍乃招引文儒討論義理性又通率重義輕財身死之日唯隨身兵仗及書千餘卷

隋書曰高祖有平南之志訪可任者高熲曰朝臣之內文武才幹無出賀若弼者高祖曰得之矣於是拜弼爲吳郡揔管委以平陳之事弼忻然以爲己任與壽州揔管源雄並爲重鎮弼遺雄詩曰交河驃騎幕合浦伏波營勿使騏驎上無我二人名獻取陳十策上稱善賜以寶刀

又曰周羅睺初仕陳爲太子左衛率信任逾重時叅宴席陳王曰周左率武將詩每前成文士何爲後也都官尚書孔範對曰周羅睺執筆製詩還如上馬入陣不在人後自是益見親禮

又曰于仲文討高麗大破之至鴨渌水高麗將乙支文德詐降來入其營仲文先奉密旨若遇高一支文德者必擒

之至是文德來仲文將執之時尚書右丞劉士龍爲慰撫使固止之仲文遂捨文德尋悔遣人紿文德曰更有言議可復來也文德不從遂濟仲文選騎渡水追之每戰破賊文德遺仲文詩曰神策究天文妙筭窮地理戰勝功既高知足願云止仲文荅書諭之文德燒柵而遁

唐書曰調露元年突厥阿史德溫傳叛單于府所管二十四州皆叛應之單于都護蕭嗣業率兵討之被阿史德掠其粮車兵多餓死由是大敗朝廷憂之遣禮部尚書裴行儉爲定襄道行軍大揔管率諸軍三十万進討行儉至朔州知賊掠嗣業粮運得勝乃爲粮車三百乘每車伏猛士五人持陌刀勁弩又以羸兵數百援之兼伏精兵於險阨處虜見粮車果大至羸兵棄車而走賊驅車就泉井解鞍牧馬方擬取粮車中壯士齊發虜衆大駭奔散伏兵險發虜騎擒殺殆盡自是續遣粮車虜望之不敢逼粮餉既通進兵屢捷行儉終擒溫傳再平突厥

又曰婁師德弱冠進士擢第累補監察御史上元初吐蕃犯塞有詔募猛士以討之師德抗表應募請爲猛士擊虜高宗大悅特假朝散大夫從軍西討頻立戰功遷殿中改授金吾將軍豐州都督則天降書勞之曰卿受委北垂揔司軍任往還靈夏撿校屯田收率既多京坻遽積不煩和糴之費無復轉輸之勞兩軍鎮兵咸得支給覽之嘉尚忻悅良深召爲夏官侍郎俄拜鳳閣侍郎同平章事改納言

又曰婁師德有學術器量寬厚喜怒不形於色專綜邊任三十餘年恭勤接下孜孜不怠當危亂之時族滅者相繼師德出將入相能以功名始終識者多之

又曰永徽中薛仁貴平百濟高宗令別將攝帶方州刺史

劉仁軌留兵鎮守詔仁貴班師還高宗勞問之曰卿在海東前後奏請皆合事宜而雅有文理卿本武將何得然也對曰非臣所能皆劉仁軌之所爲也帝深加歎賞超仁軌六階正授帶方州刺史仁貴初平百濟合境凋殘殭屍相屬仁軌始令收斂骸骨瘞理弔祭之校計戶口署置官長開通道路整理村落補葺堤堰脩復陂塘勸課耕種賑貸貧乏存問孤老頒宗廟忌諱位皇家社稷百濟餘衆復安生業仁軌位至中書令

又曰御史大夫唐休璟有文武才幹　爲隴右大使大破吐蕃大將麴莽支於涼州洪源谷九六戰六捷破虜築京觀而還後吐蕃使來朝嘗因侍宴蕃使屢覘休璟則天問其故對曰往歲洪源戰時此將軍雄猛無比殺臣將士甚衆今願識之則天大加歎異休璟尤練邊事自碣

石西踰四鎮綿亘万里山川要害皆能記之長安中西突厥與諸蕃不和舉兵相持安西道阻表疏相繼則天召休璟與宰相商度事勢俄頃間草奏便施行後十餘日安西諸州請兵應接一如休璟所畫則天謂之曰恨用卿晚乃遷夏官尚書同中書門下三品仍謂魏元忠曰休璟諳練邊事卿等十不當一也

又曰宰相張說出爲并州大都督府長史兼天兵軍大使開元九年胡賊康待賓據長泉鎮叛與党項連結攻陷蘭池等六胡州詔說與朔方軍大使王晙合勢進討賊攻銀城連谷以據倉粮說統馬步万人出合河關掩擊大破之追至駱駝堰胡及党項自相疑貳乃散說招集党項復其居業副使史憲請盡誅党項說曰先王之道推亡固存如盡誅之是逆天道因奏置麟州安置党項餘衆其年說自兵部尚書

同平章事十年又勑說爲朔方軍節度大使往巡五城處置兵馬時降胡康願子自立爲可汗舉兵掠監牧馬西河渉出塞說收兵討而擒之以獻徙其家屬於木盤山其黨悉平獲男女三千人於是移河曲六胡州殘胡五万餘口配之於許汝唐鄧仙豫等州始空河南朔方地先是緣邊鎮兵常六十万說以邊寇漸平奏罷二十餘萬勒還農畝玄宗頗以爲疑說奏曰臣久在疆場具悉邊事禦敵制勝不在多驅閑冗陛下若以爲疑臣請闔門百口保之以陛下之明四夷畏服必不慮減兵而招寇也玄宗從之時當番衛士寖以貧弱逃亡略盡說建策請一切罷之別召募強壯令其宿衛不簡色役優爲條例逋逃者必爭來應募上從之旬日得精兵十三万人分繫諸衛彍騎是也

又曰吳元濟據蔡州叛王師討伐詔柳公綽以鄂兵五千隸安州刺史李聽率赴行營公綽曰朝廷以吾儒生不知兵耶即日上奏願自征行許之公綽自鄂濟潰江直抵安州李聽以廉使之禮事之公綽謂之曰公所以屬鞬負弩者豈非爲兵事耶若去戎容被公服兩郡守耳何所統攝乎以公名家曉兵若吾不足以指麾則當赴闕不然吾且署職名以兵法從事矣聽曰唯公所命即署聽爲鄂岳都知兵馬使中軍先鋒行營馬步都虞候三牒授之乃選卒六千屬聽戒其部校曰行營之事一決都將聽感恩畏威如出麾下其出權制變爲當時所稱入爲刑部尚書出授太原尹河東節度使代北有沙陁部落自九姓六州皆畏憚之公綽至鎮召其酋朱耶執宜安置於雲朔塞下治廢柵十一募兵三千令沙陁屯守由是遂無邊患

又曰元和十二年憲宗兵宰臣議兵曰王師伐蔡首尾三

年雖捷奏頻來窠巢未殄度支供饋其何以濟李逢吉崔群王涯各有奏對多言罷兵爲便唯裴度不言利害議曰臣請身自往行營督戰明日延英復對宰臣俱退上獨止度謂之曰卿必能爲朕行乎度頓首流涕而奏曰臣誓不與此賊俱全上亦爲之感慟度奏曰賊已力困但以群帥不一故未降耳上深嘉之遂欲加度招討使度奏曰韓弘已爲都統臣不欲受招討之名但奉使即得乃下詔以度爲彰義軍節度蔡申光觀察等使仍淮西行營宣慰處置使其年八月一日度發京師仍賜禁軍三百爲衛兵憲宗御通化門餞軍度銜涕辭　至蔡州度傳上慰勞之旨躬督戰陣卒伍立功即時論賞諸將奮勵無敢退留至十月十一日拔蔡州擒吳元濟仗節而還

又曰元和中以裴度征淮西詔曰輔弼之臣軍國是賴輿

化致理秉鈞以居取威定功則分闈而出所以同君臣之體一中外之任焉屬者問罪汝南致誅淮右蓋欲刷其汚俗弔彼頑人雖挈地求生者實繁有徒而嬰城執迷者未翦其類何獸困而猶鬬豈鳥窮之無歸歟由是遍聽鼓鼙更張琴瑟煩我台席董茲戎旃朝議大夫守中書侍郎同平章事飛騎尉賜金魚袋裴度爲時降生協朕夢卜精辦宣力堅明納忠當軸而才謀老成運籌而智略有定司其樞務備知四方之事付以兵要必得万人之心是用禱於上玄練此吉日帶丞相之印綬所以尊其名賜諸侯之斧鉞所以重其命尔宜布清問恢壯猷感勵連營蕩平多壘招懷孤疾字撫夷傷況淮西一軍素効忠節過海赴難史冊書勳建中初攻破襄陽擒滅崇義比者脅於凶逆歸命無由每念前勞常思安撫所以內輟輔臣俾爲師率實欲保全慰諭各使得宜往欽哉無越

唐書曰太尉李光弼御軍嚴峻而有禮士卒望風畏憚乾元中郭子儀會九節度之師不利於相州詔以光弼代子儀爲河北副元帥子儀寬恕朔方將士多不奉法時僕固懷恩引迴紇內助累立戰功將帥多假借之及光弼統師懷恩爲右廂都知兵馬使光弼出關會諸軍於汜水左廂都知兵馬使張用濟後至斬於纛下懷恩見而憚之不敢惕息光弼在河陽令懷恩攻泰清於懷州官軍頻不利光弼怒將斬之懷恩出奇爲地道偷得賊號詐傳號令賊軍大亂遂拔懷州擒泰清而還光弼捨之泰清妻有美色城破被俘泰清從光弼求之即命還泰清議者稱自艱難已來唯光弼行軍理戎沉毅有籌略將帥中第一

又曰鳳翔將野詩良輔涇原將郝玼各以名雄邊上吐蕃嘗謂漢使曰唐國既與吐蕃和好何忘語也問曰何謂曰若不忘語何因遣野詩良輔作隴州刺史其畏憚如此

太平御覽卷第二百七十七

太平御覽卷第二百七十八

兵部九

邊將

史記曰李牧爲趙將居鴈門備匈奴日擊牛饗士謹烽火多間諜敢有捕虜者斬王以爲怯代之匈奴數來復使牧將牧曰如前乃敢奉令王許諾數歳終無所得後進百金之士五万彀弦者十万大破匈奴

又曰文帝時匈奴大入朝那殺北地都尉卬(音昂)帝以問馮唐安得廉頗李牧爲將也唐對曰臣聞上古王者之遣將跪而推轂曰閫以内者寡人制之閫以外者將軍制之軍功爵賞皆决於外歸而奏之此非虚言也臣大父言李牧之爲趙將居邊軍市之租皆自用饗士賞賜决於外不從中御也委任而責成功故李牧乃能得盡智能選車千三

百乘彀騎万三千疋百金之士十万是以北逐單于東破胡滅澹林西抑強秦南支韓魏當是之時趙幾霸會趙王遷其毋倡也王遷立乃用郭開讒卒誅李牧令顔聚代之是以兵破士北爲秦所滅今臣竊聞魏尚爲雲中守其軍市租盡以給士卒出私養錢五日一殺牛饗賔客軍吏舍人是以匈奴遠避不近雲中之塞虜嘗一入尚率車騎擊之所殺甚衆夫士卒盡家人子起田中從軍安知尺籍伍符終日力戰斬首捕虜上功莫府一言不相應文吏以法繩之其賞不行而吏奉法必用臣愚以爲陛下法太明賞太輕罰太重且雲中守魏尚坐上功首虜差六級陛下下之吏削其爵罰之由此言之陛下雖得廉頗李牧不能用文帝説是日令馮唐持節赦魏尚復以爲雲中守而受唐爲車騎都尉

又曰武帝以李廣爲未央衛尉而程不識亦爲長樂衛尉不識故與廣俱嘗屯邊而廣行無部伍行陣就善水草屯舍止人人自便不擊刀斗以自衛莫府省約文籍事然亦遠斥候未嘗遇害程不識正部曲行伍營陣擊刀斗士吏理軍簿至明軍不得休息然亦未嘗遇害不識曰李廣軍極簡易然虜卒犯之無以禁也而其士卒亦佚樂咸樂爲之死我軍雖煩擾然虜亦不得犯我是時漢邊郡李廣程不識皆爲名將然匈奴畏廣士卒亦多樂從廣而苦程不識

漢書曰鼂錯上言兵事曰自高后以來隴西三困於匈奴非隴西之民有勇怯迺將吏之制巧拙異也故兵法曰有必勝之將無必勝之民繇此觀之安邊境立功名在於良將不可擇也

又曰趙充國奏曰從今盡三月虜馬羸瘦必不敢捐妻子

他種中涉河而來爲寇是臣之愚計所度虜且必瓦解其處不戰而自破之策也

又曰張安世長子千秋爲中郎將兵隨度遼將軍范明友擊烏桓還謁大將軍光問千秋戰陣方略山川形勢千秋口對兵事畫地成圖無所忘失

後漢書曰竇憲懼誅自求擊匈奴以贖死會南單于請兵北伐乃拜憲車騎將軍金印紫綬官屬依司空(依准也長一人千石掾屬二十九令史及御屬三十二人見續漢志)以執金吾耿秉爲副發北軍五校(漢有南北軍北軍中候一人六百石掌臨五營)黎陽雍營緣邊十二郡騎士(漢官儀曰光武中興以幽冀并州兵騎克定天下故於黎陽五營以諸者監之又曰扶風郡尉部在雍縣以涼州近羌數犯三輔將兵衛護故俗稱雍營)及羌胡兵出塞明年憲與秉各將四千騎及南匈奴左谷蠡王師子(師子其名也)万騎出朔方雞鹿塞南單于屯屠河(屯屠河單于名)將万餘騎出滿夷谷度遼將軍鄧鴻(鄧禹少子)

及緣邊義從羌胡八千騎與左賢王安國万騎出梱陽塞（梱陽在五原郡梱音困）皆會涿邪山憲分遣副校尉閻盤司馬耿夔
耿譚將左谷蠡王師子右呼衍王須訾等（呼衍其號因以爲姓匈奴貴種也今呼延姓是其後須訾名）精騎万餘與北單于戰於稽落山大破之虜衆
崩潰單于遁走追擊諸部遂臨私渠比鞮海（匈奴中海名）斬
名王巳下万三千級獲生口馬牛羊橐駞百餘万頭於是
溫犢須日逐溫吾夫渠王柳鞮等八十一部率降者前後
二十餘万人憲秉遂登燕然山去塞三千餘里刻石勒功
紀漢威德令班固作銘

又曰馬援討五溪蠻軍次下雋（下雋縣名屬長沙國故城今辰州沅陵縣雋音字兗）
反有兩道可入從壺頭則路近而水嶮（壺頭山名也今在辰州沅陵東武陵）從充則塗夷而運遠（充縣
記曰此山頭與東海方壺山相似神仙多所遊集因名壺頭山也
名屬武陵郡充音昌容反）帝初以爲疑及軍至耿舒欲充道援以爲棄

日費粮不如進壺頭搤其喉咽（搤持也）充賊自破以事上之
帝從援策三月進營壺頭賊乘高守隘水疾舡不得上會
暑甚士卒多疾死援亦中病遂困乃穿岸爲室以避炎氣（武陵記曰壺頭山邊有石窟即援所室也室內有虵如百斛舡大云是援之餘靈也）賊每外險鼓譟
援輙曳足以觀之左右哀其壯意莫不爲之流涕

又曰初馬援軍還將至故人多迎勞之平陵人孟冀名有
計謀於坐賀援援謂之曰吾望子有善言及同衆人耶昔伏
波將軍路博德開置七郡裁封數百戶（漢書曰平南越以爲南海蒼梧鬱林合浦交阯九真日南朱崖儋耳九郡今此言七郡則與前書不同也）今我微勞猥饗大縣功
薄賞厚何以能長久乎先生奚用相濟冀曰愚不及援曰
方今匈奴烏桓尚擾北邊欲自請擊之男兒要當死於邊
野以馬革裹屍還葬耳何能卧牀上在兒女子手中耶冀
曰諒爲列士當如此矣

又曰鄧訓卒官吏人羌胡愛惜旦夕臨者日數千人戎俗
父母死耻悲泣皆騎馬歌呼至聞訓卒莫不吼號或以刀
自劙又殺其犬馬牛羊曰鄧使君巳死我曹亦俱死耳前
烏桓吏士皆奔走道路（訓往烏桓校尉時吏士也）至空城郭吏執不聽
以狀白校尉徐傿傿歎息曰此義也（傿音於建反）乃釋之遂家
家爲訓立祠每有疾病輙請禱求福

又曰竇固復出玉門擊西域詔耿秉及騎尉劉張皆去符
傳以屬固（專將兵者並有符傳擬合之取信今去符皆受固之節度也）固遂破白山降
車師

又曰祭彤使招呼鮮卑示以財利其大都護偏何（鮮卑名也）遣
使奉獻願得歸化彤慰納賞賜稍復親附其異種滿離高
句驪之屬遂駱驛欵塞上貂裘好馬帝輙倍其賞賜其後
偏何邑落諸豪並歸義願自效彤曰審欲立功當歸擊匈

奴斬送頭首乃信耳偏何等皆仰天指心曰必自效即擊
匈奴左伊秩訾部斬首二千餘級持頭詣郡其後歲歲相
攻輙送首級

又曰烏桓鮮卑追思祭彤無巳每朝賀京師常過冢拜謁
仰天號泣乃去遼東吏人爲立祠四時奉祭焉

又曰耿恭以疏勒城傍有澗水可固五月乃引兵據之七
月匈奴復攻恭恭募先登數千人直馳之朝騎散走匈奴遂
於城下擁絕澗水恭於城中穿井十五丈不得水吏士渴
乏笮馬糞汁而飲之（笮謂壓笮也）恭仰歎曰聞昔貳師將軍拔
佩刀刺山飛泉涌出（貳師大宛中城名昔武帝時使李廣利伐大宛至貳師城因以爲號）今
漢德神明豈有窮哉乃整衣服向井再拜爲吏士禱有頃
水泉奔出衆皆稱万歲乃令吏士揚水以示虜

又曰光武至薊聞邯鄲兵方到光武將欲南歸召官屬計

議耿弇曰今兵從南來不可南行漁陽太守彭寵公之邑
人寵南陽宛人也上谷太守即弇公也發此兩都控弦万騎邯鄲
不足慮也光武官屬腹心皆不肯曰死尚南首奈何北行
入囊中漁陽上谷北接塞垣至彼路窮如入囊也光武指弇曰是我北道主人
也
又曰耿夔為大將軍左校尉將騎八百出居延塞直奔北
單于庭於金微山斬閼氏名王已下五千餘級單于與數
騎脫亡盡獲其匈奴珎寶財畜去塞五千餘里而還自漢
出師所未嘗至也
又曰班超在疏勒將還中國疏勒舉國憂恐其都尉黎弇
曰漢使棄我我必復為龜玆所滅耳誠不忍見漢去因以
刀自剄超還至于寘王侯以下皆號泣曰依漢使如父母
誠不可去乎抱超馬脚不得所行超恐于寘終不聽其東

又欲遂本志乃更還疏勒疏勒兩城自超去後復降龜玆
而與尉頭連兵尉頭國居尉頭谷去長安八千六百五十里南與疏勒接衣服類烏孫也超捕
斬反者擊破尉頭
又曰段熲破羌窮山深谷之中斬其渠師以下万九千級
獲牛馬騾驢氈裘廬帳什物不可勝數
又曰郭凉字公文氣力壯猛雖武將然通經書多智略尤
曉邊事有名北方
又曰張奐前度遼與段熲爭擊羌意不相平及熲為司隷
欲逐奐歸燉煌將害之奐憂懼奏記謝曰小人不明得過
州將千里委命以情相歸
又曰劉焉傳曰拜張魯鎮夷中郎將領漢寧太守通其貢
獻
謝承後漢書曰臧旻有幹事才達於從政討賊功拜議

郎還京師見太尉袁逢問其西域諸國土地風俗人物種
數旻具荅悉陳其狀手畫地形逢竒其才歎息言雖班固
作西域傳何以過此
東觀漢記曰黃香為尚書曉習邊事每行軍調度動得事
中上知其勤數加賞賜
魏志曰毋丘儉字仲恭有幹策為幽州刺史度遼將軍儉
以高句驪數叛師軍出玄菟討之句驪王宮將步騎三万
進軍流水隋上大戰宮連敗走遂束馬懸車登九都山斬獲首
虜以千數玄菟太守王頎過汶沮千餘里至肅愼界刻石
記功刋九都之山
吳志曰孫歆字公禮為邊將數十年善食士卒得其死力
將帥姓名盡具識之所問咸對身長八尺儀皃都雅悅曰
吾久不見公禮不圖進益乃此

後魏書曰韋珎高祖初蠻首桓誕歸欵以為東荊州刺史
令珎為使與誕招慰諸蠻珎自懸瓠西入三百餘里至桐
栢山窮臨淮源宣揚恩澤莫不附降淮源舊有祠堂蠻俗
恒用人祭之珎乃曉告曰天地明靈即是民之父母豈有
父母甘子肉味自今已後悉宜以酒脯代用群蠻從約至
今行之九所招降七万餘户置郡縣而還以奉使稱旨除
左將軍樂陵鎮將賜爵覇城子
又曰李崇行梁州刺史時巴丘擾動詔崇以將軍荊州刺
史鎮上洛勑發陝秦二州兵送崇至辭曰邊人失和本怨
刺史奉詔代之自然易帖但須一宣詔旨而巳不勞發兵
自防懷懼也高祖從之
又曰宇文測行綏州事每歳河水合後突厥即來寇掠於
是常預遣居人入城堡以避之測至皆令安堵如舊乃於

要路數百處並多積柴仍遠斥候知其動靜是年十二月
突厥從連谷入寇至界數十里測命積柴之處一時縱火
突厥謂有大軍至懼而遁走自相蹂踐委棄雜畜及輜重
不可勝數測徐率所部收之分給百姓自是突厥不敢復
至測因請置戍兵以備之
隋書曰帝以薛世雄爲玉門道行軍大將軍與突厥啓民
可汗連兵擊伊吾師次玉門啓民可汗背約兵不至世雄
孤軍度磧伊吾初謂隋軍不能至皆不設備及聞世雄度
磧大懼請降詣軍門上牛酒世雄遂於漢舊伊吾城東築
城號新伊吾因留銀青光祿大夫王威以甲卒千餘人戍
之而還天子大悦進位正議大夫賜物二千段
唐書曰馬摠爲安南郡都護摠管經畧使摠敦儒學長於
政術在南海累年清廉不撓夷獠便之於漢所立銅柱之

處以銅一千五百斤特鑄二柱刻書唐德以繼伏波之迹
又曰范希朝鎮振武蕃落之俗有長帥至必効奇駝名馬
雖廉者猶曰當從以致其歡希朝一無所受積十四年皆
保塞而不爲横
又曰柳公綽爲太原尹北都留守河東節度觀察等使是
歲北虜遣梅祿將軍李暢以馬万疋來市託云入貢所經
州府守帥假之禮分嚴其兵備留館則戒卒於外懼其襲
奪太原故事出兵迎之暢及界上公綽使牙將祖孝恭單
馬勞問待以修好之意暢感義出涕徐驅道中不妄馳獵
及至闢牙門令譯引謁宴以常禮及市馬而還不敢侵犯
陘北有沙陁部落自九姓六州皆畏避之公綽至鎮召其
酋朱耶執宜直抵雲朔塞下治廢柵十一所募兵三千付
之留屯塞上以禦匈奴其妻母來太原者請梁國夫人對
酒食問遺之沙陁感之深得其効
梁吴均邊城將詩曰僕本邊城將馳射靈關下箭御鴈門
石氣振武安瓦玉摽丹霞斂金終豔光馬高旗入漢飛長
鞭歷地寫

太平御覽卷第二百七十八

太平御覽卷第二百七十九

兵部十

威名　信義

威名

史記曰李廣居右北平匈奴聞之號曰漢飛將軍避之數歲不敢入右北平界

漢書曰郅都爲鴈門太守匈奴素聞名節舉邊爲引兵去竟都死不近鴈門匈奴爲偶人像都令馳騎射之莫能中者其見憚如此

後漢書公孫瓚傳曰瓚字伯珪遼西令支人初平二年青徐黃巾三十万衆入渤海界欲與黑山合瓚率步騎二万人逆擊於東光南大破之（東光今滄州縣）斬首三万餘級賊棄輜重數万兩奔走渡河瓚因其半濟薄之賊復大破死者數

万流血丹水收得生口七万餘人車甲財物不可勝筭威名大震拜奮武將軍

又曰瓚爲降虜校尉討烏桓每聞有警瓚輒厲色憤怒如赴讎敵望塵奔逐或繼之以夜戰虜識聲憚其勇莫敢抗犯

又曰瓚征烏桓常與善騎射之士數十人皆乘白馬以爲左右翼自號白馬義從烏桓更相告語避白馬長史乃畫作瓚形馳射之中者咸稱万歲虜自此之後遂遠竄塞外

又曰承宮名播匈奴時北單于遣使求得見宮顯宗勑自整飾宮對曰夷狄眩名非識實者也臣狀醜不可以示遠宜選有威容者

續漢書承宮傳曰夷狄聞臣虛稱故欲見臣臣醜陋形寢不如選長有威容者示之也帝乃以大鴻臚魏應代之

又曰武王縯（音引）字伯升世祖之長兄也慷慨有大節進圍宛城中自號天柱大將軍王莽素聞其名大震懼使長安中宮署及天下鄉亭皆畫伯升像於塾旦起射之

東觀漢記曰耿秉性勇壯而簡易於事軍行常自被甲在前休止不結營部然遠斥候明要誓有警軍陣立成事卒皆樂爲死匈奴聞秉卒舉國號哭

魏志曰呂布字奉先便弓馬膂力過人號爲飛將

又曰龐德將所領南屯樊討關羽曰今年我不殺羽羽當殺我親與羽交戰射羽中額時德常乘白馬羽謂之白馬將

又曰張遼爲孫權所圍遼潰圍出復入權衆破走由是震威江東兒啼不肯止其父母以遼恐之

晉書曰鄧遐勇力絕人氣蓋當世時人方之樊噲桓引以

爲參軍數郡號爲名將

宋書曰劉胡本名坳胡以其顏面坳黑似胡故以爲名及長以坳胡難道單呼爲胡出身群將捷口善處分稍至隊主討諸蠻往無不捷蠻甚畏憚之小兒啼語之曰劉胡來便即止

又曰沈慶之伐沔北結蠻大破之威震諸山群蠻皆稽顙慶之患頭風着狐皮帽群蠻惡之號曰蒼頭公

後魏書曰李崇沉深有將略寬厚善御衆在楊州九經十年常養壯士數千人寇賊侵邊所向摧破號曰卧虎賊甚憚之

後周書曰韓杲從大軍破稽胡於北山胡地險阻人迹罕至杲進兵窮討散其種落稽胡憚杲勁健號爲著翅人太祖聞之笑曰著翅之名寧減飛將

又曰蔡祐與齊神武遇戰於邙山祐時著明光鐵鎧所向無前敵人咸曰此是鐵猛獸也皆遽避之

又曰裴寬在孔城十三年與齊洛州刺史獨孤永業相對永業有計謀多譎詐或聲言春發秋乃出兵或掩敵消息倏忽而至寬每揣知其情出兵邀擊無不克之永業常戒其所部曰但好慎孔城自外無足慮其見憚如此

又曰怡峯字景阜遼東人也從征役以驍勇聞當時號爲驍將

又曰梁武勑蕭續曰賀拔勝北間驍將汝宜慎之

又曰郝玼爲刺史始玼以臨涇地宜當畜息蕃戎每爲寇即屯其地嘗白其帥願以城控之前帥不從其後段祐爲節度使玼復白祐祐多其策乃表請城之故詔玼鎮其地自是西戎無敢犯涇者玼自行間前無強敵在邊上三十

年生得蕃人輒劓刵而歸其屍蕃人畏之如神下令得玼者賞以等身金蕃中小兒啼號者但連呼郝玼以怖之

又曰張万福帶和州刺史鎮咸陽因留宿衛李正巳反將斷江淮路令兵守埇橋渦口淮進奉舡千餘隻泊渦下不敢過德宗以万福爲濠州刺史召見謂曰先帝改作名正者所以褒卿也朕以爲江淮草木亦知卿名若從先帝所改恐賊不知是卿也復賜名万福慰遣之万福馳至渦口立馬岸上發進奉舡淄青兵馬倚岸睥睨不敢動諸道舡繼進

吳越春秋曰吳公子慶忌吳王僚子也勇捷爲人所聞筋力果勁万人之敵也

世說曰桓石虎小字鎮惡常從征枋頭車騎冲沒左右莫能先救宣武謂汝叔落賊汝知否虎聞氣甚奮策馬於万衆中置冲還三軍歎服河朔遂以其威時有患瘧者怖之多愈因斷瘧焉

燉煌實録曰宋質直破虜有威名兒啼恐之即止虜相恚曰使汝行逢宋都督

信義

左傳曰曹衛告絶於楚子玉怒從晉師晉退軍吏曰以君避臣辱也且楚師老矣何故退子犯曰師直爲壯曲爲老豈在久乎微楚之惠不及此（重耳過楚楚成王有贈送之惠）退三舍避之所以報也（一舍三十里初楚子云若反國何以報我故以退三舍爲報）

又曰晉文公圍原命三日之糧原不降命去之諜出曰原將降矣軍吏請待公曰信國之寶也民之所庇也得原失信何以庇之所亡滋多退三舍而原降

又曰晉將荀吳伐鮮虞圍鼓（鼓白狄之別也）鼓人或請以城叛吳

曰吾聞諸叔向好惡不愆民知所適事無不濟也（愆過也適歸也）或以吾城叛吾所甚惡也人以城來吾獨何好焉賞所甚惡若所好何（無復加所好也）若其弗賞是失信也何以庇民力能則進否則退量力而行吾不可以欲城而邇姦也所喪滋多使鼓人殺叛人而繕守備圍鼓三月鼓人或請降使其民見曰猶有食色軍吏曰獲城而不取勤民而頓兵何以事君吳曰所以事君也獲一邑而教民怠將焉用邑邑以賈怠不如完舊（完猶保守也賈音估完户官切）賈怠無卒（卒終）棄舊不祥鼓人能事其君我亦能事吾君德義不爽（爽差）好惡不愆城可獲而民知義所（知義所在也荀吳少其能獲故因以示義）有死命而無二心不亦可乎鼓人告食竭力盡而後取之尅鼓而返不戮一人

史記曰秦末天下兵起范增説項梁曰陳勝敗固當夫秦滅六國楚最無罪自懷王入秦不返楚人憐之至今曰楚

雖三户亡秦必楚今陳勝首事不立楚後而自立其勢不長今君起江楚蜂起之將皆争附君者以君世世楚將爲能復立楚之後也乃求楚懷王孫心立爲懷王以從民欲也

又曰漢楚相持之際項羽擊陳留外黄外黄不下數日降羽悉令男子年十五以上詣城東欲坑之外黄令舍人兒年十三（令之舍人兒也以其幼弱故孫其父）往説羽曰彭越強劫外黄（強音其兩反）外黄恐故且降待大王大王至又皆坑之百姓豈有所歸心哉從此以東梁地十餘城皆恐莫肯下矣羽然其言迺赦外黄當坑者而東至睢陽聞之皆争下

又曰漢王至洛陽新城三老董公遮説漢王以義帝死請發喪漢王從之高祖大哭遂爲義帝發喪臨三日發使者告諸侯曰天下共立義帝北面事之今項王放殺義帝江

南大逆無道寡人親爲發喪諸侯皆縞素發國内兵收三河士南浮江漢以下願從諸侯王擊楚之殺義帝者於是諸侯多從之

後漢書曰更始初光武爲蕭王定河北諸賊銅馬餘衆降封其渠帥爲列侯降者猶不自安光武知其意令各歸營勒兵乃自乘輕騎案行部陣降者更相語曰蕭王推赤心置人腹中安得不投死乎（投死猶言致也）由是皆服

蜀志曰明帝自征蜀至長安遣張郃諸軍勁卒四十餘万向劒閣諸葛亮有戰士万二千時魏軍始陣兵適交參佐咸以敵衆強多非力所制控權停下兵并聲勢亮曰吾聞用武行師以大信爲本得原失信古人所惜去者束裝以待期妻子企踵而計日乃勑速遣於是去者感悦願留一戰往者憤踊咸思致命臨戰之日莫不拔刃争先以一當十殺張郃却司馬宣王一戰大尅此之由也

吴志曰孫皎嘗遣兵候魏獲魏邊將吏美女以進皎皎更其衣服送還之也

晉書曰武帝有滅吴之志以羊祜爲督荆州諸軍事假節散騎常侍衛將軍如故祜率營兵出鎮南夏開設庠序綏懷遠近得江漢之心與吴人開布大信降者欲去皆聽之

又曰羊祜爲征南大將軍督荆州諸軍事祜以孟獻營武牢而鄭人懼晏嬰城東陽而萊子服乃進據險要開建五城收膏腴之地奪吴人之資石城以西盡爲晉有自是前後降者不絶乃增修德信以懷柔初附慨然有呑吴之心每與吴人交兵尅日方戰不爲掩襲之計將帥有欲進譎詐之策者輒飲以醇酒使不得言人有掠吴二兒爲俘者

祜遣送還其家後吴將夏詳邵顗等來降二兒之父亦率其屬與俱吴將陳尚潘景來寇祜追斬之美其死節而厚加殯斂景尚子弟迎喪祜以禮遣還吴將鄧香掠夏口祜募生縛香既至宥之香感其恩率部曲而降祜出軍行吴境刈穀爲粮皆計所侵送絹償之每會衆江沔遊獵常止晉境若禽獸先爲吴人所傷而爲晉兵所得者皆封還之於是吴人翕然悦服稱爲羊公不之名也祜與陸抗相對使命交通抗稱祜之德量雖樂毅諸葛孔明不能過也抗嘗病祜饋之藥抗服之無疑心士多諫抗抗曰羊祜豈酖人者時談以爲華元子反復見於今抗每告其戍曰彼專爲德我專爲暴是不戰而自服也各保分界而已無求細利孫皓聞二境交和以詰抗抗曰一邑一鄉不可以無信義況大國乎臣不如此正是彰其德於祜無傷也

又曰羊祜在軍常輕裘緩帶身不被甲鈴閤之下侍衛者不過十數

又曰劉道規爲荆州刺史桓玄餘黨荀林屯江津桓謙軍屯枝江二寇交逼乆絶都邑之問荆楚旣桓氏義舊並懷異心道規乃會將士告之曰桓謙今在近畿聞諸君頗有去就之計吾東來文武足以濟事若欲去者本不相禁因夜開城門達曉不閉衆咸憚服莫有去者

又曰劉裕爲將北伐後秦姚泓（烏宏反）以檀道濟爲前鋒至洛陽凡拔城破壘俘四千餘人議者謂應以戮爲京觀道濟曰伐罪弔民正在今日皆釋而遣之於是戎夷感悅相率歸之者甚衆

又曰崔鴻後燕録曰遣將慕容白曜伐宋無鹽城尅之將盡以其人爲軍實副將酈範（酈音曆也）曰齊四履之地號爲東秦不遠爲經略恐未可定也今皇威始被民無霑澤連城有懷二之將比邑有拒守之失宜先信義示之軌物然後民心可懷二州可定白曜從之進次肥城白曜將攻之範曰肥城雖小攻則淹日得之無益軍聲失之有損威勢且無鹽之卒死者塗炭成敗之機足爲鑒矣若飛書告諭可不攻自伏縱其不降亦當逃散白曜乃以書曉之肥城果潰也

北史曰西魏將王羆之守華州也（今馮翊郡）西魏師與東魏師戰河橋不利東魏卒趙青雀據長安城所在莫有固志羆乃大開州門召城中軍民謂之曰如聞天子敗績不知吉凶諸人相驚咸有異心王羆受委於此以死報恩諸人若有異圖可來見殺必恐城陷没者亦任出城如有忠誠能與王羆同心者可共固守軍民見其誠信皆無異志

後魏書曰李爲爲荆州刺史輕將數十騎到上洛宣詔綏

慰當即帖然尋勒邊戍掠得蕭賾人者悉令還之南人感德仍送荆州之口二百許兩境交和無復烽燧之警

隋書曰桂州人李光仕舉兵作亂隋將周法尚討之光仕帥勁兵保白石洞法尚捕得其弟光略光度大獲家口其黨有來降附輒以妻子還之居旬日降者數千人法尚遣兵列陣以當光仕親率奇兵蔽林設伏兩陣始交法尚馳擊其柵柵中人皆走散光仕大潰追斬之

唐書曰武德中李靖旣尅江陵降蕭銑時諸將咸云銑之將帥與官軍拒戰罪狀旣重請籍没其家以賞將士靖曰王者之師義在弔罰且犬吠非其主無容同叛逆之科此蒯通所以免大戮於漢祖也今新定荆郢宜弘寛大以慰遠近之心降而籍之恐非救焚拯溺之義但恐自此南城鎭各堅守不下非計之善於是遂止江漢之城聞之莫不爭下

又曰裴度旣平淮西蔡人大悅舊令途無偶語夜不燃燭人或以酒食相過從者以軍法論度乃約法唯盜鬭殺外餘盡除之其往來者不復以晝夜爲限於是蔡之遺黎始知有生人之樂

又曰裴度旣平淮西以蔡卒爲牙兵或以爲反側之子其心未安不可自去其備度笑而荅曰吾受命爲彰義軍節度使元惡就擒蔡人即吾人也蔡之父老無不感泣申光之民即時平定

又曰李愬襲蔡州旣獲李祐又解其縛而客禮之愬乗間常召祐及李忠義屏人而語義亦降將也本名憲愬改之軍中多以諌愬愬益親祐始募敢死者三十人以爲突將愬自教習之將襲元濟會雨水自五月至七月所在陂澤

潰溢不可行營諸軍皆以愬不殺祐爲言慮其誘覆官軍
簡牒日至且言得賊諜具事愬無以止之乃持祐泣曰豈
天不欲平此賊何尓我一身而見奪於衆口愬亦慮諸軍
先以謗聞則不能全之矣乃械祐送京師先表請釋且言
必殺祐則無與成功者比至京詔釋以還愬愬喜甚署爲
散兵馬使授刀佩之夜則倚以巡警或使入愬帳中言事
愬因留對舉酒往往達旦竊聽者時聞祐泣涕聲尋署爲
六院兵馬使

說苑曰晉文公伐楚歸國行賞狐偃爲首或曰城濮之事
先軫之謀文公曰城濮之事偃說我毋失信不背三舍之
約先軫所謀軍事吾用之以勝然此一時之說偃言万世
之功柰何以一時之利而加万世功乎是以先之衆人悅
服

莊子曰市南宜僚弄丸兩家之難解孫叔敖秉羽而郢人
投兵（彪曰宜僚善弄丸白公脅之弄丸如故孫叔敖秉羽之舞郢人無所攻故投兵）

韓詩外傳曰簡子薨未葬中牟叛之葬五日興師攻之圍
未匝而城自壞者十丈襄子擊金而退之曰吾聞君子不
承人於利不阨人於險使脩其城然後攻之中牟聞其義
請降

呂氏春秋曰夏后與有扈戰於甘澤而不勝曰戰而不勝
是吾德薄而教不善也於是處不重席食不貳味琴瑟不脩
女子不飾尊賢使能朞年而有扈氏服

太平御覽卷第二百七十九

兵部十一

撫士上

孫子曰視卒如嬰兒故可與之赴深谿視卒如愛子故可與之俱死厚而不能使愛而不能令亂而不能理（恩不可專用罰不可獨任）譬如驕子不可用也

軍讖曰軍無財則士不來軍無賞則士不往故香餌之下必有懸魚重賞之下必有勇夫故曰禮者士之所歸也賞者士之所死也昭其所歸示有所死故曰禮有後悔則士不止賞而後悔則士不使禮賞不倦則士進矣

左傳曰冬楚師伐宋圍蕭蕭潰楚大夫申公巫臣曰師人多寒楚子於是巡三軍拊而勉之（拊撫慰勉也）三軍之士皆如挾纊（纊綿也言士悅以忘寒）

又曰聲子詣楚謂令尹屈建曰雍子奔晉以爲謀主彭城之役晉楚遇於靡角之谷雍子曰歸老幼返孤疾二人役歸一人簡兵蒐乘（簡擇蒐閱）秣馬蓐食師陣焚次（次舍也焚舍示必死）明日將戰行歸者而逸楚囚（欲使楚知）楚師宵潰晉降彭城而歸諸宋楚失東夷子辛死之則雍子之爲也

史記曰楚人有饋一簞醪者楚莊王投之於河令將士迎流而飲之三軍皆醉

又曰趙括爲將毋上書曰始妾事其父王所賞賜者盡與軍吏令括一日爲將所賜金視便田宅買之父子異心不可用王不聽遂請曰有所不稱妾得無隨乎王許諾

又曰吳起之爲將與士卒最下者同衣食臥不設席暑不張蓋分率勞苦卒有病疽者起爲吮之

又曰田橫據有齊地漢將韓信灌嬰平齊地橫走歸彭越

漢滅項籍後橫與其徒屬五百餘人入海居隖中（隖音島同）帝使使赦橫罪而召之曰橫來大者王小者乃侯（大者謂橫小者謂徒屬）不來發兵加誅乃與其客二人乘傳詣洛陽至尸鄉廄置之驛馬之所謂其客曰陛下所以欲見我不過欲一見我面貌耳陛下在洛陽今斬吾頭馳三十里間形容尚未能敗猶可觀也遂自剄令客奉其頭從使者馳奏之高祖以王者禮葬橫既葬二客穿其冢旁皆自剄餘尚五百人在海中聞橫死亦皆自殺於是乃知田橫兄弟能得士也

漢書曰李廣歷七郡太守前後四十餘年得賞賜輒分其麾下飲食與士卒共之家無餘財終不言生產事將兵之處見水士卒不盡飲不近水士卒不盡食不嘗食士以此愛樂爲用也

又曰竇嬰拜大將軍賜金千斤嬰以所賜金陳廊廡下軍吏輒令取爲用金無入家者

又曰司馬遷與任少卿書曰愚以爲李陵與士大夫絕甘分少能得人之死力雖古名將不過也

又曰袁盎字絲爲中郎以數上諫爲隴西都尉仁而愛士士卒皆爲致死

後漢書曰桓帝以段熲爲破羌將軍征羌每行軍仁愛士卒疾者親自瞻省手爲裹瘡在邊十餘年未嘗一日蓐寢與將士同勤苦故皆樂爲死戰

又曰皇甫規延熹中爲中郎將持節監討零吾等羌會軍中大疫死者十三四規親入菴廬巡視將士三軍感悅東羌遂遣使乞降

又曰皇甫嵩平黃巾卹士卒甚得衆情每軍行頓止須營幔修立然後就舍帳軍士皆食爾乃嘗飯吏有因事受賂

者嵩吏以錢物賜之吏懷慚或至自殺
又曰馬援討西羌中流矢貫脛帝以璽書勞之賜牛羊數
千頭援盡班諸賓客
又曰董卓擊漢陽叛羌破之拜郎中賜縑九千疋卓曰爲
者則已有者則士爲共勑諸著乃雖坦乃悉分吏兵無所留
又曰王覇常與臧宮傅俊共營覇獨善撫士卒死者脫衣
以斂之傷者躬親以養之
又曰光武遣太中大夫賜征西吏士死傷者醫藥棺斂大
司馬已下親弔死問疾以崇謙讓
又曰耿恭在疏勒遣軍吏范羌至燉煌迎兵士寒服
又曰袁紹攻臧洪粮盡主簿啓內厨米三斗稍爲饘粥洪
曰何能獨此耶使爲薄粥遍班士衆又殺其愛妾以食兵
將咸流涕無能仰視

魏書曹公令曰趙奢竇嬰之爲將也受賜千金一朝散之
故能濟大功永代流聲吾讀其文未甞不慕其爲人也
魏志曹真傳曰真每征行與將士同勞苦軍賞不足輙以
家財頒賜士卒皆願爲用
又曰諸葛誕守壽春以司馬氏累世擅權遂舉兵稱臣輔
魏室爲辭司馬文王率師討之壽春城陷誕死文王招其
徒不降且招且戰數百人拱手爲列每斬一人輙遣降之
皆云爲諸葛公死無恨以至于盡無一人降時人比之田
橫吳戍將于詮曰大丈夫受命其主以兵救人既不能尅
又東手於敵吾不取乃免冑冒陣而死其得士心如此
吳志曰陸瑁字子璋丞相遜弟也少好學篤義先是陳留
濮陽逸沛郡朱纂廣陵袁迪等皆單貧有志就瑁遊處瑁
割少分甘與共豐約

蜀志曰鄧艾爲大將二十餘年賞罰明善䘏卒伍身之衣
食資仰於官素儉終不治私妻子不免飢寒
晉書曰祖逖居丹徒之京口賓客義徒皆豪桀勇士逖遇
之如子弟時楊土大飢此輩多爲盜竊攻剽富室逖慰撫
問之曰比復南塘一出不或爲吏所繩逖輙擁護救解之
談者以此少逖　自若也
又曰祖逖據太丘樊雅攻之陳留太守陳川使李頭救之
頭力戰有勲逖時獲雅駿馬李頭甚欲之而不敢言逖知
其意遂與之頭感逖恩遇每歎曰若得此人爲主吾死無
恨
又載記曰劉曜將陳安善於撫納吉凶夷險與衆同之及
其死隴上歌之曰隴上壯士有陳安軀幹雖小腹中寛愛
養將士同心肝驫驄父馬鐵瑕鞌七尺大刀奮如湍丈八

虵矛左右盤十盪十決無當前戰始三交失虵矛棄我驫
驄竄巖幽爲我外援而懸頭西流之水東流河一去不還
柰子何曜聞而嘉傷命樂府歌之
又曰段灼追理鄧艾表曰留屯上邽承官軍大敗之後士
卒破膽將吏無氣倉庫空虛器械殫盡艾欲積穀強兵以
待有事是歲少雨又爲區種之法手執耒耜率先將士所
統万數而身不避僕虜之勞親執士卒之役
又曰周訪練兵簡卒欲宣力中原與李矩郭默相結慨然
有平河洛之志善於撫納晉衆皆爲致死
續晉陽秋曰盧循爲廣州州無麵每得分餉未周遍文武
則不食也其仁如此
北史曰西魏將梁椿性果毅善撫納所獲賞物分賜麾下
故每践敵場咸得其死力

北齊書曰蘭陵武王長恭其爲將也躬勤細事每得甘美乃至一瓜數果必與將士共之

又曰趙郡王琛薨子叡嗣爲定州刺史詔領山東兵數万監築長城于時盛夏先有氷每歲藏氷長史宗欽道以叡冒犯暑熱遂遣輿氷追送正値日中炎赫叡乃對之歎息云三軍皆飲温水吾以何義獨進寒氷遂至消液竟不一嘗兵人感悦遐邇稱歎

後漢書曰司馬楚之少有英氣能折節待士及宋受禪規欲報復收衆據長社歸之者常万餘人劉裕深憚之遣刺客沐謙圖害楚之楚之待謙甚厚謙夜詐疾知楚之必來欲因殺之楚之聞謙疾果自賫湯藥往省之謙感其意乃出匕首於席下以狀告之楚之歎曰若如來言雖有所防恐有所失謙遂委身事之其推誠信物得士心皆此類也

後周書曰侯莫陳順於渭橋與賊戰頻破之魏文帝還親執順手曰魏橋之戰卿有殊力便解所服金鏤玉梁帶賜之

又曰史寧爲凉州刺史遣使詣太祖請事太祖即以所服冠履衣被及弓箭甲稍等賜寧謂其使人曰爲我謝凉州孤解衣以衣公推心以委公公其善始令終無損功名也

又曰武帝勝齊出齊宮中金銀寶器珠翠麗服及宮人二千人班賜將士

又曰武帝勞謙接下自強不息以海内未康鋭情教習至於治兵閲武步行山谷履涉勤苦皆人所不堪平齊之役見軍士有跣而行者帝親脱鞾以賜之

又曰武帝善於撫下每宴會將士必自執杯勸酒或手付賜物至於征伐之處躬在行陣性又果決能斷大事故能得士卒死力以弱制強

又曰太祖平侯莫陳悦整兵入上邽收悦府庫財物山積皆以賞士卒毫釐無所取左右竊一銀鏤甕以歸太祖知而罪之即剖賜將士衆大悦

又曰武帝大舉伐齊次於晉州初齊攻晉州恐周師卒至於城南穿塹自喬山屬於汾水帝率諸軍八万人置陣東西二十餘里帝常御馬從數人巡陣處分之至輙呼主帥姓名以慰勉之將士感見知之恩各思自勵將戰有司請換馬帝曰朕獨乘良馬欲何所之齊主亦於此塹列陣帝欲薄之以礙塹遂止自旦至申相持不決申後齊人乃填塹南引帝大喜勒諸軍擊之兵纔合齊人便遂北斬首万餘級齊主與其麾下數十騎走還并州於是齊衆大潰

隋書曰楊玄感反吳人朱燮晉陵人管崇起兵江南以應之自稱將軍擁衆十餘万帝遣將軍吐万緒魚俱羅討之不能尅王充募江都万餘人擊頻破之每有尅捷必歸功於下所獲軍實皆推與士卒身無所受由此人爭爲用功最居多

又曰煬帝在藩時嘗觀獵遇雨左右進油衣上曰士卒皆霑濕我獨衣此乎乃令持去

唐書曰王世充未平太宗奏請圍東都高祖謂使人宇文士及曰歸報尒王今取東都者止欲兵甲休息耳破城之日其乘輿法物圖籍器械非私家所須者委汝收之子女玉帛皆分賜將士

又曰貞觀中太宗親征高麗駕次定州兵士到者幸定州城北門親慰撫之有從卒一人病不能起太宗招至牀前問其疾苦仍勑州縣厚加供給凡在征人欣然縱有病者悦

以忘疾師次白巖城將軍李思摩中弩矢太宗親爲之吮血從行文武競思奮勵及軍迴行次柳城詔集戰亡人骸骨設太牢以祭之太宗慟哭盡哀軍人無不灑泣兵士觀者歸家以言其父母曰吾兒之死天子哭之死無所恨

又曰司空李勣每將兵在軍識其臧否聞人片善扼腕而從事捷之日多推功於下前後在軍所得金帛皆散之將士於是人皆爲用所向多尅捷及薨哭之或有嘔血者也

又曰秦叔寶隨太宗戰於美良川破尉遲敬德功最多高祖遣使賜以金瓶而勞之曰卿不顧妻子遠投於我又立功效能朕肉可爲卿用者割以賜卿耳況子女玉帛乎卿當勉之尋授秦王右統軍

太平御覽卷第二百八十

太平御覽卷第二百八十一

兵部十二

撫士下

唐書曰太宗征遼車駕次遼澤下詔曰日者隋師渡遼時非天贊從軍士卒骸骨相望遍於原野良可哀歎掩骼之義抑惟先典其令並收葬之

又曰建中二年田悅攻臨洺守將張伾以軍事連戰已苦府藏已竭私產亦罄而賞之不賙乃飾其愛女出示於衆曰室家所有一女而已請估而給焉軍中感之曰願以一死鬬不敢言賞遂大破之

又曰馬燧既敗田悅以功加右僕射先戰燧誓於軍中戰勝請以家財行賞既戰盡其私積以頒將士上聞而嘉之乃詔度支出錢五萬貫行賞還其家財尋加魏博招討使

又曰李晟以神策軍討朱泚時神策軍家族多陷於泚晟家妻子僮百口亦同陷泚左右或有言者晟曰乘輿何在而敢言乎泚又間日使人至晟軍則晟小吏王無忌之婿也因無忌以謁晟且曰公家無恙城中有書問以此誘晟晟怒曰尒敢爲賊傳命耶立斬之時轉輸不至盛夏軍士或衣裘褐晟必同勞苦每以大義奮激士皆涕流感悅卒無離叛者於是軍士皆角力馳騎超踰爲戲晟知可用

又曰德宗在梁州山南地偏及夏尤熱將士未給春服上亦御裌服以視朝左右請御衫上曰將士從我者冬服未易我豈可獨衣衫乎將士聞之無不感涕至五月諸道財賦稍至先令給將士衣服而後御衫

又曰李光顏爲陳許節度使會討吴元濟詔光顏以本軍獨當一靣光顏性忠義善撫養士卒樂爲用每戰甚苦及賊將鄧懷金以郾城兵三千人降光顏益堅平賊之志時韓弘爲汴帥驕矜倔強常恃賊勢索朝廷姑息且惡光顏力戰陰圖撓屈計無所施遂舉大梁城求得一美婦人教以歌舞絃管六博之藝飾之以珠翠金玉衣服之具計費九數百萬命使者送遺光顏冀光顏一見悅惑而怠於軍政也使者即賫書先造光顏戰壘曰本使令公德公私愛憂公暴露欲進一妓以慰公征役之思謹以俟命光顏曰今日已暮明旦納焉詰朝光顏乃大宴軍士三軍咸集命使者進妓妓至則容止端麗殆非人間所有一座皆驚光顏乃於座上謂來使曰令公憐光顏離家室乆捨美妓見贈誠有以荷德也然光顏受國恩深誓不與逆賊同生日月下今戰卒數萬皆弃妻子蹈白刃光顏柰何獨以女色爲樂言訖涕泣嗚咽堂下兵士數萬皆感激流涕乃

厚以縑帛酬來使俾令領其妓自席上而迴仍謂使者曰爲光顏多謝令公光顏事君許國之心死無貳矣明日遂大戰兵士無不一當百煞殄蔡孽光顏功冣居多

又曰令狐楚爲汴州刺史汴軍素驕累逐主帥前使韓弘兄弟率以峻法繩之人皆偷生未能革志楚長於撫理前鎮河陽代烏重胤重胤移鎮滄州以河陽軍三千人爲牙卒咸不願從中路叛歸又不敢歸州聚於境上楚初赴任聞之乃疾驅赴懷州潰卒亦至楚單騎喻之咸令橐弓解甲用爲前驅卒不敢亂及涖汴州解其酷法以仁惠爲治去其太甚軍民感悅翕然從化後竟爲善地

又曰柳公綽鎮鄂州時吴元濟叛公綽請討之鄂軍既在行營公綽時令左右省問其家如疾病養生送死必厚廩給之軍士之妻治容不謹者沉之于江行卒相感曰中丞

爲我輩知家事何以報效故鄂人戰每尅捷

又曰鄭從讜爲北都留守舊府城都虞候張彦球者前帥令率兵三千逐沙陁於百井中路而還縱兵破鑰殺故帥康傳圭及從讜至搜索其魁誅之知彦球善有方略召之開諭坦然無疑悉以兵柄委之

又曰烏重胤爲長帥赤心奉上能與下同甘苦所至立功未甞矜伐而善待寮佐體分周密曲盡禮敬故當時名士咸願依焉歿數日有軍士二十餘人皆割股肉以祭重胤古之良將無以加也

三國典略曰北齊斛律光雖居大將未甞戮人軍士未安終不入幕寒不服裘夏不操扇所得果糒徧分麾下號令不過數句言皆切要每戰居險爲士卒先有士卒中蠱親甞其嘔三軍感之樂爲致命

戰國策曰魏以吳起爲將與士卒最下者同衣食卧不設席行不騎乘親蠃糧與士分勞（蠃音）卒有病疽者吳起爲吮（疽七余反）卒母聞而哭之或謂之曰毋子卒也而將軍自吮其疽何哭矣母曰非然也往年吳公吮其父父戰不旋踵遂死於敵今又吮此子妾不知其所死處矣是以哭之於是擊秦拔其五城

吕氏春秋曰勾踐苦會稽之恥欲深得民心必致死於吳有酒流之江與人同有甘肥不分不敢食

又曰昔秦繆公乘馬而車爲敗右服失而野人取之（四馬車兩馬在中爲服詩曰兩服上襄兩在邊爲驂）繆公自往求焉見野人方將食之於岐山之陽繆公笑曰食駿馬之肉不還飲酒余恐其傷汝也徧飲而去之處一年爲韓原之戰晉人已環繆公之車矣晉梁由靡已扣繆公之左驂矣（扣[illegible]）晉惠公之右路右舊役而擊繆公其甲之扸者已六札矣（扸者墮也文有所失也）野人之甞食馬肉者三百有餘人畢力爲繆公疾鬬於車下遂大克晉反獲惠公以歸此詩所謂君子正以行德愛人則寛以盡其力人主胡可不務行德愛人行德愛人則民親其上皆樂爲其死

符子曰秦穆公伐晉及河將勞師而醪唯飲一鍾蹇叔曰一米可投河而釀也穆公乃以一醪投河三軍醉矣

三略曰夫將之爲帥者必同滋味共安危人有遺一簞之醪者使投諸河令士衆向流而挹之夫一簞之醪不能味一河然而三軍之士思爲之死者何也以滋味及已也

又曰用兵之要在於崇禮而重禄（崇高也禄稟食也）崇禮則賢士至重禄則戎士輕死（賢士至謂若燕禮郭隗而樂毅之徒集也故曰重賞之下必有死夫）

又曰良將之統軍也恕己活人推惠施恩士力日親戰如風發攻如河決

淮南子曰古人善將者必以其身先之暑不張蓋寒不被裘所以均寒暑也隂陽不乘上陵必下所以齊勞佚也軍食熟然後敢食軍井通然後敢飲所以同飢渴也合戰必立矢射之所及以其安危也故良將之用兵也常以積德擊積怨以積愛擊積憎何故而不勝主之所求於民者二求民爲之勞也欲民爲之死也民之所望於主者三飢者能食之勞者能息之有功者能德之民已償其二責而失其三望國雖大兵猶且弱也

又曰苦者必得其樂勞者必得其利斬首之功必全死事之後必賞（死事以軍事死賞其後子孫也）四者旣信於民矣主雖射雲中之鳥而釣深淵之魚彈琴瑟聲鍾竽敦六博（敦致也）投高壺兵猶且強令猶且行也是故上足仰則下可用也德足慕

則威可立也

又曰上視下如子則下事上如父上視下如弟則下事上如兄夫上視下如子則必王四海下事上如父則必正天下上視下如弟則不難爲之死下事上如兄則不難爲之亡是故父子兄弟之寇不可與鬬者積恩先施也故四馬不調造父不能以致遠弓矢不調羿不能以必中君臣乖心則孫子不能以應敵（孫子名武吳王闔閭之將也）是故内脩其政以積其德外塞其醜以服其威察其勞佚以知其飽飢故戰日有期視死若歸故將必與卒同甘苦共飢寒故其死可得而盡也

說苑曰楚莊王賜羣臣酒多燈燭滅乃有人引美人衣者美人援絶其冠纓告王曰今者燭滅有引妾衣者妾援得其冠纓持之趣火來上視絶纓者曰賜人酒使醉失禮奈

何欲顯婦人之節而辱士乎乃命左右曰今日與寡人飲不絶冠纓者不懽羣臣百有餘人皆絶去其冠纓而上火卒盡懽而罷居二年晉與楚戰有一臣常在前五合五獲首却敵卒得勝之莊王怪而問曰寡人德薄又未嘗異子子何故出死不疑如是對曰臣當死往者醉失禮王隱忍不暴而誅也臣終不敢以蔭蔽之德而不顯報王也常願肝腦塗地用頸血濺敵久矣臣乃夜絶纓者也遂斥晉軍楚得以強此有陰德者必有陽報也

又曰平原君旣歸趙楚使春申君將兵救趙魏信陵君亦矯奪晉鄙軍往救趙未至秦急圍邯鄲邯鄲急且降平原君患之甚邯鄲傳舍吏子李談謂平原君曰君不憂趙亡乎平原君曰趙亡即勝虜何爲不憂李談曰邯鄲之民炊骨易子而食之可謂至因而君之後宮百數婦妾荷綺縠厨粮餘梁肉士民兵盡或剡木爲矛戟而君之器物鍾磬自恣若使秦破趙君安得有此使趙而全君誠能令夫人以下徧於士卒間分功作之家所有盡散以饗士方其危苦時易惠耳於是平原君如其計而勇敢之士三千人皆出死因從李談赴秦軍爲却三十里亦會楚魏救至秦軍遂罷李談死封其父爲侯

列女傳曰楚子反攻秦軍絶粮使人請於王因問其母母問使者曰士卒無恙乎使者曰士卒分菽粒而食之又問曰將軍無恙乎對曰將軍朝夕芻豢黍梁子反破秦軍而歸母閉門不内使數之曰子不聞越王勾踐之伐吳耶客有獻醇酒一器者王使人注上流使卒飲下流味不加嘐而士卒戰自五也異日又有獻一囊糒王又使以賜軍士分而食之甘不踰嗌而戰自十也今士卒分菽粒而食之子獨

朝夕芻豢何也

太平御覽卷第二百八十一

太平御覽卷第二百八十二

兵部十三

機略一

孫子曰：九戰者以正合，以奇勝（正者當敵，奇兵從旁擊其不備）。故善奇者，無窮如天地，不竭如江海，終而復始，日月是也；死而更生，四時是也。故聲不過五，五聲之變不可勝聞；色不過五，五色之變不可勝觀；味不過五，五味之變不可勝嘗（以喻奇正無窮）。戰數不過奇正，奇正之變不可勝窮也。奇正相生，如循環之無端，孰能窮之哉！故水之疾至於漂石者，勢也；鷙鳥之擊至於毀折者，節也（發起討擊敵之）。是以善戰者其勢險（險猶疾也），其節短（短近）。勢如彍弩，節如發機（在疾不遠，發則中也）。紛紛紜紜，鬭亂而不可亂（旌旗亂也，示敵者若亂，以金鼓齊之）。渾渾沌沌，形圓而不可敗也（車騎轉形圓者，出入有道齊整）。

左傳曰：齊侯登巫山以望晉師。晉人使司馬斥山澤之險，雖所不至，必旆而疏陳之，使乘車者左實右僞，以旆先，輿曳柴而從之。齊侯見之，畏其衆也，乃脫歸。齊師夜遁。師曠告晉侯曰：鳥烏之聲樂，齊師其遁。邢伯告中行伯曰：有班馬之聲，齊師其遁（邢伯楚中行伯也）。

又曰：吳從楚師，及清發，將擊之。夫槩謂王曰：困獸猶鬭，況人乎？若知不免而致死，必敗我。使先濟者知免，後者慕之，蔑有鬭心。半濟而後可擊也。從之，又敗之。楚人爲食，吳人及之，奔。食而從之。

又曰：鄭人侵衛牧，以報東門之役。衛人以燕師伐鄭。鄭將祭足、原繁、洩駕以三軍軍其前，使曼伯、子元潛軍軍其後。燕人畏鄭三軍而不虞制人。鄭二公子以制人敗燕師于北制。君子曰：不備不虞，不可以師。

又曰：宋襄公及楚人戰于泓。宋人既成列，楚人未既濟（未盡度弘水也）。司馬子魚曰：彼衆我寡，及其未既濟也，請擊之。公曰：不可。既濟而未成列，又以告。公曰：未可。既陳而後擊之，宋師敗績。公傷股，門官殲焉。國人皆咎公。公曰：君子不重傷，不擒二毛（二毛頭白有二色者也）。古之爲軍也，不以阻隘也（不因阻隘以求勝）。寡人雖亡國之餘（宋商紂之後也），不鼓不成列。子魚曰：君未知戰。勍敵之人，隘而不成列，天贊我也（勍強也。言楚在險隘不得陳列，天所以佐宋也）。阻而鼓之，不亦可乎？猶有懼焉（雖因阻擊之，猶恐不勝也）。且今之勍者，皆吾敵也。雖及胡耇，獲則取之，何有於二毛（今之勍者謂與吾競者也。胡耇，元老之稱也。耇音苟）。明恥教戰，求殺敵也（明設刑戮以恥不果也）。傷未及死，如何勿重（言尚能害己也）？若愛重傷，則如勿傷；愛其二毛，則如服焉（言苟不欲傷殺敵人，則本可不須鬭也）。三軍以利用也（爲利興也），金鼓以聲氣也（鼓以佐士衆之聲氣也）。利而用之，阻隘可也；聲盛致志，鼓儳可也（儳巖未整陳也。儳音讒。通典曰：宋公違之而敗也）。

又曰：越伐吳，吳子禦之笠澤，夾水而陳。越爲左右勾卒（伍伍相著，別爲左右屯也。勾音鉤），使夜或左或右，鼓譟而進，吳師分以禦之。越以三軍潛涉，當吳中軍而鼓之，吳師大亂，遂敗之（左右勾卒爲聲勢以分吳，而三軍精卒并力擊其中軍，故得勝。吳越春秋：越伐吳，吳起軍於江南。乃分兵爲左右軍，將有私卒六千人爲中軍。日昏，乃令左軍銜枚泝江五里，右軍銜枚泝江五里，夜半鳴鼓。吳師聞之大駭，曰：越人來攻我乎？因分其軍爲二陣拒越。越王乃以其中軍銜枚潛涉，不鼓不譟以襲攻之，吳師大敗。此與左氏傳事同小異，故附于此）。

又曰：吳子問於伍員曰：初而言伐楚，余知其可也，而恐其使余往也，又惡人之有余之功也。今余將自有之矣，伐楚何如？對曰：楚執政衆而乖，莫適任患（適音的）。若爲三師以肄焉（肄猶勞也），一師至，彼必皆出；彼出則歸，彼歸則出，楚必道弊（罷弊於道）。亟肄以罷之（亟數也，音器。肄音羊至切），多方以誤之。既罷（音疲）

而後以三軍繼之必大克之闔廬從之楚於是乎始病終於吳師入郢（郢楚都也）

又曰吳伐越越子勾踐禦之陳于檇李（檇將遂切）勾踐患吳之整也使死士再擒焉不動（使敢死之士往輒為吳師所擒欲使吳師亂取之而吳不動）使罪人三行屬劒於頸（以劒注頸行戶郎切）而辭曰二君有理（理軍旅也）臣干旗鼓（犯軍令也）不敏於君之行前不敢逃刑將歸死遂自剄也師屬之目越子因而伐之大敗吳師

又曰楚子圍宋晉侯將救之大夫先軫曰報施救患取威定霸於是乎在矣狐偃曰楚始得曹而新婚於衛若伐曹衛楚必救之則宋免矣從之而解

又曰晉楚戰于城濮楚將子玉從晉師晉師陳于莘北胥臣以下軍之佐當陳蔡子玉以若敖之六卒將中軍曰今日必無晉矣鬬宜申將左鬬勃將右晉裨將胥臣蒙馬以

虎皮先犯陳蔡陳蔡奔楚右師潰（陳蔡屬楚右師）狐毛設二旆而退之（旆大旆也又建二旆而退使若大將稍卻也）欒枝使輿曳柴而偽遁（曳柴起塵詐為衆走）楚師馳之原軫郤溱以中軍公族橫擊之（公族公所師之軍）狐偃以上軍夾攻楚左師潰楚師敗績子玉收其卒而止故不敗晉師三日館穀（館舍也食楚軍穀三日也）

又曰楚將鬬廉帥師及巴師圍鄾（鄾音憂）鄧養甥聃甥（音男）帥師救鄾三逐巴師不克鬬廉衡陳其師於巴師之中以戰而北（衡橫也分巴師為二部鬬廉橫陳於其間以與鄧師戰而偽北北走）鄧人逐之背巴師而夾攻之（楚師偽走鄧師逐之背巴師巴師攻之楚師自前與戰也）鄧師大敗鄾人宵潰（宵夜）

又曰晉師伐秦秦人毒涇上流師人多死

又曰楚師伐吳鍼（音針）尹固與王同舟王使執燧象以奔吳師（燒火燧繫象尾使赴吳師驚之鍼職深切）

又曰時邾人城翼（翼邾邑也）還將自離姑（離姑邾邑也從離姑則道經魯之武城也）大夫公孫鉏曰魯將禦我欲自武城還循山而南（至武城而還依山南行不欲過武城鉏助魚切）大夫徐鉏丘弱茅地（二子邾大夫）曰道下遇雨而將不出是不歸也（謂此道下山濕）遂自離姑（遂過武城）武城人塞其前（以兵塞其前道）斷其後之木而弗殊邾師過之乃推而蹷之遂取邾師（推士追切蹷其月切）

又曰晉將陽處父侵蔡敝（音）楚將子上救之與晉師夾泜而軍（泜直利切）處父患之使謂子上曰吾聞之文不犯順武不違敵子若欲戰則吾退舍子濟而陳（欲避楚使成陣而後戰）遲速唯命不然紓我（紓緩）老師費財亦無益也乃駕以待子上欲涉大孫伯曰不可晉人無信半涉而薄我悔敗何及不如紓之乃退舍（楚退欲使晉度）陽子宣言曰楚師遁矣遂歸楚師亦歸太子商臣譖子上曰受晉賂而避之楚之恥也罪莫大焉

王殺子上

戰國策曰秦伐趙趙以趙奢之子代廉頗為將拒秦秦將王齕於長平（齕音根勿切）秦王聞之乃陰使武安君白起為上將軍而王齕為裨將軍令軍中有敢泄武安君者斬馬服子至則出兵擊秦軍秦軍佯敗而走張二奇兵以劫之趙軍逐勝追造秦壁秦壁堅距不得入而秦奇兵貳萬五千人絶趙軍又一軍五千騎絶趙壁間趙軍分而為二糧道絶而秦出輕兵擊之趙戰不利因築壁堅守以待救至秦王聞趙食道絶王自之河內賜民爵各一級發年十五以上悉詣長平遮絶趙救及糧食至九月趙卒不得食四十六日皆內陰相殺食來攻秦壘欲出為四隊四五復之不能出其時馬服子卒自相摶戰秦軍射殺之軍大敗卒二十餘萬人降皆坑之

又曰燕軍大破齊國齊將田單守即墨知士卒可用乃身操板揷與士卒分功妻妾編行伍之間盡散飯食饗士令甲卒皆伏使老弱女子乘城遣約降於燕燕軍皆呼萬歲田單又收人金得千鎰令即墨富豪遺燕將書曰即墨即降願無掠虜吾族家妻妾令安堵燕將大喜許之燕軍由此益懈田單出軍擊大敗之

又曰燕師伐齊巳下七十餘城園即墨未下齊將田單乃收城中得千餘牛爲絳繒衣畫以五綵龍文束兵刃於其角而灌脂束葦於尾燒其端鑿城數十穴夜縱牛壯士五千人隨其後牛尾熱怒而奔燕軍燕軍夜大驚牛尾炬火光明炫燿燕軍視之皆龍文所觸盡死傷五千人因銜枚擊之而城中鼓譟從之老弱者皆擊銅器爲聲聲動天地燕軍大駭敗走而齊七十餘城皆復爲齊

又曰燕將騎刼攻齊即墨齊將田單拒守乃宣言曰吾唯懼燕軍之劓所得齊卒置之前行與我戰即墨敗矣燕人聞之如其言城中人見齊降者盡劓皆怒堅守唯恐見得田單又縱反間曰吾懼燕人掘吾城外冢墓戮先人可爲寒心燕軍盡掘壟墓燒死人即墨人從城上遥見皆涕泣其欲出戰怒皆十倍因大敗燕

又曰魏趙相攻齊將田忌引兵救趙孫臏曰夫解雜亂紛紏者不控捲扯貞救鬬者不摶撠䖸批亢擣虛形格勢禁則自爲解耳今魏趙相攻輕兵銳卒必竭於外老弱罷於內君不若引兵疾走大梁據其街路衝其方虛彼必釋趙而自收弊於魏也田忌從之直走大梁魏師遂退

又曰齊孫臏謂齊王曰凡伐國之道攻心爲上務先伏其心今秦之所恃爲心者燕趙也當收燕趙之權今說燕趙之君勿虛言空辭必將以實利以回其心所謂攻其心者也

史記曰秦伐韓軍於閼与趙王召趙奢而問可救不對曰道遠險狹譬兩鼠鬬於穴中將勇者勝王乃命救之秦軍武安西鼓譟勒兵武安屋瓦盡震趙奢堅壁留二十八日不行秦間來入奢善食而遣之間還報曰去國三十里而不行秦將大喜秦間去趙奢卷甲而趨之軍士許歷曰秦人不意趙師至此其來氣盛將軍必厚集陣以待之先據北山上者勝奢許諾即以万人趨之秦兵後至爭山不得上奢縱兵大破秦軍解閼與之圍

又曰李廣軍敗爲匈奴生得佯死騰上胡兒善馬抱兒南馳以故得脫

太平御覽卷第二百八十二

兵部十四

機略二

史記曰韓信伐趙引兵未至井陘口三十里選輕騎二千人人持一赤幟從間道萆山而望趙軍如淳曰萆音蔽依山自覆蔽也誡曰趙見我走必空壁逐我若疾入趙壁拔趙幟立漢幟乃使萬人先行背水陣趙軍望見大笑平旦信建大將旗鼓鼓行出井陘口趙開壁擊之大戰良久於是信張耳弃旗鼓走水上軍水上軍開入之復疾戰趙果空壁爭漢旗鼓逐韓信張耳韓信張耳已入水上軍軍皆殊死戰信出奇兵二千騎候趙空壁逐利則馳入趙壁皆拔趙旗立漢赤幟二千趙軍不能得信等欲歸還壁壁皆漢赤幟而大驚以謂漢皆已得趙王將矣兵遂亂遁走於是漢兵夾擊大破虜趙軍斬成安君泜水上徐廣曰泜音遲擒趙王歇信諸將問信曰兵法右背山陵前左水澤今者將軍令臣等反背水陣臣等不服然竟以勝此術何也信曰此兵法不曰陷之死地而後生置之亡地而後存此所謂驅市人而戰其勢非置之死地使人人自為戰今予之生地則皆走寧尚可得而用之乎諸將皆服曰善非所及也

又曰越與吳戰敗范蠡獻吳粟十萬斛而蒸之吳言粟好盡付民種之不生明年大饑越遂伐吳滅之

又曰天下兵起沛公西入武關欲以二萬人擊秦嶢關下軍張良曰秦兵尚強未可輕也目聞其將屠者子賈豎易動以利願且留壁使人先行為五萬人具食益張旗幟諸山之上為疑兵令酈食其持重寶啗秦將貪而忽名可貨以賂秦將果畔欲連和俱西襲咸陽沛公欲聽之良曰此獨其將欲叛士卒恐不從不從必危不如因其懈怠擊之沛公乃引兵擊之秦軍大破

又曰項籍圍漢王於滎陽漢將紀信詐降以故漢王得出走入關收兵欲復東袁生說漢王曰漢與楚相距滎陽數歲漢常困願君王出武關項羽必引兵南走王深壁令滎陽成皋間且得休息使韓信等平河北趙地連燕齊君王乃復走滎陽未晚如此則楚所備者多力分漢得休息復與之戰破楚必矣漢王從其計出軍宛葉間與黥布行收兵項羽聞漢王在宛果引兵南漢王深壁不與戰終以此弊楚

又曰漢王至南鄭諸將及士卒皆歌思歸韓信說漢王曰項羽王諸將之有功者而獨居南鄭是迁也軍吏士卒皆山東之人日夜跂而思歸及其鋒而用之可以有大功天下已定人皆自寧不可復用不如決策東嚮爭權天下漢王從之終滅項籍

又曰楚漢相持項羽自擊漢將彭越於梁令其將大司馬曹咎守成皋漢將挑楚軍咎度汜水戰漢將後半涉擊大破之

又曰漢王與韓信彭越期會擊楚軍至固陵會楚擊漢軍大破之漢王謂張良曰諸侯不從約奈何對曰楚兵且破信越未有分地其不至固宜君王能與分天下今可立致不即事未可知君王能自陳已東傅海盡與韓信睢陽以至穀城與彭越使各自為戰則楚易敗也乃發使者告韓信彭越皆報請今進兵並至垓下遂破項籍軍

又曰漢王與諸侯兵共擊項羽決勝垓下韓信將三十萬自當之孔將軍居左費將軍居右漢王在後絳侯柴將軍

在漢王後項羽之卒可十萬韓信先合不利却孔將軍費將軍縱楚兵退信復乘之大敗垓下

又曰破項羽於垓下羽兵尚衆漢兵圍之皆爲楚歌楚人久苦征戰因敗思歸遂潰（通典曰斯亦攻心之機也）

又曰漢王遣將韓信擊魏魏王盛兵蒲坂塞臨晉信乃益爲疑兵陳船欲度臨晉而伏兵從夏陽以木罌缻度軍（以木爲器如罌缻以度軍無舡且尚密也缻缶同）襲安邑虜魏王豹

又曰吳王濞反（濞疋備反）漢將周亞夫率師禦之壁於下邑吳師奔壁東南亞夫備西北吳師果以精兵奔西北不得入大敗

漢書曰先零（零音憐）罕开（开音牽）二種羌皆解仇合黨爲寇漢將趙充國討之守便宜上書曰先零羌虜欲爲背叛故與罕开解仇然其私心恐漢兵至而罕开背之也臣愚以爲其計請擊先零若先擊罕羌先零必助之今虜馬肥饒糧擊之恐不能傷害適使先零施德於罕羌也堅其約合其黨虜交堅黨合誅之用力數倍臣恐國家憂累猶十數年不一二歲而已先誅先零則罕开之屬不煩兵服矣宣帝從之果如其策

又曰王莽末光武起兵據昆陽城時唯有八九千人莽遣將王邑嚴尤討之軍到城下者十萬光武留王鳳等守城與李軼等十餘騎夜出既至郾定陵悉發諸營兵嚴尤說王邑曰昆陽城小而堅今假號者宛亟進大兵（亟急也紀力切）彼必奔走則昆陽自服邑曰吾昔以武牙將軍圍翟義坐不生得以見責今將百萬之衆過城而不能下何謂耶遂圍之數十里列營百所雲車十餘丈瞰臨城中旗幟蔽野埃塵連天鉦鼓之聲聞數十里或爲地道或以衝輣撞城（輣蒲萌切）積弩亂發矢下如雨城中負楯而汲王鳳等乞降不許光武遂與諸營部俱進自將步騎千餘人前去大軍四五里而陣尋邑亦遣兵千餘合戰光武奔之斬首數十級諸部喜曰劉將軍平生見小敵怯今見大敵勇甚可怪也且復居前請助將軍光武復進尋邑兵却諸部兵乘之斬首數百千級連勝遂因而大敗（通典曰王邑違九攻究所以敗也）

又曰王郎起河北郎鉅鹿郡太守王饒據城光武圍數十日連攻不尅耿純說曰久守王饒士衆疲弊不如及大兵精銳進攻邯鄲若王郎已誅王饒不戰自服矣從之乃留兵守鉅鹿而進軍邯鄲　屯其郭北郎數出戰無利城守急攻之二十餘日郎少傅李立爲反間開門内漢兵遂拔邯鄲郎黨悉平

又曰曹操圍袁尚鄴環城初令淺示若可越城中望見笑而不出操令一夜濬之廣深二丈決漳水以灌之自五月至八月城中餓死者過半

後漢書曰朱穆舉度尚自右校令擢荆州刺史擊桂陽蒼梧盜賊尚躬率部曲與同勞逸廣募雜種諸蠻夷明設購賞進擊大破之降者數萬人桂陽宿賊渠帥卜陽潘鴻等畏尚威烈徙入山谷尚窮追數百里遂入南海破其三屯多獲珍寶而陽鴻等黨衆猶盛尚欲擊之而士卒驕富莫有鬬志尚計緩之則不戰逼之則逃亡乃宣言卜陽潘鴻作賊十年習於攻守今兵寡少未易可進當須諸郡所發悉至乃并力攻之申令軍中恣聽射獵兵士喜悅大小皆相與從禽尚乃密使所親客潛焚其營積皆盡獵者來還莫不泣涕尚人人慰勞深自咎責因曰卜陽等財寶足富數代諸卿但不并力耳所亡少少何足介意衆聞咸憤

踊尚勑令秣馬蓐食明旦徑赴賊屯陽鴻等首以深固不復設備吏士乘鋭遂大破平之尚出兵三年羣寇悉定

又曰廉范為雲中太守會匈奴大入塞烽火日通故事虜入過五千人移書傍郡吏欲傳檄求救范不聽自率士卒拒之虜衆盛而范兵不敵會日暮令軍士各交縛兩炬三頭爇火營中星列（用兩炬交縛如十字爇其三頭手持一端使敵人望之疑兵士之多）虜遥望火多謂漢兵救至大驚待旦將退范乃令軍中蓐食晨往赴之（蓐食早起食於寢蓐中也）斬首數百級虜自相轔藉死者千餘人（轔轢也藉相蹈藉也）由此不敢復向雲中

又曰耿恭與匈奴戰恭以毒藥傅矢傳語匈奴曰漢家箭神其中瘡者必有異因發強弩射之虜中矢者視瘡皆沸遂大驚會天暴風雨隨而擊之殺傷甚衆匈奴震怖相謂曰漢兵神眞可畏也遂解去

又曰耿弇勑諸校會（會猶集也）後五日攻西安張藍聞之晨夜儆守至期夜半弇勑諸將皆蓐食會明至臨淄城護軍荀梁等爭之以為宜速攻西安弇曰不然西安聞吾欲攻之日夜為備然臨淄出不意而至必驚擾吾攻之一日必拔拔臨淄即西安孤張藍與步隔絶必復亡去所謂擊一而得兩者也若先攻西安不卒下頓兵堅城死傷必多縱能拔之張藍引軍還奔臨淄并兵合勢觀人虛實吾深入敵地後無轉輸旬月之間不戰而困諸軍之言未見其宜遂攻臨淄半日拔之入據其城

又曰高峻據高平猶不下帝議遣使降之乃謂寇恂曰為吾行也若峻不降引耿弇等擊之恂奉璽書與峻峻遣軍師皇甫文出謁辭禮不屈恂怒將誅文諸將諫曰高峻精兵萬人率多強弩西遮隴道連年不下今欲降之而反戮其使無乃不可乎恂不應遂斬之遣其副歸告峻曰軍師無禮已戮之矣欲降急降不欲固守峻惶恐即日開城門降諸將皆賀因曰敢問殺其使而降其城何也恂曰皇甫文峻之腹心其所取計者也今來辭意不屈必無降心全之則文得其計殺之則峻亡其膽是以降耳諸將皆曰非所及也

又曰吴漢在河北時鬲縣五姓共逐守長據城而反（鬲縣名屬平原郡故城在今德州西北五姓蓋當士強宗豪右也鬲音革）諸將爭欲攻之漢不聽曰使鬲反者皆守長罪也敢輕冒進兵者斬乃移檄告郡使收守長而使人謝城中五姓大喜即相率歸降諸將乃服曰不戰而下城非衆所及也

太平御覽卷第二百八十三

太平御覽卷第二百八十四

兵部十五

機略三

後漢書朱儁傳曰趙弘據宛城儁因急擊弘斬之賊餘帥韓忠復據宛拒儁儁兵少不敵乃張圍結壘起土山以臨城內因鳴鼓攻其西南賊悉衆赴之儁自將精卒五千掩其東北乘城而入忠乃退保小城惶懼乞降司馬張超及徐璆秦頡皆欲聽之儁曰兵有形同而勢異者秦項之際人無定主也故賞附以勸來耳今海內一統唯黃巾造寇納降無以勸善討之足以懲惡今若受之更開逆意賊利則進戰鈍則乞降縱敵長寇非良計也因急攻連戰不尅儁登土山望之顧謂張超曰吾知之矣賊今外圍周固內營逼急乞降不受欲出不得所以死戰也萬人一心猶不

可當況十萬乎其害甚矣不如徹圍并兵入城忠見圍解勢必自出自出則意散易破之道也既而解圍忠果出戰儁因擊之大破之乘勝逐北數十里斬首萬餘級忠等遂降

又曰董卓將三萬討先零羌卓於望垣北（望垣縣屬天水郡）爲羌胡所圍糧食乏絕進退逼急乃於所渡水中僞立隔以爲捕魚而潛從隔下過軍（續漢書隔字作堰）比賊追之決水已深不得渡時衆軍敗退唯卓全師而還

又曰臧宮將兵屯駱越越人謀叛從蜀宮兵少力不能制會屬縣送委輸車數百乘至宮夜使鋸斷城門限令車迴轉出入至旦即越人候伺者聞車聲不絕而門限斷相告以漢兵大至其渠帥乃奉牛酒以勞軍營宮陳兵大會擊牛釃酒饗賜慰納之

又曰蜀有妖巫維汜弟子單臣傅鎮等復妖言相聚入原武城（華或作俠）劫吏人自稱將軍於是遣臧宮將北軍及黎陽營數千人圍之賊穀食多數攻不下士卒死傷帝召公卿諸侯王問方略皆曰宜重其購賞時顯宗爲東海王獨對曰妖巫相劫勢無久立其中必有悔欲亡者但外圍急不得走耳宜小挺緩（挺解也）令得逃亡逃亡則一亭長足以禽矣帝然之即勑宮撤圍緩賊賊衆分散遂斬臣鎮等

又曰岑彭南擊秦豐與其大將蔡宏拒彭等於鄧數月不得進帝怪以讓彭彭懼於是夜勒兵馬申令軍中使明旦西擊山都（山都縣名屬南陽郡）乃緩所獲虜令得逃亡歸以告豐豐即悉其軍西邀彭彭乃潛兵渡沔水擊其將張楊於阿頭山大破之（沔水源出武都東狼谷中即漢水之上源也阿頭山在襄陽）從川谷間伐木開道直襲黎丘擊破諸屯兵豐聞大驚馳歸救之彭與諸

將依東山爲營豐與蔡宏夜攻彭彭預爲之備出兵逆擊之豐敗走追斬蔡宏

又皇甫嵩傳曰梁州賊王國圍陳倉復拜嵩爲左將軍督前將軍董卓各率二萬人拒之卓欲速進赴陳倉嵩不聽卓曰智者不後時勇者不留決速救則城全不救則城滅全滅之勢在於此也嵩曰不然百戰百勝不如不戰而屈人之兵是以先爲不可勝以待敵之可勝不可勝在我可勝在彼彼守不足我攻有餘（孫子之文）有餘者動於九天之上不足者陷於九地之下（玄女三宮戰法曰行兵之道天地之寶九天九地各有表裏九天之上六甲子也九地之下六癸酉也子能順之萬全可保）今陳倉雖小城守固備非九地之陷也王國雖強而攻我之所不救非九天之勢也夫勢非九天攻者受害陷非九地守者不拔國今已陷受害之地而陳倉保不拔之城我可不煩兵動衆而取全勝

之功將何救焉遂不聽王國圍陳倉自冬迄春八十餘日城堅守固竟不能拔賊衆疲弊果自解去嵩進兵擊之卓曰不可兵法窮寇勿追歸衆勿追（司馬兵法之訣）今我追國是迫歸衆追窮寇也困獸猶鬬蜂蠆有毒況大衆乎嵩曰不然前吾不擊避其鋭也今而擊之待其衰也所擊疲師非歸衆也且走者莫有鬬志以整擊亂非窮寇也遂獨進擊之使卓爲後拒連戰大破斬首萬餘級國走而死卓大慙恨由是忌嵩

又曰吳漢岑彭討公孫述述使其將延岑等悉兵拒廣漢及資中又遣將侯丹率二萬餘人拒黃石彭乃多張疑兵使護軍楊翕與臧宮拒延岑等自分兵浮江下還江州（今南郡即漢江州縣）泝江都江而上（江都江城都江也）襲擊侯丹大破之因晨夜倍道兼行二千餘里徑拔武陽使精騎馳廣都去成都數十里勢如風雨所至皆奔散初述聞漢軍在平曲故遣大軍逆之及漢兵至武陽出延岑軍後蜀地震駭

又曰馬援爲隴西太守發步騎三千人擊先零羌將其妻子輜重移阻於允吾谷（允音鈆吾音牙）援乃潛行間道掩赴其營羌大驚壞徙唐翼谷中援復追討之羌引精兵聚北山上援陳軍向山而分遣數百騎繞襲其後乘夜放火擊鼓叫譟虜遂大潰

又曰馮異與鄧禹率車騎將軍鄧弘等議攻赤眉異曰賊衆尚多可稍以恩信傾難卒用兵破也上今使諸將屯澠池要其東而異擊其西一舉取之此萬成計也禹弘不從弘遂大戰移日赤眉佯敗弃輜重而走車皆載土以豆覆其上兵士飢爭之赤眉引還擊弘弘軍大亂異與禹合兵救之赤眉小却異以士卒飢倦可且休禹不聽復戰大爲所敗

又曰河南賊張步據地漢將耿弇討之壁於臨淄步與其三弟藍弘壽及故大彤渠帥重異等兵（重姓異名也）號二十萬至臨淄大城東將攻弇弇先出淄水上與重異遇突騎欲縱弇恐挫其鋒令步不敢進固示弱以盛其氣乃引歸小城陳兵於內步氣盛直攻弇營與弇裨將劉歆等合戰弇升王宮壞臺望之（臨淄本齊國所都即齊王宮中壞臺也）視歆等鋒交乃自引精兵橫突步陣於東城下破之

又曰赤眉青犢十餘萬衆並在射犬光武引兵將擊之耿純軍在前去衆營數里賊忽夜攻純雨射營中士多傷純勒部曲堅不動選敢死千人俱持強弩各傳三矢使銜枚間行（傳著）繞出賊後齊聲呼譟強弩並發賊衆驚走追擊之遂破

又曰光武遣將王霸馬武擊河南賊周建於垂惠賊帥蘇茂將五校兵四千餘人救建而先遣精騎遮擊馬武軍粮武往救之建從城中出兵夾擊武武恃霸之援戰不甚力爲茂建所敗武軍奔過霸營大呼求救霸曰賊兵盛出必敗努力而已閉營堅壁軍吏皆爭之霸曰茂兵精鋭其衆又多吾吏士心恐而馬武與吾相恃兩軍不一此敗道也今閉營固守示不相援賊必乘勝輕進馬武無救其戰自倍如此茂建衆疲勞吾承其弊乃可克也茂建果悉出兵攻武合戰良久霸軍中壯士路潤等數十人斷髮請戰霸知士心鋭乃開營後出精騎襲其背茂建前後受敵驚亂敗之

又曰西域莎車國王不供將兵長史班超發于闐疏勒諸國二萬五千人擊之莎車求救（龜茲）王遣將發溫宿姑墨

尉頭合五萬人助之超召諸將及于闐踈勒王議曰兵少不敵莫如各解散去于闐從此東歸長史亦從此西歸夜半聞聲鼓便發衆皆以爲然乃陰緩所擒得生口歸以超言告龜茲龜茲聞之喜使其將以萬騎於西界遮超溫宿王將以千騎於東界遮于闐王人定後超密令諸司馬勒兵至鷄鳴馳赴莎車草營擾覆之胡皆驚走斬首五千級莎車遂降

又曰光武遣將鄧禹西征至河東禹擊更始將王匡禹軍不利戰罷明日癸亥匡以六甲窮日不出禹因得更整兵勒衆明晨匡悉軍出攻禹禹令軍中無得輙動既至營下因傳發諸將鼓而並進大破之

又曰馮異將數萬人與賊約期會戰使壯士變服與赤眉同伏於道側明日赤眉使萬人攻異前部異裁出兵以救

之裁少出兵誘以示弱賊見勢弱遂悉衆攻異異縱兵大戰日昃賊氣衰伏兵卒起衣服相亂赤眉不復識別衆遂驚潰追擊大破於崤底

又曰岑彭將兵三萬餘人南擊秦豐拔黃郵豐與其大將蔡宏等拒於鄧數日不得進彭夜勒兵馬申令軍中使明早西擊山都乃緩所獲虜令得逃亡歸以告豐豐即悉其軍西邀彭彭乃潛兵度沔水擊其將張楊於河頭山大破之從川谷間伐木開道直襲黎丘破諸屯兵豐聞大驚馳歸救之彭依東山爲營豐與蔡宏夜攻彭彭先爲之備出兵逆擊之豐敗走

又曰張步據齊地漢將耿弇征之步將費邑分遣其弟敢守巨里弇進兵先脅巨里使多伐樹木揚言以填塞坑塹數日有降者言邑聞弇欲攻巨里謀來救之弇乃嚴令軍中趣脩攻具宣勑諸部後三日當悉力攻巨里城陰緩生口令得亡歸歸者以弇期告邑邑至日果自將精兵三萬餘人來救之弇喜謂諸將曰吾所以脩攻具者欲誘致邑耳今來適其所求也即分三千人守巨里自引精兵上岡坂乘高合戰大破之臨陣斬邑既而收首級以示巨里城中兇懼兇許拱切費悉衆亡歸

又曰將軍耿秉與竇固合兵一萬四千騎擊車師有後王前王前王即後王之子其庭相去五百餘里秉議先赴後王以爲并力根本則前王自服固計未決秉奮身而起衆軍不得已遂進並縱兵鈔掠斬首數千級收馬牛羊十餘萬頭後王安得震怖從數百騎出迎秉降

又曰袁紹曹公相持於官渡沮授說紹沮側居切可遣蔣奇別爲支軍於外以絕曹公之路紹不從許攸進曰曹公兵少而悉師拒我許下餘守勢必空弱若分遣輕軍星行掩襲

許拔則操爲成擒如其未潰可令首尾奔命破之必也紹又不用竟爲曹公所敗

又曰曹公征河北師次頓丘黑山賊于毒等攻東武陽曹公引兵西入山攻毒等本屯毒聞之弃武陽還魏武要擊於內黄大破之

又曰曹公征張繡於穰荀攸曰繡仰食於劉表於父而勢必離今緩之可誘致急之則相救公不從與繡戰表果救之公敗歸

又曰青徐黄巾三十萬衆入渤海界欲與黒山合公孫瓚率步騎二萬人逆擊於東光南大破之斬首三萬餘級賊弃輜重數萬兩奔走度河瓚因其半濟薄之賊復大破死者數萬

太平御覽第二百八十四卷終

兵部十六

機略四

後漢書曰曹公西征馬超與超夾關爲軍公急持之而潛遣徐晃朱靈等夜度蒲坂津據河西爲營公自潼關北度未濟超赴船急戰公放馬牛以餌賊賊亂取牛馬公得度循河爲甬道而南賊退距渭口公乃多設疑兵潛以舟載兵入渭爲浮橋夜分兵結營於渭南賊夜攻營伏兵擊破之

又曰曹公與袁紹相持官渡曹公循河而西紹於是渡河追公軍至延津南公勒兵駐營南坂下使登壘視之曰可五六百騎有頃復白騎稍多步兵不勝數公曰勿復白乃令騎放馬解鞍是時白馬輜重就道諸將以爲敵騎多不如還保營荀攸曰此所以餌敵也如何去之紹騎將文醜與劉備將五六千騎前後至諸將復白可上馬公曰未也有頃騎至稍多或分輜重公曰可矣乃皆上馬時騎不滿六百遂縱兵擊之大破

又曰曹公既尅鄴袁尚熙遂奔遼東衆有數千初遼東太守公孫康恃遠不服曹公破烏丸或說公遂征之尚熙可擒公曰吾方使康斬送尚熙傳其首不煩兵矣公引兵還康果斬送尚熙傳其首諸將或問曰公還而康斬尚熙何也公曰彼素畏尚熙其急之則并力緩之則相圖其勢然也

又曰曹公討鮮卑出盧龍塞外道絶不通乃塹山堙谷五百餘里經白檀歷罡平涉鮮卑庭東指柳城未至二百里虜乃知之將數萬騎逆軍登白狼山卒與虜遇衆甚盛公登高觀虜陣不整縱兵擊之使張遼爲先鋒虜大敗

又曰黃巾賊起命將朱儁率兵討之賊帥韓忠據宛拒儁儁兵少不敵乃長圍結壘起土以臨城內因鳴鼓攻其西南賊悉衆赴之儁自將精卒五千掩其東北乘城而入忠乃退保小城惶懼乞降

又曰曹公與袁紹相持官渡紹遣將郭圖淳于瓊顏良等攻東郡太守劉延於白馬紹引兵至黎陽將度河曹公北救延荀攸說曰今兵少不敵分其勢乃可公到延津若將度兵向其後紹必西應之然輕兵襲白馬掩其不備顏良可擒也公從之紹聞兵度即留分兵西應之乃引軍兼行趣白馬未至十餘里良大驚來逆戰使張遼關羽前登擊破斬良遂解白馬圍

又曰曹公擊破馬超超走涼州關中平諸將或問曹公曰初賊守潼關渭北道缺不從河東擊馮翊而反守潼關引

日而後北度何也公曰賊守潼關若吾入河東賊必引守諸津則西河未可度也吾欲盛兵向潼關賊悉衆南守西河之備虛故徐晃等得擅取西河然後引軍北度賊不能與吾爭西河者以有二將之軍也連車樹柵爲甬道而南既爲不可勝且以示弱度渭爲堅壘虜至不出所以驕之也故賊不爲營壘而求割地吾順僞言許之所以縱逸其意使自安而不爲備因蓄士卒之力一朝擊之所謂疾雷不及掩耳兵之變化固非一道也

又曰蜀將關羽圍曹公將曹仁於樊又圍將軍呂布於襄陽曹公遣將徐晃救仁以羽難與爭鋒遂前至偃城晃詭道作都塹示欲截其後賊燒屯走晃得偃城兩面連營稍前去賊圍三丈所未攻賊圍頭有屯又別屯四冢晃揚聲當攻圍頭屯而密攻四冢羽見四冢欲壞自將步兵五千

出戰晃擊之退走遂追蹈與俱入圍破之或自投沔水死
曹公令曰賊圍塹鹿角十重將軍致戰勝今爲賊圍多斬
首虜吾用兵三十餘年及所聞古之善用兵未有長驅徑
入敵圍者
又曰曹公征關中進軍度渭馬超及韓遂數請戰不許因
請割地公用賈詡計偽許之韓遂請與公相見公與遂交
馬語移時不及軍事但說京都故舊拊手懽笑既罷超等
問遂公何言遂曰無所言也超等疑之他日公又與遂書
多所點竄如遂改定者超等愈疑遂公乃與剋日會戰先
以輕兵挑之戰良久乃縱驍騎夾擊大破之遂超走涼州
魏志曰司馬宣王征公孫文懿次于遼水文懿遣將軍畢
衍楊祚等步騎數萬阻遼隧以距之圍塹二十餘里宣王
令其軍穿圍盛兵多張旗幟出其東南賊盡銳赴之乃沉

舟潛濟急於東北斜趣之襄平衍等恐襄平無守夜遁
又曰郭淮討叛羌師甚羌師屯河關白土故城據河拒官軍淮見形上
流密於下度兵據白土故城擊大破之
又曰李典與程昱等以船運軍糧會袁尚遣將高蕃將兵
屯河上絶水道典與諸將議曰蕃軍少甲而恃水有懈怠
之心擊之必剋宜亟擊之昱爲然遂北渡河攻蕃破之水
道得通
又曰司馬宣王征公孫文懿沉舟潛濟遼水作長圍忽弃
賊而向襄平諸將言曰不攻賊而作圍非所以示衆也宣
王曰賊堅營高壘欲以老吾兵也攻之正入其計此王邑
所以恥過昆陽也古人云敵雖高壘不得不與我戰者攻
其所必救也賊大衆在此則賊窟虛矣我直指襄平必懷内
懼懼而求戰破之必矣遂整陣而過賊見兵出其後果邀

之宣王謂諸將曰所以不攻其營正欲致此不可失也乃
縱兵逆擊大破之三戰皆捷
又曰田豫字國讓率擊鮮卑軻比能單將鋭卒深入虜庭
胡人衆多鈔軍前後斷截歸路國讓乃進軍去虜十餘里
結屯營多聚牛馬糞燃之從他道引去胡見煙火不絶以
爲尚在去行數十里乃知之
又曰諸葛誕文欽反據壽春司馬景王摠兵討之謂諸將
曰彼當突圍決一朝之命或謂大軍不能久省食減口冀
有他變料賊之情不出此二者今當多方以亂之備其越
逸此勝計也因命合圍分遣羸疾就穀淮北廩軍士大豆
人三勝欽聞之果喜景王愈羸形以示之多縱反間揚言
吳救方至誕等益寛恣食俄而城中乏糧諸將並請攻之
景王曰誕聚糧完守外結吳人自謂足據淮南必不便走

今若急之損遊軍之力外寇卒至表裏受敵此危道也且
堅守三面若賊陸道而來軍糧必少吾以遊兵輕騎絶其
轉輸可不戰而破外賊欽等必爲擒矣誕欽等出攻長圍諸
軍逆擊走之初誕欽内不相協乃至窮蹙轉相疑貳誕殺
欽子鴦踰城以爲將軍封侯使巡城而呼景王見城上持
弓者不發因令攻而拔之
又曰諸葛誕據壽春反命將王基討之吳遣朱異來救誕
於安城詔王基引諸軍轉據北山基謂諸將曰今圍壘轉
固兵馬向集但當精脩守備以待越逸而更移兵守險使
得放縱雖有智者不能善其後矣遂守便宜上疏曰今與
賊交利對敵當不動如山若遷移依險人心搖蕩於勢大
損諸軍並據深溝高壘衆心皆定不可傾動此御兵之要也
也書奏報聽之壽春竟破司馬文王與基書曰初議者云

去求移者甚衆時未臨履亦謂宜然將軍深筭利害獨秉固志上違詔命下距衆議終至制敵擒寇雖古人所述不足過也

又曰郭淮在漢中蜀主劉備欲度漢水來攻諸將議衆寡不敵依水爲陳以距之淮曰此示弱而不足挫敵非筭也不如遠水爲陣引而致之半濟而後擊備可破也旣陣備疑不敢度（通典曰蜀主悟之不敢）

又曰文帝初北狄强盛侵擾邊塞乃使田豫持節護烏丸校尉時鮮卑數十部比能彌加素利等割地統御各有分界乃共要盟不得以馬與中國市豫以戎狄爲一非中國之利乃先搆離之使自爲讎敵牙相攻伐素利違盟出馬千疋與官爲比能所擊求救於豫豫深入虜廷胡圍豫於馬邑城十重豫密使司馬建旌旗鳴鼓吹從南門出胡人

皆往赴之豫將精鋭自北門出鼓譟而赴兩頭俱發出虜不意虜衆亂弃馬步走追討二十餘里僵屍蔽地胡人破膽威振沙漠

又曰諸葛亮出斜谷司馬宣王屯北原亮盛兵西行諸將皆欲攻西圍郭淮獨以爲此見形於西欲使官兵重應之必攻陽遂耳其夜果攻陽遂有備不得上

吴志曰曹公入荆州劉備爲曹公所破與魯肅遇於當陽遂共圖計遣諸葛亮詣孫權權遣周瑜程普與備并力逆曹公遇於赤壁瑜部將黄蓋曰今寇衆我寡難與持久觀操船艦相接可燒而走也乃取蒙衝數十實以薪草上建牙旗蓋乃先報書欺以欲降曹公軍延頸指言蓋降蓋收諸舡同時發火時風盛猛悉延燒岸上營落頃之煙炎張天人馬燒溺死者甚衆軍遂敗退

又曰周瑜使甘寧據夷陵魏將曹仁圍寧呂蒙往救之仍分遣三百人柴斷嶮道賊走可得其馬軍到夷陵即日交戰所殺過半敵夜遁去行過此道騎皆捨馬步走蒙兵追蹙獲馬三百疋方舡載還

又曰賀齊討黟歙賊帥（黟音伊九切歙音攝）陳僕祖山等二萬户屯歷林山四面壁立高數十丈逕路危狹不容方楯賊臨高下石不可得攻軍住經日將吏患之齊身出周行觀視形便陰募輕捷士爲作鐵弋密於隱嶮賊所不備處以弋拓山爲緣道道成夜令潛上乃多懸布以受下人得上百數十人四面流布俱鳴鼓角齊勒兵待之賊夜聞鼓聲四合謂大軍悉已得上驚懼惑亂不知所爲守路備險者皆走還依衆大軍因是得上其中有善禁術吴師刀劒不得拔弓弩射矢皆還自向輒致不利齊曰吾聞之雄黄勝五兵

還丹能威敵夫金有刄虫有毒者皆可禁之以無刄之兵不毒之虫彼必無能爲也遂伐木爲棓列陣四面羅布俱鳴鼓角勒兵待曙賊惶遽無復禁術不效遂大破而降之

蜀志曰諸葛孔明率衆定南夷擒夷師孟獲七縱七擒獲曰公天威也南人不復反矣

揚雄蜀王記云秦王石牛置金於後蜀人以爲牛便金蜀王發卒開道令五丁拖牛置成都蜀道乃通

太平御覽卷第二百八十五

太平御覽卷第二百八十六

兵部十七

機略五

王隱晉書曰馬隆子咸爲成都王前鋒統陸機攻長沙王乂於石橋將士器仗嚴利長沙王所統冠軍司馬王瑚率衆討咸咸堅不動瑚乃使數十騎下馬縛戟於馬鞍頭放令伺咸又使數十騎各刺所放馬馬驚奔咸軍軍即壞瑚因馳逐猛戰臨陣斬咸

晉書毛寶傳曰時蘇峻送米万斛饋祖約約遣司馬桓撫等迎之寶告其衆曰兵法軍令有所不從豈可不上岸邪乃設變力戰悉獲其米

又曰馬隆平泰原加赤幢曲蓋鼓吹隆奇謀間發夾道累磁石賊負鐵鎧行不得前隆卒先被犀甲無所留礙賊咸以爲神也

又曰衛瓘既因鄧艾諸將圖欲劫艾艾整仗趣瓘營瓘輕出迎之僞作表草將申明艾事諸將信之而止

又曰劉琨少負壯氣有縱橫之才善交勝已而頗浮誇與范陽祖逖爲友聞逖被用與親故書曰吾枕戈待用志梟逆虜常恐祖生先吾着鞭其意相期如此在晉陽嘗爲胡騎所圍數重城中窘迫無計琨乃乘月登樓清嘯胡賊聞之皆悽然長歎中夜奏胡笳賊又流涕歔欷有懷土之切向曉復吹之賊弃圍而走

又曰盧循自廣州南下戎卒十萬舩艫千艘討敗將軍劉毅于桑落逕至江寧循妹夫徐道覆素有膽決知裕已還欲乾没一戰請於新亭白石焚舟而上數道攻之循多謀少决欲以萬全爲討固不聽道覆曰我終爲盧公所誤事

必不成使我得爲英雄主驅馳天下不足定也後循戰敗

又曰王敦反敦既死以兄子應爲嗣沈充自吴率衆萬餘人至與王含等合充司馬顧颺說充曰今日舉大事而天子已扼其喉情離衆沮鋒挫持疑猶豫必致禍敗今若決破柵塘因湖水灌京邑肆舟艦之勢極水軍之用此所謂不戰而屈人之兵上策也藉初至之鋭并東南衆軍之力十道俱進衆寡過倍理必摧陷中策也轉禍爲福因敗爲成召錢鳳計事因斬之以降下策也充不能用颺逃歸于吴含復率衆渡淮蘇峻等逆擊大敗之充亦燒營而退既而周光斬錢鳳吴儒斬充並傳首京師

又載記曰苻登攻姚萇萇退還安定登就食新平留其大軍于胡空堡率騎萬餘圍萇營四面大哭哀聲動人萇惡之命三軍哭以應登登乃引退

又曰河間王顒在關中遣將張方討長沙王乂方率衆自函谷入屯河南乂遣左將軍皇甫商拒之而敗張方率兵入洛陽乂奉惠帝討方于城内方軍遥見乘輿於是引退方止之不得衆遂大敗方退壁于十二里橋人情挫衄無復固志或勸方夜遁方曰兵之利鈍是常貴因敗以爲成耳我更前作壘出其不意此用兵之奇也乃夜潜進逼洛城七里乂既新捷不以爲意忽聞方壘成乂師乃戰遂大敗

又曰石勒據襄國晉將王浚遣督護王昌及鮮卑段就六眷末杯等部衆五萬餘以討勒時城隍未修乃築隔城重柵以待之就六眷屯于渚陽勒分遣諸將連出挑戰頻爲六眷所敗又聞其大造攻具顧謂其將佐曰今寇來轉逼彼衆我寡恐攻圍不解外救不至内糧罄絶必敗不能固

也吾將簡練將士大陣於野以決之何如諸將曰宜固守以疲寇彼師老自退追而擊之必尅張賓曰聞就六眷尅來月上旬送死北城今以我勢寡弱謂不敢出戰意必懈怠今段氏種衆之悍末杯尤最其卒之精勇悉在末杯可勿復出戰示之以弱速鑿北壘爲突門二十餘道候賊列守未定出其不意直衝末杯帳敵必震惶計不及設所謂迅雷不及掩耳末杯之衆既奔餘自摧散擒末杯之後王浚指揮而定勒納之即以孔萇爲攻戰都督造突門于北城鮮卑入屯北壘勒候其陣未定躬率將士鼓譟于城上會孔萇督諸突門伏兵俱出擊之生擒末杯就六眷等衆遂奔散萇乘勝追擊枕屍三十餘里獲鎧馬五千疋就六眷收其遺衆屯于渚陽遣使求和送鎧馬金銀并以末杯三弟爲質而請末杯諸將並勸殺末杯以挫之勒曰遼西

鮮卑與我素無怨讎爲王浚所使耳今殺一人結怨一國非計也放之必悅不復爲浚用矣於是納其質而遣末杯就六眷等引還終獲其用

又曰杜預以太康元年正月陳兵于江陵遣參軍樊顯尹林鄧圭襄陽太守周奇等率衆循江西上授以節度旬日之間累尅城邑皆如預策焉又遣牙門管定周旨伍巢等率奇兵八百汎舟夜渡以襲樂鄉多張旗幟起火巴山於要害之城以奪賊心吳都督孫歆震恐與伍延書曰北來諸軍乃飛渡江也吳之男女降者萬餘口旨巢等伏兵樂鄉城外歆遣軍出拒王濬大敗而還旨等發伏兵隨歆軍而入歆不覺直至帳下虜歆而還故軍中爲之謠曰以計伐戰一當萬

又曰劉牢之等討妖賊孫恩恩敗走虜男女二十餘萬口一時入海懼官軍之躡乃緣道多弃寶物子女時東土殷實粲麗盈目牢之等遽收斂故恩復得逃入海（通典曰孫恩用此術獲免也）

又曰李矩守滎陽後趙石勒親率兵襲矩矩遣老弱入山令所在散牛馬因設伏以待之賊爭取牛馬伏發齊呼聲動山谷遂大敗之斬獲甚衆勒乃退

又曰劉琨守太原遣將姬澹率衆十餘萬討石勒勒將拒之或諫曰澹兵馬精盛其鋒不可當宜深溝高壁以挫其銳攻守勢異必獲萬全勒曰澹衆大遠來體疲力竭犬羊烏合號令不齊可一戰擒之何強之有寇已垂至胡可捨去大軍一動豈易中還若澹乘我之退顧走乃無暇焉得深溝高壘乎此爲不戰而自滅亡之道立斬諫者以孔萇爲前鋒都督令三軍後出者斬設疑兵於山上分爲二伏

勒輕騎與澹戰僞收衆而北澹縱兵追之勒前後伏兵夾擊澹軍大敗

又載記曰前燕慕容廆封略漸廣（廆胡罪切）據棘城晉平州刺史東夷校尉崔毖陰結高勾驪（毖音祕）及宇文段回等謀滅廆以分其地遂同伐廆廆曰彼信崔毖虛說邀一時之利烏合而來耳既無統一莫相歸伏吾今破之必矣然彼軍初合其鋒甚銳幸我速戰若逆擊之落其計矣靖以待之必懷疑貳迭相猜防一則疑吾與毖譎而覆之二則自疑三國之中與吾有韓魏之謀者待其人情沮惑然後取之矣於是三國攻棘城廆閉門不戰遣使送牛酒以犒宇文大言於衆曰崔毖昨有使至於是二國果疑宇文同於廆也引兵而歸宇文悉獨官曰二國雖歸吾當獨兼其國盡衆逼城連營三十里廆簡銳士配子皝推鋒於前（皝音晃）子

翰領精騎爲奇兵從傍出直衝其營虎方陣而進悉獨官自恃其衆不設備見虎軍之至方率兵拒之前鋒始交翰已入其營縱火焚之衆遂大敗

又曰蘇峻反攻尅石頭城據之以陶侃温嶠率兵討之諸將請於查浦築壘監軍鄧岳曰查浦地下又在水南唯白石峻極崇固可容數千人賊來攻不便戮賊之術也侃從之夜立壘訖賊見壘大驚賊攻大業侃將救之長史殷羨曰若大業步戰不利則大事去矣但當急攻石頭峻必救之而大業自解侃又從羨言峻果弃大業救石頭諸軍與峻戰陵東侃督竟陵太守李陽部將彭伐斬峻於陣賊衆遂潰

又曰妖賊孫恩北出海鹽劉裕爲將築城于海鹽賊日來攻城城内兵力甚弱裕深獨慮之一夜偃旗匿衆若已遁

者明旦開門使羸疾數人登城賊遥問裕所在曰夜已走矣信之乃率衆大上裕乘其懈怠奮擊大破之

崔鴻十六國春秋曰北涼沮渠蒙遜率兵伐南涼秃髮傉檀（傉奴沃切）入其境徙數千户而還傉檀追及蒙遜于窮泉蒙遜將擊之諸將皆曰賊已安營不可犯也蒙遜曰傉檀謂吾遠來疲獘必輕而無備及其壘壁未成可一鼓而滅進擊敗之乘勝至于姑臧夷夏降者乃數千户傉檀懼請和之而歸

又曰前燕將慕容垂討丁零翟釗于滑臺次于黎陽津釗於南岸拒守垂從營就西津爲牛皮船百餘艘載疑兵列仗泝流而上釗先以大衆備黎陽見垂向西津乃弃營西拒垂潛遣其桂林王慕容鎮率驍騎於黎陽津夜濟壁于河南釗聞而奔士衆疲渴走歸滑臺釗携妻子率數百騎

北趣白鹿垂遣追擊盡擒其衆

又曰後燕慕容盛據遼東其遼西太守李朗陰引後魏軍上表請發兵以拒寇盛曰此必詐也召其使而詰之果驗盡滅其族遣將李旱率騎討之師次建安召旱旋師朗聞其家被誅也擁二千餘户以自固及聞旱中路而還謂有内變不復爲備留其子養守令支迎魏師于北平旱倏知之襲尅令支遣裨將追朗及于無支斬之盛謂羣臣曰前以追旱還者朗新爲叛逆必忌官威一則鳩合同類刼害良善二則亡竄山澤未可卒平故非意而還以盈怠其志卒然掩之必尅之理也羣臣皆曰非所及也

又曰前秦苻堅陷襄陽晉將桓沖攻之堅將慕容垂等率步騎五萬救襄陽以石越爲前鋒次于沔水垂越夜命三軍人持火拒於樹枝光照數里沖懼退還

又曰後趙石勒將石季龍太掠陳蔡間而去留將桃豹守譙城住西臺東晉將祖逖遣將韓潛等鎮東臺同一大城賊從南門出入放牧逖軍開東門相守四旬逖以布囊盛土如米狀使千餘人運上臺又令數人擔米僞爲疲極而息於道賊果逐之皆弃擔而走賊既獲米謂逖士衆豐飽而胡戎飢久益懼無復膽氣

又曰後涼呂光遣將呂延伐西秦乞伏乾歸　大敗之乾歸因大泣歎曰死中求生正在今日也乃縱反間稱乾歸東奔成紀呂延信之引師輕進延司馬耿雅諫曰乾歸雄勇過人權略難測破王廣尅楊定皆羸師以誘之雖蕞尒小國（蕞在外切）亦不可輕也困獸猶鬭況乾歸而可覩風自散乎今宜部陣而前步騎相接徐俟諸軍大集可一舉滅之延不從戰敗死之

又曰比涼沮渠蒙遜伐西涼李士業於酒泉先攻浩亹浩音閤亹音門虵盤於帳前蒙遜笑曰前一爲騰虵今盤在吾帳天意欲吾迴師燒攻具而還次于川巖聞李士業徵兵欲攻張掖蒙遜曰入吾計矣但恐聞吾迴軍不敢前也兵事尚權乃露布西境稱得浩亹將進軍黃谷士業聞而大悅進入都瀆澗蒙遜潛軍逆之敗士業于懷城遂進尅酒泉

又曰南涼禿髮傉檀守姑臧後秦姚興遣將姚弼等至於城下傉檀驅牛羊於野弼衆採掠傉檀分擊大破之

又曰前燕慕容儁已尅幽薊至于冀州冉閔帥騎拒之與儁將慕容恪相遇於魏昌閔將董閏言於閔曰鮮卑乘勝勁不可當也請避之以溢其氣然後濟師以擊之可以捷也閔怒曰吾成師以出將平幽州斬慕容儁今遇恪而避之人將侮我矣閔威名素振燕衆咸憚之恪謂諸將曰閔

勇而無謀一夫之敵耳雖有甲兵不足擊也吾今分爲軍三都犄角以待之閔性輕鋭又以吾軍勢非敵必出萬死衝吾中軍吾今貫甲厚陣以俟其至諸軍但勵卒從傍須其戰合夾而擊之必尅閔與恪遇十戰皆敗之恪乃以鐵鎖連馬簡善射鮮卑勇而無剛者五千方陣而前閔乘駿馬左杖雙刀右執鉤戟順風擊之斬鮮卑三百餘級俄而燕騎大至圍之數周閔衆寡不敵躍馬潰圍東走行二十餘里爲恪所擒

太平御覽卷第二百八十六

兵部十八

機略六

宋書曰武帝遣將朱齡石伐譙縱於蜀帝曰往年劉敬宣黄武無功而退賊謂我今應從外水往而料我當出其不意猶從内水來也如此必重兵守涪城音浮以備内道若向黄武正墮其計今以大衆自外水取成都疑兵出内水此制敵之奇也而慮此聲先馳賊審虚實别有函書全封付齡石署其邊曰至白帝乃開諸軍雖進未知處分所由至白帝發書曰衆軍悉從外水取成都臧喜出於中外漢廣使羸弱乘高艦十餘由内水向黄武衆軍乃倍道兼行譙縱果備内水使其大將譙道福以重兵戍涪城遣其將侯輝譙詵等率衆萬餘屯彭模夾水爲城齡石至彭模諸將以賊水北城險衆多咸欲先攻其南城齡石曰不然雖寇在北今屠南城不足以破北若盡鋭以拔北壘南城不麾而自散也遂攻北城詰朝戰至日昃焚其樓櫓四面並登斬侯輝譙詵仍迴軍以麾南城即時散潰

又曰劉道濟爲益州刺史政刑失中羣盜蜂起攻圍州城道濟將裴方明出東門破賊三營斬首數百級賊雖敗已復還合方明復僞出北門迴擊城東大營殺千餘人時天大霧方明等復揚聲出東門而潛自北門出攻城西諸營賊衆大潰於是奔散

又曰柳元景爲隋郡太守既至而蠻反斷驛道欲攻郡郡内力少糧杖又乏元景設方略得六七百人乃分五百人屯驛道或曰蠻將逼城不宜分衆元景曰蠻聞郡遣重戍豈悟城内兵少且表裏合勢於計爲長會蠻垂至乃使驛

道兵潛出其後戒曰火舉馳進前後俱發蠻衆驚擾投鄖水死者千餘人斬獲數百郡境肅然無復寇抄

又曰檀祗爲廣陵相亡命司馬國璠兄弟自北徐州界聚衆數百潛過淮因天夜陰闇率百許人緣廣陵城得入叫喚直上廳事祗驚起出門將處分賊射之傷敗却入祗密語左右曰賊乘闇得入掩我不備但打五鼓懼明謂曉於是奔散追討盡獲之

又曰宗慤征林邑圍區粟城林邑王范陽邁遣將范毗沙達率萬餘人來救慤謂諸將曰寇衆我寡難與爭鋒乃分軍爲數道偃旗卧鼓慤潛進令曰聽吾鼓噪乃出山路榛深賊了不爲備卒見軍至驚懼退走慤乘勝追討散歸林邑仍攻區粟拔之泛海陵山至八象浦有大渠南來注浦宋師沮渠置陣林邑王傾國來逆沮渠不得渡以具裝被象諸將憚之請待前後軍進然後擊之慤曰不然吾已屠其堅城破其鋭衆我氣方厲彼已破膽一戰可定何疑焉慤以爲外國有師子威服百獸乃制其形與象相禦象果驚奔衆因此潰亂慤率兵直度渠奮擊陽邁遁走其衆一時奔散遂尅林邑

南史曰蕭齊將魯康祚趙公政衆號一萬侵後魏荆河州之太倉口魏將傅永率三千人擊之時康祚等軍於淮南永舍於淮北十有餘里永量吳楚之兵好夜斫營即夜分兵爲二部出於營外又以賊若夜來必應於渡淮之所以火記其淺處永既設伏乃密令人以瓠盛火度淮南岸當深處置之教云若有火起即亦然之其夜康祚公政等果親領兵來斫永營東西二伏夾擊之康祚等奔趣淮水火既竟起不能記其本濟遂觀永所置之火而爭度焉水深

溺而死斬首者數千級生擒公政康祚人馬墜淮曉而獲其尸

又曰東昏侯以劉山陽爲巴西太守配精兵三千使過荊州就行事蕭穎冑以襲襄陽梁武帝時爲雍州刺史知其謀乃遣叅軍王天獸詣江陵遍與州府人書及山陽西上梁武謂諸將曰荊州本畏襄陽又加以脣亡齒寒自有傷弦之急寧不闇同耶我若惣荊州之兵掃定東夏韓白重出不能爲計況以無竿之昏主哉我能使山陽至荊州便卽授首諸君試觀何如及山陽至巴兵梁武復令天獸賚書與穎冑兄弟去後梁武謂張弘策曰夫用兵之道攻心爲上攻城次之心戰爲上兵戰次之今日是也先遣天獸往州府人皆有書今乘驛甚急止有兩封與行事兄弟云天獸口具及問天獸而口無所說行事不暗相聞不容矯有所道天獸是行事心膂彼聞必謂行事與天獸共隱其事必人人疑山陽惑於衆口必相嫌貳則行事進無以自明必恐漏吾謀內是馳兩空函定一州矣山陽至江安聞之果疑不上穎冑大懼乃斬天獸送首山陽信之將數十人馳入穎冑伏甲斬之送首梁武以州歸

又曰梁武帝發雍州東下（雍州今襄陽郡）大軍次江寧梁武使呂僧珍與王茂率精兵先登梁武頓於越城呂僧珍猶守白坂齊主東昏將李居士密覘知城中衆少率銳卒萬人直來薄城僧珍謂將士曰今力既不敵不可與戰可勿遙射須至塹裏當并力破之俄而皆越塹拔柵僧珍分人上城矢石俱發自率馬步三百人出其後守陴者復踰城而下內外齊擊居士等應時奔散

三國典略曰侯景叛段韶夾渦而軍潛於上風縱火景衆

騎入水出而卻走草濕火不復然

梁書曰司州刺史陳慶之率兵圍東魏南荊州東魏將堯雄行臺侯景救之雄曰苟堆梁之北面重鎮因其空虛攻之必剋彼若聞難荊圍自解此所謂機不可失也遂率衆攻之慶之果弃荊州來未至雄陷其城擒梁鎮將苟元廣

又曰陳慶之曹仲宗伐後魏之渦陽（渦孤和切）魏遣將元昭等率兵來援前軍至駝澗去（渦陽四十里慶之欲逆）戰諸將以賊之前鋒必是輕銳與戰若捷不足爲功如其不利沮我軍勢兵法所謂以逸待勞不如勿擊慶之曰魏人遠來皆以疲倦去我既遠必不見疑及其未集須挫其氣出其不意必無敗理且聞虜所據營林甚盛必不夜出諸君若皆疑惑慶之請獨取之於是與麾下五百騎奔擊破其前軍魏人震恐

又曰梁襄州刺史柳仲禮留其長史馬岫守安陸自率步騎一萬寇西魏魏將楊忠帥衆南伐攻梁隨郡剋之進圍安陸仲禮聞隨郡陷恐安陸不可守遂馳歸赴援諸將恐仲禮至則安陸難下請急攻之忠曰攻守勢殊未可卒拔若引日勞師表裏受敵非計也南人多習水軍不閑野戰仲禮迴師已在近路吾出其不意以奇兵襲之彼怠我奮一舉必剋則安陸不攻自拔諸城可傳檄而定也於是選騎二千銜枚夜進遇仲禮於漴頭（漴音崇水所衝曰漴）忠親自陷陣擒仲禮悉俘其衆安陸及竟陵郡如忠所策

陳書曰周炅鎭安蘄等州高齊遣將陸騫以衆二萬出自巴蘄與炅戰炅留羸弱輜重設疑兵以當之身率精銳由間道邀其後大敗騫軍虜獲器械馬驢不可勝數

北史曰後魏濟陰王新成頗有武略庫莫奚侵擾詔新成

討之新成乃多爲毒酒賊逼便弃營而去賊至竟飲遂餡輕騎擊之俘馘甚多

又曰梁將趙祖悅率水軍偷據峽石後魏將崔延伯率兵討之延伯夾淮爲營遂取車輪去輞削銳其輻兩接對揉竹爲絙（揉人久切）貫連相屬並十餘道橫水爲橋兩頭施大轆轤出没任情不可焼斫既斷祖悅走路又令舟舸不通梁氏援軍不能赴救祖悅合軍咸見俘虜

後魏書曰太武征夏赫連昌於統萬城師次城下收衆僞退昌鼓譟而前會有風雨從東南來沙塵昏冥宦者趙兒進曰今風雨從賊後來我向彼背天助人將士飢渴願陛下避之更待後日崔浩曰是何言歟千日制勝一日之中豈得變易賊前行不止後以離絶宜分軍隱出掩擊不意風雨在人豈有常世帝從之分騎奮擊昌軍大潰

又曰雍州刺史蕭寶寅據州反魏大將長孫稚討之軍次弘農副將楊侃曰昔魏武與韓遂馬超挾關爲壘勝負之理久而無決豈才雄相類筭路抗衡當以河山險阻難用智力今賊守潼關全據形勝縱曹操更出亦無所逞奇必須北取蒲坂飛棹西岸置兵死地人有鬪心潼關之賊必覬風而散諸處既平長安自尅稚曰賊黨薛脩義已圍河東薛風賢又保安邑都督宗正珍孫停虞坂久不能進雖有此計猶用爲疑侃曰珍孫本行陣一夫因緣進達可爲人使未可使人一旦受元帥之任處分三軍精神亂矣寧堪圖賊河東理在蒲坂西帶河湄所部之人多在東境　脩義驅率壯勇西圍郡邑父老妻弱尚保舊村若卒一臨方寸各亂人人思歸則郡圍自解不戰而勝昭然在目稚從之令其子彥等領騎與侃於弘農北度所統悉是騎士習於野戰未可攻城便據石錐壁侃乃班告曰今且停軍於此以待步卒兼觀人情向背然後行若送降名者各自還村候臺軍舉烽火亦舉烽應之以明降疑其無應烽者即是不降之村理須殄戮賞賚軍士民遂傳相告報未實降者亦許舉烽一宿之間火遍數百里內寶寅將時圍河東不測所以各自散歸長安賊平侃頗有力

又曰河北賊葛榮别帥韓樓郝長等有衆數萬屯據薊城遣將侯泉率騎七百討之泉遂廣張聲勢多設供具親以數百騎深入樓境欲執行人以問虛實去薊百餘里值賊帥陳周馬步萬餘泉遂潛伏以乘其背大破之虜其卒五千餘人尋還其馬伏縱令入城左右諫曰既獲賊衆何爲復資遣之也泉曰我兵既少不可力戰事須爲計以離隙之泉度其已至遂率騎夜進昧且叩其城門韓樓果疑降卒爲泉内應遂遁走追擒之

又曰河北賊葛榮率衆將向洛陽衆號百萬大將軍尒朱榮率　精騎七千馬皆有副倍道兼行東出滏口葛榮自鄴以北列陣數十里箕張而進榮潛軍山谷爲奇兵分督將已上三人爲一處處有數百騎令所在揚塵鼓譟使賊不測多少又以人馬逼戰刀不如棒密勒軍士各齎棒一枚置於馬側至於戰時不聽斬級以棒棒之而已虜沸騰遂北乃分命壯勇所當衝突號令嚴明將士同奮榮身自陷陣出於賊後表裏合擊大破之於鄴擒葛榮

又曰傳永守楚王戍蕭齊將裴叔業來攻永令塡塞外塹夜伏戰士千人於城外曉而叔業至頓於城東列陣將置長圍永所伏兵於道左擊其後軍破之叔業乃令將佐守所列之陣自率精甲數千救之永上門樓觀叔業南行五

六里許便開門奮擊遂摧破之叔業進退失圖於是奔走左右欲追之永曰弱卒不滿三千彼精甲猶盛非力屈而敗直墮吾計中耳既不測我之虛實足喪其膽俘此足矣何假逐之

又曰太武帝親征後燕將慕容德于鄴戰前軍敗績德又欲攻之別駕韓諄進曰今魏不可擊者四燕不宜動者三魏懸軍遠入利在野戰一不可擊也深入近畿致兵死地二不可擊也前鋒既敗後陣方固三不可擊也彼衆我寡四不可擊也官軍自戰其地一不可動動而不勝衆心不固二不宜動隍池未修敵來無備三不宜動此皆兵機也深溝高壘以逸待勞彼千里饋糧野無所掠久則三軍靡資攻則衆旅多斃師老釁生詳而圖之可以捷也德曰韓別駕之言良平之策也

又曰大將廣陽王元深伐北狄使于謹單騎入賊中示以恩信於是西部鐵勒酋長乜列河等三萬餘户並款附相率南遷廣陽欲與謹至折敷嶺迎接之謹曰破六汗拔陵兵衆不少聞乜列河等歸附必來要擊彼若先據險要則難與爭鋒今以列河等餌之當竟來抄掠然後設伏而待必指掌破之廣陽然其計拔陵果來要擊破乜列河於嶺上部衆皆沒謹伏兵發賊遂大敗悉收列河之衆也

太平御覽卷第二百八十七

太平御覽卷第二百八十八

兵部十九

機略七

三國典略曰周賀若敦陳侯瑱相拒于湘州敦恐瑱知其糧少乃於營內聚土覆之以米召其側近村人揚有所訪令其遥見瑱聞以爲實乃據守要險以老敦師敦又增修壁壘示以持久士人乘輕騎載米粟籠鷄鴨以向瑱軍敦患之乃僞爲土人裝舡內甲士其中瑱兵見舡至送米爭取敦甲士出而擒之

後周書曰太祖以王羆爲大都督鎭華州魏孝武西遷拜驃騎大將軍加侍中開府嘗脩州城未畢梯在外齊神武遣韓軌司馬子如從河東宵濟襲羆羆不之覺比曉軌衆以乘梯入城羆尚卧未起聞閤外洶洶有聲便袒身露髻徒跣持一白挺大呼而出敵見之驚遂至東門左右稍集合戰破之軌衆遂投城遁走

又曰陸騰陵州木籠獠恃險麤獷每行抄刼詔騰討之獠既因山爲城攻之未可拔騰遂於城下多設聲樂及諸雜技示無戰心諸賊果弃其兵仗或攜妻子臨城觀樂騰知其無備密令衆軍俱上諸賊惶懼不知所爲遂縱兵討擊盡破之

又曰楊忠梁雍州刺史岳陽王蕭察雖稱藩附而尚有二忠自樊城觀兵於漢濱易旗遞進實騎二千察登樓望之以爲三萬懼而服焉

又曰韓襃爲汾州刺史界北接大原當千里徑先是高齊寇數入人廢耕桑前後刺史莫能防扞襃至適會寇來襃乃不下屬縣人既不及設備以故多被抄掠齊人喜相謂曰汾州不覺吾至先未集兵今者之還必莫能追躡我矣由是益懈不爲營壘襃已先勒精鋭伏北山中分據險阻邀其歸路乘其衆怠縱伏擊之盡獲其衆

又曰東魏寇龍門屯軍蒲坂造三道浮橋渡河又遣其將竇泰趣潼關高敖曹圍洛州太祖出軍廣陽召諸將曰賊今犄吾三面又造橋於河示欲必渡是欲綴吾軍使竇泰得西入耳久與相持其計得行非良策也且歡起兵以來泰每爲先驅其下多鋭卒屢勝而驕今出其不意襲之必克克泰則歡不戰而自走矣諸將咸曰賊在近捨而遠襲事若差跌悔無及也太祖曰歡前襲關吾軍不過霸上今者大來兵未出郊賊顧謂吾但自守耳無遠鬭意又恃於得志有輕我之心乘此擊之何往不克賊雖造橋未能徑度比五日中吾取竇泰必矣公等勿疑庚戌太祖率騎六

千還長安聲言欲保隴右辛亥謁帝而潛出軍癸丑旦至小關竇泰卒聞軍至惶懼依山爲陣未及成列太祖縱兵擊破之盡俘其衆萬餘人斬泰傳首長安高敖曹適陷洛州執刺史泉企聞泰之殁焚輜重弃城走齊神武亦撤橋而退

通典曰後周末隋文帝爲丞相益州揔管王謙舉兵拒命隋文遣將梁睿討之進至龍門謙將趙儼秦會擁衆十萬據嶮爲營周亘三十里睿令將士銜枚出間道四面奮擊破之王謙又令高阿那瓌達奚惎（其記切）等以盛兵攻利州聞梁睿將至惎分兵據開遠睿顧謂將士曰此虜要欲遏吾兵勢吾當出其不意破之必矣遣一將趨劒閣一將指巴西一將水軍入嘉陵睿遣將分道攻惎自午及申破之惎奔歸于謙睿進逼成都謙令達奚惎城守親率精兵五

萬背城結陣督擊之謙不利將入城甚以城降謙將麾下三十騎遁走斬之

又曰後周將法尚初自陳來歸陳將樊猛濟江討之法尚遣部曲督韓朗詐爲背己奔于陳僞告猛曰法尚部兵不願降北人皆竊議盡欲叛還若得軍來必無鬬者自當於陣倒戈耳猛以爲然引師急進法尚乃佯爲畏懼自保於江曲猛陣兵挑戰法尚先伏輕舡於浦中又伏精銳於古村之北自張旗幟逆流拒之戰數合僞退登岸投古村猛捨舟逐之法尚又疾走行數里與村北軍合復前擊猛猛走退赴舡既而浦中伏舡取其舟幟建周旗幟猛於是大敗僅以身免

又曰後周末隋文帝輔政周大將尉遲迥在河北拒命河南州縣多從迥遣將檀讓屯成武別將高士儒屯永昌隋將于仲文詐移書州縣曰大軍將至可移積粟讓謂仲文未能卒至方搥牛享士仲文知其怠選精騎襲之一日便至遂拔成武迥將席毗羅衆十萬屯於沛縣將攻徐州其妻子住金鄉仲文遣人詐爲毗羅使者謂金鄉城主徐善淨曰檀讓明日午到金鄉將宣蜀公令（即尉遲迥）賞賜將士金鄉人謂爲信然皆喜仲文簡精兵僞建迥旗幟倍道而進善淨遥見仲文軍且至以爲檀讓乃出迎謁仲文執之遂取金鄉諸將多勸屠之仲文曰此城是毗羅起兵之所當寛其妻子其兵可自歸如即屠之彼意絶矣衆皆稱善於是毗羅恃衆來薄官軍仲文背城結陣出軍數里設伏於麻田中兩陣纔合伏兵發俱曳柴鼓譟塵埃蔽天毗羅軍大潰仲文乘之賊皆投洙水而死水爲之不流獲檀讓檻送京師河南悉平

又曰後周末隋文作相遣將于仲文先以兵定關東破尉遲迥將檀讓初仲文在蓼隄諸將皆曰軍自遠來士馬疲弊不可決勝仲文令三軍趣食列陣大戰既而破賊諸將皆請曰前兵疲不可交戰竟而尅勝其計安在仲文笑曰吾所部皆山東人果於進不宜持久乘勢擊之所以制勝諸將皆以爲非所及

又曰後周將達奚長儒圍陳將吳明徹於呂梁陳遣驍將劉景率勁勇七千來爲聲援長儒於是取車輪數百繫以大石沉之清水連轂相次以待景軍景至舡盤礙輪不得進長儒乃縱奇兵水陸俱發大破因擒明徹

又曰後周遣將率突厥之衆逼齊晉陽齊將段韶禦之時大雪之後周人以步卒爲前鋒從西山而下去城二里諸將咸欲逆擊之韶曰步人氣力勢自有限今積雪既厚逆戰非便不如陣以待之彼勞我逸破之必矣既而交戰大破之敵前鋒盡殪無復孑遺自餘通宵奔遁

又曰後周遣將討高
圍洛齊將段韶禦之韶登邙坂聊欲觀周軍形勢至太和谷便值周軍即遣馳告諸營與諸將結陣以待之周軍以步人在前上逆戰韶以彼徒我騎且却且引待其力弊乃遣下馬擊之短兵始交周人大潰洛城之圍並即奔遁

又曰西魏末岷州羌據州城反魏將獨孤信討之勒兵向萬年頓三交谷口賊併力拒守信因詭道趣綢松嶺（綢直由切）賊不虞信兵之至觀風奔潰乘勝逐北徑至城下賊出降

又曰西魏末涼州刺史宇文仲和據州不受代魏將獨孤信率兵討之仲和嬰城固守信夜令諸將以衝梯攻其東北信親帥壯士襲其西南遲明克之（遲直吏切未明也天未明之時須已襲之）

事畢然後天明明遲於事耳

又曰西魏末蠕蠕侵魏魏大將元纂禦之蠕蠕遂逃出塞纂令將于謹率二千騎追之至郁郅原前後十七戰盡降其衆率輕騎出塞覘賊屬鐵勒數千騎奄至謹以衆寡不敵退必不免乃散其衆騎使匿叢薄間又遣人升山指麾若分部軍衆者賊遥見雖疑有伏兵旣恃其衆不以爲慮乃進軍逼謹謹常乘駿馬一紫一騧賊先所識乃使二人各乘一馬突陣而出賊以爲謹也皆爭逐之謹乃率餘軍擊其追騎賊遂奔走因得入塞

又曰西魏末遣將史寧與突厥木汗可汗同伐吐谷渾俱會於青海寧謂木汗曰樹敦賀眞二城是吐谷渾巢穴今若抜其本根餘種自然離散此上策也木汗從之即分爲兩軍木汗從北道向賀眞寧趣樹敦吐谷渾婆周王率衆

逆寧寧擊斬之踰山履險遂至樹敦即吐谷渾之舊都多諸珎藏而其主先已奔賀眞留其征南王及數千人固守寧進兵攻之僞退果開門逐之因廻兵奮擊門未及闔寧兵遂得入生獲其征南王俘虜男女財寶盡歸諸突厥

又曰東魏西荆州爲梁將曹義宗所圍東魏召人赴救慕容儼應募赴之時東魏北清太守宋帶劒謀叛清音育儼乃輕騎出其不意直至城語云大軍已到太守何不出迎帶劒造次惶恐不知所爲便出迎儼即執之一郡遂定

又曰東魏初齊神武破尒朱兆兆奔保秀容分兵守險出入鈔掠神武每揚聲云欲討之師出復止如此者數四神武揣兆歳首必應會飲使將竇泰率精騎先一日一夜行三百里兆軍人因宴休惰忽見泰軍莫不奪氣因而尅之

又曰東魏將齊神武率兵伐西魏大軍濟河集諸將議進趣之計斛律羌舉曰宇文黑獺雖聚凶黨强弱可知若固守無粮援可恃今揣其情以同困獸若不然其戰而逕趣長安空虛可不戰而尅抜其根本彼無所歸則黑獺之首懸於軍門矣諸將議有同遂戰於渭曲大敗而歸齊神武違之故敗也

又曰東魏末齊神武薨子澄立侯景叛歸梁而圍彭城澄遣慕容紹宗討之將戰紹宗以梁人剽悍恐其衆之撓也一一引將卒而誑之曰我當佯退誘梁人使前汝可擊之皆申明誡之景又命梁人逐北勿過二里會戰紹宗實敗走梁人不用景言乘敗深入魏人以紹宗言爲信爭共掩擊遂大破之

又曰東魏遣將斛律金寇西魏洛陽師至于河北周文帝患其度河乃於上流縱火船而下以燒河橋金先備小艇

半盛以水鐵鎖連之亘絶中流火舡至而不前須臾火滅而橋獲存遂進軍洛陽

又曰東魏將齊神武伐西魏軍至許原西周文帝至渭南徵諸州兵皆來會乃召諸將謂之曰高歡越山度河遠來至此天亡之時也今及其新至便可擊之即造浮橋於渭令軍人齎三日粮輕騎度渭南夾渭而軍至沙苑距齊神武軍六十餘里齊神武聞周文至引軍來會覩周文軍少竟馳而進不行列揔萃於左軍兵將交周文鳴鼓士皆奮起其將于謹等六軍與之合戰李弼等率鐵騎橫擊之絶其軍爲二遂大破之斬六千餘級臨陣降者二萬餘人齊神武夜遁追至河上復大尅獲前後虜其卒七萬留其甲士二萬餘悉縱歸

又曰齊神武大舉伐西魏將渡蒲津其將薛琡曰淑始西

賊連年飢饉但宜置兵諸道勿與野戰比及來年麥秋人衆盡應餓死西賊自然歸降願無渡河也侯景亦曰今者之舉兵衆極大萬一不捷卒難收斂不如分爲二軍相繼而進前軍若勝後軍全力前軍若敗後軍承之神武皆弗納遂有沙苑之敗

又曰齊神武與魏孝武帝搆隙自太原舉兵逼洛陽帝遣將元斌之斛斯椿鎮武牢（椿丑倫切）遣使告周文帝文帝謂左右曰高歡數日行八九百里曉兵者所忌正須乘便擊之而主上以萬乘之重不能度河決戰方緣津據守且長河萬里扞禦爲難若一處得度大事去矣果如其言帝西奔長安（孝武違而敗也）

太平御覽卷第二百八十八

太平御覽卷第二百八十九

兵部二十

機略八

隋書曰楊義臣與漢王將喬鍾葵相拒義臣自以兵少悉取軍中牛驢得數千頭復令兵數百人人持一鼓潛驅之澗谷間出其不意義臣晡後復與鍾葵戰兵初合命驅牛驢者疾進一時鳴鼓塵埃張天鍾葵軍不知以爲伏兵發因而大潰縱擊破之以功進位上大將軍

又曰長孫晟討突厥達頭晟進策曰突厥飲泉易可行毒因取諸藥毒水上流達頭人畜飲之多死於是大驚曰天雨惡水其亡我乎因夜遁晟追之斬首千餘級

又曰高熲獻取陳之策曰江北地寒田收差晚江南土熱水田早熟量彼收穫之際微集士馬聲言掩襲必屯兵禦守足得廢其農時彼既聚兵我便解甲再三若此賊以爲常後雖集兵彼必不信持疑之頃我乃濟師登陸而戰兵氣益壯文帝行其策陳人益弊

又曰賀若弼鎮淮南先是弼請緣江防人每交代之際必集歷陽於是大列旗幟營幕被野陳人以爲大兵至悉發國中士馬既知防人交代其衆復散後以爲常不復設備其後弼以大軍濟江陳人弗之覺也遂滅陳

通典曰隋末王世充與李密相持於東都充夜渡陣於洛水之北其時密亦渡洛水陣兵與充相對月城西至石窟密兵多馬騎長槍宜路寬放縱充兵多戈矛䂍穳宜隘險然南逼洛水北限大山地形褊促騎不成列縱穳蹙之密軍失利密與數子登舟南濟自餘兵馬皆東走月城充乘勝長驅直至月城下密既渡南岸即策馬西上直向充本營左

右麾旌相繼而至充營內見密兵來逼急連舉六烽充乃捨月城之圍收兵西退自洛北達於黑石中間四十餘里奔赴顛狽大喪師徒密之行也東北之圍不救而自解西南之寇不戰而成功充伏其權奇不復輕出

又曰隋漢王諒據并州及隋將楊素率衆數萬討諒時晉絳呂三州並爲諒城守素各以二千人縻之而去諒遣將趙子開擁衆十餘萬柵絕徑路屯據高壁嶺布陣五十里素令諸將以兵臨之自引兵入霍山緣崖谷而進直指其營一戰破之殺獲數萬

又曰隋開皇中文帝大議伐陳諸將皆云大江闊遠兵不習水以此爲疑若一登南岸秦兵一可當百襄邑公賀若弼獻十策其一事請多造舟舡既多賊必防擬更甚今南地無馬請付傍江諸州二十歲已上老馬令飼以平陳爲名賊必懼求馬擬戰密務刺史私賣博大舡江南下濕特不宜馬不逾周年並當死盡然不爲彼用陳主陳叔寶果大造舡市馬輸舡既多方覺不便而止高熲請所博得舡運諸州米貯壽陽城役徒於壽陽穿大池以魚蓮遨遊爲名造舡教水戰仍以賀若弼爲壽州總管然以此平陳

又曰隋將軍劉方率兵討林邑國其王梵志率其徒乘巨象而戰方軍不利方於是多掘小坑草覆其上因以兵挑之梵志悉衆而陣方以戰僞奔北梵志逐之至坑所其衆多陷轉相驚駭軍遂亂縱兵擊大破之

又曰隋末宇文化及殺煬帝後率兵來攻李密於黎陽密知化及糧且盡因僞與和弊其衆化及弗之悟大喜恣其兵食冀密饋之會密下有人獲罪亡投化及具以告密情化及大怒其食又盡乃度永濟渠與密戰于童山之下自

辰達西密爲流矢所中頓於汲縣化及掠汲郡北趣魏縣其將王智略張童仁等率所部兵歸于密者前後相繼

又曰隋末楊玄感反攻東都刑部尚書衛玄感戰兵始會玄感詐令人大呼曰官軍已得玄感矣官軍稍怠玄感與數千騎乘之玄感兵於是大潰

又曰隋煬帝征高麗隋將于仲文率軍從樂浪道軍次烏骨城仲文揀羸馬驢數千置於軍後既而率衆東過高麗出兵掩襲輜重仲文迴擊大破之

又曰隋漢王諒作亂遣其將余公理自太行下河內隋將史祥討之軍於河陰久不得濟祥謂軍吏曰余公理輕而無謀才用素不足稱又新得志謂其衆可恃恃衆必驕且河北人先不習兵所謂擁市人而戰不足圖也乃令軍中修攻具攻河陽公理使諜知之果屯兵於陽內城以備祥

祥於是艤船河南公理聚甲以當之祥乃簡精銳於下流潛度公理率衆拒之祥至湏水（湏姑閒切）兩軍相對公理未成列祥縱擊大破之

又曰隋末李密破宇文化及還其勁兵良馬多死隋將王充守東都欲乘其弊練精勇得二萬餘人馬千餘疋於洛水南密軍偃師北山上時密新得志於化及有輕充之心不設壁壘充夜遣二百餘騎潛入北山伏溪谷中令軍士秣馬蓐食既而宵濟人奔馬馳遲明而薄密出兵應之陣未成列而兩軍合戰其伏兵敝山而上潛登北原乘高而下馳壓密營營中亂無能拒之者即入縱火密軍大驚而潰

唐書曰太宗屯武牢竇建德悉衆而南陳兵於汜水王充將郭士衡陣於南周亘數里鼓譟請戰諸將大懼太宗數騎升高丘安坐以望之謂諸將曰賊起山東未見大敵今度險而囂是無正令逼城而陣有輕我心我按兵不出彼迺氣衰陣久卒飢勢將自退追而擊之何往不尅吾與公等爲約必以午後破之如或不然寡人爲無謀矣建德乃遣兵涉汜水太宗令總管王君廓以少擊之待河北馬渡方欲與戰建德列陣自辰至午士卒飢倦人皆坐列又爭飲水太宗乃令宇文士及將三百騎經賊陣之西馳而南上誡之曰賊若不動汝宜引歸如覺動宜出東面士及纔過賊衆果動逡巡欲退太宗曰可以擊也親率輕騎追而誘之衆軍繼至建德迴師陣未及整列太宗先登以擊之所向皆靡俄而衆軍合戰囂塵四起太宗率史大奈程齩金秦叔寶宇文歆等纏幡而入出其陣後張我旗幟賊顧見之衆乃大潰追奔三十里斬首三千餘級虜其衆五萬餘

人一時放散

又曰太宗討劉黑闥相持兩月餘黑闥率步騎二萬南渡洺水結陣而至晨壓我營太宗遣輕騎當之賊皆殊死戰於是親率精騎擊賊馬軍破之因乘勝蹂其步卒自午及昏戰數合賊大潰斬首萬餘級溺水死者數千人黑闥與二百人北走悉虜其衆先是太宗遣兵堰洺上流令黑闥得渡及戰之日遽令決堰水大至深丈餘賊衆以爲神由是敗走

又曰武德中突厥　頡利二可汗到原州太宗率兵拒之雨甚太宗乃召諸將謂之曰虜控弦鳴鏑弓馬是憑今雨彌時弧矢俱弊突厥人衆如鳥矢（所介切）羽我屋宿火食槍槊犀利料我之逸揣敵所勞此而不乘夫復何待今欲先令勁兵亂其陣乃率突騎驅其後虜俗進不相讓退不

相救自以北澗谷深長時有一道魚貫以度因而迫之彼
十萬騎坑穽中物耳追至黃河縱不盡擒必當十獲八九
此曉兵者所以解諸君勿疑於是潛師夜出冒雨而進醜
徒震駭因縱反間於突利悅而歸心二可汗內離頡利欲
戰不可因請和而去
又曰貞觀中蘇定方率兵討突厥賀魯大雪平地二尺軍
中咸請停兵候晴定方曰虜恃雪深謂我不能前進必當
憩息追之可及若緩以縱之則漸遠難追省日兼功在此
峯也於是勒兵陵雪晝夜兼進所經收其人衆遂至雙河
去賀魯所居二百餘里布陣長驅徑至金牙山賀魯牙帳
時賀魯集衆欲獵定方縱兵擊之盡破其牙帳生擒數萬
人賀魯脫走投石國定方於是悉命諸部歸其所居埋瘞
骸骨存問疾苦復其產業賀魯所虜掠者悉撿責還之於

是西域諸國安堵如故令副將蕭嗣業往石國以追賀魯
遂擒歸于京師
又曰貞觀中突厥諸部離叛朝庭將圖進取以李靖爲代
州道行軍摠管率驍騎三千自馬邑出其不意直趨惡陽
嶺以逼之突利可汗不虞於靖見官軍掩至相謂曰唐兵
若不傾國而來靖豈孤軍而至一日數驚四年靖進擊定
襄城破之突厥諸部落並走磧北突利可汗來奔
又曰貞觀中吐谷渾寇邊以李靖爲西海道行軍大摠管
統兵部尚書侯君集刑部尚書任城王道宗等五摠管征
之軍次伏埃城吐谷渾燒去野草以餧我師退保大非川
諸將咸言春草未生馬已羸疲不可赴敵唯靖決計而進
深入敵境遂踰積石山前後戰數十合殺傷甚衆大破其
國

又曰武德中突厥突利頡利二可汗到原州太宗率兵拒
之兩陣將交太宗以數騎出謂之曰不念昔者香火之言
乃來相侵知二可汗外同內異故以此言疑之頡利見太
宗輕出又聞香火之言乃陰猜突利因遣使曰王不須慮
我無惡意更欲與王自斷當耳於是斂軍引却
又曰貞觀中北狄鐵勒薛延陀發同羅僕骨迴紇等衆合
二十萬度漢屯白道川據善陽嶺以擊突厥可汗李思摩
之部思摩引其種落走朔州留精騎以拒戰延陀乘之及
塞太宗令張儉李勣等率兵數道擊之時太宗誡之曰延
陀負其兵力踰漠而來經途數千馬已疲瘦夫用兵之道
見利速進不利速退其掩思摩不能疾擊思摩既入長城
又不能速退吾先勑思摩燒薙殺草延陀糧食日盡野無
所獲頃者偵人來云其馬齧噉林木枝皮略盡卿等犄角

思摩不須前戰俟其將退一時奮擊制勝之舉也於是李
勣擊延陀之衆破之先是延陀擊突厥沙鉢羅及杜尒皆
以步兵戰而勝及其將來寇也先講武於國中教習步戰
每五人以一人經習戰陣者使執馬而四人前戰克勝即
授馬以追奔失於應接罪至於死沒其家口以賞戰人至
是遂行其法突厥先合趣退延陀乘勝而逐之勣兵拒擊
而延陀萬矢俱發傷我戰馬李勣乃令去馬步陳率長矟
數百爲隊齊奮以衝之其衆潰散副摠管薛萬徹率數千
騎收其執馬者其衆失馬莫知所從因擊之乃大敗
又曰武后初徐敬業起兵於楊州武太后令將軍李孝逸
討之敬業拒于高郵之下阿谿敬業置陣旣久士卒多疲
怠皆顧瞻陣不能整孝逸遂率衆擊之因風縱火敬業懼
燒而退孝逸進擊大破之

又曰武德中薛萬均與羅藝守幽州竇建德率衆十萬來
至范陽萬均謂藝曰衆寡不敵今若兵鬬百戰百敗當以
計取可令羸兵弱馬阻水背城爲陣以誘之賊若度水請
公精騎百人伏於城側待其半度而擊之破之必矣從之
建德引兵度水萬均擊之大破
又曰武德初王世充據東都太宗往征之屯青城宮營壘
未立王世充衆二萬自方諸門出臨穀水以禦大軍諸將
甚懼太宗以精騎陳於北邙登後魏宣武陵以觀賊陣謂
左右曰賊勢迫矣悉衆而出利在一戰今日破之其後不
能出矣乃令屈突通率步卒五千度水布陣以當之因戒
通曰待兵交即放煙吾當率馬軍南下兵纔接太宗以騎
衝之挺身先進表裏合勢賊衆殊死戰散而復合者數焉地
既險隘賊多雜積積[illegible]也雜[illegible]也騎戰稍難太宗親自射之莫不
應弦而倒起辰及午賊衆始退因乘之迫于城塹俘斬七
千人自是不敢復出
又曰高宗遣將軍裴行儉討突厥於黑山至朔川謂其下
曰兵法尚詐者以權謀制敵也若御其下則非誠信不可
行遣副將蕭嗣業運糧被掠兵多餧死所以敗也狡寇狃
怵不可以不備乃詐爲糧車三百乘每車伏壯士五人各
賷陌刀勁弩以羸兵數百人援之兼伏精兵居險以待之
賊果大下羸兵弃車散走賊驅馬就泉并解鞍牧馬方擬
取糧車中壯士齊發伏兵亦至殺獲殆盡賊衆奔潰自是
續遣糧運無敢近之者
又曰馬燧爲魏博招討使田悅求救於淄青恒州李納遣
大將衛俊將兵僅萬人以救悅李惟岳亦遣三千餘人救
悅收合散兵二萬餘壁於洹水淄青軍其東恒州軍其西

首尾相應燧帥諸軍進屯於鄴奏請益河陽兵詔遣河陽
節度使李芃將兵會之軍次於漳悅遣將王光進以兵守
長橋築月城以爲固軍不得渡燧乃於下流以兵車數百
乘維鐵鎖絶中流實以土囊以遏水水稍淺諸軍畢渡是
時軍粮少悅深壁不戰欲老燧軍燧令諸軍持十日粮以
前進次倉口與悅等夾洹水而軍李抱眞等問曰粮少深
入何也燧曰粮少利速戰兵法善於致人而不致於人今
田悅與淄青恒州三軍爲首尾計以老我師若分軍擊其
左右兵少未可必破悅且來救是前後受敵也兵法所謂
攻其必救固當戰也燧爲諸公合而破之燧乃造三橋逾
洹水日挑戰悅不敢出恒州兵自以軍少懼爲燧所并引
軍合於田悅燧又令於軍中曰悅死傷之餘安敢出戰所
恃者淄青軍尓吾當先破納軍則田悅坐受降也淄青軍
聞懼亦引軍合於田悅謂燧明日復挑戰乃伏兵萬人欲
邀之燧乃令諸軍半夜皆食先鷄鳴時擊鼓鳴潛師旁洹
水西徑趨魏州令曰聞賊至即止爲陣又令百騎鳴鼓角
留於後仍抱薪持火待軍止鼓角匿其旁伺悅軍渡焚其
橋軍行十數里悅乃率淄青恒州兵步騎四萬餘踰掩其
後乘風縱火鼓噪而進燧乃坐軍前除草斬榛棘廣百步
以爲陣募勇士得五千餘人分爲前列以俟賊至比悅軍
至則火滅氣乏力少衰乃縱擊之悅大敗時神策昭義河
陽軍小却河東軍勝諸軍還鬬合擊又大破迫切洹水悅
軍走橋橋已焚矣悅軍亂赴水斬首二萬殺賊大將孫晉
御安墨啜生獲三千餘人溺水死者不可勝數淄青軍殆
盡死者相枕藉三十里悅收兵得千餘人走夜至魏州
又曰元和十二年唐鄧節度使李愬奏以九月二十六日

圍蔡州吴房縣攻其外城毁之斬首千餘級初將出攻左右白以往亡日請避之愬曰賊以往亡謂吾不能來正可擊也及戰勝而歸賊以梟騎五百追愬愬下馬據胡床令於衆曰後廻弋者斬由是衆悉力戰射殺賊將孫忠憲賊衆乃退或勸愬曰乘其退可遂拔吴房愬曰取之賊必合勢而固其穴不如留之使分其力

太平御覽卷第二百八十九

太平御覽卷第二百九十

兵部二十一

料敵上

孫子曰用兵之道校之以五計而索其情(索其勝負之情索搜索之義也)曰主孰有道(道德智能)將孰有能(主君也先當校兩国之君主知能否也若荀息斷虞公貪而好寶宮之奇懦不能強諫)天地孰得(視兩軍所據知誰得天時地利)法令孰行(設而不犯犯而必誅號出令知誰能施行也)兵衆孰強士卒孰練(知誰兵器強盛士卒簡練者故王子曰主不素習當陣惶惑將不素習臨陣闇变是也)賞罰孰明(賞善罰惡知誰分明者也賞無度則費而無恩罰無度則戮而無威)吾以此知勝負矣(以上七事料敵情知勝負所在)敵知吾卒之可用以擊之不知敵之不可擊勝之半也知敵之可以擊而不知吾卒之不可以擊勝之半也知敵之可以擊知吾卒之可擊而不知形之不可以戰勝之半也(勝之半者未可知也)故曰知兵者動而不迷舉而不頓將能料敵以少合衆以弱擊強兵無選鋒曰北(其勢若此必走北之兵也)夫料敵制勝計極險易利害遠近上將之道也知此而用戰者必勝不知此而用戰者必敗夫唯無慮而易於敵者必擒於人也(己無智慮而外易人者必爲人擒)故策之而知得失之計(策度敵情觀其所施則計數知)候之而知動靜之理(喜怒動作察其舉止則情理可知也故知動靜權变爲勝)形之而知死生之地(形相敵情觀其所得而知之)角之而知不足有餘之處(角量也角量彼我軍馬之使則長短可知)

又曰兵者詭道(兵無常形以詭詐爲道)故校之以五計而索其情一曰度二曰量三曰數四曰稱五曰勝(勝敗之數用兵之法當此事稱量敵之情也)地生度(因地形度形勢)度生量量生數(知其遠近廣狹知其數量)數生稱(稱量敵与己)稱生勝(稱量人之故知其勢勝負所在也)故勝兵若以鎰稱銖敗兵若以銖稱鎰(輕不能舉動也)相勝之戰者人也若決水於千仞之谿者形也(仞七尺也其勢疾也)

左傳曰吳子入越越子以甲楯五千保于會稽請行成伍員曰不可臣聞務德莫如滋去疾莫如盡違天而長讎雖悔之不可矣王不聽退而告人曰二十年之外吳其爲沼乎

又曰吳師在陳楚大夫皆懼子西曰二三子恤不相睦無患吳矣昔闔廬食不貳味居不重席勤恤其民而與之勞逸今聞夫差次有臺榭陂池焉宿有妃嬙嬪御焉視民如讎而用之日新夫差先自敗也已安能敗我者也

又曰楚子伐鄭晉師救之楚子北師次于郔(郔鄭北地郔音延)聞晉師濟河楚子欲還伍參言於楚子曰晉之從政者新未能行令其佐先縠剛愎不仁未肯用命其三帥者專行不獲(欲專其所行而不得)聽而無上衆誰適從此行也晉師必敗楚改乘轅而北之次於管以待之晉師在敖鄗之間(敖五勞反鄗許各反)晉魏錡求公族未得(欲爲公族大夫)而怒欲敗晉師請致師不許請使許之(使所吏反)遂往請戰而還趙旃求卿未得挑戰不許請召盟許之與魏錡皆命而往郤克曰二憾往矣弗備必敗隨會曰若二子怒楚楚人乘我喪師無日矣(乘猶登也)不如備之楚之無惡除備而盟何損於好若以惡來有備不敗且雖諸侯相見軍衛不徹警也先縠不可(不肯設備)隨會使鞏朔韓穿帥七覆于敖前(帥將也覆爲伏兵七處)故上軍不敗而中軍下軍皆敗績

又曰吳師伐楚州來楚救之吳人禦諸鍾離楚將子瑕卒楚師熸(吳楚之間謂火滅爲熸軍之重主喪士故其軍人死復氣勢也熸子廉反)吳將公子光曰諸侯從於楚者衆而皆小國也畏楚而不獲已是以來吾聞之作事威尅其愛雖小必濟(尅勝也軍事尚威)胡沈之君幼而狂(性無常也)陳大夫齧壯而頑頓與許蔡疾楚政大將死其

師熸遂越為師帥賤多寵政令不壹越非正卿也軍多寵人政令不壹於越也七國同役而不同心七國楚頓胡沈蔡陳許也帥賤而不能整無大威命楚可敗也先分師以犯胡沈與陳必先奔諸侯之師乃搖心矣諸侯乖亂楚必大奔請先者去備薄威示之以不整以誘之後者敦陳整旅敦厚吳子從之戰于雞父音甫吳子以罪人三千先犯胡沈與陳囚徒不習戰以示不整也三國爭之吳為三軍以擊之其後中軍從王光帥右軍掩餘帥左軍吳之罪人或奔或止三國亂吳師擊之敗獲胡沈之君及陳大夫舍胡沈之囚使奔許與蔡頓曰吾君死矣師譟而從之三國奔三國許蔡頓也楚師大奔也

又曰晉侯將伐虢大夫士蔿曰不可虢公驕若驟得勝於我必棄其民棄民不養之無衆而後伐之欲禦我誰與夫禮樂慈愛戰所蓄也夫民讓事樂和愛親哀喪而後可使也上之使民

以義讓哀樂為本言不可以力強虢弗蓄也亟戰將飢言虢不蓄義讓而力戰也後終為晉所滅

又曰秦伯伐晉晉將趙盾御之上軍佐臾駢曰秦不能久請深壘固軍以待之秦人欲戰秦伯謂士會曰若何而戰晉士會奔秦對曰趙氏新出其屬曰臾駢必實為此謀將以老我師也臾駢趙盾屬大夫新出佐上軍趙有側室曰穿晉君之壻也側室枝子有寵而弱不在軍事弱年少又未嘗涉知軍之事好勇而狂且惡臾駢之佐上軍也若使輕者肆焉其可也肆暫往而退秦軍掩晉上軍趙穿追之不及上軍不動趙穿獨追之返怒曰裹糧坐甲固敵是求敵至不擊將何俟軍吏曰將有待也待可擊之穿曰我不知謀將獨出乃以其屬出趙盾曰秦獲穿也獲一卿矣晉自有數佐從御者秦以勝歸我何以報乃皆出戰交綏而退司馬法曰逐奔不遠從綏不及逐奔不遠則難誘從綏不及則難陷然則古名退軍為綏秦晉亦未能堅戰短兵未致爭而兩退故曰交綏也

又曰晉師伐楚四月甲午晦楚晨壓晉軍而陳晉大夫郤至曰楚有六間古莧切其二卿相惡子重子反王卒以舊罷老不代鄭陳而不整不整列蠻軍而不陳蠻夷從楚者不結陳陳不違晦晦月終陰之盡也故兵家以為忌在陳而囂囂諠譁也合而加囂陳合宜靜而益其声各顧其後莫有鬬心舊不必良以犯天忌我必克之終敗楚于隱陵

史記曰龐涓追孫臏臏量其行暮當至馬陵道陝而旁多阻險可伏兵乃大斫樹白而書之曰龐涓死此下於是令齊軍善射者萬弩夾道而伏期曰見火起而俱發龐涓夜至斫樹下見白書乃鑽火燭之讀書未畢齊軍萬弩俱發魏軍大亂龐涓自知智窮兵敗乃自刎曰遂成豎子之名

又曰漢王在漢中拜韓信為大將信因問王曰今東鄉爭權天下豈非項王耶漢王曰然曰大王自料勇悍仁彊孰

與項王漢王默然良久曰不如也信再拜賀曰惟信亦為大王不如也然臣嘗事之請言項王之為人也項王喑噁叱咤喑音陰噁烏路切叱尺栗切咤陟訝切千人皆廢然不能任屬賢將此特匹夫之勇耳項王見人恭敬慈愛言語姁姁人有疾病涕泣分食飲至使人有功當封爵者刻印刓刓五丸切忍不能與此所謂婦人之仁也項王雖霸天下而臣諸侯不居關中而都彭城背義帝之約而以親愛王諸侯不平諸侯之見項王遷逐義帝置江南亦皆歸逐其主而自王善地項王所過無不殘滅者天下多怨百姓不親附特劫於威彊耳名雖為霸實失天下心故曰其彊易弱今大王誠能返其道任天下武勇何所不誅以天下城邑封功臣何所不服以義兵從思東歸之士何所不散且三秦王為秦將將秦子弟數歲矣所殺亡不可勝計又欺其衆降諸侯至新安項王

詐坑秦降卒二十餘萬唯獨邯欣翳得脫（章邯司馬欣董翳）秦父兄怨此三人痛入骨髓今楚彊以威王此三人秦民莫愛也大王之入武關秋毫無所害除秦苛法與秦約法三章耳秦民無不欲得大王王秦者於諸侯之約大王當王關中關中人咸知大王失職入漢中秦人無不恨者今大王舉而東三秦可傳檄而定也於是漢王大喜自以爲得信晚遂聽信計定秦滅項

又曰項籍圍漢王於滎陽城久之漢王患之請割滎陽以西以和項王不聽漢王謂陳平曰天下紛紛何時定乎陳平曰然項王爲人恭敬愛人士之廉節好禮者多歸之至於行賞功爵邑重之（言愛惜之）士亦以此不附今大王慢而少禮士廉節者不來然大王能饒人以爵邑士之頑鈍嗜利無恥者亦多歸漢王誠各去其兩短襲其兩長天下指麾可定矣

又曰漢王與項籍約中分天下漢王欲西歸張良陳平說曰漢有天下太半而諸侯皆附之楚兵疲食盡此天亡之時也不因其飢而遂取之今釋不取所謂養虎自遺患也從之終滅羽

漢書曰陳王拜項梁爲楚上柱國梁自號武信君乃使宋義於齊道遇齊使者高陵君顯（張晏曰顯名高陵縣名也）曰公將見武信君乎曰然義曰臣論武信君軍必敗公徐行則免疾行及禍章邯夜銜枚擊楚大破之定陶梁死宋義所遇齊使者高陵君顯見楚懷王曰宋義論武信君必敗數日果破未戰先見敗徵此可謂知兵矣召宋義與計事而悅之因以爲上將

又曰西域都護爲烏孫兵所圍上召陳湯問之湯曰烏孫瓦合不能久攻詘指計其日不出五日當有吉語聞果四日軍書言已解

又曰黥布反帝召薛公問對曰使布出於上計東取吳西取楚并齊取魯傳檄燕趙固守其所山東非漢之有也出中計東取吳西取楚并韓取魏據敖倉之粟塞成皐之口勝敗之數未可知也出下計東取吳西取下蔡歸重於越身歸長沙陛下高枕而卧漢無事矣上曰是計將安出對曰必出下計布故酈山之徒也（酈音離）自致万乘之主此皆爲身不顧後爲百姓萬代慮也故曰出下計上自將東擊布布之初反謂其將曰上老矣厭兵必不能來使諸將獨患淮陰彭越今皆已死餘不足畏也故遂反果如薛公籌之東擊荊荊王劉賈敗死（時賈都丹徒也）漢終破布

通典曰後漢末曹公擊馬超始賊每一部到公輒有喜色賊破之後諸將問故公荅曰關中長遠若賊各依險阻征之不一二年不可定也今皆來集其衆雖多莫相歸服軍無適主一舉可滅爲功差易吾是以喜

又曰後漢末青州黃巾衆百餘萬人起兗州界刺史劉岱欲擊之鮑信諫曰今賊衆百萬百姓皆震恐士卒無鬬志不可敵也觀賊衆羣輩相隨軍無輜重唯以抄掠爲資今不若蓄士衆之力先爲固守使彼欲戰不得攻則不能其勢必離散然後選精銳據其要害擊之可破也岱不從遂與戰果爲所殺（劉岱爲之而敗）

又曰後漢末荀攸從曹公征張繡攸言曰繡與劉表相持爲強然繡以遊軍仰食表不能供也勢必離不如緩軍以待之可誘而致也不從表果救之軍不利曹公謂攸曰不用君言至是（曹公違之而敗）

又曰後漢末張遼屯長社軍中有謀反者夜驚起亂火一軍盡擾遼謂左右勿動是不一營盡反必有造變者欲以動亂人耳乃令軍中不反者安陣遼將親兵數十人中陣而立有頃定即得首謀者殺之張遼審計立擒賊首亦同料敵之義

又曰後漢末曹公征荆州劉琮降得其水軍及步軍遂遣書孫權云今將水軍十八萬與將軍會獵於長州之苑將士聞之恐權延見羣下問計咸曰曹操託名漢相挾天子以征四方動以朝廷為辭今日拒之事更不順且將軍大勢可以距操者長江也劉表理水軍艨艟鬬艦千數操悉浮以沿江兼有步兵水陸俱下此則上江之險尚我共之矣而勢力衆寡愚謂大計不如迎之權將周瑜曰操雖名漢相其實漢賊將軍神武雄才兼杖父兄遺烈據有江東地方千里兵精足用英豪樂業尚當横行天下為漢家除

殘去穢況操自送死豈可迎之耶請為將軍籌之使北土已安操無内憂能曠日持久來爭疆場又能為我校勝負於舡檝可也今北土既未安而加以馬超韓遂在關西為操後患且捨鞍馬杖舟檝與吳越爭衡本非中國所長又今盛寒馬無藁草驅中國士衆遠涉江湖不曾習水土必生疾病此數四者用兵之患也而操皆冒行之瑜得請精兵三萬人徑進夏口保為將軍破之權曰老賊欲廢漢自立久矣但忌二袁呂布劉表與孤耳今諸英雄已滅唯孤尚存孤與老賊勢不兩立君言當擊甚與孤合權抜刀斫前奏案曰諸將吏敢復言迎曹操者與此案同果有赤壁之捷焉

又曰蜀大將諸葛亮悉衆十萬由斜谷出始平據武功五丈原魏大將司馬宣王帥師拒之與亮對於渭南亮分兵屯田為久駐之本耕者雜於渭濱而百姓安堵軍無私焉屢使交書復致巾幗婦人之飾以怒宣王王亦屢表請戰魏使衛尉辛毗持節勒懿及軍吏以下不許出戰姜維謂亮曰辛毗杖節而到賊不復出矣亮曰彼無戰心所以固請者示武於衆耳將在軍君命有所不受苟能制吾豈千里請戰耶宣王使二千餘人就軍營東西角大聲稱萬歲亮使問之荅曰吳朝有使至請降亮謂曰計吳朝必無降法卿是六十老翁何煩詭誑如此懿與亮相持百餘日亮卒於軍中及軍退懿追焉亮長史楊儀結陣反旗鳴鼓若將向懿者懿遽退不敢逼經二日乃行其營壘曰天下奇才也懿乃追之儀多布鐵蒺藜懿使軍士二千人著軟材平底木屐前行蒺藜悉著屐然馬步徑進追至赤岸方知審問百姓為之諺曰死諸葛走生仲達懿笑曰吾便料生

不便料死故也孔明料吳下降明矣司馬不料亮死暗也

吳志曰魏使大司馬曹仁步騎數萬向濡須為欲東攻羨溪朱桓分兵赴羨溪仁軍進拒濡須桓聞追羨溪兵未到而仁奄至諸將各懼桓喻之曰凡兩軍交對勝負在將不在衆寡兵法所以稱客倍而主人半者謂俱在平原無城池之守又謂士衆勇怯齊等故耳今仁既非智勇又久涉人馬罷困桓與諸軍共據高城南臨大江北倍山陵以逸待勞以主制客此百戰百勝之勢雖曹丕自來尚不足憂況仁等耶桓因偃旗鼓外示虛弱以誘仁果遣其子太攻濡須分遣將軍常雕王雙等乗油舡襲中州桓自拒太太燒營退梟雕首生虜雙送武昌臨陣及溺死者千餘人

十六國春秋曰前趙劉曜敗石勒將石季龍于高候今絳州聞喜縣界也遂圍洛陽勒將親救程遐等固諫曰劉曜乗勝兵盛

難與爭鋒金墉糧豐攻之未可卒拔曜軍千里勢不支久不可親動動無萬全大業去矣勒大怒按劒叱遐等出召徐光而謂之曰劉曜乘高堆之勢圍守洛陽庸人之情皆謂其鋒不可當也然曜帶甲十萬攻一城而百日不尅師老卒殆以我初銳擊之可一戰而擒若洛陽不守曜必送死冀州自河以北席卷北向吾事去矣程遐等不欲吾親行卿以爲何如光對曰劉曜乘高堆之勢不能進臨襄國更攻金墉此其無能爲也懸軍三時無攻戰之利若鸞旗親駕必覩旌奔敗定天下之計在今一舉勒笑曰光之言是也使內外戒嚴有諫者斬命石堪石聰桃豹等各統見衆會滎陽使石季龍進據石門以左衛石邃都督中軍事勒統步騎四萬赴金墉勒謂徐光曜盛兵城皐關上計也阻洛水其次也坐守洛陽者成擒也勒諸軍至城皐勒見

曜無守軍大悅乃卷甲銜枚詭道兼路出于鞏訾之間知曜陳其軍十餘萬人于城西弥悅勒入自宣門昇故太極前殿季龍步卒三萬自城北而西攻其軍石堪石聰等各以精兵騎八千城西而北擊其前鋒大戰於西陽門勒躬貫甲冑出自閶闔夾擊之曜軍大潰於陣擒曜以徇于軍也

太平御覽卷第二百九十

兵部二十二

料敵下

宋書曰晉義熙五年二月僞燕主慕容超大掠淮北三月帝抗表北伐以丹陽尹孟昶監中軍留府事乃浮淮入泗五月至下邳留船步軍進琅邪所過築城留守超大將公孫五樓請斷大峴堅壁清野以待超不從初謀是役議者以爲賊若嚴守大峴軍無所資何能自返帝曰不然鮮卑性貪略不及遠旣幸其勝且愛其穀必將引我且亦輕戰師一入峴吾何患焉及入峴帝舉手指天曰事濟矣衆問其故帝曰師旣過險士有必死之志餘糧栖畝軍無匱乏之憂勝可必矣

通典曰陳將吳明徹進逼壽陽北齊將王琳拒守又遣大將皮景和率兵數十萬來援去壽春三十里頓軍不進諸將咸曰堅城未拔大援在近不審公計將安出明徹曰兵貴在速而彼結營不進自挫其鋒吾知其不敢戰明矣於是躬擐甲冑疾攻一鼓而尅壽陽

又曰西魏遣將于謹討梁元帝於江陵長孫儉問謹曰爲蕭繹之計將欲如何謹曰耀兵漢沔席卷度江直據丹陽是其上策移郭內居民退保子城峻其陴堞以待援至是其中策若難於移動據守羅郭是其下策儉曰揣繹定出何策謹曰必用其下策儉曰彼弃上而用下何也對曰蕭氏保據江南綿歷數紀屬中原多故未遑外略又以我有齊氏之患必謂力不能分且繹懦而無謀多疑少斷人難慮始皆戀邑居旣惡遷移當保羅郭所以用下策也謹乃令中山公護及楊忠等率精騎先據江津斷其走路梁人

堅木柵於外城廣輪六十里尋而謹至悉衆圍之梁主屢遣兵於城出戰輙爲謹所破旬六日外城自陷梁主退保子城翌日率其太子以下面縛出降尋殺之

又曰後魏末原州民豆盧狼害都督大野樹兒等據州城反州人李賢乃招集豪傑謀曰賊起倉卒便誅二將其勢雖盛其志已驕然其政令莫施唯以殘剥爲業夫以羇擄之賊而馭烏合之衆勢自離解今若從中擊之賊必喪膽如吾計者指日取之衆皆從賢乃率敢死士三百人分爲兩道乘夜鼓譟而出羣賊大驚一戰而敗狼遁走追斬之

後魏書曰李順使凉州還世祖問蒙遜政教得失順曰蒙遜專威河右三十許年雖不能貽厥將來獨足以終其一世但前歲表許十月送曇元讖及臣往迎便乖本意不忠不信於是而甚以臣觀之不復周矣世祖曰若如卿言則效在不遠其子必復世襲之後又問曰早晚當滅順曰臣略見其子並非俊才能保一隅如燉煌太收犍器性粗立若繼蒙遜者必此人也然比之於父僉謂不逮殆天所用資聖明也旣而蒙遜死問至世祖謂順曰卿言蒙遜死今則驗矣又言收犍立何其妙哉晚克凉州知當不遠於是賜絹千疋廐馬一疋進號安西將軍寵待彌厚

唐書曰武德初劉武周據太原使其將宋金剛屯於河東太宗往征之謂諸將曰金剛懸軍千里深入吾地精兵驍將皆在於武周自據太原專倚金剛以爲捍蔽金剛雖衆內實空虛虜掠爲資意在速戰我堅營蓄銳以挫其鋒分兵汾隰衝其心腹彼糧盡計窮自當遁走當待此機未宜速戰於是遣劉弘等絶其糧道其衆遂餒金剛果遁

又曰武德中李靖隨河間王孝恭討蕭銑師至于清江尅

銑荊門遣其將乘勝入北江銑悉兵以拒之孝恭將戰李靖止之曰楚之輕銑難與爭鋒今新失荊門盡兵出戰此救敗之師也非其本圖勢不能久一日不戰賊必兩分留輕兵以抗我退羸師以自守此即勢虧力弱擊之必捷孝恭不從遣靖按營自以銑師水戰孝恭果敗于南岸

又曰隋末王世充殺其主越王侗自僭偽號太宗率師討之世充求援于河北竇建德將全軍赴之諸將以二賊合勢眾寡不敵宜退舍以避之行臺郎中薛收獨進計曰王世充據有東都府庫填積其下兵士皆是江淮精銳其所患者在於乏食耳是以為我所持求戰不可建德親總軍旅來拒我師亦當盡彼驍雄期於奮決若縱其至此兩寇相連轉河北之糧以相資給則伊洛之間戰鬬不已今宜分兵守營深其溝防即世充欲戰慎勿出兵大王親選猛銳

先據成皋之險訓兵坐甲以待其至彼以疲弊之師當我堂堂之勢一戰必克建德既破則世充自下不過兩旬夏鄭二主可面縛於麾下矣若退兵自守計之下也秦王喜曰合吾意是日出師據虎牢卒擒建德

又曰隋煬帝為突厥所圍郡縣皆發赴援時太宗年未弱冠召募從軍隸屯衛將軍雲定興師將發太宗勸之多賫旗鼓設疑兵以威突厥定興初不納太宗謂之曰始畢掃其境內敢圍天子本疑國家倉卒無援忽見旗鼓之盛必謂救兵雲集今者師進可前後相次令數十里間連亘不絕晝則旗旛相續夜則鉦鼓相應以張形勢賊見必懼望塵而退此計之上也不然則為所輕悉軍來戰必不支矣定興悅而從焉將次崞縣突厥候騎馳告始畢曰兵大至遂解圍而退果如所籌

又曰太宗遣李靖經略突厥以張公謹副公謹因言突厥可取之狀曰頡利縱慾肆情窮凶極暴誅害良善昵近小人此即主昏於上其可取一也又其別部同羅僕骨迴紇延陀之類並自立君長將圖反噬此則眾叛於下其可取二也頡利被疑輕騎自免拓設出討疋馬不歸欲谷喪師立足無地則兵挫將敗其可取三也塞北霜早糇糧之絕天降之災因以饑饉其可取四也頡利疎其突厥委諸胡人胡人翻覆是其常性大軍一臨內必生變其可取五也華人入北其類實多比聞自相嘯聚保據山險師出塞垣自然有應其可取六也太宗深納之及破定襄敗頡利頗預謀略進爵為國公

又曰元和十年王師討淮西鎮州鎮度使王承宗淄青節度李師道謀撓王師遣刺客於京城殺宰相武元衡憲宗

怒命御史中丞裴度為宰相專主兵機以誅三盜時淮西鎮冀兩道用軍度支儲運供餉不暇復又諸軍玩寇陰與賊通冀朝廷力竭即行赦雪議者患之宰相韋貫之奏曰陛下豈不知建中之事乎天下兵始於蔡急魏應齊趙同惡德宗率天下兵令馬燧李抱真急擊之物力既屈朱泚乘間為亂朱滔南向指闕致使梁漢為府奉天有行皆陛下親所聞見非他也不能忍待次第速於滅賊故也陛下獨不能寬歲月之計俟拔蔡而圖鎮耶上深然之而已下詔矣後擒元濟而承宗服果如貫之所籌

漢晉春秋曰亮圍祁山招鮮卑軻比能等至故北地石城以應亮於是魏大司馬曹真有疾司馬宣王自荊州入朝魏明帝曰西方事重非君莫可付者乃使西屯長安都督張部費曜戴陵郭淮等宣王使曜陵留精兵四千上邽餘

衆悉出西救祁山郃欲分駐雍宣王曰料前軍獨能當之者將軍言是也不能當而分為前後此楚之三軍所以為黥布擒也遂進亮分兵留攻自逆宣王于上邽郭淮費曜邀亮亮破之因大芟其麥宣王遇於上邽之東斂兵依險軍不得交亮引兵而還宣王尋亮至於鹵城張郃曰彼遠來逆我請戰不得謂我利在不戰欲以長計制之也且祁山大軍以近人情自固可止屯於此分為奇兵亦出其後不宜進前而不敢逼坐失民望也今亮懸軍食少亦行去矣宣王不從固尋亮既至又登山掘營不肯戰賈詡魏平數請救且曰公畏蜀如畏虎柰天下笑何宣王病之諸將咸請戰五月辛巳乃使張郃攻無當監何平於南國自案中道向亮亮使魏延高翔吳班赴距大破之獲甲首三千級鎧五千領宣王還保營

袁希之漢表傳曰丞相亮出軍圍祁連山始以木牛運糧魏司馬宣王張郃救祁連山夏六月亮粮盡軍還至于青封木門郃追之亮駐軍削大樹皮題曰張郃死此樹下豫令兵夾道以數千強弩備之郃果自見千弩俱發射郃而死

韓子曰趙主父使李疵視中山可攻不報曰可攻也主父曰何故可攻對曰其見巖穴窮閭隘巷之士以十數亢禮下布衣之士以百數矣君曰是賢君也安可攻疵曰然矣好顯巖穴之士而朝之則戰士怠於行陣上尊者下居士而朝之則農夫惰於力田戰士怠於陣者兵弱也農夫惰於田者國貧也

衛公兵法曰凡與敵相逢持軍相守欲知彼算將揣其謀則如之何對曰士馬驍雄示我以羸弱陣伍齊肅示我以不戰見小利佯為不敢爭伏奇兵故誘以奔北內實嚴警外為弛慢恣行間諜託以忠告或執使以相忿或厚賂以相悅移師則減竈合營則偃旗智足以及謀勇足以及怒非得地而不舍非全軍而不侵以多擊少必取於晨朝以寡擊衆必候於日暮如此則兵多詭狀將有深圖理雖曲為防慎不可入其規畫故傳曰見可則進知難而退軍之善政也但敵固無小蜂蠆有毒且鳥窮則啄獸窮猶觸者皆自衛其生命而求免於禍難也若因而不鬭乃智不逮於鳥獸其能將乎必須料敵制勝議於小利然後可立大功矣或又問曰所謂料敵者何對曰凡料敵者料其彼我之形定乎得失之計始可兵出而決於勝負矣當料彼將吏孰與己和客主孰與己逸排甲孰與己堅器械孰與己利教練孰與己明地形孰與己險城池孰與己固騎畜孰

與己多糧儲孰與己廣工巧孰與己能秣飼孰與己豐資貨孰與己富以此揣而料之焉有不保其勝哉夫軍無小聽聽必審也戰無小利利必大也審聽之道詐亦受之實亦受之工亦受之拙亦受之其詐而似實亦受之其實而似詐亦受之但當明聽其實察衆情徐思其驗鍛鍊而使不得逆詐目聰挫折愚人之詞又不得聽庸人之說稱敵寡弱輕侮衆心而不料其虛實又不得受敵人以小利餌我勇士輒掠財畜獲其首級將闇不斷而重賞之忽敵無備必為所敗揣敵之術亦易知矣若辭怒而不戰者待其援也杖而立汲而先飲者倍程迫速渴之兼也夫欲行無窮之勢圖不測之利其事煩多略陳梗槩而已若遇小寇而有不可擊者為其將智而謀深士勇而軍整鋒甲堅銳而地險騎畜肥逸而令行如此則士蓄必死之心將懷

擒敵之計此當固而待之未得輕而犯也如逢大敵而必可鬬也彼將愚昧而政令不行士馬雖多而衆心不一鋒甲雖廣而兵刃不堅居地無固而糧運不繼卒無決戰之志傍無軍馬之援此可襲而取之抑又聞之統戎行師攻城野戰當須料敵然後縱兵夫爲將能識此之機變知彼之物情亦何慮功不逮鬬不勝哉

又曰敵有十五形可擊新集始至行陣未定未食雖已結陣須饋食不順逆風向月建後至敵後來不得山川地勢利奔走行陣失次用力不齊陣布不均不戒我亦弱誘敵之不設備勤勞倍道兼行人馬未息衣甲馳路雖陣不整將離大將已去餉任小吏素不威服長路趨戰爭利晝暮不息候濟半渡疾擊不暇貪利求勝不暇盡陣險路泥濘阻狹車馬單行左右難救擾亂行列失序進退不齊縱不相戴橫不相對或坐或立驚怖卒阨相逢都無備擬鼓譟掩擊三軍震懾不定陣數移動人馬數顧師有十過勇而輕死可暴貪而好利可遺仁而不忍可勞知而心法可窘信而喜信人可詐廉潔而愛人可侮慢而心緩可囊剛而自用可誘懦志多疑可惑急而心速可久○孫子曰軍旁有險阻蔣潢井生葭葦小林翳薈者必謹覆索之此伏姦之所藏處也險者一高一下之地阻者草蔣水草之聚生潢者池也井者下也葭葦者衆木所居也翳薈者可以屏龍蔽處也此以上相地形此以下察敵情也翳薈草木之相蒙蔽可以藏兵處反覆索之也敵近而靜者恃其險也敵遠而挑人者欲人之進也其所處者居易利也所居利也言敵去我近促遣輕挑我欲使前就之其就處者平利也衆樹動者來也斬拔樹木除道進來故動衆草多障者疑也結草爲障欲使我疑稠草中多障蔽者敵必逃去恐追及多作障蔽使人疑有伏也鳥起者伏也下有伏兵往藏觸鳥而驚起獸駭者覆也敵廣陣張翼來覆我也故獸驚駭矣塵高而銳者車來也車馬行疾速塵相衝故也高卑而廣者徒來也散而條達者薪採來也塵散衍而條達各行所來也少往來者營軍者也少塵少也辭卑而益備者進也其人來使辭卑使閒覘之敵增備也必進求辭強而進驅者退也詭詐也來馳驅無所畏是欲退輕車先出居其側者陣也陣兵欲戰也輕車馳車在陣側無約而請和者謀也未有要約而使來請和有閒謀也奔走而陣兵者期也自與偏將期也半進半退者誘也倚仗而立者飢也倚仗矛戟而立者飢之意汲役先飲者渴也向人見利而不進者勞也士疲勞也敵人來見我利而不能擊進者疲勞鳥集者虛也敵大作營壘示我衆而鳥集其上其中虛者也夜呼者恐也軍士夜宣爭將不勇相驚而無備者恐懼也軍擾者將不重也无威重旗動者亂也進旗謬動東西傾倚者亂也吏怒者倦也軍吏悉怒將者疾倦粟馬食肉軍無懸箠不及其舍者窮寇也殺馬食肉不復蓄積無懸箠之食欲死戰此窮寇也箠即箠之類也諄諄翕翕徐言入入者失衆也諄諄者語貌又足貌也翕翕者不直貌上失卒之心少氣之意徐言入入者与之言安徐之貌此將失其衆也諄章淪切翕許及切數賞者窘也軍不索敵數行賞欲士卒之力戰者此恐窘者也數罰者困也數行刑罰者教令施廢是困軍也先暴而後畏其衆者不精之至也先行卒暴於士卒而後欲畏已者此將不精之極也來委謝者欲休息也戰未相伏而下其意氣相委謝者欲休息也兵怒而相迎久而不合又不相去必謹察之備奇伏也此必有間謀也

又曰九敵有不卜而與戰有不占而避之疾風大寒早興寘選部冰濟度盛夏炎熱興役無閒行飢驅渴務取於遠師久無糧士衆怨怒妖祥疑惑上不能止軍資既竭時多霖注欲掠無所師衆不多地土不利人馬疾疫道遠日暮士卒勞倦飢未及食解甲而息將薄吏輕士卒不固三軍數驚師徒無助陣而未定舍而未畢行坂涉險半隱半出諸如此類擊而勿疑若土地廣大人衆富盛上愛其下惠施流布賞信刑察發止得時行陣居列任賢使能師徒書教兵甲精銳四隣有助大國之援九如此類憚而避之故曰見可而進知難而退也

太平御覽卷第二百九十二

兵部二十三

用間

孫子曰：興師十萬，出師千里，百姓之費，公家之奉，日費千金，內外騷動，不得操事者七十萬家（古者八家為鄰，一家從軍，七家奉之，言十萬之師，不事不耕者凡七十萬家也）。相守數年，以爭一日之勝。是故明王聖主、賢君勝將，所以動而勝人，成功出於衆者，先知不可取於神鬼（不可以祈禱求），不可像於事也（不可以事類求），不可驗於事度（不可以行事度也），必取於人知敵之情也（因人也）。故用間有五：因間、內間、反間、死間、生間。五間俱起，莫知其道，是謂神紀，人君之寶也（用時任五間也）。因間者，因其鄉人而用之也（因敵鄉人知敵表裏虛實之情，故就而用之）。內間者，因其官人而用之者也（因在官失職者，若刑戮之子孫與受罰之家也，因其有隙就而用之也）。反間者，因其敵間而用之者也（敵使間來視我，我知之，因厚賂重許，反使為我間也。蕭世誠曰：言敵使人來候我，佯不知而示以虛事，前却期會，使師相語是也。故曰反間也）。死間者，為誑事於外，令吾間知之，而待於敵也（作詐任之事於外，佯漏泄之，使吾間知之，吾間至敵中，為敵所得，必以誑事論敵，從而備之，吾所行不然，間則死矣。又一云：敵間來，間以我誑事而持歸，然皆非所圖也。二間皆不能知幽隱深密，故曰死間也。蕭世誠云：所使敵人，必已軍士有重罪繫者，故為免相勑，勿泄，佯不祕密，令敵間竊聞之，吾因縱之亡，亡必歸敵，必信焉，往必死，故曰死間也）。生間者，反報者也（擇已有賢才智謀，能自開通於敵之親貴，察其動靜，知其事計，彼所為已知其實，還報，故曰生間也）。故三軍之親，莫親於間（若不親撫，重以祿賞，則反為敵用，泄吾情實也）；賞莫厚於間（厚賞之，賴其用）；事莫密於間（間事不密，則為已害）。非聖智不能用間，非仁義不能使間（不能得間人之用也），非微密者不能得間之實（精微用意，密不泄漏）。微哉微哉！無所不用間也。間事未發而先聞，其間者與所告者皆死。凡軍之所欲擊（所欲擊之軍），城之所欲攻（所欲攻之城），人之所欲殺（所欲殺之人），必先知其守將、左右、謁者、舍人之姓名（守有官職任者，謁告也，主告事者也；門者，守門者也；舍人，守舍之人也。又先知之為親舊，有急即呼之，則不見何止，亦因以知敵之情）。令吾間必索知之。敵間之來間我者，因而利之，導而舍之（舍，居止也。令吾人遺以重利，復遇而舍止之，可令詭其辭）。故反間可得而用也（故能取敵之間而用）。因是而知之，故鄉間、內間可得而使也（因反敵間而知敵情，鄉間、內間者皆可得使也）。因是而知之，故死間為誑事，可使告敵。因是可得而攻也（因誑事而知敵情，生間往反，可使知其敵之腹心所在）。因是而知之，故生間可使如期。五間之事，主必知之（人主當知五間之用，厚其祿，豐其財），知之必在於反間，故反間不可不厚也（反間者，五間之本，事之要也，故當在厚待之）。昔殷之興也，伊摯在夏（伊尹）；周之興也，呂牙在殷（呂望）。故唯明主賢將，能以上智為間者，必成大功。此兵之要，三軍所恃而動者也（已上注出通典）。

左傳曰：楚師伐宋，九月不服，將去宋。楚大夫申叔時曰：築室反耕者，宋必聽命。楚子從之（築室於宋，分兵於田，示無去志，王從其言）。宋人懼，使華元夜入楚師，登子反之牀，起之，曰：寡君使元以病告（兵法因其鄉人而用之，必先知其守將、左右、謁者、門者、舍人之姓名，因而利導之。華元蓋用此術，得以自通），曰：敝邑易子而食，析骸而爨，雖然，城下之盟，有以國斃，不能從也（寧以國斃，不從城下盟）。去我三十里，唯命是聽。子反懼，與之盟，而告楚子，退三十里，宋及楚平（華元若不因間，若不用諜，無由得入楚軍也）。

又曰：楚師伐鄭，鄭人將奔，楚師夜遁。諜告曰：楚幕有烏。乃止。

禮記曰：晉人之覘宋者，反報於晉侯曰：陽門之介夫死，而子罕哭之哀，而民說，殆不可伐也。從之。

戰國策曰：鄭武公欲伐胡，先以其子妻胡，因問群臣曰：吾欲用兵，誰可伐者？大夫關思其曰：胡可伐。武公怒而戮之，曰：胡，兄弟之国，子言伐之，何也？胡君聞之，以鄭為親已，而不備鄭。鄭襲胡，取之（此用死間之勢）。

又曰：燕昭王以樂毅為將，破齊七十餘城。及惠王立，與毅有隙齊將田單乃縱反間於燕宣言曰齊王已死城不拔者二耳樂毅畏誅而不敢歸以伐齊爲名實欲連兵南面王齊齊人未附故且緩即墨殘矣燕王以爲然使騎劫代毅燕人士卒離心單又縱反間曰吾懼燕人掘吾城外冢墓僇先人燕軍從之即墨人激怒請戰大敗燕師所亡七十餘城悉復之（僇與戮同）

又曰秦師圍趙閼與（音餘）趙將趙奢救之去趙國都三十里不進秦間來奢善食遣之（食音寺）間以報秦將以爲奢師怯弱而止不行奢一隨而卷甲趨秦師擊破之（斯則反用彼間）

又曰秦與趙兵相拒長平趙孝成王使廉頗爲將固壁不戰秦數挑戰廉頗不出秦之間言曰秦之所患獨畏馬服趙奢之子爲將耳趙王信秦之間因以奢子爲將終爲秦將白起所敗

史記曰楚漢相持未決勝負陳平言於漢王曰彼項王有骨鯁之臣亞父范增鍾離眛龍且周殷之屬（眛音妹　且子閭切）不過數人耳大王誠能出捐數萬斤金行反間間其君臣以疑其心項王爲人意忌信讒必內相誅漢因舉兵攻之破楚必矣漢王然之乃出黃金四萬斤與平恣所爲不問出入平既多以金縱反間於楚軍宣言諸將鍾離眛等爲項王將功多矣然終不得裂地而王欲與漢爲一以滅項氏分王其地項王果疑之使使至漢漢王爲太牢具舉進見楚使（舉鼎而來也）即佯驚曰吾以爲亞父使乃項王使也復持去更以惡草具進楚使（去肉更草菜之具）使歸具以報項王項王果大疑亞父亞父欲急擊下滎陽城項王不信不肯聽亞父聞項王疑之乃大怒曰天下事大定矣君王自爲之願賜骸骨歸未至彭城疽發背而死（疽癰創也　音千餘切）漢遣紀信詐降而漢王宵遁終滅項羽（羽不悟反間而亡也）

又曰漢使酈食其說齊王田廣廣損兵與酈生縱酒漢將韓信因齊無備襲齊破之田廣烹食其（此偶成韓信用死間之勢）

又曰漢高帝被匈奴單于冒頓圍於白登乃使間厚遺閼氏乃謂冒頓曰兩主不相困今得漢地而單于終非能居之也且漢王亦有神單于察之冒頓乃解圍之一角於是高帝令士皆持滿傅矢外鄉從解角直出竟與大軍合而冒頓遂引兵而去

又曰高祖紀曰上問豨將皆故賈人也上曰吾知所以與之乃以金啗豨將豨將多降者（陳豨也）

後漢書曰西域將兵長史班超發于闐諸國兵擊莎車龜茲國揚言兵少不敵罷散乃陰緩生口歸以告龜茲王喜而不虞超即潛勒兵馳莎車營大破降之（斯亦同死間之勢）

晉書曰益州牧羅尚遣將隗伯攻蜀賊李雄於郫城牙有勝負雄乃募武都人朴泰鞭之見血使譎羅尚欲爲內應以火爲期尚信之悉出精兵遣隗伯等率兵從泰擊雄雄將李驤於道設伏泰以長梯倚城而舉火伯軍見火起皆爭緣梯泰又以繩汲上尚軍伯餘人皆斬之雄因放兵內外擊之大破尚軍（此用內間之勢）

又曰劉曜逼長安復圍北城太守麴昌遣使求救於麴允允率步騎赴之去城數十里賊繞城放火煙塵蔽天反縱間詐允曰郡城已陷焚燒向盡軍無及矣允信之衆懼而潰後數日麴昌突圍赴長安北城遂陷

崔鴻十六國春秋曰後涼呂光將呂延伐乞伏乾歸大敗之乾歸乃縱反間稱衆潰東奔成紀延信而追之延司馬耿稚曰告者視高而色動必有姦計不可從相遇戰敗死之

後魏書曰陸俟擊吴於杏城大破之獲吴二叔諸將請送京師俟獨不許曰吴一身藏竄非其親信誰能獲之若停十萬之衆以追一人非上策也不如私許吴叔免其妻子使自追吴擒之必也諸將咸曰今來討賊既破之獲其二叔唯走一人何所復至俟曰吴之恃逆本自天性今若獲免必誑惑愚人稱王者不死妄相扇動爲患必大遂遣吴二叔與之期吴叔不至諸將皆咎於俟俟曰此未得其便可必不背他日果斬吴以至皆如所言俟之明略皆此類也

通典曰東魏將段琛據宜陽遣將牛道恒扇誘邊人西魏將韋孝寬拒之遣諜之訪獲道恒手跡令善書者僞作道恒與孝寬書論歸欵之意又爲落燼燒迹若火下書者還令諜人遺之於琛營琛得書果疑之道所經略皆不見用孝寬知其離沮因出奇兵掩襲擒道恒及琛等崤澠遂清

又曰東魏大將齊神武率兵趣沙苑西魏大將周文帝遣將達奚武覘之武從三騎皆衣敵人衣服至日暮去營數百步下馬潛聽得其軍號因上馬歷營若警夜者有不如法者往往撻之具知敵之情狀以告周文

又曰高齊斛律光字明月爲當時名將後周將韋孝寬守玉壁(今絳郡稷山縣)忌光英勇孝寬叅軍曲嚴頗知卜筮謂孝寬曰來年齊朝必大相殺戮孝寬因令嚴作謡言令間諜漏其文於鄴曰百升飛上天明月照長安又曰高山不推自崩槲樹不扶自竪祖珽因續之曰盲老公上下斧饒舌老母不得語令小兒歌之於路穆提婆聞之以告其母陸令萱(陸令萱即後主乳母)以饒舌斥已也盲老公謂祖珽也遂相與協謀以謡言啓後主誅光周武帝聞之遂大赦境內始有滅齊之志竟平其國

唐書曰黄州揔管周法明率兵擊輔公祏遇張善安阻兵夏口法明屯荆口鎮登戰艦與所親飲酒善安遣刺客數人詐爲漁者乘輕舟而至見者不以爲虞遂殺法明而去

又曰衛國公李靖伐突厥　可汗以唐儉先在突厥結和親突厥遂不備靖因掩擊破之(亦以唐儉爲死間之勢)

衛公兵法曰夫戰之取勝此豈求之於天地在乎因人以成之歷觀古人之用間其妙非一也即有間其君者有間其親者有間其賢者有間其能者有間其助者有間其隣好者有間其左右者有間其縱横者故子貢史廖陳軫蘇秦張儀范雎等皆憑此術而成功也且間之道有五焉有因其邑人使潛伺察而致詞焉有因其事故洩虛假令告示焉有因敵之使矯使其事而返之焉有審擇賢能覘彼

向背虛實而歸說之焉有佯緩罪戾微漏我僞情浮計使亡報之焉凡此五間皆須隱秘重之以賞密始可行焉若敵有寵嬖任以腹心者我當使間遺其珎玩恣其所欲順而傍誘之敵有重臣失勢不滿其志者我則啗以厚利詭相親附採其情實而致之敵有親貴左右多詞誇誕好論利害者我則使間曲情尊奉厚遺珎寶揣其所間而返間之敵若使聘於我我則稽留其使令人與之共處矯致慇勤僞相親暱朝夕慰論倍供殊味觀其辭色而察之仍旦暮令使獨與己伴居我遣聰耳者潛於複壁中聽所間使既遲違恐彼怪責必是竊論心事我知事計遺而用之且夫用間以間人人亦用間以間己己以密往人以密來理須獨察於心叅會於事則不失矣若敵使人來欲推我虛實察我動靜覘知事計而行其間者我當佯爲不覺舍而

厚利善餌之微以我言詐事示以前却期會即我之所須爲彼之失者因其有間而返間之彼若將我虛而以爲實即我承其弊而得其志矣夫水所以濟舟舟亦因水覆没間所以能成功亦憑間而傾敗若束髮事主當朝正色忠以盡節信以竭誠不詭伏以自容不權宜以爲利雖有善間其可用乎

太平御覽卷第二百九十二

太平御覽卷第二百九十三

兵部二十四

示緩　務速

示緩

戰國策曰秦伐韓軍於閼與趙王召問趙奢對曰道遠險狹難救譬猶兩鼠鬬於穴中也將勇者勝王令奢救之軍邯鄲三十里而令軍中曰有軍事諫者死秦軍武安西秦軍鼓譟勒兵武安屋瓦盡震軍中候有一人言急救武安奢立斬之堅壁留二十八日不行復益壘秦間來奢善食遣之間以報秦將大喜曰夫去國三十里而軍不行乃增壘閼與非趙地也趙奢既已遣秦間乃卷甲而行趙之二日一夜至令善射者去閼與五十里而軍壘成秦人聞之悉甲而至奢縱兵擊破之閼與圍解

通典曰曹公進軍攻袁尚將審配於鄴先鑿塹圍城周迴四十里初令淺示若可越審配遥見笑而不出爭利曹公令一夜濬之廣深二丈決漳水以灌之數月城中餓死過半尚將馬延臨陣降遂尅鄴城

又曰魏將司馬宣王征公孫文懿賊保襄平宣王進軍圍之會霖潦大水平地數尺三軍恐懼欲移營宣王令軍中敢有言徙者斬都督令史張静犯令斬之軍中乃定賊恃水樵牧自若諸將欲取之皆不聽司馬陳珪曰昔攻上庸八部並進晝夜不息故能一旬之半拔堅城斬孟達今者遠來而更安緩愚竊惑焉宣王曰孟達衆少而食支一年吾將士四倍於達而糧不淹一月以一月圖一年安可不速今賊衆我寡賊飢我飽水雨乃尒功力不設雖當促之欲何所為自發京師不憂戰攻但恐賊糧垂盡而圍落未合掠其牛馬抄其樵採此故驅使走也夫兵者詭道善因事變賊憑衆恃雨故雖飢困安肯束手當示無能為之若取小利以驚之非計也既而雨止遂合圍起土山地道楯櫓鉤橦竟發矢石雨下晝夜攻而拔之

又曰万俟醜奴稱亂關右魏將賀拔岳討之軍於汧渭之間宣告遠近曰今氣候漸熱非征討之時至秋涼更圖進取醜奴聞之遂以為實分遣諸軍散營農於岐州之北百里細川因險立柵其千人以下為柵者亦有數處且田且守岳知其勢分乃密嚴備晡時潛遣輕騎先行斷路於後諸軍盡發昧朝攻圍元進柵拔之諸所俘執皆放之自餘柵悉降岳宣言徑趣涇州其刺史侯長貴亦以城降醜奴乃弃平亭而走

晉書曰安平獻王孚傳曰吳諸葛恪圍新城以孚督諸軍

二十萬禦之孚次壽春遣毋丘儉文欽等討之諸將欲速擊之孚曰夫攻者借人之力以為攻且當詐巧不可爭力也故稽留月餘乃進軍吳師望風而退

宋書曰臨烈王道規曰兵法屈申有時不可苟進諸桓世居西楚羣小皆為竭力桓振勇冠三軍難以爭勝且可頓兵養鋭徐以計策縻之不憂不尅也

務速

孫子曰久則頓兵挫鋭攻城則力屈（頓壞屈盡）久暴師則國用不足夫頓兵挫鋭力屈貨殫（音單）則諸侯乘其弊而起雖有智者不能善其後故兵聞拙速（雖拙有速勝也）未有工之久也夫久兵而國利者未之有也

左傳曰先軫曰一日縱敵數世之患也

又曰楚子伐隨隨少師謂隨侯曰必速戰不然將失楚師

又曰武城黒謂常曰吳用木也我用華也不可乆也不如速戰

魏志曰夏侯淵性果悍進軍疾速人歌曰夏侯淵三日六百五日千

晉書呂光載記曰光行至高昌聞堅寖晉光欲更須後命部將杜進曰節下任全方面赴機宜速何不了而留乎

又曰杜預破吳衆議且俟來冬預曰兵威已振譬如破竹數節之後迎刃而解乃平之也

崔鴻十六國春秋曰後秦姚萇與符登相持萇將茍曜據逆萬堡密引符登萇與登戰敗於馬頭原收衆復戰姚碩德謂諸將曰上慎於輕戰每欲以計取之今戰既失利而更逼賊者田也萇聞之而謂碩德曰登用兵遲緩不識虗實今輕兵直進遥據吾東必茍曜豎子與之連結也事乆變成其禍難測所以速戰者欲使豎子謀之未就好之未深散敗其事耳果大敗之

又曰姚萇與符登相持未解登將魏褐飛自稱大將軍衝天王率互胡萬人攻萇將姚當於杏城萇將雷惡地叛應褐飛攻萇將姚漢得於李潤萇議將討之羣臣咸曰陛下不憂六十里符登乃憂六百里褐飛萇曰登非可卒殄吾城亦非登所能卒圖惡地多智非常人也南引褐飛東結董成甘言美說以成姦謀若得杏城李潤惡地據之控制遠近相爲羽翼長安東北非復吾有於是潛軍赴之萇時衆不滿二千褐飛惡地衆至數萬互胡赴之者首尾不絶萇每見一軍至輙有喜色羣下怪而問之萇曰今同惡相濟皆來會集吾得乘勝席卷一舉而覆其巢穴東北無復餘也褐飛等以萇兵少盡衆來攻萇固壘不戰示之以弱潛遣子崇率騎數百出其不意以乘其後褐飛兵擾亂萇遣將王超等率步騎擊之褐飛衆大潰斬褐飛惡地請降萇待之如初

通典曰後漢末荀攸從曹公征呂布至下邳布敗固守攻之不拔連戰士卒疲曹公欲還攸與郭嘉說公曰呂布勇而無謀今三戰皆北其鋭氣衰三軍以氣爲主主衰則軍無奮意且布之謀主陳宫有智而遲今及布氣衰而未復宫謀之未定進急攻之布可拔也乃引沂泗灌城城潰生擒布

又曰蜀將諸葛亮伐魏魏將司馬宣王郭淮等禦亮張郃勸宣王分軍住雍郿爲後鎮宣王曰料前軍能獨當之者將軍言是也若不能當而分爲前後此楚之三軍所以爲黥布擒也遂進軍隃麋亮聞大軍且至乃自帥衆將芟上邽之麥諸將皆懼宣王曰亮慮多決少必安營自固然後芟麥吾得二日兼行足矣於是卷甲晨夜赴之亮望塵而遁宣王曰吾倍道疲勞此曉兵者之所忌也亮不敢據渭水此易與耳進次漢陽與亮相遇宣王列陣以待之使將牛金輕騎餌之兵纔接而亮退也

又曰蜀將孟達之降魏也魏朝以達領新城太守假節達於是連吳固蜀潛圖中國謀洩將舉兵司馬宣王秉政恐達速發以書安之達得書猶與不決宣王乃潛軍進諸將皆言達與二賊交搆宜審察而後動宣王曰達無信義此其相疑之時也當及其未定往決之乃倍道兼行八日到其城下吳蜀各遣其將救達宣王分諸將以拒之初達與諸葛亮書曰宛去洛八百里去吾千二百里聞吾舉事當表上天子比相返覆一月間也則吾城已固諸軍足辦吾

所在深險司馬公不自來諸將來吾無患矣及兵到達又告亮曰吾舉事八日而兵至城下何其神速也上庸城三面阻水達於城外爲水柵以自固宣王度其水破其柵直造城下八道攻之旬有六日達甥鄧賢將李輔等開門出降遂斬達

又曰東魏荆州刺史辛纂據穰城西魏將楊忠從獨孤信討之纂迎戰敗退走信令忠爲前驅馳至其城北叱門者曰今大軍已至城中有應爾等求活何不避走閽者盡散忠乘而入彎弓大呼纂兵衛百餘人莫之敢禦遂斬纂以徇城中懾伏

唐書曰隋末高祖義兵發太原次靈石縣賈胡堡隋將宋老生率精兵二萬屯霍邑以拒之會久雨糧盡與長史裴寂及諸將議曰宋老生頓霍邑屈突通鎭河東二人同心

非造次可進欲還太原以圖後舉太宗曰本興大義以救蒼生當須先入咸陽號令天下今遇小敵便即班師將恐義從之徒一朝解體還守太原一城之地此爲賊耳何以自全高祖乃止太宗引師赴霍邑遂平老生也

又曰武德中太宗征薛仁果其將宗羅睺來拒大破於淺水原因率左右二十餘騎追奔直趣折墌以乘之仁果列陣城下太宗據涇水以臨賊賊徒氣沮無敢進戰其騎將澤幹等數人臨陣來降請還取馬太宗縱遣之於是各乘良馬須臾並至仁果大懼嬰城自守太宗具知賊中虛實將夕大軍繼至四面合圍因縱辯士諭以禍福仁果遂開門降旣而諸將奉賀因問曰始大王野戰破賊其主尚保堅城王無攻具輕騎騰逐不待步兵徑薄城下咸疑不尅而竟下之何也太宗曰此以權道迫之使其計不暇發以故尅也羅睺恃往前之勝兼復養銳日久見吾不出意在相輕今喜吾悉出兵來戰吾雖破之擒殺蓋少若不急躡還走投城仁果收而撫之則便未可得矣且其兵衆皆隴西人一敗被追不及迴顧散歸隴外則折墌自虛我軍隨而迫之所以懼而降也此乃成筭諸君盡不見耶

又曰武后初徐敬業舉兵於江都稱匡復皇家以盩厔尉魏思溫爲謀主問計於思溫對曰明公旣以太后幽縶少主志在於匡復兵貴拙速但宜早度淮北親率大衆直入東都山東將士知公有勤王之舉必以死從此則指日刻期天下必定敬業將從其策薛璋又說曰金陵之地王氣已見宜早應之兼有大江設險足可以自固請且攻取常潤等州以爲王霸之業然後率兵北上鼓行而前此則退有所歸進無不利實爲良筭也敬業以爲然乃自率兵四

千人南度以擊潤州思溫密謂杜求仁曰兵勢宜合不可分今敬業不知幷力渡淮率山東之衆以取洛陽必是無能成事命也可知敬業尋亦悔之所以遂敗

呂氏春秋曰凡兵欲急疾捷不可久處所以免起鳧舉鷸疾也雖有江河之險則陵之雖有太山之塞遂踰之

衛公兵法曰用兵上神戰貴其速簡練士卒申明号令曉其目以麾幟習其耳以鼓金嚴賞罰以戒之重芻豢以養之浚溝壍以防之指山川以導之召才能以任之述奇正以敎之如此則雖敵人有雷電之疾而我亦有所待也若兵無先備則不應卒卒不應則失於機失於機則後於事後於事則不制勝而軍覆矣故呂氏春秋云凡兵者欲急疾捷所以一決取勝不可久而用之矣或曰兵之情唯主速乘人之不及然敵將多謀戎卒輯睦令行禁止兵利甲

堅氣鋭而嚴力全而勁豈可速而犯之耶荅曰若此則當卷迹藏聲蓄盈待竭避其鋒勢與其持久安可犯之哉廉頗之拒白起守而不戰宣王之抗武侯抑而不進是也

太平御覽卷第二百九十三

太平御覽卷第二百九十四

兵部二十五

示弱

孫子曰兵者詭道也（無常形以詭詐爲道若息侯誘蔡楚子誘宋也）故能而示之不能用而示之不用（言巳實能用師外示之怯也若孫臏示弱而制龐涓）近而示之遠遠而示之近（欲進而理去道也言多疑設其近誑曜敵軍示之以遠本從其近若韓信之襲安邑陳舟臨晉而渡夏陽）

又曰古之善用兵者能使敵人前後不相及衆寡不相待貴賤不相求上下不相扶卒離而不集兵合而不齊（多設詐變出東見西攻南引北亂之使彼張惶離亂而不集聚也）合於利而動（暴之使離亂之使不齊動兵而戰之）不合於利而止

左傳曰蔡聲子謂楚令尹屈建曰若敖之亂伯賁之子苗賁皇奔晉以爲謀主及鄢陵之役楚晨壓晉軍而陳苗賁皇曰楚師之良在中軍王族而已若塞井夷竈成陳以當之欒范易行以誘之（欒書時將中軍范燮佐之易行謂簡兵備欲令楚貪己而不復顧二穆之兵易以豉反行胡郎反）中行二郤必克二穆（郤錡時將上軍中行偃佐之郤至佐新軍令此三人分良以攻二穆之兵楚子重子辛皆出穆王故曰二穆）吾乃四萃於王族必大敗之（四萃四面集攻之也）晉人從之楚師大敗王夷師熸（夷傷也吳楚之間謂火滅爲熸子廉切）子反死之鄭叛吳興則苗賁皇之爲也

戰國策曰趙將李牧常居代鴈門備匈奴以便宜置吏市租皆輸入于幕府爲士卒費日擊數牛饗士習騎射謹烽火多間諜厚遇戰士爲約曰匈奴即入盜急入收保有敢捕虜者斬匈奴每入烽火謹趣入收保不敢戰如是數歲亦不亡失然匈奴謂牧爲怯趙王讓牧牧如故王怒使人代將歲餘匈奴每來出戰數不利復遣牧牧至如故約匈奴數來無所得終以爲怯邊士日得賞賜而不用皆願一戰於是乃具選車得千三百乘選騎得萬三千疋百金之士五萬人彀弓弩者十萬人悉勒習戰大縱畜牧人衆滿野匈奴小入佯北不勝以數千人委之單于聞之大喜率衆來入牧多爲奇陣張左右翼擊大破之殺匈奴十餘萬騎單于奔走十餘歲不敢近邊也

又曰韓魏相攻齊將田忌率兵伐魏魏將龐涓聞之去韓而歸孫臏謂田忌曰彼三晉之兵素悍勇而輕齊齊號爲怯善戰者因其勢而利導之兵法百里而趨利者蹶上將軍（蹶猶挫也）五十里走者半至使齊軍入魏地爲十萬竈明日爲五萬竈又明日爲二萬竈龐涓行三日大喜曰我故知齊卒怯入吾地三日士卒士者過半矣乃弃其步兵與其輕銳倍日并行逐之（并畢正切）孫子度其行暮當至馬陵馬陵道狹而旁多阻隘可伏兵乃斫大樹白而書之曰龐涓死于此樹之下於是令萬弩夾道而伏期曰暮見火舉而俱發龐涓夜至斫木下見白書乃鑽火燭之讀書未畢齊軍萬弩俱發軍大亂龐涓乃自剄曰遂成豎子之名

漢書曰韓王信反高帝自往擊至晉陽聞信與匈奴欲擊漢帝使人使匈奴匈奴匿其壯士肥牛馬徒見其老弱及羸畜使者十輩來皆言匈奴易擊帝使劉敬復往使匈奴還報曰兩國相擊此宜誇矜見所長（見示也）今臣往徒見羸胔老弱（胔音漬一說讀曰瘠瘠瘦也）此欲見短伏奇兵以爭利愚以爲匈奴不可擊也是時漢兵以踰句注三十餘萬衆兵已業行帝怒以爲沮吾軍（沮謂止壞也）械繫敬廣武遂往至平城匈奴果出奇兵圍高帝白登七日然後得解

漢書曰孫策遣軍攻陳登於匡琦城賊初到旌甲覆水郡

下衆寡不敵登乃閉門自守示弱不戰將士銜聲寂若無人登乘城觀形勢知其可擊乃申命士衆宿整兵器昧爽開門引軍指賊營步騎抄其後賊周章方結陣不得還舩登縱兵乘之賊遂大敗

晉書曰李矩守滎陽城前趙劉聰將劉暢步騎三萬討矩屯于韓王故壘相去七里遣使招矩時暢卒至矩未暇爲備遣使奉牛酒詐降于暢潛匿精勇見其老弱暢不以爲虞大饗渠帥人皆醉飽矩謀夜襲之暢僅以身免

又曰慕容寶載記曰魏伐并州驃騎李農逆戰敗績寶引群臣于東堂議之尚書封懿曰今魏師十萬天下之勁敵也示之以弱岨闌拒戰計之上也

陳書曰武帝東討杜龕侯安都軍守北齊軍人據石頭遊騎至于闕下安都閉門偃旗幟示之以弱且令城中曰有登陴看賊者斬及夕賊收軍還石頭安都夜令士卒密營禦敵之具明辰賊又至安都率甲士三百人開東西掖門與戰大敗之賊乃退還石頭不敢復逼臺城

後周書曰隋文帝作相之初尉遲迥拒命遣將崔仲文率兵定關東軍次蓼隄迥將檀讓擁衆數萬仲文以羸師戰讓悉衆來拒仲文僞北讓軍頗驕於是遣精兵左右翼擊之大敗讓軍進攻梁郡迥守將劉子寬弃城遁走

隋書曰煬帝大業中彭城賊張大彪宋世模等衆至數萬作保縣薄山寇掠徐兗隋將董純討之純初閉營不與戰賊屢挑之不出賊以純爲怯不設備縱兵大掠純選精銳擊賊合戰於昌慮大破之斬首萬餘級築爲京觀

又曰隋末山賊孟讓衆號十萬屯盱眙煬帝遣王充保都梁山以拒之久不與戰乃宣言士卒士叛使賊中聞之讓果大笑曰王充文法吏何能爲將吾當生縛之於是進攻其柵充與戰佯不勝讓益輕之乃分兵虜掠充知其可擊令軍中移竈撤幕設方陣四面而出戰大破之虜男女十萬餘口讓僅以身免

六韜曰武王問太公曰敵人先至巳據便地形勢又強則如之何對曰當示以怯弱設伏佯走自投死地敵見之必疾而赴擾亂失次必離固所入我伏兵齊起急擊前後衝其兩旁

示強

左傳曰楚將子元以車六百乘伐鄭師入桔秩之門桔秩鄭遠郊之門也又入自純門及逵市純門鄭外郭門也逵市郭內道上市也懸門不發楚言而出子元曰鄭有人焉懸門施於內城門鄭示楚以間暇故不閉城門出兵而效楚言故子元畏不敢進也諸侯救鄭楚師夜遁鄭人將奔桐丘諜言曰楚幕楚国有烏乃止幕帳也

又曰楚大饑戎伐其西南戎山夷也庸人帥羣蠻以叛楚庸楚屬之小國麇人率百濮將伐楚百濮夷也於是申息之北門不啓備中國也楚人謀徙於阪高楚險地也蔿賈曰不可我能往寇亦能往不如伐庸夫麇與百濮謂我饑不能師故伐我我若出師必懼而歸百濮離居將各走其邑誰暇謀人乃出師旬有五日百濮乃罷自廬以往振廩同食往往伐庸也振發也廩倉也同食上下無異饌也

又曰晉文公率諸侯伐楚楚子玉從晉師晉退三舍楚師不止又次于城濮楚師背酅而舍酅丘陵險阻名也酅音攜文公患之聽輿人之誦恐衆畏險故聽其歌誦也曰原田莓莓舍其舊而新是謀高平曰原喻晉軍美盛若原田草也莓然可以謀立新功不足念舊惠也晉大夫狐偃曰戰也戰而捷必得諸侯若其不捷表裏山河必無害也晉國外河而內山也晉車七百乘韅靷鞅靽五萬二千五百人也在背曰韅在胷曰靷在腹曰鞅在後曰靽

言駕乘修備飆呼見切軥與進切晉侯登有莘之墟以觀師曰少長有禮其可用也有莘故國名也遂伐其木以益其兵伐木以益攻戰之具蓋亦示強也終敗楚師

又曰晉侯伐齊齊侯登巫山以觀晉人使司馬斥山澤之險雖所不至必旆而疏陣之斥候也疏建旌旗以爲陣示衆也使乘車者左實右僞以旆先僞以衣物爲人形也建旆以先驅輿曳柴而從之以揚塵齊侯見之畏其衆也乃脫歸脫不張旌幟也

又曰蔡聲子聘楚謂令尹屈建曰子儀之亂析公奔晉以爲謀主繞角之役析公曰楚師輕佻易震蕩也若多鼓鈞聲以夜軍之鈞同其聲楚師必遁晉人從之楚師宵潰晉遂侵蔡襲沈獲其君敗申息之師于桑隧獲申麗而還鄭於是不敢南面楚失諸華則析公之爲也

漢書曰景帝時匈奴大入上郡天子使中貴人從李廣中官之幸貴也勒習兵擊匈奴貴人將數十騎出獵見匈奴三人與戰被射傷中貴人殺其騎且盡中貴人走廣廣曰是必匈奴射鵰者也鵰善飛故使善射者射之廣乃遂從百騎往馳三人令騎左右翼而廣身射彼三者殺其二人生得一人果射鵰者也遂見匈奴有數千騎廣以爲誘騎驚上山陣廣之百騎皆大恐還馳走廣曰吾去大軍數十里今若走匈奴追射我立盡今我留匈奴必以我爲大軍誘之必不敢擊我廣令諸騎曰前到匈奴陣二里所止令曰皆下馬解鞍其騎曰虜多且近即急奈何廣曰彼虜以我爲走今皆解鞍以示不走用堅其意胡騎遂不敢擊有白馬將出護其兵於是廣上馬與十餘騎奔射殺之而復還至其騎中解鞍令士皆縱馬臥是時會暮胡兵終怪之卒不敢擊向夜半時胡兵以爲漢有伏軍於旁欲夜取之皆引兵去詰朝廣乃歸其軍

後漢書曰廉范爲雲中太守會匈奴大入塞范自率士卒拒之虜衆盛不敵會日暮令軍士各交縛兩炬三頭然火虜遙見火多謂漢兵救至待朝將退范乃令軍中蓐食晨往擊之斬首數百級虜自此不敢復向雲中

又曰虞詡爲武郡太守以討叛羌羌乃率衆數千遮詡於陳倉崤谷詡即停軍不進而宣言上書請兵須到當發聞之乃分抄傍縣詡因其兵散日夜進道兼行百餘里令吏士各作兩竈或曰孫臏減竈而君增之兵法日行不過三十里以戒不虞而今日且二百里何也詡曰虜衆多吾兵少徐行則易爲所及速進則彼所不測虜見吾竈日增必謂郡兵來迎衆多行速必憚追我孫臏見弱吾今示強勢有不同故也既到郡兵不滿三千而羌衆萬餘攻圍赤亭數十日詡乃令中使強弩勿發先用小弩羌以爲矢力弱不能至并兵急攻詡於是使二十強弩共射一人發無不中羌大震退詡因出城奮擊多所傷殺明日悉陳其衆令從東郭門出北郭門入換易衣服迴轉數周羌不知其數更相恐動詡計賊當退乃潛遣五百餘人於淺水設伏候其走路虜果奔因掩擊大破之

通典曰後漢末陳登爲廣陵守孫策遣軍攻登於匡琦城登使人求救於曹公而密去城十里理軍營處所令多取柴薪兩束一聚相去十步從橫成行令俱起火牙燃其聚城上稱慶若大軍到賊覩火驚潰登勒兵追奔斬首萬級也

又曰蜀大將諸葛亮屯于陽平并兵東下亮唯留萬人守城魏將司馬宣王率二十萬衆拒亮當亮六十里所候邏

白宣王説亮在城中力弱將士失色亮是時意氣自若勑軍皆卧旗息鼓不得輒出巻幔開四門掃地却洒宣王疑其有伏於是引軍北趣山亮謂參佐曰司馬懿謂吾有強伏循山走矣候邏還白亮所言宣王深以爲恨

又曰西晉將杜元凱伐吳陳兵于江陵遣牙門管定周旨伍巢等率竒兵八百汎舟夜度以襲樂鄉多張旗幟起火巴山出於要害之地以奪賊心吳都督孫歆震恐與吳將伍延書曰北來諸軍乃飛渡江也皆破之

又曰東晉末宋武帝爲將討海賊孫恩恩在扈瀆海鹽令鮑陋遣子嗣之以吳兵一千請爲前驅宋武曰賊兵甚精吳人不習戰若前驅失利必敗我軍可在後爲聲援不從是夜宋武多設伏兵兼置旗鼓然一處不過數人明日賊率衆乃萬餘迎戰前驅既交諸伏皆舉旗鳴鼓謂四面有軍乃引退嗣之追奔爲賊所没宋武且戰且退賊既盛所領死傷且盡宋武慮不免至向伏兵處乃止令左右脱取死人衣賊謂當走反停疑猶有伏宋武因呼更戰氣色甚猛賊以爲然乃引軍去宋武徐歸然後散兵稍集

又曰東齊末桓玄簒晉宋武帝起義討玄使將桓謙何澹之屯覆舟山武帝使羸弱登蔣山多張旗幟玄不之測大懼武帝與劉毅等分爲數隊進突謙陣皆殊死戰無不一當百東北風急義軍放火煙塵漲天鼓譟之音震駭京邑謙等諸軍一時奔散

又曰蕭齊將馮道根守阜陵城戍初到阜陵理城隍遠斥候有如敵將至者衆頗笑之道根曰怯防勇戰此之謂也理城未畢會魏將党法宗傅堅眼率衆二萬奄至城下道根塹壘未固城中衆少失色道根命廣開門緩服登城選

精鋭二百人出與魏軍戰敗之魏人見意閑且戰又不利因退走

又曰後魏將宇文測行綏州事每歲河氷合後突厥即來冦先是常遣居人入城堡以避之測至皆令安堵如舊乃於要路數百處並多積柴仍遠遣斥候知其動靜是年十二月突厥從連谷入冦去界數十里測命積柴之處一時縱火突厥謂有大軍至懼而遁走自相蹂踐委弃雜畜及輜重不可勝數測徐率所部收之分給百姓自是突厥不敢復至

又曰梁雍州刺史岳陽王蕭詧雖稱藩附於西魏而尚有貳心西魏將楊忠自樊城觀兵於漢濱易旗遞進實騎二千詧登樓觀之以爲三萬也懼而伏焉

崔鴻十六國春秋曰後趙石勒荊州監軍郭敬寇晉襄陽勒驛令敬退屯樊城戒之使偃藏旗幟寂若無人彼若使人觀察則告之曰自愛堅守後七八日大騎將至相禁不復得走矣敬使人浴馬于津周而復始晝夜不絶偵諜還告晉南中郎將周撫撫以爲勒軍大至懼而奔于武昌敬遂入襄陽焉

又曰前凉張重華以謝艾爲軍師將軍率騎三萬進軍臨河後趙石勒將麻秋以三萬衆拒之艾乘軺車冠白帢帢苦洽切鳴鼓而行秋遥覩而怒曰艾年少書生冠服如此輕我也令黑矟龍騰三千人馳擊之艾左右大擾或勸乘馬艾不從乃下車踞胡牀指麾分處賊以爲伏兵發也懼不敢進艾又遣將緣河截其後秋軍乃退艾乘擊遂大敗之斬秋將杜勲汲魚俘斬首三千級秋疋馬奔大夏

太平御覽卷第二百九十四

太平御覽卷第二百九十五

兵部二十六

審察　避銳　安衆

審察

孫子曰兵怒而不相迎交而不合又不相去必謹察之（備奇伏也）

左傳曰齊師伐魯敗退魯莊公將逐之曹劌曰未可夫大國難測也懼有伏焉（恐詐而奔也）吾視其轍亂望其旗靡故逐之（旗靡轍亂怖遽也）

又曰秦晉戰于羈馬交綏秦行人夜戒晉師曰兩君之士皆未憖也明日請相見也（憖缺也魚覲切）晉大夫史駢曰使者目動而言肆懼我也（目動心不安言肆声放失常節也）將遁矣薄諸河必敗之（薄迫也）晉裨將胥甲趙穿當軍門呼曰死傷未收而棄之

不惠也不待期而薄人於險無勇也乃止秦師果夜遁

又曰晉侯伐齊齊侯畏其衆齊師夜遁師曠曰鳥烏之声樂齊師其遁（烏烏得空故樂也）邢伯曰有班馬之声（夜遁馬不聞見故鳴班列也）齊師其遁叔向曰城上有烏齊師其遁

又曰晉師伐楚將戰楚子登巢車以觀晉軍（巢車車上爲櫓）楚將子重使太宰伯州犁侍于王後（州犁晉伯宗子先奔楚）王曰騁而左右何也（騁走）曰召軍吏也皆聚於中軍矣曰合謀也張幕矣曰虔卜於先君也徹幕矣曰將發命也甚囂且塵上矣曰將塞井夷竈而爲行也（夷平行戶郎切）皆乘矣左右執兵而下矣曰聽誓也（左將帥右車右）竟敗楚于鄢陵（鄢音偃）

後漢書曰劉備遣將吳蘭屯下辯曹公遣曹洪征之備遣張飛屯固山欲斷軍後衆議狐疑洪曰賊實斷道者當伏兵潛行今反張声此其不能也宜及其未集促擊蘭破則飛自走集兵擊蘭大破之飛果走

宋書曰東晉末武帝率兵北伐圍南燕慕容超於廣固未下時後秦姚興遣使告宋武云慕容見與鄰好以窮告急今當遣鐵騎一萬還據洛陽晉軍若不退者便當長驅而進宋武遣興使荅曰語汝姚興我定燕之後息甲三年當平關洛今能自送便可速來劉穆之聞興使入而宋武發遣已去以興所言并荅具語穆之穆之曰常日事無大小必賜與謀此宜善詳云何率尒便荅未能威敵只增彼怒耳若燕未可拔興救奄至不審何以待之宋武笑曰此是兵機非卿所解故不語耳夫兵貴神速彼若審能遣救必畏我知寧容先遣信命此是其見我伐燕內已懷懼自強之辭耳興竟不能出師廣固然拔擒慕容超平齊地

又曰武帝自京口舉義兵討桓玄玄將桓謙屯于東陵卞

範屯覆舟山西以拒之宋武疑賊有伏兵謂小將劉鍾曰此山下當有伏兵卿可率部下往取之鍾應声馳進果有伏兵數百一時奔走

又曰雍州刺史袁顗舉兵反泝流入鵲尾與官軍相持既久官軍主張興世越鵲尾上據錢溪顗將劉胡攻之不下遣人傳唱錢溪已平官軍之衆並懼宋將沈攸之曰不然若錢溪實敗萬人中要應有逃亡得者必是彼戰失利唱空聲以惑衆耳勒軍中不得輒動錢溪信尋至果大破賊攸之悉以錢溪所送胡軍耳鼻示之顗駭懼急追胡還遂潰走

後魏書曰司馬楚之討蠕蠕（蠕蠕而兖切）潛遣姦覘（蠕如兖切）入楚之軍截驢耳而去有告失驢耳者諸將莫能察楚之曰必是覘賊截之以爲驗耳賊將至即使軍人伐柳爲城水灌令

陳城立而賊至冰峻城固不可攻逼賊乃走散世祖聞而喜之

又曰將韓果性強記兼有權略所行之處山川形勢輒能記憶兼善伺敵虛實揣知情狀有潛匿溪谷欲爲間遉者果登高視之所疑之處往必有獲

通典曰周武帝帥師攻圍高齊晉州齊後主將兵十万自來援之時柱國陳王純頓千里徑大將軍永昌公椿屯雞棲原大將軍宇文盛守汾水關並受齊王憲節度憲密謂椿曰兵者詭道去留不定見機而作不得遵常汝今爲營勢令兵去之後賊猶致疑不須張幕可伐疑也時齊分軍万人向千里徑又令其衆出汾水關自率大兵與椿對陣宇文盛馳騎告急憲自以千騎救之齊人覩谷中塵起相率遽退盛與柱國侯莫陳芮涉汾逐之多有斬獲俄而椿告齊衆稍逼憲又迴軍赴之會被勑追還率兵夜返齊人果謂柏菴爲帳幕也不疑軍退翌日始悟周人設疑齊人不察軍識曰夫用兵者必察敵國之情視其倉廩度其餘糧以卜其強弱運糧二百里者無二年之食也運糧三百里者無三年之糧也是謂虛國民貧上下不相親則有離叛心上行暴虐則下刻急相殘賊是爲亡國若進惡不退群賢隱蔽不肖在位國受其害內貪外廉竊公爲恩飾躬正顏以獲高官是謂盜端

避銳

孫子曰少而逃之高壁壘勿與戰也彼衆我師寡不可敵則軍自逃守匿其形也不若則能避之強弱不敵勢不相若則引軍避之待利而動故小敵之堅大敵之擒小不能當大言小国不量其力敢與大邦爲讎雖權時堅城固守然後必見擒獲春秋傳曰既不能強又不能弱所以敗之也無邀正正之旗無擊堂堂之陣此理變者也正正者整齊也堂堂者大也威盛貌正正者孤特象也言前有孤特之兵後有堂堂之陣必有奇伏詐誘之謀審察待之勿輕邀截此理變詐者也是故朝氣銳晝氣墮暮氣歸善用兵者避其銳擊其墮歸此理氣者也避其精銳之氣擊其懈墮欲歸此理氣者也故曹劌曰夫戰勇氣也一鼓作氣再而衰三而竭彼竭我盈是以剋之也

戰國策曰魏武侯問吳起曰暴寇卒至掠吾田野取吾牛馬則如之何起曰暴寇之來必精且強善守勿應潛伏路傍暮去必卒車乘重裝驍騎逐擊勢必莫當遇我伏內如雪逢湯也

後漢書曰袁尚據鄴率兵擊兄譚於南皮留蘇由審配守曹公圍鄴尚還救鄴諸將皆以爲此歸師人自爲戰不如避之公曰尚從大道來當避之若循西山來者此成擒耳尚果循西山來臨滏水爲營夜遣兵犯圍公逆擊破走之城中崩潰

通典曰東晉末武帝伐南燕慕容超領南賊盧循徐道覆乘虛襲建業循多疑少決每欲以万全爲慮謂道覆曰大軍未至晉吏部尚書孟昶便覩風自裁大勢言之自當計日潰亂令決負於一朝既非必定之道且煞傷士卒不如案兵待之宋武奔還拒守宋武曰賊若新亭直上且當避之迴泊蔡洲乃成擒耳於是登石頭城以覩循軍初見引向新亭宋武顧左右失色既而迴泊蔡洲道覆猶欲上循禁之使羸老悉乘舟艦向白石宋武慮其從白石步上乃率劉毅諸葛長民北出拒之賊遂率數万屯丹陽郡宋武率諸軍馳歸衆慮賊過江咸謂當徑還拒戰宋武乃先引軍還石頭衆莫之曉是日大熱三軍疲頓既入城解甲息士洗浴飲食久之乃出列陣於南塘命參軍褚叔度朱齡石率勁勇千餘人過淮賊數千皆長刀矛鋋精甲曜日奮

躍爭進斷石所領多鮮卑善步矟並結陣以待之賊短兵弗能抗死傷者數百人乃退走

安衆

春秋曰晉文公卒將殯于曲沃出絳柩有聲如牛(如牛呴声虛苟切)卜偃使大夫拜曰君命大事將有西師過軼我擊之必大捷焉秦伯使孟明視等三將襲鄭晉師禦之于殽而敗之(声自柩出故曰君命也大事也卜偃聞秦密謀故因柩声以正衆心也)

史記曰燕使騎劫代樂毅攻齊即墨齊將田單拒守乃令城中人食必祭其先祖於中庭飛鳥悉翔舞城中下食燕人怪之單復宣言曰神來下敎我又令曰當有神人爲我師者有一卒曰臣可以爲師乎因反走田單乃起引還東鄉坐師事之卒曰臣欺君誠無能田單曰子勿言也因師之每出入約束必稱神衆心乃安竟破燕軍

又曰秦二世初天下亂陳勝與吳廣起兵於蘄欲收人心謀曰項燕爲楚將數有功愛士卒楚人憐之或以爲在令誠以吾衆爲天下唱宜多應者(謂首号令)廣以爲然迺行卜卜者知其指意曰足下事皆成功然足下卜之鬼乎(卜者云事成有功然須假託鬼神乃可興起耳故勝廣曉其意則爲魚書狐鳴以威衆也)勝廣喜念鬼曰此敎我先威衆耳迺丹書帛曰陳勝王置人所罾魚腹中(罾音曽)卒買魚烹食得書已怪之矣又間令廣之所次旁叢祠中夜構火狐鳴呼曰大楚興陳勝王(間謂竊令人行也密於廣所次舍旁側叢祠中爲之叢謂草木之岑蔚者也祠神祠也構謂結起也呼火故切)卒皆夜驚恐朝日卒中往往指目勝廣因而號令衆遂從之

又曰高帝已封大功臣二十餘人其餘日夜爭功不決未得行封帝在洛陽南宮從複道遥見諸將往往相與坐沙中語張良曰陛下起布衣以此屬取天下今爲天子而所封皆蕭曹故人及親愛而所誅者皆生平所仇怨今軍吏計功以天下不足遍封此屬畏陛下不能盡封又恐見疑平生過失及誅故即相聚謀反耳帝憂曰爲之奈何良曰帝平生所憎群臣所共知誰最甚者帝曰雍齒與我有故怨數嘗窘辱我我欲殺之爲其功多故不忍良曰今急先封則人人自堅矣於是帝乃置酒封齒什邡侯而急趣丞相御史定功行封群臣皆喜曰雍齒且爲侯我屬無患矣

漢書曰李廣以郎中令將四千騎出右北平博望侯騫將万騎與廣俱異道行數十里匈奴萬騎圍廣軍士皆恐廣乃使其子敢往馳之敢從數十騎直貫胡騎出其左右而還曰胡虜易與耳軍士乃安

後漢書曰王郎起光武馳至下曲陽傳聞王郎兵在後從者恐及至呼沲河候吏還白河水流澌(澌音斯)無船不可濟

官屬大懼光武令霸往視之霸恐驚衆欲且前阻水還即詭曰冰堅可渡官屬皆喜光武笑曰候吏果妄語也遂前比至河河冰亦合乃令霸護渡(監護渡也)未畢數騎而冰解光武謂霸曰安吾衆得濟免者卿之力也霸謝曰此明公至德神靈之祐雖武王白魚之應無以加此(昔武王渡盟津白魚躍入王舟)光武謂官屬曰王霸權以濟事殆天瑞也

晉書曰李矩守滎陽城劉聰將劉暢討矩矩奉牛酒詐降謀夜襲之兵士以賊衆皆有懼色矩令郭誦禱鄭子產祠曰君昔相鄭惡鳥不鳴凶胡臭羯何得過庭使巫揚言東里有敎當遣神兵相助將士聞之皆踴躍爭進乃使誦選勇敢千人夜掩暢營獲鎧馬甚多斬首數千級暢僅以身免(東里卿子產)

又曰劉裕討慕容超圍廣固城數月不拔或說裕曰昔石

季龍攻曹嶷瞻氣者以爲滙水帶城（滙音繩）非可攻拔若塞五龍口城必自陷季龍從之而嶷降慕容恪圍段龕龕亦如之而龕降降後無幾又震開之今舊跡猶在可塞之裕從其言於是城中男女患脚弱疾者太半時有蒼鵝飛入帳座衆咸驚愕其將曰蒼胡色也鵝者我也胡虜歸我之徵衆大悅將攻城諸將咸諫曰今往亡之日兵家所忌裕曰我往彼亡吉孰大焉乃命悉登遂尅平廣固

又曰嶺南城盧循冠建業宋武擊破之走至彭蠡湖乃悉力柵斷左里大軍至左里將戰宋武所執麾竿折幡沉水衆並恠懼公歡笑曰往年覆舟之戰幡竿亦折今者復然賊必破矣即攻柵而進循兵雖殊死戰弗能禁諸軍乘勝奔之循單舸走所殺及投水死凡萬餘人納其降附宥其逼掠遣劉藩孟懷玉輕軍追之循收散卒尚有數千人逕還廣州。又禿髮利鹿孤載記曰呂纂來伐使傉檀拒之纂士卒精銳進度三堆三軍擾懼傉檀下馬據胡床而坐士衆心乃安與纂戰敗之斬二千餘級

崔鴻十六國春秋曰後趙石勒使將麻秋等伐張重華於武威重華將謝艾曰乞假臣兵七千爲殿下吞之重華以艾爲中堅將軍配步騎五千擊秋引師出振武夜有二梟鳴於牙中艾曰梟邀也六博得梟者勝今梟鳴牙中尅敵之兆於是進戰大破之斬首五千級

又曰後燕慕容寶遣將慕容賀麟率三萬餘人寇新市甲子晦後魏道武進軍討之太史令晁崇奏曰昔紂以甲子亡兵家忌不可出帝曰紂以甲子日亡周武不以甲子勝乎崇無以對帝遂進軍新市賀麟退阻泒水依漸洳澤以自固（漸音子廉切洳音而據切）甲戌帝臨其營戰於義臺塢大破之

梁書曰庾域爲華陽太守後魏軍攻圍南鄭時糧儲寡少人情忷懼（忷許拱切）州有空倉數十所域手自封題指示將士云此中粟皆滿足支二年但努力堅守衆心以安虜退以功拜羽林監

又曰楊公則隨武帝大軍至新林公則自越城移屯領軍府壘北樓與掖門相對嘗登樓望戰城中遥見麾盖縱神鋒弩射之矢貫胡牀左右皆失色公則曰虜幾中吾脚談笑如初

通典曰隋末李密據興洛倉破宇文化及還士卒皆疲倦隋將王充欲乘其弊而擊之恐衆心不一乃假託鬼神云夢見周公乃立祠於洛水上遣巫宣言公欲令今僕射討李密當有大功不則兵皆疫死充兵多楚俗信妖言以惑之衆皆請戰遂破密

唐書曰高祖爲山西河東撫慰大使行至太平關遇賊數千人時所將兵少左右皆懼高祖謂之曰此烏合之賊易與耳因率騎十二人出擊之所向皆靡衆情始定

世說曰曹公軍行失道三軍皆渴公令曰前大梅饒子酸可以解渴士卒聞之口皆水出

三國典略曰梁蕭藻有操行以父非命而卒布衣菲食非公坐不聽音樂初爲益州刺史時有焦僧護作亂擁據郫繁衆有數萬藻年未弱冠將自擊之乃乘平肩輿巡行賊城流矢雨下從者舉楯以蔽藻命去之因是物情大安賊夜遁梁武常稱其小字數曰子弟併如迦葉吾復何憂

太平御覽卷第二百九十五

太平御覽卷第二百九十六

兵部二十七

法令

孫子曰法者曲制官道主用也(曲制者部曲旛幟金鼓之制也官者百官之分也道者糧路也主用者主軍費用也)卒未專親而罰之則不服不服則難用也卒已親附而罰不行者則不可用也故合之以文齊之以武(文仁武法)是謂必取(文恩武罰)令素行以教其人也令素行則人服令素不行則人不服令素信著者與衆相得也厚而不能使愛而不能令亂而不能理譬如驕子不可用也(言恩不可純任還爲已害)

左傳曰晉侯之弟楊干亂行於曲梁(行軍次也)魏絳戮其僕(僕御也)晉侯怒謂羊舌赤曰合諸侯以爲榮也楊干爲戮何辱如之必殺魏絳無失也夫對曰絳無二志事君不避難有罪不避刑其將來辭何辱命焉言終魏絳至授僕人書(僕人晉侯御僕也)將伏劒士魴張老止之公讀其書曰君乏使使臣斯司馬(斯此也)臣聞師衆以順爲武(順莫敢違)軍事有死無犯爲敬(守官行法雖死不敢有違)君合諸侯臣敢不敬君師不武執事不敬罪莫大焉臣懼其死以及楊干無所逃罪(懼自犯不武不敬)不能致訓至於用鉞(用鉞斬楊干之僕)臣之罪重敢有不從以怒君心(言不敢不從戮也)請歸死於司寇(致尸於司寇使戮也)公跣而出曰寡人之言親愛也吾子之討軍禮也寡人有弟不能教訓使干大命寡人之過也子無重寡人之過(聽絳死爲重過)敢以爲請(請使無死)晉侯以魏絳爲能以刑佐民矣反役與之禮食使佐新軍(令欲顯絳故特爲設礼食)

史記曰齊景公時晉伐阿鄄(阿今濟陽郡東阿縣鄄音絹今濮陽郡鄄城縣)而燕侵河上齊師敗績嬰乃薦司馬穰苴文能附衆武能威敵

齊景公召穰苴與語兵事大說之以爲將軍將兵扞燕晉之師穰苴曰臣素卑賤君擢之閭伍之中加之大夫之上士卒未附百姓弗信人微權輕願得君之寵臣國之所尊者以監軍乃可於是景公許之使莊賈往穰苴既辭與賈約曰旦日日中會於軍門穰苴先馳至軍立表下漏待賈賈素驕貴不甚急親戚送之留飲日中而賈不至苴仆表決漏入行軍勒兵申明約束約束既定夕時莊賈至穰苴曰何後期爲賈謝曰不佞大夫親戚送之故留穰苴曰將受命之日則忘其家臨軍約束則忘其親援桴鼓之急則忘其身今敵國深侵邦內騷動士卒暴露於境君不安席百姓之命皆懸於君何謂相送乎召軍正問曰軍法後期者云何對曰當斬遂斬莊賈以徇三軍三軍之士皆震慄燕晉之師聞之悉引而歸皆復所侵之地

又曰孫武以兵法見於吳王闔閭闔閭曰子之十三篇吾盡觀之可以小試勒兵乎對曰可闔閭曰可試以婦人乎曰可於是許之出宮中美人得百八十人孫子分爲二隊以王之寵姬二人各爲隊長皆令持戟令曰汝知而心與左右手背乎婦人曰知武曰前則視心左視左手右視右手後即視背婦人曰諾約束既畢乃設鈇鉞即三令五申之於是鼓之右婦人大笑武曰約束不明申令不熟將之罪也復三令五申而鼓之左婦人復大笑孫子曰約束不明申令不熟將之罪也既已明而不如法者吏士之罪也乃欲斬左右隊長吳王從臺上觀見且斬愛姬大駭趣使下令曰寡人已知將軍能用兵矣寡人非此二姬食不甘味願勿斬也武曰臣已受命爲將將在軍君命有所不受遂斬隊長二人以徇用其次爲隊長於是復鼓之婦人左右前後跪起皆

中規矩繩墨無敢出聲者於是武使使報王曰兵既整齊王可試下觀之唯王所欲用之雖赴水火猶可也吳王曰將軍罷休就舍寡人不願下觀武曰王徒好其言不能用其實於是闔閭知孫子能用兵卒以為將西破彊楚入郢北威齊晉

又曰文帝立後六年匈奴大入邊乃以宗正劉禮為將軍軍灞上祝兹侯徐厲為將軍軍棘門以河內守周亞夫為將軍軍細柳以備（胡上自勞軍至灞上棘門）直馳入將軍下騎送迎已而之細柳軍士吏被甲銳兵刃彀弓弩持滿天子先驅至不得入先驅曰天子且至軍門都尉曰軍中但聞將軍令不聞天子詔居無何上至又不得入於是上乃使持節詔將軍吾欲入勞軍亞夫乃傳言開壁門士吏謂從車騎曰將軍約束軍中不得驅馳於是天子乃案轡徐行至軍中營將軍亞夫持兵揖曰介冑之士不拜請以軍禮見（應劭曰礼介者不拜也）天子為動容軾車使人稱皇帝敬勞將軍成禮而去既出軍門群臣皆驚文帝曰嗟乎此真將軍矣曩者灞上棘門軍若兒戲耳其將固可襲而虜也至於亞夫可得而犯耶稱善者久之

後漢書曰祭遵從征河北為軍市令舍中兒犯法遵格殺之光武怒命收遵時主簿陳副諫曰明公常欲衆軍整齊今遵奉法不避是教令所行也光武乃貰之（貰猶赦也）以為刺姦將軍謂諸將曰當備祭遵吾舍中兒犯法尚殺之必不私諸卿

謝承後漢書曰張溫以司空加車騎將軍征韓遂丙辰引溫見於崇德殿溫以軍禮長揖不拜

魏志曰曹仁字子孝少時不脩行檢及長為將嚴整奉法常置科於左右案以從事

吳志曰呂蒙圖關羽定南郡盡得羽及將士家屬蒙撫慰

約令軍中不得干歷人家有所求取蒙麾下士是汝南民取民家一笠以覆官鎧鎧雖公物蒙猶以為犯軍令不可以鄉里故廢遂垂涕斬之

晉書李特載記曰益州刺史趙廞以李庠為威寇將軍使斷北道庠素東羌良將曉軍法不用麾幟舉矛為行伍斬部下不用命者三人部陣肅然

蕭子顯齊書曰李安民為徐州城局參軍王迴素為安民所親盜絹二疋安民流涕於門斬之厚為殯祭軍府皆震服焉

北史曰後魏孝文車駕南征以宋弁為司徒東道副將軍人有盜馬靬者斬而徇於是三軍震懼莫敢犯法

又曰後魏安定王休車駕南伐領大司馬孝文親行諸軍遇休以三盜人徇六軍將斬之有詔赦之休執曰不斬何以息盜詔曰王者之體亦有非常之澤雖違軍法可特原之休乃奉詔帝謂司徒馮誕曰大司馬嚴而執法諸君不可不慎於是六軍肅然

唐書曰闞稜容貌魁岸勇而多力每臨陣手持大刀長一丈一舉輒斃數人前無當者及杜伏威據有江淮之地兵皆出自群賊類多放縱有相侵奪者稜必殺之雖親故無所捨令行禁止路不拾遺後從伏威入朝拜左領軍將軍輔公祏之反也稜從軍討之及與陳正通相遇方接戰稜脫兜鍪謂賊衆曰汝不識我邪何敢來戰其衆多稜舊之所部由是各無鬬志或有遥拜者賊師遂潰

又曰竇軌初入蜀將其甥從軍以為心腹嘗夜出呼之不以時至因斬之將吏重足而立見之者莫不股慄

又曰哥舒翰好讀左氏春秋及漢書疎財重氣士多歸之

河西節度王忠嗣以爲大計軍副使安思順爲大使翰常怏怏不能下之忠嗣遂使翰別爲將討吐蕃于新城以同對副使爲副副使不爲翰用頗沮之翰怒甚脫甲撾殺之投其屍於坑中軍中股慄

又曰馬燧討李懷光於河中帥步騎三萬次于絳乃分兵收下縣略稷山拔龍門降其將馮萬興任象玉燧以兵圍攻絳州拔其外城其夜僞刺史王克同與大將達奚小進弃城走降其衆四千人又遣大將李自良谷秀分兵略定聞喜夏縣萬泉虞鄉永樂猗氏六縣降其將辛兟諸及兵五千人谷秀以犯令虜士女斬之以徇

又曰德宗幸奉天詔以李晟爲神策行營節度使晟軍令嚴肅所過樵採無犯自河中由蒲津而軍渭北壁東渭橋以逼朱泚時劉德信將神策兵救襄城敗於扈澗聞難率

餘軍前次渭南與晟合軍軍無統一晟不能制德信因至晟軍晟乃斬之復以數騎入德信軍中撫勞軍士無敢動者晟既并德信軍軍益振

又曰李晟收復都城朱泚乃與妻子及姚令言張芝等數千騎西走涇原餘兵麋散晟乃入扸丹鳳門舍軍於外朝晟處於右金吾仗舍下令曰軍中五日不得通家問違者斬之遣京兆尹李齊運告諭於衆百姓安堵秋毫無犯尚可孤軍人有擅取馬者晟大將高明曜虜賊女妓一人司馬[illegible]取賊馬二疋晟立斬之軍士皆脅息莫敢仰視翌日晟以露布聞上覽之感泣百官皆出涕因上壽稱萬歲曰李晟虔奉聖謨盪滌凶慝然古之樹勳力復都邑者往往有之至於不驚宗廟不易市肆長安人不識旗鼓安堵如初三代已來未之有也上笑曰天生李晟爲社稷萬人

不爲朕也百官再拜而退

又曰永貞元年冬劉闢阻兵朝議討伐宰臣杜黃裳以爲獨任高崇文可以成功元和元年春拜檢校工部尚書兼御史大夫充左神策行營節度使兼統左右神策奉天麟遊諸鎮兵討闢時宿將專征者甚衆人人自謂當選及詔出大驚崇文在長武練卒五千常若寇至及是中使至長武夘時宣命而辰時出師五千器用無闕者軍至興元軍中有折逆旅之匕箸者斬之以徇從閬中入遂却劒門之師解梓潼之圍

又曰高崇文平劉闢王師入成都介士屯于大造軍令嚴肅珎貨山積市井不移無秋毫之犯

又曰郗士美爲昭義節度使朝廷討王承宗士美遣兵馬使王獻領卒一萬爲前鋒獻兇惡恃亂逗撓不進遂令召

至數其罪斬之下令曰敢後出者斬士美親鼓之兵既合而賊軍大敗下三營環柏鄉屢以捷聞上大悅曰吾固知士美之能辦吾事于時四面七八鎮兵共十餘萬以環鎮巢未有首功多犯法士美兵士勇敢畏法聲甚振承宗大懼指期有破亡之勢會詔班師至今兩河間稱之

又曰李師道攻徐徐將王智興敗賊壁獲美妾智興懼軍士爭之乃曰軍中有女子安得不敗此雖無罪違軍法也即斬之以徇

韓子曰吳起爲魏武侯西河之守秦有小亭臨境吳起欲攻之乃倚車轅於北門外而令之曰有能徙此南門之外賜之上田上宅民莫之徙也或有徙之者遂賜之如令俄又置一石赤黍於東門之外而令之曰有能徙之於西門之外者賜之如初民則爭徙之乃下令曰明日攻亭有能

先登者仕之國大夫賜之上田上宅民爭上於是攻亭一朝而拔之

尉繚子曰古之善用兵者能殺卒之半其次殺其十三其下殺其十一殺其半者威立海內殺其十三者力加諸侯殺其十一者令行士卒故曰百萬之衆不鬭不如萬人之尸萬人不死不如百人之賊賞明如日月信比如四時令嚴如斧鉞而出卒有不死者未嘗聞也

六韜曰武王問將何爲威太公曰殺一人萬人懼者宜殺之殺一人三軍不知雖多殺其將不重也

淮南子曰勾踐決一獄不辜援龍淵而切其股血流至足故戰武士必死

魏武軍令曰兵欲作陣對敵營先白表乃引兵就表而陣皆無讙譁明聽鼓音旗幡麾前則前麾後則後麾左則左麾右則右不聞令而擅前後左右者斬伍中有不進者伍長殺之伍長不進什長殺之什長不進都伯殺之督戰部曲將拔刃在後察違令不進者斬之一部受敵餘部有不進救者斬之

武侯兵法曰軍有七禁一曰輕二曰慢三曰盜四曰欺五曰背六曰亂七曰誤此治軍之禁也若朝會不到聞鼓不行乘寬自留迴避務止初近而後遠喚名而不應軍甲不具兵器不備此謂輕軍有此者斬之受令不傳傳之不審以惑吏士金鼓不聞旌旗不覩此謂慢軍有此者斬之食不廩糧軍不部兵賦賜不均阿私所親取非其物借貸不還奪人頭首以獲功名此謂盜軍有此者斬之若變易姓名衣服不鮮金鼓不具兵刃不磨器仗不堅矢不着羽弓弩無絃主者吏士法令不從此謂欺軍有此者斬之聞鼓不行叩金不止按旗

不伏舉旗不起指麾不隨避前在後縱發亂行折兵弩之勢却退不鬭或左或右扶傷舉死因託歸還此謂背軍有此者斬之出軍行將士卒爭先紛紛擾擾軍騎相連咽塞道路後不得前呼喚喧譁無所聽聞失行亂次兵刃中傷長將不理上下縱横此謂亂軍有此者斬之屯營所止問其鄉里親近相隨共食相保呼召不得越入他位干誤次第不可呵止度營出入不由門戶不自啓白姧邪所起知者不告罪同一等合人飲食阿私所受大言驚語疑惑吏士此謂誤軍有此者斬之

衛公兵法曰古之善爲將者必能十卒而殺其三次者十殺其一三者威振於敵國一者令行於三軍是知畏我者不畏敵畏敵者不畏我如曰盡忠益時輕生重節者雖讎必賞犯法怠情敗事貪財者雖親必罰服罪輸情質直敦素者雖重必捨遊辭巧飾虛僞狡詐者雖輕必戮善無微而不賛惡無纖而不貶斯乃勵衆勸功之要術也昔馬謖音縮軍敗葛亮對泣而行誅鄉人盜笠呂蒙先涕而後斬馬逸犯麥曹公割髮而自刑兩掾辭屈黃蓋詰問而俱戮故知威克其愛雖少必濟如愛勝其威雖多必敗蓋賞罰不在重在必行不在數在必當故尉繚子曰吳起與秦人戰戰而未合有一夫不勝勇乃怒而前獲首而返吳起斬之吏曰此壯士也不可斬吳子曰雖壯士不從令者必斬之又曰搴旗斬將陷陳摧鋒上賞破敵所得資物僕馬等並給戰士每收陣之後裨將虞候輩收斂對揔管均分之與敵鬭旗頭被傷救得者重賞漏泄軍事斬之背軍逃走斬之後期斬之有故不坐行列不齊旌旗不正金華不鳴斬之與敵私交通斬之言語書疏並同或說道釋祈禱鬼神陰陽卜筮灾

祥訛言以動衆心并與其人往還言議斬之無故驚軍叫呼奔走謬言煙塵斬之凡令覘候或更相推託謬說事宜兼復漏泄者斬之吏士所經歷侵掠者斬之姧人妻女及將婦女入營斬之不戰而降敵沒其家凡有私讎須先言令其避仇若不言因戰陣報復者斬之布陣旗亂吏士驚惶罪在旗頭斬之陣定或輒進退或對敵亂行者前後左右所干之行便斬之或有弓弩已注失而迴顧者或干行失位者後行斬之前行不動行斬干失之行守圍不固一火及主吏並斬之遇敵攻圍危急若前後左右部隊不救致陷者全部隊皆斬之設奇伏掩襲務應機速捷前將先合後將即副進退應接乖者並斬之為敵所乘失旗鼓節鉞罪全陣斬之戰敵旗頭被敵殺爭得屍首免坐不得者一旗並斬之凡戰敵失主將隨從者皆斬之一將禦敵裨

將已下等差主率不齊力同戰更相救助者任便斬之吏士雖破敵濫行戮殺發冢焚廬踐稼穡伐樹木者斬之禽獲敵人或有來降者直須見揔帥不得輒訪問敵中事若違因而漏泄者斬之破敵先虜掠者斬之入敵境同凡隱欺破虜所收獲及吏士身死有欺隱其資物兼違令不收恤者斬之違揔率一時之令斬之

太平御覽卷第二百九十六

太平御覽卷第二百九十七

兵部二十八

訓兵

孫子曰言不相聞故爲鼓鐸（鐸金鉦也聽其音聲以爲耳候也）視不相見故爲旌旗（瞻其指麾以爲目候也）夫金鼓旌旗者所以一人之耳目也（齊一耳目之視聽使知進退之度）人既專一則勇者不得獨進怯者不得獨退（齊之以法教使強弱不得相踰）紛紛紜紜鬭亂而不可亂（旌旗亂也示敵若亂）（以金間之紛紛旌旗像紘紘士卒類言旌旗翻轉一合一離士卒進退或往或來視之若擾亂之若亂然其法令素定度職分明各有分數擾而不亂也）渾渾沌沌形圓而不可敗（車騎齊轉也形圓者出入有道齊整也渾渾車輪轉行沌沌步騎奔馳視其行陣縱橫圓而不方然其指趣各有所應故王子曰將欲內明而外暗內理而外軍所以示敵之輕已者也渾外本切沌徒損切）

周禮曰太宗伯以軍禮同邦國（同謂威其不協僭差者軍禮之別五也）太師之禮用衆也（用其義勇也）大均之禮卹衆也（均其地政地守地職之賦所以憂民也）大田之禮簡衆也（古之因田習兵閱其車徒之數也）大役之禮任衆也（築宮邑所以事民力強弱也）大封之禮合衆也（正封疆溝塗之固所以合聚其民也）

又曰夏官大司馬之職掌仲春教振旅司馬以旗致民平列陣如戰之陣以教坐作進退疾徐疏數之節遂以蒐田仲夏教茇舍如振旅羣吏撰車徒遂以苗田仲秋教治兵如振旅辨旗物之用遂以獮田仲冬教大閱前期羣吏聽誓于陣前斬牲以左右徇陣曰不用命者斬之遂以狩田師以救無辜伐有罪若師有功則左執律右秉鉞以先愷樂獻于社

左傳曰春蒐夏苗秋獮冬狩於農隙以講武事三年而治兵入而振旅歸而飲至以數軍實昭文章明貴賤辨等列順少長習威儀也

又曰楚子文治兵於睽終朝而畢不戮一人子玉復治兵於蔿終日而畢鞭七人貫三人耳國老皆賀子文蔿賈不賀曰子玉剛而無禮過三百乘其不能以入矣子玉之敗子之舉也舉以敗國將何賀焉

又曰苗賁皇徇曰蒐乘補卒秣馬利兵脩陣固列蓐食申禱明日復戰乃逸楚囚

又曰宣子曰我若受秦則賓也不受寇也既不受矣而復緩師秦將生心先人有奪人之心軍之善謀也逐寇如追逃軍之善政也訓卒利兵秣馬蓐食潛師夜起戊子敗秦師于令狐至于刳首

又曰宣榭火（宣榭講武室也）

論語曰子曰善人教民七年亦可以即戎矣（可就兵攻戰也）

又曰不教民戰是謂棄之

後漢書曰靈帝時望氣以爲京師有大兵兩宮血流以爲太公六韜有天子將兵事可以威厭四方帝乃講武於平樂觀下起大壇建五采蓋天子擐甲介馬稱無上將軍何進領兵屯於觀下置西園八校尉袁紹曹操等爲之

唐書曰太宗初即位突厥入寇欲諸軍皆習騎射每退朝即引諸衛將習射于顯德殿庭謂將軍已下曰古突厥與中國更有盛衰若軒轅善用五兵即能北逐獯鬻周宣驅駕方召亦能制勝太原下至漢晉之君洎于隋代不使兵士素習干戈突厥來侵莫能抗禦遺中國生民塗炭於寇手我今不使汝等穿池築苑造諸淫費農民恣令逸樂兵士唯習弓馬若無賊來則爲汝博士教汝等武藝優長若有賊來我即爲汝將師領汝鬭戰亦望使汝等前無橫敵於是日引數百人於殿庭教射太宗親自臨試每坐或至午時射中者隨賞弓力布帛統帥加上考朝臣咸諫云不

宜引甲碎之人挾弧矢於軒陛之側上曰率土之內皆吾臣子我所恨不能將我心遍置人腹中豈有相疑之道哉由是一二年間兵士盡便弓馬

又曰李抱真領澤潞觀察留後抱真密揣山東當有變上黨且當兵衝是時乘戰餘之地土瘠賦重人益困無以養軍士乃籍户丁男三選其一有材力者免租傜給弓矢令之曰農之隙則分曹角射歲終吾當會試及期按簿而徵之都試以示賞罰復命之如初比三年則皆善射抱真曰軍可用矣於是舉部內之鄉得成卒二萬前既不廩費府庫益實乃繕兵甲爲戰具遂雄視山東是時稱昭義步兵冠諸軍

又曰德宗即位以馬燧爲太原尹北都留守河東節度觀察度支營田使是時承鮑防自百井敗軍之後兵甲寡弱

騎士少燧乃悉召將吏牧馬厮役得數千人悉補騎卒教之數月皆爲精騎造甲者必令長短三等稱其所衣以便進趨又造戰車以狻猊象刺戟於後行則載兵甲止則爲營陣或塞險阨以遏奔衝器械無不犀利居一年陳兵三萬開廣場以習戰陣教其進退

古司馬兵法曰凡戰非陣之難使人可陣難非可使陣難使可用難（使人盡心效力用必勝也）非知之難行之難（教習使人知進退之便左右之利事事自行之者難）

又曰天子之義必純取於天地而觀於先聖（天子奉天地之道調和陰陽四時之氣順先王之法度也）士庶之義必奉於父母而正於君長（士庶必從父母之教君長之命）故雖有明君士不先教不可用也（雖有明君士不教習不可以受敵也）古之教民必立貴賤之經綸使（高下）不相陵德義不相踰材伎不相掩勇力不相犯故力同意和古者國容不入軍軍容不入國故德義不相踰（治國以仁德軍事以勇德以從化義以法斷以國容入軍則軍敗軍容入國則國亂也）

吳起教戰法曰短者持矛戟長者持弓弩強者持旌旗勇者持金鼓弱者給厮養智者爲謀士鄉里相比什伍相保一鼓整兵二鼓戰陣三鼓趣食四鼓然辦五鼓就行聞鼓聲合然後舉旗

六韜曰教戰之法必明告吏士三令五申教其操兵起居進止旌旗指麾陣而方之坐而起之行而止之左而右之列而合之絕而解之無犯進止之節無失飲食之宜無絕人馬之力令吏士一人學戰教成十人十人學戰教成百人百人學戰教成千人千人學戰教成萬人萬人學戰教成三軍之衆大戰之法百萬之師故能成大功也

衛公兵法曰諸兵士將戰身貌尫弱不勝衣甲又戎具所

施理須堅勁須簡取強兵并令試練器仗兵須徹扎陷堅皆須取甲試令所射然始取中

又曰每營中兩廂置士馬十二疋大小如常馬真鞍令士卒櫜甲冑櫜弓矢（櫜音高）佩刀劍持矛楯左右上下以便習其事

又教旗法曰凡教旗於平原曠野登高遠視處大將居其上南向左右各置鼓一十二面角一十二具左右各樹五色旗六纛居前列旗節次之左右衙官駐隊如偃月形爲後騎下臨平野使士卒目見旌旗耳聞鼓角心存號令乃命諸將分爲左右皆去兵刃精新甲冑幡幟分爲左右廂各以兵馬使爲長班布其次陣間容陣隊間容隊曲間容曲以長參短以短參長迴軍轉陣以後爲前以前爲後進無奔迸退無趨走以正合以奇勝聽音覩麾乍合乍離於

是三令五申白旗熙鼓音動則左右廂齊合朱旗熙角音動左右廂齊離離之與合皆不離中央之地左廂陽向西旋右廂陰向東旋左右各復本初白旗棹鼓音動左右各雲蒸鳥散彌川絡野然而不失部隊之疎密朱旗棹角音動則左右各復本初前後左右無差尺寸散則法天聚則法地如此三合而三離三聚而三散不如法者吏士之罪從軍令於是大將出五彩旗一十二口各樹於左右廂陣前每旗命壯勇士五十人守旗選壯勇士五十人奪旗左廂奪右廂右廂奪左廂鼓音動而奪角音動而止得旗者勝失旗者負勝賞而負罰離合之勢聚散之形勝負之理賞罰之信因是而教之

太白陰經曰春秋末並爲戰國增講武之禮以爲戲樂以相誇視而秦更名爲角抵故國雖大好戰必亡天下雖平

亡戰必危天下既平春蒐秋獮振旅理兵所以不忘戰今邊軍更名曰教旗使士卒識金鼓別旗幟任行列知部分一軍之節制也

又曰古之諸侯畋獵者爲田除害也上所以供承宗廟下所以閑習武事太古之時人食禽獸之肉坐其皮後代之人浸多時禽獸寡必衣食不足於是神農教其植穀導以紡績自是之後禽獸復盈山林下平土害禾稼爲人所害於是王公秋冬無事畋獵閑習兵革奮揚威武以戒非常季冬之月獵日陰用事萬物畢成蟄虫已伏乃具卒乘從禽于山澤以教部伍分進退之儀一人守圍地三尺十二時守三萬六千尺積尺得六千步積步得一十五里餘六十步圍中徑闊得地五里餘二十步以左右決勝將爲交頭其決勝左右將各主士仟爲行列皆以金鼓旌旗爲節制其初起圍張翼資山林地勢無遠近部分其合圍地虞候先擇定訖以善弧矢者爲圍中騎其步卒槍旗幡守圍有漏禽獸坐守圍吏如大獸公之小獸私之以觀進止衆

管子曰凉風至而白露下天子命左右司馬令組甲厲士

商君書曰民之見戰如餓狼之見虎則民可用矣

呂氏春秋曰世有言曰驅市人而戰可以勝人之厚祿教卒老弱罷民（罷與疲同）可以勝人之精士練材離散係絫（音累）可以勝人之行陳（陳與陣同）整齊鉏耰白挺可以勝人之長銚利兵此不通乎兵者之論今有利劍於此以刺則不中以擊則不及與惡劍無擇爲是鬬因用惡劍則不可簡選精良兵械銛利發之則不時縱之則不當與惡卒無擇爲是戰因用惡卒則不可王子慶忌陳午猶欲劍之利也（陳午齊人慶忌

吳公子二人皆勇有捷力）簡選精良兵械銛利令將將之王者有以霸者矣湯武齊桓晉文吳闔閭是也

又曰故凡勢險阻欲其便也兵甲器械欲其利也選練角材欲其精也將卒士民欲其教也此四者義兵之助也時變之應也

又曰闔閭試其民於五湖劍皆加於肩地流血幾不可止勾踐試其民於寢宮民爭入火死者千餘遽擊金而退之賞罰充實也

鄴城故事曰凌霄觀成累石季龍永和三年命其子石宣祈于山川因而遊獵乘大輅羽葆華蓋建天子旌旗十有六軍戎卒十八萬出自金明門季龍從後宮昇觀望之笑曰我家父子如是自非天崩地陷當復何愁但抱子弄孫日爲樂耳

文選曰三令五申教違禁城

謝承與步子山書曰示攻戰進取之方教進退疾徐之節也

劉向別傳曰蹵鞠者傳言黃帝所作或曰起戰國之時蹹鞠兵勢所以陳之知武材也皆因熙戲而講習也

太平御覽卷第二百九十七

太平御覽卷第二百九十八

兵部二十九

軍制　偏將

軍制

禮記曰六十不豫服戎師出不踰時為怨思也踰時即内有怨女外有曠夫

周禮曰五人為伍五伍為兩四兩為卒五卒為旅五旅為師五師為軍鄭玄曰兩二十五人卒百人旅五百人師二千五百人軍萬二千五百人也

漢書武紀曰建武元年春二月赦天下賜民爵一級年八十復二筭九十復甲卒張晏注云復甲卒不豫革車之賦也

白虎通曰王命法三十受兵六十歸兵國有三軍何以誠非常伐無道尊宗廟重社稷安不忘危何以言有三軍也論語云子行三軍則誰與詩云周王于邁六師及之三軍者何法法天地人也以為五人為伍五伍為兩四兩為卒五卒為旅五旅為師師二千五百人二師為一軍三軍六師萬五千人也傳曰一人必死十人不能當百人必死千人不能當千人必死萬人不能當萬人必死橫行天下雖有萬人猶謙讓自以不足故復加五千人因法月數月羣陰之長也十二月足以窮盡陰陽備物成功萬二千人亦足以征伐不義致天下太平穀梁傳曰天子六軍諸侯上國三軍次國二軍下國一軍諸侯所以一軍者何諸侯藩屏之臣也任兵革之重距一方之難故得有一軍也

淮南子曰季武子為三軍為作也武子魯卿季文子之子季孫夙也周禮天子六軍諸侯大國三軍魯伯禽之封舊有三軍其後削弱二軍而已武子欲專公室故欲益中軍為三三家各征其一事在魯哀公十一年叔孫穆子曰不可天子作師公師之以征不德師謂六軍元侯作師卿帥之以承天子元侯大國之君之衆公謂諸侯為王卿士者為元帥也師三軍之衆大國三卿皆命於天子一卿命於其君無軍無三軍也若元侯有事則命卿帥其所教武衛之士以佐元侯禮所云次國二軍小國一軍謂以賦出軍從征伐贊佐也自伯子男有大夫無卿無命卿也王制小國二卿皆命於其君也帥賦以從諸侯賦國中出兵車甲士以從大國諸侯是以上能征下無姦慝征正慝惡今我小侯也言小侯削弱之日久矣處大國之間大國齊楚繕貢賦以共從猶懼有討猶懼以不給見誅討若為元侯之所之所謂作三軍元帥所為以怒大國無乃不可乎弗從遂作中軍中者明已有上下軍自是齊楚代討於魯代更襄昭皆如楚襄公昭公如楚朝事楚也

穰苴兵法曰五人為伍十五為隊一軍九二百五十人隊餘奇兵隊七十有五以為中壘守地六千尺積尺得四里以中壘四面乘之一面得地三百步壘內有地三項餘百八十步正門為握奇大將軍居之六纛五麾金鼓府藏輜積皆中壘外餘八千七百五十人隊一百七十五分為八陣六陣各有一千九十四人六陣各減一人已為一陣之部署舉一軍則千軍可知九兵者有四正四奇或合而為一或離而為八陣故以正合奇勝

通典曰每軍大將一人別奏八人傔十六人副二人分掌軍務奏判傔減大將半官二人典四人摠管四人二主左右虞候二主左右押衙傔各五人在衙官下子將八人委其分行陣辨金鼓及部署傔各二人執鼓十二人吹角十二人司兵司倉司騎司冑城局各一人每隊五十人押官一人隊頭一人副二人旗頭一人副二人火長五人六分支甲四分支戰袍一分支槍

又曰周制萬有二千五百人為軍軍將皆命卿二千有五百人為師師帥皆中大夫五百人為旅旅帥皆下大夫百人為卒卒長皆上士二十有五人為兩兩司馬皆中士五人為伍伍皆有長軍師旅卒兩伍皆衆名伍一比兩一閭卒一族旅一黨師一州軍一鄉家所出

人也（按司馬法二十五人爲兩四兩爲卒百人也五卒爲旅五百人五旅爲師二千五百人五師爲軍一萬二千三百人萬二千象十有二月五百象閭）管子言於齊桓公曰欲正卒伍脩兵甲則大國亦將爲之君有征戰之事則小國有守圉之備矣公欲速得意於天下諸侯則事有所隱而政有所寓（不顯習於兵事故曰事有所隱軍政寓之田獵故有所寓）公作內政而寓軍令焉三分齊國爲高子之里爲國子之里爲公之里以爲三軍擇其賢民使爲里君（每里皆使賢者爲君）鄉有行伍卒長則有制令且以田獵因以賞罰（因田獵之功過寄行賞罰）則百姓通於軍事矣於是乃制五家以爲軌軌爲之長十軌爲里里有司四里爲連連爲之長十連爲鄉鄉有良人以爲軍令是故五家爲軌故五人爲軌軌長率之十軌爲里故五十人爲小戎里有司率之四里爲連故二百人爲卒連長率之十連爲鄉故二千人爲旅鄉良人率之三軍故有中軍之鼓（中軍則公之里卒也）有高子之鼓春以田曰蒐振旅（因寓軍政而且整旅）秋以田曰獮理兵（順殺氣因理兵）是故卒伍定於里軍政定於郊內教既成令不得遷徙故伍之人人與人相保家與家相受少同居長同游祭祀同福死喪相恤災禍同憂居處同樂行作同和哭泣同哀是故夜戰其聲相聞足以無亂晝戰其目相見足以相識歡欣足以相死是故以守則固以戰則勝君有此教士三萬人以横行於天下（教士謂先教習之士）

又曰凡立軍一人曰獨二人曰比三人曰叅比叅曰伍伍人爲列（列有頭）二列爲火（十人有長立火子）五火爲隊（五十人有頭）二隊爲官（百人立長）二官爲曲（二百人立候）二曲爲部（四百人立司馬）二部爲校（八百人立尉）二校爲裨（千六百人立將軍）二裨爲軍（三千二百人有將軍副將軍）

唐書曰高祖起義兵命太宗將兵徇西河郡下之癸巳建大將軍府以裴寂爲長史劉文靜爲司馬具設官屬始置三軍分爲左右以公子建成爲隴西公左領大都督左三軍悉隷焉命太宗爲燉煌公右領大都督右三軍悉隷焉開倉庫以賑窮乏遠近響應

又曰高祖二年秋七月壬申詔曰天生五材司物資其器用武有七德撥亂所以定功故黄帝垂衣尚有阪泉之戰放勛光宅猶稱丹浦之師禁暴安人率由茲道創業垂統莫此爲先以是周置六軍毎習蒐狩漢增八校畢選驍勇故能化行九有威震百蠻姧宄不興虔劉息志季葉凌替軍政湮亡卒利不脩旌旗舛雜部伍符籍空有調發之名逗撓之興竟無討襲之用遂使夷狄放命盜賊交侵戰争多虞黔黎殄喪朕受天明命撫育萬方爰自義師克成帝業至如超乘之士莫匪百金彀騎之材豈唯七萃今雖關塞寧謐荒裔肅清伊洛猶蕪江湖尚梗役車未息戎馬載馳武備之方尤宜精練所以各因部校序其統屬改授鉦鼓創造徽章取象天官定其名號庶使前茅後勁類別區分玉帳絳宮刑德允備蹈茲湯火譬彼椒蘭大定戎衣止戈斯在於是置十二軍分關內諸府以隷焉萬年道爲叅旗軍長安道爲鼓旗軍富平道爲玄戎軍醴泉道爲井鉞軍同州道爲羽林軍華州道爲騎官軍寧州道爲折威軍岐州道爲平道軍豳州道爲招搖軍西麟道爲苑游軍涇州道爲天紀軍宜州道爲天節軍時高祖以天下未定實資武力將舉關中之衆以臨四方故興此制也毎軍一人副一人取威名素重者爲之督以耕戰之務自是士馬精強無敵於天下矣

五代周史曰顯德初世宗自高平還乃大閲帝親臨之帝自高平之役覩諸軍未甚嚴整遂有退却至是命太祖皇

帝一槩簡閱選武藝超絶者署爲殿前諸班因是有散員散指揮內殿直散都頭鐵騎控鶴之號復命揔戎者自龍捷虎捷以降一一選之老弱羸小者去之諸軍士伍無不精當由是兵甲之盛近代無比

偏將

尚書曰司馬掌邦政統六師平邦國

左傳曰趙朔趙嬰齊爲中軍大夫鞏朔韓穿爲上軍大夫荀息趙同爲下軍大夫韓厥爲司馬

又曰晉侯請於王戊申以黻冕命士會將中軍且爲太傅（命卿之服）於是晉國之盜逃奔于齊

又曰楚子北師次于郔沈尹將中軍子西將左子反將右將飲馬於河而歸

又曰魯宣公十年夏六月晉師救鄭荀林父將中軍先縠佐之士會將上軍郤克佐之趙朔將下軍欒書佐之

公羊曰秋衛師入盛邑爲或言帥師或不言帥師將尊師少稱將將卑師衆稱師

論語曰王孫賈治軍旅奚其喪（衛靈公無道得賈免喪也）

史記項羽本紀曰於是梁爲會稽守籍爲裨將

又曰項王召宋義與計事而大說之因置以爲上將軍項羽爲魯公爲次將范增爲末將

又灌嬰傳曰嬰擊陳狶受詔別攻狶丞相侯敞斬敞及特將五人（文穎注云特一之將）

後漢書西域傳曰大秦國一名犂鞬所治城周百餘里各有官曹文書置三十六將皆會議國事

晉書曰張光字景武江夏鐘武人也身長八尺明眉目美音聲少爲郡吏家世有部曲以牙門將伐吳有功遷江夏西部都尉

又曰羊祜在軍常輕裘緩帶身不被甲鈴閤之下侍衛者不過十數人而頗以田漁廢政嘗欲夜出軍司徐胤執棨當營門曰將軍都督萬里安可輕脫將軍之安危亦國家之安危也胤今日若死此門乃開耳祜改容謝之此後稀出矣

又曰吾彥爲小將級吳大司馬陸抗抗奇其勇略將拔用之患衆情不允乃會諸將密使人佯狂拔刀跳躍來坐諸將皆懼而走惟彥不動舉几拒之衆服其勇乃擢用焉

又天文志曰太白爲上將羽林爲中軍

又曰文昌六星在北斗魁前天府（之六星也一曰）上將建威二曰次將尚書中書司隸賞功也

又曰郎將位北主閱旗所以爲武備也

又曰畢八星主邊兵弋獵其大星曰天高一曰邊將

又曰參白獸之體其中三星橫列三將也北曰左肩主左將西北曰右肩主右將故黃帝占參應七將七將大天下兵精

又曰南三星騎陣將軍騎將也南三星車騎車騎之將也

又曰狼一星在東南狼爲野將主侵掠也色有常欲不動也

後周書曰賀拔岳事尒朱榮以定策功授前將軍時万俟醜奴僭稱大號關中騷動朝廷深以爲憂榮將岳討之岳私謂其兄勝曰醜奴擁秦隴之兵足爲勍敵若岳往而無功罪責立至假克定恐讒愬生焉勝曰汝欲何計自安岳曰請尒朱氏一人爲元帥岳副貳之則可矣勝以爲然乃請於榮榮大悅乃以天光爲雍州刺史以岳爲衛將軍左

都督

隋書曰大業九年徵天下兵募民爲驍果置折衝果毅武勇雄武等郎將官以領驍果

唐書曰李質者汴之牙將李介既爲留後倚質爲心腹及朝廷以介爲郡守介志邀節鉞質勸諭不從會介疽發首乃與監軍姚文壽謀斬介傳首京師有詔以韓充鎮汴充未至質權知軍州事使衙兵二千人皆日給酒食物力爲之損屈充將至質曰若韓公始至頓去二千人日膳人情必大去若不除之後當無繼不可留此弊以遺吾帥遂處分停日膳而後迎充

御二百九十八　七

太平御覽卷第二百九十八

太平御覽卷第二百九十九

兵部三十

練士　兵衆　隊伍

練士

通典捜才曰（凡為將統戎在知士器用當設目差等優異應機而任以收其效）選士之科沉謀密略出人者詞辯從衡能移奪人之性情堪辨說者能往來聽言語覽視四方之事軍中之情偽日列於前者能得敵之主佐門盧請謁之情堪間諜者能知山川險易行止形勢利害遠近井泉水草逕路迂直堪鄉導者巧思出人制造五兵及攻守器械者引強敵撤扎戈鋋劍戟便於利用挺身捕虜搴旗斬將堪陷陣者蹻捷若飛踰城越塹出入無形堪窺覘者往返三百里不及暮至者破格舒鉤或負六百斤行五十步四百斤行百步者推步五行瞻風雲氣候轉式多言天道詭說陰陽者（此雖非兵家本事所要資權譎以取勝耳）罪犯者父子兄弟欲執仇者貧窮忿怒將欲快其志故贅聟人虜欲昭迹楊名長短經曰夫王者帥師必簡練英雄知士高下因能授職各取所長為其股肱羽翼以成威神然後萬事畢矣腹心一人（主潛謀應卒揆天消變總攬計謀保國全命者也）謀士五人（主圖安危豫慮未然論才能明賞罰授官位決嫌疑定可否者也）天文三人（主占星曆候風氣理時日考符驗效災異知天心去就者也）地形三人（主軍行上形勢利害遠近險易水涸山阻不失地利者也）兵法九人（主講論異同行事成敗簡練兵器九軍陣所用刺舉非法者也）通粮四人（主廣飲食蓄積通粮道致五穀令三軍不困之食也）奮威四人（主擇村士論兵馬風流電擊不失所由奇狀也）鼓旗三人（主左鼓旗符節號令倏忽往來出入若神）股肱四人（主出旌扞任重持難修溝塹治壁壘四轉守禦者）通才三人（主拾遺補過集會術數周流並會應偶賓客議論談語消息結解也）權士三人（主奇譎殊異非人所識行無窮之變也）耳目七人（主往來聽言語覽視四方之事軍中之情偽日列於前也）爪牙五人（主揚威武激厲三軍冒難死攻令三軍勇猛也）羽翼

四人（主飛名譽震遠近動移四境以弱敵心也）游士八人（主祠徵祥候開闔視敵人為謀者也）偉士二人（主為諸詐依託鬼神以惑敵心）法筭二人（主計會三軍領理萬物也）方士二人（主為藥以全傷病也）軍中有大勇敢死樂傷者聚為一卒（名曰冒將之士）有勃氣壯勇暴強者聚為一卒（名曰陷陣之士）有學於奇正長劍瑚弧接武齊列者聚為一卒（名曰銳騎之士）有破格舒鉤強梁多力能潰破金鼓絕滅旌旗者聚為一卒（名曰勇力之士）有能踰高超遠輕足善走者聚為一卒（名曰冠兵之士）有故王臣失勢欲復見其功者聚為一卒（名曰死鬬之士）有死罪之人昆弟為其將報讎者聚為一卒（名曰死責之士）有貧窮忿怒將快其志者聚為一卒（名曰必死之士）有故贅聟人虜欲昭迹揚名者聚為一卒（名曰厲頓之士）有辯言巧辭善毀譽者聚為一卒（名曰間諜飛言弱敵之士）有故胥靡免罪之人欲逃其恥者聚為一卒（名曰幸用之士）有材伎過人能負重行數百里者聚為一卒（名曰待令之士）夫卒強將弱曰陁（音豸）吏強卒弱曰陷兵無選鋒曰北必然之數矣故曰兵衆孰強士卒孰練知之者勝不知之者不勝不可忽也

兵衆

書曰如虎如貔如熊如羆于商郊

又曰用咸戒于王曰王左右常伯常任準人綴衣虎賁

詩曰予王之爪牙予王之爪士

周禮曰司戈掌戈盾之物而頒之軍旅會同授貳車戈盾建乘車戈盾授旅賁及虎士戈盾

左傳曰彤弓虎賁文公受之以有南陽之田

又曰組甲三百被練三千

史記曰蘇秦説韓惠王曰韓之卒勇被堅帶甲利劒一人當百以大王之賢西面事秦為天下笑

漢書鼂錯云陛下又興數千萬之衆以誅數萬之匈奴衆

寡之計以一擊十之術也

後漢書光武紀曰伯外救宛已三日而世祖尚未知乃爲使書報城中宛已下兵到而佯墮其書尋邑得之不喜諸將既累捷膽氣益壯無不一當百

後漢書曰光武起王莽遣大司徒王尋大司空王邑王莽時哀章所獻金匱圖有王尋姓名王邑王商子於莽爲從父兄弟將兵百萬其甲士四十二萬人五月到潁川復與嚴尤陳茂合潁川郡今洛州陽翟縣也

又曰王元說隗囂曰今天水完富士馬最強北取西河上郡東收三輔之地按秦舊迹表裏河山秦外山而內河元請以一丸泥爲大王東封函谷關此萬代一時也

又曰河南賊張步據齊地耿弇討敗之步肉袒負斧鑕於軍門鑕鍖也示必死鍖音砧鑕音質弇傳步詣行在而勒兵入據其城樹十二郡旗鼓弇凡平城陽琅邪高密膠東萊北海齊千乘濟山臨淄令步兵各以郡人詣旗下衆尚十餘萬輜重七千餘兩皆罷遣歸鄉里齊地悉平

又曰建安中劉表爲荊州牧理今江陵郡也劉備時在荊州衆力尚少諸葛亮曰荊非少人也而著籍者寡平居發調即人心不悅凡有游户皆使自實因録以益衆可也備言其計故表衆遂強

又曰百官志去節從武賁比二百石

東觀漢記曰上賜馮異璽書曰聞吏士精銳水火不避購賞之賜必不令將軍負丹青失斷金也

魏志曰張繡反襲太祖出戰不利輕騎引去典韋戰於門中賊不得入兵遂散從他門並入時韋校尚有十餘人皆殊死戰無不一當十前後至稍多韋以長戟左右擊之左右死傷者略盡

晉書曰桓玄使陶謙屯覆舟山劉毅至蔣山裕羸弱登山多張旗幟玄不之測裕與毅分爲數隊進突謙陣皆殊死戰無不一當百謙等諸軍一時奔散裕則劉裕也

又職官志曰左衛將軍領熊渠武賁右衛將軍領佽飛武賁

又天文志曰武賁一星在太微西蕃北下台南靜室旄頭之騎官也

徐爰宋書曰衆推高祖爲盟主移檄京邑遇吳甫之主驍將也其兵甚銳高祖躬執長刀徑入其陣衆皆披靡甫之進至羅落橋高祖望賊旗鼓甚衆馳進挺劒指麾光曜如電將士皆莫敢仰視但憑神武爭爲先登殊死而戰無不一當百

蕭方等三十國春秋曰陳安奔隴城前趙將劉貢馳將追之石虎止貢曰窮寇歸兵不可迫也我士卒連勝皆已怠矣以驕急之卒當致死之衆恐無萬全之利貢曰不然彼銳氣盡矣衆心乖沮人懷苟免莫有鬬志我卒乘猛氣甚盛皆一當十豈其衰沮之餘所能抗也貢躬先士卒戰輙敗之遂圍安于隴城

又曰定陽人梁犢因民心怨趙也謀兵東還犢自稱大將軍率衆攻下辨尅之犢軍人皆多力善射一當十餘無兵甲所在略大斧施一丈柯攻戰若神擬向崩潰

後魏書曰燕鳳嘗使於苻堅堅曰彼國人馬實爲多少鳳曰控弦之士數十萬見馬百萬疋堅曰卿言人衆可尒說馬太多是虛辭耳鳳曰雲中川自東山至西河二百里北山至南山百有餘里每歲孟秋馬常大集略爲滿川以此推之使人之言猶尚未盡堅厚加贈遺

又曰宋遣沈攸之吳憘公領卒數萬從沂清而進欲援下邳尉元遣孔伯恭卒歩騎一萬以拒之并以攸之前敗軍人傷殘手足瘃凡膝行者盡送令還之

又宮氏志曰太和中定品令有戟楯武賁將軍有募員武賁將軍有髙車武賁將軍

又曰河北賊葛榮爲魏將尒朱榮所擒餘衆悉降以賊徒旣衆若即分割恐其疑懼或更結聚乃普告勒從所樂親屬相隨任所居止於是羣情喜悅登即四散數十萬衆一時散盡待出百里之外乃始分道押領隨便安置咸得其宜擢其渠帥量才授用新附者咸安時人服其處分機速

三國典略曰蕭明王僧辯書曰凡諸部曲並使招攜投赴戎行前後雲集霜戈電戟無非武庫之兵龍甲犀渠皆是雲臺之仗

莊子曰筋力之士矜難勇敢之士奮忠兵革之士樂戰

文選曰雲屯七萃士魚麗六郡兵○又曰士馬精研

陸士衡辨亡論曰于時雲興之將帶州猋起之師跨邑哮闞之羣風驅熊羆之士霧集

又曰夫曹劉之將非一世所選向時之師無曩中之衆

又曰孫子荆爲石仲容與孫晧書云今百僚濟濟俊乂盈庭虎臣武將折衝萬里國富兵強六軍精練

隊伍

太白陰經曰陽隊起一至九陰隊起九至一隊有五十人五人火長五九不失四十五人之數卒間容卒相去二步隊間容隊相去一十八步前後十步其隊前後相去亦如之黃帝曰陣間容陣隊間容隊曲間容曲是也

衛公兵法曰諸道狹不可並行者即第一戰鋒隊爲首其次右戰隊次之其次左戰隊次之其次右駐隊次之其次左駐隊次之若道平川闊可以並行者宜作統法每統戰鋒隊居前兩戰並行次之又兩駐隊並行次之餘統准此若更堪齊頭行者每統五隊横列齊行後統次之如每統三百人簡取二百五十人分爲五隊第一隊爲戰鋒隊第二隊第三隊爲戰隊第四第五隊爲駐隊隊頭一人副隊頭一人其下等五十人爲輜重隊別着隊頭一人擬戰日押輜重遥爲聲援若兵數更多皆類此諸軍當軍折衝果毅少須排定隊伍每行引發營須依次第戰曰有罪須罰有功須賞依名排次甚爲省易不然推逐稍難爭競不定

又曰諸每隊給一旗行則引隊住則立於隊前大揔管及副揔管則立十旗以上副揔管則立四旗以(上行則建於車)前住則立於帳側統頭亦別給異色旗擬臨陣之時辨其進退駐隊等旗別様別造令引輜重各令本軍營隊識認此旗諸軍相去既遠語聲難徹走馬報又勞煩故建幟用爲節度其方面旗舉當方面兵急須裝束旗向前亞方面兵急須進旗三竪即住旗卧却迴審細看大將所舉之旗(大將方面旗東方碧南方赤西方白北方黑專看方色旗亞奐即是其方賊來便須禦捍攻擊)

又曰諸軍將戰每營跳盪隊馬軍隊奇兵隊戰鋒隊駐隊等分折爲五等當軍各令一官押領出戰之時先用其等兵戰鬬如更須兵以次更取其等兵用盡當營輜重隊不得輒用亦各一官人押領使堅壘各令知其部伍不使紛雜自餘節度一依横陣

太平御覽卷第二百九十九

兵部三十一

卒　騎

卒

說文曰隷人給事者爲卒衣有題識者也

玉篇曰卒衆之名也屯戍之兵也

桂苑曰卒隷人也

管子曰管仲相齊作內政而寄軍令二百人爲卒卒有正卒聚也

韻海曰南楚謂卒爲弩父卒主檐弩導因以爲名也又行鞭杖者也皆赤幘絳褠

左傳曰齊侯求逢丑父三入三出每出齊師以帥退入于狄卒狄卒者狄人從晉討齊也狄皆抽戈盾冒之

又曰楚令尹子重將爲陽橋之役赦罪悉師王卒盡行彭名御戎蔡景公爲左許靈公爲右

又曰晉侯將伐鄭楚子救鄭六月晉楚遇於鄢陵苗賁皇言於晉侯曰楚之良在中軍王族而已請分良以擊其左右而三軍萃於王卒必大敗

又曰宣子謂鞅曰矢及君屋死之鞅用劍以帥卒而欒氏退攝車從之

又曰楚伐舒鳩吳人救之楚子彊子息桓子駢子子盂五人以其私卒先擊吳師吳師奔登山以望見楚師不繼復逐之傳諸其軍

又曰齊爲鄎故國書高無本帥師伐我及清季孫謂其宰冉求曰齊師在清必魯故也季氏之甲七千冉有以武城人三百爲己徒卒老幼守宮次于雩門之外五日右師從之

又曰蔡衛不拔固將先奔既而萃於王卒可以禁事從之

又曰子玉使伯棼請戰曰非敢必有功也願以間執讒慝之口王怒少與之師唯西廣東宮與若敖之六卒實從之

又曰狐毛狐偃以上軍夾攻子西楚左師潰楚師敗績子玉收其卒而止故不敗

史記項羽本紀曰是時呂后兄呂侯爲漢將兵居下邑漢王間往從之稍稍收其士卒

漢書曰吳王劉濞傳曰吳王先起兵誅漢吏二千石以下膠西膠東王爲渠率與菑川濟南共攻圍臨菑趙王遂亦陰使匈奴與連兵七國之發也吳王悉其士卒下令國中曰寡人年六十二身自將少子年十四亦爲士卒先諸年上與寡人同與少子等皆發二十餘萬人也

又司馬遷傳曰且陵提步卒不滿五千深踐戎馬之地足歷王庭垂餌虎口橫挑強胡陵李陵也

又刑法志曰戰國之時轉相攻伐齊愍以伎擊強魏惠以武卒奮秦昭以銳士勝

又五行志曰成帝綏和二年八月鄭通里男子王褒衣絳衣小冠帶劍入北司馬門上前殿解帷組結佩之自云天帝使我居此收縛考問故公車大誰卒病狂易不自知入宮下獄死大誰者非常之人名大姓誰是也本以誰何爲稱因用名官有大誰長今武卒即長所領之卒也

又食貨志曰董仲舒說武帝曰今荒淫越制踰侈以相高邑有人君之尊里有公侯之富小民焉得不困又加月爲更卒已復爲正一歲屯戍三十倍於古更工衡切更卒謂給郡縣一月而更也

又胡建傳曰建字子孟河東人也孝武天漢中守軍正丞貧亡車馬常步與走卒起居所以尉薦走卒甚得其心尉者自上安之也薦者舉藉之也

晉書天文志曰積卒十二星在房心南主爲衛也

又謝艾傳曰艾乃召集諸將都無所說直如意指四座云諸將皆勁卒諸將益恨之

又劉元海載記曰元海薨和嗣立呼延攸等恨不豫顧命也說和曰先帝不惟輕重之計而使三王總強兵於內大司馬握十萬勁卒居于近郊陛下今便爲寄坐禍難未可測也

又劉曜載記曰劉岳攻石生于洛陽配以近郡甲士五千宿衛精卒一萬濟自盟津鎮東呼延謨荆司之衆自崤澠而東

莊子曰孔子往見盜跖盜跖乃方休卒太山之陽膾人肝而餔之

魏武步戰令曰嚴鼓一通步騎士悉裝再通騎上馬步結屯三通以次出之隨幡所指住者結屯幡後聞急鼓音整陣斥候者視地形廣狹從四角面立表制陣之宜諸部曲各自按部陣兵曹舉　不如令者斬

陳孔璋檄吳將校部曲文曰又使征西將軍夏侯淵等帥精甲五萬巴漢鋭卒

又曰城都屠勾踐武卒散於黄池

曹植求自試表曰伏見先帝武臣宿兵年者即世者有聞矣雖賢不乏世宿將舊卒猶習戰也

阮嗣宗爲鄭冲勸晉王牋曰東誅叛逆全軍獨尅擒闔閭之將斬輕鋭之卒以萬計威加南海名懾三越

干寶晉紀論曰將相侯王連頭受戮乞爲奴僕而猶不獲免嬪嬙妃主虜辱於戎卒豈不哀哉

陸士衡辨亡論曰告類上帝拱揖羣后虎臣毅卒循江而守

劉孝標辨命論曰楚師屠漢卒睢河鯁其流秦人坑趙士卒沸聲若雷霆

班孟堅西都賦曰列卒周匝星羅雲布

左太冲吳都賦曰雕題之士鏤身之卒

又魏都賦曰簿戍綿幂無異蛛蝥之網弱卒瑣甲何異螳蜋之衛。王仲宣從軍詩曰汎舟蓋長川陳卒被㶑坰

謝靈運擬魏太子鄴中集應瑒詩曰官度厠一卒烏林預艱阻

賈誼過秦篇曰卒罷散之卒將數百之衆轉而攻秦斬木爲兵揭竿爲旗

又曰信臣精卒陳利兵而誰何

顔延年楊給事誄曰立于將卒之間以輯華裔之衆

騎

釋名曰騎歧也兩脚歧別也

史記曰韓信伐趙未至井陘選輕騎二千人人持一赤幟從間道而望趙軍

又曰今上爲膠東王時韓嫣與上學書相愛及上爲太子愈益親嫣善騎射上即位欲事伐匈奴而嫣先習胡兵以故益尊貴

漢書曰霍去病年十八爲侍中善騎射

又曰趙充國字公孫隴西上邽人也始爲騎士以六郡良家子服虔曰金城隴西天水安定北地上郡也善騎射補羽林

後漢書曰景丹從擊王郎將倪宏等於南蠻郎兵迎戰漢軍追却（續漢書曰南蠻賊迎擊上營得上鼓車輜重數乘）丹等縱突騎擊大破之追奔十餘里死傷者從橫丹還世祖謂曰吾聞突騎天下精兵今乃見其戰樂可言耶遂從征河北

又曰呂布為曹操所敗布見操曰今日已往天下定矣操曰何以言之布曰明公之所患不過於布今已服矣令布將騎明公將步天下不足定也

東觀漢記曰鄧禹攻赤眉輙不利吏士散已盡禹獨與二十四騎還詣雒陽

又曰段熲移於徒中為并州刺史徵還京師馬騎五萬餘疋

又曰馬勅將緹騎宿玄武門

張璠漢記曰蔡雍上書靈帝曰幽州突騎冀州强弩天下精兵也

魏志曰曹休字文烈太祖族子太祖指休謂左右曰此吾家千里駒也使與文帝同居止見待如子常從征伐使領虎豹騎

又曰太祖哀曹眞少孤占養與諸子同使與文帝共止甞獵為虎所逐顧射應聲而倒太祖壯其勇使將虎騎

又曰光和中凉州賊起發幽州突騎三千假公孫瓚都督行軍事討之

吳志曰孫堅領豫州刺史遂治兵於魯陽城當進軍討董卓遣長史公仇稱將兵從事還州督軍粮施帳幔於城東門外祖道送稱官屬並會卓遣步騎數萬人逆堅輕騎數十先到堅方行酒談笑勑部曲整頓行陣無得妄動後騎漸益堅徐罷坐導引入城乃謂左右曰向所以不即起者恐兵相蹈襲諸君不得入耳卓兵見堅士衆甚整不敢攻城乃引還

又曰孫策騎士有罪逃入袁術營隱於內廐策指使人就斬之訖詣術謝術曰兵人好叛當共疾之何為謝耶

蜀志曰曹公入荊州先主奔江南曹公追之及於當陽之長阪先主棄妻子奔使張飛將二十騎據水斷橋瞋目橫矛曰張益德也可　來共決死敵皆無敢近者

又曰趙雲字子龍隨先主為先主主騎

晉書載記曰符堅伐晉捨大軍于項城以輕騎八千兼道赴之令軍人曰敢言吾至壽春者拔舌而族之

宋書曰傅弘之素善騎射高祖至長安弘之於姚泓馳道內緩服戲馬或馳或驟往反二十里中甚有節制羌胡聚觀者數十人並惋驚歎息

梁書曰曹景宗謂所親曰我昔在鄉里騎快馬如龍與年少輩數十騎拍弓弦作霹靂聲箭如餓鴟叫平澤逐麞數肋射之

後周書曰太祖甞從數騎於野忽聞簫鼓之音以問從人皆莫之聞也

唐書曰貞觀中左右屯營始置飛騎揀材力驍捷善騎射者為之太宗時出遊幸則從馬衣五色袍乘六閑駿馬賜猛獸皮韉以標異之又加階級廩食各有差

五代周史曰顯德中世宗車駕至濠州城下戊子親破十八里灘砦在濠州東北淮水之中四面阻水上令甲士數百人跨駞以濟太祖皇帝以騎軍浮水而渡遂破其砦虜其戰艦而廻

三國典略曰陳韋翽字子羽有志操以孝著稱先尋以為驍騎將軍領朱衣直閣驍騎之職舊自領營兵梁世已來其

任逾重嗣素有名望每大事恒令俠侍左右時人榮之號曰俠御將軍

祢衡別傳曰衡着官布單衣以杖捶地數罵責操及其先祖無所不至操乃勑外具上廐驊馬三疋并騎二人須臾外給啓馬辦曹公謂孔文舉曰祢衡小人無狀乃尓孤今殺之無異鼠雀耳顧此子有異才遠近聞之孤今殺之將謂孤不能容劉景外天性險急不能容受此子必當殺之乃以衡置馬上兩騎挾送至南陽也

會稽典録曰朱育謂鍾離曰大皇帝以神武之姿欲得五千騎乃可有圖今騎無從出而懷進取之志將何計收曰大皇以中國多騎欲得騎以當之其神鋒軰射三四里洞三四馬騎敢近之乎

鄴中記曰石虎皇后出女騎千人皆着五綵靴鄴城故事

記凉馬臺（名閱馬臺亦名戯馬臺）案鄴中記云趙王虎建武六年造凉馬臺在城西漳水之南約坎爲臺虎常於此臺簡練騎卒虎牙宿衛號雲騰黒矟騎五千人每月朔晦閱馬於此臺乃於漳水之南張幟鳴鼓列騎星羅虎乃登臺射髇箭一發五千騎一時奔走從漳水之南齊走集於臺下隊督巳下皆班賚虎又射一箭其五千騎又齊走於漳水之北其五千流散攢促若數萬人騎皆以漆矟從事故以黒矟爲號季龍又常以女騎一千人爲鹵簿皆着紫綸巾熟錦袴金銀鏤帶五文織成靴遊于臺上

六韜曰選士之法取年四十以下長七尺五寸以上材輕捷疾力過倫等能馳轂騎射前後左右周旋進退超越溝塹馳山陵險阻絶大澤越強敵亂大衆者名曰武騎之士不可不厚也

三略曰欲知敵形色可勝之符先以二十八騎感之騎象二十八宿也

淮南子曰夫善游者溺善騎者墮各以其所好反自爲禍（禍害也）是故好事者未嘗不中（中傷也好事者未嘗不爲情欲之自傷也）爭利者未嘗不窮也

通典曰孫臏云用騎有十利一曰迎敵始至二曰乗敵虚背三曰追散亂擊四曰迎敵前擊後使敵奔走五曰遮其糧食絶其軍道六曰敗其津關發其橋梁七曰掩其不備卒擊其未振八曰攻其靜怠出其不意九曰燒其積聚市里十曰掠其田野係累其子弟此十者騎戰利也夫騎者能離能散能集百里爲期千里而赴出入無間故名離合之兵也

太平御覽卷第三百

太平御覽卷第三百一

兵部三十二

陣

尚書曰武王與紂癸亥陣于商郊

左傳曰晉將荀吳敗無終及羣狄于太原崇卒也(無終山戎)初將戰魏舒曰彼徒我車所遇又阨(地險不便也阨烏介反)以什共車必克(更增十人當一車之用)困諸阨又克(車每用於阨道今去車故爲必克也)請皆卒(去馬爲步卒)自我始乃毀車以爲行(魏舒先自毀其屬車爲步陳行戶郎反)五乘爲三五(乘車者車三人五乘十五人今改去車更以五人爲五分爲五三也)爲五陣以相離兩於前伍於後專爲右角參爲左角偏爲前拒(皆臨時處置之名也)以誘之狄人笑之(笑其失常)未陣而薄之大敗

又曰王以諸侯伐鄭鄭伯禦之原繁高渠彌奉公爲魚麗之陣先偏後伍伍承彌縫(杜預注曰此魚麗之法)

又曰宋爲乘丘之役故侵我公禦之宋師未陣而薄之敗諸鄑九師敵未陣曰敗某師皆陣曰戰大崩曰敗績得儁曰克覆而敗之曰取某師京師敗曰王師敗績于某

又曰宋公及楚人戰于泓司馬子魚曰彼衆我寡及其未濟請擊之公曰不可既陣而後擊之宋師敗績公傷股門官殲焉(門官守門者也)國人皆咎公公曰古之軍也不以阻隘寡人雖亡國之餘(宋商紂之後)不鼓不成列(恥以詐勝也)

又曰晉楚將戰晉欒書曰楚師輕窕固壘而待之三日必退退而擊之必獲俠勝爲郤至曰楚有六間不可失也其二卿相惡(子重子反也)王卒以舊(罷老不代)鄭陣而不整蠻軍而不陣(蠻夷從楚不結陣也)陣不違晦(晦月終陰之盡故兵家以爲忌)在陣而囂(囂喧譁也)合而加囂(陣合宜靖而益有聲)各顧其後莫有鬭心(人恤所底)其舊必不良以犯天忌我必克之

又曰宋公謀逐華貙衛公子朝救宋與華氏戰于赭丘鄭翩願爲鸛其御願爲鵝(鄭翩宋大夫華貙俱亡者鸛鶴陣也鵝鴈行陣也)

又曰越子伐吳吳人禦之笠澤夾水而陳越子爲左右句卒(句卒鈎伍相著別爲左右屯也)使夜或左或右鼓譟而進吳師分以禦之越子以三軍潛涉當吳中軍而鼓之吳師大亂

又曰魯哀公爲支離之卒因祝史揮以侵衛(陣名)衛人病之

又曰吳楚戰于雞父公子先曰請先去備薄威後者敦陣整衣遂克之

又曰鄭子元請爲左拒以當蔡人衛人爲右拒以當陳人(陣名)

論語曰衛靈公問陣於孔子孔子對曰俎豆之事則嘗聞之軍旅之事未之學也

周書曰春爲北陣弓爲前行夏爲方陣戟爲前行季夏爲

圓陣矛爲前行秋爲牡陣劒爲前行冬爲伏陣楯爲前行是爲五陣

史記曰黃帝有涿鹿之戰以定火災顓頊有共工之陣以平水害

漢書陳湯傳曰湯伐西域置揚威白虎合騎三校(張晏曰西域陣名)

又曰韓信爲相國擊齊齊王走高密信追至高密西楚使龍且將號二十萬救齊齊王使龍且并軍與信戰夾濰水陣信乃夜令人爲萬餘囊盛沙以壅水上流引軍半渡擊龍且佯不勝還走龍且果追渡水信使人決壅囊水大至龍且軍太半不得渡即擊殺龍且虜齊王廣遂平齊

又曰李陵至峻稽山與單于相值騎可三萬圍陵陵軍居山間以大車爲營陵引士出營外爲陣前行持戟楯後行

持弓弩令曰聞鼓聲而縱聞金聲而止虜見漢軍少直前
就營陵搏戰攻之千弩俱發應弦而倒虜還走上山漢軍
追殺千人
又曰衛青軍出塞千餘里見單于兵陣而待於是青令武
剛車自環爲營（張晏曰兵車也）而從五千騎往當匈奴
晉書曰卞壼字望之子昣及盱同沒陣毋撫二子尸哭曰
父爲忠臣汝爲孝子夫何恨乎徵士翟陽曰父死於君子
死於父忠孝之道萃於一門
王隱晉書曰馬隆擊涼州惡虜斷道隆作八陣圖車營並
追狹則木屋施輪並前智謀縱橫出其不意故能成功
後魏書曰文成帝和平二年制戰陣之法十有餘條因大
儺耀兵有飛龍騰蛇魚麗之變以示威武
隋書曰周法尚爲定襄太守時帝幸榆林法尚朝于行宮

内史令元壽言於帝曰漢武出塞旌旗千里今御營之外
請分爲二十四軍日別遣一軍發相去三十里旗幟相望
鉦鼓相聞首尾連注千里不絕此亦出師之盛者也法尚
曰不然兵亘千里動間山川卒有不虞四分五裂腹心有
事首尾未知道阻且長難以相救雖是故事此乃取敗之
道也帝不懌曰卿意以爲如何法尚曰結爲方陣四面外
拒六宮及百官家口並住其間若有變起當頭分抗內引
奇兵出外奮擊車爲壁壘重設鉤陳此與據城理亦何異
苦戰而捷抽騎追奔或戰不利屯營自守臣謂牢固萬全
之策也帝曰善因拜左武衛將軍良馬一疋絹三百疋
唐書曰太宗自爲眞草書屛風以示群臣筆力遒勁爲一
時之絕先是人間有羲之書凡眞行二百九十紙裝爲七
十卷草書二千紙裝爲八十卷每聽覽餘閑時取臨翫焉

謂朝臣曰書小道初非急務時或留心猶勝弃日凡諸藝
業未有學而不得者也病在心力懈怠不能專精耳朕少
時爲公子未遭陣敵義旗之始乃平寇亂每執鼓必自指
撝習覩兵陣即知強弱常取吾弱對其強強對其弱敵犯
其弱追奔不踰百數十步吾擊其弱必突過其陣自背而
反擊之無不潰多使此而制勝思得其理深也今吾臨人
之書殊學於形勢唯在求其骨力及得骨力而形勢自生
耳然吾所爲皆先作意是以果能成也
又曰太宗製破陣樂舞圖左圓右方先偏後伍魚麗鵝鸛
箕張翼舒交錯屈伸首尾迴牙以象戰陣之形令起居郎
呂才依圖教樂工一百二十人被甲執戟而習之凡爲三
變每變爲四陣有來往疾徐擊刺之象以應歌節數日而
就更名七德之舞

又曰高宗御武成殿親試制舉人問之曰兵書云天陣地
陣人陣其說如何舉人員半千對曰臣觀載籍此說頗多
或謂天陣偏伍彌縫也以臣愚見謂不然矣夫師出以義
有若時雨得天之時此天陣也兵在足食且耕且戰得地
之利此地陣也善用兵者使三軍之士如父子兄弟得人之
和此人陣也三者去矣其何以戰高宗嗟賞之擢居上第
家語曰戰陣有列矣而勇爲本
國語曰吳王之軍爲方陣白裳白旗素甲白羽望之如荼
（茅也）左軍赤裳赤旟望之如火右軍玄裳玄旗望之如墨
莊子曰徐無鬼謂武侯曰軍無盛鶴列於麗譙之間（鶴列陣名）
（麗譙樓也）
鬻子曰武王伐紂虎旅百萬陳於商郊起自黃鳥訖于赤
甫走如疾風聲如震霆武王乃使太公把旄以麾之紂軍

反走

尉繚子曰梁惠王問尉繚曰吾聞黃帝有刑德可以百戰百勝有之乎尉繚曰不然黃帝所謂刑德者天官時日陰陽背向者也黃帝者人事而已矣何以言之武王伐紂背清水向山陵以萬二千擊紂億有八萬斷紂頭懸於白旗豈不得天官之陣哉

孫子曰善用兵者譬如常山之虵也擊其首則尾至擊其尾則首至擊其腹則首尾俱至

傅子曰兵法玄內精八陣之變外盡九成之宜然可以用奇也

盛弘之荆州記曰魚復縣鹽井以西石磧平曠聘望四遠諸葛孔明積細石爲壘方可數百步壘西郭又聚石爲八行相去二丈許謂之八陣圖曰八陣既成自今行師庶不復敗自後深識見者並莫能了桓宣武伐蜀經之以爲常山虵勢

六韜曰武王問太公曰凡用兵爲天陣奈何爲地陣奈何爲人陣奈何太公曰星辰日月斗杓一左一右一迎一背謂之天陣丘陵水泉亦有左右前後之利此謂地陣用車用馬用人用文用武謂之人陣武王曰善

又曰武王問曰引兵入諸侯之地高山盤石其避無草木四面受敵士卒惑迷爲之奈何太公曰當爲雲象之陣

兵鈐曰有運衡陣洞當陣龍騰陣鳥翔陣握機陣虎翼陣

兵書要決曰孫子稱無要正正之旗無擊堂堂之陣正正之旗者謂行軍也前後正治故不可要而擊之也堂堂之陣者謂營軍也堂堂不冒亂者不可就而擊之

黃石公記曰使商人爲前兵者象白虎陣使羽人爲前兵者象玄武陣使徵人爲前兵者象朱雀陣使角人爲前兵者象青龍陣亦曰句始陣

又曰彼以直陣來者我以方陣應之方來銳應之銳來曲應之曲來圓應之圓來直應之直木方金銳火曲水圓土也各以能克者應勝之

諸葛亮軍令曰連衡陣狹而厚也

衛公兵法曰諸逢賊布陣須有次第先右虞候爲首其次右軍其次前軍其次中軍其次後軍其次左軍其次左虞候其諸軍跳盪奇兵馬軍各隨本軍以次行至戰所並於本軍戰鋒隊前布列待五方旗節度加戰鋒等隊打賊不入其跳盪奇兵排後即入山谷林木蒙密之處并渡水狹路及下營戰處百里以來揔須搜踏清靜不然兵引過半臨戰下營伏兵起發致損軍旅其收軍還營却抽左虞候見入即左軍後軍中軍前軍右軍右虞候次之諸賊徒恃固阻山布陣不得橫列兵士分立宜爲竪陣其陣法弩手弓手與戰鋒隊相間引前兩隊兩邊相翊布列既定諸軍既聽角聲其角聲節度一准前看黃旗向賊亞聞鼓聲發諸軍弩手弓手及戰鋒隊各令人捉馬一時籠槍大叫齊入若弩手弓手戰鋒等隊引退跳盪奇兵隊一時齊入戰鋒等隊排比廻面還與奇兵同入如見黃旗却立不亞及聞金鉦聲乃止膊上架槍引還各於舊處准前聽角聲卷幅簇隊一准前如便放散即更聽一會角聲依軍次發行

又曰諸方陣先成逢賊鬬戰或打頭或打尾打頭其陣行不前進陣既不進自然牢密如其打尾頭行不停其陣中間多即斷絕須面別各定揔管都押幹當勾令斷絕

太白陰經曰黃帝設八陣之形車廂洞當金也車土中黃

上也鳥雲鳥翔火也折衝木也龍騰却月水也鴈行鵝鸛天也輪車地也飛翼浮沮巽也風后亦演渥奇圖云以正合以奇勝或合而爲一陣或散而爲八聚散之勢節制之度復置虛實二壘力牧亦創營圖其後秦由余蜀諸葛亮並有陣圖以教人戰夫營壘教圖使士卒知進止識金鼓其應敵戰不可預形故其戰勝不復而應形無窮兵形象水因地而制形兵因敵而制勝能與敵變化而取勝者謂之神則其戰陣無圖明矣而庸將以教習之陣爲戰敵之陣不亦謬乎

又曰合而爲一陣終一陣之中離而爲八陣聽音望麾以出四奇飛龍虎翼鳥翔蛇盤爲四奇陣地天風雲爲四正陣夫善戰者以正合以奇勝奇正相生如環之無端孰能窮之奇爲陽正爲陰陰陽相薄而四時行焉奇爲剛正爲柔剛柔相得而萬物成焉奇正之用而萬物無所勝焉

又曰天陣經曰風后演握奇圖(自一陣之中分爲八陣天有衝或圓布形黃帝曰少則爲圖利爲主色尚玄爲乾)地陣(黃帝曰壯則爲方利爲主色尚黃爲坤)風陣風附於天風象峯其形鋭首利爲客色尚赤爲巽雲陣雲附於天(太公曰左右相向是也其形鋭首利爲主色尚白巳前爲四正爲坎)飛龍陣(其形屈曲象龍利爲主色尚上玄下赤爲震)虎翼陣(居中張翼而進其形踞利爲主色尚上黃下青爲兌)蛇盤陣(太公曰圍繞之義其形宛轉利爲主色尚上黃下赤爲艮)鳥翔陣(太公曰突擊之戰其形迅急利爲客其色尚上玄下白爲离)

又曰天陣居乾爲天門地陣居坤爲地門風陣居巽爲風門雲陣居坎爲雲門飛龍居震爲飛龍門武翼居兌爲武翼門鳥翔居离爲鳥翔門蛇盤居艮爲蛇盤門天地風雲爲四正門龍虎鳥蛇爲四奇門乾坤艮巽爲闔門坎离震兌爲開門

太平御覽卷第三百一

兵部三十三

先鋒　殿　鄉導

伏兵

先鋒

後漢書曰祭肜拜遼東太守至則厲兵馬廣斥候肜有勇力能貫三百斤弓虜每犯塞常爲士卒前鋒數破走之

東觀漢記曰賈復以偏將軍從上杖邯鄲擊青犢大戰日中賊陣堅不却上傳召復曰吏士飢且可朝食復曰先破之然後食耳於是被羽先登所向皆靡諸將皆服其勇

魏志曰張遼字文遠爲征東將軍征孫權被甲戰先陷陣銜壘入至麾下

晉書劉牢之傳曰太元初謝玄北鎮廣陵時符堅方盛玄

多募牢之與東海何謙琅琊諸葛侃樂安高衡東平劉軌西河田洛晉陵孫無終等以驍猛應選玄以牢之爲參軍領精銳爲前鋒百戰百勝號爲北府兵敵人畏之

又曰元興初會稽王道子將討桓玄詔司馬柔之兼侍中以騶虞幡宣告江荊二州至姑孰爲玄前鋒所害

又載記曰高句麗及宇文政國等謀滅廆廆以分其野太興初三國伐廆廆曰彼軍初其鋒甚銳若逆擊之落其計矣

又曰呂隆載記曰宜曜初鋒示其威武彼以我遠來必決死拒戰可一舉而平

宋書曰劉懷慎彭城人也少謹慎質直始參高祖鎮軍車騎將軍事振武軍彭城內史從征鮮卑每戰必先士卒及剋廣固懷慎率所先登高祖拒盧循於石頭屢戰剋捷

又張暢傳曰虜攻彭城南門并放火暢躬自前戰身先士卒

梁書曰宋武北伐廣固田子領偏師與龍驤將軍孟龍符爲前鋒龍符戰沒田子力戰破之

又曰孟龍符懷王第三子也驍勇有膽氣高祖伐廣固以龍符統步騎爲前鋒賊數千圍統攻之以衆寡不敵遂見害追贈青州刺史

又表曰龍符投袂義切前驅効命摧鋒三捷每爲衆先及西勦桓歆北殄索虜朝議爵賞未及施行會臣北伐復統前旅臨照之戰氣冠三軍于時逆徒實繁控弦掩澤龍符疋馬奮躍所向摧靡奮伐深入知死不怯

後周書曰高祖東伐齊王憲率所部先向晉州明日諸軍摠集稍逼城下齊人亦大出兵陣於營南高祖召憲馳往觀之憲返命曰易與耳請破而後食帝悅曰如汝所言吾

無憂矣內史柳昂私謂憲曰賊亦不少王安得輕之憲曰憲受委前鋒情兼家國掃此逋寇事等摧枯商周之事公所知也賊雖衆其如我何既而諸軍俱進應時大潰其夜齊主遁走憲輕騎追之

又曰李弼背侯莫陳悅以秦州歸國太祖謂弼曰公與吾同心天下不足平破悅得金寶奴婢悉以好者賜之拜秦州刺史從太祖平竇泰先鋒陷敵太祖以所乘騅賜之及泰所着牟甲亦賜之

唐書曰太宗擊王充選千餘騎爲奇兵皆皂衣玄甲分爲左右隊建大旗令騎將秦叔寶程齩金尉遲敬德翟長孫等分統之每臨寇太宗躬被玄甲先鋒率之候機而進所向摧殄常以少擊衆賊徒氣懾

廣雅釋詁曰殿後也

桂苑曰殿鎮也軍後也

開元文字曰樂只君子殿天子之邦謂鎮也孟之反不伐奔而殿言在軍後也前曰啓後曰殿。傳曰公與石祁子玦甯莊子矢使守曰以此贊國擇利而爲之與夫人繡衣曰聽於二子渠孔御戎子伯爲右黃夷前驅孔嬰齊殿

又曰十一月丁卯朔入平陰遂從齊師夙沙衛連大車以塞隧而殿此衛所欲守險者也殖綽郭最曰天殿國師齊之辱也子姑先乎乃代之殿

又曰子儀之亂析公奔晉晉人寘諸戎車之殿以爲謀主殿後軍也

又曰公侵齊門于陽州顔息射人中眉退曰我無勇吾志其目也師退冉猛僞傷足而先其兄會乃呼曰猛也殿

又曰處父曰然則亂也必及於子先備諸與孟孫以壬辰爲期陽虎前驅林楚御桓子虞人以鈹楯夾之陽越殿陽越虎從弟也

又曰侯犯亡之曰謀免我乎侯犯請行許之駟赤先如宿侯犯殿

又曰夏衛公孟彄伐曹克郊還滑羅殿滑羅衛大夫

又曰追鄭師姚般公孫林殿而射前列多死

又曰宋公伐曹將還褚師子肥殿曹人詬之不行子肥宋大夫

又曰陳瓘陳莊涉泗孟之側後入以爲殿之側孟氏族字反也

論語曰孟之反奔而殿將入門策其馬曰非敢後也馬不進也

史記絳侯世家曰周勃沛人也高祖之爲沛公以中涓從攻胡陵勃擊章邯車騎殿如淳注云殿不進呂瓚云在軍後曰殿也

後漢書曰岑彭圍隗囂於西城囂將行巡周宗將蜀救兵到囂得出還冀漢軍食盡燒輜重引兵下隴延岑亦相隨而退囂出兵尾擊諸營彭殿爲後拒尾謂尋其後也凡軍前曰啓在後曰殿

後周書曰高祖伐齊還以齊王憲爲後拒齊主自率衆來追至於高梁橋憲以精騎二千阻水爲陣齊領軍叚暢直進至橋隔水招暢與語語畢憲問暢曰若何姓名暢曰領軍叚暢也公復爲誰憲曰我虞侯大都督耳暢曰觀公言語不是凡人今日相見何用隱其名位陳王純梁公侯莫陳芮内史王誼等並在憲側暢固問不已憲乃曰我天子大弟齊王也指陳王巳下並以名位告之暢鞭馬而去憲即命旋軍而齊人遽追之戈甲甚銳憲與開府宇文忻各統精卒百騎爲殿以拒之斬其驍將賀蘭豹子山褥環等百餘人齊衆乃退

又曰楊寛從天穆引軍趣成皐令寛與爾朱兆爲後拒尋以衆議不可乃迴赴石濟寛夜行失道後期諸將咸言寛少與北海周旋今不來矣天穆荅曰楊寛非輕於去就者也其所逗留必有他故吾當爲諸君保明之語訖候騎白寛至天穆撫髀而笑曰吾固知其必來遽出帳迎之握其手曰是所望也

唐書曰胡賊掠宜君令竇軌討之初不利軌斬其部將十四人拔隊中小帥以代之軌率數百騎殿於後令衆曰聞鼓聲有不進者自後斬之既鼓士卒爭進擊賊破之斬首千餘級虜男女二萬餘口

鄉導

孫子曰不用鄉導者不得地利不任彼鄉人而導軍者則不能得道路之便利先知迂直之計者勝此軍爭之法也。衛公兵法曰凡是賊徒

好相掩襲須擇敢勇之夫選明察之士兼使鄉導潜歷山原密其聲晦其迹或刻為獸跡而履於中途或上冠微禽而幽伏於叢薄然後傾耳以遙聽竦目而深視專智以度事機注心而候氣色見水痕則可以測敵濟之早晚觀樹動則可以辨來寇之驅馳也故烟火莫若謹而審旌幟莫若齊而一爵賞必重而不欺刑戮必嚴而不捨止敵之動靜而我必有其備彼之去就而我豈不保其全哉（必須先覘敵國道路遠近水潦山林谿谷險阨城邑大小溝渠深淺畜積多少兵革之數豪傑姓名審而知之用兵之要也）

伏兵

易曰伏戎于莽三歲不興

左傳曰北戎侵鄭鄭伯患之曰彼徒我車懼其侵軼我也（徒步兵也軼突也）公子突曰使勇而無剛者嘗寇而速去之（嘗試也勇則能往無其剛不恥退也）君為三覆以待之（覆伏兵也）戎輕而不整貪而無親勝不相讓敗不相救先者見獲後必務進進而遇覆必速奔後者弗救則無繼矣乃可以逞從之戎人之前遇覆者奔鄭將祝聃逐之衷戎師前後擊之盡殪（為三部伏兵祝聃帥勇而無剛者先犯之戎而速奔以遇二伏兵至後伏兵起戎還走祝聃逐遂逐之戎前後及中三處受敵故曰衷戎師殪死衷丁仲切）

又曰吳侵楚楚將養由基奔命楚司馬子庚以師繼之養由基曰吳乘我喪謂我不能師也必易我而不戒（戒備）子為三覆以待我我請誘之子庚從之戰于庸浦（庸浦楚地）大敗吳師

又曰秋九月晉侯飲趙盾酒伏兵甲將攻之其右提彌明知之（右車右也）趨登曰臣將侍宴過三爵非禮也遂扶跣以下公嗾獒焉明搏而殺之鬬且出提彌死之

又曰衛侯在平壽（平壽衛下邑）公孟有事於蓋獲之門外（有事祭也蓋獲衛郭門也）齊氏惟於門外而伏甲焉（齊豹之家）

後漢書曰馮異招集諸營保數萬人與賊約期會戰使壯士變服與赤眉同伏於道側且日赤眉使萬人攻異前部異裁出兵以救之（裁小出兵所以示弱也）賊見勢弱遂悉衆攻異乃縱兵大戰日昃賊氣衰伏兵卒起衣服相亂赤眉不復識別衆遂驚潰追擊大破於崤底降男女八萬人

通典曰後漢末荆州牧劉表遣劉備北侵至鄴曹公遣將李典與夏侯惇距之備一旦燒屯去惇率諸軍追擊之典曰賊無故退疑必有伏南道窄狹草木深不可追也惇不聽與將于禁追之典與惇等果入賊伏裏戰不利典往救備救至乃退

又曰後漢末呂布從東緡與陳宮將萬餘人來與曹公戰時兵皆出取麥在者不數千人屯營不固曹公乃令婦人守陳悉將兵距之屯西有大堤其南樹木幽深布疑有伏乃相謂曰曹操多詐勿入伏中引軍南七十餘里明日復來曹公隱兵堤裏出半兵堤外布益進乃令輕兵挑戰既合伏兵乘堤步卒並進遂大破之

晉書曰鎮南將軍杜元凱伐吳樂鄉城晉牙門管定周旨等伏兵樂鄉城外吳都督孫歆先遣軍出拒晉將王濬於上流大敗而還旨等發伏兵隨歆軍入歆不覺直至帳下虜歆於是進逼江陵吳都督將伍延偽請降而列兵登陴晉師攻剋之

十六國春秋曰後晉石季龍攻晉將劉演于廩丘晉將邵續使文鴦救演季龍退止盧關津以避之文鴦弗能進屯于景亭兗州豪右張平等起兵救演季龍夜弃營設伏于外揚聲將歸河北張平以為信然入于空營季龍迴擊敗

之遂陷廩丘

又曰夏赫連勃勃進屯依力川後秦姚興來伐至三城勃勃率騎禦之興遣其將姚文宗拒戰勃勃僞退設伏以待之興將姚榆生等追之伏兵夾擊皆擒之

北齊書曰段韶與右丞相斛律光率師伐後周五月攻服秦城周人於姚襄城南更起城鎮東接定陽又作深塹斷絶行道韶乃密抽壯士從襲之又遣潛渡河告姚襄城中令内外相應度者千有餘人周人始覺於是合戰大破之諸將咸欲攻其新城韶曰此城一面阻河三面地險不可攻縱令得之一城地耳不如更作一城壅其要路破服秦城併加以圖定陽計之長者將士咸以爲然遂圍定陽其城主楊範固守不下韶登山以觀城勢乃縱兵急攻之七月屠其外城韶謂光曰此城三面重澗險阻並無走路唯

慮東南一處耳賊若突圍必從此出但簡精兵專守自是成擒光乃令壯士千餘人設伏於東澗口其夜果如所策賊遂出城伏兵擊之大潰範等面縛盡獲其衆

後魏書曰万俟醜奴作亂關中魏將賀拔岳率兵討之岳以輕騎八百北渡渭殺略其民以挑之醜奴大將遲菩薩果率步騎三萬至渭北岳以輕騎數千餘菩薩隔水交言岳稱揚國威菩薩自言強盛往復數返時已逼暮於是各還兵密於渭南傍水分精騎數十爲一處隨地形便置之明日自將百餘騎隔水與賊相見岳漸前進先所置騎隨岳而集騎既漸增賊不復測其多少行二十許里至水淺可濟之處岳便馳馬東出以示奔遁賊謂岳走乃棄步兵南渡渭之輕騎追兵東行十餘里依橫岡設伏待之賊以路險不得齊進前後繼至半度岡東岳乃迴與賊戰身先士卒急擊之賊便退走岳號令所部賊下馬者皆不聽殺賊顧見之便悉投馬俄而虜獲三千人馬亦無遺遂擒菩薩乃度渭北降步卒萬餘

隋書曰煬帝征吐谷渾至覆袁川時吐谷渾王與數騎而遁其名王詐爲渾主保車我真山帝令將張定和率師擊之定和既與賊相遇輕其衆少呼之命降賊不肯定和不被甲挺身登山賊伏兵於巖石之下發矢中之而斃

唐書曰武德中太宗圍王世充於東都竇建德自河北率兵十二萬來救太宗自率騎二千五百步卒千人趣武牢四月建德自滎陽西上築壘于板渚太宗以五百騎出武牢東二十餘里將挑戰先伏李勣程齩金秦叔寶等（齩五巧切）令尉遲敬德執矟造建德壘下大呼致師賊衆大驚擾出兵數千騎太宗逡巡漸却遂引以入伏内李勣等奮擊大

破之獲其大將殷秋石瓚斬首數百級

又曰羅士信仕王充率千餘人奔于穀州高祖以爲新安道行軍摠管使圖世充士信進居前鋒退居後殿凡所虜獲悉分士卒以此爲常身未曾自取人有功者解衣下馬而賞之然持兵嚴暴有不用命者無問親友必皆斬決由是下不附而畏之及大軍至洛陽士信以兵圍世充千金堡其中人大罵之士信怒夜遣百餘人將嬰兒數十從南而來至于堡下詐言從東都來投羅摠管也因令嬰兒啼譟既而陽驚曰此千金堡吾輩錯矣忽然而去堡中謂是東都逃人遽出兵追之士信伏五千人於路側候其開門而奮擊遂破之殺無遺類也

又曰武德中苑君璋及突厥吐屯設來寇馬邑高蒲政設三伏以待之突厥至城下伏兵發大破之斬首二百餘級

以蒲政為朔州揔管曲赦馬邑

又曰王君廓從大軍討別下轘轅羅山二縣王充遣將魏隱率兵拒之君廓撤營僞遁設伏以待之隱縱兵疾進發伏破之

又曰太宗初爲右元帥揔兵十萬徇東都軍屯西苑管於三王陵自二月而旋太宗俄而隋將段達率萬餘人自後而至太宗發伏以擊之賊師大敗親自追奔至金城下斬四十餘級

又曰王君廓亡命聚徒數千人轉掠長平進逼夏縣河東郡丞丁榮以兵拒之又遣使慰諭君廓見其使詐爲恭敬稱欲歸首榮心輕之於是曜兵登山下十餘里君廓悉匿其衆於山谷中榮無所見引兵而退纔至山下君廓追擊大破之

吳越春秋曰公子光伏甲於私室中具酒而王僚乃被棠夷之甲三重使兵衛陳於道專諸置魚腹而進之刺王僚貫胛達背王僚立死

世說曰桓玄伏甲設饌廣延朝士因此欲誅謝安王坦之王甚遽問謝謝之寬容愈表於皃望階趣席方作洛生詠諷浩浩洪流桓憚其曠遠乃起解兵王謝舊齊名於此始別優劣

太平御覽卷第三百二

兵部三十四

征伐上

釋名曰伐豁也所向莫敢當前豁然破散也

易曰高宗伐鬼方三年克之

書曰葛伯仇餉湯初征自葛東征西夷怨南征北狄怨曰奚獨後予

又曰惟十有一年武王伐殷一月戊午師渡孟津

詩曰東山周公東征也我徂東山慆慆不歸昔我往矣楊柳依依今我來思雨雪霏霏

又曰六月宣王北伐也六月棲棲戎車既飭四牡騤騤載是常服薄伐玁狁以奏膚功有嚴有翼共武之服

又曰采芑宣王南征也蠢爾蠻荊大邦為柔

又曰赫赫南仲薄伐西戎

又曰浩浩昊天不駿其德降喪饑饉斬伐四國

又曰篤生武王保祐命爾燮伐大商（燮和也）

又曰維師尚父時維鷹揚涼彼武王肆伐大商會朝清明（肆疾也）

又曰文王有聲繼伐也武王能廣文王之聲卒其伐功也

又曰撻彼殷武奮伐荊楚罙入其阻裒荊之旅（傳云罙深也箋云有鍾鼓曰伐罙冒也殷道衰而楚人叛商宗撻然奮揚威武出兵伐之也）

禮記曰吳侵陳斬祀殺厲（祀神謂有屋樹者厲疾病）師還出境陳太宰嚭使於師夫差謂行人儀曰是夫也多善言盍嘗問焉師必有名人之稱斯師者則謂之何（太宰行人官名）太宰嚭曰古之侵伐者不斬祀不殺厲不獲二毛（獲猶係虜之人二毛鬢髮班白者）今斯師也殺厲與其不謂之殺厲之師與（欲微切之故其言似若不審也）曰反爾地歸爾子則謂之何曰君王赦敝邑之罪又矜而赦與有無名者也（又微之終其意也吳楚晉號稱王）

周禮曰大司馬之職以九伐之法正邦國馮弱犯寡則眚之賊賢害民則伐之暴內侵外則壇之野荒民散則削之負固不服則侵之賊殺其親則正之犯令侵政則杜之放殺其君則殘之外內亂鳥獸行則滅之

大戴禮曰明主之所征必道之所廢者也彼廢道而不行然後誅其君改其政弔其民而不奪其財也故曰明主之征也猶時雨也至則民說

左傳曰夏鄭人侵許凡師有鍾鼓曰伐無曰侵輕曰襲

又曰吳子諸樊伐楚門于巢（攻巢門也）巢牛臣曰吳王勇而輕若啓之將親門（啓開門也）我獲射之必殪（殪死）是君也壃其少安吳子門焉牛臣隱於短牆以射之卒

又曰晉師伐楚至於泚楚師出陣楚將孫叔敖曰進之寧我薄人無人薄我詩云元戎十乘以先啓行先人也（元戎戎車在前軍言王者軍行必有戎車乘在前開道先人為備御之也十）軍志曰先人有奪人之心薄之也（奪敵戰也）遂疾進師車馳卒奔乘晉師荀林父不知所為鼓於軍中曰先濟者有賞中軍下軍爭舟舟中之指可掬也（兩手曰掬）下軍裨將趙嬰齊使其徒先具舟于河故敗而先濟

又曰晉伐齊齊侯駕將走郵棠（郵棠齊邑郵羽求切）太子與郭榮扣馬（太子光也榮齊大夫）曰師速而疾略也（言欲行略其地無久攻意）將退矣君何懼焉且社稷之主輕則失衆君必待之將犯之太子抽劍斷鞅乃止於是晉師東侵至濰南及沂（齊侯納太子諫故獲不敗也）

又曰鄭伯侵陳大獲往歲鄭伯請成于陳（成平）陳不許五父諫曰親仁善鄰國之寶也君其許鄭（陳公也）陳侯曰宋衛實

難（可畏難也）鄭何能爲遂不許君子曰善不可失惡不可長其陳桓公之謂乎長惡不悛從自及也雖欲救之其將能乎

又曰齊君之無道也興師而伐遠方會之

又曰君姑脩政而親兄弟之國庶免於難隨侯懼而脩政楚不敢伐

又曰初北戎病齊諸侯救之鄭公子忽有功焉齊人餼諸侯使魯次之以周班後鄭鄭人怒請師於齊齊人以衛師助之故不稱侵伐

又曰吳伐郯郯成季文子曰中國不振旅蠻夷入伐而莫之或恤

又曰晉侯復假道於虞以伐虢宫之奇諫曰虢虞之表虢亡虞必從之晉不可啓寇不可翫一之爲甚其可再乎（謂二年假晉道伐夏陽也）諺所謂輔車相依脣亡齒寒者其虞虢之謂也（輔頰輔車牙車也）公不聽後遂爲晉所滅

又曰晉侯使太子申生伐東山臯落氏衣之偏衣珮之金玦先友曰衣身之偏握兵之要又何患焉狐突曰尨涼冬殺金寒玦離胡可恃也里克曰師在制命而已稟命則不威專命則不孝將焉用之也

又齊侯伐楚楚使與師言曰君處北海寡人處南尒唯是風馬牛不相及也不虞君之涉吾地何故也管仲對曰昔召康公命我先君太公曰五侯九伯汝實征之賜我先君履東至于海西至于河南至于穆陵北至于無棣尒貢苞茅不入王祭不供寡人是徵昭王南征不復寡人是問對曰貢之不入敢不供給昭王不復君其問諸水濱

又曰衛人以燕師伐鄭鄭祭足原繁泄駕以三軍軍其前曼伯與子元潛軍軍其後燕人畏鄭三軍而不虞制人君子曰不備不虞不可以師

又曰十年公會鄭伯伐宋壬申公敗宋師于菅庚午鄭師入郜辛未歸于我（鄭伯後期而公獨敗宋師故鄭獨進兵以入郜入而不貪命魯取之推功上爵讓以自賛也）君子謂鄭莊公曰於是乎可謂正矣以王命討不庭不貪其土以勞王爵

又曰衛大旱甯莊子曰周飢克殷而年豐今邢方無道諸侯無伯（伯長也）天其或者欲使衛討邢乎從之師興而雨

又曰公伐邾取須句公卑邾不設備而禦之（卑小也）臧文仲曰國無小不可易也蜂蠆有毒而況國乎弗聽及邾戰于外陘我師敗績

又曰楚子以諸侯伐吳使屈申圍朱方（朱方吳邑齊慶封所封也屈申屈蕩之子也）克之執慶封而盡滅其族（慶封以襄二十八年奔吳也）將戮慶封椒舉曰臣聞無瑕者可以戮人其肯從於戮乎（言不肯黙而從戮也）王不聽負之斧鉞以徇於諸侯使言曰無或如齊慶封弑其君而弱其孤以盟其大夫（齊崔杼弑其君慶封其黨也故以弑君罪責之）慶封曰無或如楚恭王之庶子圍弑其君兄之子麇而伐之以盟諸侯王使速弑之

又曰四月鄭人侵衛收（收衛邑也經書夏四月葬衛桓公今傳直言夏而更以四月附鄭人侵衛牧者於下事耳得月以明事之先後故不復備舉經文也）以報東門之役（東門役在四年）

又曰秋衛伐邢以報免圍之役（邢不速退所以獨見伐也）

又曰夏趙盾救焦遂自陰地有諸侯之師侵鄭以報大棘之役

又曰晉荀息請屈産之乘與垂棘之璧假道於虞以伐虢公曰是吾寶也對曰若得道於虞猶外府也公曰宫之奇在對曰宫之奇爲人懦不能強諫且少長於君君暱之雖諫將不聽乃使荀息假道於虞曰冀爲不道入自顛軨伐

鄍三門冀之既病則亦唯君故今虢為不道保於逆旅侵敝邑之南鄙敢請假道以請罪於虢虞公許之

又曰晉侯伐曹假道于衛曹在衛東故也衛人不許還自南河濟從汲郡南度出衛南而東也侵曹伐衛

公羊曰及鄭師伐宋丁未戰于宋戰不言伐何辟嫌也

又曰二月公侵宋曷為或言侵或言伐觕音麤者曰侵精者曰伐注精猶精密也推兵入竟伐擊之益深用意精密者也

論語曰孔子曰天下有道則禮樂征伐自天子出

又曰季氏將伐顓臾冉有曰今夫顓臾固而近於費今不取後世必為子孫憂孔子曰求君子疾夫遠人不服而不能來也邦分崩離析而不能守也而謀動干戈於邦內吾恐季孫之憂不在顓臾而在蕭牆之內也

韓詩外傳曰楚王欲伐晉告士大夫有諫者死叔敖曰臣園中有榆榆上有蟬蟬方奮翼悲鳴不知螗蜋在其後欲獲而食之螗蜋取蟬不知黃雀在其後

又曰脩武蜀河內本殷之寧邑武王伐紂勒兵於寧改曰脩武今懷州也

家語曰孔子言於定公曰大夫家無藏甲邑無百雉之城高丈長丈曰堵三堵曰雉古之制也今三家過制請皆損之乃使季氏宰仲由隳三都叔孫輒不得意於季氏因費宰公不狃率費人以襲攻之入及臺側子命申句須樂頎勒士衆下伐之費人北遂隳之強公室弱私家尊君卑臣政化大行

又曰孔子曰明王之征猶時雨之降行地弥博得親弥衆是還師於衽席之上也

國語曰吳伐越王勾踐請嫡女執箕帚嫡男奉盥匜以隨諸御匜沃盥器也春秋貢獻不懈王府吳王曰吾將許越成申胥諫曰申胥楚臣伍員不可許也大夫種勇以善謀將還玩吳國於股掌之上以得其志吳王不聽乃許盟將伐齊申胥諫曰越之在吳猶人有腹心之疾今非越是圖而齊魯為憂夫齊魯譬諸疾疥癬也豈能涉江淮與我爭此地哉王弗聽

又曰謀甫諫曰不可先王之於民懋正其德而厚其性阜其財求利其器用明利害之鄉以文脩之使務利而避害懷德而畏威故能保世以滋大昔我先王后稷以服事虞夏及夏之衰也弃稷不務我先王不窋用失其官而自竄于戎狄之間不敢怠業時序其德纂脩其緒脩其訓典朝夕恪勤守以惇篤奉以忠信奕世載德不忝前人至於武王昭前人之光明而加之以慈和事神保民莫不欣喜商王帝辛大惡於民庶民不忍欣戴武王以致戎于商牧是先王非務武也勤恤民隱而除其害也夫先王之制國內甸服國外侯服侯衛賓服夷蠻要服戎翟荒服甸服者祭侯服者祀賓服者享要服者貢荒服者王日祭月祀時享歲貢終王先王之訓也有不祭則脩意有不祀則脩言有不享則脩文有不貢則脩名有不王則脩德序成而又不至則脩刑於是乎有刑不祭伐不祀征不享讓不貢告不王於是乎有刑罰之辟有攻伐之兵有征討之備有威讓之令有文告之辭布令陳辭而又不至則又增脩其德無勤民於遠矣是以近無不至遠無不服今自大畢伯士之終也犬戎氏以其職來王天子曰予必以不享征之且觀之兵其無乃廢先王之訓而王幾頓也吾聞夫犬戎樹惇率舊德而守終純固其有以禦我矣王遂征之得四白狼四白鹿以歸自是荒服者不至

又曰文公即位二年欲用其民用用征伐子犯曰民未知義未知

（尊上之義）盡納天子以示之義（時天子之子帶難在鄭地氾）乃納襄王于周曰可矣乎對曰民未知信乃伐原（謂信上令以五日之糧糧盡不降命去之）曰可矣乎對曰民未知禮盡大蒐備師尚禮以示之（蒐所以明尊卑順少長習威儀也）乃大蒐于被廬（被廬晉地）作三軍使郤縠將中軍以爲大政（大掌國政）郤溱佐之（溱晉大夫郤至之先）子犯曰可矣（可用也）遂伐曹衛出穀戍釋宋圍敗楚師于城濮於是乎遂伯（穀齊地也）

戰國策曰趙且伐燕蘇代謂燕惠王曰今者臣來過易水見蚌方出曝而鷸啄其肉蚌合而拑其喙鷸曰今日不雨明日不雨即有蚌脯蚌亦曰今日不出明日不出必見死鷸兩者不能相捨而漁者并擒之今趙且伐燕不相支以獘大衆臣恐強秦之爲漁父也願大王熟計之惠王曰善乃止

又曰蘇秦謂秦惠王曰戰車萬乘奮擊百萬可以并諸侯呑天下稱帝而治願大王少留意臣請奏其效王曰寡人聞毛羽不豐滿不可以高飛文章不成者不可以誅罰道德不厚者不可以使民政教不順者不可以煩大臣秦曰臣固疑大王不能用也昔者神農伐補遂黃帝伐涿鹿堯伐驩兜（舜伐三苗）禹伐共工湯伐有夏文王伐崇武王伐紂齊王戰而伯天下由此觀之囷有不戰者也夫五帝三王五伯明主賢君常欲坐而致之其勢不能故以戰續之寬則兩軍自攻迫則杖戟相撞兵勝於外義強於內威在於上民伏於下今欲并天下陵萬乘黜敵國制海內臣諸侯非兵不可

太平御覽卷第三百三

兵部三十五

征伐中

史記曰秦繆公令內史廖以女樂二八遺戎王繆公又數使人間要由余遂去降秦秦繆公以客禮禮之問伐戎之利

又曰趙四戰之國其人習兵不可伐也

又曰魯君問柳下惠伐齊下惠歸而有憂色曰吾聞伐國不問仁人此言何至於我哉

又曰軒轅之時神農氏世衰諸侯相侵伐暴虐百姓而神農氏弗能正於是軒轅乃集用干戈以征不享諸侯或來賓從而蚩尤最爲暴莫能伐

又曰賜弓矢斧鉞使得征伐爲西伯

又曰西伯既卒周武王東伐至孟津諸侯叛殷會周者八百諸侯皆曰紂可伐

又曰武王爲文王木主載車中武王自稱太子發言奉文王以伐不敢自專

又曰武王徧告諸侯曰殷有重罰不可不畢罰(徐廣注云伐一作滅)

漢書郊祀志曰昔齊桓公欲封禪謂管仲曰寡人北伐山戎過孤竹西伐東馬縣車上卑耳之山南伐召陵登熊耳山以望江漢兵車之會三而乘車之會六遂九合諸侯一匡天下昔三代受命亦何以異乎

又李廣利傳曰天子爲萬里而伐不錄其過

又匈奴傳曰東胡強聞冒頓殺父自立乃使使謂冒頓欲得單于閼氏冒頓問左右左右皆怒曰東胡無道乃求閼氏請擊之冒頓曰奈何與人隣愛一女子乎遂取所愛閼氏與之東胡愈驕冒頓遂東集襲擊東胡東胡初輕冒頓不爲備及冒頓以兵至大破滅東胡王

後漢書曰帝以關中未定而鄧禹久不進兵下勑曰司徒堯也亡賊桀也長安吏人遑遑無所依歸宜以時進討鎮慰西京繫百姓之心禹猶執前意乃分遣將軍別攻上郡諸縣更徵兵引穀歸至大要(大要縣名)

魏志曰太祖父嵩去官後還譙以董卓之亂避難琅邪爲陶謙所害故太祖志在復讎東伐

又曰景元四年鄧艾伐蜀自陰平行無人之地七百餘里鑿山通道作橋閣山高谷深至有艱嶮艾以旃自裹推轉而下將士皆攀木緣崖魚貫而進

王隱晉書曰太康元年龍驤將軍王濬等攻建平丹陽城尅之東擊西陵以下盡拔其城虜其將帥於是上下諸軍同時並進吳人降者以萬計吳丞相張悌及護軍孫震與楊州刺史周浚等戰于板橋破之臨陣斬悌震首濬遂汎舟東下所歷皆平軍至秣陵皓面縛輿櫬將其太子詣濬降乃收其圖籍皆因吳所置除其虐政示以簡易百姓大悅乃赦天下改元爲太康天下大酺五日

晉書曰宣王破張魯請魏武便討劉備魏武曰人若無足既得隴復欲得蜀也

又曰王羲之與會稽王牋陳殷浩不宜北伐并論時事

又宣紀曰鎮東大將軍諸葛誕殺楊州刺史樂綝以淮南作亂議者請速伐之帝曰吾當與四方同力全勝制之乃表曰昔黥布叛逆漢祖親征隗囂違戾光武西伐皆所以奮楊赫斯震曜威武也

又天文志曰參十星一曰參伐主斬刈又爲天獄主殺

又馮紞傳曰初謀伐呉紞與賈充荀勗同共苦諫不可呉平紞内懷慙懼

又載記曰慕容垂議征長子諸將咸諫以慕容永未有釁連歲征役士卒疲怠請俟他年垂將從之及聞慕容德之策笑曰吾計決矣不復留賊以累子孫也乃發步騎七萬遣其丹陽王慕容瓚龍驤張崇攻永弟支于晉陽

北史曰慕容紹宗討侯景於渦陽時景軍甚盛初聞韓軌往討之曰噉猪腸小兒聞高岳往曰此兵精凡人耳諸將被輕及聞紹宗至扣案曰誰教鮮卑小兒解遣紹宗來若然高王未死耶及與景戰諸將頻敗無肯先者紹宗麾兵徑進諸將從之因大捷

三國典略曰周伐梁于謹大軍次于樊鄧岳陽王率軍會之傳檄于梁曰告梁文武衆官夫作國者罔弗以禮信爲

本惟尒今主往遭侯景逆亂之始實結我國家以隣援今揔背德黨賊高洋引厥使人置之堂宇傲我王命擾我邊人我皇帝襲天之意弗敢以寧分命衆軍奉揚廟略凡衆十萬直指江陵丁卯梁主停講内外誡嚴是朝昬霧巳時方歇梁主親戎百官並甲冑從於禊飲堂閲公私馬仗是日大風拔木王琛既至石梵未見我軍乃馳書報黄羅漢曰吾至梵境上怗然前曰所言皆兒戲耳羅漢入啓梁主疑之庚午續講百官以戎服聽

後周書曰建德五年冬十月帝謂羣臣曰朕去歲屬有疢疾遂不得克平逋寇前賊入境備見敵情觀彼行師殆同兒戲又聞其朝政昬亂政由羣小百姓嗷然朝不謀夕天與不取恐貽後悔若復同往年出軍河外直爲撫背未扼其喉然晉州本高歡所起之地鎮攝要重今往攻之彼必來援吾嚴軍以待擊之必克然後乘破竹之勢鼓行而東足以窮其窟穴混同文軌諸將多不願行帝曰機者事之微不可失矣若有沮吾軍者朕當以軍法裁之巳酉帝揔戎東伐以越王盛爲右一軍揔管杞國公亮爲右二軍揔管隨國公楊堅爲右三軍揔管譙王儉爲左一軍總管大將軍竇恭爲左二軍總管齊王憲陳王純爲前軍

又曰保定中命宇文護統衆伐齊於是徵二十四軍及左右廂散隷及秦隴巴蜀之兵諸蕃國之衆二十萬人十月帝於廟廷授護斧鉞出軍至潼關乃遣柱國尉遲迥率精兵十萬爲前鋒大將軍權景宣攻克豫州尋以洛陽圍解亦引軍退楊檦於軹關戰歿於是班師以無功與諸將稽首請罪帝弗之責也

又曰建德四年秋七月武帝召大將軍以上於文德殿帝曰

太祖神武膺運創造王基兵威所臨有征無戰唯彼僞齊猶懷跋扈雖復戎車屢駕而大勲未集朕以寡昧纂承鴻緒往以政出權宰無所措懷自親覽萬機便圖東討惡衣菲食繕甲治兵數年巳來戰備稍足而僞主昬虐恣行無道伐暴除亂斯實其時今欲數道出兵水陸兼進北拒太行之路東扼黎陽之險若攻拔河陰兖豫則馳檄可定然後養鋭享士以待其至但得一戰則破之必矣王公以爲何如羣臣咸稱善丁丑詔曰高氏因時放命據有汾漳擅假名器歴年永久朕以亭毒爲心遵養時晦遂敦聘好務息黎元而彼懷惡不悛尋事侵軼背言負信竊邑藏姦往者軍下宜陽釁由彼始兵興汾曲事非我先此獲俘囚禮送相繼彼所拘執曽無一反加以淫刑妄逞毒賦繁興齊魯軫殄悴之哀幽并企來蘇之望既禍盈惡稔衆叛親離

不可一戎何以大定今白藏在辰凉風戒節厲兵誥暴時事惟宜朕當親御六師龔行天罰庶憑祖宗之靈資將士之力風馳九有電掃八紘可分命衆軍指期進發以柱國陳王純爲前一軍總管滎陽公司馬消難爲前二軍總管鄭國公達奚震爲前三軍總管越王盛爲後一軍總管周昌公侯莫陳瓊爲後二軍總管趙王招爲後三軍總管齊王憲率衆二萬趣黎陽隨國公楊堅廣寧侯薛迥舟師三萬自渭入河柱國梁國公侯莫陳芮率衆一萬守太行道申國公李穆衆三萬守河陽道常山公于翼衆二萬出陳汝壬午上親率六軍衆六萬直指河陰八月癸卯入于齊境禁伐樹踐苗稼犯者以軍法從事

隋書曰崔仲方爲虢州刺史上書論取陳之策曰臣謹案晉太康元年歲在庚子晉武平吳至今開皇六年歲次景

午合三百七載春秋寶乾圖云王者三百年一蠲法合三百之期可謂備矣陳氏草竊起於景子至今景午爲衡陰陽之忌昔史趙有言曰陳顓頊之族爲水故歲在鶉火以滅又云周武王克商封胡公滿於陳至魯昭九年陳災裨竈曰歲五及鶉火而後陳亡楚克之楚祝融之後也爲火正故復滅陳陳承舜後舜承顓頊雖太歲左行歲星又轉鶉火之歲陳族再亡戊午之年媯虞運盡語迹雖殊考事無別皇朝五運相承感火德而王國號爲隨與楚同分楚是火正午爲鶉火未爲鶉首申爲實沈酉爲大梁既當周秦晉趙之分若當此分發兵得歲之助以今量古滅不疑也臣謂午未申酉並是數極蓋聞天時不如地利地利不如人和況主聖臣良兵強國富動植迴心人神叶契陳既主昏於上民讟於下險無百二之固衆非九國之師夏癸殷辛尚不能立獨此島夷而稽天討伏度朝廷自有宏謀但芻蕘所見冀申螢爝今唯須武昌已下蘄和滁方吳海等州更怗精兵密營渡計益信襄荊基郢等州速造舟檝多張勢爲水戰之具蜀漢二江是其上流水路要衝必爭之所賊雖於流頭荊門延洲公安巴陵隱磯夏首蘄口盆城置船然終聚漢口峽口以水戰大決若賊必以上流有軍令精兵赴援者下流諸將即須擇便橫渡如擁衆自衛上江水軍鼓行以前雖恃九江五湖之險非德無以爲固徒有三吳百越之兵無恩不能自立上覽而大悅轉基州刺史徵入朝仲方因面陳經略上善之賜以御袍袴并雜綵五百段進位開府而遣之及大舉伐陳以仲方爲行軍總管率兵與秦會

又曰開皇九年大舉伐陳若賀若弼爲行軍總管將渡江

酹酒而呪曰弼親承廟略遠振國威伐罪弔民除凶剪暴上天長江鑒其若此如使福善禍淫大軍利涉如事有乖違得葬江魚腹中且不恨

又曰李德林自隋有天下每贊平陳之計八年車駕幸同州德林以疾不從勑書追之書後御筆注云伐陳事意宜自隋也時高熲因使入京上語熲曰德林若患未堪行宜自至宅取其方略高祖以之付晉王後駕還在塗中高祖以馬鞭南指云待平陳訖會以七寶裝嚴公使自山東無及之者

唐書曰武德初秦王東討王世充連年未下宿師于野高祖以兵久在外議欲班師中書令封德彝奏曰世充得地雖多而羈縻相屬其所用命者唯洛陽一城而已計盡力窮破在旦夕今若還兵賊勢必振更相連結後必難圖未

若乘其已衰破之必矣高祖從其議及平世充高祖顧謂侍臣曰朕初發兵東討衆議多有不同唯秦王請行德彝贊成此計張華叶同晉武亦無以加之

又曰高崇文伐蜀領兵馬取鳳翔邪谷路李元奕領兵馬取駱谷路同赴梓州應接當秦惠王時用司馬錯之策以伐蜀漢光武使吳漢伐公孫述魏司馬文王使鄧艾伐劉禪晉穆帝使桓溫伐李子仁宋武帝使朱齡石伐譙縱梁武帝使鄧元起伐劉季連周太祖使尉遲迥平蕭紀隋文帝使梁睿平王謙憲宗命高崇文平劉闢自秦至元和九度伐蜀四爲水軍泝江而上唯秦與鄧艾尉遲迥梁睿及崇文五在斜谷駱谷出師南討不廷。古司馬兵法曰王霸之所以治諸侯者以土地刑諸侯（列相也相諸侯優劣地而封之以德受土廣德受土小也）以正命平諸侯（王者以遺德善政教訓諸侯平均之）以禮信結諸侯（謙恭愛惠接待諸侯官命議信以治民心）以材力説諸侯（材能也力者任重理煩能堪物理事位高力大）以謀人維諸侯（維持也諸侯遠方來不奉制令驕佚自尊故立牧伯維持故諸侯悅來各修其職任督御之）同患同利以合諸侯（明約有功賞之者逆不從羸之所以合諸侯也）比小大以和諸侯（比次也使小國事大國不失尊卑之序以協諸侯也）會之所以發禁（三者恐禁命不行以亂風化故發九伐三禁以中勒之）凌弱犯寡則沮之（侮弱侵寡則四面削其地）賊傷人則伐之暴内簡外則壇之（言諸侯内外與目下無禮而暴虐之外輕慢小人不恤義禁則置之空壇無人之地）野荒民散則削之負固不伏則侵之賊殺其親則正之（悖逆人倫則攻殺也）放殺其君則殘之（盡殘滅其首惡輩類也）犯命凌正則杜之（侮王者法則土塞不命與鄰國交通）外内亂禽獸行則滅之（諸侯淫亂失人倫内外不別與禽獸同行不可以示百姓）則誅滅盡矣。孫子曰夫伐大國則其兵衆不得聚威加於敵家則交不得合（皆失之矣）是故不事天下之交不養天下之權（霸王者不結威天下諸侯之交權交者也）伸巳之私（逞天下之交奪天下之權己威得伸巳私也）威加於敵家故其國可拔而其城可隳亦也無法之懸無功之令（言軍法令不應預施懸也司馬法曰見敵作誓瞻功作賞此之謂也）犯三軍之衆若使一人（犯者用也言明罰雖用衆若使一人也）

又曰安能動之（攻其所愛）故我欲戰敵雖高壘深溝不得不與我戰者攻其所必救也（絶糧道守歸路攻其君主）上兵伐謀（敵始有設謀伐之易）其次伐交（不令合）

春秋説題辭曰伐者涉入國内行威有所斬壞伐之爲言敗也

白虎通曰王者受命質家先伐文家先改正朔何質家言天命已使民誅無道故先伐文家天命已成爲王者故先改正朔也文者先其文質者先其質也故論語曰予小子履敢昭告于皇天上帝此謂湯伐桀告天也詩云命此文王言誅伐也

禮記曰湯放桀武王伐紂時也

尚書曰今予惟恭行天之罰此言開自出伐有扈也

王制曰賜之弓矢乃得專征伐犯王誅者也大夫將兵出必不御者欲盛其威使士卒一意繫心故但聞將軍令不聞君命也明進退在大夫也

又曰誅者何謂也誅猶責也誅其人責其罪極其過惡

春秋曰楚子虔誘蔡侯班殺之于申傳曰誅君之子不立

討者何謂也討猶除也欲言臣當掃除君之賊也

春秋曰衛侯殺州吁于濮傳曰其稱人何討賊之辭也伐者何謂伐于也言欲伐擊之也

尚書叙曰武王伐紂征者何謂也征猶正也欲言其正輕重縱辭誕以示東征誅祿甫也戰者何謂也

尚書大傳曰戰者憚驚之也

又曰諸侯之義非天子之命不得動衆起兵誅不義者所

以強幹弱枝尊天子卑諸侯也

論語曰天下有道則禮樂征伐自天子出天下無道則禮樂征伐自諸侯出也

太平御覽卷第三百四

兵部三十六

征伐下

說苑曰趙簡子舉兵伐齊有被甲者笑之曰子何笑對曰臣有宿笑簡子曰有以說之則可無則死對曰當桑之時臣鄰家夫與妻俱之田見桑中女因追之不能還反其妻怒而去之臣笑其曠也簡子曰今吾伐國失國是吾曠也還師而歸

又曰中行獻子將伐鄭范文子曰不可得志於鄭諸侯讎我憂必滋長郤至又曰得鄭是兼國也則王者固多憂乎文子曰王者盛其德而遠人歸故無憂今我寡德而有王者之功故多憂今子見無事而欲富樂者乎

新序曰秦欲伐楚使使者往觀楚重寶楚王聞之召令尹子西問焉曰秦欲觀楚寶器和氏之璧隋侯之珠可以示諸侯乎對曰臣不知也召昭奚恤問焉對曰此欲觀吾國之得失而圖之非國之重寶也遂使恤應之恤發精兵三百人陳於西門之內爲東西之壇秦使者至恤曰君客也請就上位東子西南面太宗子方次之葉公子高次之司馬子反次之恤自居西面之壇稱曰客觀楚之寶器楚所寶者賢臣也理百姓實倉廩使民人各得其所子西在此奉珪璧使諸侯解忿憤之難交兩國之欣使無兵革之憂太宗子方在此守封疆謹境界不侵鄰國隣國亦不見侵葉公子高在此理師旅正兵戎以當強敵提桴鼓以動百萬人衆使皆赴湯火蹈白刃出萬死不顧一生司馬子反在此若懷霸王之餘義攝治亂之遺風昭奚恤在此唯大國所觀秦使者懼然無以對遂揖而去使者反言於秦君曰

楚多賢臣未可謀也

又曰湯居亳七十里地與葛爲隣葛伯放逸不祀湯使人問之曰何爲不祀曰無以供犧牲也湯使人遺之牛羊葛伯食之又不以祀湯又使人問曰何爲不祀曰無以供粢盛也湯又使衆往爲耕老弱饋食葛伯率其民要其有酒肉黍稻者奪之不受者殺之有一童子以黍肉餉殺而奪也書曰葛伯仇餉此之謂也爲其殺是童子而征之四海之內皆曰非富天下也爲匹夫匹婦報讎也

蜀王本紀曰 秦惠王欲伐蜀乃刻五石牛置金其後蜀人見之以爲牛能大便金牛下有養卒以爲此天牛也能便金蜀王以爲然即發卒千人使五丁力士拖牛成道致三枚於城郭秦道得通石牛力也後遣丞相張儀等將兵隨石牛道伐蜀焉

英雄記曰建安中曹操於南皮攻袁譚斬之操作鼓吹自稱萬歲於馬上舞也

紀年曰周穆王四十七年伐紆大起九師東至于九江比黿以爲梁

春秋後秦語曰陳軫爲楚使來見秦惠王曰卞莊子方刺獸而管豎子止之曰兩獸方食牛牛必甘甘必爭爭必鬬鬬則大者傷小者死從傷而刺之一舉必有雙獸之功卞莊子以爲然立待之頃有兩獸之功今韓魏相攻朞年不解是必大國傷小國亡從傷而伐之一舉必有兩實此猶卞莊子刺虎之類也惠王曰善

又楚語曰白起將兵伐楚楚人黃歇者遊學博聞襄王以爲辯故使於秦說昭王曰天下莫強於秦楚今聞大王欲伐楚此猶兩虎相與鬬而怒犬受其弊不如善楚秦王乃

止不伐楚約爲與國黄歇受約而歸

又趙語曰張孟談陰見韓魏之君曰臣聞脣亡者齒寒今智伯率二君而伐趙趙亡矣趙亡則二君爲之次二君曰我知其然

呉越春秋曰夫差令於邦中曰寡人欲伐齊敢有諫者死太子友請朝時懷丸挾彈從後園而來衣沾履濡呉王夫差怪而問之太子友對曰臣遊後園聞秋蟬之鳴往而觀之秋蟬登高樹飲清露悲吟以爲安不知螳蜋超枝緣條曳胥舉刃欲援其形也螳蜋貪心時進志在有利不知黄雀緣茂林徘徊枝葉欲啄螳蜋也夫黄雀知伺螳蜋之有味不知臣躊躇引彈蜚丸之集其背也

又曰越王勾踐請大夫種曰孤聞呉王淫而好色因此而壞其謀可也大夫種曰可唯君王選擇美女二人而進之於是越王曰善哉乃使相工索國中得苧蘿山賣薪之女名西施鄭旦而獻於呉

又曰越王念呉欲復承之乃中夜抱柱而哭訖復承之以嘯於是羣臣咸曰君王何愁心之甚夫復讎謀敵非君王之憂自臣下急務也

又曰呉王闔閭將伐楚登臺向風而嘯有頃而歎羣臣莫有曉王意者子胥乃薦孫子孫子者呉人也名武善爲兵法僻隱幽居世人莫知其能

孟子曰春秋無義戰彼善於此則有之矣征者上伐下也敵國不相征也

呂氏春秋曰智伯將伐仇繇之國山險無道乃遺以大鍾方九軌仇繇開道迎之因其道取其國（韓子曰智伯鑄大鍾遺仇繇由君大悅除道迎之七月由仇亡也）

又曰闔閭選多力者五百人利止者三千人以爲前陳（止足）與荆戰五戰五勝遂有郢東征至于庳廬西伐至于巴蜀北迫齊晉令行中國

又曰凡人之攻伐也非爲利則因名也名實不得國雖彊大則曷爲攻矣解在乎史墨來而輟不襲衛趙簡子可謂知動靜矣（晉趙簡子欲將襲衛史墨往睹之反曰蘧伯玉爲政未可與加簡子輟不伐衛故曰史墨來而輟不襲衛也）

又曰楚之邊邑曰卑梁其處女與呉之邊邑處女桑於境上戲而侍卑梁之處女卑梁人扶其侍子以讓呉人呉人應之不恭卑梁人怒殺而去之呉人往報之盡屠其家卑梁公怒曰呉人焉敢攻吾邑舉兵反攻之老弱盡殺之呉王夷昧聞之怒使人舉兵侵楚邊邑竟夷而復去之呉公子光又率師與楚人戰於雞父大敗之獲其師

又曰荆莊王欲伐陳使人視之使者曰陳不可伐也莊公曰何故對曰城郭高溝洫深畜積多也寧國曰陳可伐也（寧國楚臣）夫陳小國也而畜積多賦斂重也則民怨上矣城郭高溝洫深則民力罷矣興兵伐之陳可取也莊王聽之遂取陳

又曰箴尹爲荆使於宋司城子罕觴之西家之潦經其庭而不禁箴尹問其故曰西家高吾宮卑潦不經吾庭不得寫爲是吾不禁也箴尹歸適遇荆欲攻宋箴尹諫於王曰宋不可攻也其君賢相仁賢者得民仁者能用之攻之必無功也

淮南子曰堯時十日並出焦禾稼殺草木民人無食羿窫九嬰大風封豕鑿齒脩蛇皆爲害堯乃使羿誅鑿齒於疇華之澤（南地也）殺九嬰於水凶（水火之怪在北狄之地）繳大風於

青丘之野大風鷙鳥也射十日而下其九日殺猰貐狀如龍首食人在西方也斷脩蛇於洞庭在南方擒封豕於桑林封豕大豕也桑林湯禱旱地

又曰晉伐楚三舍不止大夫擊之莊王曰先君之時晉不伐楚及孤之身而晉伐楚是孤之過也若何其辱群大夫曰先臣之時晉不伐楚今臣之身而晉伐楚此臣之罪也請擊之王俛而泣涕沾襟起而拜群大夫晉人聞之曰君臣爭以過爲在已不可伐也夜還師而歸

又曰諸侯伐秦及涇莫濟魯襄十一年晉悼公伐鄭秦人伐晉救鄭十四年晉使六卿帥諸侯之大夫伐秦至涇水無有先渡者也晉叔嚮見叔孫穆子曰諸侯伐不恭而討之及涇而止於秦何益何益於伐秦之事穆子曰豹之業及匏有苦葉矣不知其他業事匏有苦葉詩風篇名匏有苦葉濟有深涉深則厲淺則揭言其必濟不知其他叔嚮退召舟虞與司馬舟虞掌舟司馬掌兵曰夫苦匏不材材若裁也不裁於人言不可食共濟而已佩匏可以渡水於人共濟而已魯叔孫賦匏有苦葉必將涉矣詩以言志具舟除隧不共有法隧道共具也舟虞具舟司馬除道法刑也是行也魯人以莒人先濟諸侯從之

又曰文公立四年楚成王伐宋四年魯僖二十七年冬也宋背楚事晉故楚伐之公率齊秦伐曹衛以救宋魯僖二十八年春晉侯侵曹伐衛傳曰楚始得曹而新婚於衛也宋人使門尹班告急於晉門尹班宋大夫公告大夫曰宋人告急舍之則宋絕舍不救則宋降楚與我絕告楚則不許我告請宋於楚楚不許我我欲擊楚齊秦不欲其若之何

又曰自大畢伯士之終也大畢伯士犬戎氏之二君終卒也犬戎氏以其職來王以其職謂其嗣子以其貴寶來見王天子曰予必以不享征之且觀之兵享賓服服禮以責犬戎而示之兵非也其無乃廢先王之訓而王幾頓乎幾危頓敗吾聞夫犬戎樹惇樹立言犬戎立性惇樸帥舊德而守終純固帥循也純專一也言犬戎氏循先王之舊德奉其常職天性專一終身不移不廢禮王責其厚享也其有以禦我矣禦應距也王不聽遂征之得四白狼四白鹿以歸白狼白鹿犬戎自是荒服者不至穆王責犬戎非禮暴兵露師傷威毀信荒服者不至

又曰商王帝辛大惡于人商紂人本號辛紂名大惡大爲人所惡也庶人不忍欣戴武王以致戎于商牧戴奉武兵牧商郊牧野也是先王非務武也勤恤人隱而除其害恤憂隱痛

又曰忠臣者務崇君之德諂臣者務廣君之地何以明之陳夏徵舒殺其君楚莊王伐之陳之人聽命莊王已討有罪遣卒戍陳戍守也欲守陳大夫畢賀申叔時使於齊及還而不賀莊王曰陳爲無道寡人起六軍以討之征暴亂誅罪人群臣皆賀而子不賀何申叔時曰人有牽牛而徑蹊於人之田中田主殺其人而奪之牛罪則有矣罰亦重矣今君王以陳爲無道舉兵而征之因誅罪人遣卒戍陳諸侯聞之非以王爲誅罪人也貪陳國也蓋聞君子不棄義以爲利王曰善乃罷陳之戍後諸侯聞之朝於楚此務崇君之德也始張式爲智伯謀張式晉人晉六將軍中行子取弱而上下離心可伐以廣地於是伐范中行滅之矣又教智伯求地於韓魏韓魏裂地而授之趙氏不予乃率韓魏而伐趙圍晉陽三年三國陰謀遂滅之此務爲其君廣地也夫爲君崇德者霸爲君廣地者滅故千乘之國文德行者王湯武是也萬乘之國好廣地者亡智伯是也

莊子曰犀首請魏伐齊季子諫勿伐華子聞而醜之曰善言伐齊亂人也善言勿伐亦亂人謂伐之與不伐亂人者又亂人也

列子曰晉文公出會欲伐衛公子鋤御而笑之公問之對曰笑臣鄰之人也鄰之人有送其妻適私家者道見桑婦悅而與之言然顧視其妻亦有招之者臣竊笑此也公悟乃引師而還未至而有伐其北鄙矣

墨子曰天賜武王黄鳥之旗以伐紂

又曰湯在鑣宮夢神謂之曰夏桀無道汝克戡之

孫卿子曰堯伐驩兜舜伐三苗禹伐共工湯伐有夏文王伐崇武王伐紂此兩帝四王者仁義之兵於天下也

尉繚子曰武王之伐紂也河水逆流左驂霆死地方百里戰卒三萬紂之陣起自黄鳥至于赤斧其間百里武王不罷士民兵不血刃克殷誅紂其人事然

韓子晉獻公欲伐虞虢乃遺之屈産之乘垂棘之璧女樂二八以滎其心以亂其政

阮嗣宗爲鄭冲勸晉王牋曰前者明公東誅叛逆全軍獨尅禽闔閭之將斬輕鋭之卒以萬萬計

太平御覽卷第三百五

太平御覽卷第三百六

兵部三十七

請征伐　出師　軍行

請征伐

家語曰孔子北遊登於農山子路子貢顔回侍側孔子四望喟然而歎曰二三子各言爾志吾將擇焉子路進曰由願得白羽若月赤羽若日鍾鼓之音上震于天旌旗繽紛下蟠于地蟠委也由當一隊而敵之必也攘地千里攘却也搴取也旗執馘唯由能之使夫二子從我焉孔子曰勇哉

史記曰終軍請願受長纓必羈南越王而致之闕下

又曰單于爲書慢罵太后樊噲曰臣願得十萬衆橫行匈奴中季布曰高皇帝以三十萬困於平城噲亦在其中且秦以事胡陳勝等起

後漢書曰劉尚擊武陵五溪蠻深入軍沒援因復請行時年六十二帝恐其老未許之援自請曰臣尚能被甲上馬帝令試之援據鞍顧眄以示可用帝笑曰矍鑠哉是翁也矍鑠勇皃也東觀記作矍哉是翁矍音許約反遂遣援援馬援也

又曰更始鄗王尹尊及諸大將在南方未降者尚多帝召諸將議兵事未有信言沉吟久之乃以檄叩地曰鄗最強宛爲次誰當擊之賈復率然對曰臣請擊鄗帝笑曰執金吾擊鄗吾復何憂

唐書曰李晟以軍功授特進光祿卿尋轉試太常卿大曆初李抱玉鎭鳳翔署晟爲左軍都將四年吐蕃圍靈州抱玉遣晟將兵五千以擊吐蕃晟辭曰以衆則不足以謀則太多乃請將兵二千人疾出大震關至臨洮屠定秦堡焚其積聚虜堡師慕容谷鍾而還吐蕃因解靈州圍而去也

又曰馬燧討李懷光師次於焦離堡其夜賊將吳冏棄太原堡走其下皆降燧率諸軍濟河兵凡八萬陣於城下是日賊將牛俊斬懷光首以降降者一萬六千斬賊將閻晏孟寶張清吳冏等七人以徇爲懷光所虜脅捨之燧自從京師至河中凡二十七日上乃下詔褒美遷光祿大夫兼侍中初德宗欲罷兵燧不可請得一月芻糧足以平河中至是果然矣

又曰德宗幸奉天詔李晟與李懷光合軍拒朱泚時每將出合戰晟必自異衣錦裘繡帽於前親自指導懷光望見之乃謂晟曰將師當持重豈宜自表飾以啗賊耶晟曰前久在涇源軍士頗相畏服故欲令其先識以奪其心耳懷光益不悅陰有異志兵遷延不進晟因入說懷光曰寇賊偷據天子行在近縣兵柄廟略屬在於公公宜以時速進晟願以所部得奉嚴令爲公前驅雖死不悔懷光益拒之

又曰史敬奉靈武人少事本軍爲裨將元和十四年敬奉大破吐蕃於塩州城下賜實封五千户先是西戎頻歲犯邊敬奉白節度使杜叔良請兵三千人備一月糧深入蕃界叔良以二千五百人授之敬奉既行十餘日人莫知其所向皆謂吐蕃盡殺之矣乃由他道深入突出蕃衆之後戎人驚潰敬奉率衆大破之殺戮不可勝紀驅其餘衆於蘆河獲羊馬駝牛萬數敬奉形甚短小若不能勝衣至於野外馳逐能擒奔馬自執鞍勒隨鞍躍上然後羈帶矛失在手前無強敵甥姪及僮使僅二百人每以自隨臨入敵輒分其隊爲四五隨逐水草每數日各不相知及相遇已皆有獲虜矣

三國典略曰北齊平廣陵王孝珩曰奈何嗣君無獨見之

明宰相非柱石之寄內參羣堅離間骨肉恨不得握兵符受廟筭出萬死身先士卒展我力耳

又曰齊主曰今日飲酒樂哉武衛將軍斛光進曰關西未平人爲仇敵陛下亦何樂哉會當馬步十萬三道渡由平道陷玉壁拔長安自允凉色來納在掌握使百官龔冠冕軍士釋介冑然後稱樂齊主謂羣臣曰明月常有此意憂國如家卿輩無及之者平原王段韶出謂光曰卿勝先帝耶先帝以四十萬攻玉壁不利而還將兵如盤擊水誤即傾覆何容易而輕言之光笑曰非卿所知

出師

易曰師出以律失律凶也

書曰張皇六師肅將天威兼弱攻昧推亡固存無作神羞

詩曰維師尚父時維鷹揚

禮記曰師出不踰時爲怨思也踰時即內有怨女外有曠夫

又曰天子將出征類于上帝宜乎社造乎禰禡於所征之地（禡師祭也）受命于祖（告祖）受成於學（定兵謀也）出征執有罪反釋奠於學以訊馘告

周禮曰牙璋以起軍旅

又曰類祭先出師告天祭也造祭將興兵造於先祖祭也

穀梁曰甲午治兵出曰治兵習戰入曰振旅習戰也

後漢書曰光武起王莽徵天下能爲兵法者六十三家數百人並以爲軍吏選練武衛招募猛士（說文云募廣求也）旌旗輜重千里不絕時有長人巨無霸（王莽連率韓博上言有奇士長一丈大十圍自謂巨無霸出於蓬萊東南五城西北昭如海濱軺車不能載三馬不能勝卧則枕鼓以鐵箸食見前書）長一丈大十圍以爲壘尉（鄭玄注周禮六軍壁三壘崔瑗中壘校尉箴曰堂堂皇帝設爲壘尉尉者主壘壁之事）又驅諸猛獸（猛或作獷獷音古猛反）虎豹犀象之屬以助威武自秦漢出師之盛未嘗有也

又曰車駕東歸勑岑彭書曰兩城若下便可將兵南擊蜀虜人若不知足既平隴復望蜀每一發兵彭頭鬚爲白

又曰馬嚴拜將軍長史將北軍五校士羽林禁兵三千人屯西河美稷（美稷縣名）衛護南單于聽置司馬從事牧守謁敬同之將軍勑嚴過武庫祭蚩尤（武庫掌兵器令一人秩六百石前書音義曰蚩尤古天子好五兵故合祭之見高祖紀）過帝親御阿閣（阿曲）觀其士衆時人榮之

又曰馬成拜揚武將軍督誅虜將軍劉隆振威將軍宋登射聲校尉王賞發會稽丹陽九江六安四郡兵擊李憲時帝幸壽春設壇場祖禮遣之

又曰涼部叛羌摇蕩四州朝廷憂之於是詔鄧騭將左右羽林北軍五校士及諸部兵擊之車駕幸平樂館餞近

又曰馬援出師詔百官祖道

又曰光武籌赤眉必破長安欲乘釁并入關中而方自事山東未知所寄以鄧禹沉深有大度故授以西討之略乃拜爲前將軍持節中分麾下精兵二萬人遣西入關令自選偏裨以下可與俱者

晉書曰何曾正始中爲鎮北將軍都督河北諸軍事假節將之鎮文帝使武帝齊王攸辭送數千里曾盛爲賓主備太牢之饌侍從吏騶莫不醉飽

又載記曰符堅以符融爲鎮東大將軍代王猛爲冀州牧融將發堅祖于霸東奏樂賦詩堅母苟氏以融少子甚愛之比發王至灞上其夕又竊如融所內外莫知是夜堅寢于前殿魏延上言天市南門屏內后妃星失明左右閽守不見后妃移動之象堅推問知之驚曰天道與人何其不

遠遂重星官

後魏書曰車駕南伐以劉藻爲征虜將軍督統軍高聰等四軍爲東道別將辭於洛水之南孝文曰與卿石頭相見藻對曰臣雖才非古人庶亦不留賊虜而陛下輙當釃曲阿之酒以待百官帝大笑曰今未及曲阿且以河東數石賜卿

後周書曰武帝保定四年冬十月甲子詔大將軍大冢宰晉國公護率軍伐齊帝於太廟庭授以斧鉞護總大軍出潼關大將軍權景宣率山南諸軍出豫州少師楊㯹出枳關

丁外幸沙苑勞師

三國典略曰侯景西逼梁湘東王遣晉州刺史蕭惠正率兵援于巴陵惠正辭以不堪舉天門郡守胡僧祐以自代王以爲武猛將軍令其進發僧祐謂其子玘曰汝可開兩高門一朱一白吾當以死決之不捷不歸也王聞而壯之厚撫其家謂僧祐曰景便於陸道不閑水鬬賊若水戰但以大艦臨之自當必克若其步戰自可鼓棹直就巴丘不須交鋒

又曰周遣常山郡公于謹率中山公宇文護大將軍楊忠等步騎五萬南伐太祖餞於青泥谷時庾信來聘未返太祖問之曰我遣此兵馬縛取湘東關西作博士卿以爲得不信曰必得之後王勿以爲不忠太祖笑而頷之

白虎通曰王者之伐所以皮弁素幘何服皮弁素幘也王者將出辭於禰還假禰祖言辭反之禮尊親之義王制曰王者將出類于上帝宜于社造于禰尚書曰歸假于執祖出以告天至告祖也先告廟後告天者示不敢留尊者之命也告天何示不敢專也非出辭反面道也與宗廟異義還不復告天者天道質無內外故不復告也尚書言歸假于祖社不見告天知不告也

又曰遣將軍必於廟何示不敢自專獨於祖廟何制法度者祖也王制曰受命于祖受成于學此言於祖廟命遣之也

摯虞決疑要注曰古者帝王出征以齊車載遷廟之主及社主以行故尚書甘誓曰用命賞于祖不用命戮于社秦漢及魏行不載主也

衛公兵法曰諸大將出征且約授兵二萬人而即分爲七軍如或多或少臨時更定（大率十分之中以三分爲奇兵）

太白陰經曰參七星伐三星連體十星爲十將西方白虎宿也主殺伐此星出而天下秋草木搖落有若軍威故兵出而法焉

張平子南都賦曰爾其則有謀臣武將皆能獲戾執猛破堅摧剛

虞子陽霍將軍北伐詩曰擁旄爲漢將汗馬出長城

魏明帝善哉行曰我祖我征伐彼蠻虜練師簡卒爰整其旅輕舟竟川傍江依浦桓桓猛毅如熊如虎發枰若雷吐氣成雨旌旄指麾進退合矩

軍行

禮記曰軍行在青龍而右白虎前朱雀而後玄武招搖在上急繕其怒前有水則載青旌前有車騎則載飛鴻前有塵埃則載鳴鳶

左傳曰凡師出一宿爲舍再宿爲信過信爲次

後魏書曰于栗磾太宗南臨孟津請衆磾曰可作橋乎對曰杜預造橋遺事可相乃編次大舡構橋於野坂六軍既濟太宗深歎焉

隋書曰煬帝征高麗宇文述爲扶餘道將軍臨發帝謂述曰禮七十者行役以婦人從公宜以家累自隨古稱婦人不入軍臨戰時耳至於營壘之間無所傷也項籍虞姬即其故事

唐書曰太宗率衆平汾晉趨龍門關履冰而渡進屯柏壁

白虎通曰王法年四十受兵法何重不絶人世也師行不必反戰不必勝故須其有世也年六十歸者何不忍並門人父子也孫子曰凡用兵之法馳車千乘輕車也駕駟千乘也革車千乘重車也言萬騎之重也一車駕四卒十騎一重養一人主炊家子一人主保固守衣裝廐二人主養馬凡五人步兵十人重以大車駕牛養二人主炊家子一人主保固守衣裝凡三人也帶甲十萬士卒數也千里而饋糧境越千里則外内之費資費賓客之用膠漆之財車甲之奉曰千金然後十萬之衆舉矣

又曰出其所必趨使敵不得徃相救也行千里而不勞者行於無人之地出空擊虛擊其不意

又曰凡用兵之法將受命於君合軍聚衆聚國人結行位也交利而舍軍門爲利門左右門爲期門以軍營爲轅門以人爲營爲人門兩軍相當爲交利也莫難於軍爭從始受命至於交利軍爭難也

又曰凡處軍相敵絶山依谷近水草也視生處高向陽也處視謂目前生也處軍當在高戰降無登無迎高也降下也謂山下也戰於山下敵引之上山無登遂也此處山谷之軍也絶水必遠水引敵使渡客絶水而來迎之於水內令之半渡而擊之利欲戰無附於水而迎於客也視在處高水上亦當處其高也無迎水流恐溉我也處水上之軍也絶斥澤唯亟去無流交軍於斥澤之中必依水草而倍衆樹不得已與敵戰而會斥澤之中此處斥澤之軍也平陸處易車之利也而左右倍高前死後生戰便此處平陸之軍也凡四軍之利黃帝所以勝四帝者也黃帝始立四方諸侯亦稱帝以此四地勝之也凡軍喜高而惡下貴陽而賤陰

喜一作好山南曰陽山北曰陰養生處實是爲必勝軍無百疾丘陵隄防必處其高陽而右背也堤者積土所背當處其陽而右之戰之便也此兵之利而地之助也故用兵之法高陵勿向也敵若據山陵依阻險阻陳待敵勿輕坂趣也既地勢不便有損石之衝也背丘勿迎敵背丘陵爲陣無有後患則當引置平地勿迎而擊之

又曰上雨水水沫至欲渡者待其定恐半渡而水便漲也絶磵過天井天牢天羅天陷天郄去逆切大害必亟之勿近也山也深大爲絶磵四方高中央下爲天井深水所居朦朧者爲天牢四維絶人者爲天羅地形陷者爲天陷山澗夾地深數尺長數尺者謂之天郄也吾遠之敵近之吾迎之敵倍之也用兵常遠六害令敵近倍則利敵凶軍旁有險阻蔣潢井生葭葦小林翳薈烏會反者必謹覆索之此伏姦之所藏處也險者一高一下之地阻者必水草也潢者池也井生葭葦者衆草所聚也小林者衆木所居也翳薈者所以屛蔽之處也

衛公兵法曰軍馬行動須知次第出先右虞候馬軍爲首次右虞候步軍次右軍馬軍次右軍步次前軍馬軍次前軍步軍次右軍馬軍次中軍步軍次右軍馬軍次右軍步軍次左軍馬軍次左軍步軍次左虞候馬軍次左虞候步軍其馬軍去步軍一二里外行每有高處即令三五騎馬於上立顧以候不虞以後餘軍准前立馬四顧右虞候既先發安營踏水道路脩理泥溺橋津檢行水草左虞候排比隊仗整齊軍次使不交雜若軍迴入先左虞候馬軍次左虞候步軍次左馬軍次左步軍其次第准前却轉其虞候軍職掌初發交換諸軍營各量虞候子並使排比依軍次行如此發引卒逢寇賊部伍甚易若零疊散行卒難就萬一賊至並非所管

又曰諸軍討伐例有數營發引逢賊首尾難救行引之時須先爲方陣應行之兵分爲四輜重爲兩道引戰鋒等隊亦爲兩道引其第一分初發輜重及戰鋒分爲四道行兩

行戶郎切下同輜重在心雙引兩行戰鋒隊並合各在輜重外左右夾雙引其次一分戰鋒隊與前般左右行戰鋒隊相當輜重隊與前行輜重隊相當又其次一分准上最後一分亦准上初發第一分別戰鋒輜重相當如其逢賊前分四行兩行輜重抽縮兩行戰鋒橫列作前面甚易其次兩分先作四行長引其戰鋒既在外便充兩面其後分亦先作四行其輜重進前其戰鋒隊橫列相接使充後面亦易其方陣立即可成如此發引縱使狹路急緩亦得成陣每軍戰鋒等隊須過本軍輜重尾輜重稠行戰鋒等隊稠引常令輜重併近前頭戰鋒隊相去十步下一隊輜重隊相去十步下一隊輜重隊相去兩步下一隊如此即須相重得若逢川陸平坦彌加穩便其戰鋒輜重等隊分布使均

又曰諸兵馬發行或逢泥濘或阻山河其路有須填補有須開拓左右虞候軍兵先多於軍取充虞候子右虞候先將此兵脩理橋梁泥濘開拓窄路左虞候排窄路捍後收拾闌遺諸兵士每下營訖先令兩隊共掘一廁

又曰軍行沙磧鹹鹵之中有野馬黃羊蹤尋之有水鳥鳥所集處有水地生葭葦蘆菼吐敢反菰蒲之處下有伏泉地有蟻壞之處下有伏泉

太白陰經濟水具篇曰軍行過大水河渠溝澗無津梁舟筏難以濟渡太公以天艎天舡皆質朴不便於用今隨事逐物變化而用之以濟巨川

又曰木罌以木縛甕爲筏甕受三石力勝一人甕間闊五寸底以繩勾聯編槍於其上形長而方前置拔頭後置梢左右置棹

又曰槍筏槍十根爲一束力勝一人四千一百六十六根即爲一筏皆去鑽刃以束爲魚鱗以橫栝而縛之可渡四百一十六人爲三筏計用槍一萬二千五百根率渡一千二百五十人十渡則一軍必濟

又曰蒲筏以蒲九尺圍顛倒爲束十道縛之似束鎗爲筏量長短多少隨蒲豐儉無蒲亦用葦筏量大小以濟人

又曰挾絙以善水者繫小繩先浮渡水次引大絙於兩岸立大橛急定絙使人挾絙浮渡大軍可爲數十道

又曰浮囊以渾脫羊皮吹氣令滿擊其孔束於腋下而浮渡

太平御覽卷第三百六

太平御覽卷第三百七

兵部三十八

會兵　誓衆　麾兵

饗士　犒師

會兵

書曰戊午師渡孟津陳于商郊俟天休命甲子昧爽受率其旅若林會于牧野旅衆也如林言盛多會逆拒戰罔有敵于我師前徒倒戈壹戎衣而天下大定言與衆同心動有成也

穀梁曰齊侯兵車之會四未嘗有大戰愛民也

後漢書曰初卷人維汜卷縣名屬河南郡故城在今鄭州原武縣西北訞言稱神有弟子數百人坐伏誅後其弟子李廣等宣汜神化不死以誑惑百姓十七年遂共聚會徒黨攻没晥城晥縣名屬廬江郡今舒州懷寧縣晥音下板切又下管切殺晥侯劉閔自稱南岳大師遣謁者張宗將兵數千人討之復爲廣所敗於是使馬援發諸郡兵合萬餘人擊破廣等斬之

又曰章和二年護羌校尉張紆誘誅燒當種羌迷吾等由是諸羌大怒謀欲報怨朝廷憂之公卿舉鄧訓代紆爲校尉諸羌激忿遂相與解仇結婚交質盟詛鄭玄注周禮云大事曰盟小事曰詛衆四萬餘人期冰合渡河攻訓

又曰吳漢爲安樂令會王郎起北州擾惑漢素聞光武長者獨欲歸心乃説太守彭寵曰漁陽上谷突騎天下所聞也君何不合二郡精鋭兵附劉公擊邯鄲此一時之功也一時言不可再遇也寵以爲然

又曰朱鮪聞光武北伐而河内孤使討難將軍蘇茂副將賈强率兵三萬餘人渡鞏河攻温鞏温並今洛州縣也臨廣河故曰鞏河檄書至寇恂即勒軍馳出並移告屬縣發兵會於温下軍吏

皆諫曰今洛陽兵渡河前後不絶宜待衆軍畢集乃可出也恂曰温郡之藩蔽失温則郡不可守遂馳赴之旦日合戰而偏將軍馮異遣救及諸縣兵適至及士馬四集幡旗蔽野恂乃令士卒乘城鼓噪大呼言曰劉公兵到蘇茂軍聞之陣動恂因奔擊大破之

又曰吳漢悉發幽州兵與光武會清陽諸將望見漢還士馬甚盛皆曰是寧肯分兵與人耶及漢至莫府上兵簿莫大也兵簿軍士之名帳諸將人人多請之光武曰屬者恐不與人屬猶近也今所請又何多也諸將皆慙

晉書天文志曰征吳之役三河徐兗之兵悉出交戰於吳楚之地

唐書曰憲宗時鄆州李師道翻覆違命詔宣武義成武寧橫海四節度之師與田弘正會軍討之弘正奏請取黎陽渡河會李光顔等軍齊進帝召宰臣於延英議可否皆曰閫外之事大將制之既有奏陳宜遂其請裴度獨以爲不可奏曰魏博一軍不同諸道過河之後却退不得便須進擊方見成功若取黎陽渡河即纔離本界便至滑州徒有供餉之勞又生顧望之勢況弘正光顔並少威斷更相疑惑必恐遷延然兵事不從中制一定處分或慮不可若欲於河南持重則不如河北養威不然即且秣馬厲兵候霜降水落於楊劉渡河直抵鄆但得至陽谷已來下營則兵勢自盛形自不撓上曰卿言是矣乃詔弘正取楊劉渡河及弘正軍既濟河而南距鄆州四十里築壘賊勢果蹙頃之誅師道

三國典略曰周武帝率六軍趣鄴齊主令群臣議之廣寧王孝珩議曰今大寇既深事藉機變請使任城王便領幽

州道兵自土門入聲取并州獨孤永業使鎮洛州兵自潼關入聲取長安臣請領京畿兵出滏口鼓行逆戰賊懸軍遠來日增疲老聞南北有兵自然應退

誓衆

書曰帝曰咨禹惟時有苗弗率汝徂征三苗之民數干王誅率循也徂往也不循帝道言亂逆也命禹討之禹乃會羣后誓于師曰濟濟有衆咸聽朕命會諸侯伐有苗也軍旅曰誓濟濟衆盛之貌蠢茲有苗昏迷不恭蠢動昏闇也言其所以宜討侮慢自賢反道敗德狎侮先王輕慢典教反正道敗德義君子在野小人在位廢仁賢任姦佞民棄不保天降之咎言民叛天災之肆予以爾衆士奉辭罰罪肆故也辭謂不恭罪謂蠢慢以下事爾尚一乃心力其克有勳三旬苗民逆命益贊于禹曰惟德動天無遠弗屆禹拜昌言班師振旅帝乃誕敷文德舞干羽於兩階七旬有苗格

又曰啓與有扈戰于甘之野王曰嗟六事之人予誓告汝

有扈氏威侮五行怠棄三正天用勦絶其命用命賞于祖不用命戮于社予則孥戮汝

又曰羲和湎淫廢時亂日胤往征之告于衆曰羲和尸厥官昏迷于天象以干先王之誅今予奉將天罰火炎崑崗王石俱焚天吏逸德烈于猛火殲厥渠魁脅從罔治嗚呼威克厥愛允濟愛克厥威允罔功爾衆士懋戒哉欽承天子休命

又曰魯侯伯禽宅曲阜徐夷並興東郊不開作費誓公曰嗟人無譁聽命善敹乃甲冑備乃弓矢鍛乃戈矛無敢不善峙乃糗糧峙乃芻茭無敢不逮汝則有大刑魯人三郊三遂峙乃楨幹甲戌我惟築無敢不恭汝則有無餘刑刑者非一也

又曰惟戊午王次于河朔次止也戊午渡河而誓既誓而止于河之北羣后以師畢會諸侯盡會次也王乃徇師而誓曰嗚呼西土有衆咸聽朕言徇循也武王在西故稱西土今商王受力行無度行無法度播棄黎老昵比罪人鮐背之耆稱黎老棄不禮敬也昵近也罪人謂天下逋逃小人也予有亂臣十人同心同德言我治理之臣雖少而心德同也雖有周親不如仁人周至也紂至親雖多不若周家之少仁人也

又曰武王伐紂曰今予發惟恭行天之罰今日之事不愆于六步七步乃止齊焉勗哉夫子勗哉不愆于四伐五伐六伐七伐乃止齊焉勗哉夫子尚桓桓如虎如貔如熊如羆于商郊弗迓克奔以役西土勗哉夫子爾所弗勗其于爾躬有戮

又曰爾衆士同力王室

史記曰太尉行令軍中曰為呂氏右袒為劉氏左袒軍中皆左袒

後漢書曰齊武王伯升既破甄阜軍乃陳兵誓衆焚積聚破釜甑鼓行而前

晉書曰元帝以祖逖為奮威將軍豫州刺史給千人廩布三千疋不給鎧仗使自招募仍將本流徙部曲百餘家渡江中流擊楫而誓曰祖逖不能清中原而復濟者有如大江辭色壯烈衆皆慨歎屯于淮陰起冶鑄兵器得二千餘人而後進

又載記曰王猛與慕容評戰陣於渭原而誓衆曰王景略受國厚恩任兼內外今與諸君深入賊地宜各勉進不可退也願戮力行間以報恩顧受爵明君之朝慶觴父母之室不亦美乎衆皆勇奮破釜棄糧大呼競進

後周書曰太祖率李弼獨孤信等十二 將東伐至潼關太祖乃誓於師曰與爾有衆奉天威誅暴亂惟爾衆士整

爾甲兵戒爾戎事無貪財以輕敵無暴民以作威用命則有賞不用命則有戮爾衆士其勉之遵于謹居軍前徇地

唐書曰高祖起義兵西圖關中精甲三萬高祖杖白旗誓衆於太原之野引師卽路

又曰太宗征王世充陳兵㲄水之上步騎五萬太宗擧麾誓衆曰隋室無道毒被蒼生我國家受命于天寧濟億兆世充敢抗大邦數行侵暴誅殺良善恣其淫酷國家爲百姓除害事不獲已各宜整尒軍旅脩尒器械立勳立效冀行天罰敢有犯命者斬無赦

又曰朱泚反韋臯於隴州築壇于庭血牲與將士等盟曰上天不弔國家多難逆臣乘間盜據皇宮而李楚琳亦翦兇徒傾陷城邑酷虐所加爰及本使旣不事上安能卹下臯是用激心憤氣不遑底寧誓與羣公竭誠王室凡我同

盟一心竭力伏順除兇祖先之靈必當幽贊言誠則志合義感則心齊粉骨麋軀決無所顧有渝此志明神殛之迨於子孫亦罔遺育皇天后土當兆斯言又使通於吐蕃以求助

古司馬兵法曰古者逐奔不遠縱綏不及所以示君子且有禮不遠則難誘不及則難陷以禮爲固以仁爲勝旣勝之後其敎可復是故君子貴之也有虞氏戒於國中欲人體其命也(舜以農敎戰以戰敎民畋獵簡習故民體之也)夏后氏誓於軍中欲民先成其慮也(禹會軍衆重復敎肆進退左右前後離合周旋也)殷誓於軍門之外欲民先意待事也(殷旣遭虞夏之敎民又於軍門外復簡試)周將交刃而誓之以致意也(周用虞夏殷之敎民交和接兵又復申望誓之軍德薄民俗巧也)

又曰賢王制禮樂法度乃作五刑興甲兵以討不義巡狩省方會諸侯考不同其有失命亂常背德逆天之時而危有功之君(王者以有功德者爲君長賊曰欲簒殺之)徧告于諸侯章明於有罪乃告于皇天上帝日月星辰以禱于后土四海之神山川冢社(冢社者天子太社也)乃造于先王然後冢宰徵師于諸侯(造就也就造于先祖廟也)曰某國爲不道征之以某年月日師至于某國(至于所征之國與天子會)天子正刑(刑者天子之法也刑以征不義伐不從王者之法也)冢宰與伯布命于軍曰入罪人之地無暴神祇無獵田無有虐無毀二功無糞墻屋無伐樹木無取六畜無取禾粟無取器城見其老幼奉歸勿傷雖遇壯者不校勿敵若傷人醫藥歸之旣誅有罪王及諸侯正其國擧賢更立明正復職(三者與四方諸侯伐無道之國整頓其民人擧賢良更立爲君奉遵王法復五官之職事矣)

論衡曰師尚父爲周司馬將師伐紂到孟津之上仗鉞把旄號其衆曰倉兕倉兕水中之獸也善覆人船因神以化欲令急渡汝不急渡倉兕害汝河中有此之物時時出浮

一身九頭人畏惡之未必覆人船者也

文選曰勒三軍誓將帥元戎竟野戈鋋彗雲

麾兵

莊子曰市南宜僚弄丸兩家之難解孫叔敖甘寢秉羽而郢人投兵

晉書曰張重華攻石季龍遣謝艾爲使持節軍師將軍率步騎三萬進軍臨河麻秋以三萬衆拒之艾乘軺車冠白恰鳴鼓而行秋望而怒曰艾年少書生冠服如此輕我也命黑矟龍驤三千人馳擊之艾左右大擾左戰師李偉勸艾乘馬艾不從乃下車踞胡牀指麾處分賊以爲伏兵發也懼不敢進張瑁從左南緣河而絕其後秋軍乃退艾乘奔擊遂大敗之

又曰陳敏一旦據有江東刑政無常不爲英俊所服且子

弟凶暴所在爲患周玘顧榮之徒常懼禍敗遣使密報征東將軍劉准遣兵臨淮已爲應及兵至敏使弟昶及將錢廣次烏江以拒之錢廣玘鄉人也潛使圖昶廣遣其屬何康投募送白事於昶昶傾視書康揮刀斬之稱州下已殺敏動者誅三族吹角爲內應廣先勒兵在朱雀橋陳兵敏師萬人將戰未濟榮以白羽扇麾之敏衆潰散單騎東奔爲義師所斬

梁書曰魏中山王元英冦北徐州高祖詔韋叡率衆會焉英自率衆來戰叡乘素木輿執白角如意以麾軍一日數合英甚憚其強

劉璠梁典曰韋叡字文懷京兆杜陵人也叡雖有曠世之度莅民以惠愛爲本所居必治將兵仁愛被服必於儒者雖臨陣交鋒常緩服乘輿執竹如意以麾進止

北史曰唐永身長八尺少耿介有將帥才讀班超傳慨然有萬里之志正光中爲北地太守永善取下士人競爲之用臨陣常着白褶襦把角如意以指麾處分辭色自若在北地四年與賊數十戰未嘗敗北時人語曰莫陸梁恐尔逢唐將永所營之處至今猶稱唐公壘

後魏書曰毛法仁言聲壯大至於軍旅田狩唱呼處分振於山谷

後周書曰李遠字萬歲幼有器局志度恢然嘗與羣兒爲戰鬬之戲指麾部分便有軍陣之法郡守見而異之召使更戲羣兒懼而散走遠持杖叱之復爲向勢意氣雄壯殆甚於前郡守曰此小兒必爲將帥非常人也

又曰建德中東伐齊帝引兵發京師壬寅渡河與諸軍合十二月戊申次於晉州恐王師卒至於城南穿塹自喬山屬於汾水庚戌帝諸軍八萬人置陣東西二十餘里帝乘常御馬從數人巡陣處分所至輒呼主帥姓名以慰勉之將士感見知之恩各自奮勵

隋書曰李子雄從幸江都帝以仗衛不整顧子雄步伍之子雄立指麾六軍肅然帝大悅曰公真武侯才也尋轉右武候大將軍

唐書曰德宗時鄭權爲涇原節度使劉昌從事昌病亟請入覲度軍中必有變以權寬厚善容衆俾主留務旣而兵果爲亂權挺身於白刃中抗詞以明逆順因殺其首亂者數人士皆戢伏

又曰昭宗時王山都頭楊守信叶楊復恭稱兵闕下陣于通化門上陳兵於延喜門是夜令劉崇望守度支庫明日曉入含光門未開門內禁軍列于左右俟門開即刼掠兩

市及聞傳呼宰相來門方開崇望駐馬慰諭之曰聖上在街東親揔戎事公等禁軍何不擁前殺賊立取功名切不可剽掠街市圖小利以成惡名也將士唯唯從崇望至長樂門守信見兵來卽遁軍士呼萬歲是日庫市獲全軍人不亂緊崇望之方略也

五代周史曰世宗至泗洲太祖皇帝乘勝麾軍焚郭門奪月城帝親冒矢石以攻其壘丙午日南至從臣拜賀於月城之上

語林曰諸葛武侯與司馬宣王在渭濵將戰宣王戎服莅事使人視武侯素輿葛巾持白毛扇指麾三軍皆隨其進止宣王聞而歎曰可謂名士

饗士

左傳曰宋華元將戰殺羊食其御羊斟不與及戰曰疇昔

之羊子爲政今日之事我爲政與入鄭師故敗君子謂羊斟非人也以其私憾敗國殄民刑孰大焉

史記曰樂毅并護趙楚韓魏燕之兵以伐齊破之濟西諸侯罷歸而燕軍樂毅獨追至于臨輜齊湣王之敗濟而亡走保於莒樂毅獨留徇齊皆城守樂毅攻入臨淄盡取齊寶財物祭器輸之燕昭王大悅親至濟上勞軍行賞饗士封毅於昌國號爲昌國君

東觀漢記曰上大發關東兵自將上隴隗囂衆潰走圍解於是置酒高會勞賜諸將來歙班坐絶席在諸將之右賜歙縑千疋

後漢書曰吳漢圍蘇茂於廣樂劉永將周建別招聚收集得十餘萬人救廣樂漢將輕騎迎與之戰不利墮馬傷膝還營建等遂連兵入城諸將謂漢曰大敵在前而公傷卧

衆心懼矣漢乃勃然裹瘡而起推牛饗士令軍合戰大破之

又曰劉盆子既降帝令縣厨賜食衆積困餧十餘萬人皆得飽飫

又曰鄧禹至長安軍昆明池大饗士卒率諸將齋戒擇吉日脩禮謁祠高廟收十一帝神主遣使來詣洛陽因循行園陵爲置吏士奉守焉

後周書曰若于惠於諸將最少早喪父事母以孝聞太祖嘗造射堂新成與諸將宴射惠竊歎曰親孝矣何時辦此乎太祖聞之即日徙堂於惠宅其見重如此

淮南子曰負中規方中矩動成戰止成文可以榆衆而不可以陳軍滌杯而食洗爵而飲盥而後饋可以養少而不可以饗衆

黃石公記曰動爲事機舒之彌四海卷之不盈懷柔而能剛則其國彌光弱而能強則其國彌章一單之醪投之於河令士衆迎飲三軍爲其死戰如風發攻如河決軍無財士不來軍無賞士不往香餌之下必有懸魚重賞之下必有死夫

犒師

左傳曰夏齊師伐我北鄙公使展喜犒師（犒師勞齊師也）使受命于展禽齊侯未入境展喜從之曰寡君聞君親舉玉趾將辱於弊邑使下臣犒執事

又曰三十三年秦師過北門及滑鄭商人弦高將市於周遇之以乘韋先牛十二犒師（商行賈也乘四韋也先韋乃入牛也古者將獻遺於人有以先也）曰寡君聞吾子將步於弊邑敢犒從者不腆弊邑爲從者之淹則具一日之積（腆厚也淹久也積芻米菜薪也）行則備一夕之

衛

又曰楚子以馹至于羅汭（馹傳也羅水名）吳子使其弟蹶由犒師楚人執之將以釁鼓王使問焉曰汝卜來吉乎對曰吉且吳社稷是卜豈直爲一人使臣獲釁鼓而弊邑知備以禦不虞其爲吉孰大焉乃弗殺

後漢書曰岑彭長驅入江關令軍中無得虜掠所過百姓皆奉牛酒迎勞彭見諸耆老爲言大漢哀愍巴蜀久見虜役故興師遠伐以討有罪爲人除害讓不受其牛酒百姓皆大喜悅爭開門降

晉書曰桓溫進兵至霸上耆老持牛酒迎溫曰不圖今日復見官軍

後梁略曰大寶元年西魏將楊忠來逼荆鎮上懼其至送遣犒軍既而與忠結盟并送質子與魏相約爲兄弟之親

於是聘使往還相望道路

後魏書曰鄧穎從世祖幸漢南高車莫弗庫若於率騎數萬驅鹿百餘萬詣行在所詔穎為文銘于漢南以昭功德

淮南子曰秦繆公使孟明舉兵襲鄭鄭賈人弦高蹇他（他弦高黨人）相與謀曰師行數千里又數過諸侯之地其勢必襲鄭凡襲國者以為無備也其以知其情必不敢進乃矯鄭伯之命以十二牛勞三率相與謀（三率秦將白乙孟明西乞）曰守備必固進必無功乃還師而反晉先軫舉兵擊之（先軫晉大夫也）大破之鄭伯乃以存國之賞賞弦高高辭

太平御覽卷第三百七

太平御覽卷第三百八

兵部三十九

戰上

尚書大傳曰戰者憚也鷩之也

說文曰戰鬬也

開元文字曰仲秋大閱戒衆庶脩戰法陰疑於陽必戰是也凡師皆陣曰戰謂堅而有備各得其所成敗決於志力也

易曰上六龍戰于野其血玄黃（陰之爲道卑順不盈乃全其美盛而不已固陽之地）

又曰陰疑於陽必戰爲其嫌於無陽也故稱龍焉（爲其嫌於非陽）（陽所不堪故戰于野也）（而戰也）

書曰湯與桀戰于鳴條之野

又曰武王戎車三百兩虎賁三千人與受戰于牧野

左傳曰魯宣公十二年晉荀林父與楚子戰于邲晉師敗績

又曰吳伐楚王使執燧象以奔吳師

又曰齊伯郭啓伐莒子將戰死羊牧諫之曰齊師賤其求不多不如下之

又曰諸侯之戍謀曰若華氏知困而致死楚恥無功而疾戰非吾利也

又曰孟懿子陽虎伐鄆鄆人將戰

又曰宋多責賂於鄭鄭人不堪故以紀魯及齊與宋衛燕戰不書所戰後也

又曰冬宋人以諸侯伐鄭報宋之戰也

又曰齊人侵魯疆疆吏來告曰疆場之事慎守其一而備其不虞姑盡所備焉事至而戰又何謁焉

又曰狄人伐衛衛懿公好鶴鶴有乘軒者將戰國人受甲者皆曰使鶴鶴實有祿位余焉能戰

又曰里克諫曰故君之嗣適不可以帥師君失其官帥師不威將焉用之且臣聞臯落氏將戰君其舍之

又曰楚人伐宋以救鄭宋公將戰大司馬固諫曰天之棄商久矣君將興之弗可赦也已

又曰子魚曰君未知戰勍敵之人隘而未成列天贊我也

又曰公曰君子不重傷不禽二毛子魚曰且今之勍者皆吾敵也雖及胡耇獲則取之何有於二毛明恥教戰求殺敵也傷未及死如何勿重

又曰晉公子重耳之及於難也晉人伐諸蒲城人欲戰重耳不可

又曰齊晉將戰高固入晉師桀石以投人（桀擔）禽之而乘其車（既獲其人因釋已車而載所獲）繫桑本焉以徇齊壘（將至齊壘以桑樹繫車而走欲自異也）

曰欲勇者賈余餘勇（賈賣也言已勇有餘欲賣之也）

又曰晉楚將戰而楚晨壓晉軍而陣軍吏患之范匄趨進曰塞井夷竈陣於軍中而疏行首晉楚唯天所授何患焉文子執戈逐之曰國之存亡童子何知焉

又曰齊侯還自晉不入（不入國）遂襲莒門于且于（且于莒邑）傷股而退（齊侯傷）明日將復戰期于壽舒（壽舒莒邑）杞殖華還載甲夜入且于之隧宿於莒郊（郊子齊大夫也且于隧狹路）明日先遇莒子於蒲侯氏（蒲侯氏近莒之邑）莒子重賂之使無死曰請有盟（欲以盟二子無致死戰）華周對曰貪貨棄命亦君所惡也（華周即華還也）昏而受命日未中而棄之何以事君莒子親鼓之從而伐之獲杞梁（杞梁即杞植）

又曰齊師伐我公將戰曹劌請見其鄉人曰肉食者謀之又何間焉肉食在位者也間猶與也劌曰肉食者鄙未能遠謀乃入見問何以戰公曰衣食所安弗敢專也必以分人對曰小惠未徧民不從也公曰犧牲玉帛不敢加也必以信對曰小信未孚神不福也公曰大小之獄雖不能察必以情對曰忠之屬也上思吏民忠也可以一戰戰則請從公與之乘戰于長勺公將鼓之劌曰未可齊人三鼓曰可矣遂逐齊師既克公問其故對曰夫戰勇氣也一鼓作氣再而衰三而竭我盈彼竭故克之夫大國難測也懼有伏焉吾視其轍亂望其旗靡故逐之

又曰丙戌復戰大敗吳師獲太子友王孫彌庸

又曰郤獻子曰二憾往矣弗備必敗彘子曰鄭人勸戰弗敢從也楚人求成弗能好也

又曰夫禮樂慈愛戰所畜也

又曰楚子與若敖氏戰于睪滸睪滸楚地伯棼射王汰輈及鼓跗着於丁寧伯棼子越椒也輈車轅汰過也箭過車轅上也丁寧鉦也又射汰輈以貫笠轂兵車蓋者則邊人執笠依轂下以禦寒暑師懼退王使巡師曰吾先君文王克息獲三矢焉伯棼竊其二盡於是矣鼓而進之遂滅若敖氏

又曰晉楚交戰叔山冉搏人以投中車折軾晉師乃止

又曰晉侯使張骼輔躒致楚師求御于鄭欲得鄭人自御知其地利者也鄭人卜宛射犬吉射犬鄭公孫也將及楚師而後從之乘皆踞轉而鼓琴轉衣裝也近不告而馳之皆取胄於櫜而胄入壘皆下搏人以投收禽挾囚禽獲也弗待而出

又曰子蒲曰吾未知吳道使楚人先與吳人戰

又曰吳師居麇子期將焚之子西曰父兄親暴骨焉不能收而又焚之不可子期曰國亡矣豈憚焚之焚之而又戰

又曰吳伐楚師及清發清發水名將擊之夫槩王曰困獸猶鬭況人乎若知不免而致死必敗我若使先濟者知免後者慕之蔑有鬭心矣半濟而後可擊也從之又敗之楚人爲食吳人及之奔食而又從之敗諸雍澨五戰及郢奔食者走不食陣故不在戰數也溠時制切

又曰晉侯逆秦師使大夫韓簡視師復曰師少於我鬭士倍我公曰何故對曰出因其資謂奔梁求秦也入用其寵爲秦所納也飢食其粟三施而無報是以來也今又擊之我怠秦奮倍猶未也戰于韓原晉戎馬還濘而止濘泥也還便旋也小駟不調故還泥中濘乃定切秦伯獲晉侯以歸晉曲而怠秦直而怒所以勝也

又曰楚子伐隋軍於漢淮之間隋將季梁謂隋侯曰請下之弗許而後戰下之請服所以怒我而怠寇也隋少師曰必速

戰不然將失楚師戰于速杞隋師敗績若用季梁之謀必勝矣

又曰吳楚二師陣于柏舉吳子闔閭之弟夫槩王晨請於闔閭曰楚相囊瓦不仁其臣莫有死志先伐其卒必奔而後大師繼之必克以其屬五千先擊囊瓦之卒楚師亂吳師大敗之

又曰晉師伐楚苗賁皇言於晉侯曰楚之良在其中軍王族而已請分良以擊其左右而三軍萃於王卒萃集必大敗之及戰晉將呂錡射楚恭王中目錡魚綺切楚師宵遁晉師入楚三日館穀

又曰求曰若不可則君無出一子帥師背城而戰不屬者非魯人也當子之身齊人伐魯而不能戰子之恥也

又曰彭城之役晉楚遇於靡角之谷晉侯將遁矣雍子發命於軍曰恤老幼反孤疾二人役歸一人簡兵蒐乘秣馬

蓐食師陣焚次明日將戰行歸者而逸楚囚楚師宵潰
又曰入我河曲伐我涑川俘我王官剪我羈馬我是以有
河曲之戰
又曰欒武子欲報楚韓獻子曰無庸使重其罪民將叛之
無民孰戰
又曰晉楚遇於鄢陵范文子不欲戰郤至曰韓之戰惠公
不振旅
又曰潘尫之子黨與養由基蹲甲而射之以示王曰君有
二臣如此何憂於戰
又曰苗賁皇徇曰蒐乘補卒秣馬利兵脩陣固列蓐食申
禱明日復戰乃逸楚囚
又曰智武子曰大勞未艾君子勞心小人勞力先王之制
諸侯皆不欲戰乃許鄭成

又曰晉陽處父侵蔡楚子上救之與晉師夾江而軍陽子
患之使謂子上曰吾聞之文不犯順武不違敵子若欲戰
則吾退舍子濟而陣遲速唯命
又曰宣子曰秦獲穿也獲一卿矣秦以勝歸我何以報乃
皆出戰交綏
公羊傳曰巳巳晉侯及楚戰城濮楚師敗績此大戰也
又曰詐戰不日此何以日詐卒也齊人語也
又曰晉人及秦伯戰于殽秦敗或曰襄公稱人何貶也君
在殯而用師詐戰
又曰狐壤之戰隱公獲焉然則何以不言戰諱獲也
又曰齊侯衛侯鄭伯來戰于郎此偏戰也何以不言師敗
績內不言戰乃敗績
又曰及鄭師伐宋丁未戰于宋戰不言伐何避嫌也惡乎
嫌嫌與鄭人戰也此偏戰也何以不言師敗績內不言戰
言戰乃敗績與鄭人戰於宋地故舉伐以明之也
家語曰齊國書伐魯書齊卿也季康子使冉求帥左師衛之樊
遲爲右季氏曰須也弱須遲名弱幼也有子曰能用命矣及齊師
戰于郊未踰溝前有溝衆不肯踰也樊遲曰非不能也不信子也言季
孫德不素著不爲民所信也請三交而踰之與衆要信三交而踰溝也如之衆從之
師入齊齊軍遁冉有用戈故能入焉子聞之曰義也在軍能卻
敵合於義既戰季孫謂冉有曰子於戰學之乎性達之乎對曰
學之季孫曰從事孔子惡乎學冉有曰即學於孔子也孔
子者大聖兼該文武並用也適聞其戰法猶未之詳也季
孫悅樊遲以告孔子孔子曰季孫於是乎可謂悅人之有能矣
又曰孔子曰黃帝服牛乘馬擾馴猛獸以與炎帝戰于阪
泉之野

又曰子貢言志曰願得齊楚合戰於漭蕩之野埃壥連
接挺刃交兵
國語曰申包胥曰夫戰智爲始仁次之勇次之不智則不
知人之極不仁則不共三軍饑勞之殃不勇則不能斷疑以
發大計。戰國策曰魏太子自將過宋水黃徐子曰臣有
百戰之術今太子自將攻齊大勝不過有魏而貴不益爲
王若不勝則墨世無魏矣此臣百勝之術也太子曰請從
公言而還太子上車請還其御曰將出而還與敗皆不如
遂行乃與齊戰而死
史記曰黃帝教熊羆貔虎以與炎帝戰于阪泉之野服虔曰阪
泉地名皇甫謐曰在上谷三戰然後得行其志蚩尤作亂不用帝命黃帝
乃徵師諸侯與蚩尤戰於涿鹿之野服虔曰涿鹿山名在涿郡張晏曰涿鹿在
上谷遂禽蚩尤皇覽曰蚩尤冢在東平郡壽張縣闞鄉城中高七尺民常十月祀之有赤氣出如匹絳

（帛名爲蚩尤旗）

又曰卿子冠軍威振楚國名聞諸侯乃遣當陽君蒲將軍將卒（張晏曰卒黥布）二萬人渡河救鉅鹿戰小利陳餘復請兵羽悉引兵渡河已渡皆沉船破釜甑燒廬舍持三日糧示士必死無還心於是至即圍秦將王離與秦軍遇九戰絕其甬道大破之虜王離當是時楚兵冠諸侯諸侯軍救鉅鹿者十餘壁皆莫敢縱兵及楚擊秦諸將皆從壁上觀楚戰士無不一當十楚兵呼聲動天地諸侯無不人人惴恐於是已破秦軍羽見諸侯入轅門（張晏曰軍行以車爲陣轅相向爲門曰轅門）無不膝行而前莫敢仰視羽於是始爲諸侯上將軍兵皆屬焉

又淮陰侯傳曰信云此謂驅市人而戰之其勢非置之死地使人人自爲戰今予之生地皆走寧尚可得而用之乎

又曰項王至東城乃有二十八騎漢騎追者數千人項王自度不得脫謂其騎曰吾起兵至今八年矣身七十餘戰所當者破所擊皆服未常敗北霸有天下今卒困於此天之亡我非戰之罪也今日固決死願爲諸君決戰

又商君傳曰鞅令行之十年秦民道不拾遺山無盜賊民勇於公戰怯於私鬬

又藺相如傳曰廉頗曰我爲趙將有攻城野戰之功而藺相如徒以口舌爲勞而位居我上

又曰秦人開關延敵九國之師遯逃追亡逐北伏尸百萬流血漂鹵（徐廣曰鹵楯也）

漢書曰漢王入彭城收羽美人貨賂置酒高會羽聞之令其將擊齊而自以精兵三萬人從魯出胡陵至蕭晨擊漢軍大戰彭城靈壁東（胡陵縣在彭城南）睢水上大破漢軍多殺士卒睢水爲之不流圍漢王三匝大風從西北起折木發屋揚

沙石晝晦楚軍大亂而漢王得與數十騎遁去過沛使求室家而室家亦已亡不相得漢王道逢孝惠魯元公主載行楚騎追急漢王推墮二子滕公下收載遂得脫

又張騫傳曰身毒國在大夏東南可數千里其俗土著與大夏同而卑濕暑熱其民乘象以戰

又敘傳曰述趙充國辛慶忌云兵家之策惟在不戰

又曰西南夷傳曰姑繒葉榆復反遣水衡都尉呂辟胡將郡兵擊之（辟音壁）辟胡不進蠻夷遂殺益州太守乘勝與辟胡戰戰士乃溺水死者四千餘人復攻武威張掖酒泉燒民廬舍六年隴西太守孫羌擊破之

又曰蕭何功最盛封鄼侯所食邑最多功臣皆曰臣等被堅執銳多者百餘戰少者數十合攻城略地大小各有差今何未嘗有汗馬之勞顧居臣上何也

又曰高帝末黥布反渡淮擊楚楚發兵與戰徐僮間楚三軍欲以相救爲奇兵或說楚將曰布善用兵人素畏之且兵法自戰其地爲散地今別爲三軍彼敗吾一軍餘皆走安能相救楚將不聽布果破其一軍二軍散走遂西與上兵遇蘄西大戰布軍敗走

又曰趙充國討先零羌久屯聚解弛覩見大軍棄輜重欲度湟水道阸狹充國徐行驅之或曰逐利行遲充國曰此窮寇不可迫也緩之則走不顧急之則還致死諸將校皆曰善虜果赴水溺死者數百於是破之

又司馬遷傳報任少師書云又不能拾遺補闕招賢進能顯巖穴之士又不能備行伍攻城野戰有斬將搴旗之功

太平御覽卷第三百八

太平御覽卷第三百九

兵部四十

戰中

後漢書曰吳漢討公孫述乃進軍攻廣都拔之光武戒漢曰成都十餘萬衆不可輕也但堅據廣都待其來攻勿與爭鋒若不敢來公轉營迫之須其力疲乃可擊也漢乘利遂自將步騎二萬餘進逼成都去城十餘里阻江北爲營作浮橋使副將劉尚將萬餘人屯於江南相去二十餘里帝聞大驚使讓漢曰公旣輕敵深入又與尚別營事有緩急不復相及賊若出兵綴公而大衆攻尚尚破公卽破矣急引兵還廣都詔書未到述果使其將謝豐袁吉攻漢使別將攻尚漢敗入壁豐圍之漢乃召諸將勵之曰今與劉尚二處受圍勢旣不接其禍難量欲潜師就尚於江南并兵

禦之若能同心一力人自爲戰大功可立如其不然敗必無餘成敗之機在此舉也於是饗士秣馬閉營三日不出乃多掛旛旗使煙火不絶夜銜枚引兵與尚合軍豐等不覺明日分兵拒水北自將攻江南漢悉兵迎戰自晨至晡遂大破之斬謝豐袁吉獲甲首五千餘級於是引還廣都尚拒述帝報曰公還廣都甚得其宜述必不敢畧尚而擊公也（畧猶過也）若先攻尚公從廣都五十里悉步騎赴之適當值其疲困破之必矣自是漢與述戰於廣都之間八戰八克

又曰涼州賊王國圍陳倉不拔而去皇甫嵩進兵擊之董卓曰不可兵法窮寇勿迫歸衆勿追今我追國是迫歸衆追窮寇也困獸猶鬭蜂蠆有毒況大衆乎嵩曰不然前吾不擊避其銳也今而擊之待其衰也所擊疲師非歸衆也國衆且走莫有鬬志以整擊亂非窮寇也遂獨進擊之使卓爲後拒連戰大破斬首萬餘級國走而死

又曰曹操擊陶謙還過拔取睢陵夏丘皆屠之殺男女數十萬人雞犬無餘泗水爲之不流

又曰廉范遷雲中太守會匈奴大入塞烽火日通故事虜入過五千人移書傍郡吏欲傳檄求救范不聽自率士卒拒之范兵不敵乃令軍中蓐食晨往赴之斬首數百級

續漢書曰耿弇字伯照扶風人少學詩禮見郡督尉試騎士建旗鼓肆馳騁由是心善將率後上聞弇爲張步所攻欲自往陳俊曰步兵盛可且閉營待上至弇曰上且到臣子當擊牛釃酒以待百官反欲以賊虜遺君父耶遂合戰破之

蜀志曰夏侯淵敗曹公爭漢中地運米北山下數千萬囊

黄忠以爲可取趙雲遣兵隨忠取米雲將數十人輕行出圍行視忠等值曹公揚兵大出雲勢逼且鬬且却入營更大開門偃旗鼓公軍至疑有伏兵雲雷鼓於後射公公軍驚駭自相蹂踐墮漢水死者甚多先主明旦自來至雲營圍視昨戰處曰子龍一身都爲膽（子龍趙雲字也）作樂飲宴至暝

晉中興書曰桓溫步騎四萬自江陵向關中伐僞立荆州刺史郭敬進擊青泥皆破之至于灞上戎首多降居民皆壷漿路側耆老或泣曰不圖今日復見官軍兵師倍健以五千人守長安小城時運道艱難而關中大飢溫率衆還詔遣侍中黄門慰勞於襄陽犒軍十一年溫進征討大都督司冀諸軍事委以專征之任溫乃合衆治兵七月率衆伐羌十月溫次伊水羌師姚襄來逆軍屯于北遣使詣溫奉身歸命願勑前鋒小却當拜伏路左溫答曰我自脩復

中原展敬山陵無豫君事欲來相迫何復求却於是方軌齊進襄率驍勇萬餘人距水前戰溫命小弟沖及諸將奮擊襄大敗奔北自相殺害死者數千越北芒而奔走溫屯故太極殿前賊周成率衆降溫從入金墉謁先帝諸陵被侵毀者皆繕復之選陵令守護

又曰謝玄進號冠軍將軍加領徐州刺史還于廣陵以功封東興縣侯八年玄至符堅傾國大出衆號百萬先遣符融慕容煒張蚝符方四師至潁口梁成王先等守洛澗詔加衛將軍安爲征討大都督玄爲前鋒都督徐兖青三州楊州之晉陵幽州之燕國諸軍事與叔父征虜將軍石從弟輔國將軍琰西中郎將桓伊龍驤將軍玄等拒之衆凡八萬玄先遣廣陵劉牢之五千人直指洛澗卭斬梁成及成苐雲步騎崩潰爭赴淮水斬首萬級生擒五千餘人十月符融進屯壽陽玄與琰等選精鋭八千人決戰肥水南臨陣斬符融俘獲萬計得僞輦及雲母車其餘寶器山積錦罽數萬端牛馬驢騾駱駝十萬疋

又曰符堅率衆五十萬向壽春謂融曰晉人若知朕來便一時還南固守長江雖百萬之衆無所用之今祕吾來令彼不知彼顧江東在此必當戰若其潰敗求守長江不復可得則吾事濟矣乃秘不言堅自來於是以小將旗列屯肥北晉征虜將軍謝石冠軍將軍謝玄輔國將軍謝琰西中郎將桓伊等並阻水南一時涉渡肥水融曰及其未成列擊之必克也堅曰不然我長於歩彼便於水今捨歩入水是以所短擊其所長非良策矣可須彼過水一時擊之彼既背水進退無術乃可盡殺然後船舫渡江直指會稽觀禹朝萬國之處不亦樂乎列陣以待晉軍既濟戰于肥北堅被重瘡三軍潰亂堅馳還長安

晉書曰劉毅泝江追桓玄戰於崢嶸洲于時官軍數千玄兵甚盛而玄懼有敗衄常漾輕舸於舫側故其衆莫有鬬心官軍乘風縱火盡鋭爭先玄衆大潰

又曰將軍王敦反兵至石頭欲攻晉將劉隗（五罪切）其將杜弘曰劉隗死士衆多未易可尅不如石頭其守將周禮少恩兵不爲之用必敗禮敗隗自走敦從之禮果開城門納弘諸將與敦戰晉師大敗

又曰前秦符堅率兵來伐晉將軍謝石謝玄拒之堅遣其尚書朱序說石等以衆盛欲脅而降之序謂石曰若秦百萬之衆皆至則莫可以敵也及其衆未集宜在速戰若挫其前鋒可以得志晉將遣使請戰許之堅師列陣逼肥水晉師不得度晉將使謂堅將符融曰君懸軍深入置陣逼水此持久之計豈欲戰者乎若小退師令將士周旋僕與君公緩轡而觀之不亦美也堅衆皆曰宜阻水莫令得上我衆彼寡勢必萬全堅曰但却軍令得過我以鐵騎向水逼而殺之不然因其濟水而覆之於是麾軍却陣軍遂奔退制之不可止玄以八千精卒度肥逼之融馳騎略陣馬倒被殺軍遂大敗晉師乘勝追擊死者相枕堅爲流矢所中單騎遁走

又慕容超載記曰於是賀賴盧公孫五樓爲地道出戰王師不利

崔鴻十六國春秋曰前秦符堅遣將呂光領兵伐龜兹光軍其城南五里爲營深溝高壘廣設疑兵以木爲人被之以甲羅之壘上龜兹王帛純嬰城自守乃傾國財寶請諸國來救溫宿尉頭等國王合七十餘萬衆以救之胡便弓馬善

矛矟鎧如連鏁射不可入衆甚憚之諸將咸欲每營結陣按兵以拒之光曰彼衆我寡衆營又相遠勢分力散非良策也於是遷營相接陣爲勾鏁之法精騎爲遊軍彌縫其闕戰于城西大敗之純遁走王侯降者三十餘國

又曰西魏末東魏遣將侯景高敖曹等圍西魏將獨孤信於洛陽東魏大將齊神武繼後西魏大將周文帝率軍救信進軍瀍東景等夜解圍去及晨周文率輕騎追之至於河上景等北據河橋南屬邙山爲陣與諸軍合戰周文馬中流矢驚逸遂失之因此軍中擾亂都督李穆下馬授周文帝以復振於是大捷斬高敖曹虜其甲士万五千赴河死者以萬數是日置陣既大首尾懸遠從辰至未戰數十合氛霧四塞莫能相知獨孤信李遠居右趙貴怡峯居左戰並不利又不知周文所在皆棄其卒先歸開府唐公等爲

後軍遇信等退即與俱還由是乃班師洛陽亦失守大軍至弘農守將皆已棄城西走

又曰後魏末賊莫折後熾所在寇掠州人李賢率鄉兵與涇州刺史史寧討之後熾列陣以待賢謂寧曰賊聚結歲久徒衆甚多數州之人皆爲其用我若揔爲一陣併力擊之彼既同惡相濟理必揔萃於我勢既不分衆寡莫敵我便救首尾無以制之今若令諸軍分爲數陣多設旗鼓掎角而前以脅諸柵以別統精兵直指後熾按甲而待莫與交鋒後熾欲前則懼我疑兵令其進不得戰退不得走以俟其懈擊之必破後熾一敗則衆柵不攻自拔矣寧不從屢戰頻北賢乃率數百騎徑入後熾營收其妻子僮隸五百餘人并輜重等屬後熾與寧戰勝方欲追奔忽與賢遇乃棄寧與賢接戰賊遂大敗後熾單騎遁走

北史曰後魏孝文南伐齊齊將陳顯達率衆拒戰元嵩身備三仗免冑直前勇冠三軍將士從之顯達奔潰帝大悅曰任城康王大有德福文武頓出其門以功賜爵高平縣侯

後周書曰天和六年宇文憲帥衆二萬出自龍門齊將新蔡王康德以憲兵至潛軍宵遁憲乃西歸仍掘移汾水水南堡復入於齊齊人謂略不及遠遂弛邊備憲乃渡河攻其伏龍等四城二日盡拔又進攻張辟克之獲其軍實夷其城壘斛律明月時在華谷不能救之乃北攻姚襄城陷之時汾州又見圍日久糧援路絕憲遣柱國宇文盛運粟以饋之憲自入兩乳谷襲克齊柏杜成進軍姚襄齊人嬰城固守以爲汾州之援齊平京王段孝先蘭陵王高長恭引兵大至憲命將士陣而待之大將軍韓歡爲齊人所乘遂以奔退憲身自督戰齊衆稍却會日暮乃各收軍

又曰齊神武遂度河逼華州刺史王羆嚴守知不可攻涉洛軍於許原西太祖據渭南徵諸州兵皆會乃召諸將謂之曰高歡越山度河遠來至此天亡之時也吾欲擊之何如諸將咸以衆寡不敵請待歡更西以見其勢太祖曰歡若得至咸陽人情轉騷擾今及其新至便可擊之即造浮橋於渭令軍人齎三日糧輕騎度渭輜重自渭南夾渭而西冬十月壬辰至沙苑距齊神武軍六十餘里齊神武聞太祖至引軍來會癸巳旦候騎告齊神武軍且至望太祖軍少竟馳而進不爲行列揔萃於左軍兵將交太祖鳴鼓士皆奮起于謹等六軍與之合戰李弼等率鐵騎橫擊之絕其軍爲二遂大破之斬六千餘級臨陣降者二萬餘人

通典曰後周末隋文帝作相輔少主相州揔管尉遲迥舉兵不從隋文遣將韋孝寬討之迥男惇率衆十萬入武德

軍於沁東拒之與孝寬隔水相持乃布兵二十餘里麾軍小却欲待孝寬軍半度而擊之孝寬因其却乃鳴鼓齊進惇遂大敗

又曰後周末隋文帝遣將韋孝寬率兵討尉遲迥於相州軍進至州迥悉出其卒十三萬陣於城南迥舊習軍旅雖老猶被甲臨陣其麾下三千兵皆關中人爲之力戰孝寬等軍失利而却鄴中士女觀者如堵高熲與李詢乃整陣先犯觀者因其擾而乘之迥衆大敗遂拔其城

又曰後漢末曹公征張魯於漢中使張遼與樂進李典等將千餘人守合肥教與護軍薛悌署邊曰賊至乃發俄而吳主孫權率十萬衆圍合肥乃共發教教云若權至者張李將軍出戰樂將軍守護軍勿得與戰諸將皆疑遼曰公征在外比救至敗我必矣是以教及其未合逆擊之折其盛勢以安衆心然後可守成敗之機在此一戰諸君何疑李典亦與遼同於是遼夜募敢死之士得八百人椎牛饗將士明日大戰平旦遼被甲持戟先登陷陣殺數十人斬二將大呼自若衝壘入至權麾下權大驚衆不知所爲走登高塚以長戟自守權不敢動遥見所將衆少乃聚圍遼遼左右麾圍直前急擊圍開遼將麾下數十人得出餘衆號呼曰將軍棄我乎遼復還突圍拔出餘衆權人馬皆披靡（披疋靡反）無敢當者自朝戰至日中吳人奪氣還脩守備衆心乃安諸將咸服權攻合肥十餘日城不可拔乃引退遼率諸軍追擊之幾復獲權（孫盛曰夫兵固詭道奇正相資若郡師不知則弃師之道也至於合肥之守懸弱無援專任勇者則好戰生患專任怯者則懼心難保且彼衆我寡心必懷貪墮以致命之兵擊貪墮之卒其勢必勝勝而後守則必固是以魏武雜選武力參以周同異爲之密教直其用事至是而應若合符契妙矣）

北齊書曰慕容紹宗與侯景戰於渦陽大破景軍溺死於

渦水水不爲流景走淮南

太平御覽卷第三百九

太平御覽卷第三百十

兵部四十一

戰下

戰下　戰不顧親　戰傷

後周書梁臺傳曰時大軍圍洛陽久而不拔齊騎奄至齊
公憲率兵禦之乃有數人爲敵所執巳去陣二百餘步臺
望見之憤怒單馬突入射殺兩人敵皆披靡執者遂得齊
公憲每歎曰梁臺果毅膽決不可及也
又曰田弘討西平反羌及鳳州叛兵等並破之弘每臨陣
摧鋒直前身被一百餘箭破骨者九馬被十矟朝廷壯之
又曰李標字靈傑長不盈五尺性果决有膽氣少事尒朱
氏累遷右將軍魏孝武以標從爲太祖帳內都督從復弘
農破沙苑標時跨馬運矛衝堅陷陣隱身披甲之中敵人
見之皆曰避此小兒太祖初亦聞標驍悍未見其能至是
方嗟歎之謂標曰但使膽決如此何必要須八尺之軀也
又曰賀若敦太祖時群盜鋒起各據山谷大龜山賊張世
顯潛來襲統敦挺身赴戰手斬七八賊乃退走父統大悅
謂左右僚屬曰我少從軍旅戰陣非一如此兒年時膽略
者未見其人非唯成我門户亦當爲國名將
又曰王雅從戰邙山時大軍不利爲敵所乘諸將皆引退
雅獨迴騎拒之敵人見其無繼步騎競進左右奮擊頻斬
九級敵衆稍却雅乃還軍太祖歎曰王雅舉身悉是膽也
又曰蔡祐字承先從太祖戰於河橋祐乃下馬步鬪手殺
數人左右勸乗馬以備急卒祐怒之曰丞相養我如子今
日豈以性命爲念遂率左右十餘人齊聲大呼殺傷甚多敵
以其無繼遂圍之十餘重謂祐曰觀君似是勇士但弛甲

來降豈慮無富貴耶祐罵之曰死卒吾今取頭自當封公
何假賊之官號也乃彎弓持滿四面拒之東魏人弗敢逼乃
募厚甲長刀者直進取祐去祐可三十步左右勸射之祐
曰吾曹性命在一矢耳豈虛發哉敵人漸進可十步祐乃
射之正中其面應弦而倒便以矟刺殺之因此戰數合唯
失一人敵乃稍却祐徐引退是戰也我軍不利太祖已還
至弘農夜中與太祖相見祐至字之曰承先尒來吾無憂
矣太祖心驚不得寢枕祐股上乃安
又曰王雄從晉公護東征至邙山與齊將斛律明月接戰
雄馳殺三人明月退走雄追之明月左右皆散矢又盡唯
餘一奴一矢在焉雄案矟不及明月者文餘曰惜尒不殺
得但生將尒見天子明月反射雄中額雄馬退走至營而
薨
又曰耿豪本名令貴沙苑之戰豪殺傷甚多血染甲裳盡
赤太祖見之歎曰令貴武猛所向無前觀其甲裳足以爲
驗不須更論級數也
又曰王勇從討趙青雀平之論功居最除衛大將軍郢州
刺史加通直散騎常侍兼太子武衛邙山之戰勇率敢死
之士三百人並執短兵大呼直進出入衝擊殺傷甚多敵
人無敢當者是役也大軍不利唯勇及王文達耿令貴三
人力戰皆有殊功太祖於是賞帛二千疋令自分之軍皆
拜上州刺史以雍州岐州北雍州擬授勇等然州頗有優
劣又令探籌取之勇遂得雍州文達得岐州令貴得北雍
州仍賜勇名爲勇令貴名豪文達名傑以彰其功
又曰耿豪從太祖戰於邙山豪謂所部曰大丈夫見賊須
右手拔刀左手把矟直斫慎莫皺眉畏死遂大呼獨入敵

人鋒刃亂下當時咸謂豪殁俄然奮刃而還戰數合當豪前者死傷相繼又謂左右曰吾豈樂殺人但壯士除賊不得不尒若不能殺賊又不爲人所傷何異逐坐人也太祖嘉之拜北雍州刺史

隋書曰突厥入寇隋將楊素擊之先是諸將與虜戰每慮胡騎奔突皆戎車步騎相參昇鹿角爲方陣騎在其內素謂之曰此乃自固之道非取勝之方也於是悉除舊法令諸軍爲騎陣突厥達頭可汗聞之大喜率精騎十餘萬而至素奮擊大破之素多權略乘機赴敵應變無方然大抵馭戎嚴整有犯軍令者立斬之無所寬貸每將臨寇求人過失而斬人多者萬餘人少不下千數流血盈前言笑自若及其對陣先令三百人赴敵陷陣則已如不能陷陣而還者無問多少悉斬之又令二三百人復進還如向法將士股慄有必死之心由是戰無不勝時稱名將

又曰張須陁將兵拒東郡賊翟讓前後三十餘戰每破走之轉滎陽守時李密說讓取洛口倉讓憚須陁不敢進密勸之讓遂與密率兵逼滎陽須陁拒之讓懼而退須陁乘之逐北十餘里時李密先伏數千人於林木間邀擊須陁軍遂敗績密與讓合軍圍之須陁潰圍輒出左右不能盡出復躍馬入救之往來數四衆皆散乃仰天曰兵敗如此何面見天子乎乃下馬戰死時年五十二其所部兵晝夜號泣數日不止

又曰麥鐵杖遼東之役將渡遼謂其三子曰阿奴當備淺色黃衫吾荷國恩今是死日我既被殺尒當富貴唯誠與孝尒其勉之及濟橋未成去東岸尚數丈賊大至鐵杖跳上岸與賊戰死武賁郎將錢士雄孟金叉亦死之左右更無及者帝爲之流涕購得其屍

又曰權龍襄慶仕周從武元皇帝與齊師戰於并州被圍百餘重龍襄慶力戰矢盡短兵相接殺傷甚衆於是刀稍皆折脫冑擲地向賊大罵曰何不來斫頭也賊遂殺之

又曰高智慧作亂江南史萬歲以行軍摠管從楊素擊之萬歲率衆二千自東陽別道而進踰嶺越海攻陷溪洞不可勝數前後七百餘戰轉鬬千餘里寂無聲聞者十旬遠近皆以萬歲爲没萬歲以水陸阻絕信使不通乃置書竹筒中浮之於水没者得之以言於素素大悅上其事高祖嗟歎又曰宇文慶從周武帝攻河陰先登攀堞與賊短兵接戰良乆中石迺墜絕而後蘇帝勞之曰卿之餘勇可以賈人也復從武帝拔晉州其後齊師大至慶與宇文憲輕騎覘卒與賊相遇爲賊所窘憲挺身而遁慶退據汾橋衆賊爭進慶引弓射之所中人馬必倒賊乃稍却及破高緯拔高壁克并州下信都擒高諧功並居最○唐書曰高祖爲山西河東撫慰大使至龍門縣有賊毋端兒衆數千人奄至城下時諸軍無備爲賊所乘高祖親率十餘騎擯出擊之所射應弦而倒賊大潰逐北數十里伏屍相繼於道時高祖射七十發明日斬首築爲京觀於屍上盡得所射箭其妙如此

又曰至德中宜春郡太守劉秋子率士卒攻賊兵盡矢窮秋子張空拳大呼於軍前死戰而勝詔嘉其忠勇授淮陽太守

又曰白孝德胡人也驍悍有膽力乾元中李光弼爲偏裨史思明攻河陽使騎將劉龍仙率鐵騎五十臨河挑戰龍仙勇捷自恃舉右足加馬鬣上手運兩矢嫚罵光弼登城

望之諸將皆侍顧曰孰可取者僕固懷恩前請行光弼曰此非大將所爲歷選其次無可於是左右竊議曰孝德可光弼聞之乃招孝德前問(可得乎孝德曰)得光弼問所加幾何人而可曰獨往則可加人不可光弼曰壯哉終問所欲對曰願備五十騎於壁門俟既入然後進及諸大軍鼓譟以借威他無所用光弼撫其背以遣孝德挾二矛策馬截流而渡半濟而懷恩賀曰克矣光弼曰未及何知其克懷恩曰觀其攬跂便辟可萬全者龍仙始見其獨來甚易之足不降騎稍近將動孝德搖手示之若使其不動然龍仙不測又止孝德呼太尉使予致辭非他龍仙去三十步與之言褻罵如初孝德息馬伺便久之因瞋目曰賊識我乎龍仙曰誰曰我國之大將白孝德龍仙曰是猪狗乎孝德發聲摅然執矛突前城上萬鼓齊譟五十騎以繼進龍仙矢不

及發環走堤上孝德以疋馬逐之胡騎五十皆披靡若猛犬之獵群狐也遂斬之提首而歸

又曰王難得試衛尉御至鳳翔爲都知兵馬使兼與平軍事嘗有裨將斬元曜當合戰墮馬呼難得(難得俯馬)救之賊射難得中眉皮穿下蔽目難得乃拔去箭并皮掣棄之勇冠三軍由是士衆多附之

五代周史曰王郜還奉國右廂都指揮使漢祖受命從征杜重威於鄴下郜與劉詞皆率先力戰矢中於首久之出折鏃於口中以是漢祖嘉之

三國典略曰茹茹寇肆齊王自晉陽討之虜騎散走大軍遂還齊主率二千餘騎爲殿夜宿黃爪堆茹茹別部數萬騎扣鞍而進四面圍逼麾下齊主安臥平明方起神色自若指畫軍形潰圍而出虜騎追擊之伏尸二十里獲奄羅辰妻子生口三萬餘令都督高阿那肱率騎數千塞其走道那肱以兵少請益齊主更減其半那肱騎奮擊亦大剋捷

戰不顧親

史記曰項王爲高俎置太公其上告漢王曰今不急下吾烹太公漢王曰吾與項羽俱北面受懷王約爲兄弟吾翁即汝翁必欲烹而翁即幸分我一杯羹項王怒欲烹之項伯曰天下事未可知且爲天下者不顧家雖殺之無益祇益禍耳項王從之

後漢書曰邳彤字偉君世祖拜爲後將軍常從戰攻信都復反爲王郎所置信都王捕繫彤父弟及妻子使爲手書呼彤曰降者封爵不降者族滅彤涕泣報曰事君者不得顧家彤親屬所以至今得安於信都者劉 之恩公方爭

國事彤不得復念私也會更始所遣將攻拔信都王郎兵敗走彤家得免

又曰世祖遣宗正劉延攻天井關與上黨太守田邑連戰十餘合延不得進邑迎母弟妻子　爲延所獲馮衍乃遺邑書邑報書曰僕雖駑怯亦欲爲人者也豈苟貪生而畏死哉聞老母諸弟見執於軍而邑安然不顧者豈非重其節乎若使人居天地壽如金石要長生而避死地可也今百年之期未有能至老壯之間相去幾何誠使故朝尚在忠義可云雖老親受戮妻兒橫分邑之願也

又曰趙苞字威豪遷遼西太守到官遣使迎母及妻子垂當到郡道經柳城值鮮卑萬餘人入塞寇鈔苞母及妻子遂爲所刼質載以刼郡苞率步騎二萬與賊對陣賊出母以視苞苞悲號謂母曰爲子無狀欲與微祿奉養朝夕不

圖爲母作禍昔爲母子今爲人臣義不得顧私恩毀忠節唯當萬死無以塞罪母遥謂曰威豪人各有命何得相顧以虧忠義尒其勉之苞即時進戰敗之其母妻皆爲所害

東觀漢記曰孔奮爲武都郡丞時在郡爲隗囂餘黨所攻殺太守得奮妻子奮追賊賊推奮妻子於軍前奮年五十唯有一子不顧遂擒賊而其子見屠帝嘉其忠遷武都太守

九州春秋曰初清河李雍以鄃叛袁紹而降公孫瓚遣兵衛之紹遣朱靈攻之靈家在城中瓚以靈母弟置城上誘呼靈靈望城上泣曰丈夫一出身與人豈復顧家耶戰遂拔之生擒雍而靈家皆死（靈字文博）

蜀志曰姜維與母相失（孫盛雜記曰姜維得母書并求當歸維曰良田百頃不在一畝但有遠志不見當歸）

續帝王世紀曰晉師度峴慕容超使拒之聞晉兵盛自將四萬繼之及晉人戰於臨朐燕兵大敗超單馬奔入城八月將封融自河北奔晉師使詔誘城內超怒縛其母懸諸城上融曰姜維有言良田百頃不在一畝

梁書曰羊侃長子鷟爲侯景所獲執來城下示侃侃謂曰我傾宗報主猶恨不足豈得計此一子幸尒早能殺之數日復持來侃謂鷟曰久以汝爲死猶在耶吾以身許國誓死行陣終不以汝而生進退因引弓射之賊感其忠義亦不害也

戰傷

左傳曰齊晉將戰郤克傷於矢流血及屨未絕鼓音

魏書曰孫觀還青州刺史從征孫權於濡須口爲流矢所中穿左足力戰不顧太祖勞之曰將軍被瘡深重而猛氣益奮及瘡甚遂卒

魏志曰諸葛亮出祁連山詔張郃督諸軍至雒陽還保祁連山郃追至木門與亮軍交戰飛矢中郃右膝薨

又曰夏侯惇字元讓太祖自徐州還惇從征呂布爲流矢所中傷左目

又曰公到宛張繡降既而悔之復反公與戰軍敗爲流矢所中（魏書曰公所乘馬名絕影爲流矢所中傷頰及足并中公右臂）

蜀志曰先主進圍雒縣龐統率衆攻城爲流矢所中卒

三國典略曰陳蔣安都引兵破留異成州刺史韓子阜單馬入陣傷頂之左一髻半落安都爲流矢所中血流至踝乘輿車容止不變

北史曰彭樂天平四年從神武西討與周文相拒神武欲緩持之樂氣奮請決戰曰我衆賊少不可失也神武從之樂因醉入深被刺腸出內之不盡截去復戰身被數瘡軍勢遂挫不利而還神武每追論以戒之

後周書曰河橋之戰王思政下馬用長矟左右橫擊挌數人時陷陣既深從者死盡思政被重創悶絕會日暮敵亦收軍思政久經軍旅每戰唯着破弊甲敵疑非將帥故免有帳下督雷五安於戰處哭求思政會其已蘇遂相得乃割衣裹創扶思政上馬夜久方得還仍鎮弘農思政以玉壁地在險要請築城即自營度移鎮之遷并州刺史仍鎮玉壁

又曰韋法保每與敵人交兵每身先士卒單馬陷陣是以戰必被傷嘗至關南與東魏人戰流矢中頸從口中出當時氣絕輿至營久之乃蘇

又曰李弼從太祖與齊戰於河橋弼深入陷陣身被七創遂爲所獲弼佯殞絕於地守者稍解弼睥睨傍有馬因躍上

西馳得免

隋書曰開皇二年突厥兼護及潘那可汗衆十餘萬冦掠南詔以達奚長儒為行軍總管率衆二千擊之遇於周槃衆寡不敵軍中大懼長儒慷慨神色愈烈為虜所衝突厥散而復聚且戰且行轉鬪三日五兵咸盡士卒以拳毆之手皆見骨殺傷萬計虜氣稍奪於是解去長儒身被五瘡通中者二其戰士死傷者十八九突厥本欲大掠秦隴既逢長儒兵皆力戰虜意大沮明日於戰處焚屍慟哭而去

太平御覽卷第三百一十

兵部四十二

請戰　挑戰　決戰上

請戰

左傳曰帥師以來固敵是求敵至不擊將何俟矣

又曰晉師至于靡笄之下齊侯使請戰

又曰子玉使伯棼請戰曰非敢必有功也願以間執讒慝之口

又曰晉侯逆秦師使韓簡視師（韓簡晉大夫韓萬之孫）復曰師少於我鬪士倍於我公曰何故對曰出因其資（請奔梁求秦也）入用其寵（為秦所納）飢食其粟三施而無報是以來也今又擊之我怠秦奮倍猶未也公曰一夫不可狃況國乎（狃忕也言秦則使忕來）遂使請戰曰寡人不佞能合其衆而不能離也君若不還無所逃命秦伯使公孫枝對曰君之未入寡人懼之入而未定列猶吾憂也苟列定矣敢不承命

又曰子玉使鬪勃請戰曰請與君之士戲君馮軾而觀之得臣與寓目焉晉侯使欒枝對曰煩夫子謂二三子戒爾車乘敬爾軍事詰朝將見

穀梁曰請一戰不克請再再不克請三三不克請四四不克請五五不克舉國而授於是而與之盟

史記楚世家曰六年秦使白起伐韓於伊闕大勝斬首二十四萬秦乃與楚王書曰楚倍秦秦且率諸侯伐爭一旦之命願王之飭士卒得一樂戰楚頃襄王患之乃謀與秦平

後漢書王霸傳曰霸軍中壯士路潤等數十人斷髮請戰

挑戰

孫子曰忿速可侮（急疾之人可忿怒而致之忿速易怒者也）主不可以怒而興軍不可以慍而致戰合於利而用不合於利而止（人主興衆軍）（以道理勝負之計不可以己之私舉兵則以策不可以慍恚之故而合戰也）怒而可以復喜慍而可以復恱士國不可以復存死者不可以復生（主怒興兵伐人無素謀明計則破亡矣將慍怒而闘倉卒而合戰所傷殺必多怒慍復可以恱喜言士國不可復存死不可復生言當須慎之也）故曰明王愼之良將儆之此安危之道也（儆戒也）

左傳曰趙旃求御未得且怒於失楚之致師者　請挑戰弗許請召盟許之

左傳曰楚許伯御樂伯攝叔為右以致晉師許伯曰吾聞致師者御靡旌摩壘而還（靡近也於馳也）靡樂伯曰吾聞致師者代御執轡御下兩馬掉鞅而還攝叔曰吾聞致師者右入壘折馘（截斷耳也）執俘而還皆行所聞而復晉人逐之左右角之樂伯左射馬而右射人角不能進矢一而　麋興於前射麋麗龜

戰國策曰魏武侯問吳起曰兩軍相當不知其將欲擊何如起曰令賤而勇者將而擊鋭交合而北北而勿罰觀敵進取一來一起其政以理奔北不追見利不取此將有謀若其衆追北旗幟雜亂自止自行或縱或橫貪利務得九若此類將令不行

史記曰吳世家曰夏吳伐越越王勾踐迎擊之檇李（賈逵曰越地也）越使死士挑戰三行造吳師自頸（左傳曰使罪人三行屬劍亦頸）吳師觀之因伐吳敗之姑蘇

又曰漢王項羽相與臨廣武間而語項羽欲與漢王獨身挑戰漢王數項羽十罪大怒伏弩射中王胷漢王捫足曰虜中吾指

又曰王翦代李信擊荆荆兵數挑戰終不出又之翦使人

問軍中戲乎曰方投石超距翦曰士卒可用矣
漢書曰項羽使人謂漢王曰天下匈匈以吾兩人願與王挑戰決雌雄無徒罷天下父子爲漢王笑謝曰吾寧鬭智不鬭力羽令壯士出挑戰三合樓煩輒射殺之羽大怒自被甲挑戰樓煩欲射羽瞋目叱之樓煩目不能視手不能發走還入壁不敢復出漢王使問之迺羽漢王大驚
又曰楚漢相持彭越數絶楚粮道項羽欲討越謂其將曹咎曰謹守成皐即漢欲挑戰愼勿與戰無令得東我十五日必誅彭越定梁地漢果數挑戰楚軍不出使人辱之五六日曹咎怒度兵汜水漢擊之大破楚軍盡得楚國貨賂曹咎自刎汜水上
後漢書曰張堪爲謁者使送委輸縑帛并領騎七千疋詣大司馬吳漢伐公孫述在道追拜蜀郡太守時漢軍餘七

日粮陰具舡欲遁去堪聞之馳往見漢說述必敗不宜退師之策漢從之乃示弱挑敵果自出戰死城下
又曰王霸討蘇茂賊聚衆挑戰霸堅不出方饗士作倡樂茂兩射營中中霸前酒樽安坐不動軍吏皆曰茂前日已破今易擊也霸曰不然蘇茂客兵遠來粮食不足故數挑戰以徼一切之勝（徼要也一切猶權時也）令閉營休士所謂不戰而屈人之兵善之善者也茂既不得戰乃引還營
又曰董憲叛馬成拜揚武將軍發會稽丹陽九江六安四郡兵擊憲進圍憲於野令諸軍各深溝高壘憲數挑戰成堅壁不出守之歲餘至六年春城中食盡乃攻之遂屠舒斬憲
魏志曰公西征馬超進軍度渭超等數挑戰不許公乃剋日會戰先以輕兵挑之戰良久乃縱虎騎夾擊大破之

魏氏春秋曰諸葛亮遇司馬宣王因挑戰致巾幗婦人之飾以怒宣王
魏略曰太祖在漢中而劉備栖於山頭使劉封下挑戰太祖罵曰賣履舍長使假子拒汝公乎呼我黃鬚兒來令擊之乃召曹彰晨夜進道西到長安而太祖已還
崔鴻十六國春秋曰姚襄據黃落前秦苻堅遣將　黃眉鄧羌等率步騎討之襄深溝高壘固守不戰鄧羌說黃眉曰傷弓之鳥落於虛發襄頻爲晉將桓張平所敗銳氣喪矣今固壘不戰是窮寇也襄性剛很易以剛動若長驅鼓行且歐其壘襄必忿而出師可一戰擒也黃眉從之遣羌追騎三千軍於襄壘襄果怒盡銳出戰羌僞不勝引騎而退襄追至于三原羌迴騎拒襄俄而黃眉至大戰斬之盡俘其衆
宋書曰沈攸之反自江陵擧兵東下分兵出夏口據魯山

攸之既至郢以郢城弱小足攻（宋郢州今江夏郡）遣人告郢州守將柳世崇曰被太后令當暫還都卿既相與奉國想得此意世崇荅曰東下之師久承聲問郢城小鎭自守而已攸之將去世崇遣軍於西渚挑戰攸之果怒令諸軍登岸燒郭邑築長圍攻之世崇隨宜拒應衆皆披却攸之軍因之敗潰
隋書曰陳茂從高祖與齊師戰於晉州賊甚盛高祖將挑戰茂固止不得因捉馬鞚高祖忿之拔刀斫其額流血被面詞氣不撓高祖感而謝之厚加禮敬
又曰竇榮定之擊突厥也史萬歲詣轅門請自効榮定素聞其名見而大悅因遣人謂突厥曰士卒何罪過令殺之但當各遣一壯士決勝負耳突厥許諾因遣一騎挑戰榮定遣萬歲出應之萬歲馳斬其首而還突厥大驚不敢復

戰遂引軍而去

唐書曰高祖初起師次霍邑隋將宋老生拒之上謂諸將曰老生若嬰城自守當即攻之主客勢懸卒難致力其計若何太宗進曰老生勇而無謀請以輕兵挑之必出戰則成擒矣從之太宗以數騎詣其城下舉鞭指麾若將圍城者老生果怒開門出兵太宗馳白高祖曰事諧矣高祖因謂隴西公建成曰汝看兩陣將交引左軍直趨東門命太宗引右軍直趨南門以斷其歸路老生之軍背城而陣高祖以中軍與建成合陣於城東太宗及柴紹陣於城南老生麾兵疾進先薄高祖而建成墜馬老生乘之中軍與左軍咸去太宗自南原遥見塵起知義師退率二百騎馳下峻坂殺一賊將遂衝斷其軍出于陣後表裏齊譟響若崩山隋師大潰各捨杖而走懸門發老生不得入城乃棄馬投塹甲士斬之致其首於麾下流血數里僵死屍相枕四面乘勝進薄其城時無攻具士卒緣稍而上一時攀堞無敢當者遂平霍邑撫其餘衆而用之

又曰杜伏威既敗隋師煬帝又遣將軍陳稜討之稜不敢戰伏威知其怯懦因遺稜婦人之服以激怒之稜果大怒恚率衆而至伏威逆拒殺數千人稜僅以身免

又曰竇建德自滎陽西上太宗以數百騎出武牢關二十餘里以挑之往往設伏比至(賊營纔四騎而巳謂左右曰賊見我而旋是其上計乘險)逐我是其下策賊初見騎少疑爲斥候太宗謂曰我秦王也因引弓射之斃其一將賊以兵六十騎並援槍而至從者咸失色太宗謂之曰爾但前去我自殿後於是按轡徐行賊至引弓射之斃一將賊懼而止止而復來如是再三每來必斃賊乃不敢復逼太宗且挑且還伏兵相次而發合擊破之獲其大將殷秋石瓚斬首數百級

決戰上

六韜曰周武王將伐紂問太公曰今敵人圍我斷後絶糧吾欲徐以爲陣以敗爲勝奈何太公曰不可此天下困兵也暴用之則勝徐用之則敗可爲四衝陣以驍騎驚其親君左軍疾左右軍疾右中軍迭前迭後往敵之空吾軍疾擊鼓而當之

又曰敵踈其陣又遠其後跳我流矢以弱我弓弩勞我士卒爲之柰何太公曰發我銳士先擊其前車騎獵其左右引而分隊以隨其後三軍疾戰凡以少擊衆避之於易要之於險避之以晝取之於夜故曰以一擊十莫善於阸以十擊百莫善於險以千擊萬莫善於阻用衆者務易用少者務阸也

左傳曰晉師伐齊陣于莘(所臻切)晉解張御郤克鄭丘緩爲右及戰郤克傷於矢流血及屨未絶鼓音(中軍將自執旗鼓故雖傷而擊鼓不息也)曰余病矣張侯曰自始合而矢貫余手及肘余折以御左輪朱殷豈敢言病吾子忍之丘緩曰自始合苟有險余必下推車子豈識之然子病矣(以其不識已推車也)張曰師之耳目在吾旗鼓進退從之此車一人殿之可以集事(殿鎮也集成也)若之何以病敗君之大事也擐甲執兵固即死也(擐貫也即就也擐音患)病未及死吾子勉之左并轡(并畢正切)右援枹(音桴)而鼓馬逸不能止師從之(晉師從郤克車)齊師敗績

又曰齊侯伐晉夷儀敝無存之父將室之辭以與其弟(無存齊人也室之爲取婦)曰此役也不死反必娶於高國(高氏國氏齊貴族也無存欲必有功還取卿之女也)先登求自門出死於霤下(既入城夷儀人不服故鬬死於門屋霤下也)齊侯克夷儀謂夷儀人曰得敝無存者以五家免(給五家不

使役）乃得其尸公三襚之（襚衣也比殯加襚深厚禮之也）與之犀軒直蓋（犀軒卿車直蓋高蓋也）親推之三（齊侯自推喪車輪三轉也）

國語曰齊莊公且伐莒爲車五乘之賓而杞梁華舟獨不與焉故歸而不食其毋曰汝生而無義死而無名則雖非五乘孰不汝笑也生而有義死而有名則五乘之賓盡汝下也趣食乃行杞梁華舟同車侍於莊公而行至莒莒人逆之杞梁華舟下鬬獲甲首三莊公止之曰子止與子同齊國杞梁華舟曰君爲五乘之賓而舟梁不與焉是少吾勇也臨敵涉難止我以利是惡吾行也深入多殺者臣之事也齊國之利非吾所知也遂進鬬壞軍陷陣三軍不敢當

戰國策曰齊上將田單率師將攻狄魯仲連子曰將軍攻狄必不能下矣單曰單以破亡餘卒破萬乘之燕今攻狄而不能下何也上車不謝而去遂攻狄三月不克齊嬰兒謡曰大冠若箕修劒柱歸單乃懼問仲連子對曰將軍在卽墨之時坐卽織蕢立卽杖插爲士卒唱當此之時將軍有死之心而士卒無生之氣聞是言莫不揮泣奮臂而欲戰此所以破燕也當今將軍東有掖邑之封西有淄上之寶足以樂生而惡死此以不勝也田單明日結髮勵氣立於矢石間引抱而鼓之狄人乃下

漢書曰御史大夫韓安國曰魏其言灌夫父死事荷戟馳不測之吳軍身被數十創名冠三軍此天下壯士也非有大惡爭杯酒不足引他過以誅之

後漢書曰劉伯升起兵光武守昆陽莽將王尋王邑來討兵號百萬先至昆陽已十萬圍數重時伯升已拔宛三日而光武尚未知乃僞使持書報城中云宛下兵到而佯墮其書尋邑得其書不喜諸將既經累捷膽氣益壯無不一當百光武乃與敢死者三千人從城西水上衝其中堅尋邑陣亂乘勢崩之遂殺王尋城中亦鼓譟而出中外合勢震呼動天莽兵大潰走者相騰踐

又曰郟令馮魴力戰死帝曰此健令

又曰吳漢率兵圍蘇茂於廣樂劉永將周建來救漢將輕迎戰不利墮馬傷膝還營諸將謂漢曰大敵在前而公傷臥衆心懼矣漢乃勃然裹瘡而起椎牛饗士令軍中曰賊衆雖多皆刼掠群盜勝不相讓敗不相救非有杖節義者也今日封侯之秋諸君勉之於是軍士激怒人倍其氣明日建茂出兵圍漢漢選四部精兵三千餘人齊鼓而進建軍大潰還奔城漢長驅追擊大破之

李陵荅蘇武書曰昔先帝授陵步卒五千出征絕域五將失道陵獨遇戰單于謂陵不可復得便欲引還而賊臣教之遂便復戰故陵不得免耳

司馬遷報任少卿書曰且李陵提步卒不滿五千深踐戎馬之地足歷王庭垂餌虎口橫挑強胡億萬之師與單于連戰十有餘日所殺過當

太平御覽卷第三百一十一

決戰中

後漢書曰賈復與五校戰於眞定大破之復傷瘡甚光武大驚曰我所以不令賈復別將者爲其輕敵果然失吾名將聞其婦在孕生女耶我子娶之生男耶我女嫁之不令其憂妻子也復病尋愈追及大武於薊相見甚歡

又曰銚期從擊王郎將兒劉宏奉於鉅鹿下（兒五奚切）期先登陷陣手殺五十餘人被瘡中額攝幘復戰（攝猶正也）遂大破之

又曰祭遵與景丹諸將南擊弘農厭新柏華蠻中賊（東觀記史）（柏華聚名）弩中遵口洞出血流衆見遵傷稍引退遵呼叱止之士卒戰皆自倍遂大破之

又曰帝在魯聞耿弇爲張步所攻自往救之未至陳俊謂弇曰劇虜兵盛可且閉營休士以須上來弇曰乘輿且到臣子當擊牛釃酒以待百官反欲以賊虜遺君父耶乃出兵大戰自旦及昏復大破之殺傷無數城中溝塹皆滿

又曰岑彭征公孫述乃令軍中募攻浮橋先登者擢賞於是偏將軍魯奇應募而前時天風狂急彭奇舡逆流而上直衝浮橋而攢柱鉤而不得去（續漢書曰時天東風其攢柱有反把鉤奇船不得去）奇等乘勢殊死戰因飛炬焚之風急火盛橋樓崩燒彭復悉軍順風並進所向無前蜀兵大亂溺死者數千人

又曰張步攻耿弇營與劉歆等戰弇升王宮環臺望之（臨淄本齊國所都即齊王宮中有環臺也東觀記作環臺）視歆等鋒交乃引精兵以橫突步陣於東城下大破之飛矢中弇股以佩刀截之左右無知者

又曰袁紹使麴安攻公孫瓚紹在後十數里聞瓚已破發鞍息馬唯衛帳下強弩數十張大戟士百許人瓚散兵二千餘騎卒至圍紹數重射矢雨下田豐扶紹使却入空垣紹脫兜鍪抵地曰大丈夫當前鬬死而返逃垣墻間耶促使諸弩並發多傷瓚騎衆不知是紹頗稍引却會麴義來迎騎乃散退

又曰鄧禹還長安張宗夜將銳士入城襲赤眉中矛貫脾（脾背上兩膊間）又轉攻諸營保爲流矢所激皆幾至於死

又曰賈復從上擊青犢於射犬大戰至日中賊陣堅不却光武傳召復曰吏士皆飢可但朝飯復曰先破之然後食耳於是被羽先登（被猶負也析羽爲旌旗將軍所執先登先赴敵也）所向皆靡賊乃敗走諸將咸服其勇

又曰陳俊字子昭拜強弩將軍所向皆敗世祖曰戰將盡如此豈有憂乎

魏志曰毋丘儉字仲恭有幹策爲幽州刺史度遼將軍儉以高句驪數侵叛督將軍出玄菟（從道濟）討之句驪王宮將步騎逆軍沸水上大戰宮連破走遂束馬懸車登九都山屠高麗所斬獲首虜以千數使玄菟太守王頎追過沃沮千餘里至肅慎界刻石紀功刊丸都之山銘不耐之城

又曰代郡烏桓反以任城王彰爲北中郎將行驍騎將軍臨發太祖誡彰曰居家爲父子受事爲君臣動以王法從事爾其誡之彰北征入涿郡界叛胡數千騎卒至時兵馬未集唯有步卒千人騎數百疋用田豫計固守要隙虜乃散退彰追之身自戰射胡騎應弦而倒者前後相屬戰過半日彰鎧中數箭意氣益厲乘勝逐北至于乘乾（臣松之案乘乾縣名屬代郡今北虜居之號爲乘乾郡）去代二百餘里長史諸將皆以爲新涉遠士馬疲又受節度不得過代不可深進違令輕敵彰曰率師專行唯利所在何節度乎胡走未遠追之必破從令

縱敵非良將也遂上馬令軍中後出者斬一日一夜與虜
相及擊大破之斬首獲生以千數彰乃倍常科大賜將士
將士無不悅喜時鮮卑大人軻比能將數萬騎觀望強弱
見彰力戰所向皆破乃請服北方悉平時太祖在長安召
彰彰自代過鄴太子謂彰曰卿新有功今西見上勿宜自
伐彰到如太子言歸功諸將太祖喜持彰鬚曰黃鬚兒
竟大可用

又曰龐德與曹仁討關羽德屯沔北十里會天霖雨十餘
日漢水暴溢樊下平地五六丈德與諸將避水上隄羽乘
船攻之以大船四面射隄上德披甲持弓箭不虛發將軍
董衡部曲將統超等欲降德皆收斬之自平旦力戰至日
過中羽攻益急德謂督將成何曰吾聞良將不怯死以苟免
烈士不毀節以求生今日我死日也戰益怒氣愈壯而水

浸盛吏士皆降德與麾下將一人伍伯二人彎弓傅矢登
小船欲還仁營水盛船覆失弓矢獨抱船覆水中爲羽所
得立而不跪羽謂曰卿兄在漢中我欲以卿爲將不早降
爲德罵羽曰豎子何謂降也魏王帶甲百萬威振天下汝劉
備庸才耳豈能敵耶我寧爲國家鬼不爲賊將也遂爲羽所
殺

吳志曰孫權討黃祖祖橫兩蒙衝挾守沔口以栟櫚大紲
繫石爲碇上有千人以弩交射飛矢雨下軍不得前董襲
與陵統俱爲前部各將敢死百人被兩鎧乘大船突入蒙
衝裏身以刀斫兩紲蒙衝橫流大兵遂進祖便開門走兵
追斬之明日大會權舉觴屬襲曰今之會斷紲之功

晉書曰劉毅等誅桓玄兵至竹里玄使其將皇甫敷吳甫
之拒毅軍遇之於江乘臨陳斬甫之進至羅落橋又斬敷
首玄大懼使使桓謙何澹之屯覆舟山毅等軍至蔣山裕
使羸弱登山多張旗幟玄不之測益以危懼謙等士卒多北
府人素懼伏裕莫敢出鬬裕與毅等分爲數隊進突謙陳
皆殊死戰無不一當百時東北風急毅軍放火烟塵張天
鼓譟之音震駭京邑謙等諸軍一時奔散

又曰周處攻齊萬年於六陌將戰處軍人未食齊王肜促
命速進而絕其後繼處知必敗賦詩曰去去世事已棄馬
觀西戎藜藿甘粱黍期之克命終言畢而戰自旦及暮斬
首萬計弦絕矢盡左右勸退處案劍曰此是吾効節受命
之日何退之爲且古者良將受命鑿凶門以出蓋有進無
退也今諸軍負信勢必不振我爲大臣以身殉國不亦可
乎遂力戰而歿

又曰明威將軍朱伺隨陶侃討杜弢有殊功石勒夏口之

戰伺用鐵面自衛以弩的射賊大帥數人皆殺之賊挽船
上岸於水邊作陣伺逐水上下以邀之箭中其脛氣色不
變諸軍尋至賊潰追擊之皆弃船投水死者太半賊夜還
長沙伺追至蒲沂不及而反加威遠將軍赤幢曲盖

又曰朱伺劉浚與鄭攀戰楊口壘伺常所調弩忽噤不發
伺甚惡之及賊攻陷北門伺退入船初浚開諸船底以木
掩之名爲船械伺既入賊舉鋋擿伺伺逆接鋋反以擿賊
賊走上船屋大喚云賊帥在此伺從船底沉行五十步乃免

又載記曰劉曜使其將軍平先丘中伯率勁騎追陳安安
與壯士十餘騎於陝中格戰安左手奮七尺大刀右手執
丈八蛇矛近交則刀矛俱發輒害五六人遠則帶雙鞬左
右馳射而走平先亦壯健絕人勇捷如飛與安搏戰三交
奪其蛇矛而退會日暮雨甚安弃馬與左右五六人步踰

山嶺匿于峽澗翌日尋之遂不知所在會連雨始霽輔振
威呼延青尋其徑迹斬安于澗曲隴上歌之曰隴上壯士
有陳安丈八蛇矛左右盤戰始三交上蛇矛東流之水名
去不還劉曜命樂府歌

又曰禿髮傉檀追赫連勃勃遣善射者射之中勃勃乃勒衆逆擊敗之追奔八十餘里殺傷萬計斬其大將十餘人以爲京觀号髑髏臺還于嶺北

又曰前秦苻堅爲姚萇所攻苻堅率兵攻姚萇皆刻鋒鎧爲死休字示以戰死爲志每戰以長矟鉤刃爲方圓大陣知有厚薄從中分配故人自爲戰所向無前

又曰後趙冉閔之亂石琨及張舉王朗率衆七萬伐鄴石閔帥騎千餘拒之城北閔執兩刃矛馳騎擊之皆應鋒摧潰斬級三千琨等大敗歸于冀州

又曰朱伺善戰人或問之伺荅諸人以舌擊賊伺唯以刀耳又問曰將軍前後擊賊何以每得勝耶伺曰兩敵共對唯當忍之彼不能忍我能忍是以勝耳

又曰周訪討江沔間賊杜曾訪有衆八千進至張陽曾銳氣甚盛訪曰先人有奪人之心善謀也使將軍李恒督左甄許朝督右甄訪自領中軍高張旗幟曾果先攻左右甄曾勇冠三軍訪甚惡之自於陣後射雉以安衆心令小將趙胤領其父餘兵屬左甄力戰敗而復合胤馳馬告急訪怒叱令更進号哭還戰自辰至申兩甄皆敗訪選精銳八百人自行酒飲之勑不得輒動聞鼓音乃進賊未至三十步訪親鳴鼓將士皆騰躍奔赴曾遂大潰殺千餘人遂定漢沔

又曰劉裕舉兵伐後秦姚泓王鎮惡爲前鋒軍至渭橋鎮惡所乘皆蒙衝小艦鎮惡登岸渭水流急倏忽間諸艦悉逐流去時泓屯軍在長安城下猶數萬人鎮惡撫慰士卒曰卿諸人並家在江南此是長安門外去家萬里而舫乘衣糧並已逐流去豈復有生之計耶唯宜死戰可以立大功不然則無遺類矣乃身先士卒衆亦知無復退路莫不騰踊爭先泓衆一時奔潰即陷長安城

崔鴻十六國春秋曰前秦苻堅將王猛討前燕慕容暐暐遣將慕容評屯於潞川以拒之猛與評相持遣裨將郭慶以銳卒五千夜從間道出評營後傍山起火燒其輜重暐懼遣使讓評催之遣戰猛知評賣水鬻薪有可乘之會評又求戰乃陳於潞原而誓衆曰今與諸君深入賊地宜各勉進不可退也願勠力行間以報恩顧受爵明君之朝慶觴父母之室不亦美乎衆皆勇奮破釜棄糧大呼競進猛

觀評師之衆也惡之謂鄧羌曰今日之事非將軍莫可以捷將軍其勉之羌曰若以司隸見與者公無以爲憂猛曰此非吾之所及必以本郡太守萬户侯相處羌不悅而退俄而兵交猛召之羌寢而弗應猛馳就許之羌於是大飲帳中與張蚝徐成等（蚝七吏切）跨馬運矛馳入評軍出入數四傍若無人搴旗斬將（搴居輦反）殺傷甚衆戰及日中評衆大敗俘斬五萬

裴子野宋略曰左將軍劉康祖聞虜寇壽陽自虎牢率七千人來赴虜至者八萬騎康祖令軍中曰顧望者斬首轉步者斬足士皆用命賊死者萬餘血流沒踝流矢貫頸墮馬死

宋書鄧琬傳曰劭孝祖屯軍鵲洲沈沖之謂陶亮曰昔孝祖梟將一戰便死孝祖與賊合戰每戰常以鼓蓋自隨軍

中人相謂曰郭統兵可謂死將矣今與賊交鋒而以羽儀
自顯欲不斃得乎
又曰傅弘之字仲度涼僞太子赫連瓌率衆襲長安弘之
領步騎五千大破之瓌又抄渭南弘之又於寡婦渡破瓌
獲賊二百及義眞東歸赫連佛佛傾國追躡於青泥大戰
弘之射貫甲冑氣冠三軍陣敗陷沒佛佛逼令降弘之不
爲屈也
又高祖紀曰于時北師始還傷痍未復戰士纔數千賊衆
十餘萬舳艫亘千里孟昶諸葛長仁懼欲擁天子過江帝
曰今兵士雖少猶足一戰若其克濟臣主同休如其不然
不復能草間求活吾計決矣。又曰薛安都北征至陝下
魏多縱突騎衆軍患之安都怒甚乃脫兜鍪解所帶鎧唯
着絳衲兩襠衫馬亦去具裝馳入賊陣猛氣咆哮所向無敵
當其鋒者無不應刃而倒如是數四每入衆無不披靡
又曰高祖義軍進至覆舟東張疑兵以油帔冠株布蒲山
谷帝先馳之將皆殊死戰無不當百呼聲動天地因風縱
火煙焰張天謙等大敗
齊書曰薛安都討魯爽及沈慶之濟江安都望見爽便躍
馬大呼直往刺之應手而倒左右范雙斬爽首爽世梟猛
咸云萬人敵安都單騎直入斬之而反時人皆云關羽斬
顏良不足過也
梁書曰大同初魏軍復圍南鄭杜懷瑤命第三子嶷帥二
百人與魏前鋒戰於光道寺溪矢中其目失馬敵人交矟
將至嶷斬其一騎躍而上馳以歸嶷旅力絕人便馬善射
一日戰七八合所佩霜明朱弓四石餘力班絲纏矟長二
丈五同心敢死士百七十人每出殺傷數百人敵人憚之

太三百十二　七　徐壬

號爲杜彪
又曰侯景圍王僧辯於巴陵元帝乃引僧祐於獄拜爲假
節武猛將軍封新市縣侯令援僧辯將行泣下謂其子玘
曰汝可開朱白二門吾不捷則死吉則由朱凶則由白也
元帝聞而壯之
又曰蔡道班爲湖陽戍主攻蠻錫城反爲蠻困馮根年十
六救之乏馬交戰提雙劒左右奮擊殺傷甚多道班以免
由是知名
又曰武帝師次秣陵東昏遣大將王珍國盛兵朱雀門衆
號二十萬及戰梁武軍引却王茂乏馬單刀直前外生韋欣
慶勇力絕人執鐵纏矟翼茂而進故大破之茂勳第一欣
慶力也
陳書曰武帝入援建鄴杜僧明爲前鋒與蔡路養戰於南
野僧明馬被傷武帝馳救之以所乘馬授僧明僧明上馬復
進殺數十人因而乘之遂敗路養
南史曰陳將蕭摩訶隨都督吳明徹濟江攻秦郡時齊遣
大將尉破胡等率衆十萬來援其前隊有蒼頭犀角大力
之號皆身長八尺膂力絕倫其鋒甚銳又有西域胡人妙於
弓矢弦無虛發衆軍尤憚之及將戰明徹謂摩訶曰若殪
此胡則彼軍奪氣君有關張之名可斬顏良矣摩訶曰願
得識其形狀明徹乃召降人有識胡者云胡着絳衣華皮
裝弓兩端骨弭明徹遣人覘伺知胡在陣仍自酌酒飲摩
訶摩訶飲訖馳馬衝齊軍胡挺身出陣前十餘步彀弓未
發摩訶遙擲銑鋧正中其額應手而仆齊軍大力十餘人
出戰摩訶又斬之於是齊師退走
後魏書曰呂羅漢父温佐秦州羅漢隨侍隴右互楊難當

太三百十二　八　徐壬

率衆數萬冦上邽秦人多應之鎮將元意頭知羅漢善射共登西城樓令羅漢射難當隊將及兵二十三人應弦而殪賊衆轉盛羅漢進計曰今又不出戰示敵以弱衆情携貳大事去矣意頭善之即簡千餘騎令羅漢出戰羅漢與諸騎策馬大呼直衝難當軍衆皆披靡殺難當左右隊騎八人難當大驚

又曰宇文延字慶壽體貌魁岸眉目疎朗永平中釋褐奉朝請直後員外散騎常侍以父福老詔聽隨侍在瀛州屬大乘妖黨突入州城延率奴客戰死者數人身被重瘡賊乃小退而縱火燒齋閤福時在內延突火而入抱福出外支體灼爛鬚髮盡於是勒衆與賊苦戰賊乃散走以此見稱

又曰趙遐為滎陽太守時蕭衍將馬仙琕率衆攻圍朐城戍主傅文驥嬰城固守以遐為別將與劉思祖等救之次於鮑口去朐城五十里夏雨頻降厲涉長驅將至朐城仙琕見遐營壘未就徑來逆戰思祖率彭沛之衆望陣奔退遐孫軍奮擊獨破仙琕斬其直閤將軍軍主李魯生仙琕先分軍於朐城之西阻水列柵以圍固城遐身自潛行觀水深淺結草為筏銜枚夜進破其六柵遂解假固城之圍進救朐城都督盧昶率大軍繼之未幾而文驥力竭以城降賊衆軍大崩昶棄其節傳輕騎而走唯遐獨握節而還

太平御覽卷第三百一十二

兵部四十四

決戰下

隋書曰文帝遣將賀若弼伐陳後主令軍魯廣達陳兵白土岡居衆軍之南偏鎮東大將軍任忠次之護軍樊毅都官尚書孔範又次之侍中車騎大將軍蕭摩訶軍最居北衆南北亘二十里首尾進退各不相知賀若弼初謂未戰將輕騎登山觀視形勢及見衆因馳下置陣廣達首率所部進薄弼軍屢却俄而復振更分軍趣北突諸將孔範出戰於交而走諸將支離陣猶未合騎卒會散駐之弗止因而大敗

又曰楊義臣拜朔州總管漢王諒作亂并州時代州總管李景爲漢王將喬鍾葵所圍詔義臣救之義臣率馬步二

萬夜出西陘遲明行數十里鍾葵覘見義臣兵少悉衆拒之鍾葵亞將王拔驍勇善用矟射之者不能中將軍楊思恩請當之義臣見思恩氣貌雄勇顧之曰壯士也賜以卮酒思恩望見拔立於陣後投觴於地策馬赴之再往不克義臣後選騎士十餘人從之思恩遂突擊殺數人直至拔麾下短兵方接所從騎士退思恩爲拔所殺拔遂乘之義臣軍北者十餘里

又曰煬帝征高麗隋大將宇文述與九軍過鴨綠水又東注薩水去高麗平壤城三十里因山爲營高麗國相乙支文德遣使偽降請述曰遂旋師者奉其主高元朝行在所述見士卒疲弊不可復戰又平壤險固卒難致力遂因其詐而還半濟賊擊後軍於是大潰不可禁止九軍敗績一日一夜還至鴨綠水行四五十里初度遼九軍三十萬人還至遼東城唯二千七百人

唐書曰太宗嘗謂群臣曰朕自興兵每執金鼓必自指揮習觀其陣即知強弱常以吾弱對其強以吾強對其弱敵犯吾弱追奔不踰百數十步吾擊其弱必突過其陣自背而反擊之不無潰多用此而制勝思得其理深也

又曰武德中李靖隨河間王孝恭討蕭銑於江陵不從靖謀致敗委舟大掠人皆負重靖見其兵亂進兵擊之賊大敗又乘勝進入其郛郭攻其水城克之悉取其舟楫散於江中賊救兵見之謂城以陷莫敢輕進銑內外阻絕城中携貳由是懼而出降

又曰光宅初武太后臨朝稱制徐敬業於楊州起兵以匡復皇家爲辭月餘致精卒數萬太后遣將軍李孝逸領兵討之敬業率軍拒於下阿溪方成列敬業謂其徒曰自知

衣甲非厚者居後衆乃爭退孝逸之師因其動譟而奔擊乃大破焉

又曰建中初田悅反以兵圍臨洺邢州詔以李晟爲神策先鋒都知兵馬使與河東節度使馬燧昭義軍節度使李抱真合兵救臨洺尋加兼御史中丞河東昭義軍攻楊朝光於臨洺南晟與河東騎將李自良奉國擊悅於雙岡悅兵却遂斬朝光戰于臨洺諸軍皆却晟引軍渡洺水乘兵而濟橫擊悅諸軍復振擊悅大破敗悅於洹水以功加檢校左散騎常侍實封百户

又曰德宗以李晟兼魏府左司馬居無何朱滔王武俊皆反聯兵救田悅悅深壁不戰以老王師時武俊遣兵圍康日知於趙州晟乃獻狀請解趙州圍因合義武節度使張孝忠以軍圍范陽上大壯之乃加御史大夫俾禁兵將莫

仁擢趙光銑杜季玭皆隸焉晟乃自魏州直趨趙州賊解圍而去晟留趙州三日與義武合軍而北略恒州圍朱滔將鄭景濟於清苑決水灌之田悅朱滔王武俊皆遣兵來救戰於白樓賊犯義武義武軍却晟引步騎數百擊破之景濟所乘馬連中流矢踰月城中益急滔武俊大懼乃自魏縣悉兵來救復圍晟軍晟內圍景濟外與滔等拒戰日數合自正月至于五月會晟病甚不知人數焉軍使合謀乃以馬輿晟引軍還定州賊不敢逼

三國典略曰後周軍圍晉陽齊人望之如黑雲四合高延宗勝兵四萬人嬰城布陣躬與齊王憲交兵自申至酉死者甚衆帝遂北入城當天門頓營焚佛寺光燭天地延宗率衆排車向前我軍遂却人相蹂死者頗衆齊人欲閉門以閫下積屍扉不得闔帝從數騎崎嶇危嶮僅得出門侍

臣殲焉唯左仕上士庫狄嶔侍從時四更也延宗以帝長鬚使於積尸之下求之不得士卒既勝乃入坊飲延宗不復能整頓之帝出城飢甚將謀遁免開府宇文忻進曰陛下乘勝至此今者破竹其勢已成奈何棄之而去會延宗使開府叚暢以千人擊帝暢以衆降盛言城內空虛更無繼援帝乃駐馬召兵旗鼓復振攻三門剋之延宗率衆苦戰尸骸塞路侲時力屈輕騎走出城北於人家擒之延宗見帝自投於地帝欲執其手固辭曰死人手也恐逼至尊帝強執之曰兩國天子有何怨惡直爲百姓而來耳勿怖終不殺

又曰齊師伐梁大至于鐘山龍尾周文育請戰陳霸先曰兵不逆風文育曰事急矣當決之何用古法抽槊上馬殺傷數百人齊軍乃移營于莫府山

又曰侯景次于渦陽有車數千兩馬數千疋甲士四萬人慕容紹宗戎卒十萬旗甲耀日方軌長駈鳴鼓並進景使謂之曰公等爲欲送客爲欲定雌雄紹宗對曰當欲公決勝負遂順風以陣景閇其壘風止乃出紹宗曰侯景多詭詐好掩人背咸宜備之景果令入陣者皆短兵但斫人脛及馬足東魏軍大敗紹宗墜馬

又曰陳霸先衆軍自覆舟東移頓郊壇北齊人相對侯安都謂蕭摩訶曰卿驍勇有名千聞不如一見摩訶對曰今日令公見矣命衆軍秣馬蓐食遲明攻之侯安都墜馬被圍蕭摩訶獨騎大呼直衝齊軍齊軍披靡安都乃免霸先自率帳內麾下出莫府山南吳明徹沈泰等衆軍首尾擊之齊人大潰自相蹂藉壅川塞谷

莊子曰惠子見戴晉人戴晉人曰有所謂蝸者君知之乎曰然有國於蝸之左角者曰觸氏有國於蝸之右角者曰蠻氏時相與爭地而戰伏尸數萬逐北旬有五日而後返誠知所爭者若此之細則天下無爭矣

文子曰廟戰者帝神化者王廟戰者法天道也神化者明四時也

列子曰黃帝與炎帝戰于阪泉之野率熊羆狼豹貙虎而前驅鵰鶡鷹鳶爲旗幟此以力使禽獸也

孟子曰爭地以戰殺人盈野爭城以戰殺人盈城此所爲率土地而食人肉罪不容於死也

六韜曰以少擊衆必以日之暮以衆擊衆必以日之早

穰苴兵法曰以戰去戰戰雖戰可也戰春不東秋不西月食還師所以止戰也

古司馬兵法曰凡軍使法在已曰專與下畏法曰法軍無

小聽戰無小利小聽謂輕弱敵人稱其虛弱危敗易勝以喜士眾沮備預也小利謂小敵擊誘於餌數爲小戰也

又曰凡五兵長以衛短短救長迭戰則久皆戰則強迭更也言更息則可堪久悉舉兵戰衆多者強

孫子曰兵以詐立以利動以分合變者也兵一分合以敵爲變兵法詭詐以利動敵心或合離爲變化之術也故其疾如風言進退應機其徐如林不見利不前也如風吹林木小動而其大不移侵掠如火疾也抄掠財物如炎火之猛烈不動如山守也不信敵之誑惑安周如山難知如陰莫測如天之陰雲不見列宿之象動如雷霆盛猛速疾不及應也故太公曰疾雷不及掩耳疾電不及瞑目也指嚮分衆因敵而制勝也旌旗之所指向則往分離其師衆也先知迂直之計者勝此軍爭之法也

又曰我專而敵分我專一而敵分散也我專爲一敵分爲十是以十共其一也我料見敵形審其虛實故所備者少專爲也以我之專擊彼之散卒爲十共擊一也則我衆而敵寡我專爲一故衆敵分爲十故寡能以衆敵寡者則吾所與戰

者約矣言約少而易勝吾所與戰之地不可知也言舉動微密情不可使彼知吾所舉不知吾所集也不可知則敵所備者多敵所備者多則吾所與戰者寡矣形藏敵疑則分離其衆備我也言少而易擊故也故備前則後寡備後則前寡備左則右寡備右則左寡無不備者無不寡言敵之所備者多則士卒無不分散而少寡者備人者也敵分散而少者皆先備人也衆者使人備已者也敵所以備多已者由我專而衆散故也故知戰之地知戰之日則千里而會戰以度量知空虛先知戰地之形又必戰之日則可千里期會先往以待之若敵以先至不往可以勞之不知戰地不知戰日則左不能救右右不能救左前不能救後後不能救前而況遠者數十里近者數里乎敵以先居於勢之地已方趨利欲戰則左右前後惑疑進退不能相救況數十里之間也故善用兵者譬如帥然帥然者常山之虵也擊其首則尾至擊其尾則首至擊其中則首尾俱至夫善戰也必知戰之日知戰之地度道設期分軍雜卒遠者先進近者後發千里之會同時而合若會都市其會地之日無令敵知知之則所備處少知所備處多備寡則專備多則分分則力散專則力并也

又曰夜戰多火鼓晝戰多旌旗所以變民之耳目也故三軍可奪氣將軍可奪心左氏傳言一鼓而作氣再而衰三而竭也是故朝氣銳晝氣惰暮氣歸故善用兵者避其銳氣擊其惰歸也

又曰勝者之兵先勝而後求戰敗者之兵先戰而後求勝

又曰圍地則謀死地則戰疾戰則存不疾戰則亡者爲死地

吳子曰用兵之道先明四輕二重使地輕馬使馬輕車使車輕人使人輕戰鋒銳甲堅則人輕戰

呂氏春秋曰趙氏攻中山中山之多力者五兵鳩衣鐵甲操鐵杖以戰所擊無不碎所衝無不陷以車投車以人投人

又曰趙簡子攻衛自將兵及戰且遠立又居於犀櫓之下

鼓之而士不起簡子投桴而歎曰嗚呼士之弊一若此乎行人燭過免冑橫戈而進曰君不能耳士何弊之有簡子艴然作色曰寡人之無使而身自將是衆也子親謂寡人無能有說則可無說則死對曰昔吾先君獻公即位五年兼國十九用此士也惠公即位二年淫色暴嫚身好玉女秦人襲我去絳七十用此士也文公即位二年厎之以勇三年而士盡果敢城濮之戰五敗荊人圍衛取曹拔石社定天子之位成尊名於天下用此士也亦有君不敢耳士何弊之有簡子乃去犀蔽屏櫓而立矢石之所及一鼓而士畢乘之簡子曰與吾得革車千乘也不如聞行人燭過之一言行人燭過可謂能諫其君矣

又曰昔荊恭王與晉厲公戰於鄢陵荊師敗共王傷臨戰司馬子反渴而求飲豎陽穀操參酒而進之酒器受三升曰參子

反曰訾退酒也豎陽穀曰非酒也子反曰訾退却豎陽穀
又曰非酒也子反受而飲之子反之為人也嗜酒甘而不
能絶於口醉戰既罷共王欲復戰而謀使召司馬子反子
反辭以心疾共王駕而往視之入幄中聞酒臭而還曰今
日之戰不穀親侍所恃者司馬也而司馬又若此是忘荊
國之社稷而不恤吾衆不穀無與傷戰矣於是罷師去之
斬司馬子反以為戮故豎陽穀之進酒也非以醉子反也
其心以忠也而適足殺之故曰小忠大忠之敗也
又曰齊晉與戰平阿之餘子亡戟得矛（平阿齊邑餘子官氏）退而去
不自快謂路之人曰亡戟得矛可以歸乎路之人曰戟亦
兵也矛亦兵也亡兵得兵何為不可以歸心猶不自快也遇高
堂之孤叔無孫（孤特位尊也叔姓無孫名）餘子當其馬前曰今者戰亡
戟得矛可以歸乎叔孫曰矛非戟也戟非矛也亡戟得矛
豈亢責也哉（亢當）平阿餘子曰嘻還反戰趨尚及之遂戰而
死
又曰吳起謂商文曰馬與人敵在前援桴一鼓三軍之士
樂死若生子與我孰賢商文曰吾不如子
淮南子曰昔晉文公將與楚戰城濮問於咎犯曰為之奈
何咎犯曰仁義之軍不厭忠信戰陣之戎不厭詐偽君其
詐之而已問雍季雍季對曰焚林而獵偷多獸必無獸以
詐偽愚人雖偷利厚亦無復利其正之而已矣於是不聽
雍季之計而用咎犯之謀與楚人戰大破還賞有功者先
季雍（左右曰城濮之戰咎犯之謀也賞先季雍者何也文公言曰咎犯之言一時之）權也季雍之言
萬世之利吾豈可以一時之權而先萬世之利哉
又曰敵潰而走後必可移適迫而不動名之曰奄遲擊之
如雷霆斬之若草木燿之若火電欲疾以速人不及步車

不及以轉轂兵如植木弩如羊角人雖衆多勢莫敢格
春秋感精符曰強傑並侵兵雷合龍門溺驂（宋均曰龍門魯門也時與宋齊戰敗相殺血溺驂馬者也）
賈誼新書曰黃帝行道炎帝不聽故戰涿鹿之野血流漂
杵。三輔舊事曰武帝發兵攻衛太子連鬬五日白虎門
前溝中血流没足
列女傳曰湯受命而伐桀戰于鳴條（鳴條南夷地名）桀師不戰湯
遂放桀與末嬉嬖妾同舟浮海死於南巢之山
諸葛亮兵法曰山陵之戰不仰其高水上之戰不逆其流
草上之戰不涉其深平地之戰不逆其虛此兵之利也故
戰鬬之利唯氣其形也
衛公兵法曰凡事有形同而勢異者亦有勢同而形別者
若順其可則一舉而功濟如從未可則暫動而必敗故孫
臏曰計者因其勢而利導之兵法曰百里趨利則蹶上將
五十里而趨利者半至善動敵者形之而敵從之與之而
敵取之以奇動之以本待之此戰勢之要術也若我士卒
以齊法令以行奇正以設置陣以定誓衆以畢上下已整
天時已應地利也據鼓角以震風勢已順敵人雖衆其奈
我哉譬虎之有牙兕之有角身不蔽捍手無寸刃而欲搏
之勢不可觸其亦明矣故兵有三勢一曰氣勢二曰地勢
三曰因勢若將勇輕敵士卒樂戰三軍之衆志厲青雲氣
等飄風聲如雷霆此所謂氣勢也若關山狹路大阜深澗
龍蛇蟠陰羊腸拘門一夫守險千人不過此所謂地勢也
若因敵怠慢勞役飢渴風波驚擾將吏縱横前營未舍後
軍半濟此謂因勢也若遇此勢當潛我形出其不意用奇
設伏乘勢取勝是以良將用兵審於機勢而用兵仍須鼓

而怒之感而勇之賞而勸之激而揚之若鷙鳥之攫獸之搏必修其牙距度力而下遠則氣衰而不及近則形見而不得故良將之戰必整其三軍礪其鋒甲設其奇伏量其形勢遠則力疲而不及近則敵知而不應若不通此機乃智不及於鳥獸亦何能取勝於勍寇乎仍須怒士勵衆使之奮勇故能無強陣於前無堅城於外以弱勝強必因勢也

楊子雲長楊賦曰高祖奉命順斗極運天關橫巨海票崑崙提劒而叱之所過麾城摲邑下將降旗一日之戰不可殫紀

潘安仁西征賦曰追皇駕而驟戰望玉輅而縱鏑

潘安仁射雉賦曰若夫多疑少決膽劣心捐內無固守出不交戰

謝玄暉詩曰炎靈劒遺璽當塗駭龍戰

李少卿荅蘇武書曰疲兵載戰一以當千

陸士衡辨亡論曰我陸公挫之西陵覆師敗績因而後濟絶命永安續以濡須之寇臨川摧銳蓬龍之戰隻輪不反

太平御覽卷第三百一十三

太平御覽卷第三百一十四

兵部四十五

突圍　追奔　乘勢

突圍

漢書曰趙充國武帝時以假司馬從貳師將軍擊匈奴大爲虜所圍漢軍乏食數日充國乃與壯士百餘人潰圍陷陣貳師引軍隨之遂得解身被二十餘瘡

又曰灌夫父張孟嘗爲潁陰侯灌嬰舍人蒙灌氏姓爲灌孟（師古曰蒙冒也）孟年老潁陰侯強請之鬱鬱不得意故戰嘗陷堅遂死吳軍中軍法父子俱有死事得與喪歸夫奮曰願得吳王下將軍頭以報父仇於是夫被甲持戟募中軍壯士所善願從數十人及出壁門莫敢前獨兩人及從奴十餘騎馳入吳軍至戲下（師古曰戲大將之旗音與麾同）所殺傷數十人不得前復還走漢壁亡其奴獨與兩騎歸

又曰袁尚征袁譚於平原使其將審配守鄴曹公攻鄴城尚聞鄴急弃平原而來入城以計事者主簿李孚請行尚曰當何所辦李曰今鄴圍甚急多人則不可孚乃自選溫信者三人不示其謀各給駿馬令釋戎器著平上幘持問事杖投暮直詣鄴下自稱曹公都督巡歷圍壘所過呵責失候者輒撾之自東歷西徑出曹公營當城門復怒守圍者收縛之因開圍馳入城下配以繩引之孚得入城中鼓譟皆呼萬歲守圍者以狀聞公笑曰此非徒入方且復出孚計事訖欲還而外圍益急謂配曰城中穀少無用老弱爲不如駈出之省穀配乃夜簡得一千人皆令秉白幡持脂燭從三門而出請降孚將所來騎隨降人而出時守圍吏聞城中悉降火光照曜但共觀火不復視圍孚出北門突圍而歸尚明日曹公聞孚以得去曰果如吾言

又曰公孫瓚除遼東屬國長史常從數十騎出行塞下卒逢鮮卑數百騎瓚乃退入空亭約其從者曰今不奔之則死盡矣乃自持兩刃矛馳出衝賊殺傷數十人瓚左右亦亡其半遂得免

又曰賈復從征伐未嘗喪敗數與諸將潰圍解急身被十二瘡帝以復敢深入希令遠征而壯其勇節嘗自從之

魏志曰張遼爲雜號將軍守合肥爲孫權所圍獨出麾下從者千餘人潰圍刺之巳出復入復出權衆破走由是威震江東

又曰曹仁字子孝太祖從弟也行征南將軍留屯江陵拒吳將周瑜瑜未渡前鋒數千人始至仁募得三百人遣部曲將軍牛金逆與挑戰遂爲所圍長史陳矯在城上望見金等垂沒左右皆失色仁氣奮怒遂被甲上馬將其麾下壯士數十騎出城徑前衝入陣金等乃解餘衆未盡出仁復直還突之拔出金兵賊衆乃退矯等初見仁出皆懼及見仁還乃歎曰將軍眞天人也三軍服其勇太祖益壯之

晉書曰李矩將張支與劉粲戰於盟津矩進救之使壯士三千汎舟迎支賊臨河列陣作長鉤以鉤船連戰數日不得渡夜遣部將格增濟入支壘與支選精騎千餘而殺所獲牛馬焚燒器械夜突圍而出奔武牢

宋書曰劉康祖世居京口便弓馬膂力絕人浮蕩蒲酒爲事每犯法爲郡縣所録輒越屋踰墻莫能禽之夜入人家爲有司所圍突圍夫並莫能追因夜還京半夕便至明日守門詣府州要職俄而建康移書録之府州執事者並證康祖其夕在京遂得無恙

追奔

孫子曰歸師勿遏(若窮寇退還依險而行人人懷歸敵能死戰徐觀其變勿遠截也)

後漢書曰曹公圍張繡於穰劉表遣兵救繡以絕軍後公將引還繡兵來追公軍不得進連營稍前到安衆繡與兵合守險公軍前後受敵公乃夜鑿險爲地道悉過輜重設奇兵會明賊謂公爲遁也悉軍來追縱奇兵步騎夾攻大破之公謂荀彧曰虜遏吾歸師而與吾死地吾是以知勝矣

又曰曹公征張繡於攘一朝引軍退繡自追之賈詡謂繡曰不可追必敗繡不從大敗而還詡謂繡曰更追之必勝繡曰不用公言以至於此今已敗奈何復追詡曰兵勢有變亟往必利(亟記力切)繡信之遂收散卒赴追戰果勝以問詡曰繡以精兵追退軍而公曰必敗乃以敗卒擊勝兵而公曰必勝悉如公言何其皆驗詡曰此易知耳將軍雖善用兵非曹公敵也軍新退曹公必自斷後追兵雖精將既不敵彼士亦銳故知必敗曹公攻將軍無失策力未盡而退必國內有故故以破必輕軍速進留諸將斷後諸將雖勇亦非將軍敵故雖用敗兵而戰必勝也繡大服

又曰睢陽復返城迎劉永蓋延復率諸將圍之百餘日收其野穀永乏食突走延追擊盡得輜重永爲其將所殺永弟防舉城降

又曰璽書拜馬援爲伏波將軍以扶樂侯(扶樂縣名屬九眞郡)劉隆爲副督樓船將軍段志等南擊交阯軍至合浦而志病卒詔援并將其兵遂緣海而進隨山刊道千餘里(刊除也)十八年春軍至浪泊上與賊戰破之斬首數千級降者萬餘人援追徵側等至禁溪數敗之賊遂散走明年正月徵側徵貳傳首洛陽

又曰陳俊與五校戰於安次俊下馬手接短兵所向必破追奔二十餘里斬其渠帥而還光武望而歎曰戰將盡如是豈有憂哉

又曰鮮卑萬餘騎寇遼東祭肜率數千人迎擊之自披甲陷陣虜大奔投水死過半遂窮追出塞虜急皆棄兵裸身散走斬首三千餘級獲馬數千疋

又曰鄧禹進圍安邑更始遣將王匡成丹劉均等合軍十餘萬復共擊禹禹軍不利樊崇戰死會日暮戰罷軍師韓歆及諸將見兵勢已摧皆勸禹夜去禹不聽明日癸亥匡等以甲窮日不出禹因得更理兵勒衆明旦匡悉軍出攻禹禹令軍中無妄動既至營下因傳發諸將鼓而並進大破之匡等皆弃軍亡走禹率輕騎急追獲劉均及河東太守楊寶持節中郎將弭彊皆斬之收得節六印綬五百兵器不可勝數遂定河東

又曰竇固與耿忠引兵出酒泉塞至天山(即祁連山也今在西州交河縣東北今名祁縣羅漫山)擊呼衍王斬首千餘級呼衍王走追至蒲類海(蒲類海今名蒲悉海在今庭州蒲昌縣東南)留吏士屯伊吾盧城(伊吾今伊州縣也)

又曰馬防拜車騎將軍擊羌軍到冀而羌豪布橋等圍南部都尉於臨洮防欲救之臨洮道險車騎不得方駕防乃別使兩司馬將數百騎分爲前後軍去臨洮十餘里爲大營多樹幡幟揚言大兵且當進羌候見之馳還言漢兵盛不可當明旦遂鼓譟而前羌虜驚走因走擊破之斬首虜四千餘人遂解臨洮圍

晉書曰王遜爲寧州刺史越嶲李驤殺寧州遜使將軍姚崇爨琛拒之戰于堂狼大破驤等崇追至瀘水透水死者

千餘人崇以道遠不敢渡水遂以崇不窮追 也怒囚于郡執崇鞭之怒其鬚上衝冠冠爲之裂夜中遂卒

又載記曰慕容寶與魏戰謀還中山乃引歸魏軍追擊之寶弃大軍率騎二萬奔還時大風雪凍死者相枕於道寶恐爲魏軍所及命去袍仗戎器寸刃無返

崔鴻十六國春秋曰前秦符堅自征晋於壽春敗還長安慕容泓起兵于華澤堅將符叡竇衝姚萇討之（叡以苻泓）符叡勇果輕敵不恤士衆泓聞其至也懼率衆將奔關東叡馳兵邀之姚萇諫曰鮮卑有思歸之心宜驅令出關不可遏也叡弗從戰于華澤叡敗績被殺

又曰夏赫連勃勃伐南凉禿髮傉檀大敗之驅掠二萬七千口牛馬羊數十萬而還傉檀率衆追之其將焦朗曰勃勃天姿雄健御軍齊肅未可輕也今因抄掠之資率思歸之士人自爲戰難與爭鋒不如從温圍北 趣萬斛堆阻水結營制其咽喉百戰百勝之術也傉檀不從勃勃聞而大喜乃於楊武下峽鑿凌埋車以塞路勃勃乃勒衆逆擊大敗之殺傷萬計

又曰後凉呂弘攻段業於張掖不勝將東走業議欲擊之其將沮渠蒙遜諫曰歸師勿遏窮寇弗追此兵家之戒也不如縱之以爲後圖業曰一日縱敵悔將無及遂率衆追之爲弘所敗業歎曰不能用子房之言以至於此

後周書曰晋公護東伐高齊遣將尉遲迥圍洛陽爲敵所敗周將達奚武與齊王憲於邙山禦之至夜收軍憲欲待明更戰武欲還固爭未決武曰洛陽軍散人情駭動若不因夜速還明日欲歸不得武在軍旅久矣備見形勢大王少年未經軍事豈可將數營士衆一旦弃之乎憲從之遂全軍而返

隋書曰張金初既敗將數百人遁逃後歸漳南招集餘黨楊善會追捕斬之傳首行在所帝賜以尚方甲矟弓劒進拜清河通守

唐書曰武德初劉武周入寇僕射裴寂拒戰于度索原寂軍敗周進逼河東太宗出兵拒之江夏王道宗年十七從征太宗登王壁城望賊謂道宗曰賊恃其衆來邀我戰汝謂如何對曰賊乘勝而來其鋒不可當易以計屈難與力競但深溝高壘以挫其鋒烏合之徒安得持久糧餉既竭自當離潰可不戰而擒也太宗曰汝意暗與我合武周食盡夜遁追及會州一戰滅之

又曰 德操領延州道行軍摠管鎮北境梁師都與突厥之衆數千騎來寇延安營於野豬嶺德操以衆寡不敵按甲以挫其鋭後伺賊稍怠遣副摠管梁禮率衆擊之德操以輕騎出其不意賊與禮酣戰久之德操多張旗幟權至其後賊大潰逐北二百餘里剋其魏州虜男女二千餘口經數月師都又以步騎五千來寇德操擊之俘斬略盡師都與百餘騎而遁以功拜上柱國封平原郡公邑一千户賜以貂裘金帶布帛千疋

衛公兵法曰諸戰鋒等隊打賊敗其駐隊隊別量抽驍徤二十人逐北其輜重隊遙叫作聲不得輒動跳盪隊奇兵隊趂賊退不得過百步如審知賊徒敗散仍須取機追逐

乘勢

左傳曰晋侯圍曹門焉多死（攻曹城門）曹人尸諸城上（磔晋死人於城上也）晋侯患之聽輿人之誦稱舍於墓（輿衆也舍墓爲將發冢也）師遷焉曹人兇懼（遷至曹人墓也兇兇恐懼聲也音吁勇切）爲其所得者棺而出因其

兇也而攻之遂入曹也

史記曰漢王遣將韓信破陳餘後信購致廣武君李左車師事之韓信曰僕欲北伐燕東攻齊何若而有功對曰今將軍涉西河虜魏王擒夏說閼與一舉而下井陘不終朝破趙二十萬衆誅成安君名聞海內威振天下此將軍之所長也然而衆勞卒罷其實難用今將軍欲舉倦獘之兵頓之燕堅城之下欲戰恐力不能拔情見勢屈曠日糧竭而弱燕不服齊必距境以自強也燕齊相持而不下劉項之權未有所分也若此者將軍所短也故善用兵者不以短擊長而以長擊短爲將軍計莫如案甲休兵鎮趙撫其孤弱百里之內牛酒日至以饗士大夫醳兵（魏都賦曰醳者順時劉逵曰醳酒也）北首燕路而後遣辨士奉咫尺之書暴其所長於燕燕必不敢不聽從燕以　東告齊齊必從風而服雖有智者亦不知爲齊計矣如是則天下事可圖也兵固有先聲而後實者此之謂也韓信並從之燕齊從風而靡

後漢書曰王莽兵攻昆陽光武自將步騎千餘前去大軍四五里而陣尋邑亦遣人數千合戰光武奔之斬首十級（秦法斬首一賜爵一級故因謂斬首爲級）諸部喜曰劉將軍平生見小敵怯今見大敵勇甚可怪也且復居前請助將軍光武復進尋邑兵却諸部共乘之斬首數百千級連勝遂前時伯外拔宛已三日而光武尚未知乃僞使持書報城中云宛下兵到而陽墮其書尋邑得之不喜（喜音許記切）諸將既經累捷膽氣益壯無不一當百光武乃與敢死者三千人從城西水上衝其中堅（敢死謂敢而死者凡軍事中軍最尊居以堅銳自輔故曰中堅也）尋邑陳亂乘銳崩之遂殺　尋邑城中亦鼓譟而出中外合勢震動天地莽兵大敗走者相騰踐奔殪百餘里間（殪仆也）會大雷風屋瓦皆飛雨下如注滍川盛溢（水經曰滍水出南陽魯陽縣西堯山南經昆陽城北東入汝滍音直理也）虎豹皆股戰士卒爭赴溺死者以萬數水爲不流（數過於萬故以萬爲數）王邑嚴尤陳茂輕騎乘死人渡逃去盡獲其輜重車甲珎寶不可勝筭

又曰曹公征張魯定漢中劉曄進說曰明公以步卒五千將誅董卓北破袁紹南征劉表九州百郡十并其八威震天下勢慴內外今舉漢中蜀人觀風破膽失守推此而前蜀可傳檄而定也劉備人傑也有智度而遲新得蜀人猶未附今破漢中蜀人震恐其勢自傾以公之神明因其傾而壓之無不剋也若小緩之諸葛亮明於理而爲相關羽張飛勇冠三軍而爲將蜀人既定據險守要則不可犯也今不取必爲後憂曹公不從居數月蜀降者說蜀中一日數十驚備斬之而不能禁也曹公悔之又問曄曰今巳小定未可擊也

晉書曰何無忌南追桓玄與振武將軍（劉道規俱受劉毅節度留）其龍驤將軍何澹之前將軍郭銓江州刺史郭昶之守盆口無忌等次桑落洲澹之等率軍來戰澹之常所乘舫旌旗甚盛無忌曰賊帥必不居此欲詐我耳宜亟攻之衆咸曰澹之不在其中徒得無益無忌謂道規曰今衆寡不敵戰不全勝澹之雖不居此舫取則易獲因縱兵勝之可一鼓而敗之也道規從之遂獲賊舫因傳呼曰巳得何澹之矣賊中驚擾無忌之衆亦爲喟然道規乘勝逕進無忌又鼓譟赴之澹之遂潰

又曰鎮南將軍都督荆州杜元凱襲吳樂鄉（在今江陵郡松滋縣東六）對虜都督孫歆沉湖以南至于交廣靚風送款特衆會議或曰百年之寇未可盡剋今將暑熱水潦方降疾疫將起宜

侯來冬大舉凱曰昔燕樂毅籍濟西一戰以并強齊今王師兵威已震譬如破竹數節之後皆迎刃而解也遂指授羣帥直指秣陵所過城邑莫不束手遂平吳國先議者慙而謝焉

又曰朱齡石伐蜀賊譙縱縱將譙道福重兵守涪齡石師次平模去成都二百里縱遣將侯暉譙詵屯平模夾岸連城立柵齡石謂裨將劉鍾曰天方暑熱賊今固險攻之難拔祗困我師吾欲蓄銳息兵伺隙而進卿以爲何如鍾曰不然前揚聲言大衆由涪水故譙道福不敢捨涪今重軍逼之出其不意侯暉之徒已破膽矣只可因其兇懼而攻之勢當必剋剋平模之後自可鼓行而前成都必不能守若緩兵相持虛實相見涪軍復來難爲敵也進不能戰退無所資二萬餘人悉爲蜀子虜耳從之翌日進攻皆剋斬侯暉等縱之城守相次瓦解

又曰盧循率衆數萬方艦而下劉裕率兵拒之出輕利鬬艦躬提幡鼓命衆軍齊力擊之又上步騎於西岸右軍參軍庾樂生乘艦不進斬而徇之於是衆軍並騰踊爭先軍中多萬鈞神弩所至莫不摧陷裕自於中流蹙之因風水勢艦悉泊西岸上軍先備火具乃投火焚之烟焰翳天賊衆大敗追奔至夜乃歸循等還尋陽初分遣步兵莫不疑怪及燒賊艦衆乃悅服

又曰周訪討賊杜曾曾大潰殺千餘人訪夜追之諸將請待明訪曰曾驍勇能戰向之敗也彼勞我逸是以剋之宜及其衰乘之可滅鼓行而進遂定漢沔

崔鴻十六國春秋蜀李特攻晉將張徵敗徵軍特議欲釋徵還涪音浮諸將進曰徵軍連戰士卒傷減智勇俱竭宜因其弊遂擒之若舍而寬之徵養病收亡餘衆更合圖之未易也特從之復進攻徵潰圍走特遣將水陸追之遂害徵生擒徵子存以徵喪還之也

唐書曰太宗進逼西河宋金剛果遁走太宗追之身先士卒奮擊大破之乘勝逐北一日一夜行二百餘里轉戰數十合士卒疲弊至高壁嶺總管劉弘基執馬而諫曰大王功効於此足矣亦宜思自安之計方今草創敵可盡乎且喉糧已竭士卒疲頓更欲何之願且停營待兵糧咸集而後決戰太宗曰功者難成易敗機者難得易失金剛走到汾州衆心已沮我及其未定當乘勢擊之此破竹之義也如更遲留必爲賊計此失機之道吾國家之事當竭忠盡力豈顧身之安危乎遂策馬去諸軍乃進莫敢以飢乏爲辭夜宿於雀鼠谷之西原太宗不食二日不解甲三日矣軍中若飢此夕惟有一羊太宗撫將士與之同食三軍感悅皆飽而思奮激明日趨汾州金剛列陣南北七里以抗官軍太宗遣總管李勣程知節秦叔寶當其北翟長孫秦武通當其南親御中軍以臨之諸軍戰小却爲賊所乘太宗率精騎三千直趣金剛賊衆大潰斬首三千餘級追奔數十里至張難堡有浩州行軍總管樊伯通張德政先據此堡望見太宗輕騎而來初未識之太宗免胄曰我也堡人譟既而涕泣曰不圖今日生謁大王死無所恨左右以太宗不食告之乃奉濁酒脫粟飯太宗曰今日飢渴並解雖公孫豆粥何以加之

又曰武德初太宗征薛仁果大破之乘勝遂逼折摭城實抗等苦諫曰賊主猶據堅城雖破其將宗羅侯未可即逼請按兵以候其變太宗曰籌之久矣破竹之勢不可失也

賊大軍以敗餘衆何足爲虞兇魁之計盡於此矣遂率衆而進至夜半軍臨賊城守陴者皆亂爭自投而下仁果窮蹙開門請降

太平御覽卷第三百一十四

水戰　掩襲上

水戰

國語吳語曰越王軍于江南明日將舟戰於江

晉書慕容超載記曰水戰國之所短吳之所長

又曰陳敏作亂陶侃時鎭江夏以朱伺能水戰曉作舟艦乃遣作大艦署爲右甄據江口摧破敏前鋒

又曰何無忌傳曰盧循遣別將徐道覆順流而下舟艦皆重樓無忌將率衆拒之長史鄧潛之諫曰今以神武之師抗彼逆衆迴山壓卵未足爲譬然國家之計在此一舉聞其舟艦大盛勢居上流蜂蠆之毒邾魯成鑒宜決破南塘守二城以待之其必不敢捨我遠下蓄力俟其疲老然後擊之若棄萬全之長策而決成敗於一戰如其失利悔無及矣無忌不從遂以舟師拒之旣及賊令強弩數百登西岸小山以邀射之而薄于山側俄而西風大起無忌所乘小艦被飄于東岸賊乘風以大艦逼之衆遂奔敗無忌尚厲聲曰取我蘇武節來節至乃躬執以督戰賊衆雲集登艦者數十人無忌辭色無撓遂握節死之

梁書曰王琳帥兵東下陳遣太尉侯瑱司空侯安都等拒之瑱等以琳軍方盛引軍入蕪湖避之時西南風至急琳謂得天道將直取楊州侯瑱等徐出蕪湖躡其後比及兵交西南風飜爲瑱用琳兵放火燧以擲瑱船者皆反燒其船琳艦潰亂兵士透水死十二三其餘皆棄船上岸爲陳軍所殺殆盡

隋書曰楊素伐陳率水軍東下舟艫被江旌甲曜日素坐平乘大船容貌雄偉陳人望之懼曰清河公卽江神也陳南康內史呂仲肅屯岐亭正據江峽於北岸鑿巖綴鐵鎖三條橫絕上流以遏戰船素令　登陵　先攻其柵仲肅軍夜潰素徐去其鎖

又李安傳曰伐陳之役蜀兵順流東下時陳人屯白沙安謂諸將曰水戰非北人所長今陳人依險泊船以夜襲屯賊可破也

越絕書曰伍子胥水戰法大翼一艘廣丈六尺長十二丈容戰士二十六人櫂五十人舳艫三人操長鉤矛斧者四吏僕射長各一人凡九十一人當用長鉤矛長斧各四弩各三十二矢三千三百甲兜鍪各三十二

莊子曰宋人有善爲不龜手之藥者世世以洴澼絖爲事不過數金一朝而鬻技百金請與之客得之以說吳王越有難吳王使之將冬與越人水戰大敗越人裂地而封能

不龜手一也

阮元瑜爲曹公與孫權書曰若恃水戰臨江塞要欲令王師終不得渡亦未必也

孫子荊爲石仲恭與孫皓書曰自頃國家整治器械修造舟檝簡習水戰

掩襲上

白虎通曰襲者何謂行不假塗掩人不備也人銜枚馬繮勒晝伏夜行爲襲也

左傳曰凡師有鐘鼓曰伐無曰侵輕曰襲

又曰初周人與范氏田公孫尨稅焉趙氏得而獻之吏請殺之趙孟曰爲其主也何罪止而與之田及鐵之戰以徒五百人宵攻鄭師取蜂旗於子姚之幕下

又曰齊侯還自晉不入遂襲莒門于且于莒子傷股而退

明日將復戰期于壽舒

又曰秦伯使大夫杞子戍鄭鄭使告于秦曰鄭人使我掌其北門之管(管鑰)若潛師以來國可得也穆公訪諸蹇叔蹇叔曰勞師以襲遠非所聞也(蹇叔秦大夫)師勞力竭遠主備之無乃不可乎且師行千里其誰不知公辭焉(辭不受其言)召孟明西乞白乙使出師于東門之外蹇叔哭之曰孟子吾見師之出而不見其入也晉人禦師必於殽殽有二陵焉(大阜曰陵)其南陵夏后臯之墓(臯夏桀之祖也)其北陵文王之所避風雨(此道在二殽之間南谷中谷深委曲兩山相嶔故可以避風雨古道由此魏武帝西討巴漢惡其險而更開北山高道也)必死是間余收爾骨焉秦師遂東晉原軫曰秦違蹇叔而以貪勤人天奉我也(奉與也)奉不可失敵不可縱(縱敵患生)違天不祥必伐秦師欒枝曰未報秦施而伐其師其爲死君乎先軫曰秦不哀吾喪而伐吾同姓秦則無禮何施之有吾聞之一日縱敵數代之患謀及子孫可謂死君乎(言不可謂背君)遂發命遽興姜戎子墨縗絰(晉文未葬故襄公稱子以凶服從戎故墨之也)遂敗秦師于殽獲百里孟明視西乞術白乙丙以歸

家語曰吳晉遂遇於黃池越王襲吳之國吳王歸與越戰滅焉

戰國策曰蘇秦謂楚威王曰王興師襲秦此所謂兩虎相據也

後漢書曰漁陽太守彭寵反自將二萬餘人攻幽州刺史朱浮於薊光武使將軍鄧隆救薊隆軍潞南浮軍雍奴遣吏奏狀帝讀檄怒謂使曰營相去百里其勢豈得相及比若(若汝也)還比軍必敗矣寵果盛軍臨河以拒隆又別發輕騎三千襲其後大破隆軍朱浮遠遂不能救引而去

又曰蘇茂周建與馬武合戰良久王霸軍中壯士路潤等數十人斷髮請戰霸知士心銳乃開營後出精騎襲其背茂建前後受敵驚亂走散

又曰鄧訓發湟中六千人令長史任尚將之縫革爲船置於箄上以渡河(箄木筏也音步佳反)掩擊迷唐廬落大豪多所斬獲

又曰馬援討諸羌引精兵聚北山上援陳軍向山而分遣數百騎繞襲其後乘夜放火擊鼓叫譟虜遂大潰凡斬首千餘級援以兵少不得窮追收其穀糧畜產而還

又曹瞞傳曰公聞許攸來跣出迎攸勸公襲紹將公大喜乃選精銳步騎皆執袁軍旗幟銜枚縛馬口夜從間道出人把束薪所歷道問者語之曰袁公恐曹操鈔掠後軍遣兵以益備問者信以爲然既至圍屯大放火營中驚亂大破之盡燔其糧穀寶貨斬督將眭元進等割得諸軍淳于仲簡鼻殺士卒千餘人皆取鼻牛馬割脣舌以示紹軍將士皆惶懼

又曰曹公征張魯至陽平張魯使弟衛據陽平關橫山築城十餘里攻之不拔乃引軍還賊見大軍退其守備懈公乃密遣騎將等乘險夜襲大破之

又曰廬江太守劉勳理明城(今同安郡)恃兵強士勇橫於江淮之間無出其右者孫策惡之時已有江左自領會稽太守使人卑辭厚幣而說之曰海昏上繚宗人數欺下國患之有年矣擊之路由不便幸因將軍之神武而臨之且上繚國富廩實吳姓越姬充於後庭明珠大貝被於帑藏(帑他朗切)取之可以資軍雖蜀郡成都金碧之府未能過也策願舉弊邑士卒以爲外援勳然之劉曄諫曰上繚雖小而城堅池深守之則易攻之則難不可旬月而拔也且見疲於外而國虛於內孫策多謀而善用兵乘虛襲我將何禦之而將

軍進函於敵退無所歸羝羊觸藩羸其角不能退不能進其在茲乎勲不從遂大興師伐上繚其盧江果為策所襲勲窮蹙遂奔曹公

魏志曰遣將鍾會鄧艾伐蜀蜀將姜維守劒閣鍾會攻維未能拔艾上言請從陰平江由邪徑經漢德陽亭趣涪出劒閣西四百里去成都三百里奇兵衝其腹心劒閣之守必還赴涪則會方軌而進劒閣之士不還則應涪之兵寡矣軍志有之曰攻其不備出其不意今掩其空虛破之必矣冬十月艾自陰平行無人之地七百餘里鑿山通道造作橋閣山高谷深至為艱嶮又糧運將匱頻於危殆艾以氈自裹推轉而下將士皆攀木緣崖魚貫而進先登至江油蜀守將馬邈降諸葛瞻自涪還綿竹列陣相拒大破之斬瞻及尚書張遵等首進軍至成都蜀主劉禪面縛輿櫬詣軍門降

又曰楊阜字義山天水冀人也韋康以為別駕馬超率萬餘人攻冀城阜率國士大夫及宗族子弟勝兵千餘人使弟岳於城上作偃月營與超接戰自正月至八月拒守而救兵不至超入拘岳於冀殺刺史太守阜內有報超之志而未得其便外兄姜叙屯歷城阜少長叙家見叙母說前在冀中時事歔欷悲甚叙曰何乃爾阜曰守臣不能見君亡不能死亦何面目以視息天下乎時叙母慨然勑從阜計超聞阜等兵起自將出襲歷城得叙母罵之曰若背父之逆子弑君之桀賊天地豈久容敢以面目視人乎超怒殺之阜與戰身被五瘡宗族昆季死者七人

吳志曰蜀將關羽遣糜芳守南郡羽領兵圍樊吳主遣將呂蒙屯陸口外倍脩恩厚與關羽結好羽多留兵備南郡恐蒙有變蒙上疏曰羽討樊而多留備兵必恐蒙圖其後故也蒙常有病乞分衆還建業以理病為名羽聞之必撤備徐以大軍泝江馳上襲其空虛則南郡可不戰而羽易擒耳吳主然之蒙遂稱病而還建業羽果稍撤備而悉衆赴樊城蒙遂發兵泝流而上伏甲於舟使吏衣為商人以理征棹達曙兼行過羽所置屯戍輒縛之羽遂失驚師次于南郡襲奪其城羽吏士攻樊城未下聞城以陷而家屬無恙見待甚於平時無復鬬心稍稍散羽竟為吳師所擒荊州遂平

又曰建安二十四年關羽圍曹仁於襄陽曹公遣左將軍于禁救之會漢水暴起羽以舟兵盡生虜禁等步騎三萬送江陵唯城未拔權內憚羽外欲以為己功箋與曹公乞討羽自効權征羽先遣呂蒙襲公安獲將軍士仁蒙到南郡太守糜芳以城降蒙據江陵撫其老弱釋于禁之囚

晉書曰王如京兆人也初為州武吏遇亂流移至宛時諸流人有詔並遣還鄉如等以關中荒殘不願歸征南將軍山簡南中郎將杜蕤各遣兵送之而促期令發如遂潛結無賴少年夜襲二軍大破之又陷攻襄城於是流人諸郡各率其黨攻諸城鎮多殺令長以應之未幾衆四五萬號大將軍後如連年種穀皆化為莠軍中大飢

又曰石勒遣其將石良率精兵五千襲李矩矩逆擊不利郭誦弟元復為賊所執遣元以書說矩曰去東平曹嶷西平猗盧矩如牛角何不歸命矩以示誦誦曰昔王陵父母在賊猶不改意弟當何論勒復遣誦麈尾馬鞭以示款勤誦不荅

又曰張駿為涼州牧咸和初駿遣武威太守竇濤金城太

守張閬武興太守辛巖揚烈將軍宋輯等率衆來會韓璞攻討秦州諸郡劉曜遣其將劉胤來拒屯于狄道城韓璞進渡沃干嶺辛巖曰我握衆數萬籍氐羌之銳宜速戰以滅之不可以久久則變生璞曰自夏末以來太白犯月辰逆行白虹貫日皆變之大者不可以輕動輕動而不捷爲禍更深吾將久而斃之且曜與石勒相攻胤亦不能久也積十七日軍糧竭遣辛巖督於金城胤聞之大悅謂其將士曰韓璞之衆十倍於吾羌胡皆　叛不爲之用吾糧廩將懸難以持久今虜分兵運糧可謂天授吾也若敗辛巖璞等自潰彼衆我寡宜以死戰戰而不捷當無疋馬得還宜厲爾戈矛竭汝智力衆咸奮於是率騎二千襲巖于沃于嶺敗之璞軍遂潰死者二萬餘人面縛歸罪駿曰孤之罪也將軍何辱皆赦之

王隱晉書曰祖逖軍大飢進據食犬丘城樊雅遣六十餘人入逖營披戟大呼向逖逖軍人夜不知何賊多少皆欲散走逖疑非多人但摧左右拒之會督護董昭入共討賊賊散故道出

太平御覽卷第三百一十五

兵部四十七

掩襲下

晉書曰石勒偽推奉晉幽州刺史王浚浚不疑勒於是輕騎襲幽州以火宵行至易水浚督護孫緯馳遣白浚引軍拒勒浚將佐咸請出軍擊勒浚怒曰石公來正欲奉戴我也敢言擊者斬乃命設饗以待之勒晨至薊叱門者開門疑有伏兵先驅牛羊數千頭聲言上禮實欲塡諸街巷使兵不得發浚乃懼或坐或起勒入城升其聽事命甲士執浚立之於前數其罪惡而誅之遂陷幽州

又曰劉裕秉政劉毅爲荆州刺史每多異同之議裕帥兵討之遣裨將王鎭惡先襲至豫章口豫章口去江陵城二十里自鎭惡進路揚聲劉蕃上先是毅稱病表請從弟兖州刺史蕃爲副毅謂信然不知見襲鎭惡自豫章口捨船步上小將蒯思軍在前鎭惡次之舸留一乙士（卒之次也）對舸岸上豎六七旗每旗下安一鼓語所留人計我將至城便長嚴令如後有大軍狀又分隊在後令燒江津船艦鎭惡逕前襲城語前軍若有問者但云劉兖州至津戍及百姓皆言劉蕃實上晏然不疑未至城五六里逢毅親將朱顯之將千餘騎從者數十欲出江津問是何人荅曰劉兖州至顯之騎前問蕃在所荅云在後顯之既至後不見蕃而見軍人擔鼓排戰具又遥見江津船艦已被焚燒烟焰張天而鼓嚴之聲甚盛知其非蕃上便躍馬馳去告毅外有大軍似從下上垂已至城江津船悉被火燒矣行命閉諸城門鎭惡亦馳進軍人緣城得入門猶未及下關因得開大城東門入城内毅凡有八隊餘已得戒嚴蒯恩入東門便北廻擊射堂前軍攻金城東門鎭惡入東門便直西擊金城西門軍分攻金城南門毅金城内東從舊將士猶有六隊千餘人食時就闕中晡西入退散及歸降略盡鎭惡入城便因風放火燒大城南門及東門又遣人以詔及文并高祖手書凢三函示毅皆燒不視金城内亦未信裕自來者鎭惡至軍門人與毅東來將士或有是父兄子弟中表親者鎭惡命因闕且共語衆並知劉裕自來人情離懈一更許聽事前陣散潰毅左右兵猶閉東西閤拒戰鎭惡恐慮夜暗自相傷犯乃引軍出繞金城開其南面以退毅慮南有伏兵三更中率左右三百許人開北門突出城於佛寺自縊

梁書曰侯景反陷建業高州刺史李遷仕據大皐圖逆召高梁太守馮寶寶欲往其妻沈氏止之曰刺史無故不合召太守此詐君欲爲反耳頃者京師危逼羽檄徵兵遍于郡縣刺史稱疾不赴繕甲治兵今已備矣而更召君往必見留追君兵衆此意可知矣魚不可脫於泉願且勿行當使論之曰身病篤謹遣妻傳意并送土物以省之彼聞喜必無防爲君取之如反掌矣寶從之於是沈氏自將千人皆藏短兵步檐雜物唱言賧貨（賧音琛）先書報遷仕曰太守馮寶疾篤謹令妻沈氏傳啓并奉土貢以資軍費遷仕大悅出迎沈氏因釋檐出刃大破之遷仕脫身而遁沈氏入據其城盡收其衆

後魏書曰晉王伏羅督高平源州諸軍討吐谷渾慕利延軍至樂都謂諸將曰若從大道恐軍聲先振必當遠遁若潛軍出其非意此鄧艾擒蜀之計也諸將咸難之伏羅曰

夫將軍制勝萬里擇利專之可也遂間道行至大母橋利延衆驚奔白蘭慕利延兄子拾寅走河曲降其一萬餘落

又曰陸俟代人也長安盧永劉超等聚黨以叛世祖詔俟以本官鎮長安使以方略定之於是俟單馬之鎮超聞之欣然以爲無能爲也既申揚威信示以成敗誘納超女外若姻親超猶自驚初無降意俟乃率其帳下往見超觀其舉措超使人逆曰三百人以外適當以弓馬相待三百以內當以酒食相供乃將三百騎詣超超設備甚嚴俟遂縱酒以盡醉而返後謂將士曰超可取乃密選精兵五百人激厲之言至懇切士卒荅曰以死從公必無二也遂僞獵詣超與士卒約曰今會發機以當醉爲限俟於是詐醉上馬大呼手斬超將士皆應聲縱擊遂平之世祖大悅徵還轉外都大官

又曰魏使蕭寶寅伐梁堰淮水濫溢將爲楊徐之患寅於堰上流鑿新渠引注淮澤乃遣將士千餘夜渡淮燒其營聚破賊斬其將軍而還

又曰慕容白曜南征宋以酈範爲副帥次無鹽宋將申纂憑城拒守議者僉以攻具未周不宜便進範曰今輕軍遠襲深入敵境無宜淹留久稽機候且纂必以我軍來速不在攻守謂方城可憑弱卒可恃今若外潛威形內整戎旅密厲將士出其不意可一攻而剋之白曜遂潛軍僞退示以不攻纂果不設備於是即夜部分晨便騰城崇朝而剋

又曰幽州刺史劉靈助以莊帝被爾朱兆所弒遂舉兵唱義諸州豪右咸相通結靈助屯於定州之安固兆遣將叱列延慶討之諸將謂延慶曰靈助善於卜占百姓信惑所在響應未易可圖若万一戰有利鈍則大事去矣若未還師西入據關拒嶮以待其變延慶曰劉靈助庸人也天道深遠豈其所識大兵一臨彼皆恃其妖術坐看符厭寧肯勠力致死與吾爭勝負哉如吾計者欲出城營外詭言西歸靈助聞之必信而自寬潛軍往襲可一舉而擒乃出頓城西聲云將還簡精騎一千夜發詰朝造靈助壘戰於城北遂破被擒之

又曰宕昌羌獠甘作亂逐其王彌定魏遣將史寧討破之甘將百騎走投生羌鞏廉王彌定遂得復位寧以未獲獠甘密欲圖之乃揚聲欲還獠甘聞之復招引叛羌依山起柵欲攻彌定寧謂諸將曰此羌人入吾術中當進兵擒之耳諸將思歸咸曰羌之聚散無常依據山谷今若追討恐引日無成且彌定還得守藩將軍功已立矣獠甘勢弱定能制之此還軍策之上者寧曰一日縱敵數世之患豈可

捨垂滅之寇更煩再舉人臣之禮知無不爲此觀諸軍不足與計事也如更沮衆寧豈不能斬諸將遂進軍獠甘衆亦至與戰大破之生擒獠甘并鞏廉王

後周書曰劉亮初從賀拔岳西征常先鋒陷陣以功拜大都督及岳被害亮與諸將謀迎太祖豳州刺史孫定兒據州不下涇秦諸州悉相與應衆至數萬推定兒爲主以拒義師太祖令亮襲之定兒以義兵猶遠未爲之備亮輕將二十騎先竪一纛於近城高嶺即馳入城中定兒方致酒高會卒見亮衆皆駭愕莫知所爲亮乃麾兵斬定兒首懸首號令賊黨仍遙指城外纛命二騎曰出追大軍賊黨大懼一時降附於是諸州皆歸欵伏太祖置十二軍諸將將之亮領一軍每征討與怡峯俱爲騎將

又曰賀拔岳從爾朱天光討万俟醜奴宣言遠近曰今氣

候漸熱非征討之時待至秋涼更圖進取醜奴聞之遂以為實分遣諸軍散農營於岐州之北百里綱州岳與天光諸軍盡發掩之醜奴乃弃平亭而走岳輕騎急追明日及醜奴於平涼之長坑一戰擒之

隋書曰遂州獠叛命將周法尚討之軍將至賊弃州城走散山谷間法尚捕不能得於是遣使慰諭以官號僞班師自行二十里軍再舍潛遣人覘之知其首領盡歸柵聚飲相賀法尚選步騎數千人襲擊破之

又曰李徹從元帥衛王爽擊突厥行軍摠管李充言於爽曰周齊之世有戰國中夏力分其來乆矣突厥每侵邊諸將輙以全軍為計莫能死戰由是突厥勝多敗少所以每輕中國之師今者沙鉢略悉國内之衆屯據要險必輕我而無備精兵襲之可破也爽從之諸將多以為疑唯徹奬成其計請以同行遂與充率精騎五千出其不意掩擊大破之沙鉢略弃所服金甲潛草中而遁以功加上大將軍

又曰李安為尚書右丞黄門侍郎下陳之役以為楊素司馬仍領行軍摠管率蜀兵順流東下時陳人屯白沙安謂諸將曰水戰非北人所長今陳人依險泊船必輕我而無備以夜襲之賊可破也諸將以為然安率衆先鋒大破陳師高祖嘉之詔書勞曰陳賊之意自言水戰為長險隘之間彌謂官軍所憚開府親將所部夜動舟師摧破賊徒生擒虜衆益官軍之氣破賊人之膽副朕所委聞以欣然進位上大將軍

又曰李密擊宇文化及精兵良將多有死傷王世充在東都乘其弊而擊之率步騎二萬營於洛南李密軍於偃師北世充潛遣二百騎夜伏於邙山自統其衆遲明渡水人奔馬馳以襲密營遽出兵以拒之陣未成列兩軍已合伏兵於北山中乘高而下馳入密營燒其廬舍密見營中火發因而遁走

又曰煬帝末年群盜起遣將張須陁擊盧明月於下邳賊連營十餘萬須陁纔萬人力勢不敵去賊六七里立柵相持經十餘日糧盡欲退謂將士曰賊見兵却必輕來追我其衆若出營内即虛欲以千人襲營可有大利此乘危險誰能去者人皆莫對唯秦叔寶與羅士信皆曰願行於是須陁委柵而遁使二人分領千兵潛伏於草莽既而明月悉兵追之叔寶士信馳至其柵柵門閉不得入二人超昇其樓拔賊幟各殺數人營中大亂叔寶斬關而納外兵因散縱火焚其三十餘柵煙焰漲天明月奔還須陁却遂之大破賊衆明月以數百騎遁去餘皆虜之

又曰李密起兵于雍丘是時河南山東大水死者將半密將李勣言於密曰今人多阻飢若據得黎陽倉大事濟矣密乃遣勣領麾下五千人自原武濟河掩襲即日尅之開倉恣食一旬之間勝兵二十餘萬人

唐書曰高宗遣將薛仁貴郭待封等伐吐蕃大非川將赴烏海仁貴謂待封曰烏海險遠車行艱澁若引輜重將失事機又破賊即迴不煩轉運彼多瘴癘無宜乆留大非川嶺上寛平足堪置柵可留二萬人作兩柵輜重並留柵内吾等輕鋭倍道掩其未整即撲滅之矣仁貴遂率衆先行至河口遇賊擊破斬之所獲甚衆收其牛羊萬餘頭

又曰貞觀初突厥頡利可汗牙於定襄時諸部離散代州道行軍摠管李靖選驍騎三千徑赴惡陽嶺出其不意擊之突利驚走靖遂收定襄之地頡利可汗懼退寳鐵山遣

使入朝謝罪請舉國內附又命靖往迎之頡利雖外請入朝猶持兩端待草青馬肥將踰沙磧其年太宗遣唐儉安脩仁往頡利牙慰撫之靖揣知其意謂副將張公謹曰詔使到彼虜必自寬若選精騎一萬賫二十日糧引兵自白道襲之破虜必矣公謹曰詔許其降行人在彼未宜置討靖曰此兵機也時不可失韓信所以破齊如唐儉等輩何足可惜督軍疾進師至陰山遇其斥候千餘帳皆俘以隨軍頡利見詔使大悅不虞官兵之卒至靖軍將逼其牙十五里虜始覺頡利乃走靖俘斬萬餘級獲口十餘萬得可汗婦隋義城公主殺之頡利奔吐谷渾西道行軍張寶相擒之以獻俄而突利可汗來降靖始復定襄恒安故地闢拓北境自陰山已北至於大漠太宗初聞突厥國滅謂侍臣曰朕聞主憂臣辱主辱臣死昔國家草創太上皇以百姓之故稱臣於突厥朕未嘗不痛心疾首志滅凶奴坐不安席食不甘味今暫舉偏師無往不捷單于款塞恥其雪乎因大赦天下大酺五日

又曰李愬將襲蔡州先七日使判官鄭澥告師期於裴度乃以李祐帥突將三千爲先鋒李忠義副之愬自帥中軍三千田進誠以後軍三千殿而行初出文城栅衆請所向愬曰東六十里而止至賊境曰張柴圍入之而盡殺其衆令軍士少息分食繕羈勒兵甲胄發刃彀弓復建旆而出是日陰晦雨雪大風裂旗旆馬慄而不能躍士卒苦寒抱戈僵仆者道路相望其川澤梁徑險夷張柴以東師人未嘗蹈其境皆謂投身不測初張柴諸將請所止愬曰入蔡州取元濟也諸將失色監軍使駐馬哭曰果落祐計中矣愬不聽促進師其下皆謂其必不還然以從愬之令無敢爲身計者愬道分五百人斷洄曲路橋其夜凍死者十二三又分五百人斷朗山路自張柴行七十里北至懸瓠城夜半雪愈甚城傍有鵝鴨池愬令驚擊之以雜其聲賊恃吳房朗山之固晏然無一人知者李祐李忠義持钁坎城而先登敢銳者從之盡殺守門卒而發其門留柝者以安之及鷄鳴雪亦止愬以衆入止元濟外宅田進誠續至乃合衆攻其子城子城防卒及雜役者尚千餘人乘城拒戰初有告元濟不信又告城陷矣元濟曰是洄曲子弟歸求寒衣耳及出聽聞愬號令云常侍傳語乃曰何常侍乃得至此遂操弓挾矢麾其左右奴僕盡乘城而自督戰愬計元濟猶望董質來救乃訪質家安恤之使其子持書禮召質質見子言城已陷及元濟孤窘之狀又見李祐輩已立奇功乃慨然以單騎歸愬白衣叩伏愬前愬揖登堦

以賓禮與之食時田進誠既毀其城外門得甲仗庫易其器甲明日後薄城焚其南門百姓爭負薪蒭以委之元濟城上以請罪進誠授梯而下之遂得元濟檻送京師其申光二州城鎮兵尚二萬餘人相次來降自元濟就執愬不戮一人其爲元濟執事帳下及廚廐之間者使復其職使之不疑乃屯軍鞠場以俟裴度也

又曰石雄爲劉沔裨將會昌初回鶻冠天德詔命劉沔爲招撫迴鶻使三年迴鶻大掠雲朔北邊牙於五原沔以太原之師屯于雲州沔謂雄曰黠虜離散不足驅除國家以公主之故不欲急攻今觀其所爲氣凌我輩若稟朝旨或恐依違我輩捍邊但能除患專之可也公乃選驍健乘其不意徑趨虜帳彼以疾雷之勢不暇枝梧必弃公主亡竄事苟不捷吾自繼進亦無患也雄受教自選勁騎得沙陁

李國昌三部落兼契苾拓抜雜虜三千騎月暗夜發馬邑徑趍烏介之牙時虜帳逼振武雄既入城登堞視其衆寡見氊車從十從者皆衣朱碧類華人服飾雄令諜者詰之此何大人虜曰此公主帳也雄喻其人曰國家兵馬欲取可汗公主至此國家也須謀歸路俟其兵合時不得動帳幕雄乃大率城内牛馬雜畜及大鼓夜穴城爲十餘門遲明城上立旗張炬火乃於諸門縱其牛畜鼓譟從之直犯烏介牙帳炬火燭天鼓譟動地可汗惶駭莫測率騎而奔雄率勁騎追之至殺胡山急擊之斬首萬級生擒五千羊馬車帳皆委之而去遂迎公主還

又曰黄巢既陷長安時鄭畋帳下小校竇玫者驍敢無敵每夜率敢死之士百人直入京師放火燔諸門斬級而還賊人悚駭

呂氏春秋曰齊令章子將攻荆荆令唐蔑將拒之與荆人夾泚水而軍章子令人視水可絶者荆人射之水不可得近有芻水旁者告齊侯者曰水淺深甚易知荆人所盛守盡其淺者也所簡守皆其深者也使載芻者與見章子因夜奄荆人所盛守果殺唐蔑也

太公陰謀書武王伐紂兵至牧野晨舉脂燭推掩不備

太平御覽卷第三百一十六

太平御覽卷第三百一十七

兵部四十八

攻圍上

孫子曰下攻攻城攻城之法爲不得已脩櫓轒轀具器械三月而後成距闉又三月而後巳脩治也櫓大楯也轒轀車也轒狀其下四輪從中推之至城器械者機關攻守總名蜚臨雲梯之屬距闉勇士積而前以附其城也將不勝其忿將忿不得攻器而使卒緣城上如蟻緣牆殺士也而蟻附之則殺士三分之一分而城不拔者攻之災也善用兵者屈人之兵而非戰拔人之城而非攻毀人之國而非久必以全爭於天下故兵不頓而利可全此謀攻之法也不以敵戰而必全得之意勝於天下不頓兵血刃也

又曰不可勝則守可勝則攻敵攻巳可勝也守則不足攻則有餘吾所守者力不足也所以攻者力有餘也所以善守者藏於九地之下因其山水丘陵之固善攻者動於九天之上因天時力利之變若動於九天之上也故能自保而全勝也

又曰攻而必取者攻其所不守也守而必固者守其所必攻也謂敵之備者也故善攻者敵不知其所守善守者敵不知其所攻清不淺也微乎微乎故能隱於常形神乎神乎故能爲敵司命進不可禦者衝其虛也退而不可追也速而不可及也卒往攻其虛解退又疾也故我欲戰雖高壘深溝不得不與我戰者攻其所必救之絕糧道守歸路攻君王也我不欲戰畫地而守之軍不煩也敵不得與我戰者乖其所之乖援也擾其道示以利害使疑之我未脩壘塹敵人不敢敵我者以形勢之長攻就能加之於敵也

左傳曰晉荀吳帥師伐鮮虞圍鼓鼓伯狄之別種也巨鹿下曲陽縣有鼓聚鼓人或請以城叛穆子弗許曰或以吾城叛吾所惡也人以城來吾獨何好焉使敵殺叛人而繕守備圍鼓三月鼓人請降使其民見曰猶有食色姑脩而城軍吏曰獲城而弗取何以事君穆子曰吾以事君也獲一邑而教民怠將焉用邑人能事其君我亦能事吾君率義不爽爽差好惡不愆城可獲而民知義所知義所在有死命而無二心不亦可乎鼓人告食竭力盡而取之克鼓不戮一人以鼓子鳶鞮歸鼓君名

又曰齊高發帥師伐莒初莒有婦人莒子殺其夫已爲嫠婦及老託於紀鄣紀鄣莒邑紡焉以度而去之因紡纑連所以度城藏欲待外攻以報也及師至則投諸外投繩城外或獻諸子占子占使師夜縋而登緣繩登城登者六十人縋絕師鼓譟城上之人亦譟莒共公懼啓西門而出七月丙子齊師入紀傳言怨不在大

又曰晉侯秦伯圍鄭晉軍函陵秦軍氾南佚之狐言於鄭伯曰國危矣若使燭之武見秦師必退佚之狐燭之武皆鄭大夫也公從之辭曰臣之壯也猶不如人今老矣無能爲也公曰雖

然鄭亡子亦有不利焉許之夜縋而出見秦伯

又曰齊侯曰以此衆戰誰能禦之以此攻城何城不克

又曰楚子圍鄭旬有七日鄭卜行成不吉卜臨于太宮臨哭也太宮鄭太祖廟且巷出車吉示將見還國人大臨守陴者皆哭陴者城上辟兒也皆哭者告楚窮也楚子退師鄭人脩城進復圍之三月克之哀其窮故爲退師尚不服故獲圍之九十日入自皇門至于逵路方九軌曰逵鄭伯肉袒牽羊以逆示服爲臣僕也曰孤實不天不爲天所祐不能事君使君懷怒以及弊邑孤之罪也敢不唯命是聽其俘諸江南以實海濵亦唯命其翦以賜諸侯使臣妾之亦唯命若惠顧前好世有盟誓使改事君夷於九縣楚滅九國以爲縣也君之惠也孤之願也非所敢望也敢布腹心君實圖之

又曰齊侯伐我北鄙圍龍魯邑頃公之嬖人盧蒲就魁門焉攻龍門也龍人囚之齊人曰弗殺吾與而盟弗聽殺而膊諸城

上（膊碟也）齊侯怒親鼓士陵城三日取龍

國語曰晉獻公見翟相之氛歸寢不寐（翟相國名也言有亡國之氛也一曰敵國有善祥已國凶惡也）郤叔虎朝公語之遂伐翟相叔虎乘城被羽先登剋之（羽羽衣登幷其城也）

戰國策曰平原君謂馮忌曰寡人欲出兵攻燕何如對曰不可夫以秦將伐武安君公孫起乘十勝之威與馬服子戰於長平之下大敗趙師自以餘兵圍邯鄲之城趙以十敗之餘收破軍之弊秦罷於邯鄲之下趙守而不可拔者攻難而守易也今非有十克之威而燕非有長平之禍也今一敗之禍未復而欲以罷趙攻強燕強秦以兵承趙之弊此乃強吳所以亡而弱越所以霸也故臣未見燕之可攻也平原曰善

又曰樂羊為魏將而攻中山其子在中山中山之君烹其子而遺羹樂羊坐於幕下啜之盡一杯文侯曰樂羊以我故食其子之羹賞其功而疑其心

又曰秦攻趙蘇子說秦王曰臣聞王之於民也多聽而時用之是故事無敗也臣聞懷重寶者不夜行任大功者不輕敵是以賢者任重而行恭智者功大而辭順故民不惡其尊世不妬其業秦乃解兵諸侯休天下安不相攻二十九年

史記曰秦末沛公破南陽守齮走保城守宛（齮魚綺切）張良曰沛公雖欲急入關秦兵尚衆距險今不下宛宛從後擊彊秦在前此危道也於是沛公乃夜引軍從他道還更張旗幟黎明圍宛城三匝（黎未也未明之頃已圍之事畢方明又言黎黑色亦未明也）南陽守欲自到其舍人陳恢曰死未晚也乃踰城見沛公曰臣聞足下約先入咸陽者王之今足下留守宛宛大郡之都也連城數十人庶衆積蓄多吏人自以為降必死故皆堅守乘城今足下盡日止攻士死傷者必多引兵去宛宛必隨足下後足下前則失咸陽之約後又有彊宛之患為足下計莫若約降封其守因使止守引其甲卒與之西諸城未下者聞聲爭開門而待足下通行無所累矣沛公曰善乃以宛守為殷侯封陳恢千户引兵而無有不下者

又曰武安君白起攻韓拔九城斬首五萬

又周本紀曰古公積德行義國人皆戴之獯育戎狄攻之欲得財物與之已復攻欲得地與民民皆怒欲戰古公曰今戎翟所為攻戰以吾地與民民之在我與其在彼何異民欲以我故戰殺人父子而君之予不忍為

漢書李陵傳曰單于急攻陵陵居谷中虜在山上四面射之矢下如雨

又曰李廣利及郡國惡年少數萬人至貳師取善馬故號貳師將軍當道小國各堅守不肯給食攻郁城殺傷甚衆引而還天子聞之大怒使使遮玉關軍有敢入輒斬之貳師恐益發惡少年及邊騎六萬人伐宛宛城外流水於是遣水工徙其城攻之三十餘日宛貴人相與謀遣人到貳師軍約漢無攻我我盡出善馬貳師許之取善馬中馬以三千疋餘

後漢書曰河南賊董憲招誘五校餘賊步騎數千人屯建陽去昌慮三十里光武親征至番（音潘）去憲百餘里諸將請進帝不聽知五校乏食當退勑各各堅壁以待其弊頃之五校糧盡果引去帝乃親臨四面攻憲三日大破之

又曰王郎起兵光武自薊至信都使鄧禹發奔命得數千人令自將之別攻拔樂陽

又曰龐萌董憲又與蘇茂佼彊合兵三萬急圍桃城光武時在蒙聞之乃留輜重自將輕騎二千步騎數萬晨夜馳赴師次任城去桃城六十里且曰諸將請進賊亦挑戰帝不聽乃休士養銳以挫其鋒城中聞車駕至衆心固時吳漢等在東都馳使召之萌等乃悉兵攻城二十餘日衆疲困而不能下及吳漢等到乃率衆軍進桃城帝親自搏戰大破之

又曰張步據齊地漢將耿弇揔兵討之張步使其大將費邑軍歷下又分守祝阿鍾城弇先擊祝阿自晨攻城未日中而拔之故開圍一角令其衆得奔歸鍾城鍾城人聞祝阿已潰大恐懼遂空壁亡去

又曰漢將朱儁與荊州刺史徐璆共討黃巾擊賊帥趙弘斬之賊餘帥韓忠復據宛乞降司馬張超請聽之儁曰兵有形同而勢異者昔秦項之際人無定主故賞降附勸以來耳今海內一統唯黃巾造寇納降無以勸善討之足以懲惡今若受之更開逆意賊利則進戰鈍則乞降縱敵長寇非良計也因急攻連戰不剋儁登土山覩之顧謂張超曰吾知之矣賊今外圍周固內營逼急乞降不受欲出不得所以死戰也萬人一心猶不可當況十萬乎其害甚矣不如徹圍并兵入城忠見圍解勢必自出則意散易破之道也既而解圍忠果出戰儁因擊大破之忠等皆降

又曰曹公破袁尚拔鄴進圍壺關令曰城拔皆坑之連日不能下其將曹仁謂公曰夫圍城必開之所以開其生路也今許之必死將卒自以爲守且城固而糧多攻則士卒傷守則曠日持久今頓兵堅城之下攻必死之虜非良計也曹公從之遂降其城

東觀漢記曰張步都臨淄使弟玄武將軍藍將兵守西安去臨淄四十里耿弇引軍營臨淄西安之間弇視西安城小而堅藍兵又精未易攻也臨淄諸郡太守相與雜居人不專一其聲雖大而虛易攻弇內欲攻之告令軍中治攻具後五日攻西安復縱生口令歸藍聞之晨夜守城至其日夜半令軍皆食會明求乞攻西安臨淄不能救也弇曰然吾故揚言欲攻西安今方自憂治城具而吾攻臨淄一日必拔何救之有吾得臨淄即西安孤必復亡矣所謂一舉而兩得者也且西安城堅精兵二萬人攻之未可卒下卒必多死傷正使得其城張藍引兵突臨淄更強勤兵遶城觀人虛實吾深入敵城後無轉輸旬月之間不戰而困諸軍不見是爾弇遂擊臨淄至日中破之張藍聞臨淄破果將其衆亡

漢表傳曰郭典字君業爲鉅鹿太守與中郎將董卓攻黃巾賊張寶於下曲陽典作圍塹而卓不肯典曰受詔攻有死而已使諸將引兵屯東典獨於西當賊之衝晝夜進攻寶由是城守不敢出時爲之語曰郭君圍塹董將不許幾令狐狸化爲豺虎賴我郭君不畏強禦轉機之間敵爲窮虜猗猗惠君寶㒵壇土

英雄記曰袁尚使審配守鄴曹操進軍攻鄴審配將馮禮爲內應開突門內操兵三百餘人配覺之從城上以大石擊門門閉入者皆死操乃鑿塹圍迴四十里初令淺示若可越配望見笑而不出操令一夜濬之廣深二丈決漳水灌之自五月至八月城中餓死者過半尚聞鄴急將兵萬餘人還救操逆擊破之尚走依曲漳爲營操復圍之尚懼遣陰䕫陳球請降不聽尚還走藍田操復進急圍之尚將

馬迎等臨陣降來大潰尚奔中山盡收其輜重得尚印綬節鉞及衣物以示城中城中崩沮配審命士卒曰堅守死戰操軍疲矣幽州方至何憂無主以其兄子榮爲東門校尉榮夜開門内操兵配猶拒戰城陷生獲配意活之配意氣壯烈終無撓辭見者莫不歎息遂斬之

魏志曰袁紹圍太祖於官渡糧乏問計於賈詡詡曰公明勝紹勇勝紹用人勝紹決機勝紹有此四勝而半年不定者但顧萬全故也必決其機須臾可定太祖曰善乃并兵出爲圍擊紹紹軍大潰河北平

太平御覽卷第三百一十七

兵部四十九

攻圍下

王隱晉書曰祖約爲豫州刺史胡騎至攻城大戰其日西風兵火俱攻賊以繩繫鐵鉤擿挽城樓樓住挍壞又作鐵鉤攝齺齰城登拂得上所挽樓城北角行墻三十步壞約始大怖使戴洋呼孫放敖伍子胥御若使胡奴得城當持白酒寸脯着御前急今轉風却賊當上肥牛中後風轉下脯賊退亦不知風偶自轉爲能感動

晉書曰趙王倫孫秀爲義師所討日蹙乃與秀謀或欲收餘卒出戰或欲焚燒宮室誅殺不赴已者或欲乘船東走入海計未決王輿率營兵七百餘人自南掖門入勑宮中兵各守衛諸門三部司馬爲應於內輿自往攻秀秀閉中書南門輿放兵登墻燒屋秀及左右遽走出左衛將軍趙泉斬秀等以徇

又曰劉裕率兵伐後秦姚泓後魏遣將鵝青等步騎十萬屯河北有數千騎緣河隨晉軍進止時軍人緣河南岸牽百丈河流迅急有漂渡北岸者輙爲魏人所殺掠遣軍纔過岸即退軍還復來宋武乃遣白直隊主丁旿牾率七百人及車百乘於河北岸上去水百餘步爲却月陣兩頭抱河車置七仗士事畢使竪一白毦（仍吏切羽毛飾）魏人見數百人步牽車上不解其意並未動宋武先命朱超石戒嚴二千人白毦既舉超石馳往赴之並賫大弩百張一車益二千人設彭排轅上魏人見營陣乃進圍營超石先以軟弓小箭射敵敵以衆少兵弱四面俱發寅薄攻營於是百弩俱發又遣善射者叢箭射之魏衆既多弩不能制超石初行

別賫大搥并千餘張矟乃斷矟長四尺以搥搥之一矟輙洞貫三四人魏衆不能當一時奔潰

宋書曰晉義熙五年六月僞燕主慕容超留羸老守廣固使其廣寧王賀剌盧及公孫五樓悉力據臨朐去城四十里有巨蔑水超告五樓急據之比至爲龍符所保五樓乃退大軍分四千兩車爲二翼方軌徐行（車悉）幰御者執矟以騎爲遊軍軍令嚴肅比及臨朐賊騎交至帝命兖州刺史劉藩并州刺史劉道憐等陷其陣日向昃戰猶酣帝用參軍胡藩策襲尅臨朐賊乃大奔超遁還廣固獲其玉璽豹尾輦等送于都景子尅廣固大城超固其小城乃築長圍以守之舘穀於青土停江淮轉輸

又曰朱脩之隨右軍到彥之北自河南迴脩之留戍滑臺被魏將安頡攻之圍糧絕將士熏鼠食之脩之被圍既久母常悲憂忽一旦乳汁驚出母號慟告家人曰我年老非復有乳汁時今如此兒必没矣魏果以其日剋滑臺囚之

又曰宗越爲長水校尉竟陵王誕據廣陵反越領軍馬隸沈慶之攻誕及城陷孝武使悉殺城內男丁越受旨行誅躬臨其事莫不先加捶楚或有鞭其面者欣然有所得殺凡數千人改封始安縣子

三國典略曰侯景收其餘衆步騎八百南過小城城人登埤詬之曰跛脚奴景怒攻城拔之殺詬者而去

又曰周王思政固守潁川高岳乂圍不解陳元康言於齊王澄曰公自匡輔朝政未有殊功雖敗侯景本非外賊潁城將陷願公因而乘之足以取威定業王從之於是親至潁川益發其衆號曰決命夫更起土山王坐於堰上趙道德言於王曰箭頭有鐵不避大王引王帶而下箭集於王

坐之所

梁書曰武帝自襄陽率兵東下至郢州攻未㧞蕭穎冑在江陵遣衛尉席闡文勞軍因謂梁武曰今頓兵兩岸不併軍圍郢定西陽武昌取江州此機已失莫若請救於魏與北連和猶爲上策梁武謂闡文曰漢口路通荊雍控引秦梁糧運資儲聽此氣息兵若進會山必阻河路所謂搤喉若糧運不通自然離散何謂持久劉元起近欲以三千住定尋陽彼若懽然悟機一酈生亦足脫拒我師固非三千能下西陽武昌取使耳得便應鎮守兩城不減萬人糧儲稱足卒無所出脫東君有上者萬人攻一城兩城勢不相救若我分軍應援首尾俱弱如其不遣孤城必陷一城既沒諸城相次土崩天下大事於是去矣若郢州既拔席卷沿流西陽武昌自然風靡何遽分兵散衆自貽其憂且丈

夫舉動言靜天步況擁七州之兵以誅群豎懸河注火奚有不滅豈容北面請救以自示弱彼未必能信徒貽我醜聲此之下計何謂上策及拔郢城向下城戍無不風靡遂剋建業

崔鴻十六國春秋曰前燕將慕容恪率兵討叚龕於廣固恪圍之諸將勸恪宜急攻之恪曰軍勢有宜緩以剋敵有宜急而取之若彼我勢均且須強援慮腹背之患者須急攻之以速大利如其我強彼弱外無寇援力足制之者當羈縻守之以待其弊兵法十圍五攻此之謂也龕恩結賊黨衆未離心今憑固天險上下同心攻守勢倍軍之常法若其促攻不過數旬剋之必矣但恐傷吾士衆當持久以取耳乃築室返耕嚴固圍壘終剋廣固

又曰燕將吕護據野王陰通晋事覺燕將慕容恪等率衆討之將軍傅顏言於恪曰護窮寇假合王師既臨則上下喪氣必士卒攝魄敗亡之驗也殿下前以廣固天險守易攻難故爲長久之策今賊形便不與往同宜急攻之以省千金之費恪曰護老賊經變多矣觀其爲備之道未易卒圖今圍之窮城樵採路絕內無蓄積外無強援不過十旬其斃必矣何必遽殘士卒之命而趍一時之利哉吾嚴潛圍壘休養將卒以重官美貨間而離之事淹勢窮其釁易動我則未勞而寇已弊此謂兵不血刃坐以制勝也遂長圍守之凡經六月而野王潰護南奔于晋悉降其衆

後魏書曰齊神武起義兵於河北被爾朱兆天光度律仲遠等四將同會鄴南士馬精強號二十萬圍於鄴南韓陵山時神武馬二千步不滿三萬兆等又圍不合神武連繫牛驢自塞之於是將士死戰四面奮擊大破兆等

又曰燕鳳字子章代人也少好學博綜經史明習陰陽讖緯昭成以禮迎致之鳳不應聘命諸軍圍代城人曰燕鳳不來吾將屠汝代人懼送鳳昭成與語大悅待以賓禮

北史曰西魏將王思政守潁川郡城東魏師十萬攻之備盡攻擊之術以潁水灌城陷之思政知事不濟率左右據土山謂之曰吾受國任遂辱王命力屈道窮計無所出唯當効死以謝朝恩仰天大哭左右皆號慟思政向西再拜便欲自刎先是齊文襄告城中人曰有生致王大將軍者封侯重賞若大將軍身有損親近左右皆從大戮都督駱訓謂思政曰公常語訓等但將我頭降非但得富貴亦是活一城人今高襄既有此語公豈不哀城中士卒也固共止之不得引決齊文襄遣其散騎常侍趙彥深就土山執手申意引見文襄辭氣慷慨涕泗交流無屈撓之容文襄

以其忠於所事禮遇甚厚恩政初入潁川士卒八千人及城陷之日存者纔三千人遂無叛者

後周書曰武帝建德五年東伐齊六軍攻晉州城帝屯於汾曲齊王憲攻洪洞永安二城並拔之是夜虹見於晉城上首向南尾入紫宮長十餘丈帝每日自汾曲赴城下親督戰城下惶窘庚午齊行臺左丞侯子欽出降壬午齊晉州刺史崔景嵩守城北面夜密遣送款上開府王軌率衆應之未明登城鼓噪齊衆潰遂克晉州擒其城主俘甲士八千人送關中

隋書曰大業中煬帝徵天下驍果之士以伐遼左沈光預焉同類數萬人皆出其下光將詣行在所賓客送至灞上者百餘騎光酹酒而誓曰是行也若不能建功立名當死於高麗不復與諸君相見矣及從帝攻遼東以衝梯擊城

竿長十五丈光昇其端臨城與賊戰短兵接殺十數人賊竟擊之而墜未及於地適遇竿上有垂組光接而復上帝望見壯異之馳召與語大悅即日拜朝請大夫賜寶刀良馬恒致左右親顧漸密

又曰陳稜大業三年拜賀武賁郎將後三歲與朝議大夫張鎮周發東陽兵萬餘人自義安汎海擊流求國月餘而至流求人初見船艦以爲商旅往往詣軍中貿易稜率衆登岸遣鎮周爲先鋒其主歡斯渴剌兜遣兵拒戰鎮周頻擊破之稜進至低沒檀洞其小王歡老模率兵拒戰稜擊敗之斬老模其日霧雨晦瞑將士皆懼稜刑白馬以祭海神既而開霽分爲五軍趍其都邑渴剌兜率衆數千逆拒稜遣鎮周又先鋒擊走之稜乘勝逐北至其柵渴剌兜背柵而陣稜盡銳擊之從晨至未苦鬬不息渴剌兜自以軍疲引入柵稜遂塡塹攻破其柵斬渴剌兜獲其子島槌虜男女數千而歸帝大悅進稜位右光祿大夫武賁如故

唐書曰武德初宇文化及據聊城淮安王神通進兵躡之祕書丞徵謂神通曰化及今據聊城華人爲其固守若至華即宜攻取但拔華縣聊城益懼因而逼之易同俯拾須以攻具自隨一足威敵二不乏用不然兵至華城見無攻具不下如不能克華而遠追化及恐亦無功則化及非旬月可獲華人阻我糧運士及爲之外援恐非計之善者神通不從軍次華果不下而退敗

又曰武德中李靖隨河間王孝恭討輔公祏磻賊一軍舟師三萬頓于當塗柵斷江口傍江築城又遣六軍二萬據當塗南路亦造柵自固並蓄力養銳以抗大軍諸將皆云二軍並是強兵爲不戰之計城柵既固卒不可攻請直指

丹陽掩其巢穴若丹陽既破二軍可不戰而破靖曰公祏精銳雖在水陸二軍然其自統之兵亦是勁勇二軍城柵尚不可攻公祏既保石頭豈應易拔若我師至丹陽留停旬日進則石頭未平退則歸路已絕此便腹背受敵恐非萬全之計然此二軍皆是百戰餘賊必不憚於野戰今若攻其城柵乃是出其不意滅賊之機唯在此舉靖乃率諸將水戰俱苦戰破之二軍悉潰走靖遂率輕兵先至丹陽公祏餘衆雖多不敢戰擁兵東走並相次擒獲

又曰高祖率衆攻屈突通於河東士卒登城南面者已千餘人高祖在東原望之而不見會暴雨至鳴角止軍由是不剋或勸遂攻之高祖曰屈突通習兵而無勇若決戰非其所長嬰城難以必勝此自守虜耳不足爲虞遂收軍營於河渚

又曰薛萬均圍梁師都突厥不敢來援諸將見賊城險固皆有憚色萬均謂之曰城中無氣鼓聲不徹此見敗士之候平在旦夕諸君勿以爲憂俄而師都見殺城降

又曰天寶末祿山反尚衡起義兵討祿山以王栖曜爲牙旗將下兗鄆諸縣軍威稍振兼衙前揔管後下曹州初逆將邢超然乘城號令栖曜曰彼可取也一箭殪之城中氣懾遂下

又曰馬燧自京還太原初田悅新代承嗣統兵恐人不附已詐示誠款燧上疏明其必反宜先備之其年悅果與青恒州通謀自將兵五萬圍邢州攻臨洺築重城內絕其外以拒救兵邢州將李洪臨洺將張伾皆堅守不拔恥義軍數告急乃詔燧將救臨洺燧軍出崞口兵未過險乃遣人持書喻說且示之好悅謂燧畏之十一月師次邯鄲悅遣使至斬之以徇遣兵擊破其支軍射殺其將成鉉之悅自攻臨洺遣大將楊朝先將兵萬餘於臨洺南雙崗下東西列二柵以禦燧燧乃率李抱眞李晟進軍營於二柵之中其夜東柵走歸悅進軍營明山取其棄柵以置輜重謂將吏曰朝先守堅柵不下萬人彼令悅等盡銳攻之此數月不能下殺傷必甚吾此必破臨洺賞勞軍士而與之戰必勝之術也悅乃分恒州李惟岳救兵五千以助朝先燧率軍攻朝先田悅將萬餘人救之燧乃令大將李自良李奉國將兵合神策軍據雙崗禦之令曰令悅得過斬爾燧令推火車以焚其柵自晨至暮急擊大破之拔其柵斬朝先及大將盧子昌斬首五千餘級生虜八百餘人居五日進軍徑戰燧自將銳兵扼其衝口凡百餘合士皆決死悅兵大敗斬首萬餘生虜九百人得穀三十萬斛器甲稱是悅

收兵夜走邢州

五代周史曰慕容彥超漢祖即位授澶州節度使檢校太尉杜重威叛於鄴下以鄆州節度使高行周爲行營都部署彥超爲副兵至城下二帥不協杜重威之子婦即行周之息女也行周用兵持重彥超舉措輕躁彥超欲速於攻城行周以爲未可彥超乃揚言稱行周以愛女之故惜賊而不攻行周忿之漢祖聞其事懼有他變以是親征及車駕至鄴彥超數因事凌迫行周行周不勝其憾嘗一日至於行宮幕次兩泣告於執政又自掬糞茹於口中聲氣甚厲聞於御座漢祖深知彥超之曲遣近臣和解行周亦召彥超於帳中責之兼令首過於行周行周稍解時彥超獨排群議累請攻城漢祖信之乃親督諸軍四面齊進損傷者萬餘人死者千餘人衆議無不歸罪於彥超自是不復敢言攻城矣

說苑曰田單爲齊上將興師十餘萬將以攻翟往見魯仲連子曰將軍之攻翟必不能下矣田將軍曰單以五里之城十里之郭復齊之國何謂攻翟不能下也及攻翟三月不下齊之童兒謠曰大冠如箕長劒柱頤攻翟不能下累於吾兵於是田單恐駭往見仲連子曰先生何以知單攻翟不能下也仲連子曰夫將軍即墨之時坐則織蕢立則杖鍤爲士卒唱曰恐宗廟士矣故將有死之心無生之氣今將軍東有掖邑之封西有淄上之寶黃金橫帶馳乎淄澠之間是以樂生而惡死也田單明日結髮祖于矢石之間乃引桴而鼓之翟人下之

淮南子曰趙簡子死未葬中牟入齊（中牟自入於齊也）已葬五日襄子起兵攻之圍未合而城自壞者十丈襄子擊金而退

之（軍法鼓以進之衆鉦以退之）軍吏諫曰君誅中牟之罪而城自壞是天助我何故去之襄子曰吾聞之叔向曰君子不乘人於利不迫人於險使之治城城成而後攻之中牟聞其義乃請降

古司馬兵法曰衆以合寡為追裏而闕（合有交兵衆者以寡合對追逐也圍也以衆擊寡逐而圍之闕其去道無令死戰）敵若衆則受裏（敵衆已寡則依利道而受圍以堅衆心分共四向而受敵則衆以死為生故能衝逐四出以克勝也）敵若寡若畏則辟之開之（敵家少弱恐懼者則開去道無令為窮寇必死戰也）

韓子曰世有三亡以亂攻治者亡以邪攻正者亡以逆攻順者亡清濟濁河足以為限長城巨防足以為塞

管子曰善攻者料衆以攻衆料食以攻食料備以攻備以衆攻衆衆存不攻以食攻食食存不攻以備攻備備存不攻

列子曰楚攻宋圍其城民易子而食之析骸而炊之丁壯者皆乘城而戰者太半

太平御覽卷第三百一十八

兵部五十

拒守上

孫子曰昔之善戰者先爲不可勝（先諮之廟堂廣其危難然後高壘深溝使兵士練習故敵不得勝）以待敵之可勝（以此守備之固待敵之闕則可勝也）不可勝在己（言守備之固制敵在外也）可勝在敵（守備之固自脩理以候敵之虛解已見敵敵有闕漏之形然後可勝也）故善戰者能爲不可勝不能使敵必不可勝已（若敵曉練兵事策與道合深爲已備者亦不可強勝）故曰勝可知（見成形也）而不可爲也（敵有備也已料）（見形者則勝負可知若敵密而無形亦不可強使爲敗故范蠡曰時不至不可強生事不究不可強成）不可勝者守也（形藏也若未見其形彼衆我寡則自守也）可勝者攻也（敵攻已乃可勝也已見其形彼寡我衆則可攻）故善守者藏於九地之下（善守備者務因其山川之阻丘陵之固使不知所攻言其深密藏於九地之下）

又曰城有所不攻（固而多重）

易曰利用禦寇不利爲寇

左傳曰晉侯伐齊齊侯禦諸平陰塹防門而守之廣里夙沙衛曰不能戰莫如守險晉將范宣子告齊大夫折文子曰吾知子敢匿情乎魯人莒人皆請以車千乘自其鄉入既許之矣若入君必失國子盍圖之子家以告公公恐晏嬰聞之曰君固無勇而又聞是弗能久矣（不能久敵）齊師夜遁

又曰倍則攻敵則戰少則守

後漢書曰涼州賊王國圍陳倉左將軍皇甫嵩督前軍董卓救之卓欲進赴陳倉嵩不聽卓曰智者不後時勇者不留決速救則城全不救則城滅全滅之勢在於此也嵩曰不然百戰百勝不如不戰而屈人之兵是以先爲不可勝以待敵之可勝不可勝在我可勝在彼彼守不足我攻有餘有餘者動於九天之上不足者陷於九地之下今陳倉雖小城守固備非九地之陷也王國雖強而攻我之所不救非九天之勢夫勢非九天攻者受害陷非九地守者不拔國今已陷受害之地而陳倉保不㧕之地我可不煩兵動衆而取全勝之功將何救焉遂不聽王國陳倉自冬迄春八十餘日城堅守固竟不能拔賊衆疲弊果自解去

又曰來歙與征虜將軍祭遵襲略陽遵道病還分遣精兵隨歙合二千餘人伐山開道從番須迴中（番須迴中竝地名也番音盤武帝元封四年幸雍通回中道前書音義曰回中在汧汧今隴州汧元縣也）徑至略陽（徑直）斬囂守將金梁因其保城囂大驚曰何其神也（東觀漢記曰上聞得略陽甚悅左右怪上數破大敵今得小城何足以喜然上以略陽囂所依阻心腹已壞制則其支體也）乃悉兵數萬人圍略陽斬山築堤激水灌城歙與將士固死堅守矢盡乃發屋斷木以爲兵囂盡銳攻之自春至秋其士卒疲弊帝乃大發關東兵自將上隴囂衆潰走圍解於是置酒高會勞賜歙班坐絕席在諸將之右賜歙妻縑千疋詔使留屯長安悉監護諸將

又曰大司徒鄧禹西征定河東張宗詣禹自歸禹聞宗素多權謀乃表爲偏將軍禹軍到栒邑赤眉大衆且至禹以栒邑不足守欲引師進就堅城而衆人多畏賊追憚爲後拒禹乃書諸將名於竹簡署其前後亂着笥中令各探之（笥以竹爲之鄭玄注禮記云圓曰簞方曰笥）宗獨不肯探曰死生有命張宗豈辭難就逸乎禹歎息謂曰將軍有親弱在營柰何不顧宗曰愚聞一卒畢力百人不當萬夫致死可以横行宗今擁兵數千以承大威何遽其必敗乎遂留爲後拒諸營既引宗方勒厲軍士堅壘壁以死當之禹到前縣議曰以張將軍之衆當百萬之師猶以小雪投沸湯雖欲戮力其勢不全也乃遣步騎二千人反還迎宗宗引兵始發而赤眉至

宗與戰却之乃得歸營於是諸將服其勇
又曰隗囂大將王捷别在戎丘登城呼漢軍曰為隗王城
守者皆必死無二心願諸軍亟罷極紀切請自殺以明之遂
自刎頸死
又曰世祖即位遣宗正劉延攻天井關與田邑連戰十餘
合延不得進邑迎母弟妻子為延所獲東觀漢記曰鄧禹使積弩將軍馮愔
將兵擊邑愔悉得邑母弟妻子後邑聞更始敗乃遣使詣洛陽獻璧馬即
拜為上黨太守
晉書曰陶侃使桓宣李陽平襄陽侃使宣鎮之以其淮南
部曲立義成郡宣招懷初附勸課農桑簡刑罰略威儀或
載鉏耒於軺軒或親芸穫於壟畝十餘年間石季龍再遣
騎攻之宣能得衆心以寡弱拒守議者以為次於祖逖周
訪

又曰吳彥為吳建平太守時王濬將伐吳造舡於蜀彥覺
之請增兵為備晧不從彥乃輙為鐵鎖横斷江路及師臨
境緣江諸城皆望風降附或見攻而拔唯彥堅守大衆攻
之不能剋退舍禮之
梁書曰侯景反兵逼建業衆皆兇懼梁將羊侃為守城督
侃偽稱得外射書云邵陵王西昌侯兵已至路衆乃少安
賊為尖頭木驢攻城矢石所不能制侃作雉尾炬施鐵鏃
以油灌之擲驢上燒之俄盡賊又東西四面起土山以臨
城城中震駭侃命為地道潛引其土山不能立賊又作登
城樓車高十餘丈欲臨射城内侃曰車高塹虗彼來必倒
可卧而觀之不勞設備及車動果倒衆皆服焉賊頻攻不
捷會侃病死城方陷
又曰蔡道恭為司州刺史魏圍司州時城中衆不滿五千

人食纔半歲魏軍攻之晝夜不息乃作大車載土四面俱
前欲以填塹刺史蔡道恭塹内作蒙艟闘艦以待之魏人
不得進又潛作伏道以決塹水道恭載土填塞之相持百
餘日前後斬獲不可勝計魏大造梯衝攻圍日急道恭用
四石烏漆大弓射所中皆洞甲飲羽一發或貫兩人敵人
望弓皆靡又於城内作土山多作大矟長二丈五尺施長
刄使壯士執以刺魏人魏軍甚憚之
陳書曰宜黄侯慧紀鎮荆州隋師濟江慧紀率將士三萬
人舡艦千餘乘沿江而下欲趣臺城遣南康太守吕肅將
兵據巫峽以五條鐵鎖横江肅竭其私財以充軍用隋將
楊素奮兵擊之四十餘戰爭馬鞍山及磨刀澗守險隋軍
死者五千人陳人盡取其鼻以求功賞既而隋軍屢捷獲
陳之士三縱之肅乃遁

後周書曰李遷哲天和三年進位大將軍詔遷哲率金上
等諸州兵鎮襄陽五年陳將章昭達攻逼江陵梁主蕭歸
告急於襄州衛公直令遷哲往救焉遷哲率其所部守江
陵外城與陳將程文季交戰兵稍却遷哲乃親自陷陣手
殺數人會江陵總管陸騰出兵助之陳人又因水汎長壞
龍川寧朔堤引水灌城城中驚擾遷哲乃先塞水又募驍
勇出擊之頻有斬獲衆心稍定俄而敵人郭内焚燒人家
遷哲自率騎出南門又令步兵自北門出兩軍合勢首尾
邀之陳人復敗多投水而死是夜陳人又竊於城西堞以
梯登者已百數人遷哲又率驍勇扞之陳人復潰俄而大
風暴起遷哲乘闇出兵擊其營陳人大亂殺傷甚衆陸騰
復破之於西堤陳人乃遁
又曰太祖以王羆為荆州刺史進號撫軍將軍梁復遣曹

義宗衆數萬國荊州堰水灌城不沒者數板時旣內外多虞未遑救援乃遺羆鐵券云城全當授本州刺史城中糧盡羆煑粥與將士均分而食之每出戰嘗不擐甲冑大呼曰荊州城孝文皇帝所置天若不祐國家使賊箭中王羆不爾王羆須破賊屢經戰陣亦不被傷彌歷三年義宗方退進封霸城縣公尋遷車騎大將軍

又曰王羆華州刺史沙苑之役齊神武士馬甚盛太祖以華州衝要遣使勞羆令加守備羆語使人曰老羆當道卧貉子安得過太祖聞而壯之及齊神武至城下謂羆曰何不早降羆乃大呼曰此城是王羆家生死在此欲死者來齊神武遂不敢攻

又曰王思政守潁川兼河南諸軍事東魏太尉高岳行臺慕容紹宗儀同劉豐生等率騎十萬來攻潁川城內卧鼓偃旗若無人者岳恃其衆謂一戰可屠乃四面鼓譟而上思政選城中驍勇開門出入岳衆不能當引軍亂退思政登城遥見岳陣不整乃率步騎三千出邀擊之殺傷甚衆然後還城設守禦之備岳知不可卒攻乃多修營壘又隨地勢高處築土山以臨城中飛梯大車晝夜盡攻擊之法思政亦作火鑽(子筭切)因迅風便投之土山又以火箭射之燒其攻具仍募勇士縋而出戰岳衆披靡其守土山人亦弃山而走思政即命據其兩土山置折堞以助防守岳等於是奪氣不敢復攻齊文襄更益岳兵堰(於建反)洧水以灌城城中水泉湧溢不可防止懸釜而炊糧力俱竭慕容紹宗劉豐生及其將慕容永珍共乘樓船以望城內令善射者俯射城中俄而大風暴起船乃飄至城下城上人以長鈎牽船弓弩亂發紹宗窮急透水而死豐生向土山復中矢而斃生擒永珎思政謂之曰僕之破亡在於晷漏誠知殺卿無益然人臣之節守之以死乃流涕斬之幷收紹宗等尸以禮埋瘞

又曰將賀若敦率步騎六千渡江取陳湘川陳將侯瑱討之江路遂斷糧援旣絕人懷危懼敦於是分兵抄掠以充資費恐瑱等知其糧少乃於營內聚土覆之以米集諸營軍士人各持囊遣官司部分若給糧者因召側近村民佯有所訪問令於營外遥見隨即遣之瑱等聞之良以爲實乃據守要險欲曠日老敦敦又增脩營壘造廬舍示以持久敦軍數有叛人乘馬投瑱者遂納之敦又別取一馬趣船船中逆以鞭鞭之如是者再三馬便畏船不上後伏兵於江岸遣人乘畏船馬以招瑱軍詐稱降附瑱遣兵迎接竟來牽馬馬旣畏船不上敦發伏掩之盡殪又湘之人乘輕船載米粟乃籠鷄鴨以餉瑱軍敦患之乃爲土人裝船伏甲士於中瑱兵見之謂餉舡至逆來爭之敦甲士出而擒之此後實有饋餉乃亡命奔瑱者猶謂敦之設詐逆遣扞擊並不敢受相持歲餘瑱不能制

北史曰西魏將韋孝寬守玉壁東魏大將齊神武命攻之連營數十里至於城下乃於城南起土山欲乘之以入當其山處城上先有兩高樓孝寬更縛木接之令極峻多積戰具以禦之敵人以樓高不得入遂於城南鑿地道又於城北起土山且作且攻晝夜不息孝寬復掘長塹截其道乃置戰士屯於塹上城外每穿至塹戰士即擒殺之又於塹外積柴貯火敵人有在地道內者便下柴火以皮韛吹之(韛蒲拜切)火氣一衝咸即灼爛城外又作攻車車之所及莫不摧毀雖有排楯莫之能抗孝寬乃縫布爲幔隨其所向

則張設之布旣懸於空中其車竟不能壞城外又縛松麻於竿灌油加火規以燒布并欲焚樓孝寬復長作鐵鉤利其鋒刃火竿亦來以鉤遥割之松麻俱落城外又於城西面穿地作二十一道分爲四路於其中各施梁柱作訖以油灌柱放火燒之柱折城並崩壞孝寬又隨壞處堅木柵以扞之敵不得入城外盡其攻擊之術孝寬咸拒破之竟以全

隋書曰梁士彥遷熊州刺史後從武帝拔晉州進位柱國除使持節晉絳二州諸軍事晉州刺史及帝還後齊後主親總六軍而圍之獨守孤城外無聲援衆皆震懼士彥慷慨自若賊盡銳攻之樓堞皆盡城雉所存尋仞而已或短兵相接或交馬出入士彥謂將士曰死在今日吾爲爾先於是勇烈齊奮呼聲動地無一不當百齊師少却乃令妻妾軍

民子女晝夜脩城三日而就帝率六軍亦至齊師解圍營於城東十餘里士彥見帝持帝鬚而泣曰臣幾不見陛下帝亦爲之流涕時帝以將士疲倦意欲班師士彥叩馬而諫曰今齊師遁衆心皆動因其懼也而攻之其勢必舉帝從之大軍遂進帝執其手曰余之有晉州爲平齊之基若不固守則事不諧矣朕無前慮惟恐後變善爲我守之

又曰郭榮宇文護擢中外府水曹參軍時齊寇屢侵護令榮於汾州觀賊形勢時汾州與姚襄鎮相去懸遠榮以爲二城孤迥勢不相救請於州鎮之間更築一城以相控攝護從之俄而齊將祖孝先攻陷姚襄汾州二城唯榮所立者獨能自守護作浮橋出兵渡河與孝先戰孝先於上流縱火筏以擊浮橋護令榮督便水者引取其筏以功授大都督護

又曰劉弘字仲遠拜泉州刺史會高智慧作亂以兵攻州弘城中守百餘日救兵不至前後出戰死士太半糧盡無所食與士卒數百人煑犀角腰帶及剥樹皮而食之一無離叛賊知其飢餓欲降之弘抗節彌厲賊悉衆來攻城陷爲所害上聞而嘉歎者久之賜物二千段

又曰李景撿校代州揔管漢王諒作亂并州景發兵拒之諒遣劉嵩襲景戰於東城昇樓射之無不應弦而倒選壯士擊之斬獲略盡諒復遣嵐州刺史喬鍾葵率勁勇三萬攻之景戰士不過數千加以城池不固爲賊衝擊崩毀相繼景且戰且築士卒皆殊死鬬屢挫賊鋒司馬馮孝慈司法參軍呂玉並驍勇善戰儀同三司侯莫陳乂多謀畫上拒守之術景知將士可用其後推誠於此三人無所關預唯在閤持重時出撫循而已月餘朔州揔管楊義臣以兵來援合擊大破之

太平御覧卷第三百一十九

太平御覽卷第三百二十

兵部五十一

拒守下　危急

拒守下

唐書曰乾符中元萬頃從李勣征高麗勣嘗令頃作文檄高麗其語有譏高麗不知守鴨綠之險莫離支報云謹聞命矣遂移兵固守鴨綠官軍不得入萬頃坐是流于嶺外

又曰李光弼守太原自賊圍城城中張一小幕止宿有急即自往救之行至府門未嘗迴頭不復省視妻子賊退後收拾器械處置公事經三日然後歸家

又曰史思明圍光弼於太原四面重圍十日不解每日使賊於陣前嫚罵光弼並戲弄城上人光弼使人穿地道以木撑之賊明日還於舊處立將戲之地道透遂把賊脚曳入地道中光弼得而對衆戮之城中大喜思明知事不集遂退歸河北

又曰薛愿爲穎川太守本郡防禦使時賊已陷陳留滎陽汝南等郡方圍南陽穎川當其來往之路愿與防禦副使龐堅同力固守城中儲蓄無素兵卒單寡自至德元年正月至十一月賊晝夜攻之不息距城百里廬舍墳墓林樹開發斬徹殆盡而外救不至賊將阿史那承慶悉以銳卒併攻爲木驢木鵝雲梯衝棚四面雲合鼓譟如雷矢石如雨力攻十餘日城中守備皆竭賊夜半乗梯而入而愿堅俱被執送於東都將支解之或說祿山曰薛愿龐堅義士也人各爲其主屠之不祥乃縶於洛水之濱屬苦寒一夕凍死

又曰張巡守睢陽在城中每戰登陴大呼以助威皆血流面牙齒皆碎城將陷西向再拜曰爲救不至臣智勇俱竭不能全一城今使逆賊見逼臣死之後願爲鬼與賊爲厲以答國恩及城陷尹子奇見巡問之曰聞公每督戰皆裂齒碎實有之否巡應之曰然子奇曰何以至此曰欲得殺逆賊遂至於此子奇以大刀剔其口見其存者不過三數巡因大詬罵子奇責以悖逆損害平人子奇欲存之左右曰此人必不爲我用又得衆死心不可留故害之

又曰史朝劉昌在圍中連月不解城中食盡賊垂將陷之刺史李岑計蹙昌爲之謀曰今河陽有光弼制勝且江淮足兵此廩中有數千斤麴可屑以食衆計援兵不二十日當至東南敵衆以爲危昌請守之昌遂被鎧持盾登之陳逆順以告諭賊之衆甚畏之後十五日副元帥李光弼救軍至賊乃宵潰光弼聞其謀召置軍中超授試左金吾衛郎將

又曰元和中鄂岳都團練使李道古攻申州剋其羅城乃進圍逼其中城城中守卒夜師婦人登城而呼懸門竊發分出其衆道古之衆驚亂多爲虜殺

又曰王凝爲宣州黄巢自嶺表北歸大掠淮南攻圍和州凝令牙將樊儔舟師擄採石以援之儔違令凝即斬之以徇命別將馬頴代儔赴援竟解歷陽之圍賊怒引衆攻宣城大將王涓請出軍逆戰凝曰賊忿而來宜持重待之彼衆我寡萬一不捷則州城危矣涓銳意請行凝即閱集丁壯分守要害登陴設備涓果戰死賊乗勝而來則守有備矣賊爲梯衝之具急攻數月禦備力殫吏民請曰賊之兇勢不可當願尚書歸款退之懼覆尚書家族凝曰人皆有族子豈獨全誓與此城同存亡也既而賊已退去時乾符五

年也

又曰王栖曜爲常州別駕時江左兵荒詔内常侍馬日新領汴滑五千人鎮之日新貪暴賊蕭庭蘭乘人怨詐逐之而刼其衆時栖曜遊弈遠郊遂爲賊所脅進圍蘇州栖曜因其懈怠挺身登城率城中出攻賊衆大潰

又曰張伾建中初以澤潞將鎮臨洺田悅攻之伾度兵力不能出戰嚴設守備嬰城拒守賊不能拔累月攻之益急士多死傷糧儲漸乏救兵未至伾知事不濟無以激士心乃悉召將卒於軍門命其女出拜之謂曰將士辛苦守戰伾之家無尺寸物與公等爲賞獨有此女幸未嫁人願出賣之爲將士一日費衆皆大哭曰誓與將軍死戰卒無慮也會馬燧以太原之師至與軍衆合擊悅於城下大敗之伾乘勢出戰士卒無不一當百圍解以功遷泗州刺史

三國典略曰周獨孤永業恐洛州刺史段思文不能自固馳入金墉助守尉遲迥爲土山地道曉夕攻戰永業選其三百人爲爪牙每先鋒死戰迥不能剋

又曰臺城朱陷侯景又燒大司馬門後閤舍人高善寶以私金千兩賞其戰士直閤將軍宗思領將士數人踰城出外灑水久之火滅景又遣持長柯斧入門下斫門將開羊促鑿扇爲孔以槊刺倒二人斫者乃退

又曰陳人侵齊北徐州刺史祖珽令不閉城門守陴者皆下街巷禁斷人行鷄犬不許鳴吠陳人莫測所以疑人走城空不設警備中夜珽忽令鼓譟陳人驚散曉復結陳向城珽自臨戰陳人先聞其盲謂不能抗拒忽見親在戎行彎弧縱鏑怪之遂退時穆提婆憾之不已欲令城陷不遣救援珽軍守百日城竟保全

北史曰梁將吴明徹攻圍海西齊將郎基固守乃至削木爲箭剪紙爲羽圍解還朝僕射楊愔迎勞之曰卿本文吏遂有武略削木剪紙皆無故事班墨之思何以相過

墨子曰禽滑釐問曰雲梯施攻備已具武力又多爭上吾城爲之奈何墨子曰多下矢石灰以雨薪火水湯以濟之若城外穿地來攻者宜城中掘於井以薄甀内井中使聽聰者伏甀聽之審知穴處鑿内而迎之○吕氏春秋曰公輸般爲高雲梯欲以攻宋墨子聞之自魯而往裂裳裹足日夜不休十日十夜而至於郢見荆王曰臣北方之鄙人也聞大王將攻宋信有之乎王曰然墨子曰臣以宋必不可得公輸般天下之攻工也已爲攻宋之械矣墨子曰請公輸般試攻之臣請試守之於是公輸般設攻宋之械墨子設守宋之備公輸般九攻之墨子九却之不能入故荆輟不攻宋墨子也能以術禦之荆而存乎宋矣

博物志曰處士東里魄責禹亂天下事禹退作三城強者攻弱者守敵者戰城郭蓋禹始也

賈誼過秦論曰有囊括四海之意并吞八荒之心當是時也商君佐之命内立法度務耕織脩守戰之備外連衡而鬬諸侯

又曰然後踐華爲城因河爲池據億丈之城臨不測之谿以爲固良將勁弩守要害之處信臣精卒陳利兵而誰何○任彦昇奏彈曹景宗曰故司州刺史蔡道恭率勵義勇奮不顧命全城守死自冬徂秋猶轉戰戰窮極摧醜虜

危急

韓子曰智伯圍襄子於襄陽決水以灌之城中巢處懸釜而炊易子食析骨炊

史記曰楚莊王圍宋五月不解宋城中食盡易子而食析骨而炊宋華元出告以情莊王曰君子哉遂罷兵去

又曰齊田單攻聊城歲餘不下魯連乃爲書繼之矢射城中遺燕將書曰今公以弊聊人之距全齊之兵是墨翟之守也食人炊骨士無反心是孫臏之兵也

又曰趙襄子保晉陽三國攻晉陽歲餘引汾水灌其城不沒者三板城中懸釜而炊易子而食

漢記曰段熲破羌胡明年羌復寇張掖熲下馬大戰弓刀折盡虜亦引退追之晝夜攻擊割肉食雪四十餘日

後漢書曰車師王與匈奴共攻耿恭於疏勒中恭食盡乃煑鎧弩食其筋革

又曰臧洪爲東郡太守爲袁紹所圍初尚掘鼠煑筋角後無所食取草實而食之

魏志曰太祖圍張超於雍丘超言唯臧洪當來救吾衆人以爲袁曹方穆洪爲紹所表用必不敗好招禍洪聞之果徒跣號泣勒所鎮又從紹請兵馬救超紹不許遂爲太祖所滅洪由是怨紹紹興兵圍之歷年不下紹怨洪無降意增兵急攻洪自度不得免呼吏士謂曰袁氏無道所圖不軌且不救洪郡洪於大義不得不死念諸君無事空與此禍耳可將妻子去吏士皆垂泣掘鼠煑筋角後無所食主簿啓內厨米三斗洪使作薄粥衆分歠之殺其愛妾以食士城中男女七八千人相枕而死莫有離叛城陷紹生執洪

徐廣晉紀曰霍彪爲賊貴黒所隔積百日殺馬燒虎皮鎧食之

又曰韓晃蘇碩等攻苑城中飢米一㪷萬錢

晉書劉崑赴并州上表曰臣自涉州疆目覩困之流移四散十不得存𢹂老扶弱不絕於路及其在者鬻賣妻子生相捐弃死亡委厄白骨橫野哀呼之聲感傷和氣羣胡數萬周匝四山動足遇掠開目覩寇唯有壺關可得告糴而此二道九州之險數人當路則百夫不敢進公私往反沒喪者多嬰守窮城不得薪菜耕牛旣盡又乏田器以臣愚短當此至難憂如循環不遑寢食

晉中興書曰中宗初鎮江左假郗鑒龍驤將軍兗州刺史徐龕石勒左右交侵鑒收合荒散保固一山隨宜抗對百姓飢饉掘野鼠蟄燕而食之

三十六國春秋曰蜀王李雄攻譙登于涪城無救援登固守不下士卒皆燻鼠食之一無叛者

宋書曰朱脩之留府滑臺乃爲索虜所攻圍脩之糧盡救兵不至將士燻鼠食之城陷爲虜所執上嘉其節

蕭子顯齊書曰魏遣魏郡王元英圍南鄭退入斜谷天大雨軍馬淪截竹炊米於馬上持炬吹而食之

隋書曰李密聞行人開被囚於京兆與王仲伯亡投平原賊帥郝孝德不甚禮之備遭飢饉至削樹皮食之矣

太平御覽卷第三百二十

兵部五十二

火攻　水攻

火攻

孫子曰：火攻有五：一曰火人（與敵陳師，敵傍近草，因風燒之，戰之助也）。二曰火積（燒其積蓄）。三曰火輜（燒其輜重）。四曰火庫（當使姦人入敵營燒其兵庫）。五曰火墜（墜，墮也。以火墮敵營中也。矢頭之法，以鐵籠火著箭頭，強弩射敵營中。一曰火道，燒絕其糧道）。行火必有因（因姦人也。又因風燥而焚之）。煙火素具（燒煙具也。先具燒燧之屬）。發火有時，起火有日。時者，天之燥也。日者，宿在戊箕東壁翼軫也（戊翼參日宿，此宿之日風起）。凡此四宿者，風起之日（蕭世誠云：春景丁，夏戊己，秋壬癸，冬甲乙，此日有疾風猛雨也。吾勘太乙中有飛鳥十精，知風雨期五子元運式也。各候其時，可用火也）。凡火攻必因五火之變而應之。火發於內，則早應之於外（以兵應之，使姦人縱火於敵營內，當速進以攻其外）。火發而兵靜者，待而勿攻，極其火力，可從而從之，不可從則止（見利則進，知難則止。極盡火力，可則進，不可則止。吾无使敵知吾為）。火可發於外，無待於內，以時發之。火發於上風，無攻於下風（不便也。燒之必退，退而逆攻之，則必為所害者也）。晝風久，夜風止（數常也。陽風也，晝風則火氣相動，夜也。風卒欲縱火，亦當如風之長短也）。凡軍必知五火之變，以數守之（既知起五火之變，當復以數消息其可否也）。故以火佐攻者明（取勝明也）。

史記曰：田單，齊人也。燕將樂毅攻齊，單保即墨，不下。燕兵圍之，單乃收城中牛千餘頭，盡以五采束刃於角，縛葦於尾，鑿城下數穴，牽牛詣穴，以燒其尾端，牛尾熱，奔燕軍，燕軍大亂，所觸皆死，大克燕軍。

漢書曰：李陵征匈奴，戰敗，班師，為單于所逐，及於大澤。匈奴於上風縱火，陵亦先放火燒斷葭葦，用絕火勢（蕭代誠曰：燒用火焚吾門，恐火滅敗，吾當更積薪助火，使火勢盛，敵不得入，亦拒火之方也）。

後漢書曰：奉車都尉竇固出擊匈奴，以班超為假司馬，將兵別擊伊吾，戰於蒲類海，多斬首虜而還（伊吾，匈奴中地名，今在伊州納職縣界。前書音義曰：蒲類，匈奴中海名，在燉煌北也）。固以為能，遣與從事郭恂俱使西域。超到鄯善（鄯善本西域樓蘭國也，昭帝元鳳四年改為鄯善，去陽關一千六百里，去長安六千一百里），鄯善王廣奉超禮敬甚備，後忽更疏懈。超謂其官屬曰：寧覺廣禮意薄乎？此必有北虜使來，狐疑未知所從故也。明者睹未萌，況已著邪？乃召侍胡詐之曰：匈奴使來數日，今安在乎？侍胡惶恐，具服其狀。超乃閉侍胡，悉會其吏士三十六人，與共飲酒，酣，因激怒之曰：卿曹與我俱在絕域（曹，輩），欲立大功，以求富貴。今虜使到裁數日，而王廣禮敬即廢，如今鄯善收吾屬送匈奴，骸骨長為豺狼食矣，為之奈何？官屬皆曰：今在危亡之地，死生從司馬。超曰：不入虎穴，不得虎子。當今之計，獨有因夜以火攻虜，使彼不知我多少，必大震怖，可殄盡矣。滅此虜，則鄯善破膽，功成事立矣。眾曰：當與從事議之。超怒曰：吉凶決於今日。從事文俗吏，聞此必恐而謀泄，死無所名，非壯士也。眾曰：善。初夜，遂將吏士往奔虜營。會天大風，超令十人持鼓藏虜舍後，約曰：見火然，皆當鳴鼓大呼。餘人悉持兵弩夾門而伏。超乃順風縱火，前後鼓噪。虜眾驚亂，超手格殺三人，吏兵斬其使及從士三十餘級，餘眾百許人悉燒死（東觀記曰：斬得匈奴節使屋賴帶、副使比離支首及節也）。明日乃還告郭恂，恂大驚，既而色動。超知其意，舉手曰：掾雖不行，班超何心獨擅之乎？恂乃說。

又曰：楊琁字機平，為零陵太守。是時蒼梧、桂陽猾賊相聚，攻郡縣，賊眾多而琁力弱，吏民憂恐。琁乃特制馬車數十乘，以排囊盛石灰於車上（排囊即今排袋也。排，蒲拜切），繫布索於馬尾，又為兵車專彀弓弩，剋共會戰。乃令馬車居前，順風鼓灰，賊不得視，因以火燒布然，馬驚，奔突賊陣，因使後車弓弩

亂發鉦鼓鳴震群盜波駭破散追逐傷斬無數梟其渠師郡境以清

又曰皇甫嵩討黄巾賊張角嵩保長社賊來圍城嵩兵少軍中皆恐乃召軍吏謂曰兵有竒變不在衆今賊依草結營易爲風火若因夜縱火必大驚乱吾出兵擊之其功可成其夕遂大風嵩乃約勒軍士皆束炬乗城使鋭士間出圍外縱火大呼城上舉燎應之嵩因鼓而奔其陣賊驚乱奔走嵩進兵討之與角弟梁戰於廣宗梁衆精勇嵩不能尅明日乃閉營休士以觀其変知賊意稍懈乃潜夜勒兵鷄鳴馳赴其陣至晡時大破之

又曰劉表死曹公尅荊州得劉琮水軍泝流東下吳主孫權遣周瑜領兵逆曹公遇於赤壁初一交戰曹公軍披退引次江北瑜等在南岸瑜部將黄蓋曰今寇衆我寡難與持久然觀軍方連舡艦首尾相接可燒而走乃取蒙衝闘艦數十艘實以薪草膏灌其中裹以帷幕上建牙旗先書報曹公欺以欲降又先備走舸各繫大舡後因風相次俱進曹公軍吏士皆延頸遥觀指言蓋降諸舡同時發火時風盛猛悉延燒岸上營落頃之熛焰張天（熛音標火飛也）人馬燒溺死者甚衆遂敗退耳

魏志諸葛誕傳曰太傅司馬宣王潜軍東伐以誕爲鎮東將軍後毋丘儉反大爲攻具晝夜五六日攻南圍欲决圍盪出圍上諸軍臨高以發石車火箭逆燒破其攻具

晉書王濬伐吳吳人於江險磧要害之處普以鐵鏁横截之又作鐵錐長丈餘暗置江中以逆拒舡先是羊祜獲吳間諜具知情狀濬乃作大筏數十亦方百餘步縛草爲人被甲持杖令善水者以筏先行筏遇鐵錐輙着筏去又作火拒長十餘丈大數十圍灌以麻油在舡前遇鏁燃炬燒之須臾融液斷絶於是舡无所礙

晉中興書曰郄浩北伐江逌爲長史及丁零反叛浩軍震懼姚襄去軍十里結草爲營方欲擊浩浩甚懷憂令逌代之逌曰今兵非不精而衆少於羗且壍柵甚固難與校力乃取數百雞以長繩連之脚皆繫火一時驅放以兵遏後群鷄駭散一時飛過壍並集羗營皆燃因其驚乱縱兵擊之襄遂摧退

宋書王玄謨圍滑臺城内多茅屋衆皆曰宜以火箭燒之

又郄琰傳曰琰與劉勔相持勔用茅苞土擲以塞壍擲者如雲城内乃以火箭射之

又曰良吏杜慧度傳曰慧度爲交州刺史盧循龍破合浦徑向交州慧度自登高艦合戰放火箭雉尾炬脩衆俱然一時潰散

齊書宗室脩安王遥光反詔太子右衛率左興盛屯東府東離門衆軍圍東城臺軍射火箭燒東北角樓至夜城潰

陳書曰武帝時江東梁將王琳率兵東下陳遣大將侯瑱等拒之瑱以琳軍威方盛乃引軍入蕪湖避之是時西南風至急琳謂得天時將取楊州侯瑱等徐出蕪湖以躡其後北及兵放火西南風翻爲瑱用琳兵放火燧以擲瑱舡者返燒其舡琳兵潰乱透水死者十二三其餘皆棄舡上岸爲陳軍所殺殆盡

北史曰李詢仕周遷司衛上士武帝幸雲陽宫委以留府事衛王直作乱焚肅章門詢於内益火故賊不得入武帝善之

後周書曰遣將伐高齊齊將段韶與太尉蘭陵王長恭同

徃扞禦至西境有栢谷城者乃絶險古城千仞諸將莫肯
攻圍詔曰分北河東勢爲國家之有若不去栢谷事同痼
疾討彼援兵會在南道今断其要路救不能來且城勢雖
高其中甚狹火弩射之一朝可盡諸將稱善遂鳴鼓而攻之
城潰獲儀同薛敬禮大斬獲首虜仍城華谷置戍而還
隋書曰文帝時高頴獻取陳之策曰江南土薄舍多竹茅
所有儲積皆非地窖(古孝切)密遣行人因風縱火待彼修立
復更燒之不出數年自可財力俱盡帝行其策由是陳人
益弊
通典曰火兵以驍騎夜銜枚縛馬口人負束薪麻藴懷火
直抵敵營一時舉火營中驚亂急而乗之静而勿攻(凡火攻者
因天時燥旱營舍茅竹積穣報軍營於秸草宿莽之中因風而焚也)
又曰火獸以艾熅火(熅於問切)置瓢中瓢開四孔繫瓢於野猪

麞鹿項下針其尾端向敵營而縱之奔入草中瓢敗火發
又曰火禽以胡桃剖分空中實艾火開兩孔復合繫野鷄
項下針其尾而縱之奔入草中器敗火發
又曰火盜遣人暗伏與敵人同者夜竊號逐便懷火偷入
營焚其積聚火發必亂而出
又曰火弩以擘張弩射及三百步者以瓢盛火符矢端以
數百張中夜齊射敵營中芻草積聚
又曰以小瓢盛油冠矢端射城樓櫓版木上瓢敗油散因
燒矢鏃内中射油散處火立燃復以油瓢續之則樓櫓盡
焚謂之火箭
又曰磨杏子中空以艾實之繫雀足上加火薄暮群放飛
入城壘中捷宿其積聚廬舍須臾火發謂之火杏矣

水攻

孫子曰以水佐攻者強(水以爲衛故強也)水可以絶而可以奪(水但
以絶其敵道分敵軍不以奪敵蓄積)
史記曰漢王遣韓信巳定齊臨淄遂東追齊王田廣至高
密項羽使龍且將二十万救齊田廣龍且并軍(且子余切)與信
戰未合人或説龍且曰漢兵遠鬬窮寇力戰其鋒不可當
齊楚自居其地戰兵易敗散不如深壁令齊王使臣招所
亡城亡城聞其王在楚來救必反漢漢兵二千里客居齊齊
城皆反之其勢无所得食可无戰而降也龍且曰吾救齊不
戰而降之吾何功今戰而勝之齊之半可得何爲止遂戰
與信夾濰水陣(濰音唯)韓信乃夜令人爲万餘囊盛沙壅水
上流引軍半度擊龍且佯不勝還走龍且果喜曰固知信
怯也遂追信度水信使人决壅囊水大至龍且軍太半不
得度即急擊殺龍且水東軍遂敗走

後漢書曰董卓將兵三萬討先零羌爲羌胡所圍粮食乏
絶進退逼急乃於所度水中僞立隅以捕魚(隅音偶)而潜從
隅下過軍比賊追之决水深不得度時衆軍敗退唯董卓
全師而還也
又曰曹公圍呂布於下邳引沂泗二水灌城尅之
又曰光武至邯鄲故趙繆王子林(繆王景七代孫名元前書曰元坐殺人爲大鴻臚所
奏謚曰繆音謬東觀記曰林作臨字)説光武曰赤眉今在河東但决水灌之
百万之衆可使爲魚
南史曰齊高帝新踐祚恐魏致討以送劉昶爲辭以爲軍
衝必在壽春非垣崇祖莫可爲捍徙爲豫州刺史監二州
諸軍事封望蔡侯建元二年魏遣劉昶攻壽春崇祖乃於
城西北立堰塞肥水起小城使數千人守之謂長史封伯
曰虜必悉力攻小城若破此堰放水一激急愈二峽自然

沉溺豈非小勞而大制耶及魏軍由西道集堰南分軍東
路內薄攻小城崇祖着白紗帽肩輿上城手自轉式日晡
時決小埭水勢奔下魏攻城之衆溺死千數大衆退走
梁書曰魏降人王足陳計求堰淮水以灌壽陽足引北方
童謠曰荆山爲上格浮山爲下格潼江爲激溝併灌鉅野
澤帝以爲然使水工陳承伯材官將軍祖暅視地形咸謂
淮內沙土漂輕不堅實其功不可就帝弗納發徐楊人卒
二十戶取五以築之假康絢節督淮上諸軍事并堰作役
人及戰士有衆二十萬於鍾離南起浮山北抵巉石依岸
築土合脊於中流十四年四月堰將合淮水漂沒復決潰
衆患之或謂江淮多蛟能乘風雨決壞岸崖其性惡鐵因
是引東西二冶鐵器大則釜鬲小則鑊鋤數千萬沉於堰
所猶不能合乃伐樹爲幹以巨石加土其上緣淮百里內

岡陵木石無巨細盡負擔者肩穿夏日疾疫死者相枕蠅
蟲晝夜聲合武帝愍之遣尚書右僕射袁昂侍中謝舉假節
慰勞并加蠲復是冬寒甚淮泗盡凍士卒死者十有七八
帝遣賜以衣袴十二月魏遣將楊大眼聲決堰絢命諸軍
撤營露次以待之遣其子悅挑戰斬魏咸陽王府司馬徐
方興軍小却十五年四月堰成其長九里下闊一百四十
丈上廣三十五丈高二十丈深十九丈五尺夾之以堤并
樹杞柳軍人安堵列居其水清潔俯視居人墳墓了然皆
在其下或謂絢曰四瀆天所以節宣其氣不可久塞若鑿
湫東注則游波寬緩堰得不壞絢然之開湫東注人縱反
間於魏曰梁所懼開湫魏人信之果鑿山深五丈開湫北
注水日夜分流湫猶不減其月魏軍竟潰而歸水之所及
夾淮方數百里地魏壽陽城戍稍徙頓八公山北南居人

散就岡壠初起徐州界刺史張豹子謂己必尸其事既而
絢以他官來監作豹子甚慚由是譖絢與魏交通帝雖不
納猶以軍事徵絢尋除司州刺史領安陸太守絢還後豹
子不脩堰至其秋淮水暴長堰壞奔流于海殺數萬人其
聲若雷聞三百里水中怪物隨流而下或人頭魚身或龍
形馬首殊類詭狀不可勝名
陳書曰閩中守陳寶應舉兵反據建安晉安二郡界水陸
爲柵將軍章昭達討之據其上流命軍士伐木帶枝葉爲
筏施拍於其上（拍普伯切）綴以大索相次列營夾兩岸寶應
數挑戰昭達按甲不動俄而暴雨江水大漲昭達放筏衝
突水柵盡破又出兵攻其步軍寶應大潰遂尅定閩中
又曰歐陽紇據嶺南反遣將章昭達督衆軍討之紇乃出
柵湹口（湹音廛）多聚沙石盛以竹籠置于木柵之外用遏舟

艦昭達居其上流裝艦造舟以臨賊柵又令軍人銜刀潛
行水中斫竹籠篾皆解因縱大艦隨流突之賊衆大敗因
擒紇
三國典略曰東魏慕容紹宗高岳等堰洧水以灌潁川時
有怪獸每衝壞其堰岳等惡衆苦攻分休迭進王思政身
當矢石與士卒同其勞苦屬以大雪岳衆多死岳等乃作
鐵龍雜獸用厭水神
後周書曰太祖遣大將軍趙貴帥軍至穰兼督諸州兵以
援王思政高岳起堰引洧水以灌城自潁川以北皆爲陂
澤救兵不得至
唐書曰武德中劉黑闥據河北反太宗率兵討之先遣堰
治水上流淺令黑闥得渡及戰遂令決堰水至深丈餘賊徒
既敗爭渡水溺死者數千人咸以爲神黑闥與二百餘騎

奔于突厥悉虜其兵衆河北復平

又曰武德中李靖隨河間王孝恭討蕭銑屬江水汎長諸將皆請停兵以待水退靖謂孝恭曰以速爲神機者時不可失今若乘水漲之勢倏忽至其城下可謂疾雷不及掩耳兵家上策也孝恭從之進兵次夷陵銑將文士弘屯清江靖與之決戰大破賊軍仍率所部星馳進發營於荆州城下弘既敗銑衆莫不震讋靖又破其將楊君茂鄭秀等遂圍城數重其夜銑遣使請降靖即入據其城號令嚴肅軍無私焉

淮南子曰始智伯率韓魏三國伐趙晉陽決水而灌之城中緣木而處懸釜而炊襄子謂張孟談曰城力已盡糧食匱武夫病爲之柰何張孟談曰士不能(存危不能安無爲貴)智臣請試潛行(伏行也)見韓魏之君而約之乃見韓魏之君說曰

聞之脣亡而齒寒今智伯率二君而伐趙趙將亡矣則君爲之次矣今而不圖之禍將及二君二君曰智伯之爲人麄中而少親我謀而泄事必敗爲之柰何張孟談曰言出二君之口入臣之耳人孰知之者乎且同情相成同利相死君亦圖之二君乃與孟談謀陰與之盟張孟談乃報襄子至期日之夜趙民殺守隄之吏決水灌智伯智伯軍救水而亂韓魏翼而擊之襄子卒犯其前大敗智伯軍殺其身而三分其國

太白陰經水攻具篇曰以水佐攻者強水因地而成勢爲源高於城本大於末可以遏而止可以決而流故晉水可以灌安邑汾水可以浸平陽先設水平測其高下可以漂城灌軍沉營殺將

又曰水平槽長二尺四寸兩頭及中間鑿爲三池池横闊一寸八分長一寸深一寸三分分間相去一尺五分中間有通水渠闊二分深一寸三分池各置浮木木闊狹微小施池匡厚三分上建立齒高八分闊一寸七分厚一分槽下置轉關脚高下與眼等以水注之三池浮木齊起眇目視之齒齊平則爲天下准式十步一里乃至數十里目力所及置照版度竿亦白繩計其尺寸則高下丈尺分寸可知

又曰照板形如方扇長四尺下二尺黒上二尺白闊三尺柄長二丈刻作二百寸二千分每寸内小刻其分隨向遠近高下立竿以照板映之眇目視三浮木齒及照板又以度竿上尺寸爲高下遞而往尺寸相承則山崗溝澗水源高下深淺可以分寸而度

太平御覧卷第三百二十一

太平御覽卷第三百二十二

兵部五十三

勝

孫子曰夫未戰而廟勝者得筭多也未戰而廟不勝者得筭少也多筭勝少筭而況無筭乎吾以此觀之勝勢見也吾以此道觀之是兵無成勢無常形臨時變化不可預傳故曰料敵在心察機在目也

又曰昔之善戰者先爲不可勝以待敵之可勝不可勝在己守備之可勝在敵自脩理以備敵之虛解故戰者能爲不可勝不能使敵必可勝也

又曰見勝不過衆人之所知非善之善也戰勝而天下曰善非善之善也交爭勝也太公曰爭勝白刃之中非良將也故舉秋毫不爲多力見日月不爲明目聞雷霆不爲聦耳見易聞也古人所謂善戰者勝勝易勝者也原微易勝攻其可勝不攻其不可勝也故善戰者之所勝也無勇攻敵兵形未成服之無赫赫之功也

又曰善戰者立於不敗之地而不失敵之敗勝者也故勝兵先勝而後求戰敗兵先戰而後求勝善用兵者脩道而保法故能爲勝攻之政善用兵者先自脩理不可勝之道保法度不失敵之乱敗也

又曰勝可知而不可爲也敵雖衆可使無鬪故策之而知得失之計候之而知動靜之理形之而知死生之地角之而知有餘不足之處角量之也故兵形之極至於無形無形則深淵不能闚也而智者不能謀也因形而作勝於衆衆不能知也因地形而立勝人皆知我所以勝之形而莫知吾所以制勝之形也人皆知吾所以勝莫知吾因敵形制此勝也故兵戰勝不復不量重後而應形無窮動而應也

又曰知勝有五知可戰與不可以戰者勝能料知敵情審其虛實者勝知衆寡之用者勝言兵之形有衆而不可擊寡或可以弱制強而能變之者勝也春秋傳曰師克在和不在衆上下同者勝言君臣和同勇而欲戰者勝也故孟子曰天時不如地利地利不如人和以虞待不虞者勝虞度也以我有法度之師擊彼無法度之兵故春秋傳曰不備不虞不可以出師將能而君不御者勝司馬法曰進退唯時無曰寡人將既精能曉練兵勢君能專任事不從中御也此五者知勝之道故曰知己知彼百戰不殆審知彼強弱之勢雖不至百戰實無危殆也不知彼知己一勝一負雖不知敵之形勢恃己能尅之者勝負各半也不知彼不知己每戰必殆外不料敵內不知己用戰必危也知地知天勝乃可全知地形之便知天時孤虛向背晦明風雲之譎詭也

左傳曰楚屈瑕將盟貳軫貳軫二國名也鄖人軍於蒲騷楚莫敖曰莫敖官名盍請濟師盍何也何不濟益師對曰師克在和不在衆也商周之不敵君之所聞也武王有亂臣十人紂有億兆之衆莫敖曰卜之對曰卜以決疑不疑何卜遂敗鄖師于蒲騷

又曰秦伯以璧祈戰于河注禱河求勝也

戰國策曰魏武侯問吳起曰兵以何勝曰以理爲勝曰不在衆乎起曰法令不明賞罰不信聞鼓不進聞金不止雖有百萬之師何益於用所爲理者居則有禮動則有威進不可當退不可追前却如節左右應麾雖絶成陣雖散成行投之無所往天下莫敢當

又曰韓魏之君不朝于齊鄒忌爲齊相田忌爲將使田忌伐魏三戰三勝

又曰或說齊閔王曰臣之所聞戰攻之道於師者雖有百萬之軍比之堂上雖孫吳之將擒之戶內千丈之城拔之罇俎之間百尺之衝折之袵席之上

史記曰張儀東說齊閔王曰臣聞之齊與魯三戰而魯三勝國以危亡隨其後雖有勝之名而有危亡之實是何也齊大而魯小也

又曰魏以太子申爲上將軍伐齊過外黃徐子謂太子曰

自將攻齊太子曰勝則富不過有魏貴不益爲王若戰不勝齊則萬世無魏矣此臣之百戰百勝也

漢書曰廣武君謂韓信曰成安君有百戰百勝之計一旦而失之軍敗鄗下身死泜水上

又曰高祖置酒雒陽南宮上曰吾所以有天下者何項氏之所以失天下者何王陵對曰陛下嫚而侮人項羽仁而敬人然陛下使人攻城略地所降下者因以與之天下與同利也項羽妬賢疾能有功者害之賢者疑之戰勝而不與人功得地而不與人利此則所以失天下也上曰公知其一未知其二夫運籌策於帷幄之中决勝於千里之外吾不如子房鎭國家撫百姓給饋餉不絶糧道吾不如蕭何連百萬之軍戰必勝攻必取吾不如韓信三者皆人傑也吾能用之此吾所以取天下也

後漢書曰河南尹朱儁爲董卓陳軍事卓折儁曰我百戰百勝決於心卿勿妄說且汙我刀儁曰昔武丁之明猶求箴諫況如卿者而欲杜人之口乎卓曰戲之耳儁曰不聞怒言可以爲戲卓謝儁

又曰吳漢與公孫述戰於廣都成都之間八戰八尅遂軍其郭中

又光武詔曰將軍鄧禹與朕謀謨帷幄决勝千里

魏志曰鍾會爲鎭西將軍假節都督關中諸軍事詔曰會所向摧弊前無強敵緘制衆城網運羅送　蜀之豪帥面縛歸命謀無遺策舉無廢功凡所降誅動以萬計全勝獨尅有征無戰拓平西夏方隅清晏以會爲司徒會喜之

又曰魏國初建荀攸爲尚書令攸深密有智防自從太祖征伐常謀謨帷幄時人及子弟莫知其所言

吳志曰魏使司馬曹仁將步騎數萬向濡須僞欲東攻羨溪朱桓赴羨溪仁進軍拒濡須桓聞追羨溪兵未到而仁兵奄至諸將各懼桓喻之曰凡兩軍相對勝負在將不在衆寡因與諸軍共據高城臨大江北背山陵以逸待勞爲主制客此百戰百勝之勢桓因偃旗鼓外示虛弱以誘仁仁果分遣將軍王雙等乘油舡襲中洲桓身自距之生獲雙等送武昌

晉書曰王濬爲平東將軍假節都督梁益諸軍事率兵伐吳濬兵不血刃攻無堅城夏口武昌無相支抗

又曰征西將軍庾亮以石勒新死欲移鎭石城爲滅賊之漸事下公卿蔡謨議曰自石勒初起則季龍爲爪牙百戰百勝遂定中國

又曰嵇紹字延祖爲侍中從駕至湯陰紹之行也侍中秦准謂曰今日向難卿有佳馬不嵇正容曰大駕親以正伐邪理必有征無戰若皇輿失守臣節有在駿馬何爲聞者莫不歎息

漢晉春秋曰諸葛亮至南中所在戰捷聞孟獲者爲胡漢所服募生致之既得使觀於營陣之間問曰此軍何如獲曰不知虛實故敗定易勝耳亮縱使更戰七縱七擒

傳巽別傳曰衛臻領舉傳巽爲冀州刺史文帝曰巽吾腹心臣也不妨與其籌筭帷幄之中决勝千里之外不可授以遠任

蕭方等三十六國春秋曰西凉從事中郎將張顗言於凉王曰太祖以天挺神姿應桓文之運流劉万里於西夏所推平索嗣兵不血刃取酒泉有易俯拾爲殿下開創崇規貽厥孫謀者也

又曰秦王堅下書曰吳人敢恃江山僭稱大號輕率犬羊

蔓窺王境朕將巡狩省方登會稽而朝諸侯復禹績而定九州今王師所擬必有征無戰伐國存主義同一

又曰夏王敎敎自號貞興元年夏刻石都南頌其功曰我皇誕命丗之期應天縱之德仰協時來俯從民望屬茲豪鼎峙之際群凶岳立之秋故運籌命將舉無遺筭親御六戎即有征無戰五稔之閒而治風弘闡矣

春秋齊後語曰騶忌與田忌不相善公孫閲謂騶忌曰何不令人操十金卜於市曰我田忌之人也吾三戰三勝聲威天下欲爲大事亦吉乎卜者出因令人捕之驗其辭於王之所騶忌從之田忌懼無以自白遂以其徒襲攻臨淄欲殺騶忌不勝而奔

梁後略曰君子普通之末邊壃告驚寇虜烽熢擊拆相聞上皇乃運籌帷中邁曹王之遠略决勝千里超光武之懸

謀故能師不疲勞獻捷相係

老子曰善勝敵者不爭○又曰戰勝則以喪禮處之

管子曰天時地利其數多少其要必出於計數故凡攻伐之爲道也計必先定於內然後兵出乎境計未定而出兵是則戰之自毀也故不明敵人之政不能加也（未可加兵）不明敵人之積不能約也（不能約誓）不明敵人之士不先陣是故以衆擊寡以理擊乱以富擊貧以能擊不能以教卒練士擊毆衆白徒故百戰百勝也

孫卿子曰舜伐有苗禹伐共工湯伐有夏文王伐崇武王伐紂遠方慕義兵不血刃

墨子曰墨子爲守使公輸般服而不肯以兵知（墨子雖善爲兵而不肯以知兵聞也）善持勝者以強爲弱故老子曰道冲而用之有弗盈也

鄧析子曰百戰百勝黄帝之師也

韓詩外傳曰孔子歎平仲去身不出罇俎之門而折衝千里之外（注云衝衝車也謂敵人設此以臨城大臣謀於廟堂遠以折之）

古司馬兵法曰大捷不賞上下皆不伐善（捷勝也一軍皆勝上下俱不厚功也）上苟不伐善則不驕矣下苟不伐善則不差矣上下不伐善此讓之至也大敗不誅上下皆以不善在已也（敗者負也一軍奔北人皆有罪故不誅上下俱過）上苟以不善在已必悔其上過上下分惡若此讓之至也

又曰凡戰以力久以氣勝（有力者任重則可久可久即可息）以固久以危勝（營壘次舍器械具備行陣堅守可以久也乘危乃以死易生戰攻之心定矣）本心固新氣勝（无畏疑心本堅固養而不勞故能制勝）以甲固以兵勝（甲以扞矢兵以斬敵甲堅則固兵利則勝也）凡車以密固徒以坐勝（車卒衆則密陣步卒衆則坐陣）兼以重固以輕勝（車步兼也以重卒持堅以輕卒攻取故勝也）

呂氏春秋曰凡兵也者貴其因也因也者因敵之險以爲已固因敵之謀以爲已事能審因而加勝則不可窮矣勝不可窮之謂神神則能而不可勝矣夫兵不貴勝而貴不可勝不可勝在已可勝在彼聖人必在已者不在彼故執不可勝之術以遇不勝之敵若此則兵無失矣

又曰趙襄子攻翟勝左人中人使者使謁之（下左人中人城今盧奴西山中有二城也）襄子方食摶飯有憂色左右曰一朝而下兩城此人之所喜今君有憂色何也襄子曰江河之大也（大長也）不過三日飄風暴雨日中不須臾今趙氏之德行所積又一朝而兩城下亡其及我乎孔子聞之曰趙氏其昌乎夫憂所以爲昌也喜所以爲亡也勝非其難者也持之其難者賢主以此持勝故其福及後世齊荆吳越皆嘗勝矣而卒取亡不達乎持勝也唯有道之主能持勝

淮南子曰文王知而好問故聖武王勇而好問故勝夫乘衆人之智則無不任也用衆人之力則無不勝也

三輔故事云婁敬爲隴西太守過洛陽見曰臣之策能不血刃坐羈匈奴頭著陛下前○衛公兵法曰夫決勝之策者在乎察將之材能審敵之強弱料地之形勢觀時之宜利先勝而後戰守地不失是謂必勝之道也若上驕下怨可離而間營久卒疲可掩而襲昧去迷就士衆猜嫌可振而走重進輕退遇逢險阻可邀而取若敵人旌旗屢動士馬數顧其卒或縱或横其吏或行或止追北恐不利見利恐不獲涉長途而未息入險地而不疑勁風劇寒剖冰濟水烈景炎熱倍道兼行陣而未定舍而未畢若此之勢乘而擊之此所謂天贊我也豈有不勝乎

張協詩曰疇昔懷微志惟幕竊所經何必操干戈堂上有

奇兵

陸士衡辯正論曰攻無堅城之將戰無交鋒之虜

又曰由是二邦之將喪氣挫鋒勢衂財匱而兵殘然坐乘其斃

太平御覧卷第三百二十二

太平御覽卷第三百二十三

兵部五十四

敗

易曰援戈散地六親不相能保

禮記曰謀人之軍敗則死之

又曰魯莊公及宋人戰于乘丘馬驚敗績

左傳曰凡師敵未陳曰敗某師皆陣曰戰大崩曰敗績得儁曰尅覆而敗之曰取某師京師敗績曰王師敗績于某

又曰夫其敗也如日月之蝕何損於明

又曰及齊師戰于乾時我師敗績

又曰公及邾師戰于井陘我師敗績

又曰鄭伯侵陳大獲往歲鄭伯請成於陳五父諫曰親仁善鄰國之寶也陳侯不從故敗

又曰晉侯及秦師戰于彭衙秦師敗績

又曰宋師及齊師戰于獻齊師敗績

又曰息侯伐鄭鄭伯與戰于境息師大敗而還君子是以知息之將亡也不度德鄭莊賢也不量力息國弱也不親親鄭息同姓之國不徵辭不察有罪言語相恨當明徵其辭以審曲直不宜輕鬬犯五不韙韙是也而以伐人其喪師也不亦宜乎

又曰鄭師伐宋將戰華元殺羊食士食音嗣其御羊斟不與及戰斟曰疇昔之羊子爲政疇昔猶前日也今日之事我爲政與入鄭師故敗

又曰狄人伐衛戰于滎澤衛師敗績衛侯不去其旗是以甚敗遂滅衛

史記曰管仲曰吾甞三戰三北鮑叔不以我爲怯知我有老母也

又曰曹沬者魯人也以勇力事魯莊公爲魯將與齊戰敗三北魯莊公猶復以爲將

又曰齊桓公許與魯會于柯而盟於壇上曹沬執匕首劫齊桓公問曰子將何欲曹沬曰齊強魯弱大國侵魯亦以甚矣今魯城壞即壓齊境君其圖之桓公乃許盡還魯之侵地曹沬三戰所亡盡復于魯案魯連與燕將書曰曹子爲將三敗三北亡地五百里向使曹子計不及顧義不旋踵刎頸而死則亦不免爲敗軍擒將矣曹子棄三北之恥而退與魯君計桓公朝天下會諸侯三戰之所亡一朝而復之天下震動諸侯驚駭威加吳越

又晉世家曰襄公墨絰四月敗秦師于殽虜秦王將孟明視西乞術白乙丙以歸遂墨以葬文公夫人秦女謂襄公曰秦欲得其三將戮之公許遣之先軫聞之謂襄公曰患生矣軫追秦將渡河已在舡中頓首謝卒不及後三年秦果使孟明等伐晉報殽之敗也

後漢書曰建武三年春正月甲子以偏將軍馮異爲征西大將軍杜茂爲驃騎大將軍大司徒鄧禹及馮異與赤眉戰于回谿禹敗績後閏九月乙巳馮異與赤眉戰於崤底大破之

又曰鄧禹與赤眉戰敗帝徵禹還勑曰赤眉無穀自當來東吾折捶笞之非諸將憂也無得進兵禹慙於受任而功不遂數以飢卒徼戰輙不利徼古堯切

又曰鄧禹與車騎將軍鄧弘擊赤眉遂爲所敗衆皆死散禹獨與二十四騎還詣宜陽謝上大司徒梁侯印綬有詔歸侯印綬數月拜右將軍

又曰鄧弘與赤眉大戰移日赤眉佯敗棄輜重走車皆載土以豆覆其上兵士飢争取之赤眉引兵還擊弘弘軍潰亂馮異與禹合兵救之赤眉小却異以士卒飢倦可且休

禹下聽復戰大爲所敗

又曰龐萌反攻殺楚郡太守引軍襲敗蓋延延走北渡泗水破舟檝壞津梁僅而得免

又曰公孫瓚爲袁紹所圍遣子續求救于黑山賊張燕燕率兵十萬三道來救瓚未及至瓚乃密使行人齎書告續曰昔周末喪亂僵屍蔽地以意而推猶爲否也不圖今日親當其鋒袁氏之攻狀若鬼神梯衝舞於樓上鼓角鳴於地中日窮月急不遑啓處汝當碎首於張燕馳 以告急父子天性不言而動（言相感也）且厲五千鐵騎於北隰之中（下隰曰隰）起火爲應吾當自內出奮揚威武決命於斯不然吾亡之後天下雖廣汝欲求安足之地其可得乎紹候得其書（獻帝春秋候者得書紹使陳琳易其詞聊此書）如期舉火瓚以爲救至遂便出戰紹設伏瓚遂大敗復還保小城自計必無全乃悉縊其姊妹妻子然後引火自焚

魏志曰太祖在長安使曹仁討關羽於樊又遣于禁助仁秋大霖雨漢水溢平地水數丈禁等七軍皆沒禁與諸將登高望水無所迴避羽乘大舟就攻禁遂降會孫權擒羽獲其衆禁復在吳文帝踐作權稱藩遣之帝引見禁鬚髮皓白形容憔悴泣涕頓首帝慰喻以荀林父孟明視之事（魏書詔曰昔荀林父敗績於邲孟明喪師於郩晉秦不替使復其位後晉獲狄士秦霸西戎區區小國猶尚若斯而況萬乘乎樊城之敗水災暴至非戰之咎也其復禁等官）拜安遠將軍

晉書曰陸機河橋之戰始臨戎而牙旗折意甚惡之列軍自朝歌至于河橋鼓聲聞數百里漢魏以來出師之盛未嘗有也長沙王乂奉天子與機戰於鹿苑軍大敗赴七里澗而死者如積焉

又曰張駿爲涼州牧西域長史李栢請討叛將趙貞爲真所敗議者以栢造謀致敗請誅之駿曰吾每念漢世宗之殺王恢不如秦穆之赦孟明竟以減死論群心咸悅

又曰孫恩爲劉裕所擊窮蹙乃赴海自沉妖黨及妓妾謂之水仙投水從死者百數餘衆以恩妹夫盧循爲主

又曰盧循既敗走召妓妾問曰我今將自殺誰能同者多云雀鼠貪生就死實難有云官尚當死某豈願生於是悉酖諸辭死者因投于水同黨盡誅

又曰符堅敗走劉牢之進屯鄄城討諸未服河南諸城堡承風歸順者甚衆符堅子丕據鄴爲慕容垂所逼請降牢之引兵救之垂聞軍至出新興城北走牢之與沛郡太守田次追之行二里至五橋澤中急取輜重軍稍亂爲垂所擊牢之敗績士卒殲焉牢之策馬跳五丈澗得脫會丕救至因入臨濟集亡散兵復少振牢之以軍敗徵而還

又曰符堅敗壽春單騎遁還於淮北飢甚人有進壺食豚髀者堅食之大悅曰昔公孫豆粥何以加也命賜帛十疋

又曰毋丘儉文欽反司馬景王遣鄧艾督太山諸軍屯樂嘉欽將攻艾景王銜枚徑造樂嘉欽子鴦年十八勇冠三軍謂欽曰及其未定請登城鼓譟擊之可破也既謀而行三譟而欽不能應鴦退相與引而東景王謂諸將曰欽走矣發銳軍以追之諸將曰欽舊將鴦小而銳引軍內入未有失利必不走也王曰一鼓作氣再而衰三而竭鴦三鼓而欽不應其勢已屈不走何待欽將遁謂鴦曰不先折其勢不得去也乃與騎十餘摧鋒陷陣所向皆披靡遂引去王遣驍騎八千翼而追之欽父子與麾下走保項儉聞欽敗棄衆宵遁淮南安風津都尉追儉斬之

又曰符堅率衆百萬屯壽陽列陣淝水謝玄謂符融曰臨

水爲陣是不欲速戰請君稍却堅遂麾使陣退衆因亂不能止玄以精鋭決戰堅衆奔潰聞風聲鶴唳皆以爲王師至草行露宿飢凍以死獲堅乘輿雲毋車軍資山積

又曰苻堅望八公山上草木皆類人形又見王師部陣謂融曰此亦勍敵也憮然有懼色及敗單騎遁于淮北飢甚人有進壺飧者曰臣聞白龍厭天地之樂而見困豫且今蒙塵之難豈自天乎

晉中興書曰謝琰爲會稽内史督五郡事隆安四年孫恩攻上虞進及刑浦上黨太守張虔碩戰敗于刑浦人情震懼群賊鋭進咸以宜持重嚴備且列水軍於南湖又應分軍設伏以待之琰不聽外白賊至時尚未食琰曰要先滅此寇而後食耳跨馬而出廣武將軍桓寶爲前鋒果敢能戰殺賊甚多而塘路迮狹魚貫不聚賊於艦中傍射前後斷絶琰至千秋亭與二子肇峻俱被害寶亦死之

又曰劉道規及下邳太守孟懷玉等與桓玄戰於峥嶸洲義軍乘風縱火盡鋭争先玄衆大潰燒輜重夜遁玄故將劉統馮雅等聚黨四百人掩没潯陽城建威將軍劉懷肅討平之其黨自相斬以降玄入江陵太守馮該勸使更下戰玄欲歩出漢川投梁州而人情崩沮不可復合益州刺史毛璩弟璠卒璩使其從孫祐之參軍費恬送璠喪葬江陵璩弟子脩之爲玄屯騎校尉玄計窮欲走漢中脩之誘以入蜀遂與石康等乘艦泝江數十里恬與祐之迎擊玄益州督護馮遷斫玄玄曰是何人耶敢殺天子遷曰欲殺天子之賊耳遂斬玄首并石康等五級庚頤之及殿中監萬蓋丁仙期皆死之玄年六十息昇六歲云我是豫章王諸軍勿見殺遂送至江陵市斬之

三十國春秋曰後燕慕容垂遣其子寶率歩騎七萬伐後魏戰於參合陂大敗寶以數千騎奔免士衆還者十一二寶恨參合之敗屢言魏有可乘之機由是自率大衆伐魏至參合見往年戰處積骸如山設弔祭之禮死者父兄一時號哭軍中皆慟垂慙憤嘔血因而寢疾却還道卒

宋書曰晉安王子勛舉兵潯陽宋將殷孝祖討之時賊據赭圻赭音者孝祖將進攻之與賊合戰常以鼓蓋自隨軍中人相謂曰殷統軍可謂死將矣今與賊交鋒而以羽儀自標顯若此射者十手攢射欲不斃得乎是日於陣中流矢死

又曰王玄謨北圍滑臺爲魏軍所追大破之流矢中臂二十八年正月還至歷城義恭與玄謨書曰聞因敗爲戍臂上瘡將非金印之徵邪

梁後略曰丙午軍帥蕭方等至于長沙河東王譽率左右七千人置陣登高以禦之方等兵精衆盛時江水滿争來赴戰俄尓之間方等衆潰譽軍以騎汨之悉皆透水方等與左右二百餘人馳往赴舟舟中之指可掬方等溺于江中

通典曰東魏大將齊神武與西魏大將周文帝戰邙山時周文見齊神武出旗鼓識之乃暮敢勇士三千令賀拔勝惣之犯其軍適與齊神武相遇時募士皆用短兵接戰勝逐齊神武數里刃垂及之會勝馬爲流矢所中死比副騎至齊神武已逸去

隋書高麗之役之使宇文述進軍東濟薩水去平壤城三十里因山爲營乙支文德復遣使僞降請述曰若旋師者當奉高元朝行在所述見士卒疲弊不可復戰又平壤險固卒難致

力遂因其詐而還衆半濟賊擊後軍於是大潰不可禁止九軍敗績一日一夜還至鴨渌水行四百五十里初渡遼九軍三十萬五千人及還至遼東城唯二千七百人帝怒以述等屬吏至東都除名爲民

唐書曰屈突通將自武關趍藍田以赴長安軍過潼關爲劉文靜所遏不得進相持月餘通又令顯和以步騎萬人夜襲文靜詰朝大戰義軍不利顯和縱兵入我二柵而戰者往復數焉文靜爲流矢所中義軍氣奪垂至於敗而文静遊軍數百騎自南山而來擊其背顯和大敗疋馬而歸通勢弥蹙自摩其頸曰要當爲國家受人一刀耳勞勉將士未嘗不流涕人亦以此懷之

又曰安禄山之亂哥舒翰領兵馬步十五萬賊將崔乾祐會戰初哥舒翰造氈車以氈蒙其車以馬駕之畫以龍虎

之狀五色相宣以金銀飾其畫獸之目及爪將衝戰爲因其驚駭擬從而犄角攢戈矢而逐之賊知其計積薪蒭於隘路俟氈車至順風縱火焚之駕馬奔駭燒氈車薪蒭煙焰昏黑兩軍不相辯我師謂賊軍在煙焰中遂集弓弩併力射之賊軍抽退盡日矢盡方覺無賊我師衆從關門六七十里路狹北拉黄河南是古岸排蹴進不得賊抽軍從南山設疑曳柴揚塵以同羅諸直君險直透黄河古岸横截我師我師敗績沉河而死十有二三

又曰潼關之戰哥舒翰在河北高阜上觀軍陣進退之勢于時有般粮舡在河北岸左右言取舡渡兵可得遂令將舡百餘隻到南岸渡人舟中之指可掬登舡争渡者不可勝數每滿即沉如是登舡沉者數十渡餘軍盡散走還入關

三國典略曰齊師既敗軍士奔至江者縛荻爲筏多被没溺浮屍翳江至于京先是童謡曰虜馬萬疋入南湖城南酒家使虜奴至是梁軍士以齊兵貿酒一人纔得一醉

又曰周武伐齊齊主亦於壍北列陣謂高阿那肱曰戰是耶不戰是耶那肱曰不如勿戰却守高梁橋安吐根曰一把子賊馬上刺取擲著汾陽中諸内參曰彼亦天子我亦天子彼能懸軍遠來我何爲守壍示弱齊主曰此言是也使讓那肱曰尔富貴足惜性命耶乃填壍南引帝大喜齊主親戰東偏頗有退者淑妃怖曰軍敗矣穆提婆進曰大家去大家去齊主以淑妃奔高梁關奚長樂諫曰半進半退戰家常體今兵衆全整未有傷敗陛下捨此安之御馬一動人情驚擾願速還安撫齊主將從之穆提婆引其肘曰言何可信齊衆大潰軍資甲仗數百里間委棄山積在陣死者

八千餘人齊主夜走至洪洞戍

又曰周遣大將軍王軌破陳於吕梁擒其司空南平郡公吳明徹北徐州刺史董安公程文季等俘斬三萬餘人初軌潛於清水入淮口多竪大木以鐵鎖貫車輪横截水流遏斷舡蕭摩訶謂明徹曰聞王軌正鏁下流其兩邊築城今尚未立若見遣擊之彼少不敢相拒彼城若立則吾屬且爲虜矣明徹乃奮髯曰搴旗陥陣將軍事也長筭遠略老夫事也摩訶失色而退一旬之間我兵益至摩訶又請明徹曰今求不得進退無路若潛軍突圍未足爲耻願公率歩乗車輿徐行摩訶領鐵騎數千騎前後必當使公安達京邑明徹曰弟之此計乃良圖也然老夫受脤專征不能戰勝攻取今彼圍逼慙寡無地且步軍既多吾爲惣督必須身居其後相率兼行遂欲破堰大軍以舫載馬北譙州

刺史裴子烈議曰若決堰下舡舡必順倒不如前遣馬出於事為允會明徹疾篤知事不濟遂從之乃遣摩訶率馬數千前還明徹決堰乘水而退至清口水勢漸微舡礙車輪並不得度軌圍而蹙之明徹力窮就執陳之銳卒於是殲焉

衛公兵法曰或若軍有賢智而不能用者敗上下相親而各逑己長者敗賞罰不當而衆多怨言者敗知而不敢擊不知而擊之者敗利地利不得而卒多戰阨者敗勞逸無別不曉車騎之用者敗覘候不審而輕敵懈怠者敗行於隂道而不知深溝絶澗者敗陣無選鋒而奇正不分者敗凡此十敗非天之殃將之過也夫兵者乍千日而不使不可一時而不勝故白起對秦王曰明王愛其國忠臣愛其名寧伏其重誅不忍為辱軍之將又嚴顔謂張飛曰卿等無狀侵奪我州有斷頭將軍無降將軍也故二將咸重其名節寧就死而不求生者蓋知敗衂之恥斯誠甚矣

說苑曰晉荆戰於邲晉師敗績荀林父將歸請死景公將許之士貞伯曰不可城濮之役晉勝于荆夫文公猶有憂色曰子玉猶存憂未歇也困獸猶鬬況國相乎及荆殺子玉乃喜今天或者大警晉也林父之事君進思盡忠退思補過社稷之衛也今殺之是重荆勝也景公曰善乃使復將潘安仁汧馬督誄序曰昔秉兵之戰縣賁父御魯莊公馬驚敗績賁父曰他日未嘗敗績今而敗績是無勇也遂死

又曰偏師裨將殞首覆軍者蓋以十數

太平御覽卷第三百二十三

太平御覽卷第三百二十四

兵部五十五

招
降
詐降

招

左傳曰魯叔弓帥師圍費弗克敗焉（為費所敗）平子怒令見費人執之以為囚俘冶區夫曰非也（區夫魯大夫也）若見費人寒者衣之飢者食之為之令主而供其乏困費來如歸南氏亡矣人將叛之誰與居邑若憚之以威懼之以怒人疾而叛為之聚也若諸侯皆然費人無歸不親南氏將焉入矣平子從之費人叛南氏

史記曰漢高帝初陳豨反於代（豨虛豈切）帝自往擊之至邯鄲喜曰豨不南據漳水北守邯鄲知其無能為也因問周昌曰趙亦有壯士可令將者乎對曰有見四人四人謁帝慢罵曰豎子能為將乎四人慙伏帝封之各千戶以為將左右諫曰從入蜀漢伐楚功未遍行今此何功而封帝曰非汝所知陳豨反邯鄲以北皆豨有吾以羽檄徵天下兵未有至者今唯獨邯鄲中耳吾愛四千戶封此四人以慰趙子弟皆曰善

漢書西南夷傳曰陸賈至南越越王恐頓首謝罪願奉明詔長為藩臣奉貢職於是下令國中曰吾聞兩雄不俱立兩賢不並世漢皇帝賢天子自令以去帝制黃屋左纛因為之稱蠻夷

後漢書曰岑彭與大司馬吳漢等圍洛陽數月朱鮪等堅守不肯下帝以彭嘗為校尉令往說之鮪在城上彭在城下相勞苦歡語如平生彭因曰彭往者得執鞭侍從蒙薦舉拔擢常思有以報恩今赤眉已得長安更始為三王所反皇帝受命平定燕趙盡有幽冀之地百姓歸心賢俊雲集親率大兵來攻洛陽天下之士逝其去矣公雖嬰城固守將何待乎（嬰繞也謂以城自嬰繞而守之）鮪曰大司徒被害時鮪與其謀（與音預）又諫更始無遣蕭王北伐自知罪深彭還具言於帝帝曰夫建大事者不忌小怨鮪今若降官爵可保況誅罰乎河水在此吾不食言（指河水為信言其明白也）彭復往告鮪鮪從城上下索曰必信可乘此上彭趣索欲上（趣向也）鮪見其誠即許降後五日鮪將輕騎詣彭顧勅諸部將曰堅守待我我若不還諸君徑將大兵上轘轅歸郾王（更始傳尹尊為郾王）乃面縛與彭俱詣河陽（東觀記曰詣行在所河津亭）帝即解其縛召見之復令彭夜與鮪歸城明旦悉其衆出降拜鮪為平狄將軍封扶溝侯

蜀志曰關羽圍魏氏之樊留兵將備公安及南郡吳將呂蒙襲之兵到南郡羽下守將麋芳降蒙入據城盡得羽及將士家屬蒙皆撫慰約令軍中不得干歷人家有求取軍中震慄道不拾遺蒙朝暮使親近存恤耆老問所不足病疾者給醫藥飢寒者賜衣糧羽府藏財寶皆封閉以待吳主孫權至羽還路數使人與蒙相聞蒙輒厚遇其使周旋城中家家致問或手書示信羽人還私相參訐咸知家問無恙見待過於平時羽吏士無鬬心會權至羽自知孤窮乃走交城西至漳鄉衆皆委羽而降

三國典略曰梁蕭乾字思惕梁秘書監子範之子容止雅正志性恬簡善隸書得叔父子雲之法閩中豪帥反叛陳

武謂乾曰陸賈南征趙佗歸順隋何奉使黥布來臣追想清風髣髴在目乃令乾往使諭以逆順渠帥並即款附

北史曰魏可朱渾元歸齊神武聞其來遣平陽太守高崇持金環一枚賜元并運資粮候接

隋書曰劉權爲南海太守行至鄱陽會群盜起不得進詔令權召募討之權率兵與賊相遇不與戰先乘單舸詣賊營說以利害而群賊感悅一時降附帝聞而嘉之

又曰開皇末桂州俚李光仕聚衆爲亂詔何稠召募討之師次衡嶺遣使者諭其渠帥洞主莫崇解兵降款桂州長史王文同鏁崇以詣稠所詐宣言曰州縣不能綏養致使邊民擾叛非崇之罪也乃命釋之引崇共坐并從者四人爲設酒食遣之崇大悅歸洞不設備稠至五更掩入其洞悉散俚兵以臨餘賊象州逆帥杜條遼羅州逆帥龐靖等相繼降款

又曰仁壽初山獠作亂出衛玄爲資州刺史以鎮撫之玄既到官時獠攻圍大牢鎮玄單騎造其營謂群獠曰我是刺史銜天子詔安養汝等勿驚懼也諸賊莫敢動於是說以利害渠帥感悅解兵而去前後歸附者十餘萬口高祖大悅賜縑二千疋除遂州總管仍令劍南安撫

唐書曰馬燧討李懷光自京師與渾瑊駱元光韓遊瓌合軍次于長春宮懷光遣驍將徐廷光以精卒六千守城兵械甚嚴燧度長春不下則懷光自固攻之則曠日持久死傷必甚乃挺身至城下呼廷光廷光素懼燧威名則拜於城上燧度廷光心已屈乃謂曰我來自朝廷可西面受命廷光復西拜

又曰公等皆朔方將士祿山已來首立大勳四十餘年功伐最高奈何棄祖父之勳力爲滅族之計耶從吾言非止免罪富貴可圖也賊徒皆不對燧又曰尒以吾言不誠今相去數步尒當射我乃披襟示之廷光感泣俯伏軍士亦泣光一日賊將尉珪率兵二千以焦離堡降燧廷光道既絶乃因率其下出降燧乃以數騎徑入城處之不疑莫不畏服衆大呼曰吾復得爲王人矣渾瑊私歎謂參佐曰城謂馬公用兵與僕不相遠但恠累敗田悅今覩其行師料敵僕不逮遠矣

又曰曹王皐爲衡州刺史初湖南團練使辛京杲遣將王國良鎮武崗京杲侵刻之又虐其士卒國良以兵叛因據山何守險刼行旅以自給詔徵荊南江西黔桂兵誅之二歲不下乃以皐爲潭州刺史湖南都團練使皐率諸軍至武崗國良阻險兵不得進皐乃謂諸軍曰國良怨京杲刻害本非反也其情易不如降之乃三遺之書國良因請降未得其情皐白其心屈矣乃捨軍自稱使者乘偏舟直造其壘曰曹王也國良遂出降

又曰于邵爲巴州刺史時歲儉夷獠相聚山澤爲盜數千百人來圍州城邵撫勵州兵與之拒戰凡旬有二日間遣使說喻示以善惡山盜邀邵出乃以儒服出城致之不疑因皆降之

又曰范希朝爲朔方節度使至靈武突厥別部有沙陁者北方推其勇勁希朝誘致之自甘州舉族來歸衆且萬人其後以之討賊所至有功

降

左傳曰蔡穆侯將許僖公以見楚子於武城許男面縛銜璧大夫衰經士輿櫬楚子問諸逢伯對曰昔武王尅商微

子啓如是武王親釋縛受其璧焚其櫬禮而命之使復其所楚子從之

史記曰楚莊王圍鄭三月尅之入自皇門鄭伯肉袒牽羊以迎曰孤實不天不能事君使君懷怒以及弊邑孤之罪也敢不唯命是聽

又曰周武王伐紂尅殷微子乃持其祭器於軍門肉袒面縛左牽羊右把茅膝行而前以告於是武王乃釋微子復其位

後漢書曰武都參狼羌爲寇殺長吏馬援將四千餘人往擊之不與戰羌遂窮困悉降

又曰陳宮降曹操曰柰卿老母何宮曰老母在公不在宮也夫以孝治天下者不害人之親操復曰柰卿妻子何宮曰聞霸王之主不絕人之嗣因請就刑遂出不顧操爲之

泣涕遂殺之傳首許市

又曰耿秉與竇固至車師後王安得震怖從數百騎出迎秉而固司馬蘇安欲全功歸固即馳謂安得曰漢貴將獨有奉車都尉天子姊壻（固尚光武女沮陽公主明帝姊也）爵爲通侯當先降之安得乃還更令其諸將迎秉秉大怒被甲上馬麾其精騎徑造固壁言曰車師王降訖今不至請往梟其首固大驚曰且止將敗事秉厲聲曰受降如受敵遂馳赴之安得惶恐走出門脫帽抱馬足降（東觀記曰脫帽趍鳴馬蹄也）秉將以詣固其前王亦歸命遂定車師而還

又曰太山賊叔孫無忌等暴橫一境州郡不能討衛羽說第五種曰中國安寧忘戰日久而太山險阻寇猾不制今雖有精兵難以赴敵羽請譬降之種敬諾羽乃往備說禍福无忌即帥其黨與三千餘人降

又曰劉盆子遣劉恭乞降曰盆子將百萬衆降陛下何以待之帝曰待汝以不死耳樊崇乃將盆子及丞相徐宣以下三十餘人肉袒降上所得傳國璽綬更始七尺寶劍及玉璧各一積兵甲宜陽城西與熊耳山齊

又曰龐雄與梁慬及耿种步騎萬六千人攻虎澤連營稍前單于惶怖遣左奥鞬曰逐王詣慬乞降慬乃大陳兵受之單于脫帽徒跣面縛稽顙納質

又曰岑彭與嚴說共守宛漢兵攻之數月城中粮盡人相食彭乃與說舉城降諸將欲斬之大司徒伯外曰彭郡之大吏執心堅守是其節也今舉大事當表義士不如封之以勸其後更始乃封彭爲歸德侯

又曰班超復使西域是時于寘王廣德新攻破莎車遂雄張南（于寘國去長安九千六百七十里南與姑墨莎車國去長安九千九百五十里西域南北有大

山中央有河東西六千餘里東至玉門陽關有兩道從鄯善傍南山北波河西行至莎車爲南道雄張猶熾盛也張音丁亮反波傍也音詖）而匈奴遣使監護其國超既西先至于寘廣德禮意甚踈且俗信巫言神怒何故欲向漢使有騧馬急求取以祠我廣德乃遣使就超請馬（續漢書及華嶠書騧字並作騩說文馬淺墨色也音京媚也）超密知其狀報許之而令巫自來取馬有頃巫至超斬其首以送廣德因辭讓之廣德素聞超在鄯善誅滅虜使大惶恐即攻殺匈奴使者而降超重賜其王以下因鎮撫焉

又曰張步戰敗退保平壽（今青州北海縣）蘇茂將万餘人來救之茂讓步曰以南陽兵精延岑善戰而耿弇走之奈何就攻其營既呼茂不能待耶步曰負無可言者（負愧也再言之者愧之甚）帝乃遣使告步茂能相斬降者封爲列侯步遂斬茂使奉其首降

又曰田戎聞秦豐被圍懼大兵方至欲降而妻兄辛臣諫戎曰今四方豪傑各據郡國洛陽地如掌耳(續漢書曰辛臣爲戎作地圖圖彭寵張步董憲公孫述等所得郡國云洛陽所得如掌耳)不如按甲以觀其變戎曰以秦王之強猶爲征南所圍豈況吾耶降計決矣四年春戎乃留辛臣守夷陵自將兵沿江泝沔止黎丘刻期日當降而辛臣於後盜戎珎寶從間道先降於彭而以書招戎戎疑必賣已遂不敢降(東觀記云戎至期日灼龜卜降兆不中揃遂止不降)而反與秦豐合彭出兵攻戎數月大破之

吳書曰壬申王濬受皓之降解縛焚櫬延請相見晉陽秋曰濬平吳濬收其圖籍領州四郡三十三縣三百一十三戶五十二萬三千男女口二百三十萬後宮五千餘人

晉書曰樊雅據譙郡祖逖使桓宣說之雅與宣置酒結友遣子隨宣詣逖少日雅便自詣逖逖遣雅還撫其衆衆謂前數罵辱逖懼罪不敢降雅復閉城自守逖往攻之復遣宣入說雅即斬異己者遂出降

又曰建興中陳聲聚諸無賴二千餘家斷江抄掠陶侃遣朱伺爲督護討聲聲衆雖少伺容之不擊聲求遣弟詣侃降伺外許之及聲去伺乃遣勁勇要聲弟斬之潛軍襲聲声正旦並出祭祀飲食伺軍入其門方覺聲將閻晉鄭進皆死戰伺軍人多傷乃還營聲東走保董城伺又率諸軍圍守之遂重柴繞城作高櫓以勁弩下射之又斷其水道城中無水殺牛飲血閻晉聲婦弟也乃斬聲首出降

又曰桓温伐蜀軍次彭模乃命參軍周虓孫盛守輜重自將步卒直指成都李勢使其叔父福及從兄權等攻彭模楚等禦之福退走温又擊權等三戰三捷賊衆散自間道歸成都勢於是悉衆與温戰于笮橋參軍龔護戰沒衆懼欲退而鼓吏誤鳴進鼓於是攻之勢衆大潰温乘勝直進焚其小城勢遂夜遁九十里至晉壽葭萌城其將軍鄧嵩昝堅勸勢降乃面縛輿櫬請命温解縛焚櫬送于京師温亭蜀三旬舉賢旌善百姓大悅

齊書曰始興王鑑鎮益州益州刧帥韓武方常聚黨千餘人斷流爲暴郡縣不禁行旅斷絕鑑行至上明武方乃出降長史虞悰等咸請殺之鑑曰武方爲暴積年所不能制今降而被殺失信且無以勸善於是啓臺果被宥自巴西蠻夷兇惡皆望風降附

三國典略曰侯景黨儀同司馬世雲率其所領降于慕容紹宗仍以鐵騎五千夾而擊景景謂其衆曰汝輩家口高澄悉已殺之努力何慮無妻子待向江東當還入鄴用汝輩悉作本州刺史衆信之紹宗遥呼曰尒居家悉在但能歸來官勳如舊乃被髮向北斗以誓之於是景衆大潰爭赴渦水爲之不流

後周書曰武帝平齊齊主至帝降自阼階以賓主之禮相見高湝在冀州擁兵未下遣上柱國齊王憲與柱國隨公楊堅率軍討平之齊定州刺史范陽王高紹義叛入突厥齊諸行臺州鎮悉降關東平合州五十郡一百六十二縣三百八十五戶三百三十萬二千五百二十八口二千萬六千八百八十六

唐書曰王行本仕隋以軍功爲朝散大夫堯君素之鎮河東也令行本統精甲七百人及君素被誅於東樓行本率兵赴之不及因捕殺君素者黨屬與數百人皆誅之後兵出戰官軍高祖更令將軍秦武通擊之武通令軍中無得泄其謀於是掘長圍以逼之武通謂掘圍者曰若見賊但

疾走以避之行本果出兵掘圍者走行本奔數里通率騎横出擊之賊衆潰因縱兵乘之殺七百餘人自此兵勢漸弱太宗求得其所親婦人遣入城喻意行本曰罪戾既深自知不免止當逃竄山谷耳因潛引武周又求援於竇建德武周遣其將尋相以兵援之太宗邀擊大破之行本窮急粮盡謀欲突圍而出人無從者遂面縛請降

又曰劉闥亡將張君立奔於高開道因與其將張金樹潛相連結時開道親兵數百人皆勇敢士也號爲義兒恒在閤内金樹每督兵於閤下及將爲變潛令其黨數人入其閤内與諸義兒陽爲遊戲至日將夕陰斷其弓弦又藏其刀杖聚其稍於床下合暝金樹以其徒大呼來抱閤下向所遣人抱義兒稍一時而出諸義兒遽將出戰而弓弦皆絶刀仗已失張君立於外城舉火相應表裏驚擾義兒窮蹙爭歸金樹開道知不免死於是擐甲持兵坐於堂上與妻妾奏妓樂酣宴金樹之黨憚其勇不敢逼之天將曉開道先縊其妻及諸子而後自殺金樹陳兵大集執其義兒皆斬之又殺張君立死者五百餘人於是來降

詐降

史記曰楚漢相持項羽圍漢王於滎陽漢王請和割滎陽以西者爲漢亞父勸項王急攻滎陽漢王患之陳平反間既行羽果疑亞父亞父大怒而去發病死漢將紀信曰事急矣臣請誑楚可以閒出於是陳平夜出女子東門二千餘人楚因擊之紀信乃乘王車黄屋左纛曰食盡漢王降楚楚軍皆呼萬歲之城東觀之上以故與數十騎出西門遁走

後漢書曰時漢中賊延岑出散關及更始將軍李寶合兵數萬人與逢安戰於杜陵岑等大敗死者萬餘人寶遂降安而延岑收散卒走寶乃密使人謂岑曰子努力還戰吾當於内反之表裏合勢可大破也岑即還挑戰安等空營擊之寶從後悉拔赤眉旌幟更立己幡旗安等戰疲還營見旗幟皆白大驚亂走自投川谷死者十餘萬

後漢書曰万俟醜奴（万音墨俟音其）宿勤明達等反叛寇掠涇州魏將崔延伯率衆軍將出營討賊未戰之間有賊數百騎詐持文書云是降簿乞且緩師延伯謂其事實逡巡未閲俄而宿勤明達率衆自東北而至乞降賊從西競下諸軍前後受敵延伯上馬突陣賊勢摧挫便尔逐北逕造其營賊本輕騎延伯軍兼步卒兵力疲怠賊乃乘間得入城延伯軍遂大敗傷死者二萬人

通典曰西魏大將周文帝征東魏戰於邙山裨將于謹率其麾下僞降立於路左東魏大將齊神武軍乘勝逐北不以爲虞追騎過盡謹乃自後擊之敵人大駭獨孤信又收集兵士於後奮擊齊神武軍遂亂以此西魏軍得全而返之

又曰隋煬帝征高麗九軍已度鴨緑水粮盡議欲班師諸將多異同又不測帝意會高麗國相乙支文德來詣其營都將宇文述不能執文德逃歸述内不自安遂與諸將更進追擊時文德見軍中多飢色欲疲述衆每鬬便北述一日之中七戰皆捷既恃驟勝又内逼郡議於是遂進逼平壤城文德僞降述料攻之未可卒拔因而班師文德隨擊之大敗（文德之戰之北遷延令敵飢疲亦同持久之義）

太平御覽卷第三百二十四

乞師　救援　擒獲上

乞師

左傳曰衛人伐齊公子遂如楚乞師（公子遂魯卿）

又曰東門襄仲臧文如楚乞師（襄仲居東門故以爲氏臧文爲襄仲副使故不書）

又曰夏公使如楚乞師以伐齊（公不事齊與晉盟故懼而乞師於楚）

又曰晉侯使荀罃來乞師

又十三年晉侯使郤錡來乞師將事不敬（將事敬君命也）孟獻子曰郤氏亡乎禮身之幹也敬身之階也郤子無階且先君之嗣卿受命以求師將社稷是衛而惰棄君命也不亡何爲（郤錡郤克子故曰嗣卿爲十七年春殺郤錡傳也）

又曰晉侯使士魴來乞師

又曰郤犨如衛遂如齊皆乞師焉欒黶來乞師孟獻子曰晉有勝矣（卑讓有禮故知其將勝楚也）

又曰秋齊侯聞將有晉師使陳無宇從遂啓彊如楚辭且乞師（辭有晉師未得相見也）

穀梁曰師出不必反戰不必勝故言乞也

戰國策曰楚圍雍氏韓使求救於秦秦師不下殽令靳尚使謂秦王曰今韓已病矣秦師不下脣竭齒寒願大王熟計之宣太后召尚曰妾事先王也先王以髀如妾身妾困弗支也盡身妾上而弗重也何以其少有利焉夫救韓日費千金獨不使妾少有利耶靳尚歸韓襄王賂於太后復使張翠至甘茂曰韓急翠曰未也茂曰先生言不急可乎翠曰韓急（則折而入）楚矣臣安敢來茂曰先生勿復言也乃言於秦王曰今雍氏圍而秦兵不下是無韓也楚韓爲一魏不敢不聽是楚以三國謀秦也秦王乃下師於郩以救韓

後漢書曰曹操與袁紹相持於官渡紹遣人求救劉表許之而不至亦不援曹操且欲觀天下之變從事中郎南陽韓嵩別駕劉先說表曰今豪傑並起兩雄相持天下之重在於將軍將軍若欲有爲起乘其弊可也

救援

春秋後齊語曰秦攻趙長平齊楚救之趙人無食請粟於齊齊欲勿與周子曰不如與之以退秦兵不與則秦兵不却是秦之計中而齊楚之計過也且趙之於齊楚扞蔽也猶齒之於脣脣亡則齒寒今日亡趙明日患及齊楚是故趙之務宜若奉漏甕沃焦釜也夫救趙高義也却秦兵顯名也義救亡國威却強秦之兵不務爲此而務愛粟爲國計者過矣齊王不聽秦破趙於長平遂圍邯鄲焉

又韓語曰襄王十二年楚圍雍氏韓令使者求救於秦冠蓋相望秦師不出使靳尚如秦謂秦王曰韓之於秦居爲隱蔽出爲鴈行今韓病矣秦師不出脣亡齒寒願大王計之也

史記曰趙平原君使者冠蓋相屬讓信陵君以請救曰勝所結爲婚姻者以公子高義今縱輕勝獨不憐公子之姊耶公子說王不可乃將車騎欲與趙俱死行過夷門見侯嬴坐而去公子曰侯生無一言半辭送我哉乃復見之生曰知公子之必來乃謂曰嬴聞晉鄙之兵符常在王卧內而如姬最幸可爲如姬復父之讎求其虎符奪晉鄙軍此五霸之伐也然恐鄙有所疑臣客朱亥可與俱行至軍亥以四十斤鐵椎殺晉鄙引兵救趙却秦軍趙王再拜曰自古賢人未有及公子公子懼不歸趙以五城封之

魏志曰太祖征張繡荀攸言於太祖曰繡與劉表相恃爲

強然繡以遠軍仰食於表表不能供勢必離不如緩軍以待
之若急之其勢必相救太祖不從遂進軍至襄繡戰急表
果救之軍不利太祖謂攸曰不用君言至是矣
魏略曰臧洪太祖爲族弟與平末太祖甞與洪出爲寇刼
失馬追者在後洪下馬與太祖太祖辭曰各自急洪言曰
天下諸將可无洪不可无君也太祖乃乘之遂相扶佐得
濟魏志曰太祖爲卓敗失馬
晉書曰桓宣屯馬頭山爲祖煥桓撫所攻求援於盧江太守
毛寶宣遣子戎重請寶卽隨戎赴之未至而賊已與宣戰
寶軍縣兵少器仗艦惡大爲煥抵所破寶中箭貫髀徹鞌
使人蹋鞌抜箭血流滿韡去舡所百餘里望星而行到先
哭戰士將士洗瘡許夜還救宣寶至宣營而煥撫亦退
又曰淮南妖賊張昌旬月之間衆三萬皆絳科頭攅之以

毛王歆上言妖賊張昌劉尼稱神聖犬羊万計絳頭毛面
挑刀走戟其鋒不可當請諸軍以助
三十六國春秋曰姚襄南至滎陽與高昌李歷戰于麻田
馬中流矢死弟萇下馬授襄曰汝何以自免萇曰但令兄
濟此豎子何敢害萇會救至俱不死
北史曰齊蘭陵武王長恭一名孝瓘文襄第四子累迁并
州刺史突厥入晉陽長恭盡力擊之芒山之敗長恭爲中
軍五百騎再入周軍遂至金墉之下被圍甚急城上人不
識長恭免冑示之面乃下弩手殺之於是大捷武士共歌
謡之爲蘭陵王入陣曲是
後魏書曰齊將陳伯之進逼壽春沿淮爲寇時司徒彭城
王勰廣陵侯衍同鎮壽春以九江初附人情未洽兼臺援
不至深以爲憂詔遣傅永爲統軍領汝陰之兵三千人援
永揔勒士卒水陸俱下而淮水口伯之防甚固永去二千
餘里牽舡上汝南岸以水牛挽之直南趣淮下舡便渡
適上岸賊軍追及會時已夜永乃潛進時曉達壽春城下
勰衍聞外有軍共上門樓觀望然不意永至永免冑乃信之
遂引永上勰謂永曰北望以久恐洛陽難復再見不意卿
能至也勰令永引軍入城永曰執兵被甲固敵是求若如
教旨便共殿下同被圍守豈是救援之意遂孤軍城外與
勰并勢以擊伯之頻有克捷
又曰辛淵私署凉王李暠驃騎將軍暠子歆亦厚遇之歆與
沮渠蒙遜戰於蓼泉軍敗失馬淵以所乘馬授歆而身死
於難以義烈見稱西土
又曰裴駿蓋吳作亂於關中汾陰人薛永宗聚衆應之殘
破諸縣來襲聞喜縣中先無兵杖人情駭動縣令憂惶計

無所出駿在家聞之便率厲鄉豪曰在禮君父危臣子致
命府君今爲賊所逼是吾等徇節之秋諸君可不勉乎諸
豪皆奮激請行駿乃簡騎驍勇數百人奔赴賊聞救至引
兵退走刺史嘉之以狀表聞會世祖親討蓋吳引見駿駿
陳叙事宜甚會機理世祖大悦顧謂崔浩曰裴駿有當世
才是且忠義可嘉補中書博士浩亦深器駿目爲三河領
袖轉中書侍郎
後周書曰蕭詧大統十五年乃遣使稱藩請爲附庸太祖
令丞相東閣祭酒滎權使焉詧大悦是歲梁元帝令柳仲
禮率衆進圖襄陽詧懼乃遣其妻王氏及世子寮爲質以
請救太祖又令滎權報命仍遣開府楊忠率兵援之十六
年楊忠擒仲禮平漢東詧乃獲安
又曰李賢時有賊帥達符顯圍逼州城晝夜攻戰屢被摧

綱賢閒赴雍州詣天光請援天光許之賢乃返而賊營壘四合無因入城候日向夕乃偽負薪與賊樵采者俱得至城下城中垂布引之賊衆方覺乃弓弩亂發射之不中遂得入城告以大軍將至賊聞之便即散走

又曰邵惠公顥太祖長兄德皇帝娶樂浪王氏爲德皇后生顥及連次太祖德皇帝與衛可孤戰於武川臨陣墜馬顥奔救擊殺數十人賊衆披靡德皇帝乃得上馬引去俄而賊追騎大至顥遂戰歿保定初追贈太師尋追封邵公

又曰太祖率輕騎追侯景于河上景等北據河橋南屬邙山爲陣與諸軍合戰太祖馬中流矢驚逸遂失之因此軍中擾亂都督李穆下馬授太祖軍以復振於是大捷斬高敖曹及其儀同李猛

隋書曰張須陁爲齊郡丞賊裴長才石子河等衆二萬奄

至城下縱兵大掠須陁未暇集兵親率五騎與賊競赴之圍百餘重身中數瘡勇氣弥厲會城中兵至賊稍却須陁督軍復戰長才敗走後數旬賊帥秦君弘郭方預等合軍圍北海兵鋒甚鋭須陁謂官屬曰賊自恃強謂我不能救吾今速去破之必矣於是簡精兵倍道而進賊果無備擊大破之斬數萬級獲輜重三千兩

唐書曰李晟兼左金吾大將軍涇原四鎮都知兵馬使并揔遊兵無何節度使馬璘與吐蕃戰於監倉兵敗晟率所部横擊之拔璘出於亂兵以功封合川郡王璘忌晟威名又遇之不以禮令朝京師代宗知之留宿衛上即位吐蕃寇劒南時節度使崔寧在京師三川皆恐詔晟將神策兵五百救援晟乃踰漏天攻拔飛越廊清肅寧三城絶大渡河獲虜首千餘級虜乃引去因留成都數月而還

又曰裴度征蔡州討築赫連城於池口未畢役度領師及賓從往觀之導騎將及城門左右曰五溝賊至言未畢賊以突來哮譟爭進城震壞者十餘板注弩挺刃勢將及度賴李光顔決戰於前以却之時光顔先慮其來使田布以二百騎伏於溝中出賊不意交擊之方得入城布又先扼其溝中歸路賊多棄騎越溝相牽墮壓而死者千餘人是日非光顔救度幾陷

又曰辛讜性慷慨重然諾專務賑人之急年五十不求苟進有濟時臣難之志咸通十年龐勛亂徐泗時杜慆守泗州賊以郡當江淮要害極力攻之時兩淮郡縣皆陷獨慆守臨淮久之援軍雖集賊未解圍時讜寓居廣陵乃仗劒挐小艇趍泗口貫賊柵入城見慆慆素聞有義而不相面喜讜至握手謝曰判官李延樞方話子爲人何遽至耶吾

無憂矣時賊三面攻城王師結壘于洪源驛相顧不前讜夜以小舟穿賊壘至洪源驛見監軍郭厚本論泗州危急且宜速救厚本然之淮南都將王公弁謂厚本曰賊衆我寡無宜輕舉當俟可行讜坐中拔劒瞋目謂公弁曰賊百道攻城陷在旦夕公等奉詔赴援而逗留不進心欲何爲不唯有負國恩丈夫氣義亦宜感發假如臨淮陷賊淮南即是寇場公何獨存耶即欲揮刃向公弁厚本持之讜望泗州大哭者經日帳下爲之流涕厚本義其心選甲士三百隨讜入泗州夜半斬賊柵大呼由水門而入賊軍大駭既知援兵入賊乃退舍人心遂固浙西觀察使杜審權遣大將翟行約率軍三千赴援屯蓮塘驛慆欲遣人勞之將吏皆憚其行讜曰杜相公以大夫宗盟急難相赴安得令使者無言而還即賫慆書幣犒其使淮南大將李湘率

師五千來援受賊詐降敗於淮口湘與郭厚本皆爲賊所執自是無援賊併兵急攻以鐵索斷淮流梯衝雲合凡周七月晝夜不息乘城之士不遑寢寐面目瘡生軍儲漸少分食稀粥糠䕯犯難仗義求救於淮北諸軍旣而馬舉以大軍至賊解圍而去䕯無子猶子山僧元老等寄在廣陵每出城則書二姪名謂慆曰志之得嗣爲幸慆益感之賊平授䕯泗州團練判官侍御史○繁欽丘儁碑曰故右扶風都尉主簿有丘儁者從都尉討叛胡官兵敗績卒伍奔散都尉臨陣墜馬儁於是下馬援甲以身禦寇遂致死戰塲都尉乘儁馬得免

擒獲上

左傳曰鄭將公子歸生伐宋戰于大棘宋師敗績宋將狂狡輅鄭人鄭人入於井（輅迎也五駕切）倒戟而出獲狂狡君子曰失禮違命宜其擒也戎昭果毅以聽之謂禮（聽謂常在耳著於心想聞其政令）殺敵爲果致果爲毅穀梁曰宋華元帥師及鄭公子歸生戰于大棘宋師敗績獲宋華元獲者不與之辭也

史記曰漢六年人有告楚王韓信反高帝以陳平計發使告諸侯會陳僞游雲夢實欲襲信信不知謁高祖於陳上令武士縛信載後車信曰狡兎死良狗烹天下已定我固當烹遂械繫信至洛陽赦信罪以爲淮陰侯

後漢書曰龜茲王攻破疏勒殺其王而立龜茲人兜題爲疏勒王明年春班超從間道至疏勒去兜題所居槃槖城九十里逆遣吏田慮先往降之勑慮曰兜題本非疏勒種國人必不用命若不即降便可執之慮旣到兜題見慮輕弱殊無降意慮因其無備遂前刼縛兜題左右出其不意皆警而立定慮馳報超超即赴之悉召疏勒將吏說以龜

茲無道之狀因立其故王兄子忠爲王（王兄子榆勒立之更名曰忠也）國人大悅

蜀志曰先主入益州還攻劉璋張飛等泝流而上分定郡縣破璋將巴郡嚴顏先獲顏飛呵顏曰大軍至何以不降而敢距戰顏曰卿等無狀侵奪我州我州有斷頭將軍無降將軍也飛怒令斫頭顏曰斫頭便斫何爲怒耶飛壯而釋之引爲賓客

晉書載記曰慕容皝將乘海討慕容仁群下咸諫以海道危阻宜從陸路皝曰舊海水無凌自仁反巳來凍合者三矣昔漢光武因滹沱之氷以濟大業天其或者欲吾乘此而尅之乎吾計決矣有沮謀者斬乃率三軍從昌黎踐凌而進仁不虞皝之至也軍去平郭七里候騎乃告仁狼狽出戰爲皝所擒殺仁而還

又曰王凌遣督護王昌等率疾陸眷及第文鴦從弟末杯攻石勒於襄國勒敗還壘末杯追入壘門爲勒所獲勒質末杯遣使求和於疾陸眷疾陸眷將許之文鴦諫曰受命討勒寧以末杯一人故縱成擒之寇旣失凌意且有後憂必不可許疾陸眷不聽以鎧馬二百五十疋金銀各一簏贖末杯勒歸之

呂氏春秋曰湯以良車七十乘必死六十人戊子戰於郕遂擒推移大犧（桀多力能推移大犧因以爲號）

太平御覽卷第三百二十五

兵部五十七

擒獲下　虜掠

擒獲下

晉書載記曰劉曜光祿大夫游子遠與氐羌伊餘戰伊餘有驕色子遠候其無備夜誓衆蓐食晨大風震霧子遠曰天贊我也躬先士卒掃壁而出遲明覆之生擒伊餘悉俘其衆

二石僞事曰劉曜躬領將士二十七萬衆大舉征勒勒養子生爲衛將軍領三千人鎮洛金墉城曜攻生城不能下不覺勒軍卒至天曉曜軍當攻金城勒軍入正與曜軍相遇即交戰曜軍大破登時生擒曜身

三十六國春秋曰丁亥中軍劉裕悉衆攻燕衆咸諫曰今往亡日兵家所忌裕曰我往彼亡吉孰大焉乃命悉登遂尅之燕王慕容超走追獲焉裕責之不降之罪超神色自若無餘言唯以母託劉敬宣而已蕭方等曰美哉其言也以言啓親終不忘孝可謂人之將死其言也善信乎

三國典略曰侯景晝息夜行追軍漸逼使謂慕容紹宗曰景若被擒公復何所用紹宗乃緩之

又曰北齊平任城王湝（音諧）據冀州與廣寧王孝珩召募得四万餘人以拒我軍齊王憲率衆討之仍令太上主手書與湝曰朝廷遇緯甚厚諸王無恙叔若釋甲則無所憂湝不納及大開賞募多出金帛沙門求爲戰者亦數千人候騎執湝間諜二人以白于憲乃集齊之舊將遍示之曰吾所爭者大不在汝等今放還可即充我使乃與湝書曰一木不維大厦三諫可以逃身微子去商侯服周代項伯背楚賜姓漢朝兵交命使古今通典不俟終日所望知機湝得書沉之于井憲至信都湝陣於城南憲登張耳冢以望之俄而湝領軍尉相願遂以衆降湝大怒殺其妻子明日復戰憲遂破之俘斬三萬人湝被擒見憲不拜呼之爲弟

北史曰後魏元遥遷左光祿大夫仍領護軍時冀州沙門法慶既爲妖幻遂說渤海人李歸伯合家從之歸伯招率鄉人推法慶爲王法慶以歸伯爲十住菩薩平魔軍司定漢王自号大乘殺一人者爲一住菩薩殺十人者爲十住菩薩又合狂藥令人服之父子兄弟不相知識唯以殺害爲事於是聚衆殺阜城令破渤海郡殺害吏人刺史蕭寶夤遣兼長史崔伯驎討之敗於煑棗城伯驎戰没凶衆遂盛所在屠滅寺舍斬戮尼僧焚燒經像云新佛出世除去衆魔詔以遥爲使持節督北征諸軍事率步騎十万以討之

法慶相率攻遥遥並擊破之遥遣輔國將軍張虬等擒法慶并尼惠暉等斬之傳首京師後擒歸伯戮於都市

後周書曰裴寛與東魏將彭樂恂戰於新城因傷被擒至河陰見齊文襄寛舉止詳於占對文襄甚賞異之謂寛司御三河冠蓋材識如此我必使御富貴關中貧狹何足可依勿懷異圖也因解鎖付館厚加其禮寛乃裁所卧氊夜縋而出因得遁還見於太祖太祖顧謂諸公曰被堅執鋭或有其人疾風勁草歲寒方驗裴寛爲髙澄如此厚遇乃能冒死歸我雖古之竹帛所載何以加之

又曰太祖時梁元帝遣使請舊圖以定疆界又連結於齊言辭悖慢太祖曰古人有言天之所弃誰能興之其蕭繹之謂乎冬十月壬戌遣柱國于謹中山公護大將軍楊忠韋孝寛等步騎五萬討之十一月癸未師濟於漢中公護

與楊忠率銳騎先屯其城下據江津以備其逸甲申謹至江陵列營圍守辛亥進攻城其日克之擒梁元帝殺之并虜其百官及士民以歸没爲奴婢者十餘萬其免者二百餘家立蕭詧爲梁主居江陵爲魏附庸

又曰侯莫陳崇隨賀拔岳征討以功除建威將軍從岳入關破萬俟醜奴崇與輕騎逐北至涇長坑及之賊未成列崇單騎入賊中於馬上生擒醜奴於是大呼衆悉披靡莫敢當之後騎集遂破之岳以醜奴所乘馬及寶劒金帶賞之

又曰李廣會稽人早事詧以敢勇聞汜口之役先登力戰及華皎軍敗爲吳明徹所擒將降之廣辭色不屈遂被害

又曰柳檜除魏興華陽二郡守安康人黄衆寶謀反連結黨與將圍州城乃相謂曰常聞柳君勇悍其鋒不可當今

既在外方爲吾徒腸心之病也不如先擊之遂圍檜郡郡城卑下士衆寡弱人無守禦之備連戰積十餘日士卒僅有存者於是力屈城陷身被十數瘡遂爲賊所獲既而衆寶等進圍東梁州乃縛檜置城下欲令誘說城中檜乃大呼曰群賊烏合粮食已罄行即退散各宜勉之衆寶大怒乃臨檜以兵曰速更汝辭不尒便就戮矣檜守節不變遂害之弃屍水中人皆爲之流涕

隋書曰漢王諒之作亂也煬帝將發幽州兵以討之時竇抗爲幽州揔管帝恐其有貳心問可任者於楊素素進李子雄授上大將軍拜廣州刺史馳至幽州止傳舍召募得千餘人抗恃素貴不時相見子雄遣人諭之後二日抗從鐵騎二千來詣子雄所子雄伏甲請與相見因擒抗遂發幽州兵步騎三万自陘以討諒時諒遣大將軍劉建略地

燕趙正攻井陘相遇於抱犢山下力戰破之遷幽州揔管

又曰獨孤楷字脩則不知何許人也本姓李氏父屯從齊神武帝與周師戰于沙苑齊師敗績因爲柱國獨孤信所擒配爲士伍給使信家漸得親近因賜姓獨孤氏楷少謹厚便弄馬槊爲宇文護執刀累轉車騎將軍其後數從征伐賜爵廣阿縣公邑千戶

唐書曰長平王叔良遣驃騎劉感擊薛仁果却爲所敗感歿於賊感不知何許人初以本官鎮涇州爲仁果所圍感拒戰久之城中糧盡無可食感殺馬以分士卒感一無所噉唯煮馬骨取汁和木屑而自食之城垂陷者數矣會長平王叔良援兵至仁果解去感與叔良復出戰因爲賊所擒

又曰王行敏鎮潞州劉黑闥來攻行敏自歷亭出兵拒戰

擊賊破之既而甜憩於野不設備賊知而掩之左右皆遁因爲黑闥所擒竟不拜黑闥怒斬之臨死西向而言曰行敏大唐忠臣也願陛下知之高祖聞而痛惜焉

又曰劉世讓檢校并州揔管時突厥可汗遣俱儉特勤以所部千人居我并州甚爲民患前揔管李仲文不能制世讓到官以計擒之馳使以聞高祖大悅嘉歎久之

又曰姜寶誼武德初拜武衛大將軍尋爲并鉞將軍劉武周將黄子英往來雀鼠谷高祖令寶誼擊之子英數以輕兵挑戰寶誼兵纔接子英輕遁如此者再三寶誼悉衆以逐之伏兵發軍遂大敗寶誼爲賊所擒後得逃歸至是與斐寂拒宋金剛戰始合寂弃軍而走兵遂大潰寶誼復爲賊所擒高祖初聞其没也泣曰寶誼烈士必不生降賜其家物千段米三百石寶誼後謀背賊事洩遇害臨死西向大

言曰臣無狀負陛下被屠潰是所甘心但敗軍喪師九泉所恨及賊退高祖遣使迎其柩謚曰剛

又曰恒州節度李寶臣使人謂朱滔曰吾聞朱公皃如神安得而識之願因繢事以覿可乎滔乃圖其形以示之錦衣金鈎甚偉寶臣懸於射堂命諸將熟視之曰朱公信神人也他日滔出獵寶臣密選精卒刦之戒其將曰取彼貌如射堂所懸者是時二軍方共事不相虞而卒變暴至滔駭然與戰於瓦橋適衣他服以不識免

又曰蔡州賊將吳秀琳以文城柵兵三千降李愬愬從秀琳於新興柵遂以琳之衆攻吳房夏四月庚寅朔辛卯李愬奏師至嵖岈山擒賊將柳丗于李湊等二人李光顏敗元濟之衆三萬於郾城其將張伯良奔于蔡州殺其卒十二三獲馬千餘疋器甲三萬其甲上悉畫作雷公符北斗星文又云速破城城北軍急急如律令

周史曰皇甫暉正陽敗入保滁州太祖皇帝麾兵涉水踰城而入盡戮其黨生擒暉及其僞命都監姚鳳等送于行在世宗召見之暉曰臣力備矣欲暫坐及坐又曰臣欲暫卧不俟命而卧神色自若世宗亦復容之乃言曰臣非不盡忠於本國實以甲兵勇怯不敵臣早事晉朝累將兵與契丹相持未如大朝此日甲馬之盛昨者退守滁州不謂天兵便能踰城攻取如履平地臣力所不加故就擒耳因盛稱太祖之武勇世宗命釋之賜衣服帶鞍馬後數日暉以金瘡尋卒于洛陽暉本驍將唐莊宗之基業因暉而敗焉故暉有名於天下

虜掠

左傳曰鄭祭足帥師取温之麥秋又取成周之禾

後漢書曰馮異謂苗萌曰今諸將皆壯士屈起多暴横獨有劉將軍所到不虜掠觀其言語舉止非庸人也可以歸身苗萌曰死生同命敬從子計

又曰鄧惲至廬江因遇積弩將軍傅俊東徇楊州俊素聞惲名乃禮請上之以爲將兵長史授以軍政惲乃誓衆曰無掩人不備窮人於厄不得斷人支體裸人形骸放淫婦女俊軍士猶發冢陳尸掠奪百姓惲諫俊曰昔文王不忍露白骨武王不以天下易一人之命呂氏春秋曰武王伐紂至鮪水紂使膠鬲候周問武王曰何日至武王曰將以甲子日至膠鬲行天大雨日夜不休武王疾行不輟軍吏諫之武王曰吾疾行以救膠鬲之死也故能獲天地之應尅商如林之旅天地之應謂夜雨止畢陳白魚入舟之類尅勝也商紂衆也如林言衆多尚書曰武王伐紂紂率其旅若林會於牧野將軍如何不師法文王而犯逆天地之禁多傷人害物虐及枯尸取罪神明今不謝天改政無以全命願將軍親率士卒收傷葬死哭所殘暴以明非將軍本意也從之百姓悅服所向皆下

晉書曰宦人孟玖弟超並爲成都王穎所嬖寵超領萬人爲小都督未戰縱兵大掠陸機録其主者超將鐵騎百餘人直入機麾下奪之顧謂機曰貉奴能作督不機司馬孫極勸機殺之機不能用超宣言於衆曰陸機將反

又曰惠帝末妖賊劉栢根起於東萊王弥率家僮從之栢根死亡入長廣山爲群盜弥多權略凡有所掠必預圖成敗舉無遺策弓馬迅捷膂力過人青土號爲飛豹

十六國春秋曰南涼禿髮傉檀伐北涼沮渠蒙遜於姑臧至番禾苕藋苕徒聊切藋徒弔切掠五千餘户其將屈古進曰陛下轉戰千里前無完陣徙户資財盈溢衢路宜倍道遊師早度峻嶮蒙遜善於用兵士衆習戰若輕軍卒至出吾不慮

大敵外逼徒户內攻危道也衛尉伊力延曰我軍勢方盛將士勇氣自倍彼徒我騎勢不相及若倍道遊師必捐棄資財示人以弱非計也俄而昏霧風雨蒙遊軍大至僔檀大敗而還

三國典略曰齊主以契丹犯塞親征至于平州取其西道直指長漸司徒潘相樂率精騎五千自東道趣青山向白狼城安德王韓軌率精騎四千斷其走路追奔至于遼水齊主露髮袒身晝夜不息行千餘里唯食肉飲水壯氣弥厲親踰山嶺爲士卒先指揮奮擊大破之虜獲十萬餘口

後魏書曰濟陰王新城頗有武略庫莫奚侵擾詔新城率衆討之新城乃多爲毒酒賊漸逼便弃營而去賊至喜而競飲聊無所備遂簡輕騎因醉縱擊俘馘甚多

又曰天水梁會守東城謀欲逃遁先是封敕文掘重塹於東城之外斷賊走路夜中會乃陣飛梯騰塹而走敕文先嚴兵於塹外拒鬪從夜至旦敕文謀於衆曰困獸猶鬪而況於人賊衆知無生路人自致死必傷士衆未易可平若開其生路賊必上下離心尅之易矣衆咸以爲然敕文以白虎幡宣告賊衆曰若能歸降原其生命應時降者六百餘人會知人心沮壞於是分遁敕文縱騎騰蹋死者太半俘獲四千五百餘口

後周書曰賀拔岳副介朱天光討万俟醜奴時醜奴自率大衆圍岐州遣行臺尉遲菩薩等尚武功南渡渭水天光望岳率騎赴之岳身先率擊之退走岳号令部賊下馬者皆不聽殺賊顧見之便悉投馬俄而虜獲三千餘人人馬無遺遂擒菩薩降卒万餘並收其輜重醜奴弃岐州走安定平亭

隋書曰南寧夷爨翫來降拜昆州刺史既而復叛遂以史萬歲爲行軍捴管率衆擊之入自蜻(音精)蛉(音靈)川經弄揀次小勃弄大勃弄至于南中賊前後屯據要害万歲皆擊破之行數百里見諸葛亮紀功碑銘其背曰万歲之後勝我者過此万歲令左右倒其碑而進渡西二河入渠濫川行千餘里破其三十餘部虜獲男女二万餘口諸夷大懼遣使請降獻明珠徑寸於是勒美隋德万歲遣使馳奏請將翫入朝詔許之

又曰達奚長儒與烏丸軌圍陳將吳明徹於呂梁陳遣驍將劉景率勁勇七千來爲聲援軌令長儒逆拒之長儒於是取車輪數百繫以大石沉之清水連轂相次以待景軍至舡艦礙輪不得進長儒乃縱奇兵水陸俱發大敗之俘數千人

又曰周法尚初仕陳背陳歸周陳將樊猛濟江討之法尚遣部曲督韓朗詐爲背己奔于陳偽告猛曰法尚部兵不願降人皆竊議盡欲叛還若得來軍必無鬪者自當於陣倒戈耳猛以爲然引師急進法尚乃佯爲畏懼自保於江曲猛陳兵挑戰法尚先伏輕舸於浦中又伏精銳於古村之北自張旗幟迎流拒之戰數合偽退登岸投古村猛捨舟逐之法尚又疾走行數里與村北軍合復前擊猛猛退走舡既而浦中伏舸取其舟艦建周旗幟猛於是大敗僅以身免虜八千人

太平御覽卷第三百二十六

太平御覽卷第三百二十七

兵部五十八

獻俘　班師　罷兵　偃武

獻俘

詩曰一月三捷

左傳曰秋七月丙申振旅凱以入于晉（凱樂也）獻俘授馘飲至大賞（獻楚俘於廟）徵會討貳（徵會諸侯將冬會於溫）殺舟之僑以徇于國民於是大服

又曰晉侯使趙同獻狄俘于周不敬劉康公曰不及十年原叔必有大咎（劉康公王季子元孝趙同也）天奪之魄也

又曰　士會帥師滅赤狄甲氏及留吁鐸辰（鐸辰留吁之屬也）三月獻狄俘于廟

晉書載記曰石季龍攻陷徐龕送之襄國勒囊盛於百尺樓自上撲殺之令步都等妻子刳而食之坑龕降卒三千

又曰杜預平吳王濬先列上得孫歆頭預後生送歆洛中以爲大笑

梁書曰沈林子獻捷書每以實聞武帝問其故林子曰夫王者之師本有征無戰豈可復增張虜獲以示誇誕昔魏尚以盈級致罰此後乘之良轍也武帝曰乃所望於卿也

後魏書曰裴叔業率王茂先李定等來侵楚王戍傳永適還州王肅復令傳永討之永將心腹一人馳詣楚王至即令戍塡塞外壍夜伏戰士一千人於城外曉而叔業等至頓於城東列陣置長圍永所伏兵於左道擊其後軍破之叔業乃令將佐守所列之陣自率精甲數千救之永上門樓觀叔業南行五六里許便開門奮擊遂摧破之叔業進退失圖於是奔走左右欲追之永曰弱卒不滿三千彼精甲猶盛非力屈而敗直墮吾計中耳旣不測我之虛實足喪其膽俘此足矣何暇逐之獲叔業傘扇鼓幕甲仗万餘兩月之中遂獻再捷高祖嘉之

後周書曰武帝平齊夏四月至自東伐列齊主於前其王公等並從車輦旗幟及器物以次陳於其後大駕布六軍備凱樂獻俘於太廟京邑觀者皆稱万歲戊申封齊主爲溫國公

唐書曰武德中西突厥葉護可汗遣使請婚又入寇邊上高祖謂群臣曰突厥入寇而復請和和之與戰其策安在太常卿鄭元璹對曰若擊之則怨深難以和緝中書令封德彝進曰若不戰而和親夷狄必謂中國畏懼未若擊之尅捷而和親此則威恩兼舉高祖然之戊辰西突厥遣使獻名馬巳巳幷州大惣管襄邑王神符擊突厥於汾東斬首五百級虜其馬二千疋汾州刺史蕭顗斬突厥五千餘

級

又曰太宗平東都凱旋親被黃金甲陳鐵馬一万騎甲士三萬人前後部鼓吹俘二僞主及隋神器輦輅獻捷于太廟高祖大悅行飲至禮以享焉

又曰張瑾初仕隋歷職顯貴煬帝被圍於鴈門也瑾以驍果出城擊戰一日九捷煬帝登城望之大悅賜物二千段

又曰元和中忠武軍節度使李光顏奏破吳元濟之衆上大悅賜其告捷使奴婢銀錦

又曰元和十二年十月隋唐節度使李愬師師入蔡州執賊師吳元濟以聞淮西平辛巳上御宣政殿受朝賀九品已上及宗子四夷之使皆會

又曰元和十四年魏博節度使田弘正遣使獻逆臣李師

道命左右軍兵衛之先獻于太廟郊社上御興安門百寮於門下列位稱賀

又曰元和中昭義節度郗士美以賊首三百來獻詔梟於通化門外

班師

爾雅曰出曰治兵尚武也入曰振旅反尊卑也郭璞曰幼賤在前貴勇也尊老在後尚儀也

詩曰出車勞還率也赫赫南仲薄伐西戎昔我往矣黍稷方華春日遲遲卉木萋萋執訊獲醜薄言還歸

又曰杕杜勞還役也有杕之杜其葉萋萋

周禮曰若師有功左執律右秉鉞以先凱樂獻于社

左傳曰三年而治兵入而振旅歸而飲至以數軍實飲至於廟以數車徒所獲也

又曰楚子敗晉師于邲潘黨曰君盍築武軍而收晉尸以爲京觀楚子曰夫文止戈爲武武有七德禁暴戢兵保大定功安人和衆豐財者也我無一焉何以示子孫祀于河作先君宮告成事而還

後漢書曰曹操討劉備出教曰鷄肋外曹莫曉楊德祖曰夫鷄肋食之則無所得棄則我惜公歸計決矣操乃還軍

又曰馬援自南方振旅還京師軍吏經瘴疫死者十四五賜援兵車一乘

晉書曰王濬平吳上表云聞在秣陵諸軍凡二十万衆臣軍先至爲土地之主百姓之心皆歸仰臣臣切勑所領秋毫不犯諸有市易皆明破券契有違犯者凡斬十三人皆吳人所知也餘軍縱橫詐稱臣軍而軍類皆蜀人幸以此自別耳

又曰賈充爲伐吳大都督孫皓降於王濬充未之知方以吳未可平抗表請班師充表與告捷表同至朝野以充位居人上智出人下

宋書曰十二月景申大軍次左里將戰帝麾之麾竿折幡沉于水衆咸懼帝笑曰昔覆舟之役亦如此今勝必矣遂攻其柵盧循單舸走衆軍皆旋晉帝遣侍中黄門勞師于行所

三國典略曰齊公憲夜收軍欲待明更戰達奚武謂之曰洛陽軍散人情駭動若不因夜速還明日欲歸不得武在軍旅久矣備見形狀豈可將數營大衆一朝而棄之憲從其諫遂全軍而反

後魏書曰蕭衍寇徐兗州邢巒大破之旋師世宗臨東堂勞之曰卿役不踰時尅清妖醜鴻勳碩美可謂不愧古人

巒曰此自陛下威略聖靈加以將士之力臣何功之有

白虎通曰古者師出不踰時者爲怨思也天道一時生物養人者天之貴物也踰時即内有怨女外有曠夫詩曰昔我往矣楊柳依依今我來思雨雪霏霏

春秋曰宋人取長葛傳曰外取邑此不書此何謂以書久也

六韜曰武王平殷還問太公曰今民吏未安賢者未定何以安之太公曰無故如天如地

說苑曰魏文侯攻中山樂羊將已得中山還反報文侯命主書曰群臣賓客所獻書操以進主書者舉兩篋以進令將軍視之盡難攻中山之事也將軍還北面而再拜曰中山之舉也非臣之力君之功也

韓子曰晉文公將與楚戰召舅犯問曰吾將與楚戰彼衆我寡爲之柰何對曰臣聞之君子不厭忠信戰陣不厭詐

偽君其詐之而已又問雍季對曰焚林而田後必無獸以詐遇民後必無民公曰善以舅犯謀與楚戰大敗之歸行爵先雍季而後舅犯群臣曰城濮之事舅犯之謀夫用其言而後其身可乎公曰此非若所知夫舅犯之言權也雍季之言万世之利也

罷兵

史記曰漢武帝患匈奴屢爲邊患鴈門馬邑豪聶壹因大將軍王恢言匈奴初和親親信邊可誘以利致之伏兵襲擊必破之道也帝召問公卿曰今欲舉兵攻之何如韓安國曰臣聞高皇帝圍於平城匈奴至者投鞍高如城者數所平城之飢七日不食天下歌之及解圍反位而無忿怒之心夫聖人以天下爲度者不以已私怒傷天下之政故乃遣劉敬奉金千斤以結和親至今爲五代利孝文皇帝

又嘗一擁天下之精兵聚之廣武常谿然終無尺寸之功而天下黔首無不憂孝文悟於兵之不可宿故復合和親之約此二聖之跡足以爲効矣竊以爲勿擊便

漢書曰元帝時朱崖儋耳二郡叛數反賈捐之上書請不擊其略曰臣聞堯舜禹三聖之德地方不過千里西被流沙東漸于海朔南暨声教欲與声教則理之不欲與者不強理也是以頌声並作視聽之類咸樂其生秦氏興兵遠攻貪外虗內務欲廣地而天下潰叛賴聖漢爲百姓請命平定天下至孝武皇帝以國富人逸攘却匈奴西連諸國至于安息東過碣石造鹽鐵酒権之利以佐用度猶不能足當此之時寇賊並起征伐不休之故也今陛下不忍悁悁之忿欲敺士衆擠之大海之中（悁居緣切　擠祖奚切）快心幽冥之地非所以保全元元也詩云蠢爾荆蠻大邦爲讎自古患之父矣何況万里之蠻乎臣竊以往者羌軍言之纔暴師曾未一年兵出不踰千里費四十餘萬大司農錢盡乃以少府禁錢續之夫一隅爲不善費尚如此況於勞師遠攻亡士無功乎臣愚以爲非冠帶之國禹貢所不及皆可且無以爲於是遂罷其郡

後漢書曰光武建武中北匈奴衰弱臧宮馬武上書請臨塞厚懸購賞喻告高勾驪烏桓鮮卑攻其左發河西四郡及天水隴西羌胡擊其右如此北虜之滅不過數年矣帝曰舍近謀遠者勞而無功舍遠謀近者逸而有終故曰務廣地者荒務廣德者強有其有者安貪人有者殘殘滅之政雖成必敗今國無善政災變不息百姓驚惶人不自保而復遠事邊外乎孔子曰吾恐季孫之憂不在顓臾自是諸將莫敢復言兵事

魏志曰諸葛誕據壽春及魏將王基討之司馬文王欲遣諸將輕兵深入招迎吳將唐咨等子弟因釁有蕩覆吳之勢基諫曰昔吳將諸葛恪乘東關之勝竭江表兵以圍新城城既不拔而衆死者太半蜀將姜維因洮上之利輕軍深入粮餉不繼軍覆上邽[illegible]夫既勝之後必輕敵則慮難不深今賊新敗於外又內患未弭是其脩政設慮之時也且兵出踰年人有歸志俘馘十万罪人斯得自歷代征伐未有全兵獨克如今之盛者也武皇帝破袁紹於官度自以所獲已多不復追奔懼挫威也從之

尸子曰公輸般爲蒙天之階階成將以攻宋墨子聞之赴於宋至於郢見般曰聞子爲階將以攻宋宋何罪之有無罪而攻之不可謂仁胡不已也公輸般曰不可吾既以言之王矣墨子曰胡不見我於王公輸般曰諾墨子見楚王

曰今有人於此舍其文軒鄰有弊輿而欲竊之舍其錦繡鄰有短褐而欲竊之舍其粱肉鄰有糠糟而欲竊之此爲何若人王曰此爲竊疾耳墨子曰荊之地方五千里宋之地方五百里此猶文軒之與弊輿也荊有雲夢犀兕麋鹿盈之以江漢之魚鼈黿鼉爲天下饒宋無雉兔鮒魚者也猶粱肉之與糠糟也荊有長松文梓楩柟豫章宋無長木此猶錦繡之與短褐也臣以王之攻宋也爲與此同類王曰善請無攻宋

呂氏春秋曰秦興兵欲攻魏司馬唐諫秦君曰段干木賢者也而魏禮之天下莫不聞無乃不可加兵乎秦君乃按兵而輟不攻魏文侯可謂善用兵矣聞君子之用兵也莫見其形其功已成此之謂也

偃武

易曰澤上於地萃君子以除戎器戒不虞

書曰武王伐殷乃偃武脩文（倒載干戈包以虎皮示不用也行禮射設庠序脩文教也）歸馬于華山之陽放牛于桃林之野示天下弗服（山南曰陽桃林在華山東北皆非長養牛馬之地欲使自生死示天下不服乘用也脩文教也）

禮記曰武王克商後散軍而郊左射貍首右射騶虞而貫革之射息矣歸馬于華山之陽放牛于桃林之野干戈弓矢包之以虎皮示天下不復用兵也

左傳曰宋向戌欲弭諸侯之兵以爲名子罕曰天生五材民並用之廢一不可誰能去兵兵之設久矣所以威不軌而昭文德也聖人以興亂人以廢興廢存亡昏明之術皆兵由也而子求去之不亦誣乎

又曰武王克商作頌曰載戢干戈載櫜弓矢

又曰夫文止戈爲武

家語曰孔子北遊登於農山曰二三子各言其志吾將擇焉子路進曰由願白羽若月赤羽若日攘地千里搴旗折馘唯由能之子貢進曰賜願旗鼓相望縞衣白冠陳說其間二國釋怨唯賜能之顏回曰回聞薰蕕不同器而治回願得明王聖主王相之鑄劍戟爲農器放牛馬於原藪則由無所施其勇賜無所用其辯矣孔子曰美哉德也

史記曰始皇曰寡人賴宗廟之靈六王咸服其辜天下大定收天下兵器銷以爲鍾鐻金人十二重各千斤置咸陽廷宮中

漢書文帝詔曰朕能任衣冠念不到征討故雞鳴狗吠煙火万里也

又食貨志曰武帝末年悔征伐之事乃封丞相爲富民侯顏師古曰欲百姓之殷實故取其嘉名也

莊子曰孔子謂盜跖曰將軍有意聽臣臣請南使吳越北使齊魯東使宋衛西使晉楚使爲將軍造大城數百里立數十萬户之邑使尊將軍爲諸侯與天下更始罷兵休卒收養昆弟共祭先祖此聖人才士之行而天下之願

又曰見侮不辱救民之鬭禁政寢兵救世之戰

古司馬法曰古者武軍三年不興民覩之勞也上下相報和之至也（還師罷兵復戎卒三年不徭役以咨人勞）得意則凱樂歌示喜也（聖主誅不義百姓皆得其所喜樂各安其居樂其常）偃伯靈臺荅民之勞告不興也（休息也伯主兵也靈臺錯德美之喜以祭天示不復用兵也）

呂氏春秋曰武王以武得之以文持之倒戈弛矢示天下不用兵

尸子曰武王已戰之後三革不累五刃不砥牛馬放之歷山終身弗乘也

淮南子曰秦之時高爲臺榭大爲苑囿遠爲馳道鑄金人（秦始皇二十六年初兼天下有長人見於臨洮其高五丈足迹六尺放寫其形鑄金人以象之翁仲君何是也）發讁戍入芻稾（戍守長城也入芻稾之說以供國用之也）頭會箕賦於少府（頭會隨民口數人責其稅箕賦似箕撿民則多取意也少府官名如今司農）丁壯大夫西至臨洮狄道（臨洮隴西之縣洮水北狄道漢陽之縣是也）東至會稽浮石（會稽山名浮石隨水高下言不沒皆在遼西界一說會稽山在泰山下封于泰山禪於會稽是也）南至豫章桂林（豫章郡桂林鬱林也）北至飛狐陽原（飛狐在代郡南飛狐山也陽原在太原）道路死人以溝量（言滿溝也）當此之時忠諫者謂之不祥而道仁義者謂之狂逮至高皇帝存亡繼絕（漢高祖也）舉天下之大義身自奮袂執銳以爲百姓請命于皇天（執利兵伐无道以求百姓之命祈之皇天也）當此之時天下雄俊豪英暴露于野澤（才過千人爲俊百人爲豪万人爲英）前蒙矢石而後墮谿壑出百死而紹一生以爭天下之權（墮入也紹至也）奮武厲誠以決一旦之命當此之時豐衣博帶而道儒墨者以爲不肖（言尚武也）逮至暴乱以勝（勝暴乱也）海內大定繼文之業立武之功（繼文王受命之業武王誅无道之功）履天子之圖籍造劉氏之貌冠（高祖於新農所作竹冠一曰季貌冠也）揔鄒魯之儒墨通先聖之遺教載天下之旗乘泰輅建九旒撞大鍾擊鳴鼓奏咸池揚干戚（周礼天子五輅泰輅上輅也王者功成作樂故撞鍾擊鼓咸池黃帝樂也干楯也戚斧也春夏舞者所執）當此之時有立武者見疑一世之間而文武代爲雌雄有時而用也今世之爲武也則非文也爲文者則非武更相非而不知時世之用也

說苑曰魏文侯與田子方語有兩童子衣青白衣而侍於君前子方曰此君子之寵子乎文侯曰非也其父死於戰此其孤幼也寡人收之子方曰臣以君之賊心爲足今滋甚君之寵此子也又且以誰之父殺之乎文侯愍然曰寡人受令矣自是巳後兵革不用

左太冲魏都賦曰衰乱既弭而能宴武人歸獸以去戰蕭矛戢柯以柙刃虹旌攝麾以就卷

沈休文詩曰丹浦非樂戰負重切君臨

太平御覽卷第三百二十七

從軍　羽書　占候

從軍

詩曰伯也執殳爲王前驅自伯之東首如飛蓬豈無膏沐誰適爲容

又曰鴇羽刺君子下從征役不得養父母也肅肅鴇羽集于苞栩王事靡盬不遑啓處

漢書張良曰良性多病未嘗持兵將常爲畫策臣時從行

後漢書曰周嘉字惠文仕郡爲主簿王莽末群盜入汝陽嘉從太守何敞討賊爲流矢所中賊圍十重白刃交集嘉以身扞之曰嘉請以死贖君命後太守寇恂舉爲孝廉拜侍郎引見問遭難之事詔嘉尚公主嘉稱疾不肯當

梁書曰曹景宗爲竟陵太守及帝起兵景帝聚族并率五

服內子弟三百人從軍

後魏書曰張袞字洪龍上谷沮陽人也好學有文才太祖爲代王選爲左長史袞策幃幄太祖器之禮遇優厚

又曰韓茂從討平凉當茂所衝莫不應弦而殪由是世祖壯之。又曰張袞從太祖破賀訥登勿居山聚石爲峰以記功德命袞爲文

又曰豆代田從討平凉擊破赫連定得奚斤等世祖以定妻賜之詔斤膝行授酒於代田勑斤曰全尒命者代田功也進爵長廣公

隋書曰郭榮遼東之役以功進位左光祿大夫明年帝復事遼東榮以爲中國疲敝万乘不宜屢動乃言於帝曰戎狄失禮臣下之事臣聞千鈞之弩不爲鼷鼠發機豈有親辱大駕以臨小寇帝不納復從軍攻遼東城榮親蒙矢石晝夜不釋甲冑

王粲從軍詩曰下船登高防草露霑我衣迴身赴床寢此愁當告誰身服干戈事豈得念所私

又曰從軍有苦樂但問所從誰所從神且武焉得久勞師

鮑明遠東武吟曰始隨張校尉召募到河源後逐李輕車追虜窮塞垣。曹子建詩曰從軍度函谷馳馬過西京

嵇叔夜贈秀才入軍詩曰良馬既閑麗服有輝風馳電逝躡景追飛凌厲中原顧盼生姿

陸機從軍行曰朝食不免冑夕息常負戈苦哉遠征人附心悲如何

薛瑩女華永先詩曰桴鼓常在側筆研永欲捐卷袞不復開干戈以爲權

劉義恭擬古詩曰束甲辤京洛負戈事烏孫後軍濟太河

築壘黎陽屯且聞羽檄飛夕見邊驛奔

羽書

史記曰齊使魯連爲書以箭射之遺燕將曰吾聞之知者不背時而弃利勇士不怯死而滅名忠臣不先身而後君忠廢名滅後代無稱非智也且吾聞效小節者不能行大威惡小恥者不能立榮名昔管仲曹沫二公者非不能効小節死小恥也以爲殺身絕代功名不立非智也故業與王覇爭流名與天壤相弊公其圖之燕將自殺

漢書高紀曰武臣自立爲趙王沛令欲以沛應之恐有變欲誅蕭曹恐踰城保高祖乃書帛射城中與沛父老父老乃殺沛令開門迎高祖

後漢書曰隗囂檄告州郡言王莽之罪楚越之竹不足以書其惡

魏志曰關羽圍行征南將軍曹仁於樊趙儼以議郎參仁軍事儼謂軍將曰今賊猶盛我徒卒單少而仁隔絕不得同力前軍逼圍遣諜通仁使知外救以勵將士然後表裏俱發破楚必矣諸將皆喜便作地道射箭飛書與仁消息

晉書曰初安南將軍甘卓與左將軍隋王承書勸使固守當以兵出沔口斷王敦歸路則湘圍自解承荅其書略曰足下若能卷甲電赴猶或有濟若其狐疑求我枯魚之肆矣

梁後略曰巳酉上自長沙寺移住天居寺是日北軍射書城內令者行兵不貪城隍土地不貪子女玉帛志存救弊濟此生民廣訪民人擇善而立梁朝士庶尚未相領解蟻聚窮城寂無求問尋此異卜良用到惑

又曰褚蘿率其下五百人乘大艦於鹿頭後湖以輝水戰北軍聚而觀蘿乃掉艦向岸北軍引去蘿亦廻歸上乃射書北軍大開賞募有能斬送賊帥者封五千户侯賜絹万疋

占候

孫子曰天者陰陽寒暑節制也（謂順天行誅因陰陽四時剛柔之制故司馬法曰冬夏不興師所以兼愛吾人若細雨沐軍臨機必有捷廻風相觸道還而無功雲類羊群必走之道氣如驚鹿必敗之勢黑雲出壘赤氣臨軍皆敗之兆若烟非烟此慶雲也必勝若霧非霧是泣軍也必敗是知風雲之占其來久矣）

孫子占曰三軍將行其旌旗從容以向前是為天送必亟擊之得其大將三軍將行其旍旗墊（音店）然若雨是謂天霑其師失三軍將行旍旗乱於上東西南北無所主方其軍不還三軍將陣雨甚是為浴師勿用陣戰三軍將戰有雲其上而赤勿用陣先陣戰者莫復其迹三軍方行大風飄起於軍前右周絕軍其將士右周中其師得粮

左傳曰晉侯圍上陽問於卜偃曰何時克之對曰童謠云丙子之辰龍尾伏辰均服振振取虢之旗鶉之賁賁天策焞焞火中成軍虢公其奔其九月十月之交乎

韓詩外傳曰武王伐紂到刑兵軛折為三天雨三日不休武王懼召太公而問之曰紂未可伐乎太公曰不然軛折為三者軍當分為三也天雨三日者欲洒吾兵也

後漢書曰韓遂屯美陽董卓與戰輒不利十一月夜有流星如火光長十餘丈照遂營中驢馬盡鳴賊以為不祥欲歸金城卓聞之喜明日乃與右扶風鮑鴻等并兵俱攻大破之斬首數千級

又曰王尋王邑攻南陽積弩乱發矢下如雨城中負户而汲王鳳等乞降不許尋邑自以為功在漏刻意氣甚逸夜有流星墜營中晝有雲氣如壞山當營而隕不及尺而散吏士皆厭伏（續漢志曰雲如壞山所謂營頭之星也占曰營頭之所墜其下覆軍殺將血流千里厭音一葉反）

晉書載記曰劉曜咸和三年曜夢三人金面丹脣東向逡巡不言而退曜拜而履其跡旦召公卿巳下議之朝臣咸賀以為吉祥唯太史令任義進曰三者歷運統之極也人為震位王者之始次也金為兌位物衰落也脣丹不言事之畢也逡巡揖讓退舍之道也為拜者屈伏於人履跡而行慎勿出疆也東井秦分也五車趙分也秦兵必暴起亡主衆師留敗趙地遠至三年近至七百日應不遠願陛下思而防之曜大懼

又曰石季龍攻張重華謝艾拒之艾建牙旗盟將士有西北風吹旌東南指日風為令令旗指之天所贊也破之必矣軍次神鳥王擢與前鋒戰敗遁還河南梁討叛虜斯骨

眞方餘落破之
又天文志曰水與金合爲變謀爲兵夏入太白中上出破
軍殺將
又曰元興年八月庚子太白犯歲星在上將
又曰永興二年四月丙子太白犯狼星占曰大兵起九月
歲星守東井占曰有兵井又秦分野是年苟晞破公師藩
張方破范陽王虓關西諸將攻河閒王顒奔走東海王迎
殺之永和十四年十二月慕容儁遂據臨漳盡有幽幷青
冀之地緣河諸將奔散河津隔絕
又曰戊子月犯牽牛大星占曰牽牛天將也
又曰義熙十四年十月癸巳熒惑入太微犯西蕃上將乃
順行至左掖門
又曰辰星嘗出不出是謂擊卒兵大起在於房心間地動

又曰凡有蝕五星其國皆亡歲以飢熒惑以亂鎭以弑太
白以強國戰辰星以女亂
又曰辰星不出太白爲客其出太白爲主出而與太白不
相從乃各出一方爲格野雖有軍不戰
隋書曰長孫晟以邊功授上開府儀同三司復遣還大利
安撫新附仁壽元年晟表奏曰臣夜登城樓望見磧北有
赤氣長百餘里皆如雨足下垂被地謹驗兵書此名灑血
其下之國必且破亡欲滅匈奴宜在今日詔楊素爲行軍
元帥晟爲受降使者北伐二年軍次北河値賊帥思力俟
斤等領兵拒戰與大將軍梁默擊走之轉戰六十餘里賊
衆多降
唐書曰武德中淮南道行臺僕射輔公祏據丹陽反遣趙
郡王恭爲行軍元帥討之將發與諸將宴集命取水忽變
爲血在座中皆失色恭舉止自若諭之曰禍福無門唯人
自召自顧無負於物諸君何憂懼之深公祏惡積禍盈今
承廟筭以致討盃中之血乃公祏授首之徵遂盡歡而罷
時人服其識度而能安衆竟平公祏焉
又曰李晟之將復京師也時熒惑守歲久之方退賓介或
勸晟曰今熒惑已退皇家之利也可速出兵晟曰天子外
次人臣當死節垂象玄遠吾安知天道至是謂參佐曰前
者公勸晟出兵非敢拒也且軍士可用之不可使知之嘗
聞五緯盈縮無准懼復來守歲則我軍不戰而自潰矣參
佐歎服皆非所及也尋拜晟爲司徒兼中書令
三國典略曰十一月癸未梁主閱戎于津陽門外立二城
南爲吳地北爲勇城西北風甚急溥天昏暗幡旗南靡乃
移廣軍度南城吳軍度北城以順風也俄而驟雨暴降梁

王輕輦還宮至城而霽觀者怪之
又曰太原郡王高洋督兵攻王思政陷于潁川遂入東魏
先是長社夜有聲如車騎從西北向城居二日黑風起於
乾地吹水入城城壞風羊角而上
又曰侯瑱敗王琳于梁山琳及蕭莊並奔于齊初東關水
舟艦得通琳引合肥之衆相次而下瑱與琳合戰琳軍少
却退保西岸及夕東北風大起吹其舟艦沒于沙中夜有
流星墜於琳營及旦風靜琳入浦脩舡以鹿角繞岸不敢
復出
六韜曰周武王伐紂師至汜水牛頭山風雨甚疾鼓旗毀
折王之驂乘惶震而死
太公曰用兵者順天道未必吉逆之不必凶若失人事三
軍敗亡且天道鬼神視之不見聽之不聞智將不發而愚

將拘之若乃好賢而能用舉事而得此則不看時日而事利不暇卜筮而事吉不禱祀而福從遂命驅之前進周公曰今時逆太歲龜灼凶卜筮不吉星變爲災請還師太公怒曰今紂剖比干囚箕子以飛廉爲政伐之有何不可枯草朽骨安可知乎乃焚龜折蓍援枹而鼓率衆先涉河武王從之遂滅紂

又曰從孤擊虛高人無餘一女子當百夫風鳴氣者賊存在十里鳴條百里搖枝四百里雨霑衣裳者謂潤兵不霑者謂泣兵金器自鳴及焦氣者軍疲也

又曰武王使散宜生卜伐紂鑽龜龜不兆下占於地數蓍蓍交而折祖行之日雨輜車至軫行至之日幟折爲三宜王曰二四凶不祥不可舉事太公進曰退非子之所及也聖人生天地之間承衰亂而起龜者枯骨蓍者折草何足

以辯吉凶祖行之日雨輜車至軫是洗濯甲兵也行之日幟旗爲三是軍分爲三如此斬紂之首吉也

抱朴子曰晉太康二年京邑始亂三國舉兵攻長沙王人小民張昌反於荆州奉劉尼爲漢主乃遣石冰擊定楊州屯於建業宋道衡説冰求爲丹陽太守到郡發兵以攻冰召余爲將兵都尉余年二十一見軍旅不得已而就之宋侯不用吾計數敗吾令宋侯從月建住華蓋下遂收合餘燼從吾計破石冰焉

又曰凡戰觀雲如走鹿形者敗軍之氣也

兵法秘訣曰鎮星所在之宿其國不可伐又彗星見大明臣下縱橫民流亡無所食父子坐離夫婦不相得四維有流星前如瓮後如火光竟天如雷聲名曰天狗其下飢荒民疾疫群臣死流星東北行名天岡天海之口必有大水土功又四維有流星入以後有白氣如雲狀以車輪是謂蟄齧食其下大兵中國多盜賊又有星如鬬見北斗名爲句始天下大亂諸侯爭雄

玄女兵法曰凡行兵之道天地之寶得者全勝失者必負北斗之中禽有旬始狀像雄雞制百兵之毋能得其術何神不使九地九天各有表裏三奇六合王威軍事

又曰黃帝攻蚩尤三年城不下募求術士乃得伍胥與之言曰今日余攻蚩尤三年城不下與咎安在伍胥曰此城中之將爲人必白色商音帝始攻時得無以秋之東方行乎今皇帝爲人蒼色角音此雄軍也以戰爲之黃帝曰善爲之若何伍胥曰臣請攻蚩尤三日城必下黃帝大喜其中黃直曰帝積三年攻蚩尤而城不下今子欲以三日下之何以爲明伍胥曰不如臣言請以軍法論黃帝曰子欲

以何時臣請朱雀之日日正中時立赤色徵音絳衣之軍于南方以輔角軍臣請以青龍之日平旦時立青色角音青衣之軍于東方以輔羽軍臣請以玄武之日人定時立黑色羽音黑衣之將于北方以輔商軍臣請以白虎之日日入時立白色商音白衣之將于西方以輔宮軍四將以立臣請爲帝以黃龍之日日中建黃旗於中央以制四方五軍已具四面攻蚩尤三日其城果下黃帝即封胥世世不絕○又曰戰鬭不法當從九天之上擊九地之下衆士默默人無見者九天者春在青龍夏在朱雀秋在白虎冬在玄武四神爲九天其衝爲九地

星占曰太白出高用兵深入敢戰者吉星出東方中國大利蠻夷大敗○兵書曰氣聚如龍如鵠尾者其下軍兵破敗也

太平御覽卷第三百二十八

太平御覽卷第三百二十九

兵部六十

徵應

神兵

徵應

漢書曰貳師將軍李廣利被圍水絕廣利拔刀刺山飛泉涌出

又曰王莽出軍祖都門外天雨沾衣長老歎曰是謂泣軍

王隱晉書曰咸康元年督護王隨領三千人討寧州賊三角皆裂軍人惡之隨曰裂者破也當破賊而不得土地也到西平郡界兩道討賊賊守馬芺犇走民皆歸降

晉書桓溫傳云郭璞爲讖曰有人姓李兒專征戰譬如車軸脫作在一面兒者子也李去子木存車去軸爲亘合成桓字也

又曰成都王穎師次朝歌每夜矛戟有光若火其壘井中皆有龍象前軍大敗

又曰時有童謡云阿童復阿童銜刀浮渡江不畏岸上虎但畏水中龍會益州刺史王濬小字阿童表請加龍驤將軍令造舟檝

又曰謝艾出師振武夜有二梟鳴於牙艾曰六博得梟者勝今梟鳴牙中尅敵之兆果勝之

又曰王澄爲荆州時京師危逼澄率衆軍將赴國難而飄風折其節柱會王如寇襄陽澄前鋒至宜城爲如黨嚴嶷所獲

又載記曰呂光伐西域進及流沙三百餘里無水將士失色光曰吾聞李廣利精誠玄感飛泉湧出吾等豈獨無感致乎皇天必有濟諸君不足憂也俄而大雨平地三尺

又曰石勒拒劉曜勒統步騎四万赴金墉濟自大堨先是流澌風猛軍至泭泮清和濟畢流澌大至勒以爲神靈之助也命曰靈昌津

宋書曰王仲德初欲南歸奔太山追騎急夜行忽見前有猛炬導之乘火行百許里以免

又曰元兇弒逆孝武率衆入討荆州刺史南譙王義宣雍州刺史臧質並舉義兵三月乙未建牙軍門是時多不悉舊儀有一翁班白自稱少從武帝征伐頗悉其事因使指麾事畢忽失所在自冬至春常東北風連陰不霽其日牙立之後風轉西南景色開霽有紫雲陰于牙上

北齊書曰侯景遣將任約伐湘東王於江陵陸法和自請征之至赤沙湖與任約相對縱大舫於前而逆風不便法

和執白羽以麾風風即返於是大潰約逃竄不知所之

後周書曰太祖既繼賀拔岳起事將刑牲盟誓同獎王室初賀拔岳營於河曲有軍吏獨行忽見一老公鬚眉皓素謂之曰賀拔雖復據有此衆然無所成當有一宇文家從東北來後必大盛言訖不見此吏恒與所親言之至是方驗

隋書曰張祥開皇中累遷并州司馬仁壽末漢王諒舉兵反遣其將劉建略地燕趙至井陘祥勒兵拒守建攻之縱火燒其郭下祥見百姓驚駭其城側有西王母廟祥登城望之再拜涕泣而言曰百姓何罪致此焚燒神有靈可降雨相救言訖廟上雲起須臾驟雨其火遂滅士卒感其至誠莫不用心城圍月餘李雄援軍至賊遂退走

又曰竇榮定以佐命功拜上柱國寧州刺史未幾復爲武

安侯大將軍尋除秦州揔管賜吴樂一部突厥沙鉢略寇邊以爲行軍元帥率九揔管步騎三万出源州與虜戰於高越原兩相持其地無水士卒渴甚至刺馬血而飲死者十二三爽定仰天太息俄而澍雨軍乃復振於是進擊數挫其鋒沙鉢略突厥憚之請盟而去

唐書曰開元中降胡叛勑王晙帥并州兵濟河以討之晙乃間行倍道以夜繼晝卷甲捨幕而往會夜於山中忽遇風雪甚盛晙恐失期仰天誓言曰晙若事君不忠天討有罪明靈所殛固自當之而士衆何辜今此艱苦誠心忠烈天鑒孔明當止雪迴風以濟戎事言訖風迴雪止時叛者分爲兩道晙追及之殺一千五百餘人生獲一千四百餘人駝馬牛羊甚衆

又曰初肅宗行至豐寧南見河天塹之固欲整軍北渡將

謂豐寧忽大風飛沙礫數步之間不辨人馬由是迴軍東趨靈武風沙頓止天地廓清

又曰肅宗至平源郡路傍遇一伏兇命左右索弓箭因謂左右曰吾若破賊射則中之不然則否一發而斃左右咸稱万歲

又曰建中三年哥舒曜欲攻李希烈於許州師次頴橋大雹雷而雨營中震不能言者三四十人驢馬死者有七曜惡之乃退

又曰田悅爲魏王受册之日其軍上有雲物稍異馬燧等望而笑曰此雲無知乃爲賊瑞

又曰田悅稱魏王其營地前二年土長高三尺餘魏州戶曹韋稔爲土長頌曰公益土之兆也

管子曰桓公北征孤竹未至卑耳之谿十里援弓而射射未發也謂左右曰見前人乎對曰不見公曰寡人見人長尺而人物具焉冠冠右袪衣馬前疾走寡人其不濟乎管仲曰袪衣示前有水也右示涉也至卑耳之谿從左涉深及冠從右方深至膝已涉大濟公拜曰仲父之聖若此也

山海經曰鹿臺之山有鳥焉如雄雞而人面名曰鳧溪其鳴自呼見則有兵小次之山有獸焉如猨白首赤足見則有兵熊山之穴恒出神人夏啓而冬閉是穴也冬啓乃必有兵（郭璞注曰今鄴西北有石鼓鳴乃有兵即此類）

淮南子曰人主有伐國之志邑犬群嗥雄雞夜鳴庫兵動而戎馬驚（戎馬兵馬也雞夜鳴而兵馬起氣之感動也）

六韜曰三軍無故旌旗皆前指金鐸之聲揚以清鼙鼓之音宛而鳴此得神明之助大勝之徵也

又曰紂爲無道武王於是東伐紂至于河上雨甚雷疾王

之乘黃振而死旗旌折陽侯波周公進曰天不祐周矣意者君德行未盡而百姓疾怨故天降吾禍於是太公援罪人而戮之於河三鼓之率衆而先以造于殷天下從之甲子之日至于牧野舉師而討之紂城備設而不守親擒紂縣其首於白旗

又曰武王伐紂諸侯已至未知士民何如太公曰天道無親今海內陸沉於殷久矣百姓可與樂成難與慮始伯夷叔齊曰殺一人而有天下聖人不爲太公曰師渡孟津六馬仰流赤烏降白魚外入此豈非天所命也師到坶野天暴風雷前後不相見車蓋發越轅衡摧折旌旗三折幟飛揚者精欽感天也雨以洗吾兵雷電應天也

吴越春秋曰越王追攻吴兵欲入胥門未至六里望吴南城見伍子頭眉若車輪目垂光烈髮鬚四張耀於十數里

大懼留兵即日夜半暴風疾雨雷電鳴沙石飛射疾於弓弩越軍壞敗

桓譚新論曰維四月太子發上祭于畢下至孟津之上此武王已畢三年之喪欲卒父業升舟而得魚則地應也俺祭降爲天應也二年聞紂殺比干囚箕子太師少師抱樂器奔周甲子日月若連璧五星若連珠昧爽武王朝至于南郊牧野從天以討紂故兵不血刃而定天下

三國典略曰東魏以平鑒爲懷州刺史鑒乃於軹關道築城以防于我尋而太祖遣驃騎將軍楊檦儀同長孫慶明率兵東伐是時新築之城少糧乏水衆情大懼南門內有一土井隨汲即竭鑒乃具衣冠俯井而祝俄而泉湧城內皆足楊水示檦檦無功而還檦必眇切

又曰周帝問齊王延宗曰鄴城若爲可取延宗辭曰亡國之大夫不可與圖存強問之乃曰若任城據鄴臣不能知若今主自守陛下兵不血刃時好事者以爲延宗年號德昌得二日也及即位至敗果二日

神兵

梁書曰先是旱甚詔祈蔣帝神求雨十旬不降帝怒命載荻欲焚蔣廟并神影爾日開朗欲起火當神上忽有雲如繖倏忽驟雨如寫臺中宮殿皆自振動帝懼馳詔追停少時還靜自此帝畏信遂深自踐祚已來未嘗躬自到廟於是乃法駕將朝臣修謁是時魏軍攻圍鍾離蔣帝神報勑必許扶助既而無雨水長遂挫敵人亦神之力焉凱旋之後廟中人馬脚盡有泥濕當時並目覩焉

又曰王僧辯平郢州進師尋陽軍人多夢周何二廟神兵曰吾已助天子討賊自稱征討大將軍並乘朱舫俄而反曰已殺競同夢者數十百焉

陳書曰高祖討侯景軍次大雷軍人杜稜夢雷池君周何神自稱征討大將軍乘朱航陳甲仗稱下征侯景須臾便還去已殺景

隋書曰漢王諒餘黨據晉絳等三州未下詔羅睺行絳晉呂三州諸軍事進兵圍之爲流矢所中卒于師時年六十曰送柩還京行數里無故輿馬自止策之不動有飄風旋遶焉絳州長史郭雅稽顙呪之曰公恨小寇未平耶尋即除殄無爲戀恨於是風靜馬行見者莫不悲歎其年秋七月子仲隱夢見羅睺曰我明日當戰其靈座所有弓箭刀劒無故自動若人帶持之狀絳州城陷是其日也

唐書曰高祖初起師次霍邑隋武牙郎將宋老生陳兵拒險義師不得進屯軍於賈胡堡會霖雨積旬餽運不給高

祖患之忽有白衣人詣軍門見曰霍山神遣語大唐皇帝若向霍山邑當東南傍山取路八月雨止我當助爾破之高祖初哂之遣人東南視地果有微道高祖笑曰此神不欺趙襄子豈負吾耶時有訛言云突厥將襲太原又軍粮且盡高祖命旋師太宗切諫乃止八月己卯雨果霽高祖太悅以太牢祭霍山辛巳引師從傍山道趨霍邑去城十餘里有陣雲起軍北東西竟天高祖謂裴寂曰雲色如此必當有慶

又曰貞元初江西都團練使李兼奏建中四年鄂州刺史逆賊李希烈之將董侍召率衆襲鄂州順風縱火邑屋將焚臣乃禱於城隍神倏忽風迴火烈賊潰遂擊破之連狀黃沔三州請付史官以荅神意從之

三國典略曰齊高緯發晉陽開府薛榮宗嘗云能使鬼兵

言於齊主曰臣已發遣斛律明月將大兵在齊主信之經介休見一古冢榮宗謂舍人元行恭曰是誰冢也行恭戲之曰郭林宗是誰曰郭元貞父榮宗即啓云臣向見郭林宗從冢出着大帽吉莫鞾搖馬鞭問臣我阿貞來否

又曰侯景西逼陸法和率白服弟子頓于安南乞征任氏湘東許之乃召諸蠻子弟八百人在江津二日便登艦大笑曰无量兵馬江陵舊多神祠俗恒祈禱自法和軍出无復一驗人以諸神皆行從故也

又曰梁臨汝侯蕭猷嘗爲吳郡太守與楚廟神交飲至一石而神亦有酒色所禱必從後遷益州刺史江陽人齊苟兒反率衆攻城猷乃遥禱請救將戰之日有田老逢一騎絡鐵從東來問去城幾里曰四十時巳晡騎舉稍曰後人來可令之疾馬欲及日破賊俄有數百騎如風一騎請飲田老問爲誰曰吳興楚王來救臨汝侯此時廟中祈禱无復有驗十餘日後乃見侍衛土偶泥濕如汗於是苟兒乃平

太平御覽卷第三百二十九

太平御覽卷第三百三十

兵部六十一

警備

孫子曰用兵之法無恃其不來也恃吾有能以待之也無恃其不攻吾也恃吾不可攻也安則思危存則思亡常有備也

左傳曰不備不虞不可以師

又曰諸侯相見軍衛不徹警也

又曰晉欒書伐楚將戰楚晨壓晉軍而陣壓窄其未備也軍吏患之晉將范丐趨進曰塞井夷竈陳於軍中而疏行首疏行有當陣前戶決開壘戰道行部切晉楚唯天所受何患焉楚師輕窕固壘而待之三日必退退而擊之必獲勝焉終敗楚師

戰國策曰蘇秦將從説燕文侯曰燕地方二千里帶甲十万車七百騎六千粟支十年南有碣石門鴈之饒北有棗粟之利

又曰張儀爲秦連横説韓王曰秦帶甲百餘万虎賁之士不勝計秦卒猶孟賁之與怯夫

又曰江乙對江宣王曰今王之地方五千里帶甲百万而專屬之於昭奚恤故北方之畏昭奚恤也

春秋後語曰蘇秦南説楚威王曰楚天下之強國也王天下之賢主也西有黔中巫郡東有夏州海陽南有洞庭蒼梧北有汾陰地方五千里帶甲百万車千乘騎万疋粟支十年此霸王之資也

史記曰周末荆人伐陳吳救之軍行三千里雨十日夜見星左史倚相謂荆大將子期曰雨十日甲輯兵聚吳人必至不如備之乃爲陣而吳人至見荆有備而反史曰其反覆六十里其君子休小人爲食我行三十里擊之必克從之遂破吳軍

又曰秦將王翦率兵六十萬伐楚楚王悉國中兵以拒之王翦至堅壁而守之不肯戰楚兵數挑戰終不出王翦日休士洗沐而善飲食拊循之親與士卒同食久之王翦使人問軍中戲乎對曰方投石超距於是王翦曰士卒可用矣楚又數挑戰而秦不出乃引而東翦因舉兵追之大破楚軍蘄南因滅其國

又曰漢景帝初吳王濞反惣兵度淮與楚王戰遂敗棘壁乘勝前鋭甚梁孝王恐六將軍擊吳又敗梁將士卒皆還走梁數使使報漢大將周亞夫求救亞夫不許又使使惡亞夫於上上使人告之救梁惡烏路切亞夫復守便宜不行梁使韓安國及楚死事相弟張羽爲將軍楚相張尚諫吳王而死乃得頗敗吳兵西梁城守堅不敢西即走亞夫軍會下邑矣師

欲戰亞夫壁不肯戰吳粮絶卒飢數挑遂死奔亞夫壁亞夫終不出中夜驚內相擾乱至帳下亞夫卧不起頃之復定吳士卒多飢死遂以叛散

漢書曰傳喜以光祿大夫養病大司空何武尚書唐林皆上書言喜行義曰忠臣社稷之衛魯以季友治亂師古曰謂季氏亡則魯不昌楚以子玉輕重師古曰謂楚殺子玉而晉侯喜可知也魏以無知折衝師古曰信陵君也項以范增存亡故楚跨有南土帶甲百万隣國不以爲難子玉爲將則文公側席而坐及其老也君臣相慶百萬之衆不如一賢也

後漢書曰更始初光武在河北擊銅馬賊於鄡吳漢將突騎來會清陽城賊挑戰圅武堅營自守有出擄掠者輙擊取之圅與虜同掠奪取之也絶其粮道積月餘日賊食盡夜遁去追至館陶大破之受降未盡而高湖重連賊從東南來與

銅馬餘衆合光武復與大戰於蒲陽悉破降也

又曰王霸馬武既破周建蘇茂營賊復聚挑戰霸堅臥不出軍吏皆曰茂前日已破今易擊也霸曰不然蘇茂客兵遠來粮食不足故數挑戰以徼一切之勝（徼要也一切猶權時也徼古堯切）今閉營休士所謂不戰而屈人之兵善之善者也茂建既不得戰乃引還營其夜建兄子誦反閉城拒之茂建遁去誦以城降

又曰公孫瓚既為鮮于輔所敗慮有非常乃告於高京以鐵為門斥去左右男人七歲以上不得入門專侍姬妾其文簿書皆汲而上之令婦人習為大言聲使聞數百步以傳宣教令疏遠賓客無所親信故謀臣猛將稍有乖散自此之後希復攻戰

九州春秋曰公孫瓚曰始天下兵起我謂唾掌而決至於今日兵革方始觀此非我所決不如休兵力耕以救凶年兵法百樓不攻今吾諸營樓櫓千里（櫓即樐字見說文釋名曰櫓露也上无覆屋）積穀三百萬斛食此足以待天下變也

魏志曰冀州牧韓馥長史耿武別駕閔純治中李歷諫馥曰冀州雖鄙帶甲百萬穀支十年

又曰大軍南征吳到積湖大將滿寵帥諸軍在前與賊隔水相對寵令諸將曰今夕風甚猛賊必來燒營宜為之備諸軍皆警夜半賊果遣十部來燒營寵掩擊破之

又曰吳將諸葛恪圍新城司馬景王使鎮東將軍毋丘儉揚州刺史文欽等距之儉欽請戰景王曰恪卷甲深入投兵死地其鋒未易當且新城小而固攻之未可拔遂命諸將高壘以弊之相持數月恪攻城力屈死傷太半景王乃令欽督銳卒趣合榆斷要其歸路儉帥諸軍以為後繼恪懼而遁欽逆擊大破之斬首萬餘級

吳書曰趙咨字德度南陽人博學多智雅對辯捷孫權為吳王擢至太中大夫使魏文帝嘲咨曰吳王頗知學乎咨曰浮江萬艘帶甲百萬任賢使能志在經略雖有餘閑博覽書傳歷史籍採奇異不效書生尋章摘句而已又曰吳難魏不咨曰帶甲百萬江漢為池何難之有

蜀志曰先主率大衆東伐吳吳將陸遜拒之蜀主從建平連圍至夷陵界立數十屯以金帛爵賞誘動諸夷先遣將吳班以數千人於平地立營欲以挑戰諸將皆欲擊之遜曰備舉軍東下銳氣始盛且乘高阻險難可卒攻攻之縱下猶難盡克若有不利損我大勢非小故也今但獎厲將士廣施方略以觀其變若此間是平原廣野當恐有猋沛交馳之憂（猋音標）今緣山行軍勢不得展自當疲於木石之間徐制其弊耳備知其計不行乃引伏兵八千人從谷中出遜曰所以不聽諸君擊班者揣之必有巧故也諸將並曰攻備當在初今乃令入五六百里相銜持經七八月其諸要害皆已固守擊之必無利矣遜曰備是猾虜更嘗事多其軍始集思慮精專未可干也今住已久不得我便兵疲意沮計不復生掎角此寇正在今日乃先攻一營不利遜曰已曉破之術乃令各持一把茅以火攻拔之一爾成勢遜率諸軍同時俱攻破四十餘營備外馬鞍山陳兵自繞遜督促諸軍四面蹙之土崩瓦解死者萬數備因夜遁

晉書曰王戎謂齊王冏曰公首舉衆臣定大業開闢已來未始有也然論功報賞不及有勞朝野失望人懷二志今二王帶甲百萬其鋒不可當若以王就弟不失故委此求

安之計也

又曰大將羅尚遣廣漢都尉曾元牙門張顯等潛率步騎三萬襲蜀賊李特營特素知之乃繕甲厲兵戒嚴以待之元等至特安卧不起待其衆半入發伏擊之殺傷者甚衆遂害曾元張顯等

又曰安平王孚初爲魏度支尚書以爲禽敵制勝宜有備預每諸葛亮入寇關中邊兵不能制敵中軍奔赴輒不及事機宜預選步騎二萬以爲二部爲賊之備又以關中連賊寇穀帛不足遣冀州農丁五千屯於上邽秋冬習戰春夏脩田桑由是關中軍國有備矣

崔鴻十六國春秋曰前趙劉曜遣將討氐羌大酋權渠率衆保險阻曜將游子遠頻敗之權渠欲降其子伊餘大言於衆中徃日劉曜自來猶無若我何况此偏師自欲降乎遂率

勁卒五萬人晨壓子遠壘門左右勸出戰子遠曰吾聞伊餘有專諸之勇慶忌之捷士馬之強人百匪敵其父新敗怒氣甚盛且西戎勁捍其鋒不可擬也不如緩之使氣竭而擊之此曹劌之勝也乃堅壁不戰伊餘有彊驕色子遠候其無備夜分誓衆秣馬蓐食先晨具甲掃壘而出遲明設覆而戰（遲直吏切）生擒餘伊于陣盡俘其衆

又曰北燕馮跋據遼東其弟万泥阻兵以叛跋遣將馮弘與將軍張興討之弘遣使諭之曰昔者兄弟乘風雲之運撫翼而起群公天意所鍾遹奉主上先踐寶位裂土疏爵當與兄弟共之柰何欲尋干戈於蕭墻棄友于而爲閼伯過貴能改善莫大焉宜舍玆嫌同奨王室万泥不從弘期出戰興謂弘曰賊明曰出戰今夜必來驚營宜備不虞弘乃各嚴備仍人課草十束束火伏兵以待之是夜万泥果遣壯士十餘人斫營衆火俱起伏兵邀擊俘斬無遺遂平万泥等

宋書曰桂陽王休範舉兵於尋陽已發東下朝廷惶駭宋相齊高祖議曰昔上流謀逆皆因淹緩至於覆敗休範必遠懲前失輕兵急下乘我無備今應變之術不宜在遠若偏師失律則大沮衆心請頓新亭堅守宫掖東府石頭以待賊至千里孤軍後無委積求戰不得自然瓦解請頓新亭以當其鋒休範果敗

又高祖紀曰時議者欲分兵屯守諸津帝曰賊衆我寡分兵測人虛實一處失利則沮三軍之心若聚衆石頭則力不分也

三國典略曰梁武陵王蕭紀在蜀一十七年開拓土宇器甲殷積有馬八千疋既便騎射尤工舞矟

後魏書曰任城王澄時四中郎將兵數寡弱不足以襟帶京師澄奏宜以東中帶滎陽郡南中帶魯陽郡西中帶恒農郡北中帶河内郡選二品三品親賢兼稱者居之省非急之作配以強兵如此則深根固本強幹弱枝之義也靈太后初將從之後議者不得乃止

唐書曰武德中太宗領兵征薛仁果於折摭城（折音思歷切摭竟之石切）賊有十餘萬兵鋒甚鋭數來挑戰諸將咸請戰太宗曰我士卒新經挫衄鋭氣猶少賊驟勝必輕進好鬬我且閉壁以待其氣衰而後擊可一戰而破此万全計也因令軍中曰敢言戰者斬相持者久之賊粮盡軍中頗携其將翟長孫梁胡郎率所部相繼來降太宗知仁果心腸内離謂諸將曰可以戰矣因令行軍摠管梁實營於淺水原以誘之賊大將宗羅侯日恃驍悍求戰不得氣憤者久之及是盡鋭

攻梁實冀逞其志梁寶固險下以挫其鋒羅緱攻之愈急太宗度賊已疲復謂諸將曰彼氣將衰吾當取之必矣申令諸軍遲明合戰復令將軍龐玉陣於淺水原南出賊之右以先拒之羅侯併軍共戰玉軍幾敗太宗親御大軍奄自原北出其不意羅侯迴師相拒我師表裏齊奮呼聲動天羅侯氣奪於是大潰

又曰武德中太宗率師往河東討劉武周江夏王道宗時年十七從軍太宗登玉壁城覩賊顧謂道宗曰賊恃其衆來邀我戰汝謂何如對曰群賊鋒不可當易以計屈難與力競令深壁高壘以挫其鋒烏合之徒莫能持久粮運致竭自當離散可不戰而擒太宗曰汝意暗與我合賊果食盡夜遁追及介州一戰破之

又曰薛萬均從李靖等擊吐谷渾軍次青海與弟万徹率

軍先路道遇虜於赤海万均將十數騎擊走之追奔至積石山南道大風折旗拔木万均謂左右曰虜將至矣宜各設備俄而虜至万均直前斬一賊將於是大潰殺傷略盡

又曰廣德中安史故將分據河北吐蕃數犯京畿故郭子儀魚朝恩常統重兵守河中以備倉卒欲兵權在京師乃以魚朝恩元載王縉建議請於河中府置中都創置積兵五萬以爲禁旅取關輔河東等十州税物以奉京師車駕常以秋杪行幸春首還京即河北西蕃無憂越軼代宗以爲然載已潛遣人於河中料度創造宮殿及營私第既而言事者以爲無故示賊以怯國計非便事竟不行

又曰李晟討朱泚德宗幸奉天日詔以晟爲左僕射平章事晟拜哭受命且曰長安宗廟所在爲天下本若皆扈蹕誰復京師乃浚隍壁繕兵粟馬以誅泚興復爲己任初軍無窮萬乃令檢校户部郎中張彧假京兆少尹擇官吏以賦渭北畿縣不數日芻粮皆足乃陳説三軍曰今國步多艱亂逆繼興屬車西幸關中無主吾等皆受國恩見危死節臣子之分況當此時不能清寇以取富貴非士也渭橋跨大川吾與公等勠力一心擇利而進復大業建不世之功能從我乎軍士皆泣下曰唯公所命晟亦歔欷流涕是時朱泚盜天邑懷光反咸陽河北僞稱國者三希烈李納交通陳宋晟内無貨財外無疆士以孤軍守危城爲秉節嚮義者所歸於是戴休顏舉奉天之兵韓遊瓌悉邠寧之師尚可孤守藍田駱元光固華州皆歸款於晟軍大振

又曰李元諒貞元初將本軍與侍中渾瑊會吐蕃盟於平源元諒謂瑊曰戎狄多詐不可無備公奉國命輕重宜有以防之瑊不從且不設備及會元諒令軍中皆衣甲持兵

整部隊以俟變去壇十里虜果衷甲乘瑊無備伏精騎以圍瑊士大夫皆衣朝服就執及軍士死者不可勝數所脫者百無一二瑊挺身走虜騎逐瑊至元諒軍士皆堅陣持滿虜騎望見之乃引去是日無元諒軍瑊幾不免元諒乃徐引軍而歸

太平御覽卷第三百三十

太平御覽卷第三百三十一

兵部六十二

斥候　斥候　備邊　塞險

後周書曰韓果性強記兼有權略所行之處山川形勢輒能記憶兼善伺敵虛實揣知情狀有潛匿溪谷欲爲間偵者果登高望之所疑處往必有獲太祖由是以果爲虞候都督每從征行常領候騎晝夜巡察略不眠寢

又曰達奚武大統初爲秦州刺史齊神武趣沙苑太祖復遣武覘之武從三騎皆衣敵人衣服至日暮去營數百步下馬潛聽得其軍號因上馬歷營若警夜者不如法者往往撻之具知敵之情狀以告太祖太祖深嘉焉遂從破之

諸葛亮兵要曰軍已近敵羅落常平明以先發絶軍前十

里內各案左右下道亦十里之內數里之外五人爲部人持一白幡登高外向明隱蔽之處軍至轉尋高而前第一見賊轉語後第二第三詣主者白之凡候見賊百人以下但舉幡指百人以上便舉幡大呼主者遣疾馬往視察之

又曰凡軍行營壘先使腹心及鄉導前覘審知各令候吏先行定得營地壁立軍分數立四表候視然後移營又先使候騎前行持五色旗見溝坑揭黃（揭去列切）衢路揭白水澗揭黑林藪揭青野火揭赤以本鼓應之立旗鼓令相聞見若渡水踰山深邃林藪精驍勇騎搜索數里無聲四周絶迹高山樹頂令人遠視精兵四向要處防禦然後分兵前後以爲鎮拓乃令輜重老小次步後馬切在整肅防敵至人馬無聲不失行列險地狹逕亦以部曲鱗次或須環迴旋轉以後爲前以左爲右行則魚貫立則鴈行到前止處游騎精銳四向散列而立各依本方下營一人一步隨師多少咸表十二辰豎六旒長二丈八尺審子午卯酉地勿令邪僻以朱雀旒豎午地白獸旒豎酉地玄武旒豎子地青龍旒豎卯地招搖旒豎中央其樵牧飲不得出表外也

衛公兵法曰諸營下定事須防禦於營外二十步列隊仗如臨陣對寇法晝夜嚴警縱逢雨雪并押隊官並不得離隊每營留五疋馬并鞍轡放飼防有警急即令馳告至夜每陣前百步外着聽子二人一更一替以聽不虞仍令探更人探聽子細勿令眠睡其晝日諸軍前各亦逐高要處安置斥候以視動靜

又曰諸軍營隊伍每夜分更令人巡探人不得高聲唱號行者敲弓一下坐者扣矟三下方擲軍號以相應會當營界探周而復始擲號錯失便即決罰當軍折衝果毅並押鋪宿盡更巡探遞相分付虞候及中軍官人通探都巡

又曰諸軍下定每營夜別置外探每營折衝果毅相知作次每夜別四人各領五騎馬於營四面去營十里外遊弈以備非常如有驚急奔馳報軍

又曰令人枕空胡祿臥有人馬行三十里外東西南北皆響見於胡祿中名曰地聽則先防備

又曰諸兵馬既逼賊庭探候事須明審諸營住及營行前後及左右廂助上五里著馬兩騎十里更加兩騎十五里更加兩騎至三十里一道用人馬十二騎若兵多發引稍長助上即是更量加一兩道使令相見其乘馬人每令遥相見常接高行各執一方面異旗無賊此旗常卷見賊即速展軍營見旗展即知賊至須覓穩處既知賊來得設機伏整齊部伍迎前戰其最遠及次遠人須與好馬乘騎不

然被賊捉將

備邊

漢書曰晁錯上言守邊備塞曰胡人衣食之業不着於地其勢易以擾乱邊境何以明之胡人食肉飲酪衣皮毛非有城郭田宅之歸居如飛鳥走獸於曠野美草甘水則止草盡水竭則移以是觀之往來轉徙時至時去此胡人之生業而中國所以離南畝也今使胡人數處轉牧行獵於塞下或當燕代或當上郡北地隴西以候備塞之卒卒少則入陛下不救則邊民絶望而有降敵之心如救之少發則不足多發遠縣纔至則胡人已去聚而不罷爲費甚大罷之則胡復入如此連年則中國貧苦而民不安矣陛下幸憂邊境遣將吏發卒以治塞甚大惠也然今遠方之卒守塞一歲而更不知胡人之能不如選常居者家室田作且以備之其要害之處通川之道調立城邑無下千家爲居中周虎落先爲室屋具田器乃募罪人及免徒復作令居之不足募以丁奴婢贖罪及輸奴婢欲以拜爵者不足乃募民之欲往者皆賜高爵復其家與冬夏衣廩食能自給而止其亡夫若妻者縣官買與之人情非有匹敵不能久安其處塞下之民祿利不厚不可使久居危難之地胡人入驅而能止其所驅者以其半與之縣官爲贖其民如是則邑里相救赴胡不避死非以德上也欲全親戚而利其財也此與東方之戍卒不習地勢而心畏胡者功相萬也以陛下之時徙民實邊使遠方亡屯戍之憂塞下之民父子相保亡係虜之患利施後世名稱聖明其與秦之行怨民相去遠矣上從其言募民徙實塞下錯復言陛下幸募人以實塞下使屯戍之事益省輸將之費益寡甚大惠也下吏

誠能稱厚惠奉明詔存卹所徙之老弱善遇其壯士和輯其心而勿侵刻使先至者安樂而不思故鄉則貧民相募而勸往矣臣聞古之徙遠方以實廣虚也相其陰陽之和嘗其水泉之味審其土地之宜觀其草木之饒然後營邑立城製里割宅通田作之道正阡陌之界先爲立室家有一堂二内門户之閉置器物焉民有所居作有所用此民所以輕去故鄉而勸之新邑也爲置醫巫以救疾病以脩祭祀男女有昏生死相恤墳墓相從種樹畜長室屋完安此所以使民樂其處而有長居之心也臣又聞古之制邊縣以備敵也使五家爲伍伍有長十長一里里有假士四里一連連有假五百十連一邑邑有假候皆擇其邑之賢材有禮讓習地形悉知民心者居則習民以射法出則教民於應敵故卒伍成於内則軍正定於外服習已成勿令遷徙幼則同遊長則共事夜戰聲相知則足以相救晝戰目相見則足以相識懽愛之心足以相死如此而勸以厚賞威以重罰則前死不還踵矣所徙之民非壯有材力但費衣糧不可用也雖有材力不得良吏猶亡功也

又曰王莽將嚴尤上言曰匈奴爲害久矣周秦漢征之然皆未有得上策者也周得中策漢得下策秦無策焉當周宣王時獫狁内侵至於涇陽命將征之盡境而還其視戎狄之内侵譬蚊虻之螫驅之而已故天下稱明是爲中策漢武帝選將練兵約齎糧深入遠戍雖有克獲之功胡輙報之兵連禍結三十餘年中國罷耗匈奴亦創而天下稱武是爲下策秦始皇不忍小恥而輕民力築長城之固延袤萬里轉輸之行起於負海疆境既完中國内竭以喪社稷

是爲無策今天下遭陽九之阸比年飢饉西北邊尤甚發三十萬衆具三百日粮東援海岱南取江淮然後能備計其道里二年尚未集合兵先至者聚居暴露師老械弊勢不可用此一難也邊既空虗不能奉軍粮内調郡國不相及屬此二難也計一人三百日粮用糒十八斛非牛力不能勝也牛又當齎食加二十斛重也胡沙鹵多乏水草以往事揆之軍出未滿百日牛必物故且盡其餘粮人不勝此三難也胡地秋冬甚寒春夏甚風齎釜鍑音富薪炭重不可勝食糒音備飲水以歷四時師有疾病之憂勢不能久此四難也輜重自隨則輕鋭者少不得疾行虜徐遁不能及幸而逢虜要遮前後危殆不測此五難也大用民力功不可必臣伏憂之

又班固論曰書云蠻夷猾夏詩稱戎狄是膺春秋有道守在四夷久矣夷狄之爲患也故自漢興忠信嘉謀之臣曷嘗不運籌策相與爭於廟堂之上乎高祖時劉敬呂后時樊噲季布孝文時賈誼晁錯孝武時王恢韓安國朱買臣公孫弘董仲舒人持所見各有同異然總其要歸兩科而已搢紳之儒則守和親介胄之士則言征伐皆偏見一時之利害而未究匈奴之終始自漢興以至于今曠世歷年詘伸異變強弱相反是故其詳可得而言也昔和親之論發於劉敬是時天下初定新遭平城之難故從其言約法和親賂遺單于冀以救安邊境孝惠高后遵而不違匈奴寇盗不爲衰止而單于反以驕居逮至孝文與通關市妻以漢女增厚其賂歲以千金而匈奴數背約束邊境屢被其害是以文帝中年赫然發憤遂躬戎服親御鞍馬從六郡良家材力之士馳射上林講習戰陣聚天下精兵軍於

廣武顧問馮唐與論將帥喟然歎息思古名臣此則和親無益已然之明効矣仲　親見四世之事猶復欲守舊文頗增其約以爲義動君子利動貪人如匈奴者非可以仁義說也獨可說以厚利結之於天耳故與之厚利以說其意與盟於天以牢其約質其愛子以累其心匈奴雖欲展轉柰失重利何柰殺愛子何夫賦歛行賂不足以當三軍之費城郭之固無異於貞士之約而使邊城守境之民父兄緩帶稚子咽哺胡馬不窺於長城而羽檄不行於中國不亦便於天下乎察仲舒之論考諸行事乃知未合於當時而有闕於後世也當孝武時雖征伐尅獲而士馬亦略相當雖開河南之野建朔方之郡亦弃造陽之北九百餘里匈奴人民每來降漢單于亦輒拘留漢使以相報復其桀驁尚如斯安肯以愛子爲質乎此不合當時之言也若不置質定約和親是雖襲孝文既往之悔而長匈奴無已之詐也夫邊城不選守境武略之臣脩鄣隊備塞之具厲長戟勁弩之械恃吾所以待邊寇而務賦歛於民遠行貨賂割剥百姓以奉寇讎信甘言守空約而幾胡馬之窺不已過乎至孝宣之世承武帝當擊之威值匈奴百年之運因其壞亂幾亡之阸權時施宜覆以威德然後單于稽首臣服遣子入侍三世稱藩賓於漢廷是時邊城晏閉牛馬布野三世無犬吠之警黎庶忘干戈之役後六十餘載之間遭王莽簒位始開邊隙單于由是歸怨自絶莽遂斬其侍子邊境之禍構矣故呼韓耶始朝於漢漢議其禮蕭望之曰戎狄荒服言其慌忽無常至亦宜待以客禮讓而不臣如後嗣遁逃竄伏使於中國不爲叛臣及孝元時議罷守塞之備應以爲不可玄盛不忘衰安必思危遠見識微之

明矣單于咸棄其愛子昧利不顧侵掠所獲歲巨計而和親賂遺不過千金安在其不棄質而失重利也仲舒之言漏於是矣夫規事建議不圖萬世之因而偷恃一時之事者未可以經遠若乃征伐之功秦漢行事嚴尤論之當矣故先王度中土立封畿分九州列五服物土貢制外内或脩刑政或脩文徳遠近之勢異也是以春秋内諸夏而外夷狄夷狄之人貪而好利被髮左衽人面獸心其與中國殊章服異習欲食不同言語不通僻居北垂寒露之野逐草隨畜射獵爲生隔以山川擁以沙漠天地之所以絶内外也是故聖王禽獸畜之不與約誓不就攻伐約之以費賂而見欺攻之則勞師而招寇其地不可耕而食也其民不可臣而畜也是以外而不内疎而不戚政教不及其人正朔不加其國來則徳而禦之去則備而守之其慕義而貢獻則接之禮讓羈縻不絶使曲在彼盖聖人制禦蠻夷之常道也

後漢書曰馬援奏言西于縣户有三萬二千（西于縣交阯郡故城在今交州龍編縣東）遠界去庭千餘里（庭縣庭也）請分爲封溪望海二縣許之

又曰馬援在隴西帝詔武威太守（東觀漢記曰梁統也）令悉還金城客民（金城人客在武威者）歸者三千餘口使各反舊邑援奏爲置長吏繕城郭起塢候（字林曰塢小障一曰小城字或作隖）開導水田勸以耕牧郡中樂業

又曰杜茂引兵屯晉陽上遣謁者段忠將衆配茂鎮守北邊因發邊卒築亭候脩烽火又發委輸金帛繒絮供給軍士并賜邊民冠蓋相望茂亦建屯田驢車轉運也

晉書杜預傳曰匈奴帥劉猛舉兵反自并州西及河東平陽詔預以散侯定計省闥俄拜度支尚書預乃奏立籍田建安邊論處軍之要又作人排新器興常平倉定穀價較鹽運制課調内以利國外以救邊者五十餘條皆納焉

宋書曰文帝元嘉中每歲爲後魏侵境令朝臣博議何承天陳備邊之要其大略一曰移遠就近以實内地二曰浚復城隍以增阻防三曰纂偶車牛以飾戎械四曰計丁課役勿使有闕

唐書曰高祖與羣臣言備邊之事將作大匠于筠進曰未若多造舡艦於五原靈武置舟師於黄河之中足以斷其入寇之中路中書侍郎温彦博又進曰昔魏文帝掘長塹以遏匈奴今宜因循其事高祖並從之於是遣將軍桑顯和塹斷北邊要路又徵江南習水之士更發卒於靈州造戰舡

塞險

左傳曰蔡侯吳子唐侯伐楚舍舟于淮汭自豫章與楚夾漢（章漢東江北地名）楚左司馬沈尹戌謂楚將子常曰子沿漢而與之上下（沿緣也緣漢上下遮使勿渡也）我悉方城外以毀其舟（以方城外人毀吳所舍舟也）還塞大隧直轅冥阨（三者漢東三隘路阨烏革切）子濟漢而伐之我自後擊之必大敗之既謀而行楚大夫武成黒謂子常曰吳用木也我用革也（用軍器也）不可久也不如速戰大夫史皇謂子常曰楚人惡子而好司馬若司馬毀吳舟于淮塞城口而入（城口三隘道之揔名）是獨克也子必速戰不然不免乃濟漢而陳自小別至于大別（禹貢漢水至大別南入江然則此二別在江夏界也）三戰子常知不可欲奔（知吳不可勝也）史皇曰安求其事（求知政事）難而逃之將何所入子必死之（子常違左司馬戍之言故敗也）

戰國策曰吳子問孫武曰敵人保山據險擅利而處糧食又足挑之則不出乘間則侵掠爲之柰何武曰分兵守要

謹備勿懈潛探其情密候其怠以利誘之禁其牧採久無所得自然變改待離其故奪其所愛

漢書曰匈奴呼韓耶單于來朝元帝以後宮良家子王嬙音牆字昭君賜單于單于歡喜上書願保塞上谷以西至燉煌請罷邊備以休天子人民帝下有司議郎中侯應上言以為不可其略曰自周秦與以來匈奴冦侵甚矣其北邊有陰山東西千餘里本冒頓單于依阻其中至孝武帝出師征伐斥奪此地攘之於漠北建塞徼起亭隧築外城設屯戍以守之然後邊境少安夫夷狄之情困則卑順強則驕逆天性也前已罷外城省亭隧今纔足以候視通烽火而已安不忘危不可復罷且中國尚建關梁以制諸侯所以絶臣下之覬慾起塞以來百有餘年非皆以土垣或因山巖石木柴殭落溪水卒徙築理功費久遠不可勝計今

欲以一切省繇戍十年之外卒有他變鄣塞破壞亭隧滅絶當更發屯繕理累代之功不可卒復非所以永持至安威制百蠻之長策也帝納之

蜀志曰曹公使夏侯妙才張郃屯漢中蜀先主進兵漢中次于陽平關南度沔水緣山稍前於是定軍勢作營妙才將兵來爭其地先主命黄忠乘高鼓譟攻之大破妙才軍斬妙才曹公自長安南征先主遙策之曰曹公雖來無能為也我必有漢川矣及公至先主斂衆拒險終不交鋒積日不拔士亡者多曹公果引軍還先主遂有漢中

魏志曰曹爽伐蜀司馬景王同行出駱次于興勢蜀將王林夜襲景王營堅卧不動林退景王謂諸將曰費禕已據險拒守進不獲戰攻之不可宜亟軍亟紀力切以為圖爽等引還禕果馳兵赴三嶺爭險乃得過也

晉書曰劉裕討南燕慕容超超召群臣議拒晉師大將公孫五樓曰吳兵輕果所利在速戰初鋒勇鋭不可爭也宜據大峴使不得入曠日延時沮其鋭氣徐簡精騎二千循海而南絶其粮運別勑段暉率兖州之軍緣山東下腹背擊之上策也各命守宰依險自校其資儲之外餘悉焚蕩芟除粟苗使敵無所資堅壁清野以待其釁中策也縱賊入峴出城逆戰下策也超曰吾京都殷盛户口衆多非可一時入守青苗布野非可卒芟設使芟苗城守以全性命朕所不能今據五州強帶山河之固戰車万乘鐵馬万群縱令過峴至於平地徐以精騎踐之此成擒也其將慕容鎮曰若如聖旨必須平原用馬便宜出峴逆戰戰而不勝猶可退守不宜縱敵入峴自貽窘逼昔成安君不守井陘之險終屈於韓信諸葛瞻不據東馬之嶮卒擒於鄧艾臣

以為天時不如地利阻守大峴策之上也超不從乃令攝莒梁父二戍循城隍簡士馬蓄鋭以待之其夏晉師次東莞超遣其左軍段暉等步騎五萬進據臨朐俄而晉師度峴慕容超懼率四萬就段暉等于臨朐戰敗超奔還廣固宋武圍廣固數月而破燕地悉平

後魏書曰遣將伐後燕慕容寶已平并州潞川頻勝寶在中山引群臣議之中尹符謨曰魏軍強盛千里轉鬬乘勝而來勇氣兼倍若逸騎平原形勢弥盛殆難為敵宜杜嶮拒之中書令睦邃曰魏軍多騎師剽鋭剽息為切馬上賫粮不過旬月宜令郡縣聚千為一堡深溝高壘清野待之至無所掠資食既罄不過六旬自然窮退尚書封懿曰今魏師十萬天下之勍敵也百姓雖欲營聚不足自固是則聚粮集兵以資強寇且動衆心示之以弱沮關拒戰計之上也慕

容麟曰魏今乘勝氣鋭其鋒不可當宜謹守設備待其弊
而乘之於是脩城積粟為持久之備魏攻中山不尅進據
愽陵魯口諸將觀風而奔郡縣悉降于魏
唐書曰武德中大宗圍王世充於東都世充勢窮竇建德
自北來救諸將及蕭瑀等咸請且退師避之太宗不許曰世
充糧盡内外離心我當不勞攻擊坐收其弊耳建德新破
海公將驕卒惰今我據武牢扼其襟要若賊恃勝冒險爭
鋒吾當破賊若不戰旬月之間世充自潰彼敗我振足以
臨之一行兩定在於斯舉若不速進賊入武牢諸城新附
必不能守二賊并力將若之何秦府記室薛收進曰世充
據東都府庫填積所患者在於乏食是以為我所持建德
親拗十餘萬衆來拒王師亦當盡彼驍雄期於速戰若縱
其兩寇相連轉河北之積以相資給則伊洛間戰鬭不已

大王今欲親率猛鋭先據城皐之險訓兵坐甲當彼疲弊
之衆一戰必尅建德破則世充自下不過數旬二國之君
可面縛麾下蕭瑀等柰何遂請退兵太宗曰善而從之留
齊王元吉圍世充親率三千五百人趣武牢守之與戰相
持二十餘日五月建德謀伺官軍芻盡牧馬於河北必將
襲武牢太宗聞之遂牧馬千餘疋於河渚間以誘之詰朝
建德果悉衆而至陣於汜水東太宗候陣乆卒饑令宇文
士及率騎經賊陣之西馳而南上賊陣動因而諸軍奮擊
之大潰竟如太宗本策

太平御覽卷第三百三十一

太平御覽卷第三百三十二

兵部六十三

據要　漕運　絶粮道

據要

吳子曰凡行師越境必審地形審知主客之向背地形若不悉知往必敗矣故軍有所至先五十里内山川形勢使軍士伺其伏兵將必自行視地之勢因而圖之知其險易也

戰國策曰秦師伐韓圍閼與趙遣將趙奢救之軍士許曆曰秦人不意趙師至此其來氣盛將軍必厚集其陣以待之不然必敗

又曰先據北山上者勝後至者敗趙奢即發萬人趨之秦兵後至爭山不得上趙奢縱兵擊之大破秦軍遂解閼與之圍（閼與音遏餘）

後漢書曰諸將征隗囂爲所敗光武令悉軍栒邑未及至（栒音荀）隗囂乘勝使其將王元行巡將二萬餘人下隴因分遣巡取栒邑漢將馮異即馳兵欲先據之諸將皆曰虜兵盛而新乘勝不可與爭宜止軍便地徐思方略異曰虜兵臨境忸忕小利（忸忕猶慣習也謂慣習前事而復爲之也忸音尼丑切忕音逝也）遂欲深入若得栒邑三輔動搖是吾憂也夫攻者不足守者有餘今先據城以逸待勞非所以爭也遂潛往閉城偃旗鼓行巡不知馳赴之異乘其不意卒擊鼓建旗而出巡軍驚亂奔走追擊十里大破之

蜀志曰諸葛亮出斜谷是時魏將司馬宣王屯渭南郭淮策亮必爭北原若亮跨渭登原連兵北山隔絶隴道搖盪人夷非國之利也宣王善之淮遂屯北原塹壘未城蜀兵大至淮逆擊走之

魏志曰諸葛誕胡遵等伐吳攻東興吳將諸葛恪率軍拒之及恪上岸部將丁奉與唐咨呂據留贊俱從山西上奉曰今軍行遲若敵據便地則難與爭鋒矣乃令諸使下道率麾下三千人遥進時風便奉舉帆二日至遂據塘天寒雪時魏諸將置酒高會奉見其前部兵少相謂曰取封侯爵賞正在今日乃使兵解鎧着冑持短兵敵人從而笑焉不爲設備奉縱兵斫之大破敵前屯會據等至魏軍遂潰

晉書曰劉裕率師伐南燕慕容超晉師度峴慕容超懼率卒四萬就其將段暉等于臨朐（其俱切）謂其將公孫五樓曰宜進據川源晉軍至而失水亦不能戰矣臨朐有巨蔑水去城四十里五樓馳據之龍驤將軍孟龍符領騎居前奔往爭之五樓乃退因而大敗

崔鴻十六國春秋曰後秦姚興與前秦苻登相持登自六陌向廢橋興乃自將精騎以迫登使將尹緯領步軍據廢橋以抗登困急攻緯緯將出戰興遣使謂緯曰兵法不戰而制人者蓋謂此也苻登窮寇特宜持重不可輕戰緯曰先帝登遐人情尚擾不因思奮之力梟殄逆豎大事去矣遂與登戰大破之登衆渴死者十二三其夜大潰

又曰夏赫連勃勃屯依力川後秦姚興將王奚聚羌胡三千餘户于勅奇堡勃勃進攻之奚驍悍有膂力短兵接戰勃勃之衆多爲所傷於是堰斷其水堡人窘迫執奚出降

梁史曰宋武帝伐姚泓沈林子參征西軍事加建武將軍統軍爲前鋒從汴入河僞并州刺史河東太守尹昭據蒲坂林子於陝城與冠軍檀道濟同攻蒲坂龍驤王鎮惡攻潼關姚泓聞大軍至遣僞平公姚紹爭據潼關林子謂道濟曰潼關天岨所謂形勝之地鎮惡孤軍勢危力屈若使姚

紹據之則難圖也及其未至當并力爭之若潼關事捷尹昭可不戰而服道濟從之

後周書曰東魏將齊神武伐西魏軍過蒲津涉洛至許原西魏將周文帝軍至沙苑齊神武聞周文帝至引軍來會詰朝候騎告齊神武軍且至周文帝部將李弼曰彼衆我寡不可平地置陣此東十里有渭曲可先據以待之遂進軍至渭曲背水東西爲陣合戰大破之

北史曰安同從道武征姚平於柴壁姚興悉衆救平同進計曰汾東有蒙坑東西三百餘里徑路不通姚興來必定汾西乘高臨下直至柴壁如此則寇內外勢接宜截汾爲南北浮橋乘西岸築圍旣固賊至無所施其智力矣從之興果視平屠滅而不能救

隋書曰文帝初突厥寇蘭州隋將賀婁子幹率衆拒之至可洛峐(音核)山與賊相遇賊衆甚盛子幹阻川爲營賊軍不得水數日人馬甚弊縱擊大破之

唐書曰盛彥師鎭宜陽會李密叛彥師率兵邀之令其衆曰唯我馬首是瞻遂踰洛水入南山令持弓弩者乘高挾路持刀楯者伏於溪谷之間又令曰待賊半度而擊之所部皆笑曰賊向洛州何爲守此彥師曰吾籌之熟矣李密聲往洛州其實欲南走襄城就張善相耳若賊先入谷口我自後追之路險難以展力吾今先據要害此賊乃成擒也密果至知有伏乃踰山南上彥師邀擊之封葛國公

漕運

孫子曰不盡知用兵之害則不得盡知用兵之利故善用兵之者役不再籍粮不再載取用於國因粮於敵故軍食可足(兵甲戰具取用國中粮因敵也)故國之貧於師者遠師輸也遠輸則百姓貧(兵事轉運千里之外財費於道路人有困窮者也)近師則貴賣貴賣則百姓虛虛則竭(近軍師市多非常之賣當時貪貴以趣末利然後財貨殫盡國家虛也)竭則急於丘役力屈中原內虛於家(丘十六井也百姓財皆盡兵不解運粮盡力於原野)百姓之費十去其七(所破費也)公家之用破車疲馬甲胄弓矢戟楯矛櫓兵牛大車十去其六(計較之也)故智將務食於敵食敵一鍾當吾二十鍾(六斛四斗爲鍾計千里轉運二十鍾而致一鍾於軍中也)萁杆一石當吾二十石(萁豆秆藁一石百二十斤也轉輸之法費二十石乃得一石也)

後漢書曰永平中理呼沱石臼河從都慮至羊腸倉(酈元水經注云汾陽故城積粟所謂羊腸倉在晉陽西北石隥縈委若羊腸焉故以爲名今嵐州界羊腸坂是也石臼河水名)欲令通漕(水運曰漕)太原吏人苦役連年無成轉運所經三百八十九隘前後沒溺死者不可勝筭建初三年拜謁者使監領其事訓考量隱括(隱審量也括知之也)知大功難立具以上言肅宗從之遂罷其役更用驢輦歲省費億萬計全活徒士數千人

又曰第五種拜高密侯相是時徐兗州盜賊群聚高密在二州之郊種乃儲粮稸勤厲吏士賊聞皆憚之

又曰光武即位時軍食急乏寇恂以輦車驪駕轉輸前後不絕(前書音義曰驪駕併駕也輦車人挽行也)

又曰詔報朱浮曰往年赤眉跋扈長安(跋扈猶暴橫也)吾策其無穀必東來歸降今度此反虜勢無久全其中必有內相斬者今軍資未充故須候耳

又曰來歙上書曰公孫述以隴西天水爲藩蔽故得延命假息今二郡平蕩則述智計窮矣宜益選兵馬儲積資粮昔趙之將帥多賈人高帝懸之以重賞(高帝十年陳豨反於趙代其將多賈人帝多以金購豨將皆降)今西州新破兵人疲饉若招以財穀則其衆可奪臣知國家所給非一用度不足然有不得已也帝然

之
東觀漢記曰來歙征公孫述詔於汧積穀六萬斛驢四百
頭負馱
蜀國志曰諸葛亮悉大衆由斜谷出以流馬運糧據武功
五丈原與司馬宣王對於渭南
晉書載記曰羅尚委城遁李雄遂剋成都于時雄軍飢甚
乃率衆就穀於郪掘野鼠等食之
晉書曰祖逖伐陳留太子陳川石季龍救之徙陳川還襄
國留桃豹等守川故城住西臺逖遣將韓潛等鎮東城同
大城賊從南門入放牧逖軍開東門相守四旬逖以布囊
盛土如米狀使千餘人運上臺又令數人擔米偽疲極而
息於道賊果逐之皆弃擔而走賊既獲米謂逖士衆豐飽
而胡戍飢久益懼無復膽氣石勒將劉文堂以驢千頭運

糧以饋桃豹逖遣韓潛馮鐵等追擊於汴盡獲之桃豹宵
退據東燕
唐書曰貞元十五年令江淮轉運米每年宜運二百萬石
已來雖有此命而運米竟不過四十萬石
又曰韋倫拜商州刺史兼御史中丞充荆襄等道租庸使
會襄州裨將康楚元張嘉延擁衆爲叛兇黨萬餘人自稱
楚義王襄州刺史王政棄城遁走嘉延又南襲破江陵漢
沔饋運阻絶朝廷旰食倫乃調兵駐鄧州界康楚元兇黨
有來降必原加賞數日後楚元衆頗怠倫進軍擊之生擒
楚元以獻餘衆悉走收租庸錢物僅二百萬貫並免失墜
又曰元和中鹽鐵使王播進陳許軍琵琶溝運圖先是中
官李重秀奉命視之還言可以通漕至郾城下北穎口水
運千里而近及上覽圖詔韓弘發卒以通汴河於是舡勝

三百石皆入穎
又曰開成初以王彥威判度支嘗紫宸廷奏曰臣自掌計
司按見管錢穀文簿皆量入以爲出使經費必足無所刻
削且百口之家有歲蓄而軍用錢物一切通用悉隨色額
占定終歲支給無毫釐之差儻臣一旦愚迷欲自欺竊亦
不可得也名曰度支占額圖既而又進供軍國曰起至德
乾元之際迄於貞觀元和之初天下有觀察者十節度者
二十有九防禦者四經略者三掎角之師犬牙相制大都
通邑無不有兵都計中外各額至八十餘萬長慶戶口凡
三百三十五萬以額約九十九萬通計三戶資一兵今計
天下租賦一歲所入惣不過三千五百餘萬而上供之數
三之一焉三分之中二給衣賜自留使兵士衣賜之外其
餘四十萬衆仰給度支伏以時逢理安運屬神聖然而兵

不可弭食哉惟時憂勤之端兵食是功臣謬司邦計度奉
睿圖輙纂事功庶裨聖覽
又曰黃巢既來圍陳郡三百日關東仍歲無耕稼人餓倚
牆壁間賊俘人而食日殺數千賊有舂磨砦爲巨碓數百
生納人於臼粹之合骨而食其流毒若是
又曰秦宗權以蔡州叛所至屠殘人物燔燒郡邑西至關
內東極青齊南出江淮北至衛滑魚爛鳥散人煙斷絶荆
榛蔽野賊既乏食啖人爲儲軍士四出則鹽屍而從
三國典略曰陳霸先遣錢明領水軍出江寧浦要擊齊人
糧運盡獲其舡於是齊軍大餒殺馬驢而食之
又曰以糧運不繼調市人餽軍建康令孔奐以麥屑爲飯
用荷葉裹之室宿之間得數萬裹以給兵士會陳蒨遣送
米三千石鴨千頭霸先即炊米煑鴨誓申一戰計糧分肉

絶粮道

漢書曰景帝初吳楚七國反以太尉周亞夫問父絳侯客鄧都尉曰策安出客曰吳楚兵銳甚難與爭鋒而剽輕不能久莫若引兵東北壁昌邑以梁委吳吳必盡銳攻之將軍深溝高壘使輕兵絶淮泗之口塞吳饟式亮切道使吳梁相弊而粮食竭乃以全軍強制其疲極破吳必矣亞夫言於帝許之遂破吳軍

又曰王莽末天下亂光武兄伯升起兵討莽爲莽將甄音真阜梁丘賜所敗復收會兵衆還保棘陽阜賜乗勝留輜重於藍鄉引精兵十萬南度潢淳臨沘水潢音黄沘音毗阻兩川間爲營絶後橋示無還心伯升於是大饗軍士設盟約休卒三日爲六部潛師夜起襲取藍鄉盡獲其輜重明晨漢軍

自西南攻甄阜下江兵自東南攻梁丘賜至食時陣潰遂斬阜賜

後漢書曰韓遂敗走榆中榆中縣屬金城郡張温乃遣周慎將三萬人追討之温參軍事孫堅堅權之父也說慎曰賊城中無穀當外轉粮食堅願得萬人斷其運道將軍以大兵繼後賊必困乏而不敢戰若走入羌中并力討之則凉州可定也慎不從引軍圍榆中城而邊章遂分屯葵園峽反斷慎運道慎懼乃棄車重而退

又曰曹公與袁紹相持官度沮授言於紹曰北兵數衆沮側居切而果勁不及南南穀虛少而貨財不及北南利在於急戰北利在於緩持宜曠以日月紹不從連營稍前逼官度合戰曹公軍不利復壁紹爲高櫓起土山射營中皆蒙楯衆大懼曹公乃爲發石車擊紹樓皆破衆號霹靂車紹爲地道欲襲曹公營公輙於内爲長塹以拒之又遣騎兵襲擊紹運車大破之盡焚其穀會紹遣淳于瓊等將兵萬餘人北迎運沮授說紹可遣將別爲軍於表以絶曹公之抄紹復不從瓊宿烏巢去紹軍四十里紹謀士許攸奔曹公攸謂曹公曰孤軍獨守外無求索危急之時也今袁氏輜重有萬餘兩而無嚴備可輕兵襲之不慮而至燔其積聚不過三日袁氏自敗也公乃選精銳馬步秉袁氏旗幟夜銜枚縛馬口從間道出人負束薪時有問者紿之紿音怠曰袁公恐曹操掠後軍兵以益備聞者信之既至輜重圍屯燎薪火光亘天地破瓊等悉斬之數日紹棄甲而遁

蜀志曰姜維率衆侵魏依麹山築二城使牙門將句安李歆等守之聚羌胡質任寇逼諸郡魏將陳泰禦之泰謂諸將曰麹城雖固去蜀險遠當須運粮羌夷患維勞役必未

肯附今圍而取之可不血刃而拔其城雖其來救山道險阻非行兵之地乃使鄧艾等進兵圍之斷其運道及城外流水安等挑戰不許將士困窘分粮聚雪以稽日月維果來救出自牛頭與泰相對泰曰兵法貴在不戰而屈人今絶牛頭維無返道則我之擒也諸軍各堅壘勿與戰自南度白水循水而東使諸將截其還路維懼遁走安等孤懸遂皆降

崔鴻十六國春秋曰前趙劉曜遣將劉胤西伐張駿之武威駿將遣辛巖韓璞璞音英東拒劉胤屯于狄道城韓璞進度沃干嶺辛巖曰我擁衆數萬藉玄羌之銳宜速戰以滅之不亦久則變生璞曰自夏末以來太白犯月辰星逆行白虹貫日皆變之大者不可以輕動動而不捷爲禍更深吾將久而斃之且曜與石勒相攻胤亦不能久積七十餘日軍粮

竭遣辛巘督運於金城胤聞之大悅謂其將士曰韓瑛之衆十倍於吾粮廪將懸難以持久今分兵運粮可謂天授吾若敗辛巘英等自潰彼衆我寡宜以死戰戰而不捷當無疋馬得還咸奮於是率騎三千襲巘於汏于嶺大敗之瑛軍遂潰死者三萬餘人

三國典略曰周王思政固守頴川思政運米數百車欲向孔城齊大都督破六韓常與洛州刺史可朱渾寶頴前後要襲獲之乃啓于齊王澄曰常自鎮河陽已來頻出關口大谷二道所有要害莫不知悉請於形勝之處營築城戍安置士馬截其往來彼之咽喉既斷頴城吞滅可期且孔城以西年穀不稔東道斷絶亦不能存王納其計

太平御覽卷第三百三十二

太平御覽卷第三百三十三

兵部六十四

屯田　戍役

屯田

漢書曰昭帝始元二年詔發習戰射士詣朔方調故吏將屯田張掖郡（調謂發選之也故吏前為官職者也令其部將習戰射士於張掖為屯田也調音徒釣切將音子亮切朔方張掖並今郡地也）

又曰孝宣神爵元年遣後將軍趙充國將兵擊先零羌充國以擊虜殄滅為期乃欲罷騎兵屯田以待其敝其奏曰臣所將吏士馬牛食月用粮穀十九萬九千六百三十斛鹽千六百九十三斛茭藁二十五萬二百八十六石（石百一十斤也）難久不解繇役不息又恐他夷卒有不虞之變且羌虜易以計破難用兵碎（碎音祖沒切言倉卒暴疾也）故臣愚以為擊之不便計度臨羌東至浩亹（浩音閤亹音門即金城郡武縣地臨羌在今西平郡也）羌虜故田及公田人所未墾可二千頃以上願罷騎兵留弛刑應募及淮陽汝南步兵與吏私從者合九萬二百八十一人用穀月二萬七千三百六十三斛鹽三百八斛分屯要害處冰解漕下繕鄉亭浚溝渠（水運木繕補也）治湟陿以西（湟音皇陿音峽）道橋七十所令可至鮮水左右田事出賦人二十畝（田事出謂至春人出營田也賦與之也）至四月草生發郡騎及屬國胡騎伉健各千倅馬什二就草（倅副也七碎切什二者千騎則與副馬二百疋）為田者遊兵以充入金城郡益積蓄省大費今大司農所轉穀至者足支萬人一歲食謹上田處及器（用簿陛下裁計之詔曰如將軍之計虜當何時伏誅兵當何時得決孰計其便復奏充國又）奏曰今留步士萬人屯田地勢平易臣愚以為屯田內有士費之利外有守禦之備騎兵雖罷其見在人留田為必擒之具其土崩歸德宜不久矣詔罷兵獨充國留屯田大獲地利明年遂破先零也

魏志曰武帝既破黃巾欲經略四方而苦軍食不足羽林監潁川棗祗建置屯田於是以任峻為典農中郎將募百姓屯田於許下（今潁川郡許昌縣也）得穀百萬斛郡國列置田官數年之中所在積粟倉廩皆滿

又曰廢帝齊王正始四年司馬宣王督諸軍伐吳因欲廣田積穀為兼并之計乃使鄧艾行陳項以東至壽春（自今潁陽郡項城縣以東至今壽春郡也）艾以為田良水少不足以盡地利宜開河渠可以大積軍粮又通運漕之道乃著濟河論以喻其指又以為昔破黃巾因為屯田積穀許都以制四方今三隅已定事在淮南每大軍征舉運兵過半功費巨億以為大役陳蔡之間土下田良可省許昌左右諸稻田并水東下令淮北二萬人淮南三萬人分休且田且守水豐常收三倍於西計除眾費歲完五百萬斛以為軍資六七年間可積三千萬斛於淮上此則十萬之眾五年食也以此乘敵無不尅矣宣王善之皆如艾計遂北臨淮水自鍾離西南橫石以西盡沘水（沘旁臨塴）四百餘里置一營營六十人且田且守兼脩廣淮陽百尺二渠上引流下通淮潁大理諸陂於潁南潁北穿渠三百餘里溉田二萬頃淮南淮北皆相連接自壽春到京師農官兵田雞犬之聲阡陌相屬每東南有事大軍出征汎舟而下達于江淮資食有儲而無水害艾所建也

晉書曰羊祜為征南大將軍鎮襄陽吳西城去襄陽七百里每為邊害羊祜患之意以詭計令吳罷守於是戍邏減半分以墾田八百餘頃大獲其利祜之始至也軍無百日之粮及至季年有十年之積太康元年平吳之後當陽侯

杜元凱在荊州（今襄陽郡）脩邵信臣遺迹（邵信臣所作鉗盧陂大門堰並今南陽郡穰縣界時爲荊州所統也）激用滍（音蚩）淯（音育）諸水以浸田原萬頃分疆刊石使有定分公私同利衆庶賴之號曰杜父舊水道惟沔漢達江陵千八百里北無通路又巴丘湖沅湘之會表裏山川寔爲險固荊蠻之所恃也當陽侯乃開楊口起夏水達巴陵千餘里（夏水口在今江陵郡江陵縣界巴陵即今巴陵郡也）內瀉長江之險外通零桂之漕（零陵桂陽並今郡地）南土歌之曰後代無叛由杜翁孰識智名與勇功

又曰梁武昭王暠擊玉門以諸城皆下之遂屯玉門陽關廣田積穀爲東伐之資

又曰東晉元帝督課農功二千石長吏以入穀多少爲殿其宿衛要任皆令赴農使軍各自佃即以爲廩太興中三吳大飢後軍將軍應詹上表曰魏武帝用棗祗韓浩之議廣建屯田又於征伐之中分帶甲之士隨宜開墾故下不甚勞大功克舉間者流人奔東吳東吳今儉皆已返江西良田曠廢未久火耕水耨爲功差易宜簡流人興復農官功勞報賞皆如魏氏故事一年中與百姓二年分稅三年計賦稅以使之公私兼濟則倉庾盈億可計日而行也

又曰穆帝升平初荀羨爲北部都尉鎮下邳（今臨淮郡縣也）起田于東陽之石鼈（亦在臨淮郡界也）公私利之

齊書曰高帝敕垣崇祖脩理芍陂田曰卿但努力營田自然平殄虜寇昔魏置典農而中都足食晉開汝潁而河汴委儲卿宜勉之

後魏書曰文帝大統十一年大旱十二年秘書丞李彪上表請別立農官取州郡戶十分之一爲屯人相水陸之宜料頃畝之數以贓贖雜物市牛科給令其肆力一夫之田

歲責六十斛甄其正課并征戍雜役行此二事數年之中則穀積而人足矣帝覽而善之尋施行焉自此公私豐贍雖有水旱不爲害也

北史曰後魏刁雍除薄骨律鎮將雍以西土乏雨表求鑿渠溉公私田又奉詔以高平安定統萬及薄骨律等四鎮出車牛五千乘運屯穀五十萬斛付沃野以供軍粮道多深沙車牛艱阻河水之次造船水運又以所綰邊表常懼不虞造儲穀置兵備守詔皆從之詔即名此城爲刁公城以旌功焉

北齊書曰廢帝乾明中尚書左丞蘇珍芝又議脩石鼈等屯歲收數十萬石自是淮南防粮足

又曰孝昭帝皇建中平州刺史嵇曄建議開幽州督亢舊陂（今范陽郡范陽縣界是）長城左右營屯田歲收稻粟數十萬石北境得以周贍又於河內置懷義等屯以給河南之費自是稍止轉輸之勞

又曰武成帝河清三年詔緣邊城守堪墾食者營屯田置都子使以統之子使當田五十頃歲終課其所入褒貶

隋書曰文帝開皇三年突厥犯塞吐谷渾寇邊轉輸勞弊乃命朔方總管趙仲卿於長城以北大興屯田

隋書曰郭衍授朔州總管所部有恒安鎮北接蕃境常勞轉運衍乃選沃饒地置屯田歲剩粟萬餘石民免轉輸之勞

唐書曰竇靜歷并州大總管司馬遷長史于時突厥數爲邊患師旅歲興軍粮不屬靜上表請於太原多置屯田以省餽運時議者以人物凋零不宜動衆書奏不省靜復上書辭甚切於是徵靜入朝與裴寂蕭瑀封德彝等爭論於

殿庭寂等不能屈竟從靜議歲收數十萬斛高祖善之

又曰開元二十五年令諸屯隸司農寺者每三十頃以下二十頃以上爲一屯隸州鎮諸軍者每五十頃爲一屯其屯應置者皆從尚書省處分其舊屯重置者一依丞前封疆爲定新置者並取荒閑無籍廣占之地其屯雖料五十頃易田之處各依鄉原量事加數其屯官取勳官五品以上及武散官并前資邊州縣府鎮戍八品以上文武官内簡堪者充據所收斛斗等級爲功優諸屯田應用牛之處山原川澤土有硬軟至於耕墾用力不同土軟處每一頃五十畝配牛一頭彊硬處一頃二十畝配牛一頭即當屯之内有硬有軟亦准此法其稻田每八十畝配牛一頭諸營田若五十頃外更有地剩配得丁牛者所收斛皆准頃畝折除其大麥喬麥乾蘿蔔等准粟計折斛斗以定等級

天寶八年天下屯田百九十一萬三千九百六十石關内五十六萬三千八百一十石河北四十萬三千二百八十石河東二十四萬五千八百八十石河西二十六萬八十八石隴右四十四萬九百二石(後上元中於楚州古射陽湖置洪澤屯壽州置芍陂屯厥田沃壤大獲其利)

王元長策秀才文曰今農戰不脩文儒是競棄本殉末厥弊兹多

戍役

詩曰采薇遣戍役也文王之時西有昆夷之患北有玁狁之難以天子之命命將率遣戍役以守衛中國故歌采薇以遣之

又曰楊之水刺平王也不撫其民而遠屯戍于母家周人怨思焉

右傳曰齊侯使連稱管至父戍葵丘瓜時而往曰及瓜而代期戍公問不至請代不許故謀作乱

漢書曰晁錯上言守邊備塞勸農力本當世急務也臣聞秦北攻胡貊築塞河上南攻楊粤置卒戍焉非所以衛邊地而救民死也貪戾而欲廣地故功未立而天下乱夫起兵不知其勢戰則爲人禽屯則卒積死夫胡貉之地積陰之處也木皮三寸冰厚六尺食肉飲酪其人密理鳥獸毳毛(密理謂肥肉也)而性能寒楊粤(音越)之地少陰多陽其人疏理鳥獸希毛其性能暑秦之戍卒不能其水土死者僨於地(僨音奮也)秦民見行如徃棄市因以讁發之名曰讁戍也九民守戰至死而不降北者以計爲之也故戰勝守固則有拜爵之賞攻城屠邑則得其財鹵以富家室故能使其衆蒙矢石赴湯火視死如歸秦之發卒也有萬死之害而無銖

兩之報故其禍及巳陳勝行戍至于大澤爲天下先唱天下從之如流水胡人衣食之業不著於地如飛鳥走獸於廣壄美草甘水則止草盡水竭則移徃來轉徙時至時去此胡人之業然今卒守塞一歲而更不知胡人之能不如選常居者家室田作以爲備便爲之高城深塹具藺石布渠荅(藺石城上雷石也渠荅鐵蒺藜也)調立城邑毋下千家爲中周虎落(虎落外藩也)上從其言募民從塞下

又曰錯復言臣聞古之徙遠方以實廣虛也相其陰陽之利嘗其水泉之味審其土地之宜觀其草木之饒然後營邑立城製里割宅通田作之道正阡陌之界先爲築室家有一堂二内(二内二房也)置器物焉此民所以輕去故鄉而勸之新邑爲置醫巫以救疾病以脩祭祀男女有昏生死相恤此所以使民樂其處而有長居之心也

又曰宣帝地節三年詔曰朕既不德不能附遠是以邊境屯戍未息今復飭兵重屯久勞百姓非所以綏天下也其罷車騎將軍右將軍屯兵

後漢書曰橫野大將軍王常薨遣驃騎大將軍杜茂將衆兵屯北邊築亭候脩烽燧

又曰十五年徙鴈門代郡上谷三郡人置常山關以東

又曰二十五年南單于遣子入侍於是雲中五原八郡人歸本土邊人在中國皆賜以裝錢轉輸給食也

太平御覽卷第三百三十四

兵部六十五

輜重　戎車　戰艦　亭障

輜重

釋名曰輜厠也謂軍糧什物雜厠載之以其累重故稱輜重(後漢書注曰輜車名也)

孫子曰使敵不得至者險害之地(功其所必拔能守其險害之要路敵不得自致故王子曰一犬當穴萬鼠不敢出一虎當溪萬鹿不敢過言守之上也)故飽能飢之(絶其糧也)委軍而爭利則輜重捐(委置庫藏輕師而行若敵乘虛而來抄絶其後則已輜重皆悉捐弃)是以軍無輜重則亡無粮食則亡無委積則亡(此三者亡之道也委積芻草之藂)

史記曰漢王遣將韓信以兵數萬欲東下井陘擊趙趙王陳餘聚兵井陘口號稱二十萬李左車說陳餘曰韓信涉西河虜魏王擒夏說欲以下趙此乘勝而去國遠鬬其鋒不可當臣聞千里餽粮士有飢色樵蘇後爨(樵取薪也蘇取草也)師不宿飽今井陘之道車不得方軌騎不得成列行數百里其勢粮食必在其後願足下假臣奇兵三萬人從間路絶其輜重足下深溝高壘堅營勿與戰使前不得鬬退不得還吾奇兵絶其後使野無所掠不至十日而韓信之頭可致於戲(音麾)下不然必為所擒矣陳餘儒者常稱義兵不用詐謀奇計曰吾聞兵法十則圍之倍則戰今韓信兵號數萬千里而襲我亦已罷極今如避不擊後有大者何以加之則諸侯謂吾怯而輕來伐我不聽韓信使人間視知不用大喜乃敢引兵遂進竟破趙軍

後漢書曰董訢許邯與更始諸將各擁兵據南陽諸城帝遣吳漢伐之漢軍所過多侵暴時破虜將軍鄧奉謁歸東

野怒吳漢掠其鄉里遂返擊破漢軍獲其輜重屯據淯陽與諸將合從

又曰鄧禹自箕關將入河東(箕關在今王屋縣東)河東都尉守關不開禹攻十日破之獲輜重千餘乘

又曰耿弇追張步步平壽乃肉袒負斧鑕於軍門(鑕鍖也示必死鍖所林切)弇傳步詣行在所而勒兵入據其城樹十二郡旗鼓(東觀記曰弇凡平城陽琅邪高密膠東東萊北海齊千乘濟南平原泰山臨淄等)令部兵各以郡人詣旗下衆向十餘萬輜重七千餘兩皆罷遣歸鄉里

晉書曰劉毅追桓玄於峥嶸州毅乘風縱火盡銳爭先玄衆大潰燒輜重夜走

崔鴻十六國春秋曰前秦苻堅遣將王猛伐前燕慕容暐師次潞川燕將慕容評率兵十萬禦之以持久制之猛乃遣其將郭慶率騎五千夜從間道起火於高山因燒評輜重火見鄴中評性貪鄙障固山泉賣樵鬻水積錢絹如丘陵三軍莫有鬬志因而大敗

唐書曰高宗遣將薛仁貴郭待封伐吐蕃仁貴留二萬人作兩柵輜重並留柵內倍道掩之待封不從仁貴之策領輜重繼進未至烏海吐蕃二十餘萬悉衆救其前軍迎擊待封敗之待封趍山軍粮及輜重並為賊所掠仁貴遂退軍

戎車

書曰武王戎車三百兩(車一乘步卒七十二人)虎賁三百人與紂戰于牧野

詩曰戎車既駕四牡業業

又曰元戎十乘以先啓行

禮記曰兵車不式武軍綏旌前有水則載青旌前有塵埃

則載鳴鳶前有車騎則載飛鴻前有士師則載虎皮前有摯獸則載貔貅行前朱鳥而後玄武左青龍而右白虎招搖在上急繕音勁其怒進退有度左右有局各司其局

左傳曰晉車七百乘韅靷鞅靽遂伐其木以益其兵也

又曰叔向曰寡君有甲車四千乘在行之必可畏也牛雖瘠僨於豚上其畏不死乎

又曰楚子會諸侯伐隨軍於漢淮之間少師謂隨侯曰楚人上左君必左君楚君也無與王遇且攻其右右無良焉弗從戰于速杞隨師敗績鬬丹獲其戎車

穀梁曰趙盾長轂五百綿地千里

古司馬兵法曰戎車夏曰鉤車先正也鉤設淮望遠迊計車量地以立壘正者什伍之制也殷曰寅車先疾也寅數也前有旌旗幟所以知變化示進而不失周曰元戎先良也前立代惡立善之旗所以知善罪之所在先齊良善而後代之

文選曰輕車霆激驍騎雷鶩

戰艦

墨子曰公輸般自魯之楚為舟戰之具謂之鉤拒退則鉤之進則拒之也

後漢書曰公孫述遣其將任滿田戎程汎將數萬人乘枋箄下江關枋箄以木竹為之浮於江水上爾雅曰舫附也郭景純曰水中箄筏也華陽國志曰巴楚相攻故置江關舊在京赤甲城後移在江南岸對白帝城故基在今夔州魚復縣南枋即舫字古用通箄音步佳切附音疋狙切擊破馮駿及田鴻季玄等遂拔夷道夷陵據荊門虎牙橫江水起浮橋鬬樓立攢柱絕水道結營山上以拒漢兵彭攻之不利於是裝直進樓舡冒突露撓數千艘並舡名樓舡之上施樓撓擑也爾雅曰撓謂之撓又謂露撓在外人在舡中冒突取其觸冒而唐突也

晉書曰周訪與諸軍共征杜弢弢作結皋打官軍舡艦訪作長岐棖以拒之結皋不為害

又曰劉裕北征廣固嶺南賊將徐道覆謂其帥盧循曰今日之機萬不可失既尅都邑劉裕雖還無能為也循從之初道覆密欲裝舟艦乃使人伐舡材於南康山偽云將下都貨之稱力少不能得致即賊賣之價減數倍居人貪賤賣衣物而市之贛石水急贛古暗切出舡甚難皆儲之如是者數四故板大積而百姓弗之疑及道覆舉兵案賣券而取無得隱匿者乃并裝之旬日而辦遂舉衆寇南康廬陵豫章郡諸守相皆委任奔走

梁書曰陸納反叛造大艦一名曰三王艦者邵陵王河東王桂陽嗣王三人並為元帝所害故立其像於艦祭以太牢加其節蓋羽儀鼓吹每戰輒祭之以求福

又曰王琳大營樓艦將圖義舉琳將張平宅乘一艦每將戰勝艦則有聲如野猪故琳戰艦以千數以野猪為名

南史曰梁徐世譜從陸法和與景戰於赤亭湖景軍甚盛世譜乃別造樓舡拍艦火舫水軍以益軍勢將戰又乘大艦居前大敗景軍禽景將任約景退走因隨王僧辯攻郢州世譜復乘大艦臨其倉門賊將宋子仙據城降以功除信州刺史封魚復縣侯

周書庾信傳曰信常有鄉關之思作哀江南賦以致其意云麾兵金匱校戰玉堂蒼鷹赤雀鐵軸牙檣

隋書曰楊素數進取陳之計未幾拜信州揔管賜錢百萬錦千段馬二百疋而遣之素居永安造大艦名曰五牙上起樓五層高百餘尺左右前後置六柏竿並高五十尺容戰士八百人旗幟加於上次曰黃龍置兵百人自餘平乘舴艋等各有差

唐書曰曹王皐性多巧思常為戰艦挾以二輪令蹈之翔

風鼓浪其疾如掛帆席乃造物必省易而爲久不可販性纖悉每遣人粮內必令自持衡秤量以致之官署布帛令縱書其幅而印之絶吏之私易

三國典略曰梁陸法和多聚兵艦欲襲襄陽寇武關梁王使止之法和謂使者曰法和是求道之人常不希釋梵天王坐處豈規人主之位但於空王佛所與主上香火因緣見主上應有報至故救援耳今旣被疑是業不可改也

又曰梁陸納叛湘州時造二艦衣以牛皮高十五丈一曰青龍一曰白虎選其驍勇者乘之以戰

魏武軍令船戰令曰雷鼓一通吏士皆嚴再通士伍皆就舡整持櫓棹戰士各持兵器就舡各當其所幡鼓各隨將所載舡鼓三通大小戰舡以次發左不得至右右不得至左前後不得易處違令者斬

通典曰水戰舡闊狹長短隨用大小勝人多少皆以米爲卒一人重米二石其楫棹篙櫓帆席絙素沉石調度與常舡不殊

又曰樓舡舡上建樓三重列女牆戰格樹幡幟開弩窻矛穴置抛車壘石鐵汁狀如城壘忽遇暴風人力不能制此亦非便於事然爲水軍不可不設以成形勢

又曰蒙衝以生牛皮蒙舡覆背兩廂開掣棹孔前後左右有弩窻矛穴敵不得近矢石不能敗此不用大舡務於速進乘人之不及非戰之舡也

又曰鬬艦舡上設女牆可高尺牆下開掣棹孔舷內五尺又建棚與女牆齊棚上又建女牆重列戰敵上無覆背前後左右樹牙旗幡幟金鼓此戰舡也

又曰走舸舷上立女牆棹夫多戰卒少皆選勇力精銳者往返如飛鷗乘人之不及金鼓旗幟列之於上此戰舡也

又曰遊艇無女牆舷上置槳牀槳音左右隨大小長短四尺一牀計牀計會進止迴軍轉陣其疾如風虞候居之非戰舡也

又曰海鶻頭低尾高前大後小如鶻之狀舷下左右置浮版形如鶻翅翼以助其舡雖風濤漲天免有傾側覆背上左右張生牛皮爲城牙旗金鼓如常法江海之中戰舡也

傅玄正都賦曰飛雲蓋首龍舟餘皇艨艟水城蜀艇吳舡萬艘俱興雲帆齊張懸旆光天征鐸琳琅凌波泝流星列鴈行

吳都賦曰戎車盈於石城弋舡掩於江湖

亭障

後漢書曰馬成伐驃騎大將軍杜茂繕治障塞自西河至渭橋西河今勝州富昌縣也謂橋本名横橋在今咸陽縣東南河上至安邑前漢書曰河上地名故秦內史地景帝二年改爲河上郡武帝分爲左馮翊太原至井陘太原今并州也井陘今屬常山郡常山今恒州也中山至鄴皆築保壁起十里一候在事五六年帝以成勤徵還京師

又曰盧芳與匈奴烏桓連兵寇盜尤數緣邊愁苦詔王霸將弛刑徒六千餘人與茂治飛狐道飛狐道在今蔚州飛狐縣北通嬀州懷戎縣即古之飛狐口也推石布土築起亭障自代至平城三百餘里

晉書曰梁武昭王暠脩燉煌舊塞東西二國以防北虜之患築燉煌舊塞西南二國以威南虜

唐書曰竇靜檢校并州大總管以突厥頻來入寇請斷石嶺以爲障塞詔從之

又曰馬燧奏隴州刺史兼御史中丞州西有通道二百餘

步上連峻山與吐蕃相直虜每入寇皆出於此燧乃按險易立石種樹以塞之下置二門上設譙櫓八日而功畢會抱玉入覲燧與俱來留京師久之代宗知其能召見拜商州刺史

又曰李朝晟為邠州刺史奏方渠合道水波皆賊路也請城其地以備之詔問須兵幾何朝晟奏臣部下兵自可集事不煩外助復問前築鹽州凡興師七萬今何其易也朝晟曰鹽州之役咸集諸蕃戎盡知之今臣境近虜若大興兵即蕃戎入寇寇則戰戰則無暇城矣今請密發軍士不十日至塞下未三旬而功畢蕃人始知巳無可奈何上從之巳事軍還至馬嶺吐蕃始乘障數日而退

又曰貞元九年二月將城鹽州詔曰設險守國易象垂文有備無患先王令典況脩復舊制安固封疆按甲息人必

在於此鹽州地當衝要遠介朔陲東達銀夏西援靈武密邇延慶保捍王畿乃者城池失守制備無據千里亭障烽燧不接三隅要害役戍其勤若非興集師徒繕脩壁壘設攻守之具務耕戰之方則封内多虞諸華屢驚由中及外皆靡寧居深惟永圖豈忘終食顧以薄德至化未孚既不能復前古之封致四夷之守與其臨事而重擾豈若先備而安是用弘遠之謀脩五原之壘使邊城有守中夏克寧不有蹔勞敦能永逸宜令左右神策軍及朔方河中絳邠寧慶兵馬副元帥渾瑊朔方靈鹽豐綏銀節度都統杜希全邠寧節度使張獻甫左神策行營節度使邢君牙夏綏銀節度使韓潭鄜坊丹延節度使王栖曜振武麟勝節度使范希朝各於所部簡擇馬步將士合三萬五千人同赴鹽州左神策將軍張昌宜充右神策將軍鹽州行營節度使權知鹽州刺史杜彥光充鹽州刺史應所板築及緣脩城雜役等宜共取六人千充其餘將士皆列布營陣戒嚴設備明加斥候以警不虞其脩城板築功役將士各賜絹布有差其鹽州防秋將士三年滿與代更加給賜仍委杜彥光具名聞奏悉與改轉其防遏將士等畢事便合放歸仍賜布帛有差其諸軍吏士都賜帛七千疋朕情非為巳悉在靖人咨尒將相之臣忠良之士輸誠奉國陳力忘勞勉茂功勳永安疆埸必集兵事實惟衆心各相率勵以副朕意初貞元三年鹽州為吐蕃所陷毀其城而去自是塞外無保障靈武勢隔西逼鄜坊甚為邊患故命城之二旬而畢又詔兼御史大夫叱干遂統兵五千與兼御史中丞史履澄杜彥光之衆戍之是役也上念將士之勞厚令度支供給又詔涇原劒南山南諸軍深討吐蕃以分其力由

是板築之際虜無犯塞者及畢中外咸稱賀焉

又曰范希朝為振武節度使振武有党項室韋交居川阜凌犯為盜日入慝作謂之刮城門居人怪駭鮮有寧日希朝周知要害置堡柵斥候嚴密人遂獲安異蕃雖鼠竊狗盜必殺無赦戎虜甚憚之

又曰元和中城臨涇從涇原節度使叚祐之請也臨涇城直涇州西北九十里實險要之鎮從前因循不脩常為犬戎所保其界有青石嶺嶺多美土軍人耕穫屢為蕃寇掠奪祐請脩築議者是非相半祐決城之功畢時方以為大利

三國典略曰齊司從斛律光築吞周平隴定誇三城於境上

太平御覽卷第三百三十四

兵部六十六

營壘

營壘　烽燧　京觀

孫子曰絶斥澤唯亟去無留（斥鹹鹵之地水草惡漸洳不可處軍也亟紀力切）爲交軍於斥岸之中必依水草而背衆樹（不得已與敵戰而會斥澤之中當背稠樹以爲固守也）此處斥澤之軍也平陸處易（車之利也）而右背高前死後生（戰便也）此處平陸軍也

禮記曰四郊多壘卿大夫士之辱也

左傳曰許伯致師御靡旌摩壘而還

史記曰黄帝脩徳振兵與神農戰于阪泉之野以師兵爲營衛

漢書曰周亞夫軍於細柳天子入壁門而不得進上曰此

眞將軍

又曰李陵浚稽山與單于相值可三萬陵軍居兩山間以大車爲營陵引士出營外爲陣前行持弓弩令曰聞金聲而止虜還見漢軍少直前就營陵搏戰攻之（如淳曰手對戰也）千弩俱發應絃而倒虜還走上山漢軍追擊殺數千人單于大驚

後漢書曰岑彭伐蜀所營地名彭亡聞而惡之欲徙會日暮蜀刺客詐爲亡奴降夜刺殺彭

又曰樊宏王莽末與宗家親屬作營壍自守老弱歸之者千餘家時赤眉賊欲前攻宏營宏遣人持牛酒米粟勞遺赤眉赤眉長老聞宏仁厚皆稱曰樊君素善且今見待如此何必攻之引兵而去遂免冦難

又曰弟五倫少介烈有義行王莽末盜賊起宗族閭里爭往附之倫乃依險固築營壁有賊輙奮厲其衆引彊持滿以拒之

又曰吴漢自將步騎二萬餘人進逼成都去城十餘里阻江北爲營作浮橋使副將武威將軍劉尚將萬餘人屯於江南

東觀漢記曰龐萌攻蓋延延與戰破之詔書勞延曰龐萌一夜反叛相去不遠營壁不堅殆令人齒欲相擊而將軍有不可動之節吾甚美之

魏志曰鄧艾每見高山大澤輙規謀度指畫軍營處所時人皆笑之

又曰諸葛亮死軍退司馬宣王幸其營壘曰天下奇才也

又曰曹公征馬超於關中軍于渭南爲賊衝突營不得立地又純沙不勝版築其將婁伯説公曰今天寒可起沙爲

城以水灌之須臾氷堅如鐵石功不逵曙百堵所立雖金湯之固未能過也公從之比明已就

又曰蜀先主劉備東下伐吴魏文帝聞備樹柵連營七百餘里謂群臣曰備不曉兵豈有七百里營可以拒敵者乎包原隰險阻而爲軍者爲敵所擒此兵忌也綏急不相救一軍潰則衆心恐矣數日果有備敗書至

晉書曰沮渠蒙遜載記曰改業築西安城以其將臧莫孩爲太守蒙遜曰莫孩勇而無謀知進忘退所謂爲之築冢非築城也地業不從俄而爲呂纂所滅

又曰姚萇破魏褐飛於杏城長命其將當城於營處一柵孔中蒔樹一根以旌戰功歲餘問之城曰營所至小已廣之矣萇曰少來鬬戰無如此快以一千六百人破三萬衆國之事業由此尅舉小乃爲奇大何足責

又曰成都王穎憚長沙王乂在內遂與河間王顒表請誅台父羊玄之左將軍皇甫商等撽乂使就第乃與顒將張方伐京都以平原內史陸機爲前將軍假節穎至朝歌每夜矛戟有光若火其壘井中皆有龍像進軍屯河南阻清水爲壘造浮橋以通河北以大木函盛石沉之以繫橋名曰石鼈

崔鴻後趙錄曰河瑞元年石勒下冀州郡縣保壁百餘衆至十餘萬其衣冠人物集爲君子營

宋書曰宗越善營立陣每數萬人止頓自騎馬前行使軍人隨其後馬止營合未嘗參差

梁書曰王僧辯陳霸先之破侯景也耀軍于張公洲高旗巨艦遏江蔽日乘潮順流景登石頭城而觀之不悅曰彼軍上有如是之氣不可易也因率鐵騎萬人聲鼓而進霸先謂僧辨曰善用兵者如常山之蛇首尾相應賊今送死欲爲一戰我衆彼寡宜分其勢僧辨然之乃以強弩攻其前輕銳蹂其後徑衝其中景遂大潰弃城而遁

後周書曰楊猛鎮潼關封郃陽伯邑七百户俄而潼關不守猛於善渚谷立柵收集義徒授征東將軍楊州刺史大都督武衛將軍仍鎮善渚大統三年爲竇泰新襲猛脫身得免太祖以衆寡不敵弗之責也仍配兵千人守牛尾堡

唐書曰德宗幸奉天李晟赴難李懷光以朔方軍屯咸陽不欲晟獨當一面以分功乃奏請晟兵詔令晟將兵合懷光軍晟引兵至陳陶斜軍壘未周賊出兵來攻晟乃出陣且言於懷光曰賊堅保宮苑攻之未必克今出穴而欲一戰此殆天以賊賜明公也懷光恐晟有功乃曰馬未銜秣士不素飽不飽不若斂兵俟時而發晟乃收軍入壘

又曰高宗遣將軍裴行儉討突厥軍至單于都護府之北際晚下營壕塹方周遽令移就崇崗將士云衆已就安堵不可勞擾行儉不從更令徙之此夜風雨暴至前設營所水深丈餘將吏驚服問行儉曰何以知風雨也行儉笑曰自今但依我節制何須問我所由知也

三國典略曰蕭紀兵次西陵艫舳旌戈翳川曜日護軍陸法和於硤兩岸築二壘運石填江鐵鏁斷之梁主令法和壘北斷白鴈城道別立小柵

孟子曰天時不如地利地利不如人和三里之城七里之郭環而攻之而不勝夫環而攻之必有得天時者矣然而不勝者是天時不如地利也城非不高也池非不深也兵革非不堅利也米粟非不多也委而去之是地利不如人和也

博物志曰處士東里愧責禹亂天下事禹退作三城強者攻弱者守敵者戰城蓋禹始也

太公兵法曰張軍處將必避七舍七殃武王曰何謂七舍七殃太公曰張軍勿居天社勿居地社勿居虛器勿居宿死勿居吞害勿居蜚鋒勿居湖泉武王曰何謂天社太公曰地高而仰者也何謂地社卑而下者也何謂虛器故敗邑人莫居之者也何謂宿死冢墓丘陵間也何謂湖泉枯澤無水者也何謂吞害即人所聚五穀處也何謂蜚鋒地斥鹵禿不生草木也所謂七舍七殃不張軍處將也

太白陰經曰偃月營形象偃月皆背山崗面陂澤輪逐山勢弦隨面直地窄山狹之所營

又曰偃月外營右置上弦門中置偃月門左置下弦門

文選曰夜薄休屠營

盧思道從軍行曰平明偃月屯右地薄暮魚麗逐左賢

烽燧

說文曰烽燧候表也邊有警則舉火也
漢書音義曰高臺上作桔槔頭置兜零以薪草置其中常
懸之有寇則火然舉之曰烽下多積薪寇至則燔之望其
煙曰燧晝則燔燧夜乃舉烽（廣雅曰兜零籠也）
史記曰周幽王后褒姒好舉烽火叩賊皷方喜王欲后喜
輒詐為之後犬戎兵至舉烽火叩賊鼓群臣不救皆曰王
欲后喜耳遂殺幽王及褒姒
又曰魏王與信陵君博北境舉烽火言寇入界信陵君曰
臣有客能知趙王陰事言趙王獵非寇也
漢書曰單于立四歲匈奴復絕和親大入上郡雲中烽火
通於甘泉
東觀漢記曰郭伋為并州伋知盧芳賊難卒以力制常嚴
烽候明購賞以結寇心
又曰馬成繕治障塞自西河至渭橋河上至安邑於原至
井陘中山至鄴皆築保壁起烽燧十里一候
後漢書曰廉范為雲中太守會匈奴入塞烽火日通故事
虜入度五千人乃移書傍郡求助吏自今虜兵度出五千
人請移檄范不聽遂選精兵自率士卒拒之
又曰遣驃騎大將軍杜茂屯北邊築亭候脩烽燧
後周書曰宇文貴性聰敏過目輒記嘗道逢二人謂其左
右曰此人是縣黨何因輒行左右不識貴便說其姓名莫
不嗟伏白戟烽師為商人所燒烽師納貨不言其罪他日
北師隨例來參貴乃問云商人烽何因私放烽師愕然遂
自首伏明察如此
隋書曰突厥染干為隣部戰敗與長孫晟獨以五騎逼夜

南走至旦行百餘里收得數百騎乃相與謀曰今兵敗入
朝一降人耳大隋天子豈禮我乎玷厥雖來本無寃隙若
往投之必相存濟晟知其懷貳乃密遣從者入伏遠鎮令
速舉烽染干見四烽俱發問晟曰城上然烽何也晟紿之
曰城高地逈必遙見賊來我國家法若賊少舉二烽來多
舉三烽大逼舉四烽使見賊多而又近耳染干大懼謂其
衆曰追兵已逼且可投城既入鎮晟留其達官執室以領
其衆自將染干馳驛入朝
唐書曰元和中京兆尹李鄘奏三原高陵涇陽興平等四
縣共管烽二十八所每年差烽子烽師九百七十五人今
遠近無虞畿內烽燧請停從之
玄女戰經曰諸見舉烽火傳言虜且起欲知審來不以言
者時所加之得陽者不得陰者為來法
晉令曰誤舉烽燧罰金一斤八兩故不舉者弃市
甘氏天文占曰權舉烽遠近沉浮權四星在軒尾西邊地
驚備烽候相望虜至則舉烽火十丈如今之井桔槔大錘
其頭若警急燃火放之權重本低則末仰人見烽火
吳時緣江戍圖曰每刺姦屯有五兵賊曹一人皆作烽火
有急以光傳之
黃帝出軍決法曰行軍行兵兩敵相要地形不便望見烽
火不得為客
衛公兵法曰烽臺於高山四顧險絕處置之無山亦於孤
逈道平地置下築羊馬城高下任便常以三五為准臺高
五丈下闊一丈形圓
又曰諸軍馬擬停三五日即須去軍一二百里以來安置
爟烽如有動靜舉相報其烽並於賊路左側逐要置每三

十里置一烽應接令遣到軍其遊弈馬騎晝日遊弈候視至暮速即作食竟即移十里外止宿慮防賊徒暮間見烟火夜間掩襲捉將其賊路左右草中着人宿止以聽賊徒如覺來報烽家舉烽遞報軍司如覺十騎以上五騎以下即放火炬火前鋒應訖即滅火若百騎以上二百已下即放兩炬火准前應滅賊若五百騎以上五千騎以下即同放三炬火准前應滅前鋒應訖即赴軍若虜走不到軍即且投山谷逐空方可赴軍如以次烽候視不覺其舉火之烽即須差人急走告知既置爟烽軍内即須應接又置一都烽應接四山諸烽其都烽如見烟火急報大摠管去某道烟火起大摠管當須嚴備收拾畜生遣人遠拓每烽令別奏一人押一道烽令折衝果毅一人都押

庾闡揚都賦注曰烽火以置於孤山頭緣江相望或百里或五十里或三十里寇至則舉以相告一夕可行萬里孫權時合暮舉火於西陵鼓三竟達吳郡

南徐敬業古意曰甘泉警烽候上谷抵樓蘭

北門行曰羽檄起邊庭烽火入咸陽

張景陽雜詩曰長鋏鳴鞘中烽火列邊庭

蔡邕徙朔方上書曰既到徙所乘塞守烽職在候望憂怖焦灼無心復能操筆成草致章闕庭

蔡謨與弟書曰軍之耳目當用烽鼓烽可遥見鼓可遥聞須史百里

京觀

左傳曰丙辰楚軍於邲遂次于衡雍潘黨曰君盍築武軍築武軍營以章武功而收晉屍以爲京觀臣聞克敵必視子孫以無志武功楚子曰非尒所知也夫文止戈爲武武王克商作頌曰載戢干戈載櫜弓矢我求懿德肆于時夏古者明王伐不敬取其鯨鯢而封之以爲大戮於是乎有京觀以懲淫慝大魚喻不義者食小國也積屍封土其上謂之京觀

又曰齊侯伐晉取朝歌爲二隊入孟門登太行張武軍於熒庭戍郫邵封少水封晉屍於少水以爲京觀以報平陰之役乃還

又曰秦伯伐晉濟河焚舟封殽尸而還遂霸西戎

崔鴻夏録曰赫連勃勃大破南涼殺衆數萬以人頭爲京觀號曰髑髏臺

梁書曰天殲醜類宜為京觀用旌武功

太平御覽卷第三百三十五

兵部六十七　攻具上

詩曰帝謂文王詢尓仇方同尓弟兄以尓鉤援與尓臨衝以伐崇墉(毛萇曰仇匹也鉤鉤梯所以鉤引上城者也臨臨車也衝衝車也墉城也)

左傳曰晉使解揚如宋使無降楚鄭人囚之以獻於楚楚子使反其言三而後許登諸樓車(所謂雲梯)使呼宋人而告遂致其君命楚子舍之以歸

春秋感精符曰齊晉並爭吳楚更謀不守諸侯之節競行天子之事作衝車厲武術輪有刃衝着劍以相振懼(宋均曰衝陷敵之車也輪有刃鑿輪着刃也衝馬軛也)

後漢書曰王尋王邑攻光武嚴尤說王邑曰昆陽城小而堅今假號者在宛亟進大兵(亟急也紀力切)彼必奔走宛敗昆陽自服邑曰吾昔以虎牙將軍圍翟義坐不生得以見責讓(翟義字文仲方進少子爲東郡太守王莽居攝義心惡之乃立東平雲子義自号柱天大將軍以誅莽莽乃使孫建王邑等將兵擊義破之義自殺故坐不生得之)今將百萬之衆遇城而不能下何謂耶(遇或過也)遂圍之數十重列營百數雲車十餘丈(雲車即樓車稱雲其高也昇之以望敵猶墨子云般輸爲雲梯之械)瞰臨城中(俯視曰瞰)旗幟蔽野(廣雅曰幟幟也)埃塵連天鉦鼓之聲聞數百里(說文曰鉦鐃也似鈴)或爲地道衝輣撞城(衝撞車也詩臨衝閑閑許慎曰輣樓車也輣步耕切)

又曰黃巾賊起盧植征之連戰破賊張角等走保廣宗植築圍鑿塹造作雲梯垂當拔之帝遣小黃門左豐詣軍觀賊形勢或勸植以賂送豐植不肯豐還言於帝曰廣宗賊易破耳盧中郎固壘息軍以綴天誅帝怒遂檻車徵植

袁山松後漢書曰朱儁擊黃巾賊趙弘於南陽斬之賊復以韓忠爲師儁兵力少不能急攻乃先起土山以臨之因僞脩攻具耀兵於西南儁身自被甲將精卒乘其東北遂得入城忠乞降

東觀漢記曰初王莽之遣王尋王邑也欲盛威武以震山東甲衝衝輣干戈旌旗戰攻之具甚盛後尋邑環昆陽城作營圍之數重雲車十餘丈瞰城中或爲地突或衝車橦城積弩射城中矢如雨下城中負户而汲

又曰伯升作攻城闘車上曰兵法但有所圖畫者不可用伯升遂作後有司馬犯軍令當斬坐闘車上

又曰隗囂破後有五谿六種寇侵見便鈔掠退阻營塹來歙乃大治攻具衝車度塹遂與五谿戰大破之

又曰吳漢常獨厲吏士治兵車上時令人視吳公何謂還言方脩攻具上曰吳公隱若一敵國矣

魏志曰太祖戰不利復壁袁紹爲高櫓起土山射營中太祖乃爲發石車擊紹樓皆破紹爲地道欲襲太祖營太祖輒於內爲長塹以拒之

魚豢魏略曰郝昭字伯道守陳倉城爲諸葛亮所圍起雲梯衝車以臨城昭以火箭逆射其雲梯梯上之人皆燒死

又曰衡山王賜謀反使枚赫陳喜作輣車

又曰膠東康王寄作樓車戰具以備淮南車及漢治淮南事連寄寄發病死

韋昭吳書曰督將張異攻麻屯敗使將王吉作臨車雲梯尌日攻拔之

又曰魏遣曹眞夏侯尚等到江陵連屯圍城攻擊甚急眞等起土山鑿地突樓櫓臨城征北將軍朱然在城中晏然無

恐隨形勢立備巧不得施
張勃吳録曰黄武二年曹休令臧霜以輕舡敢死萬人襲攻徐陵燒攻城車殺略數千人
王隱晉書曰宣帝討公孫淵至襄平遂圍之起土山地道脩櫓鈎橦發石雨下晝夜攻之斬傳其首
又曰諸葛誕反淮南孟康王基曰宜作土山斂諸侯杼板簿櫓以爲攻具
又曰段匹磾所立代郡太守辟閭嵩與劉琨鴈門太守王處後軍謀殺磾奉琨密作攻具欲夜襲磾磾兒強取處女爲妾遂以攻具告磾磾遂斬王處辟閭嵩及其徒黨
王韶之晉紀曰宋王圍慕容超張綱巧思絶人使爲攻具城上火石弓矢無所用之超黨震懾城内知亡矣
晉起居注曰徐道覆嶬聚堅城因山固守今董率諸軍圍塹四合高櫓雲梯三方並攻即日登城斬徐道覆以釁鉦鼓

蕭方等三十國春秋曰吳王晧聞師之將興也乃使劉恪守牛渚使張悌造攻車於戲場
又曰劉裕攻南燕得燕人張綱治攻具既成設飛橋懸梯被以牛皮火石不能害攻城之士得肆力焉
和范漢趙記曰麟嘉三年太子粲討趙同郭默於洛陽默使耿稚等夜北渡河襲太子營飛梯騰柵而入太子勒兵於東北穿柵而出
又曰光初二年石勒召幽冀之衆十餘萬人造攻車飛梯攻平陽小城令上遣騎萬五千曳柴揚塵曜於山谷尋汾州向平陽内外擊之勒師潰
高閭燕志曰光始五年春慕容熙與符后征高麗至遼東爲衝車馳道以攻之
崔鴻前涼録曰麻秋晉攻枹罕圍塹數重雲梯抛車地突百道皆通於内亦起雲梯抛車穿地以應之秋衆傷數萬
崔鴻後涼録曰將軍竇苟從呂光攻龜茲每登雲梯入地道墜落蘇而復上
車頻秦書曰苻長圍襄陽作飛雲車攻城尅之
沈約宋書曰竟陵王誕據廣陵反世祖使慶之塞塹造道立行樓土山并諸攻具時夏雨不得攻城上使御史中丞庾徽之　奏慶官以激之自四月至于七月乃屠城斬誕
又曰元嘉二十七年虜主佛狸遂攻圍懸瓠行汝南郡事廣陵陳憲嬰城自守虜多作高樓施弩以射城内飛矢雨下城中負户以汲又毀佛圖取金像以爲大鈎施之衝車端以牽樓作蝦蟇車以塡塹憲督厲將士固女牆而戰賊死者屍與城等

又曰僞燕主慕容超尚書郎張綱乞師於姚興自長安返太山守申宣執送之綱有巧思先是帝修攻具城上人曰汝不得張綱何能爲也及至外諸樓車以示之故城内莫不失色超既求救不獲綱反見虜乃求稱藩割大峴爲界獻馬千疋不聽
又曰十月張綱修攻具成設飛樓懸梯木幔板屋冠以皮弓矢無所用之劉毅遣上黨太守趙恢以千餘人來援帝夜潛遣軍會之明旦恢衆五千方道而進每晉使將到輒復如之六年二月丁亥屠廣固
孫嚴宋書曰柳元景等北討諸軍攻具進兵城下僞弘農太守李初古拔嬰城自固諸軍鼓譟陵城衝車四臨數道俱攻先登生擒李初古拔

沈休文宋書曰晉安王子勛反以殷琰督豫州刺史大宋遣輔國將軍劉勔用草苫包土擲以塞壍城内以火箭射之草未及燃後土續至壍便欲满隊主趙法進計以鐵珠子灌之珠子流滑悉緣隙得入草於是火然勔乃作大蝦蟆車載上牛皮蒙之三百人推以塞壍琰户曹參軍虞挹之造抛車擊之以石車悉破壞

宋起居注曰劉道符露板曰七月二十日部率衆車虎士攻城鉤車至城東南樓下逆賊程天祚等道窮數迫仍乞降附

齊書曰殷琰反帝遣輔國將軍劉勔西討之築長圍劉攻道於東南角并作大蝦蟆車載土牛皮蒙之百人推以塞壍琰乃始降

三國典略曰侯景作尖項木驢攻城石不能破也羊侃作

雉尾炬灌以膏臘取擲焚之乃退

梁書曰侯景爲曲項木驢攻城矢石所不能制羊侃作短尾炬施鐵鏃以油灌之擲驢上焚之俄盡賊又東西起二土山以臨城城中震駭侃命爲地道潛引其土山不能立又作登城樓高十餘丈欲臨射城中侃曰車高壍虚彼來必倒可卧而觀之及車動果倒衆皆服焉賊既頻攻不捷乃築長圍朱异張綰議出擊之帝以問侃侃曰不可賊多日攻城既不能下故立長圍欲引城中降者耳今擊之出人若少不足當賊若多則一旦失利門隘橋小必大致挫衂不從遂使千餘人出戰未及交鋒望風退走果以爭橋赴水死者太半矣

隋書曰遼東之役何稠攝右屯衛將軍領御營弩手三萬人時工部尚書宇文愷造遼水橋不成師未得濟右屯衛大將軍麥鐵杖因而遇害帝遣稠造橋二日而就初稠製行殿及六合城至是帝於遼左與賊相對夜中施之其城周迴八里城及女垣各高十仞上布甲士立仗建旗四隅置闕面別一觀觀下三門遲明而畢高麗望見謂若神功是歲加金紫光禄大夫

唐書曰姜確爲交何道行軍副總管率衆數千先大軍出伊吾趣柳城谷依山採木造攻城器械其地有班超紀功碑確磨去其文刋頌國功而去

陶公故事曰臣侃言郭默狂狡肆行凶虐負阻城險用督天誅臣土山陵其城樓櫓攻具備設

宋先朝故事曰慕容超大將垣遵踰城歸順高祖使遵等治攻城橦車築長圍高三丈外三重壍

周遷輿服雜事曰轒轀今之橦車也其下四輪從中推之

至敵城下

又曰漢世祖造大戰車駕數牛上設樓櫓置𨮁塞之外以拒匈奴

酈善長水經注曰交州刺史檀和之軍次區粟進逼城飛梯雲橋懸樓登壘鉦鼓大作風烈火揚城摧衆陷斬區粟王范扶龍首十五已上坑截無赦

太公六韜曰九三軍有大器攻圍邑有轒轀臨衝城中則有雲梯飛樓

又曰九三軍行師領衆旦則有雲梯遠望夜則有雲火萬炬

又曰武王寢疾十日太公負王乃駕驋冀之車周旦爲御至于孟津大黄參連弩大才扶胥車並戰具也飛鳧赤莖白羽以鐵爲首雷影青莖赤羽以銅爲首晝則爲光夜則爲星副也方頭鐵搥重八斤亦軍備也大柯

斧重八斤一名鐵鉞軍備也行馬廣二丈二十具渡溝飛橋廣五尺轉關鹿盧八具天舡
一名天潢以濟一丈水也鷹爪方匃鐵把柄長七尺天陣日月斗柄杓左一右一仰背
天陣地陣丘陵水泉有左右前後之利人陣車馬文武積纑臨衝攻城圍邑雲梯飛
樓視城中也武衝大櫓三軍所須雲火萬炬以防火也吹鳴篪威振万里也

太公金匱曰武王問太公令民吏未安賢者未定何以安之太公曰不須兵器可以守國耒耜是其弓弩鋤杷是其矛戟簦笠是其兜鍪钁斧是其攻具

太公覆軍拭法曰諸出軍行將屯營置陳必法天之圓法北辰爲上將角爲衝車營爲鈇鉞敵當衝車者敗當鈇鉞者亂

又曰諸出軍行將屯守攻陳設壇祠禱戎器皿塗金鼓神攻具必以斗加四季時令朱雀所居神與今日日上神王相而克

莊子曰梁麗可衝城不可以窒穴言殊器也

墨子曰備衝法絞善麻長八丈内有大樹則擊之用斧長六尺令有力者斬之

又曰墨子自齊至郢見楚王楚王曰公輸般爲我雲梯取宋矣墨子乃見公輸般解帶爲城以褋爲械公輸九設攻城之具機變墨子九拒之械盡墨子禦有餘公輸屈曰吾知拒子矣

墨子曰子不過欲殺臣臣之弟子禽滑釐三百人已持臣守禦之器在宋城上而待楚矣

又曰禽子問雲梯既施爲之柰何墨子曰雲梯者重器也矢石沙炭以雨之薪火湯水以濟之如此則雲梯之功敗尸子又載般爲蒙天之階階成將以攻宋墨子請獻十金般曰吾義固不殺人墨子再拜

傅子序馬鈞曰鈞石車敵人於樹邊懸濕牛皮中之則墮石不能連屬而欲作一輪懸大石數十以機鼓輪爲常則懸石飛擊敵城使首尾電至嘗試以車輪懸瓴甓數十飛之數百步矣

曹植征東賦曰循櫓於清流汜雲梯而容與禽元帥于中舟振靈威於東野

陳琳武軍賦序曰迴天軍於易水之陽以討瓚焉鴻溝參周鹿菰十里荐之以棘迺建脩櫓于青霄竅黿深隧下三泉飛梯雲衝神鈎之具不在吴孫之篇三略六韜之術者凡數十事秘莫得聞也乃作武軍賦曰鈎車轠轒九牛轉牽雷响激折櫓倒垣其攻也則飛梯行臨雲閣虛構上通紫霓下過三壚

繁欽爲史叔良作移零陵檄曰金鼓震天丹旗曜野巨堙既設

袁宏祖逖碑曰逖爲豫州刺史薨時君柩未旋羣寇圍城衝櫓既附城將降矣勇士五百撫戈同泣非祖侯之爲吾誰爲死并力齊赴卷甲宵起遂陷堅陣負尸而反

太平御覽卷第三百三十六

太平御覽卷第三百三十七

兵部六十八

攻具下

通典衛公兵法攻城戰具篇曰作四輪車上以繩爲脊生牛皮蒙之下可藏十人填隍推(土回切)之直抵城下可以攻掘金火木石所不能敗謂之轒轀車(兑力有餘者攻先絶諸國之交使無外勢粮多而人少攻而勿圍粮少而人多圍而勿攻)

又曰以大木爲牀下置六輪上立雙牙牙有檢梯節長丈二尺有四桄(音光)桄相去三尺勢微曲遞牙相檢飛於雲間以窺城中有上城梯首冠雙轆轤枕城而上謂之飛雲梯

又曰大木爲牀下安四獨輪床上建雙陛間橫括中立獨竿首如桔槔狀其竿高下長短大小以城爲準竿首以窠盛石大小多少隨力所制人挽其端投之其推轉逐便而用之亦可埋脚著地而用其旋風四脚亦隨事而用之謂之拋車

又曰作轉軸車車上定十二石弩以鐵鈎繩連轉車行軸轉引弩持滿弦挂牙上弩爲七衢中衢大箭一鏃刃長七寸廣五寸箭簳長三尺圍五寸以鐵鍱(音葉)爲羽左右各三箭次小於中箭其牙一發諸箭齊起及七百步所中城壘無不摧隕樓櫓亦顛墜謂之車弩

又曰以木爲脊長一丈徑一尺五寸下安六脚下闊而上尖高七尺内可容六人以濕牛皮蒙之人蔽其下舁直抵城下木石鐵火所不能敗用攻其城謂之尖頭木驢

又曰於城外起土爲山乘城而上古謂之土山今之壘道用生牛皮作小屋并四面蒙之屋中置運土人以防攻擊者(土山則孫子所謂距闉)鑿地爲道行於城下用攻其城往往建柱積薪於柱間而燒之柱折城摧謂之地道

又曰以八輪車上樹高竿竿上安轆轤以繩挽板屋上竿首以窺城中版屋方四尺高五尺有十二孔四面列布車可進退圜城而行於營中遠視亦謂之巢車如鳥之巢即今之版屋也以版爲幔立桔槔於四輪車上懸幔逼城堞間使趫捷者(太白陰經曰使趫卒蔽之)蟻附而上矢石所不能及謂之木幔

又守城篇曰禽滑釐問墨翟守城之具墨翟荅以五六十事皆煩冗不便於用其後韋孝寬守晉州羊侃守臺城皆約封胡子伎巧之術法古不妙非合今之用也今述所便於事者如後渭湲湟(深池)增城(埤堞)懸門(懸版爲重門也)

又曰突門於城中對敵營自鑿城内爲闇門多少臨事令五六寸勿穿或於中夜或於敵初來營列未定精騎從突門躍出擊其無備襲其不意

又曰鑿門爲敵所逼門先自鑿門扇爲數十孔出強弩射之長矛刺之則敵不得近門

又曰塗扇以泥塗城門扇厚可三寸備火

又曰塗棧以泥塗門上木棧厚可五寸備火

又曰轉關橋一梁爲橋梁端着橫括去其橋轉人馬不得渡皆傾水中秦用此橋而殺燕丹

又曰積石備拋石大小隨事

又曰樓櫓却敵上建候樓以板爲之跳出爲櫓笓籬戰隔於女墻上跳出椽去墻三尺内着橫括椽端安轄以荊柳編爲之長一丈闊五尺懸椽端用遮矢石

又曰布幔以複布爲幔以弱竿懸挂於女墻外去墻外七八尺以折拋石之勢矢石不復及墻
又曰木弩以黃連桑柘爲弩弓長一丈二尺徑七寸兩弰二寸以絞車張之大矢一發聲如雷吼敗隊之卒
又曰鷰尾炬縛葦草爲炬尾分爲兩岐如鷰尾狀以油臈灌之加火從城墜下便騎木驢而燒之
又曰松明以木明燒之夜以鐵鏁縋下巡城照敵人乘城而上
又曰脂油燭炬燃燈秉燭於城中四衢要路門戶晨夜不得絕明用備非常
又曰行爐融鐵汁爐舁行於城上以灑敵人
又曰遊火以鐵筐盛火加脂臈鐵鏁懸縋下燒穴中孔城人

又曰灰𪎊糠粃因風於城上擲之以眯敵人目因以鐵汁灑之
又曰連挷如打禾連枷狀用打女墻外上城敵人
又曰杈竿如槍刃爲兩岐用乂飛梯及人
又曰鈎竿如槍刃兩旁有曲刃可以鈎搭
又曰油囊盛水於城上擲安火車中囊敗火盛
又曰天井敵攻城爲地道來乃自於城道上直下穿井以邀之積薪安井中以火薰之敵人自焦灼
又曰地聽於城內八方穿鑿井各深二丈令頭覆戴新甕於井中坐聽則城外百步之內有孔城地道者並聲聞甕中而辯知方所近遠矣
又曰鐵蒺藜狀如鐵蒺藜要路水中置之以刺人馬
又曰陷馬坑坑長五尺闊一尺深三尺坑中埋鹿角槍竹鑱其坑十字相交狀如鉤鐮以覆芻草葦木加之土種草實令生苗蒙覆其上軍城營壘要路皆設之（衛公兵法曰坑如亞字相連以草及麴塵覆其上）
又曰拒馬槍以木徑一尺長短隨事十字鑿孔從橫安檜（一作槍）長一丈銳其端可以塞城門要路巷人馬不得奔馳
又曰木柵爲敵所逼不及築城壘或因山河險勢多石火土不住版築乃建立木柵方圓高下隨事深埋木根重複弥縫其闕內重加短木爲閣道柱外重長出四尺爲女墻皆泥塗之內七尺又立閣道內柱上布板木爲棧立欄竿行於柵上懸門擁墻壕塹拒馬防守一如城壘法
太白陰經曰蜀鑁鐵塹斵鑿蜀鑁短柄钁也鐵鑿斲鑿并斲城也

旝

許愼說文曰旝建大木置石其上發爲機以拒敵也從方會聲（一云從衣會声）
左傳曰周桓王伐鄭鄭爲三拒命二拒曰旝動而鼓（杜預注曰旝旃也執以爲號令）
魏武本紀曰上與袁紹軍於官度賊射營中行者皆被田衆皆恐上令傳言旝動而鼓
說文曰旝發石車也乃造發石車擊紹櫓一日盡壞紹衆號之礔礰車
沈懷文宋侍中趙倫之碑曰君勠力以致誠吐規以會機一鼓則寇騎雲徹旝動則敵車霧消

鹿角

袁曄漢獻帝春秋曰楊州刺史劉馥上言荊州牧劉表與會稽太守孫權謀襲京城遂塹許設鹿角岩

王沈魏書曰李通拜汝南太守劉備與周瑜圍曹仁於江陵與諸將擊之通親下馬入圍拔鹿角勇冠諸將軍

魚豢魏略曰夏侯霸字仲權為偏將軍大和中在長安及子午之役霸占為前鋒蜀人望知其是霸也指下兵攻之霸手戰鹿角間賴救然後解

魏志曰徐晃討關羽於樊羽自將步騎五千出戰晃擊之退走遂追與俱入圍破之或自投沔水死魏太祖令曰賊圍塹鹿角十里將軍致戰全勝遂陷賊圍將軍之功踰孫武穰苴

虞溥江表傳曰曹公出濡須甘寧拔曹公鹿角踰壘入斬數十人

王隱晉書曰馬隆為武威太守之郡作八陣圖地廣則鹿角車營進攻則木屋抱輪並戰並前虜弗能逼

干寶晉紀曰曹爽留車駕宿伊水南伐木為鹿角發屯田兵數千人以為衛

習鑿齒漢晉陽秋曰曹芳謁曹叡墓於大石山曹爽兄弟皆從於是司馬懿閉四城遂與太尉蔣濟俱屯洛水南浮橋奏罷爽兄弟不知所為芳還宿伊水南發屯田數千人樹鹿角為營

晉惠帝起居注曰王浚乘勝追石超軍於斥丘超持重不與戰以鹿角為營（一云以鹿角步安立營）

晉起居注曰義熙六年築壘起城于祖浦石頭城施鹿角以禦盧循

司馬彪戰略曰遼東太守公孫淵反明帝召太尉司馬公討之軍到襄平公圍之北面東面有圍不合連車置水中積石鎮其上以鹿角塞之

魏武帝表曰臣前遣討河內獲嘉諸屯獲生口辭云河內有一神人宋金生令諸屯皆云鹿角不須守吾使狗為汝守不從其言者即夜聞有軍兵聲明日視屯下但見虎跡臣輒部武猛都尉呂納將兵掩捉得生輒行軍法

諸葛亮教曰前到武都一日鹿角壞刀斧千餘枚賴賊已走若未走無所復用

晉宣帝教曰今日當將作四千人東為三軍作營塹壘又當將斧三百枚破樹木作鹿角塞諸郵漏處

諸葛亮軍令曰敵已附鹿角裏兵但得進踞以矛戟刺之不得起住起住妨弩

魏武軍策令曰夏侯淵今月賊燒都鹿角鹿角去本營十五里淵將四百兵行鹿角因使士捕之賊山上望見從谷中卒出淵使兵與鬭賊遂繞出其後兵退而淵未至甚可傷淵本非能用兵也軍中呼為白地將軍為督帥尚不當親戰況補鹿角乎

王曠與揚州論討陳敏計曰賊今下屯固橫江又云復據烏江皆塹壘彭排鹿角步安嚴峻以禦歷陽諸軍辛昞洛戍時與桓郎箋曰桓振武今下官將千二百人奄襲營值天洪雨器仗沾濕塹廣深丈餘鹿角五重樓櫓嚴設自四更三唱攻逼至小食時不尅

箛櫓

張揖廣雅曰[竹就]謂之箛櫓（箛音孤）

服虔通俗文曰剡葦傷盜謂之櫓何承天纂文曰[竹就]（音就）箛櫓也

謝靈運自理表曰星言奔馳歸骨陛下及經山陰方衛彰赫彭排馬槍斷截衢巷

宋起居注曰泰始二年有司奏賊帥劉胡等從南城蘭道領馬步萬餘人樹排槍陌山從東五道直來攻營

杜預奏秦州軍事曰臣嘗聞邊人說虜專以騎爲寇穿塹不如作馬埳馬埳法坑方三尺錯平穿之虜騎非下馬平治則終不得入又其外蹊要路亦可隨作焉施槍著埳中訖薄覆其上如此則虜當築地而行不敢輒往來也

叅謨與何驃騎書曰公失櫓上人吾亦具之矣在深草中立櫓無故以櫓自標令賊見之而自不得見賊賊不病癡何故不來取邪今令數百步內皆露見布竹箍如蝟毛賊不能飛何得卒至邪

弋

張揖埤蒼曰拱大弋也

許慎說文曰檝弋也橜弋也

太公六韜曰委環鐵弋長三丈千三百

左傳曰齊人戰獲臧堅使宿沙衛唁之曰無死堅曰使刑臣禮於士以弋抉其傷而死

司馬彪戰略曰遼東太守公孫淵反太尉司馬公討之軍到襄平去城百步穿重塹堅連柵安諸營立樓櫓其近水沙地不得作圍塹而車輪以大弋椓穿中又堅輪障其前

韋昭吳書曰賀齊討賊陳僕於林歷山山四面壁立不可攻齊乃陰作鐵弋於賊不備處以弋拓山爲道夜潛上破賊

太平御覽卷第三百三十七

太平御覽卷第三百三十八

兵部六十九

角　金鼓　鞞　鞀　鐃

鈴　鐸　刀斗　柝

角

徐廣車服儀制曰角前世書記所不載或云本出羗胡吹以驚中國之馬或云本出吴越

晉書安帝記曰桓玄製龍頭角或曰所謂亢龍角者也

晉中興書曰大司馬桓温屯中堂夜吹警角御史中丞司馬恬奏劾大不敬請治罪明日温見奏事歎曰此兒乃敢彈我眞可畏也

又庾翼與燕王書曰今致畫長鳴角一雙幡毦副毦音餌

宋書曰張興世父仲子由興世致位給事中興世欲將往襄陽受鄉里不肯去嘗謂興世曰我雖田舍老公樂聞鼓角汝可送一部行田時欲吹之興世素恭謹畏法譬之曰此是天子鼓角非田舍公所吹

三國典略曰初魏世山崩得三石角藏於武庫至是齊主入庫賜從臣兵器持此角賜平秦王歸彥曰尒事常山不得反事長廣得反反時將此角嚇漢也

史荅武昌記曰武昌有龍山欲陰雨上有聲如吹角

辛氏三秦記曰河西有沙角山山頭頹沙則鼓角鳴

異苑曰晉孝武太元末帝每聞手巾箱中有鼓吹鞞角響於是請僧齋會夜見一臂長三丈許手長數尺來搴經案帝是歲崩天下大亂

幽明録曰晉司空郗方回葬婦於離山使會稽郡吏史澤治墓多平夷古墳後壞一冢構制甚偉器物殊盛冢發聞鼓角聲角聲自是多如此。陶侃表云奉獻金口角

石勒別傳曰石勒永康中流宕山東寄旅平原師懽家實耕耳恒聞鼓角鞞鐸之音勒私異之

世說曰樂令有數客闊不復來樂問所以荅曰前在坐蒙賜酒方欲飲見杯中有虵意甚惡之既飲而疾于時河南廳事上壁有角角邊漆畫作虵樂而疑是角影入杯中復令置杯酒於前處謂曰君更看酒中復有所見不荅曰所見如初樂乃告其所以客豁然意解沉痾頓消又一本云角弓

語林曰陸士衡爲河北督已被間構內懷憂懣聞衆軍警角鼓吹謂其司馬孫極曰我今聞此不如華亭鶴鳴

谷儉角賦曰夫角以類推之蓋黄帝會群臣於太山作清角之音似兩鳳之雙鳴若二龍之齊吟如丹虵之翹首似雄虵之帶天

衛公兵法曰夫軍城及野營行軍在外日出日沒時撾鼓一千搥三百三十三搥爲通鼓音止角音動吹十二聲爲一疊角音止鼓音動如此三角三鼓而昏明畢

又曰諸大將置鼓四十面子總管給鼓十面營別給鼓一面行即負隨纛下擬晝夜及在道有警急擊之傳響令諸軍嚴警兼用防備賊侵逼如軍行引之時先軍卒逢賊寇先軍即急擊鼓救中軍中軍逢賊即須擊鼓前軍聞聲便往後軍聞聲須急向前赴救後頭逢賊即擊鼓前頭中軍聞聲即須住並量抽兵相救如發引稍長鼓聲不徹中軍支料更須置鼓傳響使前後得聞其諸營自須著鼓一面用防夜中有賊犯營即急擊令諸軍有警備

又曰諸行軍立營數則万計或逢泥溺或阻山河同聽角聲俱共齊發路狹難進徒餓馬驢應發營擧一角聲絶右

虞候捉馬驢第二角聲絕即被駕右一軍捉馬驢第三角聲絕右虞候即發引右一軍被駕右二軍捉馬驢第四角聲絕右一軍即發引右二軍被駕以後諸軍每聽角聲裝束被駕准此每營各出一戰隊令取虞候進止防有賊至便用騰擊後如其路更細小即須更有角聲仍令虞候及營官人虞候子排比催督急過不得停擁過訖以後軍准前排比催迫急過

金鼓

釋名曰校號也將帥號令之所在也節為號令賞罰之節也鐸度也號令之限度也金鼓金禁也為進退之禁也

詩曰方叔率止鉦人伐鼓陳師鞫旅

又曰顯允方叔伐鼓淵淵振旅闐闐

又曰擊鼓其鏜踊躍用兵

周禮曰鼓人掌教六鼓以雷鼓鼓神祀（雷鼓八面鼓也）以靈鼓鼓社祭（靈鼓六面鼓也社祭地祇也）以路鼓鼓鬼享（路鼓四面鼓也享宗廟也）以賁鼓鼓軍事（大鼓謂之賁鼓長八尺）以鼛鼓鼓軍事（鼛大鼓也長丈二尺也）以晉鼓鼓金奏（晉鼓長六尺六寸金奏謂樂正擊編鐘也）

左傳曰凡師有鍾鼓曰伐無曰侵

又曰吳子使其弟蹶由犒師（犒勞也）楚人執之將以釁鼓王使問曰汝卜來吉乎對曰吉寡君聞君將治兵於敝邑卜之以守龜曰余亟使人犒師請行以觀王怒之疾徐而為之備尚克知之龜兆告吉曰克可知也君若懽好逆使臣茲敝邑休怠而忘其死亡無日矣今君奮焉震電馮怒虐執使臣將以釁鼓則吳知所備矣乃釋之

又曰密須之鼓與其大輅文王所以大蒐也

又曰簡子曰吳伏弢歐血鼓音不衰今日我上也（功為上也）

又曰吳伐齊將戰公孫夏命其徒歌虞殯陳子行命其徒具唅玉陳書曰此行也吾聞鼓而已不聞金矣（鼓以進軍金以退軍不聞金言將死以也）

國語曰越甲至齊雍門子狄請死之齊王曰鼓鐸之聲未聞矢石未交長兵未接子何務死焉

後漢書曰光武徇河內韓歆議欲城守岑彭止不聽既而光武至懷歆迫急迎降光武知其謀大怒收歆置鼓下將斬之（中將軍最尊自執旗鼓若置營則立旗以為軍門并設鼓戮人必於其下）召見彭彭因進說俱獲免

東觀漢記曰段頴起於徒中為并州刺史有功徵還京師頴乘輕車介士鼓吹曲蓋朱旗騎馬彭天蔽日錚鐸金鼓雷振動地連騎繼跡弥數十里

齊地記曰城東有上祠山上有石鼓舊說云將有寇難則鼓自鳴所以豫警備也

吳興記曰長城縣有夏架山石鼓盤石為足長老云鳴聲如金鼓鳴則三吳有兵

東方朔傳曰朔初上書曰臣朔少失父母長養兄嫂年十三而學三冬文史足用十五學擊劍十六學詩書誦二十二萬言十九學孫吳兵法戰陣之事鉦鼓之教

周髀曰十人之長執銅百人之師執鐸千人之師執鼙萬人之將執大鼓

吳氏春秋曰金鼓所以一耳也法令所以一心也

又曰周宅酆鄗近戎人與諸侯約為高堡置鼓其上遠近相聞戎寇至傳鼓相告諸侯之兵皆至救天子褒姒大悅笑之王欲褒姒之笑也因數擊鼓諸侯兵數至而無寇後戎寇真至幽王擊鼓諸侯兵不至幽王之身乃死驪山之

下爲天下笑
韓侯曰吳使沮衛釁蟲於荊師荊師將殺之以釁鼓衛
曰死者無知則釁無益若有知戰之時臣使鼓不鳴因不
殺之
孫子曰是故軍政曰言不相聞故爲鼓鐸視不相見故爲
旌旗故夜戰多金鼓晝戰多旌旗夫金鼓旌旗所以一人之耳目也人
既專一則勇者不得獨進怯者不得獨退此用衆之法也
抱朴子曰軍始發大風甚雨起於後旌旗前指金鼓淸鳴
大勝
黃帝出軍決曰牙旗者將軍之精金鼓者將軍之氣一軍
之形候也
唐子曰將勿離鼓旗鼓旗將之耳目也
徐幹齊都賦曰王乃垂華玉之路駕玄駮之駿翠幄浮遊

金光皓旰公旦戎車雲布武騎星散鉦鼓雷動旌旗虹亂
陸雲南征賦曰戎士肅而啓行三軍分而雜遝長角哀吟
以命旅金鼓訇隱而砰磕
孫惠祭金鼓文曰赫矣皇威用伐不庭金鼓麾旗以昭其
聲

鞞

釋名曰鞞裨也裨助鼓節也鞞補弥切
呂氏春秋曰倕作鞞鼓
鄭緝之東陽記曰晉隆安中孫恩遣偏師謝感東陽東陽
岑山下民聞嶺上有鼓鞞聲若數萬人咸破潰而山上鼓
鞞亦絕

鞀

鬻子曰禹之治天下也懸五聲以聽曰語寡人以獄訟者
揮鞀挑音
呂氏春秋曰倕作鞀
又曰武王有誡愼之鞀欲誡者搖鞀鼓

鐃

說文曰鐃小鉦也鐃女交切
周禮曰六鼓四金以金錞和鼓以金鐲節鼓以金鐸通鼓
鐲音濁鉦也軍行鳴之以爲鼓節

鈴

說文曰鈴丁也從金令聲
左傳曰揚鑾和鈴昭其聲也
魏志曰安平太守宅老鈴下作怪爲鳥鵲鬪蓋公府閤有
繩鈴以傳呼鈴下有吏者也
風俗通曰鈴柄施懸魚魚者欲君臣沉靜如魚之入水不

可復得聞見耳
集異記曰廣陵士甲市得一宅但聞中有搖鈴聲夜輒止
後遂見其眞形乃是其故人問曰何以常搖鈴荅曰我典
使君藥物故夜持時耳問曰晝日何以不持時曰白日是
死道之夜因別而去

鐸

三禮圖曰鐸今之鈴其鑄銅爲之木舌爲木鐸金舌爲金
鐸也
說文曰鐸大鈴也
釋名曰鐸度也號令之限度也○王隱晉書曰荀勗逢趙
郡商賈於路懸鐸於牛識其聲焉及後爲樂勗曰趙之牛
鐸則善諧矣於是下郡悉送果有諧者世伏其才明
晉書載記曰石勒少時嘗耕毎聞鞞鐸之音歸以告其母

毋曰作勞耳鳴非不祥也

鬻子曰禹之治天下也以五聲聽銘於筭簴曰教寡人以事者振鐸

文子曰老子云鳴鐸以聲自毀膏燭以明自消

刁斗

纂文曰刁斗持時鈴也

漢書曰李廣行師不擊刁斗以自衛（孟康曰以銅爲鐎器受一斗晝炊飲食夜擊持行夜銘曰刁斗在滎陽軍鐎音譙形如銷銷火玄切即鐎也今俗呼銅銚二音樵）

漢名臣奏曰漢興已來深存古義宫殿省闥至五六重周衛刁斗

柝

說文曰欜行夜所擊木也

易繫辭曰重門擊柝以待暴客盖取諸豫

周禮曰野廬氏賓客宿息則聚欜

漢書舊儀曰中宫衛宫城門擊刁斗傳五夜衛衛士周廬擊木柝

張衡東京賦曰故函谷擊柝於東西（柝守夜所擊木也）

太平御覽卷第三百三十八

兵部七十

叙兵器　牙

叙兵器

禮記曰冕弁兵革藏於私家是謂脅君

周禮曰司兵掌五兵（五兵者戈殳戟矛年夷）

左傳曰孔文子將攻太叔訪于仲尼仲尼曰胡簋之事則嘗聞之矣兵甲之事未之學也

春秋佐期曰太尉主甲卒神名辯會曰庫兵動鼓自鳴諸侯得衆也

漢書曰兵不銑利與空手同甲不堅密與袒裼同弩不及遠與短兵同射不能中與亡矢同中不能入與亡鏃同此將不省兵之禍也

又曰韓延壽在東郡試騎士治飾兵車畫龍虎建幢棨植羽葆鼓車又取官銅候月蝕鑄作刀劒倣効尚方蕭望之以爲僣上不道弃市

又曰李陵至浚稽山與單于相值圍陵陵軍居兩山間以車爲營陵引士營外爲陳前行持戟楯後行持弓弩

東觀漢記曰盆子降鎧甲兵弩積城西門高與熊耳山等

又曰王莽之遣王尋王邑也欲盛威以震山東甲衝輣干戈旌旗甚盛

又曰鄧遵永初中遷度遼將軍討擊羌虜斬首八百餘級得鎧弩刀矛戟楯匕首二三千枚

又曰吳漢性忠厚篤於事上自初從征伐常在左右兵有不利軍營不如意漢常獨繕激揚吏士

吳志曰賀齊性奢侈尤好軍事兵甲器械極爲精好干櫓戈矛葩瓜文畫弓弩矢箭咸取上材

王隱晉書曰羊祜表伐吳曰勁弩長弓不如中國長矛楯戟不如中國馬騎凌厲又不如中國吳唯便水戰一入其地則長江非復吳有

晉起居注曰成帝咸和元年四月乙丑詔曰作琅邪王大車斧六十枚侍臣劒八枚將軍手戟四枚

三國典略曰梁邵陵王綸篤好書史妙工草隸爲丹陽尹擅造甲仗梁武知之　綸並沉于江中及後出征器械並闕乃獨歎曰吾昔聚仗本備非常朝廷見疑逼使分散今日討逆卒無所資

太公六韜曰春以長矛在前夏以大戟在前秋以弓弩在前冬以刀楯在前此四時應天之法也

太公金匱曰武王曰五帝之時無守戰之具國存者何太

公曰守戰之具皆在民間耒耜者是其弓弩也鋤杷者是其矛戟也簦笠者是其兜鍪也鎌斧者是其攻戰之具也雞狗者是鉦鼓也

古司馬兵法曰兵不雜則不利長兵以衛短兵以守太長則犯太短則不及太輕則銳銳則易亂太犯則不齊（兵長短相衛太短太輕皆不如法也犯者觸挂也故不齊不及者遠於利也銳者不固則破故奔北擾亂也）

又曰弓矢圍殳矛守戈戟助凡五兵當長以衛短短以救長迭戰則久皆戰則彊（李氏曰迭更也言更戰更息則可堪久悉舉軍戰衆多者彊）

軍令曰始出營豎矛戟舒幡旗鳴鼓角行三里辟矛戟結幡旗鳴鼓角未至營三里復豎矛戟舒幡旗鳴鼓角至營復結幡旗止鼓角違令者髡

呂氏春秋曰古之至兵士民未合而威已諭矣敵已服矣豈必用枹鼓干戈哉

淮南子曰兵革鋅摩(鋅祺名也)金鼓鈇鉞所以飾怒也(鋅市均切)

又曰所謂兼國有地者伏尸數十萬破車以千百數傷弓弩矛戟矢石之創者扶轝於路故世至枕人頭食人肉葅人肝飲人血甘之於猶豢牛羊(猶牛肉豢豕肉)故自三代以後者天下未嘗得安其情性而樂習俗保其脩命而不夭於人虐也所以然者何諸侯力政天下不合而爲一家也

又曰齊桓公將欲征伐甲兵不足令有重罪者出犀甲一戟(犀甲取其堅也戟車戟也長丈六尺犀或作三直出三甲也)有輕罪者贖以金分(輕小以金分出金贖隨罪輕重有分兩也)訟而不勝者出一束箭(不勝猶不直也箭十二爲束也)百姓皆說乃矯箭爲矢(矢箭之竿好者也)鑄金而爲刃(刃五刃也刀劒矛戟矢也)以伐不義而征无道遂霸天下

崔寔政論曰兵器精利有蔡太僕之弩龍亭之劒至今擅名天下

陸機要覽曰東弓南矛西戟北劒中鼓亦曰四兵

鹽鐵論曰強楚勁鄭有犀兕之甲棠谿之捷內據金城外任利兵是以威行諸夏強伏敵國故孟賁畜臂衆人輕之怯夫有備其氣自倍以吳楚之士舞利劒蹶強弩以與貉虜騁於中原一人當百不足道也。邯鄲五經折疑駮曰矢絶於弦不可追止戟執在手制之在人

山海經曰天地東西二萬八千里南北二萬六千里出銅之山四百六十七出鐵之山三千六百九十此天下之所分壤樹穀也戈矛之所發也刀鎩之所起也能者有餘拙者不足

干寶搜神記曰晉元康中婦人以金銀象角瑇瑁爲斧鉞戈戟而戴之以當笄蓋妖之大者也。樊文淵七經義綱格論曰車上五兵戈殳車戟酋矛夷矛步卒五兵戈殳車戟酋矛矢

魏文典論曰昔周有雍孫之戟屈盧之矛孤父之戈上世名器

又曰抱朴子曰劒戟不皆於纏佳饌不可擊斷牛馬

又曰陳吳之徒奮劒而大呼劉項之倫揮戈而飈駭

又曰或問辟五兵之道抱朴子答曰吳大皇帝曾從介先生受要道云但知北斗姓字及日月名字便不畏白刃大皇帝以試左右數十人常爲先登陷陳皆不傷也鄭君云但誦五兵名亦驗矣刀名大房虛星主之矢名防徨熒惑主之弓名曲張角星主之弩名遠望張星主之戟名大將參星主之臨戰時嘗細祝之或以五月五日作赤靈符着心前或丙午日日中作燕軍龍虎三囊符歲易之歲符歲易月符月易日符日易或佩西毒兵信符或佩南極鑠金符或取牡荊以作六陰神將符指敵人或以月蝕時刻三歲蟾蜍喉下之有八字者血以書所將之刀劒或交鋒之際乘魁履罡呼四方之長亦有明効也

魏文帝校獵賦曰抗冲天之素旄兮靡格擇之脩循旃雄戟趪(音皇)而躍厲兮黃鉞奄而楊鮮

又曰千乘亂擾万騎奔走經營原隰騰越峻岨彤弓斯彀戈鋋具舉

徐幹齊都賦曰矢流鏑絓(胡卦切)張羅纚(作合切)飛鋋抱雄戈

繆襲籍田賦曰靈旂蔚以蕭肩兮雄戟偈以嵯峨彎枉矢於狼狐兮建黃鉞於匏瓜

繁欽征天山賦曰有漢丞相武平侯曹公杖節東征觀六軍於三江浮五湖以曜武左駢雄戟右攢干將彤弧朱䝤舟羽絳房望之如火映奪朝陽

應璩詩曰放戈釋甲冑乘軒入紫微從容待帷幄光輔日月暉

崔駰安豐侯詩曰被兕甲兮跨良馬揮長戟兮彏強弩彏音霍

曹植詩曰皇考建世業余從征四方櫛風而沐雨萬里蒙露霜劍戟不離手鎧甲爲衣裳

魏文帝董桃行曰晨背大河南轅跋涉遐路漫漫師徒百萬譁讙戈矛若林成山旌旗拂日蔽天

應璩書曰左執虽盧之勁矛右秉干將之雄戟高冠拂雲長劍耿介簫管振音歌聲載路馮軾虎視清風震疊可謂堂堂乎難與並爲仁也

太白陰經曰工欲善其事必先利其器器之於事如影之隨形嚮之應聲其相須如左右手故曰器械不精不可言

兵五兵不利不可舉事上古庖犧氏之時弦木爲弓剡木爲矢神農氏之時以石爲兵

故砮石中矢鏃黃帝之時以玉爲兵蚩尤之時爍金爲兵割革爲甲始制五兵建旗幟樹夔鼓

又曰鼓以佐軍威

又曰纛六口大將中營建出引六軍右者天子六軍諸侯三軍今天子十二諸侯六軍故纛有六以主之

又曰門旗二口色紅八幅大將牙門之旗出引將軍前列

又曰門槍二根以豹尾爲刃檣出居紅旗後止居帳門前左右安立

又曰五方旗五口各具方色大將中營建出六纛後在營亦於纛後隨方而建

又曰嚴警鼓一十二面大將營前左右行列各六面在纛後

又曰角十二具於鼓左右後列各六具以代金

又曰隊旗二百五十面尚色圖禽與本陣同五幅

又曰認二百五十口尚色圖禽與諸陣不同各自爲誌認旗出戰後恐士卒交雜

又曰陣將門旗各任所色不得以紅恐雜大將軍

又曰陣將鼓一百二十五面恐設疑驚敵用

又曰甲六分七千五百領

又曰戰袍四分五千領

又曰槍十分一萬二千五百根恐揚兵縛筏用

又曰牛筋牌二分二千五百面馬軍以團牌代四分支

又曰弩二分絃三副箭一百分二千五百張弩七千五百條弦二十五萬隻箭

又曰弓十分弦三副箭一百五十分一萬二千五百張弓三萬七千五百條弦三十七萬五千隻箭射甲箭五萬隻

又曰生鈚箭二萬五千隻長箭搩箭鈚疋梨切

又曰弓袋胡鹿張弓袋並一萬二千五百副

又曰佩刀八分一萬口

又曰陌刀二分二千五百口

又曰棓二分二千五百張馬軍及陌刀並以啄錘鉞斧代各四支分

又曰搭索二分二千五百條馬軍用也

牙

兵書曰牙旗者將軍之精凡始竪牙必以制日制日者謂上尅下日也立牙之日吉氣來應大勝之徵凶氣先應破軍殺將

黃帝出軍決曰始立牙之日喜氣來應旗幟指敵或從風
舉暉暉終日不繞竿勇氣奔逸是謂堂堂之陣此大勝之
徵
又曰有所攻伐作五采牙旗青牙旗引往東赤牙旗引往
南白牙旗引往西黑牙旗引往北黃牙旗引往中
又曰始立牙之日凶氣先應旗幟皆垂或逆風滂涛牙竿
摧折旗幡絕烈還繞纏竿如此終日勢弱
又曰將軍出兵有所討伐引兵出城門望見白雲及白水
者舉白牙旗五色牙旗隨天氣四時也
真人水鏡經曰凡軍始出立牙竿必令完堅若有折將軍
不利牙旗竿軍之精也即周禮司常職云軍旅會同置旌
門是也
抱朴子曰軍始舉牙立旗風氣和調幡校飄颻終日不息者

其軍有功
魏志曰典韋初為張邈士屬司馬趙寵牙門長大莫能勝
韋一手建之寵異其才力
吳志曰陸遜為右部督會丹陽賊帥費棧扇動山越權遣
遜討棧棧支黨多所往兵少遜乃益施牙幢分布鼓角夜
潛出谷間鼓譟而前應即破散
又曰黃武八年夏黃龍見樊口於是權稱尊號因瑞改元
又作黃龍大牙常在中軍諸軍進退視其所向命胡綜作
賦
吳書曰賀齊從上討合肥時城中出戰徐盛失牙齊別拒
擊得盛所失牙
晉書曰陸機始臨戎而牙旗折意甚惡之後戰軍果大敗
後魏書曰奚斤代人也魏初大將行師唯長孫嵩拒劉裕

及斤征河南獨給漏刻及十二牙旗
吳胡綜大牙賦曰狼狐垂曜實惟兵精聖人觀法是效是
營始作器械爰求厥成明明大吳實天生德乃律天時制
為神軍取象太一五將三門疾則如電遲則如雲進止有
度約而不煩四靈既布黃龍處中周制日月實曰太常桀
然特立六軍所望
後漢滕輔祭牙文曰恭揚太牢絜薦遐靈推轂之任寔討
不庭天道助順正直聰明
晉袁宏祭牙文曰天生五才治道所司廢一不可靜亂輔
時赫赫晉德乃武乃文中世不競王度暫屯戎狄猾夏虔
劉生民蠢爾東胡被髮左衽思我皇澤稽首海裔受爵納
貢服膺累世後嗣不恭實叛實戾侵我神畿陽我嘉惠哀
彼黎民嬰此彫殘況荷大寵任其艱難慨然發憤撫劒志

食敢建高牙烈烈桓桓
晉顧愷之祭牙文曰維年月日錄尚書事豫章公裕敢告
黃帝蚩尤五岳之靈兩儀有正四海有王晉命在天世德
重光烈烈高牙闐闐伐鼓白氣經天髙揚神武
宋王誕伐廣固祭牙文曰敬建崇牙顯茲威靈使鳴金鞞
覺死戰有寧皇風幽被凱旆歸旌
宋鄭鮮祭牙文曰絜牲先事薦茲敬祭崇牙既建義錄增
厲人鬼一揆三才同契惟茲靈鑒靡必有察逆順幽辯忠
孝顯節使凶醜時殲主寧臣悅振旅上京凱歸西蕃神器
增暉四境永安
唐陳子昂禡牙文曰盖先王作兵以討有罪姦匿竊命戎
夷不龔則必肆諸市朝大戮原野皇家子育万國寵綏百
蠻青雲干呂白環入貢乆有年矣契丹凶羯敢亂天常乃

蜂聚九山豕食遼塞宴安鴆毒作爲攙槍天厭其凶國用致討皇帝命我肅將王誅今大軍已集吉辰叶應旄頭首建羽旆前列夷貊感威將士聽誓方俟天命爲民殄災惟尒有神尚饗乃醜召太一會雷公翼白虎秉青龍星流彗掃永清朔裔使兵不血刃戎夏大同以昭我天子之德允乃神之功豈非正直克明無縱大饉以作神羞

太平御覽卷第三百三十九

平三ヲ卅九　九　東阿子

兵部七十一

常　旂　旃　物　旗

旟　旐　旞　旌

常

釋名曰九旗之名日月爲常畫日月於其端天子所建言常名也

尚書君牙曰惟乃祖乃父世篤忠貞服勞王家厥有成績紀于太常

周禮曰日月爲常十二旒

河圖曰風后曰予告汝帝之五旗東方法青龍曰旗南方法赤鳥曰鼠西方法白虎曰典北方法玄蛇曰旂中央法黃龍曰常

國語曰吳王會晉於黃池吳王白常白旂赤常赤旗

文選曰建辰旒之太常

又曰建太常兮棑棑

旂

釋名曰交龍爲旂旂倚也畫作兩龍相依倚也通以一赤色爲之無文采諸侯所建也

爾雅曰有鈴曰旂（郭璞注曰懸鈴竿頭畫交龍於旒）

詩曰王錫韓侯淑旂綏章龍旂陽陽和鈴央央

又曰旂旐央央

禮記月令曰天子春載青旂夏載赤旂秋載白旂冬載玄

周禮曰交龍爲九旂諸侯所建

左傳曰周分魯大路大旂

又曰三辰旂旗昭其明也（三辰日月星也）

旃

釋名曰旃戰也戰戰恭已而已三孤所建象無事也

說文曰旃曲柄也所以招士衆也

世本曰黃帝作旃

爾雅曰因章曰旃（郭璞曰以白繡爲旒因其文章不復畫也）

周禮曰通帛爲旃（大赤也周正赤無旃飾孤卿所建也）

左傳曰城濮之戰王大旆之左旃（旃旗名旃旐曰旆）祁瞞奸命（當此之事而不治爲奸軍令也）

漢書曰田蚡（音憤）前堂羅鍾鼓立曲旃（如淳曰通白爲旃蘇林曰旃柄上曲也）

孟子曰招庶人以旃（田也）

西京賦曰虹旃蜺旄

又曰樹脩旃

上林賦曰立歷天之旂曳梢星之旃

物

釋名曰雜帛爲物以雜色綴其邊爲翅尾也將帥之所建也

禮含文嘉曰制度爲科物應以宣明物以類感其方也

左傳曰蒍敖爲宰擇楚之令典軍行右轅（右者挾轅爲軍備）左追蓐（左者追草爲宿備）前茅慮無（如今斥候持絳及白幡見騎賊舉絳幡見步賊舉白幡備不虞有無茅明也或云楚以茅爲旌識也）中權後勁（中軍制謀後以精兵爲殿耳）以百官象物而動軍政不戒而備能用兵矣

旗

釋名曰熊虎爲旗旗期也將軍所建象其猛如熊虎與衆期其下也

禮記曰龍旂九旒天子之旌也

又曰行前朱鳥而後玄武左青龍而右白虎招搖在上急勁其怒（注曰以此四獸爲軍陳象天也畫招搖星於旌旗上以起居堅勁軍之威怒）

周禮曰司常掌九旗之物名各有屬以待國事日月爲常交龍爲旂通帛爲旃雜帛爲物熊虎爲旗鳥隼爲旟龜蛇爲旐全羽爲旞析羽爲旌（物名曰所畫異物則異名也）

又曰龍旂九斿以象大火也（交龍爲旂諸侯所建也大火蒼龍宿之心也其屬箕尾九星也）鳥旟七斿以象鶉火也（鳥隼爲旟州里之所建也鶉火朱鳥宿之柳也其屬有七星也）熊旗六斿以象叅伐（熊虎爲旗師都之所建也伐屬白虎宿與叅連體而六星也）龜蛇四斿以象營室也（龜蛇爲旐縣鄙之所建營室玄武宿也與東壁連體而四星也）弧旌枉矢以象弧（覲禮曰侯氏載龍旂弧韣則旌旗之屬皆有弧弧以張縿之幅有衣謂之韣又爲設矢象弧星有矢象妖星有枉矢者蛇行有尾因此云枉矢蓋畫之也韣音獨）

左傳曰袀服振振取虢之旂（袀音均）

又曰三辰旂旗昭其明也（注曰日月星也）

又曰狄人伐衛衛懿公戰于滎澤衛師敗績滅衛衛侯不去旗是以甚敗

又曰越伐吳王孫弥庸見姑蔑之旗曰吾父之旗也不可以見讎而勿殺

又曰鄭人擊簡子中肩斃于車中獲其蜂旗（蜂旗旗名）

又曰公孫尨以徒五百人宵攻鄭師取蜂旗於子姚之幕下

又曰鄭伐許潁考叔取鄭伯之旗蝥弧以先登子都自下射之顛

史記曰李斯上書云今陛下建翠鳳之旗樹靈鼉之鼓

漢書郊祀志曰武帝將伐南越以班荊畫幡日月北斗登龍以象太一

東觀漢記曰耿弇追張步步奔平壽乃肉袒負斧鑕於軍門而弇勒兵入據其城樹下二郡旗鼓令步兵各以部人詣旗下衆向十餘萬輜重七千餘而皆罷歸鄉里

沈約宋書輿服志曰五旗者五色各一旗以木牛承其下蓋取負重而安隱也五旗纏竿即禮記德車結旌不畫飾也戎事乃散之又武車綏旌垂舒之也

北史曰盧賁嘗事隋文乃受禪命賁清宮因典宿衛賁乃奏改周伐旗幟更爲嘉名其青龍騶虞朱雀玄武千秋萬歲之旗皆賁所創也

隋書曰九旗太常畫三辰（日月五星）旂畫青龍（皇帝升龍諸侯交龍）旟畫朱鳥旌畫黃麟旗畫白獸旐畫玄武皆加雲氣其旞物在軍亦畫其事號加之以雲氣徽幟亦如（通帛爲旜雜帛爲物在軍亦畫其人官與姓名之事號徽幟亦書之畫其所書之例）旌節又畫白獸而析羽於其上

又曰司常掌旗物之藏通帛之旗六以供郊丘之祀一曰

蒼旗二曰青旗三曰朱旗四曰黃旗五曰白旗六曰玄旗畫繢之旗六以充王路之等一曰三辰之常二曰青龍之旗三曰朱鳥之旟四曰黃麟之旌五曰白獸之旗六曰玄武之旐皆左建旗而右建棡戟（棡古膾切）

又曰有繼旗四以施軍旅一曰麾以供軍將二曰旞以供師帥三曰旐以供旅師四曰旆以供倅長

唐書曰元和中淮南節度使馬揔進吳元濟旌旗七百三十九事

家語曰子路言志云願得旌旗繽紛下蟠于地

詩推度災曰上出號令而化天下震雷起而驚蟄睹旗鼓動三軍駭觀其前動化而天情可見矣

戰國策曰建七星之旗天子之位也

穆天子傳曰日月之旗七星之文（今旒上畫日月及北斗星也）

周遷車服雜記曰晉元皇始制五牛之旗設青在左黃在中

六韜曰武王伐紂懸紂之首於白旗

古司馬兵法曰夏后氏玄首人之執也殷曰白天之義也周曰黃地之道也旌首有鈴曰旂三王所以立不失天地人之道也章夏以日月上明也殷以虎上威也周以龍上文也章畫飾也三王畫各有法也

郝萌占曰旗上有光人主大喜延年益壽

黃石公三略曰欲知敵形色可勝之符先戰以二十八騎角人青衣赤旗東方七人徵人赤衣黃旗南方七人商人白衣黑旗西方七人羽人黑衣青旗北方七人九二十八騎象二十八宿

軍令曰聞雷鼓音舉白幢絳旗大小船皆進戰不進者斬聞金音舉青旗船皆止不止者斬

王孫子曰桀紂或放南巢或頭懸赤旗斯無它不節財而暴人也

孫子曰言不相聞故爲鼓鐸視不相見故爲旌旗夫金鼓旌旗所以一民之耳目也

又曰無要正正之旗無擊堂堂之陣

列子曰皇帝與炎帝戰以雕鶡鷹鳶爲旗幟

隋巢子曰天賜武王黃鳥之旗以代殷

淮南子曰九國有難君自宮召將詔之曰社稷之命在將軍身今國有難願子將而應之將軍受命乃令祝史太卜齋三日之太廟鑽靈龜卜吉日以受鼓旗

楚辭曰駕龍輈兮乘雷輈車轅也載雲旗兮逶迤

又曰乘迴風兮載雲旗

又曰楊彗星以爲旗

又曰乘赤豹兮從文狸新夷車兮結桂旗

宋玉高唐賦曰晒兮若妖姬楊袂鄣日而望所思忽兮若駕駟馬建羽旗

相如上林賦曰靡魚須之橈旃以魚須爲旃柄擊驅逐戰也曳明月之珠旗以明珠綴飾旃

王沉餞行賦曰曳招搖之脩旗若蜿虹之垂天

崔駰東巡頌曰升九龍之華旗

文選曰雲旗拂霓

又曰牙紛繽

又曰旌旗拂天

又曰揭竿爲旗

又曰曳彗星之飛旗

又曰朱旗所拂九土破櫰

又曰朱旗降天

又曰建祝姑祝姑旗名

又曰青霞雜桂旗

旟

釋名曰鳥隼爲旟旟譽也軍吏所建也急疾趨事則有稱譽也

爾雅曰錯革鳥曰旟郭璞注曰此謂全剝鳥皮毛置之竿頭也舊說刻革鳥置竿首也孫叔敖云革急也言畫急疾之鳥於旒也周官鳥隼爲旟也按禮記鄭玄云載之以示衆即此類也書云鳥戰日華詩云如載鳶鳥斯華旌首鳥者自是鳥之皮毛明矣

詩曰孑孑干旟在浚之都

又曰彼旟旐斯胡不旆旆旆旆旒垂也

周禮曰鳥隼爲旟州里所建也州長之屬

旐

釋名曰龜蛇爲旐兆也龜知氣兆之吉凶建之於後察度事宜之形兆也

爾雅曰續廣充幅長尋曰旐郭璞注曰帛全幅長八尺者也

詩曰設此旐矣

又曰建旐設旄薄獸于敖周宣王也

周禮曰龜蛇爲旐四斿縣鄙之所建也

旞

釋名曰全羽爲旞旞猶隤隤也順滑貌也一作遂

說文曰旞者導車所載全羽允允而進也

周禮曰全羽爲旞道車所進車象路也王以朝夕燕出入也

旌

釋名曰析羽爲旌旌精光也緌有虞氏之旌也注旄竿首其形蘂蘂然也緌夏后氏之旌也其形衺也白斾殷旌也以

帛繼旐末也翿陶也其皃陶陶下垂也

爾雅曰旄首曰旌郭璞注曰載旄於竿頭如今之幢亦有旒也

廣雅曰天子之旌高九仞諸侯七仞丈夫五仞士三仞

詩曰孑孑干旌在浚之城

又曰悠悠旆旌

禮記曰前有水則載青旌鄭玄注曰載謂舉於旌首所以警衆者也鄭記王贊問曰舉旌於首當皆以皮邪畫之也鄭荅曰皆俱舉皮置於首不畫羽爲旌也

周禮曰析羽爲旌游車所建游車木路也王以田也全羽析羽皆五色文也

又曰掌舍爲帷宮設旌門樹旌以表門

左傳曰鄢陵之役欒鍼見子重之旌謂晉侯曰楚人謂夫旌子重之旌也

又曰范宣子假羽毛於齊而弗歸析羽爲旌王者游車所建齊私有之因謂之羽毛

又曰楚靈王之爲令尹也爲王旌芋尹無字斷之曰一國兩君其誰堪之

又曰衛宣公烝夷姜與朔構急子公使諸齊使盜待諸莘而殺之壽子載其旌旗以先盜殺之急子後往盜又殺焉

又曰許伯曰吾聞致師者御靡旌摩壘而還靡旌驅疾也摩近也

公羊曰楚莊王伐鄭鄭伯肉袒左執茅旌右執鸞刀以逆何休曰茅旌宗廟所用也爲宗廟所用求以宗廟歸首也

史記曰秦併天下以水德之始旌旄節皆尚黑

漢書文帝詔曰朝有進善之旌應邵注堯設五達之道令人進善也

又曰高祖使韓信與楚戰信潛伏人於楚軍之側方戰兵遂僞走楚軍逐之乃令拔楚旌立漢旌楚師望見奔走遂敗楚矣

後漢書曰世祖進師臨河連旌泌河千餘里

戰國策曰蘇秦爲趙合從於楚威王曰寡人西接秦秦虎狼之國卧不安席食不甘味心搖搖然如懸旌

漢武故事曰欒大有方術嘗於殿前樹旌數百人因令自相擊庭中去地十餘丈觀者大駭

孟子曰齊景公招虞人以旌不至將殺之非其招也夫招虞人以皮冠庶人以旃士以旂大夫以旌況以不賢招賢人乎

管子曰舜有告善之旌示不蔽也

莊子曰楚昭王使延屠羊說以三旌之位萬鍾之祿也

抱朴子軍術曰暈始出而旌旗繞竿者急住更待善時而出軍

天文要集曰翼星明旌旗用

趙氏兵書曰有鳥集將軍旌上將軍增秩祿

文選曰蔽引高旌

又曰旌旗拂天

又曰蜺爲旌翠爲盖

又曰筌撓兮蘭旌（筌比綠切 撓音鐃）

又曰建虹旍兮威夷

太平御覽卷第三百四十

兵部七十二

斾　幟　幡　旒　旌

旄　麾　幢　節　鉞

斾

說文曰斾者斾然垂也

爾雅曰續旐曰斾（帛續旐末爲燕尾也）

左傳曰楚令尹南轅反斾

又曰拔斾投衡乃出

又曰晉楚戰子玉以若敖之六卒將中軍（子玉楚令尹也）子西將左子上將右（子西鬬宜申子上鬬勃也）胥臣蒙馬以虎皮先犯陳蔡陳蔡奔楚右師潰（陳蔡屬楚之右師也）狐毛設二斾而退之（斾大旗也又建旗而退若大將稍却也）

東京賦曰通帛旝斾

幟

史記曰沛公祠黃帝蚩尤於沛庭旗幟皆尚赤

又曰韓信代趙令輕騎二百人人持一赤幟入趙壁拔趙幟立漢幟

東觀漢記曰漢兵守成都公孫述謂延岑曰事當奈何岑曰男兒當死中求生可坐窮乎財物易聚耳不宜有愛述乃悉散金帛募敢死士五千餘人以配岑於市橋僞建旗幟鳴鼓挑戰而潛遣奇兵出吳漢軍後襲擊破漢漢墮水緣馬尾得出

袁山松後漢書曰赤眉復入長安止桂宮逢安將千餘人攻延岑於杜陽鄧禹以赤眉精兵出在外唯盆子羸弱在長安攻之與謝祿夜戰槀街中鄧禹敗走逢安西與延岑蘇茂李寶戰於杜陽大破之寶茂降岑收散卒還戰寶茂從內拔赤眉旗自立其幟赤眉還驚亂走自投川死者十餘萬人

墨子曰凡幟帛長五丈廣半幅

太白經曰右一將行得水黑幡旗幟圖熊（旗額白脚青）右二將行得火赤幡旗幟圖鷄（旗額白脚青）右三將行得木青幡旗幟圖熊（旗額白脚青）右四將行得金白幡旗幟圖狼（旗額白脚青）右五將行得土黃幡旗幟圖虎（旗額白脚青）左一將行得水黑幡旗幟圖熊（旗額白脚黃）左二將行得火赤幡旗幟圖鷄（旗額青脚白）左三將行得木青幡旗幟圖熊（旗額青脚黃）左四將行得金白幡旗幟圖狼（旗額青脚黑）左五將行得土黃幡旗幟圖虎（旗額青脚赤）

幡

釋名曰幡也其皃幡幡然也

說文曰幡幟也

麟角曰信幡古之麾號也所以題表官號以爲符信故謂之信幡乘輿則畫爲白虎取其義而有威信之德也魏朝有青龍朱雀玄武白虎黃龍等五幡以詔四方詔東方郡國以青龍信南朱鳥西白虎北玄武朝廷畿甸則以黃龍亦以騶麟信幡高貴鄉公討晉文自秉黃龍幡以麾號令晉朝唯用白虎書信幡用鳥取其飛騰輕疾一曰鴻鴈有去來之信也

漢書曰甘延壽出西域部勒行陣別爲校尉踰葱嶺入赤谷至郅支城望見單于城上五采幡幟

又曰武帝伐南越禱太一以牡荆畫幡名曰靈旗

獻帝春秋曰董卓未誅有書三尺布幡上作兩口相銜之字負之於道歌曰布乎及呂布殺卓負布者不復見

吳志曰陸遜取宜都獲秭歸枝江還屯夷陵守峽口以備
蜀關羽還當陽西保麥城權使誘之羽僞降立幡旗爲象
人於城上因遁走
王隱晉書曰河間王伐齊王冏火燒觀閣及千秋神虎二
宮門冏盜白虎幡唱云長沙王矯詔長沙吏以白幡唱稱
大司馬謀反
晉書曰長沙王乂攻齊王冏冏令王胡悉盜騶虞幡唱云
長沙王矯詔乂稱大司馬謀反助者誅五族
又張華傳曰楚王瑋受密詔殺太宰汝南王亮太保衛瓘
等內外兵擾朝廷大恐計無所出華白帝以瑋矯詔擅害
三公將士倉卒謂是國家意故從之耳今可遣騶虞幡使
外軍解嚴理必風靡上從之瑋兵果散及瑋誅華以首謀
有功拜右光祿大夫

又曰衛瓘既誅瓘女與國臣書曰先公名謚未顯無異凡
人每怪一國蔑然無言春秋之失其各安在悲憤感慨故
以示意於是主簿劉繇等執黃幡撾登聞鼓上言論之
又曰楚王瑋之誅二公也守東掖門會騶虞幡出乂投弓
流涕曰楚王被詔是以從之
宋書曰元嘉四年車駕出北堂使三更竟開廣莫門南臺
云應須白獸幡銀字棨不肯開尚書左丞羊玄保奏免御
史中丞傅隆巳下辜首曰既無異勑又闕幡棨雖稱上旨
不異單刺元嘉元年二月雖有開門例此乃前事違今
守舊未爲非禮其不請白獸幡銀字棨致開門不時由尚
書相承之失亦合糺正上特無問更立科條
北史曰後魏元孚持白虎幡勞阿那瓌於柔玄懷荒二鎮
間阿那瓌衆號三十萬陰有異意遂拘留孚載以轒音汾輼
音溫車日給酪一外肉一段每集其衆坐乎東廂稱爲行臺
甚加禮敬
晉起居注曰太陽佐伺承有毋丘感老君生丞相中貴
晝作九龍幡遂群聚弃市
晉諸公讃曰楚王瑋矯詔害汝南王亮其夜帝臨東堂張
華唱議乃遣左右以白虎幡麾之然後衆散
鍾離意別傳曰意爲瑕丘令立春遣户曹史擅建賫青幘
幡白督郵督郵不受建留於家還白意言受他日意見督
郵而督郵謝意言所以不受青幘幡者巳自有也意還召
建問狀建惶怖叩頭意曰勿叩頭使外聞也出因轉署主
記史假遣無期建歸家父問之曰朝大士衆賢能者多子
何功才既獲顯榮假乃無期寵厚將何謂也無得有不信
於賢主耶建長跪以青幘幡意語父父嘿然有頃令妻設

酒殺雞與建相樂謂建曰吾聞有道之君以義理殺人無
道之君以血刃加人長假無期唯死不還將何以自裁乎
酒畢進藥建遂物故
石虎鄴中記曰勒爲石虎諱呼白虎幡爲天鹿幡
鹽鐵論曰發春之後懸青幡策土牛殆非明主勸耕稼之
意春令之論也
軍令曰五聞鼓音舉黃帛兩半幡合旗爲三面負陣庚肅
之教曰大赦蕩然萬物更新陽幡既建事從寬簡庶可得
詢求民瘼撫循物性

旒

周禮曰龍旂九斿象大火也鳥旟七斿象鶉火也熊旗六
斿以象伐也龜旐四斿以象營室也大尾九星朱鳥七星參七星營室四星
又曰全羽爲旒

公羊傳曰諸侯若贅旒

禮含文嘉曰天子之旗九仞十二旒曳地(旗者旌旗也所以別尊卑序貴賤也)諸侯七仞九旒齊軫(軫車後橫木也諸侯之旗齊於軫)卿大夫五仞五旒齊軨士三仞三旒齊首(首頭也)

廣雅曰天子十二旒至地諸侯九旒至軫卿大夫七旒至轂士三旒至肩

東京賦曰建神旒之大常

旄

尚書曰武王右秉白旄(孔安國注曰手秉旄有事旄教也)

又曰羽畎夏翟(翟雉名可爲旄飾)

毛詩曰建彼旄矣

又曰干旄美好善也衛文公之臣子多好善賢者樂告以善道也子子干旄在浚之郊

左傳曰晉人假羽旄於齊而不歸齊人始貳

漢書武紀曰征和二年更加節黃旄(應劭注曰戾太子發節加其上黃以副之也)

晉書曰王珣字元琳弱冠與陳郡謝玄爲桓溫掾俱爲溫所重嘗謂之曰謝掾年四十必擁旄杖節王掾當作黑頭公皆未易才也

鬻子曰武王伐紂乃命太公把旄以麾之紂軍反走

列仙傳曰秦文公時有梓樹化爲牛以騎擊之騎不勝或墜騎解被髮牛畏之入河故秦因致旄頭騎使先驅

文選曰羽旄埽霓

又曰羽旄揚蕤

又曰素旄一麾渾一區宇

洛神賦曰左倚彩旄右蔭桂旗

楚詞曰建脩虹之采旄

甘泉賦曰流星旄以電燭

又曰建雄虹之采旄(係綴文紛錯也)螮蝀五色雜而炫燿(與采旄而明朗)

毦

服虔通俗文曰毛飾曰毦(音餌)

漢魏故事曰與外國節皆二赤毦一黑毦十異於常節

魏略曰諸葛亮見劉備備性好毦時適以旄牛尾與備者備手自結之亮曰將軍當復有遠志耶止結毦而已備知亮非常人乃投毦而謂曰以志憂耳

吳時外國傳曰黑白毦出天竺國

陶公故事曰臣佀奉獻金鑄白毦四枚

續異記曰竟陵王誕在廣陵左右侍直眠中夢人告之曰官須髮爲稍毦覺則已失髮矣如此者數十人

俗說曰謝安小兒時便有名譽流聞遠國慕容廆餉謝白狼毦一雙謝時年十三(一作慕容垂也)

魏武與楊彪書曰今贈足下十鈴毦一具

諸葛亮與瑾書曰兒嫌白帝兵非精練到所督則先主帳下白毦西方上兵也嫌其少者當復部分江州兵以廣益之

庾翼與燕王書曰今致孔雀毦二枚

諸葛亮與吳王書曰所送白毦薄少重見辭謝益以慚懟

庾翼與慕容皝書曰今致襦鎧一領兜鍪白毦自副

又曰今致朱漆鏁二十張絳碧畫幡黑毦自副(鏁所諫切)

麾

左傳曰楚人謂夫矜子重之麾也

穀梁曰日有食之鼓用牲于社用牲非禮也天子救日置五麾陳五兵五鼓諸侯置三麾陳三兵三鼓大夫擊門士擊柝

後漢書曰班超拜爲將兵長史假皷吹幡麾

王隱晉書曰戴洋病亡天神使爲酒藏吏授符持幡麾將上蓬萊諸山五日更生

華陽國志曰曹公察關羽不安使張遼以情問之羽嘆曰吾極知曹公待我厚然吾受劉將軍恩誓以共死不可背之要當立効報公曹公聞而義之是歲紹征官渡遣驍騎將軍顔良攻東郡太守劉延於白馬公使遼羽爲先鋒羽望見良麾策馬刺良於萬衆中斬其首還遂解延圍公即表封羽漢壽亭侯重加賞賜羽盡封其物拜書告辭而歸先主也

晉令曰兩頭進戰視麾所指聞三金音止二金音還

軍令曰凡戰臨陣皆無讙（音歡）譁（音化）明聽皷音謹視幡麾麾前則前麾後則後麾左則左麾右則右麾不聞令而擅前後左右者斬

淮南子曰譬若軍之持麾者也妄指而亂矣

幢

釋名曰幢童也其皃童童然也

晉公卿禮秩曰安平王孚汝南王亮太傅楊駿義陽王望齊王冏魯王賈充河間王顒梁王肜秦王柬長沙王乂皆給羽葆幢

後魏書曰韓茂膂力絕人尤善騎射太宗曾親征丁零翟猛茂爲中軍執幢時大風諸軍旌旗皆偃仆茂於馬上持幢初不傾倒太宗異而問之徵茂所屬具以狀對太宗謂左右曰記之尋徵詣行在所試以騎射太宗深奇之以茂爲虎賁中郎將

兵書曰赤幢常在大將不得動搖赤者火也火土之母故軍主長服赤幢

節

周禮曰守國者用玉節守都鄙者用角節掌邦國之使者用虎節土國用人節澤國用龍節（皆金爲之）門戶用符節貨賄用璽節使用管節道用旌節（以竹爲之）

漢書曰蘇武在匈奴北海牧羊起卧操節（節旄也）

又曰張騫使月支匈奴得之留騫五六年漢節不失

東觀漢記曰鄭衆謂匈奴曰不忍將大漢節對氈裘也

唐書曰頴王璬爲蜀郡都督璬性儉率將渡綿州江登舟見以絲緣席爲籍者顧曰此可以爲寢處奈何踐之命徹去之璬初奉命之藩卒遽不遑受節綿州司馬史賁進說曰王帝子也且爲節度大使今之藩而不持節單騎徑進人何所瞻請建大槊蒙之油囊爲旌節狀先驅道路足以威衆璬笑曰但爲眞王何用假旌節乎

鉞

釋名曰鉞豁也所向莫敢當前豁然破散也

宋林曰鉞王斧也

開元文字云斧也或爲鉞

尚書牧誓曰王左杖黃鉞右秉白旄以麾曰逖矣西土之人

又顧命曰一人冕執劉立于東堂一人冕執鉞立于西堂（冕皆大夫也鉞屬也立於東西廂之前堂）

詩曰武王載旆有虔秉鉞如火烈烈則莫我敢遏（虔固也）

禮記曰天子賜諸侯樂則以柷將之賜伯子男樂則以鼗將之諸侯賜弓矢然後征賜鈇鉞然後殺賜圭瓚然後爲鬯

又曰軍旅鈇鉞先王之所以飾怒也
又曰是故君子不賞而民勸不怒而民威於鈇鉞
左傳曰魏絳至授僕人書將伏劒士魴張老止之公讀其
書曰君合諸侯臣敢不敬君師不武執事不敬罪莫大焉
臣懼其死以及楊干無所逃罪不能致訓至於用鉞臣之
罪重敢有不從以怒君心請歸死於司寇也
又曰將戮慶封椒舉曰臣聞無瑕者可以戮人慶封唯逆
命是以在此其肯從於戮乎播於諸侯焉用之王弗聽負
之斧鉞以徇於諸侯
又曰其後襄之二路鏚鉞秬鬯彤弓虎賁文公受之以有
南陽之田晉文公也
史記殷本紀曰當是時桀爲虐亂婬荒酖酗于酒不脩厥
政天下叛之而諸侯昆吾氏爲亂湯迺興師率諸侯伊尹

從湯湯自把鉞以伐昆吾遂伐桀
又曰紂囚西伯於羑里西伯之臣閎夭之徒求美女奇物
善馬以獻紂紂迺赦西伯西伯出而獻洛之地以請除炮
烙之刑紂乃許之賜弓矢斧鉞使征伐
又曰周本紀曰紂嬖妾二女皆經自殺武王又射三發擊
以劒斬以玄鉞
又曰周公旦把大鉞畢公把小鉞以夾武王
漢書刑法志曰大刑用甲兵其次用斧鉞中刑用刀鋸其
次用鑽鑿薄刑用鞭朴
後漢書郭躬傳曰竇固出擊匈奴騎都尉秦彭爲副彭在
別屯而輒以法斬人固奏彭專擅請誅之顯宗乃引公卿
朝臣平其罪科躬以明法律召入議者皆然固奏躬獨曰
於法彭得斬之帝曰軍征校尉一統於督彭既無斧鉞何

得專殺人乎躬對曰一統於督者謂在部曲也今彭專軍
別將有異於此兵事呼吸不容先關督帥且漢制棨戟即
爲斧鉞於法不合罪帝從躬之議
吳志陸遜傳曰遜假節鉞爲大督逆曹休斬獲萬餘
吳録曰假陸遜黃鉞吳主親執鞭以見之
晉書天文志曰天槍三星在北斗杓東一曰天鉞天之武
備也
又曰參十星一曰參伐一曰大辰一曰天市一曰鈇鉞主
斬刈
又曰青龍三年六月丁未鎮星犯井鉞占曰爲兵氣也
又曰甘露元年七月乙卯熒惑犯井鉞占曰竝有兵事
唐書曰天寶中制黃鉞古來以金爲飾金者應五行之數
有肅殺之威去金稱黃理或未當其鉞宜改爲金鉞副威

武之義焉
司馬法曰夏執玄鉞
崔豹古今輿服注曰玄鉞諸公主得建之武王以黃鉞斬
紂故王者以爲飛大公以玄鉞斬妲己故婦人以爲戒
博物志曰武王伐紂度河太風波武王操鉞乘麾麾之風
波立濟
正部曰奔逃之士不避斧鉞
張平子西京賦曰於是蚩尤秉鉞奮鬣被般禁禦不若以
知神姦
張平子東京賦曰總輕武於後陳奏嚴鼓之嘈囐戎士介
而揚揮戴金鉦而建黃鉞
又曰方相秉鉞巫覡操茢桃弧棘矢所發無臬
又曰我光武忿之乃龍飛白水鳳翔參墟授鉞四七共工

是除

潘元茂冊魏公九錫文曰錫以二輅虎賁鈇鉞

陳孔章檄吳將校部曲文曰丞相秉鉞鷹揚順風烈火元戎啓行未鼓而破

又曰伏鈇嬰鉞首要分離

范蔚宗宦者傳論曰梁冀受鉞迹因公正思固主心故中外服從上下屏氣

曹植王仲宣誄曰我公奮鉞耀威南楚荆人或違陳戎講武

太平御覽卷第三百四十一

太平御覽卷第三百四十二

兵部七十三

劒上

釋名曰劒撿也所以防撿非常也又歛也以其在身拱時歛在臂内也其旁鼻曰鐔鐔音尋鐔尋也帶所貫尋也其末曰鋒末之言也○韻集曰鐔音覃劒口也○方言曰鞘音誚謂之室○說文曰韜謂之衣亦曰褫褫音遞○字林曰璏直例反劒鼻也

禮記曰武王克商後散軍而郊射左射貍首右射騶虞而貫革之射息也裨冕搢笏而虎賁之士脫劒

又曰進劒者左首尊也

又曰受弓劒以袂敬也

周禮曰周官桃氏爲劒臘廣二寸有半寸臘謂兩刃音臘兩從半之劒脊兩殺趨鍔者以其臘廣爲之莖圍長倍之莖謂劒夾人所握以上中其莖設其後謂從中以郤稍大之身長五其莖長重九鋝鋝音劣謂之上制上士服之身長四其莖長重七鋝謂之中制中士服之身長三其莖長重五鋝謂之下制下士服之今之上首也各以形兒大小帶之士勇士也

又曰鄭之刀宋之斤魯之削吳越之劒遷乎其地而弗能爲良地氣然也

左傳曰初虞叔有玉虞叔虞公之弟虞公求旃弗獻既而悔之曰周諺有之疋夫無罪懷璧其罪吾焉用此以賈害也乃獻之又求其寶劒叔曰是無厭無厭將及我遂伐虞故虞公出奔洪池洪池地名

又曰莒子庚輿虐而好劒苟鑄劒必試諸人國人患之又將叛齊烏存帥國人以逐之烏存莒大夫也

又曰吳公子光伏甲於掘室而享王掘地爲室王使甲坐於道

及其門門階戶席皆王親也夾之以鈹羞者獻體改服於門外羞者進體解衣也執羞者坐行而入執鈹者夾承之承執羞者也光僞足疾入法掘室恐難作王黨殺巳故避之也專諸寘劒魚中以進遂殺王

又曰吳將伐齊越子率其衆以朝吳人皆喜唯子胥懼曰是豢吳也吳王聞之使賜之屬鏤以死屬鏤劒也

又曰楚太子建爲鄭人殺之其子勝在鄭晉人伐鄭楚救之與之盟勝怒曰鄭人在此讎不遠矣勝自厲劒子平見之曰王孫何以自厲也曰將以殺汝父也

又曰宋殺申鄋楚子聞之劒及寢門之外怒也

家語曰子路戎服見孔子拔劒舞之曰古之君子以劒自衞子曰古之君子忠以爲質仁以爲衞不出環堵之室而知千里之外有不善則以忠化之寇暴則以仁圍之何必持劒乎子路曰由乃得聞此言也請攝齊以受教

又曰顏回曰願鑄劒戟爲農器

戰國策曰韓卒之劒皆出於冥山棠谿墨陽宛馮龍泉太阿皆陸斷馬牛水擊鴻鴈當敵於甲盾耳此天下名器也

國語曰齊桓公問曰齊國寡甲兵爲之若何管子曰小罪讁以金美金以鑄劒戟試諸狗馬惡金以鑄鉏夷試諸壤土乃甲兵大足也

史記曰吳季札之初使北過徐君好季札劒口弗敢言季札知之爲使上國未獻還至徐徐君已死乃解其寶劒繫徐冢樹而去從者曰徐君已死當誰予乎曰不然始吾心已許之豈以死背吾心哉

又曰平原君及毛遂與楚合從言其利害日出而言日中不決遂按劒而上請平原君曰從者利害兩言而決耳今

日出而言日中不決何也楚王謂平原君曰客何爲者也平原君曰是勝之舍人也楚王叱之胡不下吾乃與君言汝何爲者也毛遂按劒而前曰今十步之內王不得恃楚國之衆也王之命懸於遂且遂聞湯以七十里之地而王天下文王以百里之壤而臣諸侯今楚地方五千里持戟百萬此霸王之資也白起小豎子耳率數萬之衆興師以與楚戰一戰而舉鄢郢再戰而燒夷陵三戰而辱王之先人此百世之怨而趙之所羞而王弗知惡合從者爲楚非爲趙也吾君在前叱者何也諸侯乃定從

又曰范雎傳云秦昭王臨朝歎息應侯進曰臣聞主憂臣辱主辱臣死今大王中朝而憂臣敢請其罪王曰吾聞楚之鐵劒利而倡優拙夫鐵劒利則士勇倡優拙則思慮遠夫以遠思慮而御勇士恐楚之圖秦也

又曰李斯上書云今陛下服太阿之劒乘纖離之馬此數寶者秦不生一焉

又曰陳平閒行杖劒士渡河舡人見其美丈夫獨行疑其士將腰中當有金寶目之欲殺平平恐乃解衣躶而佐刺舡舡人知無有乃止

又曰鄒陽上書梁王云臣聞明月之珠夜光之璧以闇投人於道路人無不按劒相眄者何則無因而至前也

又曰高祖送徒驪山夜徑澤中令一人行前行前者還報曰前有大蛇當徑願還高祖曰壯士行何畏乃前拔劒斬蛇

又曰高祖置酒雒陽宮曰吾有三傑而能用之故吾以布衣提三尺劒取天下也項羽有一范增而不能用所以爲吾擒也

又曰高祖擊英布時爲流矢所中高祖問醫曰病可治否醫曰可治於是高祖慢罵之曰吾以布衣提三尺劒取天下此非天命乎命乃在天雖扁鵲何益

又曰伍負奔吴舡人濟之負感其德解寶劒賜之舡人曰子逹吴勿相志劒則不敢以當

又曰魏相爲丞相好武皆令諸吏有奏事者帶劒而前奏或有不帶劒者入奏事乃借錯劒而方敢入

又曰荆軻衞人之燕燕人謂之軻卿軻卿好讀書學擊劒以術說元君元君不用

又曰司馬相如好讀書學擊劒故毋名曰犬子

漢書曰雋不疑字曼倩渤海人治春秋爲郡文學進退必以禮名聞州郡武帝末暴勝之爲直指使者衣繡衣素聞不疑賢至渤海遣吏請與相見不疑冠進賢冠帶櫑具劒雄劒日櫑具摽首之櫑磊落壯大之皃

又曰時中國初定尉他平南越高祖使中大夫陸賈賜他印爲南越王王賜賈槖中裝千金賈有五男迺出所使槖中裝賣千金分其子子二百金賈常乘安車駟馬從歌鼓瑟侍者十人寶劒直百金謂其子曰與汝約過汝汝給人馬酒食極歡十日而更約所死家得寶劒其遊漢庭名聲藉甚言狼藉甚盛也

又曰朱博奏王莽爲庶人莽就國南陽太守以莽貴重選門下掾孔休守新都伯休謁見莽莽盡禮自納休亦聞其名莽後疾休候之莽緣恩意進其玉具劒欲以爲好休不肯受莽因見誠見君面有瘢美玉可以滅瘢休復辭讓莽曰君嫌其價耶遂椎碎自裹以進休乃受之

又曰朱雲曰臣願請上方斬馬劒斷佞臣一人首上問誰對曰安昌侯張禹上怒

又曰龔遂爲渤海太守務農勸人賣劒買牛曰可爲佩牛乎

又曰沛公從百餘騎見羽於鴻門羽因留沛公飲范增數目羽擊沛公羽不應范增起出謂項莊曰君王爲人不忍汝入以劒舞因擊殺之莊入爲壽壽畢曰軍中無以爲樂請以劒舞因拔劒起舞項伯亦起舞常以身翼蔽沛公獲免

又曰孝景帝賜衛綰曰先帝賜臣劒凡六不敢奉詔上曰劒人之所施獨亦至今乎綰曰具在上使取六劒尚盛未嘗服之也

又曰質氏以治削而鼎食注治刀劒也

又曰王莽使武賁以斬馬劒挫音嗟董忠

又曰梁冀帶劒入省尚書張凌呵叱令出冀跪謝凌不應因劾奏詔以一歲俸贖罪

楚漢春秋曰上過陳留酈生求見使者入通公方洗足問如何人曰狀類大儒上曰吾方以天下爲事未暇見大儒也使者出告酈生瞋目按劒入言高陽酒徒非儒者也

後漢書曰韓稜爲尚書令與僕射郅壽尚書陳寵同時俱以才能稱肅宗嘗賜諸尚書劒唯此三人特以寵劒自手署其名曰韓稜楚龍泉晉太康記曰汝南西平縣有龍泉可淬刀劒特堅利汝南即楚分野也郅壽蜀漢文陳寵濟南椎成推音直追切漢官椎成作鍛成時論者爲之說以稜深有謀故得龍泉壽明達有文章故得漢文寵敦朴善不見外故得椎成

謝承後漢書曰延熹中詔應奉曰蠻夷叛逆作難積惡放恣鑊中之魚火熾湯盡當急燋爛以刷國恥朝廷以奉昔守南土威名播越故復式序重任奉之發興期在於今賜奉錢十萬駮犀方具劒金錯把刀劒革帶各一奉其勉之

又曰吳郡張業字仲叔爲郡門下掾逐太守歸鄉里至河内遇賊業拔劒與賊交戰而死子武時幼不識父傷父喪不還每至節日持業遺劒至河内到業死處醊祭悲哀慼動路人

東觀漢記曰世祖十三年王國有獻名馬寶劒直百金馬以駕鼓車劒以賜騎士

又曰馮石襲母公主封獲嘉亦爲侍中稍遷衛尉能取悅當世爲安帝所寵帝嘗幸其府留飲十數日賜駮犀具劒紫艾綬玉玦各一

又曰建武二年遣馮異西擊赤眉平關中上自河南賜異乘輿七尺玉具劒

又曰光武有駮犀之劒以賜陳遵

魏志曰文帝爲太子時與鄧展飲酣論及劒術不决時方食甘蔗因以冐之下殿數交三中其臂

魏略曰嚴翰字公仲器性重厚篤好擊劒

魏氏春秋曰魏武過城皐故人呂伯奢伯奢不在家人爲供王聞其食器聲疑其圖己夜手劒殺八人旣見食飲而悽愴曰寧我負人無令人負我

吳書曰太史慈臨亡歎息曰丈夫生世當帶七尺之劒以升天子之階今所志未從奈何而死乎權甚悼惜之

晉書曰上公九命則劒履上殿

又曰張軌遣主簿令狐亞聘南陽王模甚悅遺軌以帝所賜劒謂軌曰自隴已西征伐斷割悉以相委如此劒矣

又曰武庫火歷代之寶孔子履漢高斬白蛇劒王莽頭皆失所在張華見龍劒排户而飛去

又曰何攀除兗州刺史錫班劒赤舃

又曰王如初聚衆作逆敗王敦牙稜愛驍武請敦配麾下稜甚加寵遇如數與敦將角射鬬爭爲過稜杖之如甚以爲恥初敦有不臣之迹稜每諫之敦常怒異色乃密使人激怒如勸令殺稜因稜閑晏如請劒儛爲歡稜從之如於是儛刀爲戲漸漸來前稜惡而呵之不止遂直前斬稜敦聞而佯驚亦捕如誅之

又曰張華傳吳之未滅也斗牛之間常有紫氣道術者皆以吳方強盛未可圖也唯司空張華以爲不然及吳平之後紫氣愈明華聞豫章人雷煥妙達緯象乃要煥宿屏人曰可共尋天文知將來吉凶因登樓仰觀煥曰僕察之久矣唯斗牛之間頗有異氣華曰是何祥也煥曰寶劒之精上徹於天耳華曰君言得之吾少時有相者言吾年出六

十位登三事當得寶劒佩之斯言效歟因問曰在何郡煥曰在豫章豐城華曰欲屈君爲宰密共尋之可乎煥許之華大喜即補煥豐城令煥到縣掘獄屋基入地四丈餘得一石函光氣非常中有雙劒並刻題一曰龍泉一曰太阿其夕斗牛間氣不復見焉煥以南昌西山北巖下土以拭劒光芒豔發大盆盛水置劒其上視之者精芒炫目遣使送一劒并土與華留一自佩或謂煥曰得兩送一張公豈可欺乎煥曰大朝將亂張公當受其禍此劒當繫徐君墓樹耳靈異之物終當化去不永爲人服也華得劒寶愛之常置坐側華以南昌土不如華陰赤土報煥書曰詳觀劒文乃干將也莫邪以復不至雖然天生神物終當合耳因以華陰土一斤致煥煥更以拭劒倍益精明華誅失劒所在煥子華爲州從事持劒行經延平津劒忽於腰間躍出墮水使人沒水取之不見劒但見兩龍各長數丈蟠縈有文章沒者懼而返須臾光彩照水波浪驚沸於是失劒華歎曰先君化去之言張公終合之論此其驗乎華之博物多此類

又曰載記云劉曜自以形質異衆恐不容于俗隱迹管涔山以琴書爲事嘗夜閑居二童子入跪曰管涔王使小臣奉謁趙皇帝獻劒一口置前再拜而去以燭視之劒長二尺光澤非常赤玉爲室背有銘云神劒服御除衆毒曜遂服之劒隨四時變爲五色

崔鴻後趙録曰張賓闊達有大節嘗自謂昆弟曰吾自言智筭鑒識不後張子房但不遇高祖耳勒與諸將下山東賓曰吾歷覽諸將獨胡將軍可與共成大事者乃提劒軍門大呼請見

宋書曰初世祖嘗賜謝莊寶劒莊以與豫州刺史魯爽別後爽反叛世祖因宴集問劒所在答曰昔以與魯爽別竊爲陛下杜郵之賜上甚悦當時以爲知言

梁書曰天監五年廬陵太守王希聃於高昌縣獲銅瑞劒二口以聞曰薄伐凶醜而龍淵耀質凶奴將滅白旗表徵

又曰七年會稽太守衡陽王元簡上言餘姚縣掘地得劒二口又於縣東江水中得劒一口文漫若雌雄

又曰羊侃初爲尚書郎以勇聞魏帝嘗謂曰郎官謂卿爲虎豈羊質虎皮乎試作虎狀侃因以手抉殿柱沒指魏帝壯之賜以珠劒

三國典略曰侯景篡位遷豫章王棟別宮白虹貫日三重其夜月入太微掩帝坐景所帶劒水精標無故墜落景身自俯拾心極惡之

五代周史曰鄭仁誨字日新晉陽人父霸累贈太子太師仁誨幼事唐驍將陳紹光紹光恃勇使酒嘗乘醉抽佩劒將剚刃於仁誨左右無不奔避唯仁誨端立以俟略無懼色紹光因擲劒於地謂仁誨曰汝有此器度必當享人間富貴

太平御覽卷第三百四十二

兵部七十四

劒中

吴越春秋曰越王允常聘歐冶子作名劒五枚三大二小一曰純鈞二曰湛盧三曰豪曹或曰盤郢四曰魚腸五曰鉅闕秦客薛燭善相劒王取豪曹示之薛燭曰非寶劒也夫寶劒五色並見今豪曹五色黯然無華殞其光亡其神矣王復取鉅闕示之薛燭曰非寶劒也夫寶劒金錫和同氣如雲煙今其光已離矣王復取魚腸示之薛燭曰夫寶劒者金精從理至本不逆今魚腸倒本從末逆理之劒也服此者臣弑其君子弑其父王取純鈞示之薛燭矍然而望之曰光乎如屈陽之華沈沈如芙蓉始生於湘觀其文如列星之芒觀其光如水之溢塘觀其色渙如冰將釋見日之光此純鈞者也王曰是也客有買此劒者市之鄉三十駿馬千疋千户之都二其可與乎薛燭曰不可臣聞王之初造此劒赤堇之山破而出錫若耶之溪涸而出銅雨師灑道雷公發鼓蛟龍捧爐天帝壯炭太一下觀於是歐冶子曰天地之精悉其伎巧造爲此劒吉者宜王凶者可以遺人凶者尚直萬金況純鈞者耶取湛盧薛燭曰善哉銜金鐵之英吐銀錫之精奇氣託靈有遊出之神服此劒者可以折衝伐敵人君有逆謀則去之他國允常乃以湛盧獻吴吴公子光殺吴王僚湛盧去如楚楚昭王寤而得之召風胡子問之此劒直幾何對曰赤堇之山已合若耶之溪深而不測群神上天歐冶已死雖有傾城量金珠玉不可與況駿馬萬户之都乎

又曰越王問范蠡用兵行陣對曰越有處女出於南林之中願君王問以手戰之道立可見也處女將見道逢老人自稱袁公袁公曰聞子善爲劒願一觀之女曰妾不敢有隱袁公即跳枝林之竹處女即捷其末公操其本而刺處女處女因舉杖擊之袁公即飛上樹變爲白猿女別去見越王越王大悅乃命五校之隊長高才習之以教軍人當此之時皆稱越女劒

又曰干將者吴人與歐冶同師俱作劒前獻劒壹枚闔閭得而寶之以故使干將造劒二枚一曰干將二曰莫耶莫耶者干將之妻名也干將作劒採五山之精合六合之英候天伺地陰陽同光百神臨觀天氣下降而金鐵之精未流莫耶曰子以喜爲劒聞於王王使子作劒三年不成者其有意乎干將曰吾不知其理莫耶曰夫神物之化須人而成今夫子作劒得無當得人而後成干將曰昔吾師之作冶也金鐵之穎不消夫妻俱入冶鑪之中莫耶曰先師親爍身以成物妾何難也於是干將夫妻乃斷髮揃（音翦）指投之鑪中使僮女（子一作）三百鼓橐裝炭金鐵乃濡遂以成劒陽曰干將而作龜文陰曰莫耶而作漫理干將匿其陽出其陰而獻之闔閭闔閭甚惜之

又曰伍子胥過江解劒與漁父曰此劒中有七星北斗文其直千金

越絶書曰楚王召風胡子而問之曰寡人聞吴有干將越有歐冶子此二人寡人願賫邦之重寶皆以奉子因吴王請此二人爲鐵劒可乎風胡子曰善於是乃令風胡子之吴見歐冶子干將使之爲鐵劒歐冶子干將鑿茨山洩其溪取其鐵英爲劒三枚一曰龍淵二曰太阿三曰工市劒成風胡子奏之楚王楚王見之精神太悅見風胡子問之

曰此三劍其名爲何風胡子曰一曰龍淵二曰太阿三曰工市楚王曰何爲龍淵太阿工市風胡子對曰欲知龍淵觀其狀如登高山臨深淵欲知太阿觀其鍔巍巍翼翼如流水之波欲知工市觀其鍔從文間起至脊而止如珠而不可衽文若流而不絕晉鄭聞此三劍而求之不得興師圍楚之城三年不解倉穀盡庫無兵革於是引太阿之劍登城而麾之三軍破敗士卒迷惑流血千里晉鄭之頭畢白楚王於是大悅曰此劍威耶寡人力也風胡子對曰劍之威也因大王之神楚王曰夫劍鐵耳固能有精神如此乎風胡子曰神農以石爲兵黃帝以玉爲兵禹以銅鐵爲兵天下皆服此亦鐵之神也王之德也

又曰闔閭冢吴縣昌門外名曰白虎丘盤郢魚腸之劍在焉十萬人治之葬三日白虎居上號曰虎丘

又曰伍子胥走吴至江上見漁者曰來渡我漁者知其非恒人即載入舡子胥即解其劍以與漁者曰吾先人之劍直百金請以與子也漁者曰吾聞荆王有令曰能得伍子胥者購之千金吾欲得荆王之千金何以子百金之劍爲漁者渡千斧之津曰亟食而去無令遣追者及子世子胥行即覆舡伏匕首自刎而死

琴操曰聶政父爲韓王治劍過期不成王殺之時政未生壯問母知之乃上太山遇仙人學鼓琴漆身爲厲吞炭變音七年琴成入韓逢其妻從置櫛對妻而笑妻泣曰君何似政齒政曰天下人齒相似反入山援石擊落其齒以刀內琴中刺韓王

列士傳曰干將莫耶爲晉君作劍三年而成劍有雄雌天下名器也乃以雌劍獻君留其雄者謂其妻曰吾藏劍在南山之陰北山之陽松生石上劍在其中矣君若覺殺我尔生男以告之及至君覺殺干將妻後生男名赤鼻具以告之赤鼻斫南山之松不得劍思於屋柱中得之晉君夢一人眉廣三寸辭欲報讎購求甚急乃逃朱興山中遇客欲爲之報乃刎首將以奉晉君客令鑊煑之頭三日三日跳不爛君往觀之客以雄劍倚擬君君頭墮鑊中客又自刎三頭悉爛不可分別分葬之名曰三王冢（列異傳曰莫耶爲楚王作劍藏其雄者搜神記亦曰爲楚王作劍餘悉同也）

孝子傳曰眉間赤名赤鼻父干將母莫耶父爲晉王作劍藏雄送雌母孕尺父曰男當告之曰出户望南山松上石上劍在其巔及産果男母以告尺尺破柱得劍欲報晉君客有爲報者將尺首及劍見晉君君怒烹之首不爛王臨之客以擬王王首墮湯中客因自擬之三首盡糜不分乃

爲三冢曰三王冢也

文士傳曰魏文帝愛楊脩才脩誅後追憶脩脩曾以寶劍與文帝文帝後佩之告左右曰此楊脩劍也

周斐先賢傳曰許嘉給縣功曹儀小吏常持劍侍臣功曹月朔晨朝并持炬火嘉於是忿然歎曰男兒爲吏不免賤役即投火於地以劍帶槐樹趨謁府門

南記曰魏應字尹伯任城人明魯詩章帝重之數進見論難於前特受賞賜劍玦衣服

先賢行狀曰王烈字彥考通識達道時國中有盜牛者牛主得之盜者曰我邂逅迷惑從今已後將改過子既已赦宥幸無使王烈聞之人有以告烈者烈以布一端遺之或問此人既有盜畏君聞之反與布何也烈曰昔秦穆公人盜其駿馬食之已而賜之酒盜者不愛其死以救穆公之

難今此盜人能悔其過懼聞之知是耻惡則善心將生故與布勸爲善也一年之中行路老父檐重人代檐行數十里欲至家置而去問姓字不以告頃之老父復行失劒於路有人行而遇之欲置而去懼後人得之劒主永失所取而髒募或能差錯遂守之至暮劒主還見之前者代檐人也老父攬其袂曰子前者代吾檐不得姓名今子復守吾劒于路未有若子之仁子請告吾姓名將以告王烈乃語之而去老父以告烈烈曰世有仁人吾未見之使人見之乃昔時盜牛人也

雷煥別傳曰煥字孔章鄱陽人善星曆卜占晉司空張華夜見異氣起牛斗華問煥見之乎煥曰此謂寶劒氣華曰時有相吾者云君當貴達身佩寶劒此言欲效矣乃以煥爲豐城令煥至縣移獄掘入三十餘尺得青石函一枚

中有雙劒文采未甚明煥取南昌西山黃白土用拭劒光豔照曜乃送一劒并少黃土與華自留一劒華得劒并土曰此干將也莫耶已復不至然天生神物終當合耳乃更以華陰赤土一斤送與煥煥得磨劒鮮光愈亮及華誅劒亡玉匣莫知所在後煥亡煥子爽帶劒經延平津劒无故墮水令人没水逐覓見二龍長數丈盤交須臾光采微發曜日映川

說苑曰經侯往過魏太子左帶玉具劒右帶環珮左光照右右光照左

又曰西閭過渡河而溺焉能說諸侯過曰干將莫耶拂鍾不錚以之攝履曾不如兩錢之錐（錚楚庚切）

又曰齊遣淳于髡到楚髡爲人頭小楚王甚薄之謂曰齊無人耶而使子來子何長也髡對曰臣無所長胥中七尺之劒欲斬无狀王王曰止吾但戲子耳即與髡共飲酒

監鐵論曰所謂利兵者非謂吳楚之鋏干將之劒也以道德爲城以仁義爲郭莫之敢攻莫之敢入文王是也以道德爲冑仁義爲劒莫之敢當莫之敢禦湯武是也今不建不攻之城不可當之兵而任匹夫之役而行三尺之刃亦細矣

魏文帝典論曰余好擊劒善以短乘長選兹良金命彼國工精而鍊之至于百辟其始成也五色駮鑪巨橐自鼓

又曰建安二十四年二月丙午魏太子丕造百辟寶劒長四尺二寸重一斤十有五兩淬以清漳厲以礛（音監）諸（音諸）飭以文王表以通犀光似流星名曰飛景（礛諸青礪石也）

世說曰王子喬墓在京陵戰國時人有盜發之者覩无所見唯有一劒停在室中欲進取之劒作龍鳴虎吼遂不敢

近俄而徑飛上天

又曰鍾會是荀濟北從舅二人情好不協荀有好寶劒可直百萬常在母鍾太夫人許會善書學荀手跡作書與母取劒仍竊去不還荀深知是鍾无求得求思所以報之鍾會兄弟共以千萬起新宅始成甚精麗未得移住荀善畫於是潛往畫鍾門堂並作太傅形像衣冠狀皃如平生二鍾來入門便大感慟於是宅遂空廢

陶弘景刀劒録曰夏禹字高密在位十年以庚戌八年鑄一劒長三尺九寸後藏之會稽秦望山腹上刻二十八宿文有背面面記星辰背記山水日月

又曰啓子少康在位二十九年歲次辛卯三年春鑄一銅劒上有八方面長三尺一寸頭方

又曰孔甲在位四十年以九年歲次甲辰採牛頭山鐵鑄

一劒銘之曰夾古文篆長四尺一寸

又曰太田在位三十二年以四年歲次甲子鑄一劒長二尺九寸文曰定光古文篆書

又曰武丁在位五十九年歲次戊午鑄一劒長三尺銘曰照膽大篆書

又曰周昭王瑕在位五十一年二年歲次壬午鑄五劒各投五岳鎮方岳大篆書長五尺

又曰簡王夷在位十四年歲次癸酉鑄一劒銘曰日駿長三尺大篆書

又曰秦昭王在位五年元年丙午鑄一劒長三尺銘曰誠大篆書

又曰始皇在位三十七年三年丁巳採北祇銅鑄二劒銘曰定秦李斯小篆書李斯刻一口埋在阿房閣下一口埋

在日觀臺長六尺

又曰前漢劉季在位十二年季以始皇三十四年於南山得一鐵劒長三尺小篆書銘曰赤霄及貴常服之此即斬白蛇之劒也

又曰文帝恒在位二十三年以初元十九年庚午鑄三劒各長三尺三寸銘曰神龜形以應大横之兆帝崩命入玄宮

又曰武帝徹在位五十四年以元光五年乙巳鑄八劒各長三尺六寸銘曰八服小篆書嵩霍衡華太山皆埋之

又曰宣帝詢在位二十五年太始四年鑄兩劒各長三尺一曰毛二曰貴以應足下毛之祥皆小篆書

又曰平帝衎在位五年元始元年辛酉掘得一劒上有帝名因服之大篆書

又曰新室王莽在位十八年建國五年庚午造威斗及神劒皆鍊五石爲之銘曰神勝萬國伏小篆書長三尺六寸

又曰劉更始聖公在位二年自造一劒銘曰更國小篆書

又曰後漢光武劉秀在位三十三年未貴時在南陽鄲水中得一劒文曰秀霸小篆書帝服之

又曰漢明帝　在位十八年元和元年戊午鑄一劒上作龍形沉之于洛水洛水清往往有人見

又曰章帝炟在位十三年建初八年鑄一金劒投之伊水中以厭膝人之怪弘景按水經伊水有一物如人膝頭有人浴輙引之投水

又曰安帝祐在位十九年永初七年鑄一劒藏峨嵋山巖山王也

又曰順帝寶在位十九年永建元年鑄一劒長三尺四寸

小篆書銘曰安漢後遂爲年號

又曰靈帝宏在位二十二年以建和三年鑄四劒銘曰中興一劒無故而失

又曰曹武帝曹操以建安二十年於谷中得一劒三尺六寸上有金字銘曰孟德王常服之

又曰齊王芳正始六年造一劒常服之無故失其刃但有空匣

又曰吴主孫權黃武五年採武昌山銅鐵作十口劒萬口刀各長三尺九寸刀頭方皆是南鋼越炭作之上有大吴篆字

又曰吴孫權赤烏中有人得淮陰侯韓信劒帝賜周瑜

又曰孫亮建興二年鑄一劒銘曰流光小篆書

又曰孫皓建初元年鑄一劒銘曰皇帝吴主小篆書

又曰蜀後主劉禪延熙二年造大金劍長一丈二尺鎮劍
口山往往人見輝光後人尠尠求覔不得
又曰宋劉昱元徽二年於蔣山頂造一劍銘曰永蜀小篆
書
又曰蜀主劉備章武元年辛丑採金牛山鐵鑄八鐵劍各
長三尺六寸一備自佩一與太子一與梁王理一與魯王
永一與諸葛亮二與張飛關羽一與趙雲並是亮書作風
角處所
又曰晉懷帝名熾永嘉元年造一劍長五尺銘曰步光篆
字
又曰東晉司馬衍咸和元年造劍十三口銘曰興國
又曰東晉司馬昌明太元十年於金華山頂埋一劍銘曰
神劍

又曰後魏道武帝登國元年於阿理鑄二劍一銘曰鎮山
一銘曰沈水並隸書
又曰明元帝以太常元年造一劍長四尺銘背曰太常
又曰太武帝至真君元年有道士継天師自爲帝造劍因
改元爲真君劍長三尺六寸隸書
又曰梁武帝蕭衍天監元年即位至普通中歲在庚申命
弘景造神劍十三口用金銀銅鐵錫五色合爲此劍長短
各依劍洞術法一曰凝霜道家三洞九真劍上刻真人玉
女名字二曰宮儀備齋六宮有劍神名無刃刻宮宿星皇
后服之三曰摛光備非常御斬刺長三尺六寸上刻風伯
雨師形名四曰九天出軍行師君執授將長五尺金鑄作
蚩尤神形五曰伐形刻符籙道家登真圖口決六甲神長
五尺亦曰四目突宮闈茵被卧止小室幄帳中長三尺五
寸七曰五威靈光長二尺許半身有刃上刻星辰北斗天市
天魁二十八宿服此除百邪魑魅去猒即伏用之八曰風
烏有惡鳥鳴起鎮之上有黃帝呪法禹步形勢用之九曰
司命行刑煞罰者執之賜萬姓自裁者十曰禮劍生畜男
子弧矢穀劍則用之
十二曰永昌鎮國安社用之長七尺十三曰閏劍長六尺所
以作十三口象閏月故也取上元甲子時加斗魁加歲正
月旦合合之取風雷雨震日止環偏長八寸文曰服之者
永治四方小篆文

太平御覽卷第三百四十三

兵部七十五

劒下

呂氏春秋曰伍員如吳過於荆至江上欲涉見一丈人刺小舡方將漁從而請焉丈人度之已絶江問其名族則不肯告解其劒以與丈人曰千金劒也願獻之丈人丈人不受曰荆國之法得伍員者爵執圭禄萬石金千鎰昔者子胥過吳尚猶不取今我何用子之千金劒爲乎伍員過於吳使人求之江上則不從得每食必祭之祝曰江上之丈人天地至大矣將奚不有名不可得而聞身不可得而見

又曰相劒者曰白所以爲堅也黄所以爲紉也黄白雜則堅且紉良劒也難者曰白所以不爲紉也黄所以爲不堅也黄白雜則不堅且不紉又柔則錈堅則折劒折且錈焉得爲利劒劒之精未華而或以爲良或以爲惡說使之也故有以聰明聽說則妄說者止无以聰明聽說則堯桀无別矣此忠臣之所患賢者之所以廢也

又曰荆有次非者㳄一作 得寶劒于干遂干遂邑名 還反涉江至於中流有兩蛟夾繞其舩次非謂舟人曰汝嘗見兩蛟夾舟而舟中之人有全活者乎舟人曰未之見也次非曰若如是吾固江中腐肉朽骨耳棄劒而已余何愛焉遂攘臂袪衣拔劒赴江刺蛟殺之而復上舟中之人皆獲全荆王聞之仕以執圭周禮侯執信圭楚以次非爲勇武侯 孔子聞之曰腐肉朽骨猶能除害見幾哉

又曰劒不徒斷車不自行或使之也

又曰楚王有涉江者其劒自舟中墜於水遽契其舟曰是吾劒之所從墜也舟止從其所契者入水求之舟已行矣而劒不行求劒若此不亦惑乎

龍魚河圖曰流洲在西海中地方三千里上多山川積石名爲昆吾石冶其石爲鐵作劒光明照洞如水精以割玉如土

又曰劒名飛揚

山海經曰鮫魚皮有珠文而堅可以飾刀劒口

又曰汲郡冢中得銅劒一枚長三尺五寸今所名干將劒明古者通以錫銅爲兵器

又曰有君子之國其人衣冠帶劒

廣雅曰斷蛇魚腸純鈞燕支蔡偷屬鏤干勝堂谿墨陽並劒名也

周遷輿服雜事曰劒所從來久矣其後唯朝服帶劒晉朝代之以木貴者玉飾首賤者以蚌金銀玳瑁爲雕飾

張敞晉東宮舊事曰太子儀飾有玉頭劒

古今注曰吳大帝有寶劒六一曰白虹二曰紫電三曰辟邪四曰流星五曰青冥六曰百里

十洲記曰流洲在西海中上有山川積石爲昆吾冶其石成鐵作劒光明照如水精狀割玉如泥

漢武內傳曰王母帶分景之劒上元夫人帶流黄揮精之劒

神仙傳曰真人去世多以劒代形五百年後劒亦能靈化其驗矣

西京雜記曰漢高祖斬蛇劒以七彩珠九華玉爲飾五色瑠璃爲匣刃上常如霜雪光景照外開匣拔鞘輙有風氣射人

拾遺記曰顓頊高陽氏有畫影劍騰空劍若四方有兵此劍則飛赴指其方則尅未用時在匣中常如龍虎吟

又曰越王勾踐使工人以白牛白馬祀昆吾山神以成八劍一名掩日以之指日則日光晝暗金者陰物也陰盛則陽滅二曰斷水晝水開即不合三曰轉魄指月蟾兎爲之倒轉四曰懸翦飛鳥遊過觸其刃如斬截焉五曰驚鯢以之泛海鯨鯢爲之深入六曰滅魂挾以之夜行不遇魑魅七曰却邪有妖魅見之則止八日真剛以之切玉斷金如刻削土木矣以應八方之氣也

雷次宗豫章記曰吳未亡恒有紫氣見於牛斗之間占者以爲吳方興唯張華以爲不然及平此氣逾明張華聞雷孔章妙達緯象乃要宿屏人問天文將來吉凶孔章曰無他象唯牛斗之間有異氣是寶物之精上徹於天耳此氣

自正始嘉平至今日衆咸謂孫氏之祥唯吾識其不然今聞子言乃玄與吾同今在何郡曰在豫章豐城張遂以孔章爲豐城令至縣移獄掘深二丈得玉匣長八九尺開之得二劍一龍淵二即太阿其夕牛斗氣不復見孔章乃留其一匣龍淵而進之劍至張公於密發之光焰韡韡煥若電發後張遇害此劍飛入襄城水中孔章臨亡誡其子恒以劍自隨後其子爲建安從事經淺瀨劍忽於腰中躍出初出猶是劍入水乃變爲龍逐而視之見二龍相隨而逝焉孔章曾孫穆之猶有張公與其祖書反覆桒根紙古字縣後有掘劍窟方廣七八尺

搜神記曰東越閩中有嶺高數十里下北隰中有大蛇長七八丈大十餘圍常病都尉及長吏下夢巫覡欲得童女常八月朝祭送蛇輒呑之已用九女李誕有小女名寄應募而行乃請好劍咋蛇犬作數斛深簽灌之以置穴口蛇出頭大如囷目如二尺鏡先啖深簽寄便放犬咋蛇以劍斫殺得九女髑髏越王乃娉寄爲后

又曰會稽賀瑒字彥琚得疾不知人唯心下溫二日蘇云吏已將上天入曲房房中有層架其上層有印中層有劍使瑒唯意所取而短不及上層取劍而出門吏曰恨不得印可策百神劍唯得使社公耳

異苑曰晉惠帝元康三年武庫火燒孔子屐高祖斬白蛇劍王莽頭等三物中書監張茂先懼難作列兵陳衛咸見此劍穿屋飛出莫知所向

辛氏三秦記曰三月三日秦昭王置酒河曲有神人自泉而出捧水心劍曰令君制有西夏

老子曰服文彩帶利劍

又曰善攝生者兵無所容其刃

莊子說劍篇曰昔趙文王喜劍劍士俠門而客三千餘人日夜相擊於前死傷者歲百餘人好之不厭如是三年國衰諸侯謀之太子悝患之募左右曰孰能說王之意止劍士者奉千金左右曰莊子當能太子使人奉千金莊子弗受與使者皆往見太子曰聞太子欲用周者絕王之喜好也太子曰然吾王所見者唯劍士也莊子曰諾周善爲劍太子曰吾王所好劍士也蓬頭突鬢垂冠縵胡之纓短後之衣瞋目而語難王見說之今夫子必儒服見王事必大逆莊子請治劍服三日太子乃見王王脫白刃待之莊子入殿門不趍見王不拜王曰子欲何以教寡人使太子先焉曰臣聞大王喜劍故以劍見王王曰子之劍何能禁制曰臣之劍十步一人千里不留行王大悅曰天下無敵矣莊子曰夫爲劍者示之以虛

開之以利後之以發先之以至願得試之王曰夫子休就
舍待命設戲請夫子王乃校劒士七日七夜死傷者六十
餘人得五六人使奉劒於殿下乃召莊子王曰今日使劒
士交劒莊子曰望之久矣王曰夫子御杖長短如何莊
子曰臣之所奉皆可臣有三劒唯王所用請先言而後試
王曰願聞三劒曰有天子之劒有諸侯之劒有庶人之劒
王曰天子之劒何如曰天子之劒以燕谿石城爲鋒齊岱
爲鍔晉衛爲脊周宋爲鐔韓魏爲鋏苞以四夷裹以四
時繞以渤海帶以常山制以五行論以刑德開以陰陽持
以春夏行以秋冬此劒直之無前舉之無上按之無下
運之無旁上決浮雲下絕地紀此劒一用匡諸侯天下服
矣此天子之劒也文王芒然自失曰諸侯之劒如何曰諸
侯之劒以智勇士爲鋒以淸廉士爲鍔以賢良士爲脊以

忠聖士爲鐔以豪傑士爲鋏此劒直之以無前舉之亦無
上按之亦無下運之亦無旁上法圓天以順三光下法方
地以順四時中和人意以安四鄉此劒一用如雷霆之震
也四封之內無不賓服而聽從君命者此諸侯之劒也王
曰庶人之劒如何曰庶人之劒蓬頭突鬢垂冠縵胡之纓
短後之衣瞋目而語難相擊於前上斬頸領下決肝肺此
无異鬭雞一旦命已絕矣无所用於國事今大王有天子
之位而好庶人之劒臣竊爲大王薄之王乃牽而上殿宰
人上食王三環之莊子曰王安坐定氣劒事畢矣於是文
王不出宮三月劒士皆伏斃其處矣

又曰干越之劒匣而藏之不敢輕用寶之至也

又曰大冶鑄金金踴躍曰我必爲鏌鋣

烈子曰魏黑卯以暱嫌殺兵邴章（暱嫌私也）邴章之子來丹
謀復父讎而丹氣甚猛其形甚露（露羸）恥假力於人誓以手
劒而黑卯力抗百人非人類也其視來丹猶鄒鷇也來丹
之友申抱曰子怨黑卯至矣黑卯之易子過矣將奚謀焉
來丹垂涕曰願子爲我謀申抱曰吾聞衛孔周其祖得殷
之寶劒三僮子服之卻三軍之衆奚不請焉來丹適衛見
孔周執僕禮請先納妻子後言所欲周曰吾有三劒唯子
所擇而皆不能殺人且先言其狀一曰含光視之不可見
運之不知其所觸泯然無際經物而物不覺二曰承影將旦
昧爽之交日夕昏明之際北面察之淡淡焉若有物存莫
有其狀其觸物也竊然有聲經物而物不疾三曰宵練晝
則見影而不見光夜方見光而不見形其觸物騞然而過（騞音休嚛）
隨過隨合覺疾而不血刃此三寶劒傳之十三世矣而
无施於事（不能害物）匣而藏之未嘗啓封來丹請其下者孔周

乃歸其妻子跪而授其下劒丹再拜受之執劒從黑卯醉
偃臥牖下自頸至腰三斬黑卯不覺丹以黑卯死趣而退
遇卯子於門又擊之三下如接虛卯子方笑丹知劒不能
殺人也歎而歸卯醒怒妻子醉而覆我使我嗌疾而腰急
其子曰丹之來過於門三招我亦使我躰疾而支強彼其
厭我哉

又曰宋有蘭子者以數千宋元君弄七劒迭躍之五劒常
在空中元君大驚立賜金帛

又曰周穆（王征西戎）戎獻昆吾之劒赤刃切玉如切泥

管子曰昔葛大盧之山發而出金蚩尤受而制之以爲劒
鎧此劒之始也

又曰羽劒珠飾者斬生之斧也

墨子曰良劒期乎利不期乎莫耶

孫卿子曰干將莫耶巨闕辟閭皆古之良劍也

尉繚子曰吳越臨戰左右進劍

吳子曰夫提鼓揮桴臨難決疑接兵用刃此將軍也一劍之任非將軍事也

又曰一賊鋏劍擊於市萬人無不觸辟者臣以爲非一人獨勇一市萬人皆不肖

尸子曰水試斷鵠鴈陸試斷牛馬所以觀良劍也

燕丹子曰荊軻左手把秦王袖右手椹碪諳其胷秦王曰今日之事從子計耳乞聽琴聲而死召姬人鼓琴琴聲曰羅縠單衣可裂詞態狀鞞二而絕八尺屏風可超而越鹿盧之劍可負而拔王於是奮袖超屏風而走荊軻擲劍中銅柱焉

淮南萬畢術曰拔劍倚戶兒不夜驚

又曰夫淳劍魚腸之始下夫擊則不能斷刺則不能入高誘注曰魚腸文繞屈襞若魚腸

又曰劍工或劍之似莫耶者唯歐治能名其種歐治良工也玉工眩玉之似碧盧者唯猗頓不失其情碧盧或作武夫猗頓魯之富人能知玉理不失其情也

抱朴子曰歐治不能鑄鉛錫爲干將

符朗子曰符朗棄千金之劍抱朴子趨曰何夫子棄大而存小乎符朗不應

賈子曰古者天子二十而冠帶劍諸侯三十而冠帶劍大夫四十而冠帶劍隸人不得冠庶人不帶劍

亢倉子曰蜚景之劍威集白日氣成紫蜺以之封穫則與劚俱衞切刃也無擇蜚景神劍也劚鎌也神劍雖利以之穫陷猶司於鎌刀者也及夫凶邪流毒沸渭不靖加之運掌之上千里之內不留行矣凶邪流毒溫疫之氣也此神劍之能辟凶邪故威光所行千里之內未嘗留止者也

宋玉大言賦曰長劍倚天外

班固幽通賦注曰衞靈公太子蒯聵爲無道好帶長劍長一丈公鍊乃作短者長一尺公知不可以傳國乃逐之

魏都賦曰劍則流彩之珎素質之寶或虹蔚波映或龜文龍藻服之可以威百蠻指麾可以開氐昏櫌

古詩曰要中鹿盧劍可直千萬餘博物志曰劍後擊鹿盧名曰屬鏤

又曰何意百鍊鋼化爲繞指柔

班固詩曰寶劍直千金

又曰延陵輕寶劍

曹子建詩曰撫劍西南望

江文通詩曰倚劍臨八荒

宋鮑昭詩曰雙劍將別離先在匣中鳴雌沈吳江裏雄飛入楚城吳江深無底楚闕有崇扃一爲天地別豈直限幽明神物終不隔千祀儻還并

梁吳均詠寶劍詩曰我有一寶劍出自昆吾溪照人如照水切玉如切泥鍔邊霜凜凜匣上風淒淒寄語張公子何當來見携

梁崔鴻詠劍詩曰寶劍出昆吾龜龍夾采珠五精初獻術千戶竟論都匣氣衝牛斗山形轉鹿盧欲知天下貴持此問風胡

曹植七啓曰步光之劍越劍名華藻繁縟飾以文犀彫以翠綠綴以驪龍之珠錯以荊山之玉陸斷犀象未足稱雋隨波截鴻水不漸刃

張景陽七命曰楚之陽劍歐冶所營陽劍名也耶谿之挺赤山之精銷踰羊頭羊頭鮮之也鏌以鍛成乃鍊乃鑠萬辟千灌皆鍊名豐隆奮椎飛廉扇炭神氣化成陽文陰縵既亦流綺星

連浮絲艷發光如散電質如曜雪霜鍔冰凝水刃霜潔形冠豪曹名珎巨闕指鄭則三軍白首麾晉則千里流血豈徒水截蛟鴻陸灑奔駟斷浮鵰以爲三絕重甲而稱利

又曰若其形震薛燭光駭風胡價兼三鄉聲貴兩都或馳名傾秦或夜飛去吴功冠萬載威曜無窮揮之者無前擬之者身雄可以從服九國横制八戎爪牙景附亟夏承風此蓋希代之神兵也

楚詞曰執棠溪棠溪劍名以拂蓬秉干將以割肉

又曰撫長劍兮玉珥珥劍鐔也

又曰余幼好此奇服年既老而不衰帶長鋏之陸離冠青雲之崔嵬嵬高皃

後漢公孫瑞劍銘曰天生五才金德惟剛從革作辛含景吐商辨物利用勳伐弥彰暨彼良工歐冶干將爰造寶劍巨闕墨陽精通皓靈擭兹休祥剖山竭川虹蜺消亡昭威燿武震動遐荒楚以定霸越以取強

晉裴景聲文身劍銘曰器以利顯實以名舉長劍耿介體文經武陸斷玄犀水截輕羽九功斯像七德是輔

晉張協太阿劍銘曰太阿之劍世載其美淬以清波斂以越砥如玉斯曜若景在水不運自肅率土從軌。梁簡文帝謝敕賚方諸劍等啓曰纔發玉函雕奇溢目始開牙檢麗飾交陳已定丹霞之暉乍比青雲之制身文且貴器用惟宜寒暑兼華左右相照

梁沈約爲東宮謝敕賜孟嘗君劍啓曰田文重氣殉名四豪莫及寶劍雄身故能威陵秦楚人高事遠遺物足奇謹加玩服以深存古

太平御覽卷第三百四十四

兵部七十六

刀上

釋名曰刀到也以斬伐到其所乃擊之也其末曰鋒言若蜂刺之毒利也其本曰環形似環也其室曰削削峭也其形峭殺裹刀體也室口之飾曰琫琫捧也捧束口也下末之飾曰琕琕卑也在下之言也短刀曰拍髀帶時拍髀旁也

又曰露拍言露見也佩刀在佩旁之刀也或曰容刀爲刀形而幾刃備容儀而已剪刀剪進前也書刀給書簡札有所刊削之刀也封刀鉸刀皆隨時名之也

說文曰刀兵也象形也㓵五各刀劒刃也削鞞也剞劂曲刀也鞞布頂切剞居綺切劂居衛切

字林曰琫佩刀下飾也天子以玉諸侯以金琕佩刀飾也

太公兵法曰刀之神名曰脫光

尚書曰赤刀大訓弘璧琬琰在西序孔安國注曰寶刀赤刀削也大訓虞書也

詩曰執其鸞刀

又曰何以舟之維玉及瑤鞞琫容刀舟帶也

禮記曰割刀之用鸞刀之貴貴其義也

左傳曰子皮欲使尹何爲宰子產曰猶未能操刀而使割也

穀梁曰孟勞魯之寶刀也

論語曰孔子之武城聞弦歌之聲夫子莞爾而笑曰割雞焉用牛刀

春秋繁露曰禮之所爲興也刀之在右白虎之象也

春秋演孔圖曰八政不中則天雨刀

史記曰郭解姊子負解之勢與人飲使之釂子削非其任強灌之人怒拔刀刺殺解姊子亡去

漢書曰昭帝遣李陵故人隴西任立政等三人俱至匈奴招陵立政等至單于置酒賜漢使者李陵衛律皆侍坐立政等見陵未得私語即目視陵而數自循其刀環握其足陰諭之言可歸漢也

又曰龔遂爲渤海太守民有帶持刀劒者使賣劒買牛賣刀買犢可爲帶牛而佩犢者也

又曰蓋寬饒奏事上以爲怨謗下吏寬饒引佩刀自剄北闕下衆莫不憐之

又曰李廣利爲貳師將軍征大宛軍中無水拔佩刀刺山飛泉涌出

又曰王尊爲東平王相王曰願觀相國佩刀尊前引刀視王

後漢書班固與弟超書曰竇侍中遺仲外楚騰陵錯橫刀璣卓音削一枚金錯半垂刀一枚

又曰河南尹朱儁爲董卓陳軍事卓折儁曰我百戰百勝決之於心卿勿妄說且汙我刀

續漢書輿服志曰佩刀乘輿黃金通身雕錯半鮫魚鱗金漆錯雌黃室五色諸侯黃金錯環挾半枚墨室公卿百官皆淳墨不半枚小黃門雌黃室中黃門朱室童子皆虎爪文虎賁黃室虎文其將白虎文皆以白珠鮫爲標口之飭乘輿者加翡翠山紆嬰其側

謝承後漢書曰丹陽方儲爲郎中章帝使文郎居左武郎居右儲正住中曰臣文武兼備在所用施上嘉其才以繁亂絲付儲使理之儲拔佩刀三斷之對曰反經任勢臨事

宜然
又曰應奉得賜金錯把刀
東觀漢記曰朱暉字文季年十三與舅母家屬入宛城道
遇賊欲奪婦女衣暉拔刀曰錢物可得諸母衣不可奪今
日朱暉死也賊義之笑曰童子内刀遂放遣
又曰賜鄧遵金對鮮甲緄帶一具金錯刀五十辟把刀墨
再屈環横刀金錯屈尺八佩刀各一
又曰祭遵襲略陽遣護軍王忠皆持鹵刀斧伐樹開道至
略陽襲隗囂
又曰班超曰臣秉聖威神出萬死之志冀立鉛刀一割之
用
又曰馬嚴爲陳留太守建初中嚴病遣功曹史李龔奉章
詣闕上親召見龔問疾病形狀以黃金十斤佩刀書刀革

帶付龔賜嚴遣太醫送方藥
又曰張步攻耿弇營飛矢中弇股以佩刀截之左右無知
者
獻帝春秋曰越騎校尉汝南伍孚忿董卓無道欲身自殺
之挾佩刀詣卓孚語畢辭出卓至閤執手孚因引刀刺卓
卓多力却不中即殺孚
英雄記曰董卓謂袁紹曰劉氏種不足復遺紹勃然曰天
下健者豈唯董公横刀長揖徑出懸節於上東門而奔冀
州
漢魏春秋曰劉琮乞降不敢告備備亦不知久而覺之遣
所親問琮琮令宋忠詣備宣旨是時曹公在宛備乃驚駭
謂忠曰卿諸人作事如此不早相語今禍至告我不亦大
劇乎引刀向忠曰今斷卿頭誠不足以解忿亦恥大丈夫

臨别復殺卿輩也
魏志曰王祥事後母至孝後母嫉之伺祥卧以刀斫之值
祥出外持刀斫着被祥知不言如故
又曰許褚從討袁紹於官渡時常從士徐他等謀爲逆以
褚常侍左右憚之不敢發伺褚休下日他等懷刀入褚至
下舍心動即還侍他等不知入帳見褚大驚愕他色變褚
覺之即擊殺他等太祖益親信之出入同行不離左右
又曰典韋陳留人形皃魁梧旅力過人好節俠襄邑劉氏
與睢陽李禮爲讎韋爲報之禮故富春長備衛甚謹韋乘
車載雞酒僞爲候者門開懷匕首入殺禮并殺其妻徐出
取車上刀戟步去禮居近市一市盡駭追者數百莫敢近
之
魏武帝令曰往歲作百辟刀五枚適成先以一與五官將

其餘四吾諸子中有不好武而文學將以次與之
吳志曰孫堅至錢塘會海賊掠賈人堅行操刀上岸以手
東西指麾若分部人兵以邏遮收賊賊望見以爲官兵捕
之即委財物散走
又曰孫權以公孫淵稱藩遣張彌許晏至遼東拜淵爲燕
王張昭諫切權不能堪按刀而怒曰吳國士人入宫則拜
孤出宫則拜君孤之敬君亦爲至矣而數於衆折孤孤常
恐失計昭熟視權曰臣雖知言不見用而每竭愚忠者誠
以太后臨崩呼老臣於床下遺詔顧命之言故耳因泣涕
横流權擲刀置地與昭對泣
吳書曰凌統怨甘寧殺其父操寧常備統不得讎之嘗於
呂蒙舍會酒酣統乃以刀儛寧起曰寧能雙戟儛蒙曰寧
雖能未若蒙之巧也因操刀持楯以身分之後權知統意

因令亭將兵從屯
江表傳曰孫權拔刀斫前奏案曰諸將吏敢復有言當迎
曹操者與此案同
蜀志曰初孫權以妹妻先主妹才捷剛猛有諸兄風侍婢
百餘人皆親執刀侍立先主每入心常懍懍
王隱晉書曰衛瓘監軍護軍鍾會素與瓘至厚坐則同
床行則同輿會書詠上欲殺胡烈等不瓘瓘言不可會
自削斧及問瓘何許聞消息相娛益露瓘廁上見烈故
給使令出語三軍會逼瓘不得議定經宿不眠各横刀
膝上
陸機晉書曰王濬之在巴郡也夢懸四刀於其上甚惡之
濬主簿李毅拜賀曰夫三刀為州而見四刀為益一也明
府其臨益州乎後果為益州

晉中興書曰初魏徐州刺史任城呂虔有佩刀工相之以
為必三公可服此刀虔謂別駕王祥曰苟非其人刀或為
害卿有公輔之量故以相與祥始辭之固強乃受祥為司
空祥死之日以刀授弟覽曰吾兒皆凡汝後必興足稱此
刀故以相與覽後弈世賢興於江東
又曰孫恩者亦名靈秀琅邪人孫秀之族也世世奉事此斗
之道恩叔泰字敬遠師事錢塘杜子恭弟子子恭有秘術
嘗就人借瓜刀其主求之子恭曰當送相還刀主行至嘉
興有魚躍入船中破魚得瓜刀其為神效往往如此
又曰郭翻武昌人墜刀於水路人為取翻仍以與之路人
不取至於三四固辭翻曰尔尚不取我豈能復得路人曰
我若取此將為天地鬼神之所責矣翻知其終不受復沈
刀於水路人悵然乃復驚沒為取之翻於是不逆其意十

倍刀價與之其廉不受惠皆此類矣
晉書曰元帝以劉琨為侍中太尉其餘如故并贈名刀琨
荅曰謹當躬自執佩馘截二虜
又載記曰慕容翰北投宇文歸既而逃還歸乃遣勁騎百
餘追之翰遥謂追者曰吾既思戀而歸理無反面吾之弓
矢汝曹足知無為相逼自取死也汝可百步豎刀吾射中
者汝便宜反不者可來前也歸騎解刀豎之翰一發便中
刀鐶追騎乃散
又曰赫連勃勃以叱干阿利領將作大匠發嶺北夷夏十
萬人於朔方之北黑水之南營起都城勃勃自言朕方統
一天下君臨萬邦可以統萬為名阿利性尤工巧然殘忍
刻暴乃蒸土築城錐入一寸即殺作者而并築之勃勃以
為忠故委營繕之任又造五兵之器精銳尤甚既成呈之

工匠必有死者射甲不入即斬弓人如其入也便斬鎧匠
又造百鍊剛刀為龍雀大環號曰大夏龍雀銘其背曰古
之利器吴楚湛盧大夏龍雀名冠神都可以懷遠可以柔
邇如風靡草威服九區世甚珍之復鑄銅為大鼓飛廉翁
仲銅駝龍獸之屬皆以黃金飾之列於宮殿之前凡殺工
匠數千以是器物莫不精麗
蕭子顯齊書曰世祖武皇帝諱賾字宣遠不豫從御延昌
殿乘輿始登階而殿屋鳴咤上惡之詔曰我識滅之後身
上着畫天衣純烏犀導常所服身刀長短二口鐵環者隨
我入梓宮
北齊書曰綦毋懷文造宿鐵刀其法燒生鐵精以重柔鋌
數宿則成鋼以柔鋌為刀　以五特之
脂斬甲三十札今襄國冶家所鑄宿鐵柔鋌是其遺法也

刀猶甚快利但不能截札耳

梁書曰席闡文爲西中郎中兵參軍領城局梁武帝之將起兵闡文勸穎曹同焉仍遣客田祖恭私報帝并獻銀裝刀帝報以金如意

南史曰韓子高會稽山陰人也家本微賤侯景之亂寓都下景平陳文帝出守吳興子高年十六爲總角容貌美麗狀似婦人於淮渚附部伍寄載還鄉里文帝見而問曰能事我乎子高許諾子高本名蠻子帝改名之性恭謹恒執備身刀

唐書曰李嗣業京兆高陵人也身長七尺壯勇絶倫天寶初隨募至安西頻經戰鬬于時諸軍初用陌刀業善用之每爲隊頭所向必陷

又曰王及善初除右千牛衛將軍高宗曰朕以卿忠謹故

與卿三品要職他人非搜辟不得至朕所卿佩大横刀在朕側知此官貴否

河圖曰怯目勇敢重瞳天雨刀楚之邦宋均注曰項羽

遁甲開山圖曰神芝五色生於名山之陰五色雲氣覆之其味甘苦以銅刀收之

又曰霍山有王石芝生大石上萬人牽終不拔以竹刀割之即斷

太公六韜曰大擔刀重一斤長四尺三百枚

傅咸奏事曰尚書舊奏給介士二百人人給大銅口刀各一枚

博物志曰周書云西域獻火浣布昆吾氏獻切玉刀浣布汙燒之則絜切玉刀切玉如泥一云切玉如蠟蜜布漢魏世有獻者刀則未聞

崔豹輿服注曰吳大皇帝有寶刀三一曰百錬二曰青犢三曰漏影

拾遺記曰帝解鳴鴻刀賜東方朔朔曰此刀黄帝時採首陽之金鑄爲此刀雄者已飛雌者獨在一出洞冥記

林邑記曰林邑王范文先是夷奴初收牛澗中得鱧魚私將還欲食之其主撿求文恐因曰將礪石還非魚也主往看果是石文知異看石有鐵鑄石爲兩刀呪曰魚爲刀若斫石入者文當爲此國王斫石即入人情漸附之

裴淵廣州記曰石林竹勁利削爲刀切象皮如截芧

楊泉物理論曰古有阮師之刀天下之所寶貴也阮之作刀受法於金精之靈七月庚辛見金神於冶監之門其父光色煒爗向而再拜神執其手曰子可教也阮致之閑宴設饌而問焉神教以水火之齊五精之陶用陰陽之候取剛軟之和行其術三年作刀千七百七十口而喪其明其

刀平背狹刃方口洪首截輕微絶絲髮之系斫堅剛無變動之異世不愙百金精求不可得也其次有蘇家刀雖不及阮家亦一時之利器也次有陽紀趙青間皆不能繼

虞喜志林曰古人鑄刀以五月丙午取純火精以協其數

也

魏武帝内戒令曰百錬利器以辟不祥攝服姦宄者也

搜神記曰宫亭湖孤石有估客下都經其下見二女子云可爲買兩量絲履自厚相報估客至都有好絲履并箱盛之自市一書刀亦在箱中既還以箱及香置廟中而去忘取刀湖中正汎忽有鯉魚跳入船中破魚得刀

祖台志怪曰廷尉徐元禮嫁女從祖興外兄孔正陽共詣徐家道中有土墻見一小兒倮身正赤手持刀長五六寸

坐牆上磨甚駛獨語因跳車上曲闌中坐反覆視刀輙舐
之至徐家門前桑樹下又跳下坐灰中復更磨刀日晡新
婦就車中見小兒持刀入室便刺新婦新婦應刀而倒扶
還解衣視心腹紫色如酒槃大有頃便亡鬼子出門僻刀
上有血塗桑樹火燃斯須燒盡
神異經曰南荒之中有如之何樹三百歲作華九百歲作
實實有核形如棗子長五尺金刀剖之則飴木刀剖之則
辛食之得地仙
列仙傳曰丁次卿者不知何許人也漢順帝賣刀遼東市
時人名之丁氏次卿有寶刀
神仙傳曰蜀人李阿傳世不老有古強者隨阿入青城山
恐有虎狼取父大刀阿見而怒取強刀以擊石刀折敗強
竊憂刀敗阿復取刀左右擊地刀復如故還強也

列異傳曰有神王方平降陳節方家以刀一口長五尺一
長五尺三寸名泰山環語節方曰此刀不能爲餘益然獨
卧可使無鬼入軍不傷勿以入廁溷且不宜久服三年後
求者急與果有戴阜以錢百萬請刀
録異傳曰有王更生者爲漢中太守郡界有袁氏廟靈響
更生過廟祭去而遺其刀而遣小史李高還取刀高見刀
在廟床上高進取去仰見座上有一君着大冠袍衣頭鬢
半白謂高曰可取還勿道見我後吾當祐汝高還如言不
道後高仕爲郡守當復遷爲郡高時年已六十餘祖高者
百餘人高乃道昔爲更生小吏見遺至廟所取遺刀見廟
神使吾莫道至今不敢道然心常以欺君爲慙言畢此刀
立刺高心下須臾死
廬江七賢傳曰漢武帝出淮陽劉對州不覧城問曰此鄉名
何陳翼對曰鄉名不覧上曰萬乘主所問不祥耶欲舉燔
之翼曰臣言不欺佩刀當生毛欺則無毛也視之刀有毛
長寸乃不燔
列士傳曰專諸持一剛刀置魚腹中以刺王僚
列女傳曰龐娥親者酒泉龐子夏妻趙君安女君安爲同
縣李壽所殺三子遭疫而死壽大喜娥親聞曰李壽汝莫
喜焉知娥親不手刃汝耶乃陰市刀志在殺壽後於都亭
奮刀斫壽刀折拔壽佩刀斷壽頭詣獄求死詔赦之
吴時外國傳曰扶南諸王殺其國人以刀斫刺往往有不
入者以汗露塗刀刃斫之乃入國人名之曰蟬也
蒲元傳曰君性多奇思得之天然鼻類之事出若神不嘗
見鍛功忽於斜谷爲諸葛亮鑄刀三千口鎔金造器特異
常法刀成白言漢水鈍弱不任淬用蜀江爽烈是謂大金

之元精天分其野乃命人於成都取之有一人前至君以
淬乃言雜涪水不可用取水者猶悍言不雜君以刀畫水
云雜八升何故言不取水者方叩頭首伏云實於涪津渡
負倒覆水懼怖遂以涪水八升益之於是咸共驚服稱爲
神妙刀成以竹筒密内鐵珠滿其中舉刀斷之應手靈落
若薙生蒭故稱絶當世因曰神刀今之屈耳環者是其遺
範也
費褘別傳曰孫權以手中嘗所執寶刀贈之褘荅曰臣不
才何以堪明命然刀所以討不庭禁暴亂者也但願大王
勉建功業同奬漢室臣雖闇弱不負來顧
桂陽先賢畫讃曰成武丁以疾而終殯畢其友從臨武縣
來至郡道與武丁相逢友曰子欲何之而不將人荅曰今
吾南遊爲過報小兒善護大刀到其門見其妻哭泣問之

荅曰夫没友大驚曰吾適與相逢乃發棺視了無所見遂
除縗絰而心喪之咸以武丁得神仙

太平御覽卷第三百四十五

兵部七十七

刀下

匕首

鈌

鈹

刀下

陶弘景刀劒錄曰董卓少時耕野得一刀無文字四面隱起作山雲文斫玉如木及貴示五官郎蔡邕邕曰此項羽刀也

又曰袁紹在黎陽夢有人授一寶刀及覺果在床前銘曰思紹思紹字也

又曰郭璞於太原得一刀文曰宜爲將後遂爲將軍及與蜀戰敗走遂失此刀

又曰王雙曾於市中買得一刀賣人曰得之者貴因之不見雙後佩之果爲將將此刀與曹真真以一刀換之

又曰鍾會克蜀於成都土中得一刀文曰太一刀會死入帳下王伯昇後渡浮江刀遂飛入水

又曰鄧艾年十二曾讀太山碑碑下掘得一刀黑如漆色長三尺餘上常有風氣冷淒淒然時人以爲神賜

又曰孫權遣張昭代周瑜爲南郡太守曾作一刀背上有盪冦將軍四字八分書

又曰蔣欽拜別部司馬造一刀文曰司馬古隷書

又曰周幼平擊曹公勝拜平虜將軍因造一刀遂銘曰幼平

又曰董元代少果勇自打鐵作刀後討黃祖蒙衡使河元代引刀斷蒙衝纜分爲二流大司馬號刀曰斷蒙刀

又曰潘文珪偏將軍爲擒關羽拜固陵太守因刻刀曰固陵

又曰朱理君少愛征討黃武中累功拜安國將軍作佩刀文曰安國

又曰關羽爲先主所重不惜身命自採武都山鐵爲二刀銘曰萬人及羽敗惜刀投於水

又曰張益德初受新亭侯自命匠鍊赤珠山鐵爲一刀銘刃曰新亭侯蜀帝大將也後被范強將此刀入吳

又曰黃中從先主定南郡得一刀赤如血於漢中擊夏侯軍一日之中手刃數百

又曰諸葛亮定黔中從青石祠過拔刀刺山沒刃不拔而去行者莫測

又曰蜀主劉備令蒲元造刀五千口皆連環及刃口刻七十二鍊柄中通之兼有二字

又曰西晉司馬炎咸寧元年造刀八千口銘曰司馬

又曰東晉司馬聃永和五年於房山造五口刀銘曰五方單符隷書

又曰前趙劉元海元熙二年造滅賊刀長三尺九寸隷字

又曰後蜀主李雄晏平元年造騰馬刀五百口隷字

又曰前凉張寔造刀一百口無故盡生文曰霸

又曰後趙石勒建平元年造一刀用五金工用萬人尖頭長三尺六寸銘曰建平隷書

又曰石勒未貴時耕得一刀銘曰石氏昌篆書

又曰石季龍建武十四年造一刀長五尺銘曰皇帝石勒氏隷書

又曰西涼李暠玄盛元造珠碧刀銘曰百勝隷書

又曰前秦苻堅甘露四年造一刀用五千功銘曰神術隷書

又曰前燕慕容俊元年造二十八口刀銘曰二十八將

又曰後燕慕容垂興元元年於中山造刀一口長三尺六寸隷書

又曰後秦姚萇建初元年造二刀長七尺一銘曰雄一曰雌隷字若叩即鳴

又曰西秦乞伏國仁建義三年造刀一口銘曰建義隷字

又曰後涼呂光麟嘉元年造一刀銘曰背麟長三尺六寸

又曰南涼禿髮烏孤大初三年造一刀狹小長三尺五寸青色匠云當作之時夢見一人被朱衣云吾是太一神故看尔作此刀有敵至刀必鳴後落突厥可汗處

又曰南涼慕容去明建平元年造刀四口文曰建平隷書

又曰北涼沮渠蒙遜永安三年造刀百口銘曰永安隷書

又曰夏赫連勃勃龍昇二年造五刀背上有龍雀環兼金鏤作一龍形長三尺九寸劉裕破長安得此刀後入梁

又曰北燕馮跋太平八年造一刀銘曰太平隷書

又曰宋高祖劉裕永初元年造一刀銘其背曰定國小篆書長八尺後入梁

又曰宋劉義符景平元年造一刀銘曰五色小篆書

又曰劉淮昇明元年掘得一刀銘曰上血其刀光照一室帝奇之常服至二年七月帝使楊王夫㑀織女王夫㑀不得懼死因用弒帝果如其銘故知吉凶其兆覩

又曰齊高祖蕭道成建元二年克位造一刀銘曰定業長五尺篆書帝自制之

又曰明帝鸞建武二年造一刀銘曰朝儀刀小篆書長四尺

又曰後魏宣武帝以景明元年於白鹿山造白鹿刀隷書

又曰後魏元昭成帝建國元年於赤冶城鑄刀十口金鏤赤冶二字隷書

莊子曰庖丁爲惠文君解牛丁曰今臣之刀十九年矣所解數千牛矣而刃若新發於硎彼節者有間而刀刃者無厚以無厚入無間恢恢乎其游刃必有餘地是以十九年而刀刃如新發於硎

列子曰周穆王征西戎獻赤刀切玉如切泥

墨子曰墨子見齊王曰有刀於此試之人頭倅然斷之可謂利也王曰利墨子曰刀則利矣孰將受其不祥王曰刀受其利試者受其不祥墨子曰并國覆軍賊殺百姓孰謂

受其不祥王俯仰曰我受其不祥

孔叢子曰秦王得西戎利刀以之割玉如割木

淮南子曰屠牛坦一朝解九牛而刀可以剃毛

又曰鈆不可以爲刀銅不可以爲弩鐵不可以爲弓木不可以爲斧

又曰金勝木者非以一刀殘林也土勝水者非以一𡎺塞江也（𡎺塊也）

法言曰刀不利筆不銛宜加諸礪

阮子曰裁國無利器猶鈆刀而望其巧

抱朴子曰金丹以塗刀辟兵萬里

論衡曰世諱厲刀井上恐刀墮井中或說以爲刑之字井與刀也厲刀井上井刃相見恐被刑也

典論曰魏太子丕造百辟寶刀三其一長四尺三寸六分

重三斤六兩文似靈龜名曰靈寶其二采似丹霞名曰含章長四尺四寸三分重三斤十兩其三鑒似崩霜刀身劒鋏名曰素質長四尺三寸重三斤九兩又造百辟露陌刀一長三尺二寸重二斤二兩狀似龍文名曰龍鱗

聖證論曰昔國家有優曰史利漢氏舊優也云梁冀有火浣布切玉刀一朝以爲誕而不信也正始初得火浣布乃信

楚辭曰師望在肆昌何識（師望謂太公也昌文王名也言太公在市肆而屠何以知識之）皷刀揚聲后乃喜（后謂文王）

又曰鈆刀進御遷棄太阿（太阿劒名）

張衡西京賦曰吞刀吐火雲霧杳冥畫地成川流渭通涇

劉楨瓜賦曰折以金刀四剖三離

曹植寶刀賦曰建安中家父魏王乃命有司造寶刀五枚三年乃就以龍虎熊馬雀爲識太子得一余及余弟饒陽侯各得一焉其餘二枚家王自杖之賦曰有皇漢之明后思潛達而玄通飛文義以博致揚武備以禦凶乃熾火炎爐融鐵挺英烏獲奮椎歐冶是營扇景風以激氣飛光鑑於天庭爰告祠於太一乃感夢而通靈然後礪以五方之石鑒以中黄之壤規貞景以定衆攄神思而造像垂華紛之葳蕤流翠采之晃燿陸斬犀象水斷龍舟輕擊浮截刃不瀐流踰南越之巨闕超有楚之太阿寔真人之攸御永天禄而是荷

樂府歌曰秦家有好女自名曰女休休年十四五爲宗行報讎左執白陽刀右據宛景矛

張華詩曰吴刀鳴手中利劒嚴秋霜

古詩曰美人贈我金錯刀何以報之雙瓊瑤

後漢馬敬通刀陽銘曰脩尔甲兵用戒不虞見危授命臨事而懼

又刀陰銘曰温温穆穆配天之威苗裔無疆福禄來綏

後漢李元錯佩刀銘曰佩之有錯抑武揚文豈爲麗好將戒其身

又金馬書刀銘曰巧冶練剛金馬託形黄文錯鏤兼勒工名

魏文帝露陌刀銘曰於鑠良刀胡練亶時譬諸麟角靡所任兹不逢不若永世寶持

曹植寶刀銘曰造兹寶刀既礱既礪匪以尚武予身是衛麟角匪觸鸞距匪躄

王粲刀銘曰相時陰陽制法利兵鍛剫犀兕水截鯢鯨君子服之式章威靈

何晏斫猛獸刀銘曰徒搏不共作戒宜立用造斯器螭獸是劉制禽允良昬明亶時永薦厥後彌民之災（一作斬虎刀銘曰螭虎是劉）

晉張協把刀銘曰赫赫名金昆吾遺璞裁爲把刀利亞切玉時文斯偃含精内燭威助雖化武不可黷

裴景聲文身刀銘曰良金百鍊名工展巧寶刀既成窮理盡妙文繁波廻流光雷（一作電）照在我皇世戢而不耀

張協露陌刀銘曰露陌在服威靈遠振遵養時晦曜得崇信

魏武策軍令曰孤先在襄邑有起兵意與工師共作卑手刀時北海孫賓碩來候孤譏孤曰當慕其大者乃與工師共作刀耶孤荅曰能小復能大何苦

曹植表曰昔歐冶改視鈆刀易價伯樂所眄駑馬百倍

王濬表曰孫皓出案行石頭還左右兵皆跳刀大呼云要當爲國家一死戰决之勝魏帝尚以千人定天下況今有數萬衆自足辦事皓意大喜便開庫藏盡出金寶以賜與之小人無狀得便持走

陶侃表曰伏承大官厨器損失謹奉獻狼炙刀槃二具

張衡與特進書曰以爲鉛刀強可一割

謝尚與張凉州書曰今致五尺金斷頭刀一口

班固與竇憲牋曰今月中　以令賜固刀　曰此將軍少小時所服今賜固伏念大恩且喜且慙

謝尚與楊征南書曰云今餉五尺金頭刀碧綾車中盾

梁簡文帝謝勑賚善勝威勝刀啓曰冰鍔含采彫琰表飾名均素質神號腕光五寶初成曹丕荷其二三勝今造愚臣揔被其恩錫韓非之書未足爲比給博山之筆方此更輕

梁劉孝儀爲晉安王謝東宮賜玉環刀啓曰苗峯琊鋋利極銛鋋謹當擁以雄身藉而安體

匕首

通俗文曰匕首劒屬其頭類匕故曰匕首短而便用

周禮冬官無桃氏曰桃氏爲劒廣臘二寸有半寸臘謂兩刃也兩從半之鄭司農云謂劒脊兩面殺趨鍔者也以其臘廣爲之莖圍長倍之鄭司農云莖謂劒夾人所握鐔以上也玄謂莖在夾中者莖長五寸也桼分其臘廣去一以爲首廣而圍之身長五其莖長重九鋝鋝音刷謂之上制上士服之身長四其莖長重七鋝謂之中制中士服之身長三其莖長重五鋝謂之下制下士服之上制長三尺重三斤十二兩中制長二尺五寸重二斤十四兩三分兩分下制長二尺重二斤一兩三分兩之一此今之匕首也各以其形皃大小帶之世上謂國勇力之士能用五兵者也樂記武王克商裨冕搢笏而虎賁之士說劒也

史記曰燕丹使荆軻刺秦王預求天下名匕首趙人徐夫人匕首取之百金使工以藥淬之以試人血濡縷無不立死者擿秦王不中見誅

漢書曰王莽避火宣室持虞帝匕首

東觀漢記曰鄧遵破匈奴得劒匕首二三千枚

魏志曰典韋好節俠襄邑劉氏與睢陽李禮爲讎韋爲報之懷匕首入殺禮徐步而去

後魏書曰叔孫俊　少聰敏十五內侍左右以便弓馬轉獵郎太宗初以俊爪牙與磨渾等拾遺左右遷衛將軍賜爵安城公朱提王悅懷刃入禁欲爲大逆俊覺悅動有異便引手於悅懷中得兩刃匕首遂執悅殺之太宗以俊功重軍國大計皆委之

說苑曰秦王以五十里封鄢陵君鄢陵君辭不受使唐且謝秦王秦王怒曰嘗見天子之怒乎一怒伏尸百萬流血千里唐且曰大王嘗聞布衣韋帶之士怒乎一怒伏尸二人流血五步即案其匕首起曰今將是矣王變色長跪曰先生就坐寡人喻矣秦破韓滅魏鄢陵獨以五十里存者徒用先生故乎

零陵先賢傳曰劉章請劉備璋將楊懷數諫備誤主人請璋子禕及懷酒酣備見懷佩匕首備出其匕首謂曰將軍匕首好孤亦有可得觀之懷與之備得匕首謂懷曰汝小子何敢間我兄弟之好邪懷罵言未訖備斬之

典論曰昔周魯之寶赤刀孟勞楚越稱太阿純鈞余善擊劒能以短乘長故選茲良金命彼國工精而鍊之至于百辟其始成也五色充鑪巨囊自鼓靈物彷彿飛鳥翔舞以爲三劒三刀三匕首因姿定名以銘其柎惜乎不遇薛燭

青萍也其三劒一曰飛景長四尺二寸二曰流采長四尺二寸三曰華鋌色似綵虹長四尺二寸其三刀一曰靈寶長四尺二寸似靈龜二曰含章采似丹霞長四尺四寸三曰素質長四尺三寸刀身而劒鋏其三匕首一曰清剛長二尺三寸光似堅冰二曰楊文長二尺一寸重一斤六两曜似朝日三曰龍鱗狀似龍文

又曰昔周魯寶鹿狐之戟屈盧之矛狐父之戈徐氏匕首凡斯皆上世名器用子雖有文事必有武備矣

諸葛亮教曰作部仲匕首五百枚以給騎士

鹽鐵論曰荆軻懷數年之謀事不就者以尺八匕首不足恃也

神仙傳曰有書生姓張就李仲文學隱術久無所得患之張懷匕首斫之仲文笑曰我寧可殺

拾遺記曰漢太上皇微時常佩一刀長三尺上有名字雖難識疑是殷高宗伐鬼方時物也上皇遊豐沛山中寓居窮谷裏有冶鑄上皇息其傍問曰此鑄何器工笑荅曰天子鑄劒愼勿泄上皇謂戲辭無疑色工人曰今所鑄剛礪製器難成若得翁腰間佩刀雜而冶之即成神器可以尅定天下昴星爲輔以殲三猾木衰火盛此爲興何上皇曰余此物爲匕首其利難儔水斷虬龍陸斬虎豹魑魅魍魎莫能逢之切玉鐫金其刃不卷工人曰若不得此匕首以和鑄雖歐冶專精越礪劒鍔終爲鄙器上皇即解之以投鑪中俄而煙燄衝天日爲之晦及乎劒成殺三牲以釁祭工問上皇曰何時得此匕首荅曰秦昭襄王時余時行逢一野人於野授余云是殷高宗初時物此世世相傳上有古書字記其年月及成劒工人視之其銘尚存叶前疑也工人即持以授上皇上皇賜高祖高祖長佩於身以殲三猾天下已定呂后藏於寶庫之中守藏者見白氣如雲出户外如龍虵庫名曰靈禽藏及諸呂擅權白氣亦滅案鈎命決蕭何爲昴星精項羽陳勝胡亥爲之三猾

晋張載匕首銘曰先民造制戒豫惟謹匕首之設應速用近既不忽備亦無輕忿利以形彰功以道隱

鋏

史記曰馮煖聞孟嘗好客見之君置之傳舍五日彈其劒鋏而歌曰長鋏歸來兮食無魚君遷之幸舍五日彈其鋏歌曰長鋏歸來兮出無輿又遷之代舍五日又彈其劒歌曰長鋏歸來兮無以爲家一出戰國策

曹子建詩曰長鋏鳴鞘中

晋張協長鋏銘曰五才並建金作明威長鋏陸離頚凶防

違素刃霜厲溢景横飛

又短鋏銘曰器用名品詭制殊觀名有短鋏清暉載爛昔在光明戢兵靜亂惟皇寶之優而弗玩

左思吴都賦曰毛羣以齒角爲矛鋏劉淵林注曰鋏刀身劒鋒有長有短也

鈹

說文曰鎩鈹有鐔也鈹普皮切

左傳昭七年曰吴公子光伏甲於窟室而享王門階户席皆王親也夾之以鈹羞者薦體抽劒刺王鈹交於胷

左思吴都賦曰羽族以觜距爲刀鈹鈹兩刃小刀也

太平御覽卷第三百四十六

兵部七十八

弓

釋名曰弓穹也張之穹隆然也其末曰簫言簫邪也又謂之弭以骨爲之滑弭弭也中央曰弣孚主切一作柎弣撫也所撫持也簫弣之間曰淵淵宛也言宛曲也

說文曰弓近窮遠象形也弴音彫又音敦畫弓也弭弓無緣可以解轡紛也弲許緣切角弓也弧木弓也一曰往體寡來體多曰弧弨尺招切又勑朝切弓反也𢐀音權弓曲也繇音遙弓便利也張施弓絃也彏郭鳥切弓急張也弸拍生切又部矜切弓強貌也彎持弓關矢也弙一弧切滿弓有所向也弘弓聲也

又曰韣音獨韔音暢弓衣也

又曰觲音端獸狀似豕角善爲弓出胡尸國一日出休尸國

山海經曰少皞生般始爲弓矢郭璞注曰般音班世本云牟夷作矢揮作弓弓矢一器作者兩人於義有疑此言般作之是也帝俊賜羿彤弓素矰以扶下國以射除患扶助下國也○世本曰揮作弓宋衷注曰揮黃帝臣也○孫卿子曰倕作弓

龍魚河圖曰弓之神名曰曲張太公兵法又曰弓神名曲張

方言曰弓藏謂之韇音獨箭衣也○墨子曰羿作弓

爾雅曰弓有緣者謂之弓郭璞注曰即今宛轉弓也無緣者謂之弭今之角弓也以金者謂之銑以蜃者謂之珧音遙以玉者謂之圭用金蚌玉飾弓兩頭因以爲名也

易曰弦木爲弧剡木爲矢弧矢之利以威天下蓋取諸睽

又曰公用射隼于高墉之上獲之無不利

又曰先張之弧

尚書曰和之弓在東房孔安國注曰和古之弓人

又曰平王錫晉文侯彤弓一彤矢百玈音盧弓一玈矢千

又曰備乃弓矢

詩曰彤弓天子錫有功諸侯也彤弓弨兮受言藏之弨弛也

又曰騂騂角弓翩其反矣騂騂調利也

又曰既張我弓

又曰弓矢斯張

又曰四牡翼翼象弭魚服鄭玄注象弭弓反末彆者以象骨爲之以助御者彆必袂切

禮記曰男子生桑弧蓬矢六射天地四方注云天地四方男子所有事也

又曰凡遺人弓者張弓尚筋弛弓尚角弓有往來體皆欲其下曲隤然左手執簫右手承弣簫弭頭也尊卑垂帨帨佩巾也磬折則佩垂授受之儀尊卑一也

又曰越棘大弓天子之戎器也

又曰良弓之子必學爲箕

又曰武王克商後干戈弓矢包之以虎皮

周禮曰司弓矢掌六弓四弩八矢之法辯其名物而掌其

守藏與其出入仲春獻弓弩仲秋獻矢箙弓弩成於和矢服成於堅也箙盛矢器也以獸皮爲之及其頒之王弓弧弓以授射甲革椹音砧質者夾弓庾弓以授射豻音岸又俄寒切侯鳥獸者唐弓大弓以授學射者及使者勞者王弧夾庾唐大六者弓異體之名往體寡來體多曰王弧往體多來體寡曰夾庾天子之弓合九而成規諸侯合七而成規大夫合五而成規士合三而成規句者謂之敝弓凡祭祀共射牲之弓矢射牲者示親殺也國語曰天子必自射其牲澤共射椹質之弓矢鄭司農云澤澤宮也所以習射選士之處也射義曰天子將祭必先習射於澤者所以擇士也大射燕射共弓矢如數

又曰庭氏掌射國中之夭鳥馬融傳曰國中夭鳥梟鵄惡聲之鳥也若不見其鳥獸則以救日之方與救月之矢夜射之獸虎狼嘷鳴也救日食則伐鼓於社面射太陽救月蝕則伐鼓南面射太陰以此弓矢射之若其神也則以太陰之弓與枉矢射之枉矢名也

又曰弓長六尺謂之庇軹五尺謂之庇輪四尺謂之庇軫軹轂木也

又曰弓人爲弓取六材必以其時六材既聚巧者和之幹也者以爲遠也角也者以爲疾也筋也者以爲深也膠也者以爲和也絲也者以爲固也漆也者以爲受霜露也六材之力相得而足凡取幹之道七柘爲上檍音億次之檿桑山桑也次之橘次之木瓜次之荆次之竹爲下凡相幹欲赤黑而陽聲赤黑則鄉心陽聲則遠根陽猶清也凡析幹射遠者用勢射深者用直凡爲弓冬析幹而春液角夏治筋秋合三材冬定體爲弓長六尺有六寸謂之上制上士服之弓長六尺有三寸謂之中制中士服之弓長六尺謂之下制下士服之人各以其形皃大小用此弓也

又曰弓力有三均謂之九和安弓危矢危弓安矢

儀禮曰射告賓曰弓矢既具有司請射賓與大夫弓倚于西序矢在弓下

左傳曰王賜晉文公彤弓一彤矢百玈弓十玈矢千

又曰武王克商作頌曰載櫜弓矢

又曰楚子享公于新臺使長鬣者好以大屈宴好之賜也大屈弓名也

又曰舟堅射陳武子中手舟堅季氏之臣也失弓而罵武子罵也

又曰周公相王室以尹天下於周爲睦分魯公以大路大旂夏后氏之璜封父之繁弱封父古之諸侯也繁弱大弓名也封之於少昊之墟

又曰魯伐齊士皆坐列顏高之弓六鈞皆分取傳而觀之顏高魯人也三十斤爲鈞六鈞一百八十斤也故異之

又曰子蕩以弓梏華弱于朝

又曰楊虎稅甲如公宮取寶玉大弓以出

又曰齊景公田于沛招虞人以弓不進公使執之辭曰旌以招大夫弓以招士皮冠以招虞人臣不見皮冠故不敢進

又曰晉楚戰於鄢陵郤至三遇楚子之卒見楚子必下免冑而趨風楚子使工尹襄問之以弓杜預注曰問遺之也

又曰楚靈王次于乾谿左尹子革夕王與之語曰昔我先王熊繹辟在荆山唯是桃弧棘矢以供禦王事

穀梁曰八年盜竊大弓大弓者武王之戎弓也周公受賜藏之魯

崔贛易林曰桃弓葦戟除殘去惡

郭璞毛詩拾遺曰象弭魚服毛云弭弓反末彆者以象骨爲上蓋俗說文誤也

左傳曰左執鞭弭弭者弓之別名謂以象牙爲弓今西方

有以犀角及鹿角爲弓者

春秋佐助期曰天弓主司弓弩之張神名推亡

史記曰上迎寶鼎於中山有路弓乘矢集獲壇下

又曰黃帝騎龍上天小臣不得上悉持龍髯髯拔墮黃帝之弓百姓望帝抱其弓而號後世因名其弓曰烏號

又曰漢高祖擒韓信信曰高鳥盡良弓藏敵國滅謀臣亡天下已定我固當烹

又曰子貢說越王以兵從吳伐齊越王乃使以泰屈盧之弓步光之劍以賀

續漢書曰鮮卑亦東胡之支也禽獸異於中國者有野馬原羊角端牛以角爲弓世謂之角端弓者也

東觀漢記曰祭彤爲遼東太守至則厲兵馬遠斥候彤有勇力能貫三百斤弓

又曰蓋延字巨卿漁陽要陽人以氣聞身長八尺彎弓三百斤

謝承後漢書曰朱穆爲尚書歲初百官朝賀有虎賁當階置弓於地謂群僚曰此天子弓誰敢干越百僚皆避之穆呵之曰天子之弓當戴之於首上何敢置地大不敬即收虎賁付獄治罪皆肅然服之

張璠漢記曰陳球爲零陵太守州兵朱蓋等反與桂陽賊胡蘭數萬人轉攻零陵球城守弦大木爲弓羽矛爲矢引機發之遠射千餘步斬朱蓋等

魏志曰句驪別種居小水因名小水貊出好弓所謂貊弓也挹婁弓長四尺力如弩矢用楛長尺八寸青石爲鏃古肅慎國也

魏要略曰北方有槀離之國其王侍婢有身王欲殺之婢云有氣如雞子來下我故有身後生子王捐之於溷中猪以喙噓之徙馬閑馬以氣噓之王疑以爲太子令其母收畜之名曰東明常令牧馬東明善射王恐奪其國殺之東明走南至奄水以弓擊水魚鼈浮爲橋東明得渡魚鼈解散追兵不得渡東明因都王夫餘之地

王隱晉書曰劉琨與丞相牋曰不得進軍者實困無食殘民鳥散録召之曰皆披林而至衣服藍縷木弓一張荆矢十隻

晉中興書曰符健匈暴露刃張弓推鉗鋸鑿殺人之具備置左右

晉令曰弓弩士習射者給竹弓角弓皆二人一張

沈約宋書曰蕭思話爲梁州太祖賜以弓琴手勑曰丈人頃何所作事務之暇故以琴書爲娛耳并往桒弓一張材理乃快先所常用既久廢射又多病略當不能制之便成老公令人歎息良材美器宜在盡用之地丈人真無所與讓也

梁書曰羊侃膂力絶人所用弓至二十石馬上用六石弓

三國典略曰齊綦連猛有勇力梁使來聘有武藝人求欲相角猛帶兩鞬左右馳射併取四弓疊而挽之梁人嗟服

後魏書曰傅融性豪爽有三子靈慶靈根靈越並有才力融以此自負謂足爲一時之雄嘗謂人曰吾昨夜夢有一駿馬無堪乘者人曰何由得人乘之有一人曰唯有傳靈慶堪乘此馬又有弓一張亦無人堪引有一人曰唯有傳靈根可以彎此弓又有數紙文書人皆讀不能解此文有一人曰唯有傳靈越可以解之融意謂其三子文武材幹堪以駕馭當世常密謂鄉人曰汝聞之不萬虫之子有三靈此圖讖之文也好事者然之故豪勇之士多相歸附

唐書曰太宗謂蕭瑀曰朕少好弓矢自爲能盡其妙近得良弓十數以示弓工乃曰非良材也朕問其故工曰木心不正脉理皆邪弓雖剛勁而遣箭不直非良弓也朕始悟焉朕以弧矢定四方使弓多矣有天下之日淺得爲治之意固未及於弓弓猶失之何況於治乎自是遂延耆老問之政術京官五品已上更宿中書内省上每延與語詢訪外事務知百姓疾苦政教之得失焉

家語曰楚共王出遊亡其烏嘷之弓（烏嘷良弓名也）左右請求之王曰止也楚人失弓楚人得之又何求焉孔子聞之曰惜乎其不大也宜曰人遺弓人得之而已何必楚也

又曰弓調而後求勁焉

國語曰周宣王時有童謡檿弧箕（音㯂）服實亡周國有夫婦

鸞是哭者王執而戮之乃奔褒（賈逵注曰箕檿木名服矢箙）得弃女子於野而養之是爲褒姒卒以喪周

又曰更盈侍魏王見一鴈過曰臣能遥弓而落鴈乃彎弓向鴈鴈即落

又曰鄢之戰郄至三逐王卒王使工尹襄問之以弓郄至甲冑而見客免冑而聽命

韓詩外傳曰齊景公使人爲弓弓人之妻曰此弓者泰山南烏號之柘燕牛之角荊麋之筋河魚之膠四物者天下之精材也

戰國策曰楚人有好以弱弓微繳加歸鴈之上者頃襄王聞召而問之對曰見六雙王何不以聖人爲弓以勇士爲繳時張而射之此六雙者可得而囊載也

越絶書曰麻林山勾踐欲伐吳種麻爲弓弦使齊人守之

典略曰蘇秦説韓宣王曰今韓地方九百里帶甲數十萬强弓勁弩皆射六百步之外

劉向説苑曰齊攻魯子貢見哀公請求救於吳公曰奚先君寶之用子貢曰使吾寶而與我師是不可恃也於是以楊幹麻筋之弓六往

江表傳曰高句驪王遣使貢孫權角弓

吳時外國傳曰扶南之先女人爲主名柳葉有摸趺國人字混慎好事神一心不懈神感至意夜夢人賜神弓一張教載賈人舶入海混慎晨入廟於神樹下得弓便載大船入海神迴風令至扶南柳葉欲劫取之混慎舉神弓而射焉貫船通度柳葉懼伏混慎因至扶南

鄴中記曰石虎女騎皆手持雌黄宛轉角弓

遁甲開山圖曰河東有獨頭山多青檀可以爲良弓

括地圖曰神弓在南山石泥渚中

三禮圖曰彤弓天子所用蒃弓卿已下所用也

崔豹輿服注曰兩漢京兆河南尹及執金五司隸校尉皆使人導引傳呼行者止坐者起四人持角弓走者射之有乘高闚者亦射之晉魏設弓而不用焉

古史考曰烏號柘樹枝長而烏集將飛枝彈烏烏乃號呼以柘爲弓因名曰烏號

風俗通曰烏號弓者柘桑之枝枝條暢茂烏登其上垂下着地烏適飛去從後撥殺取以爲弓因名烏號耳

又曰白鸜古弓名（出類聚邊崖）

沈懷遠南越志曰宋昌縣有棘竹長十尋俚人取以爲弓

又曰沙麻竹人削以爲弓弓似弩淮南所謂浮子弩也

南州異物志曰烏滸人士有竹皮厚寸餘破以作弓長四尺名曰弧弓

廣志曰緣沉古弓名

博物志曰徐偃王既治其國仁義著聞欲舟行上國乃通溝陳蔡之間得朱弓矢以已得天瑞遂因名爲號自稱徐偃王

列女傳曰晉平公使工人爲弓三年乃成射不穿一扎公怒將殺工其妻繁人之女也見公曰妾之夫造此弓亦勞矣幹生太山之阿一日三覩陰三覩陽傳以燕牛之角纏以荊麋之筋糊以河魚之膠此四者天下選也而不穿一扎是君不能射也而反欲殺妾之夫不亦謬乎妾聞射之道左手如拒右手如附枝右手發之左手不知此射之道也公以其言爲儀而穿七扎弓工立得出賜金三鎰（綦毋邃注曰繁人官名扎鎧扎也燕角善楚筋何膠淵也）

管公明別傳曰信都令家中婦女盡驚更互疾病使公明爲占之卦成語曰君北室床西頭當有兩死男人一鬼持矛一鬼持弓箭頭在壁中脚在壁外持矛者主刺頭故頭重痛不得舉持弓箭者主射胷腹故心中懸痛不得飲食晝則浮遊夜還病人故驚恐若徙其屍柩便皆丁強於是令歸室中果得兩楸棺中有角弓及數箭物已久遠木消爛徙骸埋之合家皆愈

洞林曰曲阿令趙元瞻兒字虎舒從吾學卜自求蓍作卦見吾有盛艾小陵龜欲得之不與語之曰當作卦相爲致此物令自來復數日果有一龜入廐虎舒後見吾言偶有一物試可占之若得當再拜輸一好角弓即便作卦曰案卦之是爲龜虎舒奉弓起再拜

老子曰天之道其猶張弓乎高者抑之下者舉之

列子曰紀昌學射於飛衛飛衛曰尒先學不瞚而後能又使學視小如大紀昌氂懸虱於牖南面而望之三年之後如輪覩物皆丘山也乃以燕角之弧朔蓬之幹射之貫虱之心而懸不絕

孟子曰不仁不智無禮無義人役也人役而耻爲役猶弓人而耻爲弓

孔藂子曰楚王張繁弱之弓載忘歸之矢射蛟兕於雲夢

胡非子曰一人曰吾弓良無所用矢一人曰吾矢善無所用弓羿聞之曰非弓何以往矢非矢何以中的令合弓矢而教之射

孫卿子曰繁弱鉅黍古之良弓也（廣雅又云）

又曰天子雕弓諸侯彤弓大夫黑弓禮也

魯連子曰楚王成章華臺酌諸侯酒魯君先至楚王悅之與大曲之弓

闞子曰宋景公謂弓人曰爲弓亦遲矣對曰臣不得見公矣公曰何也臣之精盡於弓矣獻弓而歸三日而死公張弓登虎圈之臺東面而射矢踰西霜之山集彭城之東其餘力逸勁飲羽於石梁夫盡精於一弓而身爲夭死況治天下奈何其獨也

尸子曰鴻鵠在上扜弓彀（同彏）弩待之若發若否問二五弗知非二五難計也欲鴻之心亂也

抱朴子曰金弧王弦無激矢之能

又曰農夫得彤弓以駈烏南成得衮衣以負薪猶世人得仙丹而不貴

淮南子曰射者扜烏號之弓彎綦衛之箭（扜張也彎引也綦美箭所出地名也衛利也烏號柘桑其材堅勁烏跱其上及飛至枝下勁能復起撲烏隨之烏不敢飛號呼其上伐其材以爲弓因曰烏號之弓也一說黃帝鑄鼎於湖得道而仙乘龍上天其臣援弓射龍欲下黃帝不能也烏於也號呼也於是抱弓而號也自以名其弓爲烏號之弓也）重之羿逢蒙子之巧以要飛鳥（羿古諸侯有窮之君也逢蒙羿弟子皆攻射而百發百中故曰之巧要取）猶不能與羅者競多（競逐也）何則以所持之小也

又曰淇衛箘路（箘箭竹也出於淇地衛箭羽也）飾以銀錐有薄縞然獨猶不能穿也若假之筋角之力弓弩之勢則貫兕甲而經於華楯矣

又曰曲張弓名也一名彷徨弓

又曰宛轉弓今之弭弓是也

呂氏春秋曰齊宣王好射說人之謂己能用強弓也其嘗所用弓不過三石以示左右左右皆試引之中間而止（至於一半而止）皆曰此不下九石非王孰能用是宣王所用不過三石而終身自以爲用九石豈不悲哉非直士其孰能不阿

主故亂國之主患存乎用三石爲九石

又曰萬人操弓共射一招招無不中招謂的也

杜夷幽求曰弓折由射者之數劒軼因用之者多

新序曰楚熊渠子夜行見寢石關弓射之滅矢飲羽下視知石也却復射之矢摧無迹

譙子法訓曰善耕者足以謹地待時而動善射者調弓定準見可而發君子善養其人足用

韓揚天子要集曰弧者天弓備盜賊

楚辭曰帶長劒兮挾秦弓言身死帶劒弓示不舍武也

劉邵趙郡賦曰其器用則六弓四弩綠沈黃間堂溪魚腸丁令角端

陳琳武庫賦曰弓則烏號越棘繁弱角端象弭繡質哲弣文身

唐太宗詠弓詩曰上弦明月半激箭流星遠落鴈帶書驚啼猿映枝轉

後梁宣帝詠弓詩曰虞人招不進繁氏乂彌工已悲軒主跡復把楚王風

楊師道奉和詠弓詩曰霜重麟膠勁風高月影圓烏飛隨帝輦鴈落逐鳴絃

齊王融謝武陵王賜弓啓曰殿下摛藻蕙樓暢藝蘭苑敷積王於風蹝疊連珠於月的兎園掩秀鄴水慚奇融揖讓末工濫陪外飲之賞操弧反正謬奉招賢之錫文韜鏤景逸幹梢雲玩溢百齡佩流千載

晉稽合木弓銘曰烏號之撲豈條足理弦弧走栝截飛駮止射隼高墉出必有擬既用禦戎亦以招士

李尤良弓銘曰弓矢之作爰自曩時鄉射載禮招命在詩妙稱頹高巧發由基不爭之美亦以辨儀

太平御覽卷第三百四十七

太平御覽卷第三百四十八

兵部七十九

弩

釋名曰弩怒也有勢怒也其柄曰臂似人臂也鉤弦者曰牙似齒牙也牙外曰郭為牙之規郭也下曰縣刀其形然也合名之曰機言如機之巧也亦言如門戶樞機開闔有節也

說文曰洛陽名弩曰弲(許縁切)彀弩也彍滿弓也(彍音霍)

古史考曰黃帝作弩

廣雅曰鉅黍弓谿子弩

太公兵法曰弩之神名遠望

尚書曰若虞機張往省括于度則釋

尚書帝命驗曰王弩發驚天下(秦有枉矢西流枉矢即弩星也兵精主天下見之而驚西流秦滅也)賤類出高將下(賊類謂秦始皇也呂不韋之妻任身而秦襄王納之生始皇高謂丞相趙高也始皇出趙高下言天生之也賤或為賊)

史記曰龐涓追孫臏(臏音牝)臏量其行暮當至馬陵馬陵道狹而旁多阻險可伏兵乃大斫樹白而書龐涓死此下於是令齊軍善射者萬弩夾道而伏期曰暮見火舉而俱發龐涓夜至斫木下見白書乃鑚火燭之讀書未畢齊軍萬弩俱發魏軍大亂龐涓自知智窮兵敗乃自剄曰遂成豎子之名

又曰高祖阨於冒頓平城天下歌曰平城之下亦誠苦七日不食不能彀弩(彀張也音遘)

又曰始皇葬驪山令匠作機弩矢有所穿近輒射之

又曰蘇秦說韓王曰谿子距黍射六百步之外(許慎曰南方谿子蠻之弩皆善射)

又曰蘇代遺穰侯書曰以天下攻齊如以千鈞之弩決潰癰也

又曰漢王臨廣武數項羽十罪項羽大怒令伏弩射中漢王漢王傷胷乃捫足曰虜中吾指

漢書曰李廣傳曰廣為匈奴所擊廣身自以大黃射其裨將(服虔曰大黃肩弩也)

又曰申屠嘉梁人也以材官蹶張(如淳曰材官皆多能脚蹋強弩張之故曰蹶張律有蹶張生)從高帝擊項籍

又曰李陵至浚稽與單于相值騎二萬圍陵陵軍居兩山間以大車為營陵引士出營外為陣前行持戟盾後行持弓弩虜見漢軍少直前就營陵搏戰攻之千弩俱發應弦而倒

又曰司馬相如為中郎建節卭筰至蜀太守以下郊迎縣令負弩矢先驅蜀人榮之

又曰霍去病為驃騎將軍過河東河東太守郊迎負弩先驅

續漢書曰虞詡為武都太守虜來攻城詡出戰使強弩射之三發而三中虜衆潰(謝承後漢云羌攻城也)

東觀漢記曰耿恭在疏勒城救兵不至恭食盡窮困士乃煑鎧弩食其筋革恭與士推誠同死生故無貳心

後漢書曰宋則子年十歲與蒼頭共弩射蒼頭弦斷矢激誤中之即死奴叩頭就誅則察而恕之潁川荀爽深以為美時人亦服焉

又曰中平中黃巾賊起郡縣皆弃城走陳愍王寵有強弩數千張出軍都亭(置軍營於國之都亭也)國人素聞王善射不敢反叛故陳獨得完百姓歸之者衆十餘萬人

又曰陳愍王寵善弩射十發十中中皆同處
華嶠後漢書曰陳愍王寵射善弩其秘法以天覆地載參連爲奇又有三微三小三微爲經三小爲緯經緯相將萬勝之方然要在機牙其射至十發十中
魏氏春秋曰諸葛亮損益連弩謂之元戎以鐵爲矢矢長八寸一弩十矢俱發
吴志曰甘寧字興霸巴郡臨江人也（吴書曰寧本南陽人也）招合輕薄少年爲之渠帥群聚相隨挾持弓弩負毦（音餌）帶鈴民聞鈴聲即知是寧也
吴録曰松滋山山石開處容數十丈高竹弩不及其上在澧州
晉書曰稽紹傳云齊王冏被誅初兵交紹奔散赴宮有持弩在東閤下者將射之遇有殿中將兵蕭隆見紹姿容長

者疑非凡人趣前拔箭於此得免
又曰劉聰將趙染寇殺其長史魯徽染寇北地夢魯徽大怒引弓躲之染驚悸而寤旦將攻城中弩而死
又曰孟幹爲吴人所獲將從之臨海幹等志北歸處東從轉遠以吴人愛蜀側竹弩言能作之皓留付作部後幹逃至京都
又曰崔洪薦郄詵自代詵後駁奏洪曰我舉郄詵而反奏我是挽弩自射
晉陽秋曰初高祖勒兵關下經曹奕門奕帳下督嚴世引弩將射高祖孫謙止之曰未可知三注三止高祖車乃過
（世說又載）
又曰馬隆討涼州虜隆募限腰引弩四十六鈞弓限四鈞已上隆捶擫（音擫）懸弓弩擫側閱試自旦至中得三千五百

人
唐書曰李希烈既陷汴州乘勝東侵連陷陳留雍丘頓軍寧陵期下宋州會食浙西節度韓滉命王栖曜將強弩數千夜入寧陵希烈不之知晨朝弩矢及希烈坐帳希烈驚曰此江淮弩士今入矣遂不敢東希烈夜敗
晉諸公讃曰都官從事程偉案狀羊琇（音酉）所犯狼籍琇即遣家人持銅弩牙首入重法時人皆謂琇有權智丗祖詔免琇官
英雄記曰王匡字公節太山人以任俠聞辟大將軍何進府使匡於徐州發強弩五百西詣京師會進敗匡還鄉
又曰袁紹擊公孫瓚先令麴義領精兵八百強弩千張以爲前登
又曰袁尚使審配守鄴城曹操進軍攻鄴生獲配謂曰吾

近行圍弩何多也配曰猶恨其少
日南傳曰南越王尉佗攻安陽安陽王有神人睪（音皋）通爲安陽王治神弩一張一發萬人死三發殺三萬人佗退遣太子始降安陽安陽不知通神人遇無道理通去始有姿容端美安陽王女眉珠悦其貌而通之始與珠入庫盗鋸截神弩亡歸報佗佗出其非意安陽王弩折兵挫浮海奔竄
華陽國志曰秦襄王時有一白虎常從羣遊巴蜀傷害千餘人昭王乃重募有能殺虎者賞邑萬家閬中夷廖中能作白的之弩乃登樓射殺白虎昭王嘉之以其夷不欲封刻石盟要曰秦犯夷輸黃龍一雙夷犯秦輸清酒一鍾夷人安之
又曰鄧芝征涪陵見玄猿抱子在樹上引弩射之中猿母

其子爲拔箭以木葉塞瘡芝乃歎息曰嘻吾違物之性其將死矣投弩水中芝後果死

會稽典録曰鍾離牧謂朱育曰大皇帝以中國多騎欲以當之然吴神鋒弩射三里貫洞三四馬騎敢近之乎

南越志曰龍川有營澗嘗有銅弩牙流出水皆以銀黄雕鏤取之者祀而後得曾有取此牙逢風雨舉船淪没父老云越王弩營處也

雜記曰事吴朝鴻臚卿張儼議郎張紘鎮南將軍朱異三人共詣驃騎將軍朱據據曰三賢屈顧老鄙相聞含甘湏之明懷終賈之才泪飢渴久矣各爲賦一物然後乃坐乃各賦所見異賦弩曰南嶽之幹鍾山之銅應機命中射隼高墉

吴越春秋曰陳音對越王曰弩生於弓弓生於彈彈生於古之孝子臣聞楚琴氏以弓矢之勢不足以威天下遂乃横弓着臂施機設郭加之以力郭爲方城守臣子也敖爲人君命所起也關爲守禦檢去止也錡（音蟻）又爲侍從聽人主也辭爲道路通所使也弓爲將軍王重負也弦爲軍師禦戰士也矢爲飛容主教使也金爲穿敵往不止也衛爲副使正道里也驃爲都尉執左右也鳥不得飛獸不得走弩之所向無不恐者王曰善子之説弩也願復聞正射之道陳音對曰臣聞射之道左足縱右足横左手若附枝右手若抱兒右手發右手不知此正射持弩之道也

戰國策曰蘇秦爲楚合從説韓王曰天下之良弓勁弩皆自韓出射六百步之外

文子曰狡兎得而獵犬烹高鳥盡而強弩藏

尉繚子曰兵如總木弩如羊角

慎子曰弩弱而矰高者乘於風也身不肖而行合者得助於衆也

淮南子曰烏號之弓谿子之弩（南方谿子蠻夷柘弩皆善材也）不能無弦而射越舼（渠容切）蜀艇（舼小船艇大皆一木）不能無水而浮

又曰鉛不可以爲刀銅不可以爲弩鐵不可以爲弓木不可以爲釜

又曰萬畢術云牛翁十四可以強弩（取牛翁十四枚曲蟮白頸者二七以三尺新布裹之活塗布着之無令人見用之拭弩令溫引之校半力也）

阮子曰世多善弩而拙於弓弓無法准故任巧由意弩有法准故易有善

抱朴子曰秋以弓弩在前

太公六韜曰陷堅陣敗強敵以大黄參連弩大扶月車三十六乘才士強弩矛戟爲翼太公兵法曰神后加四仲者以爲明堂宫時天一出遊八極之外行窈冥之中日照其前月照其後當此之時天一自持玉弩執法承相刻不道者

崔寔政論曰永平建初之際去戰未久官兵勁利有蔡太僕之弩擅名天下

風俗通曰汲令應郴（一作彬 祖父郴）夏至日請主簿杜宣賜酒時北壁上懸赤弩照於杯中見其形如虵宣惡之然不敢不飲因得胷腹病攻治不差郴後知之過宣家問疾之由以爲虵入腹中郴還廳事思惟良久顧懸弩曰此是乎乃扶宣來於故處設酒杯中致復有虵因謂宣曰北壁上弩影耳非有他怪宣意解病即瘳

又曰臧文仲家欲炊而失釜及弓弩自行

十洲記曰續弦膠或名連金泥此膠能屬連弓弩斷絃連

刀劒斷折之金膠連使人挽製他處即斷此終不復脫天
漢二年帝事北海祠恒山西國王使至獻膠四兩吉光毛
裘武帝受以付庫不知膠裘二物之妙也以上貢不奇稽
留使未遣之帝幸華林苑射虎而弩絃斷使者從駕因上
膠一分使口濡以續絃帝驚乃使武士數人對掣終日不
斷膠青色如碧玉吉光毛裘黃色蓋神馬之類也裘入水
經月不沉入火不焦帝方重之厚賂使者而遣之

趙公王琚音教射經曰弩古有黃連百竹八擔音雙弓之號
今有絞車弩中七百步攻城拔壘用之擘張弩中三百步
步戰用之馬弩中二百步馬戰用之弩張遅臨敵不過三
發所以戰陣不便於弩非弩不利於戰而將不明於弩也
不可雜於短兵當別為隊攢箭注射則前無立兵對無橫
陣復以陣中張陣外射番次輪迴張而復出射而復入則

弩不絶聲敵無薄我夫置弩必處其高爭山奪水守隘塞
口破驍陷果非弩不尅殺法令曰張弩後左廂丁字立當
弩八字立高揎音揎手屈衫襟左手承橦右手迎上當心
肴張張有闊狹左髀右膊還復當心安箭高舉射敵遠擡
弩頭敵近平身放敵在左右廻身放敵在高上挈脚放
箭訖唱殺卻製拗蝎尾覆弩還著地

太白陰經發弩圖篇曰弩者怒也言其聲勢威響如怒故
以名其弩也穿剛達堅自近及遠守險塞口破驍陷堅非
弩不尅也

後漢李尤弩銘曰粤自近古發意所覩前聖制弓後世造
弩機牙發矢執破醜虜克獲雖屢猶不可常忘戰者危極
武者傷

魏陳琳武軍賦曰弩則幽都筋角恒山檿幹通肌暢骨直
矢輕弦當鋒摧決貫遐洞堅

陸機七導曰長角三倡武士綦布捺紫閒之神機審心中
而後射

東觀漢記云朱勃理馬援表曰羌反殺吏唯狄道為國堅
守然民飢餓噉弩羨屩援救倒懸之急存幾亡之城

蔡邕幽州刺史議曰幽州突騎冀州強弩為天下精兵國
家瞻核四方有事未嘗不取辦於二州

暨艷集雜移曰角弩旣調射者又工多獲鶉鳥能無懇傷

文選曰機不虛掎

又曰虞機發留鵁鶄

又曰良將勁弩守要害之處

射雉賦曰擎牙伭鏃心平望審

又曰黃間機張鏃折毫芒俯貫魴鱮仰落雙鶬魚不及竄
鳥不及翔

又曰彀金機馳鳴鏑前爵毫落勁翮

太平御覽卷第三百四十八

太平御覽卷第三百四十九

兵部八十

箭上

字林曰箭矢竹也

字統曰箭者竹之別形大身小葉曰竹小身大葉曰箭箭竹主爲矢因謂矢爲箭

開元文字曰東南之美者有會稽之竹箭焉箭篠也自關而東謂之矢自關而西謂之箭箭者竹名因以爲號也三鐮謂今箭音同射箭也平題今戲射箭也鐮稜也題頭也

說文曰箭矢也從竹前聲

釋名曰矢指也言其所指向迅疾也又謂之箭箭進也其本曰足矢形似木木以下爲本以根爲足又謂之鏑鏑敵也可以禦敵也齊人謂之鏃言其所中皆族滅也關西曰釭釭鉸音校也言有鉸刀也其體曰䇺䇺言挺榦也其旁曰羽如鳥羽也鳥須羽而飛矢須羽而前也齊人曰衛所以導衛矢也其末曰括括會也與弦會也括旁曰叉形如叉也

方言曰箭自關而東謂之矢江淮之間謂之鍭音侯關西曰箭郭璞注云箭者竹名因以爲號也

楊雄方言曰凡箭鏃三者謂之羊頭其廣薄而長薄謂之錍音卑

爾雅曰東南之美者會稽竹箭焉注云會稽山名今在山陰縣南竹箭條也

又曰金鏃翦羽謂之鍭骨鏃不翦羽謂之志郭璞注曰金鏃今錍箭也骨鏃金骨骲不翦謂以鳥羽自然淺狹不復翦也骲音雹

孫卿子曰浮游作矢

世本曰夷牟作矢黃帝臣

太公兵法曰箭之神名續長

趙氏兵書曰矢一名信往

易曰得金矢利艱貞吉

又曰射雉一矢亡終以譽命

書曰周成王崩垂之竹矢在東房垂舜共工所爲也

詩曰周道如砥其直如矢

又曰弓矢既同

又曰舍矢如破

又曰既張我弓既挾我矢發彼小豝殪此大兕

又曰束矢其搜搜衆意勁急也五十矢爲束

禮記曰故男子生桑弧蓬矢六以射天地四方天地四方者男子之所有事也故必先有志於其所有事

又曰月令仲冬去是月也伐木取竹箭注云此時堅成可伐取也

又曰后妃執弓挾矢于高禖之前

又曰乘丘之役囿人浴馬有流矢在白肉公曰非其罪也遂誅之

周禮曰東南曰揚州其山鎮曰會稽其澤藪曰具區其川三江其浸五湖其利金錫竹箭

又曰司弓矢掌八矢之法八矢一曰枉二曰絜音結三曰殺四曰鍭五曰矰六曰茀七曰恒八曰庳音痺凡枉矢絜矢利火射用諸守城車戰殺矢鍭矢用諸近射田獵矰矢茀矢用諸弋射恒矢庳矢用諸散射此八矢者弓弩各有四焉蓋枉殺矰恒弓所用也絜鍭茀庳弩所用也

左傳曰魯莊公以金僕姑射南宮長万杜預曰矢名也

又曰狄人伐衛公與石祁子玦與甯莊子矢使守曰以此贊國擇利而爲之

又曰祝聃射王中肩王亦能軍

又曰楚子與莫敖氏戰于睪滸（睪滸楚也）伯棼射王汏輈及鼓跗着於丁寧（伯棼越椒也輈車轅汏過也箭過車轅上也丁寧鉦也）又射汏輈以貫笠轂師懼退王使巡師曰吾先君文王克息獲三矢焉伯棼竊其二盡於是矣鼓而進之遂滅若敖氏

又曰呂錡射恭王中目王召養由基與之兩矢使射呂錡中項伏弢而死以一矢復命（弢音韜）

又曰郄克傷流血及屨未絕鼓音曰余病矣張侯曰自始合而矢貫予手及肘余折以御左輪朱殷豈敢言病吾子忍之

又曰齊師適晉州綽及之射殖綽中肩兩矢夾脰（脰頸）

又曰楚君以鄭故親集矢於目（鄢陵戰晉射中楚王目也）

又曰齊子淵捷從泄聲子射之中楯凡繇朐（音劬）汏輈匕入者三寸

又曰孟之側後入以爲殿抽矢策馬曰馬不進也（不欲伐善）

穀梁曰偏弓鏃矢不出境（偏當爲弼鏃矢矢名皆天子之器也）

論語曰子曰直哉史魚邦有道如矢邦無道如矢

家語曰子路見孔子孔子曰何好對曰好長劒孔子曰以子所能加之以學豈可及乎子路曰南山有竹不扶自直斬而用射達於犀革以此言之何學爲孔子曰括而羽之鏃而礪之其入不益深乎子路再拜

國語曰吳晉會于黃池吳王擐甲陳卒赤旗赤羽之矰望之如火（賈逵注曰矢羽爲矰）

又曰仲尼在陳有隼于陳侯之庭而死楛矢貫之石砮矢長尺有咫陳惠公使人以隼如仲尼之館問之仲尼曰隼之來也遠矣此肅慎氏之矢也昔武王尅商通道于九夷八蠻（注說苑云百蠻）使各以其方賄來貢使無忘職業於是肅慎氏貢楛矢石砮其長尺有咫先王欲其令德之致遠以示後人使永鑑焉故銘其括（銘書功名也括箭羽之間）曰肅愼氏之貢矢以分大姬配虞胡公而封諸陳古者分同姓以珍玉展親也分異姓以遠方之職貢使無忘服也故分陳以肅愼之矢君若使有司求諸故府其可得也使求得之金櫝如言（櫝匱也惠公使有司求之故府得肅愼氏矢於金櫝之中如仲尼之所言也）

史記曰魏公子無忌進兵擊秦秦軍解去遂救邯鄲趙王及平原君自迎公子平原君負韊（音蘭）矢爲公子先引（注呂忱字林曰韊盛弩矢）

漢書曰李陵擊匈奴一日五十萬矢皆盡虜攻急陵歎曰復得數十矢足以脫矣

又曰匈奴右賢王圍李廣廣爲圓陣外向矢下如雨漢兵死者過半

又曰婁煩射項羽羽弓發矢欲到羽怒目叱矢乃墜地煩亦恐死

又曰李廣夜行見石如虎乃射之其矢没羽

續漢書曰來歙擊隗囂守略陽城大戰登城相射乃發屋斷木爲箭

東觀漢記曰耿弇與張步戰矢中弇股以佩刀截之左右無知者

又曰上拜寇恂河内太守恂移書屬縣講兵肄射伐淇園之竹治矢百餘萬

又曰匈奴破雝後王安得攻金蒲城耿恭以毒藥傅矢傳語匈奴漢家箭神中其瘡者必有異因發強弩射之虜中矢者視瘡皆沸並大驚相謂曰漢兵神真可畏也遂解去

魏志曰挹婁在失餘東北千餘里弓長四尺如弩楛長八

寸青石為鏃

又曰陳琳曰矢在弦上不可不發

魏略曰孫權乘大船出濡須口來觀魏軍曹公使弓弩亂發射之矢着其船船乃偏重將傾權因迴船復以一面受矢矢均船平乃放船而走

蜀志曰關羽為流矢所中貫其左臂醫者曰矢鏃有毒當須破臂刮骨也

晉書石季龍載記曰石韜起堂于太尉府號曰宣光殿梁長九丈石宣視而大怒斬匠截梁而去韜怒增之十丈宣聞之恚甚使楊杯牟皮牟成趙生等緣獼猴梯而入殺韜置其刀箭而去

又毛寶傳曰寶軍縣兵少器仗濫惡大為祖煥桓撫所破寶中箭貫髀徹鞍使人蹋鞍拔箭血流滿鞾

又桓玄傳曰達拔回括興祐之迎擊玄矢下如雨玄嬖人丁仙期萬蓋等以身蔽玄並中數十箭而死

崔鴻三十國春秋西秦録曰白蘭王吐谷渾阿柴臨卒呼子弟謂曰汝等各奉吾一隻箭將玩之地下俄而命母弟慕延曰取汝一隻箭折之延折之又曰汝取十九隻箭折之延不能折柴曰汝曹知單者易折衆則難摧勠力一心然後社稷可固言終而卒

又後燕録曰慕容盛行至西樂遇盜陝中盛曰我六尺之軀入水不溺在火不焦汝欲當鋒乎試豎尔手中箭百步我若中之宜慎尔命如其不中當束身相授盜行豎箭盛一發中之盜曰相試耳資而遣之

宋書朱齡石弟超石傳曰阿薄千步騎十萬屯河北岸超石以軟弓小箭射虜

又曰謝靈運山居賦云其竹則二箭殊葉四苦齊味(注云三箭一者苦箭大葉一者笄箭細葉)

又曰朱修之傳曰魯秀擊襄陽修之發連弩射秀秀亦發連弩應之修之使軍人緣水拾箭

又曰謝莊傳云時河南獻舞馬詔羣臣為賦莊所上其辭曰迎調露於飛鍾赴承雲於驚箭

齊書曰陳顯達傳云顯達杜姥(莫補切)宅大戰破賊矢中左眼拔箭而鏃不出地黃村潘嫗善禁先以釘釘柱嫗禹步作氣釘即時出乃禁顯達目中鏃出之

三國典略曰梁以護軍將軍陸法和為郢州刺史封江乘縣公法和嘗軍次白帝謂人曰諸葛孔明可謂名將吾目見之此城旁有埋弩箭鏃一斛許因令掘之果如其言

北齊書曰郎基字世業迁海西鎮將梁吳明徹攻海西基糧仗皆盡乃削木為箭剪紙為羽得圍解還朝僕射楊暗勞之曰卿本文吏遂有武略削木剪紙羽皆無故事班墨之思何以過之

後魏書曰世宗幸鄴還於河內懷界帝親射矢一里五十餘步侍中高顯等奏伏見御弧矢臨原弋遠弦動羽馳鏃所逮三百五十餘步臣等伏惟陛下聖武自天神藝夙茂巧會騶虞之節妙盡矍(居約切)圃之儀威稜攸疊虪(胡甘切)兕懾氣丰猛所振勍懟弭心足以肅截九區赫服八字矣盛事奇迹必宜表述勒銘射宮永彰聖藝

後周書曰王傑魏恭帝元年從于謹圍江陵時柵內有人善用長矟戰士將登者多為所斃謹令傑射之應弦而倒登者乃得入餘衆繼進遂拔之謹喜曰濟我大事者在此箭也

又曰賀拔嶽既遇害于河曲太祖乃率輕騎馳赴平涼時齊神武遣長史侯景招引嶽衆太祖至安定遇之謂景曰賀拔公雖死宇文泰尚存卿何爲也景失色對曰我猶箭耳隨人所射安能自裁景於此即還

又曰庾信傳云信常有鄉關之思作哀江南賦以致其意云兩觀當戟千門受箭白虹貫日蒼鷹擊殿

又曰長孫晟傳云晟與汝南公獵見二鵰飛而爭肉因以兩箭與晟曰射取之晟彎弓馳往遇鵰相攫一發雙貫焉

唐書曰太宗討劉黑闥闥常於肥鄉列陣太宗親率左右擊之有一突將勇壯絕人直衝太宗刃將接太宗以天策上將大箭射之中心洞背應弦而斃遂傳此箭於北蕃突厥見而驚歎又常輕騎近出遇三騎皆賊中驍勇有名者舉槍而進左右請避之太宗不從待其將至連發三矢相次皆斃敵人懾氣焉

又曰貞元十四年貳武舉幷應百隻箭及三十隻箭等令年權停時諫議大夫田鞏因蒙召對奏言兵部武舉等每年常數百千人持挾弓矢出入皇城闌恐非所宜上聞而矍然故命停之其實武舉者每歲不過十數人時議惡鞏貴欲非短譖事奏議不實自是訖于貞元更不復置

太公六韜曰陷堅陣强敵大黃參連弩飛鳧電景矢自副注云飛鳧電景矢名飛鳧尺莖白羽以銅爲首電景青莖尺羽以鐵爲首銅一作鐵 ○太公金匱曰武王伐殷丁侯不朝尚父乃畫丁侯三旬射之丁侯病遣使請臣尚父乃以甲乙日拔其頭箭丙丁日拔其目箭戊己日拔其腹箭庚辛日拔其股箭癸亥日拔其足箭丁侯病乃愈四夷聞皆懼越常氏獻白雉

太平御覽卷第三百四十九

兵部八十一

箭下

箭筒

步义

櫜鞬

射捍

彈

箭下

魏百官名曰三公拜賜鶡尾鶡尾髇許交切箭十二枚

三齊略記曰富平城孝明帝時改爲厭次此城東南五十里有蒲臺高丈八秦始皇所頓處時在臺下縈蒲繫馬夾道數百步到今蒲生猶縈馬蒲似水楊而勁堪爲箭

博物志曰交州山夷名曰俚子弓長數尺箭長尺餘以燋銅爲鏑塗毒藥於鏑鋒中人即死不時斂藏則肨脹沸爛須臾燋煎都盡唯骨在耳其俗誓不以此藥法語人治之飲婦人月水及糞汁時有差者唯射猪犬者無它以其食糞故也燋銅者有聲以物打之徐聽其聲得燋毒者偏鑿取以爲箭鏑

焦貢易林曰雙鳧俱飛以歸稻池經涉其澤爲矢所射傷我胸臆

劉向新序曰楚熊渠子夜行見寢石以伏獸射之飲羽

異苑曰烏傷黃蔡義熙初於查溪岸照射見水際有物眼光徹其間相去三尺許形大如斗引弩射之應弦而中使聞從流奔驚波浪砰磕苦盍坊不知所向經年與伴共至一處名爲竹落岡盡先所二十許里有骨可長三丈餘見昔射箭貫在其中因語伴云此是我往年所射物乃死於斯拔矢而歸其夕夢見一長人責誚之曰我在洲渚之間無關人事而橫見殺害怨苦莫申連時覓汝今始相得眠寤仍患腹疾而殞

又曰永陽李增行經大溪見二蛟在水引弓射之中一即死增歸因復出市有女子素服銜涕投所射箭增怪而問焉女答曰何用問爲若是君許便以相還授矢而滅增惡而驟反未達家暴死於路

孟子曰矢人豈不仁於函人哉矢人惟恐不傷人函人惟恐傷人

列子曰逢蒙之弟子曰鴻超怒其妻而怖之引烏號之弓綦衛之箭射其目矢來注眸子瞬不瞚矢墜地而塵不揚

又曰飛衛學射於甘蠅諸法並善唯嚙法不教衛密將矢以射蠅蠅嚙得鏃矢射衛衛遶樹而走矢亦遶樹而射

魯連子曰燕伐齊取七十餘城唯莒與即墨不下齊田單以即墨破燕軍殺燕將軍騎刼復齊城唯聊城不下燕將城守數月魯仲連乃爲書着之於矢以射城中遺燕將燕將得書泣三日乃自殺

尉繚子曰夫殺人百步之外者誰也曰矢也

韓子曰矢來無向則爲鐵室以備之

又曰智伯將伐趙趙襄子召張孟談問之曰柰無箭何孟談曰董安于之治晉陽也公宮之垣皆以萩音秋蒿楛楚廧音牆之其高至于丈君發而用之有餘箭矣於是發而試之堅則菌幹之勁不能過也君曰吾箭已足矣柰無金何孟談曰董子之治晉陽公宮令舍之堂皆以鍊銅爲柱質君發而用之有餘金矣戰國策曰公宮之垣皆以荻蒿其堅則菌簵之勁不能過其餘何也簵音路

又曰水激則悍矢激則遠

又曰楚人有白猨王自射之則搏矢而熙（熙戲也）使養由基射之始調弓矯矢未發而猨擁樹號矣（由基楚共王之臣養叔也調調張也矯直也擁抱也）

諸葛子曰若能力兼三人身與馬如膝漆手與箭如飛蝱誠宜寵異

亢倉子曰勾粤之幹鏃以精金鷙隼爲之羽以之揞箠則其與槁朴也無擇（勾粤東粤幹似幹也鷙隼鵰鶚之類揞箠打擊也爾雅曰東南之美有會稽之竹箭焉夫勾越之幹以精金爲鏃以隼羽用之打擊則同於槁朴也無擇猶無異也）及夫盪羿爭虡（音衡）觀武決勝加之彊弩之上則三百步之外不立敵矣（排盪羿爭衡決勝如此勾粤之幹於強弩之上則不立敵也）

楚辭曰舉長矢兮射天狼

陳琳武庫賦曰矢則申息肅眘（音慎）箘簬空流燋銅毒鐵幹

鏃鳴鏃

子虛賦曰曳明月之珠旗建干將之雄戟左烏號之雕弓右夏服之勁箭

射雉賦曰昔賈氏之如皐始解顏於一箭醜夫爲之改貌憾妻爲之釋怨

吳都賦曰其竹則篔（于君切）簹（都郎切）箖（音吟）箊（音於）桂箭射筒由梧有篁篻（音驃）簩（音勞）有叢

後漢李尤弧矢銘曰弦木爲弧剡木爲矢　大協并八極同紀

晉江統弧矢銘曰幽都觔角會稽竹矢率土名珎東南之美易以獲隼詩以殪兕伐叛柔服用威不賸

梁昭明太子弓矢贊曰弓用觔角矢製良工亦以觀德非止臨戎楊葉命中猨墮張空

箭筒

釋名曰箭其受矢之器以皮曰箙（扶福切）柔服用之也織竹曰笮（音嘖）相迫笮之名也

說文曰蘭所以盛弩矢人所負也

詩義問曰韔所以覆矢也謂箭筒蓋也

周禮夏官下司弓矢曰仲秋獻矢服（箙盛矢器也獸皮爲之也）

左傳曰公徒執氷而踞（杜預注曰氷箭筒蓋也）

又曰晉楚戰楚熊負羈囚智罃智莊子以其族反之（負羈楚大夫也罃智罃莊子之子也）廚武子御（武子魏錡）下軍之士多從之（智莊子下軍大夫故也）每射抽矢菆（楚尤切）納諸廚子之房（抽擢也菆好箭也房箭舍也）怒曰非子之求而蒲之愛（蒲楊柳可以爲箭也）董澤之蒲可勝既乎（董澤名在東聞喜縣）

集異記曰丹陽張承先家有一鬼爲張偷得一箭筒云慎勿至新亭射此三井陶家物張以借他鬼罵欲燒屋張馳取還乃止

雜詩曰象弧雕服

竹譜曰射筒竹簿肌而長中着箭因以爲名

步叉

（叉音釵一作靫音與上同）

釋名曰步叉人所帶以箭叉其中馬上曰鞬鞬建也弓矢並建立其中也

通俗文曰箭箙謂之步靫

趙書曰石虎等破劉曜於上邽獲馬二百疋赤罽金銀步叉弓鞬三十具

櫜鞬

左傳曰晉楚治兵遇于中原左執鞭弭右執櫜鞬以與君周旋（櫜受箭也）

後漢書曰董卓膂力過人雙帶兩鞬左右馳射（方言曰所以藏箭謂之韇藏弓謂之鞬左氏傳云右屬櫜鞬）

魏百官名曰三公拜賜魚皮步叉一貔皮鞬一琢菔金校步叉一金校豹皮鞬一

射捍（音汗字與鞁同射韝以皮臂也）

說文曰韝射臂揩也

三禮弓矢圖曰韝者臂捍以朱韋為之謂之韝者所以遂弦也

括地圖曰羿年五歲父母與入山其母處之大樹下待蟬鳴還欲取之羣蟬俱鳴遂捐去羿為山間所養羿年二十能習弓矢仰天歎曰我將射遠方矢至吾門止因捍即射矢摩地截草經至羿門隨矢去

管子曰桓公弋管仲隰朋朝公望二子弛弓脫捍而迎之

魯連子曰弦鉺滑相第而繒矢得高焉專諸剌王僚闔廬乃名成焉

彈

廣雅釋器曰𢐀謂之彈（𢐀音置）

字林曰彈行丸者又拼也拼使戰動掉彈也（拼普耕切與抨同）

桂苑曰彈行丸弓也又作弓（音彈）

開元文字曰引彈之謂行丸者也又彈拼也

說文曰彈行丸也

吳越春秋曰陳音對越王云弩生於弓弓生於彈彈生於古之孝子古者人民質朴死則裹以白茅投之中野孝子不忍父母為禽獸所食則作彈以守之故古人歌之曰斷竹屬木飛土逐肉遂令死者不犯鳥狐之殘也

周禮曰九句兵欲無彈刺兵欲無蜎（注云句兵戈戟屬彈謂掉也蜎狂）

左傳曰晉靈公不君從臺上彈人觀其避丸者

穀梁曰靈公朝大夫而暴彈之也觀其避丸也（暴戲暴之也）

漢書曰長安中姦猾浸多閭里少年羣輩殺吏受財報仇相與探丸為彈得赤丸者斫武吏黑者斫文吏白者主治喪城中薄暮塵起剽劫行者死傷橫道

張璠漢紀曰班超使于窴願將三十六人以為萬矢彈丸之用

魏書曰齊王芳為帝常喜以彈彈人

魏書傳曰曹爽兄弟歸家勑洛陽縣發民八百人使尉部圍爽第四角作高樓令人在上望視爽計窮愁悶持彈到後園中樓上人便唱言故大將軍東行南行爽還廳事上矣

晉安帝紀曰瑯琊內史孫無終貪橫忍虐妓妾有忤意者輙彈其面

蕭子顯齊書曰桓榮祖字華先下邳人榮祖善彈彈鳥毛盡而鳥不死海鵠羣翔榮祖登城西樓彈之無不折翅而下

崔鴻西秦錄曰辛進字國都隴西人建弘初為散騎常侍從乞伏熾盤遊于後園宵觀彈鳥丸傷暮末母之面至是末問母面傷之由母曰辛進彈鳥所傷末怒故誅之

隋書曰長孫晟善彈有鳶（羣飛）上曰公為我取之晟十發俱中並應丸而落賜賚極多

韓詩外傳曰楚莊王將興師伐晉告大夫曰有敢諫者罪至死無赦孫叔敖進諫曰臣之園中有榆其上有蟬蟬方奮翼悲鳴欲飲清露不知螳蜋在後曲其頸欲攫而食之也螳蜋方欲食蟬而不知黃雀在後舉頭而欲啗食之黃

雀方欲食螳蜋不知童子挾彈丸在楡下仰而欲彈之童子方欲彈黄雀不知前有深坑後有掘株也此皆貪前之利不顧後害者也非獨昆虫衆庶若此人主亦然楚國不殆而晉國以寧孫叔敖之力也

西京雜記曰韓嫣驕於鷩武帝倖人也作金丸人皆逐之長安爲之語曰苦飢寒逐金丸

異苑曰青溪小姑廟云是蔣侯第三妹廟中有大穀樹扶疎蔭濆烏常産育其上太元中陳郡謝慶執彈乗馬㵐殺數頭至夜夢一女子衣裳楚楚怒云此鳥是我養何故見侵經年而謝卒慶名奐靈運父也

幽明録曰元嘉初散騎劉儁家在丹陽郡後嘗閑居而天大驟雨見門前有三小兒皆可六七歲相牽狡獪膾而並不沾濡儁疑非人俄見共爭一瓠壺子儁引彈彈之正中

壺霍然不見儁出人問前得一壺而泣曰此是小兒物不知何由在此儁具説之

東方朔記曰東方朔對驃騎難曰以珠彈不如埿丸各有所用也

莊子曰莊周遊乎雕陵之樊覩一異鵲自南方來翼廣七尺目大運寸而進集于栗林周曰何鳥哉執彈而留之覩一蟬方得美蔭而忘其身螗蜋執翳而搏之見得而忘其形異鵲從而利之見利而忘其真莊周怵然曰物固相累二類相招也捐彈而射之虞人逐而訊之以謚鬩爲

又曰化予之左臂以爲雞子因以求時夜浸假而化右臂以爲彈余因以求鴞炙

又曰以隋侯之珠彈千仞之雀以所用者重所要者輕

大玄經曰明珠彈於飛害其得不傷

潛夫論曰丁夫不傳犁鋤懷丸挾彈或取好土作丸賣之其彈外不可禦盜内不足禁鼠晏彈鳥雀百發不得一反中人面目此無用而有害也

世説曰前輩人忌曰唯不飲酒作樂王世將以忌曰送客至新亭别主人欲作音聲王便起去持彈往衛洗馬墓下彈鳥

夢書曰夢持彈者得朋友

趙壹窮鳥賦曰有一窮鳥戢翼原野畢網加上機穽在下前見蒼隼後見驅者矰繳張右彈弓彀左飛丸繳矢交集于我思飛不得欲鳴不可舉頭畏觸摇足恐墮内獨怖急乍氷乍火

夏侯孝若繳彈賦曰張弱弓理繁繳望大羣以迸丸審遣放而必獲

古樂府歌曰烏生八九子秦氏桂樹間秦氏家有遊蕩子

立用雎陽強彈丸

魏明帝猛虎行曰雙桐生空井枝葉自相加通泉浸其根玄雲潤其柯上有雙棲鳥交頸鳴相和何意行路者秉丸彈是窠

桓玄南林彈詩曰散帶躡　駟揮彈出長林歸翮赴舊栖木末轉翔禽落羽尋絶響屢中輙應心

後漢李尤彈銘曰昔之造彈起意弦木以丸爲矢合竹爲樺漆飾膝治弗用觚鏃丸彈之利以弋鳥鳧鶩鷰雀靈嬌悖羣臣是彈樂其如躍趫如避丸

太平御覽卷第三百五十一

兵部八十二

戈

易曰離爲戈兵

又曰投戈散地則六親不能相保

書曰武王至商郊王左仗黃鉞右秉白旄以麾曰逖矣西土之人稱尒戈比尒干立尒矛予其誓

又曰武王伐紂戰於牧野前徒倒戈血流漂杵

又曰成王崩太保命仲桓南宮毛（孔安國曰二臣桓毛名）俾爰齊侯呂伋以二干戈虎賁百人逆子釗于南門之外

又曰兌之戈和之弓垂之竹矢在東房（兌和古之巧人）

又曰四人綦弁執戈上刃夾兩階戺一人冕執戣立于東垂一人冕執瞿立于西垂（戣瞿皆戟屬）

又曰惟干戈省厥躬

又曰魯侯伯禽宅曲阜徐夷並興公曰備乃弓矢鍛乃戈矛

詩曰豈曰無衣與子同袍王于興師修我戈矛與子同仇

豈曰無衣與子同澤王于興師修我矛戟與子偕作

又曰彼候人兮荷戈與祋（毛萇曰候人道路送迎賓客者也荷揭也祋殳也祋丁外切）

又曰載戢干戈載櫜弓矢

禮記曰進戈者前其鐏（徂悶切）後其刃進矛戟者前其鐓（音隊）後其銳（鄭玄曰後刃敬也二矢鏃鏑雖在下猶爲首銳底曰鐏取其鐏地也平底曰鐓取其鐓地也）

又曰春夏學干戈秋冬學羽籥皆於東序（干盾也戈句孑戟也干戈万舞象舞也）

又曰能執干戈以衛社稷

又曰賓牟賈侍坐於孔子孔子與之言及樂子曰夫樂者象成者也總干而山立武王之事也發揚蹈厲太公之志也武亂皆坐周召之治也武王克商濟河而西倒載干戈包以虎皮將帥之士使爲諸侯名之曰建櫜

又曰大夫士旣殯而君徃焉祝先外君即位于阼小臣二人執戈立于前一人立于後

周禮曰旅賁氏掌執戈盾夾王車而趨左八人右八人車止則持輪喪紀則衰葛執戈盾軍旅則介而趨

又曰節服氏掌祭祀朝覲衮冕六人維王之太常郊祀裘冕二人執戈送逆尸從車（鄭玄曰裘冕者亦從尸服也從尸車送逆之往來也）

又曰方相氏掌蒙熊皮執戈揚盾帥百隸而時儺以索室毆疫及墓入壙以戈擊四隅毆方良（方良罔良也）

又曰司戈楯掌戈楯之物而頒之祭祀授故士戈（故士王族故士也與旅賁當事則衞王者也）軍旅會同授貳車戈楯建乘車戈楯授旅

賁及虎士戈楯（乘車王所乘車也旅則卓路會同則金路也）

又曰車謂之六等之數（鄭玄曰六等之數法易之三材六畫也）車軫四尺謂之一等戈柲六尺有六寸旣建而迆崇於軫四尺謂之二等人長八尺崇於戈四尺謂之三等殳長尋有四尺崇於人四尺謂之四等車戟常崇於殳四尺謂之五等酋矛常有四尺崇於戟四尺謂之六等

又曰金有六齊四分其金而錫居一謂之戈戟之齊

又曰戈廣二寸內倍之胡三之援四之（鄭玄曰戈今句孑戟也或謂之鷄鳴或謂之擁頸也）已倨則不入已勾則不決長內則折前短內則不疾（鄭玄曰戈勾兵也主於胡已倨謂胡微直而邪多以啄人則不入已勾謂胡曲多也以啄人則創不決前謂援也內長則援短援短則曲於磬折而於磬折則引之與胡並鈎內短則援長援長則倨於磬折倨於磬折則引之不疾）

又曰廬人爲廬器戈柲六尺六寸殳長尋有四尺戟常酋矛常有四尺夷矛三尋（鄭玄曰柲猶柄也八尺曰尋倍尋曰常酋夷長短名也）

左傳曰晉公子重耳及齊齊桓公妻之公子安之姜曰行

也懷與安實敗名公子不可姜與子犯醉而遣之醒以戈逐子犯

又曰秦伐晉戰之明日晉襄公縛秦囚使萊駒以戈斬之囚呼萊駒失戈狼瞫取戈以斬囚禽之以從公乘遂以爲右

又曰魯敗狄于鹹獲長狄僑如富父終甥舂其喉以戈殺之(舂猶衝也)埋其首於子駒之北門(狄長三丈)

又曰齊敗於鞍齊頃公既免求逢丑父三入三出入于狄卒皆抽戈楯冒之以入于衞衞師免之遂自徐關入

又曰晉楚戰於鄢陵范丐趨進(丐士燮子)曰塞井夷竈陳於軍中晉楚唯天所授何患焉文子執戈逐之曰國之存亡天也童子何知焉

又曰晉胥童夷羊五帥甲八百將攻郤氏長魚矯請無用衆公使清沸魋助之(清沸魋嬖人也)抽戈結衽(衽裳際也)而僞訟者三郤將謀於榭(榭講武堂也)矯以戈殺駒伯苦成叔於其位(駒伯郤錡苦成叔郤犫也)溫季曰逃威也遂趨(郤至本意欲稟君命而死今矯等不以君命而來故欲逃也)矯及其車以戈殺之皆尸諸朝

又曰晉中行獻子將伐齊夢與厲公訟弗勝(厲公獻子所殺)公以戈擊之首隊於前跪而戴之奉之以走見梗陽之巫皋他日見諸道與之言同(巫亦夢見獻子與厲公訟)巫曰今茲主必死若有事于東方則可以逞

又曰晉侯伐齊范鞅門於雍門其御追喜以戈殺犬於門中(殺犬示閑暇也)

又曰齊慶封好田而嗜酒與慶舍政(舍慶封子)盧蒲癸臣子之(子之舍也)與王何二人皆嬖使執寢戈而先後之(寢戈親近兵仗也)嘗於大公之廟慶舍涖事(臨祭事也)麻嬰爲尸(爲祭尸也)盧蒲癸王何執寢戈慶氏以其甲環公宮盧蒲癸自後刺子之王何以戈擊之解其左肩猶援廟桷動於甍以俎壺投殺人而後死(言其力多)

又曰鄭徐吾犯之妹美公孫楚聘之(楚子南也)公子黑又使強委禽焉(禽鴈也納綵內鴈也)子南戎服入左右射超乘而出女自房觀之適子南氏子晳怒既而櫜甲以見子南欲殺之而取其妻子南知之執戈逐之及衝擊之以戈(衝交道也)子晳傷而歸告大夫曰我好見之不知其有異志故傷

又曰晉平公有疾鄭伯使公孫僑如晉聘且問疾叔向問寡君之疾病卜人曰實沈臺駘爲祟此何神也子產曰昔高辛氏有二子伯曰閼伯季曰實沈不相能也日尋干戈以相征討后帝不臧遷閼伯于商丘主辰遷實沈于大夏主參

又曰衞公孟縶狎齊豹(公孟靈公兄也齊豹齊惡之子爲衞司寇也)奪之司寇與鄄公孟惡北宮喜褚師圃欲去之公子朝通于襄夫人宣姜懼而欲以作亂故齊豹北宮喜褚師圃公子朝作亂公孟有事於蓋獲之門外(有事祭也蓋獲衞郭門也)齊氏帷於門外而伏甲焉使祝鼃寘戈於車薪以當門華齊御公孟宗魯驂乘及閎齊氏用戈擊公孟宗魯以背蔽之中公孟肩殺之

又曰吴入郢楚昭王涉雎濟江入于夢中王寢盗攻之以戈擊王王孫由于以背受之中肩

又曰吴伐越越子句踐禦之陳于檇李靈姑浮以戈擊闔閭傷將指

又曰齊人輸晉范氏粟鄭子姚子般送之范吉射逆之趙鞅禦之鄍無恤御簡子衞太子爲右登鐵上鄭人擊簡子中肩斃于車中太子救之以戈鄭師北太子復伐之鄭

師大敗

又曰齊簡公即位與婦人飲酒于檀臺成子遷諸寢（徙公使居正寢）公執戈將擊之（疑其欲作亂也）太史子餘曰非不利也將除害也

又曰晉荀瑤帥師伐鄭（荀瑤智伯也）鄭駟弘請救于齊（弘駟繳子）陳成子救鄭及濮雨不涉成子衣製杖戈（製雨衣也）立于阪上馬不出者助之鞭之智伯聞之乃還（畏其得衆心也）曰我卜伐鄭不卜敵齊

又曰衛良夫與太子蒯聵入舍於孔氏之外圃昏入適伯姬氏既食孔伯姬杖戈而先太子與五人分輿猳從之（分被甲也）迫叔悝於廁強盟之（孔氏專政故劫孔悝欲令逐輒）

漢書曰宣帝時美陽鼎獻之張敞好古文字案鼎銘勒而上議曰今鼎出於郊東中有刻書曰王命尸臣（孟康曰尸主也）官此栒邑賜尒鸞旂黻琱戈尸臣拜手稽首竊以傳記言之鼎殆周之所以褒賜大臣也

又曰武帝元鼎五年南越相呂嘉反遣歸義侯嚴爲戈舡將軍（張晏曰嚴故越人降義歸義侯越人於水中負鑿鑿人舡又有蛟龍之害故置戈於下因以爲名也）下離水

晉書曰賈充傳云高貴鄉公之攻相府也充率衆拒戰於南闕軍將敗騎督成倅弟太子舍人濟問充曰今日之事當如何充謂曰公養汝等正擬今日復何疑濟於是抽戈犯蹕

崔鴻前趙録曰李景年字延祐前部人長平之戰劉聰馬中矢幾爲晉軍所獲景年以馬授聰揮戈前戰以功封梁鄒侯

戰國策曰中山君饗都大夫羊羹不徧司馬子期怒而走於楚說楚王伐中山中山君亡走有二人挈戈而隨中山君顧謂二人子奚爲者也二人對曰臣有父嘗餓將死君下壺食餔臣之父故來死君也中山君慨然仰天嘆曰吾以一杯羊羹亡國以一壺食得士二人

國語曰秦師侵晉惠公令韓簡挑戰曰昔君之惠寡人未敢忘寡人之衆能合之不能離也君若不還寡人將無所避穆公衡雕戈出見使者

莊子曰孔子窮於陳蔡七日不食絃歌鼓琴子路仡然執戈而儛

韓子曰勾踐入宦於吳執戈爲吳王洗馬故能殺夫差於姑蘇

呂氏春秋曰趙簡子攻衛附郭自將遠立（郭遠立矢石不及也）又居於犀蔽犀櫓之下投枹而嘆（投弃也）曰烏呼士之遫（音速）弊盡壹若此乎（遫猶化也一猶皆也言士之變化弊惡皆如此乎）行人燭過免冑橫戈而進曰亦有君不能耳士又何弊之有簡子乃去犀蔽犀櫓而立於矢石之所及（矢箭也石礮也）一鼓而士乘之（畢盡也乘陵也）簡子曰與吾得革車千乘也不如聞行人燭過之一言

淮南子曰陽虎爲亂於魯魯君令人閉城門而捕之得者有賞失者夷族圍三匝矣陽虎將舉劒而自刎頸門者止之曰我將出子陽虎左持劒右提戈赴圍而走門者出之陽虎既出顧出之者以戈推之攘袪薄腋魯君聞陽虎失怒所出之門以爲傷者戰鬬者也不傷者爲縱之傷者受厚不傷者受重罪也此所謂害之而反利之者也

又曰魯陽公與韓搆難戰酣日暮援戈而撝日日反三舍（魯陽楚人也王之孫司馬期之子所謂魯陽文子也楚僭號稱王其守縣大夫皆稱公曰魯陽公今南陽魯陽是也）

五經要義曰國君及元率戎車將在中央當鼓御者在左勇力之士執戈在後

陸景典語曰戈刀雖備於執事而無所揚其鋒
桓寬鹽鐵論曰匈奴處沙漠之中生不食之地如中國之
麋鹿耳好事之臣求其義責之禮使中國干戈至今未息
玄晏春秋曰七年春王正月乙酉予長七尺四寸矣未通
史書與從姑子梁柳等擊壤于路或編荆爲楯執荻爲戈
分陳相刺習兵共以爲樂
張騭文士傳摯虞荅策曰古之良臣受彤弓彫戈之錫銘
之彝器既之後昆曠世歷代以爲寳榮豈無其物貴殊品
也
抱朴子曰虎狼見逼不揮戈奮劒而彈琴詠詩吾未見其
身之可保也
又曰荆卿朱亥不示小勇於怯弱之閒孟賁焉婦不奮戈
戟於貍狌之群

山海經曰崐崘墟北有人曰太行伯把戈
干寳搜神記曰有崔文子者學仙於子高子高化爲白蜺
而持藥文子文子驚怪引戈擊蜺中之因墮其藥俯而視
之王子喬之尸也置之室中覆以弊筐須臾而化爲大鳥
開而視之　翻飛而去
梅陶在盆口與三公書蘇峻勇而無謀兵家所常弊也長
廣人釋鋤犁執干戈何知戰法
文選曰戈鋋彗雲
又曰戈矛若林
離騷曰操吳戈兮被犀甲車錯轂兮短兵接
繁欽述征賦曰時三月之暮春遏干戈之急難
王粲從軍詩曰樓船凌洪波尋戈刺群虜
高貴鄉公詩曰干戈隨風靡武騎齊鴈行

魏明帝堂上行曰武夫懷勇毅勒馬於中原干戈森若林
長劒奮無前
荀道雍猛虎行曰詰朝彈竹冠荷戈翦荒要○應貞華覽
曰萬夫浚拾武騎齊足秉夷長森分行別屬弓不虛彎戈
不苟摸
傅毅西征頌曰愠昆夷之匪協咸矯於戎事干戈動而後
戢天將祚而隆化
崔駰北征頌曰人事協兮皇恩得金精揚兮水靈伏順天
機兮把刑德戈所指兮罔不尅
張協七命曰舉戈林竦揮鋒電滅仰傾雲巢俯殫地穴
孔欣七誨曰攜同好命爪牙攝烏號杖雄戈緣山結網絛
雲張羅
[illegible]議曰自頃多難國度屢空疋夫有重甸之勞武王有
執戈之勳

太平御覽卷第三百五十一

兵部八十三

戟上

釋名曰戟格也旁有枝格也戈句孑戟也戈過也所刺則決過所勾引制之不得過也車戟曰常長丈六尺車上所持也八尺曰尋倍尋曰常故稱常也手戟手所持擿之戟也

說文曰戈平頭戟也從弋一橫之象形也戟有枝兵也戟讀若棘鏌鋣大戟也

方言曰戟楚謂之孑(郭璞曰取名於鉤孑也)凡戟而無刃秦晉之間謂之孑或謂之鏔(音寅)吴楊之間謂之戈東齊秦晉之間謂其大者曰鏝(莫干切)胡其典者謂之句孑鏝胡(即今雞鳴句孑戟也)南楚宛郢謂之匽(音偃)戟其柄自關而西謂之秘(音秘)或謂之殳

廣雅曰匽謂之雄戟(音殊)

太公兵法曰戟之神名大將

趙氏兵書曰戟參星主之

周禮曰掌舍爲壇壝(音遺)宮棘門(鄭司農云棘門以戟爲門也)

左傳曰鄭伯將伐許授兵於太宮公孫閼與潁考叔爭車考叔挾輈(輈車轅也)以走子都拔棘(棘戟也)以逐之及大逵不及子都怒(子都閼字也)

又曰莊公四年楚武王荆尸授師孑焉以伐隨(尸陳也孑戟然則楚始於此參用戟爲陳也)

又曰鄭公子歸生受命于楚伐宋宋華元禦之戰于大棘宋師敗績囚華元狂狡輅鄭人鄭人入於井(狂狡宋大夫輅迎也)倒戟而出之獲狂狡君子曰失禮違命宜其爲禽也

又曰晉侯飲趙盾酒伏甲將攻之遂跳以下公族夫獒犬焉靈輒倒戟以禦公徒而免之問何故曰翳桑之餓人也

又曰諸侯伐偪陽狄虒彌建大車之輪蒙之以甲爲櫓左執之右拔戟成一隊

又曰欒氏乘公門范宣子謂鞅曰矢及君屋死之鞅用劍以帥卒(用劍短兵接欲致死也)欒氏退攝車從之遇欒樂(樂盈之族)曰樂射之不中又注(注屬矢於弦)則乘槐本而覆或以戟鉤之斷肘而死

周書曰年飢上用輿曲輈不漆矛戟纏羽旄不擇鳥

史記曰平原君與楚合從言其利害日出而言之日中不決毛遂按劍而前曰今楚地方五千里持戟百萬此霸王之資也

又曰蘇秦說韓王曰韓之劍戟皆出於冥山棠谿

漢書曰項羽令壯士挑戰漢有善騎射曰樓煩(應劭曰樓煩縣今樓煩是也)楚戰三合樓煩輒射殺之羽大怒自被甲持戟挑戰樓煩欲射羽瞋目叱之樓煩目不能視手不能發走還入壁不復敢出

又曰田肯賀上曰秦形勝之國也帶河阻山懸隔千里持戟百萬懸隔(千里之外秦得百二焉齊地方二千里持戟百萬齊得十二焉)非親子弟莫可使王齊者也

又曰奉天子法駕迎皇帝代邸皇帝入未央宮有謁者十人持戟衛端門曰天子在足下何爲者不得入

又曰漢七年長樂宮成於是皇帝輦出房百官執戟傳警引諸侯王以下至吏六百石以次奉賀

又曰息夫躬云諸曹以下僕遬(音速)不足數卒有強弩圍城

長戟指闕陛下誰與備之

又曰晁錯上言曰兩陣相近平地淺草可前可後此長戟之地也劒楯三不當一

又曰灌夫字仲孺父孟死吳軍夫奮曰願取吳王若將軍頭以報父仇於是夫被甲持戟募軍中壯士所善願從數十人及出壁門莫敢前獨兩人及從奴十餘騎馳入吳軍至戲（音麾）下所殺傷數十人

又曰楊雄位不過執戟

又曰八月飲酎行祠孝昭廟是時霍氏外孫代郡太守任宣坐謀反誅宣子章為公車丞亡在渭城界中夜衣服入廟執戟立廟門待上至欲為逆發覺伏誅

後漢書曰光武署銚期為賊曹掾上略地向北期從徇薊時王郎檄書到薊中起兵應郎光武趍駕出百姓聚觀諠呼滿道遮路不得行期騎馬奮戟瞋目大呼左右曰趕（周禮隸僕掌趕宮中之事鄭衆曰止行清道也若今警蹕說文趕與蹕同）衆皆披靡

東觀漢記曰吳漢與蘇茂周建戰漢躬被甲持戟告令諸部將曰聞鼓聲皆大呼俱進後至者斬遂鼓而進賊兵大破

又曰建武四年隗囂遣馬援奏課京師因曰臣與公孫述同縣少小相善臣前往蜀述陛戟乃見臣今臣遠從異方來陛下何以知臣非刺客姦人而簡易若是上大笑

又曰田邑字伯玉為上黨太守時更始遣鮑永馮衍屯太原永衍恐其先降説之曰晏嬰臨盟擬以曲戟不易其辭

又曰楊政字子行師事博士氾外建武中氾外為太常丞為去妻所誣告坐事繫獄當伏重罪政以車駕出時伏道邊抱外子持車叩頭武騎虎賁恐驚馬引弓射之不去旄頭以戟叉政傷胷前政遂涕泣求哀上即尺一出外

又曰孫程與王康等斬江京等迎立濟陰王是為順帝閻顯弟景為衛尉從省中還外府收兵至盛德門尚書郭鎮率直宿羽林出逢景景因斫鎮不中鎮劒擊景墮車左右以戟叉其胷禽之送廷尉

謝承後漢書曰彭循字子陽太守衫君聞循義勇多謀請循以守吳令民歌之曰時歲倉卒盜賊縱橫大戟強弩不可當賴遇賢令彭子陽

司馬彪續漢書曰楊仁字文義巴郡人顯宗特詔補北宮衛士及帝崩時諸馬貴盛各爭欲入宮仁被甲持戟嚴勒門衛莫敢輕進者肅宗既立諸馬共譖仁上知其忠愈善之

張瑩漢南記曰陳蕃等欲除諸黃門謀泄閹寺之黨於宮中詐稱驚云外有反者蕃奔入宮小黃門朱寓逆以戟刺蕃

魏志曰董卓恐人謀己常以呂布自衛嘗失意拔手戟擿布布拳捷之由是陰怨卓（英雄記又載呂布詣董卓卓嘗拔戟擲之言布亂其私室）

又曰袁術遣將紀靈等步騎三萬攻劉備備求救於呂布布嚴步兵千騎二百馳往赴備布謂靈等曰布性不喜合鬭但喜解鬭耳布令門候於營門中舉一隻戟布言諸君觀布射戟小支一發中者諸君當解去不中可留鬭布舉弓射戟正中小支諸將皆驚言將軍天威也明日歡會然後各罷

又曰張繡反襲太祖營太祖出戰不利典韋以長戟左右擊之一叉輙十餘矛（音稍）摧左右死傷者略盡韋被數十創短兵接戰賊前搏之韋雙挾兩戟擊殺之餘賊不敢前

又曰典韋好持大雙戟與長刀軍中爲之語曰帳下壯士有典軍持一雙戟八十斤

王沈魏書曰太祖討呂布於濮陽布有别屯在濮西相持太祖募陷陳典韋先占但持長矛撩戟時西面又急韋左手持十餘戟大呼起所抵無不應手倒者

魚豢魏略曰徐庶字元直少好任俠爲人報讎白堊（嗚各切）突面被髮而走爲吏所得乃感激弃其刀戟更絹巾單衣折節學問

吴志曰孫權拜諸葛恪丹陽太守授棨戟武騎作皷吹導引歸家

又曰孫權乗馬射虎虎慶亭（慶[illegible]陵切）馬爲虎所傷權投以雙戟虎遂却

又曰太史慈劉繇使偵騎卒遇孫策慈便前鬬正與策對

刺慈馬以攬慈項上手戟慈亦得策兜鍪

又曰孫綝遣中書郎李崇奪孫亮璽綬徵立琅邪王休奉書於休曰綝以薄才見授大任不能輔導陛下頃月以來多所造立親近劉承悦於美色敗壞藏中矛戟五千餘枚以爲戲具

韋昭吴書曰凌統怨甘寧殺其父操嘗於呂蒙舍會酒酣統乃以刀舞寧起曰能雙戟舞蒙曰寧雖能未若蒙之巧也因操刀持楯以身分之

張勃吴録曰嚴白虎使弟輿詣長沙桓王請和許之輿詣與王獨會面約既會王引白削斫席輿體動王知其無能以手戟投之立死

蜀志曰兩鑲（音壤）是謂閉木戶持雙戟是謂坐鐵室也

常璩華陽國志曰荆邯說公孫述曰昔漢祖敗而復征故能禽秦楚以弱爲強況今地方數千枚戟百萬

晉書曰賈后字南風初爲太子妃性酷虐嘗手殺數人或以戟擲孕妾子隨刃墮地帝聞之大怒欲廢之

又曰楊駿字文長爲賈后所誅初温縣有人如狂造書曰光光文長大戟爲牆毒藥雖行戟還自傷及駿居内府以戟爲衛至兵入駿府逃于馬廄以戟殺之

又曰裴楷有知人之鑒謂鍾會如觀武庫森森見矛戟在前

王隱晉書曰上聞賈妃酷妬戟擿諸孕子者皆墮已治金墉城當廢之趙粲救於内荀勗請於外故不廢焉

又曰祖逖軍大飢進據太丘城樊雅遣六十餘人入逖營拔戟楯大呼向逖逖軍人夜不知何賊多少皆欲散走

崔鴻前趙録曰杜育字子光濮陽人少爲賊其毋每怒育

曰天下將亂且以習膽如意望封侯不如意但不使他斫人頭曾爲賊圍衣甲三重持戟蓬轉而出

又曰劉聰獵上林以愍帝行車騎將軍戎服執戟前導觀者指曰此故長安天子

崔鴻後趙録曰冉閔所乗赤馬曰朱龍日行千里左杖雙刃矛右執鉤戟斬鮮卑三百餘級

齊書曰宋外平三年尤里封人於官高湖際得瑞靸（蘇合切）戟三枚旁有古字

隋書曰柳彧爲屯田侍郎固讓弗許時制三品已上門皆列戟左僕射高熲子弘德封應國公申牒請戟彧判曰僕射之子更不異居父之戟槊已列門外尊有厭卑之義子有避父之禮豈容外門既設内閤又施事竟不行熲聞而歎伏

家語曰孔子北遊登于農山之上子路子貢顏回侍側孔子曰二三子各言尔志吾將擇焉顏回曰回願得明王聖主而相之敷其五教導之禮樂使城郭不脩溝池不越鑄劒戟爲農器放馬牛於原藪室家無離曠之思千載無戰鬭之患夫子懔然曰美哉德也

陸賈楚漢春秋曰沛公脫身鴻門從間道至軍張良韓信乃謁項王軍門曰沛公使臣奉白璧一隻獻大王足下玉斗一隻獻大將軍足下亞父受玉斗置地戟撞破之

樂資春秋後傳曰聶政拔劒至韓韓相方坐府上持兵戟而衛侍者甚衆聶政直入上階刺殺俠累

戰國策曰蘇秦說惠王曰夫徒處而致利安坐而廣地雖古五帝三王五伯明主賢君常欲坐而致之其勢不能故以戰續之寬則兩軍相守迫則杖戟相撞

又曰齊王建入朝於秦雍門司馬橫戟當馬前曰所爲立王者爲社稷王何以去社稷而入秦王不聽遂入秦

英雄記曰呂布白陳登使詣曹操求徐州牧不得登還布怒拔戟斫机曰不惟吾所求無獲但爲卿父子所賣耳登不爲動容徐對曰登見曹公言養將軍譬如養虎當飽其肉不飽則將噬人公曰不如卿言譬如養鷹饑則爲用飽則颺去其言如此布意乃解。

王隆漢官解詁曰衛尉宮闕周廬殿掖屯陳夾道當兵交戟胡伯始曰謂諸門郎閣陳屯士夾其道旁當兵以示威武交戟以遮妄出入者也

應劭漢官儀曰舊制太子食湯沐十縣家令領主自有宮置周衛交戟五日一朝因坐東廂省視膳食

東方朔傳曰武帝坐未央前殿天雨新止朔執戟在殿陛遥指獨語上見呼問之朔對曰殿後栢樹上有鵲立枯枝上東向鳴上遣侍中視之如朔言上問何以知之朔曰風從東來鵲尾旁風則傾背風則蹷必當順風而立故知東向鳴也新雨生枝滑故枝澁故立枯枝上上大笑賜帛十疋

又曰孝武元封三年作栢梁臺召群臣有能爲七言者乃得上坐衛尉曰周衛交戟禁不時

陳壽益部耆舊傳曰張霸遷會稽太守是後盜賊衰少野無遺寇童謠曰弃若戟弃若矛盜賊盡吏皆休

蕭廣濟孝子傳曰魏陽不知何處人獨與父居父有刀戟市南少年求之陽曰老父所服不敢相許少年怒道逢陽父打傷叩頭請罪父沒陽斷少年頭以謝父冢前

師覺授孝子傳曰仲子崔者仲由之子也子路仕衛赴蒯聵之亂衛人于黶殺之子崔既長欲報父讎黶知之曰

夫君子不掩人之不備須後日於城西決戰其日黶持蒲弓木戟與崔戰而死

張敞晉東宮舊事曰東列崇福門門各羌楯十幡雞鳴戟十張

太平御覽卷第三百五十二

太平御覽卷第三百五十三

兵部八十四

戟下

殳

矛

戟下

世說曰舊制三公領兵入見皆交戟叉頸而前初曹公將討張繡入覲天子時始復此制公自是不敢朝見一出郭須世語

孫盛異同雜語曰太祖嘗私入中常侍張讓室讓覺之乃舞手戟于庭前踰垣而出材力絕人莫之能害

于寶搜神記曰漢武帝時張寬為楊州刺史先是有二老翁爭山地詣州訟疆界連年不決寬視事復來寬視二翁形狀非人令卒持戟將入問汝何等精翁欲走寬呵格之化為巨虵

又曰成都王之攻長沙也反軍于鄴內外陳兵是夜戟鋒皆有火遥望如懸燭就則亡焉三十國春秋又載

劉敬叔異苑曰彭城劉黃雅以太元中為京口府佐被使還都路經竹里亭多虎劉極自防衛牛馬繫於户前手戟布於地上宵中士庶同睡虎乘間跳入跨越人畜獨取劉而去

劉義慶幽明錄曰項縣姚牛十餘歲父為鄉人所殺牛常賣衣物市刀戟圖欲報讎後在縣門前相遇手刃之於衆中

東陽無疑齊諧記曰東陽郡朱子之有一鬼恒來其家子之兒病心痛鬼語之我為汝尋方云燒虎丸飲即差汝覔大戟與我我為汝取也其家便持戟與鬼鬼持戟去須臾還放戟中庭擲虎丸着地猶尚暖

東晳發蒙記曰師子五色而食虎於巨木之岫一嘷則百人仆唯畏鈎戟

顧愷啓蒙記曰王精名委似美女而青衣見以桃戟刺之以其名呼之可得也

周處風土記曰戟長一丈三尺奮楊俯仰乍跪乍立兼五兵而能乃謂名人

又曰教學講武飛遠慮戎首玄戈奮長雄迎來送往斫截橫從扶強頓弱唯敵所從首先也玄戈北斗杓端招搖之內貫索之外獨星也戟為五兵捧蓋取威奮振也凡用戟法必先小振動之度上攝下收功於中恒在首煩之間來迎去送順動而不逆也植則虎龍交牙神變無常去者厚餞來者不攘言用雙戟之法交軟相向左手為龍右手為虎更出更入更上更下上下無常變而改顛倒入懷轉如回風蘇覽孤勝攝戟徐反可謂上下無常非為邪也進退無恒非離羣也蓋乃進足奮手欲及攙壯如敵來輕去疾進而送之來重進疾關而特之

南州八郡志曰宋昌郡西南三千里有剽國以金為刀戟

焦贛易林曰桃弓葦戟除殘去惡

又曰倚鋒據戟傷我胷臆

春秋考異郵曰劉子單子折猛入城天王奔走尹氏立朝國有三王天下兩主周分為二莫能救討強弩張於前楯𢧵戟拔於後

管子曰黃帝問於伯高伯高曰雍狐之山發水出金蚩尤受而制之以為雍狐之戟

晏子春秋曰景公飲酒移於晏子前驅款門曰君至晏子立於門曰君何為非時而夜辱公曰酒醴之味金石之聲願與夫子樂之晏子曰夫鋪薦席陳簠簋者有人臣不敢與焉又移司馬穰苴介胄操戟立於門曰鋪薦席陳簠簋者有人臣不敢與焉

又曰崔杼殺莊公盟諸大夫令有敢不盟者戟鉤其頸

孫卿子曰雖有戈矛之戟不如恭儉之利與人善言煖於布帛傷人以言深於矛戟

又曰狐父戈以鐲牛愚莫甚焉鐲徐王切

又曰鉏櫌棘矜非錟音談於句戟長鎩也如淳曰長刃矛也又曰矛刃下有鐵上句曲然而成敗異變功業相反也

尉繚子曰夫殺之五十步之内者誰也曰矛戟也

韓子曰譬如劒戟愚人行忿則禍生聖人誅暴則福成

淮南子曰孟夏之月南宮御女赤色衣赤采吹竽笙其兵戟高誘曰有枝幹象陽布散也

劉向新序曰趙簡子上羊腸之坂群臣皆偏袒推車而虒會獨擔戟行歌簡子曰寡人上坂會獨不推車而侮其主者其罪何若會曰爲人臣侮其主者其罪死而又死簡子曰何謂死而又死虒會對曰身死妻子爲戮謂之死而又死

又曰齊景公遊海上樂之六月不歸令左右敢言歸者死顔斶諫曰君樂治海上不樂治國儻有治國者君且安得樂此海也公據戟將斫之斶撫衣而待之曰君奚不斫也昔桀殺關龍逢紂殺王子比干君奚不斫以臣參此二人不亦可乎公遂歸

抱朴子曰太阿臨項長戟指心而操不可奪也

又曰拙者得工輸之斤斧不能以成雲梯怯者得馮婦之刃戟不能以格兇虎

蔣子曰士有一飡而倒戟義所驅也

應璩詩曰丈夫要雄戟更來宿紫庭今者宅四海誰復有不并

又曰郡國貪慕將馳騁習弓戟雖妙未更事難用應卒迫

司馬相如上林賦曰曳明月之珠旗建干將之雄戟干將韓王劒師雄戟干將所造也

左思吳都賦曰吳鈎越棘越鐵刑故鏽越棘也

又曰羽旄揚蕤雄戟耀芒

繁欽撰征賦曰左騎雄戟右攢干將

兩都賦曰郎將司階虎戟交鎩音殺

又曰周廬千列陛戟百重

陶侃表曰伏惟武庫傾蕩宿衛有闕輒簡選其差可者奉獻金鈴大戟五十張

孫盛奏事曰諸違令私作鎧一領角弩力七石以上一張戟十枚以上皆弃市

張載劒閣銘曰一人荷戟萬夫趑趄難行皃也

李尤戟銘曰誡戟之設以戒非常秉執操持邪暴是防滇吏之忿終日爲殃山陵之禍起於豪芒

張協手戟銘曰錟錟音談雄戟清金練鋼名配越棘用過于將嚴鋒勁枝摛鍔耀芒

魏文帝書曰漢中地形實爲險固四嶽三塗皆不及也張魯有精甲數萬臨高守要一夫揮戟千人不得進而我軍過之若駭鯨之決細罟奔兕之觸魯縞未足以喻其易

應瑒表曰長戟百萬胡馬千群

應貞華覽曰強弩連城長戟指塞

傅玄朝會賦曰流蘇藂藂華蓋重陰羽林虎旅長戟櫹槮上音蕭下音參

賈誼過秦論曰陳涉以戍卒散亂之衆數百奮臂大呼不用弓戟之兵鉏櫌音憂白梃橫行天下秦人長戟不刺強弩

不射楚師深入戰於鴻門曾無藩籬之艱

殳

釋名曰殳殊也長丈二尺而無刃有所撞（直降切）挃（陟栗切）於車上使殊離也

說文曰殳以杖殊人也禮殳以積竹八觚長丈二尺建於兵車旅賁以先驅也

詩曰伯也執殳為王前驅

又曰彼候人兮荷戈與祋（候人道路送迎賓客者也荷揭也祋殳也祋丁外切）

周禮曰車六等之數殳長四尺崇於人四尺謂之四等

左傳曰宋張匄與子皮曰任鄭翩殺華多僚（子皮華貙也任翩貙家臣）華氏居盧門以南里叛公子成以晉師至（成前奔晉今還救宋也）會晉齊衛救宋與華氏戰于赭丘公子城射華豹殪張匄抽殳而下（殳長丈二在車邊）

又曰莒子庚輿將出奔聞烏存執殳而立於道左懼將止死羊牧之曰君過之烏存以力聞可矣何必弒君成名遂奔齊

韓子曰楚國法太子不得乘車至茅門廷天雨王急召太子庭中有水太子遂驅車至茅門廷尉舉殳擊馬遂敗其駕

焦贛易林曰大過之訟秉鉞執殳挑戰先驅

蕭子良古今篆隸文體曰殳書者伯氏之職也古者文既記笏武亦書殳也

司馬兵法曰兵雜則不利長兵以衛短兵以守太長則犯太短則不及太輕則閱閱則易亂太犯則不濟（季氏曰兵長短相為衛守合同為用太長太短太輕皆不如法度者也犯者觸推故不濟不及者不還於利閱者不固則破敗故奔北走擾亂煩也）故初列即戟間焉（一弓一戟相間也）次列殳矛間焉（一殳一矛相間）也

又曰周左執黃鉞右執白旄所以　不進者審察斬殺之威也有司皆執殳戈示諸鞭朴之辱（毆使不行不進者也）

又曰弓矢圍殳矛守戈戟助（五兵長短各有所宜因事而施）凡五兵當長以衛短短以救長以戟則久皆戰則彊

淮南子曰武王執戈秉鉞以勝殷搢笏杖殳以臨朝

魏文帝詩曰行行遊且獵且獵路南隅彎我烏號弓騁我纖驪駒走者貫鋒鏑伏者飢戈殳白日未及移手獲三十餘

王粲七釋曰流鋒四射韋卒攢厲奮千殳而捎擊殪雁鳶犬以搏噬（[illegible]）

夏侯湛獵兔賦曰擬以銳殳規以良弓鄙毫末而放鏃兮殪之于窯中

左思吳都賦曰于鹵殳鋋暘夷勃盧（殳鋋皆矛也）

謝惠連從軍行曰趙騎馳四牡吳舟浮三翼弓矛有恒用殳鋋無暫息

太公六韜曰方凶兩枝鐵叉柄長三丈以上三百枝

矛

釋名曰矛冒也刃下冒矜也下頭曰鐏（徂悶切）鐏入地也松櫝長三丈其矜宜輕以松作之櫝速也前速之言也矛長丈八尺曰矟馬上所持言其矟矟便殺也

又曰激矛激也可以激截敵陣之矛也仇矛頭為三叉言以討仇敵之矛也夷矛戟也戟常也其矜丈六尺不言常而云夷者言可夷滅敵也亦車上所持也務矛長九尺務霍也所中霍然即破裂也

方言曰五湖之間矛謂之鍦（音蛇）或謂之鋋或謂之鏦（音窻）其

柄謂之矜
又曰矛骹音敲細如鸛脛者謂之鸛膝
丗本曰杼作矛
太公兵法曰矛之神名跌蹉
書曰鍛乃戈矛礪乃鋒刃
又曰門之内一人冕執鈗鈗矛也立于階側周成王崩士衛殯也
詩曰清人在彭駟介旁旁箋云清者高克所軍之邑也駟介四馬也二矛重英箋云二矛酋矛夷矛也
河上乎翱翔重英矛之英飾二矛重喬河上乎逍遥
又曰厹音求矛鋈錞三隅矛也鋈音沃錞音隊蒙伐有苑蒙討羽也伐干也苑文貌也
禮記曰進矛戟者前其鐏後其刃
大戴禮曰武王踐祚矛之銘曰造矛少間弗忍終身之羞
予一人所聞以戒後世子孫
左傳曰齊伐魯冉有用矛於齊師故能入其軍

史記曰武王牧野誓曰立尓矛
漢書曰姑句家矛端生火光其妻曰矛端生火光此兵器
也
魏志曰公孫瓚手執兩頭矛殺鮮卑數十人
魏書曰議者多言關中兵強習長矛非精選前鋒則不可
以當也曹公謂諸將戰在我非在賊雖習長矛將使不得
以刺諸君但觀之
魏略曰閻行金城人後名艷字彦明少有健名始爲小將
隨韓約建安初約與馬騰相攻擊騰子超亦號爲健行嘗
刺超矛折因以矛撾超幾殺之
吴書曰孫策討山越斬其渠帥悉令左右分行逐賊騎與
賔䶕相隨䶕喜用矛謂在前得平地勸策乘馬策曰卿無
馬奈何答曰䶕能步日可行三百里

三國異同傳曰公孫瓚爲遼東屬國長史嘗從數十騎出
行塞卒遇鮮卑百騎以矛擊殺傷數十人鮮卑由是畏之
蜀志曰先主爲曹公所逐弃妻子走令張飛將二十騎拒
後據水斷橋瞋目横矛曰我張益德也可來决死無敢進
者
晉書載記曰蜀李雄無事小出丞相楊襃於後持矛馳馬
過雄雄怪問之對曰夫統天下之重者如乘惡馬持矛也
急之則慮自傷緩之則懼其失是以馬馳而不制也雄寤
即還
晉太康起居注詔曰諸王中尉及諸軍皆典兵以備不虞
乃有着中戰衣木履持長矛者此爲兒戲而無相彈懾也
趙書曰劉曜討陳安於隴城城陷安死乃謡曰隴上健兒曰
陳安愛養將士同心肝騄驄馬鐵鍑鞍丈八蛇矛左右盤
百騎俱出如雲浮追者十萬騎脩脩戰始三交失蛇矛十

騎俱蕩九騎留
吴越春秋曰越屈盧之矛越絶書云勃盧之矛步光之劒獻吴王
六韜曰紂之卒握炭流湯者十八人縮矛殺百步之外者
千人
韓子曰人有鬻矛楯者譽之曰吾楯之堅物莫能陷也又
譽其矛曰吾矛之利於物無不陷也或曰以子之矛陷子
之楯何如其人弗能應也
劉向説苑曰秦急圍邯鄲邯鄲傳舍吏子李談謂平原曰
邯鄲之民炊骨易子而食之而君之後宮婢妾荷綺縠餘
梁肉士民兵盡或剡木爲矛戟而君之器物鐘磬自恣
呂氏春秋曰齊晉相與戰平阿餘子亡戟得矛退而不自
快謂路人曰亡戟得矛可以歸乎路人曰戟亦兵也矛亦

兵也士兵得兵何爲不可以歸心猶不決遇高唐之孤叔無孫當其馬前曰今者戰士戟得矛可以歸乎叔無孫曰矛非戟也戟非矛也士戟得矛豈無責乎阿餘子曰嘻還反戰死之

神仙傳曰左慈見孫討逆討逆使慈着馬前欲手刺殺之討逆着鞭馳馬操矛逐慈慈着木履策杖徐步終不能及乃止

列女傳曰巴趙娥者趙萬之妻郡縣遭亂萬得足疾不能行爲賊所殺賊欲殺娥娥守喪不去賊舉矛指娥欲以怖之娥知賊少劫略乃以身赴矛貫心達背而死

劉敬叔異苑曰河間沐堅字壁強石勒時監作水田御下苛虐百姓怨毒爲堅形以刃矛斫刺呪令速斃堅尋得病若被捶割於是遂殞

夢書曰矛戟爲相待期蚤晚也夢得矛戟者憂相勑也持矛待交友見人持矛待於巳也持矛來倒却中止也

魏文帝詩曰戈矛成山林玄甲曜日光

樂府左延年秦女休行曰始出上西門遥望秦氏廬秦氏有好女自名爲女休女休十四五爲宗行報讎左執白陽刀右執宛景矛

張奐與崔子真書曰僕以元年到任有見兵二百馬如羖羊矛如錐鋋楯如榆葉

諸葛亮集曰勑作部皆作五折剛鎧十折矛以給之

太平御覽卷第三百五十三

槊　槍　鋋　鉤鑲

槊

通俗文曰矛丈八者謂之矟。晉書曰劉邁毅之兄也邁字伯羣少有才幹爲𣉻仲堪中兵叅軍桓玄之在江陵甚豪橫士庶畏之過於仲堪玄曾於仲堪廳事前戲馬以矟擬仲堪邁時在坐謂玄曰馬矟有餘精理不足玄自以才雄冠世而心知外物不許之仲堪爲之失色。齊書曰長沙王晃武帝常幸鍾山晃從駕以馬矟刺道邊枯蘗上令左右數人引之銀纏皆卷聚而矟不出乃令晃復馳馬拔之應手便去每遠州獻駿馬上輒令晃於華林中調試之高帝常曰此我家任城也

後魏書曰宋大千驍果善騎射遷中散至於朝賀之日大千常着御鎧盤馬殿庭莫不歎異甞從太宗獵見虎在高巖上大千持矟直前刺之應手而死

又曰于栗磾（音低）代人也從太祖田於白登山見熊將數子顧謂栗磾曰卿勇幹如此寧能搏之乎對曰天地之性人爲貴若搏之不勝豈不虛斃壯士也自可驅致御前坐而制之尋皆擒獲劉裕之伐姚泓也栗磾慮其北擾遂築壘河上親自守焉裕甚憚之不敢前進裕遺栗磾書遠引孫權求討關羽之事假道西上題書曰黑矟公麾下栗磾以狀表聞太宗許之因授黑矟將軍栗磾好持黑矟以自標衛裕望而異之故有是號累遷豫州刺史

續晉陽秋曰太尉伐羌於濟口入河索虜遣將鵞青步騎十萬於河北聲云救羌太尉遣隊主丁旿（音五）以車百乘五北岸爲却月陣相去一步車置七人授以長白毦（毦音餌）槊

三國典略曰文育小字猛奴到都見太子詹事周捨捨命兄子弘讓教之書計文育謂弘讓曰誰能學取此富貴但有大槊耳弘讓壯之教之騎射文育大悅

又曰羊侃字祖忻甞從梁主宴樂遊苑時少府啓兩刃矟成長二丈四尺三寸梁主因賜侃河南國紫騮馬令試之侃執矟上馬左右擊刺特盡其妙觀者登樹梁主曰此樹必爲侍中折矣俄而果折因號此矟爲折樹矟

又曰北齊安州刺史盧冑入海島得一人脛可長二丈以爲矟獻於神武諸將咸莫能用唯彭樂舉之冑未幾遇疾痛聲聞外巫言海神爲祟因此而卒

鄴城故事曰紫陌浮橋在城西北五里案鄴中記云趙王虎時於此濟置紫陌宮暨齊時因修爲濟口帝巡幸又向并州百官相餞莫不至此而訣別迄今猶以爲渡口齊文宣時西巡百官辭於紫陌使矟騎圍之曰我舉鞭一時

刺殺淹留半日文宣醉不能起黃門郎　連子暢進曰陛下如此諸臣恐怖文宣曰大怖耶若然不須殺乃命解圍

又曰北齊文宣於臺上以矟刺都督尉子輝應手而死

靈鬼志曰河間王顒既敗於關中有給使陳安甚壯健常乘一赤馬儁快非常雙持二刀皆長七尺馳馬運刀所向披靡關西爲之歌曰隴上健兒字陳安頭小面狹腹中寬丈八長槊左右盤

語林曰桓宣武與𣉻劉談不如甚喚左右取黃皮袴褶（音褶）上馬持矟數迴或向劉或擬𣉻意氣始得雄王傳玄歌詩曰彎我繁弱弓弄我丈八矟一舉覆三軍再舉殄戎貊

梁簡文帝馬槊譜序曰馬槊爲用雖非遠法近代相傳矟已成藝鄧艾紫魏后之庭武而猶質桓馬入丹陽之寺雄

而未巧聊以餘暇復撰斯法捜採抑揚斟酌煩簡至如春亭落景秋皐晚淨青霜旦盡密雨初晴纖驪沃若天馬半漢盼金精而轉態交流汗血發連乾而息影不畏衣春鑊爛與白刃爭暉羣毦與紅塵俱動足使武夫憤氣觀者衝冠巴童留玩不待輕舟之檝越女踟躕無假如皐之箭

槍

風俗通曰刻葦傷盜爲槍

宋元嘉起居注曰謝靈運自理表云及經山陰防禦彰赫彭排馬槍斷截衢巷

衛公兵法曰聽角聲第一聲絕諸隊即一時散立第二聲絕諸隊一時捺槍卷幡張弓拔刀第三聲絕諸隊一時舉槍第四聲絕諸隊一時籠槍跪膝坐

唐書曰郯國公羅士信容皃短小而驍勇絕倫隋末賊起

士信始年十四爲通守張須陁執衣遇翟讓來寇士信請自効須陁小之曰汝形容未勝衣甲何可入陣士信怒重著二甲左右雙鞬躍而上馬須陁壯之遂將其衆擊賊于濰水之上陣纔列士信執長槍立於馬上馳至賊所刺倒數人斬一人首擲於空中用槍承之戴以略陣賊衆愕然莫敢逼者士信乃弃㷎馳馬爲十下而還須陁因而奮擊兵始接賊師大潰士信逐北每殺一人輒劓其鼻而懷之每歸而數其鼻以表殺賊之多少也須陁大悅之引置左右每戰須陁居前士信爲副賊無敢當者

又曰太宗每當大陣望賊中驍將銳士炫曜人馬出入來去者意頗怒之輒命秦叔寶往取焉叔寶應命躍馬負槍而進必刺之萬衆之中人馬俱倒太宗因以是重之叔寶亦以此頗自矜尚貞觀巳後恒多疾病每謂人曰吾少長戎馬所經二百餘陣屢中重瘡計吾前後出血亦數斛矣何能不病乎及卒太宗甚傷惜久之贈徐州都督陪葬于昭陵令所司於其塋內立石人馬以旌戰之功焉

又曰哥舒翰爲別將時吐蕃大冦邊翰拒之于苦海吐蕃之衆三道從山相續而下翰持半段槍當其鋒逆擊之無不摧靡又擊其次軍復走之又擊其後軍皆大破由是知名天寶六載擢受右武衛將軍仍充隴右節度使副都知關西兵馬使河源軍使先是吐蕃每歲候麥秋即大掠積石軍前後不能禦至是翰使將王難德楊景暉等潛領兵候蕃兵至設伏以待之吐蕃五千騎既至放馬脫甲翰以城中卒驍勇合伏兵馳擊之殺略盡百餘騎奔突得走王難德追擊之疋馬不還翰常逐馬驚墜于河立於水中吐蕃三人擬槍方刺之翰大叱之賊驚駭俱廢失槍而走救騎

至賊便解散翰有家臣曰左車年十五每隨翰入陣翰善使槍追賊及以槍搭其肩而過之賊驚顧翰從而刺其喉皆剔高三五丈而墜左車輒下馬斬其首率以爲常

又曰王難得有膽力善騎射天寶元年正月吐蕃大冦河源軍難得以騎將爲軍鋒賛普有子曰琅支都恃其趫悍乘諳真馬寶鈿裝鞍軍前求較鬬者難得橫槍突往刺殺之斬其首以其馬歸虜衆無敢追者軍使以聞玄宗召至御殿問之因令馳突作殺琅支都狀壯之衣以錦袍拜左金吾衛羽林將軍

五代晉史曰梁將有王彥章者勇力過人常執鐵槍僅百斤所向辟易莊宗畏之

鋋

釋名曰鋋延也達也去此至彼之言也

方言曰矛吳揚江淮南楚五湖之間謂之鍦(音蟬)或謂之鏦(漢書曰鏦殺吳王也)其柄謂之矜

東都賦曰戈鋋彗雲(注鋋小矛也)

鈎鑲(音攘又音襄又音孃戟器也)

釋名曰鈎鑲兩頭曰鈎中央曰鑲或推鈎推鑲或鈎引用之宜也

東觀漢記曰詔令賜鄧遵金蚩尤辟兵鈎一

又曰桓帝永興二年光祿勳府吏舍夜壁下忽有氣掘之得玉玦各有鈎長七寸三分玦周五寸四分身中皆有雕鏤

漢名臣奏曰丞相薛宣奏漢興以來深考古義惟萬變之備於是制宮室出入之儀正輕重之冠故司馬殿省門闥至五六重周衛擊刁斗近臣侍側尚不得着鈎帶入房

梁書曰吉士瞻初為荊府城局參軍浚池得一金革帶鈎隱起鏤甚精巧篆文曰錫尒金鈎且公且侯士瞻取視侯洋兄之女女竊以與洋洋喜佩之及是革命洋果封侯而士瞻不錫茅土

列仙傳曰鈎弋夫人姓趙病臥左手拳望氣者云東北有貴人氣推而得夫人武帝發拳得玉鈎手亦舒遂幸而生昭帝後被害殯之尸不臭而香一月

三秦記曰藏鈎因鈎弋夫人世人法之也

瑞應圖曰湯都于亳有神人牽白狼口銜銅鈎入湯庭

搜神記曰京兆長安有張氏者晝獨處室有鳩自外入張氏惡之披懷而祝曰鳩尒來為我禍耶飛上承塵為我福耶來入我懷鳩飜入懷以手探則不知鳩之所在而得一金帶鈎焉遂寶之自是之後子孫昌盛有為必偶貲財萬倍蜀客賈至長安中聞之乃厚賂內婢婢竊鈎以與蜀客張氏失鈎漸漸耗而蜀客數罹難厄不為已利或告之曰天命也不可以力求於是以鈎反張氏復昌故關西稱張氏傳鈎云

陳留風俗傳曰浚儀周時梁伯所居國都多池沼時池中出神帶鈎到今其民象而作之號曰大梁氏鈎焉

吳越春秋曰闔閭作金鈎令曰能為善鈎者賞之百金而有人貪賞之重 殺其兩子以血釁金遂成二鈎獻之闔閭而詣宮門求賞王曰為鈎者多而子獨求賞何以異於衆人之鈎乎作者曰吾之作鈎者貪王之賞殺吾二子以成兩鈎以示之曰何者是也時王鈎甚衆形體相類不知所在於是鈎師向鈎而哭呼其兩子名曰吳鴻扈稽我在此王不知汝之神也聲未絕於口兩鈎俱飛着於父之胷吳

王大驚乃賞之百金

夢書曰夢得鈎帶憂約束也鈎帶着身約勑己也持鈎帶脫事決已也

莊子曰曲者中鈎

吳都賦曰吳鈎越棘

魏文帝與王朗書曰丕白不愛江漢之珠而愛巴蜀之鈎此言難得之貴寶不若易有賤物

魏文帝荅劉備書曰獲累紙之命兼美之貺他既備善鑄鈎尤妙前後之惠非賢兄之貢則執事之貽也來若川流聚成山積其充匱笥填府藏者固已無數矣

太平御覽卷第三百五十四

兵部八十六

甲上

釋名曰鎧猶塏塏堅重之言也或謂之甲似物孚甲以自禦也。廣雅曰函甲介鎧也

說文曰鎧甲也釬(音汗)䤢鎧也鍜(音段音鴉錏)頸鎧也

世本曰杼作甲(宋衷曰少康之子輿也甲鎧也墨子同)

書曰惟口起羞惟甲冑起戎(孔安國曰甲鎧也言不可輕教令易用兵)

又曰魯侯伯禽宅曲阜徐戎並興公曰善敹乃甲冑𢧵乃干(言當善簡汝甲鎧兜鍪施汝楯使可用也)。易說卦曰離為甲冑

詩曰小戎美襄公也備其兵甲以討西戎西戎方彊而征伐不休國人則矜其車甲婦人能閔其君子焉

又曰叔于田刺莊公也叔處于京繕甲治兵以出于田國人說而歸之

又曰清人在彭駟介旁旁(介冑也)

又曰豈曰無衣與子同裳王于興師修我甲兵與子皆行

禮記曰介冑則必有不可犯之色

又曰介者不拜(言失容也)

又曰獻甲者執冑

又曰甲若有以前之則執以將命無以前之則袒櫜奉冑(鄭玄曰甲鎧也有以前之謂他贄幣也櫜鎧衣也冑兜鍪也袒其衣出兜鍪以致命也)

又曰國家靡弊則車不彫幾甲不組縢食器不刻鏤君子不履絲履馬不常秣(靡弊賦稅極也彫畫也幾附纏爲圻鄂也組縢以組飾之也組以鎧飾也)

又曰賓牟賈侍坐於孔子言及武樂孔子曰武王克殷濟河而西車甲衅(許靳切)而藏之府庫而弗復用然後天下知武王不復用兵也

又曰君子恥服其服而無其容恥有其容而無其辭恥有其辭而無其德是故君子端冕則有敬色甲冑則有不可辱之色(言色稱其服也)

又曰儒有忠信以為甲冑禮義以為干櫓戴仁而行抱義而處雖有暴政不更其所自立有如此者(甲鎧也干櫓小大楯也)

周禮曰司甲下大夫二人中士八人(甲今時鎧也司甲兵戈楯官也)

又曰燕之無函也非無函也夫人而能為函也(鄭玄曰言其丈夫人人皆能作是器不須國工也燕近強胡胡習作甲冑也)

又曰函人為甲犀甲七屬兕甲六屬合甲五屬(屬讀如灌注之注謂上旅下旅札續之數也革堅者札長鄭司農云合甲削革裏肉但取其表合以為甲也)犀甲壽百年兕甲壽二百年合甲壽三百(鄭玄曰革堅者支久也)凡為甲必先為容(服者之形容鄭司農云容謂象式也)然後制革(裁札之廣袤也)權其上旅與其下旅而重若一(鄭司農云上旅謂要以上也下旅謂要以下也)以其長為之圍(圍謂札要廣厚)

凡甲鍛不摯則不堅已敝則橈(鄭司農云鍛鍛革也摯謂質也鍛革太孰則革敝無彊曲橈也)

左傳曰鄭武公娶于申曰武姜生莊公及共叔段莊公即位使段居京謂之京城太叔後太叔治甲兵具卒乘將襲於鄭夫人將啓公聞其期命子封帥車二百乘以伐京

又曰狄伐衛衛懿公好鶴鶴有乘軒者將戰國人受甲者皆曰使鶴鶴實有祿位余焉能戰

又曰楚成王欲黜太子商臣其師潘崇曰能行大事乎曰能以宮甲圍成王(杜預曰大子宮甲也)

又曰晉秦師于河曲秦軍掩晉上軍趙穿追之不及返怒曰裹糧坐甲固敵是求敵至不擊將何俟焉乃以其屬出

又曰宋華元獲于鄭逃歸後宋城華元為植巡功(植將主也)城者謳曰睅其目皤其腹棄甲而復(睅出目皤大腹弃甲謂亡師也)于思于

思棄甲復來于思鬚之皃使其驂乘謂之曰牛則有皮犀兕尚多棄甲則那那猶何也役人曰縱有其皮丹漆若何

又曰晉侯飲趙盾酒伏甲將攻之其右提音峙彌明知之趨登曰臣侍宴過三爵非禮也遂扶以下公嗾夫獒焉明搏而殺之盾曰棄人用犬雖猛何爲鬬且出提彌明死之

又曰晉楚戰於邲楚王乘左廣以逐趙旃趙旃弃車而走林屈蕩搏之得其甲裳下曰裳也

又曰齊晉陳於鞍齊頃公曰余姑翦滅此而朝食姑且翦盡不介馬而馳之介郤克傷於矢曰余病張侯曰擐甲執兵固即死也擐貫也即就也病未及死吾子勉之

又曰使呂相絶秦曰文公躬擐甲冑跋履山川征東之諸侯虞夏商周之胤而朝諸秦

又曰晉楚戰於鄢陵潘尫之子黨與養由基蹲甲而射之

徹七札蹲聚也一發達七札以示王曰君有二臣如此何憂於戰也

又曰晉胥童夷羊五帥甲八百將攻郤氏長魚矯請無用衆既殺三郤胥童以甲刧欒書中行偃於朝矯曰不殺二子憂必及君公曰一朝而尸三卿余不忍也

又曰楚子重伐吴爲簡之師簡選練也克鳩茲至于衡山使鄧廖帥組甲三百被練三千馬融曰組甲組爲甲裏公族所服被練爲裏甲者所服杜預曰組甲成組文被練練袍也以侵吴吴人要而擊之獲鄧廖其能免者組甲八十被練三百而已

又曰宋災樂喜爲司城以爲政使皇鄖命校正出馬工正出車備甲兵庀武守

又曰諸侯會柤遂伐偪陽狄彌建大車之輪而蒙之以甲以爲櫓杜預曰狄彌魯人也蒙覆也櫓大楯也左執之右拔戟成一隊百人爲隊

又曰鄭子孔之爲政也專國人患之乃討西宮之難尉止等作難於西宮子孔知而不討子孔當罪以其甲及子革子良氏之甲守以自守子展子西率國子伐之殺子孔而分其室

又曰欒盈帥曲沃之甲因魏獻子以晝入絳

又曰崔杼稱疾不視事莊公問崔子問疾遂從姜氏侍人賈舉止衆從者而入閉門崔子閉公也甲興公登臺而請弗許請自刃於廟弗許遂殺之

又曰楚蔿掩爲司馬子木使庀賦庀治數甲兵閱數也賦車籍馬籍其毛色歲齒以備軍用賦車兵車兵甲士徒甲步卒楯之數使器仗有常數既成以授子木禮也

又曰鄭伯有嗜酒爲窟室而夜飲酒擊鍾焉子晳以駟氏之甲伐而焚之伯有奔雍梁雍梁鄭地聞子皮之甲不與攻已喜曰子皮與我矣晨自墓門之竇入駟帶率國人伐之伯有死於羊肆

又曰諸侯將盟於宋西門之外楚人衷甲甲在衣中欲因會擊晉伯州犁固請釋甲子木曰晉楚無信乆矣事利而已苟得志焉焉用有信太宰伯州犁也告人曰令尹將死矣爲明年子木死

又曰鄭徐吾犯之妹美公孫楚聘之楚子南也公孫黑又使強委禽焉禽鴈也納綵用鴈子南戎服入左右射超乘而出女自房觀之曰抑子美夫言文夫適子南氏子晳怒既而櫜甲以見子南欲殺之而取其妻子南擊之以戈子晳傷而歸

又曰楚靈王伏甲饗蔡靈侯醉而殺之刑其士七十人公子弃疾帥師圍蔡傳言楚無道也

又曰齊子尾卒子旗欲治其室子旗欒施也欲治子尾之家政殺梁嬰梁嬰子尾家宰而立子良氏之宰子良子高彊也子旗爲子良立宰其臣曰孺子長矣孺子謂子良也而相吾室欲兼我也授甲將攻之桓子善於子尾亦授甲將助之或告于子旗子旗不信則數人告

將徙又數人告於道遂如陳氏桓子將出矣聞之而還子彊旗至遊服而逆之去戎備着常遊戲之服請命問桓子所至也對曰聞彊氏授甲將攻子子聞諸乎曰弗聞子盍亦授甲無宇請從無宇桓子名也

又曰齊惠欒高氏皆嗜酒欒高二族皆出惠公也信內多怨彊於陳鮑氏而惡之夏有告陳桓子曰子旗子良將攻陳鮑氏遭子良醉而騁欲及子良醉故騁告鮑文子也遂見文子文子鮑國也則亦授甲矣使視二子二子子旗子良則皆將飲酒桓子曰彼雖不信彼傳言也聞我授甲則必逐我及其飲酒也先伐諸陳鮑方睦遂伐欒高氏欒施高彊來奔

又曰晉荀躒如周籍談爲介王曰闕鞏之甲武所以尅商也闕鞏國所出鎧唐叔受之以處參虛匡有戎狄

又曰魯昭公伐季平子叔孫氏之司馬鬷戾言於其衆曰

凡有季氏與無於我孰利皆曰無季氏是無叔孫氏也鬷戾曰然則救諸帥徒以往陷西北隅以入陷公圍也公徒釋甲執冰而踞言無戰心也遂逐之逐公徒也公遜于齊

又曰吳子光伏甲於窟室而享王僚掘地爲室王使甲坐於道及其門坐道邊至光門門階户席皆王親也

又曰楚郤宛直而和國人說之令尹子常賄而譖郤宛焉謂子常曰子惡欲飲子酒子惡郤宛又謂子惡令尹欲酒於子氏無極曰令尹好甲兵子出之吾擇焉擇取以進子常取五甲五兵曰寘諸門令尹至必觀之而從以酬之曰無極辭及饗曰惟諸門左張帷張兵甲其中也無極謂令尹曰吾幾禍子子惡將爲子不利甲在門矣子必無往令尹使視郤氏則有甲焉不往遂令攻郤氏盡滅郤氏之族黨

又曰齊伐晉夷儀東郭書讓登讓衆使後而已先登書與王猛息戰訖共止息也猛曰我先登書斂甲曰曩者之難今又難焉斂甲起欲擊猛猛笑曰吾從子如驂之靳靳車中馬也猛不敢與書爭言己從書如驂馬之相隨靳也

又曰齊伐魯魯孟孺子洩帥右師孺子孟懿子之子武伯也顏羽御邴洩爲右二子孟氏臣冉求帥左師管周御樊遲爲右季氏之甲七千冉有以武城人三百爲己徒卒老幼守宮次于雩門之外南城門也五右師從之及齊師戰于郊師獲甲首八十冉求所得齊人不能師

又曰哀公會吳子伐齊甲戌戰于艾陵展如敗高子國子敗胥門巢王卒助之大敗齊師獲華車八百乘甲首三千以獻于公公以兵從故以勝公

又曰吳王夫差敗越于夫椒遂入越越子以甲楯五千保于會稽

又曰衛孔文子將攻大叔氏訪于仲尼仲尼曰胡簋之事

則嘗聞之矣甲兵之事未之聞也退命駕而行

又曰侯犯以郈叛武叔懿子圍郈弗克駟赤謂侯犯曰且盍多舍甲於子之門以備不虞侯犯曰諾乃命舍甲焉侯犯請易於齊齊有司觀郈將至駟赤使周走而呼曰齊師至矣郈人大駭介侯犯之門甲以圍侯犯

又曰晉周綽射殖綽殖綽齊中大夫肩兩矢夾脰曰止將爲三軍不止將取其衷乃弛弓而縛郭最皆衿甲面縛

公羊曰成元年始作丘甲何以書譏何譏爾譏始丘使也何休一解曰四井爲邑四邑爲丘甲鎧也譏始使丘民作田鎧也

周書曰年不登甲則纓縢宮室不容甲不以組也

戰國策曰陘山之事趙且與秦伐齊齊王懼蘇代爲齊獻書穰侯曰臣聞往來者之言曰秦且益起甲兵四萬人以伐齊臣竊必是之弊邑之王曰秦王明熟於計穰侯智而

晉於事必不益趙甲兵以伐齊也

國語曰晉平公射鴳不死使豎襄搏之逸公怒拘將殺之叔向聞之曰君必殺之昔吾先君唐叔射兕于徒林殪以爲大甲今君射鴳不死搏之不得是揚吾君之耻也（賈逵曰以兕革爲大甲 鴳音）

又曰勾踐云今夫差衣水犀之甲者億有三千（水犀獸名）不患其志行之少耻也而衆之不足也

史記曰晉趙鞅取晉陽之甲以逐荀寅與士吉射君側之惡人也

漢書曰甲不堅密與袒裼（鐠）同此將不省兵之禍也

又曰周亞父曰介冑之士不拜請以軍禮見天子爲之動容

又曰魏氏武卒衣三屬之甲操十二石之弩負矢五十

後漢書曰朱浮被彭寵攻懷懼上疏曰今秋稼已熟復爲漁陽所掠。張豐狂勃姧黨日增連年拒守吏士疲勞甲冑生蟣蝨弓弩不可施

又曰曹操攻袁譚弟尚曰我鎧甲不精故前爲曹操所敗

東觀漢記曰祭遵薨賜朱輪容車遣校尉教騎士四百人被玄甲

又曰將軍劉尚擊武陵没議復遣將馬援年六十二自請曰臣尚能被鎧上馬光武試爲既上馬據鞍左右顧眄上曰矍鑠哉是翁也

又曰劉盆子與丞相二十餘萬人詣宜陽降光武積兵甲於宜陽城西高與熊耳山等

魏志曰景元三年肅愼國獻皮骨鐵雜鎧二十領

又東夷傳曰漢時夫餘王葬用玉甲常以付玄菟（音免）郡王死則迎取公孫淵誅得之玄菟庫

晉書曰桓伊爲江州刺史卒初伊有馬步鎧六百領預爲表令死乃上之表曰臣過蒙殊寵受任西藩淮南之捷逆兵奔北人馬器鎧隨宜放散于時收拾破敗不足貫連比年營繕並已脩整今六合雖一餘燼未滅臣不以朽邁猶欲輸力効命仰報皇恩此志永絶銜恨泉壤謹奉輸馬具裝百具步鎧五百領並在尋陽請勑所屬領受詔曰忠誠不遂益以傷懷乃受其所上之鎧

又曰馬隆討涼州或夾道累磁石賊負鐵鎧行不得前隆卒悉被犀甲無所留礙賊咸以爲神轉戰千里殺傷以千數

又曰杜曾新野人少驍勇絶人能被甲游於水中凡有戰陣勇冠三軍

魏宋傳曰司馬文王秉政徵諸葛誕既被徵詣諸牙門置酒飲宴謂衆人曰前作千人鎧仗始成欲以擊賊今當還洛不復得用欲蹔出將見人遊戲須臾還耳諸君且止乃嚴鼓將七百人出遂殺樂綝

吳曆曰魏文帝與吳王明光鎧

王隱晉書曰馬隆爲武威太守之郡惡虜窟局樹機能等斷道圍隆隆作八陣圖地廣則鹿角車營並進狹則木屋施輪並戰並前智謀從橫出其不意以磁石累夾道側賊鎧不得過隆兵着牛皮鎧得過賊以爲神

又曰陶侃夢見司馬與侃鎧者長史陳協以爲司馬者國姓也鎧者扞國之器也節下當進位俄轉都督湘洲刺史

崔鴻後燕錄曰苻丕遣石越討慕容豐豈呂勸豐逆擊之豐曰我無兵仗彼有銳鉀（甲音）不如待暮一戰而定之

三十六國春秋曰太康之初吳寇新殄未盈一紀干戈

已尋蟣虱生乎甲胄鸞雀處於帷幄

車頻秦書曰苻堅使熊邈造金銀細鏤鎧金為綖以縲之（綖音蜒）

宋書曰四年不期為虜所陷沈文秀被圍三載外無援兵士卒為之用命無離叛者日夜戰鬭甲胄生蟣虱

隋書曰長孫平為相州刺史甚有能名在州數年會正月十五日百姓大戲畫衣裳為鍪甲之象上怒而見之俄而念平鎮淮南時事進位大將軍

又曰張奫（於倫切）累破賊有功徵入朝拜大將軍高祖命外御座而宴之謂奫曰卿可為朕兒朕為卿父今日聚集示無外也其後賜綺羅千疋綠沈甲獸文具裝

又曰權武少果勁勇力絕人能重甲上馬嘗倒投於井未及泉復躍而出其拳捷如此

唐書曰元和中以尚書左丞呂膺檢校工部尚書充東都留守舊例命留守必賜旗甲與蕃鎮略同及元膺受任竟無所賜朝論以東有寇虞時用元膺尤不當削其儀制以沮威望諫官上疏曰華汝壽三州例賜戎械居守之重固宜寵借上曰此數處並不當與其後遂皆停

五代周史曰唐景思為偏將顯德初河東劉崇帥衆來寇世宗親摠六師以禦之及陣於高平景思於世宗馬前距踊數四且曰願賜臣堅甲一聯以觀臣之効用世宗由是知其名因以高平陣所得降軍數千人署為効順指揮命景思董之使屯于淮上三年春世宗親征淮甸景思繼有戰功

太平御覽卷第三百五十五

太平御覽卷第三百五十六

兵部八十七

甲下

吴越春秋曰勾踐使大夫種於吴曰竊聞大王興大義誅彊救弱越使賤臣種以先人藏器及甲二十領以賀君

又曰公子光伏甲士於私室具酒而請王僚王僚乃被棠夷之甲三重使兵衛至光家之門夾陛帶甲左右皆王僚之親戚也專諸置魚腸劒炙魚腹中而進之刺王僚貫達背王僚立死

獻帝春秋曰越騎校尉伍孚以董卓無道欲身自殺之內貫小鎧挾佩刀詣卓卓送出閤執手告别孚引刀刺卓卓多力却不中即殺孚夷其族

董卓傳曰卓孫年七歲愛以為己子為作小鎧胄使騎駃（音決）騠驒馬與玉甲一具俱出入以為麟駒鳳雛至殺人之子如蚤虱耳

晉建武故事曰王敦死秘不發喪賊於水南北渡攻官壘柵皆重鎧浴鐵都督應詹等出精鋭距之

宋元嘉起居注曰御史中丞劉禎奏前廣州刺史韋朗於廣州所部作犀皮鎧六領請免朗官也

鄴中記曰石季龍左右置直衛萬人皆五色細鎧光曜奪目

伏侯古今注曰章帝建初三年丹陽宛陵民掘地得甲一

述異記曰軋羅者慕容廆之十一世祖也着金銀襦鎧乘白馬金銀鞍勒自天而墜鮮卑神之推為君長

家語曰孔子言於定公曰家不藏甲古之制也今三家過制請皆損之

管子曰葛盧之山發而得黃金蚩尤受之制以為劒鎧（其始也）

孟子曰矢人豈不仁於函人哉矢人唯恐不傷人函人唯恐傷人巫匠亦然故術不可不慎也（趙岐章句曰矢箭也函鎧也）

孫卿子曰楚人鮫革犀兕以為甲堅如金石

慎子曰藏甲之國必有兵道

鹽鐵論曰強楚勁鄭有犀兕之甲

吕氏春秋曰田贊補衣而見荆王王曰先生之衣何其惡也贊曰衣又有惡於此者王曰可得而聞乎對曰甲惡於此王曰何謂也對曰甲冬日則寒夏日則暑衣無惡乎（惡乎甲）贊也貧貧故衣惡今大王萬乘之主富厚無敵而好衣民以甲臣弗得也意者為其義也甲之事兵之事也刈人之頸刳人之腹墮人之城郭刑人之父子其名又甚不榮也

吕氏春秋曰邾之故為甲裳以帛（以帛綴甲）公息忌謂邾君曰不若以組凡甲之所以為固者以滿竅也今竅滿矣而任力者半組則不然竅滿則盡任力矣邾君以為然曰將何所得組公息忌對曰上用之則民為之矣邾君曰善下令令官為甲必以組公息忌知說之行也因令其家皆為組人有傷之者曰公息忌之所以欲用組者其家多為組也邾君不說於是乎止官無以組（以組用）邾君有所尤也為甲以組而便公息忌雖多為組何損以組不便公息忌雖無為組亦何益為組與不為組不足以累公息忌之說用組之心不可不察

又曰趙攻中山中山有多力者曰丘鳩衣鐵甲操杖擊無不碎衝無不陷以車投車以人投人

說苑曰孔子之臣簡子殺陽虎孔子似之甲士以圍孔子

之奮子路怒奮戟將下鬬孔子止之曰何仁義之不免俗也夫詩書之不習禮樂之不脩是吾之過也若非陽虎而以為陽虎則非丘之罪也夫由歌方和汝子路歌孔子和之三終而甲罷

崔寔政論曰貪饕之吏競納財用狡猾之工復盜竊之至以麻枲被弓弩鐵焠醯中令脆易治鎧孔又褊小不足容入凡漢所以能制胡者徒襦鎧弩之利也今鎧則不堅弩則不勁永失所恃矣

抱朴子曰屠犀為甲給乎專征之服裂翠為華集乎后妃之首雖出於幽谷迁于喬木然為二物之計未若棲竄於林薄擒生乎榛藪

文選曰介胄被霑汗

又曰金練照海浦（注練甲也）

又曰玄甲燿日

陳林武庫賦曰鎧則東胡闕鞏百鍊精剛函師震椎韋人製縫玄羽縹甲灼爚流光

孔融肉刑論曰古聖作犀兕革鎧今盈領鐵鎧絕聖甚遠

魏武軍策令曰袁本初鎧萬領吾大鎧二十領本初馬鎧三百具吾不能有十具見其少遂不施也吾遂出奇破之是時士卒精練不與今時等也

曹植表曰先帝賜臣鎧黑光明光各一具兩當鎧一領環鏁鎧一領馬鎧一領今世以昇平兵革無事乞悉以付鎧曹

郝仲堪相王牋曰奉所賜馬鎧既足以獎厲懦心又以光華遠任

庾翼與燕王書曰今致襦鎧一領兜鍪一副

又曰鄧百山昔送此犀皮兩當鎧一領雖不能精好復是異物故復致之

李尤鎧銘曰甲鎧之施扞禦鋒矢尚其堅剛或用犀兕內以存身外不傷害有似仁人厥道廣大好德者寧好戰者危專智恃力君子不為

兜鍪

廣雅曰兜鍪謂之冑鋋鍜謂之鏂鏃（上音歐下音侯）

說文曰冑兜鍪首鎧也

易曰離為甲冑

詩曰公徒三萬貝冑朱綅（毛萇曰貝冑貝飾也朱綅以朱綅綴之綅子林切）

禮記曰獻甲者執冑獻杖者執末

又曰臨哀則必有哀色執紼（甫勿切）不笑臨樂不歎甲冑則必有不可犯之色（貌與事宜相配也）

又曰車則梲綏執以將命甲若有以前之則執以將命無以前之則袒櫜奉冑（鄭玄注曰袒其衣出兜鍪以致命櫜鎧衣也）

左傳曰公及邾師戰于井陘我師敗績邾人獲公冑懸諸魚門（杜預曰冑兜鍪魚門邾城門也）

又曰秦師襲鄭過周北門左右免冑而下

又曰晉侯敗狄于箕先軫曰匹夫逞志於君而無討敢不自討乎免冑入狄師死焉狄人歸其元面如生

又曰晉楚戰於鄢陵郤至見楚子必下免冑而趨風（疾如風也）楚子使工尹襄問之以弓（問遺也）郤至見客免冑承命曰君之外臣從寡君之戎事以君之靈間蒙甲冑（間九近也）不敢拜命（介者不拜）三肅使者而退

又曰楚白公亂葉公亦至及北門或遇之曰君胡不冑國人望君如望慈父母焉盜賊之矢若傷君是絕民望也若

之何不冑乃冑而進又遇人曰君胡冑國人望君如望歲焉日月以冀若見君面是得艾也（艾安也）而又掩面以絶民望不亦甚乎乃免冑而進（言葉公得民心也）

穀梁傳曰古者被甲嬰冑非以興國也則以征無道豈曰以報其恥哉

漢書曰王莽傳玄元始五年策王莽加九命之錫於是稽首拜受甲冑一具

後漢書曰劉虞積忿公孫瓚不已自率兵十萬攻瓚將出從事代郡程緒免冑而前曰公孫瓚雖有過惡而罪名未正明公不先告曉使得改行以武臨之瓚必悔禍謝罪所謂不戰而服人也虞以緒臨事沮議斬之以徇戒軍士曰無傷餘人殺一伯珪而已虞遂大敗斬虞於薊市

東觀漢記曰祭遵薨喪至河南傳士范升上疏曰遵爲將軍雖在軍旅心存王室不忘俎豆可謂守死善道者也乃贈將軍給侯印綬遣校尉發騎士四百人被玄甲兜鍪兵車軍陣送葬

又曰建武六年馬武與衆將上隴擊隗囂身被甲兜鍪持戟奔擊殺數十人囂追兵盡還武中矢傷

又曰上　征彭寵朱浮上疏切諫曰連年距守吏士疲勞甲冑生蟣虱弓弩不得弛上下相率焦心大兵冀蒙救護生活之恩陛下輟忘之於河北誠不知所以然

獻帝春秋曰孫策獲太史慈謂曰孤昔與卿神亭之役若爲卿先如何慈謂曰不敢面欺若兜鍪帶不斷未可量也

吳志曰太史慈與孫策戰於神亭策得慈兜鍪

吳曆曰諸葛恪作東關過魏軍距之時寒雪恪使丁奉等皆解鎧但着兜鍪持刀緣過上共軍見裸身緣過皆大笑

不即嚴兵便亂斫遂破北軍

晉書天文志曰魏文帝黃初六年十月有星孛于少微歷軒轅占曰兵喪除舊布新之象時帝軍廣陵辛丑帝親御甲冑觀兵

沈約宋書曰元嘉二十七年北討至陜虜多縱突騎衆軍患之薛安都怒甚乃脱兜鍪解所帶鎧唯着絳納兩當衫馬亦具裝馳奔以入賊陣猛氣咆哮所向無前當其鋒者應刃而倒賊忿之夾射不能中如是者數四每一入衆無不披靡

王琰宋書曰晉康太守劉思道攻廣州殺刺史羊希龍驤將軍陳伯紹討之思道迎擊之殺傷甚衆會紹髻解兜鍪墜地退走見禽

車頻秦書曰符登堅族曾孫堅死登自立皆刻兜鍪作死休字示士以必死爲度故戰所向無前

崔鴻前秦録曰符堅末慕容冲率衆登城堅身貫甲冑飛矢滿身

後周書曰突厥之先臣於茹茹居金山之陽爲茹茹鐵工金山形似兜鍪其俗謂兜鍪爲突厥因以爲號

春秋繁露服制象曰夫執介冑而後能距敵者固非人之所貴也

孝經威嬉拒曰欲去惡鬼五刑具五人皆持大斧着鐵兜鍪將之常使去四五十步不可令近人也

戰國策曰蘇秦説韓王曰韓之劒當敵則斬甲楯鞮鍪

國語曰靡笄之役郤獻子傷曰余病矣張御曰受命於廟受服於社甲冑而效死戎之政也

又晉語曰郤至甲冑而見客免冑而聽命

樂資春秋後傳曰吳越令魏武侯厲衆五年秦人興師而臨西河魏士聞之介胄不待令而奮擊殺秦人者萬數

英雄記曰袁紹爲公孫瓚所圍別駕田豐扶紹入空垣紹脫兜鍪抵地云丈夫當前鬬死而返逃入牆間豈可得活（一云入匿牆間）

盧綝晉四王起事曰建武元年天子還洛陽右將軍張方啓曰陛下自鄴來還宜謁宗廟天子出因便刦（居鄴切）啓移都其夜方悉引兵從西明廣陽諸城門入自領五千騎皆捉鐵纏矟擊兜鍪爑茸皆用凉州白鶡毛望之若荼

周遷輿服雜事曰刺校者校人之執刺兵者也首戴虎皮胄。傳曰蒙皐貔以犯陳蔡因是有虎皮胄爲蜀隊戴貝胄被犀角此古制也詩云貝胄朱綅謂以貝遊飾胄朱纓綴之也胄𫉬以翟尾垂以紅絮朱綅之象也

晉令曰軍列營步騎士以下皆着兜鍪

郭義恭廣志曰獠（音老）在牂柯與古藝林交阯蒼梧皆以朱漆皮爲兜鍪

家語曰孔子對魯哀公曰介胄執戈者無退懦之氣非體純猛服使之然

孔叢子曰陳王曰將居軍之禮勝敗之變如之何太師曰介胄在身執鋭在列雖君父不拜

又曰子高曰夫儒者居德行道則衮冕之服統師旅則有介胄之服

韓子曰天下無道攻戰不已甲胄生蟣虱燕雀處帷幄

虞喜志林曰宋祭酒云可以扞禦者爲械謂鎧甲兜鍪也

抱朴子曰夫德教者黼黻祭服也刑罰者扞刃之甲胄也若以德教治狡暴猶以黼黻禦剡（音琰）鋒也以刑罰施平世是以甲胄外廟堂也

又曰忍痛苦之藥石者所以除伐命之疾嬰甲胄之重冷者所以扞鋒鏑之集

又曰盤旋揖讓非禦寇之容擐甲纓胄非廟堂之飾

曹植表曰兩當鎧二十領兜鍪自副鎧百領兜鍪自副

陶侃荅温嶠書曰奉所送帳下得蘇峻兜牟兜牟作之巧劫用功殊多戰器不事湏此也意謂不如三甲者逆賊身所服此是凶器古人惡其名得此兜牟者猶以有功令賞其細葛一端

魏武帝上事曰臣前上言逆賊袁尚還即厲精銳討之今尚人徒震蕩部曲喪守引兵遁亡臣陳軍被堅執銳朱旗震燿虎士雷譟望旗眩精聞聲喪氣投戈解甲翕然沮壞尚單騎迸走捐弃僞節鉞鈇大將軍邧鄉侯印各一枚兜鍪萬九千六百二十枚其矛楯弓戟不可勝數（平苦浪切又古

衡切）

于寶百志詩曰壯士稟傑姿氣烈有自然俯仰羣衆中胡能救世艱閔鞏代縫掖兜鍪易進賢

楊雄長楊賦曰高祖奉命順斗極運天關橫鉅海漂崑崙提劍而叱之所過麾城摲邑下將降旗一日之戰不可殫記當此之勤鞮鍪生蟣虱介胄被霑汗

文選曰朝食不免胄夕息常負戈

又曰貝胄星離（以貝飾之）

楯上

釋名曰楯遯也跪其下避刃以隱遯也大而平者曰吳魁本出於吳爲魁師者所持也隆者曰滇盾本出於蜀蜀滇所持也或曰羌盾言出於羌也約脅而鄒者曰陷虜言可陷

破虜敵今謂之曰露是也狹而長者曰步盾步兵所持與
刀相配者也狹而短者曰夾子盾車上所持者也子小稱
也以韃(音逢)編板者謂之木絡盾以犀皮作之曰犀盾以木
作之曰木盾皆因所用爲名也

許慎說文曰楯猷(音伐)也所以扞(音汗)身蔽目象形聲也楯大
楯也(楯音魯)

楊雄方言曰楯自關而東或謂之猷或謂之干(干者扞也)關西
謂之楯

張揖埤蒼曰戰盾也

廣雅曰果科于猷擒戟盾也

龍魚河圖曰楯名自障

禮記曰仲夏之月命樂師脩鞀(音桃)鞞鼓均琴瑟管簫執干
戚戈羽

又曰春夏學干戈秋冬學羽籥皆於東序

又曰季夏以禘禮祀周公於太廟朱干玉戚冕而舞大武
(鄭玄曰朱干赤大楯也)

周禮曰旅賁氏掌執戈楯夾王車而趨喪紀則衰葛執戈
楯

又曰方相氏掌蒙熊皮黃金四目衣朱裳執戈楊楯帥百
隸而時儺

又曰司兵掌五兵五楯各辯其物與之等以待軍事(鄭玄曰五
楯干櫓之屬其名未盡聞也)

又曰司戈楯掌戈楯之物而頒之

又曰魯及齊戰于炊鼻(杜預曰炊鼻魯地)齊子泉捷從泄聲子(声子
魯大夫也)射之中楯瓦(楯瓦脊也)繇軥(音鈎)汰輈匕入者三寸(入楯瓦也繇過
汰矢激也)

又曰宋樂祁獻趙簡子楊楯六十

太平御覽卷第三百五十六

兵部八十八

楯下　彭排

銜枚

棓

椎

楯下

春秋元命苞曰帝佶戴干是謂清明發節移度葢象招搖宋均曰干楯也招搖爲天戈戈楯相副戴之者象見天中以爲表者也

史記曰項羽在戲下欲攻沛公沛公從百餘騎因項伯面見羽謝無有閉關事羽旣饗軍士中酒亞父謀欲殺沛公令項莊拔劒舞坐中欲擊沛公樊噲在營外聞事急乃持劒楯入營衛士止噲噲直撞撞音入立帳下羽目之問爲誰

良曰沛公叅乘樊噲羽曰壯士賜之巵酒彘肩噲旣飲酒拔劒切而啗之羽曰能復飲乎曰臣死且不辭豈特巵酒乎

漢書曰周亞夫子爲父買尚方甲楯五百被張晏曰被具也可以葬者取傭苦之不與錢傭知其盜買縣官怨而上變告子事連于亞夫亞夫歐血死

又曰晁錯上言曰曲道相伏險阨相薄此劒楯之地也弓弩三不當一

謝承後漢書曰孟政字子節地皇六年爲府丞虞卿書佐時太守鈇丞視事毗陵有賊丞討之未到縣道路逢賊吏卒迸散政操刀楯與賊相擊丞得免難政遂死於路

又曰江漢字山甫遷丹陽太守是時太江剽賊佘來等刼擊牛渚丹陽邊水諸縣居民歐略良善經歲爲害漢到郡會集勁士脩整戰具鉤鑲刀楯大戟長鋋弓弩勁兵轉送承接佘來惡戰失利遂見梟獲孝順帝喜其功賜以劒珮

後漢書曰袁紹爲高櫓起土山射曹操營中皆蒙楯而行

東觀漢記曰逢萌字子康北海人少有大節家貧給事爲縣亭長尉過迎拜問事尉去擧楯擲地歎曰大丈夫安能爲人役耶遂去學問

魏志曰建安五年太祖軍於官渡袁紹進保武陽稍前依沙埵爲屯合戰不利紹射營中雨下行者皆蒙楯衆大懼

又曰太祖與呂布戰太祖募陷陣典韋先將應募者數十人皆衣兩鎧棄楯但持長矛撩戟

魚豢魏略曰鮑出字文才京兆新豐人也遊俠興平中三輔亂出母爲賊所略出攘臂結衽獨持楯追之行數里及賊殺十餘人賊乃解還出母

韋昭吳書曰魯肅欲渡江衆騎追肅肅植楯引弓射之矢貫洞騎度不制乃相率還

吳録曰交阯朱鳶縣有楨檞正直高六七丈葉大如盾

王隱晉書曰朱伺字仲文小爲牙門將　內涉江夏便鞍馬弓弩刀楯射獵

于寶晉記曰吳軍師張悌帥衆　三萬濟江與討吳護軍張翰楊州剌史周凌成陣相對沈瑩領丹陽鋭卒刀楯五千號青巾兵屢陷堅陣

沈休文宋書曰宗越南陽葉人也爲隊主蠻有爲寇盜者常使越討伐往輙有功家貧無以市馬刀楯步出單身挺戰衆莫能當每一捷郡將輙賞錢五千因此得買馬

宋略曰寧朔將軍益州剌史劉豪少工刀楯勇冠三軍及在漢中忽脩長生之術使道士合金丹餌之咽而死及就

發屍　如生
宋元嘉起居注曰御史中丞劉損奏風聞前廣州刺史韋朗𢓚任僣法蘩蜀是彰於州所造牙楯三十幡朱畫青綾楯三十五幡請以見事追免朗前所居官。南史王洪軌隨齊鎮新亭常以身捍矢高帝曰我自有楯卿可防答曰天下無洪軌何防 蒼生方亂豈可一日無公帝甚賞之
齊書曰王宜興吴興人也形狀短小而果勁有膽力少年時爲刼不須伴郡縣討逐圍繞數十重終莫能禽嘗舞刀楯使十餘人以水交灑不能着
北史曰後魏蠕蠕而兖切犯塞以任城王雲爲中軍大都督從獻文討之過大磧雲曰夷狄馬初不見虎頭楯若令舞楯在前破之必矣帝從之於是相率而歌方駕而前大破之獲其兇酋

英雄記曰公孫伯圭追討叛胡丘力居等于管子城伯圭力戰兵乏食馬盡煮弩楯啖食之
又曰袁紹討公孫瓚先令麴義領精兵八百強弩千張以爲前登瓚輕其兵少縱騎騰之義兵伏楯下一時同發瓚軍大敗
蔡邕月令章句曰洪範經云兵革並起兵謂金刃革謂甲楯
又曰審五庫之量金鐵皮革注曰去毛曰革犀兕水牛之屬以爲甲楯鼓鞞
張敞晉東宮舊事曰東宮外崇福門門各羌楯十幡鷄鳴戟十張
陶公故事曰臣侃奉獻金華大羌楯五十幡青綾金華楯五十幡
王琰冥祥記曰東海何敬叔少而奉佛至泰始中隨湘州刺史劉韞監營浦縣敬叔時遇有旃檀製以爲像像將就而未有光材敬叔意願甚懃而營索無處憑几微睡見沙門語敬叔云縣後何家有一桐楯甚堪像光其人極惜之苦求可得也敬叔寤問縣後果有何家因求買楯何氏云實有此楯甚愛惜之明府何以得知敬叔具說所夢何氏驚奉以製先
山海經曰羿與鑿齒戰于壽華之野羿射殺之羿持弓矢鑿齒持戟盾郭璞曰鑿齒人類齒如鑿長五六尺
又曰開明北有鳳鳥鸞鳥背戴瞂瞂音伐盾也
張華博物志曰朝廷都許時上先人刀劒楯物及銅犬盆殿上四角鼎皆先侯所賜得也
劉義慶世說曰魏武征袁本初治裝餘有數十斛竹片咸長數寸衆並謂不堪用正合燒除太祖意甚惜思所以用之謂可以爲竹甲楯而未顯其言馳使以問楊主簿德祖應聲荅與帝正同衆伏其辯悟

異苑曰河南褚褒字季野將北伐軍士忽同時唱言可各持兩楯復相謂曰一人焉用兩爲及敗悉負楯而退
國語曰桓公問曰齊國寡甲兵爲之若何管子曰輕過而移諸甲兵賈逵曰輕過輕罪也移諸甲兵以甲兵贖罪也桓公曰爲之若何管子對曰輕罪贖一楯一戟
潛夫論曰虜或持銅鏡以象兵或負板案以類楯遑遽擾攘未能相一誠易制也
淮南子曰夫栝淇衛箘簬音路高誘曰栝剪栝也淇衛箘簬箭所出也載以銀錫載飾也飾鏤以銀錫雖有薄縞之襜腐荷之櫓荷蓮草也櫓大楯也然猶不能獨穿也若假之筋角之力弓弩之勢則貫兕甲而經革楯矣經猶達也

楊泉物理論曰古有阮師之刀蘇家之楯皆爲良工利器時所寶貴也夫刀者身之寶也楯者身之衛也禦難之藩牆守之城池也

夢書曰夢得鑲楯憂相負也

漢書楊雄校獵賦曰賁育之倫蒙楯負羽杖鏌鋣而羅者以萬計

吳都賦曰枕神龍之華殿施榮盾而捷獵勾踐將伐吳作榮盾嬰以白璧鏤以黃金狀若龍蛇以獻吳王吳王受之施於姑蘇臺捷獵例次貌也言今起神龍殿亦施此物也

又曰干鹵殳鋋暘夷敦盧之旅

又曰家有鶴膝戶有犀渠鶴膝矛也犀渠楯也一曰鎧犀華爲之

李尤楯銘曰吳旂魯獻戎兵特須也

張奐與崔子真書曰僕以元年到任有見兵二百馬如牿古沓切羊矛如錐鉸楯如榆葉鉸徒甘切長矛也

陶侃荅慕容瓌書曰當今楊淮銳勇飛廉超驤收屈盧必陷之舒集鮫犀不入之楯

庾闡責伍員文曰自我來思踰歷中春凄風踦月苦雨積旬地藉濕蓐室無完幕負楯傳時伏櫓擊柝。謝尚餉楊征南書曰五尺金錯頭刀一口碧綾車中楯一番

又與張涼州書曰今致碧綾車中楯一

彭排

釋名曰彭排旁也在旁排敵禦攻也

晉安帝紀曰劉裕大破孫恩於秣山恩以彭排自載僅得還舩

諸葛亮軍令曰帳下及右陣各持彭排

銜枚

詩曰我東曰歸我心西悲制彼裳衣勿士銜枚鄭玄曰勿猶無也士制彼裳衣而來謂兵服也亦初無行陳銜枚之事也

禮記曰外正樞諸侯執綍五百人皆銜枚

周禮曰銜枚氏下士二人徒八人鄭玄曰枚狀如箸橫銜之銜枚氏掌司囂察囂讙者爲其聒亂國之大祭祀令禁毋囂軍旅田役令銜枚爲其言語以相誤也

國語曰吳王起師軍于江北越王軍于江南越王乃令左軍銜枚泝江五里以須亦令右軍銜枚踰江五里以須賈逵曰逆流而上曰泝踰渡曰踰須待也夜中乃令涉江鳴鼓中水以須越王以其中軍私卒六千人銜枚以襲攻之吳師大北

史記曰項梁率師攻秦秦使章邯距梁章邯夜銜枚擊楚殺項梁

陸賈楚漢春秋曰高祖向咸陽南趣宛宛堅守不下乃匿其旌旗人銜枚馬束口龍舉而翼奮雞未鳴圍宛城三匝

宛城降

漢書曰秦將章邯圍魏王咎於臨濟田儋都甘切將兵救魏章邯夜銜枚擊大破齊軍殺儋於臨濟下

又曰趙充國擊西羌至金城須兵滿萬騎欲渡河恐爲虜所遮即夜遣三校銜枚先渡渡輒營陳會明畢

東觀漢記曰吳漢伐蜀分營於水南水北北營戰不利乃銜枚引兵往合水南營大破公孫述

梁祚國統曰孫權嘗賜甘寧酒米寧以米賜帳下乃以銀椀酌酒自飲次與其郡督次酌其次命銜枚出斫敵

王隱晉書曰毋丘儉文欽反遣鄧艾進屯樂嘉欽果夜銜枚襲艾等昧爽至于城下

又曰王浚都督幽州諸軍事成都王使和演發兵殺浚單于以演謀告浚州府逼近銜枚密嚴夜與單于圍演演持

白幡請降

孫嚴宋書曰柳元景揔軍北討元景至弘農營於開方口衆軍並造陝下元景遣軍副柳元怙簡步騎二千一宿而至遂合戰元怙悉偃旗鼓士馬皆銜枚潛師伏甲而進旣出賊不意虜衆大駭

王智深宋書曰劉誕作亂孝武帝使沈攸等伐之於是龍驤將軍卜天生推車塞塹率敢死數百人銜枚先登

習鑿齒漢晉陽秋曰初魏軍始入蜀劉禪分二千人付羅獻留守吳聞蜀敗遂起兵遣盛憲謝詢等水陸並到說獻以合從之計獻謂諸將曰今處孤城百姓無主吳人因釁公敢西過宜一決戰以示衆心遂銜枚夜出擊破憲

盧綝晉四王起事曰天子自鄴至洛右將軍張方逼帝幸長安河間王率衆佐到覇水上迎人兵去路百餘步銜枚

屯列

崔鴻後秦録曰永和二年遣武衛姚鸞營于大路晉將沈林子簡其軍中精銳朱遠等銜枚夜襲鸞營鸞死之

又前凉録曰張璩字元琰年十四拜奉車都尉從梁肅征隴右與王擢遇於邢崗相拒十日璩銜枚密擊大破之由是顯名

又蜀録曰李特使弟驤屯軍毗橋以備羅尚尚遣將張興偽降於驤以覲虛實興夜歸白尚尚遣精勇萬人銜枚隨興夜襲驤營驤及將士奔于流柵

越絶書曰吳王闔閭問伍子胥軍法子胥曰王身將即疑船旌麾兵戟與王船等者七艘將軍疑船兵戟與將軍船等三船皆居於大陣之左右有敵即出就陣吏卒皆銜枚敖歌擊鼓者斬

曹瞞傳曰公將襲袁紹軍乃選精銳步騎皆銜枚縛馬口夜從間道出人抱束薪至紹圍屯大放火營中驚亂大破之

太公六韜曰以步擊衆必以日之暮人操炬火合則滅之或鼓呼而行或銜枚而止

吳孫子三十二壘經靈輔曰移車移旗以順其意銜枚而陳分師而伏後至先擊以戰則克

魏文帝兵書要略曰銜枚毋讙譁唯令之從

左思吳都賦曰銜枚無聲悠悠旆旌

棓 棓與棒通用

服虔通俗文曰大杖曰棓 步項切

魏志曰鍾會反因將軍胡烈等與子疏去會帳下督丘建密說消息會以作大坑白棓數千欲呼外兵入以次棓殺

投置坑中外兵聞乃殺會

曹瞞傳曰操爲洛陽北部尉繕治四門造五色棒懸門左右各數十枚有犯禁者不避豪強輒棒殺之

虞溥江表傳曰孫皓以張布女爲美人皓先報布後問美人曰尓父何在答曰賊已殺之皓大怒即棒殺美人

沈約宋書曰後廢帝昱或有忤意者輒加以虐刑有白棒數十枚各有名號鋮鑿錐鋸之徒不離左右嘗以鐵錐推人陰破

六韜曰方胥鐵棓重十二斤柄長五尺千二百枚一名天棓 許慎注曰大杖以桃爲之擊殺羿是以鬼畏桃人也

抱朴子吳遣賀將軍討山賊中有善禁者每交戰官軍刀劒皆不得拔將軍乃多作勁木白棓擊之禁不復行因而尅賊

又曰余願世人改其無撿之行除其驕簡之失則趙勝之門無去客黃祖之棓無所用矣

晉宣帝敎曰當敎諸園上守土皆作棓人一枚輕重長短者各各可守皆當頭施紖挂臂賊破死在旦夕邂逅衝突園當以棓棓之

高堂隆陳災異表曰石氏星占曰天棓五五星天之杖也主檛棓亂兵客星彗茀干犯棓兵大起二年消復之宜罷省百役勿使士卒怨於勤苦而爲亂足其廩食度可勞然後用之則士卒安而無亂兵矣

椎

史記曰張良爲韓報讎得力士爲鐵椎重一百二十斤擊始皇博浪沙中誤中副車

又曰朱亥袖四十斤鐵椎椎晉鄙

漢書曰淮南厲王長高帝少子也有才力力扛鼎乃往請辟陽侯出見之即自袖金椎椎之命從者刑之

太平御覽卷第三百五十七

太平御覽卷第三百五十八

兵部八十九

鞍　轡

鞚

勒

鑣

鞍

說文曰鞍馬鞁具也鞁皮彼切

漢書曰孝宣許皇后元帝母也父廣漢昌邑王侍郎從武帝上甘泉誤取他郎鞍以被其馬發覺吏劾從行而盜當死者詔下蠶室後爲宦者丞

司馬彪漢書曰光武徵趙熹引見賜鞍馬待詔公車

東觀漢記曰景丹將兵詣上上勞勉丹出至城外兵所下馬坐鞍旃毾㲪上毾音塔㲪音登

又曰王莽誅諸謀者季次元聞事發覺被馬欲亡馬驚在轅中惶遽着鞍上馬出門顧車乃自覺止

又曰章帝曰明德后時廣平鉅鹿樂成王在邸入問起居朕從上望見車騎鞍勒皆純黑無金銀采飾馬不踰六尺於是以白太后即賜錢各五百萬

英雄記曰呂布刺殺董卓與李傕戰敗乃將數百騎以卓頭繫馬鞍走出武關

魏志曰許褚從討韓遂馬超於潼關太祖將北度臨濟河先度兵獨與褚及虎士百餘人留南岸斷後超將步騎萬餘人來奔太祖軍矢下如雨褚乃扶太祖上舡賊戰急軍爭濟舡重欲沒褚斬攀舡者左手舉馬鞍蔽太祖舡工爲流矢所中死褚右手並棹舡僅乃得度是日微褚幾危

又曰太祖馬鞍在庫爲鼠所齧庫吏懼死鄧哀王冲以刀穿單衣如鼠齧者謬有愁色太祖問之冲曰俗以鼠齧衣者其主不吉太祖曰此妄言耳俄而庫吏以齧鞍聞太祖笑曰兒衣在側而齧況鞍懸柱乎

魏略曰五官將知王忠昔嘗噉人時因從駕出行令取冢間髑髏著忠鞍以爲嬉笑

吳志曰曹公破走魯肅先還權大請諸將入閤拜權起禮之謂曰子敬孤持鞍下馬相迎足以顯卿未肅趨進曰未也衆人聞之無不愕然就坐徐舉鞭曰願至尊威加乎四海摠括九州克成帝業更以安車蒲輪徵肅始當顯耳權撫掌欣笑

又曰孫權每田獵乘馬射虎虎嘗突前攀持馬鞍張昭變色而前曰將軍何有當尔夫爲人君者謂能駕御英雄驅使群臣豈謂馳逐於原野校勇於猛獸者乎如有一旦之患奈天下笑何

後魏書曰傅永有氣幹拳勇過人能手執鞍橋倒立馳騁

江表傳曰孫策討祖郎生獲之策謂郎曰尔昔斫孤馬鞍今創軍立事除棄宿恨汝莫恐怖郎叩頭謝罪即破械賜衣署門下賊曹

魏百官名曰紫茸題頭高橋鞍一具

三輔決錄曰平陵士孫奮富聞京師梁冀知奮儉恡以鏤衢鞍遺奮從貸五千萬

西京雜記曰武帝時身毒國獻白光琉璃鞍在暗室光照十丈

又曰武帝得貳師天馬造玫瑰石爲鞍

異苑曰昔有人乘馬山行遥望岫裏有二老公相對樗蒲

遂下騎造焉以策柱地而觀之自謂俄頃視其馬鞭漼然已爛顧瞻其馬鞍體骸枯朽既還至家無復親屬一慟而絕。六韜曰車騎之將軍馬不具鞍勒不備者誅

陸景典語曰周世以膏腴之沃壤豐鎬之實地大啓封境以封秦釋鞍授鞚假驥他人欲無陵已其可得乎

傅玄馬射賦曰百馬齊輿六驥孔閑金銜玉羈文防鏤鞍明珂景服華韉釆鮮。古樂府左延年從軍詩曰從軍何等樂一驅乘雙駮鞍馬照人目龍驤自動作

謝惠連詩曰挂鞍長林側飲馬脩川湄

劉琨扶風歌曰繫馬長松下發鞍高岳頭

魏曹植上銀鞍表曰於光武皇帝代効此銀鞍一具初不敢乘謹奉上

宋劉義恭謝金梁鞍啓曰賜臣供御金梁橋鞍制作精巧宜副龍駟聖慈下逮猥垂光賜

後漢李尤鞍銘曰驅騖馳逐騰躍覆踐雖其捷習亦有顛沛井𦟸其瓶罔不斯敗（踐田世切）

轡

釋名曰轡佛也言牽引佛戾以制馬也

詩曰我馬維駒六轡如濡

又曰我馬維駱六轡沃若

又曰駟鐵孔阜六轡在手

周禮曰挈壺氏挈轡以令舍（懸轡於當所舍止之處）

又曰大馭掌馭玉路以祀及犯軷王自左馭馭下祝登受轡犯軷遂驅之

家語曰古者天子以內史爲左右手以德法爲銜勒以百官爲轡善御馬者正銜勒齊轡策均馬力和馬心故口無聲而馬應轡策不舉而極千里善御人者一其德法正其百官均齊人力和安人心故令不再而人順從刑不用而天下理矣

又曰善御馬者正身以總轡

又曰閔子騫爲費宰問政於孔子孔子曰君者人也吏者轡也刑者策也人君之政執其轡策而已矣

又曰孔子適衛衛將軍文子問曰今齊之以刑而猶弗勝何禮之齊也孔子云禮譬之於御則轡也

漢春秋曰大僕公卿奉引大僕執轡大將軍陪乘光武東京郊祀法駕則河南尹奉引奉車都尉執轡侍中參乘

孔叢子曰夫子云夫政令者人君之銜轡所以制下也

管子曰凡赦者小利而大害也故久而不勝其禍故赦者馬之委轡也無赦者痤疽之礦石也（痤才和切疽七余切）

列子曰凡御者得之於銜應之於轡得之手應於心

淮南子曰權衡者人主之車輿爵祿者人臣之銜轡矣

又曰王良造父御也上車攝轡馬爲齊整

班固東巡頌曰乘輿動色群后屏氣萬騎齊鑣千乘弭轡

魏明帝善哉行曰百馬齊轡御由造父

後漢李尤轡銘曰轡銜在手急緩必時賞罰在心中和是思馬知良御進取道里人知善政令行禁止

鞚

張揖埤蒼曰靮（音的）馬韁也鞚馬勒也鞧（音緧）䩭（音羈）勒鞙也（鞙音）（漸柔皮也）

服虔通俗文曰所以制馬口曰鞚

環濟吳紀曰大皇帝征合肥未下因撤軍還兵呂蒙等共留津北魏將張遼奄至圍數重蒙等死戰既破圍上馬出

外浮橋南已絶丈餘無板谷利時爲親近監白曰至尊牢攝鞍緩鞚利當着鞭以增馬勢於是得渡

晉書曰温嶠字太眞王敦舉兵内向六軍敗績太子將自出戰嶠執鞚諫太子乃止

晉起居注曰冠軍將軍王洟表臣以發許昌城内北人諸將孫凱等謀欲逼臣留身驅遣南人臣初出城門乃相纓繞牽臣馬鞚臣手刃斬截僅乃得出

應瑒馳射賦曰放鞚長騁神足奔越終節三驅每不虛發

陳林武庫賦曰馬則飛雲絶景直髯騧駵走駿驚飇步象雲浮受銜斯遊歛鞚則止

傅玄良馬賦曰奮疊沛艾虎據麟跱望雲聯景乘虛四起縱銜則往攬鞚則止

成公綏射兎賦曰收輔車之雙轡舍良馬之長鞚禽迸羽之輕焱截逸足之狡弄盈得獲於後乘充庖廚之所貢

夏侯湛征邁辭曰上伊闕兮臨川樹駿馬兮授鞍中衢兮載歎鍛鞚兮盤桓

閔鴻與劉子雅書曰若能控奔驥以接驚乘則力追者萬群傾脩翅以顧短翮則歸飛者如雲

勒

劉芳毛詩箋音義證曰轡是御者所執者也不得以轡爲勒且舊語云馬勒不云轡以勒爲轡者蓋是北人避石勒名也今南人皆云馬勒而以鞚爲轡反覆推之此爲明證又詩稱執轡如組

又曰六轡在手以所執爲轡審矣今俗儒咸以轡爲勒而曾無寤者

家語曰閔子問政於孔子孔子曰不能御民者弃其德法專用刑辟譬猶御馬弃其銜勒而專用箠策馬必傷車必敗無德法而用刑民必流國必亡

漢書曰呼韓耶單于甘露三年正月朝天子于甘泉宮賜以冠帶衣裳玉具劒鞍勒一具馬十五疋

王隱晉書曰愍懷太子好畢雞小馬小牛令左右騎斷羈勒使墮地

蕭方等三十國春秋曰凉州胡安據盜發張駿墓得珊瑚馬鞭馬瑙鍾黄金勒

鄴中記曰虎諱勒呼馬勒曰轡羅勒曰香菜

永昌記曰哀牢王出入射獵騎馬金銀鞍勒加翠毛之飾

淮南子曰鴈門之北狄不穀食賤長貴壯各上氣力人不弛弓馬不解勒便之也（高誘曰不穀曰不穀食者酪而已狄鮮卑也弛舍也便習也）

說苑曰田子方度西河造翟黄翟黄乘軒車載華蓋黄金之勒約鎮簟席如此者具（四）八十乘子方望以爲人君黄至而子方曰子人臣也將何以至此對曰此皆君之賜也臣進五大夫禄爵倍以故至於此

韓陽天文要集曰造父五星在傳舍南造父洗馬轡勒銜

鑣

棗據詩曰騏驥伏具坂不與伯樂俱駑馬同銜勒豈得獨卓殊

魏文帝馬腦勒賦曰馬腦玉屬也出自西域文理交錯有似馬腦故其方人因以名之或以繫頸或以餝勒余有斯勒美而賦之命陳琳王粲並作詞曰天琢物寄鍾山之崇崗稟金德之靈施含白虎之華章扇朔方之玄氣喜南離之焱陽翕中區之黄采曜東夏之純蒼苞五色之明麗配皎日之流光内炤（昭）浮景外鮮文繁奇章異采的皪其間

尒乃藉彼朱罽華勒用成騈居列跱煥若羅星

應瑒馳射賦曰群駿籠茸於衡首咸皆腰裊與飛兔攏脩勒而容與並軒翥而厲怒

陳琳馬腦勒賦曰五官將得馬腦以爲寶勒美其英綵之光艶也使琳賦之尒乃他山爲錯荆和爲理制爲寶勒以御君子

王粲馬腦勒賦曰因姿象形匪彫匪刻厥容應規厥性順德撫世嗣之駿服兮表騄驥之儀式

王沉馬腦勒賦曰厥象伊何如規之盈鮫鱗紆鬱白黑殊形如水之潔如玉之貞固乾坤之所育兮匪彫鏤而自成尒乃施飾龍首加服鸞鑣和鈴鏘鏘田景逍遥

鑣

釋名曰鑣包也所以在傍苞斂其口也

說文曰鑣馬銜也銜馬勒口中也

爾雅曰鑣謂之钀郭璞曰勒也許揭切又魚列切

詩曰游于北園四馬既閑輶車鸞鑣載獫歇驕毛萇曰輶軒也獫歇學驕田犬也鄭玄曰軒車驅逆之車也置鸞於鑣者異於乘車也

釋智匠古今樂録曰明帝休成之樂歌曰玉鑣息節金輅懷音

文士傳曰山巨源爲吏部郎欲舉嵇康自代康聞與之書曰譬猶禽鹿少見馴育則服教從制長而見羈雖飾以金鑣饗以嘉肴愈思長林而志在豐草

魯國先賢志曰黄伯仁龍馬頌曰楊鸞鑣兮揮紅沫之幡飄

鹽鐵論曰古者庶人賤騎繩控草鞮音低皮薦而已及其後革鞍攻成鐵鑣不飾

又曰古者樵車無輪栈車無軛其後木軨不衣長轂數輻今富者銀黄華左搔以結綏錯鑣塗朱珥勒飛軨

楚辭曰絶鑣銜以馳騖兮暮着次而敢止路蕩蕩其無人兮遠不御兮千里

棗據詩曰真僞各有分鶩驥不齊鑣

陶琬之詩曰我服既暉我駟既閑楊鑣警路哀籥清綿桓絃集載琬之爲江州主簿

宋文帝登景陽樓詩曰士女炫街里軒冕曜都城萬軝楊金鑣千舳樹蘭旌

袁淑遊新亭曲水詩序曰離榭修幕陵塗弥阜鑣容旆綵裛野麗雲

鮑昭詩曰飛鑣出荆路鶩服入秦川

王沉踐行賦曰六龍齊鑣鸞聲振振景動波迴天行星陳

張協玄武館賦曰天子翺翔郊甸順時廵省龍駟騰鑣羽騎游騁顧流光以梭鑾迴鸞旗而時幸

李充穆天子賦曰其馬則赤驥盜驪騂騮緑耳楊和齊鑣一瞬千里

董子曉乘輿駮馬賦曰軀觀若斯氣勢雲披銜金鑣着玉羈

顔延之七繹曰梓工飾雕篳之輿涓人進龍圖之馬轙駕則眩奪鳳蓋振鑣則圈促亟夏故動軔馳光舉策流赭

張委九愍曰映金箱之羽蓋鳴玉衡之鸞鑣望天路以振策指萬里於崇朝

郄淡宣貴妃誄曰嚴位服於旗容尚徽謚於銘策節哀路於蕭鍾齊行鑣於輬雚

應璩與劉文達書出儻頃倦遊談之事欲脩無爲之術不

能與足下齊鑣騁轡爭千里之表也

桓温與慕容皝書曰自滄流以北幽朔以東將軍皆以羈落而惣率之矣首尾脣齒左右力用鳴鏑揚鑣動數十萬

太平御覽卷第三百五十八

兵部九十

羈　珂
韉　障泥
防汗　當胷
鞘尾
鞭
柳

羈(肌)

許愼說文曰羈馬絡頭也

左傳曰晉公子重耳之及難也秦伯納之及河子犯以璧授公子曰臣負羈紲從君巡於天下(杜預曰羈馬羈紲馬韁也)臣之罪甚多矣請由此亡

又曰初晉侯之竪頭須守藏者其出也竊藏以逃(文公出時也)盡用以求納之及入求見公辭以沐謂僕人曰居者爲社稷之守行者爲羈紲之僕其亦可也何必罪居者

漢書曰今漢承衰周暴秦極弊之後流俗已薄於三代而行堯舜之刑是猶以鞿羈而御駻馬(如淳曰鞿音饑以韁繫馬頷曰鞿駻突之馬也駻音汗)

東觀漢記曰光武皇帝雖發師旁縣人馬席薦鞲靽皆有成賈而貴不侵民樂與官市(鞲音羈靽音半)

康泰吳時外國傳曰加營國王好馬月支賈人常以舶載馬到加營國國王悉爲售之若於路失鞲靽但將頭皮示王王亦售其半價

郭頒晉世語曰愍懷太子好畀雞小馬小牛置田舍令左右騎斷羈勒令墮馬

韓詩外傳曰昔衛獻公走反國及郊將班邑於從者而後入太史柳莊曰如皆守社稷則孰負羈靮而從如皆從則孰守社稷君反國而復爲私也無乃不可乎

釋智匠古今樂錄曰襄陽銅蹄哥曰龍馬紫金鞍翠毛白玉羈照曜雙闕下知是襄陽兒

杜夷幽求曰羈蚑絆蚤禁其非法剗蟣屠虱求其肝膽非至精誰能知之

又曰銜羈之馬伏櫪之駒莫不思平原曠澤翹尾而馳陸也

又曰瑚羈鏤絆呼名翹陸不可化也

夢書曰羈繮爲相要制也夢得羈繮要約士也羈結語言繮性來也羈結韁堅結約疆也弊絕不用難俛仰也

摯虞逸驥詩曰逸驥無鑣轡騰陸從長川剪落就羈勒飛軒躡雲煙

孫綽詩曰野馬閑於羈澤雉屈於樊神王自有所何爲人事間

傅玄馳射馬賦曰百鳥齊興六驥孔閑金銜玉羈文防鏤鞍明珂景朗華韉采鮮

傅玄良馬賦曰金羈在首發以明珂鏤鞍采韉織防含華(韉音茸)

傅玄難良馬賦曰飾以金羈申以玉纓結以輕軒節以和鈴

曹植遊俠篇曰白馬飾金羈連翩西北馳借問誰家子幽并遊俠兒

孫惠三馬哀辭序曰余於物特所留心而所服三馬一時離羈感田子之愛遂作哀文云尒

珂

服虔通俗文曰勒飾曰珂

郭義恭廣志曰期調國出金銀白珠硫礪水精器五色珠馬珂

又曰剽刄國出桐華布珂珠貝艾香雞舌香

傅玄樂府豫章行曰輕裘綴孔翠明珂曜珊瑚

張華輕薄篇曰文軒樹羽蓋乘馬佩玉珂

鞴

隋書曰宇文述素好着奇服炫燿時人雲定興爲製裘馬鞴於後角上鈌方三寸以露白色世輕薄者爭放學之謂爲許公鈌勢又遇天寒定興曰宿衛必當耳冷述曰然乃製裌頭巾令深袹(音陌)耳又學之名爲許公袹勢述大悅曰雲兄所作必能變俗我聞作事可法故不虛也

障泥

王隱晉書曰韓友字景先廬江舒人舒縣廷掾王睦卒病死已呼魄家人就友卜令以丹畫板作日月置尸頭前及卧虎皮馬彰泥登時大愈

蕭方等三十國春秋曰高勾驪以千里馬生羆皮鄣泥獻于南燕燕王超大悅荅以水牛能言鳥

世說曰王武子善解馬性嘗乘一馬着連乾鄣泥前有水終不肯渡王云此必是惜鄣泥使人解去便徑度

防汗

東觀記曰和帝永元三年西謁園陵桓郁兼羽林中郎將從賜馬二疋并鞍勒防汗

魏百官名曰黄地金鏤織成萬歲鄣泥一具又織成防汗一具

桓寬鹽鐵論曰古者庶人賤騎繩控草鞮皮薦而已及其後華鞍攻成鐵鑣不飾今富者黄金琅勒罽繡弇汗(弇音奄)

司馬彪戰略曰孟達將蜀兵數百降魏魏文帝以達爲新城太守太和元年諸葛亮從成都到漢中達又欲應亮遺亮玉玦織成鄣汗蘇合香亮使郭模詐降過魏興太守申儀與達有隙模語儀亮言玉玦者已決織成者言謀已成蘇合香者言事已合

當胷

後漢書曰太守趙興署鮑永功曹時有嬌稱侍中止傳舍者興欲謁之永疑其詐諫不聽出興遂駕往永乃拔佩刀截馬當胷乃止(當胷以韋爲之也)後數日恭詔書果下捕嬌稱者永由是知名

鞦尾

服虔通俗文曰馬韉(音樓)尾曰鞧(胡畂切)

魏百官名曰赤茸鍮石鞧尾一具

鞭

禮記曰獻車馬者執策綏

又曰君車將駕則僕執策立於馬前已駕僕展軨(鄭玄曰展軨具視)効駕(白已駕也)奮衣由右上取貳綏(奮振去塵也貳副也)執策分轡驅之五步而立

左傳曰晉公子重耳之及於難也及楚楚子享之曰公子若反晉國則何以報不穀對曰若以君之靈得反晉國晉楚治兵遇於中原其避君三舍若不獲命其左執鞭弭右屬櫜鞬以與君周旋

又曰宋告急於晉伯宗曰不可雖鞭之長不及馬腹

又曰楚靈王使圍徐以懼吳楚子次于乾谿以爲之援雨

雩王皮冠秦復陶翠被豹舄執鞭以出執鞭以教令右尹子革
夕子革鄭丹也夕暮也王見之去冠被舍鞭與之語
又曰晉荀瑶帥師伐鄭鄭駟弘請救於齊陳成子救鄭及
濮雨不涉成子衣製杖戈製雨衣也立於阪上馬不出者助之
鞭之
公羊傳曰陽虎將殺季孫于蒲圃使臨南御之至孟衢臨
南投策使陽越下取策
陸機毛詩草木虫魚疏曰椐枝葉似楨松尔雅曰椐樻也
去區切節似扶老即金靈壽是也今人以爲馬鞭及杖
孔藂子曰刑以齊民譬之於御則鞭策也
漢書曰婁敬云太王以狄伐故去豳杖馬箠去居岐
又曰石慶爲太僕御出上問車中幾馬慶以策數馬畢舉
手曰六馬

又曰李廣擊匈奴匈奴兵多破廣軍生得廣廣時傷置絡
閒而卧行十餘里廣陽死睨其傍有一胡兒騎廣騰而上
胡兒馬因鞭馬南馳數十里得其餘軍
又曰大司空士夜過奉常亭亭長呵之告以官名亭長醉
曰寧有符傳耶士以馬箠擊亭長
漢獻帝起居注曰李傕性喜鬼恠左道之術又於朝廷省
門爲董卓設神坐數以羊祠之祠畢過省閤問帝起居求
入見傕帶三刀手復與鞭合持一刀侍中侍郎見傕帶仗
皆惶恐亦帶劒持刀先入在帝側
張勑吴録曰大皇帝大會飲宴下馬迎魯肅肅入拜起禮
之謂言子敬孤持鞍下馬相迎足以顯未肅趨進曰未也
衆咸愕然既坐徐舉鞭曰願麾下威德加于四海然後以
安車軟輪徵肅始當顯耳帝拊掌歡笑

又曰大皇帝潛軍於晥口命陸遜爲大都督假鉞大皇帝
親執鞭以見之
虞溥江表傳曰孫權攻合肥不能下徹軍將退兵已上道
權與呂蒙蔣欽陵統等在後張慢飲食畢垂當發魏將張
遼帥六七千人奄至圍遮數重權乗駿馬上津橋南已見
徹丈餘無板谷利附在馬後使持鞍緩鞚利於後著鞭以
助馬勢遂得超度
王隱晉書曰上黨鮑瑗家多喪病貧苦淳于叔平曰君舍
東北有桑樹徑至市入門數十步當有一人持新馬鞭便
就買還以懸北桑樹三年當暴得財也瑗遂承其言詣市
果得馬鞭懸之正三年浚井得錢數十萬銅鐵雜器復可
二十餘萬於是家業用展病者亦愈
于寶晉記曰晉永嘉初有神見兖州甄城民家免奴爲主

簿自号爲樊道基有嫗號成夫人欲迎致便載車行當得
此免奴主簿從行爲譯以宣所宜汝南梅蹟字仲真去鄴
來經兖州聞其然因結羊世茂阮士公諸賔往觀之成夫
人便遣主簿出當與貴客語主簿死不肯避成夫人因大
嗔索士公馬鞭脫主簿鞭之
何法盛晉中興書曰祖逖與劉琨中夜而坐相謂曰若四
海鼎沸豪傑並起吾與足下相避於中原後琨與親舊書
曰吾枕戈待旦志梟逆虜常恐祖生先人着鞭耳
沈約宋書曰胡藩字道序義旗起桓玄戰敗將出奔藩於
南掖門捉玄馬鞚曰今羽林射手猶有八百皆是義故西
人一旦捨此欲歸可復得乎玄直以馬鞭指天而已於是
奔散
蕭方等三十國春秋曰石勒遣石虎率精騎五千擒李矩

營生執矩外甥郭諝之弟元教元作書與諝說去去年東
平曹嶷西寘猗盧矩如牛角何不歸命勤與諝書飼麈尾
馬鞭說賓禮賢平想同斷金往物爲信矩所領將士並欲
歸勒矩知衆之去巳乃率衆來歸
又曰城都王穎誅黄門孟玖於是東海王越高密王簡皆
懼奔國琅邪王睿又將出焉而徼禁甚密穎又先下諸津
禁止諸貴人王至河陽乃見拘焉宋典後至以鞭拂之曰
舍長官禁貴人而尔見止耶因大笑之吏乃放遣因得奔
國
崔鴻前秦録曰符堅起教武堂于渭城命太學生明陰陽
兵法教爲將士朱彤諫曰虎將之士受教學生強幹之術
乃弱本之方夫養將之法譬之養馬秣以高櫪習以戰馭
長鞭策後金勒制前折旋規矩在知進退

又曰符堅引群臣議代晉太子左率石越曰今歳鎮守斗
福德在吴弗可犯且國有長江之嶮朝無昏政之臣願保
境養民伺其虚隙堅曰武王伐紂逆歳犯星夫差威陵上
國爲勾踐所滅雖有長江其能固乎吾之衆投鞭於江足
斷其流吾當内斷其心矣
又曰符堅時關中謡曰長鞘馬鞭擊左股太歳南行當避
虜秦呼鮮卑爲白虜慕容垂起關東歳在癸未
崔鴻後梁録曰咸寧二年盜發張駿墓得珠簾琉璃珊瑚
馬鞭
樂資春秋後傳曰魯仲連曰齊閔王將之魯夷維子爲執
鞭而從之
袁希之漢表傳曰費禕坡雖切領漢節誘納降附越嶲太守
張嶷䟦誡禕曰昔岑彭率師來歙杖節咸皆見害刺客不

鎮重也今明公位尊權重宜覽前事後歳首禕持節行酒
郭循以馬鞭中小刀刺禕禕數日薨
魏百官名曰駝馬鞭二枚
異苑曰長山張舒以元嘉九年二月二十四日奄見一人
着朱衣平上幘手捉青柄馬鞭去汝何可教便隨我去見
素絲繩繫長梯來下舒上梯仍造大城綺堂洞室地如黄
金有一人長大不巾幘獨坐絳紗帳中語舒曰主者誤取
汝賜汝秘術卜占勿貪錢財舒亦不覺受時
劉義慶幽明録曰餘杭人沈縱家素貧與父同入山還未
至家見一人左右導從四百許前車輜重馬鞭夾道鹵簿
如二千石遥見縱父子使喚住就縱手中燃火縱因問是
何貴人荅曰是鬬山王在餘杭南縱知是神叩頭去願見
祐助後入山得一王狁從此如意

又曰桓玄既肆無君之心使御史害太傅道子於安城玄
在南州坐忽見一平上幘人持馬鞭通玄蔣侯來玄驚愕
然便見階下奴子御幰車見一士大夫自去是蔣子文君
何以害太傅與爲伯仲顧視之間便不復見
又曰廣陵韓晷字興彦陳敏反時與敏弟恢戰於尋陽還
營下馬覺鞭重見有緑錦囊中有短卷書看鞘皆不知所
從來開視之故穀紙佛神呪經
謝氏鬼神列傳曰下邳陳超爲鬼君弼所逐改名何規從
餘杭步道還家求福絶不敢出入五年後意漸替懈與親舊
臨水戲酒酣共說往事超云不復畏此鬼也小俛首乃見
鬼影在水中超驚怖時亦有乗馬者超借馬騎之下鞭奔
驅此鬼去超遠近常如初微聞鬼云汝何規耶急急就死
吳會分地記曰六山者勾踐於此山鑄銅銅不鑠則埋之

上生馬箠勾踐遣使者移於南社種之歸治以為馬箠獻於吳

劉欣期交州記曰兒出九德有一角角長二尺餘形如馬鞭柄

闞駰十三州志曰山來縣人俗貪僞好持馬鞭行邑故語曰沛國龍冗至山來詐託旅使若奔喪道遇寇抄失資糧

太公陰謀曰武王曰吾欲造起居之誡隨之以身箠書曰馬不可極民不可劇馬極則躓民劇則敗

莊子曰莊子使楚見空髑髏髐然（司馬彪曰髐白骨皃）撽以馬箠而問之曰夫子貪生理而為此乎將有亡國之事斧鉞之誅乎語卒援髑髏枕而寢

又曰馬蹄可以踐霜雪毛可以御風寒齕草飲水翹足而陸此馬之真性也及至伯樂曰我善治之燒剔之刻之雒

之連之以羈馽編之以皁棧馬之死者十二三矣飢之渴之馳之驟之齊之前有橛飾之患後有鞭策之威而馬之死者已過半矣

淮南子曰昔者王良造父御也投足調均勞逸若一安勞樂進馳騖若滅左右若鞭周旋若環世皆以為巧然未見其貴也若夫鉗具太丙之御也除轡舍銜去鞭弃策軍車莫動而自舉馬莫使而自走

又曰大丈夫恬然無思澹然無慮以天為蓋以地為輿四時為馬陰陽為騶電以為鞭策雷以為車輪

鹽鐵論曰無鞭策雖造父不能以調四馬無勢位雖舜禹不能以治萬民

又曰秦攝利銜以御宇内執脩箠以笞八極

杜夷幽求曰召渴者以臨河不待鞭策而自至

說苑曰默無過言慤無過事木馬不能行亦不費食騏驎曰馳千里鞭箠不去其背

楊偉時務論曰轡策轡摯之具設雖剛怒麄戾蹄齧之馬若足拘轡縶口銜轡勒箠策必至則躡蹻循軌（蹻[illegible]録切）

世說曰王敦在姑孰晉帝出看敦營敦覺追帝帝以金馬鞭與客舍姥（莫補切）姥以水洗馬屎令追者問姥姥云去已久矣追者乃止也

又曰王澄字平子從荊州下過王敦敦謀欲害之而平子左右二十八人悉捉鐵馬鞭為衛敦不敢近

夢書曰鞭箠為所使有勅趣也夢得鞭箠欲有使也持以鞭馬使朋友也鞭使馬疾服諸喜也

曹植九詠曰乘逸嚮兮執電鞭忽而徃兮怳而旋

曹植陌上桑曰望雲際有真人安得輕舉繼清塵執電鞭

騁飛麟

張華輕薄篇曰文軒樹羽蓋乘馬珮玉珂橫簪列瑁璹長鞭施象牙

楊雄河東賦曰奮電鞭驂雷輜鳴洪鍾建五旗

魏文帝臨渦賦曰建安十八年終譙余兄弟從上拜墳墓遂乘馬遊觀經東園遵渦水相佯乎高樹之下乃駐馬書鞭為渦賦

傅玄良馬賦曰鞭不得搖手不及動忽然增逝肉飛骨踴

傅玄馳射馬賦曰佷如葦戾如膠鞭裁向腹奮尾跳究

曹植表曰願得策馬執鞭首當塵路撮風后之奇接吳孫之要追慕卜商起予左右

李尤馬箠銘曰御者箠策示有威怒東野之敗諐責過度

溫嶠與陶公書曰奉惠赤角一具及靴鼓馬鞭鼓角既周

軍用馬鞭服以周旋玩之於乎與之偕老也偃武之日乃當藏之篋笥耳

謝艾齋令與楊初曰今遣舍人孔章特口諭要齋將軍可差腹心人盲致珊瑚馬勒香瓔（於盈切）一具遺王擢王擢狐疑於將軍父子事得施矣

袁宏與范曾書曰四海鼎沸天衢將移杖短策以晨征登重嶂以吐奇指六合以倒戈望崑崙而舉麾

柳（五華切）

魚豢魏略曰獻帝露布益州曰馬縶柳而不暇解貫胄延頸以待白刃（柳五剛切又五浪切）

蜀志曰靈帝末先主從校尉鄒靖討賊有功除安喜尉督郵以公事到縣先主求謁不通乃直入傳縛督郵杖二百解綬繫其頸着馬柳弃官亡命

常璩華陽國志曰建寧郡同瀨縣存馬縣雍闓反時結壘於縣山繫馬馬柳柱生成林今夷言無梁林無梁夷言馬也

蕭子雲晉史草曰姚略時有賀僧者不知何人自云遊歷五郡時人號為賀五郡齋戒奉道為百姓說吉凶略死泓立僧謂泓曰宜絜掃一馬厩開屋設大柳有異馬其大非常自遠來天所送矣

趙書曰徐光字秀武頓丘人父以牛醫為業光年十四五為將軍王陽秣馬光但書馬柳屋柱為詩頌不親馬事

異苑曰丹陽甘卓字季思照鏡無頭乃見在馬柳

荀氏靈鬼志曰泰元中有道人從外國來多有術法自說所受術師曰衣非沙門也嘗行見一人擔上有小籠子可受斗餘語擔人云吾步疲極欲寄君擔人甚怪之慮是狂〻便語君欲何許自居耶答云君若見許正欲入君此籠子中擔人愈怪其奇君能入籠中便是神人也即入籠中籠亦不更大擔亦不覺重至國中一家大富而性慳惜不行仁義語擔人吾試為君破奴慳囊即至其家有一快馬甚惜之在柳下繫忽失去尋求不知處明日見馬在五斗甖中終不可破取不知何方得取之便往語言君作百人厨食周餉窮困者馬當得出耳主人即狼狽作之既畢馬還在柱

淮南萬畢術曰馬柳生腐芽者取馬柳生芽可以為樂食歛見矣

太平御覽卷第三百五十九

人事部一

叙人　孕

叙人

釋名曰人仁也生物也

易下繫曰天地絪縕萬物化醇男女構精萬物化生 醇厚也

又叙卦曰有天地然後有萬物有萬物然後有男女有男女然後有夫婦　又說卦曰立人之道曰仁與義

尚書泰誓曰惟天地萬物父母惟人萬物之靈

禮記禮運曰何謂人情喜怒哀懼愛惡欲七者弗學而能何謂人義父慈子孝兄良弟悌夫義婦聽長惠幼順君仁臣忠十者謂之仁義講信脩睦謂之人利爭奪相殺謂之人患故聖人所以治人七情脩十義講信脩睦尚辭讓去爭奪舍禮何以治之

又曰飲食男女人之大欲存焉死亡貧苦人之大惡存焉故欲惡者心之大端也人藏其心不可測度也美惡皆在其心不見其色也欲一以窮之舍禮何以哉故人者其天地之德陰陽之交鬼神之會五行之秀氣也故人者天地之心也五行之端也食味別聲被色而生者也 此言兼氣性之効也

又樂記曰人生而靜天之性也感於物而動性之欲也物至知知然後好惡形焉

左傳昭二年鄭子產曰人生始化曰魄 魄形也 既生魄陽曰魂 陽神氣也 用物精多則魂魄彊 物權勢 是以有精爽至于神明 爽明也

春秋元命苞曰五氣之精交聚相加以迎陽道人致和 五氣五行之氣 又曰陰陽之性以一起人副天道故生一子

又曰天人同度正法相授天垂文象人行其事謂之教教之爲言效也上爲下效道之始也

又曰仁者情志好生愛人故其爲仁以人其立字二人爲仁 二人言不專於己念施與也

又曰聖人一其德智者循其轍長生乂視 一其德言盡得其帝之精氣也 循其轍言不違其帝所尚也知是則皆得長生乂視言所行當天也 不以命制則愚者悖慢智者無所施其術殘物逆道天不殺故立三命以垂策所以尊天一節三者法三道之術 不以命制愚慢之人則賢智道術不得施行勢相反 命者天之令也所受於帝行正不過得壽命壽命正命也起九九八十一 帝天帝也八十一陽氣相乘之極 有隨命隨命者隨行爲命也 接神契曰隨者逆天道常善之行則隨其暴虐行以教之 有遭命遭命者行正不誤逢世殘賊君上逆亂辜咎下流灾譴並發陰陽散忤暴氣雷至滅曰動地夭絕人命紗鹿襲邑是也 忤錯也襲猶淪也河水淪沙鹿之邑溺人也

春秋孔演圖曰正氣爲帝間氣爲臣宮商爲姓秀氣爲人 正氣謂若木人則得蒼龍之形靈威仰之氣火人得朱鳥之形赤熛怒之氣以生之比也間氣則不他一行各受一星以生若蕭何感昴精樊噲感狼精周勃感亢精者也

又繁露曰唯人獨偶天地人有三百六十節偶天之數形體骨肉偶地之厚上有耳目聰明日月之象也體有空竅理脉川谷之象也心有哀樂喜怒神氣之類故小節三百六十六副日數也大節十二分副月數也內有五藏副行數也外有四肢副時數也乍視乍瞑副晝夜也乍柔乍剛副冬夏也乍哀乍樂副陰陽也

樂動聲儀曰中元者人氣也氣以定萬物通於四時者也

爾雅曰太平之人仁 東至日所出爲太平 丹穴之人智 距齊州以南戴日爲丹穴 太蒙之人信 西至日所入爲太蒙 崆峒之人武

孝經曰天地之性人爲貴人之行莫大於孝
家語曰魯哀公問於孔子曰人之命與性何謂也孔子對曰分於道謂之命（始得爲人也故下句曰命者性之始也）形於一謂之性（人各受陰陽剛柔之性故形於一）化於陰陽象形而發謂之生化窮數盡謂之死故命者性之始也死者生之終也有始則必有終矣人始生而不具者有五焉目無見不能食不能行不能言不能化及生三月而微煦（煦晴轉也）然後有見八月生齒然後能食朞而生臏然後能行三年顋合然後能言十有六而精通然後能化陰窮反陽故陰以陽變陽窮反陰故陽以陰化是以男子八月生齒八歲而齔十有六而化女子七月生齒七歲而齔十有四而化一陰一陽奇偶相配（陽數奇陰數偶）然後道合化成性命之端形於此也
又曰堅土之人剛弱土之人柔墟土之人大沙土之人細息土之人美秏土之人醜（秏耗宇也息土細織秏土麄疏者也）倮蟲三百六十而人爲之長

又曰孔子遊太山見營啓期鹿裘帶索鼓琴而歌孔子問曰先生所以爲樂者何也對曰吾樂甚多天生萬物唯人爲貴而吾得爲人是以一樂男尊女卑吾得爲男是二樂人生有不見日月不免繈緥者吾巳行年九十是三樂也貧者士之常死者人之終處常得終當何憂哉
又曰人有五儀有庸人有士人有君子有賢人有聖人審此五者則理道畢矣
漢書曰司馬遷曰凡人所以生者神也所託者形也神大用則竭形大勞則弊神離則死死者不可復生離者不可復返故聖人重之
鬻子曰天地闢萬物生人爲正焉人化而爲善禽獸化而爲惡人而不善者謂之禽獸
老子曰人法地地法天天法道道法自然
文子曰人之情欲平嗜慾亂之精氣爲人人受天地變化而生一月而膏（初形骸如膏脂）二月而脉（漸生筋脉）三月而胚（肧胞也三月如水龍肰也）四月而胎（如水中蝦蟆之胎）五月而筋（氣積而成筋）六月成骨（血化肉肉化脂脂化骨）七月成形（四肢九竅成）八月而動（動作）九月而躁（動數如前）十月而生形骸乃成五藏乃形
又曰昔者中黃子曰天有五行地有五方聲有五音物有五味色有五章人有五位五五二十五故天地之間有二十五等人上伍有神人眞人道人至人聖人次伍有德人賢人智人善人辯人中伍有公人忠人商人平人直人下伍有衆人奴人愚人視肉人小人上伍之與下伍猶人之與牛馬也。又曰智出於萬人者謂之俊百人者謂之傑十人者謂之豪。列子曰戴髮含齒倚而趨謂之人

管子曰人水也男女精合而水流形二月而咀咀者五味也五味是五藏酸生脾鹹生肺辛生腎苦生肝甘生心藏巳具而後生五肉脾生膸肝生骨腎生筋肺生革心生肉肉巳具然後生九竅脾爲鼻肝爲目腎爲耳肺爲口心爲下竅五月而成十月而生
淮南子曰古未有天地之時惟象無形窈窈冥冥鴻洞莫知其閒有二神經營天地（二神陰陽之神也）於是乃別陰陽離爲八極剛柔相成萬物乃形煩氣爲蟲精氣爲人是故精神天之有也骨骸地之有也精神入其門而骸反其根
又曰言無常是行無常宜者小人也察於一事通於技者中人也若覆而并有之技能而裁使之者聖人也（裁制也度其技能而裁制使也）

又曰故頭之圓也象天足之方也象地有四時五行九解（九解者八方中央也）三百六十六日人亦有四肢五藏九竅三百六十骨節天有風雨寒暑人亦有取與喜怒故膽爲雲脾爲風腎爲雨肝爲雷以與天地相參也而心爲之主是故耳目者日月也

公孫尼子曰人有三百六十節當天之數也形體有骨肉當地之厚也有九竅脉理當川谷也血氣者風雨也

白虎通曰男女者何謂男男任也任功業也女者如也如從人也

風俗通曰天地初開未有人女媧摶黄土爲人力不暇乃引絙於泥中以爲人富貴黄土人也貧賤凡庸絙人也

人物志曰夫精欲深微質欲懿重志欲弘大心欲謙小精微所以入神妙也（雍則失神）懿重所以崇德宇也（躁則失身）志大所以堪任物也（小則不勝）小心所以慎咎悔也（大則驕陵）由此論之小心而志大者豪傑之俊也心大而志小者傲蕩之類也心小而志大者拘愞之人也

任子曰木氣人勇金氣人剛火氣人強而躁土氣人智而寛水氣人急而賊

傅子曰人之性如水焉置之圓則圓置之方則方澄之則渟而清動之則流而濁

孕

易漸卦曰鴻漸于陸夫征不復婦孕不育凶（王弼注曰夫婦邪配則非夫而孕故不育）○尚書泰誓曰商王受焚炙忠良刳剔孕婦

左傳傳中曰晉惠公之在梁也梁伯妻之梁嬴孕過期卜招父與其子卜之其子曰將生一男一女招曰然男爲人臣女爲人妾故名男曰圉女曰妾及子圉西質妾爲宦女焉

大戴禮曰周后任成王於身立而不跛坐而不差獨處不倨雖怒不詈胎教之謂也書之玉版藏之金匱置之宗廟爲後世戒

史記曰后稷名弃母有邰氏女曰姜嫄爲帝嚳元妃出野見巨人跡心説願之乃踐之身動如孕者居期而生后稷

又曰秦之先顓頊之苗孫曰女脩玄鳥隕卵脩取呑之有孕生子大業

又曰昔夏氏之將衰也有二龍止於夏庭龍亡漦在櫝而藏之至周厲王發而觀之漦化爲玄黿入王後宮宮妾未齔而遭之既笄而孕無夫而生子懼而弃之卽褒姒也

漢書曰張倉妻妾百數嘗孕者不復幸

又曰鉤弋夫人懷昭帝十四月乃生上以尭十四月而生今鉤弋亦然乃命門曰尭母門

又曰初王禁妻李親任政君在身夢月入其懷

范曄後漢書曰鮮卑檀石槐者其父投鹿侯初從匈奴軍三年其妻在家生子投鹿侯怪欲殺之妻言嘗行聞雷震仰天視而雹入口因呑之遂任身十月而産子

又曰靈帝王美人任娠畏何后乃服藥欲除之而胎安堅終自不動又夢見負日而行四年乃生皇子協后遂酖殺美人帝大怒欲廢后諸宦官固請得止董太后自養協號董侯

東觀漢記曰張奐爲武威太守其妻懷孕夢見帶奐印綬登樓而歌乃訊之於占者曰必生男復臨兹邦命終此樓既而生猛以建安中爲武威太守殺刺史邯鄲商州兵圍之急猛恥見擒乃登樓自焚而死

魏略曰昔北方有高離國者其王侍婢有身王欲殺之婢云有氣如雞子來下我故有身後生子王捐之於溷中豬以喙嘘之徙於馬闌中馬以氣嘘之王疑以爲天生乃令其母收畜之名之曰東明常令牧馬東明善射王恐奪其國欲殺之東明走至淹水以弓擊水魚鼈浮爲橋東明因得渡魚鼈散追兵不得渡東明因都王夫餘之地也

又曰黃牛羌種孕身六月生

吳録曰武烈皇帝姓孫名堅字文臺母有身夢腸繞吳閶門

又曰長沙桓王名策字伯符武烈長子母吳氏有身夢月入懷

晉書曰賈后酷以戟擲諸宮人孕子皆隨刃以死

晉陽秋曰初太宗諸子繼夭諸姬絶孕令扈謙卜繇云後

房當有女誕三男一女終大盛於是盡出後宮及諸婢悉見之織坊中有一人色黑宮人謂之崑崙相者驚曰此是也帝以大計幸之生烈宗

車頻秦書曰符堅母苟氏浴漳水經西門豹祠歸夜夢若有龍蛇感已遂懷孕而生堅

三國典略曰周太祖宇文泰之母曰王氏初孕五月夜夢抱子昇天纔不至而止寤以告德皇帝皇帝喜曰雖不至天貴亦極矣

列子曰思士不妻而感思女不夫而孕后稷生乎巨跡伊尹生乎空桑

莊子曰舜之治天下使民心競民孕婦十月而生子子生五月而能言（教之遽）不至乎孩而始誰（誰者別人之意未孩已擇人言變教速成）則始又有夭矣

呂氏春秋曰有侁氏女子采桑得嬰兒于空桑之中獻之其君察其所以然曰其母居伊水之上孕夢有神告之曰臼出水而東走毋顧明日視臼水告其鄰東走十里而顧其邑盡爲水身因化爲空桑（伊尹母化也）

淮南子曰孕婦見兎其子缺脣見麋而子四目

帝王世紀曰庖犧氏風姓也母曰華胥燧人之代有大迹出雷澤華胥履之生庖犧

又曰帝堯陶唐氏祁姓也母曰慶都孕十四月而生堯於丹陵名曰放勛

遁甲開山圖榮氏解曰女狄暮汲於石紐山下大祠前水中得月精如雞子愛而含之不覺而吞遂有身十四月而生夏禹

括地圖曰大人國其民孕三十六年而生兒生兒長大能

乘雲蓋龍類去會稽四萬六千里

外國圖曰方丘之上暑濕生男子三年而死其潢水婦人入浴出則乳矣是去九疑二萬四千里

列女傳曰簡狄者帝嚳之次妃也妃有娀氏之女與娣妹浴於玄丘水之上有玄鳥銜卵而墜五色甚好相與競取之簡狄得而吞之有孕遂生契（先結切）

又曰大任者文王之母性專一及其有身目不視惡色耳不聽惡聲口不出惡言以胎教也

會稽先賢傳曰吳侍中闞澤字德潤在母胞八月叱聲震外

蜀郡記曰諸山夷獠子任七月生生時必臨水兒出便投水中浮則取養沉乃弃之

華佗別傳曰甘陵相夫人有胎六月腹痛十餘日大極請

他視脉他曰有兩胎一已死便手摹其胎在左男也在右女也右死即為湯下之便愈

洞冥記曰東方朔母田氏寡居夢太白星臨其上因有娠田氏歎曰無夫而娠人將棄我乃移向代都東方里為居五月旦生朔因以所居里為氏朔為名

博物志徐君宮人有娠而生卵以為不祥棄於水濱獨孤母有犬名鵠倉獵於水濱得所棄卵銜以來歸獨母以為異乃覆煖之遂成兒生而偃故以為名徐君宮中聞之乃更録取長而仁智襲君徐國後鵠倉臨死生角而九尾實黄龍也偃王葬之徐界中今見有狗壟

又曰婦人任娠不欲見醜惡物異鳥獸食亦當避異常味欲見熊虎豹射御食牛心白犬肉鯉魚頭正席而坐割不正不食聽誦詩書諷詠之聲不聽淫聲不視邪色以此産

子子賢明端正壽考所謂胎教之法

異苑曰瞽瞍生舜徵在生孔子其有胎教也哉婦人妊娠未滿三月著壻冠衣平旦左繞井三匝映井水許見影而去勿返顧勿令壻見必生男

又曰魏興李宣妻樊氏義熙中懷任過期不孕而額上有創兒穿之以出長為將今猶存名胡兒

又曰太原温盤石母懷身三年然後生墮地便坐而笑髮覆面牙齒皆具

續搜神記曰袁眞在豫州遣妓女紀陵送阿薛阿郭阿馬三妓與桓宣武至經時三人半夜共出庭前觀望忽見一流星夜從天直墮盆水中囧然明淨薛郭二人更以瓢酌水皆不得阿馬取後取星正入瓢中便飲之即覺有娠遂生桓南郡

幽明録曰譙郡胡馥之娶婦李氏十餘年無子而婦卒哭慟云竟無遺體遂喪此酷何深婦忽然起坐曰感君藏悼我不即朽君可瞑後見就依平生時陰陽當為君生一男語畢還卧馥之如言不取燈燭暗而就之交接後歎曰亡人亦無生理可別作屋見置瞻視满十月然後殯尒來覺婦身微暖如未亡既及十月果生一男男名靈産

論衡曰后稷之母衣帝嚳之服坐息帝嚳之處而任身

又曰傳言黄帝任二十月而生生而神靈弱而能言

語林曰張衡之初死蔡邕母始孕此二人才貌相類時人云邕是衡之後身

太平御覽卷第三百六十

人事部二

產

毛詩鴻鴈斯干曰乃生男子載寢之牀載衣之裳載弄之璋乃生女子載寢之地載衣之裼載弄之瓦

又生民曰厥初生民時惟姜嫄誕彌厥月先生如達(后稷之在其母終人道十月而生生如達之生言易也)不坼不副無菑無害(言易也凡人在母母則病生則坼副菑害其母橫逆人道)以赫厥靈上帝不寧不康禋祀居然生子

禮記內則曰妻將生子及月辰居側室(側室謂夾之室次燕寢也)夫使人日再問之至生子夫復使人日再問之子生男子設弧於門左女子設帨於門右(弧者有事於武者也帨者婦人之佩巾)三日始負子男射女否國君世子生告于君接以太牢三日卜士負之射之以桑弧蓬矢六射天地四方

左傳隱公元年曰初鄭武公娶于申曰武姜生莊公及共叔段莊公寤生驚姜氏故名寤生

又襄五年曰初宋芮司徒生女子赤而毛棄諸堤下共姬之妾取以入名之曰棄長而美

又昭七年曰叔向娶申公巫臣氏生伯石伯石始生子容之母走謁諸姑(子容母叔向嫂伯華妻也)曰長叔姒生男姑視之及堂聞其聲而還曰是豺狼之聲也狼子野心非是莫喪羊舌氏矣遂弗視

又昭七年曰公衍公爲之生也其母偕出(出之三日產舍)公衍先生公爲之母曰相與偕出請相與偕告(留公衍母使待已共白公)三日公爲生其母先以告公爲爲兄公私喜於陽穀而思於魯曰務人爲此禍也(務人公爲也姑與公若謀逐季氏)且後生而爲兄其誣也久矣乃黜之而以公衍爲太子

家語曰子夏問曰商聞易之生人及萬物鳥獸昆蟲各有奇偶氣分不同而凡人莫知其情惟達道德者能原其本焉天一地二人三三三爲九九九八十一一主日日數十故人十月而生八九七十二偶以承奇奇主辰辰爲月月主馬故馬十二月而生七九六十三三主斗斗主狗故狗三月而生六九五十四四主時時主豕故豕四月而生五九四十五五爲音音主猿故猿五月而生四九三十六六主律律主鹿故鹿六月而生三九二十七七主星星主虎故虎七月而生二九一十八八主風風主蟲故蟲八月而化其餘各從其類矣鳥魚生於陰而屬於陽故皆卵生齕吞者八竅而卵生齟嚼者九竅而胎生晝生者類父夜生者類母敢問其皆然乎孔子曰然吾聞諸老聃亦如子之言也

史記楚世家曰吳回生陸終陸終生六子坼副而生焉

又曰田嬰有子四十餘人其賤妾有子名文以五月生嬰告其母勿舉也其母竊舉生之及長因其兄弟而見其子文於田嬰嬰怒其母曰吾令若去此子而敢生之何也文頓首因曰君所不舉五月子者何故嬰曰五月子者長及戶齊將不利其父母文曰人生受命於天乎受命於戶耶嬰默然文曰必受命於天君何憂焉必受命於戶則可高其戶耳

漢書曰高祖七年春令民產子復勿事二歲(勿事不使役也)

又曰盧綰與高祖同里綰親與高祖太上皇相愛及生男高祖綰同日生里中持羊酒賀兩家及高祖綰壯學書又相愛也

又曰武帝征伐四夷重賦於民民產子三歲則出口分錢至於生子輒殺元帝議令民產子七歲乃出口分錢

東觀漢記曰敬隱宋后以王莽末年生遭世倉卒其母不舉棄之南山下時天寒冬十一月苒宿不死外家出過於道南聞有兒啼聲怜之因往就視有飛鳥紆翼覆之沙石滿其口鼻能喘心怪偉之以有神靈遂取而持歸養長至年十三歲乃以歸宋氏

後漢書曰竇武母產武并產一虵

又曰虞延初生上有物若一疋練遂上外天占者以為吉

魏志曰黃初六年三月魏郡太守孔羡表黎陽令程放書言掾汝南虽雍妻王以去年十月十二日在草生男兒從右腋生水腹下而出其母自若無他異痛今瘡已愈母子安全無災無害也

王隱晉書曰齊王冏輔政太安元年有婦人詣大司馬門寄產吏驅之婦人曰我截齊便去耳言畢不見識者聞而惡之至二年謀反誅

又曰程咸字延休魏郡武安人也其母夜夢白頭公授之以藥曰服此當生貴子也生咸好學有才為鍾毓主記毓弟會問有可與語吏否毓乃稱咸

孫盛晉陽秋曰魏舒適主人妻產俄聞車馬之聲問曰男女從者入反曰男也年十五以兵死又問寢者誰曰魏公舒默然謝之

于寶晉紀曰愍帝建興三年抱罕伎人產一龍子色似錦文望之如見神光在牀上少有就視者

後魏書曰太祖道武皇帝諱珪獻明皇帝之子也以建國三十四年七月七日生於參合陂北明年有榆生於理胞之坎遂成林

前趙錄曰劉淵字元海父豹母呼延夢服日精十三月而

生淵劉聰母曰張夫人十五月生聰焉

三十國春秋曰前秦蒲洪父懷歸為部落小帥其母姜氏因寤產洪驚悸而寤

又曰後涼禿髮烏孤七世祖壽闐之在孕也母夢一老父被髮左衽乘白馬謂曰尔夫雖西移終當東返至京必生貴男長為人主言終胎動而寤後因寢生壽闐被中因以禿髮為號壽闐為名

後趙書曰黎陽民妻產三男一女勒賜乳母穀帛以為休祥

崔鴻南燕錄曰慕容德䟽少子母公孫夫人晉咸康中晝寢生德左右以告方寤而起既生似鄭莊公曰長必有大德遂以德為名

宋書曰王敬則母為女巫常謂人云敬則生時胞衣紫色後應得鳴鼓角人笑之曰汝子得為人吹角可矣

又曰王鎮惡之產也當五月五日家人欲棄之其祖猛曰昔孟嘗君如是而相齊此兒必興吾族因以鎮惡為名

又曰范曄字蔚宗母如廁產之額為塼所傷故以塼為小字

北齊書曰武明婁皇后諱昭君性寬厚不妬忌高祖率衆將討西寇出師之夜后孿（生患切 雙生子也）生一男一女左右以危急請追告高祖后弗聽曰王出統大兵何得以我故輕離大軍

唐書曰幽州節度使劉濟怦之長子初母難產既產侍者初見是一大蛇黑氣勃勃莫不驚走及長頗異常童所居室焚人皆驚救濟從容而出衆異之累歷牧宰及怦為節度濟為行軍司馬怦卒軍人習河朔舊事請濟代父為帥

朝廷從之

莊子曰厲之人夜半生其子也遽取火而視之汲汲然恐其似巳也

呂氏春秋曰夏后孔甲佃于東陽萯山大風晦迷入民室主人方乳或曰后來是良日也子必大吉或曰不勝必有殃咎乃取歸曰爲余子誰敢殃之子成人幕動析橑斧斫斬其足遂爲守者孔子曰嗚呼有命矣

西京雜記曰王鳳五月五日生其父欲勿舉其母曰田文五月五日生其父嬰勅其母勿舉母竊舉之後爲孟嘗君以占事推之非不祥遂舉之

又曰霍將軍妻產二子疑所爲兄弟或曰前生爲兄後生爲弟今雖俱日亦宜以先生者爲兄或曰居上者宜爲兄居下者宜爲弟居下前生今宜以前生爲弟時霍光聞之曰昔殷王祖甲一產二子曰嚚曰良以卯生嚚以巳生良則以嚚爲兄以良爲弟若以在上爲兄嚚亦當爲弟矣昔許釐公一產二女曰娥曰茂楚大夫唐勒生二子一男一女男曰貞夫女曰瓊華皆以先生者爲長近代鄭昌時文長倩並一生二男滕公一生二女李黎一生一男一女並以前生者爲長霍氏亦以前生爲兄焉

玄中記曰朱梧縣其民服役依海際居產子以沙石自擁不食米止資魚以爲生氣

又曰丈夫民殷帝大戊使王英採藥於西王母至此絕糧不能進乃食木實衣以木皮終身無妻產子二人從背脅間出其父則死是爲丈夫民去玉門二萬里○外國圖曰長人國妖六年乃生而白首兒則長大乘雲而不還龍類也

崔玄山瀨鄉記曰李母祠在老子祠北二里祠門左有碑文曰老子聖母李夫人碑老子者道君也始起乘白鹿下託於李氏胞中七十二年產於楚國淮陽苦縣瀨鄉曲仁里老子名耳星精也字伯陽號曰聃

孔演圖曰孔子母徵在遊大澤之陂睡夢黑帝使請巳巳往夢交語曰汝乳必於空桑之中覺則若感生丘於空桑中

廣志曰獠民皆七月生

帝系曰陸終娶鬼方國君之妹謂之女嬇生六子孕而不育三年啓其母左脅三人出右脅三人出

風俗通曰生三子不舉俗說生子至於三子似六畜言其妨父母故不舉之也謹按春秋國語越王勾踐令民生三子者與之乳母生二子者與之餼三子力不能獨養故與乳母所以人民繁息卒滅強吳雪會稽之恥行霸於中國者也古陸終氏娶于鬼方謂之女嬇是生六子皆爲諸侯今人多生三子子悉成長父母完安豈有天所孕育而害其父母兄弟者哉

又曰不舉寤生子俗說兒墮地未能開目視者謂之寤生舉寤生子妨父母謹按春秋左氏傳鄭武公娶于申曰武姜生莊公及共叔段莊公寤生驚姜氏因名寤生武公老終天年姜氏亦然安有妨其父母乎

又曰汝南周霸字翁仲爲太尉掾婦於乳舍生女自毒無男時屠婦比卧得男因相與私貨易裨錢數萬後翁仲爲北海相吏周光能見鬼署光爲主簿使還致敬於郡縣因告光曰事訖臘日與小兒俱上家去家經十三年不躬蒸嘗主簿徵察知相先君寧息會同飲食忻媅不已往到於家上郎君沃酹主簿俯伏在後但見屠者弊衣蠡結倨神坐

持刀割肉有五時衣帶青黒綬數人彷徨陰堂東西廂不敢來前光恠其故還至引見問之乞屏左右起造於膝前白事狀如此翁仲曰主簿出勿言因持劒上堂謂嫗汝何故殺吾子嫗大怒曰卿常言兒聲氣喜學似我老公欲死欲作狂語翁仲曰祠祭如不具服子毋立截嫗辭窮情竭泣涕具陳其故時子巳年十八呼與辭決曰凡有子者欲以承先祖先祖不享血食無可柰何自以衣裘僮僕車馬送迎取其女女嫁爲賣麫子婦後適西平李文思文思官至南陽太守翁仲更養從弟子熈爲髙邑令

又曰穎川有富室兄弟同居兩婦數月皆懷姙長婦胎傷因閉匿之產期至同到乳母舍弟婦生男夜因盗取之爭訟三年州郡不能決丞相黄霸出坐殿前令卒抱兒取兩婦各十步叱婦曰自往取之長婦抱持甚急兒大啼叫弟

婦恐傷害之因乃放與而止甚愴愴長婦甚喜霸曰此弟子也責問乃伏

又曰不舉父同月子俗云妨父也按左傳桓公之子與父同月生因名子同漢明帝亦與光武同月生

神仙傳曰老子母懷之七十歲乃生生時割其左腋而生生而白首故謂之老子

列仙傳曰木羽鉅鹿南祁鄉人貧母王助產嘗探兒兒生開眼視母大笑母乃驚怖仍夢見大冠赤幘者守見曰此司命君也當報汝使汝子木羽得仙後生兒字木羽所探兒年十五夜有車馬迎之過呼木羽木羽爲我御來遂相隨去

列異傳曰華子魚爲諸生嘗宿人門外生人婦夜主有兩吏來詣其門便相向辟易欲退相謂曰公在此因踟躕良久一吏曰籍當定柰何得住乃前向子魚拜相將入出共語曰當與幾歲一人曰當與三歲子魚後故往視之兒果年三歲巳死乃自喜曰我固當公後果爲太尉續搜神記同

益部耆舊傳曰哀牢夷者其先有婦人名沙壹居于牢山嘗捕魚於水中觸沉木若有感因懷姙十月產子男十人後沉木化而爲龍出水沙壹忽聞龍語曰若生我子今悉何在九子見龍驚走獨小子不能走背龍而坐龍就而舐之其母鳥語謂背爲九謂坐爲隆因名小子曰九隆及後長大諸兄共推以爲王

博物志曰蜀郡諸山夷名曰獠子婦人姙身七月生時必須臨水兒生便置水中浮即養之沉便遂棄也至長皆拔去其上齒後狗牙各一以爲身飾

論衡曰黄帝二十月而生

又曰唐文伯河東蒲坂人也其生亦以夜半時適生有人從門呼其父名父出應之不見人見一木杖植其門側好善異於衆其父杖入門以示人占曰吉文伯位至廣漢太守以杖當得子之力矣

譙周法訓曰一產二子者當以後生者爲兄言其先胎也荅曰此野人之鑿語耳君子不測暗安知胎之先後也

傅子曰昔燕趙之閒有三男子共娶一女生四子後爭訟廷尉延壽奏去禽獸生子逐毋宜以四子還毋尸三男子於市

世說曰胡廣本姓黄五月生父母惡之乃置之甕投於江湖翁見甕流下聞有小兒啼聲往取因長養之以爲子登三司流中庸之號廣後不治其本親服云我於本親已爲死人也世以此爲深譏焉

搜神記曰陳仲舉微時嘗宿黄申家申婦方産有扣申門者家人咸不知夂夂方聞屋裏有言賓堂下有人不可進扣門者相告曰今當從後門往其一人便往有頃還留者問之是何等名爲何當與幾歲往者曰男也名爲奴當與十五歲後應以何死荅曰應以兵死仲舉告其家曰吾能相此兒當以兵死父母驚之寸刃不使得執也至年十五有置鑿於梁上者其末出奴以爲木也自下鉤之鑿從梁落陷腦而死後仲舉爲豫章太守故遣吏往餉之申家并問奴所在其家以此具告仲舉仲舉歎此謂命矣幽明録同

異苑曰魏郡徐逮字君及婦平昌孟氏生兒頭有一角一脚頭正仰向通身盡赤落地無聲乗虚而去

又曰丹陽縣駱慶婦生一男一虎一貍貍虎毛色斑黑牙爪皆備即殺之兒經六日而死母不異

又曰沛國武操之妻林氏元嘉中懷身得病而死俗忌含胎入柩中要須割出妻乳母傷痛之乃撫尸而呪曰若天道有靈無令死被劈裂須臾尸面艴然上色於是呼婢共扶之俄頃兒墮而尸倒也

嵩高山記曰昔陽翟有婦人姙身三十月乃生子從母背上出五歲便入北山學道神明爲母立祠因號曰開母祠焉

太平御覽卷第三百六十一

太平御覽卷第三百六十二

人事部三

姓　名

姓

說文曰姓人所生也古之神聖人毋感天而生子故稱天子因生以從女生生亦聲也

易類謀曰黄帝吹律以定姓

左傳隱八年曰無駭卒羽父請謚與族公問族於衆仲衆仲對曰天子建德因生以賜姓（因其所由生以賜姓謂若舜由媯汭故陳爲媯姓）胙之土而命之氏諸侯以字（諸侯位卑不得賜姓故其臣因氏其王父字）爲謚因以爲族官有世功則有官族邑亦如之公命以字爲展氏（無駭公子展之孫故爲展氏也）

又襄四年曰穆叔如晉范宣子逆之問焉曰古人有言曰死而不朽何謂也穆叔未對宣子曰昔匄之祖自虞以上爲陶唐氏在夏爲御龍氏在商爲豕韋氏在周爲唐杜氏晉主夏盟爲范氏其是之謂乎穆叔曰以豹所聞此之謂世祿非不朽也

史記曰太公望呂尚者東海上人其先祖嘗爲四嶽佐禹平水土甚有功虞夏之際封於呂本姓姜氏從其封姓故曰呂尚

漢書曰夏侯嬰爲滕令故號滕公及曾孫頗尚主主隨外家姓號孫公故滕公子孫更爲孫氏

又曰戍卒婁敬求見說上曰陛下取天下與周異而都雒陽不便不如入關據秦之固上以問張良良因勸上是日車駕西都長安拜婁敬爲奉春君賜姓劉氏

又曰灌夫潁陰人也父張孟嘗爲潁陰侯灌嬰舍人因得幸進之至二千石故蒙灌氏姓爲灌孟（師古曰蒙冒也）

又曰衛青字仲卿其父鄭季河東平陽人也以縣吏給事侯家平陽侯曹壽尚武帝姊陽信長公主季與主家僮衛媼通生青青有同産兄衛長君及子夫子夫自平陽公主家得幸武帝故青冒姓衛氏

漢書曰京房字君明東郡頓丘人也房本姓李推律自定爲京氏

後漢書曰第五倫字伯魚京兆人也其先齊諸田諸田徙園陵者多故以次第爲氏

崔鴻三十國春秋夏錄曰赫連勃勃下書朕之皇祖自北遷幽朔姓改姒氏音殊中國故從母氏爲劉子而從母之姓非禮也朕將以義易之帝王者係天爲子是爲徽實與天連今改姓曰赫連氏庶協皇天之意其非正統皆以鐵伐爲氏庶朕宗族子孫剛銳如鐵皆堪伐人

三國典略曰周蔡祐字承先陳留圉人齊安郡守襲之子也有膂力便騎射太祖以其戰功賜姓大利稽氏

唐書曰康國即漢康居之國也其王姓温月氏先居張掖祁連山北昭武城爲突厥所破南依葱嶺遂有其地枝庶皆以昭武爲姓示不忘本也

又曰則天朝博州刺史琅邪王沖據博州起兵沖父豫州刺史越王貞又舉兵於豫州與相應討平之改姓爲虺氏

又曰尚可孤東部鮮卑宇文之別種也代居松漠之間天寶末歸國隸安祿山後事史思明上元中歸順累授左右威衛二大將軍魚朝恩之統禁軍愛其勇力甚委遇之俾爲養子奏改姓魚氏

又曰李全略者本姓王名簡爲鎮州小將事王武俊元和

中節度使王承宗歿軍情不安自拔歸朝授代州刺史及
長慶初鎭州軍亂害田弘正穆宗爲之旰食以簡嘗爲將
召問其計簡遂極言利害頗有以自效明年擢拜橫海軍
節度使賜姓李氏名全略以崇寵之

白虎通曰人所以有姓者何所以崇恩愛厚親親遠禽獸
別婚姻也故紀世別類使生相愛死相哀同姓不得相娶
皆爲重人倫也姓者生也人禀天氣所以生者也詩云天
生蒸民尚書曰平章百姓姓所以有百者何以爲古者聖
人吹律定姓以記其族人含五常而生正聲有五宮商角
徵羽轉而相雜五五二十五轉生四時異氣殊音悉備故
姓有百也所以有氏者何所以貴功德下伇力或氏其官
或氏其事聞其氏即可知矣所以勉人爲善也或氏王父
字者何所以別諸侯之後爲興滅國繼絕世也王者之子

稱王子王者之孫稱王孫諸侯之子稱公子公子之子稱
公孫公孫之子各以其王父字爲氏故春秋有王子瑕論
語有王孫賈又有衛公子荊公孫朝魯有仲氏孟氏叔氏
季氏楚有昭屈景氏齊有高國崔盧氏以知其子孫也王
者之子亦稱王子兄弟立而皆封也或曰王者之孫亦稱
王孫刑德放曰堯知命表稷契賜姓子姬皋陶典刑不表
姓言天任德遠刑禹姓姒祖昌意以薏苡生䎡姓子氏祖
以玄鳥子生也周姓姬氏祖以履大人跡生也

風俗通曰萬類之中唯人爲貴春秋左氏傳官有世功即
有官族邑亦如之公羊譏衛滅邢論語貶昭公娶於吳諱
同姓也蓋姓有九或氏於號或氏於謚或氏於爵或氏於
國或氏於官或氏於字或氏於居或氏於事或氏於職典
號唐虞夏䎡也以謚戴武宣穆也以爵王公侯伯也以國
曹魯宋衛也以官司馬司徒司寇司空司城也以字伯仲
叔季也以居城郭園池也以事巫卜陶丘也以職三馬五
鹿青牛白馬也

三輔舊事曰堯毋字慶都配高辛氏而生堯因主人伊長
孺爲姓謂之伊

陳留風俗傳曰侯氏氏侯爵周微官失其守故以侯爵爲
姓

又曰秦之先曰伯翳佐舜擾馴鳥獸錫姓曰嬴氏其後分
封以國爲姓有徐氏郯氏黄氏江氏

文士傳曰束晳字廣微疎廣後也王莽末廣曽孫孟造自
東海避難歸燕城改姓去疎之足爲束氏

世說曰諸葛令恢與王丞相共争姓族前後王曰何不言
葛王而言王葛諸葛曰譬言驢馬不言馬驢驢寧勝馬耶

論衡曰孔子推律自知䎡之苗也

名

禮記曲禮上曰名子者不以國不以日月不以隱疾不以
山川（此在常語之中爲後難諱也春秋傳曰名終將諱之）

又曰二名不偏諱孔子之母名徵在言徵不稱在言在不
稱徵也

又曲禮下曰君子已孤不更名（重本也）

又大傳曰名者人治之大也可無愼乎（人治所以正人）

左傳桓公曰初晉穆侯之夫人姜氏以條之役生太子命
之曰仇其弟以千畒之戰生命之曰成師師服曰異哉君
之名子也夫名以制義義以出禮禮以體政政以正民是
以政成而民聽易則生亂嘉耦曰妃怨耦曰仇古之命也
（自古有此言也）今君命太子曰仇弟曰成師始兆亂矣兄其替乎

又曰子同生以太子生之禮舉之公問名於申繻對曰夫名有五有信有義有象有假有類以名生爲信（若唐叔虞魯公子友）以德命爲義（若文王名昌武王名發也）以類爲象（若孔子首象尼丘山）取於物爲假（若伯魚生人有饋之魚因名之曰鯉）取於父爲類（若子同生有與父同者也）不以國（國君之子不自以本國爲名也）不以官不以山川不以隱疾不以畜牲不以器幣周人以諱事神名終將諱之（君父之名固非臣子所斥然禮既卒哭以木鐸徇曰舍故而諱新謂舍親盡之祖而諱新死者）故以國則廢名以官則廢職以山川則廢主以畜牲則廢祀以器幣則廢禮晉以僖侯廢司徒（僖侯名司徒廢爲中軍也）宋以武公廢司空（武公名司空廢爲司城也）先君獻武廢二山（二山具敖也魯獻公名具武公名敖）是以大物不可以命公曰是其生也與吾同物命之曰同（物類也謂同日也）

又閔公曰成季之將生也桓公使卜楚丘之父卜之曰男也其名曰友及生有文在其手曰友遂以命之（遂以爲名）

又文下曰鄋瞞侵齊（鄋瞞狄國名）遂伐我公卜使叔孫得臣追之吉冬十月敗狄于鹹獲長狄僑如（僑如鄋瞞國之君）以命宣伯（得臣待事而名其三子因名宣伯曰僑如以旌其功也）

又宣上曰楚鬬伯比淫於䢵子之女生子文弃諸夢中虎乳之䢵子畋見之使收之楚人謂乳爲穀謂虎爲於菟故命曰鬬穀於菟

又宣上曰鄭文公有賤妾曰燕姞夢天使與己蘭曰余爲伯鯈余爾祖也以是爲而子以蘭有國香人服媚之如是旣而文公見之與之蘭而御之辭曰妾不才幸而有子將不信敢徵蘭乎公曰諾生穆公名之曰蘭

又定下曰魯苫越生子將待事而名之陽州之役獲焉名之曰陽州（欲自比僑如）

漢書曰司馬相如小名犬子及長慕藺相如爲人更名相如

後漢書曰趙岐字臺卿生於御史臺因字臺卿

東觀漢記曰廉范爲蜀郡守令民不禁火百姓皆喜家得其願時生子皆以廉爲名者千

魏志曰程昱本名立夢登太山捧日人或以夢告太祖太祖曰終爲吾腹心遂上加日

又曰鄧艾字士載棘陽人年十二隨母至潁川讀故太丘長陳寔碑文言爲世範行爲士則艾遂自名範字士則後宗族有與同者故改焉

又曰王昶字文舒太原人其爲兄子及子作名字皆一依謙實以見其意故兄子默字處靜沈字處道其子渾字玄沖深字道遂書戒之曰夫人之道莫大於寶身全行以顯父母

吳志曰立子𩅦爲太子注曰休制曰孫令爲四子作名字太子名𩅦音如湖水灣澳之灣字⿱雨鹵音如迄今之迄次子名𩃙音如兕觥之觥字⿱罒弄音如玄⿰口賢首之⿰口賢（音諸）次子名⿱艹莽音如草莽之莽字盥音如舉物之舉次子名⿰高攵音如褒衣下寬大之褒字寅音如有所推持之推此都不與世所用者同故鈔舊文會合作之

江表傳曰顧雍從蔡伯喈學專一清靜敏而易教伯喈貴異之謂曰卿必成致今以吾名與卿故雍與伯喈同名由此也吳錄曰雍字元歎言爲蔡雍之所歎也

晉書曰謝玄破符堅於淮淝先有童謡云誰謂爾堅石打破故桓豁以石名子以邀其功

晉中興書曰咸和元年當徵蘇峻司徒導欲出王舒爲外授及更拜撫軍將軍會稽內史秩中三千石舒上疏以父

名會不得作會稽朝議以字同音異於禮無嫌訏陳音雖異而字同乞換他郡於是改會字爲鄶古會切訏不得巳親職

崔鴻十六國春秋前涼録曰李弇字子　隴西狄道人也弇本名良又妻姓梁張駿戲之曰卿名良妻姓梁夫妻相同稱子孫將何以目其舅氏昔耿弇以少年立功立事吾今賴卿有同於耿氏乃賜名曰弇

又曰陳安成紀平𤸃人也少慷慨讀書見許褚而慕之乃自字虎侯

後魏書曰游肇字伯始高祖賜名尚書令高肇世宗之舅爲百寮懾憚以肇名與巳同欲令改易肇以高祖所賜秉志不許高肇甚銜之世宗嘉其剛梗

又曰太和初宋弁爲殿中郎中高祖甞因朝會之次歴訪治道弁年少官微自下而對聲姿清亮進止可觀高祖稱善者久之因是大被知遇賜名爲弁意取弁和獻玉楚王不知寶也

宋書曰廢帝諱昱字德融小字惠震明帝長子也大明七年正月辛丑生於衛尉府太宗諸子在孕皆以周易筮之即以所得之卦爲小字故帝字惠震

又曰王景文美風姿好言玄理少與陳郡謝𤸃齊名太祖甚相欽重故爲太宗娶景文妹而以景文名名太宗

又曰顔竣爲丹陽尹加散騎常侍先是竣未有子而大司馬江夏王義恭諸子爲元凶所殺至是並各産男上自爲制名名義恭子爲伯禽以比魯公伯禽周公旦之子也名竣子爲辟彊以比漢侍中張辟彊張良之子也

宋書曰謝𤸃五子颺力切　朏計　顥　嵸音揔　瀹音藥　世謂𤸃名子以

風月景山水

梁書曰張嵊字四山初嵊父稷爲剡令至嵊亭生之因名嵊字四山少敦孝行年三十餘猶班衣受稷杖動至數百收淚歡然

三國典略曰周陸逞字季明綏德郡公通之弟也初名彦字世雄魏文帝甞從容謂之曰爾既温裕何乃字世雄且爲世之雄非所宜也於爾兄弟又復不類遂改焉

南史曰陳文帝甞謂宣帝曰我諸子皆以伯爲名汝諸子宜用叔爲稱宣帝因以訪毛喜喜即條自古名賢杜叔英虞叔卿等二十餘人以啓之文帝稱善

白虎通曰人必有姓名何以吐情自紀尊事人者也論語曰名不正則言不順三月名之何天道一時物有其變人生三月目眴亦能咳笑與人相荅故因其始有知而名之

故禮傳曰子生三月則父名之名之於祖廟者謂子之親廟也明當爲宗祖子也一説名之於燕寢名者幼小卑賤之稱也質略故於燕寢殷以日名子何殷家質直故以生日名也尚書言太甲帝乙武丁也於名臣亦得以甲乙生日名子不使亦不止也以尚書道殷臣有巫咸有祖巳也何以諸侯不象王者以生日名子也以大王名亶甫王季名歴此殷之諸侯也不以子丑爲名何曰甲乙者幹也子丑者枝也幹者本本貫故以甲乙爲名也名或兼或單何名子非一或聽其聲律定其名或依其事旁於形故或兼或單也依其事者若后稷是也棄之因名爲棄旁其形者孔子首類魯尼丘山故以爲之名也

風俗通曰袁賀字元服祖父京爲侍中安帝始加元服京入賀而賀始生因名之曰賀而字元服

鄭玄別傳曰玄一子名益字益思年二十三相國孔府君舉孝廉府君以多寇屯都昌爲賊管亥所圍乃令從家將兵奔救遇賊見害時年二十七也妻有遺體生男玄以太歲在丁卯生此男以丁卯日生生又手理與玄相似故名曰小同

孟宗別傳曰孟宗爲豫章太守民思其惠路有行歌故時之生子者多以孟爲名

江祚別傳曰祚爲南安太守民思其德生子多以爲名字

蜀李書曰賈夷字景叔梓潼人也太始初内移河東少仕晉臺爲倉部令史懷帝時爲安富令中原喪亂王衡七年歸國武帝素聞夷名重之皇子雅生因名賈夷

秦記曰後帝泓字元時東宮生邵弘言於父曰君之於臣先生之與其門人名之可也至於同官之於僚黨同姓之

於昆弟同門之於朋友可以稱其字而不可斥其名故公羊傳曰名不如字者非謂其人之名不如其字尊乃謂爲人所字則近乎見尊爲人所名則近乎見卑也古之君子之名子也必以信義而擇淑令所以祥其名也不以官職所以殊其名也不以畜幣所以重其名也不以隱疾所以顯其名也遍告内外所以昭其名也書而藏之所以寶其名也賤者避焉所以貴其名也冠而有字所以尊其名也名成乎禮字依乎名名字之本字名之末也爲本故尊爲末故卑尊故其禮詳卑故其事略也且婦人無名故賤於丈夫野人無名故賤於學士名者已之所以事尊尊者之所以命已字則已之所以接卑卑者之所以稱己未有用之於尊而爲卑用之於卑而爲尊者也

搜神記曰齊惠之妾蕭桐子見御有身以其賤不敢言也取薪而生頃公於野又不敢舉也狸乳鸇覆之人見而收之因名無野

何楨玄壽賜名敘曰新婦荀氏所生女以歲在丁丑四月五日日始出時生此月斗建巳其日又巳其時加卯甲乙卯皆東南春夏天地動發萬物滋生今月吉月之善時也又於易卦震位在卯巽位在巳震爲長男巽爲長女而此女孫正用茲日斯時始瞻日月豈伊先祖之靈寔臨祐之玄鬒素顔婦人之上姿也壽考無疆生民之至願也故賜名曰玄壽焉

太平御覽卷第三百六十二

太平御覽卷第三百六十三

人事部四

字　形體　頭上

字

禮記冠義曰冠而字之成人之道也

春秋說曰字者飾也

謝承後漢書曰傅燮字南容北地靈州人也本字幼起慕南容三復白珪乃改焉

晉中興書曰諸葛恢字道明瞻弟也弱冠知名試守卽丘長轉臨沂令值天下亂避地江左于時潁川荀闓字道明陳留蔡謨字道明俱有名譽號曰中興三明時人爲之歌曰京都三明各有名蔡氏儒雅荀葛清

又曰孔愉字敬康少與同郡張茂字偉康丁潭字子康俱知名號曰會稽三康

徐廣晉紀曰桓溫才氣雄儁恢奕陵邁溫嶠見其幼時知必非常故父彝字曰溫

白虎通曰人所以有字何所以冠德明功敬成人也故禮士冠經曰賓北面字之敬其名也所以五十乃稱伯仲者五十知天命思慮定也能從四時長幼之序故以伯仲號也

荀氏家傳曰荀愷字茂伯小而智外祖晉宣王甚器之字爲虎子弟惲爲龍子王每謂曰俟汝長大當共天下

陳武別傳曰武胡人育於臨水令陳君君奇之起議欲易其故字武長跪自啓曰里語有之都亭鼠數聞長者語今當易字寔有私心嘗聞長卿慕藺相如之行故字相如往在鄉里久聞故老之說稱漢使蘇武執忠守志不服單于流放漠北擁節牧羊寄秋鴈以訴心因行雲而託誠高山仰止意竊慕之陳氏嘉其志遂名之曰武又欲令字仲顯其本是胡人而石勒石虎諱胡曰國人故因字之曰國武

尹文子曰康衢長者字僮曰善搏(博音)字犬曰善噬賓客不過其門者三年長者怪而問之以寔對於是改之賓客復往

聖證論曰學者不知孟軻字按子思書及孔叢子有孟子居卽是軻也軻少居坎軻故名軻字子居也

形體

釋名曰形有形像之異也體弟也骨肉毛血表裏大小相次第也

尚書大傳曰堯八眉舜四瞳子禹其跳湯扁文王四乳八者如八字者也其跳者踦也(其發聲也踦步足不能相過也)扁者枯也(言湯體半小扁枯)言皆不善也

韓詩外傳曰惟天命本人情人有五藏六府何謂五藏情藏於腎神藏於心魂藏於肝魄藏於肺志藏於脾何謂六府咽喉量入之府胃者五穀之府大腸轉輸之府小腸受成之府膽積精之府膀胱精液之府也

孝經援神契曰人頭圓象天足方法地五藏象五行四肢法四時九竅法九分目法日月肝仁肺義腎志心禮膽斷脾信膀胱決難髮法星辰節法日歲腸法鈐(鈐鎖也主鍵閉)

東觀漢記曰詔書令功臣家各自記功狀不得自增加以變時事或自道先祖形貌表相無益事實復曰齒長一寸

龍顔虎口奇毛異骨形容極變亦非詔書之所知也
又曰上復以朱祐爲護軍常舍止於中祐侍讌從容曰長
安政亂去有日角之相從以觀上風采上曰召刺姦收護
軍祐由是不復言
江表傳曰孫權生而方頤大口目有精光
晉起居注曰懷帝琅邪恭王子母曰夏侯氏帝生有白毫
生於目左角龍顔隆準眼有精曜
蜀李書曰武帝諱雄字仲儁始祖第三子帝身長八尺三
寸美容貌相工相之曰此君將貴其相有四目如重雲鼻
如龜龍口如方器耳如相望法爲貴人位過三公不疑也
帝每周旋鄉里有識者皆器重之有劉化者道術士
也太康中每語鄉里曰李仲儁有大貴之表終爲人主
也

車頻秦書曰苻堅時四夷賓服湊集關中四方種人皆奇
貌異色晉人爲之題目謂胡人爲側鼻東夷爲廣面闊頰
北狄爲匡脚面南蠻爲腫蹄方方以類名也
吳均齊春秋曰太祖神容魁梧天表英特體有龍文寬雅
沉深喜怒不形於人
隋書曰高祖文帝龍顔額有五柱入頂目光外射
晏子春秋曰伊尹倨身湯傴
孫卿子非曰衛靈公有臣公孫呂長七尺面居三尺廣三
寸鼻目取具名振天下
管子曰子産日角晏平仲月角尾生犀角柳下惠史魚反
角
文子曰人頭之圓以法天足之方以象地天有四時五行
九解三百六十日人亦復有四支五藏九竅三百六十節
天有風雨寒暑人亦有取與喜怒膽爲雲肺爲雨脾爲風
腎爲電肝爲雷以與天地相類而心爲之主耳目者日月
也血氣者風雨也日月失行而薄蝕無光風雨非時毀
折生災五星失行州土受其殃天地之道愛其神明人之
耳目何能久勤而不愛精神何能久馳而不止是故聖人
内而不失也
孔叢子曰魏安釐王欲以馬回爲相問子順曰回爲人便便
亮直之丈夫也順曰聞諸孫卿其爲人長目而豕視必體
方而心圓且見其面非不偉其體幹而疑其目王卒用之
果以謟得罪
莊子曰老萊子弟子出薪遇仲尼反以告曰有人於彼修
上而趨下末僂而後耳（耳却近後而上僂也）視若營四海不知其誰
氏之子老萊子曰是丘也

淮南子曰形者生之舍也
又曰夫神者所受於天也而形體者所稟於地也故曰一
生二二生三三生萬物故曰一月而氣二月而血三月而
胎四月而胞五月而筋六月而骨七月而成八月而動九
月而躁十月而生形體以成五藏乃形是以肺主目腎主
鼻膽主口肝主耳
又地形篇曰東方川谷之所主日月之所生其人鋭形小
頭隆鼻大口鳶肩企行竅通於目筋氣屬焉蒼色主肝長
大早知而不壽南方陽氣之所湊暑温居之其人墮形鋭
上大口決眦竅通於耳血脉屬焉赤色主心早壯而夭西
方高土川谷出焉日月入焉其人皆方面脩頸卬行竅通
於鼻皮革屬焉白色主肺而勇敢不仁北方幽晦不明天
之所閉者也寒水之所積者也其人翕形短頸大肩下尻

竅通於陰骨幹屬焉黑色主腎其人惷愚而壽中央四達
風氣之所通雨露之所會也其人大面短頤美鬚竅通於
口膚肉屬焉黃色主胃而惠聖

博物志曰東方少陽日月所出山谷清朗其人佼好西方
少陰日月所入其土窈冥其人高鼻深目多毛南方太陽
土下水淺其人大口北方太陰土平廣深其人廣面縮頸
中央四抄風雨交山谷峻其人端立

神仙傳曰王札金箱內經皆云老子黃色美鬚廣顙長耳
大目踈齒方口厚脣有叅午達理魚目虎鼻純骨雙柱耳
有三門足蹈二五手把十丈

列女傳曰叔姬之生叔魚也生而視之曰是虎目而豕喙
鳶肩而牛腹谿壑可滿是不可厭也

李部別傳曰公長七尺八寸多鬚髯八眉左耳有奇表項
枕如鼎足手握三公之字

管寧別傳曰寧身長八尺龍顏秀眉

論衡曰蒼頡四目而佐帝公子重耳駢脅爲諸侯霸蘇
秦骨鼻爲六國相張儀仳脅相秦魏

頭上

說文曰首頭也顱（加反）碩顱大頭也顳小頭也

釋名曰頭獨也處體高而獨尊也首始也

易未濟卦曰飲酒濡其首有孚失是（飲酒濡首有孚失是飲酒無節）

又曰說卦曰乾爲首

韓詩外傳曰禽息秦大夫薦百里奚不見納繆公出當車
以頭擊闑腦乃精出曰臣生無補於國不如死也繆公感
悟而用百里奚

禮斗威儀曰君乘火而王其民銳頭君乘水而王其民大

頭

禮記少儀曰頭容直（不傾顧也）頭頸必中（頭容直也）
樂汁圖曰赤帝銳頭黑帝大頭（宋均注曰銳頭像朱鳥也）

左傳昭二年曰豎牛奔齊孟仲之子殺諸塞關之外投其
首於寧風之棘上

春秋元命苞曰頭者神所居上員象天氣之府也歲必十
二故人頭長一尺二寸

爾雅曰元首也（左傳曰狄人歸先軫之元）

孝經援神契曰頭圓象天足方法地

史記曰藺相如爲趙使秦持璧却立倚柱謂秦王曰趙王
齋戒五日使臣奉璧今大王見臣禮節甚倨得璧傳之美
人以爲戲弄臣故復取璧大王必欲急臣臣頭今與璧俱
碎於柱矣

又曰須賈使秦見范雎雎數之曰爲我告魏王急持魏齊
頭來不者我屠大梁賈歸告齊亡匿趙平原君所齊遂自
頸趙王取頭與秦

又曰欒布爲梁大夫使於齊未還漢誅彭越梟頭雒陽下
詔曰有敢收視者捕之欒布從齊還奏事於彭越頭下

戰國策曰三晉分智氏趙襄子最怨智伯漆其頭以爲飲
器（史記同）

又曰白頭如新傾蓋如舊

漢書曰項籍顧見漢騎司馬呂馬童曰若非吾故人乎馬
童面之指王翳曰此項王也羽曰吾聞漢購我頭千金邑
萬戶吾爲公得乃自剄王翳取其頭

又曰高祖招田橫橫至尸鄉廄謂從者曰陛下欲一見我
面耳今斬吾頭馳三十里形猶未敗遂自剄令客奉其頭

又曰秦始皇即位三十七年内平六國外攘四夷死人如亂麻暴骨長城之下顱顱相屬於道

又曰孫敬字文寶好學晨夕不休及至眠睡疲寢以繩繫頭懸屋梁後爲當世大儒

又曰陳遵長八尺餘長頭大鼻容貌甚偉

又曰御史大夫陳萬年子咸元直有異才萬年常召咸於床下教戒之咸睡頭觸屏風萬年怒之咸叩頭爲諂也萬年不復言

又曰建元中匈奴降者言匈奴破月氏王以其頭爲飲器師古曰飲酒之器

東觀漢記曰岑彭引兵從車駕破天水與吴漢圍隗囂於西城勅彭曰兩城若下便可將兵南擊蜀虜人苦不知足既平隴復望蜀每一發兵頭鬚爲白

後漢書曰賈逵自爲兒童常在太學不通人間事身長八尺二寸諸儒爲之語曰問事不休賈長頭

又曰張讓段珪誅何進爲詔以故太尉樊陵爲司隸校尉少府許相爲河南尹尚書得詔版疑之曰請大將軍出共議中黄門以進頭擲與尚書何進反已伏誅

典略曰李傕移保黄白城梁興張横等破之送其首初傕兄子循及利等侍上無禮及傕頭到有詔高懸之

魏略曰龐意手斬一級不知是郭援戰罷之後衆人皆言援死而不得其首援鍾氏之甥意後於鞬中出一頭鍾繇見之而哭意謝繇曰援雖我甥乃國賊也卿何謝焉

魏志曰辰韓國兒生以石壓其頭欲其褊故今辰韓人皆褊頭

又曰袁紹辟牽招爲督軍從事紹卒事袁尚後遼東送尚首懸在馬市牽招覩之悲感設祭頭下太祖義之

又曰劉廙字恭嗣年十歳講堂上司馬德操撫其頭曰孺子黄中通理寧自知不

蜀志曰秦宓使吴吴主問宓天有頭乎曰有詩云乃睠西顧以此推之頭在西方

又曰魏延字文長義陽人延夢頭上生角以問占夢趙直直告人曰角之爲字刀下爲用頭上用刀其凶甚矣延後果誅楊儀蹋延頭曰庸能復作惡

又曰先主與張飛趙雲等泝流而上分定郡縣時巴郡嚴顔率衆守城不降及城陷縛顔至飛呵顔曰汝見大軍至何以不降而敢拒戰顔荅曰我州但有斷頭將軍無降將軍也飛怒命左右牽去斫頭大笑曰斫頭便斫頭何爲怒耶於是飛壯而釋之引爲上客

太平御覽卷第三百六十三

人事部五

頭下　　頂

額

頭下

吳志曰孫權太子和被幽閉驃騎將軍朱據尚書僕射屈晃率諸將吏泥頭自縛連日詣闕請和

又曰諸葛恪被誅臨淮臧均表乞收葬恪曰臣聞雷震奮激不崇一朝大風衝發希有極日今恪父子三首懸示積日觀者數萬詈聲成風國之大刑無所不震

又曰關羽既敗走權使虞翻筮之得兊下坎上節五爻變而之臨翻曰不出二日必當斷頭果如翻言權曰卿不及伏羲可與東方朔為比矣

晉書曰嵇康謂趙至曰君頭小而銳有白起風童子白黑分明

又曰桓溫卒子玄為嗣襲爵年七歲溫服終府州文武辭其叔父沖沖撫玄頭曰此汝家故吏也玄因涕淚被面衆並異之

王隱晉書曰蒼梧太守吳臣據郡邑不恭王命孫權遣步騭為交州喻臣臣照鏡不見其頭騭因入斬之

又曰王珣與謝玄俱被辟桓溫曰謝掾必擁麾杖節王掾當作黑頭公未易才也

晉中興書曰庾亮與蘇峻戰於建陽門王師敗績亮於陣携其三弟懌條翼南奔溫嶠顯宗幸嶠船亮泥首謝罪

崔鴻前秦録曰東海王苻雄字元才洪之季子以功拜龍驤將軍征伐皆有殊績雄醜形貌頭大足短故軍中稱之為大頭龍驤

秦記曰苻堅祖洪見堅狀貌欲令頭堅腹軟字之曰堅頭

隋書曰高祖文皇帝生馮翊波若寺皇妣抱帝忽見頭上出角遍體起鱗大駭墜帝於地

春秋後語平原君曰澠池之會臣察武安君之為人小頭而銳瞳子白黑分明視瞻不轉小頭而銳斷敢行也瞳子白黑見事明也視瞻不轉執志強也可以持久難與爭鋒廉頗足以當之

吳越春秋曰眉閒尺逃楚入山道逢一客客問曰子眉閒尺乎答曰是也吾能為子報讎尺曰父無分寸之罪枉被荼毒君今惠念何所用耶客曰須子之頭并子之劒尺乃與頭客與王王大賞之即以鑊煑其頭七日七夜不爛客曰此頭不爛者王親臨之王即看之客於後以劒斬王頭入鑊中二頭相齧客恐尺不勝自以劒擬頭入鑊中三頭相咬七日後一時俱爛乃分葬汝南宜春縣并三冢

山海經曰三首國一身三首羽民國為人長頭

又曰共工之臣曰相御氏共工霸九州者也九首以食于九山

晏子春秋曰景公遊於梧丘夜夢五大夫稱冤公問晏子晏子曰昔靈公田有大夫駭獸斷其頭埋之命曰五大夫丘公令掘之果如其言

又曰湯長頭而寡髮

莊子曰雲將東過扶搖之枝雲將雲之主帥也扶搖木名生海東而適遭鴻蒙鴻蒙自然元氣雲將曰天氣不和地氣鬱結六氣不調四時不節今我願合六氣之精以育羣生為之奈何鴻蒙拊髀爵躍掉頭曰吾弗知吾弗知

又曰亡羊而得牛斷指而得頭

燕丹子曰荆軻謂樊於期曰今得將軍之首與燕地圖秦
王必喜而見軻軻將左手把其袖右手椹其胷則將軍積
忿除矣於是起扼腕執刀曰是日夜所欲而今聞命於是
自刎頭墮背後兩目不瞑以函盛於其首與軻入秦
呂氏春秋曰今有人於此斷頭以易冠殺身以易衣世必
惑也是何也冠所以飾頭衣所以飾身今殺所飾而要所
以飾則不知所爲矣世之趨利似此亦不知所爲也
帝系譜曰神農牛首伏羲人頭蛇身
黄帝素問曰頭者精明之主也
董卓別傳曰卓知所爲不得遠近意欲以力服之遣兵於
維陽城時遇二月社民在社下飲食悉就斷頭駕其車馬
載其婦女財物以斷頭繫車轅軸還維去攻敗大獲稱萬
歲入關維陽城門焚燒其頭

神仙傳曰曹公捕左慈數日得之便斷頭以白曹公公大
喜曰果慈頭定視是一束茅耳
搜神記曰南方有落頭民吳時將軍朱桓得一婢每夜卧
後頭輙飛去或從狗竇或從天窻中出入以耳爲翼將曉
復還數數如此旁人怪之夜照視唯有身無頭其體微冷
氣息裁屬乃蒙之以被至時頭還礙被不得安再三墮地
噫咤甚愁而體氣急　疾若將死者乃去被頭復起傅頸
得安復如常人時南征大將亦往往得之又甞有覆以銅
盤者頭不得進遂死博物志同
又曰渤海太守史良好一女子許而不果良斷其頭而歸
投於竈下曰當令火葬頭語曰使君我相從何圖當耳
異苑曰管寧避難遼東還汎海遭風舡垂傾没寧思愆曰
吾甞一朝科頭三晨晏起今天怒猥集過恐在此

又曰晉惠帝元康三年武軍火燒夫子屐漢斬白蛇劒淼
王莽頭等
録異傳曰漢武帝時蒼梧賈雍爲豫章太守有神術出界
討賊爲賊所殺失頭雍上馬還營營中咸走來視雍雍胷
中語曰戰不利爲賊所傷諸君視有頭爲佳無頭佳乎吏
泣曰有頭佳雍曰不然無頭亦佳言畢遂死
幽明録曰河東賈弼小名翳兒具譜究世譜義熙中爲琅
邪府參軍夜夢有一人面皶皰甚多大鼻瞷目請之曰愛
君之貌欲易頭可乎乃於夢中許易明朝起自不覺而人
悉驚走琅邪王大驚遣傳教呼視弼到琅邪遥見起還内
弼取鏡自看方知怪異因還家家悉驚入内婦女走藏弼
坐自陳説良久并遣人至府檢問方信後能半面啼半面
笑兩手各捉一筆俱書辭意皆美此爲異也餘並如先

列女傳曰京師節女長安大昌里人夫有仇仇家執父使
要其子爲中間女念不聽則殺父殺父不孝聽則殺夫殺
夫不義乃許之曰夜在樓上新沐頭東首卧者是還謫其
夫使卧他處自沐卧樓上仇家斷其頭而去仇悲義之遂
不殺其父
益部耆舊傳曰段翳字元章善天文風角有一諸生來學
積年諸生略究要術辭歸鄉里翳爲作一脂筒中盛簡書
曰有變乃發視之生至葭萌與吏爭津吏檛從人頭破開
筒得書言到葭萌與吏鬬破頭者以此脂裹之生喟然而
歎乃還卒其業
博物志曰人以冷水漬至膝啖瓜數十漬至頭可啖百餘
水皆作瓜氣
括地圖曰昌民白首身被鬆

三巴記曰巴有將軍曼子請於楚以平巴亂楚使請城曼
子曰城不可得乃自刎其頭與楚楚義之以上卿禮葬其
頭巴以上卿禮葬其身
長沙耆舊傳曰劉壽少時遇相師曰君腦有玉枕必至公
也後至太尉
李郃別傳曰公耳有奇表腦枕如鼎形
易洞林曰郭璞為左尉周恭卜云君墮馬傷頭尉後乘馬
行黃昏坂下有犢車觸馬馬驚頭打石上流血殆死
語林曰魏郡太守陳異嘗詣郡民尹方方被頭以水洗盤
抱小兒出更無餘言異曰被頭者欲吾治民如理髮洗盤
者欲使吾清如水抱小兒者欲使吾愛民如赤子也
世說曰祖廣字淵度行怕縮頭詣桓南郡下車桓曰天甚
明即祖參軍如從屋漏中來

又曰諸葛道明初過江左名亞王庾之下先為臨沂令丞
相謂曰明府當為黑頭公
楚辭曰魂兮來歸君無上天些一夫九首拔木九千些

頂

說文曰頂顛也
易大過卦曰過涉滅頂凶無咎
韋曜毛詩問曰旱鬼眼在頂上
列女傳曰齊鍾離春齊無鹽邑之女（鍾離姓春名也）其為人極醜
無雙臼頭深目頂上少髮折腰出胷
莊子曰支離疏頤隱於臍肩高於頂
應璩新詩曰醉酒巾幘落頂禿赤如狐

額

釋名曰額鄂也有垠鄂也故幽州人謂之鄂

易說卦曰巽為廣顙（上大下小故為廣顙）
河圖曰黃帝廣顙龍額
又曰天之東西南北極各有銅頭鐵額兵長三千萬丈三
千億萬人
毛詩鄘柏舟君子偕老曰子之清揚揚且之顏也（清視明也揚廣
揚而顏豐滿也）展如之人兮邦之媛也
詩含神霧曰代漢者龍顏珠額
春秋元命苞曰在天為文昌在人為顏額太一之謂也額
之言氣（畔）也陽立於五故顏博五寸
論語摘輔象曰樊遲山額有若月衡反宇陷額是謂和喜
方言曰顏（頟）額也顏顙也江湘謂之頭中夏謂之額東齊
謂之顙河濟淮泗之間謂之顏
漢書曰成帝幸宮人嚴宮生男帝為趙昭儀召殺之宮曰

果欲姊弟擅天下我兒男也額上有壯髮類孝元帝今兒
安在危殺之矣奈何令長信得聞之
東觀漢記曰和熹皇后年五歲夫人為翦髮夫人年老目
瞑并中右額雖痛忍不言
又曰銚期從擊王郎將兒宏劉奉於鉅鹿下期先登陷陣
手殺五十餘人瘡中額攝情復戰遂大破之
又曰馬廖上疏曰夫改政移風必有其本長安語曰城中
好廣眉四方過半額
魏志曰龐惪親與關羽交戰射羽中額
王隱晉書曰元帝白毫生額上有光明
崔鴻後趙錄曰石勒征見無劉曜守軍大悅舉手指天又
指額曰天也
北齊書曰文宣帝洋為王時夢人以筆點記額明日告舍

人王雲哲曰吾其誅乎雲哲賀曰王上加點爲主乎後果然

隋書曰劉孝焯字士龍信都人犀額龜背望高視遠聰敏深沉弱不好弄

又曰煬帝令陳稜討杜伏威伏威自出陣前挑戰稜部將射中其額伏威怒指之曰不殺汝我終不拔箭遂馳之獲所射者使其拔箭然後斬之

鹽鐵論曰古者君子思德小人思利今人堅額健舌或以致業

抱朴子曰老君額有三理上下徹

語林曰賈充問孫皓何以好剥人面皮皓曰憎其顏之厚

吳都賦曰雕題之士注曰鏤額也嶺南並鏤額額題也

相書占氣雜要曰黃氣如帶當額横卿之相也有卒喜皆

發於色額上面中年上是其候也黃色最佳

又曰額臨者男早得官女子早成

太平御覽卷第三百六十四

太平御覽卷第三百六十五

人事部六

面　眉

面

說文曰面顏前也從百（音首）象人面形題（音千顏切）面不正也頢（音括）短面也頷（音胡感切）面黃也頩（音丁刀切）面瘦淺顬顯也赧面慙赤也

可圖曰蒼帝方面赤帝圓面白帝廣面黑帝深面

周易革卦曰上六君子豹變小人革面

禮記內則曰女子出門必擁蔽其面

左傳僖三十三年曰晉侯敗狄于箕先軫免冑入狄師死焉狄人歸其元面如生（言其有異於人）

又襄六日鄭子產曰人心之不同也如其面焉吾豈敢謂子面如吾面乎

又襄四日晉程鄭卒子產始知然明問爲政焉對曰視民如子見不仁者誅之如鷹鸇之逐鳥雀也子產喜以語子大叔曰　他日吾見蔑之面而已今吾見其心矣

又哀下曰楚白公作亂殺子西子期于朝而劫惠王子西以袂掩面而死葉公在蔡方城之外皆曰可以入矣及北門乃冑而進又遇一人曰君胡冑國人望君如望歲焉曰日以幾（冀君來）若見君面是得艾也（艾安也）

史記曰孟戲中衍鳥身人面趙之先也

漢書曰李夫人病篤上自臨候之夫人遂轉面向壁歔欷而不復言

又曰哀帝初即位博士申咸毀給事中薛宣不供養行喪服薄於骨肉不宜復列封侯使在朝省宣子況爲右曹侍郎數聞其語賕（音求）客揚明欲令創咸面目使不居位會司隸闕況恐咸爲之遂令明遮斫咸宮門外斷鼻脣身八創事下有司況減死一等宣坐免爲庶人

又曰朱博爲左馮翊長陵大姓尚方禁少時曾盜人妻見斫創着其頰府功曹曰白除禁調守尉博聞知以他事召見視其面果有瘢博辟左右問禁是何等創也禁乃叩頭服博笑曰大丈夫固時有是因親信以爲耳目

又曰朱博爲人廉儉不好酒色之宴自微賤至富貴食不重味案上不過三杯夜寢早起妻希見其面

又曰董仲舒廣川人也景帝時爲博士下帷講誦弟子以　次相授業或莫見其面三年不窺園圃其精如此

又曰孔休守新都相休謁見莽莽緣恩意進其玉具寶劍欲以爲好休不肯受莽因曰誠見君面有瘢美玉可以滅瘢欲獻其玉璏耳（音衛劍鼻也）

又曰張禹爲兒數隨家至市喜觀於卜相者久而頗曉其別蓍布卦意卜者愛之又奇其面貌謂禹父曰是兒多知可令學經

東觀漢記曰耿秉爲征西將軍鎮撫單于以下及薨南單于舉國發哀剺面流血

後漢書曰應奉年二十時嘗詣彭城相袁賀賀時出行閉門造車匠於內開扇出半面視奉奉即委去後數十年於路見車匠識而呼之

魏略曰徐庶名福本單家子好任俠擊劍中平末嘗爲人報讎白堊突面被髮而走

蜀志曰張裕曉相術每舉鏡照面自知刑死未嘗不撲之于地

又曰劉琰妻胡入賀太后太后令特留胡經月乃出胡有美色琰疑其與後主有私呼卒檛胡至於以履搏面而後棄遣胡具告言琰坐下獄有司議曰卒非檛妻之人面非受杖之地琰竟棄市

吳志曰諸葛恪父瑾長面孫權大會羣臣使人牽一驢檢其面題曰諸葛子瑜也恪跪曰乞請筆益兩字因聽與筆恪續其下曰之驢舉坐忻笑乃以驢賜恪

王隱晉書曰趙孟字長舒入補尚書都令史善於清談有國士之風其面有疵黯諸事不決皆言當問疵面也

晉中興書曰王珣爲桓溫主簿二軍文武數萬人悉識其面

晉書曰初王恭敗梟首於東桁王平之抽槊刺其面

又曰桓溫字元子豪爽有風槩姿貌甚偉面有七星

又曰劉牢之面紫赤色鬚目驚人而沉毅多計

又曰劉裕於東府聚樗蒱大擲一判應至數百萬餘人並黑犢唯裕及劉毅在後毅次擲得雉大喜褰衣繞床叫謂同座曰非不能盧不事此耳裕因挼五木久之曰老兄試爲卿答即成盧焉毅意殊不快然素黑其面如鐵色焉

宋書曰沈慶之謂帝曰耕當問奴織當問婢今論爭伐問白面書生事何由濟

又曰明帝大會新亭接勞諸軍主樗蒱賭官李安人五擲皆盧帝大驚目安人曰卿面方如田封侯狀也

又曰劉瑀爲右衛將軍因求益州甚不得意至江陵與顏竣書曰朱脩之三世叛兵一日居荊州青油幕下作謝宣明面

齊書曰東昏即位多行殺戮沈昭略與沈文季徐孝嗣同召入省例賜藥酒昭略罵徐孝嗣曰廢昏立明古今令典宰相無才致有今日即擲甌破面曰作破面鬼時年四十

後梁書曰宋如周有才學爲度支尚書如周面狹長宣帝嘗戲之曰卿何謗法華經如周踧踖自陳不謗帝又言之如周懼而出告蔡大寶寶知其旨矣謂之曰君嘗不謗餘經止應不信法華法華云聞經隨喜面不狹長如周乃悟。後魏書曰清河王懌被誣見害朝野貴賤知與不知含悲喪氣遠夷在京師聞懌喪爲之以刀劈面者數百人

三國典略曰高長恭以淮南之亂恐爲將帥歎曰我去年面腫今歲何爲不發至是[illegible]月主使徐之範飲以毒藥長恭謂妃鄭氏曰我盡忠事上何辜於天而遭賜鴆之禍

春秋後語曰秦急攻趙求救於齊齊王曰必以長安君爲質兵乃出長安君者太后之小子也太后愛之不肯遣大臣強諫太后怒謂左右曰敢復言長安君爲質者老婦必唾其面

山海經曰大荒之山日月所入有顓頊之子三面一臂不死（郭璞注曰人頭三邊各有面也）

又曰一目國一目中其面而居

尸子曰子貢問孔子曰古者黃帝四面信乎孔子曰黃帝合己者四人使治四方大有成功此之謂四面也

又曰禹長頸鳥喙面貌亦惡天下從賢之者學也

孫卿子曰衛靈公有臣公孫呂身長七尺面長三尺廣三

寸名動天下
莊子曰孔子謂盜跖曰今將軍身長九尺二寸面目有光
脣如激丹齒如含貝音中鍾聲而名曰盜跖丘竊爲將軍
恥之
韓子曰古人目短於面見故以鏡觀
燕丹太子曰田光云脉勇怒而面青骨勇怒而面白荊軻
者神勇也怒而不變
說苑曰吳王將死曰吾以不用子胥言以至於今死者無
知則巳死者有知吾何面見子胥也遂蒙絮覆面自刎呂氏春秋同
典論曰袁紹妻劉性妬忌紹死其尸未殯殺其妾五人恐
死者有知皆髡髮黑面
中論曰小人恥其面不如子都君子恥其行不如堯舜

譙周法訓曰昔有人使妻爲母作粥妻不肯乃以刀擊傷
妻面此可爲孝乎
傅子曰相者三亭九候定於一尺之面
語林曰王武子與武帝圍碁孫皓看王曰孫歸命何以好
剝人面皮皓曰見無禮於其君者則剝其皮乃擧碁局武
子伸脚在局下
又曰劉眞長病積時公主毀悴將終喚主主旣見其如此
乃擧手指之云君危篤何以自脩飾劉便牽被覆面背之
不忍視
又曰王右軍見杜弘冶歎曰面如凝脂眼如點漆如神仙
中人
又曰何晏字平叔美姿容帝疑其傳粉賜湯餅令晏食之
汗出流面拭之轉白世說同

世說曰康僧淵目深而鼻高王丞相每調之僧淵曰鼻者
面之山目者面之淵山不高則不靈淵不深則不清
又曰鍾會撰四本論始畢甚欲使嵇康一見置懷中不敢
出戶外遥擲面便走
郭子曰琅邪諸葛忘名面病㞕瘻劉眞長見歎曰㞕乃復
窟穴人面乎
異苑曰陳郡謝石字石奴少患面創諸治莫愈乃自幽遠
止於岩下中宵有物來舐其創隨舐隨除旣不見形竟爲
是龍而舐處悉白故世呼爲謝白面
會稽後賢記曰貞女謝仙女者謝承孫也吳歸命侯采仙
女充後宮仙女乃灸面服醇醢以取黃瘦竟得免
黃帝八十一問曰人面獨能寒何也曰頭者諸陽之脉會
也諸陰脉皆至頸項不還上獨諸陽脉上頭故面能寒耳
相決曰奇毛生身及面皆豪貴白毫黑毛生共孔帶印綬
蔡邕女戒曰夫心猶面首也一旦不脩飾則塵垢穢之人
心不思善則邪惡入之人盛飾其面而莫脩其心惑矣

眉
說文曰眉目上毛也
釋名曰眉媚也有嫵媚也
毛詩淇澳碩人曰螓首蛾眉螓首顙廣而方巧笑倩兮美目盼兮
尚書大傳曰堯有眉八如八字也淮南子同
大戴禮曰曾子曰敢問不勞可以爲明乎孔子愀然揚眉
曰參汝以明主爲勞乎昔者舜左禹而右臯陶不下席而
天下治
禮說曰君子乘金而王爲人美眉
左傳定公八年曰公侵齊門于陽州顏息射人中眉顏息魯人

退曰我無勇吾志其目也

穀梁傳曰長狄兄弟三人遞爲害斷其首而載之眉見於軾

戰國策曰豫讓欲報趙襄子滅鬚去眉吞炭漆

春秋後語曰呂不韋謂太后曰詐腐刑拔毒則得給事中乃令人以腐罪告之拔其鬚眉以爲宦者

漢書曰張敞爲婦畫眉長安中傳京兆眉憮（應劭曰憮大也孟康曰憮音詡北方人謂好爲詡也）

東觀漢記曰王莽天鳳五年樊崇起兵於莒恐其衆與莽兵亂乃皆朱其眉由是號曰赤眉

又曰明德馬后眉不施黛獨左眉角小缺補之以縹

又曰馬援自還京數被進見爲人鬚髮眉目如畫

又曰梁鴻居吳賃舂每歸妻爲具食不敢於鴻前仰視舉案齊眉

鄧粲晉記曰荊州民宗獻嘗以酒犯王平子怒叱左右捽獻郭舒厲色謂左右曰使君醉汝輩何敢妄動平子大恚曰別駕狂郎枉言我醉因遣灸舒眉頭舒跪受灸平子意釋而獻得免

宋書曰王玄謨在雍人言欲反玄謨馳啓自解帝知其虛馳遣主書吳喜公慰撫之曰七十老公反欲何求聊復爲笑想足以伸卿眉頭耳玄謨性嚴未曾妄笑時人言玄謨眉頭未曾伸故以此見戲

梁書曰武寧王大威字仁容美風儀眉目如畫

三國典略曰梁簡文方頰豐下眉目秀發

隋書曰元暉字叔平河南洛陽人也父智鬚眉如畫進止可觀少得美名於京師

唐書曰毛若虛絳州太平人也眉毛覆於眼性殘忍初爲蜀川縣尉天寶末爲武功丞年已六十餘矣

帝王世紀曰文王虎眉

列仙傳曰陽都女生而連眉衆以爲異

列仙傳曰莫耶子赤鼻眉間一尺

列士傳曰干將子赤鼻眉廣三寸

荊州先賢傳曰馬良字季常襄陽宜城人兄弟五人皆有令名良眉中有白毛鄉里頌曰馬氏五常白眉最良

吳越春秋曰伍子胥眉間廣一尺

韓子曰失鏡無以正鬚眉失道無以知迷惑

呂氏春秋曰吳闔閭使民習戰劍如眉流血不可止

淮南子曰今盆水在庭清之終日未能見眉睫濁之不過一撓而不能察方圓也衆見人神易濁而難清猶盆水之類也

風俗通曰桓帝元嘉中京師婦人作愁眉愁眉者細而曲折此梁冀家所謂京師皆效之天戒若曰將收捕冀婦女憂愁之眉也

抱朴子曰有古強者自云四千歲云見堯舜禹湯說之了了世云堯眉八采不然也直兩眉頭甚豎似八字眉

唐子曰人多患遠見百步而不自知眉頰知眉頰者復不能察百步

西京雜記曰卓文君姣冶好眉色如望遠山

語林曰庾公道王尼子非唯事事勝於人布置鬚眉亦勝人我輩皆出其轅下

樊氏相法曰眉中長毫百二十歲

太平御覽卷第三百六十五

人事部七

耳　目

耳

釋名曰耳耏也耳有一體屬著兩邊耏耏然也（耏音而）

禮曰是故先王之孝也色不忘乎耳目不絶乎聾

傳富辰諫曰耳不聽五聲之和爲聾

又曰晉襄公卒靈公少晉人以難故欲立長君使先蔑士會如秦逆公子雍秦康公送公子雍于晉曰文公之入也無衛故有呂郤之難乃多與之徒穆嬴日抱太子以啼于朝曰先君何罪其嗣亦何罪舍適嗣不立而外求君將焉寘此出朝則抱以適趙氏頓首於宣子曰先君奉此子也以屬諸子曰此子也才吾受子之賜不才吾唯子之怨今君雖終言猶在耳而棄之若何宣子與諸大夫皆患穆嬴且畏偪（畏國人以大義來偪也）乃背先蔑而立靈公以禦秦師

又曰欒叔曰吾聞致師者右入壘折馘（斷耳）執俘而還皆行其所聞而復

又曰林雍羞爲顏鳴右下（羞爲右故下車戰也）苑何忌取其耳（不欲殺雍但截其耳以辱之）

詩曰君子無易由言耳屬于垣

又曰匪手攜之言示之事匪面命之言提其耳（我非但以手攜之親視以其事之是非我非但語之親提撕其耳此言誘道）

易曰荷校滅耳聰不明也

又曰巽而耳目聰明

語曰六十而耳順

穀梁傳曰梁自亡湎於酒淫於色心昏耳塞上無正長之治大臣背叛

春秋元命苞曰耳者心之候

尚書大傳曰孔子曰自吾得由也惡言不至於耳

史記曰呂太后遂斷戚夫人手足去眼煇耳

又淮陰傳曰韓信使人言於漢王曰齊反覆之國南邊楚不爲假王鎮之其勢不定漢王大怒張良陳平躡漢王足因附耳語曰寧能禁信之王乎

戰國策曰蘇秦說李兌明日復來舍人謂兌曰日竊觀蘇公說也其辨過於君君能聽乎兌曰不能曰君即不能願君堅塞兩耳無聽其談明日復見終日談而去秦謂舍人曰昨日我談薄而君動今精而君不動何也舍人曰我爲塞兩耳無聽談也

漢書曰楊惲報孫會宗書曰家本秦也能爲秦聲婦趙女也雅善鼓瑟奴婢歌者數人酒後耳熱仰天拊缶而呼烏烏。英雄記曰曹公擒呂布布顧謂劉備曰玄德卿爲座上客我爲降虜繩縛我急獨不可一言邪操曰縛虎不得不急乃命緩布縛備曰不可公不見布事丁建陽董太師乎操頷之布目備曰大耳兒最叵信（叵普火切）

魏書曰荀攸年七八歲父衢曾醉誤傷攸耳而攸出入遊戲常避護不欲令衢見衢後聞之乃驚其宿智如此

吳録曰關羽走孫權使虞翻筮之曰必當斷頭傷其耳果如翻言

蜀志曰先主長七尺五寸垂臂下膝顧自見其耳

晉書曰王導多疾每自憂陳訓曰耳竪必壽亦大貴

又曰殷仲堪父患耳聞床下蟻動謂是牛鬭

王隱晉書曰張軌爲涼州刺史燉（音敦）煌曹袪上言軌老病

更請刺史執治中率數十人皆割耳於盤流血訴枉得停

蜀書曰武皇帝李雄美容貌相工相之曰此君口如方器耳如相望位必過三公不疑也

唐書曰汴州節度李忠臣因奏對德宗謂之曰卿耳甚大貴人也忠臣對曰臣聞驢耳甚大龍耳即小臣耳雖大乃驢耳也上悅之

老子曰五音令人耳聾

孟子曰伯夷耳不聽惡聲

鶡冠子曰夫耳主聽兩豆塞之則上不聞雷霆

淮南子曰禹耳三漏是謂大通與利除害決江疏河

抱朴子曰老子耳長七寸

又曰耳能聞雷霆而不聞蟻虱之音

呂氏春秋曰雷則掩耳電則掩目耳聞所惡不如無聞目見所惡不如無見

又曰且天生人而使其耳可以聞不學其聞不若聾使其目可以見不學其見不若盲使其口可以言不學其言曲以爽使其心可以知不學其知暗以狂九學非為能益也達天性也

說苑曰昔費仲惡來膠革長鼻決耳從紂之心武王誅之

博物志曰南方落頭民其頭能飛以耳為翼

瀨鄉記曰老子耳有三門

王子年拾遺錄曰沐胥國人左耳中出青龍右耳中出白虎龍虎初出之時如繩緣頰手捋面而龍虎皆飛去地十餘丈而雲氣繞龍風來吹虎俄而以手一揮龍虎皆還入耳

高士傳曰堯聘許由為九州牧由聞之洗耳於河

列仙傳曰務光夏時人耳長七寸陽都女耳細而長衆皆言此天人也

又曰甯先生毛身廣耳阮丘耳長六七寸

列士傳曰燕丹師田光往候荊軻值軻醉唾其耳中軻覺曰此出口入耳之言必大事也即往見光

列女後傳曰劉仲敬妻者沛國桓林之姊也仲敬早亡桓乃引刀割耳宗婦問之桓曰吾自五代以來世知名男以忠孝顯女以貞順稱家以我年少必相嫁故預自截割以信我心

又曰曹文叔妻譙國夏侯寧之女文叔早亡妻斷髮自誓其家欲嫁之又截兩耳司馬太傅美之乞為曹氏後

又曰陽華穆妻者下邳劉方之女字桃樹生一男而穆早亡吳丁諝音緝求之諝知名之士家將許焉桃樹乃操刀割耳其子又亡桃樹乃安身守正動不僭禮僭音僣

長沙耆舊傳曰太尉劉壽少遇相師相師曰耳為天柱今君耳城郭必典家邦

樊氏相法曰耳門不容麥歲至百兼富

目

釋名曰目默也謂默而內識也眼限也童子限限而出也

禮曰目者氣之清明者也

又王藻曰目容端不睇視也

又曾子曰十目所視十手所指其嚴乎

傳曰宋華父督見孔父之妻于路目逆而送之曰美而豔

又曰富辰曰目不別五色之章為昧

又曰子玉使鬭勃請戰曰請與君之士戲君憑軾而觀之得臣與寓目焉

又曰楚子將以商臣爲太子訪諸令尹子上子上曰楚國之舉恒在少者且是人也蜂目而豺聲忍人也不可立也

又曰秦伯伐晉取羈馬乃出戰交綏古名退軍爲交綏秦晉志未敢堅戰兵未致爭而兩軍退故曰交綏秦行人夜戒晉師曰兩軍之士皆未憖也明日請相見也憖缺也臾駢曰使者目動而言肆懼我也將遁矣薄諸河必敗之

又曰宋華元爲植巡功植將主也城者謳曰睅其目皤其腹弃甲而復睅出目皤大腹弃甲謂師也于思于思弃甲復來于思多鬚之貌

又曰潞子嬰兒之夫人晉景公之姊也酆舒爲政而殺之又傷潞子之目

又曰晉楚將戰晉侯筮之卜史曰吉卦遇復曰南國蹙射其元王中厥目及戰共王中目

又曰叔孫豹會晉士丐于柯盟于督陽荀偃癉疽生瘍於頭癉疽惡瘡濟河及著雍病目出卒而視不可含目開口噤也宣子盥而撫之曰事吳敢不如事主猶視大夫稱主欒懷子曰其爲未卒事於齊故也懷子欒盈也乃復撫之曰苟終所不嗣事于齊者有如河乃瞑受含嗣續也

又曰宋公子地有白馬四公嬖向魋欲之向魋司馬桓魋也公取而朱其尾鬣以與之與魋之地怒使其徒奪之魋懼將走公閉門而泣之目盡腫

又曰公侵齊門于陽州顏息射人中眉退曰我無勇吾志其目也

詩曰美目盼兮巧笑倩兮素以爲絢兮

書曰正月元日舜格于文祖詢于四岳闢四門明四目達四聰咨十有二牧曰食哉惟時

易小畜曰輿說輻夫妻反目象曰夫妻反目不能正室也

又說卦曰离爲目

春秋孔演圖曰蒼頡四目是謂並明

又曰舜重瞳子是謂慈原上應攝提下應三元

春秋元命苞曰目肝之使

尚書大傳曰舜目四瞳子

論語隱義曰衛蒯聵亂子路與師往有孤黶者當師曰子欲入耶曰然黶從城上下麻繩鉤子路半城問曰爲師耶爲君耶曰在君爲君在師爲師黶因投之折其左股不死黶開城欲殺之子路目如明星之光曜黶不能前謂曰畏子之目願覆之子路以衣袂覆目黶遂殺之

史記曰吳王賜子胥屬鏤之劍以死子胥仰天歎曰嗟乎抉吾眼著吳東門上以觀越寇之入滅吳也

又曰趙王與秦王會澠池秦王不肯擊缶相如曰五步之內請得以頸血濺大王矣左右欲刃相如相如張目叱之左右皆靡秦王不懌爲一擊缶

又曰越王無彊與中國爭強北伐齊齊威王使人說越王越王不納齊使者曰幸也越之不亡也吾不貴其用智如目之見毫毛而不自見睫也今王知晉之失計不知越之過是目論也

又曰大梁人尉繚曰秦王爲人蜂準準一作隆長目

又曰漢王詣鴻門謝項羽羽欲殺漢王樊噲帶劍擁戟楯入軍門披帷西向而立瞋目視羽頭髮上指目眥盡裂

又曰項王大呼馳下漢軍皆披靡時赤泉侯爲騎將追項王項王瞋目而叱之人馬俱驚辟易數里

楚漢春秋曰上過陳留酈生求見使者入通公方洗足問

何如人曰狀類大儒上曰吾方以天下爲事未暇見大儒
也使者出酈生瞋目案劒曰入言高陽酒徒非儒者
漢書曰東方朔上書曰臣朔目若懸珠齒如編貝
東觀漢記曰杜根諫和喜音喜又許忌切鄧后以安帝宜親政事
太后大怒囊盛撲殺之根詐死三日目中生蛆
魏志曰太祖與韓遂馬超等單馬會語左右皆不得從唯
將許褚超負其力陰欲前突太祖素聞褚勇疑從騎是乃
問公有虎侯者安在太祖顧指褚瞋目眄之超不敢動
又曰張繡反襲太祖營典韋戰於門中韋乃雙挾兩賊擊
殺之餘賊不敢進復前突殺數人瘡重瞋目大罵而死
又曰夏侯惇音敦從征呂布爲流矢所中傷左目時夏侯淵
與惇俱爲將軍軍中號惇爲盲夏侯
晉書曰王衍嘗因宴集爲族人所怒舉樏音壘擲其面衍初

無言引王導共載而去然心不能平在車中攬鏡自照謂
爾看吾目光乃在牛背上矣
王隱晉書曰甘卓爲揚威將軍歷陽內史郡人陳訓私語
人曰甘公頭低視仰目中有赤脉當危於兵勿爲將可也
果爲王敦所害
又曰王敦枉害刁協及敦病白日見協乘軺音遥車從吏騶
詬敦而仰頭瞋目
鄧粲晉紀阮籍能爲青白眼禮俗士輙以白眼對之嵇喜
康之兄聞籍不哭見白眼喜不懌而退
蕭子顯齊書曰褚淵有器度不妄舉動宅常失火煙焰甚
逼左右驚擾淵神氣怡然索轝來徐去輕薄子頗以名節
譏之以淵眼多白睛謂之白虹貫日也
崔鴻十六國春秋前秦録曰苻生驍果麤暴昏酒無賴祖

洪甚惡之生無一目年七歲洪戲之問侍者曰吾聞瞎兒
一淚信乎侍者曰然生怒引佩刀自刺出血曰此亦一淚
也洪大驚
三國典略曰齊韓鳳穆提婆高阿那肱共處衡軸號曰三
貴瞋目張拳有噉人勢
又曰和士開常言曰琅琊王目光弈弈數步射人向者暫
對不覺汗出
又曰周武帝還自東伐初遇疾口不能言瞼垂覆目
老子曰五色令人目盲
韓非子曰目見有百步之外而不能見其眥
莊子曰溫伯雪子適齊舍於魯仲尼見之不言子路問焉
仲尼曰若夫人者目擊而道存也
又曰孔子見老聃而語仁義老聃曰夫播穅眯目則天地

四方易位矣夫仁義憯然乃憒吾心亂莫大焉
孟子曰伯夷目不視惡色
又曰存乎人莫良於眸子眸子不能掩其惡胷中正則眸
子瞭焉胷中不正則眸子眊焉
范子曰掩目別黑白雖一時中猶不知天道也
愼子曰離朱之明察毫末於百步之外尺水不能見淺深
非目不明其勢難覩也
尸子曰使目在足下則不可以視
又曰舜兩眸子是謂重明
孫卿子曰厭目而視者視一以爲兩
燕丹子曰樊於期聞荊軻之言於是自刭頭墮背後兩目
不瞋
韓子曰田駟欺鄒君將殺之田駟恐告惠子見鄒君曰有

人見君則睞(大叶切 開目也)其一目奚如君曰我必殺之惠子曰
瞽睞兩目君奚弗殺騶東欺齊侯南欺荊王騶之於人瞽
也君奚惡乃弗殺
又曰古人目短於自見故以鑑觀面
又曰刻削之道鼻莫如大目莫如小鼻大可小小不可大
目小可大大不可小舉事亦然
又曰楚莊王子曰王之伐越何也王曰政亂兵弱莊子曰
臣患知之如目也能見百步之外而不能自見其睫王之
弱亂非越王之下也而欲伐越此知之如目也
淮南子曰夫目察秋毫之末而耳不聞雷霆之音耳調玉
石之聲而目不見太山之高何則不小有所志而大有所
志也
孔叢子曰夫子適周見萇弘言終而退萇弘語劉文公曰

吾觀仲尼有聖人之表其狀河目而隆顙是黃帝之形貌
也
郭子曰劉尹道桓溫鬚如反蝟毛眼如紫石稜自是孫仲
謀一流人也
抱朴子曰眼能察天衢而不能周項領之間
蔣子語曰兩目不相為視昔吳有二人共評王者一人曰
好一人曰醜久之不決二人各曰尔可來入吾目中則好
醜分矣王有定形二人察之有得失非苟相反眼睛異耳
袁準正書曰目以見小為明耳以聽大為聰
顧子義訓曰假天下之目以視則四海毫末可見也
山海經曰一臂國為人一目中其面而居(括地圖同)
太公金匱曰一目視則不明一耳聽則不聰
呂氏春秋曰孟賁過於先其伍舡人怒以檝(音)虓(以)其頭中

河孟賁瞋目視舡舡人駭植目列鬚指(植直 指)舟人盡惕駭播入
於河使舡人知孟賁不敢直視涉無先者又辱之乎此不
知故也
又曰管子縛束於魯鮑叔曰君欲霸王則臣不若管夷吾
桓公曰夷吾寡人之賊也射我者也不可鮑叔曰夷吾為
其君射人若得之則彼亦將為君射人君不聽鮑叔固讓
果聽之於是使告魯曰管仲寡人讎也願得而親加手焉
魯許諾乃使吏𩏂其拳膠其目(以韋囊其手也)盛之以鴟夷置之
車中至齊境桓公使人以朝車迎之
又曰使其目可以見不學其見不若盲
春秋後語曰平原君對趙王曰沔池之會臣察安君之為
人也小頭而銳瞳子白黑分明小頭而銳斷敢行也瞳子
白黑分明者見事明也

列仙傳曰秦召魏公子無忌不行使朱亥奉璧一雙秦王
大怒將朱亥著虎圈中亥瞋目視虎皆血出濺虎虎終不
敢以視
鄭玄別傳曰玄笑眉明目
董卓別傳曰卓會公卿召諸降賊飲行責降者曰何不鑿
眼應聲眼皆落地
趙至自叙曰嵇康謂至曰卿頭小銳瞳子白黑分明視占
停諦有白起風
列仙傳曰偓(於角)佺(音銓)槐山人採藥好食松實而目更方
又曰赤斧戎人也為碧雞祠主簿餌丹身及瞳子皆赤
神仙傳曰涉正巴東人入吳常閉目弟子隨之數十年莫
有見開目者有一弟子固請之正為開目音如霹靂光如
電照弟子頓伏良久乃起

竹林七賢傳曰王戎眸子洞徹視日而眼照不虧

世說曰顧長康云其哭桓宣武眼如懸河决溜

又曰康僧淵目深而鼻高王丞每調之僧淵曰鼻者面之山目者面之淵山不高則不靈淵不深則不清

又曰裴令儁有姿容時人名之爲玉人有疾至困武帝使王夷甫往視之王出語人曰眸子閃閃如巖下電精神挺動體中故如惡耳

語林曰王右軍見杜弘冶歎曰面如凝脂眼如點漆此神仙中人

談藪曰王肅初歸國謂陽大眼曰在南聞君之名以爲眼如車輪今見乃不異人大眼曰若旗鼓相望瞋眸奮發足使君亡魂喪膽何必大如車輪

又曰後魏昭成帝常擊賊流失中目賊破執射者至左右欲剥割之常曰彼各爲主何罪乃釋之

太平御覽卷第三百六十六

太平御覽卷第三百六十七

人事部八

頰　鼻

頞　口

舌

頰

說文曰頰面旁也輔頰也

釋名曰頰夾也面旁稱也亦取挾斂食物也

傳曰宮之奇曰諺所謂輔車相依脣亡齒寒者其虞虢之謂乎（輔頰輔車牙車）

又曰公侵齊門于陽州士皆坐列顔高奪人弱弓籍丘子鉏擊之一人俱斃（子鉏齊人）偃且射子鉏中頰殪（子鉏死）

易咸卦象曰咸其輔頰舌騰口說也

又夬卦曰壯于頄有凶（頄求龜切面權也）

又曰艮其輔言有序（施止於輔以處於中故口無擇言）

史記曰漢王聞魏豹反方東憂楚未及擊謂酈生曰緩頰往說魏豹能下之吾以萬户封若

又曰武帝元鼎六年定越地以爲儋耳郡張晏曰儋耳其俗鏤其頰皮上連耳匡分爲數支狀若鷄腸

又曰朱博入守左馮翊長陵大姓尚方禁少時嘗盜人妻見斫瘡著其頰博知以他事召見視其面果有瘢博辟左右問禁是何等瘡禁叩頭服狀博笑曰大（丈夫固時有是）以爲耳目

江表傳曰孫策殺吳郡太守許貢貢奴客潛民間欲報讎策出獵卒遇三人即貢客也射策中頰後騎尋至皆刺殺之

王隱晉書曰大駕北伐成都王穎統王師於蕩陰敗績上傷頰失六璽左右奔走

三國典略曰梁謝荅仁聞侯景奔乃自東陽率衆候之至錢塘聞趙伯超曰公得何消息而閉門見拒伯超曰汝頰邊頞有耳否侯王已死遠近悉平君將此兵欲向何處荅仁曰審如公言死無所恨

淮南子曰靨酺在頰則好在顙則醜

王子年拾遺録曰孫和月下舞水精如意悞傷鄧夫人頰血流婉轉彌苦及差而滅左頰有赤點如誌迫而視之更益妍也諸嬖欲寵者皆以丹脂點頰而後進幸

唐子曰人多遠見百步而不自知眉頰

蔣齊萬機論曰許子將褒貶不平以拔樊子昭而抑許文休劉曄曰子昭發自賈豎年至耳順退能守靜進能不苟

濟荅曰子昭誠自長幼完潔然觀其搖牙樹頰自非文休敵也

世說曰郗公遭永嘉喪亂窮餒鄉人共餉之公嘗攜兄子外生周翼二小兒往食鄉人曰各自窮餒以君之賢共存君耳恐不能兼餉公於是獨往食輒含飯著兩頰還吐與二小兒後並得存過江公亡翼時爲剡縣解職歸席苫於公靈床頭心喪三年

鼻

釋名曰鼻嘒也出氣嘒嘒也

公羊傳僖公曰邾婁人執鄫子用之社蓋叩其鼻以血社也

孝經援神契曰伏羲山準禹虎鼻

史記范睢傳曰蔡澤遊學于諸侯小大甚衆而不遇從唐

擧相擧孰視而笑曰先生曷鼻巨肩魋顏戲齃𩩲攣吾聞
聖人不相殆先生乎
戰國策曰蘇子南使齊謂齊王曰臣聞當世之主必誅暴
正亂今宋王射天笞地鑄諸侯之像使侍屏匽展其臂彈
其鼻此天下無道而王弗伐王名終不成矣
魏志曰管輅擧秀才何晏請曰試爲我作一卦知位當至
三公否又連夢青蠅數十來集鼻上驅之不去輅曰鼻者
天中之山高而不危所以長守貴也今青蠅臭惡而集之
位峻者亡願君侯上追文王六爻之旨下思尼父彖象之
義然後三公可決青蠅可驅
晉書曰謝安石本能爲洛下書生詠有鼻疾故 音濁名
流愛其詠而不能及或掩鼻以斅之
又曰王澄在荆州叱左右捧士人宗廞別駕郭舒勵色謂

左右曰使君過醉汝輩何敢妄動澄恚遣掐其鼻灸其眉
崔鴻十六國春秋後趙録曰王謨字思賢甕鼻言不清暢
尫短無威儀將拜曲陽令勒疑之問長史張賓賓曰請試
可不勒從之由是政教嚴明百城尤最出爲都部從事守
宰去官者十五人
唐書曰薛擧每破陣所獲士卒皆殺之殺人多斷舌割鼻
莊子曰野人堊慢於鼻端若蠅翼使匠石運斤成風堊
盡而鼻不傷
列子曰夏禹蛇身人面牛首虎鼻而有大聖之德
孟子曰西子蒙不潔則人皆掩鼻而過之
韓子曰魏王遺楚美女楚王悅之夫人鄭袖謂新人曰王
甚愛子然惡子鼻見王常掩鼻則王長幸子於是新人從
之王謂夫人曰新人見寡人常掩鼻何對曰言惡聞王口

臭王怒甚因劓之
淮南子曰東方人隆鼻
山海經曰一臂國人一鼻孔
論衡曰鼻不知臭爲齆人不知是非爲閇 齆烏貢切
又曰蘇秦胥鼻爲六國相
太玄經曰劓鼻飴口喪其息主
列士傳曰干將子赤鼻
列女傳曰梁高行者梁之寡婦榮於色敏於行早寡不嫁
梁貴人爭欲取之不能得梁王聞使娉焉乃援鏡操刀以
割鼻曰妾所以不死者不忍幼嗣之重孤也刑餘之人殆
可釋矣王高其節敬其身號曰梁高行
又曰沛國孫去病妻同郡戴元世女夫死毋欲嫁之操
刀割鼻刀鈍不入趨於石上礪之鼻然後斷郡表其閭

又曰梁郡夏文珪妻沛國劉景賓女亦割鼻自誓不嫁
列女後傳曰吳孫奇妻者廣陵范慎女名姬十八配奇奇亡
慎以姬少寡無子迎還其家姬不肯迎者以父命迫之姬
遂操刀割鼻
三輔故事曰衛太子嶽鼻太子來省疾至甘泉宮江充告
太子勿入陛下有詔惡太子鼻嶽尚以紙蔽其鼻充語武
帝曰太子不欲聞陛下膿臭故蔽鼻武帝怒太子太子走
還
崔寔政論曰秦割六國之君劓殺其民於是赭衣塞路有鼻
者醜故百姓鳥驚獸駭不知所歸命
王湛別傳曰王處冲身長八尺龍頰大鼻
世說曰初謝安在東山居布衣時兄弟有富貴者劉夫人
戲謂安曰大丈夫不當如此謝乃捉鼻曰但恐不免耳

又曰石崇家造廁令婢以盤擎棗與廁人塞鼻
又曰康僧淵目深而鼻高王丞每嘲之僧淵曰鼻者面之
山山不高則不靈
談藪曰宋廢帝常入武帝廟指其畫像曰此渠大好色不
擇尊卑顧謂左右渠大齇鼻如何不齇即令畫工齇
又曰齊世祖之征頳川也有皇甫王淵者善相人見其容
止竊議曰此不作大物會是垂涕洟者謂太原公洋也
崔玄瀨鄉記曰老子鼻雙柱
養生經曰鼻者心之門

頞

說文曰頞鼻莖也 頞烏葛切
釋名曰頞鞍也偃折如鞍也
史記曰唐舉謂蔡澤曰先生魋顏蹙齃殆不相乎

後漢書曰周燮字伯彥初生顉頤折頞醜甚母欲弃之其
父不聽曰吾聞賢聖多有異與我宗者乃此於是實之 顉臣以耆切
吳書曰諸葛恪字元遜瑾長子少知名少鬚眉折頞廣額
莊子曰髑髏深矉蹙頞曰豈能捨南面王樂而為人生哉
呂氏春秋曰文王好食昌菹孔子蹙頞而食之
楊雄解嘲曰蔡澤山東匹夫也顉頤折頞涕唾流沫

口

說文曰口者人之所以言食
釋名曰口空也
禮曰曾子謂子思曰伋吾執親之喪也水漿不入於口者
七日
又曰晉人謂趙文子知人文子其中退然如不勝衣 中身退也

知貌柔其言吶吶然如不出諸其口 吶吶骨小貌音如悅切
又王藻曰口容止 不安動也
又少儀曰燕侍食於君子數噍毋為口容 口容弄口噍才笑切
又祭義曰惡言不出於口
又緇衣曰小人溺於水君子溺於口口費而煩易出難悔
易以溺人 言口多空言且煩數也過言一出駟馬不能及不可得悔也口舌沭覆亦如溺也
傳曰鄭伯使許大夫百里奉許叔以居許東偏曰寡人有
弟不能和協而使糊其口於四方其況能久有許乎
又曰口不道忠信之言為嚚
又曰子玉使伯棼請戰曰非敢必有功也願以間執讒慝
之口
又曰晏子曰君民者豈以陵民社稷是主臣君者豈為口
實社稷是養 言君不徒居民上臣不徒求祿皆為社稷

又曰正考父佐戴武宣三命茲益恭故其鼎銘云一命而
僂再命而傴三命而俯饘於是鬻於是以糊余口
又曰費無極言於楚子曰建與伍奢將以方城之外叛王
執伍奢使城父司馬奮揚殺太子未至而使遣之 知太子寃故遣
殺太子建奔宋王召奮揚奮揚使城父人執已以至王曰
言出於余口入於爾耳誰告建也
詩正月曰好言自口莠言自口 莠醜也
又十月之交曰無罪無辜讒口囂囂
書序曰濟南伏生年過九十失其本經口以傳授
又曰大禹謨曰惟口出好興戎朕言不再 好謂賞善戎謂伐惡言口榮辱之主慮而言宣之成於一也
又盤庚上曰相時憸民猶胥顧于箴言其發有逸口 言憸利小人尚相顧於箴誨之言恐君其發動有過口之患也

又說命曰惟口起羞
易說卦曰兌爲口
論語公冶長曰或曰雍也仁而不佞子曰禦人以口給屢
憎於人
又曰陽貨曰惡利口之覆邦家者
公子翬謟于隱公謂隱公曰百姓安子諸侯說子盍終爲
君矣隱公曰否使脩菟裘吾將老焉公子翬恐若其言聞
于桓於是謂桓公曰吾爲子口隱矣
孝經援神契曰舜大口
又曰孔子海口言若含澤
論語擇輔像曰子貢斗星繞口南容外
又曰太公大口鼻有伏藏
史記曰周厲王得衛巫使監謗者以告則殺之其謗鮮矣

王喜告召公吾能弭謗矣召公曰是障之也防民之口甚
於防水水壅而潰傷人必多民亦如之民之有口也猶土
之有山川也財用於是乎出猶其有原隰衍沃也衣食於
是乎生口之宣言也善敗於是乎興行善而備敗所以產
財用衣食者也夫民慮之於心而宣之於口成而行之若
壅其口其與能幾何王不聽於是國人莫敢出言
又曰季桓子受齊女樂三日不聽政又不致膰俎於大夫
膰音煩孔子遂行而師已送曰夫子則非罪孔子曰吾歌可
夫歌曰彼婦之口可以出走彼婦之謁可以死敗言婦人之口請
謂是以憂使死人敗故可以出走也
又曰鄧公曰吳王爲反數十年矣發怒於削地以誅晁錯爲
名其意非在錯也且恐天下之士噤口不敢復言
漢書曰漢王擊魏豹謂酈食其曰魏大將者其人爲誰曰

柏直也漢王曰是口尚乳臭
又曰高祖欲廢太子周昌諫曰臣口不能言心知不可
又曰良藥苦口利於病
又曰張蒼免相後口無齒食乳女子爲乳母
又曰條侯周亞夫相曰從理入口法餓死
又曰揚雄口吃不能劇談
又曰王莽爲人哆口哆唱都切
東觀漢記曰光武爲人日角大口美須眉
又曰明德馬后身長七尺三寸青白色方口美髮
後漢書曰馬援在交阯還書戒兄子曰龍伯高敦厚周慎
口無擇言謙約節儉廉公有威吾愛之重之
應劭漢官曰侍中乃存年老口臭帝賜以雞舌香令含之
江表傳曰孫堅爲下邳丞時孫權生而方頤大口目有精

光堅異之以爲貴象
燕書曰申弼烈祖常從容問諸侍臣曰夫口以下動乃能
制物鈇鑕爲用亦噬嗑之意而從上下何也弼荅曰口之
下動上使下也鈇鑕之用上斬下也烈祖稱善
南史曰謝朏出爲吳興郡守與弟瀹於征虜渚送別朏指瀹
口曰此中唯宜飲酒
唐書曰郝處俊孫象賢垂拱中坐事伏法臨刑言多不順
自此法司每將殺人也必先以木丸塞口
又曰杜黃裳性雅澹寬恕心雖從長口不忤物
老子曰五味令人口爽
管子曰桓公與管仲謀伐莒未發已聞於國東郭郵至公
問之子曰言伐莒乎東郭曰君子善謀小人善意臣視二
君在堂上口開不合言莒也

莊子曰公孫龍口呿而不合舌舉不下

鬼谷子曰口者機關也所以開閉情意也

又曰口可以食不可以言

周生烈子曰口者言之門

河圖曰秦始皇虎口日角

陸賈新語曰衆口所毀浮石沉木羣邪相抑以曲爲直

說苑曰口者關也舌者機也出言不審駟馬不能追也

吳越春秋曰越王勾踐入臣於吳吳王病大便太宰嚭奉溲惡以出勾踐嘗之後病口臭范蠡令左右食岑草以亂其氣

曹瞞別傳曰操遨遊無度其叔數語其父操後行逢叔於道陽敗面爲口云中暴風叔告其父父呼見之操面如故從此叔言不復入信操益得縱恣爲王也

杜如體論曰東脩之業其上在於不言

諺曰口如鼻至老不失

傅子曰擬金人銘作口銘云神以感通心由口宣福生有兆禍來有端情莫多妄口莫多言蟻孔潰河溜穴傾山病從口入禍從口出存亡之機開闔之術口與心謀安危之源樞機之發榮辱存焉

王子年拾遺錄曰昔伯禹入穴乃至一室裏一人身如蛇鱗於石上口吐一玉簡以受禹簡長十二寸以量度天地

又曰始皇二年騫消國善畫工者名烈裔口含丹墨噴壁即成龍雲之隊

又曰沐胥國人年九萬歲以口噴水爲雨紛漫數十里俄而口吹爲風而雨皆止

瀨鄉記李母碑曰老子方口

養生經曰軍營之中有甘泉注云軍營口也甘泉唾也

又曰口爲華池

相書曰大容手赤如丹貴壽

又曰欲知人多舌當視其口如鳥喙言語皆聚此多舌人也

談藪曰梁高祖重陳郡謝玄暉詩常曰不讀謝詩三日覺口臭

舌

釋名曰舌泄也舒泄所當言也

詩雨無正曰哀哉不能言匪舌是出維躬是悴

又曰婦有長舌維厲之階

又抑曰莫捫朕舌言不可逝矣

論語顏淵曰子貢曰惜乎夫子之說君子也駟不及舌

春秋元命苞曰舌之爲言達也陽立於三故舌在口中者長三寸象斗玉衡陰合有四故舌淪入溢谿內者長四寸（宋均曰玉衡三星也魁四星也）

孝經鉤命決曰仲尼舌理七重陳機授度

史記曰平原君既已定從而歸至於趙曰今毛生以三寸之舌強於百萬之師

又曰留侯曰今以三寸之舌爲帝者師封萬户位列侯此布衣之極於良足也

又曰張儀常從楚相飲已而失璧門下意儀盜璧共執掠笞數百不服釋之其妻曰嘻子無讀書遊說安此辱乎儀謂其妻曰視吾舌尚在否妻曰君舌在也儀曰足矣

又曰郭解任俠有儒生侍使者坐客譽郭解生曰郭解專以姦犯法公何謂賢解客聞之殺此生斷其舌

漢書曰蒯通謂韓信曰酈生一士伏軾掉三寸舌下齊七
十城
又曰東海公賓就斬王莽傳詣更始懸於宛市百姓共提
擊之或切食其舌
後漢書曰馬援與隗囂將楊廣書曰豈有知其無成而
但萎腇咋舌乂手從族乎萎腇歔弱也萎音於罪切腇韵也罪切
張璠漢記曰董卓於衆坐生斬人手足叉鑿目截舌口百
姓嗷嗷道路以目
英雄記曰曹操與劉備密言備泄於袁紹紹知操有圖國
之意操自咋其舌流血以失言誡後世
魏末傳曰諸葛誕殺樂綝有典農都尉數譏誕於是收而
斬之罵曰卿坐舌先使人以竹攪其舌然後殺之攪音讒又楚金切則
之也
晉中興書曰溫嶠密啓肅祖陳王敦作難敦聞曰果爲小物所欺
乃募有能生得嶠者吾當手拔其舌
晉書曰鳩摩羅什年七歲出家日誦千偈後死姚興依外
國法焚屍薪滅形碎唯舌不爛
沈約宋書曰南郡王義宣生而舌短言澁
唐書曰波斯國俗法有罪者火燒鐵灼其舌瘡白者爲理
瘡黑者爲有罪
燕丹子曰荊軻見燕太子太子曰田先生今無恙乎軻曰
光送軻之時言太子戒以國事恥以丈夫而不可向軻呑
舌而死
郭子曰殷仲堪云三日不讀道德論便覺舌本閒強
山海經曰反舌國其人反舌一曰交
說苑曰桓公飲管仲酒棄其半公問其故對曰臣聞酒入

者舌出舌出者身棄臣謂棄身不如棄酒
又曰韓子問叔向曰剛與柔孰堅叔向曰臣年八十齒再
落而舌尚存是知剛不如柔也
揚子法言曰五常者帝王之筆舌寧有書不由筆言不由
舌也
搜神記曰永嘉中有天竺胡人能斷舌先吐舌示賓客然
後乃截血流覆地乃取置器中傳以示人取舌還合有頃
如故
桂陽先賢傳曰采陽陵字逸文果而好義郡長沒府君爲
州所章陵被掠考參加五毒陵乃截舌以著盤中獻之廷
尉羣公咸共議之事得清理
又曰臨武程桓少有才藝爲九江主記掾府君爲人所章
桓被徵詣臺除郎中委郎詣州乞就考於格上拔刀截舌

郡事清理
談藪曰潁川王偉有才學爲侯景左僕射景敗被擒送江
陵湘東王欲活之左右妬其才乃曰偉作檄文纆視之大
怒釘偉舌於柱
養性經曰舌之和之候也
相書曰舌如絳赤者賢人也
相書雜安曰吐舌及鼻三公也

太平御覽卷第三百六十七

太平御覽卷第三百六十八

人事部九

脣吻　齒　牙

喉咽　頤頷　承漿

脣吻

說文曰脣口端也

釋名曰脣緣也口之緣也吻免也入則碎止則免也又取枚也吹唾所出恒加枚栻因以爲名也

傳曰晉欲伐虢假道於虞虞君許之宮之奇諫曰諺有之輔車相依脣亡齒寒其虞虢之謂乎

又曰吳將伐魯王問於子洩對曰諸侯將救之未可以得老焉夫魯齊晉之脣脣亡齒寒君所知也不救何爲

春秋元命苞曰脣者齒之垣所以扶神設端若有列星與

外有限故曰脣亡齒寒

春秋孔演圖曰八政不中則人無脣(人悖脣乃語命無陰不制)

孝經鉤命決曰仲尼斗脣吐教陳機授度

史記曰越王勾踐曰孤常不料力與吳戰困於會稽日夜焦脣乾舌徒欲與吳王接踵而死

漢書曰張湯與顏異有隙人有告異以他議事下湯治異云異與客語客云初令下有不便者異不應微反脣湯奏異九卿見令不便不入言而腹非論死自是後有腹非之法

又薛宣傳曰博士申咸毀丞相宣家行不足宣子況賕(音求)客楊明斫咸宮門外申斷鼻脣況坐從宣免爲庶人

王隱晉書曰寒儁傳曰劉外龍須昌人赤色文脣少言語有大志自縣小吏至雍州刺史

梁書曰侯景僭位入登太極殿其徒數萬吹脣唱吼而上

莊子曰孔子謂盜跖曰將軍脣如激丹

淮南子說山曰孕見兔而子缺脣見麋而四目物固有然不然也

賈誼曰沸脣投塞垣之下(匈奴號也)

通俗文曰脣不覆齒謂之齴(音牙)齇(祖家切)

廣志曰赤口濮嶃其脣以丹飾之

瀨鄉記李母碑曰老君厚脣

趙志自叙曰志　長七尺四寸絜白黑鬚明眉赤脣鬚鬢不多

燉煌實錄曰王孶(音參又丑林切)卒有盜開孶冢者見孶與人樗蒲舉杯酒賜盜者惶怖飲見牽銅馬出其夜有神告城門我王孟曾使也人發孟曾冢以酒黑其脣明日入城有

黑脣者是也須臾馬還流汗盜明詣城門不覺脣黑爲吏所縛(孟曾孶之字也)

宋玉神女賦朱脣若丹

曹植洛神賦曰丹脣外朗皓齒內鮮

又曰啓朱脣以徐言

崔駰七依曰紫脣素齒雪白玉暉

廣雅曰呡謂之吻(呡音餌)

淮南子曰決吻治齵君子不與(齵丘主切)

齒

說文曰齔毀齒也男八月生齒八歲而齔女七月生齒七歲而齔(音引)

釋名曰齒始也少長之別始乎此也以齒食多者長食少者幼也

禮曰毋刺齒(口容止也)
又曰濡肉齒決(決猶斷也)乾肉不齒決(宜用手)
又曰高子皐之執親之喪也泣血三年未嘗見齒(言笑之微)君子以爲難
左傳曰陳僖子使召公子陽生立之將盟遂誣鮑子曰之命也鮑子曰汝忘君之爲孺子牛而折其齒乎(孺子荼也景公常銜繩爲牛使荼牽之荼頓地折其齒也)
詩頌人曰齒如瓠犀
又閟宮曰既受多祉黃髮兒齒
公羊傳莊公曰仇牧聞閔公弒趨而至遇之于門手劒而叱之宋萬臂摋仇牧碎其首齒著乎門闔(側手曰假 索葛切)
春秋元命苞曰武王駢齒是謂剛強取象參房誅害以從天心(宋均注曰房爲明堂主布政參爲大辰主斬刈兼此二者故重者爲表)

孝經鉤命決曰夫子駢齒(象鉤星也)
史記曰顔回年二十九髮盡白齒早落
又曰范雎事魏中大夫須賈賈使齊雎從齊襄王聞雎辯賜金及牛酒賈以爲雎持魏事告齊故得饋以告魏相魏齊大怒使人笞擊雎折脇摺齒雎佯死
漢書曰張蒼無齒唯飲乳百有餘歲而卒
謝承後漢書曰豫章項誦字叔和爲郡主簿太守爲屬縣所誣章誦詣獄證要引自掾(音斷)血出滂流齒皆墮地太守獲免
晉書曰温嶠先有齒疾疾因拔齒中風而卒
又曰成帝杜皇后少有姿色長猶無齒有求昏者輙中止及帝納采一夜齒盡生
又曰謝鯤隣家有美女鯤調之女以梭投鯤折其兩齒世俗爲之謡曰任達不已幼輿折齒幼輿鯤字也
山海經曰黑齒國爲人黑齒
河圖矩起曰帝嚳駢齒(宋均曰所以駢齒齒星位)
白虎通曰帝嚳駢齒上法曰參秉度成紀以理陰陽
抱朴子内篇曰或問堅齒之道荅曰養以華池漱以濃液永不動　次則服靈非散既脱更生
楊泉物理論曰夫齒者年也身之寶也藏之斧鑿所以調諧五味以安性氣者也
神仙傳曰老君疏齒
神仙服經曰服神册三百歲齒化爲石
王閎本事曰閎爲琅琊太守張步欲誅之閎出東武城門馬奔墮車折齒閎心惡移病歸府遂得免
字林曰齝(牛於切)齒不相值也齼(楚初舉切)齒傷酢也齩(午狡切)齧

嗑也齨老人齒如臼也(齨音舅)
段國沙州記曰國人年五十以上四齒皆落將由地寒多障氣也
異物志曰暑移在海外以草漆齒因號黑齒(袁子正書曰山梁氏泥於西署而漆其齒)
世說曰孫子荊少時欲隱語王武子曰吾當枕石漱流誤云漱石枕流王曰流非可枕石非可漱孫曰所以枕流欲洗其耳所以漱石欲礪其齒
又曰王子猷詣謝玄林公先在坐王曰若林公鬚鬢並全神情當復勝此不謝曰脣齒相須不可偏亡
琴操曰聶政父爲韓王冶劒過期不成王殺之時政未生及長入太山遇仙人學鼓琴漆身爲厲吞炭變音七年琴成入韓逢其妻從買櫛對妻而笑妻泣曰君何以似政齒乃

入山援石擊落其齒

楚辭曰美人皓齒嫮以姱

臨海水土志曰夷州人俗女曰已嫁皆鈌去前上一齒

宋玉登徒子賦曰腰如束素齒如含貝

司馬相如上林賦曰皓齒粲爛

張協禊賦曰清哇發於素齒

牙

釋名曰牙植牙也隨形言之也

干寶晉紀曰賈庶人未害愍懷太子時有謡曰南風烈烈吹白沙千歲髑髏生齒牙南風庶人名愍懷小名沙門

三國典略曰齊太上主生齻（音顛）牙問於尚藥典御鄧宣以對太上主怒而撻之中書監徐之才拜賀曰此智牙生者聰明長壽太上悅而賞之

喉咽

說文曰咽嗌也喉嚨也

釋名曰咽咽物也青徐謂之脰（音豆）物投其中受而下之也

又謂之嗌（音益）氣所通流阨要之處也

傳曰敗狄于鹹獲長狄僑如富父終生舂其喉以戈殺之

孝經鉤命決曰夫子輔喉

史記曰孫子曰夫救鬬者不搏撠（音戟）批亢擣虛形格勢禁則自爲解耳（亢音剛又音抗人喉也）

又曰貫高聞赦張王乃曰所以不死者白張王不反今王已出吾責已塞死不恨矣且人臣有不篡弒之名何面目復事上哉縱上不殺我不媿心乎乃仰絶亢而死（韋昭曰亢咽也）

漢書曰人有上書言息夫躬懷怨恨非笑朝廷所進候星宿視天子吉凶與巫共祝詛上遣侍御史廷尉監逮躬繫雒陽詔獄欲掠問躬仰天大謼（火故反）因僵仆吏就問云咽已絶（師古曰咽喉嚨也音一千反）

後漢書曰霍諝（音緡）爲舅宋光被誣上書曰譬猶療飢於附子止渴於酖毒未入腸胃已絶喉咽豈可爲哉

又曰王青字公然青父隆建武初爲都尉功曹青爲小吏與父俱從都尉行縣道遇賊隆以身衛全都尉遂死於難青亦被矢貫咽音聲流喝

又曰李固對詔曰陛下有尚書猶天之有北斗北斗天之喉舌尚書陛下之喉舌

魏志曰樂陵王茂兄東平王薨茂稱咽病不肯發哀詔削户

蜀志曰彭羕與葛亮書曰先民有言左手據天下之圖右手扼其喉愚夫不爲也僕頗別菽麥哉

唐書曰幽州朱融鎮州王庭湊叛東川節度王涯獻書曰臣聞用兵若鬬先扼其喉今瀛莫易定兩賊之咽喉也誠宜假之威柄戍以重兵俾其死生不相知間諜無所入而以大軍先進冀趙次臨井陘此一舉萬全之勢也

抱朴子曰焦喉之渴遥指滄海

列女傳曰齊鍾離春者宣王后也極醜卭鼻結喉

益部耆舊傳曰揵爲楊鳳珪者其妻陳姬珪早亡兄弟欲嫁之姬於是列刀割咽流血幾死九族驚異乃從其節

又曰蜀郡史賢妻張昭儀賢既犯罪被誅儀取刀自割咽喉而死

物理論曰咽喉生之要孔

黃帝妻問曰喉主天氣咽主地氣

頤頷

釋名曰頤或曰輔車其骨強所以輔持其口或曰牙車牙
所載也或曰頷車頷含也
韓詩曰有美一人碩大且䪼薛君曰䪼重頤也五撿切
周易噬嗑卦曰頤中有物曰噬嗑
又頤卦曰頤貞吉觀頤自求口實
春秋元命苞曰右擾戉頤自末是謂好農蓋象角元載土
食穀宋均注曰面皮有二象也頤面爲下部下部爲地巧於利也
戰國策曰靜郭君善昆辨昆辯多疵門下不悅孟嘗君以
諫靜郭君大怒舍之上舍令長子御旦暮進食威王薨宣
王立太子不善靜郭君靜郭君辭之薛昆辯至齊見宣王王曰
子靜郭君所聽愛者乎曰愛即有之聽即無有王之爲太
子辯謂靜郭君曰太子相不仁過頤豕眎若是法背父不若
廢太子更立衛姬子嬰兒郭師靜郭君泣而曰不可吾弗忍
爲聽辯而爲之必無今患矣宣王曰寡人殊不知此乃迎
靜郭君
史記曰黃歇上書秦王曰本國殘社稷壞刳腹結腸折頸摺
頤摺盧合切
又曰蔡澤顉頤顉五撿切
漢書曰王莽蹙頤
范曄後漢書曰班超字仲外爲人大志不脩小節嘗行詣
相者相者曰祭酒布衣諸生而當封侯萬里之外超問其
狀相者曰生鷰頷虎頭飛而肉食此萬里侯相也
江表傳曰孫權方頤大口
三國略曰徐之才年十三劉孝綽見之言曰徐郎鸞頷班
超之相也
帝系曰帝嚳方頤

莊子曰支疏頤隱於齊
又曰孔子遊緇惟之林弦歌鼓琴奏曲未半有漁父下舡
而來鬚眉交白被髮揄袂行原而上距陸而止左手據膝
右手持頤以聽之
韓子喻老曰白公勝慮亂罷朝到杖策錣貫頤而血流至地而
弗知鄭人聞之曰頤之忘何不忘哉策馬箠也有針以馬謂之錣音竹劣切
衛切　二
河圖曰黃帝兌頤
說苑曰田單攻翟三月不克嬰兒謠曰大冠如箕長劍柱
頤
西京雜記曰匡衡字稚圭勤學能說詩時人爲之語曰無
說詩匡鼎來匡說詩解人頤鼎衡小字也
王粲七釋曰揚蛾眉而頤指
汝南先賢傳曰周燮頷頤折頞其貌甚醜也
談藪曰北齊李恕無鬚崔諶玩之曰何不錐刺頤作數百孔
拔左右好鬚者栽之
承漿
釋名曰口下曰承漿漿承水漿也
針灸經曰承漿一名懸漿也
太平御覽卷第三百六十八

人事部十

頸項　肩　胛　臂

腕　腋　肘

頸項

釋名曰頸徑也徑挺而長也

說文曰頸頭莖也脰項也

河圖曰黑帝脩頸

毛詩碩人曰領如蝤蠐（領頸也）

禮斗威儀曰君秉木而王其民長長頸（宋均曰以青龍也）

春秋元命苞曰北方至寒其人形短頸（畏寒）

傳曰晉伐齊齊侯禦諸平陰晉州綽射殖綽中肩兩矢夾頸（脰頸也）

史記曰范蠡遺大夫種書曰越王長頸鳥喙可與共患難不可與共樂

又曰沛公軍至霸上秦王子嬰以組係頸降軹道傍

漢書曰張耳陳餘相與為刎頸之交（刎頸之交者言託契深重雖斷頸絕頭無所顧也）

又曰周昌嘗燕入奏事高帝方擁戚姬昌還走高帝逐得騎昌項問曰我何如主也昌仰曰陛下即桀紂主也

又曰田蚡取燕王女為夫人太后詔列侯宗室皆往賀灌夫行酒至臨汝侯灌賢賢方與程不識耳語夫無所發怒迺罵賢坐迺起更衣稍稍去竇嬰去因戲（音麾招麾之令出也）夫出蚡遂怒曰此吾驕灌夫罪也迺令騎留夫夫不得出籍福起為謝按夫項令謝夫愈怒不肯順蚡迺戲騎（戲亦音麾）令縛夫置傳舍

後漢書曰董宣既格殺胡陽公主家蒼頭帝使宣謝公主宣不伏上使人按其項於地宣不肯起因號為強項侯

東觀漢記曰班超字仲升常行遇見相工工謂超曰燕頷虎頭飛而食肉此萬里封侯相

魏書曰文帝既立為嗣喜因抱辛毗頸曰辛君知吾喜不

魏志曰毋丘儉使王頎至海上海上人云得一破船有生人項有面與語不曉不食而死

蜀志曰先主率其屬從校尉鄒靖討賊因有功除安喜尉督郵以公事到縣先主求謁不通直入縛督郵杖二百解綬繫其頸着馬柳埡（葬）棄官亡命

王隱晉書曰杜預初伐吳吳人知預病癭每見大樹似癭者輒以刀斲破白題曰杜預頸

唐書曰屈突通或說歸降義軍通泣曰吾蒙國重恩歷事

兩主受人厚祿安可逃難有死而已自摩其頸曰要當為國家受人一刀耳

家語曰孔子其頸似皐陶

孔叢子曰子高遊趙還魯平原君客鄒文李節與子高別文節流涕交頸子高撫手而已

尸子曰禹長頸鳥喙

扶南傳曰毗騫國王身長一丈二尺頸長三尺自古不死莫知其年知未然事號為長頸王

繁欽三胡賦曰蜀賓之胡面象炙蝟頂須如持囊

肩

釋名曰肩堅也

說文曰肩髆也

春秋元命苞曰文王龍顏皐肩

左傳昭二十年曰衛公孟縶狎齊豹初齊豹見宗魯於公孟鷙也達爲驂乘焉將作亂而謂之曰公孟之不若子所知也勿與乘吾將殺之對曰吾由子事公孟今聞難而逃是僭子也使子不信言子行事乎吾將死之公孟有事於蓋獲之門外宗魯驂乘齊氏用戈擊公孟宗魯以背蔽之斷肱以中公孟之肩皆殺之

又昭二十六年成大夫公孫朝告于齊曰孟氏魯之敝室也敝壞也用成巳甚弗能忍也請息肩於齊齊師圍成

又定上曰楚子涉睢七余切濟江入于雲中雲夢澤也王寢盜攻之以戈擊王王孫由于以背受之中肩

爾雅曰北方有比肩民焉迭食而迭望此即半體之人各有一目一鼻一孔一臂一脚亦由魚鳥之相合也

崔鴻十六國春秋後趙録曰初太武殿既成圖畫自古賢聖忠臣烈士是月皆變爲胡狀旬餘頭悉入肩中唯冠帢髾髴微出石虎大惡之

國語曰叔魚爲鳶肩其毋曰是必爲賄死

莊子曰支離疏肩高於頂

又曰盧敖見若士深目鳶肩

淮南子曰東方之人鳶肩　北方人大肩

梁冀別傳曰冀爲肩文傳曰趙壹肩高二尺高自抗竦爲鄉黨所擯

車頻秦書曰符堅生肩背有赤色隱起狀如篆文

洛神賦曰肩若削成

胛

釋名曰胛闔也與胷脅背相會闔

說文曰髆肩胛也

春秋元命苞曰胛之爲言附着也如龍蟠虎伏合附着也

吴越春秋曰專諸刺王僚貫胛達背

臂

釋名曰臂裨也在傍曰裨也

左傳莊公　初公築臺臨黨氏見孟任從之閟而以夫人言許之　割臂盟公生子般焉

又襄公　公孫丁射尹公佗貫臂

春秋元命苞曰湯臂四肘是謂神剛象月推移以綏四方

史記曰吴起東出衛郭門與其母訣嚙臂而盟曰起不爲卿相不復入衛門果如其言

漢書曰李廣隴西人援臂善騎射

又曰陳湯擊郅支時中寒病臂不屈伸湯入有詔無拜

又王莽傳曰甄豐子尋作符命而誅尋手理有天子字莽解其臂入視曰此一大子也或曰一六子也明尋子父當戮死也

又曰劉歆上議曰武帝立五廟國伐朝鮮起玄菟樂浪以斷匈奴左臂西伐大宛結烏孫以裂匈奴左臂

續漢書曰單超河南人梁冀振動天下延熹二年皇后崩帝呼單超等入謀誅冀及更召徐璜具瑗等五人遂定其議帝嚙超臂出血以爲盟冀及宗親黨與悉誅之

後漢書曰楊璇平蒼梧桂陽猾賊荆州刺史趙凱誣奏璇實非身破賊而妄有其功遂檻車徵璇防禁嚴密無由自訟乃嚙臂出血以書衣爲章具陳破賊形勢以付子弟詣闕通之詔原璇更拜議郎凱受誣人之罪

魏志曰太祖所乘馬名絶影流矢所中并中太祖右臂

吴志曰太史慈字子義東來人也長七尺美鬚髯猨臂善

射

蜀志曰先主長七尺五寸自顧見耳垂臂下膝

又曰關羽爲流矢所中貫在左臂陰雨常痛伸臂與醫刮骨去毒血流盤器而羽割炙引酒自若

晉書曰都官從事濟南劉享奏何曾綺麗華飾瑩牛蹄角後曾辟享爲掾因小事杖享破臂

晉中興書曰交州刺史王諒爲州人梁碩所圍城陷碩逼奪諒節諒不與碩遂斷諒右臂諒正色曰死不畏臂斷何有哉

崔鴻十六國春秋後趙錄曰石勒引李陽懽酣陽臂笑視之曰卿雖老臂中由有力頗復與人鬬不孤往日壓卿老拳卿亦飽孤毒手

後秦記曰姚襄垂臂過膝

三國典略曰陸法和進於巴陵見王僧辯謂之曰貧道已却侯景一臂更何能爲檀越宜即逐取侯景

三國典略曰高歡營主尉景欲執爾朱兆歡齧臂止之

唐書曰高宗幸東都太子於京師監國因留薛元超以侍太子臨行謂元超曰朕之留卿如去一臂關西之事悉以委卿

列子曰甘蠅古之善射者飛衛學射於甘蠅紀昌學射於飛衛盡飛之術計天下之敵已一人而已乃謀殺飛衛相遇於野二人交射矢鋒觸而墜於地飛矢先窮紀昌唯一既發飛衛以棘刺之端扞之而無差於是二子泣而投弓相拜於途請爲父子剋臂以誓不得告術於人也

莊子曰仲尼謂顏淵曰吾終身與汝交臂而失之可不哀與

又曰浸假而化子之左臂以爲鷄子因以求時夜浸假而化子之右臂以爲彈子因以求鴞炙

又曰韓魏相爭侵地子華子見昭僖侯昭僖有憂色子華子曰今使天下書銘於君之前曰左手攫之則右手廢右手攫之則左手廢然而攫之必有天下君攫之乎僖侯曰寡人不攫也子華子曰自是觀之兩臂重於天下也身又重兩臂韓之輕於天下遠矣

燕丹子曰荊軻拾瓦投鼃(音圭)太子令人奏奉盤金軻用竭復進軻曰非爲太子愛金也但臂痛耳

淮南子曰羿右臂長而善射

新序曰崔杼殺莊公申蒯漁於海將入死之門者以告崔杼令勿内蒯曰汝疑我乎乃斷其左臂以與門者以示杼陳八列令其入蒯拔劍呼天而鬬殺七列不及崔杼一列而死

白虎通曰湯臂二肘是謂抑翼攘去不義萬民蕃息

璅語曰晉師曠晝侍平公鼓琴輟而笑曰齊君與嬖人戲墜床傷臂公書記之使問齊侯果如其言

山海經曰長臂國人捕魚水中兩手各操一魚

又曰奇肱之國其人唯有一臂

劉欣期交州記曰儋耳之東人臂一骨

外國事白大拳國人援臂長膝

西京雜記曰宣帝被收繫郡邸獄臂上猶帶史良娣合綵宛轉繩係寶鏡一枚

幽明錄曰有人相羊叔子父墓有帝王之氣叔子於是乃自掘斷墓後相者又云此墓由當出折臂三公叔子工騎乘及爲襄陽縣督盤馬落地遂折臂

論衡曰書傳稱曾子孝與毋同氣曾子出薪於野客至而欲去曾子毋以右手搤左臂曾子左臂立痛即馳至此虚也臂痛曾子臂亦痛毋死曾子亦死乎搤於革切

俗説曰釋道安生便左臂上一肉廣一寸許着臂如釧將可上下時人謂之印手菩薩

楚辭曰九折臂而成醫

腕

釋名曰腕者言宛屈也

左傳定下曰晉師將盟衛侯于鄟澤鄟音專趙簡子曰羣臣誰敢盟衛君者涉佗成何曰我能盟之將歃涉佗捘衛侯之手及腕捘子對切捘擠也血至捘腕衛侯怒

腋

釋名曰腋繹也言可張翕尋繹也

說文曰胳略下也胠腋下也胳音各胠香劫反又去魚二切

漢書五行志曰高后八年三月祓霸上還過軹道見物如蒼狗戟高后腋忽不見卜之趙王如意爲祟遂病腋下而崩

東觀漢記曰江革爲五官中郎將將朝會詔使虎賁迎送扶腋寵遇甚厚

孔融上書曰先帝褒厚老臣懼其殞越是故扶接助其氣力三公刺腋近爲憂之非警戒也云備大臣非其類也

神仙傳曰老子毋感大流星而娠懷之七十歲乃生剖毋左腋而出

肘

釋名曰肘注也可隱注也

傳曰師陣于鞌郤克傷於矢曰余病矣張侯曰自始合而矢貫余手及肘余折以御左輪朱殷豈敢言病吾子忍之

又曰欒盈之亂范鞅遇欒樂曰樂免之死將訟汝於天樂射之不中又注則乘槐本而覆或以戟鈎之斷肘而死

春秋後語曰智伯率韓魏之兵以伐趙襄子於晉陽決晉水以灌晉陽之城不沒者三板智伯行水魏桓子御韓康子驂乘智伯曰吾不知水之可以亡人國乃今知之然汾水可以灌安邑絳水可以灌平陽魏桓子肘韓康子韓康子履桓子之足接於車上而智伯地分身死國亡爲天下笑

謝承後漢書曰羊續爲南陽太守志在矯俗裳不下膝彈琴出肘

段龜龍涼州記曰呂光左肘生肉印及征西域印內隱起文字曰巨霸也

莊子曰子貢往見原憲憲杖策而應正衿肘見

又曰支離叔與滑介叔觀於宜伯之丘崑崙之墟黃帝之所休俄而柳生於其左肘其意蹷蹷然惡之支離叔曰子惡之乎滑介叔曰亡予何惡生者假借也假之而生生塵垢也生爲晝夜且吾與子觀化化及我何惡哉

呂氏春秋曰宓子賤治單父恐魯君聽讒令己不得行術將行請迎史二人俱至單父使其書將書宓子掣其肘書不善則怒史患之請歸報魯君太息曰宓子以此諫寡人自今以去單父非寡人有

太平御覽卷第三百六十九

人事部十一

手　掌　指　爪

手

釋名曰手須也事業之所須也

毛詩碩人曰手如柔荑（如荑之新生也）

又魏葛屨曰摻摻女手可以縫裳

又曰衛風曰執子之手與子偕老

又邶栢舟北風曰北風其涼雨雪其雱（普康切）惠而好我攜手同行莫赤匪狐莫黑匪烏惠而好我攜手同車

又緇衣遵大路兮摻執子之手兮

禮曲禮曰長者與之提攜則兩手捧長者之手

又檀弓上曰孔子蚤作負手曳杖逍遙於門

又檀弓下曰原壤之母死夫子助之沐槨原壤登木歌曰貍首之班然執女手之卷然

又玉藻曰手容恭（高且正也）

又表記曰后稷天下之爲烈也豈一手一足（烈業也言后稷造稼穡天下世以爲業豈一手一足而用之者多無數也）

傳曰宋武公生仲子仲子生而有文在其手曰爲魯人夫故仲子歸於我

又閔公曰成季之生也有文在其手曰友

又宣上曰晉靈公不君宰夫胹熊蹯不熟殺之寘諸畚（音本）使婦人載以過朝趙盾士季見其手問其故而患之

又曰楚侵鄭穿封戌囚皇頡公子圍與之爭之正於伯州犂伯州犂上其手曰夫子爲王子圍寡君之貴介弟也下其手曰此子爲穿封戌方城外之縣尹也（上下手以遣四意）

又曰邑姜方娠太叔夢帝謂己余命而子曰虞將與之唐屬諸參而蕃育其子孫及生有文在其手曰虞遂以命之

又曰齊魯戰于炊鼻冉堅射陳武子中手（冉堅季氏臣也）失弓而罵（武子罵也）以告平子曰有君子白皙鬒鬚眉甚口（甚口多罵）平子曰必子彊也（子彊武子）

又曰昔叔向適鄭鬷蔑惡欲觀叔向從使之收器者而往立於堂下一言而善叔向將飲酒而聞之曰必鬷明也下執其手以上

又曰衛侯爲靈臺於籍圃與諸大夫飲酒焉褚師聲子襪而登席（古者見君解襪）公怒辭曰臣有病異於人（足有創疾）若見之君將㱇（㱇嘔吐也許角切）公愈怒諸師出公戟其手曰必斷其足

論語摘輔象曰仲弓鈎文在手是謂知始宰我手握戶是謂守道子游手握文雅是謂敏士公冶長手握輔是謂習

道子貢手握五是謂受相公伯周手握直期是謂疾惡

孝經援神契曰舜手握褒宋均注曰手中有褒字也喻從勞苦起受褒飭致天祚

漢書曰蕭何聞韓信亡不及以聞自追之人有言上曰丞相何亡上怒如失左右手

又曰孝武帝鉤弋趙婕妤家在河間帝巡狩過河間望氣者言有奇女天子氣使使召之既至女兩手皆拳上自披之手即時伸由是得幸號爲拳夫人生昭帝

又曰鮑永辟鮑恢爲從事京師語曰貴戚斂手避二鮑

後漢書曰劉寬欲朝婢𦵔羹汚朝衣手收之寬曰徐徐羮爛汝手

又曰郭王者廣漢人也學方診之伎和帝奇異之乃試令嬖臣美手腕者與女子雜處其中使王各診一手王言

左陽　右陰　脉有男女疾若異人自疑其故帝歎稱善

東觀漢記曰公孫述自言手文有奇瑞數移書中國上賜述書曰瑞應手掌成文亦非吾所知

張璠漢記曰董卓於衆座中生斷人手足百姓嗷嗷

魏略曰鄧雄鳴詣太祖太祖執其手曰孤方入關夢得神人即汝耶乃厚賜之

王隱晉書曰初武帝未爲太子文帝問裴秀曰人有相不秀曰中撫軍伸手過膝非人臣之相也

又曰愍懷太子名遹字熙祖初惠帝晚成世祖遣才人謝玖給惠帝生愍懷與諸王子共戲惠帝來朝謂諸王子也執其手世祖曰是汝兒也乃縮手

又曰高平劉柔卧鼠嚙其左手中指意甚惡之以問淳于

智筮之曰鼠本欲殺君而不能當爲使之反死乃以朱書其手腕橫文後三寸爲田字辟方一寸二分使夜露手以卧其明有一大鼠伏死手前

又曰郭文字文舉入餘杭山蘇峻未亂之前詣臨安山中臨安令萬寵迎著縣中養病及峻黨破餘杭山臨安如故人始異之自後不復語但舉手指麾以宣其意病甚寵問先生可復得幾日文三舉其手果以十五日終

晉中興書曰范宣　陳留人也年十歲能誦詩書嘗以刀傷手捧手改容人問痛耶答曰不足爲痛但受全之體而致毀傷不可歎耳家人以其年幼而異焉

崔鴻前趙錄曰劉翌驍幹過人能一手舉殿柱跳過平陽門

三十六國春秋曰劉淵父豹母呼延氏淵生而左手有文曰淵遂以命之

又曰彭神符生而有文在其手曰神符

梁書曰武帝手文曰武

三國典略曰梁劉之遴字思貞文範先生虬之子也博綜文史尚書令沈休之深敬器之右手偏直不得屈伸每晝則以紙就筆

唐書曰承乾數引侯君集入內問以自安之術君集以承乾劣弱意欲乘亹以圖之遂贊成不軌常舉手謂承乾曰此好手當爲殿下用之

老子曰代大匠斲希有不傷其手

莊子曰曾子居衛縕袍無表手足胼胝

墨子曰今謂人曰與子冠履而斷子手足必不爲何則冠履不若手足貴也爭一言以相殺是義貴於身

孟子曰嫂溺則援之以手乎曰嫂溺不援是豺狼嫂溺則援之以手權也（反於經而善者曰權）

韓子曰名實相須而成形體相應而生故一手獨拍雖疾無聲故曰左手畫圓右手畫方則不兩成

呂氏春秋曰客有言伍員於王子光惡其容貌以告伍員曰願王子居重帷見衣若手請因說之王子光許之子胥說之半舉帷搏其手而與之坐

燕丹子曰太子與荆軻置酒美人鼓琴軻曰好手太子即斷其手以玉盤奉之

又曰秦王斷荆軻兩手軻踞而罵曰吾坐輕易爲豎子所欺

太元經曰九體一爲手足

山海經曰柔利國爲人一手野人國面目手足盡異一臂

國為人一手

神仙傳曰金筒玉札内經皆云太上老子足蹈二五手把十文

鄭玄別傳曰玄唯有一子益恩有遺腹子玄以其手文似已名曰小同

李郃別傳曰公長七尺八寸多鬚髯手握三公之字

幽明録曰石勒問佛圖澄劉曜可擒兆可見不澄令童子齊七日取麻油掌中研之燎旃檀而呪有頃舉手向童子掌内粲然有異澄問有所見不曰唯見一軍人長大白皙以朱絲縛其肘澄曰此即曜也其年果生擒曜

異苑曰陶侃左手有文直達中指至上横節便絶占者以為此文若過位在無極侃針挑令徹血流彈壁乃作公字又取紙裹公迹愈明

搜神記曰周暢少孝獨與母居每出入母欲呼之常自齧其手暢即應手痛而至治中從事未之信候暢時在田母齧手而暢即歸

班固幽通賦注曰齊桓公倚柱歎曰天下奇珎易得但未得食人肉耳易牙歸斷其兒手以啖於君也

掌

釋名曰掌言可以排掌也

春秋元命苞曰掌圓法天以運動

孝經鈎命決曰仲尼虎掌是謂威射

論語摘輔象曰澹臺滅明歧掌是謂正直

戰國策曰蘇秦說李兌明曰復見抵掌而說兌送秦以明月之珠和氏之璧

九州春秋曰公孫瓚為袁紹所圍曰天下兵起我謂可唾掌而決今視之兵華方始不如休兵積穀

魏志曰上攻呂布於濮陽焚其東門布騎犯青州兵奔陣亂趍門門已燒上乘馬突火出墮馬燒左手掌司馬樓異扶上馬乃出

魏略曰京兆鮑出有文才值世飢餓出求食飲敢人賊以繩貫其母手掌驅去走追擊賊得其母還

孟子曰行不忍人之政治天下可運之掌上

孫卿勸學曰有子惡卧而焠(倉憒切)其掌可謂能自忍矣(桓範世要論曰有君好卧而刺其掌)

南方異物志曰烏滸人以人掌蹠為珎重以食長老

指

春秋元命苞曰指五者法五行

傳曰楚人獻黿於鄭靈公　公子宋與子家將入見(公子宋子公也家子歸生也)子公之食指動(指第二指也)以示子家曰他日我如此必嘗異味及入宰夫將解黿相視而笑公問之子家以告及食大夫黿召子公而不與子公怒染指於鼎嘗之而出

又曰晉楚戰于邲楚孫叔敖乘晉軍桓子不知所為鼓於軍中曰先濟者有賞中軍下軍爭舟舟中之指可掬

又曰吳伐越越子勾踐禦之陳于檇(音醉)李靈姑浮以戈擊闔閭(靈姑浮越大夫闔閭吳王也)傷將指取其一屨(將指中大指亦曰大拇指)還卒于陘去檇李七里

史記曰高祖過趙趙王張敖自持案進食禮甚恭高祖箕踞駡之是時趙午等數十人皆怒謂張王曰今遇王如是臣等請為死王齧指出血曰君何言之誤且先人失國賴陛下德流子孫公等奈何言若是

漢書曰高祖與匈奴連戰會於樓煩十月寒冰墮指十二

三

後漢書曰蔡順少孤養母嘗出求薪有客卒至母望順不還乃噬其指順即心動棄薪馳歸跪問其故母曰有急客來吾噬指以悟汝耳

謝承後漢書曰梁國車章爲本縣功曹令黄奉爲人所誣章證其無罪下筆立辭乃以斧斫左手五指閉口死於獄中

晉書曰武帝與胡貴嬪爭樗蒲傷其指帝怒曰此固將種也嬪曰北伐公孫西距諸葛非將種而何

唐書曰太宗嘗閑宴顧謂李勣曰朕將屬以幼孫思之無越卿者公往不遺於李密今豈負於朕哉勣雪涕致詞因噬指流血俄而沉醉乃解御服覆之

莊子曰駢拇枝指出乎性哉而侈於德枝於手者樹無用之指也

又曰以指喻指之非指不若以非指喻指之非指也

又曰指窮爲薪而火傳也窮盡以爲薪前薪以指指盡前薪之理故火傳而不滅

墨子曰桀有勇力之人大戲紂有勇力之人費仲惡來崇侯虎並指畫殺人

孟子曰養其一指而失肩背而不知也則爲狼疾人矣醫養人疾治其一指而不知其害之此爲也狼藉亂不知治疾之人也肩背之有疾以至於

抱朴子指測海指極則謂水盡猶目察百步而云見極也

吴越春秋曰夫差聞孔子至吴微服觀之或人傷其指王怒欲索國而誅之子胥諫乃止

呂氏春秋曰倕巧人也不愛倕之指而愛己之指

搜神記曰曾子從仲尼在楚而心動辭歸問母曰思之齧指孔子聞之曰曾之至誠也精感萬里

孝子傳曰樂正者曾參門人也來候參參採薪在野母嚙右指旋頃走歸見正不語入跪問母何患母曰無參白負薪右臂痛薪墮地何謂無母曰向者客來無所使故嚙指呼汝耳參乃悲然

列仙傳曰漢武帝巡太山禝丘君冠章甫擁琴來拜曰陛下勿上上必傷足及上數里右足指果折上諱之故但祠而還

列女傳曰廣漢龐伯妻叚有美色早寡父母欲嫁之援刀割指以自誓

陳留耆舊傳曰吴祐爲膠東相安丘男子毋丘長共母到市遇醉客罵母長怒殺之爲吏所得繫獄祐問知無子令妻入遂有身臨刑齧指斷呑之謂妻曰若生男名曰吴生云我臨死呑指爲誓屬子報吴君

世說曰范宣年八歲後園挑菜誤傷指大啼人問痛也答曰非爲痛也但身體髮膚不敢毀傷是以啼耳

班固幽通賦注曰管仲射小白中其鈎白陽僵鮑叔割指血塗之傾蓋以覆之哭曰吾君死矣魯攝兵

爪

釋名曰爪紹也筋極爲爪以紹續指端

詩鴻鴈祈父曰祈父予王之爪牙胡轉予于恤靡所止居

史記曰成王少時病周公乃自剪其爪沉之河以祀於神曰王少未有識干神命者乃旦也亦藏策於府成王病瘳乃成王用事人或譖周公周公奔楚成王發見周公之禱書乃泣而歸周公

謝承後漢書曰會稽戴就爲郡倉曹掾太守爲州所奏就見收持鐵針刺手爪中使以把土就十爪皆墮地終無撓

辭

魏略曰臨樂國王生浮屠身色黃鬚青如絲爪赤如銅

續晉陽秋曰義熙九年羣盜發卞壼墓剖棺見壼屍鬢

鬚鬖蒼白面如生人兩手悉拳爪甲乃長穿達手背焉

三國典略曰齊主誅諸元姻黨死者九七百二十一人悉

投屍於漳水剖魚者得人爪甲鄴都爲之不食 魚也

南史曰羊侃有妓着七寸鹿角爪彈箏一時無對

韓子曰韓昭侯除爪而陽亡一爪求之甚急左右因取爪

而效之昭侯以此察左右之不誠

淮南子曰古將之出鑿凶門設明衣剪指爪許慎注曰明衣遺紒衣也

帝王世紀曰湯伐桀後大旱七年遂齋戒剪鬚斷爪以己剪手足指爪者是必死也

爲犧牲禱於桑林之社

夏侯湛新論曰爪生於肉去爪而肉不知

列異傳曰神仙麻姑降東陽蔡經家手爪長四寸經意曰

此女子實好佳手願得以搔背麻姑大怒忽見經頓地兩

目流血

劉欣期交州記曰刺史陶璜晝卧覺見一女子抱其臂始

欲捉之以爪擲呼郭切其手痛不可忍放之遂飛去

太平御覽卷第三百七十

人事部十二

胷　膺　乳　腹　背

脊　膂　肋　臍

胷

說文曰膺胷也臆胷骨也

廣雅曰臆膺胷也

釋名曰胷猶啌啌氣所衝（啌許江切）

左傳僖下曰魏犨執僖負羈氏魏犨傷於胷公欲殺之而愛其材使問且視之病將殺之魏犨束胷見使者曰以君之靈不有寧也距躍三百曲踊三百乃舍之

論語摘輔象曰孔子胷應矩是謂儀古

春秋演孔圖曰孔胷文曰制作定世符運

春秋後語曰荆軻謂樊於期曰願得將軍之首以獻秦王秦王必喜而見目目左手把其袖右手揕其胷

漢書曰高祖與項羽對軍數羽十罪羽伏弩射漢王中胷高祖詐捫足曰虜中吾指

又曰王莽好反膺高視

京房易妖占曰人生子有二胷民謀其主

帝王世紀曰禹母吞神珠胷坼而生禹

淮南子曰文王洿膺（許慎注曰洿窪也）

南州異物志曰獠民亦謂文身國刻其胷前作華文以爲飾

山海經曰結胷國爲人結胷（郭璞注曰臆前肤出如人結喉）貫胷國爲人胷有竅

世說曰王孝伯問王大忱阮籍何如司馬相如王大忱曰阮籍胷中壘塊故須酒澆之（言同相如唯有酒興大忱小字）

錄異傳曰漢武帝時蒼梧賈雍爲豫章太守有神術出界討賊爲賊所殺失頭雍上馬還營營中咸走來視雍雍胷語曰有頭爲佳吏涕泣曰有頭佳雍曰無亦佳言畢遂死

志怪集曰石季倫毋喪洛下豪俊赴殯者傾都王戎亦入臨殯便見鬼擭臂打搥鑿甚惶惶有一人當棺立此鬼披胷陷之此人即應鑿而倒人便舁去得病半日死故世間相傳不宜當棺由戎所見

膈

說文曰胷心上膈也

釋名曰膈塞也膈塞上下使不與穀氣相亂

世說曰桓公有主簿善別酒輒令先嘗好者謂青州從事惡者謂平原督郵青州有齊郡平原有膈縣從事言至臍督郵言至膈上住

乳

廣雅曰湩謂之乳

說文曰湩乳汁也（湩音東又竹仲切）

通俗文曰乳病曰疘（丁故切）

河圖曰蒼帝并乳（宋均曰法房星也）

春秋元命苞曰文王四乳是爲含良蓋法酒旗布恩舒明（宋均曰乳酒也）

漢書曰張蒼免相後口中無齒食乳以女子爲乳母也

謝承後漢書曰南陽李善本濟陽李元家奴元遭病死唯有孤孫續有貲千萬奴婢欲謀殺續分其財產善夜抱續逃瑕丘界親自哺養乳爲生湩遂至成長

吳書曰潁川馮熙使魏辭意不屈魏留之熙懼見迫乃引

刀刺中乳房上聞嘉之賜鹽米復其門

後魏書曰朱循之爲劉義隆司徒從事中郎守滑臺安頡圍之其母在家乳汁忽出母號慟告家人曰我年老非復有乳汁之時今忽如此兒必沒矣果以其日爲頡所擒

又曰昭成皇帝諱什翼犍則乳至席

齊書曰太祖母陳皇后生太祖二年乳人乏乳后夢人以兩甌麻粥與之覺乳遂大出

淮南子曰文王四乳是謂太仁天下所歸百姓所親

山海經曰形夭與帝爭神帝斷其首罪葬之常羊山乃以乳爲目齊爲口

益部耆舊傳曰蜀郡張寬字叔文漢武帝時爲侍中從祀甘泉至渭橋有女子浴於渭水乳長七尺上怪問之女曰帝後第七車者知我所來時寬在第七車對曰天星主祭祀者齋戒不嚴時則女人見

劉欣期交州記曰趙嫗者九眞軍安縣女子也乳長數尺不嫁入山聚羣盜遂攻郡常着金擒蹤屐戰退輒張帷幙與少男通數十侍側刺史吳郡陸胤平之

王子年拾遺録曰無老國其人皆千歲百歲一老齒落髮禿又年少嫗者乳養還復若幼稚

神仙服食經曰仙藥有陽丹陰丹陰丹婦人乳汁也婦人十五已上下爲月客有身月客絕上爲乳汁

養性經曰乳者意之府也

世說曰王武子蒸肫肥美異常味武帝怪問何由乃尒云以人乳飲之武帝色甚不平所以飲食未畢便去

異苑曰賈充妻郭氏爲人凶妬生兒黎民年始二歲充外入就乳母抱中嗚撮郭遙見謂充愛乳嫗即殺之兒恒啼泣不飲他乳經日遂死郭於是終身無子

唐新語曰韓思彥以侍御史巡察于蜀成都有富商兄弟三人分資不平爭訴累年不决思彥推案數日令廚者奉乳自飲以其餘賜爭者竊相語遂號哭攣援不解俱言曰侍御豈不以兄弟同乳母耶悲號不自勝請同居如初

相書許負曰乳間闊尺富貴足壽乳黑如墨公侯之相

腹

說文曰腹厚也

釋名曰腹複也富也腹胃之屬己自衰盛復於外複之其中多品似富者也自齊巳下曰水腹水泃所聚也

又曰少腹少小也比齊巳上爲小也

易說卦曰坤爲腹離其於人也爲大腹

尚書盤庚曰今予其敷心腹腎腸歷告爾百姓于朕志

左傳宣十三年傳曰楚子圍蕭司馬卯言號申叔展曰有麥麴乎曰無有山芎藭乎曰無河魚腹疾柰何曰目於眢井而出之

國語曰叔魚牛腹其母數曰必以賄死

史記曰薄姬曰昨夜夢着龍據妾腹帝曰此貴徵也吾爲汝成之一幸生男是爲代王

史記曰范睢說秦昭王曰伍子胥橐載而出昭門夜行晝伏至於陵水無以餬其口膝行匍匐稽首肉袒鼓腹吹簫乞食於吳市卒興吳國闔閭爲伯

東觀漢記曰光武降銅馬諸將未能信賊賊亦兩心上勑賊各歸勒兵上輕騎入賊營賊曰蕭王推赤心置人腹中安得不投死

又曰帝問東平王蒼在家何等最樂對曰爲善最樂後詔

興諸國述之曰王言甚大副其腰腹矣

謝承後漢書曰齊陰戎良字子恭年十八爲郡門下幹良儀容佳麗太守諸葛禮使寫書從者誣良與婢通良剖腹引出肝腸示禮赤心

後漢書曰邊韶字孝先教授數百人韶口辯曾晝眠卧弟子嘲曰邊孝先腹便便懶讀書但欲眠韶潛聞之應之曰吾以邊爲姓先爲字腹便便五經笥但欲眠思經義寐與周公通夢靜與孔子同意師而可嘲出何典記嘲者大慙

魏志曰管輅弟辰謂輅曰大將軍待君意厚冀當富貴輅長歎曰天與我明才不與我年壽恐四十七八間不見女嫁男娶吾背無三甲腹無三壬此皆不壽之驗明年四十八卒

吳録曰丁固夢腹上生松趙達謂之曰松字十八公後果然（夢門巳具）

齊書曰高帝爲領軍蒼梧王深相猜忌屢欲害帝常帥數十人直入領軍府時暑熱帝晝卧裸袒蒼梧立帝於室內畫腹爲射的自引滿將射之帝神色不動斂扶曰老臣無罪蒼梧左右王天恩諫曰領軍腹大是佳射堋而一箭便死後無可復射不如髇射之乃取髇箭一發即中帝臍蒼梧投弓於地大笑曰此手如何

崔鴻十六國春秋後趙録曰佛圖澄腹傍有一孔常以絮塞之每夜書則拔絮孔中出光照于一室又當齋時平旦至流水側復腹傍孔中引出五藏六腑洗之訖還內腹中

老子曰虛其心實其腹

又曰聖人爲腹不爲目

莊子曰夫赫胥氏之時民含餔而熙鼓腹而遊

唐子曰人君以江海爲腹山爲面如此則下不知其量畏而懷之

帝王世紀曰紂剖孕婦之腹中以觀其胎

吳越春秋曰子胥鞭平王尸三百右手決其目左手踐其腹

京房易占曰人生有二腹其國分

王子年拾遺録曰孫策母夢腸出委地有神女夜來爲其收內腹裏云必生才雄之子方興吳國神女負策母繞吳昌門三匝曰當錫尒此土鼎足於天下

談藪曰楊玠娶博陵崔季讓女崔家富圖籍殆將萬卷成婚之後頗亦遊其書齋既而告人曰崔氏書被人盜盡曾不之覺崔遽令檢之玠捫腹曰已藏之經笥矣

世說曰郝隆七月七日出日中仰卧人問其故荅曰我曬腹中書耳

又曰張華既貴有少時賓客來候之華與共飲九醞爲酣暢其夜醉眠張常飲此酒眠輒使人左右轉倒其夜客卧忘勑左右而左右依常爲張公轉側至明起友人猶不起視之酒果穿腹流牀下滂沲

又曰劉真長始見王丞相時盛暑之月丞相以腹熨彈碁局曰何乃渹（吳人以冷爲渹或作渹音與鄭相近）劉既出人問見王公如何劉曰未見他異唯作吳語耳

又曰郗太尉在京日遣門生與王丞相書求女壻丞相語郗信曰君往東廂下任意選之門生歸白郗云王家諸郎皆可嘉聞其來覓女壻咸自矜持唯有一郎在東床坦腹而食如不聞郗云正好比訪之乃是逸少因嫁女與之

俗說曰有人指周伯仁腹曰此中何有荅此中洪洞容卿

等數百人

背

說文曰背脊也

釋名曰背倍也在後稱也

廣雅曰背謂之骶（音觝）背北也

左傳莊公曰齊襄公田于貝丘見大豕從者曰公子彭生也公怒曰彭生敢見射之豕人立而啼公懼墜于車傷足喪屨反誅屨於徒人費弗得鞭之見血走出遇賊于門刧而束之費曰我奚御哉袒而示之背信之費請先入伏公而出鬬死于門中

史記曰婁敬說高祖曰夫與人鬬不搤其亢（張晏曰亢喉嚨也）拊其背未能全勝也今陛下入關而都秦之故地此亦搤天下之亢而拊其背

又曰蒯通知天下權在韓信說之曰相君之面不過封侯相君之背貴乃不可言

漢書曰吴王濞高帝兄仲之子上患吴會輕悍無壯王鎮之乃立濞爲吴王王三郡五十二城高祖召濞相之曰尒狀有反相因拊其背曰漢帝後五十年東南有亂豈非若耶天下一家愼無反濞頓首曰不敢

又曰武帝過平陽主既飲謳者進帝起更衣子夫侍尚衣軒中得幸還坐忻甚賜平陽主金千斤主因奏子夫送入宮子夫上車主拊其背曰行矣强飯勉之即貴願無相忘元朔元年生男據遂立爲皇后

後漢書曰越騎校尉伍子孚怒董卓兇毒乃朝服懷刃見卓語畢辭去卓送至閤以手撫其背孚因出刀刺之不中卓自奮得免呼左右執殺孚

魏略曰孟達降文帝乘小輦執手拊其背戲之曰卿得無爲劉備刺客耶

又曰太祖丁夫人養劉夫人子脩脩士於穰下常言將我兒殺之遂哭泣無節太祖怨之遣歸家後太祖就見之夫人方織踞機如故太祖拊其背曰顧我共載歸乎夫人不應太祖却行户外遂不應太祖曰眞決矣遂與之絶

吴志曰魯肅代周瑜之當陸口過呂蒙屯下肅常輕蒙蒙問肅君受重任與關羽爲鄰將何計略以備不虞肅造次應曰臨時施宜蒙曰今東西雖一家而關羽實熊虎因爲畫五策肅於是越席就之拊其背曰呂子明吾不知卿才略所及於此（子明蒙之字也）

車頻秦書曰苻堅生肩背赤色隱起狀若篆文付因爲苻氏

又曰堅背文曰草付之祥因爲苻氏

唐書曰貞觀四年制决罪人不得鞭背以明堂孔穴針灸之所

又曰呂溫者以小吏事崔漢衡貞元初吐蕃背盟漢衡爲吐蕃所虜將殺之溫趨往以背受刃吐蕃義之由是與漢衡俱免

尸子曰醫竘者秦之良醫爲宣王割痤爲惠王治痔皆愈張子之背腫謂竘曰背非吾背也子製焉醫竘善治疾張子委製焉夫爲身與國亦猶此必有所委製然後治矣（竘音叩叡）

孔叢子曰仲尼龜背

帝王世紀曰簡翟浴玄丘之水燕遺卵呑之剖背生契

白虎通曰傳稱周公背僂是謂强後成就周道輔相幼主

又孫卿子曰周公傴背不伸也

博物志曰宋有田夫自曝背於日其妻曰負日之暄今獻必蒙重賞田夫曰昔人有美戎菽甘芹子獻之鄉豪嘗苦於口笑而弃之

論衡曰書言齊桓公負婦人以朝諸侯管仲曰吾君背疽瘡不得婦人瘡不愈此虛也桓公設庭燎夜坐以致賢士豈反以白日負婦人於背乎

幽明録曰王子猷先有背疾子敬疾篤恒禁來往聞子敬亡撫心悲惋都不一聲背即潰裂

脊

說文曰脊背膂也

釋名曰脊積也積續骨節終上下也

春秋元命苞曰陽立於三故人脊三寸而結宋均曰結節結也

孝經鉤命決曰仲尼龜脊

墨子曰周宣王殺其臣杜伯不辜後三年王田於圃田車徒滿野杜伯乘白馬素車衣朱衣朱冠弓矢射王車上中心折脊王殪車中伏韔而死韔音暢

脅

說文曰骿并脅也脅兩膀也膀兩脅旁也從內脅聲

通俗文曰腋下謂之脅

釋名曰脅挾也在兩旁臂所挾也

春秋元命苞曰陰極於八故人旁八幹長八寸

又曰頭項駢幹上法月參集成紀以理陰陽

左傳僖中曰晉公子重耳及曹曹共公聞其駢脅欲觀其躶浴薄而觀之

公羊傳曰齊公子彭生送魯莊公拉幹而殺之也

史記曰范雎先事魏中大夫須賈賈使齊雎從齊王聞雎辯賜金及牛酒賈以爲雎持陰事告齊既歸以告魏相魏大怒使人笞擊雎折脇摺齒雎佯死弃於廁

吳志曰曹仁攻圍甘寧周瑜救寧圍解乃渡屯北岸剋期大戰瑜跨馬略陣會流矢中右脅瘡甚便還後仁聞瑜臥瘡未起勒兵就陣瑜乃自輿按行激揚吏士仁遂退

晉書曰周顗在中朝時能飲一石及過江雖醉每稱無對偶有舊對從北來顗亦出二石酒共飲各大醉及顗醒使視客已腐脅而死

世本曰陸終娶于鬼方氏之妹謂之女嬇嬇音潰生六子孕而不育三年啓其左脅三人出焉啓其右脅三人出焉

王充論衡曰張儀駢脅卒相秦魏

外國圖曰大秦國人長脅

肋

釋名曰肋勒也檢肋五藏也

廣雅曰幹謂之肋

竹林七賢論曰劉伶嘗醉與俗人相忤其人攘袂而往必欲敺之伶顧而笑曰鷄肋不足以安尊拳

臍

說文曰臍肚臍也

釋名曰臍劑也腸端之所限劑也

春秋元命苞曰臍者下流並會合爲齊腹宋均曰齊中也四方並湊者也

左傳莊公曰楚文王過鄧鄧祁侯享之三甥曰亡鄧國者必此人也若不早圖後君噬臍若齧腹臍喻不可及

後漢書曰董卓既誅乃尸於市天時始熱卓充肥脂流於地守尸吏燃火置卓臍中光明達曙如是積日

漢晉陽秋曰齊王冏之方盛也有婦人詣大司馬門求寄產吏詰之婦人曰我截齊罷便去耳有識者聞而惡其言

南燕錄曰慕容德其母夢日入臍中晝寢而生德

莊子曰支離疏頤隱於臍

笑林曰趙伯翁肥大夏日醉臥孫兒緣其肚上戲因以李八九枚內臍中至後日李大爛汁出乃泣謂家人曰我腸爛將死明日李核出乃知孫兒所內李子也

腰

說文曰腰身中也

釋名曰腰約也在體之中約繳大而小也

春秋元命苞曰腰而上者爲天尊高陽之狀腰而下者爲陰豐厚地之重數合於四故腰周四尺

後漢書曰東平憲王蒼腰帶八圍顯宗甚重之詔曰日者問東平王處家何等最樂王曰爲善最樂其言甚大副是腰腹矣

又曰梁冀妻能作折腰步

晉書曰陶潛曰不能爲五斗米折腰於鄉里小人

干寶晉紀曰中書令李豐謀廢大將軍世宗使舍人王羨請之豐來辭不遜左右以刀環築腰死

南史曰羊侃有妓張靜琬腰一尺六寸能掌中舞孫荊玉能反腰帖地銜得地上簪

二石僞事曰石虎攻中山得鄭略之妹生二男更娶崔爲妻至相敬待無兒鄭復生男崔求養鄭不許一月卒病死鄭譏崔謂妾多養胡子虎時踞胡牀於庭中大怒索弓箭崔聞欲殺之徒跣至虎前曰公勿枉殺妾乞聽妾言虎不聽但言促還坐無預御崔便去　未至虎於後射之中腰而殞

墨子曰楚靈王好士細腰故其臣皆三飯爲節脇息然後帶扶墻然後起

韓子曰楚靈王好細腰國有餓死人

尹子曰楚莊王好細腰一國皆有飢色

西京雜記曰趙后體腰柔弱善行步進止女弟昭儀不能及也

太平御覽卷第三百七十一

人事部十三

髀股　髕　膝　脛

腓腸　足　踝

髀股

說文曰髀股外也又曰股髀也

釋名曰髀卑也在下稱也股固也爲強固也

易說卦曰巽爲股

春秋元命苞曰髀之爲言跛也陰二故人兩髀

尚書咎繇謨帝曰目作朕股肱耳目

左傳僖中曰宋公及楚人戰於泓宋公既成列楚人未濟司馬曰彼衆我寡及其未濟也請擊之公曰不可既陣而後擊之宋師敗績公傷股

又襄四年曰齊侯襲莒門于且于（且于莒邑）傷股而退

又襄二十五年曰崔杼之亂甲興公登臺而請弗許公踰牆又射之中股

又哀下曰衛石圃攻公公踰北方而墜折股

戰國策曰蘇秦讀書欲睡引錐自刺其股血流至踵

漢書曰高祖股上有七十二黑子

又曰魏勃少時欲求見齊相曹參家貧無以自通乃早掃齊舍人門因得自進及灌嬰責其勸齊王反狀勃曰失火之家豈暇先言大人然後救火乎因退股戰不能言嬰曰人謂勃勇庸妄人耳何能爲乎

東觀漢記曰耿弇擊張步於東城飛矢中弇股以手中刀截之軍中無知者

魏志曰諸葛亮軍退司馬宣王使張郃追之郃曰軍法圍

城必闕歸軍勿追宣王不聽郃不得已遂之蜀軍乘高布伏弓弩亂發矢中郃髀股

江表傳曰孫策攻笮融爲流矢中傷股不能乘馬因自輿還

九州春秋曰劉備奔荊州劉表甚敬禮之備作上客數年嘗於坐中起至廁見髀裏肉生流涕還坐表問備備曰昔年嘗身不離鞍鞸肉皆消今不復騎髀裏生肉日月若馳老將至矣而功業不立是以悲耳

晉中興書曰王恭敗單馬奔曲阿不堪久騎兩髀生瘡不能復去曲阿人殷確以舡載之爲胡浦尉所得

三國典略曰後周盧昌期祖英伯反宇文神舉討平之神舉以英伯壯節欲令寬赦軍人已割其髀肉如鵝卵矣英伯顏色不變遂遣誅之

唐書曰李勣初平王世充獲其故人單雄信勣表稱其武藝請以官爵贖之高祖不許臨將就戮勣對之號慟割股肉以啖之曰生死永訣

典略曰王符字節信安定人渡遼將軍皇甫規去官歸安定有人前以貨買鴈門太守者亦去官歸書刺從規規卧不迎使呼入既坐問啖鴈美乎又以其刺刮髀聞符至大禮之

段龜龍涼州記曰隱王張美人年色壯艶出家爲道呂隆逼之張自投門樓雙股頓折口誦經色自若俄而死

太公金匱曰武王伐殷丁侯不朝尚父乃引畫丁侯射之丁侯病遣使請臣尚父乃以十干日別去箭丁侯病乃愈四夷聞皆懼越裳氏獻白鳥也

山海經曰長股國爲人常被髮一曰長脚

范注方曰青龍中司徒吏顏奮女苦風一髀偏枯羸瘠民爲穿地作坑取雞矢荆葉燃之令煙內脛坑中視虫出長尺頭尾赤病愈

臀

廣雅曰臀謂之脽亦謂髀（脽音誰髀音翠）

釋名曰臀遌也高厚有殿遌也

周易困卦初六曰臀困于株木入于幽谷三歲不覿凶

又姤卦曰臀無膚其行次且

國語曰晉成公之生其毋夢神規其臀以黑曰使有晉國故名之黑臀

膝

釋名曰膝申也可屈申也膝頭曰膞膞圜也因形圓而名之

禮記檀弓下曰穆公問子思曰爲舊君反服古歟子思曰古之君子進人以禮退人以禮今之君子進人若將加諸膝退人若將墜諸淵無爲戎首不亦善乎又何反服之禮之有

孝經曰故親生之膝下以養父母日嚴

史記曰衛鞅復見孝公與語不自知膝之前於席也

魏志曰朱建平善相馬文帝將出取馬入建平曰此馬之相今日死矣文帝將乘馬馬惡衣香囓帝膝帝大怒即使殺之

又曰諸葛亮復出岐山詔張郃督諸將至木門與亮軍交戰飛矢中郃右膝薨

又曰蘇則與董昭俱爲侍中昭嘗枕則膝臥則推下之曰蘇則膝非佞人之枕

又曰鍾繇有膝疾拜起不便常輿車上殿

魏略曰初袁熙納甄后熙出行在幽州后留侍姑及鄴城破袁紹妻及后坐堂上文帝入紹舍后怖以頭伏姑膝上文帝謂曰袁夫人令新婦舉頭姑乃捧后令仰帝就視顏色非凡稱歎之太祖聞遂爲迎之

又曰諸葛亮在荆州以建安初與潁川石廣元徐元直汝南孟公威等俱遊學三人務於精熟而亮獨觀其大略每晨夜從容常抱膝長嘯而謂三人曰卿諸人仕進可至郡守刺史三人問其所至亮但笑而不言

三國典略曰王僧辯平侯景或謂僧辯曰朝士來者孰當先至僧辯曰其周弘正乎俄而弘正與弟弘讓自拔迎軍僧辯甚喜謂之曰公可坐膝上弘正對曰可謂加諸膝也老夫何足當之

莊子曰黃帝聞廣成子在於崆峒之上閒居三月復往邀之廣成子南首而卧黃帝從下風膝行而進

列女傳曰桀日夜與末嬉及宮人飲酒常置末嬉於膝上聽用其言

黃帝素問曰膝者筋之府

脛

說文曰脛胻也（胻胡郎切）

釋名曰脛莖也直而長似物莖

尚書泰誓曰商王受斮朝涉之脛（孔安國注曰冬月見朝涉水者謂其脛耐寒斮而視之）

論語憲問恥曰原壤夷俟孔子曰幼而不遜悌長而無述焉老而不死是爲賊以杖叩其脛

後漢書曰馬援擊西羌中流矢貫脛帝以璽書勞之

東觀漢記曰淳于恭養兄崇孤而教誨學問時不如意輒呼責數以捶自擊其脛欲感之兒慙負不敢復有過

魏略曰北丁零有馬脛國聲似鴈鶩從膝脛以下生馬蹄走疾於馬

正部曰夏禹治水腓無胈脛無毛

山海經曰交脛國為人交脛（郭璞注曰脚脛曲相交所謂交趾也）有赤脛民赤水之東有長脛之國

腓腸

說文曰腨腓腸也（腨市兗切腓符非切腸直良切）

易艮卦曰六二艮其腓

又咸卦六二曰咸其腓凶居則吉

東觀漢記曰馬援為隴西太守擊羌中矢貫腓腸上聞賜羊三千牛三百頭以養病

山海經曰無䏿之國為人無䏿（郭璞曰腸腸䏿音啓又公弟切）

韓子曰晉平公與唐彥坐而出叔向入公曳一足叔向問之公曰向吾侍唐子腓痛足痺而不可伸

足

尒雅曰趾足也

說文曰足在下也

釋名曰脚却也以其坐時却在後也

易說卦曰震為足

尚書說命曰若跣弗視地厥足用傷

禮記玉藻曰足容重（舉欲遲也）

又祭義曰樂正子春下堂而傷其足數月不出猶有憂色門弟子曰夫子之足瘳矣數月不出猶有憂色何也樂正子春曰父母全而生之子全而歸之可謂孝矣不虧其體不辱其身可謂全矣故君子頃步而弗敢忘孝也今予忘孝之道予是以有憂色也一舉足而不敢忘父母一出言而不敢忘父母是故道而不徑舟而不游不敢以先父母之遺體而行危殆

左傳莊公曰鄭伯治與於雍糾之亂者刖強鉏君子謂強鉏不能衛其足

又莊公八年曰齊亂殺孟陽于牀曰非君也不類見公之足于户下遂弑之

又成下曰齊刖鮑牽仲尼曰鮑莊子之智不如葵葵猶能衛其足（言鮑牽居亂不能危行言遜）

又昭二年曰衛襄公夫人姜氏無子嬖人婤始生孟縶孟縶之足不良能行（跛也婤音周始烏合切）

又哀下曰衛侯與諸大夫飲酒褚師聲子韤而登席公怒

曰必斷而足（事具手部）

穀梁傳定公　會齊侯于夾谷孔子曰笑君者罪當死使司馬行法焉手足異門而出

史記曰韓信使人言齊偽詐多變願為假王漢王大怒張良陳平躡漢王足因附耳語曰漢方不利寧能禁信之王乎

漢書曰漢王項羽相與臨廣武之間漢王數羽十罪羽大怒伏弩射中漢王漢王傷胷乃捫足曰虜中吾指

又曰張湯所愛史魯謁居病卧閭里主人湯自往視病為謁居摩足

又曰昭帝立遣李陵故人隴西任立政等三人俱至匈奴招陵單于置酒政等見陵未得私語即目視陵而數自循其刀環握其足陰喻之言可歸漢

後漢書曰李固足下有龜文

續漢書曰楊彪見漢祚將終遂稱脚攣不復行積十餘年

王隱晉書曰陶侃爲荊州杜弢（音韜）將王貢遥語貢橫脚馬上侃説曰杜弢爲益州刺史盜用庫金父死不奔喪君本佳人何隨之天下無白頭賊也貢聞下其脚辭又順侃知其意使降人喻貢貢乞得先信乃截髮爲信蜀賊粮盡貢既降而走

晉書曰陶潛無履江州刺史王弘顧左右爲之造履左右請履度潛便於坐伸足令度焉弘要之還州問其所乘荅云素有脚病向來籃輿亦足自反乃令一門生二兒共輿之

三十國春秋曰王濟甞與武帝棊濟伸脚在局下因問孫皓曰聞君生剥人面皮何也皓曰見人臣無禮於其君者則剥之武子大慙遽縮脚

晉陽秋曰周顗既遇害王彬告之甚哀敦怒曰周伯仁九人遇之何爲如此彬曰伯仁長者君之親友在朝雖無謇諤亦無所阿黨且加之極刑何痛如之左右見敦盛怒竊勸跪謝彬曰脚痛不能跪拜敦復曰脚痛孰與頸痛咸爲失色

續晉陽秋曰習鑿齒以脚病廢於里巷苻堅滅楚鄧素聞其名與釋道安俱舉而致焉與語大悦以其蹇疾裁堪半丁與諸鎮書曰晉氏平吴利在二陸今破漢南得士一人半耳

三國典略曰侯景左足上有肉瘤其狀如龜戰應剋捷瘤則隱起如其不勝瘤則低下及奔敗瘤陷肉中

唐書曰工部尚書賈直言父道冲以伎術待詔翰林因言事獲罪於代宗皇帝詔遂之賜酖於路直言僞令其父拜四方辭上下神祇伺使者視稍怠即取其酖以飲遂迷仆而死明日酖洩于足而後復蘇代宗聞之減父罪直言亦自此病躄

家語曰南宮縚（音韜）見孔子未甞越履往來過之足不履影

老子曰千里之行始於足下

韓子曰楚人和氏得玉璞楚山之中獻之武王武王使玉人相之曰石也刖其左足武王薨文王即位又奉獻之玉人相之曰石也刖其右足成王即位和抱其璞哭于楚山之下三日三夜泣盡繼之以血王使玉人理之得寶焉名曰和氏璧

又曰魯哀公問孔子曰吾聞夔一足信乎對曰夔人也獨通於聲堯曰夔一而足矣使爲樂正

又曰晉平公與唐彥坐而出叔向入公曳一足叔向問之公曰吾待唐子腓痛足痺而不敢申叔向不悦公曰子欲貴吾爵子子欲富吾禄子夫唐先生無欲也非正坐吾無以養之

三輔舊事曰武帝發兵攻衛太子連闘五日白虎闕前溝中血没足

吴越春秋曰越王念吴欲復怨非一旦也苦思勞心夜以接日足青則漬之以水冬寒則抱冰夏熱則握火愁心苦志懸膽於户出入甞之不絶於口

帝王世紀曰大禹右足文履巳字

抱朴子曰老君足下有八卦

穆天子傳曰至于巨蒐氏巨蒐之人乃獻白鶴之血以飲天子且具牛馬之湩（湩乳也今江南人多呼乳爲湩音寒凍之凍）以洗天子之

足

山海經曰柔利國爲人一手反膝曲足一曰留利之國人足反折跛踵國其爲兩足皆大郭璞注曰其人行足跟不着地也

周書曰晉平公使師曠見太子晉曰吾聞王子之語高於太山夜寐晝居不安不遠道願一言王子曰吾聞太師將來吾心甚喜旣以見君子喜而又懼吾甚年少見子而攝盡忘吾度師曠束躅其足曰善哉善哉王子曰太師何舉足驟師曠曰天寒足跔居劬切是以數也王子曰請入坐遂席弦琴師曠歌無射

瀨鄉記李母碑曰老子足蹈二五

西京雜記曰廣川王發欒書冢柩明器朽爛無餘有一白狐見人驚走左右逐戟之不能得傷其左脚夕王夢一丈夫鬚眉盡白來謂王曰何故傷吾左脚仍以杖擊王左脚王覺左脚腫痛生瘡至死不差

王子年拾遺録曰周昭王夢羽人遺藥以之塗足則飛上天萬里之外

蕭廣濟孝子傳曰五郡孝子者中山常山魏郡鉅鹿趙國人也少去鄉里孤無父母相隨於衛國因結兄弟長元重次仲重次叔仲次季仲次稚重期夕相事財三千萬於空城中見一老姥兄弟下車再拜曰願爲母母許焉積二十四年母得病口不能言五子乃仰天歎願使我母語即便得語謂五子曰吾太原董陽猛女嫁同縣張文賢死亡我男兒名焉遺七歲值亂亡失心前有七星右足有黒識語未竟而卒五子送喪會朝歌長晨出亡其記囊疑五子所竊收得三重詣河内告枉具言始末太守號哭曰生不識父與母相失痛不自聊知近爲五子所養馳使放三重

會稽典録曰黄昌爲蜀郡太守初昌爲州書佐婦寧於家遇賊遂流轉入蜀爲民妻其子犯法乃詣昌昌疑不類蜀人因問所由對曰妾本會稽餘姚戴次公女州書佐黄昌妻甞歸家爲賊所略遂至於此昌驚呼前謂曰何以識黄昌左足心有黒子常言當爲二千石乃出足示之相持悲泣還爲夫妻

楚辭卜居曰漁父鼓枻歌曰滄浪之水清兮可以濯我纓滄浪之水濁兮可以濯我足

踝

釋名曰踝跬踝踊也亦因其形踝踝也足後曰跟在下旁着地踵聚也上體之所鍾聚也

史記曰蘇秦握錐自厲流血至踝

英雄記曰向詡坐板牀有兩踝處入板中二寸許

陸機別傳曰孟玖欺成都王頴曰陸機司馬孫承備知機情可考驗也頴於是收承父子五人考掠備加踝骨皆脫出終不誣機

太平御覽卷第三百七十二

人事部十四

毛 髮 鬢 髭

毛

釋名曰毛貌也冒也在表所以別形貌且以自覆冒也

左傳僖中曰君子不禽二毛（二毛頭白有二色）

又襄五曰宋芮司徒生女子赤而毛弃諸堤下共姬之妾取以入名之曰弃長而美

漢書曰宣帝身足下有毛卧居數有光耀（師古曰遍身及足下亦有毛）

列子曰禽子問揚朱曰去子體一毛以濟一世爲之乎揚子曰世故非一毛所濟出以語孟孫孟孫曰積一毛以成肌膚積肌膚以成一節一毛故萬分之一物柰何輕之

山海經曰毛民爲人身生毛（郭璞注曰臨海東南海中有毛人晉永嘉四年得之也）

列仙傳曰偓（於角切）佺（此緣切）食松實形體生毛長數寸

又曰毛女字玉姜在華陰山世世見之形體生毛所止巖中恒有鼓琴聲自稱秦皇時宮人也

神仙傳曰劉根學道入嵩高山石室中冬夏不衣身毛長三尺

神異經曰八荒中有毛人長七八尺身形頭上皆毛毛如猕猴長尺餘見人則口開吐舌名髯公一名髯猑（音昆）

尋陽記曰桓稷遣人尋廬山下猶見毛人長大體悉毛語不可解山居道士亦時見此

臨海異物志曰毛人洲在張嶼毛長短如熊周綽得毛人送詣秣陵

髮

釋名曰髮拔也拔擢而出

易說卦曰巽其於人也爲寡髮

歸藏啓筮曰共工人面蛇身朱髮

毛詩鄘栢舟曰鬒髮如雲不屑髢也（鬒黑髮也如雲言美長也）

又魚藻曰彼都人士臺笠緇撮彼君子女綢直如髮（其情性密緻操行正直髮之本末無隆殺之）彼都人士垂帶而厲彼君子女卷髮如蠆（蠆螫蟲也尾末捷然似婦人髮末曲上卷然）

又采綠曰終朝采綠不盈一掬予髮曲局薄言歸沐（局卷也婦人夫不在則不容飾今曲卷其髮憂思之甚也）

禮斗威儀曰君乘木而王爲人美髮

左傳僖中曰初平王東遷辛有適伊川見被髮而祭于野者曰不及百年此其戎乎其禮先亡矣僖公二十二年秦晉遷陸渾之戎於伊川

又昭元年曰齊侯田于莒盧蒲嫳見泣且請曰余髮如此種種余奚能爲（嫳之黨種種短也放之于境自言衰老不能復爲之）公曰諾子雅曰彼其髮短而心甚長其或寢處我矣（嫳普蔑切）

又昭七年曰昔有仍氏生女黰黑而甚美光可鑑（髮膚光色可以照人）名曰玄妻（以髮黑故）

又哀上曰公會吳子伐齊將戰公孫夏命其徒歌虞殯（虞殯送葬歌曲示必死也）陳子行命其徒具含玉（含玉亦示必死）公孫揮命其徒曰人尋約吳髮短（約繩也八尺爲尋吳髮短欲以繩貫其首）

又哀上曰太伯端委以治周禮仲雍嗣之斷髮文身臝以爲飾豈禮也哉（言其權時制宜以辟災害非以爲禮也）

又哀下曰初衛侯自城上見己氏之妻髮美使髡之以爲呂姜髢（呂姜莊公夫人髢髮也）

穀梁傳哀公曰吳夷狄之國斷髮文身（斷髮避蛟龍也）

論語憲問曰子曰微管仲吾其被髮左衽矣

孝經曰身體髮膚受之父母不敢毁傷孝之始也

史記曰箕子諫紂不聽乃被髮佯狂爲奴

又曰范睢先事魏中大夫須賈賈使齊睢從齊王聞睢辯賜金及牛酒須賈以爲睢持陰事告齊既歸以告魏相魏相魏齊大怒使笞擊范睢睢既相秦號曰張祿而魏弗知使須賈於秦睢謂賈曰汝罪有幾曰擢賈之髮續賈之罪未足也

又曰太伯虞仲知古公欲立季歷以傳昌二人亡如荊蠻文身斷髮以讓季歷

又曰藺相如使秦相如持璧却立倚柱怒髮上穿冠

又曰衛皇后字子夫與武帝侍衣得幸頭解上見其髮鬒悅之因立爲后

漢書曰蘇武留匈奴凡十九歲始以強壯出使及還鬚髮盡白

又王莽傳曰更始元年置百官莽聞之愈恐欲外示自安乃染其髮鬚

楚漢春秋曰上敗彭城薛人丁固追上上被髮而顧曰丁公何相急之甚乃罵而去上即位欲陳功上曰使項失天下是子也爲人臣兩心非忠也下吏笞殺之

東觀漢記曰明德馬后美髮爲四起大髻但以髮成尚有餘繞髻三匝

又曰和熹鄧后六歲諸兄持后髮后曰身體髮膚受之父母不敢毁傷孝之始也何弄人髮乎

又曰劉盆子年十五被髮徒跣卒見衆拜恐怖啼泣

謝承後漢書曰汝南李光字伯明爲兖州母亡後歸視牀處得亡母亂髮光持悲號氣絶復續

又曰獻帝幸弘農郭汜虜略百官婦女有美髮者皆斷取之

又曰曹操逼獻帝廢伏后以尚書令華歆都慮副勒兵入宮收后后閉戶藏壁中歆就牽后出時帝在外殿后被髮徒跣行泣過訣曰不能復相活耶帝曰我亦不知命在何時

魏志曰曹仁討關羽於樊于禁助仁秋大霖雨漢水溢禁等軍沒禁遂降吴文帝踐祚權遣還引見禁鬚髮皓白形容憔悴拜安遠將軍欲遣使吴先令謁高陵帝預於陵屋圖禁降伏之狀禁見慚恚發疾薨

魏略曰明帝既嗣立追痛甄后之薨故郭太后以憂暴崩甄后臨沒以帝屬李夫人夫人説甄后見譖之禍不獲大斂被髮覆面帝哀恨流涕命殯葬太后皆如甄后故事

魏氏春秋曰明帝天姿秀出立髮委地口吃少言而沉毅好斷

吴志曰留贊爲將臨敵必被髮叫天自抗音而歌左右應之戰無不捷

王隱晉書曰陶侃爲吏鄱陽孝廉與魏人過侃宿母截髮以供賓諸客歎曰非賢母不生此子也

又曰顧悅之與簡文帝同年而髮早白上問故對曰松栢之姿經霜猶茂蒲柳之質望風先凋

又曰初武帝未爲世子文帝問裴秀曰人有相不秀曰中撫軍垂髮至地伸手過膝非人臣之相也

又曰故中年令蘇韶字孝先咸寧初亡諸子迎喪到襄城第九子節夢見鹵簿行列甚肅見韶曰卿犯鹵簿應髡刑節俛受刴覺循見頭髮視截如指大後又夢見韶截之節

素美髮五截而盡
沈約宋書曰臨川王義慶招集文士何長瑜自國侍郎至平西記室參軍常於江陵寄書與宗人何勗以韻語序義慶州府僚佐云陸展染鬢髮欲以媚側室青青不解久星星行復出
北齊書王琳字子衡山陰人也琳體貌閑雅髮垂委地
齊書曰徐寅嘗有罪繫且日原之而髮皓白武帝問其故曰自思愆於內而髮變於外當時稱之
唐書曰高祖竇皇后生而髮垂過頸三歲髮與身齊
又曰龜兹國男女皆剪髮垂與項齊唯王不剪髮新羅國其婦人髮繞頭以絲爲飾髮甚長美
家語曰顏回魯人字子淵年二十九髮早白
韓子曰文公時宰人上炙而髮繞之事具炙門

又曰昔齊桓宮中有三市婦倡三百被髮而御婦人
淮南子曰萬術曰理髮竈前婦安夫家
帝王世紀曰老聃初生而髮白故號老子
呂氏春秋曰殷湯尅夏而大旱湯乃以身禱於桑林剪其髮自以爲犧牲祈福於上帝
山海經曰脩般民白民其人被髮
曹瞞傳曰太祖嘗行過麥中令士卒無敗麥犯者死騎士皆下馬持麥以相付時太祖馬騰入麥中太祖曰制法而自犯之何以帥下然孫爲軍帥不可殺請自刑因援劍割髮置地
許遠別傳曰蒯子訓齊人有神術人髮白者請子訓但與對坐共語宿昔間髮皆黑
樊英別傳曰英被髮忽拔刀斫舍中妻問故曰郄生道遇鈔郄生還去道遇賊賴被髮老人相救得全郄生名巡字仲信陳郡夏陽人能傳英業
黃庭經曰髮神名蒼華
列仙傳曰容成公黃帝善補導事髮白更黑甯先生稷丘君髮白更黑甯先生被髮鼓琴赤斧餌丹砂毛髮皆赤阮丘被髮覆耳成璜道士兒丘與老子黃庭經讀三遍通之俱入浮陽山白髮更黑髮長三尺餘
神異經曰東荒山中有大石室東王公居之長一丈頭髮皓白身人形而虎尾與一玉女更投壺
又曰西方有人焉不飲不食被髮東走已往覆來其婦怕追擊録之不肯聽止婦頭亦被髮名白狂一名顛一名覆此人夫妻與天地俱生狂走東西以投晝夜
異苑曰有人誤吞髮便得病但欲咽猪脂張口時喉中有

一頭出受膏乃取小鈎餌而引之得一物長二尺餘其形似蛇而悉是脂縣於屋間旬日融盡唯髮在焉
列女傳曰吳伯陽妻顧昭君早寡剪髮以明志
又曰樂羊學書其妻貞義截髮以供其費
又曰廣漢馮季宰妻者李氏之女名珥字進早寡無嗣奉養繼姑守心純固以義自防珥毋愍其孤苦陰有所許珥斷髮自明鄉人稱之
陳留風俗傳曰小黃縣者宋地陽武東黃鄉也因黃水以名縣沛公起兵野戰喪皇妣于黃鄉天下平定乃使使者梓棺招魂幽野於是丹蛇在水自洒濯入梓棺其浴處有遺髮故謚曰昭靈夫人
益部耆舊傳曰蜀郡公乘會妻同縣張氏女世會早卒後欲問者女乃斷髮割耳以明不嫁

車頻秦書曰苻堅建元十八年新羅國獻美女國在百濟
東其人多美髮髮長丈餘
林邑國記曰朱崖人多長髮漢時郡守貪殘縛婦女割頭
取髮由是叛亂不復賓伏
廣志曰黃頭夷髮黃如茗蔕
戴延之西征記曰陜縣大城西北角水漫湧起勃鬱方數
十丈有如物居水中父老云銅翁仲頭髮常與水齊晉軍
至髮不復出唯見水黑嗟嗟有聲聲聞數里翁仲本在大
司馬門外爲賊所徙至此而沒
譚藪曰後魏盧景裕生而頭髮白有四十九莖因名曰白
頭
王子年拾遺録曰帝嚳高辛氏娶於諏氏女女生而髮與
足齊墜地能言乃納於帝

又曰張儀蘇秦二人共遞剪髮以相活或傭力寫書行遇
聖人之文無以題記則以墨畫於掌內及股裏夜還更以
竹寫之
晉左思白髮賦曰星星白髮生於鬢垂雖非青蠅檝我光
儀策名觀國以此見疵將鑷將拔好爵是縻白髮將拔惄
然自訴稟命不幸值君年暮逼迫秋霜生而皓素如覽明
鏡惕然見惡朝生晝拔何罪之故觀橘覩柚一皜一曄貴
其素華匪尚綠葉願戢子手攝子之鑷咨尔白髮觀世之
塗靡不追榮貴華賤枯赫赫閶闔藹藹紫廬弱冠來仕童
髭獻謨甘羅乘軒子奇剖符英英終賈高論雲衢拔白就
黑此自在吾白髮臨拔瞋目號呼何我之冤何子之愚甘
羅自以辯惠見稱不以髮黑而名著賈生自以良才見異
不以厚鬢而獲舉聞之先民國用老成二老歸周周道肅

清四皓佐漢漢德光明何必去我然後要榮咨尔白髮事
各有以尔之所言非不有理曩尊耆耋今薄舊齒蟠蟠榮
期皓首田里雖有二毛河清難俟隨時之宜見歎孔子白
髮辭盡誓以固窮昔臨玉顔今從飛蓬髮膚至昵尚不克
終聊用擬辭比之國風

鬢

說文曰鬢頰髮也
釋名曰其上連髮曰鬢鬢濱也濱崖也爲面頟之崖岸也
晉書曰魏造淩雲殿榜未題匠誤釘之使韋仲將縣橙書
之比訖鬢髮盡白還戒子孫宜絶此法（橙音鐙）
神仙傳曰薊子訓鄉曲諸老鬢髮白者使宿昔之間皆黑
崔豹古今注曰魏文帝宮人絶所愛者有莫瓊樹薛夜來
陳尚衣陳巧笑瓊樹始制爲蟬鬢望之縹緲如蟬翼故曰
蟬鬢

述異記曰尹雄年九十左鬢生角長半寸
吳質表曰質已四十三矣白髮生鬢

髻

說文曰髻結髮也
漢書曰尉他魋髻（服虔注曰今兵推頭結也）
續漢書五行志曰桓帝元嘉中京師婦女作墮馬髻墮馬
髻者側在一邊自梁冀家所爲京師皆效天戒若曰兵婦
女將收捕吏卒頓曳令髻傾邪
東觀漢記曰梁鴻妻椎髻着布衣操作具而前鴻大喜曰
此真梁鴻妻也能奉我矣字之曰德曜孟光
又曰馬廖上表長樂宮曰長安語曰城中好高髻四方高
一尺

王隱晉書曰賈后作頡子髻太子見頡之象（于寶晉紀曰初賈后造首紒以繒縛其髮天下化之名頡子紒也紒戶計切）

搜神記曰元康中婦人結髻者旣成以繒急束其環名曰纈子髻始自中宮天下翕然化之及其末年有愍懷之事

唐書曰田悦旣敗謂其下曰吾不能自刭公當斬吾首以取功勲衆皆憐之曰死生以之悦曰吾雖死寧忘厚意於城下乎乃自割一髻以爲要誓於是將士各斷其髮結爲兄弟誓同生死

唐書曰中天竺國人皆爲螺髻於頂餘髮剪之使拳

世説曰王曇孫年十四便歌謝公召至曇孫作兩丸髮

梁冀別傳曰冀未誅時婦人作不聊生髻

神仙傳曰麻姑至蔡經家是好女子年十八許作髻餘髮散垂之至要胥

枚乘梁苑園賦曰若乃採桑之婦連袖方路摩陁長髻便娟數顧

太平御覽卷第三百七十三

太平御覽卷第三百七十四

人事部十五

頿　鬚髯　髭　觸髏

頿

釋名曰口上曰頿頿姿也爲姿容之美色

說文曰頿口上鬚也

左傳昭六年曰王子朝使告諸侯曰在定王六年秦人降妖曰周其有頿王亦克能脩其職至于靈王生而有頿王甚神聖無惡於諸侯

班固幽通賦注曰衛蒯聵亂子羔滅頿鬚衣婦人衣逃得出曰父子爭國吾何爲其閒乎

鬚髯

釋名曰頤下曰鬚鬚秀也物成乃秀人成而鬚生也亦取須體長而後生也在頰耳旁曰髯隨口動搖髯髯然也

說文曰鬚面上毛也

春秋元命苞曰髮精散爲鬚髯

左傳宣二年傳曰宋城華元爲植巡功（植將主也）城者謳曰于思（音腮）棄甲復來（于思多鬚之貌）

左傳昭二年曰楚子享公于新臺使長鬣者相（鬣鬚也欲光夸魯侯）

左傳昭四年曰吳伐楚戰于長岸大敗吳師獲其乘舟餘皇（餘皇舟名）吳公子光請於衆曰喪先王之乘舟豈唯光之罪衆亦有焉請藉取之以救死（藉衆之力以取舟也）使長鬣者三人（長鬣者多鬚與吳異形狀詐爲楚人也）潛伏於舟側曰我呼餘皇則對師夜從之三呼皆迭對楚人從而殺之楚師亂吳人大敗之取餘皇以歸（言光有謀也）

史記曰秦太后拔嫪毒鬚眉爲宦者

又曰漢高祖爲人隆準而龍顏美鬚髯

漢書曰霍光長七尺三寸白晳疏眉目美鬚

又曰朱博爲琅邪太守曹掾吏皆移病卧博問其故對曰故事二千石新到遣致意乃敢就職博奮髯抵几曰觀齊兒欲以此爲俗耶乃行罷諸病吏白巾走出府門郡中大驚

又王莽傳曰莽聞漢兵起愈恐欲外示自安染其鬚髮進天下所徵淑女備嬪御

東觀漢記曰吳良爲東平王所薦詔曰前見良頭鬚皎然衣冠甚偉求賢助國宰相之職今以良爲義郎

後漢書曰岑彭吳漢圍隗囂於西城公孫述將李育守上邽帝留蓋延耿弇圍之車駕東歸勑彭書曰兩城若下便可將兵南擊蜀虜人苦不知足即平隴復望蜀每一發兵頭鬚爲白

又曰溫序拜謁者遷護羌校尉序行郡至襄武爲隗囂將苟宇所拘劫宇謂序曰子若與我并慮同力天下可圖也序大怒叱宇因以節檛殺人宇曰此義士死節可賜以劍序受劍銜鬚於口顧左右曰既爲賊所迫殺無令鬚汙土遂伏劍死

續漢書曰司馬直字叔異絜白美鬚髯容貌儼然鄉閭奉之如神

魏志曰初蘇則及臨淄侯植聞魏氏代漢皆發服悲哭文帝聞植如此常從容曰吾應天受禪而聞有哭者何也則謂爲見問髯悉張欲正論以對侍中傅選搯則曰不謂卿也乃止

又曰崔琰聲姿高暢眉目踈朗鬚長四尺甚有威重朝士

瞻望而太祖亦嚴憚焉後有曰琰怨謗者罰爲徒隷使視
之辭色無撓太祖令曰琰雖見刑而通賓客虬鬚直視若
有所怨遂賜死
又曰任城王章爲北中郎將討烏桓有功歸太祖喜捋章
鬚曰黃鬚兒定大奇
魏畧曰劉雄鳴詣太祖太祖執其手謂曰孤方入關夢得
一神人即汝耶乃厚賜之後亡太祖平漢中來降太祖捉
其鬚曰老賊眞得汝矣
又曰任城王性剛勇而黃鬚北伐烏丸王聞之曰我黃鬚
定可使劉備使劉封挑戰王罵曰賣履舍長而使假子
拒汝公乎我黃鬚來擊之
吳録曰朱桓還屯濡須權祖之桓奉觴曰臣當遠去願一
捋陛下鬚無復恨權憑几前席桓進捋鬚曰臣今日眞謂

捋虎鬚也
獻帝春秋曰張遼問吳降人曰向有紫髯將軍長上短下
大便馬善射是誰降人荅曰是孫會稽也
蜀志曰張裕爲劉璋從事侍坐其人饒鬚先主嘲之曰昔
吾爲涿縣特多毛姓東西南北皆諸毛也涿令稱曰諸毛
繞涿居乎裕荅曰昔有作上黨潞長遷爲涿令者去官還
家時人與書欲署潞則失涿署涿則失潞乃署曰潞涿君先主無須故
裕以此及之也先主常銜其不遜後誅之
又曰馬超來降關羽讓前書問諸葛亮亮荅書曰孟起當
與益德爭先未若髯羽之絶倫羽多鬚故亮謂之髯
晉書曰羊祜既卒武帝素服哭之甚哀是日大寒帝涕淚
霑鬚皆爲冰焉
鄧粲晉紀曰滇陽令羊嗣貪而不治縣功曹吏共逐嗣嗣

饒鬚乃以嗣內羊闌中始興太守尹虞虞字王卿長沙人也聞大怒手劔功曹
又曰王彪之字叔武年二十鬚鬢皓白時人謂之王白鬚
又曰張華多鬚常以帛纏之陸雲見之笑不能止
又曰桓温少與沛國劉惔善惔常稱之曰温眼如紫石稜
鬚似蝟毛磔孫仲謀晉宣王之流
晉中興書曰冉閔殺石鑒及羯胡數萬人于時人有高鼻
多鬚者無不濫死
崔鴻前趙録曰劉聰以讒慝故誅詹事曹光光臨刑舉止
自若謂刑者曰取席敷之無令土汚吾鬚
又曰劉元海姿儀魁偉身長八尺四寸鬚長三尺餘當心
有赤毫三根長三尺六寸
又前秦録曰苻堅每日自王丞相薨後鬚髮中白王丞相猛也

宋書曰山陰公主淫恣見褚彥回悅之以白帝帝令就之
彥回不從主曰君鬚鬚如戟何無丈夫意
南史曰宋武帝狎侮群臣各有稱目多鬚者謂之羊
三國典略曰齊許惇長鬚垂至帶省中號爲長鬣公文宣
甞因酒酣握惇須稱美遂以刀截之唯留一握惇不敢復
長人號爲齊髯公
又曰侯景使宋子仙等執梁湘東王世子方諸及中撫軍
長史鮑泉司馬虞預于郢州是日子仙等至百姓奔告方
諸以五色雜綵編鮑泉白鬚對之雙六弗之信也告者旣
衆方命闔門縣門未下子仙已入方諸等膜拜而鮑泉逌
于牀下子仙窺見泉素髯間綵疑愕憚之及其被執莫不
驚笑
又曰李庶黎陽人魏大司農諧之子也以清下每接梁客

徐陵謂其徒曰江北唯有李庶可語耳庶無鬚鬍人謂天
閹崔諶嘗譏庶曰教弟種鬚取錐刺而爲藪以馬尾插之
世傳諸崔多惡疾以呼沲爲墓田故庶荅之曰先以方廻
施貴族藝眉有效然後樹鬚邢卲笑謂諶曰卿不譆李庶
何故犯之

又曰周太子贇有失德柱國王軌因內宴上壽捋武帝鬚
曰可愛好老公恨後嗣弱耳

唐書曰太宗幸翠微宮授司農卿李緯爲民部尚書房玄
齡時在京城留守會有自京師來者太宗問曰玄齡聞李
緯拜尚書如何對曰玄齡但云李緯大好髭鬚更無他語
太宗遽改授緯洛州刺史

又曰李勣病驗方鬚灰可以療之太宗乃自剪鬚爲其和
藥勣頓首見血泣以陳謝帝曰吾爲社稷計耳不煩深謝

又曰李光弼母有鬚數十莖長五六寸

晏子曰湯長頭而鬍伊尹蓬頭而鬍

孫卿子曰傅說之狀禿無鬚眉

莊子曰孔子往見盜跖歸到東門外適遇柳下季曰不見
車馬有行色得微往見跖耶孔子曰然吾所謂無病而自
炙疾走料虎頭編虎鬚幾不免虎口哉

孔叢曰子高曰臣見臨晉商焉身脩八尺鬚鬍如戟面正
紅白幼女不敬之無德故也

又曰子思如齊齊之嬖臣美鬚眉立乎側君指而言曰貌
可相易寡人不惜此鬚眉於先生也子思荅曰非所願也
但欲君修禮義富百姓使伋得寄於君之境內則其庸
多矣

呂氏春秋曰豫讓欲報趙襄子滅鬚去眉自刑以變容

抱朴子曰有古彊者自言四千歲敢爲虛言云見堯爲人
長大美鬚髮

風俗通曰不舉生鬢鬚子俗說人十四五乃當生鬢鬚今
生而有　妨害父母也謹按周書靈王生而有髭王甚神
聖亦克脩其職諸侯服享二世休和安在其有害乎

世說曰鍾毓兄弟警悟過人每有嘲語未嘗屈蹟毓語會
聞安陵能作調試共視之於是與弟盛飾共載從東門至
西門一女子笑曰車中央殊高二鍾都不覺車後一門生
去向已被嘲鍾愕然門生曰中央高者兩頭羝　毓兄弟多
鬚故以此調之

又曰郄超爲桓溫記室參軍有奇才多髭鬍荊州爲之稱
鬍參軍

語林曰庾公道王尼子非唯事事勝人布置鬚眉亦勝人

我輩皆出其轅下

俗說曰有人詣謝益壽云向在劉丹陽坐見一客殊毛謝
曰正是我家阿瞻瞻多鬚故云尔

廣陵列士傳曰劉瑜字季節舉方正對策高第人呼爲
長鬚方正

列仙傳曰丁次卿漢順帝時人至娶婦家未見禮異婦出
謁客鬚鬍鬱然其家謝之次卿舉手向婦鬚鬍即去

郭璞洞林曰東中郎參軍周稚琰封蠶蛾載蟲使璞射之
璞曰射覆得此大落度必是蠶蛾及毛蟲稚琰饒鬚故因
以調之也

睫

說文曰睫映目旁毛也

釋名曰睫接也插於匡而相接也

漢書曰袁盎曰陛下居代時太后嘗病三年陛下不交睫解衣

謝承後漢書曰趙昱字元達年十三母病三月昱慘戚消瘦眼不交睫

列子曰晉國苦盜有郄雍者能察盜於眉睫之閒而得其情晉使視盜千百無遺趙文子曰周諺有言見淵中魚不祥郄雍必死俄而羣盜殺之

裴玄新語曰尹氏之鏡數睫照形蒸食曾不如三錢竹箪

髑髏

說文曰髑髏頭也

廣雅曰髑髏謂之顙顱也

魏略曰王忠先因飢噉人五官將戲因從駕出行過冢閒無何令俳取道邊死人髑髏繫著忠馬戲笑

莊子曰列子行食於道見百歲髑髏搴蓬而指之曰唯予與汝未嘗死未嘗生也

又曰莊子之于楚見空髑髏髐然有形擊之以馬捶因而問之曰夫子貪生理而爲此乎將子有亡國之事斧鉞之誅而爲此乎將子有不善之行愧遺父母妻子之醜而爲此乎將子凍餒之患而爲此乎於是語卒援髑髏枕而卧夜半髑髏見夢曰子之談者似辯人也諸子所言皆生之累也死則無此矣子欲聞死之說乎莊子曰然髑髏曰死無君於上無臣於下亦無四時之事泛然以天地爲春秋雖南面王樂不能過也莊子不信曰吾使司命復生子形爲子骨肉肌膚反子父母妻子閭里知識子欲之乎髑髏深矉蹙頞曰吾安能棄南面王樂而復爲人之勞乎

南州異物志曰烏滸人得髑髏破之以飲酒

盛弘之荆州記曰長沙浦圻縣有呂蒙冢中有髑髏極大蒙形既長偉疑即蒙髑髏也

裴淵之廣州記曰盧循襲廣州風火夜發奔逸者數千而已循除燒骨數得髑髏三萬餘於江南洲上作大坑葬之今名爲共冢

續搜神記曰永嘉五年高榮爲高平戍邏王時曹嶷賊寇離乱人民皆塢壘自固見山中火起飛埃絶爛十餘丈樹巔火焱響動山谷又聞人馬鎧甲聲謂嶷賊上人皆怕懼並嚴出欲擊之引騎到山下無有人但見碎火來灑人袍鎧馬毛鬛皆燒於是軍人走還明往視山中無燃火處唯有髑髏百頭布散山中

張衡髑髏賦曰張平子將遊目於九野觀化乎八方顧見髑髏委於路旁下據朽壤上負玄霜平子悵然而問之子將并粮推命以夭逝乎本喪此土流迁來乎爲是上智爲是下愚荅曰吾宋人也姓莊名周遊心方外不能自修公子何以問之對曰我欲告之於五嶽禱之於神祇起子素骨反子四支髑髏曰死爲休息生爲役勞冬冰之疑何如春水之消況我已化與道逍遥與陰陽同其流元氣全其朴雲漢爲川池星宿爲珠玉雷電爲鼓扇日月爲燈燭合躰自然無情無欲不行而至不疾而速

太平御覽卷第三百七十四

太平御覽卷第三百七十五

人事部十六

肉　皮膚　骨　觔　脉

髓　腦　血　膏

肉

說文曰脢(音梅)背肉也胂(音身)夾脊肉也䐜寄肉也(䐜音息)

釋名曰肉柔也

禮記檀弓下曰延陵季子適齊長子死葬於嬴愽之間號之曰骨肉歸於土䰟氣無不之

左傳宣公十二年曰楚子北師次于郔將飲馬於河而歸聞晋師既濟王欲還嬖人伍叅欲戰令尹孫叔敖弗欲曰昔歲入陳今玆入鄭不無事矣戰而不捷叅之肉其足食乎叅曰若事之捷孫叔為無謀矣戰若不捷叅之肉將在晋軍可得食乎

史記曰晋公子重耳在齊五年趙衰等謀醉重耳載以行行遠而覺重耳引戈欲殺咎犯咎犯曰殺臣成子偃之願也重耳曰事不成我食舅氏之肉咎犯曰事不成犯肉腥臊何足食乃止(偃咎犯名也)

呂氏春秋曰齊有人一居東郭一居西郭卒而相遇飲酒曰須肉各抽刀自割相啖乃至于死

交州名士傳曰張重字仲篤舉計漢明帝易重問何短小重曰陛下欲得其才將稱骨度肉也

唐書曰先天中有王知道母患骨蒸醫云須得生人肉食之知道遂密割股上肉半斤許加五味以進母食之便愈

黃帝素問曰脾主肉久坐傷肉脾熱者色黃而肉蠕

楚辭大招曰豐肉微骨躰更娟

皮膚

釋名曰皮被也被覆躰也膚布也布在表也

禮記曰古者深衣盖有制度以應規矩繩權衡短毋見膚(衣取蔽形)長無被土

毛詩碩人曰手如柔荑膚如凝脂

孝經曰身躰髮膚受之父毋不敢毀傷孝之始也

莊子曰藐姑射之山有神人居之肌膚若冰雪

商子曰上世之士衣不煖膚食不滿腹苦其心意勞其四胑

抱朴子曰素顏紅膚惑其目清商流徵乱其聽

列異傳曰蔡經與神交神將去家人見經詣井上飲水上馬而去視井上但見經皮如蛇蛻遂不還

西京雜記曰文君姣好眉色如望遠山臉際常若芙蓉肌膚柔滑如脂十七而寡為人放誕風流悅長卿之才而越禮焉

新論語曰鬚生於皮去鬚而皮不知

王子年拾遺録曰燕昭王三年廣延之國去燕七萬里或云在扶桑之東獻善儛者二人一名提波一名㩗漢並玉皙凝膚骨輕氣馥綽約姚妙絕古無倫

語林曰賈充問孫晧何以剝人面皮晧曰憎其顏之厚也

骨

說文曰骨躰之質也肉之核也

釋名曰骨堅而滑也似木枝格

孝經援神契曰周道衰路有飢骨血成池

史記曰楚圍宋五月不觧宋城中急無食華元乃夜私見楚將子反告莊王王問曰城中何如曰析骨而炊易子而

食

又曰孔子適周將問禮於老子老子曰子所言者其人與骨皆已朽矣獨其言在耳

帝王世紀曰殷時有仙女名昌容觴肉見骨

東觀漢記曰陳寵字昭公爲廣漢太守先是雒縣城南每陰雨常有哭聲寵使案行昔歲倉卒時骸骨不葬者多寵乃勑縣葬埋由是即絶

晉書曰桓温生未期温嶠見曰此兒有奇骨相可使啼嶠曰眞英物也因名温

尸子曰徐偃王有筋無骨

公孫尼子曰多食甘者有益於肉而骨不利

燕丹子曰田光曰竊觀太子客無可用者武陽骨勇之人怒而面白

賈子曰文王晝臥夢人登城呼曰我東北陬槁骨也速以人君葬我文王曰諾覺召吏令以人君葬之吏曰以五大夫葬之文王曰吾夢中已許之民聞之曰我君不以夢故背槁骨況生人乎乃下信其上

孔叢子曰孔附謂陳王曰梁人有揚由者伎巧過人骨騰肉飛

國語曰吳伐越隳會稽獲骨焉一節專車使問仲尼曰禹致羣臣於會稽防風氏後至戮之其骨專車此爲大矣

新序曰文王之葬枯骨無益衆庶衆庶悦之恩義動人也

列仙傳曰甯封黃帝時陶正有神人過之爲其掌火能出五色煙久之教封子積火自燒而隨煙氣上下視其灰燼猶有骨時人葬之謂之封子

列異傳曰蔣子文漢末爲秣陵尉自謂骨靑死當爲神

西京雜記曰戚姬以百鍊金爲彄環照見指上骨（彄華侯）

王子年拾遺録曰沐胥國人忽復化爲老叟俄而即死晃爛盈屋人有除燒其骸骨於糞土之中復還爲人矣

搜神記曰有談生無婦有女來爲其婦三年生一兒曰愼勿以火照我三年後可照生盜照之腰已上皆肉腰以下但枯骨婦求去

續搜神記曰司徒蔡謨親　有王蒙者單獨常爲蔡公所收養蒙長纔五尺似爲無骨登牀輒令抱上

扶南傳曰頓遜國人死鳥葬或火葬鳥葬者病困便歌舞送郭外有鳥如鵝綠色飛來萬許啄食都盡斂骨焚之沉於海水此必生天上鳥若不食自悲傷乃就火葬取骨埋之

世說曰王右軍目陳玄伯壘塊有正骨

司馬相如美人賦曰皓軀陳露弱骨豐肌

筋

說文曰筋躰之力也可以相連屬作用也

釋名曰筋力也肉中之力氣之元也

禮記曲禮曰老者不以筋力爲禮

左傳哀公上曰衛太子禱曰敢告無絶筋無折骨無面傷以集大事無作三祖羞

公孫尼子曰多食苦者而筋不利多食辛者有益於筋而氣不利

韓子曰淖齒之用齊擢閔王之筋縣之廟梁宿昔而死

論衡曰命富之人筋力自強命貴之人才智自高

物理論曰夫清忠之士乃千人之表萬人之英得其人則事易於反手不得其人則難於拔筋

脉

釋名曰脉幕也絡一躰也

史記曰扁鵲以長桑君言飲藥三十日視見垣一方人以此視病盡見五藏病結特以診脉爲名耳

又曰趙簡子爲大夫專國事簡子疾五日不知人於是召扁鵲扁鵲入視病出董安于問扁鵲扁鵲曰血脉治也而何怪秦穆公嘗如此七日而寤今主君之病與之同不出三日必間居二日半簡子寤

又曰扁鵲過虢虢太子死扁鵲至虢宮門下曰聞太子不幸而死臣能生之中庶子曰先生得無誕乎何以言太子可生也扁鵲曰越人之爲方也不待切脉望色聽聲寫形言病之所在子以吾言爲不誠試入診太子當聞其耳鳴而鼻張揗其兩股以至於陰當尚温也中庶子聞入報虢君虢君大驚出見扁鵲於中闕扁鵲曰若太子病者所謂尸蹷者也是以陽脉下遂(音隊)陰脉上爭會氣閉而不通陰上而陽内行下内鼓而不起上外絶而不爲使上有絶陽之絡下有破陰之細破陰絶陽色廢脉乱形靜如死狀太子未死也

又曰扁鵲過齊齊桓侯客之入朝見曰君有疾在血脉不治恐深桓侯曰寡人無疾

又曰齊太倉公淳于意少而喜醫更師同郡元里陽公受其脉書上下經五診奇(音羈)咳(音晐)術揆度陰陽診病知人死生

漢書曰王莽得翟義黨王孫慶使太醫與巧屠共刳剥之量度五藏以竹筳(音廷)導其脉知其所終始云可以治病

後漢書曰郭玉爲人善別脉知人生死章帝令童男着女子之衣詐云其病使玉診脉玉曰此女雖言病據脉陽盛陰微臣謂非女子帝善之

三國典略曰周武帝不豫止於雲陽宮内史柳昇私問姚僧垣曰至尊貶膳日久脉候何如對曰天子上應天心非愚所及凡庶如此萬無一全

鶡冠子曰魏文侯問扁鵲曰子昆弟三人並醫其孰最善扁鵲曰長兄視神故名不出家仲兄視毫毛故名不出閭鵲針人血脉救人生死名聞天下

燕丹子曰田光竊觀太子客無可用者宋意脉勇之人怒而面青

論衡曰王莽時省五經章句弟子郭路夜定舊記死於燭下精思不任脉絶氣滅

崔元始正論曰風俗者國之脉診也年穀如其肌膚肌膚雖和而脉診不和亦未爲休也

髓

説文曰髓骨中脂也

史記曰扁鵲過齊桓侯客之後五日復見望桓侯而退走桓侯使人問其故扁鵲曰疾之居腠理也湯熨之所能及在血脉鍼石所能及在腸胃酒醪之所能及其在骨髓雖司命無奈之何也今疾在骨髓臣是以無請也後五日桓侯躰病使人召扁鵲鵲已逃去桓侯遂死

又曰勾踐頓首再拜荅子貢曰孤嘗不料力乃與吳戰困於會稽痛入於骨髓

帝王世紀曰紂斬朝涉之脛而觀其髓酈善長水經注曰淇水歷汲郡西南出朝歌城西北東南逕朝歌臺下俗謂之陽河水也紂在臺見老人晨將渡水而沉吟難濟紂問

其故左右曰老者髓不實故畏寒紂乃於此斮脛而視髓

腦

左傳僖下曰晉文公夢與楚王搏楚子伏己而盬其腦子犯曰吉我得天楚伏其罪吾且柔之矣（杜預注云腦能柔物）

春秋元命苞曰腦之為言在也人精在腦

韓詩外傳曰禽息秦大夫薦百里奚不見納繆公出當車以頭擊闑（五結切）腦乃精出曰臣生無補於國不如死也繆公感寤而用百里奚秦以大化

史記曰昔趙襄子以其姊為代王妻後與王遇於句注之塞廚人進斟因反斗以擊代王殺之王腦塗地

三國典略曰齊南陽王綽與齊主俱五月五日生武成以綽毋李夫人非嫡故貶之為弟俗云其日生者腦不壞爛死後踰一年方許收殮毛髮不落如生人焉

神異經曰西荒中有人長短如人着百結敗衣手足虎爪名摸豹見人獨自輒就人欲食腦先捕虱人伺其卧舌出槃地丈餘便燒石投其舌於是絕氣而死若不如此寤而輒食人腦

列異傳曰陳倉有得異物其形不類猪不似羊莫能名以獻秦穆公道遇二童子曰此名為蝹述常在地下食死人腦若欲殺之以柏燒其頭（蝹音褽）

西京雜記曰廣陵王胥有勇力恒於別囿學格熊後遂空手搏之陷腦而死

血

釋名曰血濊也流濊濊也（濊乎會切）

禮記檀弓曰高子臯之執親之喪也泣血三年

左傳莊公八年曰齊侯田于貝丘傷足喪屨反誅屨於徒人費弗得鞭之見血

又成公上曰齊晉將戰郤克傷於矢流血及屨未絕鼓音張侯曰余病矣郤至自師始合而矢貫余手及肘余折以御左輪朱殷豈敢言病吾子忍之（張侯解張也朱血色血色久則殷今人謂朱黑殷也言血多汙車輪後不敢息也）

春秋考異郵曰龍門之下血如江（宋均曰龍門戰在魯桓十三年）

易屯卦曰乘馬班如泣血漣如

尚書武成曰紂前徒倒戈攻于後以北血流漂杵（孔安國注曰流漂舂杵）

論語季氏曰君子有三誡血氣未定誡之在色血氣方剛誡之在鬬血氣既衰誡之在得

漢書曰申屠嘉為丞相鄧通居上傍怠慢嘉為檄召通責曰朝廷者高帝朝廷也通小臣戲殿上大不敬當斬通

頓首血出不解文帝度嘉已困通持節召通而謝嘉

漢書曰息夫躬坐訊詛下獄仰天大呼血從鼻出食頃而死

東觀漢記曰逢萌隱琅琊不勞山非禮不動聚落化之北海太守遣吏奉謁萌不諾太守遣吏捕之民相率以石擿吏皆流血奔走

又曰耿秉為征西將軍鎮撫單于以下及薨南單于舉國發哀剺面流血

謝承後漢書曰吳郡嬀皓字元起父為南郡太守坐事繫獄皓懷小石至公卿間輒出石叩頭其上流血覆面父繫得免

虞預晉書曰元康元年河間成都二王舉兵向京都朝廷北討嵇紹為侍中王旅不振敗績於蕩陰百官侍衛莫

不潰散唯紹以身捍寇兵突御輦飛矢雨集紹遂被害於
帝側血濺御服及定左右欲浣衣帝曰此嵇侍中血勿去
又曰丞相府斬督運令史淳于伯血逆流着柱終柱末二
丈三尺旋復流下四尺五寸百姓咸稱其寃
晉書張軌傳曰漢末金城人陽成遠殺太守以叛郡人馮
忠赴屍號哭歐血而死
又曰桓温父彝爲韓晃所害涇令江播預焉温時年十五
枕戈泣血志在復讎
崔鴻十六國春秋後趙録曰伏都有膂力善尺牘攻石閔
不尅爲閔所殺横屍相枕血流成渠誅諸胡羯無貴賤男
女皆斬之死者二十餘萬于時高鼻多鬚至有濫死者
又北燕録曰馮跋譙郡僚忽有血流左臂跋惡之從事中
郎王乗因陳符命之應跋戒其勿言

南史曰蕭叡明母病風積年沉卧叡明晝夜禱祈時寒下
淚爲冰叩頭血出亦爲冰不溜
陳書曰吳明徹殺王琳有一叟以酒脯來至號酹盡哀收
其血懷之而去
三國典略曰齊主於涼風堂召孝昭第二子百年遣左右
亂捶擊之又令曳以遶堂所行之處血皆遍地
又曰齊主將殺開府高德正召而謂之曰聞尒病我爲尒
針以刀子刺之血流霑地
又曰周師圍江陵謝荅仁請守子城梁主即授城内大都
督既而召王裒謀之裒以爲不可荅仁請入不得歐血而
去
唐書曰王君廓鎮幽州會突厥入寇君廓邀擊破之高祖
大悦徵入朝賜以御馬令於殿庭乗之而出因謂侍臣曰
吾聞藺相如叱秦皇目眥出血君廓往擊竇建德將出戰
李勣遏之君廓發憤大呼目及鼻耳一時流血此之壯氣
何謝古人不可以常例賞之復賜錦袍金帶
又曰輔公祏據江東反發兵寇壽陽命李孝恭爲行軍元
帥以擊之孝恭自荆州趣九江將發與諸將宴集命取水
忽變爲血在坐者皆失色孝恭舉止自若徐諭之曰禍福
無門唯人所召自顧無負於物諸君何見憂之深公祏惡
積禍盈今承廟筭以致討盌(音椀)中之血乃公祏授首之徵
又曰李思摩頡利族人也授右衛將軍從征遼東爲流矢
所中太宗親爲吮血
又曰李子慎誣告其舅以獲五品其母見其着緋衫覆面
牀下泣涕曰此是汝舅血染者耶
又曰玄宗幸蜀次馬嵬召左相韋見素見素出店爲亂兵

所撾頭血流地上遽令壽王傳詔止之
又曰天寶十五年安禄山下將蔡希德攻陷常山郡執太
守顔杲卿長史袁履謙殺掠人吏萬餘人城中流血
又曰竇軌每臨戎對寇或經旬月身不解甲其部衆無貴
賤少長不恭命即立斬之每日被事多所鞭撻流血滿庭
見者莫不股慄
又曰劉審禮丁父憂去職及葬跣足隨車流血灑地行路
稱之
又曰牛徽爲吏部員外郎巢賊犯京師父蔚方病徽與其
子自扶籃(音藍)轝投窮山南閣路險狹盜賊縱横谷中盜擊
徽破首血流被體而捉轝不輟
莊子曰萇弘死乎蜀藏其血三年化爲碧
燕丹子曰竊觀太子客無可用者夏扶血勇之人怒而面

赤

賈子曰炎帝黄帝異母兄弟各有天下之半戰於涿鹿之野血流漂杵

山海經曰禹堙洪水殺相繇其血腥臭不可生五穀以其地爲臺相繇一名相仰

春秋後語曰燕太子丹豫求天下名利匕首得趙人徐夫人匕首取之百金使工以藥淬之以試人血濡縷無不立死者（裴駰曰言以匕首傷人血出霑濡絲縷便立死讀如儒也）

説苑曰蔡威公閉門而哭三日泣盡而繼之以血

幽明録曰王伯陽亡其子營墓得三漆棺移置南堈夜夢魯肅瞋云當殺汝父尋復夢見伯陽云魯肅與弟爭墓後於坐褥上見數升血疑魯肅殺之故也墓今在長廣橋東一里

汝南先賢傳曰陽安令趙規與朗陵太守黄萌爭水規劄指詛曰隨血所流入陽安界萌忿殺規小吏王朔復剌殺萌朗陵官屬又殺朔民於京山上爲朔作祠壇每水旱輙往祈禱

博物志曰戰鬬死亡處有人馬血積年化爲燐燐着地及草木如霜露略不可見人行或有觸着體便有光拂拭便分散無數又細咤聲如沙豆住久乃滅其人忽忽如失魂經日乃差（憐音鄰又音吝）

三輔舊事曰武帝發兵攻太子連鬬五日白虎闕前溝中血没足

世説曰阮步兵居喪不率禮而志孝稱當葬母先食肫飲酒然後臨訣而哭直云人言窮我將窮矣因吐血一升氣絶不知人弥時乃蘇

膏

春秋元命苞曰膏者神之液

文子曰人受變化一月而膏三月而脉

異苑曰滿奮豐肥膚肉潰裂每暑夏輙膏汗流溢

太平御覽卷第三百七十五

人事部十七

心　肝　肺　脾　腎

膽　胃　腸　膀胱　死

心

釋名曰心纖也所識纖微無物不貫也

禮記禮運曰欲惡者心之大端也人藏其心不可測度也美惡皆在其心不見其色也欲一以窮之舍禮何以哉

又祭義曰致樂以治心則易直子諒之心油然生矣易直子諒之心生則樂樂則安安則久久則天天則神天則不言而信神則不怒而威致樂以治心者也

又緇衣曰子曰民以君爲心君以民爲體心莊則體舒心肅則容敬心好之身必安之君好之民必欲之心以體全亦以體傷君以民存亦以民亡

又大學曰欲脩其身者先正其心

左傳莊公曰楚武王伐隨入告夫人鄧曼曰余心蕩矣鄧曼歎曰王祿盡矣盈而蕩天之道也故臨武事將發大命而蕩王心焉若師徒無虧王薨於行國之福也王遂行卒於樠（音門）木之下

又昭公五年曰周景王鑄無射泠州鳩曰王其以心疾死乎

毛詩柏舟曰我心匪石不可轉也我心匪席不可卷也

又谷風曰習習谷風以陰以雨黽勉同心不宜有怒

又小弁曰我心憂傷惄焉如擣

又巧言曰他人有心予忖度之

周易上繫曰二人同心其利斷金

尚書仲虺之誥曰以義制事以禮制心

又太甲下曰有言逆于汝心必求諸道（人以言咈違汝心必以道義求其意勿拒逆之）

又說命曰啓乃心沃朕心

又泰誓曰受有臣億萬惟億萬心（人執異心不和諧）予有臣三千惟一心（三千一心言同欲）

又曰斮朝涉之脛剖賢人之心

又酒誥曰誕惟厥縱淫泆于非彝用燕喪威儀民罔不盡傷心

又周官曰作德心逸日休作僞心勞日拙（爲德直道而行於心逸豫而名日美爲僞飾巧百端於心勞苦而事日拙不可爲）

論語曰七十而縱心所欲不踰矩

又曰回也其心三月不違仁

史記曰吳公子季札初使北過徐君好季札劒口弗敢言季札心知之爲使上國未獻還至徐徐君已死於是乃解其寶劒繫之徐君塚樹而去從者曰徐君已死尚誰予乎季子曰不然始吾心已許之豈以死倍吾心哉

戰國策曰蘇秦爲趙合從於楚威王曰秦虎狼之國不可親寡人卧不安席食不甘味心搖搖然如懸旌無所終薄

漢書張耳傳曰上從東垣過柏人欲宿心動帝曰柏人者迫於人也不宿而去

又鄭崇傳曰尚書令趙昌佞諂素害崇知其見疏因奏崇與宗族通疑有姦請治上責崇曰君門如市人何以欲禁切主上崇曰臣門如市臣心如水

東觀漢記曰許輔平原人爲縣門下小吏縣令劉雄爲賊所攻欲以弓刺雄輔前叩頭以身代雄賊等遂戟刺輔貫心

洞背即死東郡太守捕得賊具以狀上詔書傷痛之
蜀志曰劉琮聞曹公來征遣使請降先主在樊聞之率衆
南行諸葛亮與友人徐庶並從爲曹公所追獲庶母庶辭
先主而指其心曰本欲與將軍共圖王霸之業者以此方
寸之地也今失老母方寸亂矣無益於事請於此別遂詣
曹公
晉書曰張華被誅華曰臣先帝老臣中心如丹臣不愛死
懼王室之難禍不可測也
又曰阮咸與籍爲竹林之遊太原郭弈高爽爲衆所推見
咸而心醉不覺歎焉
又曰顧和王導爲楊州辟從事月旦當朝未入停車門外
周顗遇之和方釋風夷然不動顗既過顧指和心曰此中
何所有和徐應曰此中最是難測地顗入謂導曰卿州吏

中有一令僕才導亦以爲然
齊書曰陸惠曉匪躬清恪風神俊朗何點每歎曰惠曉心
如明鏡遇形觸物無不朗然
又曰南陽宋元卿有志行早孤爲祖母所養祖母病元卿
在遠輒心痛大病則大痛小病小痛以此爲常
南史曰賀道養工卜筮經遇工歌女人病死爲筮之曰此
非死也天帝召之歌耳乃以土塊加其心上俄頃而蘇
唐書曰憲宗問宰臣爲理之要何先裴垍對曰先正其心
上深然之
又曰魏州節度使田布以牙將史憲誠離間三軍度衆終
不爲用乃密表陳情號哭拜授其從事李石乃入啓父靈
抽刀刺心曰上以謝君父下以示三軍言訖而絶
又曰昭宗龍紀元年杭州刺史錢鏐攻宣州下之擒劉浩

剖心以祭周寶
國語曰觀其容而知其心矣
又曰諺曰衆心成城
老子曰聖人無常心以百姓心爲心
管子曰心之在體君之位也九竅之有職官之分也心處
其道九竅修理故曰上離其道下失其事
晏子春秋曰景公田於署梁十八日不返晏子往見公曰
夫子何遽得無有故乎對曰國人皆以君安野而好獸公
曰夫以獄訟不正則太士子牛存焉社稷宗廟不享則太
祝子游存矣倉廩不實申田存矣國家之有餘不足騁乎
則吾子存焉寡人有吾子猶心有四支故心得佚晏子曰
若心有四支而得佚則可令四支一日無心乎公罷田而
返

又曰崔杼殺莊公敢不盟者戟鈎其頸劒承其心晏子不
與盟而出上車其僕將馳晏子撫其手曰麋生於山野命
懸於庖廚嬰命有所懸矣成節而去
又曰一心可以事百君百心不可以事一君仲尼聞之曰
小子記之晏子以一心事百君
文子曰心者形之主也神者心之寶也
列子曰魯公扈趙嬰齊同見扁鵲鵲曰公扈志強而氣弱
足於謀而寡斷嬰齊志弱而氣強故少於慮而傷於專若
換汝之心則均於善矣遂飲二人毒酒迷死三日剖胷探
心易而置之救以神藥既寤如初於是公扈反嬰齊之室
而有其妻子妻子不識嬰齊反公扈之室而有其妻子妻
子亦不識也
又曰龍叔謂文摯曰吾有疾子能已乎文摯乃命龍叔背

明而立文埶擥從而向明理望之既而曰噫見子之心矣方寸之地虛矣幾聖人也子心六孔通流一孔不達（譜說聖人心有七孔）今聖智爲病者或由此乎

孟子曰人皆知糞其田莫知糞其心糞田不過苗利得粟糞心易行而得所欲何謂糞心博學多聞何謂易行一欲止淫

又曰見孺子入井皆有惻隱之心非子父母也無此心者非人也無善惡之心非人也

莊子曰孔子曰凡人心險於山川難知於天

又曰萬惡不可納於靈臺（司馬注曰心爲神靈之臺）

又曰至人之用心若鏡（郭象注曰鑒物無錯）不將不迎應而不藏（來即應去即止）

韓子曰西門豹性急佩韋以自緩巳董安于心緩佩弦以自急

子思子曰百心不可得一人一心可得百人

孫卿子曰君子之學入乎耳著乎心布乎四支動靜皆可爲法

公孫尼子曰心者衆智之要物皆求於心

淮南子曰夫心者五藏之主也所以制使四支流行血氣馳騁于是非之境而出入于百事之門户者是也

抱朴子曰昔西施心病卧於道側蘭麝芬芳見者咸美其容

篤論曰杜恕與宋權書曰吾年五十不見廢棄者遭明達君子亮其本心若不見亮便剗心着地正數斤肉耳何足有所明耶

傅子曰心有管籥須言而發

又曰人皆知滌其器而莫知洗其心

異苑曰鄭玄師馬融三載無聞融鄙而遣還玄過樹陰下假寐夢見一父老以刀開其心謂曰子可學矣於是寤而即反遂精洞典籍融歎曰詩書禮易皆巳東矣

列女傳曰王子比干諫紂以爲妖言妲巳謂曰吾聞聖人之心有七竅竅有九毛遂剖視之

括地圖曰無咸民食土死即埋之其心不朽百年復生去玉関四萬六千里

風俗通曰俗說無恙無病也凡人相問無病也案易傳上古露宿恙恙虫噬食人心凡相訪問曰無恙乎非謂病也

世說曰魏武云人欲危巳巳輒心動因語所親小人曰汝懷刀密來我側我必心動使戮汝但勿言當厚相報懷刀者信焉遂斬之謀逆者挫氣

又曰簡文帝入華林園顧左右曰會心處不必在遠翳然林木便自有濠梁想覺魚鳥自來親

諸葛亮書曰吾心如秤不能爲人作輕重

肝

說文曰肝火藏也

釋名曰肝幹也於五行屬木故其體狀有枝幹也凡物以木爲幹也

樂動聲儀曰五藏肝仁肝所以仁者何肝木之精也仁者好生東方者陽也萬物始生故肝象木色而有枝葉

史記曰盜跖日殺不辜肝人之肉暴戾恣睢聚黨數千人橫行天下竟以壽終

漢書曰蒯通說韓信曰今劉項分爭使人肝腦塗地流離中野不可勝數

又曰息夫躬絕命辭曰涕泣流兮萑蘭心結愲(音骨)兮傷肝

魏末傳曰諸葛誕殺文欽及城陷欽子鴦虎先入殺誕噉其肝

續晉陽秋曰會稽太守謝琰拒孫恩恩帳下都督張猛於後斫馬琰墮地遂殺之高祖左里之捷生禽猛送琰小子混混刳肝生食之

崔鴻十六國春秋北涼錄曰馬權兄為涼將業毋諱所殺權後殺諱食其肝

括地圖曰細民肝不朽死八年復生穴處衣皮

莊子曰盜跖居太山膾人肝而食之

呂氏春秋曰衛懿公有臣弘演有所使翟人攻衛殺懿公盡食其肉獨舍其肝弘演至報使見肝盡哀而止曰臣請為襮(音博)因自殺先出其肝內公之肝齊桓公聞之復衛(謞注曰襮表也)

賈子曰武王伐紂紂鬬而死棄之王門外民蹈其腹蹷其腎踐其肺履其肝武王以幃守之民褰而入以石抵之者猶未止

唐書曰天寶三年有星如月墜于東南墜後有聲京師訛言官遣棖捕人肝以祭天狗人相恐畿縣尤甚發使安之

談藪曰徐摛好為躰語嘗躰一人病癰曰朱血夜流黃膿晝寫斜看紫肺正視紅肝

肺

說文曰肺水藏也

釋名曰肺勃也其氣勃鬱也

毛詩蕩彖曰自有肺腸俾民卒狂

博物志曰鍐(音諳)民其肺不朽百年復生

白虎通曰肺所以義者何肺者金之精義者斷決西方亦殺成萬物故肺象金色白繫於鼻

脾

說文曰脾金藏也

釋名曰脾裨也在胃下裨助胃氣主化穀也

陳思王辨道論曰甘始論車師之西國兒生劈背出脾欲其食少而努行也

白虎通曰脾之為言併也所以併積氣

又曰脾所以信何脾者土之精土尚任養萬物無所私信之至也故脾象土色黃繫於舌

腎

說文曰腎水藏也

釋名曰腎屬水主引水氣灌注諸脉也

尚書盤庚曰今我其敷心腹腎腸歷告爾百姓于朕志(布心腹言輸誠於百姓以告志)

文子曰腎主鼻

白虎通曰腎所以智何腎者水之精智者進止無所疑惑水亦進而不惑北方水故腎黑陰故腎雙居

膽

說文曰膽連肝之府也

史記曰吳既赦越王勾踐返國苦身焦思置膽於坐臥即仰飲膽曰汝忘會稽之恥乎

魏志曰樂進字文謙陽平衛國人容貌短小以膽烈從太祖為帳下吏

又曰袁紹在黎陽將南渡時程昱有七百兵守鄄城太祖使人告昱欲益二千兵昱不肯曰袁紹擁十萬衆自以所

向無前今見昱兵少必不來攻太祖從之紹果不往太祖謂賈詡曰程昱之膽過於賁育

又曰袁紹既并公孫瓚兼四州地衆十餘萬諸將以爲不可敵公曰紹志大而智小色厲而膽薄土地雖廣糧食豐適所以爲奉吾也

吳志曰呂蒙病篤孫權問曰卿如不起誰可代者對曰朱然膽有餘愚以爲可任蒙卒權假朱然節鎮江陵

又曰朱然長不過七尺氣候分明內行修絜其所文彩唯施軍器餘皆質素終日欽欽常存戰場臨急膽定尤過絕人

管輅別傳曰輅年十五琅耶太守單子春雅有才度欲見輅輅造之客百餘人有能言之士輅謂子春曰府君名士加有雄貴之姿輅既年少膽未堅剛若欲相觀懼失精神先飲三升清酒然後而言子春大喜酌三升獨使飲之於是輅與人人答對言皆有餘

趙雲別傳曰雲字子龍先主入益州雲留守營曹公爭漢中地運米北山下數千萬囊黃忠以爲可取過期不還雲將數十人出圍視忠值曹公揚兵大出爲前鋒所擊且却公軍散走已復合雲陷敵還入營更大開門偃旗鼓公疑雲有伏兵引去雲鼓震以戎弩於後射公軍公軍驚駭因相蹂踐墮漢水死者甚多先主明日自來視昨戰處曰子龍一身都爲膽

宋書曰太學生會稽魏准以才學爲王融所賞既欲奉子良而准鼓成其事太學生盧義丘國賓竊相謂曰竟陵才弱王中書無斷敗在目中矣及融誅召准入舍人省詰問遂懼而死舉體皆青時人謂准膽破

唐書曰武懿宗安撫河北諸州先是百姓有脅從賊者後得歸來懿宗以爲同反盡生刳取其膽然後行刑流血盈前言笑自若

又曰孫思邈對盧照鄰曰膽欲大而心欲小

黃帝素問曰膽者中心之官斷決出焉

白虎通曰膽者肝之府肝者木之精主仁仁者苦不忍故以膽斷是以仁者有勇故膽斷也肝膽異處何以其相爲府也肝者木精木之爲言牧也人怒無不色青目振張者是其效也

西京雜記曰秦有方鏡廣四尺高五尺九寸表裏有明人直來照之影則倒見以手捫心而來即見腸胃五藏歷然人有疾病在內即掩心照之即知病之所在女有邪心則膽張心動秦始皇帝以照宮人膽張心動者則殺之

世說曰姜維死時見剖膽大如斗

胃

說文曰胃穀府也

釋名曰胃圍也受食物也

春秋元命苞曰胃者脾之府主稟氣胃者穀之委故脾稟氣也

魏略曰陳思王精意著作食飲損減得反胃病也

物理論曰腹胃五藏之府陶冶之大化也

腸

說文曰腸大小腸也

釋名曰腸暢也暢胃氣去滓穢也

史記曰聶政刺殺韓累因自披面抉眼自屠出腸遂以死

又曰衛綰爲中郎將郎官有譴常蒙其罪不與他將爭有

功常讓他將上以爲廉忠實無他腸

後漢書曰董卓將兵擊韓遂詔徵卓爲少府不肯就上書言所將湟中義從及秦胡兵牽挽臣車使不得行羌胡敝腸狗態（言羌胡心腸敝惡情態如狗也）臣禁不能止

魏略曰丁沖爲司隸校尉後數歲遇諸將飲美不能止醉爛腸而死

吳書曰孫堅母懷堅夢腸出繞吳昌門寤而懼之告隣母母曰安知非吉徵

梁書曰王偉嘗爲侯景作檄檄湘東王及景敗獲偉王怒釘其舌抽其腸而死

抱朴子曰欲得長生腸中清欲得不死腸無屎

白虎通曰大腸小腸心之府也主禮禮有分理腸亦大小相承受也

王子年拾遺錄曰北有浣腸之國從口中引腸出出而浣濯之更遞易其五藏浣畢嘯歌而飛焉

楚辭九章曰惟郢路之遼遠腸一夕而九迴

膀胱

廣雅曰膀胱謂之脬（音胞）

釋名曰胞䩠（步交切）也䩠虛空之言也主以虛承水汋也或曰膀胱言體短而橫廣也（脬與胞同音）

春秋元命苞曰膀胱者肺之府也肺者斷決膀胱亦常張有勢故膀胱決難也

尻

說文曰脽（音誰）尻也

釋名曰尻寥也所在寥牢深也

漢書曰文帝嘗夢欲上天不能有一黃頭郎推之上天顧見其衣尻帶後穿（師古曰衣尻帶後謂衣當尻上而居革帶之下處也）覺而之漸臺以夢中陰目求推者郎見鄧通其衣後穿夢中所見也召問其姓名文帝甚悅尊幸之

王隱晉書曰成都王攻洛大駕幸北城上觀看孟玖軍人擧尻面天子對址（昔）後　降長沙王以對軍人辱帝東市斬之

晉中興書曰胡毋輔之子謙之醉與父語常呼父字輔之亦不怪也常窺輔之厲聲曰彥國老年不得爲尔將令我尻背東壁輔之遽呼入與共飲酒其爲放達如此

京房易妖占曰人生子無尻國主以仇亡

淮南子曰北方人下尻

太平御覽卷第三百七十六

太平御覽卷第三百七十七

人事部十八

長中國人　長絕域人

長中國人

禮斗威儀曰君乘土而王其民長君乘金而王其民洪白長大

春秋演孔圖曰孔子長十尺大九圍坐如蹲龍立如牽牛就之如昴望之如斗

周書曰丘陵之人專而長

史記曰晏子爲齊相出其御之妻從門窺其夫爲相御擁大蓋策駟馬意氣陽陽甚自得也既而歸其妻請去夫問故妻曰晏子長不滿六尺身相國名顯諸侯今者妾觀其出志念深矣常有以自下者今子長八尺廼爲人僕御然子之意自以爲足妾是以求去也其後夫自抑損晏子怪而問之以實對薦以爲大夫

漢書曰東方朔上書曰臣朔少失父母長養兄嫂年十三學書三冬、文史足用年二十二長九尺三寸

又曰車千秋長八尺餘體貌甚麗武帝見而悅之

又曰金日磾父以不降見殺與毋閼氏弟倫俱沒入官輸黃門養馬日磾長八尺二寸容貌甚嚴馬又肥好上異而問之以本狀對上即日賜湯沐衣冠拜爲馬監

又曰王商長八尺餘身體洪大容貌絕人單于來朝見商而拜

又曰王莽夙夜連率韓博上言有奇士長一丈大十圍來至臣府曰欲奮擊胡虜自謂巨毋霸出於蓬萊東南五城西北昭如海瀕軺車不能載三馬不能勝即日大車四馬建虎旗載霸詣闕臥則枕鼓以鐵著食此皇天所以輔新室

又曰朱雲字子游魯人少時通輕俠借客報仇長八尺餘貌甚壯以勇力聞年四十迺變節從博士白子友受易

東觀漢記曰馮勤字偉伯魏郡人曾祖父楊宣帝時爲弘農太守有八子皆爲二千石趙魏間榮之號萬石焉兄弟形皆偉壯唯勤祖偃長不滿七尺常自謂短陋恐子孫似之乃爲子伉娶長妻生勤長八尺三寸

又曰賈逵長八尺二寸京師爲之語曰問事不休賈長頭

華嶠後漢書曰趙壹字元叔漢陽人體貌魁梧身長八尺美鬚眉望之甚偉

范曄後漢書曰虞延字子大陳留人延生其上有物若一

疋絹遂上升天占者以爲吉及身長六尺六寸要帶十圍力能扛鼎

又曰大將軍袁紹揔兵冀州遣使要鄭玄大會賓客玄最後至乃延升上坐身長八尺飲酒一斛秀眉明目容儀溫偉

又曰郭林宗儀貌魁岸身八尺聲如鍾

袁宏漢紀曰長樂衛尉馬騰其長八尺身體洪大面鼻雄異而性賢厚人多敬之

魏志曰許褚字仲康長八尺餘大十圍容貌雄異勇力絕人

晉書曰羊祜身長七尺三寸美鬚眉太原郭奕見之曰此今之顏子也

晉書載記曰劉曜子胤風骨俊茂爽朗卓然身長八尺三

寸鬚與身齊多力善射驍捷如風雲雕因以重之
三十國春秋曰燕徵其東萊太守王鸞鸞身長九尺腰帶
十圍貫甲跨馬不據鞌由鐙燕王德見而奇其魁偉賜之
食一進一斛餘德驚曰所噉如此非耕而能飽但才貌不
凡堪爲貴人可以一縣試之繇是拜逢陵長甚有治績
崔鴻前秦錄曰鹿縕字處嘿西平人也身長八尺腰帶十
圍清辯善論雄武便弓馬孝友貞亮聲高一時
車頻秦書曰苻堅時有申香長十尺以上爲拂蓋郎
裴景仁秦書曰姚萇長圍苻堅遣僕射尹緯詣闕陳事堅見
緯貌魁梧志氣秀傑腰帶十圍瑰偉異常驚而問曰卿於
朕世何爲所作偉荅曰尚書令史堅笑曰卿宰相才也
宋書曰南郡王義宣爲荊州刺史白晳美鬚眉身長七尺
五寸腰帶十圍

齊書曰王茂先身長八尺潔白美容儀齊武帝布衣時常
見之歎曰王茂先年少堂堂如此必爲公輔
又曰劉善明平原人也長八尺九寸質素不好聲色
北齊書曰肅宗孝昭皇帝諱演字延安聰敏有識度深沉
能斷不可窺測身長八尺腰帶十圍儀表望風迥然獨秀
周書曰庾信字子山幼而俊邁聰敏絕倫博覽羣書尤喜
春秋左氏傳身長八尺腰帶十圍容止頹然有過人者
三國典略曰宼儁歸老不復朝覲天王思與相見乃令入
朝儁身長八尺鬚鬢皓然容止端詳音韻清朗天王與之
同席而坐因訪洛陽故事不覺屢爲前膝
唐書曰李義琰身長八尺博學多識高宗每有顧問言皆
切直
孟子曰曹交問曰聞文王七尺湯九尺今交九
尺四寸食粟而已如何則可
淮南子曰朱儒問天高於脩人曰吾不知曰子雖不知猶
近之於我也故凡問事必於近之者
吳越春秋曰伍子胥見吳王僚僚望其顏色甚可畏長一
丈大十圍眉間一尺王僚與語三日辭無復者胥知王好
之每入言倍有勇壯之氣
帝王世紀曰季歷之妃生文王昌身長十尺
又曰禹長九尺九寸殷湯長九尺
涼州記曰呂光字世明連結豪賢好施待士身長八尺四
寸目重瞳子左肘生突印性沉重質略寬大有度量時人
莫之識唯王猛布衣時異之曰此非凡人
司馬彪序傳曰朗祖父儁字元異博學好古倜儻有大度
長八尺三寸腰十圍儀狀魁岸行與衆有異鄉黨宗族咸

影附焉
祖冲之述異記曰苻健皇始四年有長人見身長五丈語
人張靖曰今當太平新平令以聞健以妖妄召靖繫之是
月霖雨河渭泛溢蒲坂津監登於河中流得大屐一隻長
七尺三寸足跡稱屐指長尺餘文深七寸
瑣語曰齊景公伐宋至曲陵夢見大君子甚長而大大下
而小上其言甚怒好仰晏子曰若是則盤庚也夫盤庚之
長九尺有餘大下小上白色而髯其言好仰而聲上公曰
是也是怒君師不如違之遂不伐宋也
世說曰滿寵龍子偉偉子奮皆長八尺

長絕域人

河圖玉板曰從崑崙以北九萬里得龍伯國人長三十丈
生萬八千歲而死從崑崙以東得大秦國人長十丈從此

以東十萬里得佻吐凋國人長三丈五尺從此以東千里得中秦人長一丈

龍魚河圖曰天之東西南北極各有銅頭鐵額兵長三千萬丈三千億萬人天之東西南北極各有金剛敢死力士長三千萬丈三千億萬人天中有太平之都有都甲食鬼鐵面兵長三千萬丈三千億萬人

尚書洪範五行傳曰長狄之人長蓋五丈餘也

又曰秦始皇時有大人身長五丈足跡六尺夷狄服見於臨洮天戒秦曰勿大行夷狄之道將受其禍云

左傳文下曰冬十月敗狄于鹹獲長狄僑如富父終甥摏其喉以戈殺之埋其首於子駒之北門以命宣伯(得臣因名宣伯曰僑如以旌其功)

公羊傳文公曰長狄兄弟三人一者之齊王子城父殺之

一者之魯叔孫得臣殺之則未知其之晉者也

穀梁傳文公十一年叔孫得臣敗狄于鹹獲長狄也兄弟三人迭害中國得臣善射射中其目身横九畝斷其首而載之眉見於軾

春秋考異郵曰長狄兄弟三人各長百尺狄者陰氣時中國衰有夷狄萌

家語曰吳伐越隳會稽獲巨骨一節專車載焉吳子使來聘魯以問孔子孔子曰丘聞昔禹致羣臣於會稽之山防風氏後至禹戮之其骨節專車客曰防風何字也子曰汪罔之君守封嵎之山為漆姓在虞夏商為汪罔氏於周為長翟氏今曰大人客曰人之長極幾何孔子曰長者不過十丈數之極也

魏略曰天竺國人皆長一丈八尺車隊國男女皆長一丈八尺

魏志曰咸熙二年襄武縣言有大人見長三丈餘跡長三尺六寸白髮着黄單衣戴黄巾呼人王始語云今當太平

列子曰渤海之東有大壑焉中有五山一曰岱輿二曰員嶠三曰方壺四曰瀛洲五曰蓬萊群聖居之帝使巨鼇十五舉首而戴之迭為三番龍伯之國有大人一釣而連六鼇合負而歸於是岱輿員嶠二山沉於大海帝馮怒侵減龍伯之國使小至伏羲神農時其國人猶長數十丈

淮南子曰東方之人長一丈

孫綽子曰海人與山客辯其方物海人曰横海有魚額若華山之頂一噏萬頃之波山客曰鄧林有木圍三萬尋直上千里傍蔭數國東極有大人斬木為策短不可杖釣魚為鮮不足充餔(音逋)

山海經曰東海之外大荒之中有波谷山者有大人之國有大人之市名曰大人堂有一人蹲其上張其兩臂

漢武故事曰公孫卿至東萊云見一人長五丈自稱巨公牽一黄犬把一黄雀欲謁天子因忽不見

神異經曰東南有人焉周行天下其長七丈腹圍如長箕頭(其頭髮煩乱也)不飲食朝吞惡鬼三千暮吞三百但吞不咋(咋鋤格切)此人以鬼為飯以霧露為漿名天郭一名食耶(吞食耶鬼)一名黄父(黄父鬼俗人依此名兩名之)

又曰西北海外有一人焉長二千里兩脚中間相去千里腹圍一千六百里但飲天酒五(天酒甘露也)不食五穀魚肉忽有飢時向天乃飽好山海間不犯百姓不干萬物與天地同生名無路之人(言無路者高大不可為路也)一名仁(禮曰仁也)一名信(與天地俱生而不沒故曰信)一名神

又曰西南大荒中有人焉長一丈其腹圍九尺踐龜蛇戴
朱鳥左手憑青龍右手憑白虎知河海斗斛識山石多少
知天下鳥獸言語知百穀草木鹹苦名曰聖一名哲一名
先通一名無不達凡人見拜者令人神智
又曰東南隅大荒之中有朴父焉夫婦並高千里腹圍百
輔（百輔圍千里也）天初立時使夫妻導開百川嬾不用意謫其夫
妻並立東南男露其勢女彰其殺（勢殺陰陽）氣息如人不畏寒
暑不飲不食須黃河清當復更使其夫妻導百川
蜀王本紀曰秦襄王時宕渠郡獻長人二十五丈六尺
括地圖曰大人國孕三十六年而生生兒白首長丈
外國圖曰大秦國人長一丈五尺猿臂長脅好騎駱駝
辛氏三秦記曰燉煌西盡大秦隔海心無憂遇善風不經
二十日得渡心憂數年不得渡該曰心無憂患不經二旬
心若憂患遠離三春士人賢直男女皆長一丈端正國主
風雨不和則讓賢而治之
郭子橫洞冥記曰有支提國人長三丈二尺有三手一手
當胷手足三指

太平御覽卷第三百七十七

太平御覽卷第三百七十八

人事部十九

短中國人　短絕域人

肥　瘦

短中國人

左傳襄上曰臧紇救鄫侵邾敗於狐駘（臧紇武仲也鄫屬魯故救之狐駘邾也）國人誦之曰我君小子朱儒是使朱儒朱儒使我敗於邾（襄公幼弱故曰小子臧紇短小故曰朱儒）

家語曰高柴齊人字子羔長不過六尺狀貌甚惡爲人篤孝居魯見知

史記曰秦倡朱儒優旃始皇時置酒天雨陛者寒旃矜之乃大呼曰汝雖長尚雨立我雖短故幸休始皇乃使皆代

漢書曰嚴延年爲人短小精幹敏捷於事雖子貢冉有通於政事不能繼也

又曰樓護爲人短小精辯論議常依名節與谷永俱爲五侯上客

又曰東方朔待詔公車奉禄薄朱儒得省見又之朔紿（音迨）騶朱儒（師古曰朱儒短人也騶廄之御騶也）曰上以若曹無益於縣官耕田力作固不及人臨衆處官不能治民從軍擊虜不任事無益於國用徒索衣食今欲盡殺若曹朱儒大恐啼泣朔教曰上即叩頭請罪居有頃聞上過朱儒皆號泣頓首上問何爲對曰東方朔言上欲盡誅臣等上知朔多端召問何恐朱儒爲對曰臣朔生亦言死亦言朱儒長三尺餘奉一囊粟錢二百四十朱儒飽欲死臣朔飢欲死上大笑因待詔金馬門

又曰郭解爲人短小恭儉諸公以此重之

又曰蔡義爲丞相時年八十餘短小常兩吏扶乃能行

又曰張蒼不滿五尺蒼父八尺餘蒼子復長八尺及孫穀長六尺餘

又曰宣帝時渤海盜賊起上以龔遂爲太守召見遂形貌短小帝見心内輕焉及對賜黄金乘傳去

謝承後漢書曰汝南周滂字次彦世祖到常山問可治兵者誰滂舅以滂對世祖見滂短小以爲不能將帥滂對有詞理拜潁川府丞

東觀漢記曰張重日南計吏形容短小明帝問云何郡小吏荅曰臣日南計吏非小吏也

袁宏漢紀曰陰后短小舉止時有失儀左右掩口而笑

魏志曰樂進字文謙容貌短小膽烈從高祖爲帳下吏

魏氏春秋曰魏武王姿貌短小神明英徹

吳録曰張蕃字仲輔爲人短小顧譚以短戲之曰朱儒朱儒有何德令我思君罔極

臧榮緒晉書曰山濤子淳元尫疾不仕世祖聞其短小而聰敏欲見之濤面荅淳元自謂形容宜絕人事不肯受詔論者奇之

沈約宋書曰王敬弘形狀短小而坐起端方

劉璠梁典曰徐摛起家太學博士周捨舉曰臣外弟徐摛形質陋小若不勝衣而堪此選乃爲晉安王侍讀

崔鴻前凉録曰宗醜字仲業慷慨有大志清素敦朴不好華競形狀短小體有鱗甲仕至西平太守

三國典略曰齊孟業有盛名初司州牧清河王岳聞業名召爲法曹見其容貌短小笑而不言及尋斷決之處乃謂業曰卿決斷之明可謂有過軀之用

晏子春秋曰晏子短小使楚楚人爲小門而迎晏子晏子曰使狗國者從狗門入今臣使楚不當狗門入王曰全齊無人耶使子爲使晏子曰齊之臨淄張袂成帷揮汗成雨何爲無人使賢者使於賢國使不肖者使於不肖之國以嬰爲不肖故使王耳

孫卿子非相曰帝舜短周公短楚葉公子高微小短瘠行若不勝衣而定楚國

說苑曰齊遣淳于髡到楚爲人短小楚王甚薄之謂曰齊無人而使子來何長也對曰臣無所長臣腰中七尺之劒欲斬無狀王王曰止吾但戲子耳即與髡共飲酒

博物志曰齊桓公獵得一鳴鵠宰之嗉中得一人長三寸三分着白圭之袍帶劒持車罵詈瞋目後又得一折齒方圓三尺問羣臣曰天下有此及小兒否陳章荅曰昔秦胡

充一舉渡海與齊魯交戰傷折版齒昔李子敖於鳴鵠嗉中遊長三寸三分

纂文曰漢光武時頴川張仲師長二尺二寸（亦出王充論衡）

古文瑣語曰齊景公伐宋至曲陵夢見有短丈夫賓於前晏子曰君所夢何如哉公曰其賓者甚短大上小下其言甚怒好俛晏子曰則如是伊尹也伊尹甚大而短大上小下赤色而髯其言好俛而下聲公曰是矣晏子曰是怒君師不如違之遂不果伐宋

方言曰鴜纙（攡揩反）短也江湘之會謂之鴜（昨啓反）又曰齊桂林之中謂短纙東揚之間謂之偆（今俗呼小爲齊纙猶也偆言偆視因名云）

汝南先賢傳曰周舉字宣光姿貌短陋有晏子之風

陸胤廣州先賢傳曰徐徵字君外爲人短小果敢

劉彥明敦煌實録曰氾濟字世震博學善屬文爲人短小弱冠屢陳損益

續搜神記曰司徒蔡謨親親有王蒙者單獨常爲蔡公所收養蒙長纔及三尺似爲無骨登牀輙令人抱上

桓譚新論曰諺云朱儒見一節而長短可知

短絶域人

詩含神霧曰東北極有人長九寸

家語曰孔子曰僬僥氏長三尺短之至也（國語同）

魏略西域傳曰短人國在康居西男女皆長三尺衆甚多康居長老傳曰常有商行迷惑失道而到此國國中甚多珠夜光明商度此國去康居可萬餘里

魏志曰倭南有朱儒國人其長三四尺去女王國四千餘里

列子曰從中州以東三十萬里得僬僥國人長一尺六寸東北極有人名竫（音靖）人長九寸

山海經曰周饒國爲人短小着冠帶一曰僬僥國（郭璞曰其人長三尺）

漢武故事曰東郡送一短人長七寸衣冠具足疑其山精常令在案上行召東方朔問朔至呼短人曰巨靈汝何忽叛來阿母還未短人不對因指朔謂上曰王母種桃三千年一作子此兒不良已三過偷之矣遂失王母意故被謫來此上大驚始知朔非世中人短人謂上曰王母使臣來告陛下求道之法唯有清淨不宜躁擾復五年與帝會言終不見

神異經曰西北荒中有小人焉長一寸圍如長朱衣玄冠乘輅車導引有威儀人遇其乘車並食之其味辛楚終不

為虫豸所咋並識萬物名字殺腹中三虫

又曰西海之中有鵠國男女皆長七寸自然有禮好經論跪拜壽三百歲人行如飛日千里百物不敢犯之唯畏鵠鵠遇吞之亦壽三百歲在鵠腹不死而鵠一舉千里（張華注曰此陳章對齊桓公云西海之外鵠國男女皆七寸也）

廣志曰東方有人長三尺君長出行導衛威儀有若中國人又有小人如螻蛄手撮之滿手得二十枚

外國圖曰僬僥國人長一尺六寸迎風則偃背風則伏眉目具足但野宿一曰僬僥長三尺其國草木夏死而冬生去九疑三萬里

王子年拾遺記曰員嶠山有陁移國人長三尺壽萬歲廣延之國人長二尺

郭璞山海經圖贊曰僬僥極麽（門可反）𡣖人唯小四體具足眉目才子

肥

說文曰肥多肉也腴腹下肥也

禮記禮運曰安之以樂而不達於順猶食而弗肥也四體既正膚革充盈人之肥也

左傳哀下曰魯哀公至自越郭重僕孟武伯惡重曰何肥也公曰是食言多矣能無肥乎公與大夫始有惡

公羊傳宣公曰楚莊王圍宋子反乘堙而窺宋城見華元曰何如華元曰易子而食析骸而炊子反曰吾聞圍國者鉗馬而秣之使肥者應客是何子之情也華元曰吾聞君子見人之惡則矜之小人見人之惡則幸之吾見君子是以情也

家語曰弱土之人肥

漢書曰陳平少時家貧好讀書有田三十畝獨與兄伯居伯常耕縱平遊學平為人長美色人或謂平貧何食而肥若是其嫂疾平不親家產曰亦食糠覈耳（音紇京師人謂麤屑為紇頭也）有叔如此不如無有伯聞逐其婦

又曰張蒼當斬解衣伏質長大肥白如瓠王陵見而怪其美士乃言于沛公赦勿斬

東觀漢記曰梁鴻妻同郡孟氏女狀醜而肥力舉石臼擇對不嫁願得如鴻者後因妻鴻

謝承後漢書曰梁國車成字子威兄恩都為赤眉賊所得欲烹之成叩頭曰兄瘦我肥欲得代之賊感其義俱放之

後漢書曰虞延字子大陳留東昏人也要帶十圍力能扛鼎

又曰東平王蒼腰帶八圍顯宗甚重之詔曰日者問東平王處家何等最樂言為善最樂其言甚大副是腰腹矣

又曰尸董卓於市天時始熱卓素充肥脂流於地守尸吏然火置卓臍中光明達曙

後漢典略曰馬騰字壽成扶風茂陵人馬援後也長八尺餘身體洪大面鼻雄異而性賢厚人多敬之

魏志曰司馬懿奏免曹爽桓範踰城出為爽畫三策爽不能用範怒爽曰肥奴曹子丹好人生卿五六頭肉今桓範隨卿滅門也

晉書曰王戎子萬有美名少而大肥戎令食糠而肥愈甚年十九卒

晉中興書曰兗州既有八伯之號其後更置四伯大鴻臚陳留江淵以能食為穀伯豫章太守陳留史疇以大肥為大伯散騎侍郎高平張嶷以狡妄為猾伯盧陵太守羊曼

以佷戾為躁伯蓋擬古之四凶
晉書曰孝武即位桓溫入朝拜高平陵問左右殺清形狀荅者言肥短溫云向亦見在帝側
後趙書曰王洛生石勒欲挫其權豪洛生在獄自刺腹深五寸洛生肥盛不陷中重以刀潰其腹出胃而死
宋書曰前廢帝狂悖無道誅害羣公忌憚諸父並聚之殿內毆捶凌曳無復人理始興王休仁及太宗山陽王休祐形體並肥壯帝乃以竹籠盛而秤之以太宗尤肥號為豬王
又曰沈昭略性狂儁不事公卿嘗至婁湖苑逢王景文子約張目視之曰汝是王約也何乃肥而癡約曰汝沈昭略耶何乃瘦而狂昭略撫掌大笑曰瘦已勝肥狂又勝癡
又曰范曄長不滿七尺肥黑禿眉鬚善彈琵琶能為新聲

梁書曰安陵王大春字仁經少博涉書傳性孝謹體貌環偉要帶十圍
隋書曰王世績字闡熙容貌魁岸腰帶十圍風神爽拔有傑人之表
尸子曰閔子騫肥子貢曰何肥也子騫曰吾出見其美車馬則欲之入聞先王之言則又欲之兩心相與戰今先王之言勝故肥
韓子曰子夏見曾子曾子曰何肥也對曰戰勝故肥曾子曰何謂也子夏曰吾入見先王之義則榮之出見富貴又榮之二者戰於胷臆今先王之義勝故肥
淮南子曰繼子得食肥而不澤情不相往來也適子懷於㬎慈母喻於利情相往來也
吳質別傳曰詔特進以下會質聞曹真肥朱鑠臞質召俳優使說肥臞真曰卿欲部曲將遇我邪遂爭而罷
諸葛恪別傳曰孫權常問恪何以自娛而更肥澤恪對曰臣聞富潤屋德潤身臣非敢自娛脩己而已
異苑曰晉司隸校尉高平滿奮字武秋豐肥膚肉潰裂每至暑夏輙膏汗流溢其有愛妾夜取以燃照炎灼發于屋表奮大惡之悉盛而埋之暨永嘉之亂為胡賊所燒皎若燭光
會稽典錄曰董孝治句章人家貧採薪供養得甘果奔走以獻母母甚肥悅隣人家富有子不孝母甚瘦不孝子疾孝治母肥常苦辱之孝治不報及母終負土成墳鳥獸助其悲號喪竟殺不孝子置冢前以祭詣獄自繫會赦得免
方言曰益梁之間凡諱其肥盛謂之䐙如掌切肥[illegible]也
博物志曰京邑有一人失名姓食噉兼十許人遂肥不能

動其父曾作遠方長吏彼縣令故義共傳食之一二年中一鄉為儉
張顯哲言曰古諺云堯舜至聖身如脯腊桀紂無道肥膚三尺
語林曰孟業為幽州其人甚肥或以為千斤武帝為稱之難其大臣乃作一大秤挂壁業入見武帝曰朕欲自稱有幾斤業荅曰陛下欲稱臣耳無煩復勞聖躬於是稱業果得千斤
世語曰太祖父嵩在太山太祖令太山太守應劭送家詣兗州陶謙密遣數千騎掩捕嵩家嵩懼穿後垣先出其妾肥不得出逃于廁與妾俱被害
又曰庾公造周伯仁伯仁曰君何所欣悅而忽肥庾曰君復何所憂慘而忽瘦伯仁曰吾無所憂直是清虛日來滓穢日去

物理論曰殺氣勝元氣其人肥而不壽

瘦

釋名曰省瘦也臞省約少之言也說文曰羸委也瘠瘦也

周禮地官司徒曰墳衍之人晳而瘠下平衍也

左傳襄三年曰楚子使薳子馮爲令尹訪於申叔豫豫曰國多寵王弱不可爲也遂以疾辭方暑闕地下冰大夫老疾受水而牀焉重繭衣裘禮記玉藻曰纊爲繭縕爲袍也鮮食寢楚子使醫視之復曰瘠則甚矣血氣未動乃使子南爲令尹

漢書曰張湯子安世女孫敬爲霍氏外屬婦霍氏反當相坐安世瘦臞形於顏色宣帝赦敬以慰其意

東觀漢記曰和熹鄧后自遭大憂及新野君仍喪諸兄憂悲傷思慕羸瘦骨立不能自勝

又曰龐萌字明兄爲赤眉所得欲啖之萌詣賊叩頭言兄年老羸瘠不如萌肥健願代兄賊義而不啖

謝承後漢書曰楊彪見漢祚將移遂稱腳攣不復行積十餘年後子脩爲曹操所殺操見彪問曰公何瘦甚對曰愧無日磾先見之明猶懷老牛舐犢之愛操爲之改容

獻帝春秋曰司空攻呂布於下邳呂布登西北白樓上城陷士擒以詣司空布曰明公何瘦司空曰所以瘦不早相得故耳司空曹掾也

三輔決錄注曰張氏得鉤何氏得筭故三輔舊語曰何氏筭張氏鉤何氏肥張氏瘦言何氏有肥人輒貴瘦人輒賤張氏瘦者輒貴肥者輒賤故二族以鉤筭知吉凶以肥瘦知貴賤○文子曰神農形顇堯瘦將欲利萬人也

韓子曰宓子賤治單父有子見之曰何瘁也曰官事急憂之故臞有子曰昔舜鼓五絃之琴歌南風之詩而天下治今單父細治之而憂治天下將奈何故無術御之雖瘁臞未有益也

世說曰鄧竟陵免官後赴山陵過見大司馬桓公問曰卿何以更瘦徐廣晉紀曰鄧遐勇力絕人氣蓋當世人方樊噲爲桓溫參軍數從征伐參冠軍將軍竟陵太守枋頭之役溫既懷恥忽且忌挥遐因免遐官遐曰有愧於叔達不能不恨恨於破甑

述異記曰甄法崇永初中爲江陵令在任嚴明于時南平繆士爲江安令喪官至其年末崇在聽事上忽見一人從門入云繆江安通法崇法崇知士已亡因問卿貌何故瘦答曰我生時所行善不補惡今繫苦役窮劇理盡

魏明帝手詔曹植曰王顏色瘦弱何意耶腹中調和不今者食幾許米又啖肉多少見王瘦吾甚驚焉宜當節水加飡荅詔表曰近得賜御食拜表謝恩尋奉手詔愍臣瘦弱奉詔之日泣涕橫流雖武文二帝所以愍憐於臣不復過於明詔

太平御覽卷第三百七十八

人事部二十

美丈夫上

尚書洪範曰二五事一曰貌(容儀)

毛詩曰云誰之思西方美人(箋云思周室之賢者)彼美人兮西方之人兮(箋云彼美人謂碩人也)

又曰叔于田巷無居人(叔大叔段也田取禽也)豈無居人不如叔也洵美且仁(洵信也)

又淇奧曰有匪君子如金如錫如圭如璧寬兮綽兮猗重較兮

又猗嗟曰猗嗟昌兮頎而長兮(昌盛也頎長貌也)抑若揚兮(抑美色揚廣揚)美目揚兮(好目揚眉)巧趨蹌兮射則臧兮

又小戎曰文茵暢轂駕我騏馵言念君子溫其如玉

又盧令曰盧令令其人美且仁盧重環其人美且鬈(鬈好貌請當爲權權勇壯也)盧重鋂其人美且偲(偲才也)

又汾沮洳曰彼其之子美如英美如英殊異乎公行

又曰彼其之子美如玉美如玉殊異乎公族

左傳曰宋公子鮑美而艷

又曰子大叔美秀而文

又曰冉豎射陳武子中手(冉豎季氏臣)失弓而罵(武子罵)以告平子曰有君子白皙鬒鬚眉甚口平子曰必子彊也(子彊武子字)

爾雅曰美士爲彥

論語曰堂堂乎張也(言子張容貌盛)難與並爲仁矣

孝經曰容止可觀進退可度

家語曰息土之民美

漢書曰張子房狀貌如美婦人

又曰直不疑狀貌甚美

又曰班伯少受詩於師丹大將軍王鳳薦伯宜勸學召見宴昵殿中容貌甚麗誦說有法拜中常侍

又曰公孫弘對策時百餘人太常奏弘第居下天子擢弘對爲第一召入見容貌甚麗拜爲博士待詔金馬門

又曰張蒼好書律曆爲御史主柱下方書亡歸沛公略地過武陽蒼當斬解衣伏質蒼美麗長大肥白如瓠王陵見美乃言沛公赦之後爲御史大夫及爲相事王陵如父陵死蒼洗沐常先朝陵夫人上食後歸

又曰陳平少時家貧好讀書長大美色而肥或譖平於漢王曰平雖美丈夫如冠玉耳(注曰以玉比平)

又曰董偃始與母賣珠爲事年十三隨母至館陶公主家左右言其姣好主召見曰吾爲母養之因留第中教書射御年十八乃冠出(出則執轡入則侍內)甚溫軟以主故諸公接之名稱城中號曰董君

又曰車千秋姓田爲高寢郎戾太子敗千秋訟太子冤上頗知太子無他意乃召見千秋長八尺餘體貌甚麗帝悅之曰此高廟神靈使公公當遂留輔我後年老乘小車上殿故號車氏

又曰董賢字聖卿雲陽人也爲太子舍人哀帝時爲郎傳漏在殿爲人美麗哀帝望見悅其儀貌拜爲黃門郎

又曰江充召見犬臺宮自請願以所常被服衣冠見上許之充岸容貌甚壯帝望見異之謂左右曰燕趙固多奇士

又曰王商長八尺餘體甚鴻大容貌絕人單于來朝仰視遷延却退天子聞而嘆曰真漢相也

又曰東方朔目如懸珠齒如編貝

又曰司馬相如車騎雍容閑雅甚都（都閑雅之稱也）
又曰薛宣好威儀進止雍容細甚可觀
又曰霍光白皙疏目美鬚髯也
後漢書曰徐防字謁卿沛國人也體貌矜嚴占對可觀顯
宗異之特授尚書郎
又曰新野功曹鄧衍以戚小子侯每預朝會容姿趨步有
出於衆顯宗目之曰朕之容貌豈若此人時賜與馬衍雖
有容儀而無實行未嘗加禮
又曰蔡邕字伯喈謂從弟谷曰董卓性剛難濟吾且遁逃
山東以待如何谷曰君狀異恒人每行觀者盈集以此自
匿不亦難乎乃止
謝承後漢書曰楊喬爲尚書容儀偉麗數上言政事桓帝
愛其才貌詔妻以公主喬固辭不聽還閉口不食七日而死

東觀漢記曰杜詩薦伏湛曰儀貌堂堂國之輝光智略謀
慮朝之淵藪
又曰馬援自還京師數被進見爲人明白眉目如畫閑進
對尤善述前事每言及三輔長者至閭里少年皆可觀皇
太子諸王聞者莫不屬耳忘倦
又曰虞延字子大陳留人也上東巡路過小黄高帝母昭
靈后園陵在焉時延爲督郵詔呼見問園陵事延進止從
容跪拜可觀其陵樹株蘖皆諳其數帝善之
魏志曰邢顒字子昂時人稱德行堂堂邢子昂文帝以爲
太常
吳志曰諸葛恪字元遜江表傳曰恪辯論應機莫與爲對
孫權見而奇之謂父瑾曰藍田出美玉眞不虛也
又曰朱據字子範吳郡人有姿貌膂力又能論難黄武初
徵拜五官中郎將權遷建鄴徵尚公主拜左將軍封雲陽
侯謙虛接士輕財好施
又曰孫韶字公禮爲邊將不進見十餘年權還建鄴乃得
朝覲問諸要害遠近人馬衆寡將卒名字具識之所問咸
對身長八尺儀貌都雅權悅曰吾久不見公禮
又曰呂範字子衡汝南人有　姿貌邑人劉氏家富女
美範求之母嫌欲勿與範親劉氏曰觀呂子衡寧當久貧
者耶遂與之婚
又曰孫桓儀容端正聰明博學能論議應對孫權常稱爲
宗室顏淵
又曰張紘少厲操行學博才秀切問捷對容止可觀　拜
郎中
晉書曰裴楷字叔則爲吏部侍郎風神高邁容儀俊爽博

涉羣書特精義理時人謂之玉人
又曰尚書閔鴻見陸雲奇之此兒若非龍駒則是鳳雛
又曰潘岳字安仁滎陽中牟人才名冠世出爲河陽令有
異政累遷給事中美姿儀少時常挾彈出洛陽羣嫗相遇
者悉連手縈遶以果擲之盈車而歸
又曰王恭字伯季累遷爲青兗二州刺史美姿儀人或多
目之云濯濯若春日柳恭嘗被鶴氅裘涉雪而行孟昶窺
見之歎曰神仙中人
又曰衛玠字叔寶河東安邑人也齠齓年乘白羊車入市
見者咸曰誰家璧人遂號爲璧人王武子玠之舅也嘗與
同遊語人曰昨日與吾外甥並坐若珠玉在側朗然映人
覺我形穢及長好言玄理武子每聞玠言歎息絕倒故時
人語曰衛玠談道武子絕倒玠妻父樂廣有重名議者以

爲婦公冰清女壻玉潤爲太子洗馬以國亂至江夏玠士其妻征南將軍山簡以女妻之至豫章大將軍王敦謂長史謝鯤曰昔王輔嗣吐金聲於中朝此子復玉振於江表後求往建鄴敦遣之京師人聞其姿容觀者如堵不見者輒嘆之

又曰王衍字夷甫有美貌幼清辯仕至太尉嘗執玉柄麈尾與手無別人爲之義口中雌黄爲世間之一龍義理有所不安者即隨改之妻郭氏賈后之親籍宮中勢聚斂無猒夷甫患之口不言錢妻試之令婢以錢遶牀夷甫曰好舉阿堵物

又曰石苞字仲容渤海南皮人也雅曠有智容儀偉麗不脩小節故時人爲之語曰石仲容姣無雙

又曰嵇康長七尺八寸美音氣好容色土木形骸不自藻

飾人以爲龍章鳳姿天質自然

又曰王戎字濬冲幼穎悟神彩秀徹視日不眩裴楷目之曰戎眼爛爛如巖下電

又曰王蒙字仲祖美姿容嘗覽鏡自照稱其父字曰王文開生如此兒耶嘗帽破入市買之羣嫗悅之爭遺其帽

又曰謝尚論中朝人物劉琰云杜乂膚清衛叔寶神清爲有識所重如此

又曰韓壽武帝時爲掾有姿容太尉賈充有室女見壽美心悅之充有異香女竊與壽帶之充怪以問婢婢以告充乃以女妻之

又曰王戎謂王衍神姿高徹如瑶林瓊樹自是風塵外物

又曰文帝器重魏舒每朝會坐罷目送曰魏舒堂堂人之領袖也

又曰桓温字元子宣城太守彝之子也生未朞而太原温嶠見之曰此兒有奇骨可試使啼及聞聲曰眞英物也年長豪爽有氣槩姿貌甚偉

又曰王衍神情明秀王澄曰兄形似道　而神鋒大儁

晉中興書曰王矩字令式美容貌每出行觀者盈路

宋書曰謝莊字希逸美容儀善談論屬文好玄理爲文帝所賞帝一見之輙歎曰藍田出美玉豈虚也哉

又曰盖道風姿貌端雅容止可觀中書郎范述見而奇之曰此荆楚仙人也

又曰謝晦美風姿善言笑眉目分明鬢髮如墨涉獵文義朗贍多通時人以方楊德祖微將不及晦聞猶以爲恨

齊春秋曰世祖嘗於華林園宴集使羣臣各出所能王儉曰臣少爲書生請誦封禪書跪前誦之容止可觀音吐蘊

藉上大悅曰樂哉

梁書曰陶洪景字通明特愛松風每聞其響欣然爲樂有時獨遊泉石望見者以爲仙人

又曰王茂字休遠太原祁人也身長八尺美容觀武帝布衣時見之歎曰王茂年少堂堂如此必爲公輔之器

崔鴻十六國春秋前凉録曰辛牀弟理美姿貌張駿欲奪其妻以寡妹妻之理割鼻自誓駿大怒徙理燉煌遂以憂死

又曰前趙録曰遊子遠幼姿貌聰亮好學年十五至洛陽張華見而奇之曰此兒雅潔洪方精公才也

又曰後趙録曰張謐美姿貌幼有逸氣太守陸雲見而異之謂傅喜曰吾聞冀州多名童故不虚也

又曰劉光弱冠美姿儀自稱佛太子從大秦來當至小秦

國易姓名爲季子　轉相扇惑聚千
人於南山僭稱號鎮西石廣擊斬之于鄠頸無血十餘日
面猶如生
北齊書曰崔㥄子瞻字彥通聰明有文情善容止神彩凝
然楊愔曰昔裴瓚在晉世爲中書郎情高邁每於禁門出
入宿衛者肅然動容崔生堂堂之貌亦當無愧裴子
又曰王昕字元景北海劇人也生九子並風流蘊藉世號
王氏九龍
又曰劉禕五子並有志行爲世所稱璿字祖王聰敏機悟
美姿儀爲其舅北海王昕所愛顧座曰可謂珠玉在傍覺
我貌穢
又曰李繪字叔文儀貌端偉河間邢晏即繪第五舅也與
繪清言歎其高遠每稱曰若披雲霧如對珠玉

又曰北平陽貞字仁堅世祖第五子沉審寬恕太祖稱之
曰此兒得我鳳毛
又曰陸郎字雲駒洛陽人也昆弟六人並魏藍田公主元
氏所生故邢邵嘗謂人云藍田生美玉豈虛也
十二國史曰鄒忌爲齊相身長八尺餘體肥麗朝服衣冠
窺照自視謂其妻曰我與城北徐公孰美妻曰君美徐公
齊之美者也忌不信復問妾妾曰君美旦日客從外來忌
復問之客亦曰徐公不如君及徐公來忌孰視之自以爲
不如因思之曰吾妻之美我私我也妾之美我畏我也客
之美我有求於我也於是入朝見威王曰臣誠不如徐公
而臣妻妾及客皆言臣美或私畏於臣或有求於臣今齊
地千里宮女左右莫不私王朝廷之臣莫不畏王四境之
內莫不有求於王由此觀之王蔽甚矣王曰善乃下羣臣
吏民能面刺寡人過者受上賞
又曰美男破老美女破居
北史後魏書曰咸陽王禧弟樹字秀和一字君立美姿貌
有將略位宗正卿後奔梁梁武尤器之封爲魏郡王
陳書曰韓子高會稽山陰人本家微賤年十六猶揔角才
敏過人容貌美麗狀似婦人
又曰謝哲字顏豫陳郡陽夏人也美風儀舉止蘊藉襟情
朗然爲士君子所重
又曰蕭允字叔然蘭陵人也風神凝遠通達有識鑒容止
蘊藉動合規矩
又曰王瑒字子璵司空沖之第十三子沉靜有器局美風
儀舉止蘊藉
又曰宜郡王叔明字照高宗第六子也儀容美麗舉止柔

弱狀似婦人
隋書曰燕王倓字仁安敏慧美姿儀煬帝於諸孫中特所
鍾愛常置左右好讀書重儒素有若成人良娣早終每至
忌日未嘗不流涕嗚咽帝由是益奇之
又曰元善洛陽人也以風流蘊藉俯仰可觀音韻清朗聽
者忘倦由是爲後進所歸
語林曰何平叔美姿儀而絕白魏文帝疑其著粉夏月與
熱湯餅旣啖大汗出隨以朱衣自拭色轉皎然
又曰王右軍目杜弘治曰面如凝脂眼如點漆此神仙中
人也
異苑曰隅陽陳忠女名豐隣人葛勃有美姿豐與村中數
女共聚絡絲戲相謂曰若得壻如葛勃無所恨也
太平御覽卷第三百七十九

太平御覽卷第三百八十

人事部二十一

美丈夫下　美婦人上

美丈夫下

唐書曰張知謇蒲州河東人徙家于岐少與兄知立知晦弟知默勵志讀書皆明經擢第儀質瓌偉眉目疏朗曉立理文而清介自守故公卿爭進之

又曰崔湜美姿儀有才名弟液滌及從兄涖並有文翰居清要每宴私之際自比東晉王導謝安之家謂人曰吾之門及出身歷官未嘗不為第一丈夫當先據要路以制人豈能默默受制於人液尤善五言湜歎曰海子我家之神龜也海子即液小名官至殿中侍御史

又曰盧承慶美風儀博學有才幹貞觀初為秦州都督府戶曹參軍因奏河西軍事太宗奇其明辯擢拜考功員外郎遷民部侍郎太宗嘗問歷代戶口數承慶叙夏商後迄于周隋皆有依據上嗟賞之令兼檢校兵部侍郎知五品選事

莊子曰盜跖謂孔子曰長大美好人見而悅者此吾父母遺德丘雖不吾譽吾不自知耶

傅玄子曰蒯通字叔孝性方嚴有容儀人望而畏之有過其門者皆整衣改容

郭子曰潘安仁夏侯湛並有美容貌常同行人謂之連璧

又曰謝哲字顥豫陳郡人也美風儀舉止蘊藉而襟情豁然為士君子所重

郭林宗別傳曰林宗遊洛陽見河南尹李膺膺大奇之於是名震京師後歸鄉里衣冠諸儒送至河上車數千兩林宗唯與膺同舟而濟衆賓望之以為神仙焉

晉謝安別傳曰王珣以疾辭職歲餘卒桓玄與會稽王道子書曰珣神情朗悟經史明徹風流之美公私所寄忽尔奄失歎悼之深豈但風流相悼而已

荀氏家傳曰荀悅字仲豫儉之子儉早卒悅年十二能說春秋家貧無書每之人間所見篇讀一覽多能誦記性靜美姿容

又曰荀羨字令則七歲隨父在石頭蘇峻愛其姿神數喚之年十五擬國婚之選不欲連姻帝室乃遁長沙監司追尋不得已遂尚尋陽公主風氣英秀明鬚眉俯仰眄睞容止可則

皇甫謐逸士傳曰或問許子將荀靖與荀爽孰賢子將曰二人皆玉也慈明外朗叔慈內潤

何晏別傳曰何晏南陽人大將軍進之孫遇害魏武納晏母晏小養於魏宮至七八歲惠心天悟形貌絕美武帝欲以為子每扶將遊觀令與諸子長幼相次晏微覺之坐則專席止則獨立或問其故荅曰禮異姓不相貫

管輅別傳曰諸葛原與管輅別戒二事言卿樂酒量溫克然不可保寧當節之耶卿有水鑒之才所見者妙仰觀神禍如膏火不可不慎也

吳地記曰陸閎字子春暢子也姿容如玉威儀秀異光武升臺而見偉之笑曰南方故多佳人

三國典略曰李繪儀貌端偉神情朗雋舅河間邢晏每與之言歎其高遠稱之曰若披煙霧如對珠玉宅相之奇良在此甥文襄嗣業肯代山東諸郡其特降書徵者唯繪清河太守辛術二人而已

又曰梁楊白花字長茂武都仇池人大眼之子也少有勇力容貌瓌偉

又曰山公目嵇叔夜之爲人也巖巖若孤松之獨立

又曰嵇叔夜之爲人其醉也隗峩如玉山之將頹

又曰衛玠從豫章下人久聞其姿觀者如堵玠先有羸疾發遂死時人謂看殺衛玠

又曰人歎王恭形茂者濯濯如春月柳

又曰王右軍見杜洪理歎曰膚如凝脂眼如點漆此神仙中人也

又曰裴叔則有儁彩容儀脫冠冕麤服亂頭皆好有人見之曰裴叔則如玉山行光映照人也

又曰時人目李宣國如玉山之將摧

又曰衛伯玉爲尚書令見樂廣與朝中名士談義奇之曰自昔諸子弟造之曰此人水鑒也瑩然若披雲霧而覩青天

又曰撫軍問孫興公劉真長何如曰清簡令淑王仲祖何如曰溫潤恬和

又曰范豫章謂王荊州（范甯王忱）曰卿風流儁望真後來之秀王曰不有此舅焉有此甥（王氏譜曰坦之娶陽范汪女蕣婦嫦生忱）

又曰庾子嵩目和嶠森森如千丈之松雖磊砢有節目施之大廈有棟梁之用也

楊松玠談藪曰張緒字思曼少而閑雅風流吐納觀者忘疲永明主見靈和殿前柳條嫩弱披靡可愛嗟賞曰此楊柳風流可愛似張緒少年

宋玉風賦曰楚襄王時宋玉休歸唐勒讒之於王王謂玉曰體貌容冶口多微辭不亦薄乎玉謂王曰身體容冶受之二親口多微辭聞之聖人

陳沈炯長安少年行曰長安美少年驄馬鐵連錢陳王裝腦勒晉帝鑄金鞭步搖如飛鷰鈿鍔似舒蓮去來新市北遨遊大道邊也

美婦人上

周易曰冶容誨淫

毛詩曰窈窕淑女君子好逑

又曰靜女其姝俟我於城隅匪女之爲美美人之貽（姝美色也）

又曰云誰之思美孟姜矣

又曰彼美孟姜詢美且都有女同行顏如舜英（舜英不槿也）

又曰野有蔓草零露漙兮有美一人清揚婉兮

又曰齊侯之子衛侯之妻東宮之妹邢侯之姨譚公惟私手如柔荑膚如凝脂領如蝤蠐齒如瓠犀螓首蛾眉巧笑倩兮美目盼兮

又曰彼美淑姬可以晤歌

又曰有女如玉

又曰有女如雲

又曰孌彼諸姬（孌好貌）

左傳曰叔向欲娶申公巫臣氏其母曰吾聞甚美必有甚惡而天鍾美於是將必是以有敗也昔有仍氏生女鬒黑光可以鑑名曰玄妻樂正后夔娶之生伯封古諸侯鬒美曰鬒實有豕心（夔舜典樂）夫有尤物足以移人苟非德義必有禍（尤異也）

又曰宋華父督見孔父之妻於路目逆而送之曰美而艷（色美曰艷）

又曰衛侯自城上見己氏之妻髮美使髡之以爲呂姜髢

又曰鄭有徐吾犯之妹甚美公孫楚與公孫黑爭聘之

公羊傳曰驪姬者國色也其顏色一國之選

又曰邾婁顏夫人者嫗盈女國色也

爾雅曰美女爲媛

國語曰恭王遊於涇上密康公從三女奔之其母曰必致之於王夫獸三爲羣人三爲衆女三爲粲今以美物歸汝而何德以堪之康公弗獻一年王滅密賈逵注曰粲美也

戰國策曰晉文公得南威三日不朝遂推南威而遠之曰後代必有以色亡國者

又曰陰姬與江姬爭爲后司馬熹爲陰姬乃謂趙王曰臣聞趙佳麗之所出也今至境入都邑殊無美者臣未嘗見人如中山陰姬者其眉目准頞權衡偃月乃帝王之后非諸侯姬也趙王大悅欲請之司馬熹歸謂中山君曰趙王非賢主也乃欲請陰姬王宜立以爲后以絶趙王之意中山君遂立爲后

又曰張儀之楚見楚王曰彼周鄭之女粉白黛黑立於衢閭之間非知而見之者以爲神王曰楚僻陋之國寡人未見中國之女如此之美乃資以珠王使行后鄭袖聞之大恐令人謂張子曰聞君將之晉有千金斤請供芻秣張子請王觴之王召鄭袖而觴之張子再拜曰儀有死罪儀行天地遍矣未嘗見人如此之美也而儀言得美人是欺王也王曰吾固知天下無兩人矣

史記曰紂囚西伯而閎夭之徒以有莘氏美女獻紂紂大悅乃放西伯

又曰漢武帝時尹夫人與邢夫人同時幸武帝有詔不得相見尹夫人自請武帝願見邢夫人帝令他夫人飾從者數十人來前尹夫人見之曰非邢夫人帝曰何以知之對曰觀其體貌形狀不足以當人主有詔邢夫人故衣獨身來尹夫人望見曰真是矣於是乃低頭而泣自痛其不如也諺曰美女入室惡女之仇

漢書曰孝武李夫人本以倡進初夫人兄延年性知音律善歌舞侍上起舞歌曰北方有佳人絶世而獨立一顧傾人城再顧傾人國寧不知傾城與傾國佳人不可得上歎息曰善世豈有此人乎平陽主因言延年有女弟上乃召見之實妙麗善舞李夫人少而早卒上憐閔焉圖畫其形於甘泉宮

華嶠後漢書曰梁冀妻孫壽色美而善爲妖態作愁眉啼粧墮馬髻折腰步齲齒笑以爲媚惑

東觀漢記曰趙熹與友人韓仲伯欲出武關仲伯以其婦有色恐有强暴者而已受其害欲棄之熹責怒仲伯以泥塗其婦面載以鹿車身自推每逢賊輒爲求哀言其病遂脱

又曰初光武聞陰麗華美心悅歎曰娶妻當得陰麗華後爲皇后

漢武故事曰又起明光宮發燕趙美女二千人充之率取十五以上二十以下年滿四十者出嫁凡諸宮美人可七八千帝從行郡國載之後車與上同輦者十六人貞數恒使滿皆自然美麗不使粉白黛黑侍衣軒者亦如之

魏略曰初袁紹子熙納甄后熙出奔幽州后留侍姑及鄴破紹妻及后坐堂皇上紹妻自搏文帝語袁夫人令新婦舉頭姑乃捧后令仰帝就視見其顏色非凡稱歎之太祖爲迎也

吳志曰周瑜從孫策攻皖城得喬公兩女國色也策自納大喬瑜納小喬

又曰孫權步夫人以美麗得幸寵冠後庭

王隱晉書曰阮籍隣家處女有才色籍不與親生不相知未嫁而死籍往哭盡哀乃去

晉陽春秋曰荀粲字奉倩常曰婦人者才智不足論自宜以色爲主驃騎將軍曹洪女有美色粲於是聘焉容服帷帳甚麗專房宴寢歷數年後婦偶病亡未殯傅嘏往唁粲不哭神傷曰佳人難再得痛悼不已歲餘亦亡

鄧粲晉紀曰杜弢至長沙掠前始興太守尹虞二女皆國色也將妻之曰我父二千石終不爲賊作婦遂自殺焉

又曰謝鯤隣家有美女鯤挑之女織梭投之折其兩齒

干寶晉紀曰石崇有妓曰綠珠美如王善舞孫秀使人求焉崇方登涼觀臨清水婦人侍側使者以告崇崇盡出婦妾數十人以示之皆蘊蘭麝而披羅縠使者曰君侯服御麗矣然本受命旨索綠珠崇勃然曰綠珠吾所愛不可得也使者曰願加三思崇曰不然使者還以告故秀勸趙王倫殺之

崔鴻十六國春秋前趙錄曰劉聰使大鴻臚李恒聘太保劉商女謂恒曰此女輩皆姿色超世且太保於朕實自不同恒曰太保稟自有周與聖源實別聰大悅賜金六十斤

又曰崔後趙石虎鄭后名櫻桃晉冗從僕射鄭世達家妓也在中猥妓中虎數數其貌於太妃太妃給之

又曰前秦初苻堅滅燕慕容沖姊年十四有殊色堅納之

車頻秦書曰苻堅時新羅獻美女國在百濟國東

三十國春秋曰後梁呂超殺其君纂后楊氏國色超將妻焉謂其父恒曰后若自殺禍必及宗恒以此言告后后曰大人本賣女與氐羌以圖富貴一之以甚其可再乎恒不能彊乃自殺

唐書曰喬知之尤稱俊才所作篇詠時人多諷誦之則天時累除右補闕遷左司郎中知之有侍婢曰窈窕娘美麗善歌舞爲武承嗣所奪知之怨惜因作綠珠篇以送與婢婢感憤自殺承嗣大怒因諷酷吏羅織知之下獄死

南史恩倖傳曰阮佃夫見盧江何恢有妓張耀華美爲廣州刺史將發要佃夫飲設樂見張氏悅之頻求此人恢曰不可佃夫拂衣出戶曰惜指失掌邪遂諷有司以公事彈奏

太平御覽卷第三百八十

人事部二十二

美婦人下

莊子曰西施毛嬙人之所美也魚見之深入鳥見之高飛

尹文子曰齊有黃公者好謙卑有二女皆國色常謙辭毀之以爲醜惡醜惡之名遠布年過而一國無敢聘者衛有鰥夫失時冒娶之果國色

闕子曰西施自窺於井不恃其美猶佐湯沐堯舜自窺於世不恃其賢猶須才德況中庸而距諫嫫母自窺於井以爲媚於西施桀紂自窺於世以爲賢於堯舜

韓子曰魏王遺楚王美女王甚悅之

愼子曰毛嬙西施天下之至姣也衣以皮褐則見者皆走易以玄錫則行者皆止

淮南子曰曼頰皓齒形夸骨佳不待脂粉芳澤而美者西施陽文也許愼注曰陽文楚好女也

又曰綦之幼女衛之稚質纂組奇綵抑墨質揚赤文纂組織紀也如今之緞也沒黑見赤其工也湯禹之智不能逮也言不能及二國女之行也

神仙傳曰介象字元則會稽人入山求仙見谷上有石皆紫色如雞子象取二枚見一美人被五綵象向之叩頭乞長生女曰汝急送手中物還著故處汝未應取此象乃送石還女授丹方一首

穆天子傳曰赤烏之人獻二女于天子女聰女列赤烏氏美人之地也

劉向列傳曰蕭史者秦穆公時人善吹簫能致孔雀白鶴穆公女弄玉好之公以妻焉一朝隨鳳飛去

漢武內傳曰西王母乘紫雲之輦履玄瓊之舄下輦上殿呼帝共坐命侍女許飛瓊鼓雲和之簧

續列女傳曰曹節弟破石爲越騎校尉越騎營伍伯妻有美色破石從求之伍伯不敢違妻執意不肯行遂自殺

襄陽耆舊記曰楚襄王遊雲夢望朝雲之餘上有雲氣宋玉曰昔先王遊高唐怠而晝寢夢一婦人曖乎若雲皦乎若星將行未至如浮如傾對曰我帝季女名曰瑤姬未行而喪封乎巫山之臺精魂爲草實爲靈芝

西京雜記曰卓文君好眉色如望遠山臉際常若芙蓉肌膚柔如脂十七而寡爲人放誕風流故悅長卿之才而越禮焉長卿作美人賦以自刺

王子年拾遺記曰魏文帝所愛美人姓薛名靈芸常山人也靈芸年十七容皃絕世時明帝選良家子入宮靈芸別父母歔欷累日淚下沾衣至升車就路之時玉唾壺承淚壺即如紅色及至京師壺中之淚凝如血矣

又曰蜀先主甘后沛人生微賤里中相者云此後後貴位極宮掖及后長體貌特異年十八玉質柔肥態媚容冶先主置后白綃帳中戶外望者如月下聚雪河南獻玉人高三尺乃取玉人置后側常稱玉人之所貴比德君子況爲人形而不可說乎后與玉人潔白齊色觀者殆相亂惑嬖者非唯嫉於后亦妬在玉人后欲毀之乃誡上曰昔子罕不以玉爲寶春秋美之今吳魏未滅安以妖玩經懷勿復進也上乃徹玉人衆嬖皆退當時以甘后爲神智婦人

又曰吳王潘夫人父坐法夫人輸入織室容態少儔江東絕色同幽者百餘人謂夫人曰神女敬而遠之有司陳於吳主使圖其容夫人憂戚不食減瘦改形工人寫之以進吳主主見喜以虎魄如意撫案嗟曰此神女也愁皃尚能

感人況在懽樂乃納于後宮

又曰孫亮作綠瑠璃屏風每於月下清夜舒之常愛寵四姬皆振古絕色一名朝姝二名麗居三名潔華四名洛寶

又曰周成王時有因祗國去王都九萬里獻女工一人善於工巧體皃輕潔被纖羅雜繡之衣長袖脩裾風至則結其襟帶恐飄飄不能自止善織以五色絲引而結之則成文錦

吳會分地記曰土城者勾踐時索美女欲以獻吳於羅山得西施鄭旦作土城貯之使近道習見人令賢傅毋教之三年

段龜龍涼州記曰隱王美人張氏色豔出家爲道乃自投門樓雙股頻折口誦經顏色自若俄而死

鄴中記曰廣陵公陳逵妹才色甚美髮長七尺石虎以爲

夫人

三國典略曰崔孝芬取貧家子賈氏以爲養女有姿色媵納之請以邑號

又曰齊武成曾有疾自云初見空中有五色物稍近變成一美婦人去地數丈亭亭而立徐之才云此至虛所致即進湯服一劑便覺稍遠又服還變成五色物數劑疾平

帝王世紀曰紂以鬼侯爲三公鬼侯有女美而進之於紂悅之妲己乃泣而譖之紂怒鬼侯女遂殺之而醢鬼侯

何集續帝王世紀曰張天錫疾篤閻薛二姬並有國色天錫謂曰吾死之後汝二人豈可更爲他妻皆曰尊若不諱請效死尊前誓無他志二人自殺天錫有瘳追悼二姬葬以夫人禮

說苑曰齊王起九重之臺募國中有畫者賜之錢狂卒敬君居常飢寒妻端正敬君工畫貪賜畫臺去家曰久思念其妻像向之憘笑旁人瞻見之以白王王即設酒與敬君相樂謂敬君曰國中獻女無好者以錢百萬請妻可乎不者殺汝敬君惶惶聽許

又曰太祖下鄴文帝先入袁尚府有婦女被髮垢面立紹妻後文帝問之荅曰是熙妻顧攬髮以袖拭面姿貌絕倫遂納之

世說曰漢元帝宮人既多乃令畫工圖之欲有呼者輒披圖召焉其中皆行貨賂王昭君姿容甚麗志不可苟求工遂毀爲其醜終身不召後匈奴來和求美女於帝以昭君充行既召見而嘆之

又曰桓宣武平蜀以李勢妹爲妾主始不知既聞與數十婢拔白刃襲之 温尚明帝女南康長公主 正值梳頭髮籍地膚色玉曜不爲動容徐曰國破家亡以至今日若能見殺乃其本懷

主慙而退

俗說曰宋禕是石崇妓綠珠弟子有色善吹笛後在晉明帝處帝疾患篤群臣進諫請出宋禕帝曰卿諸人誰欲得之阮遙集時爲吏部尚書對曰願以賜臣即與之

典說曰司隸馮方女國色也避地揚州袁術登城見而遂納焉諸婦害其寵紿言將軍以貴人有志節但見時示憂色必長見敬重馮氏如其言術益哀之諸婦因絞懸之廁言自殺術誠以爲不得志而死乃厚葬之○方言曰娥㜲 音盈 好也秦曰娥 言娥娥也 宋謂之㜲 言㜲㜲也 秦晉之間凡好而輕者謂之娥自關而東河濟之間謂之媌 今關西人亦呼好爲媌吾交切 或謂之姣 言姣絜也音狡 趙魏燕代之間曰姝 音株亦四方通語耳 或曰妦 言妦容也音蜂 自關而西秦晉之間故都曰妦 秦舊都今扶風雍縣也晉舊都今太原晉陽縣

也其俗通呼好爲忓(五干切)
又曰釥(錯耿切)嫽(天切)好也青徐海岱之間曰釥或謂嫽(今通呼小姣潔喜好者爲嫽耿)好凡通語也朦(巳紅切)厖(鵠鵃)豐也自關而西秦晉之間凡大貌謂之朦或謂之厖豐其通語也娃(烏佳切)嫷(諾過切)窕(途了切)豔美也吳楚衡淮之間曰娃南楚之外曰嫷(言婑嫷也)宋衛晉鄭之間曰豔陳楚周南之間曰窕自關而西秦晉之間凡美色或謂之好或謂之窕故吳有館娃之宮秦有桼娥之臺(桼音七)秦晉之間美貌謂之娥美狀爲窕美色爲豔美心爲窈弈僷容也自關而西凡美容謂之弈或謂之僷(弈弈僷僷皆輕麗之皃也)

書紀年曰桀伐岷山獻女于桀二女曰琬曰琰桀受女刻其名于苕華之玉苕是琬華是琰

楚辭曰嫮容脩態絙洞房娥眉慢睩目騰光

又曰粉白黛黑施芳澤

又曰美人既醉朱顏酡

又曰室中之觀多珍怪蘭膏燭明華容備

山海經曰丹山西即巫山也帝女居焉宋玉所謂我帝之季女名曰瑤姬其間首尾一百六十里謂之巫峽蓋因山爲名也

崔豹古今注曰魏文帝宮人有莫瓊樹薛夜來陳尚衣陳巧笑瓊樹始製蟬鬢望之縹緲如蟬翼故號曰蟬鬢

桓譚新論曰或曰陳平爲高帝解平城圍隱而不傳子能知乎曰陳平說閼氏言漢有美女其容貌天下無有今急馳使歸迎欲進單于單于見必愛之則閼氏言之單于而得免也

六韜曰紂囚文王於羑里散宜生受命而行究懷條塗之山有玉女三人宜生得之因費仲而獻之於紂以免文王

何承天纂文云孚瑜美色也

服虔通俗文去容麗曰媌(莫豹切)形美曰嫷(湯火切)容媚曰婠(烏活切)南楚以好爲娃(烏佳切)肥骨柔弱曰婐(烏果切)娜(奴果切)頻姸美曰嫵(七府切)媚容茂曰嬫(羊灼切)

越絕書曰越王勾踐得採薪二女西施鄭旦以獻吳王

崔駰七依曰閭娵之孕既麗且閑紫脣素齒雪白玉膚迴眄百萬一笑千金孔子傾於阿谷浮屠忘其桑門彭祖飛而溶集王喬忽而墮雲

司馬相如上林賦曰若夫青琴宓妃之徒(皆古神女名也)絕殊離俗妖冶閑都靚粧刻飾

又美人賦曰臣之東隣有一女子玄髮豐豔蛾眉皓齒顏盛色茂景曜光起離宮閑館寂寞重虛門閤晝掩曖若仙居芳香郁烈黼帳高張有女獨處婉然在牀奇葩逸麗素質豔光辭不具載

蔡邕協初賦曰其在近也若神龍彩鱗翼將舉其既遠也若披雲掃漢見織女

陳思王洛神賦曰其形也翩若驚鴻婉若游龍榮曜秋菊華茂春松髣髴兮若輕雲之蔽月飄飄兮若流風之迴雪遠而望之皎若太陽昇朝霞迫而察之灼若芙蕖出渌波穠纖得中脩短合度肩若削成腰如約素延頸秀項皓質呈露芳澤無加鉛華弗御丹脣外朗皓齒內鮮明眸善睞靨輔承權辭不具載

曹植扇賦曰情駘蕩而外得心悅豫而內安增吳氏之姣好發西子之玉顏

阮籍清思賦曰靨白玉以爲面披丹霞以爲衣襲九英之

曜精佩瑶光以發輝

素宏夜酣賦曰開金扇坐瓊筵衛姬進鄭女前形窈窕以纖弱豔妖冶而清妍似春蘭之齊秀象明月之雙懸

宋玉神女賦曰楚襄王遊於雲夢之浦使宋玉賦高唐之事王夢神女其狀甚麗王異之明日以白玉玉曰其夢若何王曰見一婦人狀甚異撫心定氣復有所夢其始來也耀乎若日初出照屋梁其少進也皎乎若明月舒其光穠不短纖不長步裔裔兮曜殿堂忽兮改容婉若遊龍乘雲翔王曰此盛矣試爲寡人賦之王曰夫何神人妖麗兮含陰陽之渥飾被華藻之可好兮若翡翠之奮翼其象無雙其極毛嬙

又登徒子賦曰夫天下之佳人莫若楚國楚國之麗者莫若臣里臣里之美者莫若臣東家之子增之一分則太長減之一分則太短著粉太白施朱太赤眉如翠羽肌如白雪腰如束素齒如含貝

又高唐賦曰昔者先王嘗遊高唐怠而晝寢夢一婦人曰妾巫山之女也爲高唐之客辭曰妾在巫山之陽高唐之岨朝爲行雲暮爲行雨朝朝暮暮陽臺之下王曰朝雲始出狀若何玉對曰其始出也㬢兮若松榯其少進也晰兮若姣姬揚袂障日而望所思忽兮改容偈兮若駕駟馬建羽旌湫兮如風凄兮如雨風止雨霽雲無處所

王粲神女賦曰髮似玄鑒鬢類刻成質素純皓粉黛不加朱顏熙曜曄若春華口譬含丹目若瀾波美姿巧笑靨輔奇牙

傅毅舞賦曰鄭女出進二八飾侍眉連娟以增繞目流睇而橫波

劉楨魯都賦曰衆媛侍側鮮附盈房娥眉青盻顏若濡霜含丹吮素巧笑妍詳掖耀日之珍笄珥明月之珠璫圭衣紛緋振佩鳴璜

應瑒神女賦曰騰玄眸而俄青陽離朱脣而耀雙輔紅顏曄而和妍時調聲以笑語

張衡舞賦曰裾若飛燕袖如迴雪窣若霆震瞥若電滅於是粉黛施兮玉質粲朱顏挺兮緇髮亂

謝靈運江妃賦曰小腰微骨朱顏皓齒綿視騰采靡膚膩理天台二娥宮庭雙媛青袿晨掩紫衣形見或飄翰凌烟或潛泳浮海萬里俄頃寸陰未改辭不具載

魏文帝與繁欽書曰今之妙舞莫巧於絳樹清歌莫激於宋臘

古詩曰青青河畔草鬱鬱園中柳盈盈樓上女皎皎當窻牖娥娥紅粉粧纖纖出素手

又曰燕趙多佳人美者顏如玉被服羅衣裳當户理清曲音響一何悲絃急知柱促願爲雙飛燕嗡泥巢君屋

梁簡文帝晚景出行詩曰細樹含殘影春閨散晚香輕花鬢邊墮微汗粉中光

梁徐悱妻詩曰東家挻奇麗南國擅容暉夜月方神女朝霞喻洛妃

晉阮籍詩曰妖冶閑都子英耀何芬葩玄髮發朱顏睇眄有光華

又曰西方有佳人皎若白素光被服纖羅衣左右佩雙璜

又詩曰二妃游江濱逍遙順風翔交甫懷環珮婉孌有芬芳

左思嬌女詩曰吾家有嬌女嬌女皦白皙小字爲紈素口

齒自清歷髻髮覆廣額雙耳似連璧明朝弄梳臺黛眉類掃跡五言

傅玄歌曰有女懷芬芳媞媞步東廂蛾眉雙翠羽明眸發清光丹脣翳皓齒秀頰若珪璋巧笑露靨輔衆媚不可詳令儀希世出無乃古毛嬙首戴金步搖耳繫明月璫

李延年歌曰北方有佳人絶世而獨立一顧傾人城再顧傾人國豈不言傾城國佳人難再得

陸機豔歌行曰美目揚玉澤蛾眉象翠翰。古樂府陌上桑行曰日出東南隅照我秦氏樓秦氏有好女自言名羅敷羅敷善蠶桑採桑城南隅青絲爲籠繩桂枝爲籠鈎頭上倭墮髻耳中明月珠

鮑昭堂上行曰暉暉朱顔酡紛紛織女梭滿堂皆美女目我對湘娥等笛更彈吹高唱好相和

曹植美女篇曰美女妖且閑採桑岐路間柔條紛冉冉落葉何翩翩攘袖見素手皓腕約金鐶頭上金雀釵腰佩翠琅玕

太平御覽卷第三百八十一

人事部二十三

醜丈夫　醜婦人

醜丈夫

釋名曰醜臭也如臭穢也
說文曰音蚩酉反可惡也
又曰丈十尺也從手而持十也
又曰夫從一大象人形也一象簪形冠而旣簪人二十而
冠成人也故成人曰丈夫
尚書曰洪範六極五曰惡孔安國曰醜陋也
毛詩曰不見子都乃見狂且注曰狂且狂醜之人
左傳曰賈大夫貌惡娶妻而美三年不言不笑御以如臯
射雉獲之其妻始笑
又曰叔向適鄭鬷蔑惡惡醜見也欲觀叔向從使之收器者而
往立於堂下一言而善叔向將飲酒聞之曰必鬷明也下
執其手以上曰昔賈大夫惡娶妻三年不言不笑如臯射
雉獲之其妻始笑而言賈大夫曰才之不可以巳我之不
能射汝遂不言不笑夫今子少不颺言醜貌不發揚子若無言吾
幾失子
又曰宋華元爲植巡功植將主也城者曰睅其目皤其腹睅出目皤大腹
廣雅曰仳倠嫫姆㑩儽䫀頯須鵰䳕頾類醜也仳鼻之切倠火遺切姑音
㑩音臺䫀蒲比反顡差丈切頾丁可切鵰爲詩爲切睢音隹頯古來切鶻音骨顛音歎
家語曰高柴字子羔長不滿六尺狀皃甚惡爲人篤孝知
名孔氏之門仕爲郕宰。又曰秏土之人醜
史記曰秦相蔡澤魋顏蹙頞頞鼻莖也
又曰澹臺滅明字子羽狀皃甚惡欲事孔子孔子以爲材

薄既而受業退而脩行行不由徑非公事不見卿大夫南
遊至江弟子三百人從之設取予去就名施乎諸侯孔子
聞之曰吾以言取人失之宰予以皃取人失之子羽
漢書曰田蚡孝景帝皇后同毋弟也辯有口學盤盂諸書
爲人貌寢而貴
又曰詔求能爲韓詩者蔡義召見悅之擢爲光祿大夫
代楊敞爲相時年八十餘短小無鬚眉貌似老嫗行步傴
僂常吏挾乃行
又曰張良貌若婦人
范曄後漢書曰周舉字宣光汝南人也姿貌短陋而博學
東觀漢記曰永平中徵承宮爲博士遷左中郎數納忠諫
論議切直名播匈奴時單于遣使求欲得見宮詔勑宮自
整飾宮對曰夷狄炫名非識實也臣狀醜不可以示遠宜
選長大威容者帝乃以大鴻臚魏應代之
魏志曰管輅容貌醜無威儀言語不擇非類
又曰王粲字仲宣山陽高平人也年十七往荊州依劉表表
以粲貌寢而體通脫不甚重也
晉書曰孫秀尚河東公主形陋短小奴僕之下者也
又曰左思貌醜而口訥
又曰張孟陽每出人惡之輒擲瓦礫盈車
王隱晉書曰劉伶字伯倫長六尺貌甚醜悴常携一壺酒
使人荷鍤自隨以爲死便埋也
孫嚴宋書曰桓護之字彥宗少倜儻不拘小節形狀短陋
而氣幹強果
又曰少帝幼而狷急輕脫嶮迮細形黃貌色長頸鳥喙斯
聲

齊書曰張融形貌短醜精神清徹王敬則見融革帶寬謂曰革帶太急融曰既非步吏急帶何爲

又曰蕭坦之肥黑無鬚語聲嘶時人號爲蕭瘂剛佷專執群小畏而憎之

崔鴻十六國春秋前趙録曰郭氾字子游上郡人也父士爲縣卒隨巫而遇一女子於路巫曰此女生貴子君亦有貴子可相納之當興君門士納之生氾長不滿七尺醜極當時朴訥無慧後爲縣卒感憤遊學師事安平趙孔曜曜見而偉之曰此生有公骨其當貴達

又曰前秦録曰符雄字元才趙建武中拜龍驤將軍貌醜頭大而足短故軍稱爲大頭龍驤

又曰徐成純直亮素爲王猛所知長不滿六尺醜極當時

車頻秦書曰符堅六歲戯於路司隷徐統見而異焉而問曰符郎此官街小兒戯不畏縛耶荅曰吏縛犯事者不縛小兒戯統語左右曰此兒有王霸相左右曰此兒狀皃甚醜而君以爲相貴異何也曰非尒等所知也

南史曰劉韞人材凡鄙爲明帝所寵在湘州雍州使善畫者圖其形出行鹵簿羽儀常自披翫甞以圖示征西將軍蔡興宗戯之陽若不解畫者指韞形問之曰此何人韞曰是我其膚厎類如此耶

北史曰後魏廣陵侯衍弟欽中書監尚書右僕射儀同三司欽色尤黑故時人號爲黑面僕射

唐書曰李輔國本名静忠短小貌陋頗知書計高力士見之收在左右與諸奴爲伍年四十餘矣爲小官掌廄中文帳後遷至封成國公也

又曰蘇世長容貌醜陋頗有學識性滑稽言雜諧調隋大業中爲都水使者煬帝甞謂之曰御面何類駏驢世長再拜叫呼以手據地蹙項敗面爲駏驢之狀羣臣掩口而笑煬帝大悦賜帛百疋

又曰貞觀十年文德皇帝崩百官縗絰率更令歐陽詢狀貌醜異衆或指之許敬宗見而大笑爲御史所劾左授洪州都督

周史曰慕容彥超吐渾部人也父亮以彥超貴累贈至三師彥超即漢高祖之同産弟也甞冒姓閻氏體黑面胡故謂之閻崑崙

莊子曰厲人夜半生子其父取火視之恐其似已也（厲人醜人也）

又曰魯哀公問仲尼衛有惡人焉曰哀駘佗大夫之與處者思不能去也婦人之請於父母曰與爲人妻寧爲夫子妾者十數而未止也是必有以異乎人也寡人召而觀之果以惡駭天下

又曰支離疏者頥隱於臍肩高於頂會撮指天五管在上兩髀爲脅也

孫卿子曰衛靈公有臣曰公孫呂身長七尺面長三尺而廣三寸名動天下

孔叢子曰子高見齊王齊王問誰可爲臨淄宰稱管穆焉王曰管穆容貌陋民不敬他荅曰夫見敬在德且臣所稱其能也君不聞晏子乎長不滿六尺面狀醜惡齊王上下莫不崇焉以穆體形方之猶賢之遠矣王乃以管穆爲臨淄宰也

尸子曰禹長頸鳥喙面目顏色亦惡矣天下猶獨賢之

呂氏春秋曰陳有惡人曰敦洽讎糜椎顙色如漆也

又曰列精子高德行於齊湣王所敬着布衣白縞冠會朝步堂下謂侍者曰我好醜何如侍者曰公艷出而窺井歎曰惡丈夫也人之阿齊王實不良而言良亦其我之侍者也

周斐汝南先賢傳曰周燮字彥祖欽頤折頞皃甚醜毋欲不舉其父曰吾聞諸聖賢人狀皆有異於人與我宗者必此兒遂育之

梁冀別傳曰子嗣爲河南尹嗣一名胡狗時年十六容皃甚陋不勝冠帶道路見者莫不嗤咲焉

司馬徽別傳曰劉綜欲候徽先使左右問其存亡徽鋤園左右問馬君所在徽曰我是徽頭面醜陋問者罵之曰卽欲求司馬公何等田奴而稱徽更刷頭飾服而出左右叩頭而謝之

續搜神記曰桓大司馬從南州來拜簡文皇帝陵問左右商消形皃有人荅消爲肥短黑色形甚醜公云吾見之亦如此意惡之還州遂病無幾而薨

謝綽宋拾遺記曰何尚之顏延年少年好爲嘲調二人並短小常謂顏公爲猴顏亦以何爲猴常共遊戲西池顏問路人云二人誰似猴路人指何曰彼似猴耳君乃真猕也

束晳發蒙記曰醜男䰞蘘醜女鍾離春

世說曰王廣娶諸葛誕女入室言語始交王語婦曰神色卑下殊不似公休婦曰大丈夫令婦人比蹤英傑

崔駰博徒論曰博徒見農夫戴笠持耨以芸蓼荼面目驪黑手足胼胝膚如桑朴足如熊蹄蒲伏壟畝汗出調泥乃謂曰子觸熱耕芸背上生鹽脛如燒椽皮如領革錐不能穿行步狼跋腳戾脛酸謂子草木支體屈伸謂子禽獸形容似人何受命之薄稟性不純

桓譚新論曰余嘗與郎冷喜出見一老翁糞上拾食頭面垢醜不可忍視喜曰安知此非神仙余曰道必形體如此無以道焉

風俗通曰齊有一女二家求之其家語其女曰汝欲東家則左袒欲西家則右袒其女兩袒父母問其故對曰願東家食而西家息以東家富而醜西家貧而美也

新序曰齊有田巴先生者行脩於外王聞其賢聘之將問政焉田巴先生改製新衣拂飭冠帶顧謂其妾妾曰佼將出門問其從者從者曰佼過於淄水自照視醜惡甚焉遂見齊王齊王問政對曰今者大王召臣臣問妾妾愛臣諛臣曰佼問從者從者畏臣諛臣曰佼臣至臨淄水而觀然後知醜惡也今王察之齊國治矣

會稽錄曰任弈字安和句章人也爲人皃寢無威儀

劉謐之龐郎賦曰其頭也則中骼而上下銳額平而承枕四起

繁欽三胡賦曰莎車之胡黃目深精員耳狹頤康居之胡焦頭折頞高輔陷無眼無黑眸頰無餘肉罽賓之胡面象炙蝟頂如持囊隈目赤眥洞頞卬鼻

朱彥時黑兒賦曰世有非常人實惟彼玄士稟玆至緇色內外皆相似卧如驪牛驟立如烏牛跱忿如鸜鵒鬭樂似鸜鵒喜

醜婦人

周易曰老婦士夫亦可醜也

韓詩外傳曰齊王厚送女欲妻屠門肚肚辭以疾其友勸之曰子孫死腥臭之肆而已乎何以辭之肚應曰其女醜

其友曰何謂也肚曰吾肉善如量而去苦少耳吾肉不善
雖以他附益之尚猶不讎今厚送子子醜故耳其友下問
女果醜目如擗杏齒如編蟹
東觀漢記曰梁鴻同郡孟氏其女名光狀貌醜而黑力能
舉石曰擇而不嫁至年三十鴻聞而聘之
王隱晉書曰武帝爲太子納妃謀父不史上欲娶衛瓘女
楊后欲娶賈充女上曰衛公女有五可賈公女有五不可
衛家種賢而多子端正而長白賈家種妬而少子醜而短
黑也
唐書曰張萬福典泗州時遇德宗幸奉天李希烈反陳少
遊悉令管內刺史送妻子楊州以爲質萬福獨不肯送謂
使者曰爲某白相公萬福妻老且醜不足煩相公意獨不
送

又曰中宗好與朝臣狎戲韋庶人微時有一乳母實蠻婢
也旣老且醜齒髮禿落制於後宮列花燭嫁爲御史大夫
竇懷貞妻俗謂乳母之聟曰阿遮懷貞每進表狀列其官
位必曰國遮欣然有自負之色
莊子曰陽子之宋宿於逆旅逆旅人有妾二人其一人美
其一人惡惡者貴而美者賤陽子問其故逆旅小子對曰
美者自美吾不知其美也陽子曰弟子記之行賢而去自
賢之行何往而不受哉
郭子曰許允婦是阮德如妹甚醜交禮竟許永無復入理
桓範勸之曰阮嫁醜女與卿故當有意宜察之許便入見
婦即出提裾停之許謂婦曰婦有四德卿有幾答新婦
所乏唯容士有百行君有其幾許曰皆備婦曰君好色不
好德何謂皆備許有慙色遂雅相重

劉向列女傳曰齊孤逐女者其狀甚醜三逐於鄉五逐於
里過時無所容乃造襄王之門而求見王輟食而起謹敬
左右曰三逐於鄉者不忠五逐於里者少禮何足爲遠王
曰子不識也夫牛鳴而馬不應者異類故此　人必有異
者遂見與之語而嘉之
又曰齊宿瘤者東郭採桑之女閔王之后也（閔王宣王子也）項有
大瘤故號曰宿瘤初閔王遊至東　百姓盡觀宿瘤女採
桑如故王召問曰寡人出遊車騎甚衆百姓無長少弃事
來觀汝不視何也對曰妾受父母教採桑不受教觀大王
吾此女也惜其宿瘤女曰中心何謂宿瘤何傷王大悅曰
此賢女也命後車載之女曰妾不受父母之教而隨大王
是奔女也王大慙曰寡人失之貞女一禮不備雖死不從
及歸遣使奉禮加金百鎰娉迎之父母驚惶欲洗沐爲衣

裳女曰變容更服恐見不識於是如故隨使者閔王歸見
諸夫人告曰今日出遊得一聖女及至諸夫人見者皆笑
王曰未飾耳飾與不飾相去十百女曰飾與不飾相去千
萬不足言何獨十百也王曰何以對曰昔者堯舜桀紂俱
爲天子堯舜安於節儉茅茨不翦採椽不斲後宮衣不曳
地食不重味至今數千歲天下歸善桀紂不自飾仁義爲
高臺榭深池澤後宮蹈綺縠弄珠玉身死國亡爲天下笑
至今千餘歲天下歸惡由是觀之飾與不飾相去千萬
閔王大感立以爲后朞月之間化行隣國諸侯朝之侵
三晉懼秦楚立帝號及女死燕遂屠齊
又曰齊鍾離春者齊無鹽邑之女（鍾離姓春名也）其爲人極醜無
雙臼頭深目長壯大節卬鼻結喉頂上少髮折腰出胷皮
膚若漆行年三十無所容入衒嫁不售流弃莫執於是乃

拂拭短褐自詣宣王願乞一見謁者曰晏齊之不售女也聞大王之聖願備後宮之埽除頓首司馬門外謁者以聞宣王方置酒於漸臺左右聞之莫不掩口而笑王曰此天下強顏女子也乃召見之謂曰昔先王爲寡人娶妃疋皆以備有列位者今夫人不容鄉里布衣而欲干萬乘之主有何異乎鍾離春曰竊慕大王之美義耳王曰然何善曰嘗隱善王曰試一行之言未卒忽不見王大驚立發隱書而讀之又不能解明日復召之但揚目銜齒舉手拊膝曰殆哉如此者四矣王曰願聞命對曰今大王之國西有橫秦之患南有強楚之讎外有二國之難內聚姦臣衆人不附春秋四十年壯男不立故不務衆子而務衆婦尊所好而忽所恃一旦山陵崩墜社稷不定此一殆也漸臺五層黃金白玉琅玕翡翠萬人疲極此二殆也賢者伏匿於山

林諂諛強行於左右邪僞立於本朝不得通入此三殆也酒漿流湎以夜繼晝女樂俳優縱橫大笑外不脩諸侯之禮內不秉國家之理此四殆也王闇然無聲喟然而歎曰痛乎無鹽君之言於是立壞漸臺罷女樂退諂諛去彫琢選兵馬實府庫闢四門招進直言卜擇吉日立太子拜無鹽君以爲王后齊國大安皆醜女之力也

習鑿齒襄陽記曰黃承彥河南名士也謂諸葛孔明曰君擇婦否有醜女黃頭黑色而才堪相配孔明許焉即載送之時人爲笑樂鄉里爲之諺曰莫作孔明擇婦正得河外醜女

束皙發蒙記曰醜男騣䬘醜女鍾離春通俗文曰不媚曰嬸音齠可惡曰嬒烏會反大醜曰奃呼交反醜稱曰娭烏在反

何承天纂文曰嫫母醜人也

楚辭曰西施媞媞而不得見兮嫫母勃屑曰侍而

又曰珪璋雜於甑室兮隴廉與孟陬同宮舉世以爲常俗固將愁苦而終窮

劉思真醜婦賦曰才質陋且儉姿容劇嫫母鹿頭獼猴面椎額復出口折頞靨樓鼻兩眼䫌一交切如臼膚如老桑皮耳如側兩手

宋玉登徒子好色賦曰登徒子妻蓬頭攣耳攣牛善反齞牛美反脣歷齒旁行傴僂又疥且痔

太平御覽卷第三百八十二

人事部二十四

壽老

說文曰老考也

釋名曰六十曰耆耆指也不從力役指事使人也七十曰
耄頭髮耄耄然也八十曰耋耋鐵也皮膚變黑色如鐵也
九十曰鮐背背有鮐文也或曰黃耇鬢髮變黃也耇垢也
皮色驪悴恒如有垢也或曰胡耇皮如雞胡也或曰凍梨
皮有班黑如凍梨色也或曰兒齒大齒落盡更生細齒如
小兒齒也百年曰期頤頤養也老惛不復知服味善惡孝
子期於盡養道也老朽也老不死曰仙仙遷也遷入山也

周禮夏官司馬曰中春羅春鳥獻鳩以養國老（是時鷹化為鳩鳩與春鳥變舊為新以宜養老助生氣也）

禮記曲禮上曰六十曰耆指使七十曰老而傳八十曰耋
九十曰耄百年曰期頤（鄭玄注曰耄惛忘也期要也頤養不知衣服食味孝子盡養之道也）

又曰大夫七十而致仕若不得謝行役以婦人從適四方
乘安車自稱曰老夫

又檀弓上曰子夏喪其子而喪其明曾子弔之子夏哭曰
天乎予之無罪曾子怒曰吾與汝事夫子於洙泗之間退
而老於西河之上使西河之民疑汝於夫子爾罪一也

又曰王制曰養耆老以致孝

又曰凡養老有虞氏以燕禮夏后氏以饗禮殷人以食禮
周人脩而兼用之五十養於鄉六十養於國七十養於學
達於諸侯（天子諸侯養老同也）五十異糧六十宿肉七十貳膳八十
常珍九十飲食不離寢膳飲從於遊可也五十始衰六十
非肉不飽七十非帛不煖八十非人不煖九十雖得人不
煖矣

又曰五十杖於家六十杖於鄉七十杖於國八十杖於朝
九十者天子欲有問焉則就其室以珍從（尊養之）七十不俟
朝（二夫士之差者揖君則退）八十曰告存（每月致膳）九十曰有秩（秩常也有常膳）有
虞氏養國老於上庠養庶老於下庠夏后養國老於東
序養庶老於西序殷人養國老於右學養庶老於左學周
人養國老於東膠養庶老於西膠

又曰君子耆老不徒行庶人耆老不徒食矣

又曰文王世子曰文王謂武王曰汝何夢矣武王對曰夢
帝與我九齡（帝天也）文王曰古者謂年齡齒亦齡也我百爾
九十吾與爾三焉文王九十七而終武王九十三而終

又祭義曰先王之所以治天下者五貴有德貴貴貴老仁
長慈幼為其近於親也

又曰虞夏殷周天下之盛王也未有遺年者年之貴乎天
下久矣次乎事親也○又曰天子巡守諸侯待于竟天子
先見百年者

左傳隱公曰石碏使告于陳曰衛國褊小老夫耄矣無能
為也

又僖公上曰王使宰孔賜齊侯胙將下拜孔曰且有後命
天子使孔曰以伯舅耋老加勞賜一級無下拜

又僖公下曰秦晉圍鄭佚之狐言於鄭伯曰國危矣若使
燭之武見秦君師必退公從之辭曰臣之壯也猶不如人今
老矣無能為也

又襄公六曰晉悼夫人食輿人之城杞者絳縣人或年長
矣無子而往與於食有與疑年使之年（使言其年）曰臣小人也
不知紀年臣生之歲正月甲子朔四百有四十五甲子矣

其季於今三之一也吏走問諸朝師曠曰魯叔仲惠伯會郤成子于承匡之歲也七十三年矣

又曰穆叔至自會見孟孝伯語之曰趙孟將死矣其語偷不似民主且年未盈五十而諄諄焉如八十九十者弗能久矣

又昭元曰天王使劉定公勞趙孟於潁館於洛汭劉子曰美哉禹功子盍亦遠績禹功而大庇民乎對曰老夫罪戾是懼焉能恤遠吾儕偷食朝不謀夕何其長也劉子歸以語王曰諺所謂老將至而耄及之者其趙孟之謂也

又曰齊侯田於莒盧蒲嫳見泣且請曰余髮如此種種余奚能爲（種種短也自言衰老不能復爲害）

又昭公四曰楚靈王至乾谿聞羣公子之死也自投于車下曰人之愛其子也亦如余乎侍者曰甚焉小人老而無

子知擠于溝壑矣

尚書盤庚曰汝無侮老成人無弱孤有幼

又洪範曰五福一曰壽（百二十年）

又無逸曰自時厥後立王生則逸生則逸不知稼穡之艱難不聞小人之勞惟耽樂之從自時厥後亦罔或克壽（以耽樂之故從是其後亦無有能壽考）

又呂刑曰惟呂命王享國百年耄荒（言呂侯見命爲卿時穆王以享國百年耄亂荒忽雖老而能用賢以揚名）

論語里仁曰父母之年不可不知一則以喜一則以懼（孔子曰見其壽考則喜見其衰老則懼）

又微子曰齊景公待孔子曰若季氏則吾不能以季孟之閒待之曰吾老矣不能用也孔子行

爾雅曰耆耆老也

尚書中候曰齊桓公欲封禪謂管仲曰寡人日暮仲父年丈

韓詩外傳曰楚丘先生見孟常君孟常君曰先生老矣春秋高矣多遺忘矣何以教文先生曰使我投石超距追車赴馬逐麋鹿搏虎豹吾則老矣使我擇計謀設精神决嫌疑出正辭尚諸侯吾乃始壯耳何老之有孟常君勃然汗出至踵曰文過耳

又曰齊桓公見歒丘人曰叟年幾何對曰臣年八十三公曰美哉壽也

論語讖曰仲尼曰吾聞堯舜等遊首山觀河渚乃有五老遊河渚一老曰河圖將來告帝期二老曰河圖持龜告帝謀三老曰河圖將來告帝書四老曰河圖將來告帝圖五老曰河圖將浮龍銜玉包金泥玉檢封盛書五老飛爲流星上入昴（宋均注曰浮龍浮於水）

周書曰文王在鄗召太子發曰嗚呼我身老矣吾語汝我所保與我所守汝勤之我傳之子孫吾厚德而廣惠信忠而志愛不爲驕役不爲泰泰靡括柱而茅茨爲民愛費也

戰國策曰昔者秦魏爲國齊楚約攻魏魏使人求救於秦冠蓋相望秦救不出魏人有唐祖者年九十餘謂魏王曰老臣請西說秦令兵出可乎曰敬諾遂約車遣之見秦王秦遽發兵救之

史記曰秦使百里傒子孟明視蹇叔子西乞術將兵行行日百里傒蹇叔二人哭之繆公聞而怒二老曰臣非敢沮君軍軍行臣子與往臣老遲還恐不相及故哭耳

又曰蔡澤從唐舉戲之乃曰富貴吾所自有吾所不知者壽也願聞之唐舉曰先生之壽從今以往者四十三歲蔡

澤笑而謝去謂其御曰吾持粱齧肥躍馬疾驅懷黃金之印結紫綬於腰揖讓人主之前食肉富貴四十三年足矣

又曰王翦傳曰始皇問李信吾欲攻荆用幾何人而足信曰不過用二十萬人始皇問王翦翦曰非六十萬人不可始皇曰王將軍老矣何怯也李將軍壯勇其言是也王翦因謝病歸老於頻陽

又曰上置酒太子侍四人從太子年皆八十有餘鬚眉皓白衣冠甚偉上怪之問曰彼何爲者四人前對各言名姓曰東園公角里先生綺里季夏黃公上乃大驚曰吾求公數歲公避逃我今公何自從吾兒游乎四人皆曰陛下輕士善罵臣等義不受辱故恐而亡匿竊聞太子爲人仁孝恭敬愛士天下莫不延頸欲爲太子死者故臣來耳上曰煩公幸卒調護太子

又曰伏生者秪勝濟南人故秦博士也孝文欲求能治尚書者天下無有聞伏生能治召之是時伏生年九十餘老不能行乃詔太常掌故朝錯往受之

又曰武帝使東帛加璧安車駟馬迎申公弟子二人乘軺傳從見天子天子問治亂之事申公時已八十餘對曰爲治者不至多言顧力行何如耳

又曰李少君以祠竈却老方見上自謂七十嘗從武安侯飲坐中有年九十餘老人少君乃言與其大父游射處老人爲兒時從其大父行識其處一坐盡驚

漢書曰文帝元年詔老者非帛不煖非肉不飽今歲首不時使人存問長老又無布帛酒肉之賜將何以佐天下子孫孝養其親哉具爲令有司請令縣道八十以上賜米人月一石肉二十斤酒五斗其九十以上又賜帛人二疋絮三斤賜物及當稟鬻米者長吏閱視丞若尉致之

又曰馮唐趙人也以孝著爲中郎署長應劭曰此去孝子郎事文帝文帝輦過問唐曰父老何自爲郎家安在具以實對

又曰張蒼食乳女子爲乳母妻妾百數曾孕子者不復幸猶是百餘歲乃卒

又曰張安世宣帝下詔曰安世守職秉謙以安宗廟著節老臣令朝朔望號稱祭酒

又曰石建爲中郎令建老白首萬石君尚無恙每五日洗沐歸謁親入子舍竊問侍者取親中裙廁牏身自澣洒復予諸侍者子孫咸孝然建特爲甚

又曰貢禹上書曰臣禹犬馬之齒八十一血氣衰竭耳目不聰非能復有補益所謂素飡尸祿汚朝之臣也乞骸及身生歸鄉里死無恨矣

續漢書曰仲秋之月縣皆案戶比民年七十者授之王杖長九尺端以鳩爲飾鳩者不咽之鳥欲老人不咽所以愛民也是月也祠老人星於國南遠郊

東觀漢記曰馬援字文淵建武二十年武陵五溪蠻夷深入軍沒援因復請行年六十二帝愍其老未許之援自請曰臣尚能被甲上馬帝令試之援據鞌顧眄以示可用帝笑曰矍鑠哉是翁也遂遣援

又曰閔仲叔客安邑老病家貧不能買肉日買一片豬肝屠者或不肯爲斷安邑令候之問諸子何飯食對曰但食豬肝屠者或不肯與令出敕市吏後買輒得叔怪問其子道狀乃歎曰閔仲叔豈以口腹累安邑耶遂去之

又曰班超自以久在絕域年老思土上疏曰臣常恐年衰

奄忽僵仆不敢望到酒泉郡但願生入玉門關

魏志曰田豫爲并州刺史徵爲衛尉屢乞遜位太傅司馬宣王以豫克壯書喻未聽豫書答曰年過七十而以居位譬猶鍾鳴漏盡而夜行不休是罪人也遂稱疾篤拜太中大夫食卿祿年八十二薨

晉書曰華表太始中遷太常卿數歲以老病乞骸骨詔以表清貞履素有老成之美而以疾固辭今聽如所上祿賜與卿同

又曰劉寔字子眞少貧賣牛衣好學歷吏部尚書封循陽子懷帝復授太尉辭以老九十一薨

又曰祖逖進鎮雍丘略定河外躬自勸督農桑剋己施下百姓感悅置酒大會耆老中坐流涕曰某等老矣更得父母死將何恨

又曰周訪少時遇善相者陳訓謂訪與陶侃曰二君皆位至方岳功名略同但陶上壽周下壽優劣在年耳

齊書曰虞玩之字茂瑤年老有疾請退表曰四十仕進七十懸車壯即驅馳老宜休息知足不辱臣知足矣

後魏書曰畢衆敬篤老乞還桑梓朝廷許之臨還獻其珠瑠四具銀裝劍一口刺虎矛一枚仙人綾百疋文明太后與高祖引見於皇信堂賜酒饌車一乘馬三疋絹二百疋勞遣之

又曰羅結代人世祖初爲散騎常侍遷侍中揔三十六曹事年一百七歲精爽不衰世祖以其忠愨甚見信待詔聽歸老賜太寧東川以爲居業并爲築城即號曰羅侯城至今猶在

又曰刀雍以耆年特見優禮錫以几杖杖履上殿因致珎羞焉嘗經篤疾幾死見有神明救之言福門子當享長年後卒於洛州刺史

又曰尉元許致仕詣闕謝老引見於庭命昇殿勞宴賜以玄冠素服又詔充三老給上公之祿

唐書曰太宗將伐遼東召李靖入閤賜坐御前謂曰公南平吳會北清沙漠西定慕容唯東有高麗未服公意如何對曰臣往者憑藉天威薄展微効今殘年朽骨唯擬此行陛下若不棄老臣病其瘳矣帝愍其羸老不許

又曰嚴綬材器不踰常品事兄嫂過謹爲時所稱常以寬柔自持位躋上公年至大耋前後統臨三鎮皆號雄藩所辟士親睹爲將相者九九人其貴壽如此

周史曰蕭愿字惟恭梁宰相頊之子也初愿之曽祖倣唐僖宗朝入相接客之次愿爲兒童効倣傳呼之聲倣謂客

曰余豈敢以得位而喜所幸弈世壽考吾今又有曽孫在目前矣及愿長事父母以孝稱後爲兵部郎卒之時年七十餘母猶在堂一門壽考人罕及者矣

鬻子曰鬻子年九十見文王文王曰噫老矣鬻子曰若使臣捕虎逐鹿則老矣使臣策國事則臣年尚少因立爲師

莊子曰盜跖曰人上壽百歲中壽八十下壽六十

孟子曰老吾老以及人之老

又曰伯夷避紂居北海之濱太公避紂居東海之濱聞文王作興曰盍歸乎來吾聞西伯善養老者二老者天下之大老也而歸之是天下之父歸之天下之父歸之其子焉往

抱朴子內篇曰余亡祖鴻臚少卿時嘗爲臨沅令云此縣有廖氏家世壽老或出百年或八九十從去生子孫轉多

夭折人有居其故宅復累世壽由此覺是宅所爲疑其井水殊赤乃試掘井左右得古人埋丹砂數十斛去井數尺此丹砂汁因泉水漸滲入井是以飲其水而得壽況乃持丹砂而服之乎

六韜曰文王祖父壽百二十而沒王季百年而沒文王壽九十七而沒

國語曰齊宣王出遊路見閭丘先生長老十三人謁齊王王賜之田衆老皆拜閭丘先生獨不拜又賜無役諸老復拜閭丘先生又不拜宣王疑而問之對曰來見大王所望者三願賜臣壽賜臣富賜臣貴王曰天命有長短非寡人所制無所壽先生倉粟雖盈備災畜無以富先生大官無闕小官卑賤無以貴先生先生曰所望願王選良吏臣少得壽焉使人以時役無煩苛此臣所以得富焉使少者敬長者長者敬老者此臣所以得其貴也王賜臣田田不租

倉廩虛賜臣無役則官無所使非所望也王曰賜先生爲相可乎先生曰臣得三願足矣安用爲相

又曰子奇年八十齊君任爲東阿既行而君悔焉使人追之囑使者曰未至追令還已至勿追未至東阿使者反之齊君問故使者曰臣見子奇同載者皆白首矣夫老者之智少者之決此必能治東阿矣王曰善哉

又曰昔衛武公年九十五儆於國曰苟在朝者無謂我老耄而舍我也必恭恪於朝夕以儆我聞一二之言志誦納之以訓道

漢武故事曰上嘗輦至郎署見一老鬚鬢皓白衣服不完上問曰公何時爲郎何其老矣對曰臣姓顏名駟江都人也文帝時爲郎上問曰何不遇也駟曰文帝好文臣好武景帝好老臣又少陛下好少臣已老是以三世不遇上感其言拜爲會稽都尉

新序曰孔子見宋榮啓期年老白首衣弊服鼓琴自樂孔子問曰先生老而窮何樂也啓期曰吾有三樂天生萬物以人爲貴吾得爲人一樂也人生以男爲貴吾得爲男二樂也人生命有傷夭吾年九十餘是三樂也貧者士之常死者人之終居常以守終何不樂乎

說苑曰楚文王伐鄭使王子革子靈居二子出遊老人戴畚從而乞食焉不與搏而奪之畚

又曰晉平公問師曠曰吾年七十欲學恐晚如何對曰暮不炳燭耶臣聞少而學者如日出之陽壯而學者如日中之光老而學者如炳燭之明孰與昧行乎公曰善哉善哉

申鑒曰學壽不至壽可以盡命

新論曰余前爲王翁典樂大夫見樂家書記文帝時得魏文侯時樂人竇公百八十歲兩目皆盲文帝奇之問何能服食而至此耶對曰年十三失明父母哀之教使鼓琴日講習以爲常事臣不能道引無所服餌也譚以爲少盲恒逸樂所以益性命也

神仙傳曰淮南王安好道術八公乃詣門門者見其垂白不進八公皆化成童子色如桃花門吏白王王迎之登思仙之臺張錦綺之帷設象牙之床帟燔百和之香進碧玉之几執弟子禮八公還成老人授之要道及郎中雷被譖安安與八公昇天所踐石皆陷今人馬之跡在焉

王子年拾遺録曰昔老聃當周之末居反景日室之山與世人絶迹唯有黃髮老叟五人或乘虎豹或乘鴻鵠衣毛

羽之服眉覆於目耳垂至肩兩眸子皆黒方面玉絜手握青筠之杖出入于日室之中與老子談天文之數

述異記曰尹雄年九十頭生角角半寸

世說曰顧悅與簡文同年而早白簡文問曰卿何以先老荅曰蒲柳之姿望秋而先落松栢之質逢霜而弥盛

應璩詩曰昔有行道人陌上見三叟年各百餘歳相與鋤禾莠住車問三叟何以得此壽上叟前置辭室内嫗貌醜中叟前置辭量腹節所受下叟前置辭暮卧不覆首要哉三叟言所以能長久

太平御覽卷第三百八十三

太平御覽卷第三百八十四

人事部二十五

幼智上

說文曰幼小也

釋名曰兒始能行曰孺子孺弱也十五曰童故禮有陽童牛羊之無角者曰童山無草木亦曰童言未巿冠似之

左傳僖下曰楚子將圍宋使子文治兵於睽終朝而畢不戮一人子玉復治兵於蔿終日而畢鞭七人貫三人耳國老皆賀子文飲之酒蔿賈尚幼後至不賀子文問之對曰不知所賀子之傳政於子玉曰以靖國也靖諸內而敗諸外所獲幾何子玉之敗子之舉也舉以敗國將何賀焉且子玉剛而無禮不可以治民過三百乘其不能以入矣苟入而賀何後之有

又曰秦師過周北門左右免胄而下超乘王孫蒲尚幼觀之曰秦師輕而無禮必敗輕則寡謀無禮則脫（脫易也）入險而脫又不能謀能無敗乎

又成公下曰晉欒書中行偃使程滑殺厲公使荀罃士魴逆周子于京師而立之（悼公周公）生十四年矣大夫逆于清原周子曰孤始願不及此雖及此豈非天乎抑人之求君使出令也立而不從將安用君二三子用我今日否亦今日恭而從之神之所福也（傳言少而有才所以能自固）對曰羣臣之願也敢不唯命是聽

戰國策曰文侯疾故使張唐相燕弗肯行少庶子甘羅請行之文侯叱甘羅羅曰夫項橐七歲爲孔子師今臣年十二君其試焉奚遽言叱乃見張卿說而行之

又曰王孫賈年十五事閔王其母曰汝朝出而晚還則吾倚門而望汝暮出不還則吾倚廬而望汝汝事王王出走不知其處汝尚歸王孫賈乃入市中曰淖齒亂齊殺王欲與我誅者袒右市人從者四百人與之誅淖齒

史記曰項羽擊陳留外黃不下數日已降項王令男子年十五以上詣城東欲抗之外黃令舍人兒年十三往說項王曰彭越強劫外黃外黃恐故且降待大王大王至又皆坑之百姓豈有所歸心從此以東梁地十餘城皆恐莫肯下矣項王然其言乃赦外黃當坑者

漢書曰賈誼洛陽人年十八以能誦詩書稱於郡中河南守吳公聞其秀才召置門下甚愛之乃言賈誼年少頗通諸家之書文帝召以爲博士

又曰翟方進汝南上蔡人年十三失父給事太守府爲小吏號遲鈍不及事數爲掾史所辱方進自傷乃詣京師受

經學

後漢書曰任延字長孫南陽宛人也年十二爲諸生學於長安明詩易春秋顯名太學學中號爲任聖童

續漢書曰黃琬字子琰江夏人少失父母而辨惠祖父瓊初爲魏郡太守建和元年正月日蝕京師不見梁太后詔問所蝕多少琬年七歲在傍曰何不言日蝕之餘如月之初瓊大驚即以其言應詔後深奇愛之時司空盛允疾瓊遣琬候問會江夏上蠻賊事到府允發書視畢微戲琬曰江夏大邦而蠻多士少琬舉手對曰蠻夷猾夏責在司空○又曰應奉字世叔聰明自爲童兒及長凡所經歷莫不暗記讀書五行並下

又曰樂恢字伯奇京兆長陵人父爲縣吏得罪令收將殺之恢時年十一常于府寺門晝夜號泣令聞之即解出父

又曰陳蕃字仲舉汝南平輿人年十五常閑處一室而庭宇蕪穢父友同郡薛勤來候之謂蕃曰孺子何不洒掃以待賓客蕃曰丈夫處世當除天下安事一室乎勤知其有清世志

東觀漢記曰馬援字客卿幼而岐嶷年六歲能應接諸公專對賓客嘗有死罪亡命者來過客卿逃匿不令人知外若訥而沈敏兄甚奇之以爲將相器故以客卿字焉

又曰班固字孟堅年九歲能屬文誦詩賦及長遂博貫載籍九流百家之言無不窮究學無常師不爲章句大義而已性寬和容衆不以才能高人諸儒以此慕之

又曰丁鴻年十三從桓榮受歐陽尚書三年而明章句善論難爲都講遂篤志精銳布衣荷擔不遠千里

又曰張堪字君遊年六歲受業長安治梁丘易才美而高

京師號曰聖童

又曰鄧禹字仲華南陽新野人年十三能誦詩受業長安時上亦遊學京師禹年雖幼而見上知非常人遂相親附及漢兵起杖策北渡追及上於鄴

又曰承宮琅邪姑蘇人少孤年八歲爲人牧猪鄉里徐子盛明春秋經授諸生數百人宮過其廬下見諸生講誦好因弃其猪而聽經猪主怪其不還來索見宮欲笞之門下生共禁止因留精舍門下樵薪

又曰魯恭父建武初爲甘陵太守卒官時年十二弟丕年七歲晝夜號踊不絶聲郡中賻贈無所受歸服喪禮過成人

又曰吳祐字季英陳留長垣人父恢爲南海太守祐年十二恢欲殺青簡以寫經書祐諫曰今大人踰越五嶺遠在海濱其俗舊多珍怪此書若成則載之兼兩昔馬援以薏苡興謗其陽以衣囊邀名嫌疑之間誠先賢所慎也恢乃止撫其首曰吳氏世不乏季子矣

又曰和熹鄧后年五歲太夫人爲斷髮夫人年耆目冥并中后額雖痛忍而不言左右怪問之后言曰難傷老人意故忍之

又曰黄香字文強江夏安陸人年九歲失母思慕憔悴殆不免喪鄉人稱其至孝年十二博覽傳記京師號曰日下無雙江夏黄香

英雄記曰曹純字子和年十四喪父業富於財僮使人僕以百數純綱紀督御之不失其理好樂學問敬愛學士學士多歸焉由是爲遠近所稱年十六爲黄門郎

漢雜事曰陳寔字仲弓漢末太史家瞻星有德星見當有

英才賢德同遊者書下諸郡縣問潁川郡上事其日有陳太丘父子四人俱共會社小兒季方御大兒元方從抱孫子長文此是也

魏氏春秋曰袁氏之敗也孔融與太祖書曰武王伐紂以妲己賜周公太祖後見問之對曰以今度之想其當尔融被收二子年八歲時方弈棊端坐不起左右曰而父見執不起何也二子曰安有巢毀而卵不破者乎

魏志曰鍾會字士季潁川長社人太傅繇小子也少敏惠夙成中護軍蔣濟著論曰觀其眸子足以知人會年五歲繇遣見濟濟甚異之曰非常人

又曰賈逵字梁道河東襄陵人自爲童戲弄常設部伍祖父習異之曰汝大必爲將帥口授兵法數萬言

又曰楊俊同郡王象少孤特爲人僕隸年十七八見使牧

手而私讀書因獲捶楚俊羡其才質即贖象着家娉娶立
屋然後與別
又曰劉廙字恭嗣南陽安衆人年七歲戲講堂上潁川司
馬德操撫其頭曰孺子孺子黄中通理寧自知不
又曰司馬朗字伯達河内温縣人年九歲人有稱其父字
者朗曰慢人者不敬其親客謝之十二試爲童子郎
又曰王粲爲中郎蔡邕見而奇之時邕顯著貴重朝廷常
車騎填巷賓客盈坐聞粲在門倒屣迎之及至年既幼弱
容狀短小一坐盡驚邕曰此王公孫也有異才吾不如也
吾家書籍文章盡當與之
又曰陳羣字長文潁川許昌人祖父寔父紀叔父諶皆有
盛名羣爲兒時寔常奇之謂宗人父老曰此兒必興吾宗
又曰常林字伯槐河内温人年七歲父黨造門問林曰伯
先在不汝何不拜林曰對子字父何拜之有於是咸共嘉
之
又曰曹休字文烈太祖族子年十餘歲見太祖太祖謂左
右曰此吾家千里駒也使與文帝同止見待如子常從征
討使領虎豹騎
又曰夏侯惇字元讓沛國譙人年四歲求師就學人有辱
其師者惇殺之由是以烈氣聞
吳書曰虞翻少好學有才氣年十二客有候其兄者不過
翻翻追與書曰僕聞琥珀不授腐草礠石不授曲針過而
不存不亦宜乎客得書異之
又曰沈友字子正吳郡人年十一華歆行風俗見而異之
因呼沈郎可登車語乎友逡巡却曰先生銜命將以裨補
先王之教齊風俗也而輕脫威儀猶負薪救火無乃更崇

其熾乎歆慙曰自桓靈來未有幼童若此者
又曰陸績年六歲於九江見袁術術出橘與績績懷三枚
去拜辭墮地術曰陸郎作賓客而懷橘乎績跪答曰欲歸
遺母術大奇之
蜀志曰諸葛亮子瞻字思遠亮與兄瑾書曰瞻今已八歲
聰慧可愛嫌其早成不爲重器耳
晉書曰王戎幼而穎悟神彩秀徹視日不眩裴楷見而目
之曰戎眼爛爛如巖下電年六七歲於宣武場觀戲猛獸
在檻中虓闞震地衆皆奔走戎獨立不動神色自若魏明
帝於閣上見而奇之
又曰王澄字平子生而警悟雖未能言見人舉動便識其
意衍妻郭性貪鄙欲令婢路上擔糞澄年十四諫郭以爲
不可
又曰中宗太子紹幼而聰哲年數歲嘗置中宗膝上會長
安使來中宗因問曰汝謂日與長安孰遠對曰日遠中宗問
其故答曰不聞人從日邊來然可知耳中宗異之明日會
羣臣又問之對曰日近中宗失色曰何異昨日之言對曰
舉目見日不見長安由是益奇之
又曰王舒字允之總角時嘗從伯敦敦與錢鳳謀逆而
允之時飲酒帳中卧悉聞其言慮敦疑之便於卧處吐涕
狼藉敦果疑遣看之見吐唾以爲醉
又曰謝尚字仁祖豫章太守鯤之子幼有至性八歲風神
夙悟鯤嘗携之送客或曰此兒一坐之顔回也尚應聲曰
坐無尼父焉識顔回賓客莫不歎異年十歲遭父憂丹陽
尹温嶠弔之尚號哭極哀既而收涕告訴舉止有異常童
嶠甚奇之

又曰韓康伯早孤家貧年數歲母爲作襦子令康伯捉熨母謂曰且着襦爲汝作袴伯曰已足不復煩母問其故荅曰如火在熨斗中而柄亦熱今既着襦皆當暖也母異之

王隱晉書曰王儉字元衡內史下邳陳邵擅名徐州邵聞儉年十四善屬文請作祝文邵謂郡客曰此生爲文有可觀採命爲督郵王簿邵迁給事儉毋爲定表

晉中興書曰謝安字安石年四歲桓彝見而歎曰此兒風神秀徹後當不減王東海揔角神識深敏氣宇條暢丞相王導知之由是著名

又曰范宣陳留人年十歲能誦詩書嘗以刀傷手捧手改容人問痛耶荅曰受全之體而致毀傷不可處耳少好學手不釋卷博覽衆書善三禮

又曰戴逵字安道譙國人少博學好談論善屬文能鼓琴

工書畫其餘巧藝靡不畢綜揔角時以雞卵汁溲白瓦屑作鄭玄碑又爲文手自刻字文既綺藻器亦妙絕時人莫不驚歎知其深敏

宋書曰劉秀之字道寶少孤貧有志操十許歲時與諸兒戲於前渚忽有大蛇來勢甚猛無不顛怖驚呼秀之猶不動衆並異焉

又曰主僧達幼聰敏弘爲州縣僧達六七歲遇有通訟者竊覽其辭謂爲有理及入訟者亦進弘意其小留左右僧達爲申理闇誦不失一句

又曰徐湛之幼與弟淳之共車行牛奔車左右人馳來赴之湛之先令取弟衆咸歎其幼而有識

又曰蔡興宗字興宗幼爲父廓所重謂有已風與親故書曰小兒四歲神氣似可不入非類室不與小人遊故以興宗爲之名興宗爲之字

齊書曰王慈字伯寶琅耶臨沂人司空僧虔子也八歲外祖宋江夏王義恭施寶物恣聽所取慈唯取素琴石硯義恭善之

又曰傅昭六歲而孤哀毀如成人爲外祖所養十歲於朱雀航賣曆日雍州刺史袁顗見而奇之顗嘗來昭所昭讀書自若神色不改顗歎曰此兒神情不凡必成佳器

又曰顧協從祖右光祿大夫張永嘗携內外孫姪遊武丘山協年數歲永撫之曰兒欲何戲協曰兒正欲枕石漱流永歎息曰顧氏興於此子及長好學以精力稱

又曰顧歡年六七歲父使驅田中雀遂作黃雀賦而歸雀食稻過半父怒將撻之見賦乃止

梁史曰沈璞字道真童孺神意閑審武帝召見奇璞應對

曰謂林子曰此非常兒也初除南平王左常侍

陳書曰王元規八歲而孤兄弟三人隨母依舅氏往臨海郡時年十二郡土豪劉瑱者資財巨萬欲妻以女母以其兄弟幼弱欲結強援元規泣謂曰姻不失親古人所重豈得苟安異壤輙婚非類母感其言而止

崔鴻十六國春秋前涼錄曰辛攀字懷遠年七歲隨父奕在京師北地程曉奕之親友目攀而笑曰犁牛騂犢孺子之謂攀曰戲及人親非雅訓也曉及衆賓大奇異之

又後趙錄曰徐光字季武頓丘人父聰以牛醫爲業光幼好學有文才年十三嘉平中王陽攻頓丘掠之令主秣馬光但書柱爲詩賦而不親馬事陽怒撻之啼呼終夜不止左右以白陽陽召光付紙筆光立爲頌陽奇之

又夏錄曰吐谷渾拾寅者虔國之弟也年數歲猶大啼笑

母氏念憂其不惠父樹洛于曰此兒吾家驪有駉駒伯樂尚不能目之而况庸人哉終成吾門户者必在此子年六七歲而器識不恒或謂之神童

後魏書曰裴駿字神駒河東聞喜人幼而聰惠親表異之稱爲神駒因以爲字駿從弟子安祖少而聰惠年八九歲就師講誦詩至鹿鳴篇語兄云鹿雖禽獸得食相呼而况人也自此之後未嘗獨食

又曰任城王澄之子順字子和年九歲師事樂安陳豐初書王羲之小學篇數千言晝夜誦旬有五日一皆通利豐奇之白澄曰豐十五從師迄于白首耳目所經未見此江夏黄童不得無雙也澄笑曰藍田生玉何容不尔

三國典略曰趙隱字彦深年五歲母傅便孀居傅謂之曰家貧兒小何以能濟隱泣而言曰若天矜兒大當仰報年

十歲司徒崔光奇之謂賓客曰古人云觀眸子足以知之此兒必當遠至

太平御覽卷第三百八十四

太平御覽卷第三百八十五

人事部二十六

幼智下

唐書曰李百藥字重規隋內史令德林子也爲童兒時多疾病祖母趙氏故以百藥爲之名七歲解屬文父友齊中書舍人陸乂馬元熙嘗造德林讌集有讀徐陵文者云既取成周之禾將刈琅耶之稻並不知其事百藥時侍立進曰傳稱鄅人藉稻杜預注云鄅國在琅邪開陽乂等大驚異之

又曰褚亮字希明幼聰敏好學善屬文博覽無所不至經目必記於心喜遊名賢尤善談論年十八詣陳僕射徐陵與商推文章深異之陳後主聞而召見使賦詩江揔及諸詞人在坐莫不推善

又曰陳叔達陳宣帝子年十餘歲侍宴賦詩十韻援筆便就僕射徐陵甚奇之

又曰劉仁軌尉氏人也幼少恭謹好學遇隋末喪亂不遑專習每行坐所在輒書空畫地由是博涉文史

又曰權德輿生四歲能屬詩七歲居父喪以孝聞十五日文數百篇編爲童蒙集十卷名聲日大

又曰蔣乂字德源史官吳兢外孫以外舍富墳史幼便記覽不倦七歲時誦庾信哀江南賦數遍而成誦在口以聰悟強力聞於親黨間

又曰高郢字定幼聰警絕倫七歲時讀尚書湯誓問郢曰奈何以臣伐君郢曰應天順人不爲非道又問曰用命賞于祖不用命戮于社是順人乎父不能對

列子曰孔子東遊見兩小兒辯日問其故一小兒曰我以爲日始出去人近而日中時遠一兒曰我以爲日出時遠而日中近一兒曰初出大如車蓋及中才如盤盂此不爲遠者小而近者大乎一兒曰日初出蒼蒼涼涼及其中如探湯此不爲近者熱而遠者涼乎孔子不能決兩小兒笑曰孰爲汝多知乎

尸子曰蒲衣生八年舜讓以天下周王太子晉生八年而服師曠

魯連子曰齊之辯士田巴辯於狙丘議於稷下毀五帝罪三王訾五伯離堅白合同異一日而服千人有徐劫者其弟子曰魯連謂徐劫曰臣願得當田子使之必不復談可乎徐劫言之巴曰余弟子年十二然千里駒也願得待議於前可乎田巴曰可魯連得見曰今楚軍南陽趙伐高唐燕人在遼國亡在旦暮先生將奈何田巴曰無奈何魯連曰危不能爲安亡不能爲存無貴學士矣今先生之言有似梟鳴出聲人皆惡之願先生勿復談也田巴曰謹受教明日見徐劫曰先生之駒乃飛兔騕褭也豈特千里哉

孔叢子曰孟子居尚幼請見子思子思見之甚悅其志命子上侍坐焉禮敬子居甚崇子上不願也客退子上請曰白聞士無介不見女無媒不嫁孟孺子無介而見大人說敬之白也未喻敢問子思曰然吾昔從夫子於郯遇程子於途傾蓋而語終日而別命子路將東帛贈焉以其道同於君子也今孟子居孺子也言稱堯舜性樂仁義世所希有也事之猶可況加敬乎

又曰子和爲臨晉令寢疾不瘳乃命其二子留葬焉二子長曰長彥年十有二次曰季彥年十歲父友西洛人姚進先有道徵不就養志于家長彥季彥常受教焉既除喪

有先人遺書兄弟相勉諷誦不倦于時蒲坂令許君然造其宅勸使歸魯奉以車二乘辭曰載柩而反則違父遺命舍墓而去則心所不忍君然曰以孫就祖於禮爲得願子無疑荅曰若以死有知也祖猶隣宗族焉父獨留此不已劇乎吾其定矣遂還其居於是甘貧研精墳典十餘年間會徒數百故時人爲之語曰魯孔氏好讀經兄弟講誦可不聽學士來者有聲名不過孔氏那得成

郭子曰梁國楊氏子年九歲甚聰慧孔君平詣其父父不在乃呼兒爲設菓有楊梅孔指以示兒此實君家菓兒應聲荅曰未聞孔雀是夫子家禽

周書曰晉平公使叔譽于周見太子晉與之言五稱三而窮

李固別傳曰固被誅弟子汝南郭亮始成童遊學洛下乃詣闕上書乞收固屍不許因往臨哭喪不去太后聞而誅之

孔融別傳曰孔文舉年四歲時每與諸兄共食梨引小者人問其故荅曰我小兒法當取小由此宗族奇之

又曰融十歲隨父詣京師聞漢中李公清節直亮慕之欲往觀其爲人遂造公門謂門者曰我是公通家子孫也門者白之公曰高明父祖常與孤遊乎融而應曰先君孔子與明公先李老君同德比義而相師友則融與公累世通家坐衆數十人莫不歎息咸曰異童子也太中大夫陳煒後至曰人小了了大或未能佳少府尋聲荅曰君子之幼時豈當惠乎李公撫抃大笑顧少府曰高明長大必爲偉器（范曄後漢書云詣李膺也）

何晏別傳曰晏時小養魏宮七八歲便慧心大悟衆無愚智莫不貴異之魏武帝讀兵書有所未解試以問晏晏分散所疑無不氷釋

邴原別傳曰原字根矩十一喪父家貧早孤隣有書舍原過其傍而泣師問曰童子何悲原曰一則願其不孤二則羨其得學師亦哀原之言而爲之曰童子苟有志我徒相教不求費也於是遂就書一歲之間誦孝經論語

管輅別傳曰輅年八九歲便喜仰視星辰得人輒問其名夜不肯寐自言家雞野鵠猶尚知時況於人乎與比隣兒共戲土壤中輒書地作天及日月星辰每荅言說事語皆不常宿學者人不能折之　時年十五來在官舍始讀論語及易便開源布華辭義斐然于時黌上諸生四百餘人皆伏其才琅耶太守單子春雅有才度聞輅一黌之儁欲見之父遣輅造之大會賓客百餘人輅既年少懼失精神請先飲三升清酒然後與言子春大喜便酌酒獨使飲之子春曰吾自欲與輅旗鼓相當於是唱大語之端遂經乎陰陽子春及衆士卒共攻劫請難風起而輅荅對言皆有餘至日向暮酒食不得子春語衆人曰此年少盛有才器聽其言語正似司馬子遊獵之賦何其磥硌雄壯英神秀茂必能明天文地理變化之數於是　徐州號之神童

傳宣別傳曰宣字世和北地泥陽人年十三而著河橋賦有文義

傳嘏別傳曰嘏字昭先年八歲喪母號泣不絕聲自然之哀同於成人年十四始學疑不再問三年中誦五經皆究其義群言無不綜覽

何禎別傳曰禎廬江潛人父阤字文奇有儁才早卒禎在

孕而孤生遇荒亂歸依舅氏𡚁亂乃追行喪哀泣合禮鄉邑稱焉十餘歲耽志愽覧研精群藉名馳淮泗

杜尒酒別傳曰君在孩抱之中異於九童舉宗奇之年六七歲在縣北郭與小兒輩爲竹馬戲有車行老公停車視之歎曰此有奇相吾恨不見

徐邈別傳曰君諱邈字仙民東莞人岐嶷朗慧聰悟七歲涉學詩賦成章

趙至別傳曰至字景真代郡人流客緱氏令新之官至年十三與母共道傍觀母曰汝先世本非微賤家也世亂流離遂爲士伍耳後能至此不至荅曰可耳便求就師讀書早起聞父耕叱牛聲釋書而泣師問其故荅曰自傷不能致榮使老父不免勤苦師大異之稱其當爲奇器

傅暢自叙曰暢字洪迎年四歲散騎常侍扶風曾叔虎以德量喜與余戲常解衣褶被　脫余金環與侍者謂余當恡惜之而經數日不索遂於此見名言論甚重

孝子傳曰華光字榮祖彭城人年七歲欲見父像求畫其父形像朝夕拜謁母有病輙呼天禱祠母即瘳愈每得珍甘置父像前

劉向別傳曰楊信字子烏雄第二子幼而明慧雄筆玄經不會子烏令作九數而得之雄又疑易羝羊觸藩弥日不就子烏曰大人何不云荷戟入榛

列子傳曰孔融被誅初女七歲男九歲以其幼弱得寄他舍主人有遺肉汁男渴而飲之女曰今日之渴豈得久活何賴知肉味乎兄號泣而止或言於曹操遂盡殺之及收至女謂兄曰若死者有知得見父豈非至願延頸就刑顏色不變

文士傳曰張惇字子純與張儼及朱異俱童少往見驃騎將軍朱據聞三人才名欲試之曰爲吾賦一物然後坐儼賦犬曰守則有威出則有獲韓盧宋鵲書名竹帛純賦席曰席爲冬設簟爲夏施揖讓而坐君子攸宜異賦弩曰南嶽之幹鍾山之銅應機命中獲隼高墉據大欣悅

又曰桓驎字元鳳沛國龍亢人伯父焉知名官至太尉驎精敏年十三四在焉坐有宿客爲詩曰甘羅十二楊烏九齡昔有二子今則桓生參差等蹤異世齊名驎即應聲荅曰邈矣甘羅超等絶倫卓彼楊烏命世稱賢嗟予蠢弱殊才偉年仰慙二子俯媿過言

又曰劉楨字公幹少以才學知名年八九歲能誦論語詩論及篇賦數萬言警悟辯捷所問應聲而荅當其辯氣鋒烈莫有折者

又曰阮瑀少有儁才應機捷麗就蔡邕學歎曰童子奇才朗朗無雙

又曰王弼字輔嗣山陽高平人幼聰達年十餘歲便能誦詩書讀莊老善通其意

又曰杜育童孺奇才愽學能著文章心解性達無所不綜一時稱爲舞陽杜孔子

三輔決録曰張既字德容爲兒童郡功曹游殷察異之殷先歸勑家設賓饌及既至殷妻笑曰張德容童昏小兒何異於客哉殷曰方伯之器也殷遂與既論霸王之略饗訖以子楚託之

海內先賢傳曰童子汝南謝廣河南趙建年十二通經詔以爲二童應化而皆拜郎中

汝南先賢傳曰郭甚兒童幼之年則有尚義之心年十四始

欲出學聞潁川杜周甫精覽多長杜亮造門而師學爲朝
受其業夕已精講動聲則宮商淸暢推義則尋理釋結周
甫奇而偉之
又曰黄憲字叔度世貧賤父爲牛醫潁川荀淑嘗至潁陽
遇憲於逆旅時年十四淑竦然異之揖與語移日不能去
謂曰子吾之師表也既而前至袁閬所曰子國有顔子寧
識之乎閬曰君見叔度耶
零陵先賢傳曰周不疑字文直長安人始嬰孩時已有奇
異至年十三曹公聞之欲拜識既見即以女妻之不疑不
受時有白雀瑞儒林並已作頌不疑見操授紙筆立令復
作操異而奇之
廣州先賢傳曰董正字伯和南海人少有令姿貧寒不戚
耽意術籍志在規俗年十五通毛詩三禮春秋

會稽先賢傳曰淳于長通年十七說宓氏易經貫洞内事
萬言兼春秋鄉黨稱曰聖童
益部耆舊傳曰張霸字伯饒蜀郡成都人也年數歲知禮
義鄉人號爲張曾子七歲通春秋復欲進餘經父母曰汝
小未能也霸曰我饒爲之故字伯饒
會稽典録曰王充字仲任爲兒童遊戲不好狎侮父誦奇
之七歲教書數
又曰餘姚伍賤字士微父爲倉監失去官穀薄領罪至於
死賤爲執筆檢校相當由是見異號爲神童
江氏家傳曰江蕤字世林年十一始知樗蒲數以爲遊祖
母責爲說往事有以博弈破業廢身者於是即弃五木終
身不以爲戲
荀氏家傳曰勖字公曾年十二能通春秋屬文從外祖鍾

繇甚奇之常稱此兒當繼司空
又曰荀淑子爽字慈明一名諝幼而好學年十二能通春
秋論語太尉杜喬見而稱之曰可爲人師爽遂耽思經書
慶吊不行徵命不應潁川爲之語曰荀氏八龍慈明無雙
華陽國志曰童子李餘涪人兄夷殺人亡命母慎當死餘
年十三詣吏代母死吏以餘年小不許因自刎死吏以白
令令哀傷言郡郡上書出慎太守與令以家財葬餘圖畫
府庭
涼州記曰武王呂光字世明以石氏建武四年生夜有光
輝舉舍異之因名曰光年十歲與諸兒弟於里巷　鬭軍戲
群童咸推爲主劃土處中部分行伍鄉黨皆称之
世說曰崔駰有文才不其縣令往造之駰子瑗年九歲書
門曰錐無干木君非文侯何爲　入我里閭令見之問
駰曰必兒所書召瑗使書乃書曰君使臣以禮臣事君以
忠

又曰徐孺子年九歲常月下戲人語之曰若令月中無物
極當明矣徐曰不然譬如人眼中有瞳子無此可不暗乎
又曰孔文舉有二子大者六歲小者五歲父眠小者床頭
盗酒飲之大兒謂曰酒以行禮何以不拜荅曰偷酒那得
復行禮
又曰夏侯稱字義權自孺子而好合聚童兒爲之渠帥戲
必爲軍旅戰陣之事有違者輙嚴以鞭捶衆莫敢逆父淵
陰奇之使讀項羽傳及兵書不肯曰能則自爲耳安能學
人年十六淵與之畋見奔虎稱驅馬逐之一箭而倒名聞
太祖把其手喜曰我得汝矣與文帝爲布衣之交每讌會
景陵一座辨士不能荅世之高尚者從之遊弟榮字幼權

幼聰慧七歲能屬文誦書日千言經目輒識文帝聞而請焉賓客百餘人人奏一刺悉書其鄉邑姓世所謂爵里刺也示之一過而使徧談不謬一人帝深奇之漢中之敗棨年十三左右提之走不肯曰君親在難焉所逃死乃奮劒戰遂沒

又曰孫盛為庾公記室參軍從獵其第二兒齊莊俱行庾公不知忽於獵場見齊莊時年七八歲謂曰君亦復來耶應聲荅曰所謂無小無大從公于邁

又曰何晏年七歲明慧若神魏武帝奇愛以晏母在宮內欲以為子晏乃畫地令方自處其中曰何氏之廬

又曰鍾會少有令譽年十三魏文帝聞之語父繇曰可令卿二子來於是命見毓面有汗文帝問曰卿面何以獨汗毓對曰戰戰惶惶汗出如漿復問會卿何不汗對曰戰

戰慄慄汗不得出

又曰王戎七歲常與諸小兒遊看道邊有李樹子壓枝折諸兒競走取之唯戎不去人問之荅曰樹在道邊而子多苦李也取之信然

又曰王濬沖裴叔則二人揔角詣鍾士季客問鍾向二童是誰鍾曰裴楷清通王戎簡要二十年此二賢當為吏部尚書兾尒時天下無復滯才

語林曰孫策年十四詣袁術俄而外通劉豫州來孫便求去袁曰劉豫州何若荅曰英雄忌人既出下東階而劉備從西階上但得轉顧視孫足行殆不復前矣

又曰劉道真年十六在門前弄塵垂鼻至胷洛下年少乘車從門過曰年少甚塠堌劉便隨車問為惡為善尒劉曰令君翁亦塠堌母亦塠堌上呼回反下徒回反

卷第三百八十五

人事部二十七

健　　羸

健

釋名曰健建也能有所建爲也○左傳莊公曰宋萬弑閔公于蒙澤曹師伐之南宮長萬奔陳以乘車輦其母一日而至（乘車非兵車也駕人曰輦宋去陳二百六十里言萬之多力）宋人請南宮長萬於陳陳人使婦人飲之酒而以犀革裹之比及宋手足皆見

又曰初雩講于梁氏女公子觀之圉人犖自墻外與之戲子般怒使鞭之公曰不如殺之是不可鞭犖有力焉能投蓋于稷門（蓋覆也稷門魯南城門走而自投接其屋之欀反覆門上）

又宣公下曰晉魏顆見老人結草以抗杜回（杜回秦之力人也）

又成公上曰高固入晉師礫石以投人禽之而乘其車繫桑本焉以徇齊壘

又成公下曰晉楚交戰叔山冉搏人以投中車折軾晉師乃止

又襄公二曰晉荀偃士丐請伐偪陽偪陽人啓門諸侯之士門焉（見門開故攻之）縣門發鄹人紇抉之以出門者（紇鄹邑大夫仲尼父）（板梁紇也）狄虒弥建大車之輪而蒙之以甲以爲櫓（狄虒弥魯人蒙覆也）（櫓大楯也）左執之右拔戟以成一隊（百人曰隊）孟獻子曰詩所謂有力如虎者也主人縣布堇父登之及堞而絶之墜則又縣之蘇而復上者三主人辭焉乃退

又哀公下曰楚白公作亂劫惠王子西以袂掩面而死子期曰昔者吾以力事君不可以弗終抉豫章以殺人而後死（以力其多力　豫章大木）

史記曰秦王有力好戲士任鄙烏獲孟説皆至大官王與説舉龍文赤鼎絶臏而死

又曰范睢説秦昭王曰烏獲任鄙之力成荊孟賁慶忌夏育之勇

又曰張良常學淮陽東見滄海君得力士爲鐵椎重百二十斤秦皇東遊良與客俱擊秦皇博浪沙中悞中副車秦皇大怒大索天下求賊甚急張良乃更姓名亡匿於下邳

漢書曰項羽在鴻門沛公與張良在坐樊噲聞事急乃拔楯入初入營營衛止噲噲直撞入立帳下羽見之問爲誰良曰沛公參乘樊噲也羽曰壯士賜之巵酒彘肩噲既飲酒拔劍切肉食之羽曰能復飲乎曰臣死且不辭豈特巵酒也

又曰甘延壽字君况北地郁郅人少以良家子善騎射爲羽林投石拔距絶於等倫常超踰羽林亭樓由是遷爲郎

又曰淮南王長力能扛鼎廣陵王胥空手搏熊羆

又曰上官桀從武帝上甘泉天大風車不得行解蓋授桀桀奉蓋雖風常屬車雨下蓋御上奇其才力遷未央廄令

又曰彭城王囂身長八尺七寸驍幹過人能手舉殿梁起過平陽

楚漢春秋曰項梁甞陰養士最高者多力拔樹以擊地

東觀漢記曰蓋延字巨卿身長八尺彎弓三百斤以氣勢聞

又曰陰興字君陵爲期門僕射從上出入常操小蓋疾風暴雨屏翳左右泥塗隘狹自投車下脫袴解履涉淖至踝

又曰祭彤字次孫力貫弓三百斤入爲太僕從至魯帝指子路室曰此太僕室也

范曄後漢書曰虞延字子大陳留人延生時有物如疋練

直昇天長八尺六寸力能扛鼎
又曰董卓膂力過人雙帶兩鞬左右馳射為羌胡所畏
魏志曰許褚字仲康長八尺餘大十圍容貌雄毅勇力絶
人漢末聚宗族堅壁以禦寇賊賊攻壁褚令男女聚石如
盞者褚飛石擲之所值皆碎以牛與賊易食牛奔還褚一
手逆曳牛尾行百步賊遂不敢取牛褚後事太祖以力如
虎而癡號曰癡虎
又曰典韋陳留人形貌魁梧膂力過人
又曰呂布字奉先五原人也以驍武給并州刺史丁原為
騎都尉便弓馬膂力過人號為飛將
英雄記曰袁紹父成字文開名壯健貴戚權豪自大將軍
梁冀以下皆與交結恩好言無不從故京師諺曰事不諧
詣文開

江表傳曰太祖與馬超單馬會語超負其多力常置六斛
米囊東西走馬輒掣米囊以量太祖輕重許褚瞋目盻
超（瞪直王切）曰聞君有健將虎侯鄙在太祖指褚超乃止太祖
尋知之歎息良久曰幾為狡虜所欺
王隱晉書曰吳彥字士則吳郡人有文武材幹長八尺餘
膂力如虎
晉中興書曰庾闡父東以勇力聞世祖時西域遣一使胡
趫趬（音巢）勇果自謂無敵晉人不敢與校世祖募求勇敢之
士唯東應選遂爆殺胡勇聞殊俗晉令曰選三部司馬皆
限力舉千二百斤以上前驅司馬取便大戟由基司馬取
能挽一石七斗以上弓
沈約宋書曰丁昕驍勇有氣力時人為之語曰勿跋扈付
丁昕

蕭子顯齊書曰張敬兒為持節督雍梁二州刺史部伴泊
沔口敬兒舴艋過江詣晉熙王燮中江遇舡覆左右丁壯
者各走餘二小吏沒艙下呼叫張敬兒兩掖挾之隨舡覆
仰常得在水上如此翻覆行數十里方得迎接
又曰東昏侯有膂力能擔白虎幢自製雜色錦伎衣綴以
金花玉鏡衆寶逞諸意態
崔鴻十六國春秋秦録曰姚興將軍王奚仲驍悍有膂力
去其弓矟持短兵出堡與赫連勃勃力戰衆多傷勃勃乃
羈縻圍之斷其水路堡民執奚仲出降勃勃謂奚仲曰卿忠臣
也朕方與卿共平天下奚曰若蒙大恩速死為惠乃與所
親數十人自刎而死
又前趙録曰郭默字玄雄河内懷人世以屠沽為業默壯
勇拳捷能貫甲跳三丈塹時人咸異之曰此兒必與郭氏

河内陸允世之豪民望見以女妻之
又曰陳安字虎侯家世農民安少慷慨曰大丈夫當秉軒
杖節安能久執犁鋤乎遂東遊京師頗學書筭讀魏書見
許褚而慕之乃自字虎侯遇晉室喪亂遂憑結司馬嶺驍
壯果毅武幹過人多力善射持七尺刀貫甲奔及馳馬
又前秦録曰張蚝（音轄）本姓弓上黨泫氏人也（字法玄）膂力過
人能卻曳牛走張平愛而子之嬖於平妾知而責之蚝慙
割陰以自誓遂為閹人堅甚寵之常侍左右終為名將所
在有殊功稱鄧羌張蚝萬人敵也
又後趙録曰張豺字巨秦汲郡人晉永嘉中與梁巨戍武
德城石勒攻之城潰豺隨例當坑大呼曰官當活健兒何
以殺也曰有何捷事而求活也豺曰武德西城上大聲督
時警備嚴設使賊不入正是張豺勒笑曰降兒能尔正自

奇健乃赦之
趙書曰汲桑清河貝丘人年二十餘力扛百鈞呼聞數里
時人服之
又曰劉靈陽平人年二十餘常期役於縣力制奔牛走及
馳馬
後魏書曰孝文帝有膂力年十餘歲能以指彈碎羊髀骨
又曰元淑字買仁有膂力彎弓三百斤善騎射
又曰陳留王虔姿氣魁傑膂力絕人每以常矛短乃大作
之猶患其輕後綴銅鈴於刃下其弓力倍如常人以其殊
異於世虔常臨陣以矟刺人遂貫冑高舉以示於衆又嘗
以一手頓矟於地騎馬偽退敵人爭取引不能出虔引弓
射之一箭殺其二人搖矟之徒亡魄奔散徐乃命人取矟
而反每從征伐乃率偏將先登陷陣勇冠當時

又曰衛王儀長七尺五寸容皃甚偉美鬚髯有筭略少能
舞劍騎射膂力過人弓將十石陳留公虔矟大見稱異時
人云衛王弓桓王矟也
又曰韓茂字元興嘗從太宗征丁零時大風旍旗皆偃仆
茂於馬上持幢初不傾倒太宗訝其膂力
又曰伊馥代人也善射多力曳牛却行
三國典略曰周賀若敦嘗從太祖校獵於甘泉宮圍人不
齊獸多越逸太祖大怒圍內唯有一鹿俄亦突圍而走敦
躍馬馳之鹿上東山敦弃馬步逐山半掣之而下太祖大
悅
周書曰韓雄河東垣人也少敢勇魁岸膂力絕人工騎射
有將帥才略
又曰竇熾字光成性寬明有偉略美鬚髯身長八尺二寸

善騎射膂力過人
隋書曰魚俱羅馮翊下邽人也身長八尺膂氣雄壯言聞
數百步○墨子曰紂有勇力之人生捕兕虎指畫殺人
晏子曰昔夏之衰也有推侈大戲殷之衰也有費仲惡來
足走千里手制兕虎○子思子曰中行穆伯手捕虎
列子曰公儀伯以力聞諸侯周宣王備禮聘之公儀伯至
觀形懦夫也宣王心惑曰汝之力何以對曰臣之力能折
春螽之股勝秋蟬之翼王作色曰吾之力者能分犀兕之
革曳九牛之尾猶憾其弱公儀伯曰臣之師有南丘子者
力無敵於天下而六親弗知未嘗用其力故也
又曰魏黑卯殺丘邴章邴章之子來丹謀復仇丹氣甚猛
形甚露計粒而食從風而趨誓手劍以屠黑卯黑卯悍志
絕衆力抗百夫筋骨皮肉非人類也延頸承刃披胸受矢
鋩鍔摧屈而體無痕負其才力視來丹猶雛鷇也

孟子曰有馮婦善搏虎
尸子曰中黃伯余左執太行之獶右搏雕虎唯象未與
吾試顧爲牛與象鬬以自試
又曰飛廉惡來力角犀兕勇搏熊虎也
孔叢子曰孔鮒謂陳王曰梁人有陽由者其力扛鼎伎巧
過人骨騰肉飛
淮南子曰孔子勇復孟諸足蹀狡兔不以力聞
六韜曰紂之卒握炭流湯者十八人崇侯虎等舉五百石
重沙二十四人
山海經曰中曲之山有懷木食之多力
穆天子傳曰有虎在於葭中七萃之士曰高奔戎生捕以
獻天子乃命爲柙而畜之東虞是曰虎牢

呂氏春秋曰孔子之勁能招國門之關（招舉也淮南子同也）
又曰趙氏中山之多力者曰吾兵衣鐵甲操鐵杖以戰所擊無不碎所衝無不陷以車投車以人投人
春秋外傳曰少室爲簡子右聞牛談有力請與之戲不勝致右焉簡子許之使少室爲宰曰知賢而讓可以訓矣
蜀王本紀曰秦王知蜀王好色乃獻女五人蜀王遣五丁迎女還梓潼見大虵入山穴一丁引其尾不出五丁共引虵山乃崩
說苑曰勇士孟賁水行不避蛟龍陸行不避虎狼發怒吐氣聲響動於天
王充論衡曰語稱紂力能索鐵伸鉤撫梁易柱言其多力也
風俗通曰潁川張欽字孟孝吳楚反與亞夫常爲前鋒陷陣潰圍傍人覩曰壯哉此君欽聞自矜遂死軍
方言曰躢膂力也東齊曰踞宋魯曰膂膂力也（郭璞曰律膂多力皃）
通俗大曰強健曰駁（音趙）
曹肇別傳曰肇之弟纂字德思力舉千鈞明帝寵之寢止恒同嘗與戲賭衣物有所獲輒入御帳取而出之
石虎別傳曰虎字季龍勒從弟年十七八身長七尺五寸好弓馬射獵迅健有勇力同時等類多畏憚之
異苑曰荆州上明浦常有蛟殺人死者不脫歲昇平中鄧遐爲太守素勇健入水覓蛟曳出斬之至今不復有患
博物志曰石蕃衛臣也有勇力背負千二百斤沙
西京雜記曰江都王勁捷能超七尺屏風
任豫益州記曰元帝爲丞相有力士鍾齊本吳人一百斛米分爲三擔擔從渚入市五六里

世說曰周處年少時凶強使氣爲鄉里所患時義興水中有鮫山中有虎並皆犯暴百姓義興人爲三横而處尤極或說處使殺蛟虎遂入擊蛟或沒或出行數十里經三日夜鄉里皆謂死更相慶處竟殺蛟而出始知爲人情所患處遂自改勵終爲忠臣孝子
楚辭曰魂兮來歸無上天一夫九首拔木九千（言有一丈夫身有九首強梁多力從朝至暮能拔木九千也）
張衡西京賦曰烏獲扛鼎都盧尋橦

羸

說文曰羸瘦也
釋名曰羸累也恒累於人也
東觀漢記曰和熹太后遭新野君喪悲傷思慕骨立不能自勝
王隱晉書曰皇甫謐表從武帝借書上送一車書與謐謐羸病手不釋書歷觀今古無不皆綜
又曰尚書令傅勗久羸瘦上令太官給乳酪
吳越春秋曰子胥與要離見於吳王要離對曰臣吳國之東阡陌人細微無力迎風則偃背風則仆大王有命臣不敢盡死
呂氏春秋曰吳王欲殺王子慶忌而莫之能殺吳王患之吳王之友曰要離謂王曰臣請殺之吳王曰汝拔劍不能舉臂上車不能登足汝能殺之要離曰請必能吳王曰諾
世說曰何晏自平叔體弱不勝重服
又曰李欽是茂曾弟六子清貞有遠操而少羸病不肯婚宮居住臨海常從兄侍中墓下既有高名王丞相辟爲公府掾欽得板命笑曰茂弘乃復以一爵假人又曰丞相公

見衛洗馬居然有羸形雖復終日調暢猶若不堪羅綺

太平御覽卷第三百八十六

人事部二十八

黑子　汗　唾

洟浚　欠　嚏

黑子

漢書曰高祖左股有七十二黑子

又賈誼傳曰今淮陽之比大諸侯僅如黑子之著面不足以有所禁禦

范曄後漢書曰黄昌字聖眞遷蜀郡太守昌初爲州書佐其婦寧於家遇賊被獲遂流轉入蜀爲民妻其子犯事乃詣昌訟昌疑母不類蜀人因問所由云本會稽黄昌妻也嘗爲賊所掠至此昌驚曰何以識黄昌邪曰昌左足心有黑子常自言當至二千石昌乃出足示之因相持泣還爲夫妻

楚國先賢傳曰來陽頎紹字伯蕃年十八爲郡門下幹迎太守許荆視荆蹠下而笑荆怒問之紹曰見明府蹠下有黑子紹足亦有之欣而故笑

汗

說文曰汗身液也

釋名曰汗涅也出其衣涅涅然

易渙卦曰渙汗其大號

史記曰蘇秦說齊王曰臨淄舉袂成帷揮汗成雨

東觀漢記曰光武詔曰平陽丞李善稱故令范遷於張堪令人面熱汗出其賜堪家雜繒百疋以表廉吏

獻帝傳曰舊儀三公領兵見令虎賁執刃扶之曹操顧左右汗流背自後不敢復朝請

江表傳曰孫權即尊位請會百官歸功周瑜張昭舉笏欲褒贊功德未及言權曰如張公計今已乞食矣昭大慚伏地汗出

魏志曰初太和中中護軍蔣濟上疏宜遵古封禪詔曰聞濟斯言使吾汗出流足

王隱晉書曰華表字偉容平原高唐人侍中石苞朝出表問國家何如苞曰武帝更生也表聞汗出沾背

晉書曰大司馬桓温來朝頓丘新亭召侍中王坦之吏部尚書謝安石將害之坦之恐將欲出奔謝安止之曰晉祚存亡在此一行君何所逃既見温坦之前大懼著幘倒執手板汗流沾衣安石後至從容高視良久坐定謂温曰安聞諸侯有道守在四方明公何須壁後置人温笑曰不能不尒遂卻兵歡語移日而罷

續晉陽秋曰桓玄嘗詣會稽王道子道子已醉對玄張眼屬四坐云桓温作賊玄見此辭勢難測伏席流汗長史謝重斂板正色曰故大司馬公廢昏立明功全社稷風塵之論宜絶聖聽

唐書曰張又新等構李紳貶端州司馬朝臣表賀又至中書賀宰相及門門者止之曰請少留緣張補闕在齋內與相公談俄而又新揮汗而出旅揖羣臣曰端溪之事又新不敢多讓人皆辟易憚之

淮南子曰今夫傜者揭钁鍤負籠土（傜役也籠受土籠也）鹽汗交流喘息薄喉（汗鹹如鹽故曰鹽）

風俗通曰傳曰后稷躅冬墾田流汗而種田不生者人力非不至天時不與

世說曰鍾毓鍾會少有令譽年十三魏文帝聞之召見問

毓曰卿何汗曰戰戰惶惶汗出如漿復問會卿何不汗對曰戰戰慄慄汗不敢出

又曰桓公既廢太宰父子仍上表欲除之簡文手荅書云所不忍言況過於言桓又重表簡文復手荅云若使晉祚靈長明公便應奉行此詔若大運去矣請避賢路桓公讀詔手戰汗流於此而止

語林曰何晏美姿容明帝見之謂其傅粉賜之湯餅晏食之汗出流面以巾拭之色轉皎然

揚雄長楊賦曰高祖䩵鍪生蟣虱甲冑被沾汗

左思齊都賦序曰連衽有雲覆之陰揮汗有雨洒之濡

又吳都賦曰流汗霡霂則中逵泥濘

司馬遷書曰每念斯恥汗未嘗不發背沾衣

唾

說文曰唾口液也

左傳文下曰晉文公獲秦三師文嬴請之先軫朝問秦囚公曰夫人請之吾舍之矣先軫怒曰武夫力而拘諸原婦人蹔而免諸國隳軍實而長寇讎亡無日矣不顧而唾

史記曰孟嘗既廢而復用馮驩迎之未到孟嘗君太息曰文嘗好客遇客無所敢失文一日廢皆背文而莫顧文者如復見面文必唾面

戰國策曰趙太后新用事秦急攻之求於齊曰必以長安君爲質兵乃出大臣强諫太后謂左右曰復言長安君爲質者老婦必唾其面

沈約宋書曰僕射謝景仁性矜嚴整潔居宇清麗每唾左右人衣事畢即聽澣濯每欲唾左右爭來受之

趙書曰石虎姆崔氏爲夫人無寵所愛鄭夫人有百日女病謂崔與藥以告後石虎作威問之崔言外舍見小子以少唾其容作實非藥也後石乃射之一箭通中而死

秦記曰苻朗渡江嘗與朝士宴集時賢並机蓐壺席朗欲誇之唾則令小兒跪而張口就唾而含出坐者爲不及之遠矣

呂氏春秋曰齊莊公之時有士曰賓卑聚夢有壯士白縞之冠練布之衣素屨黑劒從而叱之唾其面惕然而寤徙夢也終坐不決明日召其友而告之曰吾少好勇無所挫辱今夜辱吾將索之得之則可不得將死每朝立于衢三日不得退而自刎

又曰伍員出奔過鄭問許公許公東向唾員知所歸矣乃奔吳

莊子曰蚿謂蛇曰子見夫唾者乎噴則大者如珠小者如

霧雜而下者不可勝數也

風俗通曰彭祖壽年八百歲猶恨唾遠

周生列子曰人君其尊重矣音聲振於金玉咳唾甘於醴泉

九州春秋曰公孫瓚曰始天下兵起吾謂其唾掌可决

樊英別傳曰樊英既見陳畢西南向唾天子問其故對曰成都今日失火後蜀郡太守上火災言時雲雨從東北來故火不爲害

列仙傳曰丁次卿欲還峨眉山語主人　云當相爲作漆以甖十枚盛水覆口從唾之一日日乃發皆成漆

神仙傳曰樊夫人者劉綱妻也俱行道術各自言勝綱唾盤中水即成鯉魚夫人唾盤中水成獺食魚與試術事事不如

述異記曰有人乘舡從下流還縣有一人通身黃衣擔兩籠黃瓜求寄載之黃衣人乞食舡主與之舡適至岸下仍唾盤上徑上岸直入去舡主取向食器視之見盤上唾悉是黃金

列異傳曰南陽宗定伯年少時夜行逢鬼問鬼所忌鬼荅云唯不喜人唾伯便擔鬼着頭上急持行之徑至市中下着地化爲一羊賣之恐其變化唾之得錢五千

幽明録曰漢武帝在甘泉宮有玉女降嘗與武帝圍碁相娱女風姿端正帝密悅乃欲逼之玉女唾帝面而去遂病瘡經年故漢書云避暑甘泉宮此其時也

趙壹嫉邪賦曰勢家多所宜欬唾自成珠披褐懷金玉蘭蕙化爲芻

洟淚 洟事已多見在泣篇

說文曰洟鼻液也

周易離卦曰六五出涕沱若戚嗟若吉

毛詩鄘栢舟 曰之子于歸遠送于野瞻望弗及泣涕如雨

又谷風大東曰眷言顧之潸焉出涕

禮記檀弓上曰孔子合葬於防封之崇四尺孔子先反門人後雨甚至孔子問曰尒來何遲也曰防墓崩孔子泫然流涕曰吾聞之古不脩墓

又曰孔子至衛遇舊館人之喪入而哭之哀出使子貢脫驂而賻之子貢曰脫驂於舊館無乃已重乎夫子曰予鄉者入而哭之遇一哀而出涕予惡夫涕之無從也小子行之

又曰將軍文子之喪既除喪而後越人來弔主人深衣練冠待于廟垂涕淚

又內則曰父母唾洟不見 輒刷去之

左傳襄四曰孟孫卒臧孫入哭甚哀多涕出其御曰孟孫之惡子也而哀如是季孫若死其若之何

公羊傳哀公曰西狩獲麟孔子曰孰爲來哉孰爲來哉反袂拭面涕沾袍 何休注曰袂衣襟

史記曰蘇秦說鬼谷先生淚下沾襟

東觀漢記曰來歙蓋延攻公孫述蜀人大懼使客刺歙未死馳告蓋延延見歙悲哀不能仰視歙叱曰欲屬以軍事而乃効兒女之涕泣乎

又曰更始害齊武王光武飲食語笑如平常獨居輒不御酒肉枕席有涕泣處

蕭子顯齊書曰魚復侯子嚮字雲音世祖第四子也死時年二十二上睎子嚮死後遊華林見猨對樹跳子鳴上留目久之因嗚咽流涕

崔鴻後燕録曰秦官人光祚先入晉晉以祚爲河北郡至是來歸慕容垂見祚流涕曰秦主知我理深吾事之亦盡淮南之敗吾効忠節每思疇昔之顧未嘗不中宵忘寢祚亦歔欷

又曰慕容熙苻后卒制百寮於宮內設位哭令沙門素服使有司按檢哭者有淚以爲忠孝無則罪之於是羣臣振懼莫不含辛以爲淚焉

尸子曰曾子每讀喪禮淚下沾襟

又曰費子陽謂子思曰吾念周室將滅涕泣不可禁也子思曰然今一人之身憂世之不治而涕泣不禁是憂河水濁而泣清也

邴原傳曰原五㓜孤過學舍而泣師曰何泣原曰孤者易感夫學者皆有父母也一則願其不孤二則願其學故惻然涕零師哀原曰欲書取書不須貲也

管寧別傳曰寧身長八尺龍顏秀目每祭未嘗不伏地流涕

三齊略曰鄭司農常居其城南山中教授黄巾亂乃遣生徒崔琰諸賢於此揮涕而散所居山下草如薤葉長尺餘許堅紉異常時人各為康成書帶

世說曰晉元帝過江飲酒王茂弘與帝有舊流涕諫之帝許之從是遂斷

語林曰王太保作荊州有二兒亡一兒還葬舊塋一兒留葬太保垂涕曰不忘故鄉仁也不戀本土達也唯仁與達吾二子有焉

素問曰肝液為淚

欠

釋名曰欠欽也開張其口脣欽欽然

說文曰欠張口出氣也

禮記曲禮曰侍坐於君子君子欠伸撰杖屨視日之蚤暮侍坐者請出矣

又內則曰在父母舅姑之所不敢欠伸跛倚睇視

宋元嘉起居注曰尚書僕射孟顗於後堂勑見亢聲大欠有違儀禮被劾詔無所問

嚏 音帝

釋名曰嚏聲作嚏而出也

毛詩衛風曰寤言不寐願言則嚏

禮記月令曰季秋行夏令則人多鼽嚏

又內則曰在父母舅姑之所不敢噦噫嚏咳也 噦於越切 噫於界切 咳開代切

太平御覽卷第三百八十七

太平御覽卷第三百八十八

人事部二十九

聲　色　影　跡

聲

周書曰師曠見周太子晉太子曰吾聞汝知人年壽幸以告我師曠曰汝色赤白聲火聲不壽太子曰余後三年上賓於帝汝愼無言殃將及汝三年而死

毛詩關雎序曰情發於中故形於聲聲成文謂之音

左傳宣上曰初楚司馬子良生越椒子文曰必殺之是子也熊虎之狀而豺狼之聲弗殺必滅若敖氏諺曰狼子野心是乃狼也其可畜乎

又襄三曰晉人聞有楚師師曠曰不害吾驟歌北風又歌南風南風不競（歌詠八風南風音微故曰不競唯歌南北風者聽晉楚也）多死聲楚必無功後楚師敗

又昭上曰伯石始生子容之母走謁諸姑曰長叔姒生男姑視之及堂聞其聲而還曰是豺狼之聲也狼子野心非是莫喪羊舌氏矣遂不視

春秋演孔圖曰伊尹大而短赤色而髯好俛而下聲

家語曰孔子在衛昧旦晨興顏回侍側聞哭者聲甚哀子曰回汝知此何所哭對曰非但爲生離別也子曰何以知之對曰回聞恒山之鳥生四　羽翼既成將分于四海其母悲鳴送之哀聲有似於此孔子使問哭者果曰父死家貧賣子以葬與之長訣子曰回也善於識矣

史記曰初楚成王將以商臣爲太子語令尹子上子上曰商臣蜂目豺聲忍人也不可立之王弗聽

又秦始皇世家曰大梁人尉繚曰秦王爲人隆準長目鳥喙鷹呼豺聲少恩而虎狼心

戰國策曰楚襄王爲太子之時爲質於齊懷王薨太子辭於齊王齊王曰與我地五百里則歸子太子曰臣今有傅請問傅傅曰獻之齊歸太子太子歸即位齊使來求地上柱國子良曰王身出聲許萬乘之齊而弗與則不信後不可以結約諸侯矣

後漢書曰盧植字子幹身長八尺二寸音聲如鍾

東觀漢記曰更始納趙萌女爲后有寵遂委政於萌日夜與婦人飲讌後庭群臣欲言事輒醉不能見時不得已乃令侍中坐帷内與語諸將識非更始聲出皆怨之

華嶠後漢書曰何熙字孟孫少有大志身長八尺五寸體皃魁梧善儀容舉孝廉爲謁者贊拜殿中音動左右

江表傳曰關羽欲襲魯肅甘寧與羽俱會益陽瀨淺將渡寧有所約令羽遥聞之曰此甘寧聲也遂不敢渡

王隱晉書曰王褒少立操尚非禮不動音聲清高辭氣雅正

漢晉春秋曰王敦爲楊州刺史潘滔曰處冲蜂目已露但豺聲未發今樹之江外是見賊也

梁書曰呂僧珍字元瑜東平范人也始童兒時從師學有相工歷觀諸生指僧珍謂博士曰此人有奇聲封侯相也

梁太清實録曰中宗諱繹字世誠高祖第七子也既長而壯　聰明博涉殆謂生知聲若撞鍾辯如河瀉

越絶書曰越栖會稽行成於吳引兵而去勾踐將降吳吳王許之子胥大怒聲若哮虎曰此越未戰而服天以賜吳其可逆天乎臣唯君王急制之吳王不聽

莊子曰曾子居衛縕袍無表三日不舉火十年不制衣正

冠而纓絕捉衿而肘見納屨而踵決曳縰而歌商頌聲若出金石

賈誼書曰豫讓釁面變容吞炭變聲必執襄子一夕而五易處

風俗通曰聲所以五者繫五行也音以八者繫八風也

新序曰原憲見子貢曳杖行歌聲若金石

郭林宗別傳曰林宗儀皃魁梧身長八尺音聲如鍾當時以為准的

裴楷別傳曰賈充等治法律楷亦參典其事事畢詔東讀奏平章當否楷善能諷誦音聲解暢執刑書昬穆若清詠焉

異苑曰陳思王嘗登魚山臨東阿忽聞巖岫裏有誦經聲清遒深亮遠谷流響肅然有靈氣不覺歛衿式敬便有終焉之志即傚而則之今梵唱皆植依擬所造

項氏始學篇注曰有龍淵者桓靈時善相人也冰聽音聲尤妙二千石相者龍淵下床贊之令長起侍贊之自六百石以下皆坐而言之先相張濟當以財得三公濟常依淵以觀視有相者輒往求之會解瀆侯往相至門問當有至相何憂貧乎侯去淵謂濟曰可厚事之濟遂往盡為償債別數百萬脩居業桓帝崩無嗣解瀆侯入為天子而濟遂至司空

世說曰蔡司徒說在洛陽見陸機兄弟住參佐廨中三間瓦屋士龍住東頭士衡住西頭龍為人文弱可愛士衡長七尺餘聲作鍾聲言多慷慨

又曰杜預為荊州刺史鎮襄陽時有讌集大醉輒閉齋獨眠不聽人前後常醉閙齋中嘔吐其聲甚苦莫不側足慄慄有一小吏便開戶看之正見床上有大虵垂頭床邊吐都不見人

語林曰胡廣本姓黃五月生父母置甕中投之于江流下聞有小兒啼聲往取因以為子遂登三司廣後不治本親服世以為譏

又曰王武子葬孫子荊哭之甚悲賓客莫不垂涕哭畢向靈坐曰卿好我作驢鳴今為卿作驢鳴因作驢鳴似真聲賓客莫不笑孫聞笑顧謂曰諸君不死令王武子死賓客莫不皆怒

又曰董仲道常在客宿與王孫儁共語同行人曰此人行必為亂後果為亂階

色

說文曰皙人色白也皤老人色也

韓詩外傳曰閔子始見夫子有菜色後有芻豢之色子貢問其故閔子曰吾出蒹葭之中入夫子之門聞夫子切磋之教竊樂之出見羽盖龍旂又樂之二者相攻胷中是以有菜色今被夫子之文出見羽盖龍旂視如糞土是以有芻豢之色

尚書大傳曰撞鍾鞋賈在外者皆金聲在內者皆玉色

禮記表記曰是故君子縗絰則有哀色端冕則有敬色甲冑則有不可辱之色

又曰君子不失色於人不失口於人

又曰玉藻曰立容德色容莊

又曰盛氣顛實陽休玉色言身中氣盛調蒲若陽氣之休物玉色言不變也

又文王世子曰文王之為世子也朝於王季日三其有不安節則內豎以告文王文王色憂行不能正履也

左傳僖上曰齊桓公與蔡姬乘舟於囿蕩舟公懼變色

又定上曰衛太子蒯聵謂戲陽速曰從我而朝少君少君見我我顧乃殺之速曰諾乃朝夫人夫人見太子太子三顧速不進夫人見其色啼而走曰蒯聵將殺余(見太子色變知其欲殺已)

又哀上曰肉食者無墨(墨氣色下)

公羊傳桓公曰宋督殺其君與夷及其大夫孔父孔父存則殤公不可得殺於是先攻孔父殺之皆死孔父正色立于朝則人莫敢過而致難于其君孔父可謂義形于色矣

論語公冶長曰巧言令色足恭左丘明耻之丘亦耻之

又陽貨曰巧言令色鮮矣仁

又曰子張問令尹子文三仕爲令尹無喜色三已之無愠色何如子曰忠矣

又鄉黨曰立不中門行不履閾過位色勃如也屏氣似不息者出降一等逞顏色怡怡如也上如揖下如授勃如戰

色足縮縮如有循享禮有容色私覿愉愉如也(愉愉顏色和)

又曰色思温貌思恭

又曰車中不内顧不疾言不親指色斯舉矣(顏色不善則去之)

又陽貨曰色厲而内荏譬諸小人其猶穿窬之盜也與

又顏淵曰子張問士何如斯可謂之達矣子曰何哉爾所謂達者子張對曰在邦必聞在家必聞子曰是聞也非達也夫達也者質直而好義察言而觀色慮以下人夫聞也者色取仁而行違居之不疑

又憲問曰賢者辟世(世主莫得而臣)其次辟地(去亂國適理邦)其次辟色(色斯舉矣)其次辟言(有惡言乃去)

漢書曰李廣出右北平胡急擊矢下如雨漢兵死者過半會暮吏士無人色(言懼甚也)

又曰李陵降邊塞以聞上欲陵戰死召陵母及婦使相者視之無死喪色

又曰汲黯好游俠任氣節行脩絜其諫犯主之顏色常慕袁盎之爲人上方招文學儒者黯曰陛下内多欲而外施仁義奈何欲効唐虞之治乎上怒變色而罷朝公卿皆爲黯懼

魏氏春秋曰嵇康寓居河内與之遊者未嘗見其喜愠之色(世說同)

魏志曰夏侯玄格量弘濟臨斬顏色不變舉動自若

續晉陽秋曰劉毅至黑時人謂之鐵色

又曰初太宗諸子繼夭乃令扈謙卜云後房有一女當誕二男　帝乃召相者示諸寵妾皆曰非其人又示諸婦時織坊中有一人形長色黑宮人謂之崑崙至相者驚曰此其人也帝以大計幸之生烈宗也

前秦録曰苻堅舉國伐晉登城而望晉軍見部伍齊整八公山上草木皆類人形憮然有懼色

後趙録曰延熙元年石虎遣丞相郭殷持節入廢弘爲海陽王弘安步就車容色自若百官莫不流涕

春秋後語曰魏文侯謀事而當群臣莫之逮者(逮及也)朝而喜色吳起進曰昔楚莊王朝而有憂色申公巫臣問曰君有憂色何也莊王曰吾聞諸侯擇師王者擇友霸者自足而群臣莫之若者亡今以不穀之不肖而議於朝群臣莫能逮吾國其幾於亡乎(幾近)吾是以憂色

山海經曰不死民爲人黑色壽考不死

郭子別傳曰林宗秀立高跱澹然淵渟蔡伯喈告盧子幹馬日磾曰爲天下作碑銘多矣未嘗不有慙色唯郭先生碑頌無愧色耳

列仙傳曰桂父象林人色時白時黃時赤
竹林七賢論曰王戎女適裴氏用匱女爲貸錢一萬久而不還女歸戎色不悅遽還錢乃懌
瀨鄉記曰老子爲人黃色美眉
孫卿子曰皐陶之色如削爪
燕丹子曰荊軻入秦秦王陛戟而見燕使鍾鼓並發群臣皆呼萬歲秦武陽大怒面如死灰色
郭子曰盧志於衆中問陸士衡陸抗是卿何物荅曰如卿於盧毓士龍失色既出戶謂兄曰何至於此彼或有不知士衡正色曰我父祖名播海內寧有不知識者疑兩陸優劣謝安以此定之
世說曰石崇要王敦入學戲見顏淵像石歎曰若與之同昇孔子堂去人何必有間王曰子貢去卿差近石正色曰士處世當令身名俱泰何至以甕牖語人

影

尚書大禹謨曰惠迪吉從逆凶唯影響
東觀漢記曰西羌祖爰劍爲秦所奴隸而亡藏巖穴中見焚有影象如虎爲蔽火得不死諸羌以爲神推以爲豪
魏略曰何晏性自喜行步顧影
山海經曰壽麻之國正立無影疾呼無響（郭璞注曰言其形氣有異於人）
又曰長流山神白帝少昊居之主司反影（日西入則反影東照言司察之也）
孫卿子曰夏首之南有人曰涓蜀梁其人愚甚行俯見其影以爲伏鬼仰見其髮以爲立魅倍道而走比至其家失氣而卒
莊子曰有畏影惡跡而去之走者足舉逾數而跡愈多走逾疾而影不離自以爲尚遲疾走不休絶力而死不知處陰以休影處靜以息跡愚亦甚矣
又曰罔兩問影曰曩子行今子止曩子坐今子起何其無特操與影曰吾有待而然者耶（罔兩影外之微陰也）
太玄經曰老子行則滅跡立則隱影
風俗通曰陳留有富室公年九十無子取田家爲婦一交接而死後生男其女誣其淫佚有兒爭財數年不能決丞相邴吉曰吾聞老公子不耐寒又無影時歲八月取同歲小兒解衣裸之此兒獨言寒又日中獨無影大小歎息因與其財
抱朴子曰韓終丹父服立日中無影
列仙傳曰河間王家老舍人自言父世見玄俗玄俗無影王呼着日中實無影
地鏡圖曰人行日月中無影者神仙人也與虛合體故居日月中無影履霜無跡火中無影也

跡

史記曰姜嫄爲帝嚳元妃出野見巨人跡心欣然踐之而身動如孕朞月而生后稷故詩曰履帝武敏歆（武跡也）
王子年拾遺曰石崇篩沉水之香如麈末布置席上使所愛者踐之無跡者即賜真珠百琲若有跡者便節其飲食令體輕弱故中國相戲曰爾非細骨輕軀那得百琲真珠
又曰燕王時廣延之國獻善舞者二人王設麟文之席散荃蕪之香使二人舞其上弥日無跡體輕故也
述征記曰齊有龍盤山上有大腳姜嫄所履跡
盛弘之荊州記曰零陵縣上石有夸父跡
又曰湘東陰山縣北數十里有武陽龍靠二山上悉生松柏美木龍靡山有盤石石上有仙人跡及龍跡傳云昔仙

人遊此二山常税駕此石又於其所得仙人遺詠

太平御覽卷第三百八十八

太平御覽卷第三百八十九

人事部三十

嗜好　容止

嗜好

禮記檀弓上曰孔子與門人立拱而尚右二三子亦皆尚右孔子曰二三子之嗜學也我則有姊之喪故也二三子皆尚左 喪上右陰也 吉上左陽也

又祭義曰先王之孝也心志嗜欲不忘乎心

又祭統曰不齊則於物無防也嗜欲無止也及其將齊也防其邪物訖其嗜欲耳不聽樂

左傳閔公曰衛懿公好鶴鶴有乘軒者及有狄人之難國人皆曰鶴實有祿位余焉能戰遂敗

又僖中曰齊侯好内多内寵内嬖如夫人者六人

左傳襄公曰鄭伯有好田而嗜酒爲窟室而夜飲酒擊鍾焉朝至未已朝者曰公焉在 家臣故謂伯有爲公 其人曰吾公在壑谷 壑谷窟室

又昭公曰莒子庚輿虐而好劒苟鑄劒必試諸人

又哀上曰曹伯陽即位好田弋曹鄙人公孫彊好弋獲白鴈獻之

公羊傳僖公曰虞公貪而好寶及爲晉所滅抱寶牽馬而出

國語曰屈到嗜芰有疾召其宗老而屬之祭我必以芰子木曰夫子不以私欲奸國之典 言不犯常法 遂不用

論語公冶長曰子曰十室之邑必有忠信如丘者焉不如丘之好學也

又雍也曰哀公問弟子孰爲好學孔子對曰有顏回者好學不遷怒不貳過不幸短命死矣

又衛靈公曰子曰吾未見好德如好色者也

家語曰子路見孔子曰汝何好對曰好長劒孔子曰加之以學豈可及乎子路曰南山有竹不揉自直斬而用之射達於犀兕以此言之何用學焉子曰栝而羽之所達深矣

史記曰魏文侯問曰吳起何如人李克曰起貪而好色然其用兵司馬穰苴弗過也於是魏文侯以爲將拔秦五城

又曰范增說項羽曰沛公居山東之時貪於財貨好美姬入關財物無所取婦人無所幸此其志不在小

漢書曰濟東王彭離昏暮私與其奴亡命少年數十人行剽殺人取財物以爲好 以是爲好喜之事也

又曰漢家言律曆者本張蒼蒼好書無所不觀無所不通

又曰朱買臣字翁子吳人也家貧好讀書不治產業

又曰陳遵嗜酒每大飲賓客滿座輒閉門取客車轄投井中雖有急不能去

續漢書曰劉寬簡略嗜酒不好盥浴

東觀漢記曰耿弇字伯昭扶風人少好習學文業帝又令試騎士建旗鼓肆馳射由是好將帥之事

又曰姜詩字士游廣漢雒人以傭作養母赤眉賊經其里落去不可驚孝子母好飲江水兒取水溺死恐母知詐云行學歲歲作衣投於江中俄而涌泉出於舍側味如江水

又曰更始韓夫人尤嗜酒每侍飲常侍奏事輒怒曰帝方對我飲正酣何此時持事來乎起褫破書案

謝承後漢書曰馬武字子張南陽人爲人好酒豁達敢直言時在御前面折同列以爲笑樂

典略曰荆州牧劉表跨有南土子弟驕貴並好酒設大針

於杖端客有醉寢伏輒以劉鑱衘切刺驗其醒醉
晉書曰王濟好弓馬嘗乘一馬着連乾鄣泥前有水終不
肯渡濟云此必是惜鄣泥使人解去便渡故杜預謂濟有
馬癖
晉中興書曰郭璞性輕易不持威儀嗜酒好色或過度其
友人于寶常誡之曰此非適性爾璞曰吾所受有本限用
之恒恐不盡乃憂爲害乎
後魏書曰辛少雍字季仲少有孝行尤爲祖父紹先所受
紹先愛食羊肝常呼少雍共食及紹先卒少雍終身不食
羊肝
宋書曰庾炳之性好潔士大夫造之者去未出户輒令拭
席枕床時陳郡郄沖亦好净小人非淨浴新衣不得近左
右士大夫小潔每容接之炳好潔反是沖每以此譏焉

又曰謝靈運出爲永嘉太守郡有名山水靈運素所愛好
出守既不得志遂肆志遊遨遍歷諸縣動逾旬朔
又曰劉邕所噉食每異於人性嗜瘡痂以爲味似鰒魚常
詣孟靈休靈休先患灸瘡瘡痂落床上邕因取食之靈休
大驚邕荅云性之所嗜靈休瘡痂未落者悉褫取以貽邕
邕既去靈休與何勗書曰邕向見噉遂舉體流血南康
國吏二百許人不問有罪無罪遞互與鞭鞭痂常給邕膳
齊書曰何修之字士威廬江人也性好潔一日之中洗滌
者十餘過猶恨不足時人稱爲水淫于時又有遂安令劉
爲　性弥淨潔縣中洒掃郭邑無横草水瀆壓穢百姓不堪命
坐免官
又曰王思遠瑯琊臨沂人也好簡潔衣服垢穢方便不前
形像新楚乃與促膝雖然既去之後猶令二人交帚掃其

坐處
又曰明帝好食逐夷以銀鉢盛蜜漬之一食數鉢謂王景
文曰此味御頗足不景文曰臣夙好此味貧素致之甚難
帝甚悦食逐夷積多胷腹不息氣將絶療大困一食漬汁
猶至三斛終以此卒
管子曰吳王好劒而國士輕死
墨子曰晉文公好士之惡服大夫牂羊之裘韋以帶劒大
帛之冠越王好士勇自焚其室曰越國之寶悉在此中王
自鼓蹈火而死者百餘人
孟子曰曾晳嗜羊棗而曾子不忍食羊棗羊棗大棗也
莊子曰子張見魯哀公哀公不禮曰臣聞君好士不遠千
里以見公今見公之好士也有似葉公子高之好龍葉公
好龍室中彫文盡以爲龍於是天龍聞而下之窺頭於牖

拖尾於堂葉公見之弃而還走失其魂魄五神無主是葉
公非好龍也夫似龍而非龍也今君非好士也夫似士而
非士也新序同
尹文子曰昔齊桓公好紫闔境不鬻異綵
又曰齊宣王好射所用弓不過三石以示左右左右引之
皆曰此不下九石而宣王終身自以爲用九石
韓子曰齊桓公好服紫一國盡服紫當時十素不得一紫
公患之管仲曰君欲止之何不試勿衣也謂左右曰甚惡
紫臭公曰諾於是三日境内莫有衣紫
又曰楚恭王與晉厲公戰于鄢陵楚師敗恭王傷目其戰
之時司馬子反渴而求飲穀陽竪操觴酒而進之子反曰
此酒也竪曰非也飲之子反謂之嗜酒弗能絶口
又曰公儀休相魯而嗜魚一邦皆爭買魚而獻之公儀子

不愛

又曰鄒君好服長纓左右皆服纓纓甚貴鄒君患之問左右對曰君服之百姓亦多服是故貴也鄒君因先自斷其纓而出國中皆不服長纓

賈誼曰文王使呂望傅太子發發嗜鮑魚公不與曰鮑魚不登於俎豈有非禮而可養太子哉

説苑曰魏文侯封太子擊於中山三年不往來趙倉唐曰君何不遣人使大國太子曰願之久矣未得可使者對曰臣願奉使於是遣倉唐緤北犬奉晨鳧獻之文侯曰擊愛我知我所嗜好（韓詩外傳同）

風俗通曰趙王好大眉民闊半額楚王好廣領國人沒頸

文士傳曰嵇康性絶巧好鍛家有盛柳樹乃激水圜之夏天甚涼恒居其下自鍛有人就者康不受其直

孝子傳曰隗通字君相犍為僰道人母好飲江沓水常乗舡捷致漂沒辛苦忽然有横石特起直江沓後取水無復勞劇

又曰陳遺為郡主簿母好食鐺底焦飯常持一囊盛之懸案下

郭子曰陸士衡初入雒張公云宜詣劉道眞於是二陸既往劉尚在哀制性嗜酒禮畢初無他言唯問東吳有長柄胡盧卿得種不陸兄弟殊失望乃云悔往

世説曰謝遏年少玄也好着紫羅香囊太傅患之而不欲傷其意賭得而焚之

又曰林公好鶴往剡東時有人遺其雙鶴少時翅長欲飛林公意甚惜之乃鎩其翮鶴軒翥不能復起乃舒翼反頭視之如似懊惱意林公曰既有凌霄之姿何肯為人作耳目近翫養令翮成遂飛去

又曰王武子好驢鳴既葬文帝臨其喪顧語同遊曰王子好驢鳴可各作聲以送赴客皆一時作驢鳴

語林曰王武子死孫子荊哭之甚悲賓客莫不垂涕哭畢向靈座曰卿嘗好我作驢鳴今我為君作驢鳴聲似真賓客皆笑孫聞之曰諸君不死而令王武子死賓客皆怒焉

又戴叔鸞母好驢鳴叔鸞每為驢鳴以樂其母

又曰祖約少好財阮遥集好屐並常自經營同是一累而未判其得失有詣祖見料視財物客至屏當不盡餘兩小簏以置背後傾身障之意未能平或有詣阮正見自蠟屐因歎曰未知一生當着幾緉屐神甚閑暢於是勝負始分也

又曰王子猷嘗暫寄人空宅住使令種竹或問暫住何煩

爾嘯詠良久直指竹曰何可一日無此君

語林曰張湛好於齋前種松柏袁山松出遊好令左右挽歌時人謂張屋下陳尸袁道上行殯曹植求祭先王表曰先王喜鰒魚臣前以表徐州臧霸遺鰒魚二百枚足自供事

容止

毛詩曰臣工振鷺二王之後來助祭也（二王夏殷也其後杞宋也）振鷺于飛于彼西雝我客戾止亦有斯容（箋云白鳥集於西雝之澤言所集得其有斯容言威儀之若鷺然也）

禮記玉藻曰君子之容舒遲足容重（舉欲遲也）手容恭（高且正也）目容端（不睇視也）口容止（不妄動也）聲容靜（不噦欬也）頭容直（不傾顧也）氣容肅（似不息也）立容德（如有予也）色容莊（勃如戰色）坐如尸（尸居神位敬慎也）燕居告溫溫（告謂教使也詩云溫溫恭人）凡祭容貌顏色如見所祭者喪容纍

纍羸憊貌也色容顛顛憂思貌也視容瞿瞿梅梅不審貌也言容繭繭聲氣微也戎容暨暨果毅貌也言容詻詻教令嚴也色容厲肅儀形貌也視容清明察於事也立容辨卑毋諂辨讀為貶自貶卑謂磬折也

又表記曰容貌以文之衣服以移之是故君子服其服則文以君子之容有其容則文以君子之辭

左傳定下曰邾隱公來朝子貢觀焉邾子執玉高其容仰公受玉卑其容俯子貢曰以禮觀之二君者皆有死亡焉

論語子張曰曾子曰堂堂乎張也難與並為仁矣言子張容儀盛而於仁道薄難勉進

漢書曰薛宣好威儀容止甚可觀

又曰息夫躬河內陽人也少受春秋通覽詩書容貌壯麗為衆所異

又曰江充召見犬臺宮自請以所常被服見上上許之充

衣紗縠單衣冠步搖冠為人魁岸容貌甚壯帝望見而異之謂左右曰燕趙固多奇士

又曰武帝即位徵天下賢良待以不次之位自衒鬻者以千數

東方朔上書曰臣朔年二十二長九尺三寸目若懸珠齒若編貝

又曰王商為丞相河平四年單于來朝引見丞相坐未央庭中單于前拜謁商商起離席與言單于仰視商貌大畏之遷延却退天子聞而歎曰此真漢相矣

又曰司馬相如字長卿蜀郡成都人也至臨邛富人卓王孫請之相如時從車騎雍容閒雅甚都都美也詩曰不見子都王孫有女文君新寡竊從户窺心說而好之遂夜奔相如

又曰雋不疑字曼倩渤海人也暴勝之為直指使者至東海素聞不疑賢請與相見望見不疑容貌尊嚴衣冠甚偉勝之躧履起迎

續漢書曰侯霸字君房河南人為人矜嚴有威容家累千金不事產業篤志詩書師事房元常為都講

東觀漢記曰上過潁陽祭遵以縣吏數進見上愛其容儀署為門下吏

又曰虞延字子大陳留人為都督郵世祖聞而奇之二十年東巡路過小黃高帝母昭陵后園陵在焉時延為都督郵詔呼引見問園陵之事延進止從容跪拜可觀其陵樹株栢皆諳其數俎豆犧牲頗曉其禮帝善之勑延從駕西盡郡界賜錢及劒帶佩刀還郡

又曰杜詩薦伏湛疏曰容貌堂堂國之光輝智略謀慮朝之淵藪齠齓勵志白首不衰實足以先後王室名足以光示遠人柱石之臣宜居輔弼

英雄記曰袁紹生而孤幼為郎容貌端正威儀進止動見倣效弱冠除復陽長有清能名

吳書曰張純字元基少厲操行學博才秀切問捷對容止可觀拜郎中補廣德令治有異績擢為太子輔義都尉

吳錄曰滕胤年十二孤單煢獨為人白晢威儀可觀每正朔朝會脩覲在位大臣見者莫不歎賞

魏志曰延康元年蜀將孟達率衆降達有容止可觀文帝甚器愛之使達為新城太守加散騎常侍

蜀志曰魏文帝察黃權有局量試欲驚之遣左右請權未至之間累催相屬馬使奔馳交錯於道官屬莫不褫魄而權舉止顏色自若後領益州刺史大將軍司馬宣王深器之問權曰蜀中有卿輩幾人權笑而不荅曰不圖明公見

頋之重

蜀志曰彭羕年廣漢人身長八尺容皃甚偉姿性驕傲多所輕忽唯敬同郡秦子勑

吳志曰張昭容皃矜嚴有威風權常曰孤與張公言不敢妄也舉邦憚之

王隱晉書曰王褒少立操尚非禮不動非法不言身長八尺四寸容皃絶異音聲清亮辭氣韶雅

沈約宋書曰元凶弑逆義宣發哀即日便舉兵張暢爲元佐位居僚首哀容俯仰蔭映當時舉哀畢改服着黄韋袴褶出射堂簡人音姿容止莫不矚目見之者皆願爲盡命

又曰羊欣字敬先少靜默無競於人美言笑善容止徧覽經籍尤長隷書

賈誼新書曰朝廷之容師師然翼翼然整以敬祭祀之容遂遂然粥粥然敬以婉軍旅之容愊然肅然固以猛喪紀之容怮然懾然若不還

頋譚別傳曰譚字子嘿吳人常慕賈誼之爲人身長七尺八寸少言笑容皃矜整有珪璋威重未常失色於物非其人或終日不言

顏含別傳曰顏髦字居道含之子也少慕家業惇於孝行儀狀嚴整風皃端美桓公見而歎曰顏侍中廊廟之望也

桓邵別傳曰邵字敬倫丞相之第五子清貴簡素風姿甚美而善治容儀雖家人近習莫見其怠墮之皃温見而稱之曰可謂鳳鶵同郭子

三輔決録曰竇叔高名玄爲上郡計吏朝會數百人儀狀絶衆天子異之詔以公主妻之出同輦調笑焉叔高時已自有妻不敢以聞方欲迎婦與訣未發而詔召叔高就第

成婚

益部耆舊傳曰張肅有威儀容貌甚偉弟松爲人短小不持節操然識達精果有材幹劉璋乃遣詣曹公曹公不甚禮楊修深器之脩以所撰兵書示松飲讌之間一省即便闇誦修以此異之

會稽典録曰賀邵善容止正其衣冠尊其瞻視動静有常與人交久益敬之至於官府左右莫見其跣坐常着韈希見其足

荀氏家傳曰荀羡風器英秀識准摽貴明鬚眉美音氣俯仰顧盼容止可則

世說曰太尉捴角時常造公司徒王衍神情明秀風姿詳雅山公嗟嘆者良久旣去目之而言曰何物老嫗生此寧馨兒然恐誤天下生民者未必非此人

又曰崔琰字季珪聲姿高朗鬚長四尺甚有威重武帝見匈奴使自以形陋不足以雄遠國使季珪代自捉刀立牀頭旣畢令間諜問曰魏王何如答曰王雄望非常然牀頭捉刀人此乃英雄也魏武追殺其使

又曰裴令公有容儀脫冠冕麤服亂頭皆好時人以爲玉人

又曰時人見嵆中散歎曰蕭蕭肅肅 如長松下風高而且深山公曰嵆叔夜巖巖若孤松之獨立及其醉也如玉山之將頹

又曰王右軍見杜弘治歎曰面如凝脂眼如點漆此神仙中人也又時人謂左軍飄若遊雲矯若驚龍

又曰海西時諸公每朝朝堂猶暗唯會稽王來軒軒若朝霞舉

太平御覽卷第三百八十九

人事部三十一

言語

說文曰直言曰言語議曰語

釋名曰言宣也宣彼此之意也語敘也敘己所欲說述也

易繫辭曰同心之言其臭如蘭

又曰子曰書不盡言言不盡意

又曰君子出其言善則千里之外應之況其迩者乎出其言不善則千里之外違之況其迩者乎言出乎身加乎民行發乎迩見乎遠言行君子之樞機樞機之發榮辱之主也

又曰將叛者其辭慙中心疑者其辭枝吉人之辭寡躁人之辭多誣善之人其辭游失其守者其辭屈

尚書益稷曰帝曰來禹汝亦昌言（咎繇謀九德故呼禹使亦陳昌言也）

又無逸曰其在高宗時舊勞于外爰暨小人作其即位乃或諒闇三年不言其惟不言言乃雍

又泰誓曰予誓告汝群言之首

毛詩雨無正曰哿矣能言巧言如流俾躬處休（箋云巧猶善也謂以事類風切如水之流急忽然而過之故不悖逆使身居安休如之也世乱之言順而爲上也）

又小弁曰君子無易由言耳屬于垣（箋云猶用也王毋輕用讒人之言將有屬耳于垣壁聽也）

又巧言曰巧言如簧顏之厚矣

又魚藻都人士曰彼都人士狐裘黃黃其容不改出言有章

又蕩之什曰白珪之玷尚可磨也斯言之玷不可爲也

禮記玉藻曰動則左史書之言則右史書之

又少儀曰言語之美穆穆皇皇

又中庸曰故君子語大天下莫能載焉語小天下莫能破焉君子言顧行行顧言也

又表記曰天下無道則言有枝葉

又曰子曰事君大言入則望大利小言入則望小利（大言可以立大事小言可以立小事謂君受）故君子不以小言受大祿不以大言受小祿

又緇衣曰子曰王言如絲其出如綸王言如綸其出如綍故大人不倡遊言（遊浮也不可用之浮也）可行也不可言也君子弗言也可言也不可行也君子弗行也則民言不危行而行不危言也

左傳僖中曰介子推曰言身之文也身將隱矣焉用文之求顯也

又襄四年曰仲尼曰言以足志文以足言（足猶成也）不言誰知其志言之無文行而不遠

左傳昭公曰晉叔向適鄭鬷蔑惡欲觀叔向從收器者而立於堂下一言而善叔向聞之曰必鬷明也

又定上曰鄭子太叔卒晉趙簡子爲臨甚哀曰黃父之會（賈逵解曰黃父會在昭五年）夫子語我九言曰無始亂（無爲乱始）無怙富無恃寵無違同無傲禮無驕能無復怒無謀非德無犯非義

又哀上曰吳舍衛侯衛侯歸効夷言子之尚幼曰君必不免其死於夷乎執焉而又說其言從之固矣

論語曰詩三百一言以蔽之曰思無邪

又曰君子欲訥於言而敏於行

又曰定公問一言而可以興邦有諸孔子對曰言不可以若是其幾也人之言曰爲君難爲臣不易如知爲君之難

也不幾乎一言而興邦乎

又曰言語宰我子貢

又曰群居終日言不及義好行小惠難矣哉

又曰君子不以言舉人不以人廢言

又曰有德者必有言有言者不必有德

又曰可與之言而不與言失人不可與言而與之言失言智者不失人亦不失言

又曰侍於君子有三愆言未及之而言謂之躁言及之而不言謂之隱未見顏色而言謂之瞽

又曰子曰予欲無言（疾時利口多言無賢也）子貢曰子如不言則小子何述焉子曰天何言哉四時行焉百物生焉天何言哉

孝經曰口無擇言身無擇行言滿天下無口過

家語曰仲孫何忌問於顏回曰仁者一言而必有益於仁智可得聞乎顏回曰一言而有益於智莫若蒙一言而有

益於仁莫如恕

又曰顏回問孔子曰小人之言有同乎君子者不可不察也子曰君子以行言小人以舌言

又曰孔子北遊登農山子路子貢顏回侍側孔子四望喟然歎曰二三子各言尔志子路進曰由願得白羽若月赤羽若日鍾鼓之音上振于天旌旗紛紛下蟠於地由當一隊而敵之必也攘地千里搴旗執馘使二子者從我焉夫子曰勇哉子貢復進曰賜願使齊楚合戰兩壘相當旗鼓相望埃塵連接挺刃交兵賜縞衣白冠陳說其間推論利害使二國釋患唯賜能之使夫二子者從我焉夫子曰辨哉回曰願得明王聖主而相之敷其五教導以禮樂使城郭不修溝池不越鑄劒戟爲農器放牛馬於原藪室家無離曠之思千載無鬪戰之患使由無所施其勇賜無所用其辯孔子曰美哉德之大也

史記曰孔子適周問禮於老子老子曰子所言者其人與骨皆已朽矣獨其言在耳辭去而老子送之曰吾聞富貴者送人以財仁人者送人以言吾不能富貴竊仁人之號送子以言曰聰明深察而近於死者好議人之非也博辯宏大而危其身者發人之惡者也爲人子者無以有已也（同家語）

又曰沛公至灞上召秦父老曰秦苛法誹謗者族偶語弃市

漢書曰漢王與項羽臨廣武間而語

又曰太尉周勃迎代王請間宋昌曰所言公公言之所言私王者無私

又曰石建奏事於上前即有可言屏人乃極切至庭見如不能言上以是親而禮之

又曰袁盎求見丞相申屠嘉良久乃見因跪曰願請間丞相曰使君所言公事之曹與長史掾議之吾且奏之則私吾不受私語盎即起

東觀漢記曰馬援謂官屬曰吾從弟少游常哀吾慷慨大志曰士生一世乘下澤車御款段馬爲郡掾史守墳墓鄉曲稱善人斯可矣當吾在浪泊里間虜未滅之時下潦上霧毒氣熏蒸仰視烏鳶跕（丁愜切）跕墮水中卧念少游平生時語何可得也

蜀志曰龐統字士元襄陽人少時朴鈍未有識者潁川司馬徽清雅有人倫鑒統弱冠往見徽徽採桑樹上統桑下共語自晝達夜徽甚異之稱統當爲南州士之冠冕由是

題名

晉書曰武帝問孫皓曰聞南人好汝語頗爲不皓因舉觴奉帝而言曰昔爲汝國隣今爲汝國臣勸汝一杯酒願汝壽萬春帝悔之

沈約宋書曰謝莊孝建元年迁左衛將軍初世祖嘗賜莊寶劍以與豫州刺史魯爽別後叛世祖因宴集問劍所在荅曰昔與魯爽別竊爲陛下杜郵之賜上甚悅也當時以爲知言

鄧析書曰一言而非駟馬不能追一言而急駟馬不能及

晏子曰曾子將行晏子送之曰君子贈人以軒不若贈人以言

老子曰多言數窮不如守中善言無瑕謫

又曰信言不美美言不信

又曰天之道不言而善應

墨子曰子禽問曰多言有益乎墨子曰蝦蟇蛙黽日夜而鳴舌乾擗然而不聽今鶴雞時夜而鳴天下振動多言何益唯其言之時也

孫卿子曰贈人以言重於金石珠玉傷人以言重於刀戟觀人以言美於黼黻文章聽人以言樂於鍾鼓琴瑟

又曰金人銘曰周大廟右階之前有金人焉三緘其口而銘其背曰我古之慎言人也戒之哉無多言無多事多言多敗多事多害（皇覽云出太公金匱家語說苑又載）

莊子曰言者所以在意也得意而忘言吾安得忘言之人與之言哉

說苑曰梁君出獵見白鴈群梁君下車彀弓欲射之道有行者觀勸梁君止鴈群駭梁君怒欲殺行者其御公孫龍下車對曰昔者齊景公之時天旱三年卜之曰必以人祠乃雨景公曰吾昔所以求雨者爲吾民也今以人祠乃雨寡人將自當之言未卒天大雨方千里今主君以白鴈故而欲殺之無異於狼虎梁君援其首與上車歸入郭門呼萬歲曰樂哉今日獵也獨得善言子思子曰同言而信信在言前

申子曰明君治國三寸之機運而天下定方寸之謀正而天下治一言正而天下定一言倚而天下靡

淮南子曰人有多言者百舌之聲也

又曰得萬人之兵不若聞一言之當

新序曰晉文逐麋而失迹問農夫老古曰麋何在老古以足指曰如是行往公曰寡人問子子以足指何也老古振衣而起曰虎豹之居也厭閑而之近故得魚鱉之居也厭深而之淺故得諸侯之居也厭衆而遠遊故亡其國公恐歸曰寡人逐麋而失之得善言故有悅色欒武子曰其人安在公曰吾未與來也欒武子曰取人之言而弃其身盜也公曰善遂載老古與俱歸

揚子曰大哉聖人言之至也開之廓然見四海之内閉之寂然不覩墻垣之裏良玉不彫至言不文

賈誼新書曰言有四術言敬以禮朝廷之言也文言有序祭祀之言也幷氣折聲軍旅之言也言若不足喪紀之言也

郭子曰孫安國（盛字安國）往郗中軍許共語（郗名浩也）往返精苦客主無間左右進食令而復煖者數四彼我奮擲麈尾毛悉墮落滿食餅中賓主遂至暮忘食郗方語孫卿曰公勿作強口馬我當併卿控孫亦曰卿勿作穴鼻牛我當穿卿頰

尸子曰言美則響美言惡則響惡
五帝本紀曰黃帝弱而能言
神仙傳曰老子生而能語
衛玠別傳曰太尉王君見阮千里而問曰老莊與聖教同
異阮曰將無同太尉善其言辟之爲掾世號曰三語掾王
君嘲之曰一言可辟何假於三阮曰苟足天下民望亦可
無言而辟復何假於一
管輅別傳曰裴冀州何鄧二尚書及鄉里劉太常潁川兄
弟輅曰自與此五君共言論使人精神清發至昏不暇寐
自此已下殆白日欲寢
陵零先賢傳曰張飛嘗就劉巴宿巴不與語遂忿恚諸葛
亮謂巴曰張飛雖實武人敬慕足下足下雖天素高亮宜
少降意巴曰丈夫處世當交四海英雄如何與兵子語備聞
之怒曰孤欲定天下而子初專亂之
括地圖曰太極山採華之草一日服之通萬里語
世說曰晉文王稱阮嗣宗天下之至愼每與之言言及玄
遠未嘗臧否人物
又曰諸葛瑾爲豫州遣別駕到臺語云小兒知談卿可與
語於張輔吳座中相遇別駕呼恪咄咄郎君恪因嘲之曰
豫州亂矣何咄咄有答曰君明臣賢未聞有亂恪復云昔
唐堯在上四凶在下答曰非唯四凶亦有丹朱
又曰或問王濟云昨遊有何語議濟曰張華善說史漢裴
逸民叙前言往行袞袞可聽王戎道子房季扎之間陶然
玄著
又曰郝隆爲桓公南蠻參軍三月三日作詩不能者罰酒
隆攬筆作一句云娵隅躍清池桓曰娵隅是何物答曰蠻

名魚爲娵隅桓曰作詩何以作蠻語隆曰千里投公始得
蠻府參軍那得不作蠻語
又曰裴僕射時人謂言談之林藪
又曰郗中軍浩嘗至劉尹所惔字真長郗理屈而遊詞不已劉
亦不復答郗去乃言曰田舍兒學人作爾馨語
又曰陸士龍荀鳴鶴未相識俱會張茂先座張介令共語
以其並有大才可勿作常談陸抗手曰雲間陸士龍荀曰
日下荀鳴鶴陸曰既開青雲覩白雉何不張尒弓挾尒矢
荀曰本謂雲龍騤騤乃是山鹿野麋獸微弩強是以發遲
張乃拊手大笑
又曰王武子孫子荊各言鄉里土地人物之美王云其地
坦而平其水澹而清其人廉且貞孫云其山崔嵬以嵯峨
其水泙渫而揚波其人礧砢而英多
又曰宋處宗甚有思理才常買得一長鳴雞愛養之甚至
恒籠盛着窻間雞遂作人語與處宗談語極有言思終日
不輟處宗因此言遂大進
又曰謝太傅一生語未嘗誤每共說退後叙說向言皆得
次第後忽一悞自知當必死其年而薨
又曰桓南郡與郗荊州語次因作了語顧愷曰火燒平原
無遺燎桓曰白布纏棺樹旒旐郗曰投魚深淵放飛鳥次
復作危語桓曰矛頭淅米劒頭炊郗曰百歲老翁攀枯枝
顧曰井上轆轤安嬰兒郗有一參軍在坐云盲人騎瞎馬
臨深池郗曰咄咄逼人仲堪眇目故也
蘇彥語箴曰利輕春露害重冬霜藹藹蓀充室戚施蒲堂
孫楚及金人銘曰晉太廟左階前有石人焉大張其口而
書其背曰我古之多言人也無少言少言少事則後生何述

焉夫唯立言名乃長久胡為塊然坐緘其口

太平御覽卷第三百九十

太平御覽卷第三百九十一

人事部三十二

笑

說文曰啞笑也咥大笑听笑貌也忻笑喜也

易同人卦曰先號咷而後笑

又震卦曰震來虩虩笑言啞啞

又旅卦曰鳥焚其巢旅人先笑後號咷

毛詩鄁栢舟終風曰終風且暴顧我則笑謔浪笑敖中心是悼

又碩人曰巧笑倩兮美目盼兮

又氓曰兄弟不知咥其笑矣（咥咥然笑）總角之宴言笑晏晏信誓旦旦（晏晏和柔也）

又蓼蕭曰燕笑語兮

禮記檀弓曰魯人有朝祥而暮歌者子路笑之（笑其爲樂速也）夫子曰由爾責於人終無已夫三年之喪亦已久矣

禮斗威儀曰君乘土而王其民好大笑

樂動聲儀曰人情喜則笑

左傳宣下曰晉侯使郤克徵會于齊齊頃公帷婦人使觀之郤子將登婦人笑於房

又昭四曰晉韓起聘于鄭鄭伯享之子產戒曰苟有位於朝無有不共恪孔張後至立於客間執政禦之適客後又禦之適縣間客從而笑之事畢富子諫曰夫大國之人不可不慎也幾爲之笑而不陵我（言數見笑則心陵侮我也）

又昭六曰晉士弥牟逆叔孫于箕叔孫使梁其踁待于門內曰餘左顧而欬乃殺之右顧而笑乃止

又昭七曰昔賈大夫惡娶妻而美三年不言不笑御以如臯射雉獲之其妻始笑而言賈大夫曰才之不可以已我不能射女遂不言不笑

穀梁傳曰成公曰季孫行父禿晉郤克眇衛孫良夫跛曹公子首傴同聘於齊齊使禿者御禿者眇者御眇者跛者御跛者傴者御傴者蕭同叔子處臺笑之客不悅相與立胥閭而語移日不解齊有知者曰齊患必在此始也

又昭公曰楚靈王圍吳朱方執齊慶封將殺之使人令於軍中曰有若齊慶封殺其君者乎封曰子一息我亦且一言曰有若楚公子圍殺其兄之子麇而代之爲君者乎軍人粲然皆笑

論語憲問恥曰子問公叔文子於公明賈曰信乎夫子不言不笑不取乎公明賈對曰以告者過也夫子時然後言人不厭其言樂然後笑人不厭其笑義然後取人不厭其取又陽貨曰子之武城聞弦歌之聲夫子莞爾而笑曰割

雞焉用牛刀（莞爾小笑貌）

史記曰吳王問孫子兵法孫子曰願得大王寵姬二人以爲軍陣長吳王曰諾使二夫人爲軍隊長各將一隊令宮女三百被甲而立告以兵法令隨鼓進退令曰聞一鼓皆莊二鼓操兵三鼓皆爲戰形於是宮女皆掩口而笑孫子操抱擊鼓三令五申其笑如故孫子怒目如明星聲如駭虎髮上衝冠纓旁絕纓顧謂執法曰取鈇鑕引夫人斬之

又曰有躄者盤散行汲趙平原君美人居樓上臨見大笑之明日躄者到門曰臣不幸瘙病而君之後宮臨而笑臣臣願得笑臣者頭應曰諾居歲餘賔客門下舍人稍稍引去者過半平原怪之一人前對曰以君之不殺笑躄者君爲愛色而賤士即去耳平原乃斬美人頭自造門進躄者

因謝焉其後門下乃復稍稍來
又曰高祖奉王巵爲太上皇壽曰始大人常以臣無賴不
能治産業不如仲力今某之業所就孰與仲多殿上羣臣
皆呼萬歲大笑爲樂
又曰孟嘗君之趙趙平原君客之趙人聞孟嘗君賢皆出
觀之皆笑曰始以薛公爲魁然也今視之眇小丈夫耳
漢書曰公孫弘爲人談笑多聞（師古曰善於談笑而又多聞也）
又曰匡衡字稚圭好學諸儒爲之語曰無說詩匡鼎來匡
說詩解人頤（如淳曰使人笑不能止）
東觀漢記曰光武微時與鄧晨觀讖云劉秀當爲天子或
言國師公劉秀當之光武曰安知非僕乎建武三年上徵
鄧晨還京師數讌見說故舊平生爲忻樂晨從容謂帝曰
僕竟辨之帝大笑

又曰初桓榮遭倉卒困厄時嘗與族人桓元卿俱捃拾投
閒輒誦詩元卿謂榮曰卿但盡氣爾當安復施用時乎榮
笑而不應後榮爲太常元卿來候榮諸子謂曰平生笑君
盡氣今何如元卿曰我農民安能預知此
又曰桓榮爲博士入會庭中詔賜奇菓受者皆懷之榮獨
舉手奉以拜帝笑止之曰此真儒生也愈見敬厚
魏志曰賈詡字文和文帝爲五官將而臨淄侯植才名方
盛各有黨有奪宗之議太祖又問詡嘿然不對太祖曰與
卿言而不荅何也曰思袁本初劉景升父子也太祖大笑
於是太子遂定
又曰明悼毛皇后父嘉本典虞車工卒暴富貴明帝令朝
臣會其家飲宴其容止舉動甚癡騃語輒自謂侯身時人
以爲笑

蜀志曰馬忠爲人寬濟有度量但談啁（張流切）大笑忿怒不
形於顔色
王隱晉書曰杜預伐吴軍入城至都督孫歆帳下生將歆
詣預王濬先列得歆頭而預生送歆洛中大笑
晉中興書曰石勒與李陽相近陽性剛愎每歲與爭漚麻
池共相打撲互有勝負勒貴召陽引入言及平生酒酣宣
陽肘曰卿年老臂中故有力不頗復與人鬪耶（孤往昔）數被
卿尊拳卿亦數遭孤毒手因大笑賞賜甚厚即日拜陽奉
車都尉除始興太守時有醉胡乘馬徑入府門勒問門吏
馮翥向走馬入門爲是何人而不彈白翥見問惶遽誤對
志諱向有醉胡乘馬馳來即以呵問胡人難與語非小吏
所制勒笑曰胡正自難與言其後章武太守樊坦入辭居
貧衣服甚陋曰樊章武貧耶朝服何以壞惡坦性踈謬

對曰頃遇羯胡資財蕩盡是以窮弊勒大笑曰羯（胡賊乃）爾
大惡取君物盡坦汗流而不敢謝勒賜坦衣恕而不問
蕭子顯齊書曰徵張敬兒爲護軍將軍常侍如故敬兒武
將不習朝儀聞當内遷乃於密室中屏人學揖讓荅對空
中俯仰如此竟日妾侍竊窺笑焉
崔鴻十六國春秋後趙録曰桃豹字安步范陽人少時以
膽勇騎射稱嘗攘臂大言曰大丈夫遭（遇魏太祖）不封萬户
侯位上將者非丈夫也時類笑之豹罵言爾鼠子輩安知
君子豹變之志乎後起中原豹爲十八騎之雄事勒甚恭
又南燕録曰慕容德建平四年妖賊王始聚衆於太山萊
蕪谷自稱太平皇帝置署公卿父固爲太上皇兄林爲征
東弟泰爲征西討擒之將刑焉市人皆罵之曰何爲妖妄
自貽族滅父兄今並何在始曰太上皇蒙塵於外征東征

西爲亂兵所害朕躬雖存復何聊賴其妻趙氏怒之曰君正坐口過以至於此如何臨死猶有狂言始曰皇后何不達天命自古及今豈有不亡之國行刑者以刀鐶築之始曰朕當崩終不改號德聞而笑謂左右曰熒惑之人死由狂語何可不殺

南史曰宋司徒褚彥回送相州刺史王僧虔閣道壞墜水僕射王儉馬驚跳下車謝超宗撫掌笑曰落水三公墮車僕射

唐書曰馬周疏曰人主每見前代之亡則知其政教之所由喪而皆不知其身之失是知殷紂笑夏桀之亡而幽厲亦笑殷紂之滅隋煬帝大業之初又笑齊魏之失國今之視煬帝亦猶煬帝之視齊魏不可不誡

又曰李義府貌狀温恭與人語必嬉怡微笑而褊忌陰賊既處權要欲人附已微忤意者輒加傾陷故時人言義府笑中有刀

戰國策曰楚王遊于雲夢有狂兕觸車從輪彎弓而射應發而殪仰天而笑曰樂矣今日之遊萬歲千秋之後誰與此同樂乎安陵君泣涕數行而進曰臣入則侍綸席出則陪萬乘萬歲千秋之後願得身滅黃泉先辱螻蟻王大悅

晏子曰景公置酒太山之上酒酣公四面望喟然歎曰寡人將去此堂堂國而死耶左右泣者三人曰臣細人也猶將難死而況公乎晏子搏髀仰天大笑曰樂哉今日之飲也公怒曰笑何也對曰臣見怯君一諛臣三是以大笑公懃而更辭

老子曰下士聞道大笑之不笑不足以爲道

列子曰晉文公出會欲伐衛公子鉏仰而笑公問何笑曰臣之隣人有送其妻適私家者道見桑婦悅而與言然顧視其妻亦有招之者臣竊笑之公悟其言乃引師還未至而有伐其北鄙者矣

莊子曰齊桓公田於澤見鬼焉公反誒(音熈)詒(音怡)爲病數日不出齊士有皇子告敖者曰臣聞野有委蛇惡聞雷車之聲則捧其首而立見者殆乎霸公輾然笑曰此寡人所見也不終日而病去

又曰造適不及笑獻笑不及排(所造皆適則忘適矣故不及笑排者推移之謂也夫禮哭必哀獻笑必樂哀樂存懷則不能與適推移矣)

又曰盜跖謂孔子曰人上壽百歲中壽八十下壽六十除病瘦死喪憂患其中開口而笑者一月之中不過四五日而已矣

鄧析子曰故體痛者口不能不呼心悅者顏不能不笑

孟子曰曾子曰脅肩諂笑病乎夏畦(脅肩竦體也諂笑強笑也此言其言勞苦甚於仲夏之月治畦灌園者勤也)

呂氏春秋曰戎嘗寇周幽王擊鼓諸侯皆至褒姒大悅而笑王欲褒姒之笑數數擊鼓諸侯至無寇及真寇至擊鼓而諸侯不來遂爲戎所滅

又曰強令之笑則不樂強令之哭則不悲不由中心也

淮南子曰強哭者雖疾不哀強歡者雖笑不樂戴哀者見歌而泣戴樂者見哭而笑

說苑曰楚魏會於晉陽將以伐齊齊王患之使人召淳于髡曰楚魏謀欲伐齊願先生與寡人共之淳于髡大笑而不應王怫然作色曰先生以寡人國爲戲乎淳于髡對曰臣不敢以王國爲戲也臣憐之祠田也以簞食與一鮒魚其祝曰下田洿耶得穀百車(洿耶下田也)雞堁者宜禾(雞堁雞肝黑土)

又曰董昭失勢乂爲衛尉昭乃厚加意於侏儒正朝大會
侏儒作董衛尉啼面叙太祖時事舉坐大笑明帝悵然不
怡月中以爲司徒
曹瞞別傳曰太祖爲人能易無威儀每與人談論戲弄言
誦盡無所隱及歡悅大笑至以頭投諸案中肴膳皆沾汚
巾幘
樂語曰師曠御晉平公鼓瑟輟而笑曰齊君與其嬖人戲
墜於牀而傷其臂月平公命人書之曰某年某月齊君戲而
傷問之於齊侯笑曰然有之
東方朔別傳曰朔於上前射覆中之郭舍人亟屈被榜上
輒大笑
又曰南山有木名曰柘良工材之可以射射中人情如掩
兔舍人數窮何不早謝上乃搏髀大笑也

荀勗別傳曰司徒鈌帝問其人勗曰魏文用賈詡爲公孫
權笑之
神異經曰東方有人不妄語恒笑倉卒見之如癡張華注曰今人癡好笑本此
搜神記曰孫琳殺徐光而無血後綝上蔣陵有大風盪綝
車顧見光在松樹上附手笑之俄而綝誅
蜀記曰譙周字允南巴西人體皃素朴無造次辯論之才
諸葛亮領益州牧命周爲勸學從事初見左右皆笑既出
有司請推笑者亮曰孤猶不能忍況左右乎
黃義仲父廣記曰合浦尹牙爲郡主簿太守到官三年不
笑牙問其故曰父爲太尉所殺牙乃辭至洛爲大尉養馬
三年斷其頭而還南
正論曰撞擺之爲悅先笑而後愁

曰笑其所以祠者少而所求者多王曰善賜之千金革車
百乘立爲上卿
又曰趙簡子舉兵伐齊有被甲而笑者簡子曰子何笑對
曰臣乃有宿笑簡子曰有以說之則可無則死對曰當桑
之時臣隣家父與妻俱之田見桑中女因追之不能　及
其妻怒而去之臣笑其曠也簡子曰今吾伐國失國是吾
曠也還師而歸
論衡曰天怒則隆隆雷聲天喜應啞啞而笑郍不聞笑也
桓子新論曰關東語曰人聞長安樂則出門西向笑知肉
美味則對屠門而大嚼
郭子曰王渾與婦鍾氏共坐見武子從庭前過渾謂婦曰
生兒如是足慰人意婦笑曰若使新婦得配叅軍生兒故
可不翅如此叅軍是渾中弟名淪字太冲爲晉文王大將
軍從征壽春遇疾亡時人惜焉

世說曰二陸入洛而士龍不詣張公公問士衡雲何以不
來機曰有疾恐公不悉故未敢自見俄而雲詣華華爲人
多姿質又好帛纏鬚雲見而大笑不能自已士龍嘗着縗
幘上船因水中自見其影便大笑不能已幾落水中
又曰王大將軍尚主如廁見漆箱中盛乾棗以塞鼻王言
廁上菓食遂爲之盡既還婢擎金漆盤盛水琉璃椀盛澡
豆王因倒豆着水中飲之謂是乾飯羣婢莫不笑
又曰殷荊州有所識作賦示之殷甚以爲有才語王恭適
見新文甚可觀便於手中亟出之王既讀殷笑不自勝王
看竟既不笑亦不言好惡但以如意點之而已殷悵然自
失
語林曰帝王武子客正哭見孫子荆驢鳴變聲成笑

養生要訣曰人語笑欲令至少不欲令聲高若過誤笑損
肺腸精神不足
楚詞九歌曰若有人兮山之阿披薜荔兮帶女蘿旣含
睇兮又宜笑
宋玉登徒子賦曰腰如約素齒如含貝嫣然一笑惑陽城
迷下蔡

太平御覽卷第三百九十一

人事部三十三

吟　嘯　嚬

吟

釋名曰吟嚴也其聲本出於憂愁故聲嚴肅使聽之悽歎也

說文曰吟歎也

毛詩關雎序曰吟詠情性以諷其上

東觀漢記曰梁鴻常閉戶吟咏書記遂潛思著書十餘篇

魏志曰管輅隨軍而行過毋丘儉墓下倚樹哀吟精神不樂人問其故輅曰林木雖茂無形可久碑誄雖美無後可守玄武藏頭蒼龍無足白虎銜尸朱雀悲哭四危以備法當滅族不過二載應至矣卒如其言

蜀志曰諸葛亮字孔明早孤躬耕壠畝好為梁甫吟每自比於管樂

唐書曰蔡允恭荆州江陵人有風彩解綴文雅善吟詠煬帝所屬詞賦多令諷誦之

莊子曰北門成問黃帝曰帝張咸池之樂於洞庭之野吾聞之謞謞默默乃不自得帝曰吾奏以陰陽之和燭以日月之明其聲能長慮之不知望之不見矘然立於四虛之通倚槁梧而吟

又曰莊子謂惠子曰今子外乎子之神勞乎子之精依樹而吟𩕳槁梧而瞑

文士傳曰李康清廉有志節不能和俗為鄉里豪右之所共害故官塗不進作遊山九吟辭曰蓋人生天地之間若流電之過戶牖輕塵之棲弱草矣

湘中記曰涉湘千里但聞漁父吟中流相和其聲綿邈也

盛弘之荆州記曰新城郡灑觀（初觀切）水別有一溪其傍有白馬塞孟達登之歎曰金城千里遂為上灑吟彼方人猶傳此聲韻悽激其哀思之音乎

西京雜記曰相如將娉茂陵人為妾文君作白頭吟

鹽鐵論曰曾子倚山而吟山鳥下翔

世說曰韓壽美姿容賈公辟為掾充每聚會其女於青璅中看見壽心甚悅之乃問其婢識此人不婢說是其先主女內懷存想發於吟咏婢後往壽家具說如此并言女色麗壽聞之心動乃因婢通意婢以白女女大喜乃期往宿壽趫捷絕人乃踰墻而入家中莫知自是賈公覺女悅暢有異於常

陳武別傳曰陳武字國本休屠胡人常騎驢牧羊諸家牧豎十數人或有知歌謠者武遂學太山梁父幽州馬客吟及行路難之屬

阮籍樂論曰漢順帝上恭陵過樊濯聞鳴鳥而悲泣下橫流曰善哉鳥鳴使左右吟之使聲若是豈不佳乎此謂以悲為樂也

王粲登樓賦曰鍾儀幽而楚奏莊舄顯而越吟

嘯

說文曰嘯吟也

雜字解詁曰嘯吹聲也

毛詩江有汜曰之子歸不我過不我過其嘯也歌（箋大嘯蹙口而出聲也）

又白華曰嘯歌傷懷念彼碩人

後漢書曰南陽太守成瑨委功曹岑晊郡中謠曰南陽太

守岑公孝弘農成瑨但坐嘯
漢晉春秋曰桓帝幸樊城百姓莫不觀有一老父獨耕不
輟議郎張溫使問焉父嘯而不荅
魏略曰諸葛亮在荊州遊學每晨夜常抱膝長嘯
魏氏春秋曰阮籍少時嘗遊蘇門山山有隱者莫知其姓
名有竹實數斛臼杵而已籍從之與談太古無爲之道五
帝三王之義蕭然曾不經聽籍乃對之長笑清韻響亮蘇
門生逌尔而笑籍旣降蘇門生亦嘯若鸞鳳之音
晉陽春秋曰嵇康見孫登對之長嘯踰時不言康辭還曰
先王竟無言乎登曰惜哉
晉中興書曰桓石秀風韻秀徹叔父冲嘗與石秀共獵獵
徒甚盛觀者傾坐石秀未嘗瞻眄嘯咏而已
晉書曰石勒年十四隨邑人行販洛陽倚嘯上東門王衍

見而異之謂左右曰向胡雛吾觀其聲視有奇志將恐爲
天下之患馳遣收之會勒去
又曰謝弈桓溫辟爲安西司馬猶推布衣之好在溫座岸
幘嘯咏無異常日溫曰我方外司馬
又曰王徽之在吳中一士大夫家有好竹欲往觀之乃遥
造竹下諷嘯良久主人洒掃請坐徽之不顧將去主人乃
閉門徽之盡歡而去
又曰謝鯤鄰家高氏有女常往挑之女方織以梭投折鯤
齒旣歸傲然長嘯曰猶不廢我嘯也
趙書曰石勒屯葛陂值天雨不息勒長史刁膺勸勒降晉
勒愀然而嘯張賓勸勒還北勒攘臂曰賓計是也膺宜斬
吳越春秋曰越王念吳欲復之乃中夜抱柱而哭哭訖承
之以嘯於是羣臣咸曰君王何愁心之甚也夫復讎誅敵

非君王之憂自是臣下之急務
又曰吳王闔閭將欲伐楚登臺南向而嘯有頃而歎羣臣
莫有曉王意者子胥乃薦孫子孫子者吳人名武善爲兵
法僻隱幽居世人莫知其能
英雄記曰向栩爲性卓詭不凡好讀老子狀如學道又復
似狂居嘗竈北坐被髮喜長嘯人客從就輒伏不視人有
於栩前獨拜栩不荅
山海經曰玉山者是西王母所居也西王母其狀如人豹
尾虎齒而善嘯蓬髮戴勝（蓬髮亂髮勝玉勝也）
莊子曰童子夜嘯鬼數若齒
孫登列傳曰孫登字公和汲郡共縣人清靜無爲其情志
悄如也好讀易彈琴頽然自得觀其風神若遊六合之外
當魏末共處北山中以石室爲宇編草自覆阮嗣宗聞登

而往焉適見公和苫蓋被髮端坐巖下鼓琴嗣宗自下趨
進旣坐莫得與言嗣宗乃嘹嘈長嘯與琴音諧會雍雍然
登乃逌尔而笑因嘯和之妙響動林壑風氣清太玄
竹林七賢論曰阮籍字嗣宗性樂酒善嘯聲聞百步箕踞
嘯歌酣放自若時蘇門山中忽有真人在焉籍親往尋其
人於巖巔遂登嶺從之箕坐相對籍乃商略終古以問之
仡然不應籍因對之長嘯有頃彼乃斷然嘆曰可更作籍
又嘯意盡退還（半嶺聞巔）巔嘈然有聲若數部鼓吹顧瞻乃向
人之嘯也（世說同）
王廙別傳曰王導與庾亮遊于石頭會遇廙至是日迅風
飛帆廙倚樓而長嘯神氣甚逸
王子年拾遺記曰太始二年南方有曰霄之國人皆善嘯
大丈夫嘯聞百里婦人嘯聞五十里如笙竽之音秋冬則

聲清髙春夏則聲沉下人舌尖處倒向喉內亦去有兩舌重沓以爪徐徐刮之則嘯聲踰遠故呂氏春秋云反舌殊鄉之國即此之謂也

列女傳曰魯漆室之女者過時未適人當穆公之時君老太子幼女倚柱而嘯隣人婦從謂曰何嘯之悲也子欲嫁乎女曰吾憂魯君老而太子少也

西京雜記曰東方生善嘯每一曼聲長嘯塵落凡飛

郭子曰劉道真少時(劉寶字道真高平人安北將軍)漁釣而傯於草澤善歌嘯聞之者無不留連有一老嫗識其非常人甚樂歌嘯乃殺豚進道真食豚盡了不謝

世說曰晉文王德盛功大坐席嚴敬擬於王者唯阮籍在坐箕踞嘯歌酣飲自若

又曰劉越石為胡騎所圍數重窘迫無計劉依夕乘月登

樓清嘯胡賊聞之皆悽悲長歎

又曰謝太傅盤桓東山時與孫興公諸人泛海戲風起浪湧諸人色動並唱使還太傅神情方雅王逸少吟嘯不言

又曰王子猷嘗寄人空宅便令種竹嘯詠良久直指竹曰何可一日無此君

又曰謝萬北征嘗以嘯詠自高未嘗撫慰衆士謝公謂曰汝為元帥宜數喚諸將慰勞之萬都無其說直以如意指四座曰諸公皆是勁卒諸將甚怨之

搜神記曰趙炳嘗臨水從舡人乞渡舡人不許炳乃張蓋坐其中長嘯呼風亂流而濟

潯陽記曰桓宣穆使人尋廬山見一人謂之曰君過前嶺必逢二年少相隨長嘯試要問之若不與言者可速去此人過嶺果見二年少以袂掩鼻長嘯狀如惡獸呼不與言

神境記曰營道郡西有靈源山有石髓紫芝者有採藥此山聞林谷間有長嘯者今樵人往往猶聞焉

異苑曰潯陽姑石在江之坻初桓玄西下令人登之中嶺便聞長嘯聲甚清徹至峯頂見一人踑踞石上嘯首曰嘯者其氣激於喉中而濁謂之言激於舌端而清謂之嘯言之濁可以通人事達情性嘯之清可以感鬼神致不死出其言善千里應之出其嘯清萬靈授職故古之學道者重矣

又曰太上道君授於西王母西王母授於南極真人南極真人授於廣成子廣成子授於嘯父嘯父授於務光務光授於舜舜演之為琴以授禹自後而廢續有晉太行山仙君孫公得之乃得道而無所授焉阮嗣宗所得少分其後堙滅不復聞矣

又曰嘯有一十五章一曰權輿嘯之始也二曰流雲乃古之善嘯者聽韓娥之聲而寫之三曰深溪虎古之善嘯者聽溪中虎聲而寫之四曰高柳蟬古之善嘯者聽而寫之五曰空林夜鬼古之善嘯者夜過空林聞而寫之六曰巫峽猿古之善嘯者聞而寫之七曰下鴻鵠出於師曠演清角之音善嘯者寫之八曰古木鳶九曰龍吟皆嘯者聞而寫之十曰動地出於孫公其音亦師曠清徵也十一曰蘇門孫公隱蘇門山之作也十二曰劉公命鬼仙人劉根之所為也十三曰阮氏逸韻阮籍所作也十四曰正章深遠極大非常聲也十五曰畢音五音之極而大道畢矣

晉成公綏嘯賦曰逸羣公子體奇好異傲世忘榮絕棄人事於是延友生集同好精性命之至機研道德之玄奧邈跨俗而遺身乃慷慨而長嘯發妙聲於丹脣激哀音於皓

齒嚮抑揚而潜轉氣衝鬱而熛起協黄宫於清角雜商羽於流徵飄遊雲於泰清集長風乎萬里諒自然之至音非絲竹之所擬

桓玄與袁宜都書論嘯曰讀卿歌賦序詠音聲皆有清味然以嘯爲髣髴有限不足以致幽旨將未至耶夫契神之音既不俟多瞻而通其致苟一音足以究清和之極阮公之言不動蘇門之聽而微嘯一鼓玄默爲之解顔若人之興逸響惟深也哉

袁山松荅書曰嘯有清浮之美而無控引之深歌窮淵根之致用之彌覺其遠至乎吐辭送意曲究其奧豈脣吻之切發一往之清吟而已若夫阮公之嘯蘇門之和盖感其一奇何爲徵此一至大疑嘯歌所拘邪

頋

韓子曰韓昭侯使人藏弊袴或曰君亦不仁矣弊袴不以賜左右而藏之昭侯曰吾聞明君嚬有爲嚬笑有爲笑袴之與嚬笑相去遠矣吾必待有功故藏之未有與也

莊子曰西施病心而嚬其里之醜人見而美之歸亦捧心而嚬其里之富人見之堅閉門而不出貧人見之挈妻子而走之夫彼知美嚬而不知嚬之所以美

嵇康高士傳曰於陵仲子齊人常歸省母人饋其兄鶂仲子嚬蹙曰惡用是鶂鶂者哉

太平御覽卷第三百九十二